『미국민중사』를 만든
목소리들

옮긴이 **황혜성**

서강대학교 사학과를 졸업하고, 하와이 마노아 대학University of Hawaii at Manoa 사학과에서 박사 학위를 받았다. 『미국인의 역사』, 『미국의 노예제도와 미국의 자유』를 번역했으며, 『있는 그대로의 미국사』, 『사료로 읽는 미국사』를 공동으로 번역했다. 현재 한성대학교 역사문화학부 교수로 재직 중이다.

Voices of a People's History of the United States
Copyright ⓒ 2004 Howard Zinn, Anthony Arnove

Korean Translation Copyright ⓒ 2011 by E-Who(Siwool) Publishing Co.
Korean edition is published by arrangement with Seven Stories Press through Duran Kim Agency.

이 책의 한국어판 저작권은 Duran Kim Agency를 통해 Seven Stories Press와의 독점 계약으로 도서출판 이후에 있습니다.
저작권법에 의하여 한국 내에서 보호를 받는 저작물이므로 무단 전재와 무단 복제를 금합니다.

『미국민중사』를 만든 목소리들
미국사에 감춰진 저항과 투쟁, 자유와 해방의 언어들

엮은이 | 하워드 진, 앤서니 아노브
옮긴이 | 황혜성
펴낸이 | 이명회
펴낸곳 | 도서출판 이후
편집 | 김은주, 신원제
마케팅 | 김우정
디자인 | 이수정

첫 번째 찍은 날 | 2011년 1월 27일

등록 | 1998. 2. 18(제13-828호)
주소 | 121-883 서울시 마포구 합정동 412-17 세미텍빌딩 4층
전화 | 대표 02-3141-9640 편집 02-3141-9643 팩스 02-3141-9641
홈페이지 | www.ewho.co.kr

ISBN | 978-89-6157-047-3 93940

이 도서의 국립중앙도서관 출판시도서목록(CIP)은 e-CIP 홈페이지(http://www.nl.go.kr/ecip)에서 이용하실 수 있습니다.
(CIP제어번호: CIP2011000104)

VOICES OF A PEOPLE'S HISTORY OF THE UNITED STATES
미국사에 감춰진 저항과 투쟁, 자유와 해방의 언어들

『미국민중사』를 만든
목소리들

하워드 진·앤서니 아노브 엮음 ㅣ 황혜성 옮김

이후

투쟁이 없다면 진보도 없다. (…)

이 투쟁은 도덕적인 것일 수도,

물질적인 것일 수도, 둘 모두에 해당하는 것일 수도 있다.

어쨌든 투쟁은 투쟁이어야 한다.

권력은 요구 없이는 어떤 것도 내주지 않는다.

권력은 한 번도 그런 적이 없으며,

앞으로도 그럴 것이다.

민중들이 소리 없이 복종하고 있는 것들을 찾아내라.

그러면 당신은 부정의와 잘못을 일으키는

명확한 조치가 무엇인지 알게 된다.

그러한 부정의와 잘못은 민중들이

말 혹은 소리 혹은 둘 모두를 이용해

저항할 때까지 계속될 것이다.

_프레더릭 더글러스

다가오는 세기, 저항의 목소리들에 이 책을 바친다.

차례

제4장

혁명의 준비 · 119

제5장

반쪽짜리 혁명 · 143

제6장

초기 여성운동 · 179

| 감사의 글 |

누구보다도 이 책의 편집자이자 친구인 Dan Simon에게 감사한다. Simon은 이 책을 계획했고, 이 책의 출간을 가능하게 했으며, 독자에게 이 책을 강력하게 추천해 주었다.

숙련되고 통찰력 있는 연구원 두 사람이 매우 소중한 도움을 주었다. Joey Fox는 이 책을 처음 시작하는 단계에서 도움을 주었고, Jessie Kindig는 마지막 단계에서 도움을 주었다. 두 사람의 도움이 없었다면 여러분 손에 이 책이 들려 있지 않았을 거다.

Brenda Coughlin은 이 책을 편집하고 연구하는 오랜 기간 우리를 돕느라 고생을 많이 했다. 무엇보다 더 중요한 사실은 이 책이 장벽에 부딪힐 때마다 그녀는 우리에게 이 기획의 중요성을 일깨워 주고 우리가 통찰력을 잃지 않도록 도와주었다.

20년 이상 『미국민중사 *A People's History of the United States*』를 계속해서

이 책에 나오는 사람, 단체, 책 이름은 한글 표기를 원칙으로 하되, 독자들의 이해를 돕기 위해 영문을 병기해 주었다. 단, 「감사의 글」에 나오는 사람 이름은 영문만 표기했음에 독자들의 양해를 구한다.

훌륭하게 출판해 온 〈하퍼콜린스Harper Collins〉의 Hugh Van Dusen에게 감사한다.

〈하버드노동조합Harvard Trade Union Program〉의 Elaine Bernard는 관대하게도 이 책을 출간하기 위한 첫 번째 연구 모임을 조직해 주었다.

Ray Raphael, Elizabeth Martínez, 그리고 David Williams는 편집에 대한 조언과 충고를 수없이 해 주었고, 지침을 제시했다.

George Múrer는 사료들을 우리 책에 실을 수 있도록 허가를 받아 내는 일에 엄청난 도움을 주었다. 우리는 정말 그에게 큰 도움을 받았다. 그리고 Paul Abruzzo는 이 책 출간을 구체화하는 초기 단계에서 사전 연구를 수행했다.

Therese Phillips, Dao X. Tran, Peter Lamphere, Laura Durkay, Monique Jeanne Dols, David Thurston, Chris Peterson, Rosio Gallo, Story Lee Matkin Rawn, 그리고 Meredith Kolodner 모두가 컴퓨터는 물론이고 오래된 원고와 마이크로필름과 장시간 씨름하면서 우리 연구에 많은 공헌을 했다.

특히 Jon Gilbert에게 감사한다. 그는 이 책을 제작하는 어려운 일을 맡아 해 줬다.

Shea Dean은 원고가 완성되었을 때 훌륭한 솜씨로 원고를 편집했다.

뉴욕 대학교 역사 분야 사서인 Andrew H. Lee는 우리 연구에 매우 중요한 도움을 주었다. 또한 우리 연구에 도움을 준 다음의 사람들과 기관에 감사한다. 뉴욕 대학교의 〈태미먼트 도서관Tamiment Library〉과 〈로버트와그너 노동아카이브Robert F. Wagner Labor Archives〉의 Ryan Nuckel, 캘리포니아 버클리 대학교 〈밴크로프트 도서관Harry ancroft Library〉의 David Kessler, 시애틀에 있는 워싱턴 주립대학교 〈해리브리지 노동연구센터Harry Bridges Center for Labor Studies〉, 〈시애틀 공립도서관〉의 Stephen Kiesow, 〈캘리포니아 디지털도서관〉, 〈캘리포니아 온라인아카이브〉, 〈루이스빌 대학교도서관〉의 Amelia Hellam, Sherri F. Pawson, David G. Horvath, 〈루이스빌 공립도서관〉의 Tom Hardin, 〈네브라스카 주 역사연구소〉의 Ann Billesbach, 〈퍼시피카 라디오아카이브Pacifica Radio Archives〉의 Brian DeShazor, 〈뉴욕 역사연구소〉의 Joseph Ditta, 캘리포니아 버클리 대학교 〈에마골드먼 자료보관소Emma Goldman Papers Project〉의 Candace Falk, 〈뉴욕 공립도서관〉, 인디애나 주 블루밍턴에 소재한 인디애나 대학교의 Ann Bristow, 미시건 주 디트로이트에 소재한 웨인 주립대학교 〈노동도시사 아카이브Archives of Labor and Urban Affairs〉의 William Lefevre, 〈버지니아 역사연구소〉의 Toni M. Carter, 〈와이드너 도서관Widener Library〉의 Harry Elkins와 〈하버드 대학교도서관〉, 〈보스턴 공립도서관〉, 〈뉴욕 역사연구소〉, 〈시카고 역사연구소〉, 〈숌버그 흑인문화연구센터Schomburg Center for Research in Black Culture〉, 그리고 우리 연구에 도움을 준 모든 도서관과 사서들에게 감사한다.

특수한 자료와 문서를 읽을 수 있도록 허락해 주신 다음 분들에게 감사를 표한다. 〈얼터너티브 라디오Alternative Radio〉의 David Barsamian, Joan Miura, Johanna Lawrenson, Julie Diamond, Yolanda Huet-Vaughn, Wini Breines, 『소셜 워커Social Worker』의 Alan Maass, 『인터내셔널 소셜리스트 리뷰International Socialist Review』의 Paul D'Amato, 〈헤이마켓북스Haymarket Books〉의 Bill Roberts, Susan Rosenthal, 『데모크라시 나우Democracy Now!』의 Amy Goodman, 『데모크라시 나우Democracy Now!』의 대외 활동 총책임자 Denis Moynihan, 〈WOMR 라디오〉의 Bob Seay, 〈정치연구회Political Research Associate〉의 Chip Berlet, Robert Barreto, Ismael Guadalupe Ortiz, Marian Wright Edelman,

Patti Smith, Robert Bills, 〈우디거스리재단 · 아카이브Woody Guthrie Foundation and Archives〉의 Michael Smith, 『피오리어 저널 스타Peoria Journal Star』의 사서 Judy Hicks, 〈루이지애나 신문프로젝트Louisiana Newspaper Project〉의 Sheila Lee, 〈디트로이트 공립도서관〉의 Nadya Cherup, 〈미국 국립기록보관소U. S. National Archives and Records Administration〉 사료 보관 부서의 Michael F. Knight, 〈국회도서관〉 사료 보관 부서 〈조셉라우2세 자료보관소Joseph L. Rauh Jr. Papers〉의 Ernest J. Emrich, 〈캔자스 주립역사연구소〉 참고 문헌부의 Lin Fredericksen, 〈톨레도 대학교도서관〉의 Wade Lee, Martha Honey, Martin Duberman, Joe Allen, Winona LaDuke, Orlando Rodriguez와 Phyllis Rodriguez, Anita Cameron과 〈콜로라도 ADAPT〉, Mike Davis Paul Robeson Jr., Cindy Corrie와 Craig Corrie.

또한 다음 분들에게도 감사하다. Ana Bautista, Nita Levison, Carole Sue Blemker, Patty Mitchell, James P. Danky, Woody Holton, Robert Gross, Lawrence Goodwyn, Robert Arnove, Ike Arnove, Suzanne Ceresko, Meredith Blake, John Sayles, Maggie Renzi, Rudy Acuña, Jonathan H. Rees, Peter Nabokov, Hans Koning, Paul Riggs, Marlene Martin, Ahmed Shawki, Sharon Smith, Bill Roberts, Julie Fain, Herbert Aptheker, Philip Foner, Eric Foner, Gilda Lerner, Jeremy Brecher, Manning Marable, Richard Hofstadter, Michael Wallace, Roxanne Dunbar-Ortiz, Bob Wing, Bob Rabin과 Comite Pro Rescate y Desarrollo de Vieques, Frank Abe, Jim Zwick, Lynne Hollander, Jim Crutchfield, 〈허드슨모호크 독립미디어센터Hudson Mohawk Independent Media Center〉, 〈네이션북스 Nation Books〉의 Ruth Baldwin, Maria Herrera-Sobek, Barbara

Seaman, Odile Cisneros, Amy Hoffman, Marc Favreau, Andy Coopersmith, Norma Castillo, Maritza Castillo, Lou Plummer, 〈군장병가족의소리Military Families Speak Out〉, 그리고 Monami Maulik.

Gayle Olson-Raymer는 Ray Raphael과 함께 이 책의 교사용 안내 책자를 훌륭하게 집필했다.

이 책이 기획 단계에 있을 때부터 역사가들에게 선전하여 판매를 위해 애써 준 Tara Parmiter에게 감사한다.

책의 내용을 쓰고, 전사하고, 기록하고, 출판하고, 그리고 수년 동안 이 작업을 계속하는 데 도움을 준 모든 사람들, 특히 여기에 이름이 거론되지 않은 사람들 모두에게 감사드린다.

그리고 마지막으로 우리 모두는 Roz와 Brenda에게 특별히 감사한다. 그들의 사랑이 없었다면 우리는 이 자리에 없었을 거다.

하워드 진, 앤서니 아노브

『미국민중사*A People's History of the United States*』를 읽은 거의 모든 독자들이 내가 인용한 풍부한 자료에 대해 이야기한다. 도망 노예, 토착 미국인, 농부와 공장 노동자들, 그리고 여타의 모든 반대자들과 반체제 인사들이 만들어 낸 이야기들 말이다. 내키지 않아도 나는 대부분의 독자들이 미국 역사에 대한 내 논평보다는 저이들의 말에 더 큰 충격을 받았다는 사실을 인정해야만 했다.

독자들을 나무라는 것이 아니다. 어떤 역사가도 포우하탄족 추장의 웅변에 비견할 만한 글을 쓰기 어려울 것이다. 1607년 그는 백인 정착민들에게 "왜 사랑으로 조용히 가질 수 있는 것을 무력으로 빼앗으려 하느냐?"고 호소했다.

또한 흑인 과학자 벤저민 배니커Benjamin Banneker는 토머스 제퍼슨에게 다음과 같은 편지를 썼다. "나는 당신이 우리와 관련해 일반적으로 알려진 일련의 부조리하고 잘못된 생각과 견해를 근절시킬 모든 기회를 기꺼이 받아들이리라 생각합니다. 당신과 나는 비슷한 심성을 지녔습니다. 즉, 하나님은 우리 모두를 창조하셨고, 우리 모두를 같은 살로 만드셨을 뿐만 아니라 모두에게 공평하게 같은 감성을 허락하셨고, 같은 능력을 부여하셨던 것입니다."

또한 남부의 백인 여성이며 노예제 폐지론자인 새라 그림케Sarah Grimké는 "나는 여성이라는 이유로 특혜를 요구하지 않습니다. (…) 단지 우리 형제를 위해 우리 목을 누르고 있는 저들의 발을 치워 달라고 요청하는 것입니다. 그리고 신이 우리에게 허락한 땅 위에 곧바로 설 수 있도록 허락해 달라는 것뿐입니다"라고 말했다.

또한 헨리 데이비드 소로Henry David Thoreau는 멕시코 전쟁에 반대하는 시민불복종 운동을 실천하며 다음과 같이 말했다. "대령, 대위, 상등병, 사병, 그리고 폭약 운반자 같은 군인들은 법에 부당한 존경을 표할 경우 나타나는 가장 흔하고 자연스러운 결과를 보여 준다. 군인들은 모두 존경할 만한 법의 명령에 따라 언덕 위와 골짜기를 가로질러 전쟁터로 나간다. 이는 자기 의지에 반하는 행동이다. 그렇다. 군인들은 자신의 상식과 양심을 거스르며 가슴을 졸이는 가운데 열심히 행진을 한다.."

또한 도망 노예 저메인 웨슬리 로젠Jermain Wesley Loguen은 1850년 "도망노예송환법Fugitive Slave Law"에 저항하며 "하늘이 나에게 자유를 부여했으며 그 권리를 방어할 권한도 함께 주었다. (…) 나는 이 법을 따르지 않을 것이다. 두렵지도 않다. 나는 이 법에 복종하지 않을 것이다! 나는 나의 법적 보호권을 앗아 가는 이 법을 불법이라고 선언한다"고 외쳤다.

또한 포퓰리스트이자 웅변가인 캔자스의 메리 엘리자베스 리즈Mary Elizabeth Lease는 다음과 같이 말했다. "월스트리트가 이 나라를 소유하고 있다. 이는 더 이상 국민의, 국민에 의한, 국민을 위한 정부가 아니다. 이는 월스트리트의, 월스트리트에 의한, 월스트리트를 위한 정부다."

또한 제1차 세계대전에 반대했다는 죄목으로 재판에 회부된 에마 골드먼Emma Goldman은 "민주주의 아래서도 우리처럼 이렇게 가난한 사람들이 있는데 이런 민주주의를 어떻게 세상에 퍼뜨린단 말인가요? (…)
대중은 군사적 노예 상태에 있고, 경제적으로도 노예화되어 있는데, 그
들이 흘린 눈물과 피로 배를 채우는 민주주의는 절대로 민주주의라고 할
수 없습니다"라고 말했다.

또한 미시시피의 소작인 패니 루 해머Fannie Lou Hamer는 1964년 당시
투표하려는 흑인이 감수해야 했던 위험에 대해 다음과 같이 증언했다.
"농장 주인은 '패니 루, 만약 지금 당장 내려가서 등록을 취소하지 않으
면 여기를 떠나 줘야겠어. 미시시피는 아직 그런 일을 받아들일 준비가
안 됐거든'이라고 말했고 나는 그에게 이렇게 말했죠. '나는 당신을 위
해서가 아니라 나를 위해 등록했습니다.'"

또한 미시시피 주 맥컴의 흑인 청년은 학급 동료가 베트남에서 죽었다
는 소식을 듣고 "미시시피의 모든 니그로들이 자유로워질 때까지 베트
남에서 백인의 자유를 위해 싸워서는 안 된다"는 내용의 전단을 뿌렸다.

또한 시인 에이드리엔 리치Adrienne Rich는 1970년대에 다음과 같은 글
을 썼다. "나는 처녀든, 엄마든, 레즈비언이든, 기혼자든, 독신주의자든,
그녀들이 주부든, 칵테일 바의 웨이트리스든, 또는 뇌파 정밀 검사자든,
자신의 몸이 근본적인 문제가 아닌 여성, 몸의 우울한 의미, 번식력, 욕
망, 소위 불감증, 피 흘리는 언어, 침묵, 변형과 훼손, 강간과 성숙이 문
제가 되지 않는, 그런 여성은 한 사람도 본 적이 없다."

또한 스물한 살의 아들을 해군으로 페르시아 만에 보낸 알렉스 몰나
Alex Molnar는 부시 대통령에게 분노에 찬 편지를 보냈다. "대통령 각하,
이라크가 자국민을 독가스로 죽일 때 어디에 있었습니까? (…) 나는 내
아들과 그의 동료 병사들을 후원하고자 합니다. 그러기 위해서 나는 페
르시아 만에서 미국이 벌이는 공격과 군사행동에 반대하기 위해 내가 할
수 있는 모든 일을 할 것입니다."

이 모든 목소리는 대부분 정통으로 승인된 역사, 주요 언론, 표준 교과서, 통제된 문화에서는 들을 수 없었던 목소리라는 공통점을 갖는다. 대통령과 장군들, 그리고 다른 "중요한" 사람들이 우리의 역사를 지배하게 내버려 둔 결과 수동적인 시민이 만들어졌다. 수동적 시민들은 자기 권한을 깨닫지 못하고 신神이나 차기 대통령 같은 구세주가 평화와 정의를 가져다주기만을 기다리고 있다.

표면 아래를 들여다보면, 거리와 공장에서, 미국 막사와 트레일러 캠프에서, 공장과 사무실에서 역사는 다른 이야기를 하고 있다. 불의에 맞서고, 전쟁을 끝내고, 여성과 흑인과 토착 미국인들이 정당한 대우를 받는 곳이라면 어디든 "중요하지 않은" 사람들이 소리를 높이고, 조직하고, 저항하고, 민주주의를 되살려 낸 역사가 있다.

내가 역사를 가르친 지 20년이 되어 가던 1970년대 말, 나는 『미국민중사』를 쓰기로 마음먹었다. 조지아 주 애틀랜타에 있는 흑인 여자 대학인 스펠먼 대학Spellman College에서 역사를 가르치면서, 그 기간 중 반은 남부의 민권운동에 참여했다. 그러고는 10년 동안 베트남전쟁에 반대하는 활동을 했다. 이 경험들을 통해 불편부당한 시각으로 역사를 가르치거나 쓰는 것이 불가능하다는 사실을 깨닫게 됐다.

사실, 나의 편향성은 그보다 일찍 형성됐다. 즉, 뉴욕의 노동자 계층 이민 가정에서 성장하여 열여덟 살부터 3년 동안 조선소 노동자로 일하고, 제2차 세계대전 당시에는 공군 폭격수로 일하며 영국에서부터 출발해 프랑스의 대서양 연안을 포함한 유럽 각지에 폭탄을 떨어뜨린 경험들에서 비롯되었다.

전쟁 뒤 나는 "제대군인원호법GI Bill of Rights" 덕분에 대학에 갔다. "제대군인원호법"은 전시 입법의 일부로, 수만 명의 퇴역 군인들에게 대학

등록금을 면제해 주었다. 따라서 이 법이 없었다면 교육이라고는 엄두도 내지 못했을 노동자 계층 가정의 아들들이 대학 교육의 기회를 잡을 수 있었다.

나는 컬럼비아 대학교Columbia University에서 박사 학위를 받았다. 하지만 나 자신의 경험 덕분에 대학에서 배우는 역사가 이 나라 역사에서 매우 중요한 요소들을 빠뜨리고 있다는 사실을 알게 됐다.

만약 객관성이 자기만의 시각에서 벗어난다는 의미라면, 나는 역사를 가르치고 쓰기 시작할 때부터 이미 그런 "객관성"이라는 환상을 가지고 있지 않았다. 역사가, 저널리스트, 또는 이야기를 하는 사람은 누구든 무엇을 생략할 것인지를 선택해야 한다. 그리고 그 결정은 불가피하게, 의식적이든 아니든 그 역사가의 관심을 반영하게 된다.

미국의 일부 교육자와 정치가는 학생들에게 사실만을 가르쳐야 한다고 주장한다. 그들을 볼 때마다 나는 찰스 디킨스의 『역경Hard Times』에 나오는 그래드그린드라는 인물이 떠오른다. 그는 젊은 교사에게 "이제 내가 원하는 건 사실이다. 소년, 소녀들에게 사실만을 가르쳐라. 삶에 필요한 것은 사실뿐이다"라고 훈계한다.

하지만 해석에서 자유로운 순수한 사실 같은 것은 존재하지 않는다. 선생이 됐든, 작가가 됐든, 누가 됐든지 간에 이 세상에 어떤 사실을 제시할 때는 그 전에 항상 판단을 내린다. 그 판단에 따라 어떤 사실은 중요해지지만, 다른 사실은 중요하지 않기 때문에 제시하지 않는 것이다.

나는 미국 문화를 지배하는, 정통으로 승인된 역사에서 실종된 주제를 발견했다. 그 주제들은 나에게 정말 중요했다. 이 실종된 역사 때문에 우리는 과거를 왜곡된 눈으로 바라보게 되었고, 무엇보다 현재에 관해서도 잘못 인도되고 있는 것이다.

예를 들어, 계급에 관한 논의가 있다. 미국의 교육, 정치, 언론을 지배하고 있는 문화는 우리에게는 공통된 이해가 있으며, 우리는 계급 없는 사회에서 살고 있다고 가장한다. 미국 헌법이 서문에서 선언하고 있는 "우리 국민we the people"이라는 표현은 굉장한 사기다. 헌법은 1787년에 55인의 부유한 백인들에 의해 쓰여졌다. 그들은 노예 주인, 채권 소유자, 상인이었고, 자신들의 계급적 이익에 봉사하는 강력한 중앙정부를 설립했다.

부자와 권력자의 필요에 부흥한다는 계급 목적을 위해 설립된 정부는 미국 역사 내내, 그리고 현재까지도 그 성격을 유지하고 있다. 그러면서 부자, 가난한 자, 중산계급 모두가 공통의 이해를 가지고 있음을 암시하는 언어로 그 성격을 감추고 있다.

따라서 국가의 상황은 보편적인 용어로 묘사된다. 대통령은 "우리 경제는 건전하다"고 행복하게 선언한다. 그러나 대통령은 그 경제가 인구의 1퍼센트이면서 국가 부의 40퍼센트를 소유한 부자들에게는 매우 건전하고, 중산계급 다수에게는 상당히 건전하지만, 생존하기 위해 고투하는 4천만 명 또는 5천만 명에게는 건전하지 않다는 사실을 인정하지 않는다.

계급 이익은 언제나 "국가 이익"이라는, 모든 것을 망라하는 장막 뒤에 가려져 왔다.

나는 내가 직접 경험한 전쟁, 그리고 미국이 관여한 모든 군사적 개입의 역사를 살펴보면서 고위직 정치가들이 그들의 정책을 정당화하기 위해 "국가 이익" 또는 "국가 안보"에 호소하는 소리를 들을 때마다 깊이 회의하게 된다. 해리 트루먼Harry Truman이 한국에서 수백만 명을 죽인 "국지적 군사행동police action"을 개시했을 때도, 린든 존슨Lyndon Johnson과 리처드 닉슨Richard Nixon이 동남아시아에서 거의 3백만 명의 목숨을 앗아간 전쟁을 수행했을 때도, 로널드 레이건Ronald Reagan이 그라나다를 침공하고, 아버지 부시가 파나마와 이라크를 침공하고, 빌 클린턴Bill Clinton이 이라크를 침공하고 또 침공했을 때도 국가는 "국가 이익"과 "국가 안보"라는 이름으로 모든 침공을 정당화했다.

2003년 봄, 이라크를 침공하고 폭격하는 것은 국가 이익에 따른 결정이라는 아들 부시의 주장은 상당히 부조리한 주장이었다. 미국 국민들이 이런 주장을 받아들인 이유는 이라크가 〈알카에다Al Qaeda〉와 관련이 있으며, 그들이 "대량 살상 무기"를 숨겨 놓았다는, 정부와 주요 공보기관들이 나라 전체에 퍼뜨린 전면적인 거짓말 때문이었다.

내가 『미국민중사』를 쓰려고 결정했을 때, 나는 이 나라의 전쟁에 관한 이야기를, 장군과 정치 지도자들의 눈이 아니라, 병사가 된 노동자 계급의 젊은이 또는 검은 테를 두른 전보를 받은 부모나 아내들의 눈을 통해서 말하리라 마음먹었다.

나는 이 나라의 전쟁에 관한 이야기를 적의 시각에서 말하고자 했다. 즉, 멕시코 전쟁에서 미국인들의 침공을 받았던 멕시코인의 시각, 1898년 미국에 의해 나라를 정복당한 쿠바인의 시각, 20세기 초 미국 정부가 필리핀 정복을 결정한 이후 대략 60만 명에 이르는 사람을 죽음에 이르게 한, 엄청나게 공격적인 전쟁으로 고통받았던 필리핀인의 시각에서 말하고자 했다.

역사를 공부하면서 나는 어린 시절부터 충성 맹세, 국가, 국기, 군사적 수사를 통해 주입된 국가주의의 열기가 미국을 포함한 모든 나라의 교육 제도에 스며들어 있다는 사실을 발견하고는 충격을 받았다. 역사를 쓰면서 이 사실만은 꼭 전달하고 싶었다.

만약 전 세계적으로 국가 간의 경계가, 적어도 우리 마음속에서 지워진다면, 그래서 우리가 우리 어린이들을 생각하듯 전 세계 어린이들을 생각하게 된다면, 미국 외교 정책이 어떻게 바뀌게 될지 궁금했다. 그러면 우리는 절대로 히로시마에 핵폭탄을, 베트남에 네이팜을, 아프가니스탄이나 이라크에 집속탄cluster bomb을 투하하지 못했을 것이다. 전쟁은, 특히 우리 시대의 전쟁은 언제나 어린이들을 희생양으로 삼기 때문이다.

나는 남부에서 가족과 함께 흑인 거주지에 살았으며, 흑인 여자 대학에서 가르치고, 인종차별에 반대하는 운동에 참여해 왔다. 『미국민중사』를 쓰기 시작했을 때 나는 이런 내 경험에 많은 영향을 받았다. 나는 백인이 아닌 사람들이 등장하지 않는 역사를 가르치고 쓰는 일이 얼마나 역사를 심하게 왜곡하는 일인지를 깨닫게 됐다. 그렇다. 토착 미국인들은 역사 속에 등장하기는 하지만 너무 빨리 사라진다. 흑인들은 노예로만 등장할 뿐 소위 자유인이 된 뒤에는 보이지도 않는다. 이런 역사는 백인의 역사일 뿐이다.

초등학교부터 대학원까지 역사를 공부했으면서도 크리스토퍼 콜럼버스Christopher Columbus가 신세계에 도착하자마자 집단 학살을 자행했으며, 그 결과 에스파뇰라의 원주민들이 절멸했다는 역사적 사실에 대해서는 암시조차 받은 적이 없다. 또 신흥국 영토 확장의 첫 번째 단계였다는 설명만 들었을 뿐, 그 과정에서 말로 할 수 없는 학살이 자행됐으며 미국 전역의 토착 미국인들을 보호구역으로 몰아가는 폭력적인 추방의 역사가 있었다는 암시도 받지 못했다.

미국의 모든 학생들은 영국에 대항한 독립 전쟁이 일어나기 전에 발생한 보스턴 학살Boston Massacre 사건을 배운다. 그리고 1770년 영국 군대가 다섯 명의 식민지인을 죽였다는 사실도 알고 있다.

그러나 얼마나 많은 학생들이 1637년 뉴잉글랜드에서 일어난 피쿼트Pequot족 학살 사건에 대해 배우는가? 학살 당시 남자, 여자, 어린이할 것 없이 6백 명의 피쿼트족이 죽었다. 또한 남북전쟁이 한창일 때 콜로라도 주 샌드크리크에서는 미국 군인들이 수백 명의 토착 미국인 가족을 학살했다. 얼마나 많은 학생들이 이를 알고 있는가?

이 정부는 모든 사람에게 동등한 권리를 보장한다고 헌법에 명시하고 있다. 그러나 내가 받은 역사 교육에서는 흑인에 대한 학살이 정부의 묵인하에 일어나고, 또 일어난 역사에 대해 가르치지 않았다.

백인 중심의 역사책에서 "혁신주의 시대Progressive Era"라고 이름붙인 시기에 수많은 "인종 폭동"이 일어났다. 그중 하나가 1917년 이스트세인트루이스East St. Louis에서 발생했다. 흑인 노동자 유입에 화가 난 백인 노동자가 흑인 노동자 2백여 명을 죽인 사건이었다. 아프리카계 미국인 두 보이즈W. E. B. Du Bois는 이 사건에 분노하여 "세인트루이스의 학살"이라는 글을 썼으며, 행위 예술가 조세핀 베이커Josephine Baker는 "미국의 바로 저 발상이 나를 몸서리치게 하고 떨게 만들며 악몽을 꾸게 한다"고 말했다.

민중의 역사를 쓰면서 나는 계급 갈등, 인종적 불의, 성적 불평등, 그리고 국가의 오만이라는 거대한 의식을 일깨우고 싶었다.

그러나 나는 기성 권력에 맞섰던 사람들의 숨겨진 저항의 역사 역시 폭로하고 싶었다. 단지 죽거나 사라지기를 거부한 토착 미국인들, 반노예제 운동에서부터 최근의 인종 분리 반대 운동에 참여했던 흑인들의 반란, 자신들의 삶을 향상시키기 위해 파업한 노동자들의 저항을 드러내고 싶었다.

나는 5년 전에 이 책 『미국민중사를 만든 목소리들Voices of a People's History of the United States』을 쓰기 시작했다. 우리 역사책에 등장하지 않는 저항의 목소리에 합당한 자리를 주고 싶었기 때문이다. 나는 수십 년, 수세기에 걸쳐 인간 존엄성을 지키기 위한 전쟁터였던 노동자의 역사가 역사의 전면에 나오기를 바랐다. 그리고 나는 독자들이 우리 역사에서 중요한 순간에 가장 용감하고 가장 효과적인 정치적 행동의 일부는 바로 인간의 목소리 자체였다는 것을 경험하기를 원했다. 존 브라운John Brown이 재판에서 자신의 봉기가 "틀리지 않으며, 정의롭다"고 선언했을 때, 패니 루 해머가 1964년 선거인 명부에 등록하려는 흑인이 처한 위험에 대해 진술했을 때, 1991년 첫 번째 걸프 전쟁 당시 알렉스 몰나가 자신의 아들과 우리 모두를 대신해서 대통령에게 도전했을 때, 그들의 말은 수많은 사람들에게 영향을 주었고, 영감을 주었다. 그들의 말은 단순히 말이 아니라 행동이었다.

　이러한 저항의 목소리들을 누락하거나 과소평가한다면 권력이 총이나 돈, 혹은 신문이나 텔레비전 방송을 소유한 사람들에게만 있다는 생각을 만들어 낼 것이다. 나는 노동자건, 유색인이건, 여자건 간에 권력을 가진 것처럼 보이지 않은 사람들이 조직하고 저항하고 운동을 일으킨다면, 어떤 정부도 억누를 수 없는 목소리를 가지게 될 것이라는 점을 말하고 싶었다.

2004년

하워드 진

| 일러두기 |

1. 한글과 외래어 표기는 〈국립국어원〉 표준국어대사전 표기 및 '외래어 표기법'을 따랐다. 단,
   원칙대로 표기할 경우 현실과 지나치게 동떨어진 음이 나오면 실용적 표기를 취했다.
2. 단행본, 정기간행물에는 겹낫쇠(『』)를, 단행본 일부와 선언문 등에는 홑낫쇠(「」)를, 단체명과
   영화명의 경우 꺾쇠(〈〉)를 사용했다. 그 외, 법령이나 기고문, 시, 노래 등은 큰따옴표("")로,
   영문 단행본이나 정기간행물은 이탤릭체로 표시했음을 밝힌다.
3. 본문에 있는 대괄호([ ])는 매끄러운 번역을 위해 옮긴이가 첨언한 경우를 제외하고는 모두
   원서에 대괄호로 표시된 부분을 그대로 옮긴 것으로, 편집자인 하워드 진과 앤서니 아노브의
   설명이라고 보면 된다.
4. 옮긴이가 추가적으로 설명한 부분은 소괄호(( ))로 묶어 옮긴이 표시를 했다. 단, 단위 변환
   같은 기술적 설명의 경우에는 따로 옮긴이 표시를 하지 않았다.
5. 각 사료들의 출처는 책 끝에 미주를 달아 표시했다.
6. 각 장과 사료들의 도입부에 나오는 설명은 하워드 진이 쓴 것이다.
7. 각 사료들 아래 표시된 연도는 해당 사건이 발생한 시기가 아닌, 각 사료들의 출처가 출간된
   시기를 가리킨다.

제1장

콜럼버스와
라스 카사스

크리스토퍼 콜럼버스의 일기(1492년 10월 11일~15일)

바르톨로메 데 라스 카사스, 콜럼버스의 유산에 대한 두 가지 해석(1542년, 1550년)
— 『인도 제도의 황폐화: 간략한 설명*Devastation of the Indies: A Brief Account*』(1542년)
— 『인디언에 대한 변론*In Defense of the Indians*』(1550년)

에두아르도 갈레아노, 『불의 기억*Memory of Fire*』(1982년)

미국인들이 수세대에 걸쳐 교과서, 학교, 그리고 대중문화를 통해 배운 역사 중 크리스토퍼 콜럼버스Christopher Columbus의 이야기만큼 심하게 왜곡되어 전해지는 이야기도 없다. 콜럼버스는 대양을 건너 미지의 세계로 항해해 알려지지 않았던 대륙을 발견한 영웅, 용감한 모험가, 능숙한 선원으로 보편적으로 묘사된다.

모두 다 맞는 말이다. 그러나 이 이야기는 평화롭고 관대한 원주민들에게 환영을 받으며 바하마 제도Bahamas Islands에 도착한 콜럼버스와 그의 선원들이 무자비하게 금을 탐하기 시작했고, 그 결과 원주민들을 노예로 만들고, 괴롭히고, 죽인 사실은 빠뜨리고 있다.

콜럼버스가 원정을 떠나 바하마에 도착한 뒤 그처럼 무자비한 행동을 한 이면에는 이윤이라는 강한 동기가 있었다. 콜럼버스는 대양을 건너면 아시아에서 금과 향신료를 가져올 수 있으리라는 희망을 가지고 스페인 왕과 왕비의 재정적인 후원을 받아 항해를 떠났다. 이미 마르코 폴로Marco Polo를 비롯해서 다른 사람들이 육로를 통해 아시아로 원정을 떠난 바 있었다. 그러나 투르크Turk족이 지중해 동쪽을 정복하고 아시아로 가는 길을 방해하자 스페인은 바다로 가는 길을 택하게 된 것이다.

콜럼버스는 금과 향신료를 가져온다면 이윤의 10퍼센트를 받고 새로 발견한 지역의 총독으로 임명될 것을 약속받았다. 콜럼버스는 지구가 둥글다는 사실을 알고는 있었지만 지구가 실제 크기보다 작다고 생각했다. 그는 결코 아시아에 도착한 것이 아니었다. 대신 아시아로 가는 길의 약 4분의 1 지점에서 우연히 육지에 도달했다.

콜럼버스가 마주친 원주민은 평화로운 아라와크 인디언들Arawak Indians이었다. 콜럼버스는 일기에 그들이 온순하고 관대하다고 적었지만 원주민들은 인간이 아니라고 생각했기 때문에 그들을 고문하고, 금을 찾아오라고 강요했다. 콜럼버스는 금을 캐기 위해 원주민 수백 명을 납치해 노예로 만들고 끔찍한 환경에서 광산 일을 시켰다. 이를 시작으로 지금은 아이티Haiti와 도미니카공화국Dominican Republic이 있는 에스파뇰라Hispaniola 지역의 인디언들이 절멸의 길을 걷게 된다. 그리고 이는 유럽인들의 서반구 정복의 시작이었다.

크리스토퍼 콜럼버스의 일기[1]

1492년 10월 11일~15일

이 장은 아메리카로 떠난 콜럼버스의 첫 번째 항해 일지에서부터 시작한다. 우리가 가진 유일한 첫 번째 항해 일지는 1530년대 바르톨로메 데 라스 카사스Bartolomé de Las Cassas가 필사한 것이다. 역사가 올리버 던Oliver Dunn과 제임스 켈리James E. Kelly, Jr.는 "일지 원본은 오래 전에 사라졌고 이사벨라 여왕이 콜럼버스에게 명령해서 작성한 복사본 또한 발견될 가능성이 거의 없다. 그러므로 지금으로서는 라스 카사스가 일부 요약하고 또 일부는 인용한 원고가 가장 원본에 가깝다"고 말한다. 라스 카사스의 원고 또한 사라졌다가 1790년경 필사본 하나가 발견되었다.

라스 카사스가 콜럼버스의 말을 인용했다기보다는 때로 말을 바꿔서 썼다는 점, 콜럼버스가 글을 쓸 때 자신을 삼인칭 또는 "제독the Admiral"으로 칭했다는 점에 주목해야 한다.

1492년 10월 11일 목요일

그는 서-남서쪽으로 키를 돌렸다. 선원들은 항해 내내 마셨던 물보다 더 많은 양의 물을 밖으로 쏟아 냈다. 바다제비가 배 주변을 날아다녔고, 초록색 큰고랭이(bulrush, 연못이나 호수에 사는 여러해살이풀. 육지가 가까워졌다는 증거다. 옮긴이)가 떠다녔다. 핀타호Pinta 선원들은 떠다니는 지팡이와 막대기를 보았고, 철제품과 함께 사용되던 것으로 보이는 작은 막대기,

육지에서 자라는 식물, 작은 판자를 집어 올렸다. 니냐호Niña의 선원들도 조개껍데기로 장식된 작은 막대기를 발견하고 나서는 육지가 가까이 있다는 사실을 알 수 있었다. 이런 것들을 본 선원 모두는 이제 한시름 놓고 즐거워했다. 그날 해질 때까지 27리그(leagues, 거리를 재는 단위로 27리그는 약 4.8킬로미터)를 항해했다.

해가 진 뒤 콜럼버스는 항해 방향을 서쪽으로 돌렸다. 한 시간에 12마일(약 19킬로미터)씩 항해하여 새벽 두 시까지 90마일(약 145킬로미터)을 항해했다. 총 22.5리그(약 109킬로미터)를 간 것이다. 핀타호는 〔콜럼버스〕 제독이 탄 배보다 더 빨라 앞서 항해했기 때문에 먼저 육지를 발견하고 콜럼버스가 지시한 대로 신호를 보냈다. 처음 육지를 발견한 사람은 로드리고 데 트리아나라는 선원이었다. 콜럼버스도 열 시간 동안 야간 항해를 하던 중에 배의 후미에서 희미한 불빛을 보기는 했다. 그러나 육지라고 하기에는 너무 흐려서 육지인지 아닌지를 확인하려 하지 않았다. 그렇지만 왕의 집사인 페로 구티에레즈를 불러서 빛이 보인 듯하니 살펴보라고 말했다.

구티에레즈가 살펴보니 빛이 보이는 듯했다. 그 역시 왕과 왕비가 선박의 회계 감사로 보낸 로드리고 데 세고비아에게 보라고 말했다. 세고비아는 빛이 보이지 않는 위치에 있었기 때문에 아무것도 보지 못했다. 제독이 빛을 발견한 뒤로 한두 번 더 빛이 보였다. 마치 작은 밀랍 양초가 켜져 있는 것처럼 보였지만 육지라고 생각하기에는 너무 희미했다. 하지만 제독은 육지가 가까워지고 있음을 확신했다. 선원들이 모두 모여서 그들 나름의 방식으로 노래하고 암송해 온 찬송가를 부르고 있을 때 제독이 그들에게 갑판 앞에 나가 육지가 보이는지 확인하라고 간청하고 타일렀다. 그리고 누구든지 육지를 처음 본 사람에게는 나중에 실크 재킷과 더불어 왕이 약속한 일만 마라베디(maravedis, 옛 스페인의 구리 동전. 옮긴이)의 연금을 포상으로 주겠다고 약속했다. 새벽 두 시 쯤 약 2리그(약

9.6킬로미터) 정도 전방에 육지가 나타났다. 그들은 덮개가 없는 큰 돛만 두고 모든 돛을 서둘러 내렸다. 그러고 나서 금요일 아침 해가 밝아 올 때까지 천천히 흔들리며 앞으로 나가 인디언들이 구아나하니Guanahani라 부르는 아주 작은 섬 루카요스Lucayos에 도착했다. 그들은 곧 벌거벗은 인디언을 보았다. 제독은 마틴 아론소 핀전과 그의 형 비센테 아녜스 니냐호 선장과 함께 무장하고 발사 대형으로 해안에 다가갔다. 제독은 왕의 국기를 내걸었고, 두 선장은 녹색 십자가가 그려진 깃발을 꺼내 들었다. 제독의 기는 그가 항해할 때마다 항상 달고 다니는 기로, 페르디난드 왕과 이사벨라 여왕을 의미하는 F와 Y가 새겨져 있고, 두 글자 모두 왕관을 쓰고 있다. 해안에 도착한 그들은 푸르른 나무와 연못, 다양한 열매를 보았다. 제독은 해안가에 막 뛰어든 두 배의 선장과 선원들, 그리고 항해 사무관 로드리고 데스코베도와 로드리고 산체스 데 세고비아를 불러 모았다. 콜럼버스는 그들 앞에서 군주인 왕과 왕비를 위해 자신이 이 섬을 소유한다고 선언해야 했다. 그들은 이 선언에 필요한 증인들이었다. 그리고 실제로 콜럼버스는 이 섬을 소유했다. 이 선언은 나중에 증명서로 쓰여질 때 더욱 길게 기록되었다. 곧 섬의 원주민들이 해안가로 모여들었다. 그 다음에 일어난 일들은 제독이 이 제도를 발견한 첫 번째 항해에 대하여 기록한 내용 그대로다. 그는 말하기를, "나는 그들이 지금보다 더 자유로워질 수 있고, 무력보다는 사랑으로 그들을 우리의 거룩한 종교로 개종시킬 수 있다고 생각했기 때문에, 우호적인 관계를 맺고자 그들 중 몇 명에게 빨간 모자와 유리구슬을 주었고 원주민들은 이 선물을 가슴에 달고 다녔다." 이 밖에도 가치 있는 작은 물건들을 그들에게 많이 주었다. 원주민들은 이를 무척 좋아했고 우리의 친구가 되었으니 이는 기적이었다. 나중에 원주민들은 우리가 배를 대 놓고 있는 곳까지 수영해 왔다. 그들은 앵무새, 면화 실뭉치, 던지는 창 등 많은 물건들을 가지고 와서 우리가

그들에게 주었던 작은 유리구슬과 종 같은 물건들로 교환했다. 한마디로 그들은 모든 것을 가져갔고 그들이 가진 모든 것을 기꺼이 우리에게 줬다. 원주민들은 아무것도 가진 것 없는 매우 가난한 사람들 같았다. 모든 사람들이 마치 갓 태어난 아이처럼 벌거벗은 모습이었고, 여자는 꽤 젊어 보이는 한 명밖에 보지 못했지만 여자들도 마찬가지였다.

내가 본 사람들은 모두 서른 살이 안 되어 보이는 젊은 사람들이었다. 그들 모두 체격이 좋았고, 잘생겼다. 그들의 털은 마치 말의 꼬리털처럼 거칠고 짧았다. 등 뒤로 한 번도 자르지 않은 긴 머리카락 몇 가닥을 제외하고는 모두 눈썹 위까지 머리를 늘어뜨렸다. 검은색으로 몸을 칠한 사람도 있었고, 검은색도 흰색도 아닌 카나리아 색(카나리제도 색으로 샛노란색을 말한다. 옮긴이)으로 몸을 칠한 사람도 있었다. 그 밖에도 흰색이나 빨간색을 바르는 등 거의 모든 색으로 몸을 치장했다. 어떤 사람은 얼굴만 발랐고, 어떤 사람은 온 몸에 칠했다. 눈만 칠하거나 코만 칠하기도 했다. 무기는 들고 다니지 않았으며 익숙하지도 않은 듯했다. 내가 검을 보여 주자 원주민은 그것이 무엇인지 몰라 모서리를 잡는 바람에 칼에 베였다. 원주민은 철을 사용하지 않았다. 원주민의 창은 철이 아니라 끝에 물고기 이빨 등으로 만든 촉을 단 자루 형태였다. 모두 비슷하게 키가 컸고, 몸가짐이 단정하고 자세가 발랐다. 몸에 상처가 있는 사람이 보이기에 오라고 손짓하여 상처에 대해 물어 보았다. 원주민은 주변의 다른 섬사람들이 와서 어떻게 그들을 데려가려고 했는지, 그리고 자신들이 어떻게 방어했는지를 보여 주었다. 나는 원주민을 믿었다. 그리고 티에라피르메(tierra firme, 스페인 식민지 시기 파나마 지협. 옮긴이) 사람들이 원주민을 포로로 데려가려고 이곳에 오는 것이라 생각했다. 원주민은 내가 말한 모든 것을 매우 신속하게 암송하는 바, 필경 착하고 똑똑한 하인이 될 것이다. 원주민은 또한 자신들만의 종교가 없기 때문에 수월하게 기독교도가 될 수 있을 것이다. 이 항해를 흔쾌히 허락해 주신 군주이신 폐하를 즐겁게 해 드리기 위해 이곳을 떠날 때 원주민 여섯 명을 데려가 그들에게 우리 언어를 가르치고자 한다. 이 섬에서 동물이라고는 앵무새 밖에 보지 못했다. 이 모든 이야기는 제독의 설명이다.

1492년 10월 13일 토요일

동이 트자마자 많은 원주민들이 해변으로 왔다. 이미 말했듯이 그들 모두는 젊었고 건장하고 잘생겼다. 머리카락은 말의 털처럼 뻣뻣한 직모였다. 그들 모두는 지금까지 보았던 어떤 사람들보다 이마와 머리가 넓었다. 눈은 매우 잘생겼고 작지 않았다. 피부는 그렇게 검지 않았으며 카나리제도 사람들의 피부빛이었다. 이 섬이 카나리제도의 이에로Hierro 섬과 동-서를 잇는 선상에 있으므로 당연하다 하겠다. 그들은 다리가 길고 쭉 뻗었고, 뱃살도 없었고, 체형이 좋았다. 원주민들은 섬에서 유행하는 방식으로 멋지게 장식한 카누를 타고 우리 배로 다가왔다. 그 카누는 나무 한 그루를 통째로 파서 만든 긴 배였다. 마흔 명에서 마흔다섯 명 정도를 태운 큰 카누도 있었고, 한 명만 태운 작은 카누도 있었다. 원주민들은 빵 구울 때 쓰는 주걱처럼 생긴 노로 배를 저었는데 아주 훌륭하게 움직였다. 배가 뒤집히면 물속에 들어갔다가 배를 바로 하고 호리병으로 물을 퍼냈다. 그들은 면화 실타래와 앵무새, 창 등 열거하기 어려울 정도로 많은 물건들을 가지고 왔다. 그리고 받은 물건에 대한 대가로 모든 것을 다 줬다. 나는 혹시 금이 있는지 주의 깊게 살펴보았다. 그들 중에는 코에 구멍을 내고 작은 금 조각을 걸고 있는 사람이 있었다. 그들의 몸짓으로 나는 남쪽으로 가거나 남쪽 방향으로 섬을 돌아가면 큰 배를 소유하고 많은 금을 가진 왕을 만날 수 있음을 알게 되었다. 그들과 함께 그곳에 가려고 했지만 나중에서야 그들이 그곳에 가기 싫어한다는 것을 알았다. 그들 중 다수가 남쪽에, 남서쪽에, 그리고 북서쪽에 육지가 있으며, 북서쪽에서 온 사람들과 여러 번 싸웠다고 말했다. 나는 다음날 정오까지 기다렸다가 금과 보석을 찾아 남서 방향으로 항해하기로 했다. 이 섬은 꽤 크고 평평하고 푸른 나무들과 물이 많다. 한가운데 큰 호수가 있으며 산이 없다. 온통 푸르러 경치가 아주 좋다. 사람들은 매우 온화하다. 그들은 우리가 가진 물건들을 몹시 갖고 싶어한다. 그리고 자기들이 가진 것을 몽땅 주지 않으면 우리 물건들을 받을 수 없다고 생각하기 때문에 되도록 많은 것을 가지고 물속에 뛰어든다. 원주민은 무엇을 받든 자기들이 가진 것을 모두 내놓는다. 접시 조각들과 깨진 유리컵도 가져갔다. 심지어 반 마라베디 정도의 가치가 있는 포르투갈 구리 동전 세 닢에 면화 열여섯 타래를 내놓았다. 그들 중에는 24파운드(약 11킬로그램)보다 무거워 보이는 면화 실타래를 가져온 이도 있었다. 나는 모든 것을 폐하께 바치기 위해 누구도 이를 가져가지 못하게 했다. 이 섬에는 목화가 자라지만 시간이 없어서 확실하게 알 수는 없었다. 코에 걸고 있는 금도 여기서 나지만 시간을 허비 말고 바로 시팡고(Cipango, 일본. 콜럼버스는 이 때까지도 자신이 아시아에 도착했다고 믿고 있었다. 옮긴이) 섬을 찾아 떠나려고 한다. 밤이 오자 모든 인디언은 카누를 타고 해변으로 돌아갔다.

1492년 10월 14일 일요일

동이 트자 나는 범선과 돛단배에 출항 준비를 명령했다. 우리는 이 섬의 다른 지역, 즉 동쪽 지역에 무엇이 있는지 보기 위해 섬을 따라 북북동 방향으로 갔다. 우리는 마을을 보고 싶었다. 그러자 곧 두세 개 마을과 사람들이 보였다. 그들은 해변으로 와서 우리를 부르며 신에게 감사했다. 그들 중에는 우리에게 물을 가져다주는 사람도 있었고, 먹을 것을 가져다주는 사람도 있었다. 내가 해변으로 가지 않자 그들은 바다로 뛰어들어 헤엄쳐 왔다. 그리고 우리에게 하늘에서 왔냐고 묻는 것 같았다. 한 노인이 범선까지 왔고 다른 사람들은 큰 소리로 남자와 여자들을 불러 모아 "하늘에서 온 사람들을 보라, 그들에게 먹을 것과 마실 것을 가져다줘라"고 소리쳤다. 수많은 남녀가 왔고, 그들은 각각 무언가를 들고 와서는 바닥에 엎드려 신에게 감사했다. 그리고 하늘을 향해 손을 올린 후 줄곧 큰 소리로 우리에게 해변으로 나오라고 말했다. 하지만 나는 섬 전체를 둘러싸고 있는 커다란 바위 암초가 걱정됐다. 암초와 해변 중간에는 기독교 세계의 모든 배들이 들어갈 만큼 깊은 항구가 있었고, 그 입구는 매우 좁았다. 암초 지대 중에는 수심이 얕은 곳도 있었다. 그러나 바다는 우물물만큼이나 잔잔했다. 나는 폐하께 설명을 드리고 요새를 건설할 장소를 찾기 위해 오늘 아침 이 모든 것을 알아보려고 했다. 그 와중에 섬은 아니지만 섬처럼 보이는 땅을 발견했다. 그곳에는 집 여섯 채가 있었다. 이 땅덩어리는 이틀 동안만 작업해도 육지에서 떼어 내 섬으로 만들 수 있을 정도였다. 하지만 이곳 사람들은 무기에 대해 잘 모르기 때문에 그럴 필요가 없었다. 우리 언어를 가르쳐 돌려보내기 위해 데려갈 일곱 명을 통해 폐하께서도 이 사실을 알게 되실 것이다. 그 밖에도 폐하께서 명령만 하면 그들 모두를 카스티아Castile로 데려가거나 이 섬에 포로로 잡아 둘 수 있다. 오십 명 정도만 있으면 이들을 모두 복종하게 할 수 있으며 원하는 모든 것을 시킬 수 있기 때문이다. 그리고 나중에는 내가 말한 작은 섬 근처에서 이제까지 본 것 중 가장 아름답고, 그 잎은 마치 4월과 5월 카스티아의 나뭇잎처럼 푸른 잎을 가진 나무와 물을 가져갈 수 있을 것이다. 나는 항구 전체를 살펴본 뒤, 배로 돌아와 떠났다. 이윽고 어떤 섬에 먼저 가야 할지 결정할 수 없을 정도로 수많은 섬이 나타났다. 내가 데려간 사람들은 셀 수 없을 정도로 많은 섬이 있다고 몸짓으로 내게 말했다. 그들은 그들의 언어로 백여 개가 넘는 섬 이름을 댔다. 마침내 가장 큰 섬을 찾았고, 그 섬에 가기로 했다. 지금 그 섬에 가고 있는 중이다. 그곳은 이 산살바도르San Salvador 섬에서 5리그(약 24킬로미터) 정도 떨어져 있고, 다른 섬들은 조금 더 멀거나 가까웠다. 모든 섬에는 산이 없어 평평했다. 땅은 매우 비옥했고 사람들이 살고 있었으며, 그들은 서로 싸우곤 했다. 그러나 매우 단순하고 잘생겼다.

1492년 10월 15일 월요일

나는 어느 해안이 안전한지 모르는 상태에서 아침이 오기 전 육지에 도착해 닻을 내려야 하는 일이 생길까 봐 밤새 걱정했다. 그리고 동이 트자마자 돛을 펼쳤다. 5리그보다 약간 멀리, 약 7리그(약 34킬로미터) 정도 거리에 섬이 있었다. 물살 때문에 정오쯤 되어서야 그 섬에 도착할 수 있었다. 섬의 지형은 산살바도르 방향인 북남 쪽으로 뻗어 있고, 5리그 내에 다른 섬이 있으며, 약 10리그(약 48킬로미터) 너머에 또 다른 섬이 동서 방향으로 뻗어 있다. 이 섬의 서쪽으로 더 큰 섬이 보였다. 나는 이 섬을 산타 마리아 데 라 콘셉시온Santa Maria de la Concepcion이라 부르고, 돛을 펴고 밤이 될 때까지 하루 종일 항해했으나 아직까지 이 섬 서쪽 곶에 도착하지 못했다. 해가 질 무렵 곶 가까이에 닻을 내리고 섬에 금이 있는지 찾아보았다. 산살바도르에서 데려간 사람들이 팔과 다리에 큰 금팔찌를 두른 사람들이 이곳에 있다고 계속 말했기 때문이다. 나는 그들이 도망가기 위해서 이러한 이야기를 지어냈다고 생각하면서도 내가 소유하지 않은 어떤 섬도 그냥 지나치지 않으려 했다. 비록 하나의 섬을 소유하면 모든 섬을 가졌다고 말할 수 있겠지만 말이다.

바르톨로메 데 라스 카사스,
콜럼버스의 유산에 대한 두 가지 해석

1542년, 1550년

이상화되고 낭만화된 콜럼버스 이미지가 최근 들어 재고되기 시작했다. 이는 인디언들이 아메리카 대륙의 원주민으로서 자신들의 중요성을 강조하기 시작했기 때문이기도 하다. 인디언을 재평가하면서 콜럼버스를 다른 각도에서 바라볼 수 있게 됐다. 콜럼버스는 때로는 서반구에서 유럽 제국주의를 처음으로 웅변한 인물로 비춰지기도 하고, 때로는 독실한 기독교도로 위장하여 금을 찾기 위해 에스파뇰라의 원주민들을 납치하고 죽인 인물로 그려지기도 한다. 이처럼 재평가된 견해를 뒷받침하는 근거는 주로 바르톨로메 데 라스 카사스의 글에서 찾아볼 수 있다. 라스 카사스는 콜럼버스와 동시대인이었다. 그는 에스파뇰라의 참상을 다음과 같이 직접 목격했다.

『인도 제도의 황폐화: 간략한 설명』(1542년)[2]

인도 제도The Indies는 1492년에 발견되었다. 그 후 수많은 스페인인들이 이곳을 식민지로 삼기 위해 몰려들었다. 첫 이주민들이 인도 제도에 침입한 지 49년이 지났다. 둘레가 6백 리그(약 2천9백 킬로미터)에 달하는 이 섬은 가장 크고 행복한 섬이라 하여 에스파뇰라라 불렀다. 이 섬 주변에는 모든 방향으로 수많은 섬들이 있다. 어떤 섬은 매우 크고, 어떤 섬은 매우 작고, 모든 섬에는 우리가 인디언이라 부르는 원주민들이 밀집해 살고 있었다. 에스파뇰라는 세상에서 인구가 가장 조밀한 지역 같다. 섬의 면적은 약 2백 리그 정도는 되어 보인다. 1만 리그(약 4만 8천 킬로미터) 이상의 해안선을 조사했고, 날마다 조금씩 더 탐사하고 있다. 지금까지 발견한 모든 땅에는 원주민들이 거주하고 있으며 마치 조물주가 이 섬에 인류 대부분을 정착시킨 듯 북적거린다.

인류라는 무한한 우주에서 이곳 원주민들만큼 정직하고 선하며 단순한 인류는 없을 것이다. 원주민들은 자신들이 섬기는 추장과 스페인 기독교도들에게 잘 복종하고 충성한다. 그들은 겸허하고 인내심 많고 평화로운 천성을 지녔고, 불평이 없고, 흥분하거나 싸우지 않으며 분노하지 않는다. 그들은 이 세상 누구보다도 원한이나 증오, 다른 사람에 대한 복수심이 없는 사람들이다. 지나치게 유약하고 고분고분해서 심한 노동을 잘 견디지 못하고 어떤 병에라도 걸리면 곧 죽는다. 고상한 생활을 즐기면서 자라는 우리 귀족의 자식들도 이들 인디언들, 심지어 가장 신분이 낮은 인디언 노동자들보다 섬세하지 않다. 그들은 소유물이 거의 없을 뿐만 아니라 세속적인 물건을 탐하지도 않기 때문에 가난하다. 그렇기 때문에 교만하지 않고 절망하지 않으며 탐욕스럽지 않다. 그들의 식사량은 사막 한가운데에서 지내는 성자들의 식사보다 알뜰하고, 적고, 형편없다. 옷차림으로 말하면 중요한 부분만 겨우 가릴 정도고, 거의 다 벗다시피 지낸다. 어깨를 덮을 때는 2바라(vara, 스페인에서 길이를 잴 때 사용하는 단위로 지금은 거의 쓰이지 않는다. 1바라는 0.8미터 정도다. 옮긴이)도 안 되는 작은 사각 천을 쓴다. 침대는 없고 매트처럼 생긴 것을 깔고 자거나 아마카 hamaca라 불리는 그물을 매달고 그 위에서 잔다. 매우 청결하고, 조심스러우며, 지적이고, 온순하다. 열린 마음으로 믿음을 받아들이기 때문에 우리 성스러운 가톨릭 신앙을 잘 수용한다. 다양한 습속을 지녔고 경건하게 행동한다. 가톨릭을 접한 후 그들은 매우 열성적으로 교회의 성사를 받아들이고 하나님을 예찬한다. 이러한 열정을 다루려면 이곳 선교사들은 하나님으로부터 더 많은 인내심을 하사받아야 할 필요가 있다. 오랫동안 에스파뇰라에 머문 세속의 스페인 사람들 중 일부 역시 인디언이 착하다는 사실을 부인하지 않는다. 그들은 이런 좋은 사람들이 하나님을 알게 된다면 이 세상에서 가장 행복한 사람들이 될 수 있을 것이라 말한다.

양처럼 온순하게 살아가는 사람들의 땅에 며칠 곪은 여우, 호랑이, 사자처럼 광포한 스페인 사람들이 들이닥쳤다. 그들은 야생동물처럼 행동했다. 지난 40여 년 동안, 그리고 지금까지도 스페인 사람들은 한 번도 들어 본 적 없는 다양하고 잔인한 방법으로 광폭한 짐승들처럼 원주민들을 죽이고, 고문하고, 괴롭히며, 파멸시키고 있다. 그 결과 한때는 3백만 명에 이르던 에스파뇰라의 인구는 이제 2백 명이 채 안 된다.

쿠바Cuba 섬은 바야돌리드Valladolid와 로마 사이 거리만큼 가까운데 이제는 사람들이 전혀 살지 않는다. 제일 큰 섬인 산후안(San Juan, 푸에르토리코)과 자메이카Jamaica는 가장 비옥하고 매력적인 섬들이었지만 모두 버려지고 황폐해졌다. 쿠바와 에스파뇰라 북쪽에 루카요스가 있는데 기간테스Gigantes를 포함해 자그마치 크고 작은 60여 개의 섬들로 구성되어 있다. 그 섬들 중에서 가장 보잘것없는 섬조차 세비야Seville 왕의 정원보다 비옥하고 아름답다. 이 섬들에 50만 명이 넘는 사람들이 살던 시절도 있었다. 그때는 이 지구상에서 가장 건강한 지역이었는데 이제는 단 하나의 생명체도 살지 않는 곳으로 버려졌다. 모든 원주민들은 에스파뇰라 섬에 포로로 끌려가 노예로 팔렸고, 그 후 살해되거나 죽었다. 원주민 중에는 도망친 사람도 있었다. 그러자 스페인인들은 그들을 찾아 죽이려고 3년 동안 여러 섬을 샅샅이 뒤졌다. 도망한 원주민들을 불쌍하게 여긴 착한 기독교도가 원주민들을 설득해 기독교로 개종시키고 도망을 도와준 덕분이었다. 나는 그들 중 열한 명을 만났다.

산후안 주변에 있는 서른 개 이상의 섬에 살던 원주민 대부분이 같은 이유로 절멸했고 섬은 황폐해졌다. 이 섬들 중 2천1백 리그의 땅이 폐허가 됐고, 인구수가 줄거나 아예 사라졌다.

광대한 본토는 아라곤Aragon과 포르투갈을 포함한 스페인 전체 영토보다 열 배 이상 크고 길이는 2천 리그(약 9,656킬로미터) 이상이다. 이는 세비야와 예루살렘 사이 거리보다 더 길다. 스페인 사람들이 잔인하고 혐오스러운 행동으로 이 섬을 유린하고 이 섬에 살았던 주민들을 절멸시켰음이 분명하다. 지난 40년 동안 기독교도들은 극악무도한 행동으로 남자, 여자, 어린이 할 것 없이 1천2백만 명 이상을 부당하게 살해했다. 실제 살해된 사람은 1천5백만 명이 넘을 것이다.

스페인 사람들은 소위 기독교도를 자칭하며 불쌍한 사람들을 절멸시키고 지구상에서 없애 버리기 위해 그곳에 갔다. 그들은 주로 잔인하고 피비린내나는 부당한 전쟁을 일으키는 방법을 사용했다. 스페인 사람들은 자기 생명을 지키기 위해 싸우거나 견디기 어려운 고문을 피해 도망가는 원주민 지도자들과 젊은이들을 죽였고 살아남은 사람은 모두 노예로 만들었다. 여자와 어린이들의 경우 목숨은 살려 주되, 가장 가혹하고 힘든 일을 하는 노예로 만들었다.

기독교도들은 금을 찾아 단숨에 부자가 되어 자기에게는 어울리지 않는 높은 신분으로 상승하려는 궁극적인 목적을 가지고 있었다. 이 때문에 수없이 많은 사람들을 죽이고 파멸시킨 것이다. 채워지지 않는 엄청난 탐욕과 욕망이 그 악랄한 행동의 동기였음을 명심해야 한다. 땅이 비옥하고 풍요롭고, 원주민들은 온순하고 참을성이 많아 복종시키기 쉬웠기에 스페인 사람들은 그들을 짐승보다 못하게 다루고 아무런 배려도 하지 않았다. 이는 내가 직접 목격한 바다. 하나님 맙소사, "짐승보다"라는 표현으로도 부족하다. 그들이 짐승을 다룰 때는 적어도 어느 정도 존중을 하니까. 차라리 거리의 배설물처럼 다루었다고 말해야 한다. 그렇게 그들은 인디언들의 목숨과 영혼을 앗아 갔고, 수백만 명의 인디언들은 종교와 성사의 은혜 없이 죽었다. 이는 독재적인 식민지 총독들도 인정하는, 다 알려진 사실이다. 실상 총독들 역시 원주민을 살해했다. 인도제도의 인디언들은 처음에 스페인 사람들이 하늘에서 온 천사라고 생각했기 때문에 그들이 자신과 주변의 나라를 여러 차례 수없이 공격할 때까지 대항하지 않았다. 많은 인디언들이 죽고, 고문당하고, 약탈당한 다음에야 비로소 스페인 사람들에게 대항했던 것이다. 이미 말한 것처럼 스페인 사람들이 처음 도착한 섬은 에스파뇰라 섬이었다. 기독교도들은 이곳을 최초로 파괴했고 원주민들을 억압했다. 에스파뇰라 섬은 기독교도들에 의해 유린되고 주민들이 몰살된 신세계 최초의 땅이었다. 기독교도들은 인디언 여자들과 아이들을 데려가 노예로 부리며 학대했고, 그들의 피와 땀으로 만든 음식을 먹었다. 스페인 사람들은 인디언들이 선의로 주는 음식에 만족하지 않았다. 기독교도 한 명이 하루에 먹고 소비하는 음식은 인디언 세 가구(약 열 명)가 한 달 동안 먹기 충분한 양이었기 때문에 기독교도의 엄청난 식욕을 채우기는 늘 역부족이었던 것이다. 스페인인들이 강제와 폭력, 억압을 자행하자 인디언들은 그들이 하늘에서 온 사람들이 아님을 깨달았다. 인디언들은 음식을 감추기도 했고, 아내와 아이들을 숨기기도 했으며, 기독교도와의 끔찍한 거래를 피하기 위해 산으로 달아나기도 했다.

기독교도들은 마구 때리고 부수며 에스파뇰라 원주민들을 습격하다가 마침내는 마을 추장 집까지 쳐들어갔다. 그리고 그곳에서 한 기독교 관리는 섬의 최고 지도자가 보는 앞에서 그의 아내를 강간하는 뻔뻔하고 무모한 만행을 저질렀다.

이후 인디언들은 기독교도를 자기들 땅에서 몰아내기 위해 무기를 들었다. 그러나 인디언의 무기는 허술하기 짝이 없었기 때문에 공격은커녕 방어하기도 힘들었다. 이런 무기로 싸우는 인디언 부족들 사이의 전쟁은 사실 어린아이들 장난 정도에 지나지 않았다. 반면, 말과 검과 창을 지닌 기독교도들은 학살과 섬뜩한 잔혹 행위를 저질렀다. 기독교도들은 마을을 공격해 어린아이, 노인, 임산부, 해산 중인 여성을 가리지 않고 찔러 죽이고 시신을 훼손했을 뿐만 아니라 마치 도살장의 양처럼 토막을 냈다. 기독교도들은 사람을 단칼에 두 조각으로 자를 수 있는지, 아니면 머리는 자를 수 있는지, 혹은 창을 던져 한 번에 창자가 터져 나오게 할 수 있는지를 두고 내기를 했다. 엄마의 가슴에서 갓난아기를 빼앗아 다리를 움켜쥐고 머리를 바위에 내려치거나, 손을 잡아 강으로 집어던지고는 물에 떨어지는 아기들을 보며 "악마 새끼들아, 거기에서 데쳐 죽어라"라고 소리 지르며 큰소리로 웃어 댔다. 그리고 아기와 엄마, 주변의 눈에 띄는 사람은 누구든 마구 베어 죽였다. 희생자를 매달고 발이 바닥에 거의 닿을 정도의 낮고 넓은 교수대를 만든 뒤 구주 예수와 열두 제자를 기념하는 의미로 인디언 열세 명을 한데 죽 묶어서 발아래에 불 지핀 나무를 놓고는 산 채로 태웠다. 또 인디언들 몸에 짚을 묶거나 온몸을 짚으로 둘러서 불을 붙이기도 했다. 산 채로 잡아서 팔을 잘라 목에 둘러 놓고 "이제 가거라, 가서 메시지를 전하라"고 말하기도 했다. 산으로 도망간 인디언들에게 소식을 전하라는 의미였다. 추장과 귀족들은 주로 끝이 갈라진 가늘고 긴 채찍으로 맞았다. 그러고는 그들 아래 불을 지펴 연기를 쐬게 해 절망과 고통 속에서 그들의 영혼이 조금씩 조금씩 떠나가게 만들었다. (⋯)

전쟁과 살육이 끝나면 주로 몇 안 되는 소년, 여자, 어린이들만 살아남는다. 이들은 이리저리 흩어져 기독교도들의 노예가 되었다. 스페인 사람들은 주로 기독교 내에서의 신분과 명성에 따라 포로를 30명, 40명,

100명, 200명씩 분배받았다. 때로는 독재자 총독의 총애를 받는 정도에 따라 분배받기도 했다. 그들은 인디언들에게 기독교 신앙을 가르친다는 구실을 내세워 노예를 할당받았다. 마치 전반적으로 멍청하고 잔인하고 탐욕스럽고 사악한 기독교도들이 영혼을 보살피는 사람들이 될 수 있는 것마냥! 그들은 주로 남자 포로는 광산으로 보내 금을 캐는 감당하지 못할 노역을 시키고, 여자들은 큰 농장으로 보내 신체 튼튼한 남자들만이 할 수 있는 농사일을 시키는 것으로 인디언들을 보살핀다고 했다. 음식이라고는 남자건 여자건 겨우 연명할 정도의 풀 쪼가리와 콩이 전부였다. 산모는 젖이 말라 버려 갓난아이들은 곧 죽었다. 남자와 여자를 분리했기에 결혼 생활도 불가능했다. 남자들은 광산에서, 여자들은 농장에서 과로와 굶주림으로 죽었다. 한때 번성했던 그 섬의 인구는 이렇게 감소했다.

산후안과 자메이카 섬

스페인 사람들은 1509년에 산후안과 자메이카 섬으로 건너갔다. 그리고 이 섬들을 에스파뇰라의 일부로 만들고자 했다.

이 섬들에서 스페인인들은 인디언들을 공격했고, 이미 기술한 비열한 행동을 했다. 한술 더 떠서 인디언들을 학살하고, 화형시키고, 사나운 맹견에게 내던지는 등 끔찍하게 잔혹한 행동을 일삼았다. 살아남은 자들은 고문하고 억압했으며 광산에 끌고 가 고된 일을 시켰다. 그렇게 해서 지구상에서 인디언들이 사라지게 했고 이 불행하고 순진한 사람들에게서 땅을 빼앗았다. 스페인인들이 도착하기 이전, 산후안과 자메이카 섬에는 60만 명 이상의 사람들이 살았다는 이야기가 있다. 아마 1백만 명이 넘는 사람들이 살았을 것이다. 지금은 각 섬에 2백 명이 채 안 되는 사람들만 살아남았고 나머지는 종교도 없이, 성사도 받지 못한 채 죽었다.

쿠바 섬

1511년에 스페인인들은 쿠바 섬으로 건너갔다. 쿠바 섬은 앞서 언급했듯이 바야돌리드와 로마 사이 거리만큼 에스파뇰라 섬에서 떨어져 있다. 그리고 이 섬에는 인구가 매우 많았다. 스페인인들은 다른 섬에서보다 잔혹한 방법으로 인디언들을 살해했다.

스페인인들은 많은 만행을 저질렀지만 그중에서도 특히 주목할 만한 사건은 매우 높은 자리에 있었던 아투이Hatuey 추장을 잔혹하게 죽인 일이다. 아투이 추장은 에스파뇰라에서 기독교도들이 저지른 재난과 비인간적인 행동을 피해 자기 부족민들을 데리고 쿠바에 왔다. 부족민에게서 기독교도들이 쿠바로 오고 있다는 소식을 들은 추장은 되도록 많은 사람들을 불러 모아 다음과 같이 말했다. "그대들은 기독교도들이 이곳으로 오고 있다는 사실을 알아야 한다. 그대들은 경험을 통해 그들이 어떻게 행동하며 귀족들을 어떻게 끝장내는지를 잘 알 것이다. 이제 그들이 아이티(에스파뇰라)에서와 같은 짓을 하러 이곳으로 오고 있다. 알고 있는가?" 인디언들은 "모릅니다. 하지만 그들은 본성이 악하고 잔인한 것 같습니다"라고 대답했다. 아투이 추장은 그들에게 "그들은 본성이 악하기도 하지만, 그들이 숭배하고 있는 신 때문에 그렇게 행동하는 것이기도 하다. 그들은 우리가 그 신을 믿기를 원한다. 그렇기 때문에 우리와 싸우고, 우리를 잡아서 죽이는 것이다"라고 말했다.

아투이 추장은 금과 보석이 가득 담긴 바구니를 들고 "여기에 그들의 신, 기독교의 신이 있다. 내 말에 동의한다면 우리 함께 이 신을 위해서 춤을 추자. 그들의 신을 즐겁게 하면 그들이 우리를 해하지 않을지도 모르지"라고 말했다. 그러자 추종자들 모두가 다 함께 "그게 좋겠습니다, 그게 좋겠습니다"라고 말했다. 그들은 금이 든 바구니를 가운데 두고 지쳐 쓰러질 때까지 그 주위를 춤추며 돌았다. 그러자 추장인 아투이가 그들에게 "저기를 봐라. 우리가 이 금이 든 바구니를 가지고 있으면 그들이 이를 빼앗고 우리 모두를 죽일 것이다. 그러니 이 바구니를 강에 던져 버리자"고 말했다. 모두 이에 찬성하고 금이 든 바구니를 근처의 강에 던져 버렸다.

기독교도들이 쿠바 섬에 도착했다. 아투이 추장은 기독교도들을 잘 알았고, 그들이 무엇을 할지도 잘 알았기 때문에 계속 피해 다녔다. 때로 기독교도들과 마주쳤지만 자신을 방어했다. 그러나 결국 그들에게 죽었다. 잔인하고 사악한 기독교도들은 아투이 추장이 자신들을 피해 도망 다녔고, 방어하기 위해 싸웠다는 이유만으로 그와 그의 추종자들을 되도록 많이 잡아들여 기둥에 묶어 불태워 죽였다.

기둥에 묶인 아투이 추장은 그곳에 있던 볼품 없고 천한 프란시스코 수사에게 기독교 신과 신앙에 대한 이야기를 들었다. 그리고 구원을 받아 천당에 가려면 남아 있는 짧은 시간 동안 무엇을 해야 하는지 들었다. 추장은 기독교를 받아들이지 않으면 지옥의 불길에서 영원히 고통받는다는 이야기를 한 번도 들어 본 적이 없었다. 추장은 프란시스코 수사에게 기독교도들은 모두 천당에 가냐고 물었다. 그렇다는 답을 들은 추장은 그러면 차라리 지옥에 가겠다고 말했다. 인도 제도에 간 기독교도들 덕분에 우리의 신과 신앙은 이런 종류의 명예와 명성을 얻은 것이다.

한번은 우리가 음식과 생활 필수품, 그리고 정착할 수 있는 10리그 정도의 넓은 땅을 요구하자 인디언들은 많은 물고기와 빵, 조리된 음식으로 환대했다. 그들은 관대히 모든 것을 주었다. 그러자 기독교도들은 갑자기 이유도 경고도 없이 남자, 여자, 어린아이 가리지 않고 모든 인디언을 공격했다. 기독교도들을 따라 다니는 악마가 그렇게 하라고 충동질한 것 같았다. 뒤따른 학살에서 스페인 사람들은 3천 명 이상을 칼로 찔러 죽였다. 나는 이전에도 보지 못했고 앞으로도 보게 될 것이라 생각지 못했던 잔혹한 행위를 목격했다.

며칠 후에 이 학살 소식이 쫙 퍼졌음을 알고 나는 아바나 지역 추장들에게 미리 전령을 보냈다. 나는 아바나 추장들이 나를 좋게 본다는 사실을 알고 있었다. 그래서 그들에게 우리가 마을을 방문하면 숨지 말고 우리를 맞으러 나와야 한다고 말했다. 내가 우리 선장을 잘 알고 있으므로 그들에게 아무런 해도 가하지 않을 것이라고 약속했다. 그 지역에 도착했을 때 스물한 명의 족장과 추장이 우리를 환영하러 나왔다. 우리의 선장은 나와 한 약속과 내가 인디언들에게 한 맹세를 깨고 모든 족장들을 포로로 잡아 화형시키려고 했다. 선장은 이들이 과거에 자신에게 나쁜 짓을 했기 때문에 이렇게 해야 한다고 말했다. 나는 인디언들이 화형당하지 않게 하기 위해 무진 애를 썼고 마침내 그들을 구해 냈다.

이후 쿠바 섬의 모든 인디언들이 노예로 잡혔다. 에스파뇰라 섬에서처럼 재앙이 시작됐다. 살아남은 인디언들은 산으로 도망가거나 절망으로 스스로 목을 매었다. 어떤 부모는 지위 높은 스페인 사람의 잔혹함을 두려워하다 아이들과 함께 목을 맸다. 그 스페인인은 내가 아는 사람이었다. 2백 명 이상의 인디언들이 스스로 목을 매 죽었다. 그렇게 쿠바 섬의 수많은 사람들이 죽었다.

스페인 왕의 사절로 온 악독한 스페인 사람은 인디언 3백 명을 요구했다. 석 달이 지나자 그들 중 30명만 살아남고 나머지는 모두 광산에서 과로로 죽었다. 다시 말해서 열 명 중 한 명만 살아남았다. 스페인 사람은 인디언을 더 달라고 했고 그들 또한 같은 방식으로 죽었다. 그는 또다시 더 많은 인디언을 요구했고, 그들 모두 그렇게 죽었다. 그 스페인 사람은 죽었다. 악마가 그를 데려간 것이다.

내가 그곳에 있던 서너 달 사이에 7만 명 이상의 아이들이 굶어 죽었다. 어머니와 아버지가 모두 광산으로 끌려갔기 때문이다.

이 밖에도 더 끔찍한 일들을 보았다. 스페인 사람들은 마침내 산으로 도망간 인디언들을 추적하기로 결정했다. 스페인 사람들은 그곳에서 엄청난 학살을 저질렀다. 이로써 쿠바 섬의 약탈은 끝이 났다. 한때 번성했던 이곳은 황폐해졌고 사막으로 변해 갔다. 참으로 안타깝고 가슴 아픈 일이다.

— • —

바르톨로메 데 라스 카사스는 인디언들에 대한 잔혹한 행동을 막아야 한다고 스페인 왕을 설득하기 위해 수년 동안 노력했다. 1550년 라스 카사스와 기네스 데 세풀베다 Ginés de Sepúlveda는 바야돌리드 시의 스페인 왕실 의회Royal Council에서 논쟁을 벌였다. 인디언 역시 인간이므로 인간다운 대우를 해야 한다는 주장과 인간보다 못한 존재이므로 노예로 삼아도 된다는 주장이 부딪혔다.

『인디언에 대한 변론』(1550년)[3]

위대한 군주시여,

당신이 천상의 미덕으로 지배하고 계신 위대한 제국의 안녕과 평화에 관한 일을 당신에게 알리는 것은 당연한 일입니다. 당신은 스페인과 신세계를 부왕이신 위대한 카를로스Charles의 이름으로 통치하고 계시며, 황제의 권한만이 아니라 특히 관대한 영혼과 예수께서 당신에게 불어넣은 지혜로 영속적인 영광을 얻고자 하시기 때문입니다. 그러기에 저는 기네스 데 세풀베다가 라틴어로 쓴 보고서의 스페인어 개요를 받아 보고, 이를 폐하께 아뢰는 것이 현명하다고 생각했습니다. 이 보고서에서 세풀베다는 네 가지 이유를 들어 인디언에 대항하는 전쟁은 반박의 여지 없이 정당하다고 말하고 있습니다. 그리고 현재까지의 전쟁은 스페인 왕이 명령한 바대로 전쟁의 법칙을 준수하는 가운데 합당하게 치뤄지고 있다는 의견을 제시하고 있습니다.

저는 세풀베다가 스페인 왕에게 인도 제도의 소유권이 있음을 만방에 알리고, 그 자신의 입장을 논증과 법으로 강화하여 이후로는 어느 누구도 인도 제도의 소유권을 둘러싸고 당신을 중상할 수 없게 하려는 의도에서 이 보고서를 썼다고 들었습니다. 저는 이 보고서를 면밀하게 읽고 또 읽었습니다. 세풀베다는 라틴어 보고서에 여러 다른 견해들을 훨씬 길게 썼다고 합니다만 저는 그 보고서를 볼 기회가 없었습니다. 저는 그 보고서가 다른 사람들에게 어떤 인상을 줬는지 모릅니다. 하지만 거기에 꿀로 위장된 독이 있음을 확신할 수 있었습니다. 신학자인 세풀베다는 군주를 기쁘게 한다는 구실로 군주께 꿀로 바른 독을 제시하고 있는 것입니다. 빵의 자리에 돌을 놓아두었습니다. 위대한 군주시여, 당신의 지혜로 이 치명적인 독이 널리 퍼지지 않도록 물리쳐 주십시오. 그렇지 않으면 이 보고서는 보고서를 읽은 사람들의 마음을 움직여 경솔한 자들을 속이고 불의를 저지르는 독재를 선동할 것입니다. 저를 믿어 주십시오. 그 몇 페이지 안 되는 책자가 많은 사람들의 마음을 망칠 겁니다.

우선 세풀베다는 인도 제도에 대한 당신의 관할권이 인정받기를 원한다고 말하면서 한편으로는 어리석고 그른, 그리고 가장 힘이 없는 논지를 제시하면서 당신의 권한을 조각내 약화시키고 있습니다. 더욱이 이런 세풀베다의 판단이 인쇄되어 왕의 이름으로 배포된다면 틀림없이 짧은 시일 내에 인도 제도의 제국은 모두 다 전복되거나 멸망할 것입니다.

만약 카를로스 황제와 그의 선임자들이 선포한 수많은 법령과 수많은 칙령들, 수많은 엄격한 상벌과 규정들이 수천 명의 무고한 사람들이 칼과 굶주림, 전면 전쟁의 온갖 재앙으로 죽어 가는 것을 막는 데 효과가 없다면, 고도로 문명화된 왕국과 가장 비옥한 땅이 야만적으로 황폐해지는 것을 막지 못한다면, 신과 지옥에 대한 두려움이 스페인인들의 무자비하고 잔인한 영혼을 중재하지 못한다면(억제는 바라지도 않습니다), 교회의 성체도 받을 수 없으며, 고해성사로도 속죄받을 수 없다는 신부들과 성직자들의 부르짖음이 가치가 없다면, 무슨 일이 일어나겠습니까? 기독교인들은 지금 가장 불행한 사람들을 노예로 삼고 있습니다. 원주민들은 스페인 사람의 자비가 아닌, 단지 우연 덕분에 이 가장 잔인한 인종들의 잔혹함을 피할 수 있었습니다. 기독교적 미덕을 망각한 기독교도들은 지금까지 들어 본 적 없는 범죄를 옹호하고 방어하고 있습니다. 바로 이때 오래된 격언이 말하듯 기회만을 노리는 사악한 사람들이 학자, 신학 박사, 그리고 왕궁의 역사가들이 출간한 책을 읽으면서 이 책들이 자신들의 범죄적인 전쟁과 흉악한 선전을 인정하고 있다고 해석한다면 무슨 일이 일어나겠습니까? 더 나아가 병사들이 약탈하려는 사악한 의도를 가지고 불, 칼, 살인, 약탈과 폭력, 소란, 전복을 통해 강탈하고, 신법이든 인간법이든 모든 법을 혼란 속에 빠뜨리더라도 전쟁에서 손에 넣은 모든 것을 합법적으로 가질 수 있다고 해석한다면 무슨 일이 일어나겠습니까? 스페인 사람들은 빼앗은 재물을 반환할 의무가 없다고 배우고 있습니다. 무고한 사람들의 피를 뿌리고도 스페인 사람들은 그들의 손을 하나님께 봉헌했고 우상숭배를 막았기에 신의 은총을 받았다고 믿습니다. 저는 세풀베다 역시 그렇게 썼다고 들었습니다.

그들이 누구인들 살려 주겠습니까? 누구인들 피를 흘리지 않겠습니까? 그들이 자행하지 않은 잔혹함이 있기나 할까요? 이 잔인한 사람들은 인간의 피로 물든 벌판을 비정하게 바라보며 남녀노소를 가리지 않고 학살을 저지릅니다. 그들은 엄마의 품에 안긴 어린 아기, 산모, 왕족, 평민, 심지어는 세월의 무게로 존경심과 자비심을 불러일으키는 쇠약하고 늙은 사람까지 가리지 않고 죽였습니다. 그들이 인디언들을 학살하고 약탈하고, 포악하게 다루며 마치 송아지를 숭배한 이스라엘 자손들과 같은 행동을 하면서도 이는 하나님께 그들의 손을 봉헌하는 길이라고 가르치는 대로 배운다면, 그들이 하지 못할 행동이 무엇이겠습니까? 그들은 우리 앞에 나타나 다른 말씀을 가르쳐 주실 하나님의 아들보다도 자신들이 듣고 싶은 말을 해 주고 그렇게 가르치는 사람을 더 신뢰하게 될 것입니다.

인디언들이 절멸의 위기에 놓이고 수많은 왕국들이 전복됨과 동시에 수많은 사람들이 죽게 된다면 어떻게 되겠습니까? 정신이 제대로 된 사람이라면 이 신세계에서 가장 번성했던 제국도 원주민이 모두 죽는다면 결국 황폐해져 호랑이, 사자, 야생동물들만 스페인 왕의 지배를 받으리라는 사실을 알 것입니다. (…)

그러므로 말과 책을 통해서 인디언을 약탈하는 것이 정당하다고 가르치는 세풀베다는 억압자들로 하여금 누구도 믿기 어려운 많은 죄악과 통탄할 사악함을 저지르도록 부추기고 그러한 기회를 제공하고 있습니다. 그러는 동안 분명히 세풀베다의 영혼도 상처받지만, 그로 인해서 셀 수 없이 많은 사람들이 끔찍한 학살로 고통받으며 영원히 사라지고 있습니다. 다시 말해서 인디언들은 스페인 사람들의 비인간적 학살 때문에 하나님의 말씀을 듣거나 기독교의 온화한 가르침을 받거나 기독교 의례로 강건해지기도 전에 그들의 마지막 숨을 내뱉습니다. 이보다 끔찍하고 부당한 일을 상상이나 할 수 있겠습니까?

그러므로 기독교의 이름에 치욕적이게도 인디언 학살이 정당하다는 세풀베다의 견해를 인정하신다면 가장 신앙심 깊은 기독교도일지라도 세상 모든 사람들이 그를 증오하고 혐오하게 될 것이며 스페인 사람들이 그 불행한 인종에게 저지른 비인간적인 범죄에 대한 이야기가 회자될 것입니다. 그러면 우리가 살아 있는 동안뿐만 아니라 앞으로 어떤 조건에서도 그들은 우리의 신앙을 받아들이려 하지 않을 것입니다. 그들은 기독교의 선지자가 목사가 아니라 약탈자고, 어버이가 아니라 독재자며, 기독교를 공언하는 사람들이 지독하고, 잔인하고, 동정심 없으며, 무자비한 잔학 행위를 저지른다고 알게 될 것이기 때문입니다.

에두아르도 갈레아노,
『불의 기억』⁴

1982년

라스 카사스의 기록 말고는 콜럼버스가 "발견"한 사람들이 이 시기에 겪었던 일을 묘사한 기록이 없다. 에두아르도 갈레아노Eduardo Galeano는 수많은 역사적 자료들을 토대로 인디언들에게 들이닥친 재앙을 재구성했다. 우루과이의 민중 저널리스트이자 급진 작가인 갈레아노는 『라틴아메리카의 열린 정맥Open Veins of Latin America』과 『불의 기억Memory of Fire』3부작을 통해 세계적으로 알려졌다. 갈레아노는 『불의 기억』3부작 중 1부인 『기원Genesis』에서 콜럼버스의 항해를 서술했고, 콜럼버스를 둘러싼 신화 중 일부를 되돌려 놓았다. 여기에 그 내용 중 일부를 발췌했다.

1492년: 대양

인도 제도를 향한 항로

산들바람이 세비야의 봄처럼 달콤하고 부드럽다. 바다는 마치 과달키비르Guadalquivir 강 같다. 하지만 곧 뱃멀미로 토하기도 전에 큰 파도가 일고, 대충 수선한 작은 배 세 척에 나뉘어 탄 선원들은 갑판의 선원실에 모여 알 수 없는 미지의 바다를 헤치고 나아간다. 바람에 쓰러지는 사람은 거의 없다. 하지만 만약 바다가 그들을 사랑하지 않는다면? 밤이 돛단배 위로 떨어진다. 바람은 어느 방향으로 그들을 던져 올릴까? 날치를 쫓는 황새치는 갑판 위로 뛰어오르고 공포는 더욱 커진다. 선원들은 조금씩 파도치는 바다의 쾌적한 향기를 느끼지 못하고 갈매기와 서쪽에서 오는 북양가마우지들의 시끄러운 소리도 듣지 못한다. 저 수평선, 저기에서 심연이 시작되는 걸까? 바다가 저기에서 끝나는 걸까?

오랜 항해에서 비바람에 시달린 선원들의 벌겋게 충혈된 눈과 안달루시아Andalusian 감옥에서 연행되어 강제로 배에 오른 죄수들의 타오르는 눈은 파도의 포말에서도, 육지와 강에서부터 줄곧 배 위를 날아다니는 새에서도, 사르가소(sargassos, 바닷말. 옮긴이) 사이에 떠다니는 푸른 골풀과 조개가 잔뜩 붙은 가지에서도, 금과 은에 대한 어떤 희망에 찬 잔영도 찾을 수 없다. 심연의 바닥, 거기에서 불타는 지옥이 시작되는가? 무역풍은 이 보잘것없는 사람들을 어떤 위기 상황에 집어던지려 하는 것인가? 그들은 하나님을 찾으며 별을 바라보지만 하늘 역시 한 번도 항해한 적 없는 이 바다처럼 측량할 길 없다. 그들은 영원한 저주를 퍼부으며 바람에 답하는 대양의 쉰 목소리와 포효를 듣는다. 그 소리는 저 깊은 곳에서 북처럼 울린다. 그들은 가슴에 십자가를 그으며 "오늘 밤 우리는 이 세상에서 떨어질지 모릅니다, 오늘밤 우리는 이 세상에서 떨어질지 모릅니다"라는 말을 더듬으며 읊조린다.

1492년: 구아나하니

콜럼버스

콜럼버스는 무릎을 꿇고, 흐느끼며 땅에 입 맞춘다. 그는 한 달 이상 거의 잠을 못 잤기에 비틀거리며 앞으로 걸어 나와 자기 칼로 관목灌木들을 자른다.

그러고 나서 콜럼버스는 깃발을 올린다. 무릎을 꿇은 채 눈을 들어 하늘을 바라보며 이사벨라와 페르디난드의 이름을 세 번 부른다. 그의 옆에서 서기인 로드리고 데 에스코베도가 서류를 작성한다.

오늘부터 모든 것은 저 멀리 있는 군주의 소유다. 산호 바다, 해변, 이끼로 온통 초록빛인 바위들, 숲, 앵무새, 그리고 옷, 죄악, 돈에 대해 아직 아무것도 모르는, 오직 월계 잎만 걸치고 멍하게 광경을 바라보고 있는 이 사람들 모두가 군주의 것이다.

콜럼버스는 "당신들은 위대한 칸의 왕국을 아는가? 당신들 코와 귀에 건 금은 어디서 난 것인가?"라고 질문하고, 이를 루이스 데 토레스가 히브리어로 통역한다.

벌거벗은 사람은 입을 벌린 채 통역사를 바라보고, 통역사는 그의 짧은 칼데아어로 "금? 사원? 왕궁? 왕 중의 왕? 금?"을 외친다.

그러고는 거의 못하는 아랍어로 "일본? 중국? 금?"을 묻는다.

통역사는 콜럼버스에게 카스티아어로 사과한다. 콜럼버스는 제노아어로 저주하며 위대한 칸에게 보내는 라틴어로 쓰여진 신임장을 땅에 내동댕이친다. 벌거벗은 사람은 벨벳 망토와 몹시 반짝이는 옷을 입은 빨간 머리에 거친 피부의 이 침입자가 분노하는 모습을 바라본다.

그러자 곧 섬 전체에 "하늘에서 내려온 이 사람들을 보러 와라! 그들에게 먹을 것과 마실 것을 가져다주어라!"라는 말이 울려 퍼진다.

1493년: 바르셀로나

영광의 날

전령들이 그의 도착을 트럼펫 소리로 고한다. 종소리가 울리고 북은 경쾌한 리듬으로 박자를 맞춘다. 방금 인도 제도에서 돌아온 선장은 돌계단을 올라 마치 비단처럼 눈이 부시는 왕궁의 환대를 받으며 심홍색

카펫 위로 걸어간다. 성자와 현인의 예언을 실현한 선장은 연단으로 가무릎을 꿇고 왕과 왕비의 손에 입 맞춘다.

그의 뒤로 전리품들이 들어온다. 콜럼버스가 항해 도중 우연히 발견한 외딴 정원에서 자그마한 거울과 빨간 모자와 바꾼 금 조각이 쟁반 위에서 번쩍거린다. 나뭇가지와 시든 나뭇잎 위에 악어와 뱀 가죽이 보인다. 그리고 그 뒤로 전에는 본 적 없는 사람들이 울면서 비틀거리며 걸어 나온다. 그들은 추위와 홍역, 그리고 기독교도들의 음식과 고약한 냄새의 역겨움을 이겨낸 몇 안 되는 사람들이다. 그들은 돛단배 세 척에 다가갔고, 선원들에게 잡혔다. 그때처럼 벌거벗지는 않았다. 바지와 셔츠를 입고 앵무새 몇 마리가 그들의 손, 머리, 어깨에 앉아 있다. 항해 중 거센 바람에 깃털이 뽑힌 앵무새들은 그 사람들처럼 거의 죽어 가고 있다.

회랑에서 불평하는 소리가 들린다. 금의 양은 얼마 안 되고, 후추나 육두구, 향료, 생강은 흔적도 없다. 콜럼버스는 수염 난 마녀나 꼬리 달린 남자, 또는 외눈박이 기인이나 발을 들어 올리면 강렬한 태양을 가릴 정도로 큰 발을 가진 외발의 기인을 데려오지도 않았다.

1493년: 로마

아담의 성약

바티칸의 희미한 불빛 아래에서 동양에서 가져온 향수를 뿌린 사람들은 새로운 교서를 구술한다.

발렌시아 하티바Xátiva, Valemcia의 로드리고 보르지아Rodrigo Borgia가 알렉산더 4세Alexander VI가 된 지 얼마 지나지 않았다. 로드리고 보르지아는 추기경단에서 부족한 일곱 표를 돈으로 샀고 그로부터 일 년도 채 되지 않아서, 자줏빛 옷을 입는 추기경에서 담비 털로 만든 망토를 입는 교황이 될 수 있었다.

알렉산더는 신성한 삼위일체의 신비를 명상하기보다 면벌부 가격을 계산하는 데 더 많은 시간을 할애한다. 그의 개인 저택에서 어릿광대 가브리엘리노가 가면을 쓰고 축전을 행할 때를 제외하고 그가 짧은 미사를 좋아한다는 사실은 누구나 다 알고 있다. 그리고 이 새 교황이 성체축일 Corpus Christi 행진로를 아름다운 여자가 사는 발코니 아래로 지나가도록 바꿀 수 있다는 것도 모두 다 안다.

알렉산더는 또한 이 세상을 마치 닭 모가지처럼 자를 수 있다. 알렉산터는 손을 들어 이 지구의 위에서 아래까지 미지의 바다를 가로질러 선을 긋는다. 이 신의 대리인은 그 선 서쪽 지역에서 발견 중이거나 발견된 모든 것에 대하여 카스티야의 이사벨라와 아라곤의 페르디난드와 그들의 스페인 왕위 계승자들에게 특권이 있음을 인정한다. 알렉산더는 그들이 발견했거나 발견할 섬과 본토에 선량하고 하나님을 경외하는, 박식하고 현명한 전문가를 파견하여 원주민들에게 가톨릭과 좋은 관습을 가르치라고 위임한다. 동쪽에서 발견되는 모든 것은 포르투갈 왕이 가질 것이다.

항해의 고통과 행복감이 피어올랐다. 안달루시아에 머물고 있는 콜럼버스는 포도나무 숲에서 금이 자라고, 용머리에 박힌 보석을 찾을 수 있는 지역으로 떠날 두 번째 항해를 준비하고 있다.

1493년: 후엑소싱고

진실은 어디 있는가? 어디에 그 뿌리가 있는가?

틀락스칼라Tlaxcala 골짜기에 있는 후엑소싱고Huexotzingo는 전쟁의 도시가 아니라 음악의 도시다. 아즈텍은 이곳을 대번에 공격해 피해를 입히고, 죄수들을 자기들 신의 제물로 바친다.

그날 저녁에 후엑소싱고의 왕 테카예후아싱Tecayehuatzin은 여러 지역에서 시인들을 불러 모았다. 왕궁 정원에서 시인들은 천상에서 덧없는 순간의 땅인 이 지상으로 내려온, 그리고 오직 생명의 창조주 집에서만 살 수 있는 꽃과 노래에 대해 이야기한다. 시인들은 다음과 같은 대화를 나누며 질문을 던진다.

사람들은 실재할 수 있는가?
우리의 노래를
내일도 여전히 들을 수 있을까?

한 목소리의 뒤를 이어 다른 목소리가 이어진다. 저녁이 찾아오자 후엑소싱고 왕은 그들에게 감사를 표하며 잘 가라고 말한다.

우리는 실재하는 그 무엇을 알고 있다.
우리 친구들의 마음이라네.

1493년: 파스토

모든 사람이 세금을 낸다

잉카 제국은 북쪽 저 멀리 위치한 고원까지 세금을 징수한다.

퀼라싱가 사람들은 줄 것이 없다. 그러나 이 광대한 왕국의 모든 공동체들은 물품이나 부역으로 공물을 바친다. 아무리 멀어도, 아무리 가난해도 누가 통치자인지 확실히 알고 있다.

화산 기슭에서 퀼라싱가족 추장이 앞으로 걸어 나와 쿠스코Cuzco에서 온 사절 손에 대나무 원통을 올려 놓는다. 그 통에는 살아 있는 이가 가득 들어 있다.

1493년: 산타크루즈 섬

사보나에서 온 미켈 데 쿠네오의 경험

바다를 가로질러 범선들의 그림자가 퍼져 나간다. 모자반류의 해초와 해파리가 파도를 타고 해안 쪽으로 둥둥 떠다닌다.

돛단배의 후갑판에서 콜럼버스는 십자가와 교수대를 다시 한번 심어 놓은 하얀 해변을 떠올리고 있다. 이번 항해는 두 번째 항해다. 얼마나 오래 항해해야 하는지 그도 알지 못한다. 그러나 콜럼버스의 심장은 모든 일이 다 잘 될 거라고 말한다. 이를 믿지 않을 이유가 무엇인가? 그에게는 손을 가슴에 대고 심장 박동수를 재면서 배의 속도를 측정하는 재주가 있지 않은가?

또 다른 배의 갑판 아래에는 선장의 선실에서 이를 드러내고 있는 소녀가 있다. 미켈 데 쿠네오가 가슴을 만지려고 하자, 그 소녀는 그를 할퀴고 차며 소리 지른다. 미켈은 조금 전 콜럼버스에게서 이 소녀를 선물로 받았다.

미켈은 소녀를 채찍으로 때린다. 머리와 배, 다리를 심하게 때린다. 그녀의 비명은 점점 신음으로 바뀌고, 신음은 점점 울부짖음이 된다. 마침내 물새가 오가는 소리와 흔들리는 목재의 삐걱거리는 소리만 들릴 뿐 고요해진다. 가끔씩 파도가 항구에 물보라를 뿌린다.

미켈은 피 흘리는 소녀의 몸으로 달려들어 소녀를 넘어뜨리고 숨을 몰아쉬며 씨름한다. 타르 냄새와 초석 냄새, 땀 냄새가 진동한다. 그러자 기절했거나 죽은 듯 보였던 소녀는 갑자기 미켈의 등을 손톱으로 조이고, 그의 다리를 옭매고, 힘차게 안아 그를 쓰러뜨린다.

미켈은 자신이 어디에 있는지 무슨 일이 일어났는지 잠시 알아차리지 못하다가 격분하여 그녀를 주먹으로 때려눕힌다.

미켈은 갑판으로 비틀거리며 올라와 바닷바람을 입으로 깊이 들이마신다. 그리고는 마치 대단한 진실을 공표하듯이 큰 소리로 "인디언 여자들은 모두 창녀야"라고 외친다.

1495년: 살라망카

아메리카 대륙에서 들린 첫 단어

언어학자 엘리오 안토니오 데 네브리하는 이곳에서 그의 『스페인어-라틴어 어휘집』을 발간한다. 이 사전은 최초로 아메리카 특유의 표현을 카스티아어로 표기했다.

카누Canoa : 나무 하나로 만든 배.

이 새로운 단어는 앤틸리스 제도(Antilles, 서인도제도의 일부. 옮긴이)에서 나왔다.

세이버 나무줄기로 만든 이 돛 없는 배들은 크리스토퍼 콜럼버스를 환영했다. 섬에서부터 노를 저어 출발한 카누에는 머리카락은 길고 검으며 몸에는 주홍색 상징을 문신한 사람들이 타고 있었다. 돛단배에 다가온 그들은 신선한 물을 제공했고, 카스티아에서 동전 한 닢으로 살 수 있는 자그마한 주석종과 같은 물건들과 금을 교환했다.

1495년: 라 이사벨라

카오나보

크리스토퍼 콜럼버스의 집 입구에 초연해 보이는 한 죄수가 멀찌감치 앉아 있다. 죄수는 발목에는 쇠고랑을, 손목에는 수갑을 차고 있다.

카오나보는 콜럼버스가 아이티 섬을 발견한 후 지은 나비다드Navidad 요새를 불태워 재로 만든 사람이었다. 그는 요새를 불태웠고, 요새를 점거한 사람들을 죽였다. 그들뿐만 아니었다. 카오나보는 지난 2년 동안 산에 있는 자기 영역 치바오Chibao에서 금과 사람을 쫓아온 스페인 사람들을 마주치는 대로 모두 활로 쏘아 죽였다.

알론소 데 오예다는 전쟁에서 무어족과 싸운 군인이었다. 그는 평화를 가장하여 카오나보를 방문했다. 자신의 말을 타 보라고 제안한 후 카오나보의 손목에 광택을 낸 수갑을 채워 묶고는 카스티야 왕이 축제나 파티에서 차는 보석이라고 속였다.

이제 카오나보 추장은 하루 종일 문 옆에 앉아, 날름거리는 빛이 동틀 때 땅바닥으로 찾아왔다가 저녁이 되어 서서히 사라지는 풍경을 꼼짝 못하고 지켜보는 신세가 됐다. 카오나보는 콜럼버스가 주위를 돌아다녀도 눈썹 하나 까딱하지 않는다. 반면 오예다가 나타나면 가까스로 일어나서 자신을 패배시킨 유일한 사람에게 깍듯이 절한다.

1496년: 개념

신성모독

크리스토퍼 콜럼버스의 형제이자 대위인 바르톨로뮤 콜럼버스가 화형식에 참석했다.

여섯 사람이 아이티에서 벌어지는 화형식의 시작을 알린다. 연기로 모든 사람이 콜록거린다. 이 여섯 사람은 프레이 라몽 팽이 보호와 위로의 표시로 남겨 둔 예수와 마리아 성상을 묻어 버린 죄에 대한 형벌로, 그리고 본보기로 화형을 당한다. 프레이 라몽은 그들에게 무릎 꿇고 기도하라고 가르쳤다. 유혹과 상해, 죽음에 직면했을 때 아베 마리아와 주기도문을 외우고, 예수님 이름으로 빌라고 가르쳤다.

어느 누구도 왜 그들이 성상을 묻었는지 묻지 않았다. 그들은 새로운 신이 옥수수와 카사바(cassava, 남아메리카에서 자라는 열대 작물. 덩이뿌리에서 남아메리카의 주요 녹말 자원인 타피오카를 채취한다. 옮긴이), 보니아토(boniato, 남아메리카에서 자라는 고구마의 일종. 옮긴이), 콩을 심은 밭을 비옥하게 해 주기를 바란 것이다.

불길이 비가 올 것 같은 습하고 끈적거리는 더위에 열기를 더한다.

제2장

첫 번째 노예들

노예 반란 문서(1720년~1793년)

- 런던에 있는 미스터 분에게 보낸 익명의 편지(1720년 6월 24일)
- 버지니아 피터스버그에서 온 편지(1792년 5월 17일)
- 리치먼드의 아무개가 노퍽의 아무개에게(1793년)

노예제도에 저항하는 탄원서(1773년~1777년)

- "펠릭스"라는 익명 노예의 자유를 바라는 탄원서(1773년 1월 6일)
- 피터 비스츠와 다른 노예들의 자유를 바라는 탄원서(1773년 4월 20일)
- 토머스 게이지에게 보내는 "흑인 다수의 탄원서"(1774년 5월 25일)
- 매사추세츠 하원에 보내는 "흑인 다수의 탄원서"(1777년 1월 13일)

벤저민 배니커가 토머스 제퍼슨에게 보낸 편지(1791년 8월 19일)

1619년에 최초의 흑인들이 버지니아 제임스타운Jamestown
에 강제로 끌려와 백인 식민지인들을 위해 일했다. 그러나
노예무역은 이미 그 1백여 년 전부터 시작되었다. 흑인들은 아프리카에서
끌려와 카리브해나 남아메리카에 있는 포르투갈과 스페인 식민지에 도착
했다.

1619년 버지니아인들은 살아남기 위해서 필요한 식량을 재배할 노동력
이 절대적으로 필요했다. 처음에는 5백 명이던 버지니아 식민지인들은
1609년에서 1610년 사이 겨울 동안 원래 인구의 10분의 1이 조금 넘는 60
명만 살아남고 모두 굶어 죽었다. 인디언들에게 강제로 일을 시키기는 힘들
었다. 하지만 아프리카에서 잡혀 온 흑인들은 고향에서 멀리 떨어져 무기력
했고, 매우 유용한 듯했다. 따라서 서인도제도에서 쇠사슬에 묶여 제임스타
운으로 끌려온 최초의 흑인 스무 명을 시작으로 노예가 수입되었다.

노예 반란 문서

1720년~1793년

노예들은 일부 역사가들이 주장하듯이 순순히 그들의 운명을 받아들이지 않았다. 대신 그들은 여러 가지 방법으로 저항했다. 다음 세 가지 문서에서 볼 수 있는 그러한 저항에는 물리적 반항도 포함된다. 처음의 문서는 익명의 편지로 저자는 캐롤라이나에서 발생한 노예 봉기를 묘사하고 있다. 이런 봉기는 노예제도가 폐지될 때까지 수없이 일어났다. 두 번째 편지는 "버지니아 동부 해안 니그로들이 일으킨 매우 위험한 폭동"을 묘사하고 있다. 세 번째 문서는 〈사우스캐롤라이나 문서보관소〉가 소장하고 있는 매우 희귀한 자료로, 수천 명의 노예들을 부추겨 반란을 일으키려는 계획에 대해 말하고 있다. 그 계획은 결실을 맺지 못했다. 1793년에 버지니아 요크타운Yorktown 거리에서 발견된 이 문서는, 반란을 성공으로 이끌지는 못했지만 자유를 향한 노예들의 갈망을 보여 준다.

런던에 있는 미스터 분에게 보낸 익명의 편지(1720년 6월 24일)[1]

최근 니그로들이 매우 사악하고 야만스러운 음모를 계획해 그 자초지종을 당신에게 자세히 알리고자 합니다. 니그로들은 이 나라의 모든 백인을 죽이고 찰스타운Charlestown을 몽땅 접수하려는 계획을 세우고 봉기하려 했습니다. 하지만 하나님이 도우셔서 발각되었고, 그들 대부분은 감옥에 갔습니다. 몇몇은 화형이나 교수형에 처했고, 또 몇 명은 추방시켰습니다.

나는 당신이 본국에 있는 퍼시벌 씨에게 그의 노예들이 주동자였다는 사실을 마땅히 알려야 한다고 생각합니다. 퍼시벌 씨에게는 노예들을 즉시 팔아버리는 것이 유일한 길입니다. 노예들은 일을 하려고 하지 않기 때문에 엄격한 관리가 필요합니다. 따라서 퍼시벌 씨는 노예 사업으로 별 이득을 얻지 못할 것입니다. 퍼시벌 씨의 노예 중 열네 명은 사바나타운에 있습니다. 그들을 데리러 백인과 인디언을 보냈는데, 돌아오는 대로 처형할 것입니다. 도망간 노예들은 자신들이 세인트어거스틴St. Augustine에 도착했다고 생각했답니다. 그리고 자기들 음모에 크리크Creek 족을 가담시키려고 했습니다. 그러나 사바나 수비대가 니그로들을 체포해 반쯤 굶겨 죽였고, 크리크 인디언들은 니그로들의 음모에 가담하려 하지 않았습니다.

버지니아 피터스버그에서 온 편지(1792년 5월 17일)[2]

버지니아 동부 해안에서 니그로들이 매우 위험한 폭동을 일으켰다는 놀라운 소식이 마을에 전해졌습니다. 소식에 따르면 2주 전쯤에 9백 명에 달하는 그 지역 니그로들이 다른 곳에 모여 소총, 창, 곤봉 등으로 무장하고 주민들을 상대로 끔찍한 일들을 저질렀습니다. 새비지 육군 대령이 총애했던 하인도 이에 가담했는데, 길에서 주인을 만나자 대령의 말과 돈을 빼앗고 매우 무례하게 주인을 대했답니다. 심킨스 씨 소유인 세레브라는 니그로가 이러한 악행을 주도했는데, 그 역시 주인이 가장 아끼는 하인이었고, 노예 감독관으로 주인과 오랫동안 함께 살았답니다.

소총 총알 여러 개, 창 3백여 자루, 총, 화약, 식량 등이 이미 발각되어 압수되었습니다. 창은 동부 해안의 니그로 대장장이가 만들었다고 전해집니다. 상당수의 노예들이 체포되어 교수형에 처해질 예정입니다.

근자에 동부 해안의 니그로 중 한 명이 쓴 편지가 노펵에서 발견되었습니다. 그 편지는 노펵과 포츠머스 출신 니그로들이 이들 지역에서 폭력적인 반란을 일으키는 데 합의한다는 내용을 담고 있었습니다. 니그로들 6백여 명이 한밤중 정해진 시각에 만을 가로질러서 이웃 지역의 다른 니그로들과 합세할 예정이었습니다. 그런 다음 노펵의 탄약고를 폭파시키고 주민을 학살하려고 했습니다.

리치먼드의 아무개가 노펵의 아무개에게(1793년)[3]

친애하는 친구에게,

오랫동안 우리 흑인들 사이에 큰 비밀이었던 일이 이제 거의 일어날 참이다. 우리 마을에도 이에 대해 말하는 사람이 있지만, 가볍게 생각하고 믿지 않는다. 우리는 총 5백여 자루와 수많은 총알을 가지고 있다. 하지만 화약은 많지 않다. 나는 네가 되도록 많은 화약과 탄알을 모으기 바란다. 그리고 언제든 요청할 때에 일격을 가할 준비를 갖추고 꼭 숨어 기다리기를 바란다. 그리 머지 않은 시기에 일이 일어날 것이고, 몇 주 안으로 전 지역을 장악할 것이기에 나는 매우 만족스럽다. 나는 지난번 마지막 편지를 쓴 후 찰스턴Charleston의 우리 친구에게서 편지를 받았다. 그 친구는 거의 6백 명을 모았다고 한다. 그리고 한 신사는 우리가 원하는 만큼 화약을 주고 우리가 일을 시작하면 그가 할 수 있는 한 도와주겠다고 한다. 그 망할 놈의 짐승 같은 파수병들은 밤새 리치먼드를 순찰한다. 하지만 곧 그들을 모두 죽일 것이다. 파수병 수는 그리 많지 않다. 곧 어느 날 밤을 정해, 클럽을 불태우고 총을 쏘고, 우리 앞에서 모두 죽일 것이다. 모든 지역에서 한꺼번에 일어날 것이다. 준비하고 지시를 기다려라. 찰스턴에서 소식이 오는 대로 너에게 다시 소식을 전하마. 너는 나의 좋은 친구이기에 이를 알리는 것이니 다른 사람에게는 보여 주지 마라. 나에게 편지를 쓸 때는 같은 사람을 통해 보내라. 그가 나에게 편지를 전하고, 나는 그를 통해 편지를 보내마. 그는 다음 거사일까지 활동할 것이다. 두려워하지 말고, 편한 마음으로 용감하게 싸우면 우리는 자유로워진다. 나는 각자 … 〔원본에 판독하기 어려운 부분〕 하지만 신은 내 편이다. 내가 지금 죽어 떠난다 해도 나는 언제나 네 친구임을 알아주기 바란다.

리치먼드의 아무개가 노퍽의 아무개에게

노예제도에 저항하는 탄원서

1773년~1777년

노예들이 노예의 굴레에서 자신들을 해방시켜 달라는 내용의 탄원서를 주 의회에 제출했다. 이 탄원서를 살펴보면 그들이 노예제도에 반항한 증거를 더 많이 발견할 수 있다. 여기에는 그중에서도 공손하지만 매우 감동적이고 도전적인 탄원서 네 개를 싣는다.

"펠릭스"라는 익명 노예의 자유를 바라는 탄원서(1773년 1월 6일)[4]

매사추세츠 만의 토머스 허친슨Thomas Hutchinson 총독님 귀하, 영예로운 참의회 의원님들과 1773년 1월 6일 보스턴에 소집된 의회의 존경하는 의원님들께.

보스턴의 타운과 영지의 다른 타운에 사는 노예 다수의 소박한 탄원은 다음과 같습니다. 각하와 고관들, 그리고 의원님들께서는 이들의 불행한 사정과 상황을 현명하고 공정하게 기꺼이 고려해 주십시오.

인간을 사랑하시고, 인간을 구원하기 위해 당신의 아들을 보내어 죽게 하신 하나님께 간절히 축복을 빕니다. 하나님은 사람을 편애하지 않으시며, 근자에 바다 양측의 많은 사람들 가슴 속에 우리의 짐을 짊어지라고 명하셨습니다. 그중에는 위대한 문서를 작성할 만큼 영향력을 지닌 사람도 있는데, 그들은 우리의 대의를 지지하며 논리적으로 탄원했습니다. 그들의 탄원이 이 영광스러운 의회에 영향을 미치기를 바랍니다.

우리가 각하와 고위 관료들에게 명령할 수는 없기에, 우리의 대의를 당신의 인류애와 정의에 기꺼이 맡기고자 합니다. 하지만 이 일에 관해 한두 마디 할 수 있는 여지를 구하는 바입니다. 물론 사악한 노예들도 있습니다. 그들은 왕의 신하들에게 적용되는 법에 따라 똑같이 처벌받고 규제받아야 마땅합니다. 하지만 성질이 다른 노예들도 많습니다. 그들은 자유인이 된다면 공공의 의무를 이행할 능력이 있을 뿐만 아니라 기꺼이 그 의무를 받아들일 것입니다. 그중 다수는 분별력 있고, 침착하고, 정직하고 부지런합니다. 그들 중, 다수는 아니어도, 덕스럽고 신앙심이 두터운 사람도 있습니다. 그러나 그들은 지금 종교와 인내를 제외한 모든 도덕적 덕성을 발휘하기 힘든 여건에 처해 있습니다. 매일 죽어 가는 짐승처럼 살아야 하고, 그들도 그들 자손들도 대대로 아무것도 소유하고 즐길 수 없을 것이라는 생각, 그 참을 수 없는 생각 때문에 고통스러워하는 사람들이 얼마나 많았고, 지금 이 식민지에도 얼마나 많습니까?

우리는 재산이 없습니다. 아내도 없습니다. 아이도 없습니다. 도시도 없고, 나라도 없습니다. 그러나 우리에게는 하나님이 계시며, 하나님의 은총이 우리에게 허락하시는 한, 그리고 우리의 저속하고 미천한 삶이 허락하는 한 하나님의 모든 계명을 지키고자 결의하였습니다. 특히 하나님이 주관하는 땅에서 우리를 굴레에 묶어 고통을 주시려는 게 하나님의 뜻이라면 우리는 주인에게 복종할 것입니다.

각하와 고관들께 우리의 불행한 상황을 개선시킬 수 있는 법을 제안하거나 적절한 법을 만들어 달라고 제안하는 일은 건방을 넘어서는 뻔뻔한 일일 것입니다. 하지만 우리의 가장 큰 불행이 우리의 잘못 때문이 아니기에, 당신들의 지혜, 정의, 선량함과 조화를 이루는 그러한 구원을 희망하고 기도할 큰 용기를 얻습니다.

이 식민지의 가장 위대한 주 의회에 청원할 수 있는 우리 자신은 참 행복하다고 생각합니다. 우리에게는 지혜, 정의, 선이 무엇인지 가장 잘 판단하는 위대하고 공정한 의회가 있기 때문입니다.

한마디 더 할 수 있는 기회를 겸손하게 부탁드립니다. 우리가 기도하는 구원은 어떤 경우에도 우리 주인들에게 해가 되거나 잘못된 결과를 가져오지 않을 것입니다. 하지만 그 구원은 우리에게는 죽음에서 생명을 얻는 구원이 될 것입니다.

펠릭스FELIX

피터 비스츠와 다른 노예들의 자유를 바라는 탄원서(1773년 4월 20일)[5]

존경하는 의원님들께.

식민지 의회는 지난 회기 노예제도를 폐기하고자 노력했습니다. 비참한 상황에 처한 우리는 의회의 노력에 매우 만족합니다. 노예제도를 지지하는 동료들의 계획에 반대하여 숭고하게 저항한 사람들에게 우리는 큰 기대를 겁니다. 우리는 당신들이 다음 회기에 시민적 자유와 종교적 자유라는 또 다른, 그러나 똑같이 위대한 목표를 지니게 되기를 희망하고 또 바랍니다. 자유라는 신성한 영혼은, 뇌물을 받으며 통탄할 계획을 실행하는 데 일조하는 사람들을 제외하고, 이 지구상의 모든 사람들의 가슴에 불을 지피는 듯합니다.

과거 우리 노역과 관련하여 우리가 우리에게 주어진 모든 권리를 요구하게 된다면 현재 우리 주인들이 매우 큰 손해를 입으리라는 것을 잘 알기에 우리는 이를 요구하지 않습니다. 영국인처럼 자유라는 숭고한 생각을 지니지 않은 스페인 사람들도 자신들의 동료, 즉 그들이 돈을 주고 산 아프리카인들에게 봉사를 요구할 권리가 자신들에게 없음을 잘 알고 있습니다. 그러므로 스페인 사람들은 흑인들에게 일주일에 하루는 그들 자신을 위해 일할 수 있게 해 줍니다. 흑인들은 그 하루 동안 돈을 벌어 노예로 일해야 하는 잔여 기간에 대해 돈을 지불하고, 지불한 만큼 자유를 요구할 수 있습니다. 그들이 지불해야 하는 비용은 그들의 노역에 대해 처음으로 책정한 금액 즉, 처음 그들을 구입할 때 지불한 가격이 기준이 됩니다. 우리가 주제넘게 당신들 또는 당신들이 속한 존경하는 의회에 명령을 내리려는 것은 아닙니다. 이미 당신들이 우리에게 해 준 것에 우리는 은혜를 느낍니다. 하지만 이 영지 사람들이 평등과 정의의 원칙에 어긋남 없이 행동하는 듯하기에, 우리는 당신들 하원이 우리의 비참한 상황을 심각하게 다시 고려하여, 자연권을 지닌 인간으로서 우리를 구원해 주기를 바랄 뿐입니다.

그러나 이 세상에서 가장 현명하고 정의로운 총독이 우리 동료들이 우리를 노예로 부리는 것을 허락하셨기에 우리는 그에게 고개 숙여 복종합니다. 그리고 자유를 얻으려는 우리의 노력이 정당하고 평화로우며 하나님께서 이를 허락하실 충분한 이유가 있기에 기다리려고 합니다.

우리는 모두 함께 힘을 모아 아프리카 해안 지역으로 이주할 경비를 조달해 이 나라를 떠나겠습니다. 그전까지는 우리에게 적용되는 규율과 법에 기꺼이 복종할 것입니다. 우리는 아프리카에 정착하고자 합니다. 우리는 당신이, 당신의 타운에서 우리와 관련된 지시를 내려 주시기를 간절히 바랍니다. 우리의 편지를 타운에 전달하고, 우리에게 선처를 베풀어 주시기를 기원합니다.

이 영지의 우리 동료들을 대신하여, 그리고 그들 위원회의 지시에 따라서.

피터 비스츠PETER BESTERS
삼보 프리먼SAMBO FREEMAN
펠릭스 홀브룩FELIX HOLBROOK
체스터 조이CHESTER JOIE

토머스 게이지에게 보내는 "흑인 다수의 탄원서"(1774년 5월 25일)[6]

자유로운 기독교 국가에서, 신의 허락하에 노예가 된 이 나라 수많은 흑인들이 겸허하게 다음과 같이 탄원합니다.

황송하게 고합니다.

우리 모두는 자유롭게 태어난 사람들이며, 어떠한 협약이나 계약도 이 축복을 앗아 갈 수 없습니다. 그러므로 우리 탄원자들은 다른 모든 사람과 마찬가지로 우리가 지닌 자유라는 자연권을 동료들에게 몰수당할 수 없음을 잘 알고 있습니다. 그러나 권력을 가진 잔인한 사람들은 우리를 사랑하는 친구들에게서 떼어 내 부당하게 끌고 왔습니다. 우리 중에는 행복하고 풍요로운 나라에서 사랑하는 부모 품에 살다가 여기 기독교 나라에 강제로 끌려와 평생 노예가 된 사람도 있습니다. 우리는 삶을 견딜 수 있게 만드는 모든 것을 박탈당했습니다. 즉, 남편과 아내라는 소중한 유대도 우리에게는 낯섭니다. 우리가 결점 있는 상품인지 아닌지를 생각하는 주인이나 여주인에게 우리는 더 이상 남자나 여자가 아닙니다. 우리 아이들도 우리에게서 강제로 떼어져 수마일 떨어진, 다시는 볼 수 없는 곳에서 평생 노예로 삽니다. 때로는 젖도 떼기 전 강제로 떨어져 며칠밖에 살지 못하는 경우도 있습니다. 이러한 이유들로 우리의 삶은 비참합니다. 이러한 비참한 상황 때문에 우리는 전지전능하신 하나님께 복종으로 보답할 수 없습니다. 이런 상황에서 어떻게 노예가 아내에게 남편으로서의 의무를 수행하고 아이들에게 부모로서의 의무를 다 할 수 있습니까? 어떻게 노예가 주인을 떠나 아내를 위해 일하고 아내에게 충실할 수 있습니까? 어떻게 이러한 상황에서 아내가 남편에게 헌신할 수 있겠습니까? (…)

주인이 나를 노예라는 무거운 쇠사슬로 짓누르고 내 의지에 반하여 학대하는데 어떻게 그런 주인이 나에게 내 짐을 견디라고 말할 수 있습니까? 이런 상황에서 어떻게 우리가 주인에게 의무를 다할 수 있겠습니까? 이러한 상황에서는 마땅히 섬겨야 할 우리의 하나님을 섬길 수 없으며, 이 나라 법이 보장하는 평등한 혜택도 받을 수 없습니다. 이 나라 법은 노예제도를 정당화하지 않으며 오히려 이를 저주합니다. 우리를 굴레에 묶어 둘 어떤 법이 있다 하더라도 자유로운 나라에서 태어난 우리 아이들을 평생 노예로 만드는 그런 법은 있을 수 없다는 것이 우리의 겸허한 생각입니다. 우리는 그대들 위대하신 분들이 이를 참작하고 신중히 고려하여 절차에 따라 법령을 통과시켜서, 우리가 자연권인 자유를 획득하고, 우리의 아이들이 자유로워질 수 있기를 간절히 소망합니다.

매사추세츠 하원에 보내는 "흑인 다수의 탄원서"(1777년 1월 13일)[7]

1777년 1월 13일에 열리는 매사추세츠 만 참의회 의원님들과 하원 의원님들께.

자유로운 기독교 국가에서 노예 상태로 묶여 있는 다수의 니그로들이 겸허하게 다음과 같이 탄원합니다.

여기 탄원자들은 우리가 다른 사람과 마찬가지로 양도할 수 없는 자유라는 자연권을 가졌음을 알고 있습니다. 이는 위대한 대자연의 어버이가 모든 인간에게 평등하게 부여했고, 어떤 계약이나 협약에 의해서도 박탈될 수 없습니다. 그러나 우리는 잔인한 권력자의 손에 의해 사랑하는 친구들에게서 부당하게 끌려왔습니다. 우리 중에는 행복하고 풍요로운 나라에서 사랑하는 부모 품에 살다가 강제로 끌려온 사람도 있습니다. 권력자들은 자연법과 국가법을 위반하고 모든 부드러운 인간적 감정을 무시한 채 우리를 짐승 덩어리처럼 팔기 위해 이곳으로 데려왔습니다. 그래서 우리는 온화한 예수님을 믿는다고 말하며, 합당한 자유의 달콤함을 알고 있는, 그러면서 다른 이들이 누군가를 굴레와 복종 상태로 밀어 넣으려 할 때, 그러한 부당한 시도들에 분개할 줄도 아는 사람들 가운데서 평생 노예로 살게 됐습니다.

존경하는 선생님들께서는 노예의 삶이란 여기 탄원자들의 삶처럼, 모든 사회적 권한을 박탈당하고, 삶을 견딜 만하게 만드는 모든 것을 빼앗긴 채 죽는 것보다 못하다는 사실을 다 알고 있습니다. 이 나라의 선량한 사람들의 칭찬할 만한 본보기를 따라, 우리 탄원자들이 이 나라 의회에 보낸 잇단 탄원이 전달되기를 오랫동안 인내하며 기다려 왔습니다. 그리고 지금까지 거둔 성과가 거의 없다는 것에 개탄하지 않을 수 없습니다.

  우리의 탄원은 한 번도 고려되지 않았습니다. 반면 미국이 영국과 어려운 관계에 봉착했을 때, 그 모든 원칙들을 우리 탄원자들이 수천 번 주장했던 것보다 더 강하게 항변하는 것을 보며 놀라움을 금치 못합니다.

  그러므로 우리의 탄원을 참작하고 고려하여 우리가 모든 사람들의 자연권인 자유의 기쁨을 되찾을 수 있도록 의회법으로 통과시켜 주기를 존경하는 선생님들께 겸허하게 간구합니다. 그리고 이 자유의 땅에서 태어난 우리의 아이들이 스물한 살이 되었을 때 더 이상 노예가 아니기를 간절히 소망합니다.

  자유를 위해 영광스럽게 싸우는, 그리고 더 이상 다른 사람을 저주하고 억압하는 행동으로 그들 스스로 모순에 빠지지 않는, 이 나라 국민들이 번성하기를 기원합니다. 그들에게 하늘의 축복이 있기를 기원합니다. 자비로운 사람들은 동료들의 축복을 뺏으려 하지 않을 것입니다.

            언제나 기도의 의무를 다하는 당신의 탄원자들로부터

벤저민 배니커가
토머스 제퍼슨에게 보낸 편지[8]

1791년 8월 19일

아메리카 독립군은 더 많은 군사를 필요로 했고, 꽤 많은 노예들이 군대에 들어가라는 종용을 받거나 강요받았다. 그리고 종종 군 복무의 대가로 자유를 주겠다는 약속도 받았다. 하지만 그러한 약속은 지켜지지 않았고 많은 주인들이 전쟁에서 싸웠던 흑인들을 다시 노예로 삼을 권리를 달라고 요청했다. 여기에 수록된 성공적인 탄원을 비롯하여 수많은 청원들은 군복무 후 자신들의 권리를 요구했던 흑인들의 투쟁을 잘 보여 준다. 벤저민 배니커Benjamin Banneker는 자유인이 된 노예의 자손으로 수학과 천문학을 독학했고, 태양의 일식을 정확하게 예측했으며, 워싱턴 시를 새로 계획하는 일에 참여했다. 그는 1792년 과학 연감을 출판하기 직전에 토머스 제퍼슨Thomas Jefferson에게 노예제도를 종식시킬 것을 요청하는 편지를 보냈다. 배니커와 제퍼슨 사이에 오갔던 편지를 필라델피아 출판업자인 데이비드 로렌스David Lawrence가 소책자로 출판했다.

존경하는 선생님.

나는 당신과 함께 현재 누리고 있는 이 자유의 위대함을 충분히 인지합니다. 당신이 가진 저명하고 권위 있는 지위와 내 피부색에 대한 세상에 만연한 편견과 선입견을 고려해 볼 때 내가 가진 자유는 나에게는 거의 허용되지 않았을 그런 자유입니다.

우리 인종은 세상의 학대와 비난 속에서 오랫동안 일해 왔습니다. 이 사실은 이미 당신이 다 알고 있을 것이기에 여기서 증명할 필요도 없을 것입니다. 오랫동안 우리를 비난의 눈으로 쳐다보고, 인간이라기보다는 짐승처럼 대하고, 정신적으로 모자란다고 생각해 왔음을 당신은 이미 다 알고 있습니다.

　존경하는 선생님, 내가 들은 소문으로 판단컨대, 나는 감히 당신이 누구보다도 융통성 있는 사람이고, 친절하고, 우리에게 호의를 지녔고, 우리를 수많은 고통과 불행에서 구제하기 위해 기꺼이 도울 준비가 되어 있는 분이라고 생각합니다.

　선생님, 이제 그 소문이 진실이라면 나는 당신이 우리와 관련해 일반적으로 알려진 일련의 부조리하고 잘못된 생각과 견해를 근절시킬 모든 기회를 기꺼이 받아들이리라 생각합니다. 당신과 나는 비슷한 심성을 지녔습니다. 즉, 하나님은 우리 모두를 창조하셨고, 우리 모두를 같은 살로 만드셨을 뿐만 아니라 모두에게 공평하게 같은 감성을 허락하셨고, 같은 능력을 부여하셨던 것입니다. 또한 아무리 사회적 지위나 믿음이 다르다 해도, 상황과 피부색이 다르다 해도, 우리 모두가 같은 형제이며 하나님 아래 동등한 관계 속에 서 있다는 데 당신과 나의 의견이 일치하리라 생각합니다.

　존경하는 선생님, 당신이 이미 이러한 생각들을 충분히 이해한다면, 나는 당신이 인간의 자연권을 옹호하는 사람들과 기독교도로서 책임을 지닌 사람들이 꼭 실행해야 하는 의무를 인식하기를 바랍니다. 즉, 당신이 당신의 권한과 영향력을 발휘하여 어떤 형태로든 부당한 노동으로 고통받고 억압받고 있는 모든 인간을 구제해 주기를 바랍니다. 이는 우리가 진실에 대해 확신하고 원칙에 복종할 때 다다르는 결론이라고 생각합니다.

나는 확신합니다. 당신이 스스로를 사랑한다면, 그리고 당신에게 자연권을 선사해 준, 진실에 기초한 헤아릴 수 없는 법을 사랑한다면, 당신은 지위를 불문하고 모든 사람들이 당신과 함께 동등하게 축복을 받아야 한다고 생각할 수밖에 없을 것입니다. 당신은 또한 정당화할 수 없는 잔악함과 만행으로 타락하게 된 사람들을 구하기 위해 적극적인 노력을 기울이지 않는 한 스스로 만족하지 못하는 사람일 거라고 믿습니다.

존경하는 선생님, 나는 아프리카 인종임을 순순히, 그리고 아무렇지 않게 인정합니다. 나의 아버지는 아프리카에서 끌려와 이곳에서 노예가 됐습니다. 그러므로 나는 그들에게 자연스러운 가장 짙은 피부색을 지녔습니다. 당신에게 고백하건대, 내가 수많은 내 동료들을 죽음으로 몰고 간, 그렇게 포악한 노예 상태나 비인간적인 포로 상태에 처하지 않았음에, 이 세상을 창조한 조물주께 진심으로 감사드립니다. 나는 당신이 좋아하는 그 감당하기 어려운 자유가 맺어 준 축복의 열매를 충분하게 맛보았습니다. 그리고 나는 언제나 선하고 완벽한 선물을 주시는 하나님이 직접 당신에게 자비로운 축복을 내려 주기를 바랍니다.

존경하는 선생님, 괴롭겠지만 영국 왕의 독재와 군대가 당신을 노예로 전락시키기 위해 온갖 노력을 기울였던 때를 떠올려 보십시오. 당신이 접했던 다양한 위기 상황들을 되돌아보기를 간구합니다. 그때 모든 인간적인 노력은 소용이 없었고 희망과 불굴의 의지로도 그 갈등을 풀 수 없을 것 같았습니다. 당신은 기적적으로 당신을 보호해 주신 신에게 진심으로 감사하지 않을 수 없을 겁니다. 당신은 현재 당신이 누리고 있는 자유와 평화가 하늘의 자비로운 선물이고, 특별한 축복임을 인정하지 않을 수 없을 겁니다.

존경하는 선생님, 이제 당신이 노예제도의 부당함을 똑똑히 봐야 할 때입니다. 당신은 이제 막 노예 상태가 얼마나 끔찍한 것인지를 이해했습니다. 노예제에 대한 혐오감이 고조된 지금 당신은 세대를 뛰어넘어 영원히 기억되고 기록될, 진실되고 소중한 강령을 공포해야 할 것입니다. "우리는 모든 인간이 평등하게 태어났으며, 누구에게도 양도할 수 없는 권한을 창조주에게 부여받았다는 명백한 진실을 믿는다. 그러한 권한으로는 생명권, 자유권, 행복 추구권이 있다."

존경하는 선생님, 자유의 위대한 가치와 자연이 부여한 축복을 자유롭게 누린다는 참된 생각에 감명을 받은 바로 지금, 당신은 온화한 심성으로 이를 공포해야 할 것입니다. 하지만 하나님 아버지의 은총과 하나님이 모든 인간에게 공평하게 자연권과 특권을 나누어 주셨음을 인지하면서도 고통스러운 감금과 잔인한 압제 아래 신음하는 우리 형제들 사이에 만연한 허위와 폭력을 방치한다면, 당신은 하나님의 자비에 어긋나는 행동을 하는 것입니다. 또한 당신 자신이 다른 사람들을 공공연하게 혐오했다면, 당신은 가장 범죄적인 행동으로 죄를 지은 것과 같습니다. 이는 매우 유감스러운 일이 아닐 수 없습니다.

존경하는 선생님, 당신은 이미 내 형제들의 상황을 훤하게 알고 있기에 다시 상술할 필요는 없다고 생각합니다. 내가 그들을 구원할 방법을 처방할 필요도 없다고 봅니다. 단지 욥(Job, 성경 「욥기」에 나오는 욥. 옮긴이)이 친구들에게 "입장을 바꾸어 그들이 되어 보라"는 말을 했듯이, 우리 흑인들에게 가지고 있는 편협한 편견을 떨쳐 버리라고 당신을 비롯한 다른 사람들에게 충고하고자 합니다. 그렇게 한다면, 당신의 마음은 그들을 향한 친절과 은혜로 관대해져, 어떤 방법을 취해야 할지 나나 다른 사람들에게 더 이상 조언을 구할 필요가 없을 것입니다.

존경하는 선생님, 내 형제들에 대한 나의 동정과 사랑이 나를 여기까지 오게 만들었습니다. 이제부터는 당신이 나를 대신하여 당신의 솔직함과 관대함으로 내 형제들을 대변해 주기를 진심으로 바랍니다. 이는 원래 내가 의도한 것이 아닙니다. 기대하지 않았지만 피할 길 없이 여기까지 왔고, 선물로서, 내가 수년 동안 작업한 연감 사본을 당신께 드리기 위해 펜을 든 것입니다.

존경하는 선생님, 이 연감은 내가 지금껏 생명을 연구해 온 결과물입니다. 나는 자연의 신비를 알고 싶다는 누를 길 없는 염원을 오랫동안 지녀 왔고, 그것을 주도면밀하게 천문학에 적용해 호기심을 만족시켰습니다. 그러는 가운데 내가 겪은 수많은 어려움과 손실을 당신에게 일일이 설명할 필요는 없을 것입니다. (…)

존경하는 선생님, 이제 당신에게 존경을 표하며, 그리고 당신에게 순종하겠다는 충성을 맹세하며 글을 끝맺고자 합니다.

벤저민 배니커BENJAMIN BANNEKER

제3장

노예 상태와
반란

영국과 북유럽 여러 나라에서, 가난한 사람들이 하인으로 일하기 위해 아메리카로 떠났다. 그러나 상인과 선장은 이들의 절망을 자기들의 이윤으로 바꿨다. 계약 하인indentured servants으로 알려진 이들은 운임을 지불하기 위해서 5년이나 7년 동안 그들의 월급을 양도해야만 했다. 이들은 아프리카에서 흑인들이 끌려올 때처럼 배에 빽빽하게 태워져 수개월 동안 여행했다. 많은 사람들이 전염병에 걸려 배에서 죽었고, 특히 어린아이들이 많이 죽었다.

살아남아 아메리카 대륙에 도착한 사람들은 노예처럼 사고 팔렸다. 이때부터 그들의 생활은 완벽하게 주인의 지배를 받았다. 여자들은 성적 학대의 대상이 되었고, 남자들은 명령을 따르지 않는다는 이유로 매를 맞거나 채찍질당했다. 계약 하인 제도는 17세기와 18세기 내내 지속되었다. 계약 기간이 끝난 후 자유롭게 된 사람들은 식민지의 노동 계층을 이루었다. 이들 중에는 소규모 자영농이 된 사람들도 있었으나, 대부분은 소작인이나 떠돌이 빈민이 되었다. 많은 이들이 아메리카 대륙에서의 자기 삶에 환멸을 느끼고 영국으로 돌아갔다.

리처드 프리손의
계약 노동에 대한 견해[1]

1623년 3월 20일~1623년 4월 3일

1623년 초 리처드 프리손Richard Frethorne은 계약 하인으로 제임스타운에 왔다. 프리손은 곧 그 자신이 겪은 고통을 부모에게 편지로 써 보냈다.

사랑하는 부모님께.

건강하시기를 기원하며 마음을 담아 부모님께 안부를 전합니다. 저는 지금 열심히 벌이를 하고는 있지만, 이 나라 사정 때문에 매우 어려운 상황에 처해 있습니다. 많은 사람들이 괴혈병과 출혈, 그리고 다른 질병으로 몸이 매우 쇠약해지고 많이 아픈 상태입니다. 우리는 아프더라도 치료받을 방법이 없습니다. 배에서 내린 뒤로 완두콩과 묽은 죽 말고는 먹은 것이 없습니다. 이 땅에 도착한 뒤 사슴이나 짐승 고기는 본 적도 없습니다. 닭은 있지만 우리가 잡아먹을 수는 없습니다. 아침 일찍부터 늦은 시간까지 일해야 묽은 죽 한 그릇과 빵과 소고기 약간을 먹을 수 있습니다. 빵 한 조각은 1페니 정도인데 그것도 네 사람이 나누어 먹습니다. 이것이 저를 가장 힘들게 합니다. 사람들이 밤낮으로 울부짖고 있다는 사실을 부모님이 아신다면! 오! 사람들은 영국에 다시 갈 수만 있다면 손발 없이 문전걸식한다 해도 상관하지 않을 것입니다. 우리는 매 시간을 적에 대한 공포 속에서 살고 있습니다. 우리는 그들과 싸워야 합니다. (…) 그들 중 두 명을 사로잡아 노예로 삼기도 했지요. 이는 우리 정책입니다. 우리는 큰 위험에 처해 있고 함께 온 사람들은 아프거나 죽어 우리 농장 역시 보잘것없이 변해 버렸기 때문이지요. 스무 명 정도가 돈을 벌러 왔지만 지금은 거의 반이 죽었고, 두 명이 곧 죽을 것 같아 매 시간 지켜보고 있답니다. 또 다른 네 명이 우리와 함께 살려고 왔는데 그중 한 명을 제외하고는 다 살았습니다. 우리의 해군 대위는 죽었고 그의 아버지와 형제도 죽었습니다. 작년까지 스무 명이 살아 남았는데, 올해 대여섯 명으로 줄었다가 지금은 세 명만 남았기에 우리는 우리와 함께 농사를 지을 사람들을 구하지 않을 수 없습니다. 만약 적들이 싸우러 오면 고작 서른두 명이 3천 명에 대항해 싸워야 합니다. 우리가 도움을 청할 수 있는 가장 가까운 곳은 10마일(약 16킬로미터) 밖에 있습니다. 지난번 난폭한 적들이 이곳을 공격해 왔을 때는 여든 명을 살해했답니다. 우리는 그들의 손 안에 있으니 어찌해야 할까요? 그들은 우리를 손쉽게 잡을 수 있습니다. 하지만 하나님은 자비로우신 분이며, 길레아드Gilead 주민들에게 보여 주셨던 것처럼 많은 사람뿐만 아니라 소수의 사람들도 구해 주실 수 있는 분입니다. 그리고 길레아드의 병사들처럼 만약 그 병사들이 물을 핥아 먹었다면 우리도 조금씩이나마 그 물을 마실 것입니다.

저에게는 더 이상 위안거리가 없습니다. 그리고 이윤을 위해 뭔가에 돈을 투자하는 경우를 제외하고는 여기에서 아픔과 죽음 이외에는 아무것도 얻을 것이 없습니다. 저는 아무것도 가진 것이 없습니다. 정말로 제 배낭에는 누더기 두 벌 말고는 셔츠도 없고, 낡은 정장 한 벌, 구두 한 벌, 양말 한 벌, 모자 한 개, 벨트 두 개뿐입니다. 외투는 동료 중 한 명이 훔쳐 갔는데 그는 죽는 순간까지도 그걸 어떻게 했는지 말하지 않을 것입니다. 다른 동료들 말로는 그가 배 밖에서 버터와 소고기를 구하고 그 값으로 제 외투를 팔았다고 합니다만 여전히 의심스럽습니다. 따라서 저는 1페니도, 1페니에 상응하는 가치 있는 어떤 것도 없는 상황입니다. 따라서 이곳에서 생존하려면 꼭 필요한 향료나 설탕, 혹은 경수조차 구할 길이 없습니다. 영국에서 강한 맥주가 사람들을 살찌고 강하게 하는 것처럼 여기서는 물이 사람을 깨끗하게 하기도 하고 쇠약하게 만들기도 합니다. (…) 하지만 지금 제 체력은 영국에 있을 때의 8분의 1도 안 될 정도로 약해져 있습니다. 이는 모두 못 먹어서 그렇습니다. 여기서는 영국에서 하루에 먹을 음식 양보다 더 적은 양의 음식을 일주일 동안 먹습니다. 어머니, 아버지, 당신들은 제가 하루에 먹는 양보다 더 많은 음식을 거지에게 주었습니다. 만약 잭슨 씨가 저를 구하지 못했다면, 저는 불행했을 것입니다. 잭슨 씨와 잭슨 씨 부인은 마치 아버지처럼, 사랑 많으신 어머니처럼 아직도 저를 돕고 있습니다.

우리가 사는 곳에서 10마일 떨어진 곳에 제임스타운이 있습니다. 그곳에 육지로 들어오는 모든 배들이 정박해 있고, 그곳에서 상품들이 운송되어 옵니다. 우리는 월요일 정오쯤 마을로 올라갔다가 저녁에 다시 돌아와서는, 다음날 정오까지 짐을 싣고, 다시 오후에 집으로 돌아가고, 그리고 짐을 내리고, 그리고 저녁에 다시 갔다가, 자정이 될 때까지 기다려야 합니다. 만약 비가 오거나 엄청나게 바람이 불면, 우리는 바다 위 선상에 누워 있어야 하고 고작 빵 한 조각을 먹을 수 있을 뿐입니다. (…)

사랑하는 아버지, 저를 잊지 마시고, 저에게 자비를 베푸시고, 저의 참담한 상황을 동정해 주십시오. 만약 아버지께서 현재 제 모습을 보신다면 저를 동정하실 수밖에 없을 것입니다. 저를 보시면 우실 겁니다. 제게는 양복 단 한 벌밖에 없답니다.(하지만 양복은 이상할 정도로 아주 잘 보관되고 있답니다.) 제가 제 친구들과 친척들 모두를 사랑하고 있음을 항상 기억해 주시기를 간청합니다. 저의 형제자매들이 모두 건강하기를 기원합니다. 저로서는, 이 편지에 대한 회신이 저를 살리거나 죽일 것이라는, 반드시 그러할 것이라는 확신이 듭니다. 그러니 자비로우신 아버지, 되도록 빨리 답해 주시기 바랍니다. 그리고 무엇이든 보내 주신다면 감사하겠습니다.

『버지니아에서 근자에 일어난 흑인 반란의 원인, 과정, 종식에 대한 자세한 서술: 상기한 식민지 사건 조사차 영국 국왕이 임명한 위원들의 공평하고 솔직한 보고서』[2]

1677년

독립선언 백 년 전인 1676년, 버지니아에서 너새니얼 베이컨Nathaniel Bacon이 주동하고, 백인 변경 개척자들과 노예, 하인들이 동조한 반란이 일어났다. 『미국민중사』를 인용하면 "이 반란은 매우 위협적이어서 총독이 불타는 제임스타운 수도를 두고 도망쳤고, 영국은 4만 명의 식민지인들이 질서를 유지하기를 바라며 천 명의 군인들을 대서양 건너로 보냈다." 이 잡다한 반란자들은 각기 다른 불만들을 지니고 있었다. 변경 개척자들은 그들이 인디언의 공격으로부터 보호받지 못하고 있다고 생각했고, 노예들과 하인들은 주인과 버지니아 정치 지도자들이 자신들을 심하게 억압하고 있다고 생각했다. 영국 왕은 베이컨의 난을 조사하기 위해 위원회를 소집하고 보고서를 제출하라고 했다. 다음은 그 보고서다.

베이컨은 가장 격양된 상태에서 총독과 총독의 무리들에게 원수를 갚겠다고 위협하고 총독의 군대를 사정없이 해치울 것을 맹세했다. 그리고 이 싸움에서 물러서는 것을 수치로 여기겠다고 선언했으며 상당한 분노를 내뿜으며 제임스타운으로 행군했다. 베이컨은 새로운 군대와 합류하기 위해 뉴켄트New Kent에 잠시 멈췄을 때, 그리고 무언가 도움받을 것이 있는지 살피기 위해 제임스 강 상류로 잠시 사람을 보냈을 때를 제외하고는 계속해서 행군했다.

베이컨은 무리가 3백 명으로 늘자 제임스타운으로 바로 진격했다. 베이컨이 진격하는 것을 본 사람들은 베이컨의 무사를 기원하고 총독과 그의 도당들에게 욕설을 퍼부으며 베이컨에게 몰려들었다. 베이컨 무리는 승리의 상징으로 인디언 포로들을 데려왔다. 사람들은 인디언들을 보고 베이컨이 자신들을 보살피고 보호해 주고 있다는 사실에 감사했다. 그래서 베이컨에게 과일을 가져다주고, 군인들에게는 음식을 대접했다. 여자들은 만약 어떤 도움이라도 필요하다면 그와 함께 가겠다고 말했다.

한 첩자가 베이컨에게 와서 총독은 타운에 잘 무장한 군인 1천 명을 데리고 있다고 말했다. 그러자 베이컨은 "나는 이제 그들을 심판하러 간다. 그 길에서 확인할 수 있을 것이다"고 말했다. (…)

그날 저녁에 베이컨은 소규모 군대와 더불어 파스파헤이즈Paspahayes의 예전 경작지로 들어가 말에 탄 채로 샌디 해변Sandy Beach까지 진군했다. 타운에 들어서자 베이컨은 트럼펫을 불고, 카빈총을 쏘며 말에서 내려와, 지상을 조사하고 프랑스식 요새를 쌓으라고 명령했다.

밤새도록 달빛 아래에서 나무를 쓰러뜨리고, 수풀을 자르고, 땅을 파고, 성을 쌓았다. 오직 도끼 두 자루와 삽 두 자루밖에 없었지만 그들은 날이 새기 전에 프랑스식 요새를 만들었다.

다음날 동이 트기 직전에 베이컨 군 여섯 명은 타운의 팰러새디즈pal-lasadees까지 달려가서 경비를 향해 짧게 총을 발사하고는 아무런 피해 없이 안전하게 되돌아왔다(고 보고되었다). 총독은 베이컨과 그의 도당들에게 총을 쏘지 말라고 지시했다. 총독은 자신이 피를 흘리는 것을 몹시 싫어하며 이런 일에 초보인 것처럼 가장했다. 그런 자신에 대항해서 총을 쏘는 일은 결코 대범한 일이 아님을 반란군들에게 알려 주려는 술책이었다. 그리고 사람을 보내 베이컨을 만나서 화해하자고 했다. 총독은 그가 들은 바대로 베이컨이 인디언에 대항해 수행한 일이 나름대로 적절하다고 생각되면 전쟁을 방지하기 위한 이런저런 방법을 찾을 수 있을 것이라고 생각했다. 총독은 베이컨에게 속아 그의 편에 가담했거나, 오직 인디언과 전쟁 치를 일만을 생각하고 자신들이 무슨 일을 하고 있는지 전혀 모르는 일부 무식한 사람들을 위해 인디언 죄수 몇 명을 함께 데려갔다.

그러나 베이컨은 총독을 믿을 수 없다는 듯이 협약은 전혀 계산에 넣지 않고 있었다. 오히려 베이컨은 사람들에게 총독 측의 사람들은 불성실하며 겁쟁이들이기 때문에 협약을 믿어서는 안 된다고 선전했다. 베이컨은 총독 측의 움직임을 관찰하는 편이 낫다며, 낮 동안에는 벽돌 굴뚝 위에서 계속 감시하라고 명령했다. 즉, 타운 측 사람들이 어떻게 말을 타고 말에서 내리는지, 어떻게 배치되고 재배치되는지, 언제 군대를 소집하고 해산하는지, 그들의 수는 몇 명인지, 그리고 그들이 어떻게 움직이는지 등을 감시하도록 시켰다. 그때까지는 먼 거리에서 크고 작은 총격이 있었을 뿐 다른 일은 일어나지 않고 있었다.

그러나 베이컨은 타운 주변 군대의 움직임과 정렬을 보고 나서 그들이 돌격할 준비를 하고 있으며 따라서 그들을 맞을 준비를 해야 한다고 생각했다. 그는 자신의 군대를 가장 유리하다고 생각되는 장소로 모이게 했다. 그리고 기다렸다가 (그들은 한동안 다시 군대가 해산하는 것을 목격했다) 그들이 후퇴하면 타운으로 진격하기로 결의했다. 베이컨은 총독 측이 후퇴할 것이라고 기대했고 그러리라 예언했다. 이러한 기대감 속에서 베이컨의 군대는 보초가 타운에서 다시 군대가 해산했다는 소식을 전할 때까지 거의 한 시간 동안 기다렸다. 그들이 타운 안으로 해산하면 베이컨 군대도 함께 타운으로 진격할 터였다. 그러나 얼마 안 되어 총독 측이 사방에서 기습해 왔고, 반란군들은 여기저기로 흩어졌다. (…) 이에 대해서는 우리가 알기로는 베이컨의 편지보다 더 나은 설명은 찾을 수 없을 것이다. 그 편지가 진실을 말하고 있다고 볼 수는 없지만 말이다.

"(…) 어제 반Van에서 기병과 보병이 기습 공격을 했다. 그들은 밀집 대형으로 밀고 왔다. 그들의 어깨와 어깨가 서로 겹칠 정도로 밀집해 있어 앞줄이 그들의 방패가 될 정도였다. 우리 측은 그들에 맞서 잘 싸웠고, 그들은 큰 혼란을 일으키며, 무기뿐만 아니라 북과 죽은 사람들을 버리고 만을 떠나 후퇴했다. 시체 두 구를 우리 요새로 데려와 무기와 함께 묻어 주었다. (…) 우리는 그들을 존경할 수도 있었다. 그러나 그들 스스로 불쌍한 겁쟁이, 경멸스러운 존재로 전락했다. 허버트 패럴은 배에, 하트웰은 다리에, 스미스는 머리에, 매튜는 다른 곳에 총을 맞았다고 한다. 하지만 아직 확실한 소식은 없다."

기습이 실패한 뒤 총독 측의 기세는 꺾이고, 병사 수도 많이 줄었다. 반면 베이컨 측은 점점 대담해졌다. 베이컨은 당장 타운으로 밀고 들어가 급습하자고 주장하는 사람들을 가까스로 말렸다. 베이컨은 그들의 성급함을 경계하며 그러한 시도를 하지 못하도록 설득했다. 베이컨은 그들에게 그 용기를 사용할 적절한 시기가 찾아올 때까지 참아 달라고 부탁했다. 그리고 한 사람의 생명도 자신에게는 세상 전체보다 더 소중하기에 누구의 희생도 없이 타운을 접수할 것이라고 그들에게 말했다.

대규모 공격을 계획하면서, 베이컨은 자신에 대항해 총독 편에서 싸우는 장군의 아내들과 여자 친척들을 (베이컨은 그들을 일꾼으로 데려왔다) 적이 볼 수 있는 장소에 배치했다. 베이컨은 그들을 포대의 방패막으로 이용해 자신이 큰 이득을 볼 수 있으리라 생각했다. 그러나 총독 측은 시간과 장소에 있어서 뿐 아니라 숫자상으로도 더 승산이 있었다.

윌리엄 버클리 경Sir William Berkeley 측 대부분은 매우 비겁하고 비열했다. (대부분은 약탈하려는 의도를 지녔거나, 아니면 강제로 복무하게 됐거나, 그도 아니면 고용된 사람들이었다.) 오직 장군 스무 명만이 버클리 경을 지지했고 나머지는 (약탈의 약속이나 희망을 가지고 이곳에 온 사람들로) 자신이 이미 가지고 있는 것을 지키려는 생각에 빠져 있었다. 윌리엄 버클리 경 자신은 의심의 여지없이 타운을 버리고 떠나기보다는 그곳에서 죽을 사람이었다. 그는 결국 저항할 수 없는 끈질긴 권유와 지나친 설득에 따라, 자신의 의지와는 달리 아코맥Accomack을 급히 떠나 타운을 적의 손에 넘겨주고 말았다.

그 전날 밤 총독과 그의 측근이 타운을 포기할 것을 미리 알고 있던 베이컨은 아무 저항 없이 타운으로 들어갔다. 베이컨은 이 피신처가 총독과 그의 도당들에게 얼마나 중요했는가, 그리고 또 중요할 수 있는가를 군인 같은 통찰력으로 간파했다. 그는 즉시 이곳을 재로 만들기로 결심했다. 베이컨은 타운을 점령한 그날 밤 타운, 교회, 정부 청사(드러먼드는 이 정부 청사에서 보관 중이던 지역의 기록물들을 가지고 나와 화재로 손실되는 것을 막았다)에 불을 질렀다. 타운에는 새로 지은 벽돌집 열두 채 말고도 벽돌 굴뚝이 달린 허름한 집들이 상당수 있었다. 이 모든 것을 다시 지으려면 연초 1천5백 파운드(약 680킬로그램)로도 부족할 것이다.

방금 전 타운을 버리고 나와 강 바로 아래 정박해 있던 배와 범선에 탄 사람들은 부끄럽고 후회스럽게도, 자신들이 그토록 비열하게 포기한 타운이 불타 폐허로 변하는 장면을 밤새도록 바라보았다.

마스트 나무 반란에 대한
뉴햄프셔 의회의 선언[3]

1734년

식민지 상황은 오직 소수만이 엄청난 땅을 소유하고 재산을 축적하는 가운데 전반적으로 가난하고 절망적이었다. 예를 들어서 독립 혁명 직전 보스턴의 세금 기록을 보면 재산 소유 상위 1퍼센트의 부자들이 도시 부의 40퍼센트를 소유했다. 뉴햄프셔의 가난한 사람들은 땔감을 얻기 위해 부자들의 부동산인 나무를 잘랐다. 영국의 공유지 감독관인 대니얼 던버Daniel Dunbar는 지역 주민들이 그가 피의자를 찾는 일을 도와주려하지 않음을 알았다. 그는 자신을 도와줄 약간의 군대를 모았고, 1734년 4월에 엑스터Exter에 도착했다. 그러자 지역 주민들이 그들을 공격하고, 때렸다. 뉴햄프셔 의회의 공식적 기록은 다음과 같다.

4월 23일 저녁 아홉 시가 막 지난 즈음, 뉴햄프셔의 영지인 엑스터에 불량한 사람들이 많이 모였다. 그리고 그곳에서 술을 마시고 소란을 피우는 가장 거칠고 폭력적인 사람들이 엑스터의 새뮤얼 길먼 선장Captain Samuel Gilman 집으로 몰려갔다. (그는 엑스터에 공관을 가지고 있었다.) 그리고 폐하의 숲을 지키는 공유지 감독관인 데이비드 던버David Dunbar가 고용한 사람들을 쓰러뜨리고 구타하는 등 끔찍한 만행을 저질렀다. 그를 보좌하는 사람들 대다수는 언급한 직무를 실행하다가 얻어맞고, 다치고, 겨우 도망쳐서 목숨만 구했다. 언급한 영지의 대법관이 조사를 명했다.

조사에 따르면 이 모든 것은 폐하의 영지를 불명예스럽게 만드는 일이며, 모든 법과 인간성에 반하는 행동이므로 의회의 권한을 모두 동원해서라도 금지하고 벌해야 한다. 따라서 불복종과 같은 비열한 행동을 저지르고 선동한 사람을 찾아내 타당한 처벌을 하기 위해, 이 영지에 대한 나쁜 평을 확산시키지 않기 위해, 그리고 폐하께 영지에서 이러한 악한 들은 일반적인 혐오의 대상임을 확신시켜 드리기 위해 하원은 투표를 통해서 총독 각하와 상원으로 하여금 이 사건을 엄하게 조사하도록 명령해야 한다. 그리하여 궁극적인 정의가 폐하 편에 서고, 이 사건에 관련된 사람들이 자신들 행동의 결과 당연히 받아야 할 처벌을 피하는 일이 없어야 할 것이다.

윌리엄 셜리가 놀스 반란에 관하여
추밀원에 보낸 편지⁴

1747년 12월 1일

혁명이 일어나기 전 수십 년 동안 영국 해군을 충당하기 위해 식민지 젊은이들을 데려 가는 징병에 반대하는 반란이 식민지 전역에서 일어났다. 예를 들어 로드아일랜드 뉴 포트에서는 영국 해군에 5주 동안 징병을 당한 흑인과 백인 선원 5백 명이 반란을 일 으켰다. 혁명 전에 일어난 사건 중 비교적 초기에 발생한 사건이 놀스Knowles 함장에 저항하며 일어난 반란이다. 이는 매사추세츠 주 셜리Shirley 총독이 영국의 추밀원 Lords of Trade에 보낸 편지에 기록되어 있다.

친애하는 각하.

근자에 이곳에서 폐하의 정부를 모독하는 반란이 일어나고 있습니다. 반란의 성격이 매우 놀랍기에 이에 대해 각하께 설명하는 것이 제 의무 라고 생각했습니다.

이 사건은 11월 16일 밤에 놀스 함장의 명령에 따라 이 항구에 정박한 모든 배와 놀스 함장의 소함대를 유지하기 위해 캔터베리호 선내에 싣고 있던 배에 대해 내려진 강제 징발로 발생했습니다.

이에 대해서는 오전 9시와 10시 사이에 하원 의장이 제게 처음 알려 주었습니다. 그는 거리에서 폐하의 선박 앨버러호 선장과 캔터베리호 사무장과 마주쳤고, 그들을 보호하고 피신시키기 위해서 우리 집으로 데리고 왔습니다. 반란을 일으킨 이들은 대부분 스코틀랜드인들로 보이는 3백 명 정도의 낯선 뱃사람들인데 단도와 곤봉을 들고 있으며, 해안의 숙소에서 라크 중위와 마주치자 그를 잡아 구금했다고 알려 줬습니다. 두 번째 소식은 약 30분 후에 카운티의 보안관에게서 들었습니다. 보안관은 중위를 구하기 위해서 관리들과 함께 군중을 쫓아갔고, 그들을 해산시키려고 노력했다고 했습니다. 그들 중 네 명이 관리들에게 다가오기에 한 명에게서 단도를 빼앗고, 두 명을 잡았습니다. 하지만 잡은 두 명을 데리고 가려 하자 이를 알게 된 군중들이 뒤따라와 폭행했고, 심각하게 다쳤습니다. 군중들은 죄수 두 명을 내놓고, 부관 한 명을 자기들의 손에 넘기라고 협박했습니다. 보완관은 억류된 관리의 생명이 위험할 것 같아 매우 두렵다고 제게 말했습니다.

그 후 저는 즉시 연대장에게 타운의 군대를 소집하고 무력으로 군중을 제압할 것을 명령했습니다. 그리고 필요하다면 군중을 향해 총을 발사해도 좋다고 했습니다. 이런 명령을 내리는 경우는 매우 드뭅니다. 군중들은 관저 대문 바로 앞에 모습을 드러냈고 그들 중 일부가 중위를 데리고 제 관저를 가로질러서 사무실 문 앞까지 다가왔습니다. 그때 대문 밖에 몰려 온 군중들 중에서 선원 두 명이, 대문 앞까지 간 자기 편 사람들에게 잡은 죄수들 중 한 명도 제게 양보해서는 안 된다고 소리를 질러댔습니다. 저는 즉시 그들 앞에 나가서 왜 이런 소동이 일어났는지 물었습니다. 그들 중 단도를 든 사람이 매우 건방진 태도로 제가 내린 부당한 징발 영장 때문이라고 대답했습니다. 저는 그들에게 징발은 내 권한으로 내려진 것이 아니며, 내가 직접 내린 명령도 아니라고 말했습니다. 그는 매우 건방지고 무례하게 행동했고, 점점 더 무례하게 굴었습니다. 이에 마침 저를 따라 나오던 사위가 그의 머리를 쳐 모자를 떨어뜨렸습니다. 그리고 감히 지금 누구에게 말을 하고 있는지 알기나 하냐고 물었습니다. 제가 그들에게 그들이 점령하고 있는 곳이 바로 왕의 사무실이라고 말하자 곧 조용해졌습니다. 그리고 공손해졌습니다. 저는 중위에게 다가가 집 안으로 들어오라고 간청했습니다. 중위는 제게 군중들이 자신을 괴롭히지는 못할 거라고 말했습니다. 저는 그를 군중에서 데리고 나와 제 앞에 세우고, 안으로 들어가게 했습니다. 저는 군중들과 말한마디 주고받거나 약속이나 조건 없이, 다른 세 사람도 마찬가지로 앞세워 집으로 들여보냈습니다. 하지만 제 사위는 막 관저로 들어온 하원의장, 연대장, 매사추세츠 해상 호위함 선장과 함께 문 앞에서 한동안 군중들을 달랬습니다. 그러자 또다시 소요가 일어났습니다. 그들은 제가 다시 선원들을 양도하지 않거나, 중위가 그들에게 와서 징발에 관여하지 않겠다고 맹세하지 않는다면 무력으로라도 선원들을 되찾겠다고 위협했습니다. 저는 근래에 제 수하로 온 부보안관을 보내어 그들에게 나는 무엇에도 동의할 수 없음을 알리라고 했습니다. 저는 집으로 들어와서 일고여덟 명 되는 관리들을 무장시키고 군중들이 난폭해져서 집안으로 쳐 들어올 경우를 대비해 방위 태세를 갖추게 했습니다. 그리고 문을 닫게 했습니다. 그러자 군중들이 집을 포위하고, 문을 강제로 열고 공격하려 했고, 부보안관을 제 관저에서 폭행하고는 결국 가축우리에 집어넣었습니다. 그들은 이처럼 약 30분 동안 난폭한 행동을 저지른 후 떠났습니다. (⋯)

주민들도 가세하는 가운데, 폭도들 수가 더욱 많아졌습니다. 폭도들은 마을회관으로 몰려가 아침처럼 무장했습니다. 그리고 의원 회의소(저와 위원장은 그곳에 앉아 있었고, 하원은 우연히도 1, 2분 전에 휴회했습니다) 창문에 돌과 벽돌 조각을 던지며 공격했습니다. 군부 관리들 몇 명이 모여 있던 아래층 창이 모두 깨지고, 그 안으로 폭도들이 밀고 들어오자 대부분의 관리들은 의원 회의소로 도망쳐 왔고, 이제 폭도들이 그들을 뒤따라올 참이었습니다. 하지만 신중한 하급 관리들 몇 명이 이를 저지했습니다.

이러한 혼돈 속에서 저명한 의원 두 사람이 회의소 발코니에 나가서 폭도들을 달래려고 시도했지만 허사였습니다. 그 후 하원 의장과 다른 의원들이 제게 그들에게 두세 마디 말을 하라는 압력을 가했고, 저는 놀스 함장에게 징병당한 주민들과 출항하는 선원들을 석방해 줄 것을 부탁해 보겠노라고 약속했습니다. 이는 제가 원하지 않는 바이지만 만약 제가 거절할 경우 이 소동이 초래할지 모를 나쁜 결과를 막기 위해서였습니다. 저는 양보했습니다. 이렇게 협상이 오가는 중에 폭도 중 타운 주민 한 사람이 라크 중위를 넘겨줄 것을 제게 요구했습니다. 제가 거절하자 그는 대신 이미 사형선고를 받은 한 소년의 처형을 중지할 것을 요청했습니다. 소년은 강제 징집대에 의해 징발되어 끌려가던 중 군인 둘을 죽였습니다. 저는 그들에게 그의 처형은 폐하의 명령에 따른 것이며, 폐하가 그렇게 하기를 원할 때만 중지될 수 있음을 숙지시켰습니다. 그러자 폭도들의 대변인으로 보이는 아까 그 사람이 제게 에든버러의 도로 표지 기둥에 목 매달려 처형된 포르테우스(John Porteous, 1695~1736, 에든버러 시 수비대 대장. 밀수꾼을 처형한 일에 반대하기 위해 모인 군중들에게 총격을 가해 폭동에 불을 붙였다. 반란 후 살인죄로 에든버러 시의 글라스 마켓에서 사형을 당한다. 옮긴이)를 기억하느냐고 물었습니다. 저는 잘 기억하고 있다고 말하고, 그들도 그 처형이 도시 주민들에게 어떤 결과를 가져다주었는지 기억하기를 바란다고 말했습니다. 저는 지금이 폭도들과의 협상을 마쳐야 할 적기라고 생각하고 회의소로 다시 돌아왔습니다. 문제는 폭도들이 징병당한 사람들이 방면되었는지 알기 위해 내일 다시 의원 회의소로 오겠다고 했다는 겁니다. 그리고 그들은 선착장으로 갔습니다. 그곳에서 폭도들은 폐하를 위해 건조 중인 포술 연습함 20척을 불태우기로 계획했습니다. 그래서 저는 일군의 장교들과 윌리엄 페페렐 경, 그리고 의원들과 함께 제 집으로 갔습니다. 15분이 채 지나지 않아서 갑자기 거룻배 한 척이 부두로 들어오는 바람에, 폐하의 함선들을 태우려는 폭도들의 계획이 빗나갔습니다. 그러자 폭도들은 이 거룻배가 놀스 선장의 소함대 소속이라고 생각하고 이를 나포하여 제 관저 한가운데에서 불태울 요량으로 타운 중심가로 끌고 갔습니다. 저는 장교들에게 나가서 관저 밖 대문으로 그들이 들어오는 것을 막으라고 명령했습니다. 10여 명의 장교들이 곧바로 나가 폭도들이 대문을 열려고 하자 전투태세를 갖추고 말뚝 울타리 사이로 그들을 향해 소총을 장착했습니다. 그리고 총을 쐈습니다. 윌리엄 페페렐 경이 즉각 장교들에게 사격을 멈추라고 소리 지르지 않았다면, 구경꾼들에게 폭도 무리에서 물러서라고 경고하는 일 이상의 사건이 일어났을 것입니다. 구경꾼들은 폭도들을 알아챘고, 그리고 집의 모든 창문에 무장한 장교들이 죽 늘어서 있는 것을 발견했습니다. 제 관저에서 거룻배를 불태우는 대신 공유지에서 불태우기로 계획을 변경한 폭도들은 그 배를 불태운 후에야, 그 배가 사실은 폭동의 주모자 중 한 사람인 스코틀랜드인의 배임을 알게 됐습니다. (…)

폭동 소식을 전해들은 놀스 함장은 다음날 제게 편지를 보냈습니다. 놀스 함장은 다음날 아침 그의 전 연대를 타운 앞에 집결시키겠다고 했습니다. 저는 그에게 즉시 회신을 보내 그 계획을 단념시켰습니다. 저녁에 폭도들이 타운 공유지에 있는 해군 병원을 강압적으로 수색했습니다. 왕의 함선에 속해 있는 선원들을 풀어 주기 위해서였습니다. 그리고 장교들의 사택 일고여덟 채를 수색하고는 하급 장교 네다섯 명을 잡아갔습니다. 하지만 해를 끼치지 않고 곧 그들을 놓아 주었습니다. 그들은 같은 날 얼스킨 선장에게도 같은 일을 했습니다. 그들은 선장을 그의 집에 가

두어 놓았습니다. 그들의 주모자가 처음부터 장교들에게 해를 가하려고
마음먹은 것은 아니었다고 봅니다. 단지 놀스 함장이 징발을 포기하도록
압력을 가하기 위해 장교들을 억류한 것 같았습니다.

고틀리프 미텔버거,
『고틀리프 미텔버거의 1750년 펜실베이니아 여행기와 1754년 독일로의 귀환』[5]

1754년

고틀리프 미텔버거Gottlieb Mittelberger는 18세기 중반에 쓴 이 글에서 계약 하인의 고충을 상세하게 묘사했다.

로테르담과 암스테르담 두 곳에서 큰 배에 사람들이 마치 콩나물시루처럼 꽉 들어찼다. 한 사람에게 주어진 공간은 겨우 너비 2피트(약 0.6미터)에 길이 6피트 정도(약 1.8미터)의, 침대 하나 들어가는 넓이였다. 배한 척당 4백 명에서 6백 명을 실었고, 여기에 셀 수 없이 많은 장비들, 기구들, 식량, 물통 등 공간을 많이 차지하는 수많은 물건들을 실었다.

역풍까지 계산하면 네덜란드에서 영국까지 배로 가는 데 2주, 3주, 4주까지도 걸렸다. 하지만 순풍을 만나면 8일 정도, 또는 그보다 짧게 걸렸다. 모든 짐은 영국에서 검사받았고, 관세를 지불했다. 영국에서 모든 화물이 선적될 때까지 8일, 10일, 14일 이상 정박한다. 이 기간 동안 모든 사람들은 마지막 남은 돈을 모조리 쓰라는 부추김을 받는다. 그리고 항해를 위해 비축해 둔 적은 양의 식량조차 모두 소비해야만 한다. 따라서 대부분의 승객은 항해 도중에 식량이 없어서 기아와 결핍으로 고통받을 수밖에 없다. 이미 많은 사람들이 네덜란드에서 올드잉글랜드(미국의 뉴잉글랜드에 빗대어 영국을 일컫는 말. 옮긴이)로 오는 동안에 물이 부족해 고통스러워했다.

배가 마지막으로 올드잉글랜드 카우프에서 출항하면, 그때부터 정말 비참한 긴 항해가 시작된다. 그곳에서 필라델피아까지 순풍을 만나지 못한다면 8, 9, 10주에서 12주 정도 항해해야 한다. 순풍으로 가장 빨리 간다 해도 7주 정도는 걸린다.

항해 동안 온갖 종류의 비참함, 악취, 독가스, 공포, 구토, 다양한 뱃멀미, 고열, 이질, 두통, 열기, 변비, 종기, 괴혈병, 암, 구강염, 등등의 병들이 함께한다. 이는 오래되거나 갓 소금에 절인 음식과 고기, 그리고 아주 심하게 오염된 물 때문이고, 많은 사람들이 비참하게 죽는다.

식량 부족, 기아, 갈증, 추위, 더위, 습기, 공포, 결핍, 고통과 한탄 등에 더해서 (…) 놀라울 정도로 엄청나게 많은 이들이, 특히 환자에게 들끓어 몸에서 이를 긁어 낼 정도였다. 폭풍이 2, 3일 밤낮으로 몰아칠 때면, 배가 바닥으로 곤두박질쳐서 배에 탄 모두가 다 죽을 것 같다는 생각에 사로잡혀 이런 비참한 상황은 정점에 이른다. 이러한 재난 속에서 사람들은 몹시 비참하게 울며 기도한다.

폭풍을 만나 바다가 격노하여 파도칠 때면 파도는 큰 산더미처럼 올라갔다가 갑판으로 밀어닥친다. 그러면 사람들은 배와 함께 가라앉을까 봐 두려워한다. 배가 폭풍과 파도로 계속해서 이리저리 크게 흔들리면 아무도 걸을 수도, 앉을 수도, 누워 있을 수도 없다. 선실에 몰려 있는 사람들은, 환자건 건강한 사람이건 상관없이 서로 엉키게 된다. 이들 중 대부분이 이런 고통을 예상하거나 대비하지 않았기에 엄청나게 고통스러워하고, 결국 살아남지 못한다.

나 자신부터 바다에서 이러한 혹독한 괴로움을 견뎌 내야 했다. 당시 바다가 어떤 느낌을 주었는지는 내가 가장 잘 알고 있다. 이 불쌍한 사람들은 종종 위안을 구했고, 나는 가끔 노래와 기도, 그리고 설교로 그들을 위로하기도 했다. 그리고 가능한 한, 바람과 파도가 허락하는 한, 매일 그들과 갑판에 모여 기도회를 가졌다. 이 밖에도 나는 고통 속에 있는 아이들 다섯 명에게 세례를 주었다. 배에는 서품 받은 목사가 없었기 때문이다. 그리고 매주 일요일에는 목회를 열어 사람들 앞에서 설교했다. 죽은 사람들을 수장할 때는 그들과 우리의 영혼을 하나님의 자비에 맡겼다.

건강한 사람들도 참을성을 점차 잃어 가고 잔인해져서 다른 사람을 저주하고, 때로는 자신을 저주하고, 자신이 태어난 날을 저주한다. 어떤 때는 서로 거의 죽일 정도가 되기도 한다. 고통은 악의로 이어져 서로 속이고 약탈한다. 사람들은 자기에게 이 여행을 하자고 권유한 다른 사람을 비난해 댄다. 아이들은 부모에 반항하며 소리를 질러 대고, 남편은 아내에게, 아내는 남편에게 소리를 지른다. 형제자매, 친구와 친지들은 서로 으르렁거린다. 그리고 거의 모두가 자신들을 팔아먹은 악덕 상인들을 증오한다.

많은 사람들이 한숨 쉬며 소리 지른다. "아, 집에 다시 갈 수 있다면, 누추한 내 집에 가서 누울 수 있다면." 또는 "오 하나님, 빵 한 조각이라도, 아니면 마실 수 있는 물 한 방울이라도 주십시오." 많은 사람들이 하소연하고 한탄하고 애처롭게 집을 그리워한다. 대부분 향수병에 걸렸고, 수백 명이 이러한 비참함 속에서 죽거나 사라져, 바다로 던져진다. 죽어 가는 사람들의 친지들과 그들에게 여행을 하자고 권유했던 사람들은 절망에 빠져 있어 그들의 마음을 평온하게 하고 위로하는 일은 거의 불가능하다.

어느 누구도 이런 배에 타고 있는 만삭의 여자가 죄 없는 아이들과 함께 겪는 고통에 대해서는 상상조차 할 수 없을 것이다. 이들 중 살아남는 사람은 거의 없다. 대부분의 산모는 죽자마자 아이와 함께 물속으로 던져진다. 심한 폭풍우가 분 어느 날, 우리 배에 탄 여자가 아이를 낳아야 했는데, 이런 상황이라 아이를 낳을 수가 없었다. 그녀는 배 뒤쪽에 있었는데, 앞으로 데려올 수 없었기 때문에 그만 배의 하역구로 떨어져 바다에 빠져 버렸다.

한 살부터 일곱 살 사이의 아이들은 이 항해에서 거의 살아남지 못한다. 내가 탄 배에 어린아이는 서른두 명이 있었는데 모두 다 바다로 던져졌다. 부모들은 아이들이 땅에서 편안히 잠들지 못하고 바다 괴물의 먹이가 되는 것에 더욱더 슬퍼한다.

사람들 대부분이 아프다는 사실은 놀랄 일도 아니다. 모두 힘겹고 어려운 상황에서 따뜻한 음식조차 일주일에 세 번밖에 먹지 못한다. 그나마 음식도 형편없고, 양도 너무 적다. 그런 음식조차도 너무 더러워서 거의 먹을 수가 없다. 배 위에서 제공되는 물은 어떤 때는 검정색이고, 걸쭉하고, 벌레가 가득일 때도 있다. 아무리 목이 타도 도무지 혐오스러워서 마실 수가 없다. 항해가 끝날 즈음에는 배에서 제공하는 비스킷을 강제로 먹어야 하는데 이미 오래 전에 상한 것들이다. 비스킷 하나를 통째로 받지만 벌건 벌레들과 거미집이 가득하지 않은 부분이 거의 없을 정도다.

마침내 길고 지겨운 항해 끝에 곶이 보이고, 배가 육지에 다다를 즈음이면, 모두가 멀리 보이는 육지를 바라보기 위해 아래에서 갑판으로 기어 올라간다. 그리고 환희에 차서 울고, 기도하고, 노래하고, 하나님께 감사하고 찬양한다. 육지가 보이자 배에 탄 사람들은, 특히 아프거나 반쯤 죽어 가던 사람들은 다시 살아나 그들의 심장은 다시 뛴다. 그들은 소리 지르고 환호하며 안전하게 육지에 다다를 수 있으리라는 희망 속에서 비참함을 견뎌낸 데 만족해한다. 그러나 아아, 슬프도다!

배가 긴 항해 끝에 필라델피아에 도착하더라도 배 삯을 내거나 상당한 담보를 제공한 사람을 제외하고는 아무도 배에서 내릴 수 없다. 지불할 돈이 없는 나머지 사람들은 자신이 팔릴 때까지 배에 남아 있어야 한다. 그들을 산 사람이 데려갈 경우에만 배에서 내릴 수 있다. 아픈 사람이 제일 싼 가격에 팔린다. 자연히, 건강한 사람을 선호하고 그들이 제일 먼저 팔린다. 환자와 비참한 사람들은 바로 도시 앞에서 배에 탄 채 2주 또는 3주를 기다려야 한다. 그들 중 대부분이 죽는다. 기껏해야 한 명 정도만이 자신의 빚을 갚고 곧바로 하선해서 회복하고 살아남을 정도다.

배 위에서 사람을 매매하는 과정은 다음과 같다. 매일 필라델피아나 다른 곳에서 온, 어떤 경우에는 20시간, 30시간, 또는 40시간 걸리는 먼 곳에서 온 영국인, 네덜란드인, 고지대 독일인들이 모인다. 그들은 유럽에서 승객들을 데려와 거래하는, 지금 막 도착한 배에 승선한다. 곧 건강한 승객 중에서 자신들의 일에 적합해 보이는 사람을 고르고 그가 빚지고 있는 배 삯이 얼마인지, 그리고 그가 얼마나 오래 일할 수 있는지를 따지는 흥정이 이루어진다. 합의가 이루어지면 어른들은 그들의 나이와 건강 정도에 따라 3년, 4년, 5년, 또는 6년 동안 적당한 양의 보수로 일할 것을 서면으로 맹세한다. 하지만 10세에서 15세 사이의 아이들은 스물한 살이 될 때까지 일해야 한다.

많은 부모들이 아이들을 마치 가축처럼 팔고 거래해야 한다. 만약 아이들을 팔아 그들이 지고 있는 빚을 갚는다면 부모는 구속받지 않고 배에서 자유로이 떠날 수 있다. 하지만 누가 어디로 아이들을 데려가는지 모르는 경우가 많다. 그래서 이렇게 배에서 헤어진 부모와 자식은 한동안 서로를 못 보거나, 살아 있는 동안 아예 못 만나기도 한다.

종종 남편, 아내, 아이들 전 가족이 모두 각각 다른 사람에게 팔리는 경우도 있다. 전 가족이 배 삯을 한 푼도 내지 못한 경우에는 그럴 수밖에 없다.

목적지까지 거리의 반 이상 온 상태에서 남편 또는 아내가 선상에서 죽을 경우, 생존자는 자신뿐만 아니라 죽은 사람 몫의 운임까지 지불하거나 일해야 한다.

목적지까지 절반 이상 항해했는데 부모가 모두 죽었을 경우, 아이들은, 특히 어리고 배 삯이 없거나 저당 잡힐 것이 없을 때, 자신뿐만 아니라 부모 배 삯까지 대신해야 하고, 스물한 살이 될 때까지 일해야 한다. 자기 몫만큼 일을 다 마쳤을 경우, 떠날 때 새 옷을 한 벌 받는다. 그리고 만약 〔계약서에〕 명기되어 있을 경우에는, 남자는 말 한 필, 소 한 마리, 여자를 추가로 받는다.

이 나라에서 하인이 결혼할 때는, 매년 한 해 동안 일해야 할 만큼의 돈, 즉 5파운드 내지 6파운드를 지불해야 한다. 하지만 자신의 신부를 돈을 주고 산 어떤 사람은 후에 자신의 거래를 후회했다. 그래서 그는 자신의 터무니없이 비싼 상품을 기꺼이 반환했고, 거기다 돈마저 잃었다.

이 나라에서는 주인이 모질게 대한다고 도망쳐도 멀리 가지 못한다. 도망을 방지하는 제도가 잘 되어 있어, 도망자는 곧 발견되기 때문이다. 도망자를 붙잡거나 돌려준 사람에게 상당한 보상이 주어진다.

주인에게서 도망친 기간이 하루면, 그 벌로 일주일 더 일해야 하고, 일주일이면 한 달, 한 달이면 반년을 더 일해야 한다.

뉴욕 소작인 반란에 관한 설명[6]

1766년 7월 14일

영국 왕이 밴 렌셀러Van Rensselaer 가문에게 뉴욕의 엄청난 땅을 하사했다. 렌셀러 가문은 그 땅의 소작인들을 봉건 영주의 노비처럼 취급했다. 밴 렌셀러가 자기 소유라고 주장하는 땅의 일부는 가난한 농부가 인디언에게서 구입한 땅이었다. 그 결과 밴 렌셀러의 소규모 군대와 그 지역 농부들 사이에 일련의 충돌이 일어났다. 다음은 이 충돌에 대한 1766년 7월자 신문의 설명이다.

　수요일, 타운 특급 뉴스에 따르면 상세한 내용은 다음과 같다. 그레이트배링턴Great Barrington, 쉐필드Sheffield, 그리고 스턱브리지Stock-bridge 서쪽에 위치한 노블타운Nobletown과 스펜서타운Spencertown에 사는 주민들은 스턱브리지 인디언들에게서 현재 소유하고 있는 땅을 구입했다. 존 밴 렌셀러 경은 이 땅에 대한 권리를 주장하며 주민들을 매우 잔혹하게 다루고 있다. 주민들이 렌셀러 경에게 소작인처럼 복종하지 않기 때문이다. 렌셀러 경은 뉴욕 정부의 허가를 받았다며 이 땅에 대한 권리를 요구하고 있다. 상기한 밴 렌셀러는 몇 년 전에 상당수의 사람들을 동원하여 가난한 주민들이 사는 곳에 와서는 집을 부수고, 사람들을 죽이고, 감옥에 가두고, 그 후 끊임없이 사람들을 괴롭히며 손해를 입히고 있다. 지난

달 26일에 렌셀러는 소총, 권총, 검 등으로 무장한 2백 명에서 3백 명 정도의 사람들을 데리고 왔다. 사오십 명 가량의 주민들은 무장한 5백 명이 그들을 향해 오고 있다는 정보에 고작 막대기 정도로 무장하고, 협상하기 위해서 공격자들이 진을 치고 있는 울타리까지 나아갔다. 공격자들이 울타리까지 오고, 올버니Albany의 보안관 허매너스 슈러가 권총을 (…) 그들을 향해 쏘자 다른 세 명도 소총을 쐈다. 주민들은 공격자들과 대화하기를 바랐지만 그들은 이에 귀 기울이지 않았다. 보안관을 아는 사람이 말하기를, 보안관이 사람들에게 총을 쏘라고 명령했고, 그들이 총을 쐈다고 한다. 침입자들은 결국 울타리를 넘어간 자기 편 사람을 한 명 죽였고, 울타리 안의 주민 한 사람도 죽었다. 그러자 이미 말한 것처럼 무장하지 않은 주민 중 우두머리가 주민 대부분을 숲으로 후퇴시켰다. 하지만 주민 중 열두 명은 집으로 가서 그곳에 있는 작은 총 여섯 자루와 탄약 몇 개로 방어하기 시작했다. 이제 양 측은 서로를 향해 총을 발사했다. 침입자들은 집에 있는 주민 중 한 사람을 죽였고, 주민들은 침입자들 몇 명에게 부상을 입혔다. 부상자들은 일곱 명이었는데 나머지 사람들이 그들을 데리고 후퇴했고, 아무도 죽지 않았다고 한다. 보안관은 어떤 서류도 제시하지 않았고, 영장을 발급하려는 노력도 하지 않았으며, 주민들은 울타리에서 어떤 도발도 꾀하지 않은 채 계속 거기에 머물러 있었다. 그들 중 아무도 권총, 소총, 검 등을 소지하지 않았다. 그리고 마침내 주민들은 집으로 돌아갔다. 울타리에서 벌어진 격전 중에 주민 한 명의 다리가 부러졌다. 침입자들은 그를 잡아 끌고 가려고 했다. 그 주민은 자신이 처한 비참한 상황을 생각해 달라며, 끌려가느니 차라리 죽는 편이 났다고 빌었다. 그러자 공격자 중 한 사람이 "그럼 죽여 주지"하며 땅바닥에 누워 있는 그를 향해 총을 쐈다고 부상자는 후에 정보 제공자에게 말했다. 상기한 부상자는 살아났지만 오래 살 것 같지는 않다. 이 난투극은 허드슨 강에서 16마일(약 25.7킬로미터) 정도 떨어진 곳에서 일어났다. 자신을 방어한 이 불쌍한 사람들은 네덜란드 사람들이 자신들을 살인자라고 기소할까 봐 매우 걱정하고 있다.

제4장

혁명의 준비

1760년경까지 식민지 정부를 전복하려는 시도는 총 열여덟 번 일어났다. 그리고 사우스캐롤라이나에서 뉴욕에 이르기까지 흑인들의 반란만 여섯 번 일어났고, 여러 가지 이유로 일어난 반란만 마흔 번에 달했다. 식민지의 주요 인사들은 이러한 반란의 에너지를 영국에 대한 반기로 전환시켰다. 그들은 영국의 지배에서 벗어날 경우 자신들이 큰 이득을 누릴 수 있다는 점을 깨달았던 것이다.

프랑스와 영국 사이의 7년 전쟁(아메리카에서는 프랑스·인디언 동맹 전쟁으로 알려졌다)이 프랑스의 패배로 1763년에 종결되었다. 이제 영국은 아메리카 식민지에 대한 지배를 더 강경하게 추진할 수 있게 됐다. 영국은 전쟁을 수행하면서 진 채무를 갚기 위해 돈이 필요했고, 식민지에 주목했다. 식민지 교역이 영국 경제에서 중요해지기 시작했다.

프랑스의 방해에서 벗어난 식민지 지도부는 이제 영국의 보호가 이전만큼 필요하지 않았다. 반면 영국은 식민지의 부가 더욱 절실해졌다. 따라서 갈등의 요소들이 있었다. 특히 전쟁은 장군들에게는 영광을, 사병들에게는 죽음을, 상인들에게는 부를, 가난한 사람들에게는 실직을 가져다주었다. 그러나 이에 뒤따른 분노는 식민지 부자들을 겨냥하기보다는 영국에 대한 저항으로 바뀌었다.

토머스 허친슨이 설명한
인지세법에 대한 보스턴의 반응[1]

1765년

이와 같은 분노는 영국 정부가 인지세를 부과하자 그 반응으로 명백하게 표출되었다. 인지세법은 영국 왕실이 프랑스 · 인디언 전쟁으로 축적된 엄청난 채무를 줄이기 위해서 아메리카 식민지에 세금을 부과할 목적으로 만든 법이었다. 1765년 인지세법에 저항하는 가장 폭발적인 소요가 발생했다. 보스턴 군중들이 부유한 상인 앤드루 올리버Andrew Oliver의 집을 수차례 공격한 것이다. 올리버는 인지세법을 시행하는 임무를 맡은 관리 중 한 사람이었다. 또한 군중들은 부총독인 토머스 허친슨의 집을 공격했다. 다음은 허친슨 사건에 대한 설명이다. 1788년 『아메리카 혁명 통사』를 처음으로 출간한 윌리엄 고든William Gordon은 이 중 한 반란에 대해 "타운들이 약탈당하는 장면을 목격한 군부 장군들은 지금까지 이 정도의 분노가 표출된 경우는 없었다고 말했다"고 기술했다. 인지세법에 저항하여 다양한 폭력 사태가 일어나자 영국 의회는 결국 인지세법을 철회했다.

코네티컷 식민지의 인지 배급 업자인 야레드 잉거졸이 런던에서 출발해 보스턴에 도착했다. 그는 보스턴 식민지 대행인이었고, 평판이 그리 좋지는 않았지만 타운의 여러 신사들에게 합당한 대우를 받았다. 그가 코네티컷을 향해 출발했을 때 매사추세츠 만의 인지 배급 업자인 올리버가 그와 함께 동행했다. 그러자 이는 사람들 사이에 말을 낳았고, 『보스턴 가제트*Boston Gazette*』에 분노에 찬 글이 실렸다. 며칠 후 이른 아침에, '보스턴 남부의 위대한 나무'라 불리는 나무[후에는 자유의 나무라 불리게 된 다]에 박제된 인형이 매달렸다. 인형에는 이 인형이 인지 배급 업자를 형상화한 것임을 알리는 쪽지가 꽂혀 있었다. (…)

저녁이 오기 전, 이 인형을 끌어내려 타운 전역을 끌고 다니다가, 총독과 상원 의원들이 앉아 있는 공관까지 왔다. 사오십 명의 잘 차려입은 상인들이 앞장섰고, 수천 명의 군중들이 킹스트리트를 지나 올리버 선착장까지 뒤따랐다. 그 선착장 근처에는 최근 올리버 씨가 인지를 파는 사무실로 쓰기 위해 세웠다고 추측되는 건물이 있었다. 이 건물은 몇 분 만에 땅바닥에 납작하게 쓰러졌다. 군중들은 거기서부터 포트힐Fort Hill로 향했다. 올리버 씨 집이 그 길에 있었다. 군중들이 올리버 씨 집으로 들이닥치려 했지만 저지당했다. 그러자 창문을 깨뜨리고 문을 부수고 들어가 가구 등을 부수면서 한밤이 되어 해산할 때까지 계속 소란을 일으켰다. (…)

올리버 씨가 참석한 회의에서 상원 의원 몇 명이 보스턴뿐만 아니라 식민지 사람들 모두가 인지세법에 결코 복종하지 않을 것이므로, 이에 반대하는 사람들이 어떤 결과를 가져오든 그냥 내버려 두자는 의견을 내놓았다. 또한 코네티컷 식민지인들이 인지 배급 업자가 식민지로 들어오면 제일 먼저 목을 매달 것이라고 위협했고, 배급 업자는 이를 피하기 위해 로드아일랜드로 피신했다고 보고했다. 자신의 가족이 테러와 엄청난 재난 한가운데 있고, 보호받을 수 없음을 안 올리버 씨는 갑자기, 다음날 저녁이 오기 전에 사임하겠다는 결의를 발표했다. (…)

다음날 저녁, 군중들은 부총독 겸 치안판사인 허친슨의 자택을 포위했다. 이때 허친슨은 올리버 씨 집에 있었고, 보안관과 연대 대령들을 선동하여 군중들을 진압하려 했다. 허친슨이 인지세법에 찬성하고, 내각에 편지를 보내서 이를 독려했다는 보도가 곧 퍼져 나갔다. 사람들이 몰려온다는 소식을 접한 허친슨은 창문과 문을 모두 막고, 집 안에 숨어 있었다. (…)

이러한 사태가 있기 몇 달 전에, 총독 명령으로 진행 중인 불법 거래에 관한 진술 조서가 채택되었다. 총독의 특별 요청에 따라 해군 본부 판사가 내린 판결 중 하나가 치안판사인 부총독 앞에서 진술되었다. 그 조서는 한 영국 관리 사무실에서 이번에 보스턴에 막 도착한 사람에게 제출됐다. 그 사람은 일부 조서에서 밀수업자로 알려진 상인 몇 명과 안면이 있었다. 이는 자기에게 주어진 임무에 따라 서약한 바를 실행해야 하는 사람들뿐만 아니라 세관과 해군 본부의 조서를 만드는 관리들에 대한 상인들의 분노로 이어졌다. 그 분노에 딱히 이유는 없었다. 군중을 이끈 지도자들은 반란을 획책했다. 이들은 관리들을 작은 규모로 몇 차례 공격한 뒤, 부총독을 주요 공격 대상으로 삼았다. 8월 26일 저녁 모닥불 신호에 따라 킹스트리트에 모인 군중들은 독한 술을 들이부었다. 그러고는 해군 본부 기록원 집에 가서 그를 괴롭힌 뒤, 세관 검사관 집으로 가서 더 심하게 굴었다. 그들은 포도주 창고를 약탈한 후, 취한 상태에서 더 흥분하여 부총독 집으로 향했다. 도끼로 문을 즉시 박살내고, 창문 등을 통해 몰려 들어가 단숨에 모든 방이 사람들로 가득 찼다.

부총독은 군중이 몰려온다는 짧은 소식을 접한 후 자기 혼자서 집을 지키겠다고 결심하고 아이들과 나머지 가족들에게 즉시 집을 떠나라고 지시했다. 큰딸은 도망갔다가 잠시 후에 돌아와서 아버지가 함께 가지 않는다면 자신도 떠나지 않겠다고 했다.

딸의 권유로 폭도들이 몰려들어오기 바로 몇 분 전에 그는 결심을 바꾸고 피신했다. 폭도들은 동이 틀 때까지 계속 그 집을 점령했다. 폭도들은 집에 있는 모든 것을 부수고, 집기들을 가져가거나 거리에 던졌다. 그리고 힘이 닿는 한 모든 것을 부수고, 집마저도 몽땅 부숴 벽만 남겨 놨다. 그러고는 또 벽돌을 부수기 시작했다.

이로 인해 부총독은 자신이 소유하거나 관리하던 엄청난 양의 공금뿐만 아니라 개인 증서나 지폐를 제외하고도 2천5백 파운드에 달하는 재산 피해를 입은 것으로 추청된다.

이들 폭도들 때문에 온 시내가 밤새 소란스러웠다. 다수의 행정관들과 군부의 일선 지휘관들은 구경꾼처럼 지켜보았고, 아무도 감히 이를 막거나 저지하려 하지 않았다.

보스턴 학살에 대한
새뮤얼 드라운의 증언[2]

1770년 3월 16일

보스턴에 영국군을 주둔시킨 데 대한 강한 반발로 1770년 보스턴 학살 사건이 일어났다. 사건 자체는 영국 병사들이 자신들의 직업을 빼앗아 가는 데 화가 난 밧줄 공장 노동자들에 의해 선동되었다. 사람들이 몰려들었고, 영국군은 그들을 향해 총을 발사해 다섯 명이 죽었다. 그중에는 흑백 혼혈인 크리스퍼스 애턱스Crispus Attucks도 포함돼 있었다. 병사들을 옹호하는 변호사 존 애덤스John Adams는, 군중들을 "잡다한 오합지졸의 소년들, 니그로들과 혼혈아들, 뻔뻔스러운 아일랜드인들, 촌스러운 젊은 선원들"이라고 묘사했다. 병사들 중 여섯 명이 방면되고 단지 두 명만 가벼운 처벌을 받자 분노는 더욱 커졌고, 영국은 사태를 진정시키기 위해 보스턴에 주둔시켰던 군대를 철수했다. 다음은 당시 사건을 지켜본 보스턴 주민의 증언이다.

법적 성인인 보스턴의 새뮤얼 드라운이 증언하기를, 당시 3월 5일 저녁 9시경 그는 콘힐Cornhill에 있는 집 문 앞에 서 있었고, 14명 또는 15명 정도 되는 29연대 군인들이 뮤레이Murray의 병영에서부터 오는 것을 보았다. 그들 중 몇 사람은 칼날이 휜 단도, 검, 총검으로 무장했고, 다른 사람들은 곤봉, 부삽, 또는 부젓가락을 들고 있었다. 그들은 타운의 주민들에게 다가왔다. 콘힐에서 군인들은 서 있든 걷고 있든, 마주치는 모든 사람들을 괴롭히고, 폭행을 가했다. 대부분의 사람들은 자신을 방어할 수 있는 막대기조차 들고 있지 않은 상태였다. 방금 선서한 증인이 명백하게 식별할 수 있었던 이유는 그날 밤 달빛이 밝았고, 자신이 공격받은 사람 중 한 명이었기 때문이다. 그가 본 앞서 말한 군인들 거의 전부가 콘힐, 크룩 골목길, 로열 교차로를 지나 킹스트리트로 갔다. 군인들을 따라간 증인은 킹스트리트에서 군인들이 행인들과 마주칠 때마다 다투고 싸우는 걸 목격했다. 증인이 보기에 무장한 상기 군인들이 도착했을 때 주민들은 열두 명도 안 돼 보였다. 그들 열두 명 대부분은 신사들이었고, 교차로에 위치한 타운 회관 약간 아래에 모여 서 있었다. 무장한 군인들이 나타나자 몇 사람이 공격을 받았고, 주민 열두 명 중 대부분은 가 버렸다. 그 후 증인은 상기한 무장 군인들이 중앙 초소로 향하는 걸 목격했다. 상기한 초소에서 군인 다섯 명이 나왔고, 화승총으로 무장한 상등병이 나타났다. 상등병은 앞에 언급한 단도 등으로 무장한 군인들을 소집하고 그들에게 출동하라고 말했다. 군인들은 분산되어 킹스트리트를 벗어나 이쪽 저쪽으로 흩어졌다. 이번에는 킹스트리트에 약 2백 명 정도가 모였다. 증인은 교차로의 관세청 바로 옆에 위치한 선술집 앞에 서 있었다. 얼마 안 되어서 증인이 잘 아는 프레스톤 대위가 화승총으로 무장한 여러 명의 군인들과 함께 관세청 서쪽 모퉁이 가까이에 정렬해 있는 것을 보았다. 그 순간 대부분의 사람들이 무장한 군인을 보고는 흩어졌고 킹스트리트에 남은 사람들은 스무 명 내지 서른 명 정도였다고 생각한다. 남은 사람들은 대부분 선원들과 초라한 복장의 사람들이었다. 그들은 무장한 군인들에게 큰소리를 지르며 총을 쏠 테면 쏴 보라고 겁 없이 덤벼들었다. 순간 증인은 프레스턴 대위가 병사들에게 "멍청한 것들! 왜 총을 안 쏘는 거야?"라고 하는 말을 들었다. 대위는 자기 말에 귀 기울이지 않는 군인들을 향해 즉시 발사하라고 말했다. 그러자 병사들은 불규칙하게 발사했다. 그들은 원형으로 서서 총구를 여러 곳으로 겨냥했다.

그들이 발사하는 동안 증인은 관세청에서 총 두 발이 발사되는 것을 보았다. 한 발은 발코니 서쪽 회의소 창문에서 발사되었고, 또 한 발은 발코니에서 발사되었다. 증인은 그 총이 분명 총을 든 군인들을 겨냥하고 있는 것을 보았다. 총을 든 사람은 몸을 웅크린 채 얼굴을 천이나 손수건으로 가렸고, 집으로 들어갔다. 이후 군인들이 주민들에게 사망자와 부상자를 실어 나르는 것을 허락하자마자 증인은 바로 이를 도왔다. 처음에 군인들은 부상자 운반을 방해할 정도로 잔인했다.

보스턴 차 사건에 관한
조지 휴스의 기록[3]

1834년

영국은 프랑스와 전쟁을 벌이며 진 채무를 갚기 위해 아메리카 식민지에 터무니없는 차茶세를 부과했다. 식민지인들은 차를 즐겨 마셨기 때문에 차에 세금을 부과하는 것에 거부감을 가지고 있었다. 이는 식민지인들이 "대표 없이는 과세도 없다"는 원칙을 신봉하고 있었음을 보여 주는 사례다. 영국 동인도회사가 인도에서부터 직접 식민지로 차를 들여오기 시작하면서 가격은 내렸지만 세금은 여전히 내야 했다. 독립을 주장하는 사람들 다수가 영국 차 불매운동에 나섰다. 1773년 말, 차를 실은 여러 척의 영국 배가 보스턴 항구로 향했다. 새뮤얼 애덤스Samuel Adams는 그중 배 세 척은 다시 바다로 내보내자고 주장했지만, 매사추세츠 총독은 그 배들의 입항을 허가했고, 이에 대한 관세를 지불해야 한다고 강조했다. 1773년 12월 16일 원주민으로 가장한 여러 사람들이 배를 습격하고 차를 바다로 던져 버렸다. 다음은 이 사건에 가담했던 보스턴 제화 업자인 조지 휴스George Hewes의 기록이다.

당시 바다에 버려진 차는 그리핀 부두Griffin's wharf라고 불렸던 선창에 나란히 위치해 있던 배 세 척에 선적되어 있었다. 배 세 척은 전함들로 에워싸여 있었고, 전함의 선장들은 만약 역도들이 (그들은 보스턴 사람들을 그렇게 부르는 것을 좋아했다) 1773년 12월 17일, 지정한 날까지 차를 하역할 수 있도록 반대를 철회하지 않는다면, 그날 차를 해안의 대포 구멍 덮개 아래에 모두 강제로 하역하겠다고 말했다.

17일 하루 전날 서포크Suffolk 주민들은 차의 하역을 막고 관세를 지불하지 않을 수 있는 방법을 강구하기 위해서 보스턴에 있는 교회에 모였다. 그 모임에서 위원회가 구성되었다. 위원회는 허친슨 총독을 방문하여 그에게 이 모임의 목적을 충족시킬 만한 방안을 취할 것인지 여부를 묻기로 했다.

이 위원회의 첫 요청에 대해 총독은 그날 오후 5시까지 확실한 답변을 주겠다고 말했다. 약속한 시간에 위원들은 다시 총독 집으로 찾아갔다. 하지만 총독이 6마일(약 9.6킬로미터) 정도 떨어진 밀턴Milton의 시골 저택으로 가 버렸음을 알게 됐다. 위원들이 모임에 돌아와 총독의 부재를 알리자 사람들은 불만을 터뜨렸고, 모임은 이내 해산되었다. 그들 중 대부분은 "각자가 맡은 바 임무를 다하자. 그리고 이 나라에 충성하자"고 소리쳤고, 그리핀 부두를 위한 만세의 환성이 터져 나왔다.

이내 저녁이 되었다. 나는 즉시 인디언 의상으로 갈아입고, 대장간에서 석탄 가루로 얼굴과 손을 칠한 후, 나와 동료들이 인디언 도끼toma-hawk라고 부르던 자귀hatchet로 무장하고 손에는 곤봉을 들고 차를 선적한 배가 정박하고 있는 그리핀 선창가로 갔다. 인디언처럼 가장하고 거리로 나갔을 때, 나는 나처럼 옷을 입고, 칠하고, 무장한 사람들과 만났다. 우리는 함께 우리의 목적지로 향했다.

부두에 도착했을 때 우리 중 이번 일을 지휘할 만한 권위를 가진 사람이 세 명 있었다. 우리는 곧 그들의 말을 따랐다. 그들은 차가 선적되어 있는 배 세 척에 동시에 오르기 위해 우리를 세 조로 나누었다. 내가 소속된 조의 조장 이름은 레너드 피트Leonard Pitt였다. 다른 조의 지휘자 이름은 듣지 못했다.

우리는 즉시 각 조장들의 명령에 따라 신속하게 동시에 배에 올랐다.

내가 속한 조의 조장은 우리가 배에 오르자마자 나에게 갑판장을 맡으라고 하면서, 선장에게 가서 갑판의 승강구 열쇠와 초 열두 자루를 받아 오라고 지시했다, 나는 지시에 따라 움직였고, 선장은 신속하게 물건들을 가져다주었다. 동시에 선장은 나에게 배와 장비에는 피해를 입히지 말아 달라고 부탁했다.

우리는 승강구를 열고 차 상자를 꺼내 바다로 던지라는 조장의 명령을 받았고, 즉시 그의 지시에 따랐다. 처음에는 도끼로 차 상자를 부수고 차를 꺼내 바다로 집어 던져서 차가 물에 바로 잠기게 했다.

우리는 배에 오른 지 세 시간 만에 배에서 발견한 모든 차 상자를 부숴 바다에 집어 던졌다. 다른 배에서도 우리처럼 차를 버렸다. 우리는 영국 전함에 포위되어 있었지만 우리를 저지하려는 아무런 시도도 없었다.

그리고 나서 우리는 다른 사람들과 아무 말도 하지 않은 채, 누가 함께 행동했는지 알려고도 하지 않고 각자 집으로 돌아갔다. 나는 이 일에 관여한 사람이 누구인지 단 한 사람의 이름도 알지 못한다. 단지 이미 언급한 우리 조의 조장인 레너드 피트의 이름만 알 뿐이다. 이 일은 자신이 누구인지 밝히지 않은 채, 혼자서 모든 결과를 감수하겠다는 개인들이 자발적으로 참여해서 벌어진 일인 것 같다. 이 일이 일어나는 동안 무질서는 전혀 없었고, 그날 보스턴의 밤은 지난 수개월 중 가장 조용한 밤이었다.

차를 바다에 던지는 동안 보스턴과 그 주변에 사는 주민 중 몇 명은 가족과 함께 마시려고 적은 양의 차를 가져갔다. 그들은 쏟아진 차가 흩어져 있는 갑판에서 기회를 엿보다가 약간의 차를 주머니에 집어넣었다.

내가 잘 아는 오코너 선장 역시 차를 줍기 위해 배에 올랐다가, 남들이 안 본다고 생각하고서는 코트 주머니와 안주머니에 차를 집어넣었다. 하지만 나는 이를 보았고, 선장에게 그가 무슨 일을 하고 있는지 알려 주었다. 우리는 오코너를 구류하라는 지시를 받았고, 그가 배에서 막 내리려고 할 때에 그의 코트 자락을 붙잡았다. 내가 그를 뒤로 잡아끌어 당기는데 코트 자락이 찢어져 버렸다. 그는 앞으로 튕겨나가면서 빠른 속도로 도망갔다. 하지만 부두에 모인 사람들을 헤치고 지나가면서 심하게 맞았다. 사람들은 그가 지나가자 때리거나 발로 찼다.

부서진 차 상자에서 차를 가져가려는 또 다른 시도가 있었다. 당시 유행이었던 하얀 가발에 챙이 뒤로 젖혀진 모자를 쓴, 키가 크고 나이 든 남자가 주머니에 차를 집어넣다가 들통이 났다. 사람들이 그를 잡아서 주머니에서 차를 꺼내 모자와 가발을 벗겨서 같이 바다로 던져 버렸다. 그의 나이를 고려해서 도망가도록 내버려 두지만 도망가면서 몇 대 채이긴 했다.

배에 있는 차를 다 집어 던졌기 때문에 다음 날 아침 바다 위에는 상당양의 차가 떠 다녔다. 차를 건져서 사용하는 것을 막기 위해 선원과 시민들은 작은 배 여러 척을 타고 차가 보이는 데마다 노를 저어 가서 차를 완전히 사용하지 못하도록 막대기나 노로 두드려 완전히 물속으로 가라앉혔다.

뉴욕 기계공들의 독립선언[4]

1776년 5월 29일

토머스 제퍼슨의 「독립선언서」 이전에 주별 독립선언과 지역별 독립선언이 적어도 90차례 있었다. 여기에 1776년 5월 뉴욕 메커닉 홀Mechanick-Hall에서 육체 노동자들이 서명한 아주 놀라운 결의안이 있다. 이 결의안에서 노동자들은 지역 의회 대의원들과 대륙 회의의 뉴욕 대의원들에게 독립을 선언하라고 지시했다.

주 의회에 소집된 존경하는 뉴욕 대의원들에게.

뉴욕 시와 뉴욕카운티의 〈기계공조합위원회〉는 주민들과 우리 자신을 대표해 다음과 같이 겸허한 청원을 올린다.

신사 여러분, 우리는 당신들의 지지자이며 피 흘리는 나라에 헌신하는 당신의 친구다. 우리는 지금 당신들에게 공손한 자세로 교신을 청하고 있으며, 이런 우리의 겸허한 청원에 당신들이 귀 기울여 주기를 간청하는 바다.

우리는 오랫동안 시민으로서의 자유와 종교적 자유를 충분히 향유해 왔으며 우리 대륙의 풍요로움은 전 세계를 기쁘게 했고, 교역을 통해 대륙에는 많은 것이 흘러넘쳤다. 그러나 오늘날 우리 대륙을 바라보면 슬픔이 가슴에 가득하다. 억압과 독재와 죽음의 무거운 무게 아래 고통받고 있는 그녀를 보라. 하지만 우리의 시야를 조금만 더 넓히면, 우리에 적대하여 치켜든 강철 손까지 넓히니, 보라 우리의 왕이다. 왕은 서약한 바대로 자유인으로서 누리는 우리의 영광스러운 권리를 지지하고 보호해야만 한다. 우리는 우리의 교역을 통해 왕의 영지를 부양해 왔고, 풍요롭게 만들었다. 그러나 왕은 왕의 권한으로 우리 일을 대신해서 중재하고 우리의 고통을 시정해 달라는 탄원은 듣지도 않고, 오히려 우리의 파멸을 즐기고 있는 듯하다. 그럼에도 조용히 앉아 있어야 한단 말인가? 〔영국〕 내각은 우리의 타운을 불태우고, 우리 배를 잡아가고, 소중한 자유의 아들들을 죽이고, 아내들이 목숨보다 더 귀한 남편을 잃고 슬피 울게 만들고, 아이들이 사랑하는 아버지를 잃고 무기력한 고아가 되어 고통스러워하게 만들었다. 그들에 대한 분노를 1년 이상 달래 왔는데도, 그들은 여전히 피비린내나는 일을 계속하고, 우리의 동의 없이 세금을 부과하고 있다. 그러므로 이런 압제자들과 계속 관계를 유지하기보다 차라리 분리하고자 한다. 이에 〈기계공조합위원회〉는 우리 자신과 주민을 위해 공식적으로 다음과 같이 선언한다. 존경하는 지역 의회의 신사 여러분들은 우리가 가장 존경하는 대륙 회의 대표들에게 다음을 알리기 위해 적절한 방법을 찾아야 한다. 즉, 그 존엄한 회합은 통합된 식민지가 영국에서 독립할 수 있도록 최대한 노력해야 하며, 그렇게 하는 것만이 우리가 가장 행복해질 수 있는 길임을 알려야 한다. 우리는 이를 위해 우리의 목숨과 재산 모두를 내놓을 것을 약속하는 바다.

위원회의 명령에 따라 서명함.
위원장 루이스 티보Lewis Thibou

토머스 페인의 『상식』[5]

1776년

토머스 페인의 『상식Common Sense』은 1776년 초에 발간되었고, 24쇄 이상을 찍었다. 이 책은 수십만 부가 팔려, 아메리카 식민지에서 가장 유명한 소책자가 되었다. 이 시기에 영국과 식민지 사이의 문제를 다룬 수백만 개의 소책자가 나왔는데, 페인의 글은 매우 과감하고 명백하게 독립을 주장했고, 식민지의 이해에 폭넓게 접근했다. 다음은 『상식』에서 발췌한 글이다.

다음의 글에서 나는 지극히 단순한 사실, 평범한 논의, 그리고 상식 밖의 것은 아무것도 제시하지 않겠다. 단 독자에게 확실히 해 두어야 할 한 가지 전제 조건이 있다. 이는 편견과 선입견을 버리고 이성과 감정으로 하여금 스스로 판단하도록 한다는 것, 즉 인간의 참된 본성을 지니고, 혹은 그것을 버리지 않고, 현재의 일을 넘어 너그럽게 자신의 견해를 넓혀야 한다는 것이다.

지금까지 영국과 아메리카의 투쟁을 주제로 많은 책이 쓰어졌다. 모든 계층의 사람들이 서로 다른 동기와 다양한 계획을 가지고 이 논쟁에 관여해 왔다. 그러나 모두 효과가 없었고, 논쟁의 시기는 끝났다. 결국 마지막 수단인 무력으로 이 논쟁을 해결하려 했다. 무력에 대한 호소는 왕의 선택이었고, 대륙은 그 도전을 받아들였다. (…)

이 문제에 대해 양측 옹호자들이 제시한 것이 무엇이든 간에, 그것은 결국 동일한 하나, 즉 영국과의 결합으로 귀결되었다. 양측의 유일한 차이는 이를 시행하는 방법이었다. 한쪽은 무력을 제안했고, 다른 쪽은 화친을 제안했다. 그런데 지금까지 일어난 일로 보았을 때 첫 제안은 실패했고, 두 번째 제안은 처음부터 영향력이 없었다.

화해의 장점은 그동안 많이 논의되었으나 일장춘몽처럼 사라져 버렸고, 우리는 예전의 우리로 남아 있다. 따라서 우리는 화해를 주장하는 사람들의 반대편에 서서 다른 측면을 검토해야 한다. 또한 이 식민지가 영국과 관계를 맺고 의존하는 한 현재까지 겪고 있고, 앞으로도 늘 겪게 될 많은 물질적 손해 중 몇 가지를 따져 보는 일은 너무나도 당연하다. 우리는 그 관계와 의존을 자연의 섭리와 상식에 비추어 검토해야 한다. 그리고 우리가 영국에서 분리된다면 무엇을 믿어야 하며, 영국에 의존한다면 무엇을 기대할 수 있는지 알아야 한다.

아메리카는 지금까지 영국과의 관계 속에서 번영해 왔으므로 미래의 행복을 위해서도 계속해서 영국과 관계를 맺을 필요가 있으며, 이 관계는 언제나 번영을 가져다 줄 것이라고 주장하는 사람들이 일부 있다. 이런 주장이 가장 잘못된 주장이다. 이는 마치 어린아이가 지금까지 젖을 먹고 자랐으니 고기를 먹어서는 안 된다든가, 인생의 처음 20년간은 다음 20년의 선례가 되어야 한다고 주장하는 것과 같다. 따라서 그런 주장을 허용한다면 잘못된 사실을 인정하는 것이다. 나는 그동안 유럽 열강이 아메리카에 전혀 관여하지 않았어도 아메리카는 지금처럼, 아니 지금보다 번영했을 것이라고 자신 있게 말할 수 있다. 아메리카는 생필품들을 만들어 스스로 부를 일궜고, 유럽이 식량을 필요로 하는 한 아메리카는 늘 시장을 가질 것이기 때문이다.

영국이 우리를 보호했다고 주장하는 사람들이 있다. 물론 영국이 우리의 비용뿐만 아니라 자신의 비용을 들여 가면서까지 대륙을 방어했다는 것은 인정한다. 그러나 사실 이러한 방어는 보호라기보다는 독점이며, 영국은 같은 동기, 즉 장사와 지배를 위해서라면 터키라도 보호했을 것이다. (…)

영국이 모국이라고 말하는 사람들도 있다. 그러나 영국이 정말 우리의 모국이라면 영국의 행위는 더욱 수치스럽다. 짐승도 제 새끼는 잡아먹지 않는 법이며, 야만인도 제 가족과는 전쟁하지 않는다. 따라서 영국이 우리 모국이라는 주장은 오히려 그들을 비난하는 근거가 된다. 그 주장은 진실이 아니거나 일부만 진실이다. 부모나 모국이라는 용어는 무엇이든 쉽게 속는 우리의 약한 마음에 부당한 편견을 심으려는 비열한 가톨릭적 저의를 가진 왕과 그 기생자들이 사용해 온 것이다. 영국이 아니라 유럽이 아메리카의 모국이다. 이 신세계는 유럽의 모든 지역에서 박해받은, 시민적 자유와 종교적 자유를 원하는 사람들을 위한 피난처였다. 그들은 어머니의 부드러운 품이 아니라 괴물의 잔인함에서 도망쳐 이곳으로 왔다. 그리고 최초의 이민자들을 고향에서 몰아낸 폭정과 동일한 폭정이 여전히 그 후손들을 내쫓고 있는 것이 오늘날 영국의 명백한 현실이다. (…)

그러나 우리 모두가 영국의 후손이라 해도 무엇이 달라지는가? 아무 의미가 없다. 영국은 이제 공공연한 적으로, 적 말고는 다른 이름이나 칭호가 없다. 그리고 화해가 우리의 의무라는 주장은 정말 터무니없다. 현재 영국 왕실의 시조인 정복왕 윌리엄William the Conqueror은 프랑스인이었고, 영국 귀족 절반은 프랑스에서 온 후손들이다. 같은 방식으로 따지자면 영국은 프랑스의 지배를 받아야 한다. (…)

나는 화해를 열렬히 주장하는 사람에 반대한다. 그들은 아메리카 대륙이 영국과 연결됨으로써 거둘 수 있는 장점이 있다면 단 하나라도 보여 주려고 한다. 나는 거듭 반대한다. 단 하나의 장점도 있을 수 없다. 우리의 옥수수는 유럽 어느 시장에서도 제값을 받을 것이고, 물건을 수입할 때는 어디에서 사든 반드시 제값을 내야만 할 것이다.

반면 영국과 관계를 계속 유지했을 때, 우리가 받게 될 손해와 불이익은 무수하다. 그리고 우리는 우리 자신뿐 아니라 인류 전체를 위해서라도 영국과의 동맹을 파기해야 할 의무가 있다. 아메리카 대륙이 어떤 식으로든 영국에 복종하거나 예속된다면 유럽에서 벌어지는 전쟁과 분규에 말려들게 될 것이 뻔하기 때문이다. 또한 아무런 불평이나 감정도 가지지 않는 다른 나라들과 우호 관계를 맺고 싶어도 [영국과의 관계 때문에] 사이가 틀어지기 쉽기 때문이다. 유럽은 우리의 무역 시장이기에 우리는 유럽의 특정 국가와 편파적인 관계를 맺어서는 안 된다. 유럽의 분쟁에 관여하지 않는 것이야말로 아메리카의 진정한 이익이다. 그러나 아메리카가 영국 정치라고 하는 저울의 모자라는 부분을 채우는 부속물에 머물러 있는 한 그것은 불가능하다.

유럽에는 너무 많은 왕국들이 있어서 오랫동안 평화를 유지하기 어렵다. 영국과 다른 나라 사이에 전쟁이 일어나면 영국과의 관계 때문에 아메리카의 무역은 망하고 만다. 다음 전쟁은 지난번 전쟁과 같은 결과를 가져오지 않을 수도 있다. 그렇다면 지금 화해를 주장하는 사람들이 다음에는 분리를 주장할지도 모른다. 그 경우 중립이 전함보다 더 안전한 운송 수단이 될 수 있기 때문이다. 정당하고 합리적인 모든 것이 분리를 호소한다. 살해당한 사람들의 피와 인간 본연의 목소리가 "지금이 분리할 때다"라고 개탄하며 외친다. 심지어 신이 영국과 아메리카 사이에 정해 놓은 거리까지도, 둘 중 하나가 다른 하나를 지배하는 것은 결코 하늘의 뜻이 아니라는 사실을 강력하고도 자연스럽게 증명하고 있다. 마찬가지로 대륙이 발견된 시기도 이런 주장에 무게를 더해 준다. 아메리카 대륙에 사람이 모이게 된 과정도 그 주장이 유력하다는 사실을 확인시켜 준다. 자비로운 신은 박해받는 사람들이 장차 모국에서 우의도 안전도 제공받을 수 없게 될 때를 대비해 그들에게 거룩한 피난의 성소를 제공했다. 종교개혁에 앞서 아메리카 대륙이 발견된 것이다.

아메리카 대륙에 영국이 행사하고 있는 권한은 조만간 끝을 맺어야 할 통치 형태다. 소위 "현재 헌법"이 단지 일시적인 것이라는 고통스럽고 긍정적인 확신 아래 앞을 내다볼 경우, 신중한 생각을 가진 사람이라면 누구도 진정한 즐거움을 느낄 수 없을 것이다. 우리는 이 정부가 부모로서 후손에게 물려줄 수 있을 만큼 충분히 지속될 수 없음을 알면서도 즐거울 수는 없다. 그리고 논쟁의 당연한 수순으로 우리는 지금 다음 세대를 빚더미로 몰아넣고 있다. 우리는 이를 해결해야만 한다. 그렇지 않으면 우리는 그들을 비천하고 불쌍하게 이용하는 것밖에 안 된다. 우리의 의무를 다하기 위해, 우리는 우리 자녀의 운명을 걸고, 몇 년 후를 생각하며 현 상태를 수정해야 한다. 그러한 고귀한 시도는 현재의 공포나 편견이 가리고 있었던 새로운 전망을 제시할 것이다.

나는 불필요하게 공격하는 일은 조심스럽게 피하고 싶다. 그러나 화해의 이론을 옹호하는 사람들은 다음과 같은 성향의 사람들이다. 단지 자기 이익만을 생각하는 믿을 수 없는 사람들, 앞을 보지 못하는 나약한 사람들, 달리 보려 하지 않는 편견에 사로잡힌 사람들, 유럽 세계를 실제 이상으로 평가하는 온건한 사람들이 바로 그런 종류의 사람들이다. 그들 중 마지막 종류의 사람들은, 그들의 잘못된 신중함 때문에 다른 세 종류 사람들보다 아메리카 대륙에 더 많은 불행을 가져올 것이다.

슬픈 광경에서 멀리 떨어져 사는 사람들이 많은 것은 다행이다. 아직은 사람들이 모든 아메리카의 재산이 불안한 상태에 놓여 있다고 느낄 만큼 재난이 그들의 문턱까지 다가오지는 않았다. 그러나 우리가 잠시 보스턴에 있다고 상상해 보자. 그 비참함의 근원지는 우리에게 지혜를 가르쳐 주고, 믿을 수 없는 나라의 권력과 영원히 절연하라고 지시할 것이다. 불과 몇 달 전에는 안락하고 풍요롭게 살았던 이 불행한 도시의 주민들에게 지금은 앉아서 굶어 죽거나 거지가 되는 길 말고 다른 방법이 없다. 만약 그들이 보스턴에 계속 머문다면 친구들이 던진 포화로 위험에 처할 것이고, 그곳을 떠난다면 군인들에게 약탈당할 것이다. 현재의 상황에서 그들은 구원받을 희망이 없는 죄수들이고, 그들을 구출하기 위해 총공격을 한다 해도 그들을 양쪽 군대의 분노 모두에 노출시키는 결과를 가져올 뿐이다.

　수동적인 성질의 사람들은 영국의 공격을 너무 가볍게 보고, 여전히 최선을 희망하면서 "어서 와, 이런 일이 생겼어도 우리는 다시 친구가 될 수 있다"고 소리 지르는 경향이 있다. 그러나 인간의 열정과 감정을 검토해 보라. 화해의 주장을 자연이라는 시금석에 갖다 대어 보라. 그리고 당신 나라에 총포와 칼을 가져온 권력을 사랑하고 영예롭게 여기고 충실히 섬길 수 있는지 나에게 말해 보라. 만일 이 모든 일을 할 수 없다면, 당신은 당신 자신을 속이는 것이며, 당신의 지연된 행동 탓에 후손에게 파멸을 가져다 줄 것이다. 사랑할 수도 존경할 수도 없는 영국과의 관계를 앞으로도 지속하는 것은 억지고, 동시에 부자연스러운 일이다. 이는 오직 눈앞의 편의만 위한 것으로 처음보다 더 비참한 상태를 초래할 것이다. 그러나 여전히 그 침해를 용납할 수 있다고 말한다면 나는 묻는다. 당신 집이 불탄 적이 있는가? 당신 눈앞에서 재산이 파괴된 적이 있는가? 당신의 아내와 아이에게 누워서 잘 침대와 먹을 빵이 없었던 적이 있는가? 당신 부모나 아이는 살해된 채 당신 자신만 몰락하고 파멸해 살아남은 적이 있는가? 그런 경험이 없다면 그런 경험을 한 사람들을 판단할 수 없다. 그러나 만일 경험했음에도 여전히 살인자들과 악수할 수 있다면, 당신은 남편, 아버지, 친구, 연인이라는 이름을 가질 자격이 없다. 또한 지위나 칭호가 무엇이든 간에 당신은 비겁한 사람의 심장과 아첨꾼의 정신을 가졌다.

이는 사태를 더 불붙이거나 과장하려는 것이 아니다. 반대로 자연이 정당화하고, 그것 없이는 우리가 인생의 사회적 의무를 완수할 수도, 행복을 누릴 수도 없는 감정과 사랑으로 사태를 판단하고자 하는 것이다. 나는 복수심을 부추기기 위해서 공포를 심으려는 것이 아니라, 확고한 목적을 단호하게 추구하도록 치명적인 반수면 상태에 있는 우리를 일깨우고자 하는 것일 뿐이다. 아메리카가 머뭇거림과 두려움 때문에 스스로 정복당하지 않는 한, 영국과 유럽은 힘으로 아메리카를 정복할 수 없다. 이번 겨울을 올바르게 활용한다면 그 기간은 한 시대만큼의 가치가 있겠지만, 헛되이 보내거나 소홀히 넘기면 대륙 전체를 불운에 몰아넣게 될 것이다. 이처럼 소중하고 유용한 시기를 헛되게 희생시키려는 사람은 그가 누구이고, 무엇을 하며, 어디에 있든지 간에 가혹한 처벌을 받아 마땅하다.

이 대륙이 더 오래 외부 세력의 예속 아래 있어야 한다고 생각한다면 이는 이성, 사물의 보편적 질서, 그리고 앞 세대의 모든 선례와 조화되지 않는다. 영국에서 가장 낙천적인 사람도 그렇게 생각하지 않는다. 최고로 지혜를 짜낸다 해도 아메리카 대륙의 안전을 앞으로 1년이라도 더 약속받기 위해서는 오직 분리 말고는 다른 계획은 생각할 수 없다. 화해는 이제 헛된 꿈이다. 자연이 그런 연대를 버렸고, 예술도 그 자리를 제공할 수 없다. 밀턴이 현명하게 표현했듯이 "치명적인 증오의 상처가 너무 깊이 뚫고 들어간 곳에 참다운 화해는 결코 자랄 수 없기" 때문이다.

평화를 위한 모든 온건한 방법은 지금까지 모두 효과가 없었다. 우리의 탄원은 경멸과 함께 거절당했다. 그리고 왕에게 청원을 반복하는 것만큼 그의 허영심을 부채질하고 그의 완고함을 확고하게 하는 것이 없으며, 그것만큼 유럽의 왕들을 절대적으로 만드는 데 이바지한 것이 없음을 우리는 확신할 뿐이다. 덴마크와 스웨덴을 보라. 싸움만이 길이다. 부디 마지막 분리로 나아가자. 그리고 다음 세대가 부모와 자식 간의 관계를 저버리며 서로 싸우는 일이 없도록 하자.

그들이 다시는 우리를 착취하지 않으리라는 생각은 헛된 환상이다. 우리는 인지세법이 폐지되었을 때 그렇게 생각했다. 하지만 불과 일이 년만에 진실이 드러났다. 일단 패배한 나라들은 절대로 다시 그 싸움을 시작하지 않으리라는 가정도 마찬가지로 환상이다.

통치의 측면에서도 아메리카 대륙에 정의를 가져오는 일은 영국의 권한 밖에 있다. 우리와 멀리 떨어져 있고 우리를 모르는 권력이 참을 만한인내를 가지고 수행하기에 그 일은 너무 버겁고 복잡하다. 우리를 정복할 수 없다면 우리를 다스릴 수도 없다. 한 가지 이야기나 청원을 가지고늘 삼사천 마일을 달려가고, 그 답을 서너 달 기다리고, 그렇게 얻은 답을 설명하느라 다시 오류 개월을 소모하는 일은 몇 년 내에 어리석고 유치한 발상이었다고 경멸받을 것이다. 그렇게 하는 것이 적절할 때도 있었다. 그리고 그런 일을 중단하는 것이 적절할 때도 있다.

스스로 보호할 능력이 없는 섬들은 왕국의 보호를 받을 필요가 있다.그러나 하나의 대륙이 영원히 섬의 통치를 받아야 한다는 가정에는 매우불합리한 면이 있다. 어느 경우에도 자연은 위성을 행성보다 더 크게 만들지 않았다. 영국과 아메리카 경우에도, 서로에 관하여 그런 자연의 질서를 뒤집을 수 없으며, 그 둘은 명백하게 서로 다른 체제에 속한다. 영국은 유럽에 속하며 아메리카는 자기 자신에게 속한다.

제5장

반쪽짜리 혁명

스프링필드 반란에 관한 조셉 클락의 편지(1774년 8월 30일)

조셉 플럼 마틴, 『전쟁에 참여한 병사의 모험, 위험, 그리고 고통에 관한 이야기A Narrative of some of the Adventures, Dangers and Sufferings of a Revolutionary Soldier』(1830년)

새뮤얼 듀이의 1781년 반란 이후 대륙군 반란 진압에 대한 설명(1844년)

헨리 녹스, 조지 워싱턴에게 보낸 편지(1786년 10월 23일)

"퍼블리우스(제임스 매디슨)", 『연방주의자Federalist』 10호(1787년 11월 23일)

아메리카 혁명은 영국에서 독립하기 위한 전쟁이었다. 혁명 이전 백여 년 동안 아메리카 식민지는 소작인과 지주 간의 갈등, 빈민들의 반란 등 계급 갈등으로 분열되어 있었다. 이와 같은 내부 갈등은 영국에 대항하는 동안에는 일시적으로 드러나지 않았다. 그러나 갈등의 요소는 여전히 남아 있어 전쟁 중에도 이따금 터져 나왔고, 영국 제국에 승리한 후에 다시 등장했다.

「독립선언서」는 "모든 사람은 평등하게 창조되었다"는, 평등주의와 민주주의를 표방하는 고무적인 언어를 사용하고 있다. 그리고 "생명, 자유, 행복 추구" 권한을 약속했다. 그러나 그처럼 고무적인 단어 뒤에 놓인 현실은 달랐다. 점차 부상하고 있던 계층은 영국을 패배시키기 위해 자신들 편에 가능한 많은 국민들을 불러 모으려 하면서도 150여 년의 식민지 역사 속에서 발달해 온 부와 권력 관계가 지나치게 교란되는 일은 막고자 했다.

혁명이 진행되는 동안 대륙군 내부에서 일어난 반란, 그리고 전쟁 뒤에 매사추세츠를 비롯해 여러 주에서 일어난 농민반란들은 신생국가 내부에 계급 갈등이 여전히 존재하고 있음을 증명했다. 건국의 아버지들은 이를 의식했고, 미래에 있을 반란을 우려했다. 그들이 제정한 헌법은 그런 반란의 정신을 통제하고 "법과 질서"를 유지하기 위해 고안된 것이었다.

스프링필드 반란에 관한
조셉 클락의 편지[1]

1774년 8월 30일

여기에 당시 계급 간의 분노와 만연해 있던 반란의 정신을 보여 주는 놀라운 사례가 있다. 당시 유명한 매사추세츠 정치가인 조셉 할리Joseph Hawley의 양자 조셉 클락 Joseph Clarke이 이름을 알 수 없는 친구에게 보낸 편지가 그것이다.

우리는 이날 정오경에 타운에 도착했다네. 우리 앞에 모두가 모여 있었지. 카운티 본부에서 위원회가 조직되었고, 그들은 새로 제정된 의회법에 따라서 자신들이 그 지역 헌법을 수정할 수 있는 권한을 가지고 있는지 여부를 묻고자 했어. 물론 그들은 만족할 만한 답변을 원했지. 그렇게 법원 관리들을 기다리고 있는데, 답변은 부정적이었다네. 답변을 듣고 나서 사람들은 이 일을 법정으로 가져갈 것인지를 투표에 부쳤고 투표 결과는 공회당 앞에 모인 사람들 앞에서 낭독되었지. 안건은 부결되었다네.

그러자 사람들은 지주인 파슨 씨 집 앞에 정렬했고 그곳에서부터 행군해 다시 공회당으로 되돌아가 판사에게 모습을 보이라고 외쳤지. 그들의 요구에 따라 판사들이 왔고, 모래투성이에 태양에 노출되어 찌는 듯한 더위 아래 모인 군중 한가운데에서, 판사들은 주어진 질문에 합리적이고 흡족한 답을 주었다네.

군중들은 또한 카운티의 모든 판사와 변호사들에게 그들이 새로운 협정으로 주어진 모든 권한을 다 포기한다는 선언서를 명료하게 쓰고 이에 서명할 것을 요구했지. 이는 즉시 승인되고 곧바로 실행되었어.

사람들은 다시 파슨 씨 집 앞에 모였다네. (…) 개인적 분쟁에 말려든 캐틀린 소령은 한동안 사람들의 주목을 끌었지. 캐틀린 소령은 법원 관리였기 때문에 사람들의 미움을 받을 만했어. 그래도 사람들은 허심탄회하게 그를 대했고, 불만이 나올 수 없을 정도로 꽤 온화하게 대접했지. 캐틀린 소령은 영웅처럼 으스댔는데, 그는 어쨌든 재판에서 졌고, 그의 영웅주의도 한줄기 연기처럼 날아갔다네. 올리버 워너라는 사람이 분쟁에서 캐틀린 소령 편을 들었는데 그는 사람들의 요구대로 선언문을 쓰고는, 다치지 않은 채, 평화롭게 추방되었다네. 자네 아저씨는 아마도 캐틀린 소령과 일당들을 기만할 수 있어서 즐거웠다고 말하셨겠지. 그렇지만 모든 것을 지켜본 내 생각에 그들은 단지 새로운 의회법 아래서 어떤 직책도 맡지 않겠다는 선언문에 서명만 하면 되었고, 우리는 그들을 전혀 기만하지 않았다네. 이 점에 대해서는 자네가 흡족해해도 될 거야.

그 다음 존 워딩턴 대령이 회의에 소환됐지. 그를 보자 사람들 눈에서 빛이 났어. 워딩턴의 등장이 이미 고조되어 있던 사람들의 사기에 더 큰 활기를 불어넣어 준 거지. 워딩턴은 법률 고문이라는 새 직책을 거부하지 않았고, 특히 그 이유 때문에 미움을 받았다네. 하지만 사람들은 자신들의 분노를 잘 참았어. 워딩턴은 자기 행동이 별것 아니라는 식으로 사람들 앞에서 장황하게 연설하려고 했지만 곧 단념해야 했지. 사람들은 희롱당하려 하지 않았거든. 사람들이 원하는 것은 단지 그가 법률 고문 직을 포기한다는 내용을 서면으로 쓰고, 토머스 게이지 총독에게 보내는 그의 연설문을 철회하는 것뿐이었어. 그 연설문 끝에는 조너선 블리스와 캐러브 스트롱의 서명도 있었지.

조너선 블리스가 다음으로 소환됐다네. 블리스는 꽤 겸손했기 때문에 사람들이 속기 쉬웠어. 그는 자신이 사람들의 뜻에 어긋나게 행동하고 말한 것에 용서를 구했고 그들을 지지할 것을 약속하면서 자기 역시 그들 편이라고 호소했다네.

모세 블리스 씨가 링으로 불려 나왔어. 하지만 그에 대한 고소는 근거가 충분하지 않았기 때문에 조용히 벗어날 수 있었지. 다음으로 불손한 말을 했다는 죄목으로 고발된 보안관이 소환되어 불려 왔지만 그 역시 죄를 증명할 길이 없어 그곳을 떠났다네. 하지만 그는 콧대가 꺾였지. 이스라엘 윌리엄 대령이 다음 차례였는데 그는 링을 돌며 자신에게 쏟아지는 비난에 대해 스스로를 변호했지. 그는 자신의 죄목 일부도 부인했다네.

내가 들은 바로 대령은 "이전에는 보상 방법을 둘러싸고 당신들과 다른 의견을 가지고 있었지만, 지금은 보상이라는 목적을 위해 당신들이 선택하는 어떤 조치라도 진정으로 순순히 따를 것이며, 당신들과 함께 공통의 대의에 따르겠습니다. 나 역시 당신들과 같은 이해를 지니기 시작했으며, 이를 후손들에게 평화롭게 남겨 주기를 원합니다"라고 말했다네.

다음으로 문선Munson의 제임스 메릭 선장이 경솔한 표현을 사용했다는 죄목으로 재판에 회부되었지. 사람들은 그에게 타르를 칠하고 깃털을 덮어씌워야 한다고 생각했고, 나 역시 선장이 그런 일을 당해 마땅하다고 생각했어. 선장은 무례할 정도로 완고하게 굴었지만 사람들이 그의 기세를 꺾고 나서는 그 역시 한 발자국 물러설 수밖에 없었지. 어느 누구도 상처를 입지는 않았다네. 하지만 판사의 엄격한 명령은 그대로 이행

되었고, 사람들은 영예롭게도 거의 모두 질서정연하고 차분하게 행동해
되도록 혼란을 피했지.

　각 타운 사람들은 몇 개 집단으로 나뉘어 시와 음악에 맞추어 행진
했다네. 트럼펫이 울리고, 북을 두드리고, 파이프를 불고, 기를 휘날리
며, 영혼의 열정을 적절한 음색으로 표현했고, 서로 싸울 용기를 북돋
았다네.

조셉 플럼 마틴,
『전쟁에 참여한 병사의 모험, 위험,
그리고 고통에 관한 이야기』²

1830년

다음 글에서 조셉 플럼 마틴Joseph Plumb Martin은 병사들이 전선에서, 그리고 해산된 뒤에 겪은 위험과 어려움을 상기시킨다. 플럼 마틴은 1776년 대륙군에 입대했다. 그리고 아메리카 혁명 동안 뉴욕과 코네티컷에서 복무했다.

병사들은 전쟁 기간 동안 입대와 복무의 대가로 각자 자신들이 사는 지역이나 근접한 지역의 땅 1백 에이커를 받기로 했다. 국가가 가난한 병사들의 병력을 짜내 마지막 한 방울까지 고갈시켰을 때, 그들은 마치 늙고 병든 말처럼 망연자실했다. 그러나 그 말들이 풀을 뜯을 땅에 대해서는 한마디 말도 없었다. 의회는 실제로 "병사의 토지Soldier's Lands"라는 명목으로 오하이오 주, 또는 다른 주, 준주準州에 토지를 배정했지만, 병사들이 그 땅을 얻을 수 있는 조치는 취해지지 않았다. 이 불쌍한 병사들에게 땅을 분배해 주는 대행인도 없었고 어느 누구도 이에 대해 조금의 관심도 기울이지 않았다. 오직 투기꾼 무리만이 다른 사악한 무리들처럼 온 나라를 휩쓸고 지나가면서 병사들의 마지막 털까지 뽑는 데 혈안이 되었을 뿐이다. 병사들은 자신들이 받기로 되어 있는 땅을 받을 수 있는 방법도, 길도 몰랐다. 그리고 그들에게 이를 알려 줄 관리 한 명 임명되지 않았다. 사실은 아무도 신경 쓰지 않았다. 병사들은 국가를 위해 복무했다. 그것도 정말로 충실하게 복무했지만, 국가는 오직 그것만을 필요로 했다. 단지 군인만을 필요로 했다. 이제 국가는 더 이상 우리들을 필요로 하지 않는다. 나는 언젠가 내 뼈를 묻기에 충분한 정도의 땅이라도 가지고 싶다. 내가 죽는 곳이 만약 문명화된 나라라면 아무도 내 꿈을 부정하지 못할 것이다. 죽은 자는 절대로 무덤을 요구하지 않는다는 사실에 감사할 뿐이다.

정부는 마찬가지로 해마다 군용 코트 한 벌, 모직과 마로 된 조끼, 셔츠 네 벌, 구두와 양말 각각 네 벌씩, 모직 작업복 한 벌과 마 작업복 한 벌, 중절모 또는 챙 달린 가죽 모자, 가죽 목도리, 사냥용 셔츠, 구두 죔쇠 한 벌, 그리고 담요 등의 옷가지와 물품을 주기로 약속했다. 이 글을 읽는 사람은 정말 많다고 생각할 터이고, 나 역시 많다고 생각한다. 하지만 이처럼 다양한 물품의 실체는 고작 다음과 같았다. 코트 한 벌과, 셔츠 한두 벌, 구두와 양말 각각 한 벌씩, 그리고 다른 옷가지들도 마찬가지였다. 한 연대당 1년에 두세 번 아주 소량만 지급되었다. 한 번에 한 벌을 다 지급받은 적은 없었고, 그나마도 아주 질이 좋지 않았다. 담요는 얇은 모직 베이즈(baize, 당구대나 탁구대에 덮는 초록색 나사 천. 옮긴이)여서 올을 상하지 않고도 그 사이로 빨대를 통과시킬 수 있을 정도로 얇았다. 나는 비바람 불고 추운 밤을 하늘을 이불 삼아 지붕도 없이, 판자 위, 벌판, 또는 살을 에는 듯한 언덕에서 그런 종류의 담요나 천 조각을 덮고 자야만 했다. 만약 뉴잉글랜드에서 농부가 기르는 가축이 한겨울에 나와 같은 처지라면 그 농부는 가축들이 걱정되어서 한잠도 자지 못했을 것이다. 추위와 굶주림, 피곤으로 거의 죽을 것 같고, 몸이 뼛속까지 젖은 상황에서 몸을 따뜻하게 하기 위해 근처 집에 들어가기라도 하면 돌아오는 것은 나무라는 시선과 욕설이었다.

혁명군들이 언 땅을 지나가면 그들의 발에서 흐르는 핏자국을 볼 수 있다는 말을 누구나 들었을 것이다. 이는 실제로 사실이다. 그들이 겪는 고통의 천 분의 일도 우리는 알지 못하고, 듣지 못했다. 나는 당시 이 나라가 젊고 가난했다는 사실을 기꺼이 인정한다. 하지만 젊은이들, 특히 여성들은 일반적으로 수수했다. 이제 나는 이 나라가, 우리가 나라를 지칭할 때 "그녀" 혹은 "그녀의"라고 표현한다는 점에서 여성적 성격을 가지고 있기는 하지만, 전혀 수수하지 않다고 생각한다. 이 나라는 자기 병사들의 사유재산을 인정하지 않는 것처럼 보이기 때문이다. 병사들이 벨리포지Valley Forge에서부터 행군해 저지스Jerseys를 거쳐 몬모스Monmouth에서 소란스러운 전투를 치를 때까지, 그들의 4분의 1은 벗은 몸을 가리기 위해 다 떨어진 셔츠 조각을 둘렀을 뿐 걸친 것이 없었고 그 뒤로도 한동안 그 상태였다. 나는 작년 겨울에 펜실베이니아 농부들에게서 몇 가지 가벼운 옷을 얻어 왔기에 망정이지, 그렇지 않았다면 같은 곤궁에 처했을 것이다. "헤쳐 나가라"가 언제나 대륙군의 모토였다.

식량 배급에 관해서는 이미 많이 이야기했다. 하지만 그보다 열 배는 할 말이 많고, 이 장이 끝날 때까지 말해도 부족하다. 군복무를 시작할 때 약속받은 음식 배급 목록은 다음과 같았다. 질 좋은 신선한 날소고기 또는 소금에 절인 소고기 1파운드(약 453그램), 또는 소금에 절인 맛있는 돼지고기 4분의 3파운드(약 340그램), 부드럽거나 딱딱한 밀가루 빵 1파운드, 날소고기 1백 파운드(약 45킬로그램)당 소금 1쿼트(약 1.14리터), 백 번 배급 받으면 1쿼트를 채울 수 있는 양의 식초, 매일 럼, 브랜드 또는 위스키 4분의 1파인트(약 142밀리리터), 비누와 초 몇 조각을 약속받았다. 하지만 나는 비누와 초는 받아 본 기억이 없기에 이들의 정량은 알지 못한다. 식초의 경우 1777년 펜실베이니아에서 그 유명한 쌀과 식초만으

로 지낸 추수감사절 때 한 숟가락을 받았을 뿐이다. 우리에게 주어진 것
도 다 받지 못했다. 때로 벌판이나 숲에서 허기를 채울 만한 것을 찾을
수 없을 때는 하루, 이틀, 사흘, 나흘까지도 거의 먹지 못하고 지냈다. 빈
약한 식사통에서 뼈에 붙은 마지막 살점을 집어들 때마다 나는 먹을 수
있는 한, 뼈까지 먹어치웠다. 그래도 내 위는 여전히 먹기 전과 다를 바
없었고, 그 상태에서 고되고 피곤한 일을 해야 했다.

　모든 배급품을 정기적으로 받는다 해도 우리가 먹을 수 있는 것은 거
의 없었다. 겨우 날소고기 1파운드와 빵이나 밀가루 1파운드가 전부였
다. 소고기는 부위별로 이리저리 나누어 4분의 3파운드가 채 되지 않았
고, 그중에서도 뼈가 거의 반이었다. 군대에서 먹는 소고기는 일반적으
로 썩기 직전의 상태여서 마치 늙은 니그로 토끼같이 지방은 거의 없고
살코기도 매우 적었다. 밀가루는 주로 평원에 있거나 행진 중에 배급받
았는데, 반만 익혀 먹거나 조리 중에 많은 양을 버려야 했기에 별로 가치
가 없었다.

　겨울에는 주로 막사를 치고 벌판에 머물렀다. 이 시기 배급품이 있다
면 다음과 같은 것이었다. 고기와 밀가루는 장교와 사병들을 위해서는
한 번에 7일분이 지급되었고, 우리는 4일분의 고기와 7일분의 밀가루를
받았다. 4일이 지날 즈음에는 남은 3일분의 소고기가 지급되었다. 이제,
독자들이여 어떻게 남자 다섯 명으로 구성된 식사 팀이 굶주려서 식욕이
왕성한 상태로 날고기 20파운드(약 9킬로그램)로 (아마도 12파운드 내지 15파
운드가 더 정확할 것이다) 그것도 야채나 소스도 전혀 없이 4일을 연명할 수
있을지 잠시 상상해 보라. 가장 무더운 시기에도 마찬가지였다. 음식은
썩을 위험이 별로 없기도 했지만 썩을 정도로 오랫동안 먹을 음식이 애
초에 없었다. 음식이 썩는다 해도 우리는 먹어야만 하거나, 아니면 먹을
것이 전혀 없이 지내야 했다. 워싱턴 장군이 대륙회의에서 '병사들은 건

초만 제외하면 말 사료까지 모든 것을 먹는다"고 말했을 때 약간 과장하기는 했다. 그는 회의에서 병사들이 먹을 수만 있다면, 개 사료는 못 먹지만 돼지 사료는 먹는다고 말했다.

우리는 또한 한 달에 6달러 67센트를 매달 지급받기로 되어 있었다. 실제 우리가 어떻게 대접받았냐고? 무얼, 뻔하지 않은가. 똑같았다. 내 기억이 정확하다면 1777년 8월 지급이 중단될 때까지는 매달 월급을 받았다. 이 "대륙 화폐Continental currency"라 불린 6달러 67센트가 어느 정도 가치가 있었느냐면 한 사람이 가까스로 저녁 한 끼를 조달할 정도였다. 정부는 이 부스러기 같은 돈이 병사들을 더 많이 괴롭힌다고 생각했는지, 부끄러워하며 현명하게도 스스로 그 명예를 포기했다. 나는 한 달 분 급료를 1781년에 버지니아로 행군하는 동안 정금正金 형태로 받았다. 하지만 이때를 제외하고 군 복무하는 동안 그 가치에 상응하는 돈은 받은 적이 없었다. 내가 군에 입대할 때 약속받은 대로 월급을 받았다면 그렇게 괴로워하거나 고통받을 필요도 없었다. 돈만 있다면, 돈으로 조달할 수 있는 물건들은 얼마든지 있었다. 생각만 해도 화가 난다. 국가는 내게 세세한 일에까지 순순히 참여할 것을 엄격하게 요구했지만, 동시에 나와의 계약을 수행하는 데는 소홀했다. 왜 그랬을까? 그 이유 중 하나는 국가는 모든 권력을 쥐고 있었고, 나는 힘이 전혀 없었기 때문이다. 그런 일은 없어야 했다.

불쌍한 군인들은 겨우 굶어 죽지 않을 정도로 엄청난 고난을 견뎌야 했다. 그들은 먹을 것을 거의 받지 못했다. 적어도 "일한 자는 먹을 권리가 있다." 그리고 사람에게는 그 이상은 아닐지라도 먹을 권리가 있다. 나는 수없이 많은 날을 말 못 하는 짐승처럼 벌판에 누워 "무자비한 폭풍우의 엄습"을 견뎌야 했다. 이는 더운 날씨에는 잔인할 정도였고, 한겨울에는 더욱더 힘들었다. 자그마한 불씨라도 있다면 그건 그야말로 호사였다. 하지만 눈이나 비가 심하게 내리는 경우에는 불씨를 살리는 일도 불가능했고, 곧바로 얼어 죽지 않을 정도의 옷가지만 입은 채로 비바람 속에서 한겨울의 길고, 축축하고, 춥고, 지루하고 깊은 밤을 견뎌야 했다. 얼마나 힘든 상황이었는지에 대한 판단은 독자들에게 맡긴다.

24시간 또는 48시간 행군하는 일은 경험해 보지 않은 사람들은 믿기 어려울 것이다. 그 일이 얼마나 지치고 고된 일인지 말이다. 얼마나 오랜 시간 행군을 했는지 모른다. 휴식이나 수면을 취하지 못한 채 며칠 밤낮으로 걸으며, 앞에 마을이나 숲이 보이기를, 그래서 아주 잠시라도 쉴 수 있기를 바랐다. 하지만 안타깝게도 그런 마을에 다다를 때면 내 다리는 거의 지쳐 떨어져 쉴 수가 없었다. 피부 속까지 젖은 채로 돼지들이 따스하고 건조한 우리 속에서 싸우는 소리를 들었을 때, 나는 수없이 돼지들을 부러워했다. 돼지들이 누리는 그 호사를 헛되이 꿈꾸기도 했다. 건조하고 따뜻한 날씨도 힘들기는 마찬가지였다. 길고 지루한 행군으로 녹초가 되면 깜박 잠에 빠져들었고, 나처럼 졸고 있는 사람과 부딪힐 때까지 내가 졸고 있다는 사실을 알아차리지 못하기도 했다. 행진을 멈췄을 때는, 내 담요 속으로 기어 들어가, 수풀이나 찔레나무, 가시 또는 엉겅퀴가 있는 땅에 누워 한두 시간의 잠을 자는 게 최고의 행복이었다. 오, 얼마나 상쾌하던지…….

지금은 불쌍한 병사들이 외견상으로만 누리는 행운을 보고 많은 사람들이 투덜댄다. 내 눈으로 직접 보았는데 병사들이 국가로부터 그런 호의를 받을 자격이 없다고 말할 정도로 비열한 사람들이 많다. 이처럼 냉혹하고 비열한 사람들이 병사들이 겪은 고통과 궁핍을 강제로라도 한 번쯤 직접 겪어 봤으면 좋겠다. 만약 그래도 그들이 생각을 바꾸지 않는다면, 나 또한 억측을 그만두겠다.

하지만 나는 이 사람들이 제자리에 있기를 진심으로 바란다. 만약 병사들이 국가의 독립과 자유를 위해 전장에서 자기 목숨을 걸고, 빈곤과 질병, 그리고 죽음에 대면하지 않았더라면, 병사들이 누추한 곳에서 죽기를 바랐던 사람들 대부분은 마치 따스한 햇빛 아래 몸을 녹이는 파충류처럼, 현재 국가가 베푸는 은혜를 받기도 전에 가장 곤궁한 병사에게 필요한 만큼의 도움과 구조를 원했을 것임에 틀림없다.

그러므로 병사들은 자신들을 비난하는 사람들이 잔인하다고 생각한다. 자신의 행동이 옳았다고 생각하는 병사들은 사람들이 그들의 힘든 군대 생활을 과소평가하고 비난할 뿐만 아니라 중상모략하고 욕할 때면 무덤과 같은 잔인함을 느낀다. 하지만 비방을 견디는 사람들이 병사들만은 아니다. 그들 외에도 공적이 있고, 어쩌면 더 칭찬받을 만한 사람들이 말도 안 되는 비열한 대우를 받고 있다.

새뮤얼 듀이의 1781년 반란 이후 대류군 반란 진압에 대한 설명[3]

1844년

아메리카 혁명 과정에서 불거진 계급 갈등은 조지 워싱턴 군대 내 반란으로 극적으로 표출되었다. 5년 간의 전쟁을 치르면서 인구에 비례해 희생자 비율이 2차 대전 사망자보다 많았던 1781년 뉴저지 모리스타운Morristown의 펜실베이니아 전선에서 천여 명의 군인들이 반란을 일으켰다. 장교들은 수당을 잘 받고, 잘 먹고, 잘 입었던 반면 병졸과 하사관은 먹다 남은 것을 먹고, 누더기를 입고 군화도 없이 행군하고, 실제로 대류 화폐보다 못한 수당을 받거나 아예 몇 달씩 수당을 받지 못했다. 그들은 아주 사소한 규율을 위반해도 장교들에게 혹사당하거나, 두들겨 맞고, 채찍질당했다. 많은 병사들은 불만에 가득 차 군대에서 벗어나기를 원했다. 그들은 자신들의 복무 기간이 이미 끝났으며, 강제로 군대에 남아 있는 것이라고 주장했다. 그들은 1780년 봄에 모리스타운의 코네티컷 전선에서 탈영병 열한 명이 사형을 선고받았지만, 마지막 순간에 한 명을 제외하고는 모두 집행유예를 받았다는 사실을 알게 됐다. 한 명은 백 명에게 제대증을 위조해 준 혐의로 교수형에 처해졌다. 워싱턴 장군은 자신의 군대 중 상당수에 해당하는, 거의 이천 명에 달하는 반란자들을 대면하자 뉴저지의 프린스턴에서 군대를 소집하고 양보하기로 결정했다. 반란자들 중 많은 수가 군대를 떠나도 된다는 허락을 받았고, 워싱턴은 병사들의 불만을 달래기 위해서 주지사에게 지원을 요청했다. 펜실베이니아 부대의 반란은 잠잠해졌다. 하지만 뉴저지 전선에서 또 다른 반란이 일어났다. 이번에는 그 수가 몇 백 명밖에 안 되자 워싱턴은 아주 강경한 조치를 내렸다. 그는 "이 위험한 정신"이 번져 나갈 가능성이 있다고 보았다. "가장 극악한 반란자" 두 명이 그 자리에서 군법 재판에 회부되어, 총살형을 선고받았다. 그들이 총살당하자 추종자 중에는 우는 사람도 있었다. 나머지 추종자들도 처형되었다. 하워드 패스트

Howard Fast는 소설 『자만과 자유*The Proud and the Free*』에서, 칼 밴 도렌Carl Van Doren의 역사서인 『1월의 반란*Mutiny In January*』을 바탕으로 이 반란을 묘사했다. 패스트는 혁명군 내부의 계급 갈등을 극화시켰다. 극중 인물인 반란군 잭 마론리는 토머스 페인의 말과 자유의 약속을 떠올리며 자신은 자유를 위해 기꺼이 죽겠노라고 말한다. 하지만 "필라델피아의 비겁한 의회나 비단과 새틴을 입은 펜실베이니아의 여자들, 뉴저지의 모든 더러운 영주나 뚱뚱한 지주를 위해 죽는 것은 아니다"라고 말한다.

우리가 레바논(Lebanon, 미국 펜실베이니아 주 남동부에 위치한 도시. 옮긴이)을 공격하는 동안 주목할 만한 일이 일어났다. 이 사건은 이후 일어난 끔찍하게 비극적인 사건의 서막이다. 이 일에 관련된 한 사람은 이후 여러 사람이 저지른 범죄 때문에 끔찍한 처벌을 받는 고통을 겪었다. 마카로니 잭으로 알려진 이 하사는 매우 지적이고, 활동적이며, 깔끔하고 똑똑한 사람이었는데 사소한 규율을 어겼다. 잭은 캠프에서 부인과 함께 지냈고, 부인은 남편이 늘 깔끔하고 단정하게 다닐 수 있도록 보살폈다. 그녀는 나를 포함해서 많은 병사들의 옷을 세탁해 줬다. 그녀는 행실이 바르고 처신을 잘했다.

사관들은 잭에게 교훈을 주고, 그의 행실을 고치기 위해 영창에서 그를 데려오라 명령했다. 잭이 오자 사관들이 그를 묶었다. 그리고 북 치는 사람에게 그의 등을 벗기고 몇 차례 채찍질하라고 지시했다. 하지만 사관들은 그를 벌할 의도는 없었다.

잭은 묶이자마자 주위를 돌아보며 병사들에게 "형제들이여, 나를 도와주시오!"라고 소리쳤다. 사관들의 눈에 이는 반란의 기미로 보였고, 그들은 "그를 끌어내려, 어서"라고 소리쳤다. 명령은 즉각적으로 시행됐고, 잭은 다시 수갑이 채워진 채 영창으로 돌아갔다. 이번에는 그와 함께 수감되었던 두 명이 탈영했다.

이 일이 있은 후, 하루 또는 이틀 뒤에 우리는 펜실베이니아 요크York

로 향하라는 명령을 받았다. 요크에 도착하여 우리는 마을 아래 위치한 공유지에서 야영을 했다. 우리가 도착하자 우리가 데리고 있던 죄수 세 명이 요크의 감옥에 수감됐다. 요크에 도착한 지 며칠되지 않아서 잭 스미스라는 병사와 이름이 기억나지 않는 다른 병사가 총알 던지기 시합을 했다. 시합하는 동안 총알을 던지는 방향으로 나 있는 길을 따라 사관 몇 명이 걷고 있었고, 총알이 그들 가까이를 지나갔다. 사관들은 스미스와 그 동료에게 심한 욕을 했고, 그들도 비슷하게 버릇없는 욕설로 응수했다. 곧 병사 두 명이 명령을 받고 쫓아와 그들을 잡아서 요크의 영창으로 데려갔다.

그들이 잡혀간 지 삼사 일 후, 다음의 일이 일어났다. 사람 좋은 릴리 하사는 연대의 서류를 작성하는 일을 도맡아서 하는 유능한 군인이었고, 이 일을 하며 상당한 보수를 받았다. 그는 어느 날 취한 상태에서 한솥밥을 먹는 동료 몇 명과 싸웠다. 장교들이 무슨 일인지 심문하기 위해 왔을 때 그는 막사에 없었다. 장교들은 그를 꾸짖고 막사로 돌아가라고 명했다. 취한 상태기는 했지만 총애를 받아 왔으며, 자신의 능력과 주어진 일에 대해 잘 알고 있는 릴리 하사는 큰 상처를 받았다. 릴리 하사는 그렇게 심한 대접을 참지 못하고 상관에게 해서는 안 되는 언사를 사용했다. 장교는 즉시 그를 요크 영창으로 데려갈 것을 명했다.

다음날 아침 우리는 군대를 소집했다. 그리고 점호 후에 다시 소집 명령이 내려졌다. 모든 군인들은 지시에 따라 배낭을 메고 다시 줄을 맞춰 모두 정렬했다. 이번에는 버틀러 대령이 지휘하는 3개 연대에 소속된 군인 중 8백 명 내지 1천 명이 요크를 공격했다. 보초와 환자를 제외하고 전군은 캠프에서부터 반 마일(약 8백 미터) 정도 떨어진 곳으로 행군했다. 그곳에서 무장하고 정지해 있었다. 그중 스무 명이 열에서 나와 행군하라는 명령을 받았고, 그 앞에는 악단이 위치했다. 그들은 잠시 행군 자세로 멈춰 있다가 앞으로 나가라는 지시를 받았다. 우리는 바로 감옥 문으로 행진했다. 죄수 여섯 명이 끌려나왔고, 사형이 언도됐다.

이번에는 장교들을 제외하고 대열의 누구도 왜 선봉대가 파견되었는지를 몰랐던 것 같다. 하지만 여섯 명 중 먼저 네 명을 총으로 사살하기 전에 병사들 사이에서 그들을 구해야 한다는 수군거림이 번져 나갔다. 하지만 병사들은 끔찍한 일을 제때에 막지 못했다. 병사들은 이를 막는다면 명령에 불복종하는 것이 된다고 생각했다.

감옥 문 앞에서 죄수들에게 사형을 선고한 후 우리는 "죽음의 행진곡"를 연주하며 그들을 마을 아래로 데리고 갔다. 족히 반 마일 정도를 행군하여 한창 만개하고 있는 밀밭 옆에 위치한 공터로 가서 멈췄다. 1781년 6월 초였을 것이다. 잠시 멈춘 뒤 죄수들은 밀밭 울타리를 등지고 무릎을 꿇으라는 지시를 받았다. 눈은 수건으로 가려져 감긴 상태였다. 지휘관은 스무 명의 군인들을 두 개 조로 나누었다. 그리고 모두에게 장전을 명령했다. 열 명이 먼저 조준했다. 장교가 주머니에서 손수건을 꺼내 흔드는 신호에 따라 1조 열 명이 먼저 여섯 명 중 한 명을 향해 발사했다. 마카로니 잭이 첫 번째 죄수였고, 바로 죽었다. 1조는 뒤로 물러서 다시 장전하고, 2조 열 명이 앞으로 나와 신호에 따라 스미스에게 발사했다. 악마조차도 그 광경에 놀라 등을 움츠리고 꼼짝 못한 채 서 있을 정도로 끔찍하게 죽었다. 그의 머리는 그야말로 몸에서 떨어져 나가 날아가 버렸다. 2조는 다시 뒤로 물러가고 재장전을 명령받았다. 1조가 다시 앞으로 나와 신호에 따라 세 번째 죄수에게 발사했다. 2조가 다시 명령에 따라 앞으로 나와 릴리 하사에게 발사했다. 릴리 하사의 용감하고 고상한 영혼은 즉시 정의를 위해 싸울 것을 맹세한 연방 판사 앞으로 날아갔다. 죄수들의 팔을 묶은 줄은 등 뒤까지 휘감겨 그들의 팔꿈치 위에 묶여 있었다. 이렇게 묶였기 때문에 그들은 손을 움직일 수 있었다. 앞으로 다가가 보니 마카로니 잭의 손은 가슴 위에 깍지 낀 채 얹혀 있었고, 그의 두 엄지는 모두 총에 맞아서 날아갔다. 병사들은 죄수에게서 열 발자국도 되지 않는 거리에서 총을 발사했다. 병사와 죄수 사이 거리가 너무 가까워서 발사했을 때 눈을 가린 천 조각에 불이 붙을 정도였다. 사형장 근처에 있는 울타리와 밀알들이 피와 뇌로 뒤덮였다. 네 명이 총살당한 후 스무 명의 군인 중 일부와 우리 군악대원들은 행군을 명령받았고, 군대의 대열로 돌아왔다. 이들이 대열에 합류하자 전 대열은 이 피범벅이 된 끔찍한 총살 현장으로 행군했다. 현장 가까이 온 병사들은 두 줄로 정렬해서 무릎을 꿇은 채 무시무시한 죽음을 기다리고 있는 두 명의 죄수와 시체에 다가가라는 명령을 받았다. 모든 병사들은 지나가며 시체들을 봐야 했다. 그리고 지나갈 때마다 그들을 더 똑똑히 보라는 지시를 받았다. 그 다음에는 되돌아오면서 다시 한번 자세히 봐야했다.

그때까지 무릎을 꿇고 있던 죄수 두 명은 집행유예를 받았다. 그들은 눈에서 가리개를 떼고 풀려나 다시 각자의 연대로 복귀했다.

몇몇 군인들에게 커다란 웅덩이를 파라는 지시가 내려졌다. 죽은 병사들의 시신 네 구를 각각 담요로 싸서 웅덩이에 매장했다. 이 마지막 임무를 수행한 뒤 모든 병사들은 캠프 막사로 행군해 돌아왔다.

사형 판결을 받은 죄수들은 감옥에서 처형 장소까지 가는 동안 울고, 사정하고, 큰 소리로 기도했으며, 여자들은 슬프게도 곧 죽게 될 사람들의 처지를 통탄하며 애달파했다. 독자들은 이런 비애의 한가운데서 슬픔이 얼마나 고조되었을지 쉽게 상상할 수 있을 것이다. 마카로니 잭의 아내는 울부짖다가, 거의 정신이 나갔다. 가는 길에 그녀는 남편이 걸어가고 있는 대열로 호위병들을 비집고 들어오려 했지만 한 장교가 이를 막았고, 그녀를 검의 등으로 쳐서 땅에 쓰러뜨렸다.

버틀러 대령과 그의 장교들은 물론 자유를 사랑하고 국가를 위하는 마음에 죄수들을 처형한 것이며, 이는 군대 기강을 유지하기 위해 필요한 조치였으므로 궁극적으로는 잘한 일이다. 미국 내 군대에서 반란은 여러 차례 일어났다. 펜실베이니아와 뉴저지 전선에 있던 군인들이 뉴저지의 모리스타운 반란을 진압한 지 채 1년이 안 되었고, 사람들은 군대가 작동하는 방식을 여전히 똑똑히 기억하고 있다. 하지만 이들을 처형한 것은 인권을 함부로 유린한 행동으로 보였다. 요크의 군인들은 말하거나 행동하기를 두려워했다. 아주 사소한 일로 규칙을 어겨도 총살되기 때문에 앞으로는 어떤 행동이 범죄로 몰릴지 알 수 없었다. 이후 나는 한동안 캠프 밖에서 장교를 만나면 가능한 가까운 거리도 돌아가는 길을 택해, 장교와 부딪히지 않게 조심했다. 사병보다 장교가 더 무서웠기 때문에 그런 것은 아니다. 임무를 수행하는 동안 이런저런 이유를 들어 내 행동이 규칙 위반으로 해석될까 봐 두려웠던 것이다.

모든 반란의 기미는 이런 잔인한 방법으로 진압되었다. 혁명의 와중에 이런 처형은 수차례 집행되었으며, 또 매우 필요한 것이기도 했다. 우리가 알지 못하는 사건에서도 군법정을 구성한 장교들은 사형을 구형해야 하는 증거와 확신을 가지고 있었을 것이다. 하지만 한마디로 그날은 병사들에게 아주 애처롭고 슬픈 날이었다. 동료 병사를 처형하는 끔찍한 장면을 보고도 눈 하나 깜짝하지 않는다면 그는 심장이 돌처럼 딱딱한 사람일 것이다.

헨리 녹스,
조지 워싱턴에게 보낸 편지[4]

1786년 10월 23일

영국에 거둔 승리가 내부에 안정을 가져다주지는 않았다. 혁명이 일어나기 전부터 존재했던 계급 갈등은 전쟁 중에도, 전쟁이 끝난 뒤에도 계속되었다. 대부분이 참전 군인이었던 여러 주의 소규모 자영농들은 주 정부가 그들에게 부과하는 세금 때문에 고통받았다. 매사추세츠 주는 세금을 내지 못할 경우 토지나 가축을 가져갔다. 이에 수천 명의 농부들이 조직을 결성했다. 농부들은 법정을 에워싸고 자신들의 재산이 헐값에 팔리는 일을 막았다. 이 사건은 무장 반란으로, 지도자 중 한 사람이자 혁명 전쟁의 참전 용사였던 대니얼 셰이즈Daniel Shays 대위의 이름을 따서 '셰이즈의 반란'이라 불렸다. 이 반란은 결국 진압되었지만 많은 반란자들이 살해되었고, 주동자들 몇 명은 교수형에 처해졌다. 건국의 아버지들은 이 사건에 큰 우려를 표했다. 새 헌법을 제정하기 위해 필라델피아에 모인 건국의 아버지들은 이와 같은 봉기를 진압할 수 있는 충분한 힘을 가진 중앙정부가 필요하다고 생각했다. 매사추세츠의 농부인 플라우 조거Ploug Jogger는 현 입법부에 반대하는 불법 위원회에서 자신의 불만을 토로했다. "나는 신명을 다해 일했고 어렵게 살아왔다. 나는 착취당했고, 전쟁에서 내가 맡은 바보다 더 많은 일을 해야만 했다. 나는 계급세, 타운세, 지역세, 대륙세 등 온갖 세금을 다 내야 했고 (…) 보안관, 치안관, 세금 징수원 등에게 끌려 다니거나 제값도 못 받고 가축을 팔아야 했다. 나는 지불의 의무를 지녔을 뿐 아무도 나에게 돈을 주지 않는다. 나는 이 사람 저 사람, 또 다른 사람 때문에 수없이 많은 것을 잃었다. 그리고 높으신 분들은 내가 가진 모든 것을 가져가려 한다. 나는 우리가 일어나서 이를 막아야 할 때가 왔다고 생각한다. 판사, 보안관, 세금 징수원, 변호사 등은 이제 더 이상 필요 없다. 우리가 가장 큰 정당임을 안다. 그들이 뭐라 하든 상관없다. (…) 우리는 사람들의 고통을 덜어 주기 위해 왔다. 그들을 슬프게 하는 일이 사라질 때까지 재판은 없을 것이다"고 말했다.

셰이즈의 반란 이후, 혁명 전쟁 당시 포병 대장이었다가 미국 최초의 전쟁 장관secretary of war이 된 헨리 녹스Henry Knox는 자신의 지휘관이었던 조지 워싱턴에게 편지를 써서 반란자들이 다음과 같은 목적을 꾀하고 있다고 경고했다. "그들은 정부의 약점을 잡고 있습니다. 그들은 풍족한 사람들에 비해 자신들이 가난하다고 생각하며 동시에 자신들이 지닌 힘을 느낍니다. 그리고 가난에서 벗어나기 위해 그 힘을 이용하기로 결심합니다. 그들은 영국이 미국에 있는 자신들의 재산을 빼앗지 못하도록 모두가 힘을 합해 재산을 보호해야 하며, 그 재산은 공동으로 소유되어야 한다는 신조를 가지고 있습니다." 다음은 그의 편지 전문이다.

친애하는 장군님께.

저는 마운트버논Mount Vernon에 있는 장군님의 사저를 방문하는 기쁨을 누릴 수 있기를 오랫동안 바라 왔습니다. 아직도 그 희망을 포기하지 않고 있으며 아마 다음달 중으로 방문할 수 있을 것 같습니다. 하지만 제 생에서 장군님과의 우정을 가장 소중히 여기고 있으며 그것에 자긍심을 느끼기에, 진정으로 존경하고 친애하는 장군님께 제 생각을 전하는 일을 더 이상 미룰 수 없습니다.

장군님에 대한 제 애정만큼이나 장군님 또한 마음속으로 제게 같은 애정을 느끼고 있다고 생각했기 때문에 저는 제 침묵이 곡해되고 있다는 사실을 깨닫지 못했습니다. 당신이 수많은 편지를 보냈기에 그간 일어난 혼란에 대해 잘 알고 있습니다. 그러니 이에 대해서는 더 언급하지 않겠습니다. 그 밖에, 저는 근자에 개인적인 일 때문에 보스턴 동쪽으로 멀리 나갈 일이 있었습니다. 보스턴에 급히 돌아올 계획이 아니었는데 매사추세츠에서 소요가 일어났다는 소식을 듣고는 공적인 이유로 급히 돌아오게 됐습니다.

평화 협정 이후 독립된 주권을 지닌 열세 개 주로 구성된 우리나라 정치 제도는 각 주가 서로 경쟁하고, 연방 정부에 저항하는 가운데 운영되어 왔습니다. 연방 의회의 권한은 각 주들 간의 균형을 유지하기에 매우 부적합했습니다. 각 주들은 복지와 공공의 이익에 필수적인 일들을 자력으로 해결할 수밖에 없었습니다. 지방 의회는 연방 헌법이 유리한 결과를 얻지 못하게 하기 위해 생각을 짜냅니다. 모든 분야에서 현행의 미국 제도는 공익을 거스르는 방향으로 작동하고 있습니다. 각 주가 서로 싸우고, 모든 주가 연방 정부에 저항할 뿐만 아니라 각 주 자체도 명목상 존재할 뿐, 정부를 운영하는 데 필수적인 사항인 평화 유지 권한, 즉 시민의 자유와 재산권을 보호할 수 있는 권한을 가지고 있지 않습니다.

파당과 방종이라는 첫인상 때문에 이론상으로 훌륭한 정부였던 매사추세츠 정부는 버려졌고, 그 법은 저지되고 발아래서 유린되었습니다. 멀리서 우리 정부의 제도를 존경하던 사람들은 사실상 근거 없이 통치자들을 비난하는 경향이 있으며, 세금이 너무 높이 부과되고 지나치게 강경하게 징수된다고 말합니다. 이는 지금까지 그들이 해 오던 거짓말입니다. 실제로 높은 세금 때문에 소요가 일어난 것처럼 보이지만, 진정한 원인은 어둠에서 멀리 떨어져 있는 빛처럼 진실에서 멀리 떨어져 있습니다. 소요에 가담한 사람들은 세금을 전혀 내지 않거나 거의 내지 않았습니다. 하지만 그들은 정부의 약점을 잡고 있습니다. 그들은 풍족한 사람들에 비해 자신들이 가난하다고 생각하며 동시에 자신들이 지닌 힘을 느낍니다. 그리고 가난에서 벗어나기 위해 그 힘을 이용하기로 결심합니다. 그들은 "영국이 미국에 있는 자신들의 재산을 빼앗지 못하도록 모두가 힘을 합해 재산을 보호해야 하며, 그 재산은 공동으로 소유되어야 한다"는 신조를 가지고 있습니다. 그리고 "이 신조에 반대하는 사람은 평등과 정의의 적이므로 이 지구상에서 사라져야 한다"고 믿습니다. 한마디로 그들은 모든 공채와 사채를 무효화하려 하며, 어떤 경우라도〔금으로 바꿀 수 없는) 불환 지폐를 발행해 쉽게 효과를 볼 수 있는 농업법을 제정하고자 합니다.

매사추세츠만 해도 이들의 수는 일부 규모 있는 카운티 인구의 5분의 1정도입니다. 여기에 로드아일랜드, 코네티컷, 뉴햄프셔에서 그들과 비슷한 생각을 가진 사람들의 수를 합하면, 열두 개 조직체, 또는 1만 5천 명 정도입니다. 그들 모두는 절망적이며 원칙도 없습니다. 그들은 주로 젊은이들이며, 공동체 일에 열정적으로 참여하고 있습니다. 앞으로는 아마도 단결하기보다는 침착하게 행동할 것입니다. 하지만 그들은 자신들의 안전을 확보하기 위해서라면 공공연하게 반역 행위를 저지를 수도 있습니다. 일단 그들 자신의 안전만 보장된다면 같은 이유로 그들은 규율에 복종하게 될 것입니다. 그들이 이미 이 정도까지 일을 진척시켜 왔기에, 우리는 이성, 정부의 모든 원칙, 그리고 자유 그 자체에 대항하는 엄청난 반란에 직면하게 될 것입니다. 이와 같이 무시무시한 상황은 원칙과 재산을 가진 뉴잉글랜드의 모든 사람들에게 경각심을 일으킵니다. 그들은 이상에서부터 출발합니다. 그리고 무엇 때문에 우리가 잘못된 생각을 가지게 되었는지, 어떻게 해야 무법자의 폭력에서 벗어나 안전을 얻을 수 있는지 묻습니다. 우리 정부는 강화되어야 하고, 변해야 하며, 우리의 생명과 재산을 보호하기 위해 변해야 합니다. 우리는 온건한 정부와 국민들의 덕성은 서로 조화를 이룬다고 생각해 왔습니다. 따라서 우리는 법을 지탱하기 위해서는 잔인한 힘이 필요한 다른 나라와는 다르다고 생각해 왔습니다. 하지만 우리는 인간이며, 즉 동물에 속한 난폭한 열정을 지닌 인간이며, 그에 적합하고 그에 맞는 정부를 가져야 합니다. 예를 들어서 매사추세츠 사람들은 훨씬 앞서 이런 생각을 했습니다. 성찰적이며 원칙에 따르는 이 사람들은 자신들의 합법적인 활동을 보장해 주고, 내적 소요나 외부의 침입에 효과적으로 대처할 수 있는 정부를 세우기 위해 노력하고 있습니다. 그들은 자유는 기본 원리에서부터 나온다고 생각합니다. 즉, 법을 공평하게 시행하는 데서 자유가 나온다고 생각합니다. 그들은 지방정부는 자연히 그리고 필연적으로 중앙정부의 발전을 저해하는 경향이 있다고 생각하며, 통합된 중앙정부를 희망합니다.

우리는 지금 국가적 치욕을 겪고 있으며, 이 방향으로 계속 나간다면 개인의 행복도 공적 행복도 보장받을 수 없는 시점에 와 있습니다. 사람들이 무언가를 요구하고 있으며, 조치를 취하지 않으면 파당과 끝없는 내란의 공포에 빠져들 것입니다. 이 나라의 자유를 믿는 모든 사람들은 반성해야 하며, 선심성 정부가 가져올 끔찍한 결과를 막기 위해 조치를 취해야 합니다. 그렇지 않으면 우리는 제멋대로에 변덕스럽고, 자기 말과 의지를 법으로 만드는 무장한 독재자의 통치를 받게 될 것입니다.

변경의 인디언들은 명백하게 적대적인 기질을 보이고 있습니다. 의회는 변방의 사악한 무리들을 막고자 현재의 병력을 하사관과 사병 2,040명으로 구성된 군단으로 늘리는 데 만장일치로 동의했습니다. 그리고 다음을 추가로 모집하고자 합니다.

코네티컷 180명
로드아일랜드 120명
매사추세츠(보병과 포병) 660명
뉴햄프셔 260명
매릴랜드(기병) 60명
버지니아 60명

총 1,340명

이러한 조치는 꼭 필요합니다. 이는 정부의 근본 방침뿐만 아니라 변방의 방위도 강화시킬 것입니다. 저는 정부가 강화되어야 한다고 자신 있게 말씀드릴 수 있습니다. 매사추세츠 주는 가장 많은 원조를 요청했고, 의회는 전력을 다해 매사추세츠를 지원해야 하는 중요성을 충분히 통감하고 있습니다.

"퍼블리우스(제임스 매디슨)", 『연방주의자』10호[5]

1787년 11월 23일

1787년에 "알렉산더 해밀턴Alexander Hamilton, 제임스 매디슨James Madison, 존 제이 John Jay는 "퍼블리우스Publius"라는 필명으로 뉴욕에서 새로운 헌법의 비준을 지지하기 위해 일련의 논문을 썼다. 『연방주의자Federalists』10호에서 우리는 매디슨이 다수 "파당faction"을 얼마나 두려워했는지 알 수 있다. 그 두려움 때문에 매디슨은 강한 중앙정부를 더욱 열망했다. 역사학자 찰스 비어드Charles Beard가 『미국 헌법의 경제적 해석Economic Interpretation of the Constitution of the United States』에서 서술했듯이, 매디슨의 "부는 주로 대농장과 노예에서 나왔다." 『연방주의자 논고Federalist Papers』의 저자들은 민중의 언어를 사용하면서 현 상황을 이용해, "유권자들에게 헌법 비준을 호소했고, 다수의 경제 집단에게 안전과 국력은 새로운 제도의 채택에 달려 있음을 확신시키고자 했다."

뉴욕 주민들에게.

잘 구성된 연방은 파당의 폭력을 근절하고 통제하는 경향이 있다. 이는 연방이 약속하는 여러 가지 이점 중에서 가장 확실한 부분이다. 민중 정부의 지지자는 파당의 폭력이라는 사악한 성향을 깊이 숙고하면서도 절대로 정부의 성격과 운명을 불안해하지 않는다. 그러므로 그는 어떤 계획이든 그 계획에 적절한 가치를 부여할 것이다. 그러면서도 자신이 천착하고 있는 원칙을 어기지 않으면서 정부에 적절한 해결책을 제공할 수 있을 것이다. 민중 정부가 몰락하는 곳이면 어디든 공적인 회의 자리에 불안, 불의, 그리고 혼돈이 가득하다. 이는 사실상 도덕적인 질병이다. 자유의 적대자들은 이 주제를 계속해서 선호하고 자주 논의하며 이에 대해 가장 허울 좋은 열변을 토하고 있다. 미국의 주 헌법은 고대와 현대의 민중 모델에 기반해 발전해 왔다. 이에 대해서는 아무리 감탄해도 지나치지 않다. 그러나 한편으로 이러한 주 헌법이 우리가 바라고 기대한 만큼 효과적으로 위험을 미연에 방지할 수 있다는 주장은 근거 없는 낙관일 것이다. 여기저기에서 배려심 깊고 덕성 있는 시민들, 공적 신념과 사적 신념을 두루 갖춘 사람들, 공적 자유와 사적 자유 모두를 원하는 사람들로부터 우리 정부가 지나치게 불안정하며, 서로 경쟁하고 싸우는 당파들 때문에 공공선이 경시되고 있다는 불만이 들린다. 또한 정부의 여러 조치들이 정의와 소수의 권리가 지배하는 가운데 결정되는 것이 아니라 위압적인 다수파와 우세한 이해집단의 힘에 의해 결정되고 있다는 불만이 들린다. 사람들의 우려가 아무 근거 없는 불만이기를 바라지만, 알려진 바에 따르자면 어느 정도 사실임을 부인할 수 없다. 좀 더 진솔하게 우리의 상황을 살펴보면, 우리는 우리가 겪는 괴로움 대부분을 정부의 운영 탓으로 돌리는 잘못을 범하고 있다. 하지만 동시에 우리 불행 대부분을 정부가 아닌 다른 요인 탓으로 돌릴 수도 없다. 특히, 대륙의 이쪽 끝에서 저쪽 끝에 걸쳐 민중 참여를 요구하는 메아리가 거세지고 있는 가운데 정부에 대한 불신과 개인의 권리가 침해되고 있는 현실을 경고하는 목소리가 많아지고 있다. 전부는 아닐지라도, 이러한 목소리는 주로 분파적인 생각으로 우리의 공공 행정을 오염시키고 있는 불의와 불안의 결과들임에 틀림없다.

　내가 생각하는 파당이란 전체에서 다수를 차지하든 소수를 차지하든,

다른 시민의 권리에 반대하거나 영속적이고 집합적인 공동체의 이익에 반대하면서 열정이나 이익 같은 공통된 충동으로 뭉치고 행동하는 다수의 시민을 말한다.

파당으로 인한 피해를 바로잡는 방법은 두 가지가 있다. 하나는 원인을 제거하는 방법이고, 또 다른 하나는 그 결과를 통제하는 방법이다.

파당의 원인을 제거하는 방법도 두 가지가 있다. 첫 번째는 존재에 필수적인 자유를 제거하는 방법이고, 두 번째는 모든 시민에게 같은 생각, 같은 열정, 같은 관심을 갖게 하는 방법이다.

첫 번째 방법은 질병보다 나쁘다고 말하는 것이 가장 정확할 것이다. 불이 없으면 꺼지고 마는 공기처럼, 파당 역시 자유가 없으면 사라지겠지만, 파당을 조성한다는 이유로 정치적 삶에 필수적인 자유를 말살하는 것보다 어리석은 일은 없을 것이다. 이는 마치 동물의 생존에 필수적인 공기를, 그것이 파괴적인 화재를 일으킨다는 이유로 없애야 한다고 말하는 것과 같다.

첫 번째 방법이 현명하지 않다면 두 번째 방법은 실행 불가능하다. 인간의 이성은 항상 실수를 저지를 가능성이 있으며, 그러한 이성을 인간이 자유롭게 행사할 수 있는 한, 다른 의견들은 생길 수밖에 없다. 이성과 자신에 대한 사랑 사이에 개연성이 있는 한, 의견과 열정은 상호 영향을 주고받을 것이다. 그리고 후자는 전자에 집착하게 될 것이다. 인간은 저마다 다양한 능력을 지니고 있기에 재산권이 생성되며, 동시에 이는 이해관계를 단일화하기 어렵게 만드는 극복할 수 없는 장애물이 되기도 한다. 이러한 능력을 보호하는 것이 정부의 첫 번째 목적이다. 저마다 재산을 획득하는 데 있어서 서로 다른 능력을 지녔기에, 재산의 종류와 소유 정도가 다르다. 이는 소유권자들의 감성과 생각에 영향을 미치고, 사회는 서로 다른 이해관계와 파당으로 나뉘게 된다.

그러므로 파당의 원인은 사람들의 본성에 잠재해 있다. 그리고 우리는 그러한 분파성이 시민사회에서 각자가 처한 다양한 환경에 따라 서로 다른 정도의 활동으로 나타나고 있는 것을 목도한다. 종교와 정부에 관한 다른 견해들, 행동과 사고에 있어서 다른 관점들, 그리고 명예와 권력을 두고 야심차게 경쟁하는 지도자들과 사람들의 흥미를 불러일으킬 만큼 큰 재산을 지닌 사람들에 대한 서로 다른 애착, 이 모든 것들이 사람들을 분열시키고, 서로 증오하도록 부추기고, 공공의 이익을 위해서 서로 협력하기보다는 서로를 억압하고 고통스럽게 만드는 경향이 있다. 인간은 타인을 쉽게 증오하는 성향을 가지고 있기 때문에, 중요한 사건이 발생하지 않아도 하잘것없고 공상에 불과한 차이만 있다면 비우호적인 열정에 불을 붙이고 가장 난폭한 갈등을 선동할 수 있다. 그러나 분열의 가장 보편적이고 영속적인 원인은 다양하고 불평등한 재산 분배에 있다. 가진 자와 가지지 않은 자는 언제나 사회에서 서로 다른 계층을 형성해 왔다. 채권자와 채무자도 유사하게 구분되었다. 문명화된 국가들은 점점 더 토지 사업, 제조업, 상업, 은행업, 그리고 이보다는 중요성이 덜한 사업들을 필요로 하고, 서로 다른 감성과 견해를 작동시켜 사람들을 계층으로 나눈다. 이처럼 다양하고 상충하는 이해관계를 통제하는 일은 현대 의회의 가장 중요한 과제이며, 일상적이고 필수적인 정부 운영에 정당과 파당의 정신을 불어넣는다.

어느 누구도 자신이 연루된 사건을 스스로 재판할 수 없다. 자신의 이해관계 때문에 판단이 흐려지고 경우에 따라서는 정직하지 못할 수 있기 때문이다. 마찬가지 이유로, 아니 더 큰 이유로, 사람들은 재판관인 동시에 소송 당사자가 될 수 없다. 그렇지 않다면 한 개인의 권리를 배려하기보다 시민 다수의 권리를 고려하는 그렇게 많은 사법적 판결, 그리고 대부분의 중요한 법령들이 무엇이란 말인가? 재판관이 자신이 판결하는 사건들을 편파적으로 옹호한다면 법률 제정자가 다양한 계층에서 나올 이유가 어디 있겠는가? 법이란 사적인 부채를 해결하기 위한 도구인가? 그렇다면 채권자들이 이편이고, 채무자들은 저편일 때 문제가 생긴다. 정의는 그들 사이에서 균형을 지켜야 한다. 그러나 정당은 스스로 심판자를 자임한다. 때문에 가장 수가 많은 당은, 다시 말해서 가장 영향력 있는 정당은 승리를 확신한다. 해외 제조업을 제한하고 국내 제조업을 고무시켜야 하는가? 그렇다면 어느 정도로 해야 하는가? 이는 지주 계층과 제조업 계층이 서로 다르게 판단할 문제들이며, 아마도 양측 모두 정의와 공공의 이익만을 고려해서 판단하지는 않을 것이다. 여러 종류의 재산에 세금을 할당하는 일은 공명정대해야 한다. 그리고 아직까지 우세한 정당에게 정의의 규율을 짓밟을 수 있는 기회와 유혹을 더 많이 부여하는 법령은 존재하지 않는다. 그들이 소수자들에게 과도하게 지운 모든 실링(shilling, 영국 화폐 단위. 옮긴이)은 자신들의 주머니를 채우기 위한 돈이다.

계몽된 정치가가 상충하는 이해관계를 조정할 수 있고 이해 당사자 모두를 공익에 봉사하게 만들 수 있다는 생각은 헛되다. 계몽된 정치가가 늘 실권을 잡는 건 아니다. 또한 많은 경우 이해관계를 조정하는 일은 간접적이거나 제삼자적 고려 없이는 이루어질 수 없다. 그러한 고려는 정당이 타인의 권리나 전체의 선을 무시함으로써 즉각적인 이익을 얻는 것을 막는다.

우리가 말하고자 하는 바는 분열의 **원인**들은 제거될 수 없고, 다만 그 결과를 조절하는 방법으로 문제를 풀 수밖에 없다는 것이다.

한 정당이 과반수 의석을 차지하는 데 실패했다 할지라도 공화주의 원칙으로 문제를 해결할 수 있다. 정기적인 투표를 통해 다수가 사악한 견해를 철회할 수 있도록 하는 것이다. 이는 정부를 방해하고 사회에 큰 소동을 야기할 수도 있지만, 헌법 아래 있는 한 폭력을 저지르거나 은폐하지는 못할 것이다. 한편 민중 정부처럼 한 정당이 다수가 될 경우, 공공의 이익과 다른 시민의 권리 모두가 희생될 수 있다. 우리 연구의 위대한 목적은 그러한 정당의 위험에 대비하여 개인의 권리와 공공의 이익 모두를 확보하고 동시에 민중 정부의 형태와 정신 모두를 보존하는 것이다. 사람들은 민중 정부를 만들기 위해 오랫동안 노력해 왔고, 민중 정부를 존중하는 형식을 채택해 왔다. 여기서 그러한 민중 정부를 불명예에서 구원하는 일이 우리가 가장 바라는 일임을 덧붙이고자 한다.

어떤 방법으로 이 목적을 이룰 수 있는가? 오직 한두 가지 방법밖에 없다. 다수가 동시에 같은 열정이나 이해관계를 지니지 못하게 해야 한다. 그렇지 않으면 같은 열정이나 이해관계를 지닌 다수는 수적 우세나 지엽적인 상황을 앞세워서 협의하려 들지 않거나 탄압하려 들 것이다. 충동과 기회가 동시에 찾아올 경우 도덕적 동기나 종교적 동기로도 통제할 수 없다는 것을 우리는 잘 알고 있다. 다수는 개인의 불의와 폭력을 통제할 수 없다. 그리고 다수의 효능은 함께 뭉쳐 있는 사람들의 수에 비례해, 즉, 다수의 효능이 필요해지는 정도에 비례해 그 효력을 잃게 된다.

이런 관점에서 보면, 내가 말하는 순수한 민주주의, 즉 적은 시민으로 구성된 사회에서 시민들이 직접 법을 만들고 정부를 운영하는 민주주의는 분당의 해악을 치료할 수 없다. 어떤 경우에도 다수를 차지하는 사람들이 공통의 열정과 관심을 가지는 것을 막지 못할 것이다. 그리고 지배 형태 자체가 거래와 협조를 가능하게 할 것이며, 소수 정당이나 얄미운 개인을 희생시키는 유인을 검증할 수 있는 방법도 없을 것이다. 따라서 그런 민주주의는 소요와 논쟁의 장이 될 수밖에 없다. 민주주의는 개인의 안전이나 사유재산권과 양립할 수 없었고, 일반적으로 그 수명이 오래가지 않았으며, 거의 다 파괴적인 종말을 맞았다. 이론을 좋아하는 정치가는 이런 종류의 정부를 장려하는 가운데 모든 사람들이 정치적으로 동등한 권한을 지닌 존재라고 잘못 가정하고, 동시에 재산, 견해, 감정에 있어서도 완벽하게 평등하고 유사하다고 생각한다.

반면, 대표를 통해 운영되는 정부 형태인 공화주의는 다른 전망을 제시하고, 우리가 찾고 있는 처방을 약속한다. 공화주의가 어떤 점에서 순수한 민주주의와 다른지 조사해 보고, 그 처방의 본질과 효력을 이해해 보자. 그러한 처방은 연방에서 찾을 수 있다.

민주주의와 공화주의 사이에는 두 가지 큰 차이점이 있다. 첫째로, 공화주의는 선출된 소수의 시민이 나머지 시민에게서 통치 권한을 위임받는다. 둘째로, 공화주의는 시민의 수가 많을수록, 나라의 영토가 클수록 더 확대된다.

첫 번째 차이의 결과, 선출된 시민 집단은 일반 국민의 의견을 정제하고 확장하는 매개체 역할을 한다. 선출된 사람들은 국가의 진정한 이익을 가장 잘 식별하는 지혜를 지니고 있고, 애국심과 정의를 사랑하는 사람들로서, 적어도 일시적이고 편파적인 생각으로 국익을 희생하지 않을 사람들이다. 이러한 규정하에서 대표를 통해 표현되는 국민의 목소리는 자신의 목적을 위해 모인 사람들의 목소리보다 공공의 이익에 더 잘 부합할 것이다. 다른 한편으로는, 역효과를 가져올 수도 있다. 분파적 기질과 편협한 편견을 가진 사람들 또는 음모를 획책하는 사람들은 음모, 부정, 또는 다른 방법을 동원해 투표권을 얻어서, 국민들의 이익을 배신할 수도 있다. 이제 공공의 복리를 수호하는 사람을 선출하는 데 있어서 작은 규모의 공화주의와 확대된 공화주의 중 어떤 형태가 더 나은가 하는 의문이 남는다. 두 가지 이유에서 확대된 공화주의가 더 났다고 확실하게 말할 수 있다.

첫째로, 아무리 작은 규모의 공화주의여도, 소수의 음모에 대항하기 위해서는 대표의 수가 어느 정도 보장되어야 한다. 하지만 규모가 큰 공화주의의 경우, 다수의 횡포를 방지하기 위해서는 대표 수를 어느 정도 제한해야 한다. 따라서 두 경우에 있어서, 대표 수가 구성원의 비율에 따라 정해지지 않고, 적은 규모의 공화주의에서 국민 수의 비율보다 다소 많은 대표가 정해진다. 따라서 규모가 큰 공화주의에서 선출된 적임자의 비율이 규모가 작은 공화주의보다 적지 않다면 전자의 경우가 더 많은 선택권을 지닐 것이고, 결과적으로 더 적합한 선택을 할 확률이 높다.

다음으로, 대표 한 명을 선출하는 데 있어서 소규모 공화주의보다 규모가 큰 공화주의에서는 더 많은 사람들이 한 사람을 선출할 것이다. 그러므로 자격 없는 후보가, 선거에서 종종 발생하는 비리를 저지름으로써 성공하기가 더욱 어렵다. 그리고 국민들이 투표권을 행사할 때, 가장 호소력 있으며 널리 알려지고 인품이 좋은 후보를 뽑을 수 있는 여지가 훨씬 많다.

고백하자면 대부분의 다른 사례들과 마찬가지로, 두 경우 모두 불편을 야기하는 면이 있다. 그러나 타협점을 찾을 수 있다. 유권자 수를 너무 많이 확대하면 대표 수가 너무 적어져서 지엽적인 상황과 작은 이해관계를 다루기 어렵게 되고 너무 적은 수로 줄이면 부당하게 유권자에게 집착하게 되거나 더 큰 국가적인 일을 추구하고 이해하는 데 방해가 된다. 이런 점에서 연방 헌법은 매우 적절하게 조화를 이루고 있다. 연방 입법부가 더 크고 집단적인 이익을 다룬다면 주의 입법부는 지역적이고 특수한 이익을 다루는 것이다.

또 다른 차이점은, 공화정이 민주정보다 더 많은 시민과 영토를 그 범위 내에 수용할 수 있다는 점이다. 이런 환경이기에 공화정은 분파적 연합을 민주정보다 덜 두려워한다. 소규모 사회일수록 특정 정당이나 그 정당이 추구하는 이해관계의 수가 적다. 특정 정당이나 이해관계가 적을 수록, 다수가 같은 정당일 확률이 크다. 주류를 구성하는 사람 수가 적을수록, 그리고 그들이 차지하고 있는 영역이 작을수록, 다수는 억압적인 계획을 더 수월하게 발현하고 실행한다. 넓은 영역에서, 그리고 다양한 정당의 이해관계를 수용하고 있는 곳에서는 다수가 공통된 동기를 가지고 다른 시민들의 권한을 침해할 가능성이 적다. 그런 공통의 관심이 존재한다 해도, 다수가 자신들의 힘을 느끼고 다른 사람과 화합하여 행동하기는 더욱 어렵다. 다른 장애물도 많지만, 무엇보다 부당하고 부도덕한 목적을 인지하고 있는 곳에서, 거래는 항상 사람들의 동의를 필요로 하며, 그 사람들은 불신을 통해 그 거래를 검증하기 때문이다.

그러므로 파당을 제어하는 데 있어서, 민주정에 비해 공화정이 지닌 장점은, 적은 규모의 공화정보다는 규모가 큰 공화정에서 더 많이 향유될 수 있음이 명백하다. 그리고 주를 연합한 국가보다는 주들이 연방 정부로 통합될 경우 공화정의 장점이 두드러진다. 계몽된 시각과 미덕을 가진 대표들이 대행하는 체제는 그 대표들을 지엽적인 편견과 부당한 음모를 꾸미는 일에서 멀어지게 하고 유능하게 만드는 장점을 가지는가? 연방의 대표들이 이러한 필수적인 천부적 재능을 가장 많이 가지고 있음을 부인할 수 없다. 다수로 구성된 정당이 하나만 있을 경우 나머지 사람들을 억압하는 데 반해 다양한 정당은 더 많은 안전을 제공하는가? 마찬가지로 연방 내에 더 많은 정당이 있을수록 안전은 더 많이 보장된다. 요컨대, 연방은 부정의하고 사리사욕만 찾는 다수가 비밀스러운 음모를 달성하고 실행하는 것을 막는 데 더 효율적인가? 다시 한번 말하건대, 연방의 크기는 다수의 음모를 막는 데 가장 명백한 이점을 갖는다.

파당의 지도자들은 자기들이 속한 주 내에서 영향력을 행사하지만 다른 주까지 그 영향력을 확대하지는 못할 것이다. 종교 분파라면 연합 체제의 일부 지역에서 정치적 파벌로 변질될 수도 있을 것이다. 그러나 연방 전체에 널리 퍼져 있는 다양한 파당들은 파당의 원천에서 오는 위험을 막기 위해 반드시 국가 위원회를 보호해야 한다. 그러면 지폐 발행, 부채 탕감, 균등한 재산 분배 이외의 다른 부당하고 사악한 안건을 둘러싼 격분이 연방 전체로 확산되지 않고 연방 내 일부 지역에 머물게 될 것이다. 마찬가지로 그러한 병폐들이 전체 국가를 오염시키기보다는 특정 지역이나 마을을 오염시키는 데 머물 것이다.

그러므로 공화주의 정부에서 발생하기 쉬운 질병은 연방의 크기와 적절한 구조를 통해 공화주의적으로 치료할 수 있다. 그리고 우리가 공화주의자인 것에 기뻐하고 자부심을 느끼는 만큼 공화주의 정신을 마음속에 간직하고 연방주의자들의 평판을 기리는 데 열과 성의를 다해야 한다.

제6장

초기 여성운동

마리아 스튜어트, 보스턴 아프리칸 매서닉 홀에서의 연설(1833년 2월 27일)

앤젤리나 그림케 웰드의 펜실베이니아 홀에서의 연설(1838년 5월 17일)

해리엇 핸슨 로빈슨, "초기 공장 여성 노동자들의 특성"(1898년)

마거릿 풀러 오솔리, 『19세기 여성 *Woman in the Nineteenth Century*』(1845년)

엘리자베스 캐디 스탠턴, 세네카폴즈 대회에서 「감성과 결의의 선언」
(1848년 7월 19일)

서저너 트루스, "나는 여자가 아닌가요?"(1851년)

루시 스톤과 헨리 블랙웰의 결혼 저항 투쟁 선언문(1855년 5월 1일)

수전 앤서니가 워드 헌트 판사 앞에서 한 연설, "미국 대 수전 앤서니"
(1873년 6월 19일)

노예제도의 억압에 저항했던 흑인 여성과, 남자들이 지배하는 세계에서 자신들이 처한 열등한 지위에 분노했던 백인 여성 사이에는 자연스러운 친화력이 있었다.

흑인 여성들은 흑인으로서, 그리고 여성으로서 이중의 억압을 받았다. 백인 여성들은 새로이 부상한 산업 체제를 위한 원료, 즉 초기에 투입된 공장 노동자로 그야말로 죽을 때까지 일하는 존재거나, 아이를 낳아 기르는 남편의 일종의 하인 같은 순종적인 조력자로 여겨졌다.

19세기 초, 다방면에서 여성들의 반란이 일어났다. 밀 공장 여성 노동자들이 파업을 했고, 흑인 여성들이 노예제도에 대해 말하기 시작했고, 백인 여성들이 반노예제 운동에 가담했다.

남부의 백인 여성이며 열렬한 노예제 폐지 운동가인 앤젤리나 그림케Angelina Grimké의 자매 새라 그림케Sarah Grimké는 1830년대에 "나는 여성이라는 이유로 특혜를 받을 자격이 있다고 말하는 것이 아닙니다. 평등을 요구하는 것도 아닙니다. 그저 우리 형제를 위해 우리 목을 누르고 있는 저들의 발을 치워 달라고 요청하는 것입니다. 그리하여 신이 우리에게 허락한 땅 위에 곧바로 설 수 있도록 허락해 달라는 것뿐입니다"라고 말하며 "나는 남자에게 도덕적으로 정당한 일이라면 그것이 무엇이든 여자에게도 명백하게 정당한 일이라고 생각합니다"라고 선언했다.

전국의 여성들은 의회에 수천 통의 탄원서를 보내며 노예제 반대 운동에 참여했다. 1840년 〈세계반노예제협회World Anti-Slavery Society〉의 회의가 런던에서 열렸다. 이때, 열띤 논쟁 후, 여성들은 회의에 참여할 수 없고 닫힌 커튼 뒤에서 참관만 할 수 있다는 결정이 투표로 정해졌다. 회랑의 여성들은 침묵의 항의를 시작했다. 이 일로 평등을 위한 저항을 계속하고자 하는 여성들의 결의가 한층 고조되었다.

마리아 스튜어트,
보스턴 아프리칸 매서닉 홀에서의 연설[1]

1833년 2월 27일

다음은 아프리카계 미국인으로서는 최초의 활동가이자 선구자였던 마리아 스튜어트 Maria Stewart의 글이다. 스튜어트는 1830년대 초부터 노예제도에 반대하는 글을 쓰고 강연을 시작했다. 동료들에게서 조용히 하라는 압력을 받았음에도 그녀는 윌리엄 로이드 개리슨William Lloyd Garrison이 발행하는 노예제도 폐지 신문인 『해방자*The Liberator*』에 글을 기고했다. 1833년 연설에서, 스튜어트는 노예제도 폐지의 대의명분을 제시했다. 동시에 그녀는 "우리가 포도나무를 심으면 남자들이 그 열매를 따먹었다"고 말하며 남성 중심주의와 여성 비하를 언급하기도 했다.

나와 같은 피부색을 가진 사람들 대부분은 갓난아기 때부터 백인을 두려워했습니다. 일어나 걷기 시작할 때부터 일을 해야 했고, 간신히 엄마를 부르기 전에 "주인님"이라는 말부터 배웠습니다. 계속되는 공포와 고된 노역으로 우리는 인간이 태어나면서부터 가지는 힘과 에너지를 잃게 됐습니다. 그렇지 않았다면 우리는 이에 맞서 억압에 저항하는 가운데 우리의 권리를 위해 고상하고 용감하게 싸웠을 것입니다. 우리에게 유아기부터 성인이 될 때까지, 그리고 성인이 되어 무덤에 갈 때까지 백인과 동등한 기회를 준다면, 우리도 역시 위엄을 갖춘 정치인, 과학자, 철학자가 될 수 있을 것입니다. 하지만 아프리카의 후예들에게는 그러한 기회가 주어지지 않았습니다. 그리고 걱정스럽게도 우리 막강한 백인들은 앞으로도 그렇게 할 생각이 전혀 없습니다. 힘 있는 높은 양반들께 청컨대, 우리가 무력하다는 말은 더 이상 하지 말아 주십시오. 아프리카의 아들들이여, 평등한 권리와 자유를 위해 적에 대항해서 투쟁하는 여러분들의 목소리를 언제 국회에서 들을 수 있을까요? 여러분이 어디서부터 타락했는지를 곰곰이 생각해 본다면, 신께 당신의 준엄한 분노를 우리에게서 거두시고, 우리에게 불리한 관습을 위반한 죄를 더 이상 묻지 말아 달라는 기도를 올릴 수밖에 없을 것입니다. 하지만 무한한 하나님은 한 손으로는 종교를 잡고 있으면서 다른 한 손에는 편견과 죄와 타락을 쥐고 있는 사람들의 기도는 들어 주시지 않습니다. 하나님은 독선적인 위선자의 기도는 들어 주시지 않습니다. 나는 소리쳐 묻습니다. 우리는 무식하기에 다른 사람을 위해 수백 년 동안 노역했습니다. 그 대가로 그들이 우리에게 주기로 한 것을 받을 수 있는 날이 올까요? 눈을 뜨고 볼 수 있는 만큼 보십시오. 오만한 백인들은 모든 것을 소유하고 있지만, 흑인들은 빈곤과 사기, 대립의 한가운데서 여기저기에 겨우 장만한 초라하기 짝이 없는 집을 가지고 있을 뿐입니다. 마치 사원을 짓는 데 못과 망치 한 번 사용하지 않고도 칭송을 받은 솔로몬 왕처럼, 지구상의 위대한 사람들의 이름처럼, 백인들은 명성을 떨치고 있습니다. 하지만 실제로 그들의 명성은 모두 우리의 노역과 지원에 기대고 있습니다. 우리는 그림자를 쫓았고, 그들은 실체를 가져갔습니다. 우리는 일하고, 그들은 그 이윤을 받아 갔습니다. 우리는 포도나무를 심었고, 그들은 열매를 따먹었습니다.

앤젤리나 그림케 웰드의 펜실베이니아 홀에서의 연설[2]

1838년 5월 17일

새라와 앤젤리나 그림케 자매는 열렬한 노예제 폐지론자로 노예제도의 사악함을 비난했을 뿐만 아니라, 일찍이 여성의 권리를 옹호했다. 1838년 앤젤리나 그림케는 펜실베이니아 홀에서 군중들을 향해 연설을 했다. 이는 그녀의 마지막 공식 연설이었다. 그녀가 말하는 동안 수천 명이 모여들어 항의하고, 돌을 던지고, 창문을 부수며 홀을 공격했다. 그날, 늦은 밤 그들은 홀을 불태워 재로 만들었다.

나의 형제, 자매들, 그리고 아버지와 어머니들, 나의 딸들, 여러분은 무엇을 보기 위해 왔습니까? 바람에 흔들리는 갈대를 보려고? 단지 호기심 때문에, 아니면 사라져 가는 노예에 대한 동정심 때문에 이렇게 많이 모였습니까? 〔건물 밖에서 군중들이 야유한다.〕 밖에서 들리는 소리들은 우리의 동정심을 일깨우고, 불러일으킵니다. 어리석은 자들! "그들은 그들이 무슨 일을 하는지 알지 못합니다." (예수가 자신을 십자가에 못 박은 자들을 용서해 달라고 빌며 하나님께 간청한 말이다. 옮긴이) 그들은 그들 스스로가 자기의 현세적인, 그리고 영원한 행복과 권리를 침식하고 있음을 알지 못합니다. 여러분, "북부는 노예제도를 위해 무엇을 했느냐"고 묻습니까? 자, 들어 보십시오. 밖에서 들리는 말들은 우리에게 노예제도의 정신이 바로 여기에 있다고 말합니다. 그리고 노예제도 폐지를 외치는 우리의 연설과 모임이 자신들을 분노케 했다고 말합니다. 물론 자유는 분노로 물거품이 되지 않습니다. 자유의 친구들은 매일 늘어나고 있기 때문입니다. 또 우리 모임은 빠르게 성공을 거두는 가운데 효능을 발휘하고 있고, 평화로운 왕국을 확장해 가고 있기 때문입니다. 이런 반대는 노예제도가 우리 시민의 마음에 치명적이었다는 사실을 보여 줍니다. 그래도 "북부가 무엇을 했는가?"라고 묻습니까? 나는 대답합니다. 우선 우리 가슴에서 노예제도의 정신을 던져 버리라고, 그리고 남부를 개조하기 위해 노력하라고 말입니다. 여기 있는 모든 사람은 어떤 상황에 처하든, 방법이 아무리 제한적이어도, 그리고 가져올 영향력이 아무리 미비하다 해도 각자 할 일이 있습니다. 이 나라의 위대한 사람들은 이 일을 하려 하지 않습니다. 교회도 절대로 하지 않을 것입니다. 그들은 세상을 그저 즐기기나 하고, 모든 정당과 모든 유리한 조건을 유지하려는 욕망을 지녔기에, 다른 인기 없는 모든 일에 침묵합니다. 그들은 세속적이기에 현명하신 하나님은 당신의 개혁과 구원의 계획을 그들을 통해 실행해 옮기지 않을 것입니다. 하나님은 어수룩한 자들을 선택하시어 교활한 자들을 저주하셨고, 약한 자들을 선택하시어 힘 센 자들을 이기게 하셨습니다.

오늘밤 여기서 노예제도에 반대한다고 일어나 선언하는 것은 남부인인 나의 의무라고 생각합니다. 나는 봐 왔습니다. 나는 봐 왔습니다. 나는 노예제도가 어떤 말로도 다 표현할 수 없을 정도로 끔찍하다는 것을 압니다. 나는 노예제도의 날개 아래에서 성장했습니다. 나는 오랫동안 노예제도가 지닌 부도덕한 영향력과 노예제도가 인간의 행복을 파괴하는 것을 봐 왔습니다. 어떤 사람은 지금의 노예제도가 가장 악랄한 형태의 노예제도이기 때문에 노예들이 행복하지 않은 것이라고 말하기도 합니다. 하지만 나는 행복한 노예는 본 적이 없습니다. 사실 춤추는 노예는 보았지만 그는 행복하지 않았습니다. 행복과 유쾌함 사이에는 커다란 차이가 있습니다. 인간은 인간성이 말살된 상태에서는, 그리고 행복을 만들고 향유할 수 있는 존재의 일부가 될 수 있는 기회를 완전히 빼앗긴 상태에서는 행복할 수 없습니다. 그러나 노예들은 때로는 유쾌해질 수 있고, 실제로 유쾌합니다. 노예들은 희망이 없기 때문에 "내일 죽을 테니 먹고 마시자"고 말합니다. 〔바로 이때 밖에서 창문으로 돌을 던졌다. 소란스러운 소리가 밖에서 크게 들렸고, 안에서도 동요가 일었다.〕 군중은 누구입니까? 모든 창문이 깨진다면? 이 홀을 납작하게 만든다면? 우리가 잘못이며 노예제도는 좋고 건전한 제도라는 근거가 있습니까? 군중들이 이 안으로 밀고 들어와 우리 모임을 해산시키고, 우리에게 폭력을 휘두른다 해도, 과연 이 일이 노예들이 견뎌 내야 하는 일들과 비교나 될 일입니까? 그렇지 않습니다. 전혀 비교할 수 없습니다. 우리가 이 위험한 시기에 움츠러들고, 필요할 때 노예들을 위해 우리 자신을 기꺼이 희생하지 않는다면 우리는 그들을 "예속된 존재"로 여기지 않는 것입니다. 〔큰 소리가 남〕 나는 비록 진실에 분노하기도 하지만, 아직도 진실을 느끼기에 충분한 생명이 남아있음에 하나님께 감사드립니다. 그리고 아직은 살아 계신 하나님의 진리에 감동받지 않을 정도로 양심이 완전히 무감각해지지 않았음에 감사드립니다.

많은 사람들이 며칠 시간을 내 남부에 갑니다. 그리고 노예 주인이 식탁과 거실에서 제공하는 환대를 받습니다. 그들은 절대로 노예들의 오두막에 가 보지 않습니다. 그들은 노예제도의 어두운 이면에 대해 아무것도 모릅니다. 그리고 돌아와서 그들이 묵은 집주인의 너그러움을 칭찬합니다. 그들은 노예제도의 잔인함을 목격하더라도 방관자처럼 침묵하거나 점차 냉담해집니다. 그리고 더 나아가 야만적인 행동을 변호할 만큼 무감각해집니다. 그들은 북부 사람들의 마음까지 타락시켜 노예제도를 옹호하게 만듭니다. 우리가 북부를 개혁해 여기에 있는 어느 누구도 노예 소유를 변명하거나 옹호하면서 자기 명예를 더럽히려 하지 않아도 될 때면 남부의 노예제도를 폐지하는 데 많은 일을 할 수 있을 것입니다. 남부는 이를 알고 있습니다. 남부는 우리 원칙이 빠르게 파급될수록 노예주 세력이 약화될 것이라는 사실을 알고 있습니다. [실내에서 또 다른 소요의 기미와 혼란이 일어난다.] (…)

남부에서 들려오는 모든 소문들은 기도와 불경한 저주가 섞인 울부짖음, 흐느낌, 비명, 신음소리의 불협화음을 나에게 들려줬습니다. 나는 희망이 없다고 생각했습니다. 사악한 자는 자신과 이 나라를 멸망시킬 때까지 계속 사악할 거라고 생각했습니다. 내 심장은 내가 태어나고 교육받은 곳 한가운데에서 혐오감으로 망가졌습니다. 나는 영혼의 비참함 속에서 울부짖었습니다. 노예를 위해 드릴 기도도, 느낄 심장도, 들어 줄 귀도 없는데 이방인에게 노예제도의 공포와 파괴력을 보여 주기 위해 무엇을 할 수 있단 말인가요. 내 영혼은 "이 사실을 갓Gath에 알리지 말고 아스클론Askelon 거리에 전하지 말라(「사무엘下」 I: 20. 옮긴이)"고 말했습니다. 하지만 지금 나는 전혀 다르게 생각합니다. 희망으로 생기에 차서, 그리고 자유와 인간의 선의지가 승리하리라는 확신에 차서, 나는 트럼펫을 울리듯 내 목소리를 높이고 노예제도를 방관한 이들에게 태만한 죄를 묻고자 합니다. 그리고 남부의 정신에 영향을 미치고 남부의 압제를 전복하기 위해 그들이 할 수 있는 일이 무엇인지를 보여 주고자 합니다.

우리는 중립을 지키자고 말할 수도 있습니다. 하지만 현재 이 주제에, 중립이란 있을 수 없습니다. 우리에게 동조하지 않는 사람은 우리에게 반대하는 사람입니다. 우리와 함께 모이지 않은 사람은 뿔뿔이 흩어집니다. 중립에 서 있고자 한다면 남부는 당신을 압제자의 편이라고 경멸할 것입니다. 이 나라를 사랑하는 사람이라면 도대체 누가 이 나라에 내린 저주인 노예제도를 간접적이나마 찬성하려 하겠습니까? 하나님은 단정치 못한 여자 하나 때문에 이집트를 멸망시켰고, 노예제도 때문에 유대에 엄청난 벌을 내리셨습니다. 하나님이 우리에게 이보다는 약한 벌을 내리실 거라고 믿는 이유가 있습니까? 아니면 하나님이 자신의 "특별한 사람들"보다 우리에게 더 호의적일 것이라고 생각하는 이유가 있습니까?[고함 소리, 창을 향해 던지는 돌 등.]

우리 말을 중단시키려는 자들을 두려워할 필요가 없습니다. 하지만 그들 스스로는 두려움에 떨어야 합니다. 현재 상황은 그들에게 불리한 방향으로 빠르게 돌아가고 있습니다. 북부의 권한으로 노예제도라는 바스티유 감옥을 기초부터 부수지 않는다면 노예들의 울부짖음을 듣지 못할 것입니다. 몇 년 전 안전하다고 느낀 남부는 조소를 띠며 "도대체 노예제 폐지론자들이 누구야? 그들은 아무것도 아니야"라고 말했습니다. 한마디로 그들은 아무것도 아니었습니다. 그리고 지금도 아무것도 아닙니다. "하나님께서 멸망에 이르지 않을 것들을 선택하셨음"에 기뻐합시다.[군중들이 다시 회합을 방해했다.]

우리는 가끔 "무엇을 할 것인가"라는 질문을 받습니다. 지금 여기에서도 무엇인가를 할 수 있습니다. 여기 모인 모든 남성들이여, 모든 여성들이여, 위협과 욕설이 오가는 가운데서도 우리가 군중을 두려워하지 않는다는 것을 보여 주고, 벙어리들을 위해 우리 입을 열어 죽을 준비가 되어 있는 사람들의 대의를 옹호합시다.

이 대의에 헌신하기 위해 우리는 노예제도가 무엇인지를 알아야 합니다. 노예제도에 관한 책을 사서 읽읍시다. 그리고 그 책을 다른 사람들, 이웃에게 빌려 주십시오. 더 이상 자만과 허영을 채우기 위해서 돈을 쓰지 말고 이 나라의 헐벗은 영혼들에게 "진리의 산 연료"를 전파하고, 기독교도들이 권한을 박탈당하고 고통받는 노예들에게 동정심을 가질 수 있도록 호소하는 일에 도움을 줍시다. 우리의 "책과 글들이 진리를 말하지 않는다"고 말하는 사람도 있습니다. 그렇다면 왜 책과 우리가 말하는 것이 모순되지 않는지요? 모순될 수 없습니다. 더욱이 남부는 우리에게 침묵할 것을 간청할 뿐만 아니라 명령하고 있습니다. 우리가 출판한 진리보다 더 위대한 증거가 왜 필요한가요?

필라델피아 여성들이여! 남부 여성이며 내가 태어난 땅에 애착을 지닌 내가 당신들에게 이 일에 동참해 달라고 간청해도 될는지요. 나는 특히 당신들에게 함께 탄원할 것을 청합니다. 남자들은 이 일을 비롯해 다른 문제들을 투표소에서 해결할 수 있지만 당신들에게는 투표할 권한이 없습니다. 입법부에 도달할 수 있는 길은 오직 탄원뿐입니다. 따라서 탄원이 당신들의 특별한 의무입니다. "이는 별로 좋지 않은 방법이다"고 말하나요? 이미 남부는 수많은 탄원 때문에 하얗게 질려 있습니다. 그들은 국회 회의록을 읽었고, 북부 여성들이 노예제도와 관련된 많은 탄원서를 보냈다는 사실을 알게 됐습니다. 이 사실은 남부에서 노예제도에 대한 경각심을 불러일으켰습니다. 앞으로 또 얼마나 많은 일이 이루어지기를 바랄 수 있을까요? 노예들에게 채찍을 휘두르는 남자들이 이 나라 회의를 주재하고 있습니다. 그리고 우리의 탄원권을 부인하고, 우리와 같은 성性을 가진 사람들을 질책합니다. 그러나 우리는 신에게 그러한 권리를 부여받았습니다. 우리가 그 권한을 행사할 수 있게만 해 주십시오. 때로 대답도 듣지 못한 채 외면당하더라도, 끈질긴 요구가 부당한 판결에 미칠 영향을 기억하시고, 이에 맞게 행동합시다. 남부가 우리의 행동을 질시어린 눈으로 바라보고 있다는 사실은 우리의 방법이 효과적이라는 것을 말해 줍니다. 따라서 의심하거나 절망할 이유가 없습니다. 단지 환호할 이유가 있을 뿐입니다.

영국에서는 여성들이 식민지에서 노예제도를 폐지하는 데 많은 역할을 했다고 기록하고 있습니다. 지금도 영국 여성들은 태만하지 않습니다. 근자에도 노예제도에 버금가는 잔혹한 도제제도를 폐지하기 위해서 수많은 탄원서를 여왕에게 보냅니다. 한 탄원서는 그 길이가 2.15마일(약 3.4킬로미터)이라고 합니다. 여러분은 이러한 노력들이 헛되다고 생각하나요? 역사가 이에 답할 것입니다. 남부 주의 여성들이 국회에 탄원을 하면, 우리 입법자들도 영국의 입법자들처럼 "이 땅의 모든 숙녀와 부인들이 우리 문을 두드린다면 우리는 마땅히 그것을 법으로 제정해야 한다"고 일어나 말할 것입니다. 노예들이 계속 고통받는 동안, 영국에 사는 우리 자매들의 열정과 사랑, 그리고 노고로 우리의 대의를 촉진시킵시다. 그러면 노예들이 해방을 맞는 그날, 우리는 우리가 할 수 있는 만큼 일을 한 것에 만족할 수 있을 것입니다.

해리엇 핸슨 로빈슨,
"초기 공장 여성 노동자들의 특성"[3]

1898년

19세기 초 보스턴 자본가들은 새로운 운하 시스템을 이용해 매사추세츠 로웰Lowell에 방직 공장을 지었다. 그들은 뉴잉글랜드 시골의 젊은 여성들의 노동력을 이용했다. 그들은 "소녀"들이 온순하므로 쉽게 부릴 수 있을 것이라고 생각했다. 하지만 로웰의 젊은 여성들은 독서 클럽을 만들고, 노동자와 여성으로서의 권리를 요구하기 위해 조직을 만들었다. 그리고 더 나은 작업환경을 위해 투쟁했다. 그들은 전단을 만들고 그들만의 소식지인 『로웰 오퍼링the Lowell Offering』을 출판했다. 다음은 겨우 열 살 때부터 로웰 직공으로 일하기 시작했던 해리엇 핸슨 로빈슨Harriet Hanson Robinson이 로웰 여성 노동자들의 파업을 설명한 글이다. 여기에서 해리엇은 1830년대 여성 공장 노동자들의 상황을 보여 주고 있다.

50년, 60년 전 공장 생활을 되돌아 보면, 나는 개미처럼 매일 일하러 오가는 수많은 젊은 남자들과 여자들에게서 소위 "계층"이라는 것을 찾아볼 수 없었다. 그들 사이를 구분짓는 것은 없었다. 나는 그들을 자신만의 개성을 지닌 개인들로 보았다. 어떤 여자는 일찍 가정을 꾸려야 하는 상황에 있었고, 또 다른 여자는 강하고 고상한 목적을 가지고 있었다. 나에게, 그리고 모든 여성들에게 좋은 영향을 미친 여자도 있었다.

하지만 그들은 공장을 움직이는 계층이었다. 지금도 마찬가지지만 그들은 날마다 생계를 해결해야 했다. 상황이 변하지 않고, 자연사로 죽지만 않는다면 계속 실을 잣고 짜야 하는 사람들이었다. 그들은 그 이상 요구 받지 않았다. 그들은 사회적으로나 정신적으로 진보할 수 없는 존재로 여겨졌다. 당시 일반인 중에 노동자들을 교육시켜 노동자 이외에 다른 사람으로 발전시킬 수 있다고 생각하는 사람은 없었다. 한 계층에 속한 사람들은 다른 계층의 사람들에 대해 아는 것이 거의 없었다! 초기 방직 공장 소녀들이 당시 사람들에게 공장 일은 천박하지 않으며, 생산 작업은 "덕의 실천"일 뿐만 아니라 자기 함양의 기회라는 것을 보여 준 것은 정말 행운이었다.

로웰의 방적 공장이 문을 열 무렵 공장 여성들은 여성들 중에서 가장 천한 집단이었다. 공장 여성들은 영국에서도, 특히 프랑스에서도 자아에 큰 상처를 입었다. 그들은 자신의 순수함과 자존감을 파괴시키는 권력에 무기력하게 순종하는 존재로 여겨졌다. 감시관의 눈에 그녀들은 오직 때리고 고문하고 괴롭힐 수 있는 비천한 노예들이었다.

여전히 "천한 일"이라는 오명이 따라다녔지만, 방직 공장 노동자를 모집하기 위한 유인책으로 높은 임금을 제시하자 이런 편견이 극복되는 듯했다. 처음에는 몇 명 오지 않았다. 정기적으로 높은 임금을 "현금"으로 지불하겠다고 유인했음에도, 여전히 일주일에 75센트의 임금과 기숙사를 제공하는 더 고상한 일을 선호하는 사람들이 많았기 때문이다.

그러나 곧 공장 직공에 대한 편견이 사라졌고, 로웰의 방직 공장은 젊고 발랄한 뉴잉글랜드 여성들로 가득 찼다. 그녀들은 당연히 지적이었고, 타고난 지혜를 가졌으며 자신들의 새로운 삶에 곧 적응했다. 곧 자신들이 살려고 온 지역사회 사람들과 교류하기 시작했고, 그들의 집에 초대받았다. 같은 교회에 다녔고, 가문 좋은 집과 결혼하기도 했다. 또는 잠시 고향집을 방문할 때면, 변호사 집안이나 시골 유지 집안으로부터

"공장 직공"이라고 경시되기보다는, 도시에서 새로운 패션과 새로 나온 책, 새로운 생각을 배워 온 사람들로 환영을 받았다.

1831년에 로웰은 자그마한 공장 마을이었을 뿐이다. 몇 개 회사가 문을 열었고, 그들이 소유한 방직 공장이 건설되었다. 일손이 많이 필요했다. 새로운 공장 마을이 세워졌다는 소식은 모든 노동자들에게 높은 임금을 제공한다는 소문과 함께 전국으로 퍼져 나갔다. 이 소문은 기계공과 농부 아들들의 귀에 들어갔고, 거리가 먼 타운과 농장에서 외롭고 종속적인 삶을 사는 여자들에게 새로운 삶의 기회를 제공했다. 오래 전 빠른 교통수단이 없던 시절임에도, 사람들은 일을 찾아 갖가지 교통수단을 이용해 이 양키의 엘도라도로 몰려들기 시작했다. 역마차와 운하를 이용한 배가 거의 매일 새로 고용될 일군의 일손들을 가득 채우고 들어왔다. 기계공과 기계 기술자들이 각자 자신들이 만든 공구함을 들고 왔고, 때로는 아내와 어린아이들을 데리고 왔다. 과부는 몇 안 되는 가사 용품들을 가지고, 하숙이나 잡화상을 열어서 아버지 없는 자식들에게 안식처를 제공하기 위해 왔다. 돈을 벌어 결혼 비용을 마련하거나, 신부가 사야 하는 가정 살림에 필요한 물건들을 구입할 비용을 마련하기 위해서 온 농부의 딸들도 많았다.

과거가 있는 여자들도 자신의 슬픔과 정체를 감추고 "행복한 표정을 지으며" 정직한 삶을 살기 위해 왔다. 교육비를 벌거나 저당 잡힌 고향의 농장을 되찾을 희망과 생기로 가득 찬 독신 남자들도 왔다. 일군의 젊은 여성들은 역마차나 포장마차를 타고 왔고, 다른 주나 캐나다에 고용되어 가는 남자들이 종종 이들을 모아서 한 사람당 일정 금액을 받고 공장에 데려다 주었다. (⋯)

이들 시골 처녀들은 기이한 외모와 더불어 이상한 이름들을 가졌다. 그중에는 사만다, 트리페나, 프러미, 케지아, 애스네스, 엘가디, 리피, 루

아마, 러비, 알미레타, 사레타, 플로리라 등의 이름도 있었다.

사투리도 매우 특이했다. 대대로 내려온 변칙적인 영어와 스코틀랜드어에 양키의 콧소리 비음이 합해져서, 처음 막 도착했을 때는 그들이 무슨 말을 하는지 알아들을 수 없었다. 하지만 학교 교육만큼 효과 있는 엄격한 훈련과 조롱을 받은 끝에 곧 "도시인처럼 말하는 법"을 배웠다. (…)

1836년 10월, 로웰에서 이 나라 최초로 면방직 공장 파업이 일어났다. 임금 삭감이 발표되자 굉장한 분노가 일었다. 집단 파업이 계획되었고, 파업이 일어났다. 제분기는 멈췄고, 소녀들은 각자의 공장에서부터 채플힐Chapel Hill의 "작은 과수원"까지 줄을 지어 걸어가 초기 노동 개혁가들의 "선동적인" 연설을 들었다.

빚에 허덕이던 한 소녀가 임금을 삭감하려는 모든 시도에 저항하는 것이 그들의 의무라고 선언하면서, 동료들의 감정을 멋진 연설로 표현했다. 이것이 로웰에서 여성이 대중 앞에서 한 최초의 연설이었다. 청중들은 이 연설에 놀랐고, 당황했다.

임금 삭감이 여성 노동자들의 유일한 불만은 아니었다. 또한 이 파업이 그 이유 하나만으로 일어난 것도 아니었다. 지금까지 회사는 각 영업장에 기숙사 비용으로 일주일에 25센트를 지불해 왔다. 이 비용을 소녀들에게 내라는 것이었다. 이는 임금 삭감액까지 합하면 적어도 일주일에 1달러의 차액을 내는 것을 의미했다. 줄잡아서 1천2백 명 내지 1천5백 명의 소녀들이 길을 따라서 줄을 지어 걸어갔다. (…)

이 최초의 여성 파업, 또는 "출동turn out"이라 불린 사건에 대한 기억은 매우 생생하다. 나는 아래층 방에서 일했고, 그곳에서 파업에 대한 계획이 맹렬하지는 않아도 충분히 논의되는 것을 들었다. 나는 회사 측의 "억압"에 반대하는 이야기를 열심히 들었고, 자연스럽게 파업 참여자들에 동조했다. 출동하는 날이 오자, 윗층의 소녀들이 먼저 나갔고, 거의 모든 소녀들이 참여하여 우리 공장은 다시 멈췄다. 그러자 내 방의 소녀들이 어떻게 해야 할지 몰라 망설이면서 서로에게 "너는 어떻게 할 거니?" 또는 "우리도 참여해야 할까?" 하고 물었다. 그들 중 누구도 앞장설 용기가 없었다. 나는 그녀들이 그렇게 논의를 무성하게 하고도 참여를 망설이는 것을 보고 짜증이 났다. 그래서 앞장서 유치한 환성을 외치며 "네가 뭐라고 말해도 상관 안 해. 네가 하건 말건 난 참여할 거야"라고 말하며 밖으로 행진해 나갔다. 그러자 다른 소녀들이 뒤를 따랐다.

내 뒤를 따르는 긴 행렬을 보면서 나는 내가 성취했던 그 어떤 성공보다 더 큰 자부심을 느꼈다.

마거릿 풀러 오솔리, 『19세기 여성』[4]

1845년

1845년, 마거릿 풀러Margaret Fuller는 선구적인 책 『19세기 여성Woman in the Nineteenth Century』을 출판했다. 이 책은 풀러가 1843년에 『다이얼The Dial』에 기고한 「위대한 소송-한 남자 대 남자들, 한 여자 대 여자들The Great Lawsuit-Man versus Men; Woman versus Women」이라는 제목의 논문을 보완한 것이다. 다음은 이 책의 일부를 발췌한 것으로, 이 글은 미국 여성운동에 심대한 영향을 미쳤다.

나라의 독립이 개인을 노예 상태에 몰아넣음으로써 더럽혀졌고, 자유와 평등이 오직 끔찍한 노예 거래와 노예 소유를 정당화하기 위해 천명되었으며, 자유로운 미국인들은 마치 로마인들이 그랬던 것처럼 다른 사람들의 불행을 통해 자기 욕구와 나태함을 제멋대로 만족시키는 데서 자유를 느낀다. 그렇다 해도 "모든 사람들은 자유롭고 평등하게 태어났다"는 말은 여전히 헛되지 않았다. 이 말은 착한 일을 장려하고 나쁜 일을 수치스러워한다는 귀중한 확신을 나타내고 있다. 이 신세계는 아마도 불쌍한 동료를 거부하거나 억압하면 최고의 형벌을 받게 된다는 것을 확실하게 인지하라는 소명을 받은 듯하다. 인간이 못 듣는다면 천사가 듣는다. 하지만 사람들이 귀머거리가 될 수는 없다. 국가의 외적인 자유, 다른 나라의 침해로부터의 독립은, 필연적으로 국가 구성원 전체를 위해서도 수행되어야 한다. 한때 지성인들 사이에 분명하게 인지되었던 이 소명은 조만간 확실하게 실행되어야 한다. (…)

우리는 논쟁만큼 허세에도 구역질이 난다. 우리는 지금 그 어느 때보다 도덕적이고 종교적인 주제에 대한 열변으로 한껏 부풀어 있다. 우리는 이들 "말 잘하는 영웅들", 카토(Cato, 로마 철학자, 옮긴이) 같은 웅변가들, 말 잘하는 구세주들word-Christs들에게 무엇보다 위선적인 말투를 경계하라고 간청하고 싶다. 위선은 가장 천한 범죄만큼 희망이 없음을 기억하고, 도덕과 종교의 일부를 일상에서 실천하지 않는 사람들은 결국 위선으로 더렵혀질 수밖에 없다는 사실을 기억하라고 애원하고 싶다. 월터 세베지 랜더Walter Savage Landor는 많은 생각을 하기 위해서는 일단 마음의 일부를 사용하지 말고 묵혀 두는 법을 배워야 한다고 말했다. 천재의 이 진리는 미덕 그 자체다. 혀는 신체에서 소중한 부분이지만, 몸이 필요로 하는 활력 중 일부만을 전용해야 한다. 우리 마음은 "제단의 연기"로도 "더렵혀지고 냄새가 고약해지는 것"을 느낀다. 우리는 장황한 열변에서부터 시작하지만 결국 벽장으로 들어가 문을 닫아 버린다. 이제 영적인 사람들은 "이 수사가 건강한 피의 혈색인가 아니면 인위적으로 위장된 인조 물감인가?"라는 의문을 제기한다. 하지만 우리는 연기가 많은 곳에서 불이 나는 것처럼, 덕과 자유에 대한 무수한 말들은 이를 향한 염원과 뒤섞여 있음을 알고 있다. 사람들 사이에서 이러한 말들이 오가는 것이 독재나 약탈에 대한 음모가 오가거나, 신문들이 이를 "순례자들Pilgrims", "청교도Puritans", "성하의 선구자들Heralds of Holiness"이라고 선언하는 것보다는 헛되지 않다. 많은 비용을 들여 가며 수행원을 유지하는 왕은 단순한 허세꾼일 수 없고, 허구의 카라바스(Carabbas, 동화 『장화 신은 고양이』에서 고양이가 주인인 어린 소년의 신분을 귀족으로 위장하기 위해 사용한 이름. 옮긴이)일 수도 없다. 우리는 흙먼지 속에서 오랜 시간 기다려 왔다. 이제는 지치고 배고프다. 그러나 언젠가는 승리를 알리는 행렬이 모습을 드러낼 것이다.

모든 군기 중에서도 노예화된 아프리카 전사의 깃발이 가장 끈기 있게 들어 올려졌고, 그 깃발 아래서 아프리카 노예 전사들은 가장 용맹스럽게, 그리고 기꺼이 진정한 희생이 무엇인지를 보여 줬다. 그리고 이 군단이, 지금, 여성들 편에서 가장 열렬하게 간청한다. 이는 원칙에 따른 자연스러운 행동이기도 하고, 다른 한편으로 많은 여성들이 그들의 대의를 지지해 왔기 때문이기도 하다.

비록 이 주제에 대한 논의가 점차 자유로워지고 있지만, 아직도 사회는 전반적으로 이들의 요구를 받아들일 준비가 되어 있지 않다. 오히려 이들을 이 시대의 자코뱅이라고 냉소적으로 부르거나, 부르게 될 것이다.

분노한 무역업자가 "당신은 국가적 통합을 깨기 위해 할 수 있는 모든 일을 다 했고, 그렇게 함으로써 국가의 번영을 해쳤다. 이제 당신은 틀림없이 내 가족의 화합을 깨고, 투표장에서 표를 던지고, 설교단에서 전도하라고 내 아내를 요람과 부엌 화덕에서 데려 갈 것이다. 그걸로 충분하지 않은가? 물론 내 아내가 그런 일을 한다면, 그녀는 자신만의 영역에서 자기 일을 할 수 없다. 그녀는 현재 그녀 자신에 만족한다. 내 아내는 나보다 더 많은 여가 시간을 가지고 있으며 이는 모든 면에서 볼 때 진보이며, 특혜다"라고 외친다.

"그녀에게 이러한 특혜에 만족하냐고 물어보았는가?"

"그렇지는 않았지만, 나는 그녀가 만족하고 있음을 알고 있다. 그녀는 다정다감한 사람이어서 내가 불행해지는 일은 원하지 않는다. 그리고 사려 깊어서 자기 성의 영역 너머로 나가려 하지 않는다. 그러한 논쟁으로 우리의 평화를 방해받는 일은 절대로 허락할 수 없다."

"허락? 당신의? 문제가 되는 것은 당신의 허락이 아니라 당신 아내의 동의다."

"내가 우리 집 가장 아닌가?"

"당신은 당신 아내의 주인이 아니다. 신은 그녀에게 그녀 자신의 마음을 부여했다."

"내가 머리고, 그녀는 심장이다."

"하나님은 서로에게 진실하라 말씀하셨다. 당신이 당신 아내는 단지 일손일 뿐이라고 말하지 않은 것이 다행이다. 만약 머리가 심장의 자연스러운 박동을 억제하지 않는다면 당신의 허락은 문제될 게 없다. 둘이 함께 조화를 이룰 것이며, 의문의 여지없이 충실하고 진실된 대답을 구할 수 있을 것이다. 경계하고 관대할 필요가 없으며, 허락도 필요 없다. 그러나 과연 심장이 머리를 따를 것인지가 의문이다. 즉, 그녀가 자연권을 행사하지 못하게 하는 명령에 수동적으로 순종할 것인지, 달콤함을 쓴맛으로 바꾸는 반감이나 인생의 아름다운 사건을 쓰레기로 만드는 의심을 지닌 채 그저 수동적으로 따를 것인지가 의문이다. 우리가 몇 가지 자유로울 수 있는 방법을 제안하는 것은 그러한 진실을 확인하기 위해서다."

엘리자베스 캐디 스탠턴,
세네카폴즈 대회에서 「감성과 결의의 선언」[5]

1848년 7월 19일

1848년에 엘리자베스 캐디 스탠턴Elizabeth Cady Stanton의 고향인 뉴욕 세네카폴즈 Seneca Falls에서 여성들의 역사적인 집회가 있었다. 스탠턴은 루크레시아 모트Lucretia Mott와 함께 세네카폴즈 대회를 조직했다. 모트는 스탠턴처럼 8년 전 런던에서 개최된 〈세계반노예제회의World Anti-Slavery Convention〉에 참석할 수 없었다. 스탠턴은 「독립선언서」를 모델로 해 작성한 이 선언문에서 여성들의 고통을 열거했다. 이 선언문은 여성들의 투표권을 요구했다. 이 급진적인 요구는 여성참정권 운동을 촉발시켰고, 결국에는 1920년 여성참정권을 인정한 헌법수정조항 제19조로 이어졌다.

인류의 역사에서, 가족의 한 일원이, 지구상에서 지금까지 누려 왔던 지위와 다른 지위, 즉 자연법과 조물주가 그들에게 부여한 지위를 맡으려 한다면 그러한 방향으로 그들을 이끌고 간 대의를 천명해야만 인류의 합당한 존경을 받을 수 있을 것이다.

우리는 다음을 자명한 진리라고 주장한다. 모든 남자와 여자는 평등하게 태어났으며, 우리는 조물주로부터 몇 개의 양도할 수 없는 권리를 부여받았다. 그 권리란 생명과 자유와 행복을 추구할 권리다. 그리고 정부는 이러한 권리를 보호하기 위해서 만들어졌다. 정부의 권한은 구성원의 동의에서 나온다. 어떤 형태의 정부라도 이러한 목적을 수행하지 못하면 이 때문에 고통받는 사람들은 정부에 대한 충성을 거부하고 새로운 정부를 수립할 권한이 있다. 이러한 원칙에 기초하고 그러한 형태로 권한을 조직하여야 구성원의 안전과 행복을 보장받을 수 있다. 오랫동안 유지되어 온 정부를 가볍고 일시적인 대의로 바꾸지 않으려면 신중해야 한다. 모든 경험에 따르면 인간은 자신에게 익숙한 방식을 버림으로써 스스로의 권한을 찾기보다는, 악으로 고통을 겪으면서도 그 고통을 받아들이는 경향이 있다. 그러나 같은 목적을 변함없이 추구하는 가운데 오랫동안 이어진 학대와 강탈이 그들을 절대적인 폭정 아래 억누르려는 계획을 노골화한다면 그런 정부를 전복하고 새로운 정부를 세워 미래의 안전을 보장받는 것이 그들의 의무다. 여성들은 이 정부하에서 그러한 고통을 견뎌 왔다. 이런 상황에서 여성들은 이제 그들에게 부여된 동등한 지위를 요구해야 한다.

인간의 역사는, 남성이 여성 위에 절대적인 독재자로 군림하려는 노골적인 목적으로 여성들을 반복적으로 상해하고 찬탈한 역사다. 이를 알리기 위해 다음의 사실을 공정한 세계에 표명하는 바다.

남성은 여성이 자신의 양도할 수 없는 선거권을 행사하는 것을 허락하지 않았다.

남성은 여성의 목소리가 전혀 반영되지 않는 형태의 법에 복종하도록 여성들에게 강요했다.

남성은 여성에게 가장 저속하고 무식한 원주민과 외국인에게 부여된 권한마저도 허용하지 않았다.

시민으로서의 기본 권리인 선거권을 주지 않음으로써 입법부에 그녀들을 대변하는 대표자가 부재한 가운데 남성은 모든 방면에서 여성을 억압해 왔다.

남성은 결혼한 여성을 법 앞에 무력한 시민으로 만들었다.

남성은 여성에게서 재산권을 앗아 갔다. 심지어는 그녀의 임금까지도 가져갔다.

여성은 남편 앞에서 행한 죄에 대해서는 처벌받지 않기에, 남성은 여성을 범죄를 저질러도 되는 도덕적으로 무책임한 존재로 만들었다. 결혼 서약에 따르자면 아내는 남편에게 복종할 것을 약속해야 한다. 그리고 남편은 모든 면에서 그녀의 주인이 되었다. 그리고 법은 남편에게 아내의 자유를 빼앗고 체벌할 수 있는 권한을 주었다.

남성은 이혼법을 만들어 무엇이 이혼의 사유가 되는가를 결정했고, 별거 시 아이들에 대한 양육권이 누구에게 있는지를 결정했다. 여기서 여성의 행복은 전혀 고려되지 않았다. 모든 경우에 있어서 법은 남성이 우월하다는 잘못된 가정에 근거했고, 남성의 손에 모든 권한을 줬다.

여성이 결혼한 경우 그녀에게서 모든 권한을 빼앗았으며, 독신이며 재산을 소유한 경우에는 세금을 걷어 정부 지원금으로 사용했다. 즉, 정부는 여성의 재산이 정부에 이익이 될 경우에만 여성을 인정했다.

이윤을 남기는 직업은 남성들이 거의 다 독점하고 있기 때문에 여성은 얼마 안 되는 보수를 받는 것에 만족해야 한다. 남성은 부와 명예를 자신들에게 가장 영예로운 것으로 여기지만 여성들이 이를 향해 갈 수 있는 길을 모두 차단한다. 그러므로 여성은 신학, 의학, 법학 교사가 될 수 없다.

남성은 여성이 교육받을 수 있는 시설을 거부한다. 모든 대학은 여성의 입학을 금하고 있다.

여성은 교회나 의식에 참여할 수는 있지만 교회의 공적인 일에는 참여할 수 없다는 로마 교황청의 명령에 따라 목사가 될 수 없으며, 약간의 예외는 있지만 하위 직책만을 맡을 수 있을 뿐이다.

남성은 남자와 여자에게 서로 다른 도덕적 규범을 세상에 제시하며 잘 못된 공론을 만들어 냈다. 즉 여성을 사회에서 배제하고 남성들의 도덕적 비행을 눈감아 주고, 이런 비행은 남자들에게는 아무것도 아닌 것으로 간주하는 대중적 감성을 만들었다.

남성은 자기에게 여성들만의 영역을 정할 권한이 있다고 주장함으로써 여호와의 특권을 찬탈하고 있다. 그러한 권한은 그녀의 양심과 그녀의 하나님에게 속하는 것이다.

남성은 여성들이 자기 권한에 대한 확신을 갖지 못하도록, 여성들의 자존감을 죽여 여성들의 삶을 의존적이고 비천하게 만들기 위해 가능한 모든 방면에서 노력을 기울였다.

이 나라 인구의 반인 여성들에게서 선거권을 빼앗고 사회적·종교적으로 여성을 비하해 왔다는 점에 비추어, 위에서 언급한 부당한 법에 비추어, 그리고 여성들 스스로가 학대받고 억압받으며 자신들의 가장 신성한 권리를 부당하게 빼앗겼다고 느끼기에, 우리는 미국 시민으로서 누릴 수 있는 모든 권한과 특권을 여성들에게 즉시 부여할 것을 요구한다.

우리 앞에 놓인 이 위대한 과업을 착수해 옮긴다면, 우리는 많은 오해와 허위 진술, 조롱에 당면하게 될 것이다. 그러나 우리는 우리 목적을 달성하기 위해 힘이 닿는 한 모든 방법을 동원할 것이다. 대리인을 고용하고, 소책자를 발간하고, 정부와 입법부에 탄원하고, 우리의 이익을 위해 종교와 언론에 적극적인 도움을 구할 것이다. 우리는 이 집회 이후 전국 각지에서 일련의 집회가 뒤이어 일어나기를 바란다.

서저너 트루스,
"나는 여자가 아닌가요?"[6]

1851년

다음은 흑인 노예제 폐지론자인 서저너 트루스Sojourner Truth가 1851년 아르콘Arkon
에서 열린 페미니스트 모임에서 여성의 억압을 정당화하는 데 주로 사용된 종교적 수
사를 비난하며 한 연설이다. 트루스는 1827년 노예에서 자유인이 되었다. 청중에게
충격을 준 이 연설은 정확하게 기록되지는 않았지만 아르콘 집회의 회장이었던 프랜
시스 게이지Frances Gage가 후에 그녀의 연설을 자세하게 서술한 것이다.

자, 여러분. 소란한 곳에는 나쁜 무언가가 있기 마련이지요. 남부의 니
그로들과 북부의 여자들 사이에서 권리에 대한 이야기들이 무성합니다.
백인 남자들은 이제 곧 곤경에 빠질 겁니다. 그런데 지금 여기서 무슨 말
들을 하고 있는 건가요?

저기 있는 저 남자는 여성은 마차에 오를 때도, 도랑을 건널 때도 항상
도움을 받아야 하고 어디에서든 가장 좋은 자리를 차지한다고 말합니다.
어느 누구도 내가 마차에 오르거나 진흙 구덩이를 건널 때 도와주지 않
습니다. 그러면 나는 여자가 아닌가요? 나는 남자만큼 일할 수 있고, 만
약 먹을 것이 충분히 주어진다면 남자만큼 먹을 수 있고, 채찍질도 참을
수 있습니다. 그러면 나는 여자가 아닌가요? 나는 아이를 열 세 명이나

낳았고, 그들 중 대부분이 노예로 팔려 가는 것을 보았습니다. 엄마로서 고통으로 울부짖을 때 예수님 외에는 아무도 들어 주지 않았습니다. 나는 여자가 아닌가요?

그러면 사람들은 머릿속의 이것에 대해 말합니다. 이를 뭐라고 부르더라? 〔청중 중 한 사람이 '지성'이라고 속삭인다.〕 아, 바로 그거지요. 그게 여성과 니그로의 권리와 무슨 상관이 있는 건가요? 내 컵이 1파인트짜리고 여러분 컵은 1쿼트짜리인데도 여러분은 비열하게도 내가 가진 그 작은 컵을 가득 채우는 일도 못 하게 하려는 것인가요?

그러면 저기 뒤에 있는 소심한 남자는 예수님이 남자이기 때문에 여자는 남자만큼 권리를 가질 수 없다고 말합니다. 도대체 여러분의 예수님은 어디에서 태어났단 말인가요? 여러분의 예수는 어디에서 왔습니까? 하나님과 여자에게서 태어났습니다! 남자는 예수님이 태어나는 데 아무 일도 한 것이 없습니다.

만약 하나님이 창조하신 최초의 여성이 홀로 이 세상을 뒤집을 만큼 강했다면, 우리 여성들은 함께 세상을 뒤집어 바른 방향으로 돌려놓을 수 있을 것입니다. 이제 여성들이 세상을 돌려놓겠다고 말하고 있으니 남자들은 여성들을 그냥 내버려 두어야 할 것입니다.

루시 스톤과 헨리 블랙웰의
결혼 저항 투쟁 선언문[7]

1855년 5월 1일

루시 스톤Lucy Stone은 매사추세츠에서 학사를 취득한 최초의 여성일 뿐만 아니라 결혼 후에도 자신의 성을 계속 사용한 최초의 미국 여성이다. 스톤이 헨리 블랙웰Henry Blackwell과 1855년에 결혼했을 때 그녀와 블랙웰은 결혼식장에서 다음의 선언문을 낭독했고, 이는 노예제 폐지를 지지하는 신문에 실렸다.

우리는 공개적으로 남편과 아내로서의 관계를 채택해 서로에 대한 사랑을 인정한다. 그러나 우리 자신과 우리보다 위대한 원칙을 공정하게 평가해 보면, 다음을 선언하는 것이 우리의 의무라 하겠다. 우리의 행동은 현행의 결혼법을 인정하거나 이에 자발적으로 따르겠다는 약속을 의미하지 않는다. 즉, 현행법은 아내가 독립적이고 합리적인 존재임을 부인하고, 남편에게 유해하고 부당하며 우월한 권한을 부여하고 있다. 그리고 명예로운 남자라면 행사하지 않을 것이며 어떤 남자도 소유해서는 안 되는 법적 권한을 남자에게 부여한다. 우리는 특히 남편에게 주어진 다음과 같은 법과 권한에 저항한다.

1. 아내의 신체에 대한 보호 관리권

2. 자식에 대한 지나친 지배와 보호 권한

3. 아내가 동의했거나, 아내가 미성년이거나 정신이상이거나 지적장애가 있어서 재산을 수탁자의 손에 맡기는 경우를 제외하고, 남편이 아내의 동산과 부동산에 대해 단독으로 소유권을 행사하는 권한

4. 아내가 벌어들인 재산에 대한 절대적 권한

5. 과부가 사별한 남편 재산에 대해 가지는 권한에 비해 사별한 아내 재산에 대해 남편이 지닌 지나치게 많은 권한

6. 마지막으로, "결혼 생활 동안 아내의 법적 지위가 일시적으로 정지"되어 "대부분의 주에서 여성이 자기 주거지를 선택할 수 없고, 유언할 수 없으며, 자기 이름으로 고소하거나 고소당할 수도 없고, 재산을 상속할 수도 없는" 전반적인 체제

우리는 개인의 자주성과 동등한 인권은, 범죄를 저질렀을 경우를 제외하고는 절대로 양도될 수 없다고 믿는다. 결혼은 동등하고 영속적인 파트너십이며 법에 의해 그렇게 인정되어야만 한다. 그렇게 인정될 때까지 결혼한 부부들은 가능한 모든 방법을 동원해 잘못된 현행법에 저항해야 한다.

수전 앤서니가
워드 헌트 판사 앞에서 한 연설,
"미국 대 수전 앤서니"[8]

1873년 6월 19일

수전 앤서니Susan B. Anthony는 1872년 11월 대통령 선거에서 선거권을 행사하려 했던 14명의 여성 중 한 명이다. 앤서니는 '법적 선거권 없이 고의적으로 투표했다는' 이유로 체포되었고, 1873년 6월에 유죄 판결을 받았다. 다음날, 그녀의 변호사가 항소하자, 그녀는 법정에서 와드 헌트Ward Hunt 판사의 질문에 답하면서 다음과 같은 연설을 했다.

헌트 판사 (피고에게 일어서라고 명령) 죄수는 이 판결을 선고하는 데 대해 이의가 있습니까?

앤서니 네, 판사님. 나는 할 말이 많습니다. 당신은 당신의 유죄 판결로 우리나라의 모든 중요한 원칙을 발아래 유린하고 있습니다. 나의 자연권, 시민권, 정치적 권한, 사법권 모두가 함께 무시되고 있습니다. 시민으로서의 기본적 권한을 빼앗긴 나는 시민의 위치에서 노예의 위치로 전락했습니다. 판사님의 평결로 나 개인뿐만 아니라 여성 전체가 소위 이 공화 정부 아래에서 정치적으로 종속된 상태에 있다는 판결을 받았습니다.

헌트 판사 이 법정은 이미 죄인의 변호인이 세 시간 동안 설명한 내용을 다시 들을 필요가 없습니다.

앤서니 판사님, 나는 문제를 논하자는 것이 아니라 단지 나에 대한 판결이 왜 공정하게 선고될 수 없는지 그 이유를 말하고 있는 것입니다. 내 시민으로서의 권리인 선거권을 부인하는 것은 나를 피통치자의 일원으로 인정하지 않는 것입니다. 또한 세금 납부자로서 대표될 수 있는 권한을 부인하는 것이며, 법을 위반한 범죄자로서 동료 배심원에 의해 판결받을 권리를 부인하는 것입니다. 그러므로 나의 신성한 생명권, 자유권, 재산권의 부인을 의미합니다. 그리고……

헌트 판사 이 법정은 더 이상 죄인의 변론을 허용할 수 없습니다.

앤서니 하지만 판사님은 내 시민권에 대한 고압적인 유린에 저항할 수 있는 이 보잘것없는 특권이 내게 있음을 부인하지는 않을 겁니다. 부디 이 법정은 지난 11월에 체포된 뒤 나 뿐만 아니라 투표권을 박탈당한 우리 여성 중 누구에게도 판결이나 배심 이전에 단 한마디의 항변이라도 허락된 적이 없었다는 사실을 상기하기 바랍니다.

헌트 판사 죄인은 앉으시오. 법정은 더 이상 허락할 수 없습니다.

앤서니 나를 고발한 모든 사람들, 즉 불평을 접수한 모퉁이 잡화상 정치인에서부터 미국 경찰서장, 감독관, 지방 검사, 지방 판사, 그리고 판사석에 앉으신 판사님까지, 그중에 나의 동료는 없습니다. 모두가 나에게는 정치적 주권자들일 뿐입니다. 그리고 판사님은 판사님의 명백한 의무에 따라 배심원들에게 나의 판결문을 제출했습니다. 그렇다해도 그들 중 어느 누구도 나의 동료가 아니기에 나는 항변할 수밖에 없습니다. 그들이 외국인이건 내국인이건, 백인이건 흑인이건, 부자건 가난하건, 교육받았건 무식하건, 술을 안 마셨건 취했건 간에 그들 모두는 나의 정치적 상관들이었습니다. 따라서 어떤 의미에서도 내 동료는 아닙니다. 이러한 상황에서, 왕의 배심원 앞에서 재판받는 영국의 한 서민이, 여성으로서 남자 배심원들 앞에서 재판받는 나보다 훨씬 불평할 이유가 적을 것입니다. 심지어 나의 사건을 판사님 앞에서 열심히, 반박할 수 없을 정도로 능숙하게 변호하는 나의 변호사 헨리 셀든Henry R. Selden조차 정치적으로 나보다 우월합니다. 정확히 말해서 선거권이 없는 사람은 배심원석에 앉을 자격이 없습니다. 여자는 투표할 권한이 없습니다. 정식으로 승인된 변호사만이 법정에서 변호할 수 있으며, 법조계는 여성을 받아 주지 않습니다. 따라서 배심원, 판사, 변호인, 모두가 우월한 계층임에 틀림없습니다.

헌트 판사 이 법정은 정해진 법에 따라 죄인이 재판받고 있음을 강조합니다.

앤서니 맞습니다, 판사님. 하지만 법은 모두 남자들이 만들고, 해석하고, 실행합니다. 이런 법은 남자에게 유리하고 여자에게 불리합니다. 판사님이 미국 시민으로서 투표권을 행사한 것을 유죄라고 선고하신 것은 단순히, 피고가 남자가 아니라 여자이기 때문입니다. 그러나 어제 이 남자들이 만든 똑같은 법이 캐나다로 숨을 헐떡거리며 도망가던 탈주자에게 냉수 한 컵과 빵 한 조각을 주고 하루 밤 묵어 가게 한 죄에 대해 1천 달러의 벌금과 6개월의 감옥형을 선고했습니다. 피 속에 인간적 동정심을 조금이라도 가진 모든 남자와 여자는 결과에 아랑곳하지 않고 사악한 법을 어겼고, 그 행동은 정당했습니다. 자유를 얻은 노예들이 부당한 법 위에서, 혹은 아래서, 혹은 그 법을 통해서 자유를 얻어야 했던 것처럼 이제 여자들도 정부에서 발언권을 얻으려면 그렇게 해야 합니다. 저는 제 방법을 택한 것이고 앞으로도 기회가 올 때마다 그렇게 할 것입니다.

헌트 판사 법정은 죄수에게 앉으라고 명합니다. 그리고 한마디도 더 이상 허용하지 않을 것입니다.

앤서니 재판받기 위해 판사님 앞에 불려왔을 때 나는 헌법과 근자의 수

정헌법에 대한 광범위하고 자유로운 해석, 즉 모든 미국 시민들은 법의 보호를 받으며, 미국에서 태어나거나 귀화한 사람들은 모두 평등하게 국가의 보호를 받을 권리를 지녔다는 해석을 기대했습니다. 하지만 이러한 정의를 실현할 수 없고, 내 동료 배심원에게 그런 판결을 기대할 수 없는 이상, 이제 나는 당신들의 손에 자비를 구하느니 차라리 법의 엄정한 심판을 요청합니다.

헌트 판사 이 법정은 (죄인이 자리에 앉자) (…) 죄인은 일어나시오. (앤서니는 다시 일어났다.) 이 법정은 1백 달러의 벌금과 기소 비용을 지불할 것을 선고합니다.

앤서니 판사님, 나는 당신이 선고한 부당한 벌금에 대해 1달러도 낼 수 없습니다. 내가 가진 전 재산은 『혁명*The Revolution*』이라는 내 책을 출판하느라 진 1만 달러의 빚뿐입니다. 이 책의 유일한 목적은 모든 여성에게 나와 똑같은 행동을 하고, 남자들이 만든 부당하고 위헌적인 법에 저항하라고 가르치는 것입니다. 남자들이 만든 법은 여자에게 세금을 부과하고 벌금을 매기고, 여자를 감옥에 가두고, 교수형에 처하는 반면 여자들의 참정권은 부인합니다. 출판하느라 진 정당한 빚을 갚기 위해서는 모든 방법과 힘을 동원하겠지만 이 부당한 요구에 대해서는 1페니도 지불할 수 없습니다. 그리고 나는 모든 여자들에게 "독재자에 대한 저항은 하나님에 대한 복종이다"라는 옛 혁명의 격언을 실질적으로 따를 것을 열심히, 끈질기게 촉구할 것입니다.

제7장

인디언의 이주

테쿰세가 오사제족에게 한 연설(1811년~1812년 겨울)

체로키족 이주에 관한 문서(1829, 1830년)
 — 〈체로키네이션〉, "체로키 인디언에 관한 추도식"(1829년 12월)
 — 루이스 로스 외, 총회에서 〈체로키네이션〉 협의회와 위원회가 미국 민중에게 한
    연설(1830년 7월 17일)

블랙 호크의 항복 연설(1832년)

존 버닛, 「사병의 눈으로 본 체로키족의 이주」(1890년 12월 11일)

네즈페르세족 조셉 추장의 진술(1877, 1879년)
 — 조셉 추장의 항복(1877년 10월 5일)
 — 조셉 추장의 워싱턴 방문에 관한 진술(1879년)

블랙 엘크, 「꿈의 종말」(1932년)

영국은 1763년 식민지인들이 애팔래치아 산맥을 넘어 서쪽으로 이주하는 것을 금했다. 아메리카 혁명에서 영국이 패하자 식민지인들은 자연히 서부의 인디언 영토로 향하게 된다.

1840년에 이르면 미국 인구 1천3백만 명 중에서 450만 명이 애팔래치아 산맥 너머 미시시피 계곡에 이르는 영토에 거주하게 된다. 이 방대한 영토에는 미시시피 동쪽에서 서쪽으로 흐르는 강들이 엇갈려 있었다. 1820년에는 12만 명의 인디언이 미시시피 동쪽에 살고 있었는데, 1844년에 이르면 채 3만 명에도 이르지 못하는 인디언만 남게 된다. 그들 대부분은 살해되거나 강제로 서부로 이주해야 했다. 이는 20세기 후반에 다른 나라에서 일어나 소위 "인종 청소"라고 불렀던 현상의 초기 사례다.

플로리다, 앨라배마, 조지아, 미시시피 인디언들은 "인디언 이주"에 저항했다. 하지만 플로리다에서 일어난 세미놀Seminole족의 필사적인 저항을 제외하고 인디언들은 미국의 무장한 병력과 상대가 되지 않았다. 인디언을 이처럼 혹독하게 다룬 사건이 역사책에서 종종 "잭슨 민주주의Jacksonian Democracy" 시대로 불리는 시기에 일어났다는 것은 아이러니다.

테쿰세가 오사제족에게 한 연설[1]

1811년~1812년 겨울

테쿰세Tecumseh는 초기 인디언 식민화에 맞서 저항한 위대한 인물 중 한 명이다. 그는 중서부의 백인 이주민들과 군대에 맞서 싸웠고, 그때마다 노련한 기술을 사용해 유명해졌다. 테쿰세와 그의 형제들은 식민지인들이 서부로 영토를 확장하면서 조금씩 자신들의 영토를 잠식해 들어오자, 이를 막기 위해 인디언 통합을 추구했다. 다음은 테쿰세가 오사제Osage족에게 한 연설이다. 이 연설은 식민지인들에 대항하는 투쟁에 관한 것으로 그는 "해뜰 때부터 해질 때까지, 그들은 우리 사냥터 전체를 차지해도 만족하지 못할 것이다"라고 주장했다.

형제들이여, 우리는 모두 한 가족이다. 우리 모두는 '위대한 령Great Spirit'의 자식들이다. 우리는 같은 길을 걷고, 같은 우물에서 갈증을 해소하고, 그리고 지금, 가장 우려되는 일을 앞두고 회의장 화롯불 주변에 모여 함께 파이프 담배를 피우고 있지 않은가!

형제들이여, 우리는 친구다. 우리는 우리의 짐을 견디기 위해 서로 도와야 한다. 수많은 우리 조상들과 형제들의 피가 백인들의 탐욕을 채우기 위해, 땅 위에 강물처럼 흘렀다. 우리 모두 사악한 위협을 받고 있으며, 그들은 모든 인디언들이 파멸할 때까지 만족하지 않을 것이다.

형제들이여, 백인이 처음으로 우리 땅에 발을 디뎠을 때 그들은 굶주렸다. 그들에게는 담요를 펼칠 장소도, 불을 피울 장소도 없었다. 그들은 나약했다. 스스로 할 수 있는 것이 아무것도 없었다. 우리의 아버지는 그들의 불행을 불쌍하게 여겨 위대한 령이 인디언들에게 허락한 것이라면 무엇이든지 그들에게 나누어 줬다. 배고플 때 음식을 주었고, 아플 때 약을 주었으며, 잠잘 장소를 마련해 주었고, 사냥하고 옥수수를 기를 수 있는 땅을 주었다.

형제들이여, 백인은 교활한 독사와 같다. 차가울 때는 나약하고 해롭지 않지만 온기로 활력을 찾으면 은인을 물어서 죽인다.

우리에게 왔을 때 백인들은 나약했다. 우리가 그들을 강하게 만들자 이제 그들은 이리 떼나 표범처럼 우리를 죽이려 하고 몰아내려 한다.

형제들이여, 백인들은 우리의 친구가 아니다. 처음에 그들은 단지 오두막집을 짓는 데 필요한 정도의 땅만 요구했다. 이제 그들은 해뜰 때부터 해질 때까지 우리 사냥터 전체를 차지해도 만족하지 못할 것이다.

형제들이여, 백인들은 우리의 사냥터보다 더 많은 땅을 원한다. 그들은 우리의 병사들을 죽이기를 원하며 심지어 노인, 여자, 어린아이들까지도 죽이려 한다.

형제들이여, 수년 전에는 땅도 없었고 태양도 없었으며 모든 것이 암흑이었다. 위대한 령이 모든 것을 창조했다. 그는 백인들에게는 저 위대한 강 너머에 집을 주었다. 이 땅 위에는 동물들을 살게 해 인디언 자손들에게 주었다. 그리고 인디언 자손들이 스스로를 지킬 수 있도록 강인함과 용기를 주셨다.

형제들이여, 우리 부족은 평화를 원한다. 인디언 모두가 평화를 원한다. 그러나 백인들이 있는 곳, 그곳에 평화란 없다. 평화는 우리 어머니의 가슴에 있을 뿐이다.

형제들이여, 백인은 인디언을 경멸하고 속인다. 그들은 우리를 농락하고 모욕한다. 그들은 인디언들이 살 만한 가치가 없다고 생각한다.

인디언은 심한 상처를 많이 견뎌 왔다. 더 이상 백인들이 우리를 고통스럽게 해서는 안 된다. 우리 부족은 더 이상 고통받지 않으려 한다. 우리는 복수하기로 결의했다. 도끼를 집어 들고 피로 물든 채, 백인의 피를 마시려 한다.

형제들이여, 우리 부족은 용감하고 수도 많다. 그러나 우리 혼자 싸우기에 백인은 너무 강하다. 나는 당신들도 우리와 함께 도끼를 집어 들기 바란다. 우리가 뭉치면 저 강물을 백인의 피로 물들일 수 있을 것이다.

형제들이여, 우리와 연합하지 않는다면 그들은 우리를 먼저 멸망시킬 것이다. 그러면 너희들은 쉽게 그들의 먹이가 될 것이다. 백인들은 수없이 수많은 인디언 부족들을 파괴했다. 인디언들이 함께 연합하지 않았기 때문이다. 서로 친구가 아니었기 때문이었다.

형제들이여, 백인은 우리 사이에 정보원을 두고, 우리를 적으로 만들어, 마치 태풍이나 홍수처럼 우리의 사냥터를 휩쓸고 황폐하게 한다.

형제들이여, 우리의 위대한 아버지Great Father는 우리의 적인 백인들에 분노한다. 위대한 아버지는 용맹스러운 전사들을 시켜 그들에 대항하게 할 것이며, 소총 등 필요한 것은 무엇이든지 우리에게 보내 줄 것이다. 위대한 아버지는 우리의 친구이며 우리는 그의 자식들이다.

형제들이여, 백인들이 누구기에 우리가 그들을 두려워해야 하는가? 그들은 빨리 달리지 못하니 우리의 좋은 사냥 표적이다. 그들은 단지 인간일 뿐이다. 우리의 아버지들은 그들을 많이 죽였다. 우리는 아낙네들이 아니다. 우리는 이 땅을 피로 빨갛게 물들일 것이다.

형제들이여, 위대한 령은 우리 적에게 진노한다. 그는 천둥처럼 말하며, 대지는 계곡을 집어 삼키고, 미시시피 강물을 모두 마셔 버린다. 위대한 강들은 저지대를 덮을 것이고, 백인들은 옥수수를 기를 수 없을 것이며, 위대한 령은 숨을 헐떡이며 평지에서 언덕으로 도망치는 사람들을 쓸어버릴 것이다.

형제들이여, 우리는 단결해야만 한다. 우리는 같은 파이프로 담배를 피우고, 서로의 전쟁터에서 함께 싸우고, 무엇보다도 위대한 령을 사랑해야 한다. 위대한 령은 우리를 위해 우리의 적을 무찌르고, 그의 모든 자식들을 행복하게 해 줄 것이다.

체로키족 이주에 관한 문서

1829년, 1830년

19세기 초반에 아메리카 원주민 수만 명은 그들의 영토를 떠나 강제 이주당했다. 미국 정부가 체로키족과 다른 인디언 부족의 땅에까지 자기 영토와 권한을 확장했기 때문이다. 1823년 대법원은 인디언의 "거주권"이 미국 정부의 "개발권"보다 중요하지 않다고 판결했다. 4년 후에 체로키족은 이에 대항하여 스스로가 주권국가임을 선언했다. 그러나 조지아 주는 체로키족의 주권을 인정하지 않았고, 그들을 주써영토에 사는 임차인으로 간주했다. 체로키족은 연방 대법원으로 이 사건을 가져갔고, 대법원은 체로키족에게 불리한 판결을 내렸다. 1830년 앤드루 잭슨Andrew Jackson 대통령은 "인디언이주법Indian Removal Act"을 승인받아 미시시피 동쪽에 사는 인디언 부족들과 이주협약을 맺을 권한을 확보했다. 다음의 문서 두 개는 체로키족이 직접적이거나 간접적인 방법으로 그들을 이주시키려는 정부 방침에 저항했다는 사실을 보여 주고 있다.

〈체로키네이션〉, "체로키 인디언에 관한 추도식" (1829년 12월)[2]

친애하는 미국 상원과 하원 의원에.

아래에 서명한 진정인들은, 명예로운 당신들의 기구에는 체로키 국가의 자유 시민들이라는 천한 신분으로 알려져 있는 사람들이다. 근자에 일어난 사건들의 정황은 우리 마음을 뒤흔들어 우리는 관대하고 공명하기로 소문난 당신들에게 탄원하게 됐다. 나약하고 가난한 어린아이들이 보호자와 후견인들의 보호를 구하듯이 우리도 우리의 불행을 알리고자 한다. 우리 얘기를 들어 주려는가? 우리를 동정해 주려는가? 여러분은 위대하고 명예로운 사람들이며 당신들이 대표하고 있는 이 나라는 거대한 힘을 자랑하는 거인과 같다. 하지만 우리는 나약하고 보잘것없다. 당신들은 부유하지만 우리는 가진 것이 없다. 우리는 정말로 가난하고, 부유한 사람들이 가진 군대나 힘도 없다.

미국의 원주민은 나약하지만 백인은 위대하고 명예롭다. 이 세상을 통치하는, 하늘에 계신 우리 아버지의 뜻이 그러하시다. 미국민의 선조들이 처음으로 미국의 해안에 도착했을 때 그들은 강인한 원주민들을 만났다. 비록 무식하고 문명화되지 않았지만, 원주민들은 선조들을 환대했고, 그들의 피곤한 발이 쉴 수 있는 마른 땅을 주었다. 그들은 평화롭게 조우했으며 우정의 악수를 나누었다. 원주민들은 백인들이 원하는 것은 무엇이든 기꺼이 다 줬다. 당시에는 인디언이 주인이었고 백인은 탄원자였다. 그러나 지금은 상황이 변했다. 원주민들의 힘은 점차 약해졌다. 그들 이웃의 수가 점점 증가하자 원주민의 힘은 점점 작아졌고, 지금은 한때 미국을 뒤덮었던 많은 강력한 부족들 가운데 오직 일부만이, 백인들이 휩쓸고 지나간 폐허에서 살아남아 겨우 눈에 띄는 정도다. 한때 수가 엄청나게 많았고 강력했던 북부 지역 부족들은 지금은 거의 멸종했다. 이게 바로 미국 원주민들에게 일어난 일이다. 살아남은 우리도 같은 운명에 처할 것인가?

형제들이여, 우리는 우리 조상들과 당신들이 대표하고 있는 이 나라 위원회를 성공적으로 지휘한 위대하고 선량한 사람들의 관습에 따라, 당신들 앞에 선언한다. 그리고 우리의 불행을 당신들에게 알리고자 한다. 우리는 당신네 사람들 때문에 곤경에 빠졌다. 우리 이웃인 조지아 주는 자기네 이익을 위해 우리 소유물을 양도하라고 주장하며 우리에게 압력을 가하고 있다. 그들은 1830년 6월 1일까지 우리가 그토록 소중히 여기는 이 땅을 떠나서 서부의 황무지로 가지 않는다면 주州 법을 우리에게 적용해 실행할 거라고 말한다. 처음 이 말을 들었을 때 우리는 비탄에 젖었고, 우리의 아버지인 대통령에게 우리를 보호해 달라고 탄원했다. 그러나 올 3월에 전쟁 장관이 우리 대변인에게 보낸 편지 내용을 알았을 때 우리는 다시 한번 비탄에 빠졌다. 그 편지는 대통령이 우리를 보호해 주기를 거부하는 결정을 내렸고, 주 법을 우리에게 적용하기를 원한다는 내용이었다. 우리는 이런 결정 때문에 미국 국민의 직접적인 대표자들에게 호소하게 되었다. 우리는 진정으로 우리나라를 사랑한다. 우리가 이 땅을 우리 소유라고 생각하는 까닭과 우리가 지금 이곳에 평화롭게 남아 있기를 원하는 까닭을 알리는 일은 우리의 의무일 뿐만 아니라 당신들 영예로운 기구의 의무이기도 하다. 우리가 서 있는 이 땅은, 우리 조상이 하늘에 계신 아버지께 선물로 받아 아주 먼 옛날부터 소유한 땅으로, 우리는 조상에게서 이 땅을 물려받았다. 우리가 이미 말했듯이 백인들이 처음 미국 해안에 도착했을 때 우리 조상들은 이 땅을 평화롭게 소유하고 있었다. 우리 조상들은 이 땅을 그들의 자손인 우리들에게 유산으로 남겨 주었고, 사랑하는 형제들의 유물을 담고 있는 이 땅을 우리는 신성하게 간직해 왔다. 이 상속권을 우리는 **절대로 양도하지 않을 것이며 절대로 몰수당하지 않을 것이다.** 사람이 한 나라에서 누릴 수 있는 권한 중 **상속권과 태고부터 평화롭게 지녀 온 소유권**보다 더 중요한 권한이 무엇인지 묻고 싶다. 근자에 조지아 주와 미국 행정부가 우리의 이러한 권한을 몰수한다는 말을 들었다. 하지만 우리는 이는 정당성이 없는 얘기라고 생각한다. 우리가 이 땅을 빼앗기라도 했는가? 우리가 어떤 죄를 저질렀기에 우리의 땅과 권리를 상실해야 하는가? 우리가 독립 전쟁 시기에 영국 왕 편에서 미국을 적대시했을 때를 말하는가? 그렇다면 미국과 우리 원주민들이 평화조약을 처음 맺었을 때 몰수하지 왜 그냥 두었는 가? 왜 다음과 같은 조항이 당시 조약에 포함되어 있지 않는가? "미국은 체로키족과 화친한다. 그러나 최근 전쟁에 참여한 바로 인해, 체로키족 은 임대인인 미국이 마음대로 내쫓을 수 있는 차지인임을 선언하며, 그 들이 거주하는 데 필요한 계약상의 제약 내에서 주의 편의에 따라 쫓아 낼 수 있다." 그때가 우리 땅을 몰수할 수 있었던 적기였다. 하지만 이는 생각할 수 없는 일이었고, 우리 선조도 그들의 권리와 땅을 앗아 가는 취 지의 조약에는 동의하지도 않았을 것이다. 우리 선조들이 양도하고 포기 한 모든 것은 모든 사람들이 볼 수 있도록 공개된 조약에 포함되어 있다. 우리는 우리가 요구하는 상속권과 평화적인 소유권을 양도하지도 몰수 당하지도 않겠다는 의사를 다시 한번 반복해서 표명한다.

우리의 첫 번째 권리들, 즉, 상속권과 평화적 소유권에 덧붙여 반복하 여 강조하건대, 우리는 여러 시기에 걸쳐 맺은 조약들에 담긴 신념과 미 국의 서약을 믿는다. 이 조약들 때문에 우리는 독립된 사람이 지닐 수 있 는 권한을 명백하게 인정받았고, 안전과 보호를 약속받았다. 따라서 우 리는 그 조약들을 항상 숙지해 왔다. 정부가 처음부터 지금까지 우리에 게 보여 준 태도, 미국 대통령이 우리 원주민에게 한 이야기, 그리고 대 리인들과 위원들의 연설 모두 우리 해석이 틀리지 않았음을 증명한다. 조약에 서명한 우리 원주민 중에 아직 살아 있는 사람이 있고, 그들의 증 언은 같은 결론에 이른다. 우리는 언제나 조약에 대한 우리의 이해가 정 부의 견해와 일치한다고 가정했다. 우리 중 누구도 이를 다르게 해석하 는 사람이 있으리라고는 상상조차 못했다. 미국과 조지아 주가 우리와 교섭하는 태도, 즉 조약을 맺고 땅을 양도하라고 강요하는 태도를 어떤 시각으로 보아야 하는가? 우리가 마음대로 내쫓을 수 있는 차지인이라면 정부가 우리 땅을 합법적으로 소유하기 전에 왜 우리의 동의를 구할 필요가 있는가? 대답은 명백하다. 이 정부는 우리의 권리, 즉 이 땅에 대한 우리의 권한과 우리의 자치권을 완벽하게 이해하고 있기 때문이다. 조약에 대한 우리의 이해는 우리 영토를 잠식하지 못하게 하는 미국 "통상법intercourse law"에 의해 더욱 강하게 뒷받침된다. 아래 서명한 진정인들은, 그들의 해석이 정부 해석과 다르다면, 정부가 그들을 대우한 방식과 정부가 요구하고 약속한 모든 것이 그들을 속이기 위한 것이었다고 말할 수밖에 없다.

인디언들의 권리는 강력한 근거를 가지고 있다. 이에 비추어 우리 진정인들은 인디언들을 마음대로 내쫓을 수 있는 차지인, 또는 단지 땅을 차지한 주권 없는 사람으로 간주하는 당신들의 태도에 엄숙하게 저항한다. 우리는 이미 당신들의 명예로운 기구에서, 최초의 유럽 정착민들은 우리의 선조가 이 땅에 대해 완전한 주권을 지녔음을 인정했다고 진술했다. 우리는 이 땅에 대한 소유와 권한을 포기하지도 양도하지도 않았기에 이 땅에서 떠나라는 직접적, 간접적인 강요에 엄숙하게 저항한다. 우리가 지금 소유하고 있는 이 땅은 우리 조상의 선물이며, 조상의 유골이 묻혀 있는 곳이자 우리가 태어난 곳이며, 우리의 지혜가 생겨난 곳이다. 우리는 이곳을 포기하고, 아무런 매력도 없는 열등한 지역으로 가라는 명령에 동의할 수 없다. 더욱이 우리는 우리의 이웃인 조지아 주의 독단적인 조치에 항의한다. 조지아 주는 우리에게까지 자신의 법을 확대 적용하려고 하고, 우리의 동의 없이, 그리고 미국 조약과 통상법을 위반하면서까지 우리 땅을 조사하고 우리 내정에 간섭해 우리가 우리 법을 정상적으로 시행하지 못하도록 교란시키고 있다. 이처럼 모든 권리가 잠식되는 상황에서 벗어나 스스로를 보호하기 위해 아래 서명한 진정인들은 진심으로 당신들에게 간청한다. 우리의 존재와 미래의 행복이 위험에 처해 있다. 우리는 자유와 나라를 빼앗기고 있다. 당신들은 우리를 나락으로 밀어 넣고 있다. 그리고 우리가 문명화된 삶과 기독교 지식 면에서 일궈온 진보를, 중단시키지는 않는다 하더라도 상당히 저지하고 있다. 우리 진정인들은 그러한 행동을 최고로 강도 높은 억압으로 받아들일 수밖에 없다. 아마도 하늘 아래 모든 사람 중에서 가장 종교적이고 자유로운 사람들인 미국 국민에게서도 그런 행동은 기대할 수 없을 것이다. 그러므로 우리 진정인들은 그러한 결과를 기대하지 않는다. 당신들은 덕망 있고, 지적이며 기독교를 믿는 국가를 대표한다. 당신에게 우리는 기꺼이 우리의 주장을 전달하며 정의로운 판단을 구하는 바다.

루이스 로스 외, 총회에서 〈체로키네이션〉 협의회와 위원회가 미국 민중에게 한 연설(1830년 7월 17일)[3]

연설을 마치기 전에 미국과 우리의 관계에 대한 우리의 생각을 말하게 해 주십시오. 1783년 평화조약 이후 체로키족은 독립적인 사람들이었습니다. 지구상의 모든 사람들처럼 절대적으로 그랬지요. 체로키족은 영국의 동맹국이었고 식민지 전쟁에서 충실한 동맹으로 영국 편에 섰습니다. 우리는 스스로를 영국의 보호 아래 두었습니다. 아무 대의 없이 그들의 보호자에게 적의를 선언하거나, 식민지가 정복당하게 놔둔다면, 그들의 운명은 어떻게 되었겠습니까? 그러나 이 대륙에 대한 영국의 권한은 사라졌고, 영국은 미국의 독립을 승인하고 평화조약을 맺었습니다. 따라서 체로키족은 홀로 섰습니다, 그리고 경우에 따라서는 전쟁을 계속했습니다. 체로키족은 영국, 프랑스, 스페인에 아무런 의무가 없듯이 미국에게도 아무 의무가 없습니다. 미국은 절대로 체로키를 정복하지 못했습니다. 반대로 우리 선조들은 계속 자기 나라를 소유했고, 병력을 유지했습니다. (…)

미시시피 너머로 이주하는 것이 우리에게 이로울 것이라고 생각하는 사람이 있습니다. 우리는 그렇게 생각하지 않습니다. 우리 원주민들 모두 그렇게 생각하지 않습니다. 원주민들은 이주가 자신들의 이익에 치명적이라고 생각합니다. 그래서 거의 만장일치로 의회에 탄원인들을 보내고, 이주를 정당화하는 것에 반대합니다. 특히 탄원서에 서명할 때 이 문제는 그들 마음에 더욱 선명하게 떠올랐습니다. 이 문제에 관심이 없는 성인은 단 한 사람도 없습니다. 이웃한 주의 법에 저항해 스스로를 보호할 수 있다는 사실을 그들이 분명하게 이해한다면, 이 나라에서 강제 이주가 최선이라고 생각할 성인은 아마 한 사람도 없을 것입니다. 물론 소수는 개인적으로 이주할 수도 있습니다. (…)

우리는 이주하지 않을 것입니다. 만약 우리가 이주하는 극한 상황에 놓인다면, 이는 논쟁에 의해서가 아니며, 우리의 바람이 충족되었기 때문도 아니며, 우리의 상황이 나아질 거라는 확신이 생겼기 때문도 아닙니다. 이는 우리가 국가적·개인적 권리가 박탈당하는, 참을 수 없고 견디기 어려운 일련의 억압에 굴복했기 때문일 것입니다.

우리는 우리 조상의 땅에 그대로 머무르기를 바랍니다. 우리는 방해나 박해 없이 이곳에 남을 수 있는 완전하고도 고유한 권한을 지니고 있습니다. 우리와 맺은 조약들과 이 조약들을 맺기 위해 만들어진 미국의 법들은 우리의 주거권과 특권을 보장하고, 침입자들에게서 우리를 보호해줍니다. 우리는 단지 이러한 조약들이 완수되고, 이러한 법들이 실행되기를 요청할 뿐입니다.

우리가 강제로 우리나라를 떠나야 한다면 우리 앞에는 파멸만이 있을 뿐입니다. 우리는 아칸소 준주(territory, 주로 승격되기 전의 상태를 의미함, 옮긴이) 너머 서쪽 지역에 대해 전혀 모릅니다. 이 지역에 대해 들은 바, 별로 호감 가는 내용이 없습니다. 우리가 알기로는, 가고 싶은 모든 지역에는 이미 여러 인디언 부족들이 땅을 배당받아 살고 있습니다. 〔우리가 이주해 간다면〕 그들은 우리를 침입자로 간주하고 매서운 눈으로 경멸할 것입니다. 논쟁의 여지없이 이 지역 대부분은 숲과 물이 충분하지 않습니다. 어떤 인디언 부족도 물과 숲 없이는 땅을 일굴 수 없습니다. 우리가 이주할 경우 그곳의 변경에 거주하는 모든 이웃들은 우리와 전혀 다른 언어를 사용하고 다른 관습을 행할 것입니다. 우리가 이주할 지역의 원래 소유자들은, 지금은 숨어서 이웃에서 먹잇감이나 찾으며 야만적으로 떠돌고 있습니다. 그들은 늘 서로 싸우고, 평화로운 이주민들을 쉽게 공격합니다. 우리를 강제로 이주시키려는 그 지역이 현재 우리가 있는 곳보다 나은 곳이고, 우리가 지금 맞닥뜨린 저항을 받지 않아도 되는 곳이라 해도, 여전히 그곳은 우리가 태어난 곳이 아니며, 우리가 사랑하는 땅이 아닙니다. 우리 아이들이 뛰놀던 곳이 아니며, 우리 선조의 무덤이 있는 곳도 아닙니다.

블랙 호크의 항복 연설[4]

***

1832년

1832년 초, 소크Sauk족 추장인 블랙 호크(Black Hawk, 검은 매)가 이끄는 아메리카 원주민 수천 명은 1804년의 조약을 비난했다. 그리고 아이오와를 떠나 미시시피를 건너서 일리노이로 이주했다. 그들은 곧 미국 제6보병대의 공격을 받았고, 결국 패배했다. 그러나 블랙 호크는 저항했다. 다음은 블랙 호크의 항복 연설이다. 이 연설에서 블랙 호크는 왜 그와 다른 인디언들이 싸웠으며, 왜 그들의 적이 자신들의 행동을 "수치스러워" 해야 하는가를 설명했다.

당신들은 나와 나의 전사들을 모두 감옥에 가두었습니다. 나는 매우 슬픕니다. 당신들을 패배시키지는 못하더라도, 더 오래 버티고 항복하기 전에 더 많은 문제를 일으키기를 바랐기 때문입니다. 당신들을 매복 장소로 끌어들이려 했지만, 마지막 전투에서 당신들을 지휘한 장군은 인디언 전술을 잘 알고 있었습니다. 처음의 지휘관은 현명하지 못했습니다. 인디언 전술로 당신들을 이길 수 없음을 알았을 때, 나는 돌격하여 얼굴을 맞대고 싸우기로 결심했습니다. 나는 열심히 싸웠습니다. 하지만 당신들의 총은 조준을 잘했고, 총알은 새처럼 공중을 날았습니다. 그리고 겨울에 나무 사이로 불어오는 바람처럼, 윙하고 우리 귓가를 스쳤습니다. 나의 전사들이 내 옆에서 쓰러지는 모습을 차마 볼 수 없었습니다. 나는 최악의 날이 오고 있음을 알았습니다. 아침에 태양은 흐릿하게 떠올랐고, 밤에는 불덩이처럼 타오르며 어두운 구름 속으로 가라앉았습니다. 그것이 블랙 호크를 비춘 마지막 태양이었습니다. 그의 심장은 멈추어 더 이상 빠르게 뛰지 않습니다. 이제 그는 백인의 포로입니다. 이제 백인들은 그들이 원하는 대로 할 수 있습니다. 그러나 블랙 호크는 고문을 견뎌낼 수 있고, 죽음을 두려워하지 않습니다. 블랙 호크는 겁쟁이가 아닙니다, 블랙 호크는 인디언입니다.

블랙 호크는 인디언이 수치스러워해야 할 어떤 일도 하지 않았습니다. 블랙 호크는 자신의 동포, 원주민 여자들, 어린아이들을 위해서 백인에 대항하여 싸웠습니다. 백인들은 해마다 인디언들을 속이고, 인디언의 땅을 차지했습니다. 당신들은 우리가 왜 싸우기 시작했는지 이유를 압니다. 모든 백인들이 그 이유를 알고 있습니다. 그들은 이를 부끄러워해야 합니다. 백인은 인디언을 경멸하고 그들을 고향에서 몰아냅니다. 그러나 인디언들은 사람을 속이지 않습니다. 백인들은 인디언에 대해 나쁘게 말합니다. 그리고 경멸스럽게 쳐다봅니다. 그러나 인디언은 거짓말하지 않으며 훔치지 않습니다.

백인처럼 나쁜 인디언은 우리나라에서는 살 수 없습니다. 그는 아마도 죽임을 당해 늑대 밥이 될 것입니다. 백인들은 나쁜 선생님입니다. 백인들은 거짓 표정을 짓고, 거짓 행동을 하고, 가난한 인디언을 속이기 위해 그들 앞에서 미소를 짓습니다. 인디언들의 신임을 얻기 위해 악수하고, 그들을 취하게 만들며, 그들을 속이고 우리의 아내들을 파멸시킵니다. 우리는 백인들에게 우리를 내버려 두라고 말했습니다. 그러나 백인들은 계속해서 따라와 우리의 길을 포위하고, 마치 뱀처럼 우리 가운데에 똬리를 틀었습니다. 그들은 우리를 건드리고 독살했습니다. 우리는 안전하지 않았습니다. 우리는 위험 속에서 살았습니다. 우리는 일하는 사람이 아니라, 그들처럼 위선자, 거짓말쟁이, 간부姦夫, 게으름뱅이, 수다쟁이 가 되어 가고 있었습니다.

우리는 위대한 령을 우러러봤습니다. 우리는 우리의 위대한 조상님을 찾아갔고, 용기를 얻었습니다. 위대한 령은 위대한 행동 지침으로 공정한 말과 희망찬 약속을 우리에게 주었습니다. 그러나 우리는 만족하지 않았습니다. 상황은 점차 더 나빠졌습니다. 숲에는 더 이상 사슴이 없었고, 주머니쥐와 비버는 달아났고, 봄에는 메말랐고, 여인들과 어린아이들은 먹을 것이 없어서 굶어 죽을 지경이었습니다. 우리는 회의를 소집하고 대규모의 불을 지폈습니다. 조상들의 영혼이 일어나 우리에게 우리를 부당하게 학대하는 무리에 복수하거나 아니면 죽으라고 말했습니다. (…) 우리는 함성을 지르기 시작했고 도끼를 꺼내 들었습니다. 우리는 칼을 들 준비가 되어 있었습니다. 블랙 호크는 전사들을 전쟁터로 이끌었고, 심장은 한껏 부풀었습니다. 블랙 호크는 행복했습니다. 블랙 호크는 풍요로운 영혼의 세계로 나갈 것입니다. 블랙 호크는 자신의 의무를 이행했습니다. 블랙 호크의 아버지는 그곳에서 그를 만나, 그에게 명령할 것입니다.

블랙 호크는 진정한 인디언입니다. 여자처럼 우는 일은 질색입니다. 그는 자신의 아내, 아이들, 그리고 친구들의 불행을 슬퍼합니다. 하지만 자신에 대해서는 걱정하지 않습니다. 블랙 호크는 자신의 나라와 인디언을 염려합니다. 인디언들은 고통받을 겁니다. 블랙 호크는 인디언의 운명을 애도합니다. 백인은 머리 가죽을 벗기지는 않지만 더 몹쓸 일을 합니다. 그들은 마음에 독을 주입합니다. 백인들의 마음은 순수하지 않습니다. 블랙 호크의 동포들은 머리 가죽이 벗겨지지는 않았지만, 몇 년 내에, 백인처럼 될 겁니다. 그러므로 당신은 인디언들을 믿을 수 없습니다.

백인 정착지처럼, 사람 수만큼의 관리들이 그들을 돌보고 질서를 유지해야 할 것입니다.

안녕, 나의 조국이여. 블랙 호크는 너를 구하기 위해 노력했고, 너에게 저질러진 잘못에 복수하려 했다. 블랙 호크는 백인의 피를 마셨고, 포로가 되었으며, 그의 계획은 중단되었다. 블랙 호크는 더 이상 할 수 없다. 블랙 호크는 이제 거의 마지막을 맞이하고 있다. 그의 태양은 지고 있으며 더 이상 떠오르지 않으리라. 잘 가거라, 블랙 호크.

존 버닛,
「사병의 눈으로 본 체로키족의 이주」[5]

1890년 12월 11일

1838년 연방 민병대federal militias는 체로키족을 잡아들여 남부의 몇 개 주에 울타리를 쳐 놓고 그곳에 그들을 이주시켰다. 체로키족은 1천 마일(약 1,609킬로미터) 떨어진 서부를 향해 강제로 행군해야 했다. 체로키 인디언 수천 명이 이주 과정에서 죽었다. 이 이주는 "눈물의 행렬The Trails of Tears" 또는 "울며 걸었던 길The Trail Where They Cried"로 알려지기 시작했다. 당시 기병에 복무했던 사병 존 버닛John Burnett은 50년 후인 1890년에 자식들에게 이 눈물의 행렬에 대해 말했다. 그는 이를 "미국 전쟁사에서 가장 잔인한 명령의 시행"이었다고 묘사했다.

오늘은 1890년 12월 11일, 내 생일이다. 오늘로 나는 여든이 되었다. 나는 1810년 12월 11일 테네시 설리번카운티Sullivan County의 킹아이런웍스King Iron Works에서 태어났다. 나는 비버크리크Beaver Creek에서 물고기를 잡고, 숲을 누비며 사슴, 야생 멧돼지, 늑대를 잡으며 성장했다. 가끔 총, 사냥칼, 조그만 도끼만 벨트에 차고 혼자서 황무지를 몇 주씩 방랑하기도 했다.

장시간 사냥 여행을 하는 동안 나는 체로키 인디언들을 만났고 그들과 친해졌다. 낮에는 함께 사냥하고, 밤에는 그들의 모닥불 주변에서 잠들었다. 나는 그들의 말을 배웠고, 그들은 나에게 동물을 추적하는 법과 함정과 덫을 놓는 방법을 가르쳐 주었다. 1829년, 긴 사냥 여행 중, 나는 이동하는 사냥꾼 무리들의 총에 맞은 젊은 체로키 인디언을 발견했다. 그는 경사가 완만한 바위 아래 몸을 숨기고, 추적자들을 교묘히 피하고 있었다. 출혈이 심해 쇠약해진 그는 걸을 수 없었고, 아사와 탈수 직전이었다. 나는 그를 샘으로 데려가 씻기고, 총상 부위를 붕대로 감고, 죽은 밤나무 껍질을 벗겨서 쉴 곳을 마련해 줬다. 나는 그에게 밤과 구운 사슴 고기를 먹이며 돌보고 보호해 줬다. 그가 여행할 정도로 회복되자, 그와 동행하여 그의 부족에게 갔다. 그리고 그곳에서, 내가 실종되었다고 생각한 사람들이 나를 찾기를 포기할 정도로 오래 머물렀다. 체로키족과 살면서 나는 소총 전문가가 되었고, 활 솜씨도 상당히 나아졌으며, 함정도 잘 만들 수 있게 됐다. 그리고 대부분의 시간을 숲에서 사냥하면서 지냈다.

1838년, 체로키 인디언들은 그들이 오랫동안 살아 온 고향을 떠나 이주해야 했다. 나는 그때 인생의 황금기에 다다른 젊은이로, 미국 육군 사병으로 복무하고 있었다. 인디언들과 친하고 그들의 언어를 유창하게 말할 수 있었던 나는 1838년 5월 스모키마운틴Smoky Mountain 마을에 통역병으로 파병되었다. 나는 그곳에서 미국 전쟁사에서 가장 잔인한 명령이 시행되는 것을 목격했다. 나는 무기력한 체로키 인디언들이 체포되어 그들의 고향에서 철책이 둘러싸인 지역으로 강제로 끌려가는 광경을 보았다. 그리고 10월의 어느 날, 비가 부슬부슬 내려 냉기가 도는 아침, 나는 그들이 가축이나 양처럼 645대의 마차에 실려 서쪽으로 향하는 모습을 보았다.

그날 아침의 슬픔과 장엄함을 절대로 잊을 수 없다. 존 로스 추장Chief John Ross은 끌려가면서 기도했다. 나팔소리가 들리자 마차는 굴러가기 시작했다. 많은 아이들이 까치발을 하고 일어나 조그만 손을 흔들며 고향을 향해 안녕을 고했다. 그들은 그곳을 영원히 떠난다는 사실을 알고 있었다. 사람들 대부분은 어찌할 바를 몰랐고, 담요조차 챙길 틈도 없이 맨발로 고향에서 쫓겨났다.

11월 17일 아침, 우리는 지독한 진눈개비와 폭설로 얼어붙을 것 같은 추위와 만났다. 그날부터 이 운명적인 여행이 마침내 끝나게 되는 1839년 3월 26일까지 체로키족이 겪은 고통은 이루 말할 수 없었다. 추방의 길은 죽음의 길이었다. 그들은 마차와 맨 땅에서 불도 없이 잠자야 했다. 내가 알기로 하룻밤에만 무려 스물두 명이 폐렴으로 제대로 치료받지도 못한 채 유기되어 추위로 죽었다. 이들 중 존 로스 추장의 아름다운 아내인 쾨티에 로스가 있었다. 기독교 신자로 마음이 따뜻하고 우아한 여인이었던 그녀는 어린아이를 위해 순교했다. 그녀는 병든 아이를 간호하기 위해 하나뿐인 담요를 주고, 어지럽게 내리는 진눈개비 사이에서 얇은 옷만 걸치고 잤다. 로스 부인은 살을 에는 듯한 추운 겨울 밤 고요한 시간에 폐렴이 심해져서 그레그 대위의 말안장을 덮고 있는 담요에 머리를 기댄 채 죽었다.

나는 체로키 인디언들과 함께 서쪽으로 긴 여행을 했다. 그리고 사병으로서 할 수 있는 한 그들의 고통을 완화시키기 위해서 노력했다. 밤에 보초를 설 때면 나는 아픈 아이가 따뜻하게 지낼 수 있도록 내 오버코트를 벗어 주고, 블라우스 차림으로 수없이 뛰어 다녔다. 로스 부인이 죽은 날에도 나는 보초를 서고 있었다. 자정이 되어 교대를 하고 나서도 나는 로스 추장이 측은해 돌아가지 않고 마차 주변에 머물렀다. 동이 트자 맥크레란 대위는 여행길에서 죽은 다른 불행한 사람들처럼 로스 부인의 시신을 묻는 것을 도와주라고 나에게 지시했다. 부인의 시신은 관도 없이 고향에서 머나 먼 지역 길가에 묻혔다. 그리고 슬픔에 젖은 마차들은 줄지어 움직였다.

나는 젊은 청년으로 젊은 여자와 소녀들과 자유로이 어울렸다. 나는 가능한 몰래 그들과 즐거운 시간을 보냈다. 그녀들은 여러 번 내게 산山 노래를 불러 주었다. 그것이 그들이 나의 친절함에 보답할 수 있는 전부였다. 1829년 10월부터 1839년 3월 26일까지 만난 인디언 소녀 중에서 도덕적으로 방탕한 사람은 한 명도 없었다. 그녀들은 친절하고, 온화하고, 대부분 아름다웠다.

서부로 향하는 전 여정 중에 딱 한 번 싸워 봤는데 상대는 벤 맥도널이라는 팀 지도자였다. 그는 늙고 나약한 체로키를 마차에 몰아넣으며 채찍으로 때렸다. 눈조차 보이지 않는 노인이 황소 같은 채찍 아래 벌벌 떠는 모습은 내가 보기에도 지나쳤다. 나는 맥도널을 말렸고 결국 우리 두 사람의 싸움으로 번졌다. 그는 채찍으로 내 얼굴을 때렸고, 채찍 끝에 달린 철사 때문에 내 볼이 깊이 베였다. 내 벨트에는 내가 사냥하러 다니던 시절부터 차고 다니던 작은 도끼가 있었다. 그는 의식을 잃은 채 실려 나갔다.

나는 감시를 받았다. 그러나 헨리 불럭 해군 소위와 엘카나 밀리드 사병이 그 광경을 목격했고, 그들이 맥크레란 대위에게 사실을 말해서 감옥에 가지는 않았다. 수년 후에 나는 릴리 소위와 불럭 소위를 브리스틀의 존 로버슨 쇼John Roberson's show에서 만났다. 불럭은 내게 우스갯소리로 내 사건이 아직도 내게 불리한 상태로 군사 법정에서 유보 중이며, 그 재판이 얼마나 오래 연기될지 알고 싶다고 말했다.

맥도널은 마침내 회복되어, 1851년 테네시 멤피스에서 배를 몰았다.

서부로의 길고 긴 고통의 여정은 1839년 3월 26일에 끝났다. 스모키 마운틴의 작은 산마루부터 서부 인디언 보호구역으로 알려진 곳까지 이르는 길에 4천여 개의 말 없는 무덤이 이어졌다. 체로키족이 이런 고통을 겪어야 했던 건 백인들의 탐욕 때문이었다. 페르디난드 드소토

Ferdinand DeSoto는 1540년 인디언 지역을 여행하고 나서 스모키마운틴 어디엔가 금광이 있다는 전설을 퍼뜨렸다. 나는 그 전설이 맞다고 생각한다. 1829년 성탄절 밤 에코타Echota 축제에서 나는 인디언 소녀와 춤추며 놀았다. 그녀는 목에 금처럼 보이는 장식물을 걸치고 있었다.

1828년 와드크리크Ward Creek에 사는 어린 인디언 소년이 백인 상인에게 금괴를 팔았고, 그 금괴가 체로키의 운명을 결정했다. 곧, 그 지역에 무장한 도적들이 몰려들었다. 그들은 자신들을 정부 대리인이라고 칭하며, 그 땅의 법적 소유주인 인디언의 권리에는 전혀 신경 쓰지 않았다. 문명을 거스르는 범죄가 발생했다. 사람들이 총에 맞아 죽었고, 땅은 몰수당했다. 집들은 불탔고, 원주민들은 금에 굶주린 도적들에게 쫓겨났다.

주나루스카Junaluska 추장은 개인적으로 앤드루 잭슨 대통령과 친분이 있었다. 주나루스카는 체로키의 정찰대 중 정예 5백 명을 데리고 잭슨을 도와 호스슈Horse Shoe 전투에서 싸워 승리했다. 그 전쟁터에서 서른세 명이 죽었다. 이 전투에서 주나루스카는 한 크리크족 인디언이 잭슨을 잡아 막 죽이려고 할 때 자신의 도끼로 그 크리크 전사의 두개골을 내리쳤다.

존 로스 추장은 주나루스카를 앤드루 잭슨에게 특사로 보내 자신의 부족을 보호해 줄 것을 탄원했다. 그러나 자기 목숨을 구해 준 소박한 숲의 아들을 대하는 잭슨의 태도는 냉담했다. 그는 주나루스카를 만나 그의 탄원을 듣고는 퉁명스럽게 말했다. "자, 이제 다 들었습니다. 그러나 내가 당신을 위해 할 수 있는 일은 없습니다." 체로키의 운명은 결정됐다. 워싱턴 D. C.는 체로키족은 서부로 이주해야 하며 그들의 땅은 백인들에게 준다고 공포했다. 그리고 1838년 5월에 정규군 4천 명과 자원병 3천 명이 윈필드 스콧 장군General Winfield Scott의 지휘하에 인디언 영토로 행군해 들어왔고, 미국 역사상 가장 어두운 역사가 쓰여졌다.

평원에서 일하던 남자들은 잡혀서 철책 우리 속에 갇혔다. 이해할 수 없는 말을 하는 군인들이 여자들을 집에서 끌고 나왔다. 부모에게서 떼어진 아이들은 철책에 갇혀 하늘을 이불 삼고 땅을 베개 삼았다. 군인들은 노약자들을 철책 안으로 빨리 몰아넣기 위해 종종 총검으로 때렸다.

한 가정에는, 밤 사이 죽음이 찾아왔다. 슬픈 얼굴을 한 어린아이가 죽어서 곰 가죽 소파에 누워 있었다. 여자들 몇 명이 이 아이를 묻으려던 참이었다. 어린아이만 오두막에 남겨 두고, 모두 다 잡혀서 쫓겨났다. 누가 그 시신을 묻었는지 모른다.

다른 집에는 두 어린아이와 갓난아기가 딸린, 분명 과부임에 틀림없는, 아주 쇠약한 엄마가 있었다. 집에서 나가야 한다는 말을 들은 그녀는 아이들을 발아래 모으고, 원주민 언어로 간절히 기도한 후, 오랫동안 가족처럼 기른 개의 머리를 쓰다듬고, 그 충직한 동물에게 잘 있으라고 말하고, 아기를 등에 업고, 양손에 아이들을 한 명씩 잡고 추방 길에 올랐다. 그러나 그녀의 체력으로 감당하기에는 너무 힘겨운 일이었다. 심장의 고동이 멈추자 그녀는 고통에서 벗어났다. 그녀는 쓰러져 아기를 등에 업은 채 죽었고, 다른 두 아이들은 그녀의 손을 놓지 않았다.

호스슈 전투에서 앤드루 잭슨의 목숨을 구한 주나루스카 추장은 이 광경을 보았고, 그의 뺨에는 눈물이 쏟아져 내렸다. 모자를 벗고 하늘로 고개를 들어 올린 그는 "오, 하나님, 만약 호스슈 전투에서 지금 내가 목격하고 있는 일을 알았더라면, 미국의 역사는 다시 쓰여졌을 겁니다"라고 말했다.

지금, 1890년, 체로키 강제 이주가 일어난 시기와 우리가 살고 있는 시대는 시간적으로 매우 가깝다. 우리 젊은이들이 이 무기력한 종족에게 자행한 흉악한 범죄를 이해하려면 더 많은 시간이 지나야 한다. 오늘날의 아이들은 우리가 살고 있는 땅이 백인들이 자기 탐욕을 채우기 위해 무력한 종족을 총칼로 위협하여 차지한 땅이라는 사실을 모른다.

미래의 세대들은 알게 될 것이고, 이러한 행동을 저주할 것이다. 나는 후손들이 나나 스콧 장군의 명령으로 추장과 그의 자식들을 총으로 쏠 수밖에 없었던 네 명의 체로키 인디언 같은 일반 병사들은 상관의 명령을 따를 수밖에 없었다는 사실을 기억해 주기를 바란다. 이 일에 있어서 우리는 아무런 선택도 할 수 없었다. (…)

그러나 어둠 속에서 악한이 저지른 살인이든, 군악대에 맞춰 행진하는 군복 입은 군인이 저지른 살인이든, 살인은 살인이다.

살인은 살인이다. 그리고 누군가 대답해야만 한다. 누군가 1838년 여름, 인디언 영토에 흘렀던 피의 강물에 대해 설명해야만 한다. 또 체로키족이 강제로 추방당한 길을 따라 서 있는 말 없는 무덤들에 대해 설명해야만 한다. 나는 이 모든 일을 잊을 수 있기를 바랐다. 그러나 고통에 신음하는 사람들을 화물처럼 싣고 얼어붙은 땅 위로 무겁게 움직이던 마차 645대의 환영이 여전히 내 기억 속에 남아 있다.

미래의 역사가들이 비탄과 눈물과 죽어 가는 신음 소리로 가득한 이 슬픈 이야기를 말하게 하자. 이 지구의 위대한 심판관이 우리 행동의 무게를 재고, 우리가 한 일에 따라 우리에게 마땅한 응보를 내리게 하자.

네즈페르세족 조셉 추장의 진술

1877년, 1879년

네즈페르세Nez Percé족의 영토는 오리건부터 아이다호까지 뻗어 있었다. 그러나 골드 러시 이후 1860년대에 연방 정부는 수백만 에이커에 이르는 네즈페르세족의 영토를 빼앗고 그들을 이전 영토의 자그마한 한구석으로 쑤셔 넣었다. 조셉Joseph 추장은 1870년대에 네즈페르세 땅을 점진적으로 침범해 들어오는 세력에 저항하는 무리를 이끌었다. 그러나 그의 부족은 1877년에 무자비한 공격을 받았다. 조셉 추장은 캐나다 변경으로 후퇴할 수밖에 없었다. 1877년 10월 5일, 조셉 추장과 그의 추종자들은 캐나다 변경에서 40마일(약 64.3킬로미터) 정도 떨어진 몬태나에서 패배했다. 조셉 추장은 오클라호마의 인디언 보호구역으로 보내졌다. 그곳에서 그는 미국 정부의 범죄를 비난하는 연설을 계속했다. 그는 1879년 워싱턴을 방문하고 연설했다.

조셉 추장의 항복(1877년 10월 5일)[6]

올리버 오티스 하워드Oliver Otis Howard 장군에게 내가 그의 마음을 안다고 전해 주십시오. 나는 아직도 그가 전에 내게 한 말을 잊지 않고 있습니다. 나는 싸우는 데 지쳤습니다. 타-훌-훌-슈트Ta-hool-hool-shute는 죽었습니다. 루킹 글래스(Looking Glass, 거울)도 죽었습니다. 노인들은 모두 죽었습니다. "네" 또는 "아니오"를 말하는 사람들은 젊은이들입니다. 젊은이들을 이끌던 사람도 죽었습니다. 날씨는 춥고 우리는 담요조차 없습니다. 어린아이들은 얼어 죽을 지경입니다. 나의 사람들 중 일부는 언덕으로 도망갔고, 그들에게는 담요도 음식도 없습니다. 그들이 어디에 있는지 아무도 모릅니다. 아마도 얼어 죽었을 겁니다. 나는 나의 어린 양들을 찾을 시간이 필요합니다. 그들을 얼마나 많이 찾을 수 있을지는 모릅니다. 어쩌면 내가 그들을 찾았을 때 그들은 이미 죽은 자들 가운데 있을지도 모릅니다. 장군들이여, 나의 말을 들어주십시오. 나는 지쳤고, 나의 심장은 병들고 슬픔에 잠겼습니다. 지금 저 태양이 머무는 이 시점부터 나는 더 이상 영원히 싸우지 않을 것입니다.

조셉 추장의 워싱턴 방문에 관한 진술(1879년)[7]

마침내 나는 워싱턴 방문을 허락받아 내 친구 옐로우 불(Yellow Bull, 황소)과 통역사를 데리고 왔다. 여기에 올 수 있어서 기쁘다. 나는 여러 좋은 친구들과 악수했다. 하지만 나는 아무도 설명할 수 없는 무언가를 알고 싶다. 나는 넬슨 마일스Nelson Miles 장군이 그러했던 것처럼 어떻게 정부가 우리와 싸우라고 사람을 보내고 약속을 어길 수 있었는지 이해할 수 없다. 그런 정부는 뭔가 잘못된 정부다. 나는 어떻게 그 수많은 장군들이 서로 다른 방식으로 말하고, 서로 다른 약속을 할 수 있었는지 이해할 수 없다. 나는 위대한 아버지 추장[Great Father Chief, 헤이스 대통령], 부추장[the Next Great Chief, 내무 장관 칼 슐츠], 판무관, 법무 장관, 그리고 여러 다른 국회의원들을 만났고 그들은 모두 나의 친구며 내가 정의롭다고 말했다. 그들이 바른 말을 하면서도 왜 우리 부족을 위해서는 아무것도 해 주지 않는지 이해할 수 없다. 말은 무성하지만 행동은 없다. 좋은 말도 실천하지 않으면 오래가지 않는다. 말로 내 동족의 죽음을 갚을 수 없다. 나의 조국은 지금 백인의 지배를 받는다. 백인은 내 조국을 되돌려 주지 않는다. 백인은 내 선조의 무덤을 보호하지 않는다. 백인은 내 말과 가축을 변상하지 않는다. 선의의 말이 내 아이들을 되돌려 주지 않는다. 선의의 말이 너희들의 전쟁 추장인 마일스 장군의 약속을 유효하게 하지 않는다. 선의의 말이 내 부족에게 건강을 가져다주거나 죽지 않게 하지 않는다. 선의의 말이 내 사람들에게 자신을 돌보며 평화롭게 살 수 있는 집을 가져다주지 않는다. 말할 권리가 없는 사람들이 너무 많은 말을 한다. 너무 많은 오해가 있다. 백인과 인디언 사이에 너무 많은 오해가 일어났다. 만약 백인이 인디언과 평화롭게 살기를 원한다면, 평화롭게 살 수 있다. 문제가 일어날 리가 없다. 모든 사람을 동등하게 대우하라. 그들에게 같은 법을 적용해라. 그들 모두에게 생활하고 성장할 공평한 기회를 줘라. 모든 사람은 위대한 령이 창조했다. 모두가 형제들이다. 대지는 모든 사람의 어머니며 모든 사람은 이런 대지에 대해 동등한 권리를 지닌다. 자유로이 태어난 사람이 감금당하고 자신이 가고 싶은 곳에 갈 자유를 거부당하는 것에 만족하기를 기대하는 것은 모든 강물이 거꾸로 흐르기를 기대하는 것과 같다. 말을 우리에 잡아 매 놓고, 말이 살찌기를 기대하는가? 인디언을 지구상 작은 곳에 가두어 놓고 그곳에 머무르라고 강요한다면 그는 만족지도 않을 것이며, 성장하거나 번성하지도 않을 것이다. 나는 몇몇 위대한 백인 추장들에게, 백인들에게는 가고 싶은 곳으로 가라고 말하면서도 인디언에게는 한곳에 머물라고 말할 권한을 어디에서 얻었는지 묻는다. 그들은 답을 못한다.

　나는 단지 정부에게 우리를 다른 사람 대하듯 대해 달라고 요청할 뿐이다. 내 고향으로 돌아갈 수 없다면 내 부족들이 그렇게 빨리 죽지 않는 다른 곳에 집을 가질 수 있게 해 주기 바란다. 나는 비터루트Bitter Root 계곡으로 가고 싶다. 그곳에서는 내 사람들이 행복할 수 있으리라. 내 사람들은 지금 그들이 있는 곳에서 죽어 간다. 내가 워싱턴에 오려고 캠프를 떠난 뒤에도 세 명이 죽었다.

우리의 상황을 생각하면 내 마음은 무겁다. 나는 우리 종족 사람들이 범법자 취급을 받으며 이곳 저곳으로 쫓겨 다니는 모습을 본다. 아니면 짐승처럼 총에 맞아 쓰러진다.

우리 종족이 변해야 한다는 걸 안다. 백인과 함께하려면 이대로의 우리 자신을 고집할 수 없다. 우리는 단지 다른 사람들이 사는 것처럼 살 수 있는 공평한 기회를 달라고 요청한다. 우리는 인간으로 대우받기를 원한다. 모든 사람들에게 같은 법이 적용되기를 요구한다. 인디언이 법을 어기면 법에 따라 처벌하라. 백인이 법을 어기면 그 역시 법에 따라 처벌하라.

자유인으로 내버려 두기 바란다. 자유로이 여행하고, 머무르고, 일하고, 내가 원하는 곳에서 장사하고, 선생님을 자유로이 선택하고, 내 조상의 종교를 자유로이 따르고, 자유로이 말하고, 생각하고, 나 자신으로 행동할 수 있기를 원한다. 나는 모든 법을 준수할 것이며, 법을 어길 경우에는 처벌에 순응할 것이다.

백인이 인디언을 자기네 대하듯 한다면, 더 이상의 전쟁은 없을 것이다. 우리는 모두 하나의 하늘 아래 한 부모에게서 태어난 형제들이다. 우리 주변에는 하나의 나라만 있을 것이며, 모두에게 하나의 정부만 있을 것이다. 그러면 하늘에서 모든 것을 관장하는 위대한 령은 이 땅을 내려다보며 미소 짓고, 형제들의 손으로 뿌린 피가 묻은 지구 표면을 닦아 내기 위해 비를 내릴 것이다. 인디언은 이런 순간을 고대하며 기도하고 있다. 더 이상 다친 자들의 신음소리가 하늘에 계신 위대한 령의 귀에 들어가지 않기를 희망한다. 그리고 모든 사람들이 한 동포이기를 바란다.

힌-마-투-야-랫-케흐트(Hin-mah-too-yah-lat-kekht, "큰 산을 굴리는 천둥"이라는 뜻으로 조셉 추장의 인디언 이름이다. 옮긴이)가 그의 사람들을 대신해 말했다.

블랙 엘크, 「꿈의 종말」[8]

1932년

1890년 12월 29일 가장 끔찍한 아메리카 원주민 학살이 일어났다. 그리고 이는 다른 학살처럼 냉담하게, 어쩌면 약간의 찬사 섞인 어조로 보고되었다. 이 학살은 인디언 추장 시팅 불(Sitting Bull, 앉아 있는 황소)이 죽은 후 뒤이어 일어났다. 그가 죽은 다음 애버딘Aberdeen의 『새터데이 파이오니어Saturday Pioneer』는 "백인들은 정복의 법칙과 문명의 정의에 따라 미국 대륙의 주인이 되었다. (…) 그리고 남은 인디언을 모두 전멸시킴으로써 개척지 정착민들은 최상의 안전을 누릴 수 있게 됐다"고 선언했다. 이 잡지의 편집자는 프랭크 바움L. Frank Baum으로 『위대한 오즈의 마법사The Wonderful Wizard of Oz』의 저자였다. 다음은 오글라라 수Sioux족의 추장인 블랙 엘크(Black Elk, 검은 사슴)가 운드니Wounded Knee 학살을 설명한 글이다. 이 글은 『블랙 엘크 연설집Black Elk Speaks』으로 발간된 그의 구술 증언집에서 발췌했다.

군인들이 행군하여 가버린 후 레드 크로우(Red Crow, 붉은 까마귀)와 나는 파인리지Pine Ridge로 함께 돌아왔습니다. 당신에게 이미 말했듯이 나는 어린아이를 데리고 있었고, 레드 크로우도 한 명 데리고 있었습니다.

우리가 파인리지로 돌아온 이유는 고향은 평화로울 것이라고 생각했기 때문입니다. 그러나 그렇지 않았습니다. 우리가 없는 동안 정부 기관과 싸움이 벌어졌습니다. 그리고 우리 부족들은 모두 떠난 뒤였지요. 얼마나 급했던지 원추형 천막을 그대로 세워 놓은 채로 떠났습니다.

우리가 파인리지 북쪽을 지나갈 때는 날이 어두워질 무렵이었습니다. 지금은 병원이 있는 곳이지요. 병사들 몇 명이 우리를 향해 총을 쐈지만 우리를 맞추지는 못했습니다. 우리는 말을 타고 캠프로 들어갔지만 아무도 없었습니다. 우리는 아침부터 아무것도 먹지 못해서 무척 배가 고팠습니다. 그래서 우리는 천막들을 들여다봤습니다. 마침내 파파[papa, 말린 고기]가 요리되어 있는 냄비를 발견하고 그곳에 앉아서 먹기 시작했습니다. 파파를 먹는 동안 군인들이 천막을 향해 총을 쐈고, 총알이 바로 나와 레드 크로우 사이를 지나 벽에 박혔습니다. 수프에 먼지가 들어갔지만 배가 찰 때까지 계속 먹었습니다. 그러고는 아기들을 데리고 말에 올라타고 달렸습니다. 만약 그때 그 총알이 나를 죽였다면 입 안에 파파를 물고 죽었을 겁니다.

사람들은 클레이크리크(Clay Creek, 크리크Creek는 작은 운하, 혹은 개울로 번역할 수 있지만 여기서는 개울을 끼고 있는 지역 전체를 뜻하는 말로 종종 쓰이기 때문에 따로 번역하지 않았다. 옮긴이)로 도망갔고, 나도 그 길을 따라 갔습니다. 우리가 원추형 천막도 없는 캠프에 도착했을 때는 어두운 한밤중이었습니다. 부족민들은 자그마한 모닥불 옆에 앉아 있었고 눈이 오기 시작했습니다. 그들 사이로 말을 타고 지나갈 때 나는 어머니의 목소리를 들었습니다. 그녀는 내가 그곳에서 죽었다고 확신하고 나를 위한 장송곡을 부르고 있었습니다. 나를 본 어머니는 너무 기뻐서 울고 또 울었습니다.

젖이 나오는 여자들이 나와 레드 크로우가 데려온 아기들에게 젖을 물렸습니다. 그날 밤 어린아이들을 제외하고 아무도 자지 못했던 걸로 기억합니다. 눈이 날렸지만 우리에게는 천막도 없었습니다.

날이 밝아 오자 전쟁을 치를 사람들은 나가고 나도 그들과 함께 갔습니다. 하지만 이번에 나는 총을 가지고 갔습니다. 내가 어제 운디드니로 향했을 때는, 살상용이 아닌, 신성함을 상징하는 활만 가지고 갔습니다. 그 당시 나는 와네키아(Wanekia, 위대한 령의 아들, "살게 하는 자"라는 뜻이다. 옮긴이)를 믿고 있었기 때문에 누구도 죽이고 싶지 않았던 것입니다.

하지만 이제 더 이상 그렇게 생각하지 않습니다. 운디드니에서의 일을 목격한 후 나는 복수를 결심했고, 죽이기로 했습니다.

우리는 화이트클레이크리크White Clay Creek을 건너 개울 서쪽을 따라 계속 올라갔습니다. 얼마 가지 않아 우리는 시끄러운 총성을 들을 수 있었습니다. 우리는 서쪽으로 붙어서 싸움이 일어나고 있는 곳을 향해 산등성이를 따라갔습니다. 그곳은 미션Mission에 근접해 있었고, 아직도 미션에는 수많은 탄알들이 있었습니다.

이 산등성이에서 우리는 개울 양편에 있는 라코타Lakota족이 개울을 따라 내려오고 있는 군인들에게 총을 쏘고 있는 장면을 보았습니다. 아래를 내려다보니 자그마한 계곡이 보였고, 그 건너편에 커다란 언덕이 있었습니다. 우리는 계곡을 건너 이 언덕으로 올라갔습니다.

바로 그곳에서 그들이 싸우고 있었습니다. 그리고 라코타족은 나에게 "블랙 엘크, 오늘이 바로 위대한 일을 할 때야!"라고 소리쳤습니다. 나는 "어떻게?" 하고 물었습니다.

나는 말에서 내려 권위를 과시하기 위해 몸에 흙을 문질러 발랐습니다. 권위 없이 나는 아무것도 아니었습니다. 그러고는 소총을 집어 들고 말에 올라타 언덕 꼭대기로 질주했습니다. 내 바로 아래에서 군인들이 총을 쏘고 있었고, 부족 사람들은 내게 그곳으로 내려가지 말라고 소리 쳤습니다. 거기 병사 중에 솜씨 좋은 저격수가 몇 명 있어서 내가 헛되이 죽을까 봐 걱정됐기 때문입니다.

그러나 나는 북쪽에서 거위가 날아오는 원대한 환상을 기억했습니다.

나는 그들의 힘에 의지했습니다. 나는 기후가 변하면 방향을 바꾸기 위해 나지막하게 날다가 솟아오르는 거위처럼 오른손에 총을 잡고 팔을 뻗고는 브르-르릅, 브르-르릅, 브르-르릅 거위 소리를 냈습니다. 나는 힘이 솟아올랐습니다. 군인들은 나를 보았고, 나에게 재빨리 총을 쏘기 시작했습니다. 나는 계속 말 오른편에 붙어 달려가 그들 가까이 가서는 얼굴을 쏘고, 다시 빙 돌아서 언덕으로 되돌아왔습니다.

내내 총알이 내 주위로 날아들었지만 나는 다치지 않았습니다. 두렵지도 않았습니다. 나는 마치 총 쏘는 꿈을 꾸고 있는 것 같았습니다. 하지만 언덕 꼭대기로 돌아왔을 때 갑자기 나는 꿈에서 깨어난 듯 공포를 느꼈습니다. 나는 팔을 떨어뜨리고 거위 소리를 멈췄습니다. 바로 그때 그곳에서 누군가가 도끼 등으로 나를 내려치는 것처럼 무언가가 나의 벨트를 치는 느낌을 받았고 나는 말안장에서 거의 떨어질 뻔했습니다. 하지만 겨우 말고삐를 붙들고 언덕 위로 올라갔습니다.

그곳에는 프로텍터Protector라는 이름의 노인이 있었는데, 그는 내게 달려와 말에서 떨어지는 나를 잡았습니다. 총알이 여기 배를 가로질러 비스듬히 박혔습니다. 보여 주지요. (배에 난 길고 깊은 상처를 보여 주며) 내장이 밖으로 나왔지요. 프로텍터가 이불을 길게 찢어서 배를 둘러 묶어서 내장이 제자리로 돌아갈 수 있었습니다. 당시 나는 모두 죽여 버리겠다고 날뛰며 프로텍터에게 "나를 말에 태워 달라, 저기로 가게 해 달라. 오늘은 죽기에 좋은 날이니, 저기로 싸우러 가겠다"고 했습니다. 그러나 프로텍터는 "안 되네, 젊은이. 오늘 죽어서는 안 되네. 그건 어리석은 짓이야. 자네 부족은 자네를 필요로 한다네. 죽기에 더 좋은 날이 올 걸세"라고 말했습니다. 그는 나를 안장으로 들어 올리고, 내 말을 언덕 아래로 끌고 갔습니다. 나는 몹시 아팠습니다.

그때는 군인들을 죄 쓸어버릴 수 있을 것 같았습니다. 라코타족은 열심히 싸웠습니다. 그러나 내가 떠난 뒤 검은 와시추(the black Wasichu, 와시추는 인디언들이 백인을 부르던 말로, 검은 와시추 병사들이란 흑인 노예로 구성된 백인 군대를 가리키는 표현으로 추정된다. 옮긴이) 병사들이 왔고, 라코타족은 후퇴해야만 했습니다.

미션에는 우리의 아이들이 많이 있었고 자매들과 사제들이 그들을 돌보고 있었습니다. 자매들과 사제들은 전쟁터 한가운데에서 부상자들을 돕고 기도했다고 합니다.

리틀 솔져(Little Soldier, 작은 군인)라 불리는 사람이 있었습니다. 그는 나를 돌보았고 나를 우리 부족이 머무는 곳으로 데려다 줬습니다. 우리가 미션에서 싸움을 끝내는 동안 부족은 오-오나-가지(O-ona-gazhee, 은신처 또는 요새를 뜻하는 인디언 말. 옮긴이)로 피신해 있었고, 군인에게서 여자와 어린이를 보호할 수 있는 꼭대기에 진을 쳤습니다. 늙은 할로우 혼(Hollow Horn, 비어 있는 뿔)이 그곳에 있었습니다. 그는 매우 비범한 의술을 지닌 자로 내 상처를 치료하기 위해 왔습니다. 3일 후 나는 걸을 수 있었습니다. 하지만 여전히 배에는 담요 한 장을 동여맨 채였습니다.

때는 거의 1월 중순 경이었습니다. 우리는 군인들이 스모키어스Smoky Earth 강에 있으며 오-오나-가지에 있는 우리를 공격하려고 오고 있다는 소식을 들었습니다. 그들이 블랙피더Black Feather 지역에 거의 도착했을 때, 우리 60여 명은 그들을 잡기 위해 전쟁의 여정에 올랐습니다. 어머니는 나를 집에 있게 하려고 했습니다. 걷고 말을 탈 수는 있었지만 아직 상처가 다 낫지 않은 상태였기 때문이지요. 그러나 나는 머무를 수 없었습니다. 나는 운디드니에서의 전투를 목격한 뒤로는 군인들을 죽일 기회만을 기다리고 있었지요.

우리는 스모키어스 강으로 흐르는 그래스크리크Grass Creek의 개울가로 내려가, 그 곳을 건너 물줄기를 따라 갔습니다. 우리는 곧 작은 언덕 위에서 마차와 마차를 수비하고 있는 기병을 보았습니다. 군인들은 마차를 중심으로 둥글게 진을 치고 싸울 태세를 갖추고 있었습니다. 우리는 말에서 내려 언덕 뒤 자그마한 흙더미로 기어 올라가, 그곳에서 군을 정탐했습니다. 군인들 몇 명이 마구를 채운 말을 개울로 데려가 물을 먹였습니다. 나는 다른 사람들에게 "여기에서 저 군인들을 쏘면, 내가 저기로 가서 좋은 말들을 가져오겠다"고 말했습니다. 그들은 나의 힘을 믿었기에 그렇게 했습니다. 나는 그들이 총을 쏘는 동안 말 등에 올라탔습니다. 나는 말 일곱 필을 잡아서 되돌아오려고 하는데, 군인들이 나를 보고 총을 쏘기 시작했습니다. 그들은 말 두 필을 죽였을 뿐이고 나를 맞추지는 못했습니다. 나는 말 다섯 필을 안전하게 데려왔습니다. 사정거리에서 벗어났을 때, 나는 얼굴에 흰 점이 있는 적갈색 말을 움켜잡고, 나의 말고삐를 느슨하게 했습니다. 그리고 다른 말들을 몰아 우리 편으로 돌아왔습니다.

그때 더 많은 기병들이 강을 따라 올라왔습니다. 엄청나게 많은 수가 밀려왔고, 잠시 동안 힘겹게 싸웠습니다. 우리 쪽 수가 충분하지 않았기 때문이지요. 우리는 싸우면서 후퇴했습니다. 갑자기 나는 레드 윌로우(Red Willow, 붉은 버드나무)가 내 발밑에서 뛰는 걸 보았습니다. 그는 나에게 "형제여, 내 말이 죽었어!"라고 소리쳤습니다. 나는 군인의 말을 움켜쥐고는 줄을 잡아당겨서 레드 윌로우에게 가져다주었습니다. 그동안 그 군인은 재빨리 나에게 총을 쏘았습니다. 그때 나는 잠시 동안 와네키아 그 자체였습니다. 이 싸움에서 롱 베어(Long Bear, 긴 곰)를 비롯해 다른 사람들은, 그들 이름은 잊었지만, 아주 크게 다쳤습니다. 그러나 우리는 그들을 구했고, 우리와 함께 데리고 왔습니다. 군인들은 우리를 배드랜즈Badlands까지는 따라오지 않았습니다. 밤이 되었을 때 우리는 부상자들과 함께 오-오나-가지로 돌아왔습니다.

우리는 더 큰 싸움 상대를 원했습니다. 그래야 군인들을 만나서 복수할 수 있기 때문이었지요. 그러나 그렇게 하기는 힘들었습니다. 사람들 생각이 다 같지 않았지요. 그들은 춥고 배고팠습니다. 어프레이드-오브-히스-호스(Afraid-of-His-Horses, 오갈라 수족의 추장)가 우리와 함께 있던 레드 클라우드Red Cloud와 화친하기 위해 파인리지에서 왔습니다. 우리는 오-오나가지에서 회합을 갖고, 더 많은 전사들과 함께 출전하기로 되어 있었습니다.

어쨌든 우리는 나아가 싸우기를 원했습니다. 그러나 레드 클라우드는 다음과 같은 말을 우리에게 했습니다. "형제들이여, 지금은 매우 추운 겨울이다. 여인들과 아이들은 굶어 죽거나 얼어 죽어 가고 있다. 만약 여름이라면 끝까지 계속 싸우자고 말할 것이다. 그러나 지금은 그럴 수 없다. 우리는 여자와 아이를 생각해야 한다. 지금은 그들에게 매우 힘든 시기다. 그러므로 우리는 화해해야 한다. 그래야 어느 누구도 군인에게 부상당하지 않을 것이다."

사람들은 이에 동의했습니다. 맞는 말이었기 때문이지요. 그래서 우리는 다음날 진지를 철수하고 오-오나가지에서 파인리지로 내려갔습니다. 수많은 라코타족이 그곳에 이미 있었습니다. 그리고 수많은 군인들도 있었습니다. 우리가 우리 야영지를 통과하는 동안 군인들은 그들 앞에 총을 든 채로 두 줄로 서 있었습니다.

그렇게 모든 게 끝났습니다.

그 당시만 해도 나는 얼마나 많은 사람들이 죽었는지 몰랐습니다. 나이가 많이 든 지금 되돌아보아도 아직도 도살당한 여자와 아이들이 쌓여 있고, 굽은 협곡에 시신이 널려 있는 광경이 마치 어제 일처럼 선명합니다. 그 피범벅이 된 진창 속에서 중요한 무엇인가가 죽었고, 눈보라에 묻혔습니다. 사람들의 꿈이 그곳에서 사라졌습니다. 정말 아름다운 꿈이었지요.

젊은 시절 원대한 꿈을 지녔던 나는, 지금 당신이 보다시피, 아무것도 이룬 것 없는 불쌍한 노인이 되었습니다. 우리의 버팀목은 부러졌고, 산산조각 났습니다. 더 이상 구심점도 없고, 신성한 나무도 죽었습니다.

제8장

멕시코 전쟁

텍사스는 1836년 미국 정부의 지원하에 멕시코에서 독립을 선언했다. 미국의 텍사스 합병은 멕시코 전쟁의 길을 열었다. 1844년 선거에서 당선된 제임스 포크James Polk 대통령은 팽창주의자로 1845년 초 취임식 날 밤에 해군성 장관에게 자신이 대통령으로서 수행할 가장 중요한 임무는 멕시코의 일부인 캘리포니아를 획득하는 것이라고 털어놓았다.

당시 민주당의 입장을 대변하던 신문『워싱턴 유니언Washington Union』은 다음과 같이 기술했다. "위대한 합병 조치는 성사되어야 한다. (…) 서부로 전진해 흐르려는 급류를 누가 저지하겠는가?" 1845년 여름『데모크라틱 리뷰Democratic Review』의 편집장 존 오설리번John O'Sullivan은 훗날 유명해진 그 문구를 썼다. 그는 "하나님께서는 매년 수백만 명씩 증가하는 인구의 자유로운 발전을 위해 대륙 전체로 확산될 우리의 명백한 운명manifest destiny을 점지해 주셨다"라고 말했다. 그렇다. "명백한 운명" 말이다.

그 계획에서 빠진 건 바로 우연한 사건이었다. 미국 순찰대가 누이세스Nueces 강과 리오그란데Rio Grande 강 사이의 영토로 파병되었다. 그 영토가 자기들 것이라고 주장하던 멕시코는 군대를 보내 순찰대를 쓸어버렸다. 이에 대한 대응으로 포크는 "멕시코는 (…) 우리의 영토에 침입하여 미국인의 땅에 미국인의 피를 뿌렸다"고 잘못된 선언을 했다.

이 사건이 일어나기 전에도 제임스 포크는 일기에 미국은 "전쟁을 일으킬 이유가 있다"고 썼다. 포크는 즉시 의회에 전쟁 선포를 요청했다. 의회는 이 문제를 채 30분도 논의하지 않고 서둘러 승인했다.

1846년 에이브러햄 링컨Abraham Lincoln을 하원으로 선출했던 휘그당Whig Party은 전쟁이 시작된 뒤, 전쟁에 반대하기는 했지만 영토 확장에는 반대하지 않았다. 따라서 전쟁 결의안은 압도적인 찬성으로 통과됐다. 국회에서 링컨은 그의 "즉흥적인 결의안spot resolutions"으로 포크에 도전했다. 링컨은 미국인의 피가 뿌려진 "미국인의 땅"이 정확히 어느 지역을 의미하는지 밝혀 달라고 포크에게 요구했다. 그러나 다른 휘그당원들처럼, 링컨은 전쟁 비용 지원을 중단하면서까지 전쟁을 종식시키려고 하지는 않았다. 휘그당은 계속해서 전쟁 물자와 인력 충당을 승인하였다.

영토 확장이 노예주의 확산을 가져온다고 생각하는 사람들은 전쟁에 저항했다. 멕시코의 공격이 점점 더 잔인해지고, 주변을 공격하는 일이 잦아지고, 여자와 어린이들마저 살해당하는 일이 발생하자 그 저항은 더욱 확산되었다. 미군 사망자도 늘어났다. 멕시코 북부 지역에서 버지니아, 미시시피, 노스캐롤라이나 출신의 자원 군인들 다수가 상관에 항명했고, 적어도 9천 명의 군인들이 이 전쟁 기간 동안 탈영했다.

귀향한 제대군인들은 경제적 궁핍 때문에 정부가 준 땅 보증 문서를 투기꾼들에게 팔았다. 뉴욕 『커머셜 애드버타이저*Commercial Advertiser*』는 독립 전쟁의 경험을 지적하면서 "피를 뿌린 불쌍한 군인들 덕분에 막대한 재산을 벌어 들였다"며, 멕시코 전쟁 때도 같은 일이 일어났다고 말했다.

멕시코는 항복했고, 미국 정부는 뉴멕시코와 캘리포니아 지역을 갖는 대신에 1천5백 달러를 지급했다. 휘그당 신문은 "우리는 무력으로 아무것도 빼앗지 않았다. (…) 하나님 감사합니다"라고 결론 내렸다.

이선 앨런 히치콕 대령의 일기[1]

1845년 6월 30일~1846년 3월 26일

전쟁을 목격한 제3보병 연대의 이선 앨런 히치콕Ethan Allen Hitchcock 대령은 자신의 일기에서 전쟁을 지지한 정치인들의 수사를 비난했다.

루이지애나 제섭 요새Fort Jessup에서, 1845년 6월 30일

어제 밤 워싱턴으로부터 자카리 테일러 장군에게, 사빈Sabin에 근접한 해안 지역 또는 다른 지역으로 지체 말고 이동하라는 명령이 특급으로 도착했다. 그리고 국회가 텍사스 합병 결의안을 승인한다는 소식을 듣는 즉시 모든 군대를 텍사스 서부 끝 변경으로 이동하여 리오그란데 강 근처나 강둑에 진을 치고, 강을 건너오는 멕시코 군대가 있으면 쫓아내라는 지시가 내려졌다. 윌리엄 블리스는 어제 저녁 소등을 알리는 나팔소리가 나자 내게 그 명령을 급하게 읽어 줬다. 나는 어떤 준비가 필요한지 생각하느라 한숨도 못 잤다. 나는 지금 기상 나팔소리를 들으며 기록하는 중이며, 소집 명령을 기다리고 있다. (…) 폭력은 폭력을 부른다. 만약 우리의 움직임이 다른 폭력과 학살로 이어지지 않는다면 내 생각이 잘못된 것이겠지……

8월 29일 어젯밤

케이시 대위에게서 편지를 받았고 진영을 총지휘하는 장군 사무실에서 텍사스 지도를 받았다. 지도는 이모리 중위가 준비했는데 그 위에 리오그란데 강 경계가 선명하게 표시되어 있다. 우리처럼 뻔뻔하고, 오만하고, 주제넘게 권력을 휘두르는 사람들은 저주받아 마땅하다! 벌을 받든 안 받든, 우리 무신론자들은 세상에서 그런 사악함을 보는 것만으로도 충분히 저주받은 것이다.

9월 8일

테일러 장군은 진심인지 아닌지 몰라도, 리오그란데 강으로 갈 것이라고 말한다. 처음부터 그리고 근자까지도 합병은 부당한 정책이며 사실상 사악하다고 비난한 사람에게서 나온 독자적인 판단이다! 텍사스 영토가 리오그란데 강까지라는 "그 주장"은 근거가 없다. 로버트 워커 씨의 주장은 미국은 모든 서부 영토와 사빈 남쪽 지역을 포기한다는 1819년의 조약을 무시하는 주장이다. 그는 이 조약을 전혀 언급하지 않거나 또는 이 조약이 유효하지 않다고 가정한다. 하지만 우리는 그 조약으로 플로리다를 소유했다. 사실은 이 조약으로 올드루이지애나(Old Louisiana, 이 당시 루이지애나는 로키 산맥 이서에서 미시시피 강에 이르는 지역을 의미했다. 옮긴이)의 경계가 어디까지인가에 대한 논쟁이 해결되었다. 따라서 1819년 조약은 루이지애나와 관련된 영토 조약이었고, 상원 또는 조약 체결 권한을 가진 사람에게 국경 문제를 결정할 권한이 없다고 말하는 것은 상식에서 벗어난다. 루이 14세가 스페인의 찰스 3세에게 루이지애나를 양도했을 때, 그리고 다시 프랑스 나폴레옹에게 돌려줬을 때도 루이지애나의 경계는 확실하지 않았다. 그리고 미국이 유카탄(Yucatan, 멕시코 남동부의 반도. 옮긴이)처럼 외국의 땅이었던 이 지역을 사들였을 때도 확실하지 않았다. 우리는 1819년 조약으로 우리가 얻은 땅 이외의 지역에 대해서는 아무 권한이 없다.

텍사스의 경계는 원래 누이세스Nueces 강과 여기서부터 북으로 뻗은 작은 산까지였다. 그리고 이후 한 번도 누이세스 서쪽을 정복하지도, 소유하지도, 그리고 지배권을 행사하지도 않았다. 예외로 소수의 밀수업자들이 멕시코의 (보호를 받지는 못했지만) 묵인하에 이 지역에 살았다. 이들 밀수업자들이 자신들을 텍사스인Texan이라고 칭하자, 이 지역에 살던 주민들 중 일부도 스스로를 텍사스인이라고 불렀다.

C.C.[Corpus Christi, 코퍼스 크리스티]에서, 9월 20일

테일러는 멕시코인들의 권리를 존중하지 않기로 한 것 같다. 그리고 기꺼이 우리의 국경을 가능한 서쪽으로 밀어붙이고자 하는 포크의 도구가 되기로 결정한 것 같다. 테일러가 이동을 제안했을 때(그는 이동할 의사를 내게 말했다), 나는 그에게 포크 대통령은 이곳을 탈취하려고 하고 있으며, 테일러에게 그 책임을 떠맡긴 것이라고 말했다. 그는 당장 그 책임을 맡겠노라고 말했다. 그리고 자신에게 자유 재량으로 결정하라는 대통령의 지시가 떨어지기만 하면, 운송 수단이 확보되는 즉시, 명령을 기다리지 않고 바로 리오그란데로 갈 것이라고 덧붙였다. 내 생각에 장군은 훈장을 더 따고 싶어하는 것 같고 이를 얻기 위해서는 월권이라도 행사할 수 있는 사람처럼 보인다.

11월 2일

모든 신문이 멕시코는 더 이상 전진하지 않으며, 정부는 리오그란데까지를 "우리 것"이라고 주장하기 위해서 멕시코가 지체하고 있는 상황을 이용하기로 포괄적으로 결정했음을 알리고 있다. [옛날이라면] 이는 터무니없고, 혐오스러운 일이라고 주장했을 것이다. 그러나 지금 미국 사람들의 특성과 실제 상황이 변하고 있고, 우리 선조가 싸웠던 대의는 급속히 잊혀지고 있다. 나는 퇴직 후에 버젓하게 살 수 있다 하더라도 극도의 야망과 탐욕으로 부패한 이 정부를 포기할 것이다.

3월 23일

이 움직임의 정당성에 관해 나는 처음부터 미국인들이 침략자라고 말해 왔다. 우리는 벌받아 마땅한 오만을 떨며 철면피 같은 행동으로 멕시코인을 폭행했다. 우리는 10년 동안 멕시코를 잠식하고 모욕해 왔다. (…) 멕시코 사람들은 단순하고 성정이 착하며, 목가적인 사람들로 야만적인 관습을 가지고 있지 않다.

3월 26일

우리에게는 이곳에 있을 한 치의 권리도 없다.

이 임무를 수행하기에 우리 병력은 너무 적다. 정부가 일부러 소규모 병력을 파견한 것 같다. 이는 캘리포니아와 이곳을 될 수 있는 대로 많이 차지하기 위한 구실인 듯하다. 우리 병력이 어느 정도이건 미국과 멕시코 사이에 전쟁은 불가피하기 때문이다.

미구엘 바라간,
"텍사스 식민지인들에 관한 신속한 조치"[2]

1835년 10월 31일

스페인과 1819년에 맺은 조약으로 미국은 텍사스에 대한 모든 권리를 포기했다. 그럼
에도 워싱턴의 정치가들은 멕시코 관리들을 뇌물로 매수해 텍사스를 팔아넘기라고
계속 종용했다. 그러고는 텍사스를 식민화하고 합병하고자 했다. 멕시코는 미국 이민
자들이 텍사스로 들어오는 것을 막으려 했지만, 이주민들은 계속 유입되었다. 결국 텍
사스의 지위를 둘러싸고 갈등이 빚어졌고, 급기야는 멕시코 전쟁으로 비화됐다. 다음
은 멕시코 대통령 미구엘 바라간Miguel Barragan이 모든 멕시코 군 지휘관들과 총독들
에게 급히 보낸 공문서다. 이는 그의 비서 호세 마리아 토넬Jose Maria Tornel을 거쳐
전달되었고, 텍사스 이주민들이 멕시코인들을 어떻게 대우했는가를 보여 주고 있다.

오랫동안 텍사스 식민지인들은 멕시코가 그들을 관대하게 맞아들이
고 소중히 여겨 온 사실을 무시하고 멕시코 법을 조롱해 왔다. 우리는 그
들에게 우리의 자식들에게 주는 만큼, 아니 그보다 더 많은 특혜를 베풀
었다.

우리가 내부 소요를 겪을 때마다 그들은 우리 공화국이 그들의 지나친
행동을 규제하기에는 나약하고 무능하다고 생각했다. 그들의 무모함은
점점 도를 더하고 있으며, 우리 군대 전체를 계속 모욕하고 있다.

마침내 우리가 내부 질서를 확립하자, 그들은 자신들의 계모 같은 이

제도를 별로 내켜하지 않으면서도 위선적으로 유대를 내세웠다.

그들은 기회만 있으면 침략 행위를 저질렀다. 관세청 직원을 모욕하고 심지어 그들을 보호하기 위해 파견한 소규모 파견대와도 싸웠다.

텍사스 식민지인들에게 "멕시코인"이라는 단어는 아주 형편없다는 뜻의 단어였고, 지금도 그렇다. 우리 국민은 그들 자신의 영토에서 "외국인"으로 수감되어야 했을 뿐 아니라 온갖 모욕과 폭행을 겪어야 했다.

텍사스 식민지는 오랫동안 국가에 유해한 사람들이 모이는 총 집합소라고 여겨져 왔다. 부랑자들과 모험가들이 그들의 오만함을 참아 주는 관대한 나라에 반기를 들기 위해 전 세계에서 모여들었다.

이제 반항의 깃발이 올라갈 시점에 도달했다. 텍사스인들은 수치심도 없이 우리 영토 중 가장 소중한 지역을 빼앗으려고 혈안이 되었다. 이런 사악한 행동에 연루된 사람들은 루이지애나에서 온 모험가들이다. 그들은 분란을 조장하고 반란자들에게 필요한 지원을 제공한다. 문명화된 세계는 이러한 수치스럽고 혐오스러운 행동에 합당한 판결을 선포하는 데 주저하지 않을 것이다. 최고의 권한을 지닌 정부는 자신의 의무를 알고 있으며, 이를 어떻게 시행하는지도 알고 있다.

그러나 나라 안팎의 적에 대항해 수없이 승리해 온 우리의 용감한 군인들은 이미 텍사스에서 우리의 깃발과 명예를 지키고, 반역자를 벌하고, 그들의 서약과 의무와 책임을 충실하게 지킨 사람들에게 보답하기 위해 행군하고 있다. 부당한 도발이 일으킨 이 국가적 전쟁에서 정의와 힘은 우리의 편이며, 범죄와 찬탈, 그리고 우리 공화국을 비천하게 하고 중상하기 위해서 사용한 내분의 횃불은 반란자의 편이다.

그들은 자신들의 계획을 실현시키지 못할 것이다. 그리고 우리나라는 우리 법과 재산권이 무자비하게 공격당할지라도 지금처럼 여전히 위대하고 영광스러운 나라가 될 것임에 틀림없다. 경들이여, 그대들의 휘하에 있는 군대에게 환기시켜라. 그들이 테페카Tepeca, 콜로라도Colorado, 아즈카포잘코Azcapozalco, 후에르타Huerta, 베라크루즈Vera Cruz, 그리고 탐피코 드 라마울리파스Tampico de Ramaulipas에서 그랬던 것처럼 이 국제 전쟁에서 그들의 무적 불패를 훌륭하게 입증하리라는 것을!

　정부는 단 한 사람의 멕시코인도 외국인들의 반란이라는 배신을 좋아하지 않으리라 믿는다. 그러나 그 배신을 즐기는 불행한 사람이 있다 해도, 그를 벌할 권한과 의무가 여러분 손에 있다.

　신과 자유!

후안 소토, 탈영 전단[3]

1847년 6월 6일

멕시코 전쟁 기간 동안 미국 군부에서 복무하던 아일랜드 군인들이 멕시코 군으로 돌아서, 멕시코로 미국 영토를 확장하려는 정책에 반대해 무장 궐기했다. 그들은 성 패트릭 군대San Patricio's(St. Patrick's) Battalion라고 불렸다. 다음은 그들이 발행한 전단이다. 여기에서 그들은 자신들의 대의를 설명하고 특히 가톨릭교도들에게 같은 종교를 지닌 사람들에 대항하여 싸우지 말 것을 호소했다. 독특한 대문자 사용은 전단지 원본의 표기를 충실하게 따른 것이다.

침략 행위를 저지르고 있는 군대 내의 가톨릭교도CATHOLIC 아일랜드인, 프랑스인, 그리고 독일인들이여!

미국이 멕시코인에 대항해 벌이는 전쟁은 가장 부당한 전쟁이다. 미국은 당신들 모두를 그들의 부당한 행위의 도구로 사용하고 있다. 여러분들은 신심이 가득한 사람들에 대항해 싸워서는 안 된다. 그리고 노예제도를 헌법의 원칙으로 주장하는 사람들과 같은 노선을 걷는 것처럼 보여서도 안 된다. 위대한 마음을 소유한 신자들은 자유를 위해 싸워야 한다. 자유는 인간 차별을 제도화하고, 불행하고 무고한 사람들을 노예제도 아래서 먹고살게 만드는 사람 편이 아니다. 자유는 자신에게 속하지 않은 재산과 땅을 빼앗고, 자신들의 목적을 달성하기 위해 많은 피를 뿌리며, 세상을 지배하고자 열망하는 사람 편이 아니다. 그들은 우리의 신성한 종교 원칙을 공개적으로 거스르려는 목적을 가지고 있다. 멕시코인들이 여기저기서 일어나 봉기하고 있다. 미국인들이 아무리 강한 군대를 가지고 있어도 이곳은 미국인의 무덤이 될 것이다. 멕시코인들은 같은 종교를 믿는다고 고백하는 사람이 한 방울의 피라도 흘리지 않기를 바란다. 그리고 나는 베라크루즈 주민의 이름으로 당신에게 당신이 속해서는 안 될 군대를 버리고 떠날 것을 권유한다. 나는 이미 충분한 지시를 내린 상태다. 그러므로 당신들은 군대를 떠나 어디에 가든지 모든 타운과 지역에서 존경받을 것이다. 그리고 당신이 내게 올 때까지 당신에게 필요한 모든 필수품들을 제공해 줄 것이다. 여러분들의 옛 전우 중 여러 사람이 우리 부대에서 만족해하며 싸우고 있다. 전쟁이 끝나면 너그럽고 관대한 멕시코 정부가 여러분의 복무에 합당한 보상을 할 것이며, 원한다면 우리와 함께 남아 비옥한 땅을 개간할 수도 있다. 가톨릭교도 아일랜드인, 프랑스인, 독일인이여! 자유를 위하여! 우리의 신성한 종교를 위하여!

프레더릭 더글러스,
뉴잉글랜드 회합에서의 연설[4]

1849년 5월 31일

1829년에 멕시코는 노예제도를 폐지했다. 이는 영토를 팽창하여 노예제도를 합법적으로 유지할 수 있기를 바라던 노예주들을 위협했다. 이후 20년 동안 텍사스의 위상을 둘러싼 싸움이 전개되었다. 1846년 아일랜드의 벨파스트Belfast에서 열렬한 노예제 폐지론자인 프레더릭 더글러스Frederick Douglass가 연설을 했고, 이 연설에서 그는 미국의 텍사스 합병을 "시종일관한 음모, 가장 은밀하고 교묘하게 감춘 음모, 인간이 저지른 범죄 중에서 가장 어둡고 더러운 음모를 지지하고 유지하기 위한 목적을 지닌 음모"라고 묘사했다. 다음은 더글러스가 1849년 보스턴에서 행한 연설이다. 더글러스는 노예제 폐지론자들 앞에서 이 연설을 했으며, 멕시코에 대한 침략과 남부의 노예주에 강경하게 대항할 것을 촉구했다.

여러분들은 멕시코 전쟁은 잔악한 전쟁이라는 고발을 지지하는 박수갈채가 파네우일 홀Faneuil Hall에 울려 퍼지고 있음을 저만큼이나 잘 알고 있습니다. 멕시코 전쟁은 자유주들free States에 대항하는 전쟁으로, 자유에 저항하는 전쟁이며, 니그로에 반대하는 전쟁이며, 이 나라 노동자들의 이익에 반대하는 전쟁입니다. 그리고 니그로를 노예화하는 엄청난 악과 파멸적인 저주를 확장하는 수단입니다. (박수갈채가 터짐.) 왜 학대받는 사람들은 병으로 죽든, 아니면 전쟁터에서 적에게 죽든, 한 명의 압제자가 죽으면 그만큼 이 지구상에 남아 있는 압제자 수가 하나 줄어드는 것 아니겠느냐고 말하지 않는 걸까요? 저로 말하면, 내일 멕시코에서 잔혹한 전쟁에 참여한 모든 사람이 다 죽었다는 소식을, 그리고 죄 없는 멕시코인들에게 나쁜 짓을 하러 그곳에 간 사람들이 모두 최후를 맞았다는 소식을 듣는다 해도 별로 개의치 않을 겁니다. (박수와 우우 하는 소리가 들림.)

한 말씀 더 하지요. 이 땅에 3백만 명의 노예들이 있습니다. 미국 정부는 노예제도에 유리한 약속과 보장을 담고 있는 헌법을 승인하는 가운데 노예제도를 신봉하고 있습니다. 그 약속과 보장 중 하나는 바로 보스턴 시민인 당신이 하나님 앞에서 맹세한 것으로, 3백만 명의 노예들은 노예여야 하며 그렇지 않다면 죽어야 한다는 것입니다. 그리고 당신의 맹세와 총검과 무력은 노예 소유자의 분부에 따라 노예주의 치안판사나 주지사를 통해서 언제든지 노예들을 마음대로 억누를 것입니다. 3백만 노예들의 심장은 떨리고 있습니다. 그 위에 서 있는 1천8백 만 자유인을 생각할 때마다 나는 억압받는 자들을 동정하게 됩니다. 나는 억압받는 사람 중 한 명이고, 당신들은 그들을 발로 밟고 있습니다. 당신들의 영향력, 숫자, 정치적 행동과 종교 단체, 그리고 당신들의 무력은 그들에게 전적으로 의존하고 있으며, 지금 이 순간에도 당신들은 그들을 사슬에 묶어 두기 위해 노력하고 있습니다. 나는 미국인들의 상황, 미국인들의 역사를 되돌아봅니다. 그들은 고작 3페니의 차tea 세금에 저항하고 모국에서 독립하기 위해 영국의 빗발치는 포탄 속에 그들의 가슴을 드러냈습니다. 이러한 일들을 생각해 볼 때, 저는 이성은 내일로 미루고, 모든 노예들에게 오늘 당장 남부에서 봉기를 일으키라고 말하겠습니다. 남부를 아름답게 치장하던 검은 팔들이 남부에 죽음을 뿌리고 남부를 황폐화시켜야 한다고 말하겠습니다. (상당한 반응을 이끌어 냄.) 지금 이 순간에도 남부는 전쟁 상태입니다. 노예 주인들이 노예들을 침략하는 전쟁 말입니다. 지금 노예들은 그들의 발아래 있습니다. 프랑스에서 루이 필리프 Louis Philippe가 감옥에 갇혔다는 소식에 환호하던 당신들, 왕에 대항해 공화주의가 승리를 거뒀을 때 모자를 벗어 던지고, "공화주의여, 영원하라"를 큰소리로 외치며 환호하던 당신들, 그리고 "자유, 평등, 박애"의 구호에 진심으로 찬동했던 당신들이, 왜 냉혹한 노예 소유주에 대항해 노예들이 일으킨 남부의 반란은 똑같이 환영하지 않습니까? 노예들이 얻고자 하는 것은 프랑스 공화주의자들이 프랑스 부르봉 왕당파들에 대항해 획득하고자 한 바로 그것인데도 말입니다. (큰 박수와 우우 하는 소리가 여기저기에서 들림.)

『노스 스타』 사설,
"멕시코 전쟁"[5]

1848년 1월 21일

다음은 노예제 폐지론자들의 신문으로 프레더릭 더글러스가 뉴욕 로체스터Rochester
에서 발행한 『노스 스타North Star』의 사설이다. 여기에서 그는 노예제도 문제뿐만 아
니라 전쟁의 계급적 특징을 강조하면서 멕시코 전쟁을 비난했다.

현재 행정부와 내각의 움직임을 보면, 우리 자매 공화국과의 불명예스
럽고 잔인하고 간악한 전쟁이 곧 끝나리라는 일말의 희망을 이성적으로
감지할 수 있다. 이는 연방 의회 각 부서와 남부와 북부의 일부 주 의회,
대중 매체의 기류, 지도자급 인사들의 행동이나 미국 국민 대부분의 생
각과 감정에서 감지할 수 있는 것들이다. 멕시코는 탐욕과 지배욕에 집
착하는 앵글로색슨의 희생물이 될 운명에 처해 있다. 노예 소유주인 우
리 대통령은 전쟁을 속행하려는 결의를 다지고 있으며, 전쟁을 수행하기
위해 사람들에게서 인력과 돈을 쥐어짜내는 데 성공할 확률이 매우 높
다. 전쟁에 반대하는 사람들이 거의 없기 때문이다. 상당한 지명도가 있
는 정치인이나 고위직 인사 중 어느 누구도 기탄없이 공개적으로 전쟁에
반대함으로써, 그의 당과 더불어 그의 인기를 위태롭게 하려 하거나 또

는 지금 행정부가 지닌 막강한 영향력을 저지하고자 하지 않는다. 이 모든 위험을 무릅쓰고 평화를 옹호하는 입장에 서고자 하는 사람이 없는 듯하다. 모두가 전쟁이 어떤 형태로든 수행되어야 한다고 믿는다. 대통령의 요구에 반대하더라도 이는 전쟁을 혐오해서가 아니라 전쟁의 목적과 방법에 대한 정보가 부족하기 때문이다. 존 헤일 경Hon. John P. Hale이 가장 용감하게 반대 선언을 했다. 그는 전쟁의 목적과 대상을 확실하게 알 때까지 대통령이 전쟁을 수행하는 데 드는 비용 중 단 1달러도 승인할 수 없다고 말했다. 헤일 경은 군이 대통령이 그에게 알려 주지 않아도 될 만큼 전쟁이 무엇을 위해 수행되는지 알고 있다. 하지만 헤일 경은 자신의 선언에 신중한 단서를 단다. 이는 우리가 싸우고 있는 악이 얼마나 강하고 견고하고 깊게 방어되고 있는지를 보여 준다. 가장 용감한 자도 감히 이와 맞붙어 싸우지 않는다.

한편, "이야기가 점점 복잡해진다." 그리고 악은 퍼져 나간다. 엄청난 국고가 가난한 사람의 주머니에서 빠져나간다. 상원, 하원, 그리고 국회에서 애국심에 호소하는 감동적인 연설들이 행해진다. 휘그당은 물론 민주당 주지사들도 전쟁을 열렬히 지지한다. 노련하고 머리가 하얀 정치가들은 지옥 같은 일을 진전시킬 수 있는 방법과 수단을 고안하기 위해, 약해지는 자신들의 권한과 재능을 사용한다. 그들은 하사관과 상등병을 모집하고, 검에 희생될 희생자와 총알받이 사병을 찾기 위해서 국토를 순회한다. 악의 소굴이나 타락의 굴이 있는 곳에서 냄새나는 먹잇감을 찾는 이런 멍청이들이 발견된다. 그들은 럼주 가게, 도박장, 그리고 거론하기에도 너무 수치스러운 시궁창으로 달려든다. 겉보기에는 백조같아 보이지만 탐욕을 지닌 그들은 우리 기독교 국가의 더럽혀진 명예를 입증하기 위해서 타락한 사람들을 찾는다. 군부 지휘관들과 영웅들이 급증한다. 그들은 보통 사람들보다 높은 지위를 차지하고 사람들은 그들을 신격화까지는 아니지만 찬양한다. 나라 전체가 "이 흉악한 야수들을 경탄한다." 움켜쥔 야망, 압제적 찬탈, 흉악한 공격, 잔인하고 건방진 자만심이 이 땅에 번져 가고 스며든다. 우리에게 저주가 내린다. 전염병이 널리 퍼진다. 나라 안 어디도 그 악에서 완전히 자유롭다고 주장하지 못한다. 사우스캐롤라이나에서처럼 뉴욕에서도, 사빈에서처럼 페놉스코트Penobscot에서도 그 악은 목격된다. 사람들은 관직을 쫓는 사람들, 선동가들, 정치적 도박꾼들 손에 완전히 놀아난다. 그들이 친, 사람을 현혹시키는 정치적 그물 속에서 사람들은 걱정하고, 혼란스러워하고, 당황한다. 따라서 "전쟁의 속행을", "멕시코는 겸손하라", "평화로운 정복", "배상금", "전쟁이 임박하다", "국가적 영광", "멕시코 통일체", "우리의 운명", "이 대륙", "앵글로색슨 혈통", "더 많은 영토", "자유로운 제도", "우리나라"를 외친다. 그들은 마치 "야만스러운 야수처럼 정의가 사라지고 사람들이 이성을 잃은 듯" 보일 때까지 외친다. 인간의 피 맛과 화약 냄새가 감각을 없애 버렸고, 양심을 마비시켰고, 우리나라가 완전히 하락 국면으로 접어들었다는 우울한 생각을 지니도록 사람들의 이성을 파괴시켰다. 그리고 전쟁과 피라는 혐오스러운 생각에 몰두했다. "총과 검"이 우리 젊은 공화국의 선택이다. 수천 명 미국인의 죽음과 수만 명 멕시코 아들딸들의 학살은, 격한 싸움과 약탈에 대한 우리의 욕구를 무디게 하기보다는 오히려 날카롭게 만든다. 이 시대의 문명, 세계의 여론, 인명의 신성함, 어마어마한 경비, 위험, 시련, 그리고 우리의 비인간적인 행동에 영원히 따라다닐 심각한 수치심은, 광적인 야망, 피, 그리고 대량 학살을 반대하지만, 이 나라에서는 그런 수치심조차 사라져 별 효과가 없는 듯하다.

　이 전쟁은 노예제도를 유지하기 위한 전쟁이므로 이에 관한 한 우리는 어떤 당이 더 낫다고 할 수 없다. 이 당이나 저 당이나 모두 나쁘다. 평화를 지지하는 사람들은 어떤 당에도 희망을 기대할 수 없다. 민주당은 전쟁을 개시한 공을 세웠다는 데 자랑스러워하고 휘그당은 표를 모으고 전쟁을 수행한 데 따른 영광을 독점한다. 두 정당 모두 전쟁이 불명예스럽게 시작되었다는 낙인은 인정하지만 과감하게 계속 밀어붙인다. 이런 두 당 중 굳이 어느 당이 더 나은가 선택하라면, 아무리 사악해도 당의 공언과 일치하는 일을 하는 당이 더 낫다고 하겠다. 우리는 소위 민주당이 어디에 있는지 안다. 그들은 늘 노예 소유주들의 뚜쟁이였다. 민주당은 이 나라의 무자비한 인간 도둑의 지배를 받고 있다. 그들만큼 야비하고 더럽고 치욕스러운 사람은 없다. 인권과 관련해 민주당에게 명예롭거나 품위 있는 행동을 기대하는 사람은 아무도 없다. 그들은 자유를 확장한다는 핑계하에 텍사스를 합병했다. 그들은 노예를 소유한 제임스 포크를 자유의 수호자라고 부르며 대통령으로 뽑았고, 그가 대통령직을 그릇된 방식으로 수행할 때도 그를 후원했다. 그들은 의사 표현의 자유를 짓밟고, 탄원할 수 있는 권리를 축소시키고, 우리나라의 흑인들을 영구적으로 노예화하기 위해서 온갖 열정을 다 기울였다. 하지만 우리는 지금 정당을 고찰하려는 것이 아니다. 그런 일은 앞으로도 할 기회가 많다. 우리는 단지 지금까지 진행된 멕시코 전쟁의 전반적인 밑그림, 목적, 결과를 독자들에게 알려 주고자 한다.

전쟁을 속행하려는 확고한 결의에는 의심이 있을 수 없다. 포크는 이를 공언했다. 대통령의 기관지들은 이를 출판했다. 포크의 지지자들은 그의 주변에 모였다. 그들의 모든 행동은 전쟁을 향하고 있다. 그리고 국민들 마음속에 자기 목적을 확고하게 심기 위해 모든 노력을 다 기울이고 있다. 모든 위험은 삼가야만 하고, 모든 고통은 무시되고, 모든 신의는 사라지고, 모든 자비는 메말랐다. 인간 영혼을 고양시키는 일에는 둔감해졌고, 그 일은 침묵당했고, 거부되었다. 반면 지옥의 분노가 되살아나 지금 멕시코 안팎에서는 우리의 고용된 암살자, 즉 사람을 죽이는 기계를 지옥의 불길로 인도하고 있다. 한때 존경받았고 이 나라의 위엄을 보장했던 이성과 감성의 우수성, 원칙과 격언, 권고와 방침이 이제 모두 조롱당하고 있다. 품위는 완전히 사라져 버렸다. 우리의 씩씩한 군인들을 인간적으로 만들거나, 그들의 사악한 계획을 저지하는 데 있어서, 나이도 성별도 아무런 효력이 없다. 학살당하는 사람의 신음 소리, 폭행당하는 여자들의 비명, 고아들의 울음도 이 나라 사람들의 가슴에서 동정의 전율을 끌어내지 못한다. 오히려 용감한 군대가 더 악랄하고, 관능적이고, 피를 부르는 행동을 하도록 군인들을 고무하는 음악으로 사용되고 있다. 이 일은 치밀하게 계획되었고, 지휘되었고, 계속될 것이다. 언제 이일이 끝날지는 오직 하늘의 위대한 조물주만이 안다. 그러나 누구에게 책임이 있는지, 그리고 누구에게 천벌이 내릴지는 확실하게 알고 있다.

전쟁을 지지하는 정신은 위대한 기독교 계율을 전복시킬 뿐만 아니라 무엇보다 신을 불경하는 가장 무서운 결과 역시 가져올 것이다.

며칠 전 로체스터에서 빅터까지 여행하던 중에, 우리는 매우 점잖고 지적으로 보이는 두 사람이 미국과 멕시코 전쟁에 관하여 대화하는 것을 들었다. 두 사람은 큰 견해 차이를 보였다. 한 사람은 전쟁의 정당성을 강력히 주장했고, 다른 한 사람은 전쟁에 반대했다. 전쟁을 찬성하는 사람의 주된 근거는 멕시코 사람들이 야비하고 사악하다는 것이었다. 그리고 엉뚱하게도 그는 전쟁에 하나님의 뜻이 담겨 있다는 확실한 신념을 가지고 있었다! 멕시코인들이 저지른 죄악의 잔이 가득 찼기 때문에 하나님이 앵글로색슨 인종을 시켜 그들을 벌하게 했다는 것이다. 그의 종교적 신념에 가득 찬 발언에 상대방은 어리벙벙하여 입을 다물었다. 그는 말이 없었다. 그는 상대방의 논의의 근거가 너무 추상적이고 종교적이어서 감히 응대할 수 없었다. 따라서 대화가 끝났다. 인간이 인간의 죄를 신에게 물을 때 논의는 무익해지고, 힐책만이 필요하다. 그리고 그러기에는 도덕적 용기가 부족했던 그 불쌍한 사람은 조용히 앉아 있었다.

　이제 우리에게는 살인적인 계획과 결합된 종교가 있다. 위대한 신의 손에서 우리는 이 반항적인 사람들을 벌하는 회초리다! 이런 신에 대한 불경에 우리의 복음주의 목사들은 뭐라고 말하는가? 그들은 무덤처럼 말이 없다. 그리고 그들의 침묵은 이 죄악을 승인하는 가장 위대한 힘이다. 그들은 죄 없는 사람들의 피가 물처럼 쏟아지는 것을 보았지만, 말이 없다. 그들은 먼지 속에서 유린당하는 진실을 보았지만, 악을 행하는 자가 정의를 추구하고, 전쟁을 수행하는 자가 평화를 찾고, 치욕스러운 방법으로 명예를 추구하는 것을 보았지만, 아주 작은 목소리도 내지 않았다. 그들은 냄새나는 범죄의 급류 속에서 대중들과 함께 떠내려가고, 죄와 손을 잡고 있다. 진실한 목사라면 우리를 이 파멸적인 저주에서 구원해 줬을 것이다. 가끔, 이제 이 나라에 희망이란 것이 사라져 버린 건 아닐까 두렵다. 신이여 제발 우리에게 희망을 주소서! 이 나라는, 비록 그 길이 사람들의 피로 적셔지고, 인간의 뼈로 덮인다 해도, 그 사악한 길을 질주하기로 결심한 듯하다. 자, 그렇게 하라고 하자. 그렇지만 우리는 우리가 아무리 비천하고 우리의 목소리가 아무런 영향력이 없다 할지라도 우리 동료들에게 경고하고 싶다. 그들은 스스로를 위해 선택한 길을 따르고 있고, 어떤 장애물도 그들을 막을 수 없으며, 그들은 자신이 원하는 모든 것을 이룰 것이다. 멕시코는 그들 앞에 쓰러지고, 정복당하고, 복종할 것이고, 멕시코 정부는 사라질 것이다. 위대한 국가들의 공동체에서 멕시코의 이름은 지워질 것이다. 독립국 멕시코는 존재하지 않을 것이다. 멕시코의 권한과 힘은 찬탈되고, 멕시코 국민들은 군사독재의 무력 아래 놓일 것이다. 그리하여 멕시코는 노르만족이 색슨족을 정복했을 때 색슨족이 처했던 상황으로 떨어질 것이다. 그러나 정의의 신은 분명 존재하시기에 우리는 벌을 받을 것이다. 형벌은 확실하다. 우리는 피할 수 없다. 끔찍한 징벌이 우리를 기다리고 있다. 우리는 우리 동포들이 이 무시무시한 전쟁을 중지하고 살인적인 계획을 버리고 피의 길에서 벗어나기를 간절히 바란다. 이 나라가 구원을 받고자 한다면 지금도 늦지 않았다. 언론과 목사, 교회, 사람들 모두 다시 한번 단결하자. 멕시코에서 우리 군대를 철수하라고 요청하는 수백만 명의 청원으로 국회를 가득 메우자. 비록 우리가 구원을 받지 못한다 할지라도 청원만이 우리의 유일한 희망이다.

헨리 데이비드 소로, 『시민 불복종』[6]

1849년

헨리 데이비드 소로는 멕시코 전쟁에 반대한 사람 중 하나다. 그는 인두세 납부를 거부한 죄로 감옥에 갔다. 소로는 세금이 전쟁을 지원하고, 그럼으로써 노예제도를 확장하는 데 쓰인다는 이유로 납세하지 않았다.

나는 "작은 정부가 최선의 정부"라는 신조를 진심으로 환영한다. 그리고 나는 이런 정부가 더 신속하고 체계적으로 실행되기를 바란다. 그러다 보면 마침내 "통치하지 않는 정부가 최고의 정부"라는 신념에 이르게 될 것이다. 나 역시 그렇게 생각한다. 사람들이 작은 정부를 실행할 준비가 되었을 때, 그들은 결국 통치하지 않는 정부를 지니게 될 것이다. 정부는 기껏해야 편법일 뿐이다. 그러나 대부분의 정부는 일반적으로, 그리고 모든 정부는 종종, 부당한 편법에 불과하다. 상비군에 대한 반대는 상당히 많이 제기되고 있으며, 설득력이 있다. 이런 반대는 더 많이 제기될 필요가 있고, 이는 결국 현행 정부에 대한 반대로 이어질 수 있다. 상비군은 현 정부의 팔이기 때문이다. 정부 자체는 사람들이 그들의 뜻을 실행하기 위해서 선택한 양식으로, 사람들이 뜻을 실행하기 전에 남용되거나 왜곡되기 쉽다. 멕시코 전쟁을 보면 소수가 현 정부를 자신들의 도구로 사용하고 있는 것을 볼 수 있다. 사람들이 처음에는 멕시코 전쟁에 동의하지 않았기 때문이다. (…)

결국 민중의 수중에 권한이 있을 때 다수가 오랫동안 통치를 허락받는 이유는 다수 대부분이 올바르거나, 그렇게 하는 것이 소수에게도 공평하기 때문이 아니다. 다수가 물리적으로 강하기 때문이다. 그러나 모든 경우에 있어서 다수가 통치하는 정부는, 사람들이 무엇이 정의인지를 알고 있다 하더라도, 정의에 기반할 수 없다. 다수가 실질적인 옳고 그름을 결정하는 것이 아닌 양심에 따라 결정하는 정부는 있을 수 없는가? 다수가 오직 편의의 원칙을 적용할 수 있는 질문에만 답하는 정부는 있을 수 없는가? 잠시 동안만이라도, 또는 아주 짧은 순간이라도, 시민이 자신의 양심을 입법자들에게 양보하는 게 옳은 일인가? 그렇다면 왜 모든 사람이 양심을 가지고 있는가? 나는 우리는 먼저 사람이 되고 그 다음에 시민이 되어야 한다고 생각한다. 법에 대한 존경심이 옳음에 대한 존경심만큼 바람직하다고 볼 수 없다. 내가 생각하는 유일한 의무는 언제나 내가 옳다고 생각하는 것을 할 수 있는 의무다. 연합에는 양심이 없다는 얘기가 있다. 그러나 양심적인 사람들의 연합은 양심을 지닌 연합체가 될 수 있다. 사람을 조금이라도 더 정의롭게 만드는 데 법은 결코 도움이 되지 않는다. 선량한 성품의 사람조차도 법을 존경하는 마음을 갖는 즉시 날마다 불의를 행하게 된다. 대령, 대위, 상등병, 사병, 그리고 폭약 운반자 같은 군인들은 법에 부당한 존경을 표할 경우 나타나는 가장 흔하고 자연스러운 결과를 보여 준다. 군인들은 모두 존경할 만한 법의 명령에 따라 언덕 위와 골짜기를 가로질러 전쟁터로 나간다. 이는 자기 의지에 반하는 행동이다. 그렇다. 군인들은 자신의 상식과 양심을 거스르며 가슴을 졸이는 가운데 열심히 행진을 한다. 자신들이 관여하고 있는 일이 저주받을 일이라는 것을 의심하지 않는다. 그들은 모두 평화를 선호한다. 그렇다면 그들은 누구인가? 사람이 아닌가? 아니면 권력을 지닌 파렴치한 사람을 위해 일하면서 움직이는, 자그마한 요새나 탄약고인가?

오늘날, 사람들은 이 정부에서 어떻게 행동해야 하는가? 나는 명예로운 사람이라면 이 정부와 협력해서는 안 된다고 답할 것이다. 나는 잠시라도 노예 정부인 우리 정부 같은 정치기구를 인정할 수 없다.

모든 사람은 혁명권을 가진다. 즉 정부가 독재적이거나 효율적이지 못하고, 그 정도가 지나쳐 견디기 어려울 때 정부에 대한 충성을 거부할 권한을 지닌다. 대부분의 사람들이 지금은 그럴 때가 아니라고 말한다. 하지만 1775년은 그런 경우였다고 생각한다. 어떤 사람이 정부가 항구에 들어온 외국 물품에 관세를 부과하기 때문에 나쁘다고 말한다면, 나는 이에 대해 야단법석 떨지 않을 것이다. 그런 물건들 없이도 지낼 수 있기 때문이다. 모든 조직은 마찰을 겪는다. 그리고 이런 마찰이 악의 균형을 잡기에 충분한 선이라고 생각한다. 여하한 경우에도 이를 문제 삼는 것은 매우 위험하다. 그러나 그러한 마찰이 자신의 조직을 가지게 되면 억압과 도적질이 조장될 수 있다. 그렇게 된다면 더 이상 그런 조직을 갖지 말자고 말하고 싶다. 다시 말해서 자유의 피난처로 자처했던 국가의 인구 6분의 1이 노예이고, 전 국가가 외국 군대에 의해 부당하게 들끓거나 정복돼 군법에 복종해야 할 때, 나는 이때야말로 충성스러운 사람들이 반란과 혁명을 일으켜야 할 시기라고 생각한다. 우리의 반란과 혁명의 의무는 외국인이 우리나라에 침입했을 때보다 우리가 다른 나라를 침략했을 때 더 긴급하게 요청된다. (…)

실제로 매사추세츠에서 개혁에 반대하는 사람들은 수만 명의 남부 정치인들이 아니라, 수만 명의 매사추세츠 상인과 농부들이다. 그들은 인권보다 상업과 농업에 더 관심이 있고, 노예나 멕시코에 정의를 구현하거나 그에 따를지 모르는 희생을 감당할 준비가 되어 있지 않다. 내가 싸우는 상대는 멀리 떨어져 있는 적들이 아니다. 여기 가까운 곳에서 멀리 떨어진 이들과 협력하고 그들의 지시에 따르는 사람들이다. 그리고 그들이 없다면 적들도 해롭지 않을 것이다. 사람들은 늘, 대중은 준비되어 있지 않다고 말해 왔다. 그러나 진전이 느린 이유는 소수의 사람들이 다수보다 실질적으로 현명하거나 낫지 않기 때문이다. 절대적인 선은 어디엔가 존재하면서 다수에게 영향을 미치기 때문에 많은 사람들이 당신만큼 선량해야 할 필요는 없다. 수천 명의 사람들이 노예제도와 전쟁에 반대한다. 그러나 실제로는 노예제도와 전쟁을 종식시키기 위해 아무 일도 하지 않는다. 자신을 조지 워싱턴과 벤저민 프랭클린의 후손이라고 생각하는 사람들이, 주머니에 손을 넣고 앉아서 무슨 일을 해야 할지 모르겠다고 말하면서, 아무 일도 안 하고 있다. 그들은 심지어 자유의 문제를 자유무역 문제 뒤로 밀쳐 두고, 저녁 식사 후 멕시코에서 온 최신 소식과 함께 시세표를 조용히 읽으면서 이 모든 것을 무시한 채 잠에 빠져들 것이다. 오늘날 충성스러운 사람과 애국자의 시세는 얼마인가? 그들은 망설이고, 후회하고, 때로는 청원한다. 하지만 그들은 실제로 효과적인 일은 하지 않는다. 선량한 그들은 다른 사람들이 악을 치료하여 자신들이 더 이상 후회하지 않게 되기를 기다릴 것이다. 기껏해야 그들은 싸구려 투표를 하고, 정의가 지나쳐 갈 때 이에 대해 미약한 지지를 보내고, 성공을 기원한다. 덕망 있는 한 사람을 후원하는 자들이 999명이라 할지라도, 일시적인 후원자들을 상대하는 것보다는 실제 가치를 지닌 한 사람을 상대하는 편이 더 수월하다.

모든 투표는 체스나 주사위 놀이처럼 일종의 게임이다. 투표는 약간의 도덕적 의미를 갖는다. 그래서 선과 악, 그리고 도덕적 문제를 가지고 장난을 하고 자연스럽게 돈내기가 따른다. 유권자들의 특성은 확정지을 수 없다. 나는 옳다고 생각할 때 어쩌다가 투표권을 행사한다. 그렇지만 자신이 옳다고 생각한 것이 우세해야 한다고 적극적으로 생각하지는 않는다. 대부분 이를 다수에게 기꺼이 맡긴다. 따라서 다수의 책임은 편의 위주의 책임을 능가하지 않는다. 선을 위한 투표조차도 선을 위해 아무것도 할 수 없다. 이는 사람들에게 선이 우세해야 한다는 열망을 미약하게 표현한 것에 불과하다. 현명한 사람이라면 선을 기회의 재량에 맡기지 않을 것이며, 다수의 권력을 통해 선이 승리하기를 바라지도 않을 것이다. 대중의 행동에서 덕은 거의 보이지 않는다. 다수가 마침내 노예제도 폐지를 위해 투표한다면, 그들이 노예제도에 무심하거나, 투표로 폐지될 노예제도가 남아 있지 않기 때문일 것이다. 자신들이 노예가 된다면, 오직 자신의 투표로 자신의 자유를 주장하는 사람만이 선거를 통해서 노예제도 폐지를 앞당길 수 있을 것이다. (…)

악의 근절, 엄청난 악의 근절조차 사람들의 당연한 의무는 아니다. 사람들은 여전히 정당하게 다른 관심을 지닐 수 있다. 그렇지만 적어도 악에서 손을 씻을 책임은 있다. 악에서 손을 뗄 생각조차 하지 않는다면 실제로 악이 근절되어야 한다고 생각하지 않는 것이다. 내가 다른 활동과 생각에 헌신한다면, 나는 적어도 다른 사람의 어깨 위에 앉아서 그 일을 추구하지 않는다. 먼저 거기에서 내려와야 그 역시 자신의 생각을 추구할 수 있다. 얼마나 엄청난 모순을 견디고 있는지 보라. 내 고향 사람들은 "나에게 노예 반란을 진압하거나 멕시코로 행군하는 데 나서서 도와달라고 말해 주면 좋겠다. 그러면 나는 그들에게 가지 않겠다고 말할 것이다"라고 말한다. 하지만 바로 그들 각각이, 직접 충성을 맹세하거나 적어도 간접적으로 대리인을 제공하는 데 돈을 내고 있다. 전쟁을 일으킨 정부를 거부하지 않는 사람들이 부당한 전쟁에 나가지 않기로 한 병사를 칭송한다. 그 병사는 그가 행동과 권위를 무시하는 사람들에게서 칭송받는 셈이다. 마치 국가가 스스로 죄를 범하면서도 그 죄를 면하기 위해 한 사람을 고용하는 식으로 참회를 다할 수 있다고 생각하는 것과 같다. 그러나 국가는 단 한순간도 범죄를 완전히 중단함으로써 참회하지는 않는다. 따라서, 질서와 시민 정부 이름으로, 우리 모두는 마침내 우리 스스로의 비열함에 충성을 맹세하고 그 비열함을 지지한다. 처음 범죄를 저지른 후 느꼈던 수치심은 이내 무관심이 되고, 부도덕한 행동이 도덕과 무관한 행동이 되어 버린다. 그리고 우리는 불가피하게 우리가 만든 바로 이러한 삶에 이르게 됐다.

제9장

노예제도와
저항

데이비드 워커의 『호소문*Appeal*』(1830년)

해리엇 제이콥스, 『어느 노예 소녀의 생애*Incidents in the Life of a Slave Girl:
Written by Herself*』(1861년)

제임스 노콘이 해리엇 제이콥스를 수배하기 위해 실은 도망 노예 광고
(1835년 6월 30일)

제임스 브래들리, 리디아 마리아 차일드에게 보낸 편지(1834년 6월 3일)

시어도어 파커 목사, 파네우일 홀 모임에서 시어도어 파커의 연설
(1854년 5월 26일)

노예들이 전前 주인에게 보낸 편지(1844년, 1860년)
　　— 헨리 빕, 윌리엄 게이트우드에게 보낸 편지(1844년 3월 23일)
　　— 저메인 웨슬리 로젠, 사라 로그에게 보낸 편지(1860년 3월 28일)

프레더릭 더글러스, "니그로에게 7월 4일의 의미"(1852년 7월 5일)

존 브라운의 마지막 연설(1859년 11월 2일)

오즈번 앤더슨, 『하퍼스페리에서 들리는 목소리*A Voice from Harper's Ferry*』
(1861년)

마틴 델라니, "전前 노예에게 보내는 충고"(1865년 7월 23일)

헨리 맥닐 터너, "조지아 주 입법부 흑인 의원 자격에 관하여"(1868년 9월 3일)

노예제도는 잔인한 제도였다. 인간이 잔인하기 때문에 노예제도가 만들어진 건 아니었다. 값싸면서 총체적 통제가 가능한 노동력을 원하는 경제적 제도, 즉 플랜테이션 때문이었다. 플렌테이션은 처음에는 연초와 쌀, 그리고 나중에는 목화를 기르기 위해 도입됐다. 1790년 남부에서 매년 천 톤의 목화가 생산되었고, 1860년에 이르면 백만 톤을 생산한다. 같은 시기 노예 수는 5십만 명에서 4백만 명으로 증가했다.

남부는 노예를 통제할 수 있는 장치를 개발했고, 이는 법, 법정, 노예 소유주들이 고용한 권력의 지지를 받았다. 연방 정부도 이 제도에 도전하지 않았다. 실제로 헌법수정조항 제10조는 "연방 정부는 제한된 권한을 지니며, 노예제도에 관한 권한은 갖지 않는다"고 선언했다. 실제로 헌법은 도망 노예를 그들의 주인에게 돌려줌으로써 노예제도를 합법화했다.

노예들은 이 제도에 반대하며 엄청난 불평등에 저항하여 반란을 거듭 일으켰다. 특히 반노예제 운동이 점차 거세지고, 소위 "지하철도Underground Railroad"를 통해 노예들이 성공적으로 도주할 수 있게 되자, 더 많은 노예들이 도주를 시도했다.

노예제도 폐지 운동은 노예제도에 반대하는 백인들과 대부분 과거에 노예였던 자유 흑인들이 이끌었다. 그들은 남부의 주정부들뿐만 아니라 노예 주인들에게 협조하는 연방 정부를 상대해야만 했다. 1850년 "도망노예송환법Fugitive Slave Act"이 통과되었을 때 연방 경찰서장과 병사들에게 도망 노예를 잡아서 주인에게 돌려주라는 명령이 내려졌다. 흑인과 백인 노예제도 폐지론자들은 법을 어기고 많은 노예들의 도주를 도왔다.

남북전쟁이 끝나고 헌법수정조항 제13조로 노예제도가 폐지되었지만, 이는 완전한 자유를 가져다주지 않았다. 과거 노예였던 사람들은 독립적인 자영농이 되는 데 필요한 토지나 물자를 받지 못했다. 그들은 종종 다시 전 주인에게 의존하는 노비가 되었다. 비록 헌법수정조항 제14조와 제15조가 평등과 투표권을 약속했지만, 그리고 한동안은 남부에 주둔한 연방 군대가 위 수정조항을 시행했지만, 북부 정치인들이 남부 플랜테이션 계급과 타협하자 더 이상 시행되지 않았다. 남부 흑인들은 배신을 당했고, 그들의 대표들은 입법부에서 쫓겨났다. 린치를 가하는 군중들이 이 시대를 지배했다. 흑인들 수천 명이 폭력과 가난을 피해 저남부the deep South에서 도망쳤다. 다른 흑인들은 자신의 평등권을 주장할 수 있는 날을 기다렸다.

데이비드 워커의 『호소문』[1]

1830년

1829년 노예의 아들이었지만 노스캐롤라이나에서 자유인으로 태어난 데이비드 워커 David Walker는 보스턴으로 이사했다. 다음해 그는 『세계 유색 시민을 향한 워커의 호소문Walker's Appeal to the Colored Citizens of the World』이라는 소책자를 발간했다. 이 책자는 널리 읽혔고, 남부 노예주들을 분노하게 만들었다. 조지아 주는 워커를 산 채로 데려오는 사람에게 1만 불을, 그리고 그를 죽이는 자에게는 1천 불의 보상금을 주겠다고 제시했다. 다음은 워커의 『호소문』에서 발췌한 내용이다.

나는 솔직하고 편견 없는 세상을 향해 역사가들이 쓴 역사서를 열심히 찾아보라고 요청한다. 그리고 노아의 홍수 이전의 사람들, 소돔 사람들, 이집트인들, 바빌로니아인들, 니네베 사람들, 카르타고 사람들, 페르시아인들, 마케도니아인들, 그리스인들, 로마인들, 마호메트 사람들, 유대인들, 또는 악마들이 인류의 한 집단을 미국 백인 기독교인들이 우리 흑인들, 또는 아프리카인들을 대하듯 한 적이 있는지 살펴볼 것을 요청한다. 나는 또한 바로 저 미국인들이 1776년에 선언했던 내용에 주목할 것을 전 인류에게 요청한다.

이에 따르면,

인류 역사에서 한 민족이 다른 민족과 정치적 결합을 해체하고, 세계 여러 나라 사이에서 자연법과 신의 섭리가 부여한 독립, 평등의 지위를 차지하는 것이 필요해졌을 때, 우리는 인류의 신념에 대한 엄정한 고려를 거쳐 독립을 요청하는 여러 원인을 선언하지 않을 수 없다. 우리는 다음을 자명한 진리라고 생각한다. 즉, 모든 사람은 평등하게 태어났으며, 신으로부터 누구에게도 양도할 수 없는 권리를 부여받았다. 그 권리 중에는 생명, 자유, 행복 추구권이 있다. 이 권리를 확보하기 위해 인류는 정부를 구성했으며, 이 정부의 정당한 권력은 통치받는 자의 동의에서 나온다. 또 어떠한 형태의 정부든 이러한 목적을 파괴할 때는 언제든지 정부를 변혁하거나 폐지해 국민이 가장 효율적으로 안전하고 행복할 수 있는, 그러한 원칙에 기초하고 그러한 형태의 기구를 갖춘, 새로운 정부를 조직하는 것이 국민의 권리다. 진실로 신중한 배려는 오랜 역사를 가진 정부를 천박하고도 일시적인 원인으로 변경해서는 안 된다는 것, 인간에게는 이미 관습화된 형식을 폐기해 악폐를 시정하기보다는 오히려 그 악폐를 참을 수 있는 데까지 참는 경향이 있다는 것을 가르쳐 주고 있다. 그러나 오랫동안 계속된 학대와 착취가 변함없이 동일한 목적을 추구하고, 인민을 절대 전제정치하에 예속시키려는 계획을 분명히 할 때는, 이러한 정부를 타도하고 미래의 안전을 위해서 새로운 보호자를 구하는 것이 시민들의 권리이자 의무다.

미국인들이여, 당신들의 선언을 보라! 당신들의 모국어를 이해하는가? 여기에 1776년 7월 4일 세계를 향해 선언한 당신들의 언어가 있다.

우리는 다음을 자명한 진리라고 생각한다. 즉, **모든 사람은 평등하게 태어났다**! 그들은 신으로부터 누구에게도 양도할 수 없는 권리를 부여받았다. 그 권리 중에는 생명, 자유, 그리고 행복 추구권이 있다!

위 「독립선언서」에서 발췌한 당신들의 언어와, 당신들의 잔인하고 무자비한 조상과 당신들 스스로가 우리 조상과 우리에게 범한 잔혹함과 살인을 비교해 보라. 우리는 어느 누구도 당신들 조상과 당신을 성나게 하지 않았다!

당신들이 한 말을 더 들어 보라!

오랫동안 계속된 학대와 착취가 변함없이 동일한 목적을 추구하고, 인민을 절대 전제정치하에 예속시키려는 계획을 분명히 할 때는, 이러한 정부를 타도하고 미래의 안전을 위해서 새로운 보호자를 구하는 것이 시민들의 권리이자 의무다.

미국인들이여! 나는 솔직하게 묻는다. 당신들이 영국 치하에서 백 년 동안 겪었던 고통이 우리가 당신들에게 받은 고통만큼 잔인하고 독재적이었는가? 당신들 중에는 틀림없이 우리는 절대로 당신들 살인적인 정부를 전복하고 "우리 미래의 안전을 위해 새로운 보호자를 구할" 수 없다고 믿는 사람들이 있다. 만약 당신이 이를 믿는다면 사탄이 당신을 속인 건 아닐까? 백인은 말한다. 나는 흑인이므로 겸손해야 한다고. 내가 그 말을 쉽게 받아들일까? 나는 그들에게 묻는다. 그들은 나처럼 겸손해서는 안 되는 거냐고. 아니면 그들은 자신들이 여호와와 어깨를 나란히 할 수 있다고 생각하는 것인가? 하나님이 그들을 겸손하게 만들지 않았던가? 아니면 그들이 짐승보다 하찮게 여기는 바로 이 흑인들 때문에 하나님 아래에서 그들이 충분히 겸손해지지 못하는 것일까? 백인 중에는 우리가 그들에게 복종할 때까지 발로 우리 목을 계속 짓밟겠다고 말할 정도로 무식한 사람이 있다. 그들이 우리를 죽도록 때리는 데도 우리가 순종하지 않으면, 우리는 사악한 창조물이고 저주받아야 한다는 등의 말을 한다.

미국 목사들은 우리에게 이 신조를 공개적으로 설교한다. 그런 설교를 듣기 원한다면 이 나라의 남부나 서부 지역으로 가 보라. 나는 전해 들은 것을 말하는 것이 아니다. 내가 쓴 내용은 나 자신이 직접 보고 들은 것이다. 아무도 내가 쓴 책이 추측으로 쓰였다고 생각하지 않는다. 나는 여행하면서 대부분을 직접 관찰했고, 내가 직접 보고 듣지 못한 얼마 안 되는 부분은 진심으로 믿을 수 있는 백인과 흑인에게서 들은 것이다.

미국인들은 조심스런 사람들이다. 그러나 하나님 앞에서는 아무리 조심해도 충분하지 않다. 그리고 백인들은 하나님이 그들을 찾아 끌어낼 수 없는 곳으로 숨을 수도 없다.

해리엇 제이콥스,
『어느 노예 소녀의 생애』[2]

1861년

1861년에 린다 브렌트Linda Brent라는 가명으로 출판한 『어느 노예 소녀의 생애 *Incidents in the Life of a Slave Girl*』에서 해리엇 제이콥스Harriet Jacobs는 교회와 노예제 도의 관계를 파헤쳤다. 그녀는 백인들이 "지상의 주인에게 복종치 않음은 하늘의 주인 에 대한 반항"이라는 가르침을 어떻게 노예들의 반란 시도를 저지하는 데 사용했는지 연구했다. 때로 종교는 순간적인 위안을 제공했지만 여기에서 제이콥스는 과연 그러 한 위안이 노예제도라는 병폐에서 의미 있는 자유를 제공하는지, 문제를 제기했다.

냇 터너Nat Turner의 반란이 일으킨 경각심이 수그러진 후, 노예 주인 들은 노예들에게 충분한 종교적 가르침을 전파해 주인을 살해하는 일을 막아야 한다는 결론에 도달했다. 감독교Episcopal 목사는 노예들에게 일 요일에 별도의 예배 시간을 마련해 줄 것을 제안했다. 예배에 참석한 노 예들 수는 매우 적었지만 존경받는 흑인들이었다. 나는 이 사실이 그 목 사에게 중요했다고 생각된다. 문제는 그들에게 적합한 예배 장소를 정하 는 문제였다. 감리교와 침례교 교회는 오후에 노예들이 예배에 참석하는 것을 허용했다. 그러나 그 교회의 카펫이나 방석은 감독교 교회 것에 비 해 싸구려였다. 결국 교회 멤버 중 한 사람인 자유 흑인 집에서 예배를 보기로 결정했다.

나는 읽을 줄 알았기에 예배에 초대됐다. 일요일 저녁이 왔고, 나는 어두운 밤을 틈타 밖으로 나왔다. 나는 낮에는 거의 밖으로 나오지 않았다. 플린트 제임스 노콤 박사와 마주칠까 봐 항상 두려웠던 것이다. 그는 분명히 나를 돌려보내거나, 그의 사무실로 끌고 가 내게 내 보네트 모자나 옷 장식물들이 어디서 난 것인지 물어볼 것이 틀림없다. 파이크 존 어베리 목사가 왔을 때 스무 명 정도가 참석했다. 목사님은 무릎을 꿇고 기도한 후 앉아서, 읽을 줄 아는 모든 참석자들에게 책을 펴라고 했다. 그리고 목사는 참석자들이 반복해 읽거나 응답하기를 원하는 부분을 말해 주었다.

그 내용은 "하인들이여, 마치 예수에게 하듯이 너희들 주인에게, 두려움과 경외심으로, 몸과 더불어 한마음으로 복종하라"였다.

머리를 빗어서 뒤로 세운, 신앙심 깊은 파이크 씨는 엄숙하고 깊은 목소리로 "잘 들어라, 하인들이여, 내 말을 귀담아들어라. 너희들은 반란의 마음을 품은 죄인들이다. 너희들의 마음에는 악마가 가득하다. 이 악마가 너희를 유혹한다. 만약 이 악마를 떨쳐 버리지 않는다면 하나님은 진노해 너희를 분명 벌하실 거다. 이 마을에 사는 너희들은 주인이 없는 곳에서는 행동을 달리하는 표리부동한 하인이다. 하늘에 계신 하나님을 즐겁게 하는 대신에, 즉 주인을 충실하게 섬기는 대신에, 너희들은 게으름 피우며 일을 하지 않는다. 하나님이 너희를 보고 있고, 너희들의 거짓말을 다 듣고 있다. 너희들은 그를 섬기는 대신에, 어디엔가 숨어서 주인의 재산으로 마음껏 즐기고, 사악한 점쟁이들과 커피찌끼로 건배하고, 간악한 노파와 카드를 친다. 너희 주인들이 너희들을 발견하지 못할 수도 있겠지만, 하나님은 너희들을 보고 계시며, 벌하실 것이다. 오, 너희들의 타락한 마음이여! 너희는 주인이 명령한 일이 끝나면 조용히 모여 죄악에 빠진 너희들에게 하나님이 베푸신 은혜를 생각해 본 적 있는가? 아니다. 너희들은 서로 싸우고, 서로를 독살해 현관에 묻기 위해 마약 주머니를 묶으리라. 하나님이 너희를 보고 계시다. 너희들은 주인의 옥수수를 팔아 자신이 마실 럼주를 사려고 독주 가게란 가게는 죄 몰래 찾아다닌다. 하나님이 너희를 보고 계신다. 너희들은 구리를 팔아먹으려고 뒷골목이나 덤불 사이로 몰래 숨어 들어간다. 너희 주인들이 발견하지 못한다 해도 하나님이 보고 계신다. 그리고 너희를 벌하시리라. 너희들은 죄악에 가득 찬 행동을 털어 버리고 충성스러운 하인이 되어야 한다. 나이가 많든 적든 주인에게 복종하고 나이 많은 안주인에게도 어린 딸에게도 복종하라. 이 땅의 주인에게 복종하지 않음은 하늘에 계신 주인에게 덤비는 것이다. 하나님의 계율에 따라야 한다. 여기에서 돌아갈 때 잡담이나 하려고 길모퉁이에 멈춰 서지 말고, 바로 집으로 가라. 그리하여 너희 주인과 마님이 네가 돌아온 것을 알게 하라."

축도가 끝나고, 우리는 파이크 형제의 복음에 고무되어, 그리고 다시 들으러 오겠다고 결심하면서 집으로 갔다. 나는 다음 주일 저녁에도 참석했다. 그리고 지난번과 비슷한 설교를 들었다. 예배가 거의 끝날 무렵 파이크 씨는 친구 집에서 예배 보는 게 불편하다며 매주 일요일 저녁에 자기 집 부엌에서 만나면 좋겠다고 말했다.

나는 파이크 목사가 지난번 마지막으로 한 말에서 느낀 감동을 간직한 채 그의 집으로 갔다. 몇몇 사람이 그의 집을 고치러 갔다가 기름 양초 두 자루가 부엌을 밝히고 있는 것을 보았다. 장담하건대, 집주인은 그 초를 산 이래 처음으로 불을 켰을 것이다. 그 집 하인들은 소나무 땔감 말고 다른 것은 가져 본 적이 없기 때문이다. 목사는 노예들이 떠난 뒤 한참 후에야 자신의 편안한 거실에서 나와 감리교 찬송가를 큰 소리로 불렀다. 종교 집회에서 큰소리로 찬미하고 찬송가를 부를 때 노예들은 그렇게 행복해 보일 수가 없었다. 대부분 매우 진지했고, 신실한 파이크 씨나 상처 입은 사마리아인들을 보고도 그냥 지나쳐 간 우울한 얼굴의 기독교인들보다는 천국 문에 더 가까이 가 있는 듯했다.

노예들은 일반적으로 자신들의 노래를 작사, 작곡한다. 그리고 박자에 대해서는 별로 신경 쓰지 않는다. 그들은 가끔 아래 노래를 부르곤 한다.

늙은 사탄은 바쁜 늙은이
그는 내가 가는 길에 망할 장애물을 굴리고 있다.
하지만 예수님은 내 마음의 친구
그 망할 장애물을 치워 주신다.

내가 젊어 죽었다면
그러면 내 더듬거리는 혀가 노래나 할 수 있었을까?
하지만 나는 늙었고, 지금 여기 서 있네
저 천국의 땅 한번 밟기 어렵구나.

나는 감리교 모임에 참석했던 때를 잘 기억한다. 나는 무거운 마음으로 갔다. 나는 자식과 이별한 가여운 엄마 옆에 앉게 됐다. 그녀의 마음은 나보다 훨씬 무거웠다. 모임을 주동한 사람은 노예를 사고파는 마을의 치안관이었다. 그는 교회의 형제자매들을 감옥 안이든 밖이든 공개 장소에서 채찍질했다. 그 치안관은 50센트만 받을 수 있다면 자신의 기독교 직책을 어디서든 수행할 준비가 돼 있었다. 하얀 얼굴에 시커먼 마음을 지닌 그는 우리 가까이로 와서 그 불행한 여인에게 "자매여, 주님께서 네 영혼을 어떻게 다뤘는지 우리에게 말해 주겠는가? 예전에 그랬던 것처럼 주님을 사랑하는가?"라고 말했다.

그녀는 일어서서 측은한 어조로 "나의 주님과 주인님, 나를 도와주소서! 나의 주님은 내가 감당하기에는 너무 크십니다. 하나님이 나를 떠나 나는 어둠과 절망 속에 남겨졌습니다"라고 말했다. 그러고는 가슴을 두드리며 계속해서 "나는 이 속에 무엇이 있는지 모릅니다. 내 속에 있는 것이 내 자식들을 모두 다 데려갔습니다. 지난주에 마지막 남은 자식마저 데려갔습니다. 하나님만이 그들이 내 딸을 어디로 팔았는지 압니다. 내 딸은 내 옆에 16년 동안 같이 있었습니다. 그러고는……, 오, 그녀의 형제자매를 위해 기도해 주십시오! 나는 이제 살 이유가 하나도 없습니다. 하나님 나를 빨리 데려가 주십시오!"라고 말했다.

그녀는 팔다리를 떨면서 앉았다. 나는 그 치안관이란 사람의 얼굴이 웃음을 참느라 심홍색으로 변하는 걸 보았다. 그녀의 불행에 우는 사람들이 그가 즐거워한다는 사실을 알지 못하도록 그는 손수건을 치켜 올렸다. 그런 다음 그는 심각한 척하면서 그 불행한 엄마에게 "자매여, 주님께 그의 섭리로 너의 가난하고 궁핍한 영혼을 신성하게 해 달라고 기도하라"고 말했다.

회중은 찬송가를 부르기 시작했다. 그들은 우리 주변을 떠돌며 지저귀는 새처럼 자유로운 듯 노래 불렀다.

늙은 사탄은 자기가 엄청나게 센 팔을 가졌다고 생각하네.
그는 내 영혼을 놓치고 나의 죄를 잡았네.
하나님께 아멘을 외쳐라, 아멘을 외쳐라, 아멘을 외쳐라.

그는 내 죄를 그의 등에 업었네.
그리고 중얼거리고 불평하며 지옥으로 내려갔네.
하나님께 아멘을 외쳐라, 아멘을 외쳐라, 아멘을 외쳐라.

늙은 사탄의 교회는 바로 이 아래.

저 위의 자유로운 하나님 교회로 나는 가고파.

하나님께 아멘을 외쳐라, 아멘을 외쳐라, 아멘을 외쳐라.

이런 순간이 불쌍한 노예들에게는 가장 소중한 순간이다. 그때 노예들의 소리를 듣는다면 그들이 행복하다고 생각하게 될 것이다. 그러나 노래하고 소리치는 그 시간이 과연 임금도 받지 못하고 끊임없는 채찍의 공포 속에서 지내야 하는 비참한 일주일을 견뎌 낼 힘을 그들에게 줄 수 있겠는가?

제임스 노콘이 해리엇 제이콥스를
수배하기 위해 실은 도망 노예 광고[3]

1835년 6월 30일

해리엇 제이콥스의 주인이 내건 다음의 구인 광고는 억압을 피해 달아난 노예를 찾는 전형적인 신문 광고다. 신문은 노예 경매 광고도 자주 싣는데, 부모에게서 어린아이를 떼어 내 경매에 붙이기도 했다.

보상금 100달러

나의 노예 소녀 해리엇HATRRIET을 본 사람 또는 잡아 오는 사람에게 지급한다. 해리엇은 밝은 피부색을 지닌 스물한 살의 물라토고, 키는 5피트 4인치(약 162센티미터) 정도에, 몸집이 크고 뚱뚱하다. 머리카락은 자연스러운 컬이 있는 검은색으로 숱이 많으나 빗질로 쉽게 펴진다. 해리엇은 말을 매우 유창하게 잘한다. 호감 가는 태도와 말솜씨를 지녔고, 솜씨 좋은 재봉사여서 옷을 잘 입을 뿐만 아니라, 좋은 옷들도 가지고 있어서 유행하는 옷차림을 했으므로 외국에 있다면 아마도 남장을 했거나 화려한 장신구로 치장했을지도 모른다. 이 소녀는 내 아들의 플랜테이션에서 일하다 아무런 이유나 반항 없이 달아났다. 아마도 북부로 가려 한 것 같다.

위 상당한 금액의 보상금은 그녀를 신고하거나 미국 내의 어떤 감옥에라도 집어넣는 사람에게 주어질 것이다.

이후로 그녀를 숨겨 주거나 돌봐 주거나 또는 그녀의 도주에 어떤 방식으로라도 도움을 준 사람은 법의 가장 준엄한 처벌을 받을 것임을 경고한다.

제임스 브래들리,
리디아 마리아 차일드에게 보낸 편지[4]

1834년 6월 3일

제임스 브래들리James R. Bradley는 자유를 살 수 있을 때까지 아칸소 준주의 노예로 일했다. 그는 노예제 폐지 저널인 『오아시스*The Oasis*』의 편집자이자 노예제 폐지를 주장하는 작가 리디아 마리아 차일드Lydia Maria Child에게 자신이 노예로서 경험했던 끔찍한 이야기를 편지에 써서 보냈다.

친애하는 여사님.

저는 제 삶을 기억할 수 있는 데까지 기억해 써 보려 합니다. 지난날을 생각하면 슬퍼집니다. 지난날들은 어둡고 눈물이 넘치는 날이었습니다. 저는 늘 자유를 갈망하고 기도했습니다. 때로는 자유를 얻기를 희망하고, 생각하고, 기도하다가 자유를 사기 위해 밤에 일해서 돈을 버는 방법을 찾아보려고도 했습니다. 그리고 또 어느 때는 무엇인가가 떨어져 나가 희망은 사라지고, 아무도 나를 동정해 주지 않는 가운데 노예로 살다 죽을 것 같았습니다. 제가 기억할 수 있는 한 먼 시기부터 이야기를 시작하겠습니다. 제가 두 살에서 세 살 무렵이었을 때, 영혼을 파괴하는 사람들이 바다에서 멀리 떨어진 아프리카 어디에서 엄마의 품에 있던 저를 떼어 냈습니다. 그들은 나를 데리고 먼 거리를 가서 배에 태웠습니다. 나는 뒤돌아보며 내내 울었습니다. 배에는 쇠사슬에 묶인 여자와 남자로 가득했습니다. 나는 아주 작았기에 그들은 내가 갑판을 뛰어다니도록 내버려 두었습니다. 오랜 항해 끝에 그들은 나를 사우스캐롤라이나 찰스턴으로 데려왔습니다. 그러자 노예 주인이 와서는 나를 펜들턴카운티로 데려왔습니다. 아마도 그곳에서 6개월 정도 지낸 것 같습니다. 그 후 주인은 나를 브래들리라는 남자에게 팔았습니다. 그때부터 나는 브래들리라는 이름으로 불려지게 됐습니다. 브래들리 씨는 상냥한 노예 주인으로 알려져 있습니다. 그는 대부분의 노예 주인들보다 친절했습니다. 그는 나에게 음식을 충분히 줬고, 다른 주인들이 그러는 것처럼 자주 때리지도 않았습니다. 하지만 그런 건 나에게 아무것도 아니었습니다. 나는 내가 노예라는 사실에 밤에 잠을 이루지 못했고, 내 얼굴은 눈물로 범벅이 됐습니다. 나는 자유를 갈망했습니다. (⋯)

나는 내가 자유를 갈망한다는 얘기를 곧잘 했습니다. 인간이 노예가 될 수 있고 노예로서 자족한다고 믿는 사람이 있다면 얼마나 이상한 일인가요? 저는 자유를 갈망하지 않는 노예는 없다고 생각합니다. 자유주 사람들이 노예들이 행복해하고 만족하며 살고 있다고 믿게 하기 위해서 노예 주인들이 엄청난 노력을 기울이고 있다는 사실을 잘 알고 있습니다. 하지만 저는 아무리 대접을 잘 받아도 모든 노예는 자유를 갈망한다는 사실도 잘 알고 있습니다. 자유주 사람들이 모르는 게 한 가지 있습니다. 그들이 노예에게 자유를 원하는가, 백인처럼 자유롭게 되기를 원하는가를 질문하면 노예들은 아니라고 답합니다. 그리고 더 나아가서 이 세상을 위해 주인을 떠나지 않을 것이라고 말합니다. 하지만 동시에 그들은 자유로워지기 위해 계획을 세우고, 이 세상에서 무엇보다도 자유를 갈망합니다. 진실인즉, 모든 노예들은 만약 자신이 자유를 원한다고 말하고, 조금이라도 노예이기 때문에 비참하고 불만스럽다고 말하면, 이 때문에 더 힘겨운 일을 해야 하고 악랄한 대우를 받으리라는 것을 다 알고 있습니다. 따라서 그들은 언제나, 특히 백인이 자유에 대해 질문을 던질 때는, 피곤한 내색을 보이지 않으려고 매우 조심합니다. 노예들만 모여 있으면 그들은 늘 자유에 대해 말합니다. 자유는 위대한 생각으로 언제나 마음을 감동으로 가득 채웁니다. 저는 더 많은 얘기를 쓰고 싶습니다만, 당신이 나의 친애하는 친구 시어도어 웰드Theodore Weld 씨를 통해 제 생애에 대한 "짧은 설명"을 부탁했는데 이미 너무 많이 쓴 것 같습니다. 하지만 몇 마디만 더 쓰겠습니다. 당신이 상처받은 불쌍한 노예들과 자유 흑인들을 위해서 하는 일에 대해 들은 뒤 저의 심장은 벅차고, 터질 것 같았습니다. 억압받는 자들을 위해 일하는 사람들에게 신의 가호가 있을 것입니다. 신은 분명 그렇게 하실 것입니다. 친애하는 여사님, 나는 당신을 개인적으로 모릅니다만 당신이 노예제도에 관해 쓴 책을 보았고 당신에 대해 많이 읽었습니다. 정의가 소생하는 날 당신을 뵙기를 희망합니다. 피 흘리는 가여운 노예와 모든 억압받는 흑인들에게 이렇게 소중한 친구를 주신 하나님께 감사드립니다. 신께서 여사님과 당신의 일을 귀히 여기셔서, 이 성스러운 일로 당신을 위대하게 하시어, 모든 편견의 벽이 무너져 내리고 노예들의 사슬이 산산조각나는 날을 당신이 볼 수 있게 하소서. 그리고 그들이 하늘에서 서로 사랑하고 함께 살기를 기대하는 것처럼 이 땅에서도 서로 사랑하고 함께 살 수 있기를 기대하면서, 예수님의 발아래 모든 피부색의 형제들이 함께 모여 앉아 서로에게 상냥한 말을 나누고 사랑으로 서로의 얼굴을 우러러보는 날을 볼 수 있게 하소서.

시어도어 파커 목사,
파네우일 홀 모임에서 시어도어 파커의 연설[5]

1854년 5월 26일

1850년 제정된 "도망노예송환법"으로 연방 정부는 도망 노예를 주인에게 돌려줄 권한을 갖게 됐으나, 전반적으로 이 법을 위반하는 사례가 만연했다. 흑인과 백인이 함께 무장 항거했다. 체포되더라도 배심원들이 "도망노예송환법"을 무시하고 그들을 방면하기도 했다. 예를 들어서 1851년 보스턴에서 셰드랙Shadrack이라는 이름의 남자가 흑인 오십 명의 도움으로 법정에서 탈출했는데, 그중 8명이 재판을 받고 방면되었다. 같은 해에 도망 노예 제리가 시러큐스Syracuse 경찰서에서 도망쳤고, 18명이 기소되었지만 모두 방면됐다. 1854년 프랭클린 피어스Franklin Pierce 대통령은 버지니아에서 매사추세츠로 도망간 노예 앤서니 번스를 잡기 위해서 연방 군대를 파견해 주 민병대와 지역 경찰을 돕게 했다. 에드워드 로링 지방 행정관은 1854년 5월 27일에 "도망노예송환법"을 인용하면서 번스에게 버지니아 노예로 다시 돌아갈 것을 명령했다. 그 전날 밤에 흑인과 백인 노예 폐지론자들은 망치로 법정 문을 부수려 했지만 쫓겨났다. 6월 2일 번스는 검은 옷을 걸치고, 종소리가 울리는 가운데 그의 지지자 수천 명이 줄지어 서 있는 길을 지나 부두로 끌려가, 강제로 노예로 되돌아갔다. 번스에게 선고가 내려지던 날 저녁 노예제 폐지를 주장하고 존 브라운John Brown 반란을 지지했던 유니테리언교Unitarian 목사 시어도어 파커Theodore Parker는 보스턴 집회소에 모인 빽빽한 군중들에게 다음과 같은 선동적인 연설을 했다. 그날 밤 13명이 체포되고 시 경찰 한 명이 죽었다.

시민 여러분, 버지니아가 명령한 행동이 지금 막 존 핸콕(John Hancock,

미국 「독립선언서」에 최초로 서명한 사람. 옮긴이)의 도시이며, "애덤스가 일당들(brace of Adamses, 미국 건국의 아버지 중 한 사람인 새뮤얼 애덤스가 이끌었던 매사추세츠 반란 세력. 옮긴이)"의 도시인 이곳에서 행해졌습니다. 이는 보스턴 시의 권한으로 시행되었습니다. 영장을 발급한 사람이 보스턴 사람이고, 이를 시행에 옮긴 사람도 보스턴 행정관입니다. 매사추세츠 시민을 납치하려고 쫓아가 그 시민을 영원히 노예로 살도록 되돌려보낸 사람도 보스턴 사람들입니다. 그렇게 된 것은 우리의 잘못입니다. 8년 전에, 한 보스턴 상인이 "파네우일 홀과 옛 퀸시가 사이의 도로에서" 12시, 정오에 "한 남자를 납치했습니다." 다음날 이 도시의 기계공들은 그들이 자신의 형제를 노예화한 대가로 받은 상금인 5달러짜리 금화를 전시했습니다. 당신들은 바로 이 홀에서 모임을 소집했습니다. 당시에도 지금처럼 사람들로 꽉 찼습니다. 나는 내 친구와 옛 이웃과 나란히 서 있었습니다. 오늘 여기 계신 영예롭고 고상한 의장님[큰 박수 소리.], 그리고 그리스에서 자유라는 대의를 위해 싸웠고, 그 신성한 대의를 위해 폴란드 지하 감옥에 갇혔던 새뮤얼 호우Samuel G. Howe 박사님이 여기 서 있었고, 그는 청중에게 "달변의 노인" 존 퀸시 애덤스John Quincy Adams를 소개했습니다. 그날 존 퀸시 애덤스는 마지막으로 파네우일 홀에 섰습니다. 그는 보스턴에서 잡혀 온 친지 없는 니그로 노예의 양도할 수 없는 권리를 변호하기 위해 왔습니다. 오늘은 존 퀸시 애덤스의 사진조차 없습니다! 서포크의 대법관은 그 노예를 잡아 온 보스턴 상인을 기소할 수 없었습니다. [창피해", "창피해] 당시 보스턴이 말을 했더라면 우리는 오늘 여기 모일 필요가 없었을 것입니다. 우리에게 "도망노예송환법"도 없었을 겁니다. 그 법이 통과되었을 때 우리는 1백 발의 총을 쐈습니다. 바로 이 홀에서 열렸던 연방 모임을 기억하지 못한단 말인가요? 이 연단에, 현재 대법원 판사인 한 남자가 서서 말하기를 "'존경하는 목사님' 이 위증으로 기소된다면 나는 그에게 그 고발에 어떻게 답하려는지 물어야만 합니다"라고 말했습니다. 그리고 그 '존경하는 목사님'이 일어서서 "당신은 지금 그 답을 원합니까?"라고 물었습니다. 그러자 파네우일 홀 전체에 "아니", "아니요", "그를 넘기시오"라는 소리가 터져 나왔습니다. 그 때 파네우일 홀이 진리와 자유 편에 서서 말했더라면 우리는 지금 버지니아의 하수인이 되지 않았을 겁니다. 그렇습니다. 우리는 버지니아의 속국이 되어 버렸습니다. 버지니아는 우리 어머니들의 무덤 위로 팔을 뻗어 청교도의 도시에서 사람을 납치하고, 새뮤얼 애덤스와 존 핸콕의 무덤 위로 팔을 뻗습니다. ("아, 창피해,"라는 외침 소리.) 창피하다구요! 그렇지요. 창피하지요. 하지만 누가 비난받습니까? "북부는 없다"고 대니얼 웹스터Daniel Webster 씨는 말했습니다. 북부는 없습니다. 남부는 분명히 캐나다 국경까지 올라갈 겁니다. 아니요, 신사 여러분, 오늘날 보스턴은 없습니다. 한때는 있었습니다. 하지만 이제 알렉산드리아 시의 북쪽 교외 지역이 바로 보스턴입니다.(웃음소리.) 당신과 나, 버지니아 주의 하인들인 여러분, ("안 돼," "안 돼") 여러분들이 나에게 사실은 그렇지 않다고 증명할 수만 있다면 이 말을 철회하겠습니다. 형제들이여, 나는 노인입니다. 나는 자유를 위한 만세 소리와 찬양을 많이 들었습니다. 하지만 자유를 얻기 위한 위대한 행동은 많이 보지 못했습니다. 여러분들에게 묻겠습니다. 말만 하시렵니까, 아니면 행동까지 하시렵니까? ("행동", "행동," 그리고 큰 박수 소리.)

이제 형제들이여, 매사추세츠 시민이든 버지니아의 하인이든 어떻든 간에 여러분들은 형제입니다. 나는 목사고요. 그리고 보스턴 시민들이여, 이 나라에는 두 개의 중요한 법이 있습니다. 그 하나는 "도망노예송환법"입니다. 그 법은 "최후 판결"로 선언되었습니다. 한때 헌법은 "정의를 확립하고, 평온을 증진시키고, 우리와 우리 후손들에게 자유의 축복을 보장해 주기 위해서" 제정되었습니다. 이제 헌법은 자유를 보장하지 않습니다. 네브래스카로 노예제도를 확장하고자 하고, 노예제도가 그곳에 확립되면, 그것이 무엇인지 보여 주기 위해서 알렉산드리아 보안관이 보스턴 시에 사람을 잡으러 옵니다. 그리고 그는 서퍽카운티에서 영장을 발급해 줄 공증 판사를 찾습니다. 그리고 보스턴 사람이 그 영장을 실행합니다!["창피해", "창피해" 외치는 소리.]

노예제도는 헌법을 유린합니다. 주의 권한을 짓밟습니다. 매사추세츠의 권한은 어디 있습니까? "도망노예송환법"을 시행하는 지방 행정관이 자기 주머니에 그 권한을 모두 갖고 있습니다. 배심원에 의한 판결은 어디로 갔습니까? 왓슨 프리먼 경찰서장 참모 지휘하에 있습니다. 우리 조상이 수백 년 전에 한때 대영제국을 지배했던 독재자로부터 애써 손에 넣었던 개인의 위대한 권리인 압류 동산 회복 소송[법정이 특정 물건의 회복을 요청하는 법적 처방] 권한은 어디로 갔습니까? 펠리그 스프라그 판사가 이를 자신의 발아래 밟고 있습니다! 신성한 권리인 인신 보호 영장 권한은 어디에 있습니까? 부서장 릴레이가 손으로 이를 뭉갰지만 보스턴은 이에 저항하는 말은 한마디도 하지 않습니다. 주의 건물을 도망자들을 투옥하는 데 사용할 수 없다는 매사추세츠 법은 어디에 있습니까? 이 역시 발아래 유린되고 있습니다. "노예제도는 최후 판결입니다."

이 사람들은 사람을 납치하기 위해 버지니아에서 이곳으로 왔습니다. 한때 여기는 보스턴이었습니다. 이제 이곳은 알렉산드리아 북쪽 교외일 뿐입니다. 처음에 그들이 보스턴에서 도망 노예를 데려갈 때는 이 일이 참 어려웠습니다. 그들은 시장의 도움을 받아야만 했습니다. 그들은 법정 주변에 사슬을 치기 위해 간청했습니다. 그들은 "심의 여단Sim's Brigade"의 출동을 간청했습니다. 그렇게 하는 데 9일이 걸렸습니다. 이제 그들은 우리가 버지니아의 신민임을 확신한 나머지, 법정 주변에 사슬도 치지 않습니다. 경찰은 이에 전혀 관여하지 않습니다. 오늘 저는 시 관리 중 한 사람이 경찰 28명에게 시 관리 중 누구든 이 일에 관여하면 통보도 없이 해고될 것이라고 말했다는 얘기를 들었습니다. 〔큰 박수 소리.〕 자, 신사 여러분, 그들이 이런 선언을 어떻게 받아들였으리라 생각하십니까? 그들은 소리치고 만세 부르고, 박수를 세 차례나 쳤습니다. 〔다시 박수 소리.〕 오늘 여기 있는 내 친구는 만약 시장에게 좀 더 빨리 지원서를 제출했다면 오늘밤 여러분 앞에서 사회를 보는 영광을 갖지 못했을 것입니다. 또 다른 신사 분은 이 집회에 사회를 봐 달라는 요청을 받았을 때, 오늘밤 종일 선약이 있어 아쉽다고 말했다고 저에게 말했습니다. 그가 말하기를, 만약 조금 더 일찍 알았더라면, 아마도 사회를 볼 수도 있었을 것이라고 했습니다. 그 남자가 체포되자 그는 서장에게 이를 후회한다고 말했습니다. 그리고 노예들을 진심으로 동정한다고 말했습니다. 〔큰 박수 소리.〕 친애하는 시민 여러분, 그 말을 기억하십시오. 시장에게 이 말을 지키라고 하십시오. 그리고 그가 공개적으로 그 말을 반복하고 이를 실행할 권한을 갖게 된 (역사적) 배경과 정당성이 파네우일 홀에 있음을 알게 하십시오. 나는 말합니다. 오늘날 노예 대리인들은 확신에 가득 찬 나머지 대낮에 법정에 사슬을 두르지도 않고 자신들의 노예들을 유괴할 수 있습니다. 그들은 1851년에 그랬던 것처럼 파네우일 홀에 군인을 주둔시키지도 않았습니다. 그들은 이 남자를 내일 아침 차에 태워서 데려갈 수 있다고 생각합니다. 〔"그들은 그럴 수 없다", "어디 한번 두고 보자" 소리가 들림.〕

저는 이 나라에 두 개의 위대한 법이 있다고 말했습니다. 하나는 노예법으로 미국 대통령의 법이고, 스티븐 더글러스Stephen A. Douglas 상원 의원의 법이고, 미국 연방 대법원의 법이고, 위원회의 법이고, 모든 경찰서장의 법이고, 경찰서장이 그의 명령을 실행하기 위해 고용한 모든 비천한 불량배들의 법입니다. 또 다른 법이 있습니다. 이는 나의 친구 웬델

필립스Wendell Phillips가, 제가 필적할 수 없기에 따라할 수도 없는 언어로 표현한 법입니다. 저는 가장 평범한 용어로 말하겠습니다. 이는 그들 스스로가 정당하다고 생각했을 때 밀고 나가기로 결의한 사람들의 법입니다. 〔박수 소리.〕

자, 신사 여러분, 한때 보스턴이 있었습니다. 그리고 나와 여러분들에게는 용감한 아버지들, 그리고 그들을 부추겨 남자다운 행동을 하도록 고무한 어머니들이 있었습니다. 자, 신사 여러분, 영국 의회가 제정한 "법"을 통과시켜야 하던 때가 있었습니다. 그들은 여기에서 인지를 발행하면서 이를 법이라고 불렀습니다. 여러분의 아버지들은 이때 어떻게 행동했습니까? 그들은 당신들이 결의문에 인용한 앨거넌 시드니Algernon Sydney의 말, "정당하지 않은 것은 법이 아니며, 법이 아닌 것에는 복종하지 말아야 한다"고 말했습니다. 〔박수 소리.〕 그들은 인지세법에 따르지 않았습니다. 그들은 이를 법이라 부르지도 않았습니다. 그리고 80년 전에 이곳에서 이를 법이라 부른 사람들은 매우 엄중한 벌을 받았을 것입니다. 그들은 이를 "조치act"라고 불렀고, 이를 실행하기 위해 이곳에 있던 지방 행정관을 붙잡았습니다. 그들은 그를 엄숙하고 용감하게 잡았습니다. 즉, 그들은 그의 머리카락 한 올 건드리지 않았습니다. 그들은 매우 그럴 법한 무저항론자들이었거든요. 〔웃음.〕 그리고 그가 한 장의 인지도 발행하지 않겠다는 맹세를 하게 만들었습니다. 그는 주 총독의 동서였고, 왕족의 신하였고, 매우 존경받는 부자였으며, 한때 매우 인기가 있었습니다. 하지만 그들은 그를 붙잡아 자신의 임무를 실행하지 않겠다는 맹세를 하게 한 겁니다. 그는 자신의 서약을 지켰습니다. 인지세법은 제자리로 돌아갔습니다. 무슨 말인지 아시지요? 〔웃음소리.〕 그것은 사악한 법 뒤에서, 사람들이 절대적인 정의를 자신들의 정의로 규정하려 하고, 이를 관습법으로 만든 사례였습니다. 여러분은 차茶와 관련하여 그들이 무슨 일을 했는지 아실 겁니다.

자, 신사 여러분, 남부에는 법보다 더 강한 여론이 있습니다. 매우 사악한 여론이지요. 한 흑인 선원이 보스턴에서 찰스턴으로 향했을 때 그는 곧바로 감옥에 처넣어졌습니다. 흑인 선원은 그 배가 출항할 준비가 될 때까지 그곳에 갇혀 있었습니다. 그리고 보스턴의 상인이나 주인이 계산서의 돈을 지불해야 했습니다. 그 보스턴 흑인은 상심했을 겁니다. 이게 바로 사우스캐롤라이나 주에서부터 시작된 사악한 사례입니다. 우리 중 가장 존경받고 영예로운 시민인 새뮤얼 호어 씨가 이 간악한 법의 합법성을 시험하러 찰스턴에 파견되었을 때, 찰스턴 시민들이 그에게 출입 금지를 명령했고, 그는 오히려 이보다 더한 모욕을 피할 수 있어서 기뻐했습니다. 폭력이 없었고, 총도 발사되지 않았습니다. 이는 가장 부당하고 간악한 여론의 힘을 보여 준 사례입니다.

신사 여러분, 저는 노예법이라는 법이 있다고 말했습니다. 이는 어느 곳에든 있습니다. 다른 법이 있습니다. 이 법도 최후 판결입니다. 그리고 이 법은 여러분의 손과 팔에 있으며, 여러분이 적합하다고 생각할 때 실행할 수 있습니다. 신사 여러분, 저는 성직자이며 평화를 추구하는 사람입니다. 저는 평화를 사랑합니다. 그러나 수단이 있고, 목적이 있습니다. 자유가 목적입니다. 그러나 때로 평화는 자유를 얻기 위한 수단이 아닙니다. 〔환호.〕 이제 저는 여러분에게 무엇을 할 것인지 묻고 싶습니다. 〔"쏴라", "쏴라" 소리가 들림.〕 아무도 쏘지 않고 이 문제를 다룰 방법이 있습니다. 보스턴에서 한 사람을 납치한 이 사람들은 분명 모두 겁쟁이들입니다. 그리고 만약 우리가 그곳에서 의연하게 일어서서 이 사람은 보스턴 시를 넘어서서 나갈 수 없다고, 총성 없이 선언한다면, 〔"바로 그거야", 그리고 큰 박수 소리.〕 그는 돌아가지 않아도 될 겁니다. 이제 저는 오늘은 이만 해산하고 **내일 아침 9시에 코트 광장**에 모일 것을 제안합니다. 이

제안에 찬성하는 사람이 얼마나 되는지 손을 들어 주기 바랍니다. 〔많은 사람들이 손을 들었다. 하지만 "오늘 밤에 갑시다", "리비어 하우스에 있는 노예 잡는 사람들에게 갑시다" 등등의 소리도 많이 들렸다.〕 오늘 밤 리비어 하우스에 갈 것을 제안하는 겁니까? 그러면 손을 들어 보십시오. 〔몇 사람이 손을 들었다.〕 이는 투표가 아닙니다. 우리는 내일 아침 9시에 코트 광장에서 만날 겁니다.

노예들이
전前 주인에게 보낸 편지

1844년, 1860년

자유인이 된 노예들과 도망 노예들은 지하철도 건설과 노예제 폐지 운동을 조직하는 데 중요한 역할을 했다. 노예들이 자신들의 이야기를 시작했다. 어떤 흑인은 자신의 전 주인에게 사적인 편지나 공개적인 편지를 써서 자유인이 된 그들을 다시 노예로 돌려보내려는 시도에 맞섰다. 다음의 첫 번째 편지는 헨리 빕Henry Bibb이 쓴 편지다. 그는 켄터키 주 상원 의원의 노예로 태어나서 1841년에 마침내 자유를 얻을 때까지 수년 동안 투쟁했다. 두 번째 편지는 시러큐스Syracuse 지하철도를 건설하는 데 매우 중요한 역할을 했던 저메인 웨슬리 로젠Jermain Wesley Loguen이 쓴 편지다.

헨리 빕, 윌리엄 게이트우드에게 보낸 편지(1844년 3월 23일)[6]

친애하는 선생님.

나는 당신이 재산처럼 팔고 그 대가를 받은 사람에 대해 잘못 알고 있었던 게 아니라는 사실을 알려 드리게 되어 기쁩니다. 나는 지금 재산이 아니며, 당신처럼 사람 대접을 받을 수 있게 된 것에 하나님께 감사드립니다. 나는 먼 북쪽에 있지만, 내 일을 하며 편안한 삶을 누리고 있습니다. 만약 이쪽으로 여행 오실 일이 있다면, 그리고 나를 방문한다면, 당신이 내가 노예인 동안 내게 한 것보다는 잘 대접하겠습니다. 내가 당신의 권한 안에 있을 때 내게 행한 잔인한 대우 때문에 당신을 향한 악감정이 있으리라고는 생각하지 마십시오. 당신이 나와 나의 소중한 가족에게 한 것처럼 당신의 동료들을 대하는 것이 당신 나라의 관습이라면 나는 당신을 차분하게 용서할 수 있습니다.

나는 나이 많으신 어머니와 친구들에게 사랑으로 기억되고 싶습니다. 부디 어머니께 우리가 이 생에서 다시 만날 수 없다면 더 이상 이별이 없는 하늘에서 만나기를 하나님께 기도드린다고 전해 주십시오.

킹과 잭도 궁금하시겠지요. 선생님께 그들 모두 여기에 있음을 알려드릴 수 있어서 기쁩니다. (…) 그리고 잘 지내고 있습니다. 두 사람은 모두 캐나다 서부에 살고 있습니다. 그들은 이제 한때 그들을 소유했던 사람보다 더 좋은 농장의 주인입니다.

당신은 아마도 노예제도에서 도망친 우리들을 기분 나쁘게 생각하겠지요. 하지만 내가 도주에 대해 드릴 말씀은 하나뿐입니다. 바로 더 이른 시기에 도망하지 않았음을 후회할 뿐이라는 겁니다. 훨씬 전에 자유인이 될 수 있었을 텐데 말입니다. 만약 당신이 나를 다르게 대했더라면 아마도 나는 오늘도 당신의 재산으로, 힘겹게 일하는 노예로 남아 있을 확률이 높습니다.

나의 아내를 잔인하게 채찍질하는 것을 옆에 서서 강제로 지켜보면서, 그녀 대신 제가 채찍질 당하겠다고 말 한마디 하지 못하고 그녀를 보호할 수 없었을 때, 이는 나에게 노예 남편으로서 견뎌야 하는 의무 이상으로 느껴졌습니다. 그때 캐나다로 가는 길이 열렸습니다. 내 어린 자식도 운다는 이유로 게이트우드 부인에게 피부가 정말 보라색이 될 때까지 자주 맞았습니다. 저는 이런 대우 때문에 가정과 가족을 떠나 그들을 위해 더 좋은 가정을 구하게 됐습니다. 하지만 저는 과거는 잊고자 합니다. 당신이 이 편지에 대한 답신으로 소식을 들려준다면 저는 기쁠 것이며 당신과 자주 편지 교신을 한다면 매우 행복할 겁니다. 그런 일에 당신이 동의한다면 말입니다. 나는 나 스스로를 억압받는 사람과 자유의 영원한 친구라고 칭합니다.

저메인 웨슬리 로젠, 사라 로그에게 보낸 편지(1860년 3월 28일)[7]

사라 로그 부인께.

당신이 보낸 2월 20일자 편지 잘 받았습니다. 감사합니다. 제 가여운 노모의 소식을 들은 지 오래입니다. 그녀가 아직 살아 있고, 당신 표현처럼 "여전히 잘 지내고 있음"을 알게 되어 정말 기쁩니다. 하지만 무슨 의미인지 잘 모르겠습니다. 그녀에 대해 더 많이 말해 주십시오.

당신은 여성입니다. 하지만 여성의 마음을 지녔다면, 한 형제가 당신이 그를 돈으로 바꿀 수 있는 권한이 미치지 않는 곳으로 가 버렸다는 이유로 그에게 유일하게 남은 남동생이나 여동생을 팔아 버리겠다고 말하면서 모욕을 주는 일은 절대로 하지 않았을 겁니다.

당신은 내가 도망갔기 때문에 내 형제와 자매인 아베와 앤, 그리고 12에이커(약 4.8헥타르)의 땅을 팔았다고 말했습니다. 지금 당신은 나에게 다시 돌아와 당신의 비참한 노예가 되거나, 아니면 대신 땅을 되찾는 데 필요한 1천 달러를 보내 달라고 요구하는 말도 안 되는 비열한 행동을 합니다. 내 형제자매를 되찾기 위해서가 아니라 말입니다! 만약 내가 당신에게 돈을 보낸다면 절대 그 돈은 당신의 땅을 찾는 비용이 아니라 나의 형제자매를 찾기 위한 돈이 될 겁니다. 당신은 불구라고 말합니다. 이는 의심의 여지없이 내 동정심을 불러일으키기 위해 한 말이지요. 당신은 내가 그 방향으로 민감하다는 사실을 아니까요. 내 마음 저 깊은 곳에서 진정으로 당신을 동정합니다. 그럼에도 나는 당신에게 말로 표현할 수 없는 분노를 느낍니다. 당신은 내가 그토록 사랑하는 사람들의 마음을 갈기갈기 찢었고, 당신의 허약한 발과 다리에 대한 연민으로 우리 모두를 꿰찌르고 말뚝에 못 박을 정도로 잔인하고 타락했습니다. 사악한 여인이여! 내가 나의 엄마, 형제, 자매는 말할 것도 없고, 나의 자유를 당신의 몸 전체보다 더 귀하게 여김을 당신은 알아야 합니다. 실제로 나의 삶보다도, 이 하늘 아래 있는 모든 노예 주인과 독재자들의 모든 삶보다도 나는 자유를 더 귀하게 여깁니다.

당신은 나를 사겠다고 제안하고, 당신에게 1천 달러를 보내지 않으면 나를 다시 팔겠다고 말합니다. 그리고 동시에 거의 모든 문장에 "우리가 너를 우리 아이들처럼 길렀다는 사실을 잘 알고 있지 않느냐"라는 말을 합니다. 여인이여, 당신은 당신 아이를 시장에 팔려고 길렀습니까? 당신 아이들을 기둥에 묶어 때리려고 길렀습니까? 사슬에 함께 묶여 시장으로 팔려 가는 노예 무리로 만들어 버리려고 길렀습니까? 나의 불쌍한 형제자매는 어디에서 피를 흘리고 있습니까? 말할 수 있나요? 그들을 발로 차고, 손을 묶고, 채찍질하여 신음하고 죽게 만들기 위해 사탕수수밭과 목화밭으로 내보낸 사람은 누구였나요? 동료나 친지 중 그 누구도 신음 소리를 듣거나, 죽어 가는 자리에 참석하여 슬퍼하거나, 장례를 치러 줄 수 없는 곳으로 말입니다. 사악한 여인이여! 당신이 하지 않았다고 말합니까? 그렇다면 내가 답하지요. 당신 남편이 했고, 당신은 그의 행동에 동의했습니다. 나에게 보낸 당신 편지가 바로 당신이 마음으로 이 모든 것에 동의했음을 보여 줍니다. 부끄럽지도 않습니까!

그런데, 당신 남편은 어디 있습니까? 당신은 그에 대해서는 말하지 않는군요. 그러므로 추측하건대, 그는 죽었군요. 그가, 자신의 재량으로 나의 불쌍한 가족에게 행한 죄악을 품고, 죽어 사라졌군요. 가여운 양반! 그는 폭행당해 살해된 내 불쌍한 동료들의 영혼을 자유와 정의가 주인인 세계에서 만나겠군요.

하지만 당신은, 내가 늙은 암말을 가지고 갔다는 이유로 날더러 도둑이라고 말합니다. 내가 당신이 늙은 당나귀라 부르는 그 말에 대해 맨어세스 로그 씨가 나에 대해 지닌 권리보다 더 많은 권한을 가지고 있다는 걸 아직 모르겠습니까? 내가 그의 말을 훔친 행동이, 그가 내 엄마의 요람에서 나를 훔친 행동보다 더 큰 죄입니까? 그와 당신이 내 모든 권한을 몰수해 당신들이 그 권한을 가질 수 있다고 생각했다면 나 역시 당신의 모든 권한을 빼앗을 수 있다고 추론하지 않을 까닭이 있나요? 인간의 권리는 상호 관련이 있고, 호혜적입니다. 만약 당신이 나의 자유와 생명을 가져간다면, 당신 역시 당신 자신의 자유와 생명을 상실한다는 사실을 아직 모릅니까? 전능하신 하나님과 하늘 앞에, 모든 사람을 위하지 않고 단 한 사람만을 위한 법이 있습니까?

당신 또는 내 신체와 권리를 두고 투기하려는 다른 사람들이 내가 나의 권리를 어떻게 생각하는지 알고 싶다면, 여기에 오십시오. 그리고 나를 붙들어 노예로 만들어야 합니다. 당신에게 돈을 주지 않으면 노예로 넘기겠다고 협박하는 것으로 나를 겁줄 수 있다고 생각했습니까? 나는 그 제안을 말할 수 없는 경멸과 비웃음으로 받아들였습니다. 그 제안은 폭력이며 모욕입니다. 당신의 박해에서 벗어나기 위해 나는 한 치도 양보할 수 없고, 콧방귀도 뀌지 않을 겁니다. 나는 하나님께 감사하게도, 나의 권리와 인간의 권리에 공감하는 자유인들 사이에 서 있습니다. 나를 다시 노예로 삼기 위해 이곳으로 오고 있는 당신의 밀사와 행상인들을 내가 여전히 힘센 내 오른팔로 붙잡지 않는다 해도, 이 도시와 주의 힘세고 용감한 내 친구들이 나의 구원자이자 보복자가 될 것을 믿습니다.

프레더릭 더글러스,
"니그로에게 7월 4일의 의미"[8]

1852년 7월 5일

7월 4일은 자유와 독립을 위한 투쟁을 기념하는 날이다. 그러나 스스로가 노예였고, 노예 폐지론자들의 신문인 『노스 스타』의 편집인이며, 위대한 노예제 폐지론자인 프레더릭 더글러스는 감히 이 공휴일 찬양을 비난했다. 다음은 그가 뉴욕 로체스터의 〈여성반노예협회Ladies' Anti-Slavery Society〉에서 행한 훌륭한 연설의 일부다.

회장님, 친구들, 그리고 시민 여러분.

여러분 같은 청중 앞에 위축되지 않고 연설할 수 있는 사람이라면, 나보다 강한 신경을 지닌 사람입니다. 어떤 집회에서도 오늘처럼 주눅 들거나, 나 자신의 능력을 확신하지 못한 채 연사로 나선 기억이 없습니다. 나의 제한된 연설 능력을 발휘하는 데 상황이 호의적으로 작용하지 않을 것 같은 느낌이 듭니다. 지금 제 앞에 놓인 임무를 제대로 수행하려면 사전 연구와 사색이 필요합니다. 이런 종류의 변명이 평범하고 무의미하게 여겨진다는 건 압니다. 내가 편안해 보인다면, 제 외양이 제 상태를 매우 잘못 표현하고 있는 걸 겁니다. 공공 집회와 시골 학교에서 강연한 약간의 경험도, 오늘 이 행사에서는 별 도움이 안 되는 군요.

신문과 플래카드에 내가 7월 4일 행사에서 연설을 한다고 적혀 있습니다. 이는 나에게 지나치게 과하게 들립니다. 사실, 나는 이 아름다운 홀에서 지금 이 자리에 참석해 나를 영광스럽게 해 주시는 분들 앞에서 연설하는 특권을 가끔씩 누렸습니다. 그러나 그분들의 친숙한 얼굴도, 내가 완벽하게 익숙하다고 생각했던 코린트식으로 꾸며진 홀도 저를 당황에서 구해 주지는 못합니다.

　사실은 신사 숙녀 여러분, 이 연단과 내가 도망쳐 온 노예 플랜테이션 사이의 거리는 상당히 멉니다. 또한 후자로부터 전자로 들어가는 데 있어서 극복해야 하는 어려움은 절대로 가볍지 않습니다. 오늘 내가 이 자리에 있다는 사실은 나에게도 놀랄 만한 일이며, 또한 감사드릴 일입니다. 그러므로 내가 하고자 하는 이야기에 정교하게 다듬어진 표현이나 연설을 고상하게 하는 당당한 서두가 없다 해도 여러분들은 놀라지 않으실 겁니다. 적은 경험과 교육 탓으로, 나는 나의 생각을 급하게, 그리고 또한 불완전하게 내놓습니다. 여러분들의 인내와 관대한 아량을 믿고 제 생각을 여러분 앞에 내놓겠습니다. (…)

　여러분들의 선조는 오늘날 유행하는 생각, 즉 정부의 무오류성과 정부 행동의 변하지 않는 특성이라는 개념을 채택하지 않았고 정부가 부과하는 의무와 제약 중 어떤 것은 그것이 담고 있는 지혜와 정의에서 모국과는 다를 수 있음을 대담하게 주장했습니다. 그들은 정부의 조치가 부당하고, 비합리적이며 억압적이라고 공표할 정도로 격양되었고, 다 함께 순순히 복종하지 않기로 했습니다. 나는 감히 시민 여러분께, 그러한 조치에 대한 내 생각도 여러분 선조의 생각과 완벽하게 일치한다고 말씀드리고 싶습니다. 지금 내 생각이 일치했다는 그런 동의 선언은 큰 가치가 없을 것입니다. 만약 내가 1776년의 위대한 논쟁 시기에 살았다 해도, 내가 어떤 편을 택했건 간에, 그건 아무 의미도 없었을 것임이 틀림없습니다. 지금, 미국이 옳았고 영국이 틀렸다고 말하는 것은 너무도 쉬운 일입니다. 누구나 그렇게 말할 수 있습니다. 비겁자도 용감한 귀족만큼이나 영국이 미국 식민지를 독재적으로 통치했던 일을 무례할 정도로 장황하게 설명할 수 있습니다. 그렇게 하는 것이 유행입니다. 그렇지만 영국에 반대하고 식민지 대의를 옹호하는 사람들의 목숨을 재판하던 때도 있었습니다. 그 사람들은 당시에는 위해한 음모자, 선동가들, 반란자, 위험한 인물로 간주되었습니다. 불의에 대항해 정의 편에 서고, 강자에 대항해 약자 편에 서고, 압제자에 대항해 압제받는 사람 편에 서는 일! 여기에 바로 공덕이 있습니다. 하지만 이는 무엇보다도, 오늘날 별로 유행하지 않습니다. 자유를 향한 대의는 아마도 여러분 선조의 행동을 찬미하는 사람들에 의해 칼로 난자당한 듯합니다. (…)

시민 여러분, 나에게 이 공화국 선조들에 대한 존경심이 부족한 게 아닙니다. 「독립선언서」에 서명한 사람들은 용감한 사람들입니다. 그들은 또한 위대한 사람들입니다. 위대한 시대의 틀을 만든 위대한 사람들입니다. 한 국가가 탄생할 때 일군의 정말 위대한 사람들이 동시에 존재하는 경우는 매우 드문 일입니다. 그들에 대한 나의 견해를 말하라면 그렇게 호의적이지는 않습니다. 그렇지만 그들의 공적은 찬양하지 않을 수 없습니다. 그들은 정치가였고, 애국자였고, 영웅이었습니다. 그리고 그들이 이룬 공적과 추구한 원칙, 나는 여러분과 함께 그들에 대한 기억을 찬양합니다. (…)

그들은 온화한 사람들이었습니다. 그러나 그들은 굴레에 조용히 순종하기보다는 혁명을 선호했습니다. 그들은 조용한 사람들입니다. 그러나 그들은 억압에 대항하는 저항에서 물러서지 않았습니다. 그들은 자제심을 보여 주었습니다. 그러나 그들은 자제심의 한계도 알았습니다. 그들은 질서를 믿었지만 독재의 질서는 거부했습니다. 그들은 옳지 않은 것은 아무것도 정착시키지 않았습니다. 그들에게 "목적"은 노예제도와 억압이 아니라 정의, 자유, 인간애였습니다. 여러분은 그분들을 잘 기억하고 계실 겁니다. 그들은 당대의 위대한 인물들이었습니다. 그들의 충실한 인격은 오늘날 타락한 시기와 비교했을 때 더욱 돋보입니다. (…)

동료 시민 여러분, 실례를 무릅쓰고 질문을 하나 드리겠습니다. 왜 나에게 오늘 이 자리에서 연설을 하라는 부탁을 했습니까? 나, 혹은 내가 대표하는 사람들이 여러분 나라의 독립과 무슨 관계가 있습니까? 「독립선언서」에 구현된 정치적 자유와 타고난 정의라는 위대한 원칙들이 우리에게까지 적용되는 것입니까? 그렇다면 나는 국가의 제단에 우리의 보잘것없는 공물을 바치고 은혜를 고백하고, 여러분의 독립이 우리에게 가져다준 축복에 헌신적인 감사를 표현하라고 이 자리에 초청받은 것입니까?

여러분과 우리 모두를 위해서 이 질문에 긍정적인 대답이 충실히 돌아오기를 하나님께 기원합니다! 그렇다면 나의 짐은 가벼워지고, 나의 임무는 쉽고 즐거워질 것입니다. 국가의 동정에도 따스함을 느끼지 못하는 그렇게 냉정한 사람이 어디 있을까요? 소중한 은혜를 고맙게 인정하지 않는, 완고하고 감사에 인색한 그런 사람이 어디 있을까요? 노예의 사슬이 그의 손발에서 끊겨 나간 국가적 축제의 날에 소리 높여 할렐루야를 부르지 못할 정도로 둔감하고 이기적인 사람이 또 어디 있을까요? 저는 그런 사람이 아닙니다. 제가 그런 사람이라면 벙어리가 유창하게 말하고 "절름발이가 수사슴처럼 뛰어다닐" 것입니다.

하지만 이는 그런 경우가 아닙니다. 나는 우리 사이에 존재하는 슬픈 차이를 느끼며 말합니다. 나는 이 영광스러운 기념일에 함께 기뻐할 수 없습니다! 여러분들의 숭고한 독립은 우리 사이에 헤아릴 수 없는 거리가 있음을 드러낼 뿐입니다. 여러분들이 오늘 기뻐하는 이 축복을 다른 사람들은 누리지 못합니다. 여러분의 선조가 전해 준 정의와 자유, 번영과 독립의 풍성한 유산은 내가 아니라 당신들이 공유하는 유산입니다. 여러분에게 빛과 따스함을 가져다주는 햇빛이 나에게는 매질과 죽음을 가져다줍니다. 이 7월 4일은 당신들의 것이지 나의 것이 아닙니다. 여러분들은 기뻐하십시오. 나는 한탄해야 합니다. 한 사람을 묶어서 웅장하고 광채 나는 자유의 사원으로 끌고 들어와 환희의 축가를 함께 부르라고 요청한다면, 이는 비인간적인 냉소고 신성모독의 아이러니입니다. 시민 여러분, 오늘 나에게 연설을 요청한 것은 나를 비웃으려는 의도에서입니까? 그러면 나는 여러분들의 행동에 필적할 말을 하지요. 나는 여러분에게 하늘까지 치솟을 죄를 저지른 한 나라의 예를 들면서 그 나라를 따라하지 말라고 경고하려 합니다. 그 나라는 하나님의 입김으로 무너져 내려 돌이킬 수 없는 폐허가 됐습니다! 나는 오늘, 버려지고 재앙에 빠져 슬퍼하는 사람들의 비탄에 대해 얼마든지 말할 수 있습니다. (…)

　동료 시민 여러분, 전국을 떠들썩하게 하는 여러분들의 기쁨 너머에서 비탄에 잠긴 수백만 명의 소리를 듣습니다! 어제 그들의 쇠사슬은 무겁고 고통스러웠습니다. 오늘 축제의 함성을 듣는 동안 그 사슬의 고통은 더욱 견디기 어려울 것입니다. 만약 내가 잊는다면, 오늘 피 흘리고 있는 저 아이들의 슬픔을 충분히 기억하지 못한다면, "내 오른손을 잘라 내고, 내 혀를 내 입천장에 붙여 버리십시오!" 그들을 망각하고, 그들의 잘못을 가볍게 넘기고, 그리고 인기 있는 주제와 영합하는 것은 가장 불명예스럽고 충격적인 배신이며, 하나님과 세상 앞에서 나를 치욕스럽게 만드는 일입니다. 이제, 동료 시민 여러분, 내 이야기의 주제는 미국의 노예제도입니다. 나는 오늘날과 오늘날의 일반적인 특성에 대해, 노예의 입장에서 말하고자 합니다. 나는 저기 미국의 노예들과 나를 동일시하고 그들의 잘못을 내 잘못처럼 여기며, 내 영혼을 다해 주저하지 않고 말합니다. 오늘 7월 4일이야말로 이 나라의 행동과 특성이 그 어느 때보다 더 검게 보이는 날이라고! 과거의 선언을 되돌아보든지 현재의 공언을 보든지 간에, 이 나라의 행동은 똑같이 비열하고 혐오스러워 보입니다. 미국은 과거에 잘못됐고, 현재에도 거짓되며, 앞으로도 잘못하겠다는 맹세를 합니다. 지금 이 순간 하나님과 짓밟히고 피 흘리는 노예 편에 서서, 나는 폭력적인 인간애의 이름으로, 속박된 자유의 이름으로, 타락하고 유린된 헌법과 성경의 이름으로, 감히 나의 모든 힘을 다해서 노예제도를 영속화시킨 모든 것에 이의를 제기하고 공공연히 비난하는 바입니다. 노예제도는 미국의 가장 큰 범죄이며 수치입니다! "나는 모호한 말을 쓰지 않을 것이며, 나는 변명하지 않을 것입니다." 나는 내가 쓸 수 있는 가장 험한 언어를 사용할 것입니다. 그리고 이 말은 꼭 하려 합니다. 누구든, 편견에 의해 판단이 흐려지지 않았거나 가슴으로는 노예 주인이 아닌 사람도, 정당하고 정의롭다고 자신하지 말기 바랍니다. (…)

내가 이런 것들이 잘못됐다고 주장하려는 걸까요? 즉, 사람을 짐승처럼 대하고 그들로부터 자유를 빼앗고, 임금도 없이 일을 시키고, 동료들이 서로를 무심하게 대하게 만들고, 무지한 몽둥이로 때리고, 채찍으로 살을 찢고, 손과 발을 쇠사슬로 묶고, 개를 풀어서 쫓고, 경매에서 팔고, 가족을 해체하고, 이를 부러뜨리고, 살을 태우고, 주인에게 복종하고 순종할 때까지 굶기고 하는 일들이 잘못된 일이라고? 따라서 피로 얼룩지고 타락에 절은 노예제도가 잘못되었다고 주장하려는 걸까요? 아니요, 그렇지 않습니다. 그런 주장들로 내 뜻을 드러내기보다는 나에게 주어진 시간과 힘을 더 잘 사용하고자 합니다. (…)

지금 같은 순간에는, 확신에 찬 주장이 아니라 신랄한 아이러니가 필요합니다. 오, 만약 내가 능력이 있다면, 그리고 이 나라 전체가 들을 수 있다면, 오늘 나는 무시무시한 날카로운 조소, 호된 꾸지람, 압도적인 풍자, 그리고 엄격한 비난의 홍수를 쏟아 낼 겁니다. 지금 필요한 것은 빛이 아니라 불입니다. 부드러운 소나기가 아니라 천둥입니다. 우리는 폭풍, 회오리바람, 지진이 필요합니다. 국가적 감동이 소생되어야 하고, 국가적 양심이 고양되어야 하고, 국가의 예절이 다시 살아나야 하고, 국가의 위선이 폭로되어야 하고, 하나님과 인간에게 행한 범죄가 공포되고 비난받아야 합니다.

미국 노예들에게 여러분의 7월 4일이 무엇일까요? 나는 한 해의 그 어떤 날보다도, 노예를 끊임없는 희생자로 만드는 지독한 불의와 잔인성이 그들 앞에 가장 생생하게 드러나는 날이라고 답합니다. 노예에게, 여러분들의 경축은 수치입니다. 당신들의 자랑스러운 자유는 신성치 못한 방종이며, 당신들 국가의 위대함은 오만한 허세고, 당신들의 기쁨에 찬 소리는 공허하고 비정하며, 폭정에 대한 당신들의 비난은 철면피 같은 뻔뻔스러움이고, 자유와 평등을 부르짖는 당신들의 외침은 공허한 조롱이며, 장엄한 종교 행렬과 의식으로 치장된 당신들의 기도와 찬송, 설교와 감사 기도는 노예에게는 한갓 허풍, 속임수, 기만, 불경, 위선일 뿐입니다. 야만적인 나라를 수치스럽게 하는 범죄를 가리기 위한 얄팍한 덮개에 지나지 않습니다. 지금 바로 이 순간, 미국 국민들만큼 충격적이고 잔인한 죄를 저지르는 나라는 지구상에 없습니다.

가고 싶은 곳으로 어디든지 가 보십시오. 구세계Old World의 군주제와 독재정을 돌아보고, 남아메리카를 두루 여행하며 모든 악폐를 찾아보십시오. 여행에서 최고의 악폐를 발견하면 그 악폐와 이 나라에서 매일 벌어지고 있는 관행에 대해 당신이 알고 있는 진상을 견주어 보십시오. 그러면 당신은 나와 마찬가지로 지긋지긋한 야만성과 파렴치한 위선에서 미국과 비교할 상대가 없음을 알게 될 겁니다.

존 브라운의 마지막 연설[9]

1859년 11월 2일

1859년 10월 16일 존 브라운John Brown과 스무 명에 가까운 그의 동지들이 웨스트 버지니아 하퍼스페리Harper's Ferry에 있는 병기고를 점령했다. 그들은 그곳에 있는 대량의 병기를 노예제도를 강제로 종식시키는 데 사용하고자 했다. 찰스타운 부근에서 잡혀 재판받은 브라운은 반역죄로 유죄 판결을 받았다. 처형 한 달 전에, 존 브라운은 웨스트버지니아 찰스타운 법정에서 하퍼스페리 사건에서 자신이 맡은 역할을 변호하는 연설을 했다. 헨리 데이비드 소로는 비록 폭력을 좋아하지 않았지만 존 브라운을 칭찬했다. 그리고 열렬한 전도사(존 브라운)가 사형을 선고받았을 때 랠프 왈도 에머슨Ralph Waldo Emerson은 "그는 교수대를 십자가만큼 신성하게 만들 것이다"라고 말했다.

몇 마디 할 말이 있습니다.

우선, 나는 처음부터 인정한 것, 즉 노예들을 해방하려던 계획 이외의 모든 것을 부인합니다. 내가 지난겨울 미주리에서 한 일이 이 문제를 명확하게 해 줍니다. 그곳에서, 총 소리 한 번 내지 않고 노예들을 데리고 이 나라를 두루 거쳐, 마침내 그들을 캐나다로 이주시켰습니다. 나는 더 큰 규모로 똑같은 일을 다시 하려고 계획했습니다. 그게 내 의도 전부입니다. 나는 살인, 반역, 또는 재산 파괴를 의도한 적이 없으며, 주인에게 반항하도록 노예를 책동하거나 부추기거나 반란을 일으키도록 강요한 적이 없습니다.

또 다른 이의가 있습니다. 즉 내가 인정한 방식으로 이 일에 관여했다 하더라도 이런 처벌로 고통받아야 할 이유가 없습니다. 이미 내가 인정한 것들은 상당 부분 증명되었습니다. 이 사건에서 증인을 선 목격자들 대부분이 충실함과 솔직함을 보여 줬기 때문입니다. 만약 내가 부자, 권력가, 지성인, 소위 위대한 사람들을 대신해 관여했거나, 그들의 친구, 아버지, 엄마, 형제, 자매, 아내, 아이들 등 그런 사람들을 대신해서 관여했다면, 그럼으로써 고통받았고, 내가 가진 것을 희생했다면, 아무 일도 없었을 겁니다. 그리고 이 법정의 모든 사람들이 처벌보다는 보상받을 가치가 있는 행동이라고 생각했을 겁니다.

추측하건대, 이 법정은 하나님 법의 효력을 인정합니다. 여기에서 사람들이 입 맞추는 책을 봅니다. 성경책, 아니면 적어도 신약성서겠지요. 성경은 나에게 "그가 너에게 하듯 너도 그에게 하라"고 가르칩니다. 그리고 성경은 더 나아가 나에게 "자기 몸이 예속된 것처럼 예속된 사람들을 기억하라"고 가르칩니다. 저는 그 가르침에 따라 행동하려고 했습니다. 말하자면 저는 아직 너무 어려 하나님이 사람을 차별 대우하신다는 생각을 이해하지 못합니다. 내가 언제나 떳떳하게 인정하고 있는 내 행동과 같은 개입은 멸시받는 하나님의 사람들을 대신하여 한 행동이며, 이는 잘못되었다기보다는 잘한 행동입니다. 이제 정의라는 목표를 증진하기 위해서 내 목숨을 내놔야 한다면, 나의 피와 내 아이들의 피를 섞기 위해서, 이 노예의 나라에서 사악하고 잔인하고 부당한 법에 의해 권리를 박탈당한 채 살고 있는 수백만 사람들의 피와 내 피를 섞기 위해서 그래야 한다면, 나는 순순히 복종하겠습니다. 그렇게 하십시오.

한마디만 더 하겠습니다.

나는 재판에서 받은 모든 대우에 전적으로 만족합니다. 모든 상황을 고려해 볼 때, 내가 기대했던 것보다 더 관대했습니다. 그러나 나는 아무런 죄책감을 느끼지 않습니다. 처음부터 내 의도가 무엇이었고, 무엇이 아니었는지 말했습니다. 나는 결코 다른 사람의 생명을 빼앗으려고 한 적이 없었고, 배신을 저지르려고도 하지 않았으며 노예들을 획책하여 반항하거나 반란을 일으키도록 한 적도 없습니다. 나는 결코 어떤 누구에게도 그렇게 하라고 독려하지 않았고, 오히려 그런 생각들을 저지했습니다.

나와 관련된 몇 사람이 한 진술에 대해 한마디만 더 하게 해 주십시오. 그들 중에 누군가가 내가 그들에게 가담하라고 권유했다고 진술했다는 말을 들었습니다. 하지만 사실은 그 반대입니다. 이 말을 하는 이유는 그들에게 해를 끼치고자 함이 아니라 그들의 나약함이 한탄스럽기 때문입니다. 그들 모두 자발적으로 나에게 가담했고, 그리고 대부분 자신의 경비를 들여 가며 가담했습니다. 그들 중 다수는 그들이 나를 만나러 온 그날까지 한 번도 본적이 없었고, 대화 한마디도 나눈 적이 없었습니다. 이게 내 진술의 목적입니다.

이제 끝났습니다.

오즈번 앤더슨,
『하퍼스페리에서 들리는 목소리』[10]

1861년

백인 열일곱 명과 흑인 다섯 명이 하퍼스페리에서 존 브라운 봉기에 가담했다. 오즈번 앤더슨Osborne P. Anderson은 살아남아 그 경험을 기록한 유일한 흑인이었다. 다음은 그 봉기에 대한 그의 진술 중 일부를 발췌한 내용이다.

노예 주인들과 그의 식객들이 하퍼스페리 충돌 사건을 보고한 다양한 자료들 중에 노예에 관한 기사만큼 엉터리인 기사도 없다. 그들은 노예들은 겁쟁이들이고 자유보다 버지니아 주인과 노예제도를 더 선호한다는 믿음을 강요하기 위해 고의적으로 기사를 왜곡한 것 같다. 나는 그 사건에 가담한 흑인들의 행동을 직접 경험했으며, 당사자로서 그들에 대한 추잡한 비방을 단호하게 부인할 준비가 되어 있다. 사건에 가담했던 흑인 노예들은 브라운 선장을 떠나 자기네 주인에게 돌아갈 기회만 노린 믿을 수 없는 사람들이라고 비난을 받거나 자신을 구원하는 일에는 무관심해서 자기 의지에 반해 브라운 선장이 강요한 일을 강제로 했다고 비난받았다.

사건이 일어난 일요일 저녁, 우리는 플랜테이션을 방문해 노예들에게 우리가 자유를 가져다주러 왔다는 소식을 전했다. 그러자 엄청난 열기가 그들 사이에 감돌았다. 모든 이의 얼굴이 환희와 기쁨으로 빛났다. 머리가 하얗게 되고 오랫동안 노예로 일해서 노쇠한 어느 늙은 어머니는 준비 중인 이 일에 대해 듣자 "하나님의 축복이 있기를 바랍니다, 하나님의 축복이 있기를 바랍니다"라고 답했다. 그러고는, 그녀 집에 초대해 우리에게 키스하고 무릎을 꿇으라고 요청했다. 우리가 무릎을 꿇자 그녀는 이 일에 하나님의 축복이 함께하고 우리가 성공하기를 기도했다. 노예 숙소에는 전반적으로 축제 분위기가 확연하게 감돌았다. 그리고 그들은 강제 모집이나 설득 없이도 씩씩하게 앞장섰다. 한 사람만 약간 주저했다. 검은 얼굴의 자유 흑인인 그는 무장하기를 거부했다. 그 사람만 이 일에 확신이 없었고, 이 일을 함께 논의한 다른 노예에 비해 용기가 없었다. 실제로, 내가 알기로는, 남부의 자유 흑인들은 노예보다 훨씬 믿을 수 없고, 훨씬 더 무섭다. 워싱턴 시에서는 일부 자유 흑인들이 시장에게 우리의 운동을 진압하는 데 도움을 주겠다고 제안하기도 했다. 페리까지 우리를 따라온 노예들 몇 명을 비품 옮기는 일을 도와주라고 보냈다. 나머지는 모두 무기고 주변에 원형으로 모여서, 지도자 브라운의 지시에 따랐다. 나는 그들에게 곡괭이를 나눠 주었고 대부분이 죄수들의 도망을 막는 간수처럼 행동했다. 그들은 그렇게 행동했다.

아메리카 혁명에서 처음 피 흘린 사람이 크리스퍼스 애턱스Crispus Attucks라는 흑인이었던 것처럼, 하퍼스페리에서도 미국 연방군이 도착한 뒤 처음 피 흘린 사람은 우리 측의 흑인 노예였다. 접전이 시작되고 군대가 다리에서 꽤 가까운 곳에 나타나기 전에 한 노예가 총에 맞았다. 나는 그가 쓰러지는 것을 보았다. (…) 존 헨리 카기 일행은 강으로 갈 수밖에 없었다. 그때 몇 명의 노예들이 바위 위에서 총에 맞았다. 총에 맞은 노예들은 죽음의 고통을 겪으며 동료들과 이별했다. 그들의 몸은 아래 물속으로 떨어졌다. 브라운 선장은 당황했지만 그들이 자발적으로 보여 준 민첩함과 폭력에 직면하여 보여 준 남자다운 태도에 감명받았다. 그는 월요일 아침에 나에게 노예들의 행동에 기분 좋게 실망했다고 말했다. 그는 [노예] 열 명 중 한 명도 기꺼이 싸울 것이라 기대하지 않았기 때문이다. 하퍼스페리 "습격"에 노예들이 참여하고 흑인들이 전반적으로 도움을 제공했던 점을 고려한다면, 이 사건은 다음이 명백한 진실임을 보여 준다. 첫째, 이번 노예들의 행동은 노예제도의 약점을 확실하게 보여 준다. 그들에게 유리한 기회가 주어진다면 말이다. 둘째, 싸움에 가담했던 인원과 그 과정에서 순교한 인원 모두 집단으로서의 흑인을 잘 대표하고 있다.

죽은 "선동자"의 수는 첫 번째로 보고되었을 때 17명이었고, 그중 몇 명은 노예였다. 페리에서 목숨을 잃은 10명은 켄터키 농장에 속한 사람들이었다. 즉, 열 명 중 존 헨리 카기, 제리 앤더슨, 왓슨 브라운, 올리버 브라운, 스튜어트 테일러, 아돌푸스 톰슨, 윌리엄 톰슨, 윌리엄 리만, 이렇게 여덟 명은 백인이고, 데인저필드 뉴비와 세라드 루이스 리어리는 흑인이었다. 나머지 사망자로 보고된 사람은 위의 설명에 따르면 흑인들이었다. 그러나 켄터키 농장에서 일하던 열일곱 명이 여전히 브라운 선장과 함께 있었고, 모든 일이 끝났을 때, 브라운 선장은 자신을 제외한 네 명과 함께 찰스타운 감옥에 수감되었다. 스티븐스, 에드윈 코픽은 백인이었고, 존 코플랜드와 쉴드 그린은 흑인이었다. 이로부터 상당수의 흑인이 페리에서 죽거나 찰스타운에서 처형됐다는 사실을 알 수 있다. 백인 네 명과 흑인 한 명은 노예제도를 지키려는 집요한 추적자의 이빨을 피할 수 있었다. 나는 그중 한 명이었다. 즉 나는 당시 농장에 있던 사람 중 유일한 흑인이었다.

수백 명의 노예들이 이 일에 가담할 준비가 돼 있었다. 따라서 브라운 선장이 그가 잡은 포로의 가족들에게 동정심을 느끼지 않았더라면 의심의 여지없이 매우 다른 결과가 뒤따랐을 것이다. 브라운과 브라운의 추종자들은 군대가 도착하기 전에 그들이 점유해 지배하고 있던 장소를 떠날 기회가 충분히 있었다. 노예 주인들은 본래 겁쟁이들이어서 쉽게 포로로 잡혔다. 이 나라 국부 조지 워싱턴 장군의 후손인 루이스 워싱턴 대령도 마찬가지였다. 그들은 싸울 만큼, 또는 자신들이 소유하고 있는 잘 손질된 무기를 사용할 만큼 충분히 용감하지 않았다. 대신 그들은 교섭으로 위험을 면하고 동정을 유발하기 위해 워싱턴 장군이 한 것처럼, 겁쟁이처럼 눈물을 뿌렸다. 그리고 그런 방법으로 받아야 할 처벌을 모면했다. 하지만 노예들은 그렇지 않았다. 노예들의 행동은 이루 다 칭찬할 수 없을 정도였다. 우리의 용감한 노老선장은 포로들의 애원에 마음의 문을 닫았어야 했다. 적어도 그들 가족에게 동정심을 느끼지 말았어야 했다. 잠시 동안이라도, 그가 이기적으로 자기 친구와 친지를 생각해 포로와 그 가족들을 잊었더라면, 아니면 처음의 계획을 추진하기 위해 그 자리를 떠났더라면, 그리하여 다가오는 노예의 해방을 기대했더라면, 준비하고 대기 중이던 수백 명이 24시간 내로 무장할 수 있었을 것이다. 이처럼, 숭고한 노인의 실수는 위대한 선善의 결과이기에, 훗날 역사가는 이 사실을 지금과 같은 거북함 없이 기록할 것이다. 존 브라운은 24시간 동안 하퍼스페리를 점령했을 뿐만 아니라, 전 남부를 점령했다. 그는 제임스 뷰캐넌James Buchanan 대통령과 그의 내각을 붙잡았고, 온 나라를 뒤흔들었으며, 헨리 와이즈 지사를 살해했다. 그는 광산을 파서 마침내 자유주와 노예주 사이의 연대를 와해시킬 철로를 놓았다. 반향反響은 진실을 드러낸다. 그러니 그냥 내버려 두자.

마틴 델라니,
"전前 노예에게 보내는 충고"[11]

1865년 7월 23일

마틴 로빈슨 델라니Martin Robinson Delany는 자유 흑인과 북부군 아프리카계 미국인 장교 사이에서 태어났다. 그는 사우스캐롤라이나 세인트헬레나St. Helena 섬에서 수백 명의 회중들 앞에서 격정적인 연설을 했다. 이 연설에서 델라니는 노예제도에 항거한 투쟁과 노예해방령 이후 자유를 향한 투쟁에 대해 말했다. 델라니는 남북전쟁이 끝날 무렵 〈해방흑인국Freedmen's Bureau〉에서 일했다. 하지만 〈해방흑인국〉은 그의 정치성을 의심한 나머지 에드워드 스토버Edward M. Stoeber 대위를 세인트헬레나 섬으로 보내 브릭 교회에서 열린 그의 연설을 듣게 했다. 스토버의 문서가 이 연설을 기록한 유일한 사료다. 스토버는 "회중은 엄청나게 흥분했고, 연설 중 어떤 말에서는 환호가 터져 나왔다"고 기록했다. 이후 회중 몇 사람이 스토버에게 "그들이 양키 고용주를 제거할 거고" 델라니가 "그들에게 진실을 말해 준 유일한 사람이다"라고 말했다.

정부가 남부 흑인에게 자유를 선언한 것은 남부의 전 세력이 노예 소유에 기반하고 있음을 알기에 취한 전쟁 책략이었습니다.

하지만 나는 여러분 스스로가 무장해 우리 독립을 위해 싸우지 않는다면 우리는 결코 자유를 얻지 못하리라는 사실을 알기 바랍니다.

만약 내가 노예였다면 가장 골칫덩어리여서 어떤 협박이나 처벌에도 굴하지 않았을 것입니다. 일하지 않았을 것이며, 아무도 감히 내 곁에 가까이 오지 못하게 하고, 죽기 아니면 살기로 투쟁했을 것이며, 그들 사이로 불과 검을 던졌을 겁니다. 여러분들이 선하다는 걸 저는 압니다. 너무 착하지요. 내 친구는 노예 시절 밭일을 하러 나갔을 때 조용히 드러누워 감시관이 오는지 보고 있다가, 그가 나타나면 열심히 일하는 척했다는 말을 나에게 해 줬습니다. 그리고 그는 주인을 위해 하루치 일을 끝낸 적이 없다고 고백했습니다. 그가 맞습니다. 저라도 똑같이 했을 겁니다. 그리고 여러분 모두가 다 같은 행동을 했을 겁니다.

사람들은 여러분이 너무 게을러 감시관의 통솔과 재촉 없이는 스스로 일을 진행할 수 있을 만한 능력이 없다고 말합니다. 저는 이는 거짓이라고 말합니다. 불경한 거짓말입니다. 그리고 곧 증명이 될 겁니다.

저는 지금 여러분에게, 여러분들이 가치 있는 존재라고 말하고자 합니다. 알다시피 크리스토퍼 콜럼버스는 1492년에 이곳에 도착했습니다. 그들은 오직 금이나 캐고, 귀중한 진주, 다이아몬드 등 온갖 종류의 보석을 모으러 왔습니다. 그리고 "자존심 센 백인 스페인 귀족"과 포르투갈 귀족을 치장시키고, 그들의 가슴에 브로치를 달아 주고, 귀에 귀걸이를, 팔목에 팔찌를, 다리와 손가락에 반지를 끼워 주려고 왔습니다. 그리고 이곳에서 그들은 그들을 위해 땅을 파고, 일하고, 노예가 되어야 하는 인디언을 발견했습니다. 하지만 그들은 인디언이 일을 견디지 못하고 너무 빨리 죽는다는 사실을 알았습니다. 시간이 경과하면서 그들은 흑인 몇 명을 데려갔고 (…) 그들에게 일을 시켰습니다. 흑인들은 그 일을 견딜 수 없었습니다. 백인들 역시 이 일을 견딜 수 없었으면서도 그들은 자신들이 우리 인종보다 우월하다고 말합니다.

그 불쌍한 흑인들에게 일을 시켜 이윤이 많이 남았습니다. 그래서 1502년 찰스 5세Charles the V는 아메리카 대륙이 매년 흑인 4천 명을 수입하는 것을 허락했습니다. 이러한 흑인 무역은 어마어마한 이윤을 남겼고 영국의 처녀왕(Virgin Queen, 엘리자베스 1세를 말함. 옮긴이)과 제임스 2세는 노예 무역을 통해 국고에 엄청난 부를 축적했습니다. 여러분들은 언제나 부의 수단이었습니다.

말하자면, 저는 아프리카에서 태어나 아프리카 전역을 돌아다녔습니다. 아프리카 사람들은 매우 추진력 있는 농부들입니다. 그들 모두는 여행할 때 종자를 가지고 다닙니다. 그리고 목적지에 도착하면 그 종자를 심거나 다른 형제와 교환합니다.

따라서 여러분은 그 이상을 알아야 합니다. 즉 모든 종자들, 목화, 쌀, 그리고 커피는 여러분들이 우리 형제의 땅에서 가져왔다는 사실을 알아야 합니다.

풍요 속에 사는 여러분의 주인들은 감시관이라 불리는 비열한 존재를 고용했습니다. 그 감시관은 기분 내키는 대로 여러분을 매질하고 때리며 여러분들을 계속 감시하여 열심히 일하게 했습니다. 그리고 주인들은 북부 타운이나 유럽에서 살면서 그를 위해 여러분들이 벌어 준 부를 낭비했습니다. 그는 평생 동안 1달러도 벌지 않았습니다. 남녀 여러분, 내 주변의 여러분 한 사람 한 사람이 주인을 위해 수백만 달러의 돈을 벌었습니다. 여러분들은 바로 주인들이 한가하고 불명예스러운 삶을 사는 수단이었고, 자기 자식들을 교육시키는 수단이었습니다. 정작 여러분들의 의식이 깨어날까 두려워 여러분들에게는 시키지 않은 교육 말입니다. 주위를 둘러보면 이 섬과 보퍼트의 모든 집들은 내 눈에 매우 익숙하며, 내가 아프리카에서 마주친 집들의 구조와 똑같습니다. 모두 니그로들이 지은 집이라는 것은 외관만 보아도 알 수 있을 겁니다.

나는 그들이 여러분들에게 아무것도 가르칠 수 없다고 말합니다. 그리고 그들은 가르치지도 못했습니다. 그들에게는 그렇게 할 머리가 없기 때문입니다. 적어도 남부 사람들은 그렇습니다. 오, 양키는 교활합니다.

자, 이제 내게 들은 것을 말해 보십시오. 여러분은 아무 가치가 없습니까? 여러분은 그들이 생각하는 그런 존재, 즉 하나님의 저주를 받아 노예로 태어난 그런 존재입니까? 그들이 평등하지 않다고 생각하는 사람은 누구입니까? 이미 말했듯이 양키는 교활합니다. 그들 중에는 좋은 사람도 있고 나쁜 사람도 있습니다. 좋은 사람들로 말하면, 만약 그들이 좋은 사람이면, 정말로 굉장히 좋은 사람이고, 나쁜 사람이면, 굉장히 나쁜 사람입니다. 하지만 가장 나쁘고 비열하고, 그리고 여러분 주인보다 더 나쁜 사람은 감시관으로 고용된 양키입니다.

학교 선생들, 밀사들, 목사들, 그리고 대리인들을 믿지 마십시오. 그들은 여러분에게 절대로 진실을 말하지 않기 때문입니다. 특히 저 면화 대행 업자는 절대로 믿지 말라고 경고합니다. 당신에게 경험이 없다는 사실을 이용해 이윤을 챙기려는 겁니다.

만약 어떤 사람이 당신의 일을 중재해 주려고 오면, 더 깨인 형제에게 그를 보내십시오. 그러면 그 형제가 그가 누구이고 무슨 일을 당신과 함께 하려 하느냐 등을 물어볼 겁니다.

정부가 여러분을 계몽하고 안내하기 위해서 보낸 대행 업자들 이외의 사람은 믿지 마십시오. 저는 미국 정부 일을 하는 관리입니다. 그리고 사우스캐롤라이나 출신으로 근자에 임명된 루푸스 섹스턴 장군을 돕는 임무를 맡았습니다. 그리고 조지아 주를 위해 에드워드 와일드 부지방 행정관도 돕고 있습니다.

샐먼 체이스 대법원장이 여러분들에게 연설하러 이곳에 왔을 때, 몇몇 심술궂고 지독한 뉴욕 신문은 그가 여러분들이 자신을 대통령으로 뽑아주기만을 바라고 있다고 말했습니다. 저에게는 그런 생각이 없습니다. 백인 대통령이든 흑인 대통령이든 마음대로 하라 하십시오. 누구든 신경 쓰지 않습니다. 아마도 그럴 마음이 있는 사람이 되겠지요. 저는 누구에게도 협박당하거나 감금되는 위협을 당하지 않을 겁니다. 그리고 어떤 세력도 제가 여러분들에게 진실을 말하는 것을 막지 못할 겁니다. 그러므로 나는 불한당입니다. 즉, 여러분의 옛 주인들이 득시글거리는 찰스턴에서조차 두려움이나 망설임 없이 하고픈 말을 합니다.

자, 이제 여러분을 보러 온 중요한 목적에 대해 말하겠습니다. 전에 **남부 전체**가 여러분에게 의존했듯이 이제 **이 나라 전체**가 여러분에게 의존할 것입니다. 여러분에게 권고합니다. 만약 혼자서 아무것도 살 수 없다면, 공동체를 만들어 가능한 모든 땅을 사십시오.

가족을 위해 필요한 만큼 채소를 기르고, 다른 쪽에는 쌀과 목화를 재배하십시오. 자, 예를 들어서 1에이커(약 40아르) 땅에는 9십 달러어치의 목화 작물을 기르십시오. 그렇게 10에이커(약 404아르)를 경작하면 매년 9백 달러를 벌 수 있습니다. 혼자 땅을 구할 수 없으면, 공동으로 구하고 이윤을 나누면 됩니다. 예를 들어서 연초가 있습니다. 버지니아는 연초 재배에 아주 좋은 지역입니다. 더블린과 리버풀 일부 지역에는 연초 생산으로 유명한 지역의 이름을 딴 곳이 있을 정도입니다. 당신들의 노동이 주인들에게 얼마나 엄청난 이윤을 남겨 줬는지 알겠지요. 이제 내가 여러분들이 이 나라의 생산자가 되기를 바란다는 걸 이해하겠지요. 이는 정부의 바람입니다. 우리가 여러분들에게 친구를 보내 드리겠습니다. 그들은 여러분들을 지도해 우리가 바라는 목적을 달성할 것입니다. 우리의 생각을 받아들이고 따르면 여러분들은 부유하고 힘 있는 사람들이 될 것입니다.

주위를 돌아보니 맨발에 더러운 누더기를 입은 남자가 보입니다. 그가 무슨 일을 하며 누구를 위해서 일하는지 묻습니다. 그는 어떤 농부에게 하루 30센트씩을 받고 일한다고 말합니다. 저는 여러분에게 그래서는 안 된다고 말합니다. 그건 저주받은 노예제도와 다를 게 없습니다. 저도 노예제도를 지지하지 않을 것이며, 정부도 지지하지 않을 것입니다. 정부는 이에 대해 듣게 될 것입니다. 바로 **내가** 정부에 말할 겁니다.

저는 여러분에게 노예제도는 끝났다고 말합니다, 그리고 다시는 돌아오지 않을 겁니다. 지금 20만 명의 우리 형제들이 군대에서 훈련을 받으며 전쟁 수당을 받고 있습니다. 여러분에게 말합니다. (…) 노예제도는 다시는 돌아오지 않을 겁니다. 여러분이 결의에 차 있다면 돌아오지 않습니다.

이제 가서 일하십시오. 그리고 조만간 여러분을 다시 볼 겁니다. 다른 친구가 와서 어떻게 일을 시작해야 하는지 보여 줄 겁니다.

여러분의 밭을 잘 가꾸고, 잘 경작하고, 씨앗을 심으십시오. 내가 여러분 밭을 지나갈 때 작물이 잘 자라고, 잘 가꾸어졌으면 이를 바라보며 이 밭은 자유 니그로의 소유라고 확신할 것이고, 듬성듬성 심어져 있고, 잘 가꾸어져 있지 않으면 이 밭은 노예들과 함께 일하는 사람의 소유라고 생각할 겁니다.

헨리 맥닐 터너,
"조지아 주 입법부 흑인 의원 자격에 관하여" [12]

1868년 9월 3일

최초의 미국 흑인 군대 조직을 돕고, 후에 이에 군목으로 가담한 헨리 맥닐 터너Henry McNeal Turner는 애틀랜타에서 개최된 주州 제헌위원회 대표가 되었고, 1868년에는 조지아 주 의회의 하원으로 당선됐다. 하지만 얼마 후 그는 흑인이라는 "죄"로 쫓겨난 24명의 의원 중 한 사람이 되었다. 다음은 그가 자신의 제명을 비난하면서 동료 의원들 앞에서 한 연설을 발췌한 것이다.

본질적인 공과를 논의하기에 앞서 하원 여러분들이 제 입장을 먼저 이해해 주셨으면 합니다. 저는 이 기구의 일원임을 주장합니다. 따라서 여러분, 저는 어느 당에건 아첨하거나 비굴하게 행동하지 않을 것이며, 저의 권리를 그들에게 구걸하기 위해 저를 비하하지 않을 것입니다. 저와 같은 흑인 의원 중에는 발언 중 기회를 틈타 반대편 의원들의 **동정심**에 호소하거나 아량을 구하기 위해서 의원들의 품성을 찬양하는 자도 있습니다. 여러분, 저는 이를 보면 채찍을 맞으며 애원하는 노예가 떠오릅니다. 저는 제 권리를 요구하며 감히 제 인격의 문턱을 넘어서려는 사람들에게 벼락을 내리기 위해 이 자리에 서 있습니다. "불로 악마와 싸우라"는 격언이 있습니다. 신사 여러분, 제가 이 격언을 따르더라도 이해해 주시기 바랍니다. 그들의 무기로 그들과 싸우는 것일 뿐이니까요.

오늘 이 하원의 광경은, 역사에서 유례를 찾기 힘든 사건입니다. 오늘부터 하나님께서 아담에게 숨을 불어넣은 날까지 거슬러 올라가 보아도 어떤 유사한 사례도 찾을 수 없습니다. 세계 역사에서 한 사람이 입법, 사법, 또는 행정 기능을 지닌 기구 앞에서 동료보다 얼굴색이 검다는 죄로 규탄받는 일은 결코 없었습니다. 다른 나라 법정에서도 오늘 여기서 논의되는 사안과 크게 다르지 않은 주제가 문제시된 적이 있다는 것은 저도 압니다. 그러나 여러분, 이 세상의 모든 위대한 나라들의 역사를 통틀어 하늘에 계신 하나님이 행한 일로 사람이 문책받는 일은 없었습니다. 사람이 범죄와 비행으로 자신의 권한을 박탈당하는 경우는 있을 겁니다. 그러나 한 사람을 심판대에 불러 세우고, 그가 책임질 수 없는 일인, 어깨 위에 달고 다니는 머리 때문에 죄를 묻는 일이 바로 19세기 중반 조지아 주에서 일어나고 있습니다. 앵글로색슨족은 더 놀라운 인종입니다. 지난 3주 동안 나보다 이 인종에게 더 기만당한 사람은 없습니다. 저는 앵글로색슨족이 그렇게 비겁하고 무기력한 인종인 줄 몰랐습니다. 앵글로색슨 신사 여러분들이 보여 준 배신 행위는 지금까지 보아 온 무엇보다도 그들에 대한 제 믿음을 흔들었습니다.

무엇이 문제입니까? 선생님들은 왜 오늘 이 회의에서 어떤 판결을 내릴 것인지 논의하고 심사숙고하는 것입니까? 하나님의 영원한 권좌 주변에 앉아 있는 케루빔(Cherubim, 2급 천사, 지식을 맡음. 옮긴이)이라면 오늘 이곳으로 내려와 내 인격을 심판하려고 조바심치지 않을 겁니다. 비록 하나님 자신이 그렇게 하라고 명령을 내렸다 하더라도 말입니다. 신사 여러분, 이 문제를 어떤 각도에서 보더라도, 그리고 적당한 만큼 객관적으로 보더라도, 여러분, 이 문제는 오늘 끝나 없어질 문제가 아닙니다. 앞으로 다가올 우리의 후세들은 태양이 하늘의 언덕을 계속해서 올라가는 한 이 문제를 영원히 기억할 것입니다.

누구의 입법부입니까? 백인의 입법부입니까? 아니면 흑인의 입법부입니까? 미국 의회의 명령에 따라 제헌회의에서 투표한 사람은 누구입니까? 재건의 기치 아래 처음으로 모인 사람들은 누구입니까? 누가 조지아 주에 처음으로 충성을 맹세했습니까? 누구의 목소리가 이 주의 언덕과 계곡에 울려 퍼졌습니까? 바로 늠름한 니그로 군대들과 그들을 도우러 온 소수의 인간적인 마음을 가진 백인의 목소리였습니다. 여러분, 저는 수백 명, 수천 명의 백인들에게 미국 연방 의회의 조치 아래 행해지는 재건이 미국의 이해에 있어서 가장 안전하고 좋은 경로임을 확신시키는 대리인이 되는 영광을 얻고자 합니다. (…)

오늘 이 입법부에 저의 얼굴에 침을 뱉을 준비가 되어 있는 사람들이 있습니다. 그들은 온 힘을 다해 이 헌법의 비준을 반대했습니다. 그들은 이 기구에 제가 앉을 권한이 있는가, 그리고 저를 뽑은 법적 투표권을 지닌 사람들을 대표할 권한이 있는가 묻습니다. 이는 마치 내 집에 와서 내 아내와 아이들을 빼앗고 제게 나가라고 말하는 것과 같습니다. 저는 여러분의 심판대 앞에 범죄자의 입장으로 서 있습니다. 제가 감히 저를 이곳으로 보낸 사람들의 시각을 대표하기 때문입니다. 아니, 다른 말로 표현하면, 흑인들은 백인의 나팔을 통해서만 그들이 원하는 말을 할 수 있기 때문입니다. 흑인은 시계추처럼 빠르게 얼버무리거나, 모호한 말을 하거나, 회피하는 백인 전달자를 통해서만 자기 감정을 전달해야 한다고 들었습니다. 그렇게 하지 않으면 흑인은 죄를 지은 것이 됩니다. 그리고 그들의 대표자들은 그들의 구성원을 대표할 권리를 빼앗길 것입니다.

가장 중요한 질문은 바로 이겁니다. 저는 인간인가요? 그렇다면 인간으로서의 권리를 요구합니다. 어쩌다 제 주변의 존경하는 신사 여러분들보다 어두운 얼굴색으로 태어났을 뿐인데, 그렇다고 제가 인간이 아니란 말인가요?

하지만 의장님, 저는 이런 움직임이 저를 공격하기 위한 것이라고 여기지 않습니다. 이는 인간을 창조하시되 완성하지는 않으신 우주의 신에 대한 공격입니다. 이는 바로 위대한 예수님을 바보라고 부르는 것입니다. 비록 피부색이 하얗지는 않지만 우리는 많은 것을 이루었습니다. 이곳의 문명을 개척했고, 당신들의 나라를 건설했고, 당신들의 밭에서 일했으며, 당신들 수확물을 거두었습니다. 250년 동안이나 말입니다! 그 대가로 우리가 당신들에게 무엇을 원합니까? 우리가 우리 선조들이 당신들을 위해 흘린 땀에 대한 보상을 원합니까? 당신들 때문에 흘린 눈물을, 당신들이 짓밟은 심장을, 당신들이 빼앗아 간 목숨을, 당신들 때문에 뿌려진 피를 보상해 달라고 합니까? 우리가 보복을 요구합니까? 그렇지 않습니다. 우리는 기꺼이 과거에 죽은 자들을 그냥 묻어 두고자 합니다. 그러나 우리는 우리의 권리를 요구합니다. 당신들은 이미 당신들 편에 온갖 특권을 다 가지고 있습니다. 우리 돈과 당신네 돈, 우리가 받을 교육과 당신들이 받은 교육, 당신들 땅과 우리 땅 모두를 가지고 있습니다. 아내들과 가족들을 포함해서 수십만 명에 달하는 조지아의 우리들은 우리 것이라고 부를 수 있는 땅을 한 치도 가지지 못한 채, 우리가 태어난 장소에서 이방인과 다름없이 삽니다. 돈도 없고, 교육도 못 받고, 도움도 받지 못한 채, 우리가 사는 동안 덮을 지붕도 없이, 심지어 우리가 죽을 때 덮을 충분한 흙조차 없이! 당신과 같은 인종이, 용기와 기사도 정신을 주장하고, 교육을 받았고, 우월함을 공언하는 사람들이, 종소리가 아이들과 어른들을 하나님의 교회로 부르는 곳에서, 그리고 정의의 법정이 존재한다고 여겨지는 곳에서 사는 당신과 같은 사람들이 이 모든 좋은 것들을 당신들 편에 가지고 있으면서 불쌍하고 무기력한 흑인들에게 싸움을 걸다니, 정말 놀랍습니다.

제10장

남북전쟁과 계급갈등

남북전쟁에 관한 역사 대부분은 북부와 남부의 군사적 충돌에 집중하고 있다. 이 전쟁은 6십만 명의 생명을 앗아 갔다.(현재 인구 비율로 환산하면 3백만 명 이상이 죽었다.) 그렇지만 뭔가 중요한 요소, 즉 부자와 빈자 양편 간의 싸움이라는 요소가 간과되어 왔다.

북부에서는 산업이 발전하고 있었고, 공장에 붙들린 남녀는 고용주와 자신들의 생활 여건에 맞서 저항하기 시작했다. 전쟁이 임박하자 이러한 갈등은 완화되었지만 완전히 사라지지 않았다. 전쟁 기간 동안 전국적으로 파업이 일어났다. 전쟁 자체도 계급 간의 전쟁으로 보였다. 부자는 3백 달러를 내고 징집에서 면제되었다. 어느 전쟁에서나 그렇듯이, 전쟁터에서 죽은 사람들은 가난한 사람들이었다. 뉴욕을 비롯해 여러 곳에서 가난한 사람들이 일으킨 징병 반대 폭동은, 전쟁 발발에 책임이 있다고 여겨지는 부자와 흑인을 겨냥했다.

남부에서도 백인 중 소수만이 노예를 소유했고, 대부분의 가난한 백인들은 노예제도 유지에 그들의 미래가 달려 있다는 말에 설득당했다. 남부 백인 중에는 자원하는 사람도 있었고, 징집으로 참전한 사람도 있었다. 그러나 전쟁이 진행되는 동안 남부 연합 군대에서 탈주자가 늘어났다. 남부 후방에서는 여성들이 남편과 아들이 전쟁에서 죽거나 고통당하는 것을 보고 폭동을 일으켰다. 반면 플랜테이션 소유주들은 그 와중에도 식량보다는 이윤이 더 남는 목화를 재배했다.

북부와 남부의 군부는 전쟁 수행을 위해 "통합"을 요구했지만, 계급간의 갈등은 계속됐다. 통합은 정치가들의 수사에 의해 만들어지고 군부에 의해 시행된 인위적인 것이었다. 북부의 노동자들은 위험을 무릅쓰고 파업을 했지만 군인들에게 폭행만 당했고, 인디언은 콜로라도에서 미국 군인들에게 학살당했다. 감히 링컨의 정책을 비난하는 사람은 재판 없이 감옥에 수감되었다. 약 3만 명 정도의 정치범들이 이런 운명으로 고통받았다.

전쟁 초기에 국가적 통합에 대한 강한 요구가 있었지만, 실제로 국가는 부자와 가난한 자로 나뉘어져 있는 전형적인 상황이었다. 전쟁이 끝났을 때, 이 분열은 더욱 거세고 극적으로 표출되었다.

뉴욕 밀가루 폭동 목격자의 증언[1]

1837년 2월

다음은 북부에서 일어난 소요를 비판한 사람의 글이다. 이 글은 남북전쟁 전, 밀가루 가격을 올리려고 밀가루를 사재기한 지역 상인을 뉴욕 주민 6천 명이 공격한 사건을 설명하고 있다.

그곳에는 (…) 직접 교섭을 하면서 임대료와 식량 가격을 올린 지주와 밀가루 판매상을 격양된 태도로 비난하는 대변인들이 있었다. 이들 연사 중 한 명은 청중들의 열정에 호소하는 연설로 약탈과 폭행을 서슴지 않을 정도로 청중들을 흥분시킨 후, 가장 부유한 밀가루 위탁 도매상 일라이 하트 씨에게 복수를 하러 가자고 특별히 요청했다고 한다. 그는 "동료 시민 여러분 하트 씨의 창고에는 지금 5만 3천 배럴(약 842만 1천7백 리터)의 밀가루가 있습니다. 그에게 가서 한 통에 8달러를 받고 팔라고 합시다. 그가 이를 받아들이지 않으면……" 하고 외쳤다. 그때 누가 그의 어깨를 잡자, 그는 갑자기 목소리를 낮추고 "평화롭게 그 자리를 떠납시다"라고 말하며 연설을 마무리했다.

암시는 충분했다. 집회에 참석한 많은 사람들이 워싱턴의 데이가와 코틀랜드가 사이에 위치한 하트 씨 상점으로 향했다. 그 상점은 매우 큰 벽돌 빌딩으로 길가로 넓고 튼튼한 철문이 세 개나 나 있었다. 군중들이 물려온다는 소식을 들은 사무원들이 문과 창문을 잠갔다. 하지만 가운데 문이 강제로 열렸다. 스무 통에서 서른 통, 아니 그 이상의 밀가루가 길거리에 나뒹굴었고, 뚜껑은 찌그러졌다. 바로 이때 하트 씨가 무장한 경찰을 대동하고 현장에 도착했다. 데이가에서 일군의 폭도가 경찰관들을 습격해 곤봉을 빼앗아 모조리 분질러 버렸다. 이번에는 폭도의 수가 많지 않아 경찰관이 성공리에 상점으로 들어가 짧은 시간 안에 파괴 행위를 중단시켰다.

다음으로 시장이 폭동으로 어지럽혀진 현장에 도착했다. 그는 격양되어 있는 무리들에게 그들이 어리석은 행동을 저질렀다는 사실을 알리려고 했다. 하지만 소용없었다. 사람들의 수는 급증했다. 그들은 시장에게 온갖 종류의 무기를 던지며 시장의 권위에 도전했다. 시장은 군중의 열기가 너무 높아지자 물러날 수밖에 없었다. 폭도를 지원하는 부대가 더 늘어났다. 경찰관들은 현장에서 쫓겨났고 상점은 계속 공격받았다. 첫 번째 철문이 경첩에서 떨어져 나갔고, 폭도들은 이를 다른 문을 부수는 도구로 사용했다. 그러자 **파괴자들**이 한꺼번에 밀려 들어갔고 창문과 위층 다락 문들이 부서져 열렸다. 이제 다시 파괴가 시작되었다.

십여 통, 5십 통, 아니 수백 통의 밀가루가 문에서부터 거리까지 나뒹굴었고 잇달아 창문 밖으로 던져졌다. 채 떨어져 나가지 않은 뚜껑은 즉시 찌그러졌다. 밀가루와 함께 밀이 든 부대 수백 통도 거리로 던져졌고, 그 내용물들이 포장도로 위로 흩뿌려졌다. 밀 약 1천 부셸과 4백 배럴(약 6만 3천5백리터)에서 5백 배럴(약 7만 9천4백리터)에 이르는 밀가루가 제멋대로, 어리석게, 그리고 사악하게 훼손됐다. 가장 적극적인 **파괴자들**은 외국인이었다. 실제로 이 집단 대부분은 외국 출신이었다. 하지만 이외에도 약 5백 명에서 1천 명에 이르는 사람들이 옆에 지키고 서서 그들의 선동적인 행동을 부추겼다.

밀가루 통과 밀 부대가 떨어지고 터지는 가운데, 마치 전장에서 시체 옷을 벗겨 가는 할머니들처럼 많은 여자들이 미리 준비한 상자와 바구니, 입고 있는 앞치마 등에 밀가루를 담아 급히 도망쳤다. 파괴자 중에서 제임스 로치라 불리는 청년이 위층 창문 문턱에 모습을 드러냈다. 그는 거리로 밀가루 통을 계속 집어 던지면서 "밀가루가 한 배럴에 8달러"라고 소리쳤다. 공격 초기에 [폭도들은] 하트 씨의 회계 사무실에 들어가 그의 책과 서류들을 바람에 날려 버렸다. 하트 씨는 이 때문에 아주 큰 손실을 보았다.

밤이 되어 사방이 어두웠지만 파괴 행위는 중단되지 않았다. 결국 강력 경찰 부대가 오고 뒤이어 곧바로 군부대가 출동한 뒤에야 비로소 끝났다. 로윈즈와 블러드굿 판사가 상점을 치웠고 폭도 몇 명이 체포되어 보우엘의 감시하에 경찰서 유치장으로 호송됐다. 죄인들을 호송하던 도중 보우엘과 그의 부하들이 공격을 받았다. 보우엘의 코트가 찢어지고 죄수들 몇 명이 구출되었다. 그렇지만 후에 더 많은 폭도들이 잡혀 감금되었다.

하트 상점에서 사건이 마무리되기 전에 누군가 "미치"라고 소리쳤다. 그러자 폭도 중 일부가 〈미치〉사社를 습격하기 위해 무리에서 떨어져 나가 코엔티스 샛길로 건너갔다. 그렇지만 가는 길에 〈헤릭〉사社에 먼저 다다르자 이를 공격하기 시작했다. 먼저 벽돌 덩어리로 창문들이 박살이 났고, 곧이어 문이 부서졌다. 밀가루 스무 통 또는 서른 통이 길거리에 나뒹굴었고, 뚜껑 열 개 혹은 열두 개가 땅에 처 박혔다.

이번 주에는 폭동에 가담한 폭도 수가 상대적으로 적었다. 그들은 곧 폭동을 중지했다. 아마도 강력 경찰 부대가 그쪽으로 오고 있다는 통지를 받은 것 같다. 아니면 주인의 권유를 받아들여 난동을 그쳤다는 설명도 가능하다. 주인은 만약 폭도들이 밀가루를 버리지 않고 남겨만 둔다면 오늘 가난한 사람들에게 모두 주겠다고 확약을 했기 때문이다. 경찰들은 신속하게 현장으로 왔지만 재빨리 모여든 시민들의 도움으로 야비한 폭도들은 해산됐다. 서른 명 내지 마흔 명의 폭도들이 잡혀 두 번의 판결을 받고, 그 결과에 따라 구금된 상태다. 불행하게도 주모자는 도주했지만, 모두는 아니어도 거의 다 잡혔다.

힌튼 로완 헬퍼,
『남부에 임박한 위기』[2]

1857년

남북전쟁 기간 중 남부의 불만은 남부 연합 군대에서의 이탈, 플랜테이션 소유주 혹은 남부의 정치적 지배층에 대한 가난한 백인의 분노 등 몇 가지 양상으로 표출됐다. 계급의식은 남북전쟁이 일어나기 오래전부터 남부에 현존했다. 1857년 작가 힌튼 로완 헬퍼Hinton Rowan Helper는 당시의 계급의식을 분명하게 표현했다. 그는 『남부의 임박한 위기The Impending Crisis of the South』를 출판했고, 남부주들은 이 책에 담긴 메시지에 반대하여 책의 출판을 금지했다.

우리는 남부에서 7년 하고도 20년 동안 소수 독재자의 선동적인 책략에 길들여져 살아 왔다. 그들의 음모와 속임수는 우리의 귀에 익다. 세상에서 이들보다 더 대단한 아첨꾼과 아부꾼 집단을 찾아내는 일은 헛수고일 것이다. 자유의 신성한 원칙을 신비화해 악용하고, 노예제도의 저주를 축복으로 바꾸려 재잘거리는 이들의 말은 무식한 사람들에게는 즐겁고, 쉽게 남을 믿는 사람에게는 경이로우며, 지성인에게는 모욕적이다. 그들은 무식하고 가난한 백인들에게, 바로 노예제도 때문에 가난해지고 무식해진 이들에게, 노예제도가 바로 자유의 보루고 미국 독립의 원천이라고 주장했다! 그들은 매일같이 몇 시간씩 계속해서 이 위대하고 자유롭고 독립적인 나라의 아름다움과 우수함을 자세히 설명하고는, 결국에는 몹시 과장된 몸짓과 화려한 말로, 메인부터 텍사스까지 그리고 조지아부터 캘리포니아까지, 이 나라의 모든 영광과 번영을 "남부의 소중한 제도" 덕으로 돌리는, 말도 안 되는 헛소리로 끝맺는다. 우리는 그동안 진실을 매도하는 노예제도 옹호자들의 모순된 열변을 가능한 한 인내를 가지고 들어 주었다. 우리는 불쾌함과 분노를 발산할 수 있는 더 정치적인 방법을 가지고 있지 않았기 때문에 입술에 물집이 생길 때까지 참을 수밖에 없었다.

채찍을 휘두르는 주인은 그들이 사고팔고 가축처럼 모는 흑인들에게 절대적인 주인일 뿐만 아니라, 노예를 소유하지 않은 백인들에게도 예언자이자 중재자다. 가난한 백인은 명목상의 자유를 지녔을 뿐이다. 교육도 받지 못하고 수모를 당하는 이들 가난한 백인들의 처지는 의도적으로 잔인하게 영속되고 있다. 남부인들의 다수를 차지하는 이 나약한 "가난한 백인 쓰레기들"이 나라의 진정한 상황을 거의 모르고 있다는 것이 참으로 딱할 정도로 놀랍다. 진실로 그들은 공공 정책에 대해 전혀 모르고, 사적인 일에 대해서도 아는 것이 거의 없다. 그들이 아는 건 단지 그들의 제왕적 주인과 노예 몰이꾼이 생색내며 말해 주는 것들 뿐이다. 그것도 정말 조금밖에 모르는데, 그마저도 왜곡되고 편향된 내용으로, 주인들이 대중 앞에서 하는 열변을 통해서 들은 것이다. 왜냐하면 이 콧대 높은 쇠고랑과 수갑의 기사들은 단돈 한 푼 없고 자기 몸에 대한 유전적 권한도 없는 사람들과 사적으로 대화함으로써 자신을 비하하려 하지 않기 때문이다.

가난한 백인은 노예 주인들과 대화할 수 있을 때조차도 불안에 떨며 듣기만 할 뿐 말하지 않는다. 그들은 마치 짐승처럼 침묵하고, 존엄한 우월자를 경외해야 한다. 그렇지 않으면 엄한 힐책이나 잔인한 억압을 받고, 노골적으로 폭행당한다. 감히 뭔가 스스로 생각하는 것이 있다 해도, 그들의 생각은 영원히 비밀로 해야 한다. 노예제도의 복음에 반대하는 생각을 표현하면 당장 살고 있는 공동체에서 운명을 달리 해야 한다. 즉, 원하든 원하지 않든, 영웅이든 순교자든, 그들은 별 수 없이 추방자가 된다. 그들도 앎에 몹시 목말라 있지만 그들 중에는 호렙Horeb 산에서 바위를 내려칠 모세가 없다. 그들의 눈앞에는 빛이 거의 들어오지 않는 불투명한 검은 그물 베일이 드리워져 있고, 악마적인 질투심을 지닌 노예 몰이꾼 악당들이 이를 감시한다. 노예를 소유하지 않은 남부 백인들은 북부에서 무슨 일이 일어나고 있는지 알 수 없을 뿐만 아니라 남부에서 일어나는 일에 대해서도 계속 잘못된 정보를 받고 있다. 그들은 그렇게 가난할 수밖에 없는 계층의 사람들로 남부의 절대다수며, 대부분 비열하게 사기당하고 교묘하게 속거나 지독하게 폭력적인 대접을 받는다.

어리석고 비굴한 (온순한) 대중들, 즉 노예제도에 의해 희생된 백인들은 노예 주인의 말을 모두 믿으려 하고, 일반적으로 믿고 있다. 그들은 노예 주인의 감언이설에 속아서, 자신들이 이 세상에서 가장 자유롭고, 행복하고 지적인 사람들이라고 생각한다. 그리고 모든 새로운 원리나 진보적인 운동을 용인하지 않는다. 이 때문에 남부는 지독하게 활력이 없고 비창조적이 되어 북부에 한참 뒤져 버렸다. 그리고 지금은 무지와 퇴화의 시궁창에서 뒹굴고 있다.

자유주들은 상당한 불모 지역이고 비생산적이어서, 빵과 다른 식량을 주로 남부에 의존하고 있다는 견해가 남부 전역에 널리 퍼져 있다. 시리얼, 과일, 온실 재배 채소와 먹을 수 있는 근채류에 관한 한 우리는 (…) 이 견해가 전적으로 거짓임을 알렸다. 그리고 우리는 다른 부분에 있어서도 틀렸으며 일반적인 예측으로도 진실과 거리가 있음을 보여 주고자 한다. 우리는 우리가 소유하고 있는 것들로 이를 증명할 수 있고, 증명하고자 한다. 15개 노예주에서 생산된 목화, 연초, 쌀, 건초와 대마보다 자유주의 건초 작물이 경제적으로 더 가치가 있다. 어떤 독자들은 이 사실을 알고 나서 깜짝 놀랄 것이고 또 다른 독자는 한동안 이를 믿으려 하지 않을 것이다. 그러나 이는 사실이다. 어쨌든 우리는 곧 이 사실을 확인해 보이겠다. 자유주인 뉴욕 주 하나가 모든 노예주에서 생산되는 건초 양의 3배를 생산한다. 오하이오 주는 남부와 서남부주의 생산량을 모두 합한 것보다 더 많이 생산한다. 펜실베이니아도 그렇다. 버지니아를 제외하고, 작지만 거만하지 않은 버몬트 주도 마찬가지다. 사실을 직시하기 바란다. (…) 그리고 당신 신체의 눈과 지혜의 눈으로 직접 진실을 확인하라.

정말이지 어이가 없다. 노예를 몰아세우는 소수의 독재자들은 자유주에서 농업은 돈벌이가 잘 되는 주요 산업 중의 하나가 아니라고 말한다. 그리고 자유주의 땅은 오랫동안 황폐한 불모지였기 때문에 우리의 북부 형제들은 부, 인구, 국내외 교역, 공산물, 기계, 발명, 문학, 예술과 과학, 그리고 이윤을 많이 내는 산업의 부산물, 즉 가련한 자선의 대상까지, 모두 남부에 의존하고 있다고 우리를 채찍질하면서까지 믿게 하려 한다.

기계공(익명),
"계급에 의한 투표"[3]

1863년 10월 13일

다음은 익명의 노동자가 조지아 주 콜럼버스의 『데일리 선*Daily Sun*』 편집자에게 보낸 편지다. 여기에서 그는 경쟁 신문인 『인콰이어러*the Enquirer*』의 사설을 비난했다. 이 편지는 남부 연합 노동자들의 계급의식과 전쟁으로 받기로 했던 보상의 약속이 지켜지지 않은 데 대한 보통 사람들의 분노를 보여 준다.

『데일리 선』 편집자에게.

나는 금요일 저녁 일자 『인콰이어러』에서 계급에 따른 투표에 심하게 불만을 표하는 사람들의 기사를 봤습니다. 그 기사는 당파성을 근거로 양측 계급 모두를 비난했습니다. 그러나 기사는 주로 기계공과 노동자들에게 불평을 쏟아 부었습니다. 『인콰이어러』는 "도시의 적대감에는 근거가 없음이 분명하다"고 말했습니다. 여기에 『인콰이어러』의 잘못이 있습니다. 남녀, 심지어 어린아이도 사람들이 두 계급으로 나뉘어 있다는 것을 알 수 있기 때문입니다. 시대적 압박 때문에 그들은 누구보다 빠르게 이를 알 수 있었습니다. 예를 들어 제1신분은 이윤을 갈망하고 부의 신을 숭배하고 지구상의 모든 1달러까지 자기 계좌에 넣으려고 엄청나게 노력합니다. 그리고 이들은 인간애, 애국주의, 덕성 자체 등 모든 원칙에 대한 통찰력을 잃었습니다. 그리고 자신들이 쌓아 올리는 바로 그 재산이 피의 대가고, 그 열망을 멈추지 않는다면 자유 자체를 대가로 내놔야한다는 사실을 모르는 듯합니다. 우리는 군대와 우리 일터에서 어떤 예감을 받습니다. 사람들은 그들의 무기력한 가족들이 전쟁이 시작될 때 약속받았던 보살핌을 받지 못하고 있음을 잘 알고 있습니다. 그들은 통화가치의 하락이 국내에 있는 우리들 적의 책략임을 압니다. 그렇지 않다면 그들이 왜 그렇게 모든 것을 지키려 애를 쓰겠습니까? 그들도 압니다. 매일 집에서 멀리 떨어져 지내야 하고, 상황에 따라 그 수는 점점 줄어들며, 전쟁이 끝날 무렵에는 군인 중 대부분이 살아남기 어렵다는 사실을 압니다. 사실 그들 집과 다른 재산은 가족의 생계를 위해 투기꾼과 약탈자의 손으로 넘어가고 있습니다. 그중 다수가 지금 파산 상태입니다. 남부에서 모든 금융 자본과 부동자산은 제1신분의 수중으로 들어가고 있습니다. 반면에 제2신분은 돌아다니다가 햄족의 후예들(흑인들. 옮긴이) 사이에 머뭅니다. 누가 제2신분인지는 쉽게 알 수 있습니다. 콜럼버스 주의 주민뿐만 아니라 모든 남부 연합의 군인, 기계공, 그리고 노동자들이 그들입니다. 이 점을 고려한다면 우리 계급은 우리에게 닥친 위험을 인지하고 깨어나, 가능한 온화한 방법으로 자기를 방어하고, 영국 귀족이 가난한 농민들에게 부과했던 억압보다 더 지독한 이 굴레에서 벗어나려고 노력해야 하지 않을까요? 그렇다면, 우리는 무엇보다 대재앙을 막기 위해 우리 이익을 가장 잘 대표할 수 있는 사람을 의원으로 선출할 수 있는 권리를 요구합니다. 만약 그 권리를 얻을 수 없다면 우리는 더 효과 있는 다른 방법을 시도할 것입니다.

『인콰이어러』는 우리가 불평하는 우리의 불행과 소원함이 왜 생겨났는지 모릅니다. 나는 간단하게 그 이유 중 일부를 열거하고자 합니다. 보고자 하는 사람들에게는 명백하게 보이리라 생각되지만요.

첫째로, 기계공과 직공들의 동의 없이 임금을 책정하려는 시도가 있었습니다. 반면에 생필품 생산자들과 투기꾼들은 정해진 양이나 제약 없이 대부분 적어도 150퍼센트의 이윤을 남길 때까지 부당한 금전 거래를 요구하는 것이 가능했습니다.

편지를 마치기 전에 숫자 몇 개를 비교해 봅시다. 그러면 우리의 불만이 정당함을 알 수 있을 겁니다. 나는 한때 하루 일당으로, 밀가루 75파운드(약 34킬로그램)를 받을 수 있었습니다. 지금은 얼마 받는지 아십니까? **고작 2파운드**(약 907그램)입니다. 저는 한때 하루 일당으로, 소고기 50파운드(약 22.6킬로그램)를 받을 수 있었습니다. 지금은요? 고작 6파운드(약 2.7킬로그램)입니다. 저는 한때 일당으로, 고구마 8부셸을 받을 수 있었습니다. 지금은요? **단 1부셸도 없습니다.** 일련의 가족 수당도 같은 비율로 줄었습니다. 그러므로 당신은 "노동은 자본의 영향을 받지 않으며, 항상 **많은 보수**를 요구한다"는 글을 실은 『인콰이어러』가 틀렸다는 것을 다시 한번 알 수 있을 겁니다. 현재의 물가에서 일당 3달러를 받으며 숙식을 해결할 수 있을지 궁금합니다.

그럼에도 기계공과 직공들은 동물 같은 삶이나마 겨우 꾸려 갑니다. 그들의 상황은 부자들 대신 싸우고 있는 불쌍한 군인들보다는 훨씬 낫습니다. 군인들은 군생활을 하며 부수적으로 따르게 되는 궁핍과 역경을 견뎌야 하고, 고향에 있는 가족들이 고통을 겪고 있다는 사실을 너무도 잘 알고 있기 때문입니다. 군인들 가족 대부분은 편안히 쉴 곳 없이 낯선 곳에 피신해 있고, 멸시당하고, 학대받고, 모욕당하고 있습니다. 자비심 없는 적이 그들을 쫓아냈기 때문이고, 그들의 남편, 형제, 부모가 자유라는 고상한 대의를 따르고 있기 때문이지요. 교회나 국가의 높은 자리에 있는 사람들은 가끔 자기들의 명예를 희생해 사람들을 돕기도 합니다. 그건 사실입니다. 그러면 정의와 영광이 우리에게 끊임없이 감시해야 한

다고 말하는 우리의 계급 이익은요? 우리의 계급 이익에 맞서는 "적대
조직"은 없나요? 『인콰이어러』는 평등을 말합니다. 그러나 제1신분은
어느 정도 재산을 갖추지 않으면 선거권을 박탈한다는 원칙으로 우리에
게서 평등을 빼앗아 갔습니다. 그들이 말하는 평등은 점차 부자 집단으
로만 비밀스럽게 파고 들어가고 있습니다. 제가 들은 바대로라면 분명
그렇게 되고 있습니다.

조엘 타일러 헤들리,
『뉴욕의 대폭동』⁴

1873년

남북전쟁 기간 동안 징병제도는 북부 전역에 걸쳐 광범위한 분노를 야기했다. 이는 1863년 수많은 무력 항거로 이어졌고, 특히 뉴욕이 심했다. 아일랜드 이민 노동자들 다수가 부자는 돈을 내고 징병에서 면제될 수 있다는 사실을 알고 있었다. 그리고 그들은 이 전쟁이 노예제도에 반대하는 전쟁이며 이 전쟁으로 죽어 나가는 것은 가난한 백인들뿐이라는 생각에 자신들의 분노를 흑인에게 돌렸다. 그들은 자신들의 비참함을 흑인 탓으로 여기고 비난했다. 특히 흑인들이 일자리를 구하지 못하고 절망적인 상태에서 파업 파괴자로 고용되자 분노는 더욱 심해졌다. 1863년 7월 13일, 일군의 징병 반대자들이 뉴욕 시 징병 사무소를 불태우고 4일 동안 폭행을 저질렀다. 그 폭행의 대상은 대부분 흑인이었다. 폭동에 대한 다음 설명에서, 역사가 조엘 타일러 헤들리 Joel Tyler Headley는 북부 징병 반대자들의 진짜 불만뿐만 아니라 전면적인 변화에 대한 자신의 두려움도 표현했다.

반면에 시의 서부 지역에서는 사건이 놀라운 국면에 접어들었다. 사람들은 아침 일찍부터 마치 사전에 세워둔 계획을 따르는 것처럼 집단별로 이곳에 모여들기 시작했다. 그리고 마침내 여러 길을 따라서 북쪽으로 이동했다. 여자들도 종군 민간인처럼 여럿이 같은 방향을 택했다. 그들은 여러 그룹으로 나뉘어 각각 서로 다른 길을 따라 전진하면서 싹 쓸고 지나갔다. 공장과 일터를 방문해 사람들에게 일을 중단하고 합류할 것을 강요했고, 경영자에게는 저항하면 재산을 파괴하겠다고 위협했다. 따라서 각각의 그룹은 전진할 때마다 점차 수가 불어났다. 그들은 막대기, 곤봉 등 무기로 쓸 수 있는 것을 손에 잡히는 대로 움켜쥐고, 만날 장소로 분명하게 정해진 곳을 향해 북쪽으로 움직였다. 그 장소는 센트럴파크 Central Park에서 가까운 공터였다. 곧 움직이는 무리들이 넘칠 정도로 몰려오기 시작했다. 이들보다 더 거칠고 야만적인, 그리고 이질적인 집단은 상상하기 힘들 것이다. 잠시 협의한 후 그들은 다시 행군 대열을 만들고, 두 개의 그룹으로 나뉘어서, 5번가와 6번가로 내려와 46번가와 47번가에 도착했고, 여기에서 바로 동쪽으로 움직였다.

이 첫 번째 군중의 수는 추산할 때마다 다르게 나와 단순한 보고만으로는 실제 몇 명이 모였는지 예상하기 힘들다. 그렇지만 컬럼비아 대학의 찰스 킹 총장의 아들인 킹 씨의 진술로부터 이 거대한 규모에 관한 꽤 정확한 정보를 얻을 수 있었다. 군중의 규모에 압도된 킹 씨는 그 수가 어느 정도인지 궁금해져서 지나가는 시간으로 그 수를 추정했다. 그리고 길의 양쪽 갓길을 가득 메운 사람들이 아무리 빨리 움직여도 한 지점을 지나가는 데 20분에서 25분이 걸린다는 사실을 알아냈다.

누더기를 입고, 코트도 안 입고, 서로 다른 무기를 가진 부대는 요란스러운 소리를 내며 3번가를 향해 갔다. 할렘가와 뉴헤븐 철도 선로를 건너며 전신주를 넘어뜨리고, 징병이 진행되고 있는 건물 주변으로 사납게 밀어닥쳤다. 질서유지를 위해 그곳에 주둔하고 있던 몇 안 되는 경찰들은 수많은 군중 앞에서 무력해져 당황한 것처럼 보였다. 곧 유리창을 깨고 돌이 날아들었고, 이를 시작으로 사람들은 문을 집중적으로 공격했다. 문들이 엄청난 압력 앞에 무너지자, 선두에 있는 사람들이 밀려들어왔고, 뒤에서부터 고함과 불만의 소리가 뒤따랐으며, 가구를 부수기 시작했다. 옆방에 있던 징병 담당 관리는 놀라서 건물 뒷문으로 줄달음쳐 도망갔다. 폭도들은 이름이 있는 명단, 남아 있는 책들, 서류, 목록을 움켜쥐었다. 그리고 이를 찢어서 사방에 흩뿌렸다. 금고가 한쪽에 비치되어 있었는데, 그 안에 중요한 서류가 담겨 있는 듯했다. 그들은 곤봉과 돌로 금고를 열려 했지만 허사였다. 일이 제대로 되지 않자 격분한 그들은 건물에 불을 놓고, 급하게 빠져나왔다. 불길이 점점 커지자, 밖에서 구경하던 군중이 크게 환호했다. 건물 위층에는 가족들이 살고 있었지만, 폭도들은 관리들이 그곳에 숨어 있다고 생각해서 돌과 벽돌을 창으로 마구 집어 던져 안에 있는 사람들을 공포 상태로 몰아넣었다. 군중 속에 섞여있던 밴더폴 경찰 부국장은 여자들과 아이들의 목숨이 걱정되어 용감하게 앞으로 나와 군중들을 달래려고 했다. 그는 폭도들에게 서류는 모두 파괴됐다고 말하면서, 모두 물러서 다른 사람들이 건물 안에 갇힌 사람들을 돕게 하거나, 그들 스스로가 제어할 것을 간청했다. 그러나 군중들은 그에 대한 응수로 밴더폴의 얼굴을 심하게 가격했다. 밴더폴은 때린 사람을 옆으로 밀쳤다. 그러자 빗발치는 듯한 주먹과 저주가 쏟아졌다. 목숨이 위태롭다고 생각한 그는 군중을 뚫고 나와 경찰들이 서 있는 곳으로 갔다. 그리고 이 극도로 흥분한 거대한 군중 한가운데에 완전히 무기력한 채 서 있었다.

불길은 잡히지 않고 급속히 옆 건물로 옮겨 붙었다. 폭도들은 하늘로 올라가는 엄청난 연기, 딱딱 소리를 내며 포효하는 불길에 놀란 듯했고, 이전 건물에서보다 더 끔찍하고 파괴적인 불의 위력을 조용히 바라보았다.

이 시점에서 존 케네디 경찰서장이 타운을 가로질러 젠킨스 경찰국장의 사무실로 향했다. 사무실 근처에서 불길을 본 그는 46번가와 렉싱턴가 코너에 마차를 두고 3번가까지 걸어갔다. 3번가는 사람들로 가득했다. 그들은 화재 현장에 모인 여느 군중들처럼 매우 조용했고, 질서를 유지하고 있었다. 하지만 모두가 만족스럽고 즐거운 듯한 표정을 짓고 있었다는 점에서 여느 군중들과는 달랐다. 케네디가 별 의심 없이 막 화재 현장을 향해 걸어가는데 누군가가 "저기 케네디가 있다!"고 소리를 질렀고, 뒤이어 "누가 그 작자야?"라고 물었다. 누군가 그를 손가락으로 가리켰다.

케네디는 평범한 옷차림이었고 가벼운 대나무 지팡이만 가지고 있었다. 단지 호기심에서 자신을 언급한 것이라 생각한 그는 계속 걸어갔다. 그런데 갑자기 누가 그를 세게 밀었다. 뒤돌아보니 낡은 군복을 입은 남자가 서 있었고, 그는 이게 무슨 짓이냐고 엄하게 다그쳤다. 하지만 그의 말이 입에서 나오기도 전에 얼굴을 향해 강한 주먹이 날아왔다. 군중은 케네디를 금세 에워쌌고, 그를 쉬지 않고 때리기 시작했다. 그는 비탈진 길로 넘어져 6피트(약 1.8미터) 정도 아래 빈터에 떨어졌다. 사람들은 고함을 지르며 그를 뒤쫓아왔다. 케네디는 재빨리 일어나 빈터를 가로질러 47번가를 향해 뛰어가 따라오는 사람들을 따돌렸다. 하지만 그가 47번가에 도착해 제방을 올라가려 할 때, 사람들이 그를 쫓는 것을 지켜보던 다른 군중들이 그에게 달려들었다. 케네디는 뒤돌아서 뒤쫓아오던 사람들과 마주치게 됐다. 목숨을 건지려면 도망가는 길밖에 없다고 생각한 그는 비록 피가 나고 어찔했지만 재빨리 뛰어올랐다. 그러나 그를 에워싼 군중들이 다가와 도망갈 방법이 없었다. 몸집이 거대한 사람이 무거운 곤봉을 들고 그의 머리를 깨려고 했다. 케네디는 곤봉을 간신히 피했다. 그는 사람들 사이를 뚫고 도망가려고 애쓰면서도 머리는 맞지 않으려고 조심했다. 몸을 얻어맞는 것은 내버려 둘 수밖에 없었다. 악마같이 고함치며 욕설을 해 대는 폭도들은 케네디를 죽일 태세였다. 이리저리 움직이면서 사람들과 실랑이하는 가운데 케네디는 렉싱턴가 근처에 도착했다. 거기 커다란 진흙 구덩이가 보였다. 한편에서 당장 "그를 빠뜨려, 그를 집어넣어" 하는 소리가 들렸다. 바로 그 순간 케네디는 귀를 세게 한 대 얻어맞고 머리부터 물속에 처박혔다.

　머리부터 떨어진 그는 피범벅이 될 때까지 돌로 맞고, 채이고, 짓밟히고 두들겨 맞았다. 목숨을 건지기 위해 필사적으로 싸우던 그는 겨우 두 발로 설 수 있을 때쯤, 연못 속에 뛰어들었다. 물은 깊었고, 그를 죽이려던 사람들은 물속에 들어가기 싫었기에 그를 뒤쫓지는 않았지만, 그가 나오면 잡으려고 다른 편으로 돌아갔다. 하지만 케네디는 그들보다 빨리 가서 제방을 뛰어올라 렉싱턴가로 갔다. 그곳에서 아는 사람을 보자 그는 "존 이건, 와서 내 목숨을 구해 주게"라고 소리쳤다. 이 지역에서 유명하고 영향력 있는 주민인 이건 씨는 그에게 달려가 그를 도와주고, 추격자들을 체포했다. 그러나 이건은 너무 심한 상처를 입고 만신창이가 된 경찰서장을 알아보지 못했다. 그렇지만 그는 폭도들을 돌려보내는 데 성공했다. 폭도들은 케네디의 상태를 보고, 그가 틀림없이 죽었다고 생각했다. 다른 시민들이 다가오자, 이건은 지나가던 마차를 불러 케네디를 싣고 경찰서로 가라고 했다. 마차가 다가왔을 때 길에 있던 액튼은 안에 있는 심하게 맞은 사람을 보고도 그가 누구인지 알아차리지 못했다. 케네디를 어디로 데려가야 하는지 마부가 묻자 액튼은 "경찰서 주변"으로 데려가라고 무심하게 대답했다. 마부는 머뭇거리며 다시 한번 "어디로요?"라고 물었다. 액튼은 말다툼하다가 다친 주정뱅이로 생각하고, 다소 성마르게 대답했다. "경찰서 근처로." 그러자 마부는 그가 케네디라고 말했다. 액튼은 더 가까이 다가와 살펴보고 이 끔찍한 상황에 처해 있는 사람이 경찰서장임을 알게 됐다. 거의 의식이 없는 상태로 피 흘리고 있는 서장 주변으로 경찰들이 모여들었을 때, 그들은 서장이 분노에 차 중얼거리는 소리를 들었다. 이는 분명 복수의 시간이 왔을 때 무슨 일이 일어날 것인지를 보여 주는 징후였다.

남북전쟁 동안
남부의 불만을 기록한 문서들

———

1864년~1865년

1863년 4월, 버지니아 리치먼드에서 빵 폭동이 있었다. 그해 여름에 남부 여러 도시에서 징병 반대 소요가 일어났다. 9월에 앨라배마 모빌에서 또 다른 빵 폭동이 발생했다. 조지아 리 테이텀Georgia Lee Tatum은 그녀의 저서 『남부 연합에서의 불충Disloyalty in the Confederacy』에서 "전쟁이 끝나기 전에 모든 주에서 불만이 터져 나왔고, 불충한 많은 사람들이 무리를 이루었다. 이 무리는 어떤 주에서는 잘 조직된, 활동적인 협회로 발전했다"고 기술했다. 저항의 움직임은 군인들 사이에서 뿐만 아니라 증가하는 전쟁 비용을 마련해야만 하는 여성들 사이에서도 터져 나왔다. 남부 신문에 실린 다음의 기사들은 당시의 동요를 잘 보여 주고 있다.

조지아 사바나의 빵 폭동에 관한 기사(1864년 4월)[5]

지난 화요일 〔1864년 4월 17일〕 소규모의 빵 폭동이 조지아 사바나에서 일어났다. 뉴스에 따르면 5십 명에서 1백 명 정도의 여성들이 위태커가에 위치한 식품점에 나타나 식량을 요구하자 주인이 그들에게 베이컨을 나눠 줬다. 그때 다른 여자들이 식품점 안으로 몰려 들어와 원하는 물건을 마구 집어 갔다. 이들은 다시 다른 식품점 두 곳에 가서 베이컨을 집어 가는 등, 같은 짓을 저질렀다. 여성 세 명이 잡혀서 보호소에 있으며, 목요일 아침에 시장 앞으로 데려갈 것이다.

이 사건과 관련하여 뉴스는 다음과 같이 말한다.

누구도 현재의 높은 식량 가격이 문제라는 것을 의심하지 않는다. 어제 일어난 폭동에 참여한 사람들 중 아마도 몇 사람은 가난 때문에 이 일에 가담했을 것이다. 하지만 그들 대부분은 이런 범법 행위를 저질러야만 하는 상황이 아니라고 들었다. 따라서 그런 범죄적 행동과 도둑질은 정당화될 수도, 불가피한 일로 여겨질 수도 없다. 가난한 사람들이 그런 방법에 의존한다면 그들에게는 관심을 기울일 가치가 없으며, 법과 공공재산을 무시하는 사람들은 공동체의 동정을 받을 자격이 없다. 진정으로 빈곤과 고통에 시달린다면, 그런 자신의 상황을 올바른 방법으로 알리면 된다. 그러면 무기력하고 가난한 사람들의 호소에 결코 귀 막지 않을 공동체가 그들을 구호할 것이다.

우리는 우리 시 당국이 이 문제를 조사하고, 진정으로 도움이 필요한 사람이 누구인지 확인하고, 그들을 구호하기 위해 적절한 조치를 취하리라 믿는다. 그런 조치는 현역 군인들의 아내와 아이들, 무기력한 빈민들의 마땅한 권리다. 우리 공동체가 평온하고 선하다는 평판을 얻기 위해서라도, 더 나아가 우리 시의 최상의 이익을 위해서라도 그러한 조치는 마땅히 취해져야 한다. 폭도 정신은 단호하게 대처하되, 우리는 이 시기에 "서로 도우라"는 격언에 따라 행동해야 한다. 소요를 일으키는 사람은 문책을 당해야 하지만, 훌륭하게 법을 따르는 가난한 사람들이 고통을 받아서는 안 된다.

면제자(익명), "갈 것인가 말 것인가"(1864년 6월 28일)⁶

갈 것인가, 말 것인가, 그것이 문제로다.

무엇이 가장 보람된 일인가

한가한 소녀와 수다스러운 늙은 여자에게

끊임없이 괴로움을 당하느냐

아니면 양키 집단에 저항하여 무기를 잡느냐,

죽임당하지 않기 위해 -

죽어라, 아니면 잠들어라

그리고 이 잠을 우리는

"조국이 빌어 주는 축복 속에 휴식에 드는 것"이라고 말한다.

그리고 영원히 사는 것이라고. -(이것이야말로 내가 치를 첫날밤이다.)

행진하라, 싸워라 -

싸워라! 어쩌면 죽기 위해, 아, 그것이 문제로다!

내가 잠들면 누가 메리와 아이들을 돌보나

빌리가 땅 아래 있는데

누가 그들을 먹이나, 헤이! 삶을 달콤하게 하는 사람들을

나는 존경한다.

제분할 부대를 짊어질 자들

말로 갈아엎고, 밀을 자르고, 감자를 파는 자들,

돼지를 죽이고, 모든 종류의 고된 일을 하는 자들.

내가 양키를 잡으러 갈 만큼 어리석다면

내 머리에 총알을 박아라! 누가 나를 위해 올 것인가!

애국주의가 내 빚을 갚아 줄 것인가, 죽으면 언제?

그러나, 오! 죽음 후의 두려운 무엇 -

누군지 알 수 없는 친구가 메리를 보호하고

내 몫의 포옹을 한다- 그것이 고통이다.

집에 머물게 해 주기를

나는 누구도 특별히 미워하지 않는다.

포탄과 총알이 우리 모두를 겁쟁이로 만든다.

콧김을 내뿜는 군마, 빌어먹을 내 목숨

전쟁의 장관과 상황이

메리와 함께하는 깃털 침대와 비교되리.

O. G. G.(익명), 편집자에게 보내는 편지 (1865년 2월 17일)[7]

편집자 님.

지난 목요일에 밀러카운티에서 여자들 약 50명이 자신들이 군인의 아내라고 주장하면서 상기한 카운티의 콜로킷에 위치한 병참부 보급소를 습격했습니다. 도끼로 문을 열고는 정부 옥수수 약 50부대, 약 100부셸을 가져갔습니다. 최근에 들어온 소식에 의하면 같은 성격의 또 다른 폭동이 우려됩니다. 왜 군인의 아내들이 스스로 생필품을 구해야 하는 신세로 전락한 것일까요? 해당 당국이 이 문제를 조사해야 하지 않을까요? 만약 이 여자들이 빈곤 때문에 약탈을 저지른 것이라면, 나라를 방어하기 위해 집을 나선 군인의 아내라 할지라도 그들은 빈곤에서 당장 구제되어야 합니다.

당신의, O.G.G.

『콜럼버스 선』, "고통받는 계급"(1865년 2월 17일)[8]

이 끔찍한 전쟁의 모든 짐이 가난한 여인들과 아이들에게, 자유를 위해 피 흘리고 분투하는 군인에게, 시간이 없거나 투기를 꿈꾸는 임금 노동자들에게 지워진다. 수천을 축적한 부자들은 다시 수천 배로 물가를 올린 후, 더욱 가차 없이 부당한 가격으로 사람들이 비참한 탄성을 지르게 한다. 반면에 피로 물든 누더기를 걸친 군인들, 피곤에 지친 절망한 여인들과 기댈 데라고는 쥐꼬리만 한 연봉뿐인 사람들은 더욱 통렬하게 고통받는다.

생산자만 전쟁을 통감하는 게 아니다. 다른 사람들도 똑같이 높은 물가와 대면한다. 투기하지 않는 사람들은 최대한 잘 꾸려 나가야 한다. 이처럼 탐욕이 인정받는 데 삶과 죽음이 무슨 문제인가? 돈 없는 명예는 무엇인가? 수백만 달러의 돈을 축적하지 않는다면 자유가 무슨 의미인가? 국가가 망하고, 여인들을 강탈당하고, 집이 텅 비고, 제단이 무너지고, 자유가 영원히 사라진다 해도, 그렇게 엄청난 돈을 긁어모아 쌓을 수만 있다면 무엇이 문제란 말인가? 그렇게 재산을 챙길 수 있다면, 그리고 자유를 사는 대가가 애국적인 그들의 어깨 위에 가능한 가볍게 얹힐 수만 있다면, 나라가 가라앉든 말든 무엇이 걱정인가?

맞다. 부를 축적하라. 전쟁고아의 입에서 빵을 빼앗든, 굶주린 가운데 거리를 배회하는 외팔이 군인이나 절름발이 영웅에게서 빵을 빼앗든, 되도록 돈을 움켜쥐고 되도록 쓰지 말고, 숭고한 전사들에게서 안락과 사치를 탈취하고, 모든 수단을 동원하여 생필품을 늘려라. 그리고 자신과 비생산자를 제외한 모든 사람들에게 전쟁의 비용을 부담하게 하라. 그렇지만 군중들 앞에 너의 모든 것을 과시하기 전에 조심, 또 조심하라. 조국에 대한 사랑은 길모퉁이에서나 과감하게 말하고, 대저택의 주인이

되어라. 그리고 전쟁이 끝나면 너의 장엄한 궁정과 웅장한 주변 환경을
가리키며 과장되고 높은 어조로 "이것들이 내 애국심의 결과물이다"라
고 소리 높여 외쳐라.

J. A. 데이커스,
『미국에서 일어난 대파업 연보』⁹

———————

1877년

남북전쟁이 끝난 뒤에도 계급갈등은 계속 표출되었다. 1877년, 국가 경제 위기가 심각했다. 그해 여름 대도시 빈민 가족들은 지하실에서 살면서 더러운 물을 마셨으며, 병에 걸린 아이들이 많았다. 같은 해에 철도 노동자들은 동부 전역에서 임금 삭감, 긴 노동시간, 철도 회사의 폭리, 안전 대책의 부재로 일어나는 산재에 저항하며 파업을 일으켰다. 파업은 신속하게 번져 나갔다. 국가 방위군과 남부에서 철수한 연방 군대가 파업을 진압하려고 파견되자, 폭력이 증대했다. 십만 명의 노동자가 파업에 참여했다. 파업이 종식되었을 때, 백 명이 죽었고, 천 명이 수감되었다. 다음은 세인트루이스 언론인 데이커스J. A. Dacus의 철도 파업에 대한 설명이다.

대파업의 직접적이고 유력한 원인은 경기 침체다. 하지만 더 중요한 원인은 토마스 스코트, 존 가렛, 윌리엄 밴더빌트 사이의 질시와 적의가 빚어낸 운송업의 불경기 때문이다. 그들은 "부자가 되기" 위해 운영비를 감축했다. 이는 크게 증대된 주식량의 10퍼센트에 해당하는 비용이었다. 낮은 지위의 노동자들은 가장 먼저 임금 삭감을 겪었다. 반면에 높은 계층의 고용인들은 유례없는 호황기였던 10년 전 임금과 비슷한 수준의 월급을 받고 있었다. 경제 사정이 엄청나게 변화하고 있음에도 회사의 고위 간부일수록 1866년보다 현재인 1876년, 더 많은 월급을 받는다.

대다수 철도 회사는 1877년 전반기에만 전국적으로 노동자 임금의 10퍼센트를 삭감했다. 이는 임금이 삭감된 사람들 사이에 중대한 저항을 불러일으키기 충분했다. 철도 회사가 고용인 임금을 동시에 삭감했다면, 아마도 대파업은 더 일찍 일어났을 것이다. 그러나 상당수 철도 회사의 임금 삭감 시기는 일치하지 않았다. 고용주들은 고용인들에게서 탄원서와 진정서를 받았지만 철도 회사는 전적으로 무시했다. "위기시"의 짐이 노동자들 어깨 위에 더욱 무겁게 얹히자, 불만이 증대됐다.

폭탄은 이미 준비되어 있었고, 불꽃만 있으면 폭발할 참이었다. 그 불꽃은 볼티모어와 오하이오 철도 회사 관리자들의 행동으로 점화됐다. 그들이 고용인들에게 압력을 가하자 불꽃이 일어났고, 폭발이 뒤따랐다. 웨스트버지니아의 마틴스버그에서 시작된 파업은 세 시간도 안 되어 완전히 불타올랐고, 볼티모어로 옮겨 갔다. 파업자들은 스물네 시간 만에 볼티모어와 오하이오 철도 회사가 운영하는 노선을 완전히 포위했다. 파업은 볼티모어와 오하이오 철도 회사에서부터, 처음에는 코넬빌 지사로 확대됐다가, 다음에는 펜실베이니아 시스템, 피츠버그와 포트웨인, 그리고 다른 회사로 확대됐다. 파업은 믿기 어려울 정도로 짧은 시간 안에 메릴랜드, 펜실베이니아, 웨스트버지니아, 오하이오, 뉴욕, 뉴저지, 인디애나, 미시간, 일리노이, 켄터키, 미주리에서도 발생했다. 1만 5천 명이 파업에 가담했다.

국가 전체가 심하게 동요했다. 폭동은 위험한 국면으로 접어들었다. 대중이 파업 참가자에게 느꼈던 처음의 동정심은 곧 놀라움과 공포로 이어졌다. 철도 파업에는 엄청난 인원이 가담했고, 그들은 확실한 결단력을 지니고 있었으며 잘 조직돼 있고 준비돼 있었다. 모든 대도시의 한가한 고위 계층 사람들은 이들에게 위협을 느꼈다. 노동조합은 갑자기 이례적인 행동을 취하고 놀라운 활력을 과시했다. 유럽 정부를 불안하게 했던 〈국제노동자협회International Association of Workingmen〉의 다른 이름인 미국노동자당Workingmen's Party of the United States이 은밀한 그림자에서 나와 모습을 드러내고, 유령당으로 알려졌던 기구가 현실적 태도를 취하자, 도시 거주자들은 충격과 공포에 휩싸였다. 이 나라 모든 대도시에서 밤낮으로 아무 때나 목격할 수 있는 국제주의자들의 시위는 무엇과도 비교할 수 없었다.

볼티모어와 오하이오 철도 회사에서 파업이 시작된 지 사흘이 되지 않아서, 미국 대부분 지역이 파업 참가자들의 수중에 들어갔다. 운송이 금지되고, 상점이 문 닫고, 공장이 버려지고, 며칠 전만 해도 소란스럽던 대형 마트들이 "파티가 끝난 후의 연회장"처럼 조용해졌다. 사람들은 1789년에서 1793년 사이 프랑스에서 일어났던 사건을 기억했고 소요가 커지고 있다는 소식을 들을 때마다 부들부들 떨었다. 그리고 어둡고 두려움에 찬, 낯설고 더러운 일군의 사람들이 흥분한 상태로 도로를 따라 밀어닥치는 것을 보았다.

파업은 질서를 유지하기 위해 정부 개입을 요청해야 할 정도로 걷잡을 수 없이 확대됐다. 이는 이 나라 역사상 처음 있는 일이었다. 무장한 정규군 대대가 마틴스버그로 향하는 열차를 타기 위해서 워싱턴가를 가로질러 볼티모어와 오하이오 철도 회사 역으로 줄지어 행군한 시각이 밤 9시였다. 이 출범을 지켜보기 위해서 수많은 군중이 모였다. 그 장면은 1861년 초의 장면과 비슷했다. 저녁 10시에 기차는 역을 출발해 소란스러운 파업 현장을 향해 움직였다.

반면에 파업 참가자들 무리는 컴벌랜드, 그래프턴, 케이저 외에 다른 지점을 점령하고 어떤 화물차도 그곳을 통과하지 못하게 했다. 마틴스버그와 휠링의 파업 본부에서 밀사가 파견됐다. 그들은 커넬스빌 지부, 펜실베이니아 철도 회사, 피츠버그와 시카고, 그리고 이 지역의 다른 철도 회사들을 따라 화부와 제동수를 파업에 가담시키려고 했다. 낮 동안 휠링의 파업자들은 상당히 위협적인 시위를 했다. 그 지역의 보병 중대가 행동을 개시하기 위해 정렬했다. 그러나 보병 중대는 사태를 수습할 만큼 충분히 강력하지 못했다. 따라서 시민병들은 파업 중인 노동자들이 무장해제를 명령하자 조용히 따랐다.

마티스버그의 파업자들은 대통령의 포고령에 무관심하거나, 노골적으로 불경한 태도를 보였다. 아무도 해산 명령에 주의를 기울이지 않았다. 반대로 수가 점점 증가하면서 그들의 태도는 더 위협적이고 노골적으로 변했다.

낮 동안에 볼티모어의 파업 위원회가 준비하고 발행한 전단이 뿌려졌다. 그들은 전단에 자신들이 파업할 수밖에 없었던 이유를 썼다. 그들은 3년 동안 세 차례나 임금을 깎였고, 삭감되는 금액도 납득할 수 없을 정도로 컸다. 그리고 마틴스버그까지 너무 자주 출장을 가야 했고 회사 사정 탓에 그곳에 나흘씩 머물렀지만 이틀 분의 일당만 받고, 머무는 동안 숙식비는 자신들이 부담해야 했다. 그 비용은 그들이 받는 임금보다 많았기 때문에 가족을 전혀 부양할 수 없었다. 이는 먹고사는 문제였다. 철도 경기가 부진할 때는 한 달에 15일치 일당밖에 받지 못했다. 때문에 지난겨울 착실하고 절제와 절약이 몸에 밴 사람도 빚을 져야 했고 정직한 사람도 경비를 조달하지 못해 임금을 압류당했다. 회사 규칙상 누구든 임금을 압류당하는 사람은 해고됐다. 이는 합리적인 사람이라면 순응하기 어려운 폭압이었다. 그리고 가정을 가진 사람은 삭감된 임금으로 자신과 가족을 부양하는 것이 아예 불가능했다.

파업하는 노동자들의 이러한 진술은 대중들의 동정심을 자극했다. (…)

볼티모어와 오하이오 철도 회사는 자신들 노선 기차를 한동안 운행하지 않겠다고 공식적으로 발표했다.

정부의 전적인 보호와 도움을 받아 온 거대 기업도 국가의 가장 큰 통행로에 대한 봉쇄를 해제하는 데 힘을 쓰지 못한 것이다. 경제적 신용이나 정치적 후원이 전혀 없는 다수의 화부와 제동수가 봉쇄한 것이었는데도 말이다. 따라서 이 파업은 파업을 진압하려는 연방 정부가 한동안 무기력한 가운데 계속되었다. 이제 파업 참여자들은 막강해졌다. 혁명을 목표로 조직과 지도력을 겸비한 철도 노동자들과 다른 부문의 노동자들이 국가의 모든 상업 중심지를 완벽하게 통제하고 있었다. 그렇다! 정부자체의 전복조차도 그들의 수중에 놓여 있었다!

제11장

도금 시대 파업자와 포퓰리스트

헨리 조지, 『빈곤의 범죄 *The Crime of Poverty*』(1885년 4월 1일)

오거스트 스파이스의 연설(1886년 10월 7일)

익명, "피투성이 살인자: 루이지애나 시보두에서 잔인하게 살해된 니그로" (1887년 11월 26일)

어니스트 라이언 목사 외, 뉴올리언스 대중 집회의 공개서한(1888년 8월 22일)

메리 엘리자베스 리즈의 연설(1890년경)
   — "월스트리트가 국가를 소유하다"(1890년경)
   — 〈기독교여성금주조합〉 연설(1890년)

인민당, "오마하 강령"(1892년 7월 4일)

J. L. 무어 목사의 〈유색인농민동맹〉에 관한 기사(1891년 3월 7일)

아이다 웰스-바넷, "린치법"(1893년)

풀먼 파업 노동자들의 성명서(1894년 6월 15일)

에드워드 벨러미, 『뒤를 돌아보며 *Looking Backward: 2000~1887*』(1888년)

남북전쟁과 19세기 말을 거치며 미국은 거대한 산업국이 되었다. 증기와 전기가 인간의 근육을 대신하고, 철이 나무를 대신하고, 철강이 연철을 대체했다. 기계공들이 강철 기계를 몰면서 농업의 성격까지 변화시켰다. 석유는 기계를 유연하게 하고, 집과 거리, 공장을 밝히는 데 쓰였다. 사람과 화물은 강철 선로를 따라 움직이는 증기 기차로 운반되었다. 1900년에는 19만 3천 마일(약 31만 603킬로미터)의 철도가 부설되기에 이른다.

이 모든 산업 발전은 인간의 엄청난 희생 덕분이다. 〈주간통상위원회Interstate Commerce Commission〉 기록에 따르면, 1889년에만 철도 노동자 2만 2천 명이 다치거나 죽었다. 이 밖에도 수천 명이 광산, 제련소, 방직 공장에서 죽거나 불구가 됐다. 대부분의 노동자들은 어쩔 수 없이 공장 근교의 마을에서 살아야 했다.

유럽의 빈민들은 비참한 항해로 고통받은 끝에 미국 도시로 쏟아져 들어왔다. 그들은 철로에서, 피복 공장에서, 광산에서, 쥐꼬리만 한 임금을 받고 장시간 일했다. 그들의 가족은 도시 슬럼가로 몰려들었다.

사람들은 상황에 저항했다. 농민들은 처음에는 〈농민공제조합Granges〉을, 다음에는 인민당People's Party을 결성했다. 노동자들은 하루 8시간 노동을 위해 파업했다. 급진주의가 확산됐다. 아나키즘과 사회주의가 뿌리를 내렸다. 수백만의 사람들이 다른 종류의 사회, 국가의 부를 다른 방식으로 분배하는 사회를 상상하기 시작했다. 헨리 조지Henry George와 에드워드 벨러미Edward Bellamy 같은 작가들이 종종 이들의 생각을 글로 표현했다.

헨리 조지,
『빈곤의 범죄』[1]

1885년 4월 1일

헨리 조지는 이리저리 떠도는 행상 식자공이자 신문 편집자였다. 그는 경제체제를 능숙하게 설명하는 강연자이자 비평가이기도 했다. 그는 『진보와 빈곤*Progress and Poverty*』을 써서 유명해졌고, 1880년대와 1890년대에 몇 차례 뉴욕 시장에 출마했지만 당선되지는 못했다. 다음은 조지가 아이오와 벌링턴에서 연설한 내용으로, 19세기 미국 빈곤의 사회적 기원을 설명하고 있다. 그리고 빈곤을 개인의 탓으로 돌리는 신화를 반박했다.

오늘 밤 저는 여러분에게 빈곤의 범죄에 대해 말하고자 합니다. 짧은 시간에 여러분에게 확신을 심어 줄 수는 없지만, 오늘 여러분에게 말하고자 하는 가장 중요한 주제는 바로 가난이 죄라는 것입니다. 가난하다는 것 자체가 죄라는 의미는 아닙니다. 살인은 죄지만 살인을 당하는 것은 죄가 아닙니다. 빈곤 상태에 처한 사람은 그 자체로 범죄자가 아니라 그 자신과 더불어, 다른 사람에게도 책임이 있는 범죄의 희생자라고 생각합니다. 우리 모두가 잘 알다시피 빈곤은 저주입니다. 가장 지독한 저주입니다. "영국인들이 가장 두려워하는 지옥은 빈곤의 지옥"이라고 말한 토머스 칼라일Thomas Carlyle이 맞습니다. 그건 영국인뿐만 아니라, 국적이 어디든, 문명화된 세계의 모든 사람들에게 사실입니다. 우리는 이 지옥을 피하기 위해서 노력하고 긴장하고 고투합니다. 그리고 습관에 눈이 멀어 종종 일을 해야 할 필요성이 사라진 뒤에도 한참 동안 계속 일을 합니다.

빈곤이 낳은 저주는 가난한 사람들에게만 해당되지 않고, 모든 부유한 계급에까지 영향을 미칩니다. 그들 역시 고통을 당합니다. 그들도 고통을 당해야 합니다. 한 공동체에서 어떤 계급도 완전하게 피할 수 있는 고통은 없으니까요. 죄악, 범죄, 무식, 가난으로 인한 비열함, 폐해, 다시 말해서, 부자와 가난한 자 모두 똑같이 같은 공기를 마셔야 합니다.

저는 오늘 아침 여러분이 사는 길을 걸었습니다. 그리고 서로 손이 묶인 채 함께 걸어가는 세 사람을 봤습니다. 그들이 부자가 아니라는 건 확실했습니다. 어떤 죄목으로 그들이 수갑을 차고 잡혀 가는지는 알 수 없지만 이것만은 분명하게 말할 수 있습니다. 이 일을 자세히 조사해 보면, 어떻게든 빈곤과 관련되어 있을 겁니다. 자세히 보면, 인간이 경험하는 절망의 9할은 빈곤 때문입니다. (…) 빈곤으로 고통받는 사람 대부분이 자신이 특별히 잘못해서 가난한 것이 아니라 주로 사회가 강제로 부과한 상황 때문에 가난합니다. 따라서 저는 빈곤이 범죄라고 주장합니다. 개인의 범죄가 아니라 사회의 범죄고, 우리 모두, 가난한 사람과 부자 모두가 이 범죄에 책임이 있다고 주장합니다. (…)

사실을 직시하는 사람이라면 누구나 빈곤은 아주 불필요하다는 사실을 알고 있을 것입니다. 이 페스트보다 나쁜 천벌이 영혼과 육체 모두를 파괴하며, 우리 문명을 약탈하고 결핍과 고통과 퇴화를 가져오는 것은 초월자의 천명 때문이 아니라, 우리 자신의 불의, 이기심, 무지 때문입니다. 19세기 문명의 전성기에 있는 세계를 둘러보십시오. 하늘 아래 있는 모든 문명화된 나라에는 야만인보다 못한 처지에 있는 사람들이 있습니다. 세상에서 가장 미개한 사람들과도 교환할 물건을 찾지 못하는 남자와 여자, 그리고 어린이들이 있습니다. 당신들의 처녀지가 둘러싸고 있는 이 새 도시도 구호단체를 건립해야 하는 역경의 시기를 맞고 있습니다. 여기 길거리에는 구치소에서 잠시 휴식을 취할 수밖에 없는 일군의 방랑자들이 가득하다고 들었습니다. 다른 곳도 모두 여기 같습니다. 부가 가장 충만한 곳에 가장 깊은 가난이 있습니다. (…)

빈곤은 필요합니다! 인간 두뇌가 지닌 엄청난 잠재력을 생각해 보십시오! 한 사람의 힘으로 이룬 발명이 우리에게 무엇을 가능하게 해 주었는지 생각해 보십시오! 얼마 전까지 수천 명의 힘으로도 해내지 못한 것을 가능하게 해 주었습니다. 영국 한 나라에서만 증기력으로 가동 중인 기계가 전 세계 인구, 즉 모든 성인의 육체적인 힘을 합한 것보다 많은 생산력을 발휘하고 있음을 생각해 보십시오. 우리는 이제 겨우 발명하고 발견하기 시작했습니다. 우리는 아직도 지금까지의 발명과 발견을 활용하지 못하고 있습니다. 이 지구의 힘을 보십시오. 우리 손이 닿지 않은 곳이 무궁무진합니다. 어느 방향을 바라보든지 새로운 자원들이 열려 있는 듯합니다. 부를 창조할 수 있는 인간의 능력은 거의 무한해 보입니다. 우리는 이를 제한할 수 없습니다. 여러분 도시로 흘러 들어오고 있는 미시시피 강의 조류에서 힘을 보십시오. 여러분들이 일할 수 있는 여지가 널려 있습니다. 따라서 모든 방면에서 우리가 활용할 수 있는 에너지가 넘치며, 우리가 이용할 수 있는 자원은 그대로 남아 있습니다. (…)

얼마 전 뉴욕 신문에서 욘커Yonker 공장 여공들이 매를 맞으며 일하고 있다는 기사를 읽었습니다. 신문은 여공들이 자신들이 왜 맞는지 이유를 모르는 것 같았고, 재미로 때렸음이 틀림없다고 넌지시 암시하는 기사를 실었습니다. 그러자 여공 편에서 얘기가 나왔고, 시행 중인 규칙을 어겼기 때문에 매를 맞은 것으로 밝혀졌습니다. 그들은 서로 말하면 벌금을 내야 했고, 웃으면 더 무거운 벌금을 내야 했습니다. 1분만 늦어도 무거운 벌금을 물었습니다. 저는 필라델피아에 있는 한 여성을 방문했습니다. 그녀는 여러 공장에서 여공 감독관으로 일했습니다. 나는 그녀에게 "그런 규칙을 시행하는 것이 가능합니까?"라고 물었습니다. 그녀는 필라델피아에서는 가능하다고 말했습니다. 옆 사람하고 말해도 벌금이고, 웃어도 벌금이고, 그녀가 고용됐던 한 공장에서는 여공들이 늦으면 1분에 10센트씩 벌금을 냈다고 말했습니다. 여공 중 다수가 추운 겨울에는 폭풍우를 뚫고 수마일을 와야 하는데도 말입니다. 그녀는, 정말 열심히 일해서 일주일에 3달러 50센트를 번 여공이 있었는데, 벌금으로 5달러 25센트를 냈다고 내게 말했습니다. 정말 우스운 일인 것 같습니다. 네, 우스운 일입니다. 하지만 애처롭고 수치스럽습니다.

이번에는 비교적 독립적이고 잘 사는 사람의 예를 들겠습니다. 여기 한 가지 일을 몇 시간이고, 매일같이, 매주 반복해서 하는 남자가 있습니다. 무엇 때문에요? 오직 살기 위해서지요! 그는 규칙대로 10시간 일하고, 하루 8시간 자고, 피곤하고 온몸이 지쳤을 때도 고작 두세 시간 쉽니다. 그건 온전한 생활이 아닙니다. 그건 인간의 권능을 지닌 사람의 생활이 아닙니다. 저는 모든 사람이 스스로 이를 느껴야 한다고 생각합니다. 저는 처음 제 일을 시작했을 때, 사람은 살기 위해 하루 종일 일하라고 창조된 존재는 아니라고 생각했습니다. 저는 『과학적 미국인Scientific American』이라는 책을 읽고 발명이 꼬리를 물고 일어나 내가 어른이 되면 그렇게 열심히 일할 필요가 없을 거라는 생각을 했더랬습니다. 하지만 반대로, 생존을 위한 투쟁은 더욱 심해지고 있습니다. 그렇지 않다는 것을 증명하려는 사람은 노동자계급의 상황이 나아지고 있다는 것을 보여 주기 위해 수많은 통계 수치를 내놓고 있습니다. 통계적인 관찰에 기대야만 발견할 수 있는 발전은 발전이 아닙니다. 진보는 없습니다. (…)

저는 이로부터 나오는 모든 가난과 무지가 불필요하다고 말하고 있는 것입니다. 다른 사람보다 많이 소유한다는 의미에서가 아니라 모든 물질적 만족을 채울 만큼 충분히 갖는다는 의미에서, 우리 모두가 부자가 되지 못할 합당한 이유란 없습니다. 그리고 인류 대부분의 발전을 가져올, 평온한 삶을 살 수 있을 만큼의 부자가 되지 못할 합당한 이유란 없습니다. (…) 우리는 충분히 부자가 되고도 남습니다. 문제는 이 미친 듯한 경쟁 속에서 우리 모두 곤궁에 빠져, 우리에게 충분히 제공되어야 할 것을 밟아 뭉개고 있다는 사실에 있습니다. 우리는 곤궁에 처해 서로 빼앗고 강탈하면서 우리에게 제공된 것을 유린하고 있습니다.

이 가난에는 원인이 있습니다. 만약 추적해 본다면 원초적인 불의에 그 기원이 있음을 알게 될 겁니다. 오늘날의 세계를 한번 둘러보십시오. 어디에든 빈곤이 있습니다. 분명 일반적인 원인이 있음이 틀림없습니다. 관세 탓으로 돌릴 수 없고, 정부 형태, 또는 나라마다 다른 이런저런 이유 때문이라고 할 수도 없습니다. 그들에게도 심각한 빈곤이 일반적이기에, 빈곤을 야기하는 원인 또한 분명 일반적입니다. 그 일반적인 원인이 무엇일까요? 모든 나라에 적용되는 한 가지 명확한 원인이 있습니다. 그것은 바로 모두가 의존해 살아가는 자연 자원을 일부가 재산으로 전유하고 있기 때문입니다. (…)

여러분은 문명화된 모든 나라에서 노동자계급이 빈곤 계급이라는 사실이 굉장히 불합리하고 기묘하다고 생각한 적이 있습니까? 세계 어떤 도시라도 가서 택시를 타고 운전수에게 노동자들이 사는 곳으로 데려다 달라고 말해 보십시오. 그는 당신을 좋은 주택가로 데려가지 않을 겁니다. 반대로 지저분하고 누추한 거주지로 데려갈 겁니다. 이상하다고 생각해 본 적 없습니까? 잠시 생각해 보십시오. 지구에 한 번도 와 본 적 없는 합리적인 존재가 [이런 현실에] 얼마나 충격을 받을지 말입니다. 만약 이성을 지닌 존재가 지구에 내려와 지구에서 우리가 어떻게 살고 있으며, 의식주, 그리고 우리에게 필요한 모든 물건들이 어떻게 노동에 의해 생산되는지를 알게 된다면, 그는 노동자들이야말로 가장 좋은 집에서 살 것이며, 노동이 산출한 대부분의 물건을 소유하는 것이 당연할 거라고 생각하지 않겠습니까? 그렇지만 당신이 그를 런던이든, 파리든, 뉴욕이든, 심지어 버링턴에 데려가더라도 그는 노동자라 불리는 사람들이 가장 누추한 집에서 사는 사람들임을 알게 될 것입니다.

오거스트 스파이스의 연설[2]

1886년 10월 7일

1886년 5월 4일, 시카고 헤이마켓 광장Haymarket Square에서 그 전날 매커믹 하베스터 공장McCormick Harvester Works 파업 중 네 명의 사망자가 나온 것에 항의하기 위해 집회가 소집되었다. 이 모임은 평화적인 집회였고, 출동한 180명의 경찰이 군중에게 해산을 요구했을 때, 그 수는 수천 명에서 몇 백 명으로 줄어들었다. 연사가 집회가 곧 끝날 거라고 말하고 나서 얼마 있다 경찰 가운데에서 폭탄이 터졌다. 그 결과 경찰 66명이 부상당하고, 그중 7명이 죽었다. 경찰은 군중에게 발포하여, 몇 명이 사살되고, 200여 명이 부상당했다. 누가 폭탄을 던졌는지 증거가 없었지만, 시카고의 아나키스트 8명이 붙잡혀, 재판에서 사형 선고를 받았다. 이 사건은 '헤이마켓 사건'이라는 이름으로 세계에 알려졌다. 8명 중 4명은 처형되었는데, 그중에 오거스트 스파이스 August Spies가 있었다. 다음은 그가 법정에서 스스로를 변론한 내용이다. 처형 바로 전에 스파이스는 "오늘 당신들이 질식시킨 소리보다 우리의 침묵이 강력해질 때가 올 것이다"라고 말했다.

존경하는 재판장님.

이 변론에서 저는 한 계급의 대변인으로서 다른 계급의 대표들에게 말합니다. 저는 5백 년 전 베네치아 사람 도지 화에리Doge Faheri가 저와 비슷한 상황에서 발언했던 말로 시작하고자 합니다. 그는 법정을 향해 "나는 내 변론으로 당신들을 기소한다", "내가 저질렀다고 하는 범죄의 원

는 어조로) 판결이 이 주장을 충분히 확증합니다! 우리에게 불리한 이 판결은 **부유한 계급**이 자기들이 약탈한 희생자들, 즉 거대한 임금 노동자와 농부 집단에게 내린 **저주**입니다. 만약 재판장님께서 사람들이 이를 믿기를 바라지 않으신다면, 우리가 스파르타의 원로원이나 아테네의 아레오파구스(Athenian Areopagus, 아테네 최고 재판소. 옮긴이), 베네치아의 10인 위원회 시절로 되돌아갔다고 믿게 하지 않으시려면 이런 판결이 선고되어서는 안 됩니다. 그러나 만약 우리를 교수형에 처하는 이유가 노동운동을 진압하기 위해서라면, 빈곤과 절망 속에 고생하면서 사는 수백만 명의 유린당한 임금 노예들이 구원을 기대하며 일으키는 운동을 진압하기 위해서라면, 그것이 당신의 판결 이유라면, 그렇다면 우리를 교수형에 처하십시오! 당신은 불꽃을 짓밟을 수 있을지 몰라도 여기에서, 또 저기에서, 당신 뒤에서, 당신 앞에서, 그리고 사방 천지에서 불길은 활활 타오를 것입니다. 이 불은 지하에서 일어나는 불이기에 당신은 끌 수 없습니다.

익명, "피투성이 살인자:
루이지애나 시보두에서 잔인하게 살해된 니그로"[3]

1887년 11월 26일

루이지애나의 백인과 흑인 사탕수수 노동자들은 1886년 〈노동기사단〉과 함께 조직을 구성하기 시작했다. 몇몇 폭력적인 파업이 발생했고, 파업 파괴자들이 유입됐다. 1887년 대부분 흑인인 노동자 1만여 명은 농장주가 그들이 요구하는 일당 1달러 25센트를 주지 않자 사탕수수밭에서 파업을 일으켰다. 백인과 흑인 노동자들이 함께 파업하는 것에 화가 난 주지사는 군대를 불렀다. 그는 "하나님이 인종을 구분하셨다"고 말했다. 군인은 흑인 네 명을 죽였다. 시보두라는 흑인 거주지가 군인들에게 습격당했고, 적어도 스무 명이 죽었다. 파업 주동자 두 명이 체포됐고, 린치를 당했다. 다음은 루이지애나 아프리카계 미국인 신문이 파업에 대해 보도한 내용이다.

살인, 비열한 살인이 일어났다. 그리고 희생자는 무고하고 순진한 니그로였다. 살인자는 루이지애나에서 지금까지 일어난 어떤 극악한 범죄보다 잔인하고 처절하고 극악무도하게, 마치 가축을 다루듯, 루이지애나 라포쉬 교구 소속인 시보두와 그 주변에 사는 니그로들을 살해했다.

지난 3주 동안 사람들은 매일같이 사탕수수 지역 노동자와 농장주 사이에 존재하는 문제에 대해 멋대로 쓴 기사를 보며 마냥 즐거워했다. 이상하게도, 이들 기사 중 두 개를 제외한 단 한 개 기사도 니그로의 무죄를 대변하지 않았다. 즉, 니그로들이 왜 그런 행동을 했는지 알고자 하는 바람이나 의도도 없었고, 니그로의 임금 인상 요구가 한결같이 정당했으며, 이를 보장받기 위해서는 폭력과 유혈 참사에 의존할 수밖에 없었다는 취지의 기사도 없었다. 루이지애나의 다른 지역에서 온 군대는 위험 지역을 감시하고 있다. 그러나 지금까지 범법 행위라 할 수 있는 일은 줄곧, 군대나 사탕수수 농장주, 또는 그들이 고용한 사람들이 저지른 것이다. 니그로는 평화롭게 행동하면서 조용히 법의 테두리 안에서 자신들의 요청이 받아들여지기를 바라고 있으며, 자신들의 정당한 권리, 즉 임금 인상을 요구하고 있었다.

농장주들은 니그로의 요청을 받아들이지 않았고, 그들에게 플랜테이션에서 나가라고 명령했다. 이때 대부분의 노동자들이 소속돼 있는 〈노동기사단〉은 시보두와 하우마 지역 마을에 있는 빈집을 될 수 있는 한 모두 임대해, 집 없는 흑인들이 그곳에서 숙식을 해결할 수 있게 했다. 농장주와 그 측근들은 이처럼 예상치 못했던 일 앞에서 격분했다. 그 결과, 약간의 예외는 있었지만 기발한 몇 사람들은 자기들이 제시한 임금으로 니그로들을 부리기 위해 무력과 고안해 낼 수 있는 모든 사악한 방법에 호소했다.

시보두에서 숙식을 해결하던 니그로들은 자신들의 대의가 정당하다는 믿음을 끝까지 버리지 않고, 농장주들에게 동의하기를 거부했다.

이 같은 상황에서, 농장주들은 일부 니그로를 죽여서 나머지를 항복시키려고 했다. 이 계획을 실현시키기 위해 군대가 철수했고, 군대가 본진으로 떠나자마자 니그로를 사살할 준비를 하기 시작했다. 지난 일요일 밤 11시경, 완전무장한 낯선 사람들이 플랜테이션 소유의 마차를 타고 시보두와 프로스트 음식점 및 호텔로 향했다. 그들은 그 호텔에 묵었다. 그들이 누구이고 어디에서 왔는지 농장주들과 테일러 비티 판사를 제외하고 아무도 모르는 듯했다. 사실인즉, 다음날 월요일에 계엄령이 선포되었고, 이 무장한 기마대 사람들이 순찰 업무를 맡게 되었다. 어떤 니그로도 총을 든 군인과 동행하지 않으면 타운을 떠나거나 들어올 수 없었다. 이 군인들은 니그로들에게 무례하고 건방지게 굴었다. 그들은 소요를 일으키기 위해, 자신들의 권한 내에서 할 수 있는 모든 일을 다 했다. 그들은 보통의 치안 유지로는 니그로를 도발할 수 없음을 깨닫자, 학살을 일으키기 위한 구실을 만들어야겠다고 생각했다.

드디어 화요일 밤, 순찰대는 그들 멤버 중 두 명, 고먼과 몰래이슨에게 총을 쐈다. 그리고 여기저기서 "무장, 무장, 니그로가 백인을 죽인다"라는 고함을 질러 댔다. 이걸로 충분했다. 곧이어 나중에 슈리브포트Shreveport 지역 게릴라로 판명된 낯선 사람들이 나타나 마을 곳곳, 집 구석구석, 그리고 교회까지, 니그로가 발견되는 곳이면 어디서든 총을 쏴 댔다. 슈리브포트 지역 게릴라들은 라포쉬 지역의 가장 노련하고 솜씨 좋은 사람들의 도움을 받았고, "깜둥이" 소탕 작전인 "콰치타 앤 레드리버 작전 Quachita and Red River plan"을 통해 이미 이런 일에 익숙해 있었다.

이 지역 아침 신문에 "6명 사망, 5명 부상"이라는 기사가 실렸다. 하지만 모든 걸 지켜본 목격자의 증언에 따르면, 30명 이상의 니그로가 즉사했다. 절름발이 남자와 맹인 여자가 죽었고, 아이들과 백발의 노인들이 무자비하게 쓰러졌다! 니그로들은 아무런 저항도 하지 않았다. 총격을 전혀 예상하지 못했기에 저항할 수 없었던 것이다. 죽지 않은 니그로들은 숲으로 숨었고, 대부분은 도시로 도망갔다.

이게 바로 시보두에서 일어난 사건의 진실이다. 이 글을 읽으면, 백인이든 흑인이든, 모든 사람들의 피가, 마치 몸에 강력한 불꽃이 스며들기라도 한 것처럼, 뜨거워짐을 느낄 것이다. 미국의 일부 지역에서 이처럼 인간 생명을 경시하는 일이 허용된다는 생각만으로도, 이 전쟁이 실패인지 아닌지 의문을 갖게 만든다.

주 판사의 지휘를 받은 폭도들이 미국 시민을 죽였고, 이 사건을 시정하려는 어떤 시도도 없다! 임금 인상을 위해 노력하던 사람은 개 취급을 받았다! 법 앞의 평등을 보장받은 흑인들이 무력 앞에서는 노예보다 못한 존재인가? 이것이 오늘날 루이지애나에서 벌어지고 있는 일이다. 이 모든 것은 새뮤얼 더글러스 맥이너리 주지사와 제임스 유스티스 상원 의원의 먼로 연설 때문에 발생했다.

이 시기, 이 사건에 대한 저주의 말이 마치 끓는 납 위의 눈송이처럼 떨어진다. 흑인은 자신의 생명을 지켜야 한다. 그리고 그가 만약 죽어야 한다면, 가정과 아이들과 법적 권리를 위해 싸우다가 처형자들을 바라보며 죽을 것이다.

어니스트 라이언 목사 외,
뉴올리언스 대중 집회의 공개서한[4]

1888년 8월 22일

루이지애나 흑인들은 시보두 학살이 일어난 지 1년이 지나 큐 클럭스 클랜(Ku Klux Klan, KKK단)의 "공포의 시기"와 아프리카계 미국인을 받아들이지 않는 고용주들에게 저항하기 위해 모였다. 다음은 그들의 선언문이다.

미국 국민 여러분께.

영장이나 법적 조치 없이 쫓겨난 뉴올리언스 시민들과 이웃 교구 신도들은 1888년 8월 22일 수요일, 루이지애나 뉴올리언스 게데스 홀Geddes Hall에서 대중 집회를 열고 [다음과 같이] 선언하고 주장합니다. 루이지애나 주 여러 지역이 공포의 지배를 받고 있으며 법은 정지됐습니다. 무장한 백인 무리들이 죄 없는 사람의 피를 뿌리고, 인류의 암흑기를 능가하는 야만적 행위를 저지르고 있으나, 주지사 이하 정부 관리들은 시민들의 생명과 재산을 보호하기 위한 어떤 조치도 취하지 않고 있습니다.

지난 12년 동안 우리는 가장 효과적으로 투표권을 박탈당했고, 우리의 정치적 권한을 빼앗겼습니다. 우리는 우리가 원하는 당과 후보를 선출할 수 있는 특권을 빼앗겼고 폭력 행위가 자행되어 우리 양심의 명령을 거스르고 강제로 민주당을 지지해야 했습니다. 그리고 우리가 공화당에 던진 표는 민주당 후보를 지지하는 표로 계산되었습니다. 언론, 종교계, 상업 단체, 주 행정 당국 모두 이러한 죄를 공개적으로 묵인했습니다. 이 밖에도 루이지애나 니그로를 비참한 농노 상태, 채무 노예의 상태로 몰아넣으려는 책략이 더 깊이 숨겨져 있습니다.

스스로를 감시자라고 부르는 무장한 무리들이 이 책략을 실행하고 있습니다. 그들 모두는 백인이지만 가끔 니그로를 강제로 가담시킵니다. 이는 자신들이 악의적이고 부도덕한 사람들을 공평하게 진압하며 공동체의 덕성을 대표한다고 가장하기 위해서입니다. 위선의 옷을 입은 이 무법의 무리는 뻔뻔스러운 불법행위를 저지르고 무고한 흑인 시민들을 살해해 밤을 무시무시하게 만들고 있습니다. 그들은 한밤중 흑인들을 습격해 온순한 시민들을 내쫓고 다시는 돌아오지 못하게 합니다. 흑인들을 때리고, 그들 집에 불을 지르고 무방비 상태의 여자와 어린이들의 생명을 위협합니다. 그러나 그들을 기소하려는 어떤 움직임도 없습니다. 백인들에게는 이런 극악한 범죄 행위를 강력하고 단호하게 단속하려는 어떤 미덕도 없습니다.

한때, 루이지애나 지역에서 북부를 방어하기 위해 총을 들었던 니그로들에게는 어떤 보호나 은신처도 제공할 수 없다는 주 법이 있었습니다. 미국 헌법과 법령이 이를 무효화했지만, 오늘의 이런 행동들은 미국 헌법과 법령을 고의로 무시하는 가운데 일어나고 있습니다. 1868년 민주당이 지휘한 유혈의 참극 이후 처음으로 지난 12개월 동안 우리들은 법을 무시한 감시자들에게 고통을 받고 있습니다. (…)

"백인 대대band of whites"나 "보안관 수색대sheriff's posse" 또는 "민병대militia" 등 이름은 다양하지만 이들은 군사적 정확성을 가지고 있고 최신 소총으로 무장한 민주당일 뿐입니다. 니그로들은 이들의 압도적인 힘에 저항할 수 없고, 무장할 수도 없어 충분히 무력감을 느끼고 있습니다. 니그로들에게는 원하는 직업을 갖거나 노동 문제를 제기할 권리도 없으며, 무방비 상태에 있을 때는 채찍질을 당하거나 살해될 수도 있습니다.

패터슨빌이나 시보두에서처럼, 자신을 방어하려는 니그로는 모략을 당합니다. 주지사는 외견상으로는 평화를 유지하기 위해서라고 하지만 전혀 합법적이라 보기 어려운 형태로 권총이나 소총으로 무장한 자신의 용병이나 민병대를 현장으로 급파합니다. 하지만 실제로는, 이미 완벽하게 무장한 니그로 살인자들을 법적 권한을 가진 것처럼 가장해서 다시 보강하기 위한 것입니다.

우리가 시달려 온 불법행위와, 압제자들의 손에 겪은 하루하루의 고통을 모두 다 열거하려면 책 한 권으로도 충분하지 않을 것입니다. 니그로들은 헌법에 의해 보장된 모든 권한을 극악무도하게 박탈당했습니다. 미국 여러 지역에서 그들은 명목상으로만 자유인일 뿐입니다. 니그로들은 노동에 대한 공정한 임금을 요구하거나 논의하기 위해 집회를 열 수 없습니다. 재산 소유자나 납세자로서의 안전을 느끼지도 못합니다. 공중 편의 시설을 이용할 수는 있지만 실제로 이를 이용하는 흑인은 거의 없습니다. (…)

우리는 법을 공정하게 시행한다고 맹세한 사람들이 우리에게 행하는 잘못을 시정하기 위해서 우리 힘이 미치는 한 모든 방법을 다 써 봤습니다. 하지만 허무하게도 지금까지는 동료 시민들만 계속 살해당하고 있습니다. 이제 우리는 우리의 안녕을 걱정하면서 깨어 있는 양심, 정의와 문명화된 세계, 특히 미국 시민들의 동정심에 호소합니다. 우리를 도덕적·물질적으로 도와주시기 바랍니다. 현재 우리는 봉건제 같은 상황에서 대부분 빈털터리로 살고 있습니다. 흑인들이 공유지나 북서부의 다른 지역에서 가족과 재산을 안전하게 지키며 살 수 있도록 도와주시기 바랍니다.

이를 위해 우리는 이민 행정 기구를 조직했습니다. (…)

우리는 흑인들에게 자중하고 법과 질서를 엄중히 지키라고 권유합니다. 만약 집이 습격당하고, 아무도 자비를 보이지 않기에 자비를 구할 수 없으며, 죽을 수밖에 없다면, 할 수 있는 한 자기 목숨을 방어한 후에 죽으라고 권유합니다. 현재 사는 곳에서 평화와 안전을 보장받을 수 없다는 생각이 든다면 조용히 떠나라고 권유합니다. 여행할 다른 방도가 없다면, 국도를 택하거나 습지를 통과해 걸어서 가라고 권유합니다.

증기기관과 기차는 근자의 발명품들입니다. 여러분의 조상은 집요한 추적자, 순찰대, 그리고 수많은 장애들을 두려워했고, 캐나다 국경으로 가기 위해서 풀뿌리와 열매를 먹으며 견뎠습니다.

전능하신 하나님의 가호와 인간의 동정심에 호소하며, 역경과 공통된 인간적 연대 속에서 우리는 여러분의 형제입니다.

메리 엘리자베스 리즈의 연설

1890년경

19세기 말 농업이 기계화되면서 소농민은 장비를 사기 위해 돈을 빌려야 했다. 돈을 갚지 못하면 농지를 빼앗겼다. 농부들은 처음에는 〈농민동맹farmers' alliances〉 형태로 조직을 만들기 시작했다. 1880년대와 1890년대에 북부와 남부, 흑인과 백인 모두가 공통의 적인 은행과 철도 회사를 상대로 싸우기 위해 포퓰리즘의 기치 아래 함께 모였다. 포퓰리즘은 흑인과 백인 농부 수백만 명을 포함한 강력한 세력으로 성장했다. 인민당의 강연국은 전국적으로 3만 5천 명의 강연자를 파견했고 1천 종 이상의 포퓰리스트 저널이 발간됐다. 포퓰리즘은 1896년 선거에서 민주당 후보인 윌리엄 제닝스 브라이언William Jennings Bryan을 지지한 뒤로 결국 해산됐다. 그러나 그 영향력은 이후에도 오랫동안 지속되었고, 프로그램의 일부는 1930년대 뉴딜New Deal 농업 정책으로 실현되었다. 다음은 가장 존경받던 지도자이자, 메리 엘런 리즈Mary Ellen Lease로도 알려진, 캔자스의 메리 엘리자베스 리즈Mary Elizabeth Lease가 이 운동의 아이디어를 설명한 글과 연설이다.

"월스트리트가 국가를 소유하다"(1890년경)[5]

이 나라는 모순의 나라다. 압제를 피해 도망쳐 온 청교도가 압제자가 됐다. 우리는 우리의 자유를 위해 영국과 싸웠지만 4백만 명의 흑인들에게는 쇠사슬을 채웠다. 우리는 노예제도와 관세법을 일소했지만, 연방 은행은 처음보다 지독한 백인 임금 노예제를 만들어 냈다. 월스트리트가 이 나라를 소유하고 있다. 이는 더 이상 국민의, 국민에 의한, 국민을 위한 정부가 아니다. 이는 월스트리트의, 월스트리트에 의한, 월스트리트를 위한 정부다. 이 나라 대다수의 보통 사람들은 노예들이고, 독점 기업이 주인이다. 서부와 남부는 제조업에 종사하는 동부 앞에서 꼼짝 못하고 엎드려 있다. 돈이 지배한다. 우리의 부통령 레비 파슨스 모턴Levi Parsons Morton은 런던의 은행가다. 우리의 법은 악당에게 법복을 입히고 정직한 사람에게 누더기를 입히는 체제의 산물이다. 정당은 우리에게 거짓을 말하고, 정치 대표자들은 우리를 잘못 인도한다. 우리는 2년 전에, 가서 일하고 풍성한 농작물을 재배하라고, 그것이 우리에게 필요한 전부라고 들었다. 우리는 가서 일했고, 갈고 심었다. 비가 왔고, 해가 빛났고, 자연은 웃음을 보냈다. 우리는 그들이 우리에게 말한 대로 풍성한 농작물을 재배했다. 그래서 무슨 결과가 나타났는가? 옥수수 8센트, 귀리 10센트, 소고기 2센트, 그리고 버터와 달걀은 가격도 없다. 이게 바로 그 결과다. 그러자 정치가들이 말하기를, 우리가 고통받고 있는 것은 과잉생산 때문이라고 한다. 과잉생산이라니! 통계에 의하면 미국에서는 매년 1만 명의 아이들이 굶어 죽고 있으며, 뉴욕의 상점에서 일하는 여점원들 10만 명 이상이 빵을 위해 정조를 팔고 있는데 말이다. 그들에게 충분한 임금이 주어지지 않기 때문이다. (…) 우리는 돈, 땅, 그리고 교통수단을 원한다. 우리는 연방 은행을 폐지하고 정부에게 직접 대부받을 권리를 원한다. 우리는 저주받을 가압류 체제가 일소되기를 원한다. (…) 우리는, 필요하다면 무력으로 우리 가정을 유지하고 지킬 것이다. 그리고 정부가 우리에게 진 빚을 갚을 때까지, 고리대금 업체에게 우리가 진 빚을 갚지 않을 것이다. 우리는 곤경에 빠져 있다. 끈질기게 돈을 쫓으며 우리를 괴롭히는 사람들에게 우리의 곤경을 더 널리 알리자.

〈기독교여성금주조합〉 연설(1890년)[6]

회장님과 동료 시민 여러분.

만약 하나님께서 저에게 지난 역사 속에서, 그리고 미래에, 살고 싶은 시대를 선택할 수 있게 하신다면, 저는 "오, 하나님, 바로 지금 여기에서, 세계사에서도 바로 오늘 이 시대를 살게 해 주세요"라고 말할 것입니다.

우리는 위대하고 굉장한 시대에 살고 있기 때문입니다. 우리는 오래된 생각들, 전통과 관습이 정박 상태에서 풀려나, 인간의 가없고 끝없는 사고의 바다를 희망 없이 표류하고 있는 시대에 살고 있습니다. 우리는 오래된 회색 세계가 지적인 여성의 두뇌와 지적인 남성의 두뇌에는 차이가 없다는 사실을 희미하게나마 이해하기 시작한 시대를 살고 있습니다. 또한 팔을 휘두르며 영웅적인 애국주의 행동을 부추긴 샤를로트 코르데(Charlotte Corday, 프랑스 혁명기의 혁명가. 옮긴이)의 영적인 힘이나 지력이 오사와토미Osawattomie에서 죽음을 앞에 두고 바리케이드를 친 존 브라운(John Brown, 백인 노예해방 운동가, 오사와토미에서 노예제도를 옹호하는 사람들에 맞서 싸웠다. 옮긴이)의 영적인 힘 또는 지력과 다를 바 없음을 희미하게나마 이해하기 시작한 시대를 살고 있습니다. 우리는 생각의 시대를 살고 있습니다. 생각의 강력한 폭발력은 사회적·정치적 구조를 뒤흔들고 중심에서 주변으로 사람들의 마음을 휘젓고 있습니다. 남자, 여자, 어린이는 이 시대의 엄청난 문제들을 논의하는 가운데 동요하고 있습니다. 행동하고 사고하는 데 느린, 충성스럽고 애국심 강한 농민 계층은 오늘날 스스로 생각하고 그 생각을 행동으로 구체화하고 있습니다. 조직이야말로 국가의 짐을 짊어진 인내심 강한 사람들이 경제적·정치적인 미신에 대항해 막강한 대중운동을 일으키는 데 핵심적인 기조가 될 것입니다. (…)

우리는 수년 동안 어렵고 궁핍한 가운데 서부 변경지에서 위험과 고난을 겪어야 했지만 독점 판매는 저당물 압류라는 악명 높은 제도로 우리의 집을 빼앗아 갑니다. 이 제도는 문명 국가의 위상을 손상시키는 가장 수치스러운 제도입니다. 이 제도는 우리에게서 한 달에 5백 달러씩을 가져갑니다. 우리 인생에서 가장 행복한 시절, 우리의 노고, 우리의 희망, 우리의 행복을 의미하는 집을 가져갑니다. 어떻게 이런 일이 일어났을까요? 정부는 월스트리트가 제시한 조건에 혹해 국민과 맺은 계약 이행을 거부했습니다. 유통 업체는 샤일록(Shylock, 셰익스피어 희곡 「베니스의 상인」에 나오는 유대인 고리대금 업자. 옮긴이)의 이익을 위해 일인당 54달러에서 8달러 이하로 계약했습니다. 프레스턴 플럼 상원 의원이 우리에게 말하는 것처럼, "빚 갚을 수단은 점차 줄어드는 반면 우리의 빚은 늘어 갔습니다." 아니면 위대한 윌리엄 모리스 스튜어트 상원 의원이 표현한 대로 "20년 동안 달러의 시장가치는 올랐고, 노동의 시장가치는 떨어져서, 오늘날까지도 미국 노동자들은 슬픔과 분노 속에서, 이미 사라진 흑인 노예제도와 미래의 백인 노예제도 중 어떤 것이 더 나은가를 묻고 있습니다."

여러분, 여자도 〈농민동맹〉에 가입하고 있는지 궁금합니까? 저는 이 넓은 땅에서 〈농민동맹〉에 가입하지 않고 살아남을 수 있는 여자가 있는지 궁금합니다. 우리 성실한 백색 리본의 여성들은 이 〈농민동맹〉 운동의 심장과 손이 되어야만 합니다. 우리를 대변해 달라고 보낸 남자들은, 이 나라 위원회에서 주류 정당 강령liquor platform으로 선출되지 않은 유일한 남자들이기 때문입니다. 저는 여기서 캔자스에서 보낸 농민 의원 다섯 명과 미국 연방 상원 의원에 관해 주류세와 월스트리트는 물론이고 "지옥의 문조차 그들에 대항해 승리하지 못하리라"고 의기양양하게 말하고 싶습니다.

캔자스 여성들이 근자에 활발하고 열정적으로 선거운동에 참여한 일을 자세히 말한다고 해도 이는 과도한 자화자찬은 아닐 것입니다. 8만 2천 명의 공화당 다수는 우리가 97명의 대표를 당선시켜 미국 상원과 하원 의원 7명 중 5명 분의 의석을 차지했을 때 8천 명 이하로 줄었습니다. 이는 캔자스 여성들이 자랑스럽게 존 잉걸스John J. Ingalls를 패배시켰기 때문입니다. 존 잉걸스가 "여자와 인디언은 죽은 사람의 머리 가죽을 벗길 수 있는 유일한 사람들입니다"라고 말한 것으로 판단하건데, 그는 아직도 우리의 행동에 상당히 기분 나빠하고 있습니다. 저는 잉걸스가 자신이 정치적으로 죽었다는 사실을 깨달았다는 것이 무척 기쁩니다.

〈농민동맹〉 여성들은 동맹에서 주최한 야외 만찬에 낼 맛있고 넉넉한 음식을 준비하느라 가정과 아이들을 돌볼 시간을 줄여야 했습니다. 이 이야기를 하면 여러분은 지루해하시겠죠. 굶주린 수천 명, 수만 명이 감동적인 연설을 듣기 위해 숲과 과수원에 모여 만찬을 들었습니다. 그리고 캔자스 남자들은 여성들의 연설을 간간히 들으면서 당에 대한 선입관을 버리고 용기를 내 "몰리(Mollie, 독립 전쟁 당시 죽은 남편을 대신해 전투에 나갔다는 일화로 유명한 여성. 남성에게 봉사하고 때로는 남성을 대신해 싸우는 신화적 여성상을 대변하며 후에 허구적 인물로 밝혀진다. 옮긴이)와 어린이들"을 위해 투표했습니다. 〈농민동맹〉 여성들은 음식으로 유권자들의 마음을 얻었을 뿐 아니라 여성 자신의 길을 노래했습니다. 저는 여기 동맹가를 모은 책 한 권을 쥐고 있습니다. 이는 동맹 여성들이 작곡해 만든 노래입니다. 캔자스 버틀러카운티의 플로렌스 옴스테드 여사는 대중 심리를 조성하는 데 많은 일을 하셨습니다. 여성들로 구성된 〈동맹합창단Alliance Glee Clubs〉은 이 나라가 티피커누Tippecanoe라 불린 윌리엄 헨리 해리슨William

Henry Harrison과 존 타일러John Tyler의 1840년 캠페인 이후 들어 보지 못한 감동적인 곡을 우리에게 선사했습니다. 제가 한 사람, 한 사람을 열거하는 동안 역시 동맹 여성이 쓴 책 한 권에 주목해 주시기 바랍니다. 저는 이 나라 모든 여성들 손에 이 책이 놓여 있기를 희망합니다. 바로 콜로라도의 엠마 커티스Emma G. Curtis 여사가 쓴 『바보의 운명The Fate of a Fool』입니다. 여성들 손에 들린 이 책은 여성들에게 공정하고 관대하라고 가르칩니다. 그리고 남자들이 죄를 지었을 때, 이를 용서하고, 서로 위로하여, 너그러이 눈감아 주도록 도와줄 것입니다.

누구든 잠시라도 이 사람들의 봉기와 연합이 지나쳐 가는 정치적 해프닝일 뿐이라고 생각해서는 안 됩니다. 우리는 나사렛 예수의 가르침과 계율을 실행하려고 노력하기에, 이는 종교적이고 정치적인 운동입니다. 우리는 여성과 남성 사이에 정의와 평등이 실현되기를 바랍니다. 우리는 이 나라가 우리 조상이 우리에게 선사한 법적 자유를 다시금 보장해 주기를 바랍니다. 오늘날 미국인들의 마음에 울려 퍼지는 신비로운 화음은 링컨이 들었던 그 소리, 즉 황무지와 섬터 요새에서 들리는 총소리가 합쳐져 울리는 소리와 같습니다. 그 소리는 갑자기 낭랑해져 전 세계가 들을 수 있도록 울려 퍼집니다.

자유의 천사가 사람들 마음속에 정의의 불을 켤 때면, 왕은 몰락하고, 왕권은 흔들리고, 왕국은 사라지고, 왕의 신적 권한과 자본의 신적 권한은 아침 안개처럼 사라질 것입니다. "정의는 모든 사람들에게 평등하고, 특권은 누구에게도 없습니다." 더 이상 백만장자도 거지도, 금왕도, 은왕도, 석유왕도 없을 것이며, 더 이상 빵 한 조각을 못 먹어 굶는 방랑자들도 없을 것입니다. 더 이상 수척하고 눈이 퀭한 얼굴의 공장 소녀도, 빈곤과 교도소와 교수대로 가야 하는 범죄 소굴에서 자라는 소년들도 없을 것입니다. 우리는 이사야가 노래하고 선지자들이 오랫동안 예견했던 황금시대를 맞을 겁니다. 그때는 농민들이 자신의 포도나무와 무화과나무 아래에서 부유하고 행복하게 살 것이며, 노동자들은 노력한 만큼 가질 것이며, 토지는 오직 거주와 사용이라는 명분만으로 쓰일 것이고, 모든 사람은 "너희들이 행복한 얼굴로 빵을 먹으리라"는 하나님 명령을 따를 것입니다. 남자들은 신처럼 정의롭고 관대하고, 여자들은 천사처럼 서로에게 정의롭고 자비롭고, 자본가들에 의한 국민 정부가 아니라 국민에 의한 국민의 정부를 가지게 될 겁니다.

인민당, "오마하 강령"[7]

***

1892년 7월 4일

인민당은 1892년 7월 네브래스카 오마하Omaha에서 첫 번째 집회를 열었다. 그리고 미네소타 정치가인 이그네이셔스 도넬리Ignatius Donnelly가 기초한 소위 "오마하 강령Omaha Platform"을 통과시켰다. 다음은 그중에서 발췌한 내용이다.

우리를 둘러싼 상황이 우리의 모임을 가장 잘 정당화한다. 우리는 국가가 도덕적·정치적·물질적 파산의 순간에 이른 가운데 한자리에 모였다. 부패가 투표소, 입법부, 국회를 지배하고, 법관의 지위마저 건드린다. 사람들은 부도덕해지고, 대부분의 주들은 광범위한 협박과 뇌물을 방지하기 위해서, 투표소에서 유권자들을 격리시키라는 강요를 받았다. 신문은 매수당하거나 재갈이 물렸고, 여론은 침묵당하고, 기업은 넘어졌다. 집은 저당 잡혔고, 노동은 빈약해졌고, 땅은 자본가들 손에 집중되었다. 도시 노동자들은 자기방어를 위해 조직할 권리를 빼앗겼다. 가난한 노동자들이 외국에서 들어왔고, 이 때문에 노동자들의 임금이 깎였다. 그리고 그들을 쏘아 쓰러뜨리기 위해서 법이 인정하지 않는, 고용된 정규군이 만들어지고 그들은 급속하게 유럽의 상황으로 퇴보하고 있다. 수백만 명의 노력으로 결실을 맺은 열매가 대담하게 도난당해, 인류 역사상 전례 없을 정도로 소수의 거대한 부를 쌓는 데 사용되고 있다. 이들 거대한 부의 소유자들은, 공화국을 경멸하고 자유를 위협한다. 우리는 불의라는 정부의 풍요로운 자궁에서 방랑자와 백만장자 두 계급을 양육한다.

돈을 만들어 내는 국가 권력은 채권 소유자들을 부유하게 하는 데 전유되고 있다. 법정 화폐로 지불할 수 있는 거대한 공채가 금환 채권으로 운용되어 국민에게 수백만 달러의 부담을 가중시킨다.

인류 역사가 시작된 이래 화폐로 인정받아 온 은이 화폐 자격을 상실하자, 모든 형태의 재산과 인간 노동의 가치가 떨어지면서, 금의 구매력을 증가시켰다. 그리고 화폐 공급을 의도적으로 축소해 고리대금 업자들을 살찌우고, 기업을 파산시키고, 산업을 노예화한다. 인류에 반한 거대한 음모가 두 대륙에서 조직되어 재빠르게 세계를 점유하고 있다. 즉시 이에 대처하고 이를 전복시키지 않는다면, 끔찍한 사회적 동요가 일어나, 문명이 파괴되고 절대적인 독재가 확립되는 결과로 이어질 것이다. 우리는 사반세기 이상 두 정당이 권력과 약탈을 위해 싸우는 것을 목도해 왔다. 이들의 비통한 과실은 고통당하는 사람들을 더욱 고통스럽게 했다. 이 두 정당 모두를 지배하는 세력가는 이를 예방하거나 억제하려는 심각한 노력을 기울이지 않고 기존의 무시무시한 상황을 더욱 발전시켰다.

두 정당은 지금 우리에게 실질적인 어떤 개혁도 약속하지 못한다. 두 정당은 다가오는 선거에서 한 가지 사안을 제외하고 나머지 사안은 모두 무시하기로 합의했다. 그들은 관세에 대한 모의 전쟁이라는 소음을 일으켜 약탈당한 사람들의 고함 소리를 들리지 않게 하려고 한다. 그래서 자본가들, 기업가들, 연방 은행, 매점 도당, 트러스트, 물탄 주식, 은본위제 폐지, 고리대금 업자의 탄압들이 잊혀질 수 있다. 탐욕의 신의 재단에 우리들의 집, 생명, 아이들을 바치고, 백만장자들에게서 부패한 자본을 거둬들이기 위해 대중을 파멸시키려고 한다. 우리는 건국기념일에 모여, 독립을 이뤄 낸 위대한 장군의 정신으로 공화국 정부를 세운 "평범한 사람들" 손에 정부를 돌려주고자 한다. 우리는 우리의 목적이, 우리 자신과 우리의 후손을 위해 더 완전한 연합을 형성하고, 정의를 확립하고, 국내의 안정을 꾀하고, 공동 방어를 제공하고, 일반 복지를 증진하고, 자유의 축복을 확보하고자 하는 헌법 정신과 일치한다고 주장한다.

우리는 국민들의 서로에 대한 사랑과 국가에 대한 사랑에 기반하여 건설된 자유로운 정부만이 공화국으로 존속할 수 있다고 선언한다. 이는 무력으로 제압될 수 없다. 내전은 끝났으며 내전 때문에 생긴 모든 열정과 분노는 전쟁 종식과 함께 사라져야 한다. 우리는 명목상으로 그렇듯이, 실제로도 하나로 단결된 자유로운 형제여야 함을 선언한다.

J. L. 무어 목사의
〈유색인농민동맹〉에 관한 기사[8]

1891년 3월 7일

다음은 백인 농부와 흑인 농부의 연합에 대한 초기 논쟁이다. 〈플로리다 유색인농민 동맹Florida Colored Farmers' Alliance〉의 지도자인 무어Moore 목사는 플로리다 신문에 보낸 편지에서 "노동하는 흑인의 관심과 노동하는 백인의 관심은 하나이며 같다"고 주장했다. 무어 목사는 또한 농민과 노동자의 요구를 위해 일하는 정치 정당을 형성해 야 한다고 촉구하고 있다.

백인들이 참여하는 여러 집회에서 니그로에 반대하는 백인들의 논쟁 과 결의문, 소견, 그리고 연설이 있었습니다. 그러나 나는 편집장 당신은 물론이고 다른 주요 언론들이 이런 백인들의 행동을 비난하고 그들이 인 종 간의 반목을 조성하고 있다고 말하는 것을 들어 보지 못했습니다. 더 욱이 그런 행동을 그만 하라는 명령도 하지 않았습니다. 하지만 니그로 에게 단 한 번이라도 말할 기회를 준다면 당신은 무슨 말을 듣게 될까 요? 적대시하는 인종들, 니그로 봉기, 니그로 지배 등등, 니그로들에게 의견을 말할 권한을 허용하지 않고 니그로를 향한 일반 대중의 적대감을 적은 기사들만 넘친다고 말할 겁니다. 만약 니그로의 의견이 잘못된 것 이라면 이를 인종 문제로 만들지 말고 논쟁을 통해 그가 틀렸다는 것을 보여 주십시오. (…)

〈유색인농민동맹〉 회원으로서 우리는, 농민과 노동자들에게 정당한 권리와 특권을 확보해 줄 사람과 정당에게 투표할 것을 맹세했습니다. 이는 농민과 노동자가 이런 권리와 특권을 부담 없이 향유할 수 있도록 하기 위해서였습니다.

우리는 투표소에서 보호받기를 원합니다. 그렇게 함으로써 노동자도 동등하게 투표에 참여할 수 있고, 다양한 노동조합이 조합으로서의 권리를 보장받을 수 있을 것이며, 우리는 정당에 관계없이 노동조합과 손잡을 수 있을 것입니다. "그리고 그 친구들은 함께 걷게 될 것입니다." 우리는 유색인 노동자의 관심과 백인 노동자의 관심이 하나이며 같다는 사실을 알고 있습니다. 특히 남부에서는 그렇습니다. 노동자들에게 이익을 가져다 줄 수 있는 것이라면 어떤 것이라도, 앞으로 시행될 다른 법령보다 니그로에게 많은 이익이 될 것입니다. (…)

따라서 노동자를 위하는 사람들과 정당을 위해서 일하고 투표하려고 결심한 사람으로서, 나는 그들이 민주당이든 공화당이든 인민당이든 어디에 속하든 상관없습니다. 우리는 이 나라 노동자 5분의 1을 대변하고, 농업에 종사하는 이 나라 흑인 8분의 7을 대변합니다. 그리고 나는 우리 전당 대회의 취지를 대변하고 있습니다.

우리가 왜 소수의 흑인이 확보할 수 있는 보잘것없는 몇 개 관직에 만족하기보다 다수의 흑인에게 이익이 되는 방향으로 우리의 관심을 돌리고 있는지 아십니까? 그리고 왜 이익을 보장하는 법률을 기꺼이 제정하려고 하는지 궁금합니까? 우리는 우리의 투표소를 보호해 달라고 국회에 요청합니다. 그래야 흑인들이 자신의 권한을 행사하려고 할 때 정당한 취급을 받을 수 있을 것입니다. 현존하는 정당 중 어느 정당도 농민과 노동자의 이익을 위해서 법을 제정하지 않는다는 사실을 우리도 알고 여러분도 압니다. 단, 법 제정이 그들의 이익에 위배되지 않는 경우만 제외하고 말입니다. (…)

이제 편집장님, 저는 이렇게 말하고 싶습니다. 미국 노동자들이 정당 현안을 입안하고 노동자 이익을 위한 법을 제정하기 위해 연합한다면, 〈퍼트넘카운티 유색인농민동맹Putnam County Colored Farmers' Alliance〉의 감독관으로서, 그리고 〈전국유색인농민회National Colored Farmers〉의 회원으로서, 나는 75만 유권자를 대표하는 단체의 취지를 다음과 같이 표현하겠습니다. 그 취지에 따르자면 우리의 부르짖음이 북부 에이브러햄하이츠에서부터 플로리다 에버글레이즈까지, 그리고 동부 암벽 해안에서 서부의 골든엘도라도까지 울려 퍼질 수 있도록 과거를 기꺼이 내려놓고, 정당, 인종, 강령에 관계없이 노동자들과 함께할 준비가 되어 있습니다. 그리고 "모든 사람은 평등한 권리를 가지며 누구에게도 특권은 없다"는 구호를 진심으로 승인합니다.

아이다 웰스-바넷, "린치법"⁹

1893년

1877년 미국 정부가 과거 노예였던 흑인들을 배신했고 흑인에 대한 폭력이 남부와 북부 일부 지역에서 만연했다. 1880년과 1920년 사이에, 주 정부와 연방 정부가 외면한 가운데, 적어도 5천 명의 흑인이 폭도들의 린치에 희생됐다. 1892년 테네시 멤피스에서 일어난 삼중 린치에 대해 들은 아프리카계 미국인 기자 아이다 웰스-바넷Ida B. Wells-Barnett은 흑인들을 위협하고 억압하는 수단으로 린치가 이용되고 있음을 증명해 보였다.

버지니아 랜서Virginia Lancer는 "'린치법'이라 알려진 이 법은 1780년 버지니아 피트실바이나카운티 시민들의 단체 행동에서 유래했다. 그들은 잘 훈련된 말 도둑 일당과 위조범들을 진압할 목적으로 행동을 개시했다. 말 도둑과 위조범들은 잘 꾸며진 계획으로 이 나라 법에 도전했고, 이에 성공하자 더욱 고무되어 공동체에 대한 범법 행위를 저지를 만큼 과감해졌다. 윌리엄 린치William Lynch 대령은 이 시민단체 행동 강령 초고를 썼고, 이후 공인되지 않은 시민에 의한 사적私的인 즉결 처벌에 '린치법'이라는 이름이 붙게 되었다"고 말한다.

이 법은 오늘날에도 연방의 오래된 주 어디에선가 실행되고 있다. 린치법이 시행되는 곳에는 오래전부터 정의의 법정이 확립돼 있었고, 법은 백인 미국인이 집행한다. 린치법은 주로 죄수차용제도(convict lease system, 1865년 노예해방 이후 사기업에서 죄수들의 노동력을 활용할 수 있게 한 제도. 주로 남부주에서 성행했고, 죄수들의 임금은 정부에 지불했다. 옮긴이)를 채택한 주에서 성행했고, 니그로들을 겨냥했다. 해방 후 첫 15년 동안은 단지 투표를 하려고 했다는 이유만으로 니그로들이 복면을 쓴 폭도들에게 살해당했다. 그러나 투표했다는 이유만으로 린치를 가하는 것은 여론의 지지를 얻을 수 없었다. 그래서 지난 15년 동안의 살인을 정당화하는 새로운 이유를 만들었다. 니그로가 백인을 지배하려고 한다는 죄목이 그것이었다. 이 거짓 가설 때문에 수백 명이 살해됐다. 이제는 백인 여성을 모욕했거나 모욕하려고 했다는 이유로 린치를 당한다. 이 죄목은 비열할 뿐만 아니라 그릇된 것이며, 우리 흑인에게 세계의 동정심이 집중되는 것을 막고 우리 인종의 명예를 날려 버리고 있다.

이런 죄목으로 우리를 고발하는 사람들은 우리에게 린치를 가하도록 폭도들을 부추기거나 이끈다. 니그로의 목숨을 가볍게 여기는 그들은 전신, 신문 등 외부 세계와 통신할 수 있는 수단을 소유하고 있다. 그들은 니그로를 가능한 어둡게 묘사하면서 린치를 정당화하는 기사를 쓴다. 언론 집단과 세상은 이런 기사를 의심하지 않고, 면밀한 조사도 없이 그대로 받아들인다. 폭도 정신은 놀라울 정도로 자주 발생하는 폭력으로 점차 증대한다. 지난 10년 동안 천 명의 흑인 남자, 여자, 아이들이 희생됐다. 폭도들은 이미 오래전부터 복면을 쓰지 않았고, 오늘날에는 린치가 대낮에 일어난다. 보안관, 경찰, 관리들은 옆에 서서 일이 잘 진행되는지 지켜보고 있다. 검시 배심원은 종종 린치에 참여한 사람들로 구성되고, "배심원도 밝혀낼 수 없는 사람들 손에 죽었다"라는 평결이 내려진다. 린치가 늘어날수록 린치를 가하는 사람들의 잔인함과 야만적 행동도 심해진다. 문명화된 미국에서 올해(1893년) 상반기만 하더라도 세 명이 산 채로 불타 죽었고, 1백 명 이상이 린치를 당했다. 그들은 목 매달리거나, 잘리거나, 총에 맞거나, 불에 타 죽었다.

다음의 표는 1892년 1월 자 『시카고 트리뷴Chicago Tribune』에 실린 것으로, 신중한 고려를 위해 제시한다.

1882년: 52명 니그로가 폭도들에게 살해당함.

1883년: 39명 〔니그로가 폭도들에게 살해당함〕

1884년: 53명 〔니그로가 폭도들에게 살해당함〕

1885년: 77명 〔니그로가 폭도들에게 살해당함〕

1886년: 73명 〔니그로가 폭도들에게 살해당함〕

1887년: 70명 〔니그로가 폭도들에게 살해당함〕

1888년: 72명 〔니그로가 폭도들에게 살해당함〕

1889년: 95명 〔니그로가 폭도들에게 살해당함〕

1890년: 100명 〔니그로가 폭도들에게 살해당함〕

1891년: 169명 〔니그로가 폭도들에게 살해당함〕

이상의 니그로는 다음과 같은 혐의로 살해당했다.

269명 강간죄

253명 살인

44명 절도

37명 방화

4명 강도

27명 인종 편견

13명 백인과 다툼

10명 협박

7명 반란

5명 혼혈

32명 이유 없음

이상의 표는 다음을 보여 준다.

① 거의 천 명에 이르는 살해된 흑인 중 오직 3분의 1만이 잔학 행위를 저질렀다는 혐의를 받았다. 강간죄는 백인 여성이 흑인 남성을 고발할 경우에만 처벌받는다. 하지만 흑인 남성에게 씌워진 혐의는 한 번도 증명된 적이 없다. 니그로가 니그로에게, 또는 백인 남자가 흑인 여성에게 저지른 범죄는 같은 범죄라 하더라도 법정에서조차 무시된다.

② 강간죄로 린치를 당한 수만큼 살인 혐의로도 린치를 당했다. 때문에 세상은 모든 린치의 이유가 살인 때문이라고 믿는다. 세상은 합법적 보호자의 보호를 받는 백인 여자와 어린아이가 남북전쟁 4년 동안 그들을 보호하고 돌봐 온 흑인 이웃 때문에 안전하지 않다고 믿는다. 백인 여성의 남편, 아버지, 형제들이 니그로를 노예제도에 묶어 두려고 싸우기 위해 집을 비운 4년 동안 한 건의 폭행도 보고되지 않았다!

③ 흑인이 백인에게 "절도, 방화, 인종 편견, 백인과의 다툼, 협박, 반란, 혼혈(백인과 결혼), 그리고 강도" 등을 저질렀을 때, 이는 사형을 받을 수 있을 정도의 중대한 범죄다. 이런 죄목 때문에 (범죄 사실이 증명도 되지 않은 채) 강간으로 린치를 당한 횟수에 상당하는 흑인들이 살해됐다.

④ 거의 50건에 달하는 린치가 이유 없이 행해졌다. 이유를 요구하지

도 않고, 아무도 책임지지 않는다는 것을 숨길 이유도 없다. 백인들은 간단한 말 몇 마디만으로도 니그로를 린치하기 위해 다른 백인들을 모을 수 있다. 혐의를 받는 니그로의 유죄 여부에 대한 조사는 없다. 이러한 상황에서 백인 남자들은 얼굴을 까맣게 칠하고 공동체의 평화를 거스르는 범죄를 저지른다. 어떤 니그로가 혐의를 받으면, 그 니그로가 군중에 의해 살해될 때까지 휴식은 없다. 열여덟 살 흑인 청년 윌 루이스는 테네시 털러호마Tullahoma에서 "술에 취해 백인에게 건방지게 굴었다"는 이유로 린치당했다.

풀먼 파업 노동자들의 성명서[10]

1894년 6월 15일

1880년대, 조지 풀먼George Pullman은 시카고 외곽에 풀먼 사옥을 건설했다. 그는 노동자들의 임금을 삭감했고, 노동자들을 자신이 소유한 사옥에 거주하게 하면서 높은 임대료를 내게 하는 등, 노동자들의 모든 생활을 지배했다. 풀먼은 마치 봉건 영주의 농노처럼 노동자를 취급했다. 1894년 5월 11일 노동자들이 파업했다. 노동자들을 지원하기 위해 유진 뎁스Eugene Debs가 이끄는 〈미국철도연합American Railway Union〉이 전국적 철도 파업을 조직했다. 곧 시카고에서 떠나는 24개 노선의 철도 운송이 마비됐다. 파업은 법원 금지 명령과 그로버 클리블랜드Grover Cleveland 대통령이 보낸 연방 군대에 의해 진압됐다. 뎁스는 6개월 동안 수감됐고, 사회주의자가 되어 나왔다. 다음은 시카고 율리히 홀Uhlich Hall에서 개최된 〈철도연합〉 총회에서 풀먼 노동자들이 낸 성명서다.

회장님, 그리고 〈미국철도연합〉의 형제들, 우리는 희망이 없기에 풀먼 파업을 일으켰습니다. 우리는 〈미국철도연합〉이 우리에게 희미한 희망의 빛을 비추었기에 가입했습니다. 2만 명의 영혼들, 남자, 여자, 그리고 어린이들, 모두가 오늘 이 모임을 주목합니다. 모두가 어두운 절망을 넘어 하늘이 우리에게 보내 준 메시지가 발하는 어렴풋한 빛을 바라봅니다. 그 빛은 현세에서 오직 당신들만이 우리에게 줄 수 있습니다.

우리의 슬픔을 말하려니 어디서부터 시작해야 할지 모르겠습니다. 여러분이 다 아시겠지만 이 파업의 직접적인 원인은 우리 위원회 소속의 두 사람이 해고됐기 때문입니다. 조지 풀먼과 두 번째 부회장인 토머스 위크스는 그들이 해고되기 전날 완전한 면책을 보장했습니다. 절박한 다른 간접적인 원인도 있습니다. 1893년 5월에서 12월 사이에 다섯 차례의 임금 삭감, 일자리 축소, 작업환경 저하가 풀먼 작업장 전체를 휩쓸었습니다. 임금 삭감은 30퍼센트에 달했지만 월세는 떨어지지 않았습니다. 5월 11일 파업했을 때 우리는 풀먼에 7만 달러를 빚지고 있었습니다. 지금 그 빚은 두 배가 됐습니다. 풀먼은 두 가지 이유로 우리를 쫓아내지 않습니다. 하나는 대중 정서와 여론 때문이고, 또 하나는 우리를 굶겨서 항복시키고, 〈미국철도연합〉 한구석에서 타개책을 마련해 보려고 하기 때문입니다. 그리고 우리가 빚진 임대료를 마지막 1달러까지 돌려받으려면 우리의 보잘것없는 임금에서 임대료를 공제해야 하기 때문입니다.

임대료는 도시 전역에서 최고 25센트 떨어졌고, 어떤 경우에는 1달러 50센트가 떨어진 지역도 있습니다. 우리가 백만장자를 억만장자로 만드는 데 공헌하는 돈이면, 몇 마일 떨어진 곳에서는 우리가 지내는 오두막 집에 비하면 저택이라 할 수 있는 곳에서 지낼 수 있습니다. 풀먼에게 내는 15달러짜리 집은 로즈랜드에서는 8달러면 임대할 수 있습니다. 우리 남녀 노동자 4천 명 중 어느 한 사람도 조지 풀먼의 따뜻한 배려를 느껴보지 못했습니다. 또한 우리 중 아무도 조지 풀먼의 땅을 1인치라도 소유했거나 소유하기를 희망한 사람도 없습니다. 저런, 길조차도 풀먼의 소유입니다. (…) 그 길 이름이 무엇인지 아십니까? 풀턴, 스테프슨, 그리고 풀먼 길이라 불립니다. (…)

우리가 우리 슬픔을 풀먼에게 말하러 갔을 때, 풀먼은 우리 모두가 자기 "자식들"이라고 말했습니다. 타운의 이름이자, 사람 이름인 풀먼은 몸에 빗대 말하면 궤양입니다. 풀먼은 한때 겸손했습니다. 그러나 지금은 자기 이름을 따다 붙인 집, 학교, 하나님의 교회를 소유하고 있습니다. 풀먼은 한 손으로는 〈풀먼팰리스자동차회사Pullman Palace Car Company〉에서 일하는 노동자들에게 임금을 지불하고 다른 한 손으로는 〈풀먼토지연합 Pullman Land Association〉을 통해 그 임금을 다시 거둬들입니다. 이렇게 풀먼은 집, 학교, 교회 등을 통해 수익을 올리고 있습니다. 풀먼은 덕분에 어떤 계약을 맺더라도 이 나라의 자동차 공장에 압박을 가할 수 있습니다. 그의 사업 경쟁자들이 이에 대응하려면 자기 고용인들의 임금을 삭감해야 합니다. 이는 또다시 풀먼에게 시장에 순응하기 위해서는 우리의 임금을 깎아야 한다는 구실이 됩니다. 대신 풀먼의 경쟁 기업들은 규모를 줄여야 하고, 풀먼 자신도 그래야만 합니다. 이런 식으로 인간의 눈물에 젖은 해골들의 춤, 즐거운 투쟁이 계속되고 있습니다. 형제들이여, 〈미국철도연합〉이 이를 멈추지 않는다면 영원히 계속될 겁니다.

우리 타운은 아름답습니다. 13년 동안 나이가 많건 적건 우리 여성들은 한 번도 추문을 일으키지 않았습니다. 2만 명이 살고 있는 도시에서 어떻게 이런 일이 가능할까요? 하루 평균 4명 또는 5명이 체포되다가 우리가 파업을 시작한 이후, 일주일에 한 건 이하로 줄었습니다. 우리는 평화로운 사람입니다. 우리는 질서를 사랑합니다. 그러나 시카고와 시카고 주변에서 친절한 마음을 지닌 사람들의 자선을 위해 우리는 기꺼이 굶을 것입니다. 우리는 오늘 절망하지 않습니다. 배고프지 않기 때문입니다. 우리의 여자들과 아이들은 빵을 구걸하지 않습니다. 그러나 조지 풀먼은 마치 『아라비안 나이트』의 호리병 속 지니처럼 자신에게 반대하는 여론에서 도망쳐 우리를 나 몰라라 합니다. 수백만 달러를 지키고 앉아 무엇을 그리 끈기 있게 기다리고 있는 걸까요? 우리가 굶는 모습을 보기 위해서입니다. 우리는 근자의 모임을 통해서 〈미국철도연합〉에 대해 더 많이 알게 되었습니다. 당신들 그리고 우리의 임원들 입에서 나온 고상한 박애주의의 취지를 들었습니다. 우리는 우리의 고통을 달래 줄 진정제가 있다고 믿으며, 당신들이 오늘 그 진정제를 담은 상자를 열어 달콤한 희망의 향기를 퍼뜨리기를 기다리고 있습니다.

조지 풀먼은, 여러분이 아시다시피, 우리 임금을 30퍼센트에서 70퍼센트까지 깎았습니다. 조지 풀먼은 작년에 사분기 정기 배당금으로 자신이 소유한 주식에 대해 2퍼센트 이익금을 받았고 1.5퍼센트의 추가 이익금을 받아서 모두 3천만 달러에 달하는 자본의 9.5퍼센트에 해당하는 이익금을 받았습니다. 조지 풀먼은 아시다시피 세 개의 계약을 맺었고, 여기서 약 5천 달러를 잃었습니다. 그가 우리를 사랑해서요? 아닙니다. 운송용 차량에 돈을 쓰는 것이 노동자들을 가게 하는 것보다 싸게 먹히기 때문입니다. 그가 잃은 돈이라면 우리는 아내와 아이들에게 옷을 사 입히고도 남을 것입니다. 풀먼 자신에게는 매우 적은 액수임에도 돈을 잃었다는 구실을 붙여 거대한 공장 모든 부서의 임금을 엄청나게 깎고 사람을 줄였습니다. 풀먼은 똑같은 열의를 가지고 〈풀먼팰리스자동차〉 수리 공장의 모든 사람들을 다룹니다. 이를 바탕으로 터무니없는 이윤이 생겨납니다. (…)

우리에게 필요한 도움을 주신다면 여러분을 실망시키지 않겠습니다. 이 나라를 살기 좋고 더 건전하게 만들기 위해 우리를 도와주십시오. 우리를 헤어날 수 없는 절망에서 구해 주십시오. 가난한 자의 얼굴을 으스러뜨리는 오만한 사람들에게 이스라엘에 아직 하나님이 계심을, 필요하다면 여호와, 승리의 신이 계심을 제발 알려 주십시오. 그러면 그 위대한 마지막 날, 여러분은 위대한 백색 왕좌 앞에서, 우리의 희망대로, "두려워하지 않는 신사처럼" 설 것입니다.

에드워드 벨러미,
『뒤를 돌아보며』[11]

1888년

19세기의 빈곤과 자본주의의 폭력에 대한 반응의 하나로 사람들은 다른 종류의 세계를 꿈꾸기 시작했다. 에드워드 벨러미Edward Bellamy는 소설 『뒤를 돌아보며Looking Backward: 2000~1887』에서 한 남자가 2000년, 평등과 정의가 실현된 사회에서 깨어난 이야기를 상상했다. 벨러미의 소설은 채 몇 년이 지나지 않아 백만 부가 팔렸고, 벨러미의 이상을 실현하기 위해 전국적으로 1백 개 이상의 단체가 조직되었다.

"그러면, 도대체 누가 공공의 적인가요?" 리트 박사는 큰소리로 말했다. "프랑스, 영국, 독일인가요? 아니면 배고픔, 추위, 헐벗음인가요? 당신 시대에 정부는 가장 사소한 국제적 오해를 바탕으로 정부의 재화를 마치 물처럼 낭비하면서, 시민들을 이용해 수십만 명의 사람들을 죽거나 불구가 되도록 내몰았지요. 그리고 그 희생자들은 아무런 혜택도 받지 못했습니다. 이제는 전쟁도 없고, 우리 정부는 전쟁을 할 군대도 없습니다. 대신 이제 정부는 모든 시민들이 배고픔, 추위, 헐벗음을 겪지 않도록, 그리고 그들에게 육체적 · 정신적으로 필요한 것을 제공하기 위해서 일정 기간 동안 시민의 산업을 맡아서 운영합니다. 하지만 웨스트 씨, 생각해 보니 당신은 우리 시대가 아니라 당신 시대에 정부 기능이 확대되었다고 생각하는 것이 확실하군요. 오늘날에는, 사람들이 최선의 목적을 위해서라도 당신 시대에 정부가 가졌던 권력을 우리 정부에 허용하지 않습니다. 당신 시대에 그 권력은 가장 나쁜 일을 위해 이용되었죠."

"비교는 그만두고, 민중 선동이나 정부 관료들의 부패에 대해 생각해 보지요. 내가 살던 시대에는 국가 산업을 정부가 떠맡는 데 대해 엄청난 반대가 있었습니다. 우리는 국가의 부를 생산하는 기구를 정치인들이 관장하게 하는 것보다 잘못된 제도는 없다고 생각했습니다. 사실 그 제도는 늘 그렇듯 물질적인 이익을 얻기 위한 각축장이나 다름없었습니다."

"확실히 당신 말이 맞습니다. 하지만 이제 모든 것이 변했습니다. 지금은 정당이나 정치인이 없습니다. 민중 선동이나 부패와 관련해 그런 단어는 단지 역사적 중요성만 지닐 뿐입니다."

"인간 본성 자체도 많이 변했겠군요." 내가 말했다.

"전혀 그렇지 않습니다." 리트 박사가 대답했다. "인간 삶의 조건들이 변했습니다. 그리고 그와 함께 인간 행동의 동기도 달라졌지요. 당신이 살던 사회조직에서 관리들은 자신이나 다른 사람들의 사적 이익을 위해 권력을 남용하고자 하는 유혹에 끊임없이 빠졌겠지요. 그런 환경에서는 무엇이든 관리들에게 자기 일을 맡긴다는 것이 이상한 일입니다. 오늘날에는 그와 반대로 사회가 잘 조직되어서 아무리 사악한 관리라도 자신이나 또는 그 누군가의 이익을 위해 절대로 권력을 남용할 수 없습니다. 당신이 말한 대로 나쁜 관리가 있다고 합시다. 그러나 그는 부패할 수는 없습니다. 부패할 동기가 없기 때문이지요. 사회제도가 더 이상 불성실에 포상금을 제공하지 않습니다. 그러나 이런 일들은 당신만이 이해할 수 있지요. 당신은 시간을 넘어서 우리에게 왔고, 우리를 더 잘 알기 때문이지요."

나는 "그런데 박사님은 아직 노동문제를 어떻게 해결했는지 말씀하지 않았습니다. 우리가 계속 논의해 오고 있던 자본 문제 말입니다. 국가가 공장, 기계, 철도, 농장, 광산의 경영과 국가의 모든 자본을 떠맡는다 해도 노동문제는 여전히 남습니다. 자본의 책임을 떠맡은 국가는 자본가의 어려움도 떠맡았을 것입니다"라고 말했다.

리트 박사는 "국가가 자본을 책임지는 순간 그러한 어려움은 사라졌습니다. 단일한 지도하의 국가 노동조직은 당신이 살던 시대, 또는 그 체제하에서 해결할 수 없는 노동문제라고 여겼던 것을 완전히 해결했습니다. 국가가 유일한 고용주가 되자 모든 시민들은, 시민의 덕성과 산업의 필요에 따라서 배치되는 고용인이 되었습니다"라고 대답했다.

나는 "말하자면 박사님 시대에는, 우리 시대 식으로 이해하자면, 노동 문제에 국민 개병제 원리를 적용했다는 말이지요?"라고 물었다.

"그렇습니다. 노동문제는 국가가 유일한 자본가가 되자마자 당연히 뒤따랐습니다. 사람들은 신체적 장애가 없으면 국가 방위를 위해 복무해야 하는 것이 모든 시민에게 평등하고 절대적인 의무라는 생각에 이미 익숙해졌습니다. 마찬가지로 국가 유지를 위해 산업이나 지적 분야에서 자신에게 할당된 일을 하는 것이 모든 시민의 책무라는 것 역시 명백한 일이었습니다. 그렇다고 해도 시민들이 보편성이나 형평성이라는 이름으로 복무할 수 있게 된 것은 국가가 고용주가 되고 난 다음의 일이었습니다. 고용주의 힘이 수백 명 또는 수천 명의 개인과 회사로 분산돼 있을 때는 어떤 노동조직도 인정받을 수 없었습니다. 노동자들 사이의 제휴는 종류를 불문하고 바람직하거나 실행 가능한 것으로 여겨지지 않았습니다. 그러자 계속해서 일자리를 원하는 수많은 사람들이 기회를 찾지 못한 반면, 자기 채무의 일부나 전체를 교묘히 피하려는 사람은 쉽게 그렇게 할 수 있었습니다"라고 리트 박사가 말했다.

"방금 생각이 났는데, 그 복무는 모두에게 강제적인 것인가요?"라고 내가 다시 물었다.

리트 박사는 "강제적이라기보다는 오히려 당연하게 받아들입니다. 그 일은 절대적으로 합리적이고 자연스러운 일로 여겨지기에 강제적이라는 생각은 들지도 않습니다"라고 대답했다.

"이 산업군의 복무 기간은 종신입니까?"

"아닙니다. 당신이 살던 시대의 평균 노동 연령보다 늦게 시작해서 일찍 끝납니다. 당신 시대의 작업장은 어린이와 노인으로 가득 찼지만, 우리는 청소년기에는 교육에 몰두하고, 기력이 쇠하는 장년기에 접어들면 마찬가지로 편안하고 기분 좋은 안식을 보장해 줍니다. 산업군의 복무 기간은 총 24년이고, 교육 과정이 끝나는 21세에 시작해서 45세에 끝납니다. 노동에서 해방된 45세 이후에도, 시민들은 55세가 될 때까지 노동력의 수요가 갑자기 증가하는 긴급 상황이 올 경우 특별 소집에 대비하고 있어야 합니다. 하지만 그런 소집은 매우 드물고, 실제로 소집되었던 경우도 거의 없습니다."

제12장

제국의 팽창

칼리스토 가르시아가 윌리엄 섀프터에게 보낸 편지(1898년 7월 17일)

제국에 반대하는 아프리카계 미국인에 관한 문서들(1899년)
 ─ 루이스 더글러스, 매킨리에 반대하는 흑인(1899년 11월 17일)
 ─ 조지아 주 애틀랜타의 감리교 선교부, "니그로는 군대에 가면 안 된다"(1899년 5월 1일)
 ─ 바넷 외, 매사추세츠 흑인들이 매킨리 대통령에게 보내는 공개서한(1899년 10월 3일)

새뮤얼 클레멘스의 모로족 학살에 관한 논평(1906년 3월 12일)

스메들리 버틀러, 『전쟁은 사기다 *War Is a Racket*』(1935년)

독립전쟁 이후, 미국의 역사는 끊임없는 팽창의 역사다. 처음에는 대륙을 가로지르는 행군이었다. 미국은 멕시코와의 전쟁으로 팽창을 시작해, 인디언들과 맺은 조약을 어기고 병력을 사용해 인디언들을 그들의 땅에서 내쫓았다. 그리고 이 팽창은 1890년 운디드니 골짜기에서 인디언을 학살함으로써 절정에 달했다.

대서양에서 태평양까지 팽창한 미국은 남쪽으로는 카리브해 지역, 서쪽으로는 하와이, 필리핀, 일본, 중국을 주시했다.

국무부 기록에 따르면, 1798년부터 1895년 사이 미국이 다른 나라에 군사적으로 간섭한 횟수가 103차례에 이른다.(이 기록이 1962년 당시, 일 년 전 쿠바 침공 시도를 정당화하기 위한 자료로 의회에 제출됐다는 것은 일종의 아이러니다.)

1890년대에 이르러, 정치 지도자들과 언론사 편집인들은 "명백한 운명manifest destiny"이라는 개념에 열광했다. 헨리 캐벗 로지Henry Cabot Lodge 매사추세츠 상원 의원은 한 잡지에서 "상업적 이익을 위해 (…) 우리는 니카라과 운하를 건설해야만 한다. 그리고 그 운하를 보호하고 태평양에서 우리의 상업이 우위를 점하게 하기 위해서는 하와이 섬을 지배하고 사모아 섬에서도 우리의 영향력을 유지해야만 한다"라는 기사를 썼다. 그리고 "니카라과 운하가 건설되면 쿠바 섬은 (…) 필요불가결하게 될 것이다"고 덧붙였다.

『워싱턴 포스트Washington Post』 사설은 다음과 같이 선언했다. "새로운 의식이 우리 안에서 깨어났다. 힘의 인식, 그리고 그 힘을 보여 주고 싶은 열망과 같은 새로운 욕구가 생겨났다. (…) 사람들은 마치 정글에서 피 맛을 보는 것처럼 입 안에서 제국의 맛을 느낀다."

윌리엄 매킨리William Mckinley는 1896년 대통령으로 당선되기 전에 이미 "우리의 잉여 산물을 팔기 위해 외국 시장이 필요하다"고 말했다. 인디애나의 앨버트 베버리지Albert Beveridge 상원 의원은 잉여 산물을 외국에 팔아야 하는 필요에 대해 "운명이 우리의 정책을 결정지었다. 세계 교역은 우리 것이 될 것이며, 그래야만 한다"고 언급했다.

1893년, 일군의 미국 관리들은 하와이 정부의 전복을 지지하며, 하와이를 미국에 복속시키려 했지만 실패했다. 이 시도는 조사에 의해 불법 침입으로 밝혀졌지만 윌리엄 매킨리 대통령은 1897년 6월 16일에 또 다른 합병 조약을 준비했다. 그러자 워싱턴에 있는 릴리우오칼라니 여왕Queen Liliuokalani

이 공식 서한을 보내 압력을 행사했고, 하와이인 2만 명 이상이 합병 반대에 서명함으로써 상원은 합병 조약을 비준하지 못했다. 그러나 1898년 7월 7일, 미국은 스페인과의 전쟁을 구실로 양원의 합동 결의안 형식을 빌려 하와이를 합병하는 데 성공했다. 그 결의안에 따르면 미국은 괌과 필리핀에서 스페인과 싸우는 데 필요한 군사기지로 이용하기 위해 하와이를 소유했다.

미국은 또한 푸에르토리코Puerto Rico를 해방시킨다는 명목으로 "보호국"으로 만들었다. 그러나 기업가인 아모스 피스케Amos K. Fiske는 1898년 『뉴욕 타임스New York Times』에 미국에 있어 푸에르토리코가 지닌 가치에 대해 "푸에르토리코의 소유 가치는 의심의 여지가 없다"고 평가한 매우 솔직한 글을 실었다.

같은 해, 미국은 쿠바를 침공했다. 쿠바인들은 1898년 훨씬 전부터 스페인의 지배에 저항해 왔다. 그러나 스페인의 잔혹한 지배는 미국 정부로 하여금 스페인과의 전쟁을 정당화하는 데 이용됐다. 아바나 항에서 전함 메인Maine호가 폭발해 268명이 죽자, 스페인이 이 폭발에 책임이 있다는 어떤 증거도 없는 상황에서 이 사건을 스페인에 대한 국민들의 반감을 선동하는 데 이용했다.

쿠바에서의 전쟁은 매우 빨리 미국의 승리로 끝났다. 국무 장관 존 헤이John Hay는 이 전쟁을 "눈부신 작은 전쟁"이라고 불렀다. 스페인의 지배는 끝났지만 쿠바는 해방되지 못했다. 이제 미국이 쿠바를 양도받으려고 했기 때문이다. 공식적으로 식민지는 아니었지만 미국 기업들이 경제를 지배하기 위해 쿠바로 몰려갔다. 그리고 개정된 쿠바 헌법은 미국이 필요하다고 생각할 때는 언제든지 미국의 군사적 간섭을 허용한다는 내용을 담게 됐다.

스페인에 대항하여 많은 일을 해낸 쿠바 반란군들의 목소리는 묵살되었다. 미국은 쿠바인들이 자기 나라를 운영하는 것을 허용하지 않았다.

이제 미국은 태평양으로 방향을 돌려 스페인의 또 다른 식민지 필리핀을 공격했다. 쿠바에서의 전쟁과 달리 이 전쟁은 4년간 계속된 길고 잔인한 전쟁이었다. 이 전쟁에서 미국 군인은 필리핀 독립운동에 맞서 싸웠다. 전쟁이 승리하는 과정에서 미국 군인들은 학살을 자행했고, 적어도 필리핀인 50만 명이 죽었다.

미국 내에서도 필리핀과의 전쟁을 반대하는 목소리가 있었다. 〈반제국주의동맹Anti-Imperialist League〉이 결성되었고, 마크 트웨인Mark Twain은 이 동맹을 이끈 사람 중 하나였다. 트웨인은 "우리는 수천 명의 섬사람들을 달래 그들을 땅에 묻었다. (…) 이는 신의 섭리다. (이는 내가 아니라 정부가 한 말이다) 우리는 세계 강대국이다"라고 썼다.

이 기간 필리핀 사람들과 싸우라고 아들을 내보낸 미국 흑인들은 쓰디쓴 아이러니를 겪어야 했다. 많은 흑인들이 린치를 당했다. 이 기간에 흑인들에게는 "인내, 근면, 절제"를 설교했고 백인에게는 "애국주의"를 설교했다.

칼리스토 가르시아가
윌리엄 새프터에게 보낸 편지[1]

1898년 7월 17일

다음은 칼리스토 가르시아Calixto Garcia 장군이 윌리엄 새프터William R. Shafter 장군에게 보낸 미국의 쿠바 장악에 관한 글이다.

장군님, 5월 12일 쿠바 공화국 정부가 저에게 동부의 쿠바군 지휘관으로서 미국 지휘관의 작전에 따르고, 명령에 복종하고, 미국 군대와 협력하라는 명령을 했습니다. 저는 우리 정부의 바람을 수행하기 위해서 최선을 다했습니다. 그리고 지금까지 저는 장군님의 명령을 제 힘이 허락하는 한 수행해 왔으며 그런 저 자신을 자랑스럽게 여기는 당신의 충성스러운 신하였습니다.

산티아고 시가 미국 군부에 항복했고, 저는 그 중요한 소식을 장군님 참모가 아닌 전혀 낯선 사람에게서 전달받았습니다. 저는 장군님께서 직접 저에게 평화 협정이나 스페인의 항복에 대해서 말씀해 주시는 영광을 누리지 못했습니다. 스페인 군부의 항복과 장군님의 도시 점령이라는 중요한 의식은 나중에 행해졌습니다. 그리고 저는 두 가지 사건 모두 공식 보고서를 통해서야 알게 됐습니다.

또한 저나 제 참모들 중 누구도 장군님에게서 그 중요한 행사에 쿠바 군부를 대표해 참석하라는 친절한 초청을 받지 못했습니다.

마지막으로, 저는 당신이 산티아고 정권을 제가 3년 동안 쿠바 독립의 적으로 알고 싸워 온 스페인 당국에게 넘겨줬음을 압니다. 청하건대, 이는 결코 산티아고 시민들이 선출한 권한이 아니라 스페인 여왕의 칙령이라는 권한에 따른 것입니다.

당신 지휘하에 있는 군부가 이 도시, 요새와 보루를 점령하는 데는 동의합니다.

저는 쿠바에서 자유 독립국을 건설하겠다는 미국 국민의 엄숙한 서약을 이행하는 시기가 올 때까지 미국 군법에 따라 당신 군대가 이 도시를 점령하는 데 동의합니다. 그리고 공공질서 유지를 위해서 장군님이 최선이라고 생각하는 어떤 조치에도 마음을 다해 협력하고자 합니다. 그러나 30년 동안 스페인 지배에 대항해 싸워 온 특수한 상황하에서, 쿠바 산티아고의 권한을 위임받은 자들에 대해 의구심이 일어납니다. 저는 그들이 쿠바인이 선출한 사람들이 아니며, 스페인 여왕이 선택한 사람과 같은 부류고, 따라서 각료들도 쿠바인에 반하는 스페인의 주권을 수호하기 위해서 임명되었다고 볼 수밖에 없음을 심히 유감스럽게 생각합니다.

장군님, 너무 어처구니가 없어 믿기 힘든 소문에 의하면, 우리 군대를 산티아고에 들어가지 못하게 한 장군님의 조치와 명령은 우리가 스페인인들을 학살하고 보복할 것이 두려워서였다는군요. 장군님, 저는 그런 생각은 해 본 적이 없습니다. 우리는 전쟁의 예의와 원칙을 무시하는 야만인들이 아닙니다. 장군님 선조들이 독립을 위해 싸웠던 고상한 전쟁의 군대처럼 우리는 가난하고 오합지졸의 군인이지만, 사라토가Saratoga와 요크타운Yorktown의 영웅과 마찬가지로 우리는 우리의 대의를 깊이 존중하기에, 야만 행위와 비겁함으로 스스로를 더럽히지 않습니다.

이 모든 이유로, 저는 우리 정부의 명령을 더 이상 수행할 수 없음을 진정으로 유감스럽게 생각합니다. 따라서 저는 오늘 막시모 고메즈Maximo Gomez 쿠바 군대 총사령관에게 우리 부대를 지휘하지 않겠다는 사직서를 제출했습니다.

총사령관님의 결단을 기다리며, 저는 전력을 다해 지구아니Jiguani로 퇴각합니다.

당신을 존경하는,
칼리스토 가르시아

제국에 반대하는
아프리카계 미국인에 관한 문서들

1899년

아프리카계 미국인들은 미 제국의 팽창에 거세게 반대했다. 그들은 이 사업의 인종주의와 폭력을 반대했다. 작가이자 선동가인 두 보이즈W. E. B. Du Bois는 1903년 『혹인의 영혼The Souls of Black Folk』에서 "서인도제도와 하와이, 그리고 필리핀의 힘 없는 유색인들을 향한 미국의 근자의 행보"에 극도의 혐오감을 표명했다. 다음은 당시 흑인들 사이에 조성된 전쟁 반대 정서를 보여 주는 세 가지 문서다.

루이스 더글러스, 매킨리에 반대하는 흑인(1899년 11월 17일)[2]

윌리엄 매킨리 대통령은 미니아폴리스 연설에서 미국 주권하의 필리핀인들에 대해 다음과 같이 언급했다. "그들은 제후나 농노 또는 노예처럼 지배받지 않을 것이다. 그들은 법에 의해 통치되고 정직하게 운영되는 자유 정부를 갖게 될 것이다. 억압적인 부당한 요구는 없을 것이며, 포학 행위 없는 세금, 뇌물 없는 정의, 사회적 지위에 관계없는 교육, 종교의 자유, 생명, 자유, 행복 추구가 보장될 것이다."

나는 매킨리 대통령이 확신을 가지고 말했다고 믿지 않는다. 관세 정치에 정통한 정치인들이 자유와 문명의 이름으로 필리핀 사람들을 죽인 군인들 다수가 인종과 피부색에 대한 편견을 가지고 있다는 사실을 모른다고 주장하는 것은 설득력이 없다.

매킨리 대통령은 나라를 위해 싸우다 죽은 용감하고 충성스러운 미국 흑인 병사들이 이 나라 남부에서는 미움받고, 무시당하고 잔인한 취급을 받고 있다는 사실을 알고 있다. 이 나라 행정부는 남부의 명령에 따르며, 대통령의 취향이 남부의 취향에 영합하는 것은 확실하다. 미국 대통령은 영웅적인 흑인 부대를 남부의 아칸소에 배치할 용기가 자기 자신에게 없다는 사실을 알고 있다. 미국 대통령은 나라를 분열시키는 인종 혐오주의에 빠진 사람들의 바람대로 미국 행정부가 흑인 병사를 리틀록(Little Rock, 아칸소 주의 주도州都. 옮긴이)으로 보내겠다는 명령을 취소한 사실을 알고 있다. 행정부는 인종이나 피부색에 관계없이 미국 시민을 다룰 만한 용기가 없다. 이는 정부는 백인들의 정부며, 유색인종에게는 백인들이 존중할 만한 권리가 없다고 주장하는 사람들의 요구에 굴복하는 나약하고 비열한 정부의 행동에서 분명하게 드러난다.

이 정부가 지배하는 모든 곳에 유색인종에 대한 불의가 만연해 있다는 사실은 유감스럽게도 진실이다. 미국에서 부당한 취급을 받은 인디언과 학대받은 흑인만큼, 쿠바, 푸에르토리코, 하와이, 마닐라 사람들 역시 이에 대해 잘 알고 있다. (…)

다음과 같은 의문이 생길 것이다. 유색인을 보호한다는 정부는 피에 굶주리고 유색인종을 혐오하는 사람들을 만족시키려는 목적으로 아프리카계 미국 시민을 죽이는 무법 행위를 비난하려는 어떤 노력도 기울이고 있지 않고 있다. 그렇다면 수천 마일 떨어져 있는 필리핀 사람들에게 어떻게 그런 약속을 할 수 있는가?

필리핀 사람들을 죽이는 목적이 그들에게 좋은 정부와 생명, 자유, 행복 추구를 보장하는 데 있다는 믿음을 우리에게 심어 주려는 정부의 시도는 가장 신물 나는 위선이다. (…)

정의는 인종과 피부색에 무관해야 하며 그래야 정당성을 가지고 팽창할 수 있다. 미국은 이를 배울 날이 언제가 될 것인가? 이제 미국의 팽창은 인종 혐오와 잔인함, 그리고 유색인종에 대한 야만적인 린치와 엄청난 불의의 확장을 의미한다.

조지아 주 애틀랜타의 감리교 선교부, "니그로는 군대에 가면 안 된다"(1899년 5월 1일)³

지금이야 말로 감리교 교회(African Methodist Episcopal Church, 백인들만을 위한 감리교회에서 독립해 나와 1816년 필라델피아에서 조직된 흑인 감리교회를 말한다. 옮긴이)의 목사들이 우리 흑인 젊은이들에게 미국 군대에 가지 말라고 말해야 할 때다. 감리교 교회와 목사들은 모든 교회의 분파 중에서도, 그리고 전 세계의 아프리카계 성직자 중에서도 가장 진보적이고 계몽돼 있으며, 인종적이다. 이 정부가 백인의 정부고 우리가 그렇다고 인정한다면 백인들이 돌보게 놔두자. 니그로에게는 방어할 깃발이 없다. 이 나라 국기에 있는 40여 개의 별 중에서 흑인들을 대표하는 별은 하나도 없다. 또한 니그로를 상징하는 색깔이 있는 것도 아니다. 줄무늬가 흑인들을 대표한다고 할 수도 있겠지만(줄무늬는 채찍 자국을 의미하기도 한다. 옮긴이), 오늘날 흑인에게 줄무늬는 너무 과분하다. (…) 흑인에게는 더이상 시민적 · 사회적 · 정치적 · 법적 권리는 물론 현존하는 어떤 권리도 없다. 흑인은 설사 존재하더라도, 린치를 가하는 사람들이 죽어야 한다고 말할 때까지만 존재하거나 살 수 있을 뿐이다. 린치를 가하는 사람이 흑인에게 목숨을 내놓으라고 말할 때, 매킨리 대통령은 물론이고 훨쎈 아래의 가장 경멸스러운 백인 인간쓰레기까지 그들에게 잘하고 있다고 말한다! 말로 표현하지 않으면 침묵으로 말한다. 몇 달 전에 입대한 흑인들은, 거리를 지나갈 때조차, 짐승이 당하는 것보다 더한 모욕을 당하고, 욕을 먹거나 비난받았다. 차에서 내려 정류장 부근을 걷기만 했을 뿐인데도 흑인들은 남자, 여자, 어린아이를 살해하고 도시와 마을을 불태우려 한다는 혐의를 받았다. 차에 앉아서 나오지 않으면, 신문은 흑인들을 겁쟁이로 낙인찍고 그들이 두려워한다고 말했다. 흑인들은 무슨 일이 뒤따를지 알았다. 이 타운은 다음 타운으로 니그로 병사들이 지나갈 것이라는 전문을 보낼 것이다. "무장한 경찰을 기차 정거장에 배치하라. 빈틈없이 무장하고 약간의 도발에도 그들을 쏠 준비를 하라." 그러나 바로 그런 타운과 마을이 흑인 병사들에게 싸구려 위스키를 팔았다. 그러고는 흑인 병사가 악마 같은 마약을 마실 만큼 저급하다며 이들을 미치광이와 인간 악마로 탈바꿈시키려고 했다. 제대로 된 답을 듣지는 못하겠지만, 이제 이런 사실에 직면해서 묻는다. 왜 니그로는 입대하려 하는가? 자기 목숨을 국가의 제단에 올려놓고 나라를 위해 죽으려고? 무엇을 위해서? 명예는 어디에 있는가? 누가 그에게 명예를 수여하는가? 어떤 점에서 흑인들이 이득을 보는가? 많은 니그로들이 입대해 스페인이 통치하는 섬으로 가서 지금 논쟁 중인 그 영토의 정복을 돕고, 미국의 오만한 변덕 아래 복속시켰다고 하자. 무슨 권리, 무슨 특혜, 무슨 면제, 무슨 즐거움, 무슨 소유물을 니그로 병사들이 받을 것인가? 일주일 전에 강제로 짐 크로우(jim-crow, 흑인과 백인의 인종적 분리를 일컫는다. 옮긴이) 차에 우리와 함께 탔던 아바나에서 온 쿠바인은, 인간으로서의 권리를 제약당한 데 대해 앙심을 품을 정도로 화가 났다. 그는 미국의 지독한 인종 편견이 쿠바에서도 드러났다고 말했다. 그 쿠바인의 저주 섞인 말은 통렬한 복수 그 자체였다. 그는 "이 나라의 불한당과 악한이 오기 전까지만 해도 쿠바에서 사람을 피부색으로 판단하는 일은 없었다"고 말했다. 그는 자신이 질 좋은 담배와 시가를 취급하는 중요한 사업가임을 증명하는 문서를 우리에게 보여 줬다. 하지만 그는 강제로 짐 크로우 차에 타야 했다. 그렇지 않으면 매정거장에서 야유를 받았을 터였다. 이 쿠바인은 흑인이 아니었다. 우리는 젊은 니그로에게 이런 나라를 위해 던져 버릴 목숨이 또 있는가 묻는다. 마침 갖고 있는 여분의 목숨이 있어 희생하기를 원한다면, 말할 필요도 없이, 자비를 위해, 명예를 위해, 인간 권리를 위해, 그리고 상식을 위해, 더 나은 목적을 위해, 더 고상한 행동으로 네 기억 속에 영원히 남을 일을 위해 던져라. 우리는 이 나라 역사에서 최초의 아프리카 교회당 목사다. 한때는 공중에서 흔들리고 나부끼는 이 나라 국기를 자랑스럽게 여겼지만, 지금 우리는 니그로로서 이를 가치 없는 넝마 조각이라고 생각한다. 우리는 백인들이 이 깃발을 자유와 인간 주권의 상징으로, 독립의 상징으로 자랑스럽게 여기는 것이 당연하다고 생각한다. 그러나 흑인들에게는 어떤 의미도, 어떤 명예도 없으며, 천박한 우롱을 넘어서는 처참한 걸레 조각이다. 우리는 반복해서 말한다. 감리교 교회 목사는, 그리고 이 나라의 니그로 목사는, 마치 그들이 술과 매음, 절도, 안식일의 계율을 어기는 일, 또는 불한당이 저지를 법한 다른 범죄를 저지르는 것을 막아야 하는 것처럼, 흑인들이 미국 군대에 입대하는 것을 막기 위해 싸워야 한다. 입대를 장려하는 니그로 복음 목사들은, 살인하라고, 아무런 대가 없이 무고한 피를 흘리라고 장려하고 있는 셈이다. 어리석은 젊은이들은 그들이 밟을 다음 단계를 모른다. 더욱이, 백인 다수도 흑인 병사를 원하지 않는다. 우리 주지사도 이를 승인하지 않는다. 대부분의 백인 언론도 이에 반대한다. 그들은 흑인 병사를 괴물이라고 생각한다. 그리고 우리도 그들을 괴물로 여긴다. 다시 한번 흑인에게 말한다. 미국 군대에 입대하지 마라. 흑색의 수호자들에게 보호를 제공하지 않는 깃발을 수호하겠다고 맹세하지 마라. 우리가 일곱 번의 벼락 치는 소리(심판의 날에 울려 퍼진다는 벼락 소리. 옮긴이)를 낼 수만 있다면, 우리 발아래 땅이 흔들릴 때까지 니그로 입대에 반대하는 소리를 낼 것이다.

바넷 외, 매사추세츠 흑인들이 매킨리 대통령에게 보내는 공개서한(1899년 10월 3일)[4]

각하, 대중 집회에 모인 우리 매사추세츠의 유색인들은 우리가 받고 있는 억압과 우리나라의 상황이 비슷하다고 생각합니다. 따라서 당신이 우리나라가 저지르고 있는 잘못에 대해 연두교서나 의회에 보내는 교서, 그리고 국가 전체에게 보내는 공식적인 발언에서 이상할 정도로 이해할 수 없는 침묵을 지키고 있다 하더라도, 당신에게 공개서한을 보내기로 결의했습니다. 우리는 탄원자가 아니라 미국 시민의 권리로 당신에게 편지를 씁니다. 당신은 미국 시민의 심복이며, 시민의 말을 들어야 합니다. 또한 동시에 당신은 시민에게 말해야 하며, 비슷한 상황에서 당신의 동료 시민들이 하듯이 때에 따라 행동해야 합니다. 우리는 공화국의 수장인 당신에게 다른 미국 시민들은 요청할 수 없는 일을 우리를 위해 당신 손으로 해결해 달라고 요청하는 것이 아닙니다. 우리는 단지 다른 사람처럼 생명, 자유, 그리고 행복을 추구할 수 있기를 원합니다. 당신이 따르고 수행할 것을 엄숙하게 선서한 미국 헌법과 법이 우리에게 보장한, 미국 자유민이 지닌 모든 권리를 자유롭게 충분히 행사할 수 있기를 요청합니다. 우리는 우리의 헌법과 법, 그리고 제도와 문명의 민주적 특성이 우리에게 재가한 것들, 즉 우리에게 속한 것들을 요구합니다. 남부 전역은 우리의 이러한 권리를 무시했습니다. 폭도들, 법을 무시하는 입법 기관, 무효화된 조약, 단체 행동과 공개적이면서 대담한 음모들이 당신의 눈앞에서, 당신의 면전에서 우리의 권리를 폭력적으로 빼앗아 갔습니다. 우리는 우리 권리의 일부로서 보호와 생명의 안전, 자유, 그리고 정부 아래 개인적이고 사회적인 행복을 보장받기를 원합니다. 우리는 전쟁시 정부를 방어할 것이며, 반대로 평화 시에는 정부가 우리를 국내외에서 보호해야 합니다.

　우리는 고통받아 왔습니다. 하나님은 우리가 얼마나 고통받았는지 아십니다! 당신이 대통령 자리에 오른 뒤로도, 우리는 기독교 국가라고 자인하는 나라의 손에 고통받아 왔으며, 문명화됐다고 주장하는 사람들의 증오와 폭력으로 고통받아 왔습니다. 이는 기독교적이지도, 문명적이지도 않은 행위입니다. 그리고 당신은 우리의 고통을 지켜보았고, 높은 자리에 앉아 우리가 겪는 끔찍한 학대와 비참함을 목격했으면서도 아직까지도 우리를 위해 입을 열 시간과 기회를 찾지 못하고 있습니다. 우리는 이유가 무엇인지 묻습니다. 우리가 흑인이고 나약하고 멸시받기 때문입니까? 아무것도 잘못한 것 없는 우리가 당신 선조들이 만든 잔인한 굴레 속에서 2백년 이상 노예로 살아 왔기 때문입니까? 당신이 말하지 않는 이유가 우리가 가엽기 그지없던 저 앵글로색슨 세대의 잔인함과 사악함을 상징하기 때문입니까? 강제 노역이 우리에게 만연한 무지와 가난과 타락을 가져다 준 것이 우리의 잘못입니까? 백인이 뿌린 씨를 재배했을 뿐인데 그 백인 때문에 우리가 저주받고 몰락해야 하겠습니까? 우리를 이렇게 만든 것은 백인인데, 그런 우리가 혹독한 법의 저주를 받거나 광기 어린 폭도들의 폭력으로 목숨을 잃어야 되겠습니까? 우리를 도울 연방 권한은 없습니까? 당신은 단 한마디의 동정, 항변, 충고도 하지 않을 생각입니까? 대통령 각하! 아니면 당신 내각의 사람 중 단 한 명이라도 그런 일을 할 만한 사람이 없습니까? 우리는, 정말로, 흑인입니다. 하지만 우리도 역시 사람이며 미국 시민입니다. (…)

18개월 전, 스페인의 억압에서 벗어나려는 쿠바 혁명과 쿠바 반란을 진압하려는 스페인의 시도에 대해 대체 연방은 어떤 생각을 가지고 있었습니까? 당신과 미국 국회는 쿠바인들이 군대를 소유하고 있기 때문에 섬에서 스페인을 축출하기 위해 결국 군대를 사용할 것이라고 내다봤습니다. 왜입니까? "쿠바 사람들이 자유롭고 독립적이고, 또 그래야만 할 권리가 있기" 때문이었습니까? 당신과 국회는 그렇다고 말했습니다. 그렇다면 우리가 열심히 기도했듯이 우리 정부는 용감한 쿠바인들의 자유와 독립을 더 이상 부정해서는 안 된다고 생각한 것인가요? 그러나 다시 생각해 보면, 쿠바 문제를 연방 차원의 문제로 여기고, 결국 그 섬에 우리 정부의 군사 개입을 결정한 당신의 판단에는 또 다른 고려 사항이 있었습니다. 그건 바로 "우리의 이익과 평화에 위협적이고 더불어 우리의 인류애에 충격적이고 유해한 쿠바의 만성적 상황"입니다. 그러므로 당신은 점점 견디기 어려운 이런 상황을 종식시킴으로써 현재 인류에 의무를 다했습니다.

대통령 각하, 당신이 종식시켰고 그러기를 희망했던 "우리의 이익과 평화에 위협적이고 더불어 우리의 인류애에 충격적이고 유해한 쿠바의 만성적 상황"이 연방의 관심을 끌었던 반면 그보다 천 배나 더 "우리의 이익과 평화에 위협적이고" 더불어 훨씬 더 "우리의 인류애에 충격적이고 유해한" 남부의 "만성적인 혼란 상황"은 어떤 연방적 관심도 끌지 못했습니다. 쿠바의 독립을 위해 싸우는 쿠바 혁명가가 되는 것이 국내에서 아주 단순한 의무를 수행하고자 노력하는 미국 시민이 되는 것보다 낫습니까? 아니면 그 단순한 의무를 수행하려는 미국 시민이 우연히 남부에 거주하는 니그로들이라면 더 나을 수 있는 것입니까?

다른 나라가 외국 영토에서 외국인에 대항해 국가적 범법과 불의를 저지르는 것이, 자국에서 국민 일부가 행하는 국가적 범법과 불의보다 공화국에 더 "유해하고 위협적"이며 "우리의 인류애에 충격적"인가요? 시민 중에는 쿠바 문제가 전혀 우리 연방의 관심 대상이 아니라고 생각하는 사람도 있습니다. 반면에 다르게 생각하는 사람도 있습니다. 즉, 의지와 힘을 가진 그들은 국가에 대한 위협과 인류애에 대한 위협을 동시에 억압할 수 있는 방법을 발견했습니다. 대통령 각하, 헌법을 다루는 법조인과 통치자들에게 의지가 있다면 어떤 길이든 찾을 수 있습니다. 그러나 뜻이 없으면 길도 없습니다. 브리아레오스(Briareus, 손이 백 개, 머리가 50개 달린 그리스 신화의 거인. 옮긴이)의 팔을 가진 우리 연방 정부는 시민을 보호하고, 낯선 섬사람들의 자유를 지키고, 또 다른 사람들을 복속하기 위해 세계의 끝까지 팔을 뻗습니다. 이런 연방 정부가 자국의 일부 시민들에게 단지 그들이 남부에 거주하는 니그로라는 이유로 생명, 자유, 행복 추구라는 양도할 수 없는 권리를 보장해 주기 어렵다는 말을 할 수 있는 건가요? 미국의 유색인들은 당신 행정부의 손에서 쿠바인들과 동등한 대우를 받을 자격이 있기나 하나요? 늦기는 했지만 그들이 그런 대우를 받을 수 있을까요?

새뮤얼 클레멘스의
모로족 학살에 관한 논평[5]

1906년 3월 12일

19세기 말에 미국은 스페인-미국 전쟁Spanish-American War을 끝내고 나서 뒤이어 하와이, 괌, 쿠바, 푸에르토리코, 사모아, 필리핀을 합병하고, 공식적으로 제국을 확장하기 위해 움직였다. 그러나 이런 움직임은 국내의 정치적 반대를 불러일으켰다. 반反제국주의 운동가 중에는 주요 작가와 지성인들도 있었다. 그중 비평가 새뮤얼 클레멘스Samuel Clemens는 다름 아닌 마크 트웨인의 필명이었다. 트웨인은 소설『허클베리 핀Huckleberry Finn』과『톰 소여Tom Sawyer』로 유명하다. 이 소설들보다 훨씬 덜 알려졌지만, 트웨인은 미국 제국의 팽창에 반대하는 습작을 남기기도 했다. 트웨인은 1899년 필리핀에 대한 유혈 침공과 점령(2003년 조지 부시 대통령은 이라크 점령의 "모델"로 이 전쟁을 인용했다)에 반대하는 여론을 조성하기도 했다. 그는 10년 동안의 해외 생활을 마치고 1900년에 설립된 〈반제국주의동맹〉의 부의장으로 귀국했다. 트웨인은 돌아오자마자 "나는 반제국주의자다. 나는 다른 어떤 나라에 발톱 하나라도 없는 독수리는 받아들이지 않겠다"고 선언했다. 다음은 필리핀에서 6백 명의 모로족을 학살한 사건을 통렬하게 비판한 글의 일부다.

지난 금요일 필리핀의 우리 군대 지휘관이 워싱턴 정부에 보낸 공식적인 해저 전신으로 이 사건은 세계에 갑자기 알려졌다.

그 요지는 다음과 같다.

검은 피부의 야만인 모로족이 졸로Jolo에서 몇 마일 떨어지지 않은 곳에 있는 사화산 분화구에 요새를 쌓았다. 우리가 8년 동안 그들에게서 자유를 빼앗아 왔기 때문에 우리에 대한 적대감과 비통함으로 요새를 쌓은 것이다. 그 요새는 우리에게 위협이 됐다. 우리의 지휘관 레너드 우드 장군은 정찰을 명령했다. 여자와 어린이를 포함해 모로족이 6백 명 정도고, 분화구의 요새는 해발 2천2백 피트(약 670미터) 높이의 산 정상에 위치해 기독교 부대나 대포가 접근하기 어렵다는 사실을 알아냈다. 그러자 우드 장군은 놀라운 명령을 내렸고, 자신도 그 명령을 수행하는 데 동참했다. 우리 부대는 대포를 가지고 꾸불꾸불하고 어려운 경로를 따라 언덕을 기어 올라갔다. 화기 종류는 밝혀지지 않았지만 한쪽에서는 도구를 사용해 가파른 경사를 따라 그 화기를 3백 피트(약 91미터) 정도 끌어올렸다. 병사들이 분화구 주변에 도착하자 전쟁이 시작됐다. 우리 병사는 540명이었다. 병사들은 원주민 정찰 파견대를 고용해 그들의 지원을 받았다. 지원군의 수는 알려지지 않았다. 마찬가지로 해군 파견대의 도움도 받았다. 그들이 몇 명인지도 밝혀지지 않았다. 그러나 분명히 원주민의 수와 거의 비슷했다. 우리 편 6백 명이 분화구 주변에 있었고, 원주민 남녀, 어린아이 6백 명이 분화구 아래에 있었다. 그리고 분화구 깊이는 50피트(약 15미터)였다.

우드 장군은 "6백 명 모두를 죽이거나 생포하라"는 명령을 내렸다.

전쟁이 시작됐다. 이 싸움은 공식적으로 전쟁이라 불린다. 우리 편 병사들은 분화구 아래로 대포를 쏘고 정확도가 뛰어난, 작지만 강한 무기를 쏘아댔다. 야만인들은 사격에 격렬하게 맞서서 아마도 벽돌 조각을 던졌을 것이다. 이는 순전히 내 추측이다. 왜냐하면 해저 전보에는 그들이 사용한 무기에 대한 특별한 언급이 없었기 때문이다. 이전에 모로족은 주로 칼과 곤봉을 사용했고, 가지고 있더라도 비효율적인 교역용 소총을 사용했다.

공식 보고에 의하면 양측은 그 전쟁을 모두 놀라운 힘으로 버텨 냈다. 전쟁은 하루 반나절 동안 계속됐고, 결국 미군의 완전한 승리로 끝났다. 완전한 승리는 모로족 6백 명 중 단 한 명도 살아남지 못했다는 사실로 확인할 수 있다. 찬란한 승리는 다른 사실로도 확인할 수 있다. 즉, 우리 편 6백 명 중 단 15명만 목숨을 잃었다.

우드 장군은 이 전쟁에 함께했고 전쟁을 지켜보았다. 그리고 "저 야만 인들을 죽이거나 생포하라"는 명령을 내렸다. 분명히 사병들은 이 명령 에서 "~하거나"를 자기 취향에 따라 죽이거나 생포해도 된다는 의미로 받아들였다. 병사들의 취향이란 지난 8년 동안 전쟁을 수행했던 군대의 취향, 즉 기독교 백정들의 취향과 같았다.

공식적인 보고는 15명의 사망자를 애도하고, 32명의 부상자를 열거하 고, 심지어는 미래 미국 역사가들을 위해 부상 상황을 있는 그대로 자세 하게 묘사하면서 "영웅주의"와 우리 군대의 "용감한 행동"을 격찬하고 과장한 듯했다. 보고는 한 사병이 날아가는 무기에 팔꿈치를 다쳤다고 기록하고 있으며, 또 다른 사병은 날아가는 무기에 코끝을 다쳤다고 기 록하고 있다. 그들의 이름 또한 각각 언급되었다. 한 단어에 1달러 50센 트인 전보에 말이다.

다음날 뉴스는 전날 보고를 반복했다. 그리고 사망자 15명의 이름과 부상자 32명의 이름을 다시 언급했고, 다시 한번 부상 상태를 묘사했고, 그들을 더할 나위 없는 수식어로 격찬했다.

이제 우리 군대에 얽힌 두세 가지 세부적인 역사를 살펴보자. 남북전 쟁 중 벌어진 한 위대한 전투에서 양측의 군대 10퍼센트가 죽거나 부상 당했다. 워털루Waterloo에서는 양측 모두 합해서 40만 명이 싸웠고, 다섯 시간 동안 그중 5만 명이 죽거나 다쳐서 넘어졌다. 35만 명은 싸움을 계 속할 수 있을 정도로 무사했다. 8년 전에 쿠바 전쟁이라 불리는 우스꽝스러운 코미디가 상영되었을 때 우리는 25만 명을 소집했다. 우리는 여러 번의 현란한 전투를 벌였다. 전쟁이 끝났을 때 전쟁에서 죽거나 다친 25만 명 중 우리 측 희생자는 268명이었다. 병원과 캠프에서 활약한 용감한 군의관 수는 그 14배였다. 우리는 스페인을 끝장내지도 못했다. 아니, 전혀 그렇지 못했다. 전투가 일어날 때마다 우리는 평균적으로 전체 적의 2퍼센트 정도를 죽이거나 불구로 만들었다.

이를 분화구에서 숨진 엄청난 모로족 사망자 수와 비교해 보라. 모로족과의 전쟁에는 양측 6백 명이 참여했고 그중 우리 병사 15명이 즉사했다. 또 코가 다치거나 팔꿈치를 다친 부상자를 포함한 32명이 부상당했다. 반면 적은 여자와 어린이를 포함해서 6백 명이었고, 우리는 죽은 엄마를 찾으며 울부짖는 어린아이조차 남기지 않고 모두를 절멸시켰다. 이는 무엇과도 비교할 수 없는, 미국 기독교 병사들이 이룩한 가장 위대한 승리다.

이제, 이를 어떻게 받아들였는가? 401만 3천 명의 인구가 모여 사는 도시의 모든 신문은 이 자랑스러운 소식을 영광스럽게도 금요일 아침의 머리기사로 전했다. 하지만 어떤 신문도 사설에서 이 전쟁을 언급하지 않았다. 이 소식은 금요일 저녁 신문에 다시 게재됐고, 이번에도 모든 사설은 이 위대한 승리에 대해 침묵했다. 다음날 모든 아침 신문이 전쟁과 관련된 숫자와 세부 사항들을 첨가했지만, 여전히 이 일을 기뻐하며 언급하는 사설은 단 한 줄도 없었다. 같은 날(토요일) 저녁 신문에도 게재되었지만 여전히 한마디의 언급이 없었다. 금요일, 토요일 아침 · 저녁 신문의 독자 투고란에서도 아무도 이 "전투"에 대해 말하지 않았다. 평상시에 이 투고란은 시민의 열정으로 넘쳐났다. 시민들은 크건 작건 간에 단 하나의 사건도 그냥 넘어가지 않고 이 투고란을 통해 칭찬을 하거나 비난하고, 기뻐하거나 분노해 왔다. 그러나 이미 말한 것처럼 이 이틀 동안에는 편집자들처럼 시민들도 침묵했다. 내가 아는 한, 우리 8천만 시민 중 이 엄청난 사건을 공적으로 언급한 사람은 단 한 명이었다. 바로 미국 대통령이었다. 금요일 내내 대통령은 다른 사람들처럼 신중하게 침묵을 지켰다. 그러나 토요일이 되자 대통령은 뭔가 말을 하는 것이 자신의 의무임을 깨달았다. 그리고 펜을 들어 그 의무를 실행했다. 나는 내가 루스벨트 대통령을 잘 알고 있다고 확신한다. 내가 아는 바에 따르자면 대통령은 토요일의 발언으로 지금까지 말을 하거나 글을 쓰면서 느꼈던 것보다 더 많은 고통과 수치를 느꼈을 것이다. 나는 결코 대통령을 비난하지 않는다. 내가 대통령이었다면 나 역시 공적인 의무 때문에 루스벨트 대통령과 마찬가지의 말을 했을 것이다. 그것은 관습이고 오래된 전통이기에 대통령은 이에 충실해야만 했다. 그는 어쩔 수 없었다. 다음은 대통령이 한 말이다.

워싱턴, 3월 10일.
우드, 마닐라: 당신과 당신 부관, 그리고 당신 지휘하의 사병들은 미국 국기의 영광을 훌륭하게 지켜 내는 혁혁한 무훈을 세웠습니다. 이에 축하합니다.

시어도어 루스벨트

대통령의 모든 발언은 관습일 뿐이다. 대통령이 한 말 중 단 한마디도 진심에서 나온 것은 없었다. 루스벨트는 너무 잘 알았다. 6백 명의 무기력하고 무기조차 없는 야만인들을 마치 덫에 갇힌 쥐처럼 구덩이에 가두고 하루 반나절 동안 언덕 위 안전한 위치에서 한 명씩 학살한 행위가 혁혁한 무훈일 수 없음을 그는 잘 알았다. 봉급 받는 군인들로 대표되는 미국인 기독교도들이 총알 대신 성경과 황금률(Golden Rule, 「마태복음」 7장

12절과 「누가복음」 6장 31절의 교훈. 옮긴이)로 그들을 쓰러뜨렸다 해도 이는 혁혁한 무훈일 수 없을 것이다. 루스벨트는 우리 군복을 입은 암살자들이 미국 국기의 영광을 수호한 것이 아니라 8년 동안 우리가 계속해 오던 일을 완수했을 뿐이라는 사실을 잘 알았다. 다시 말해서 그 군인들은 미국 국기를 불명예스럽게 했다.

다음날 일요일, 즉 어제, 미국 국기를 영광스럽게 하는 또 다른 소식이 전신을 타고 전해졌다. 그 소식은 커다란 대문자로 쓰인 첫 번째 머리글에서부터 우리를 향해 **"모로족 살육에서 학살된 여자들"**이라고 외쳐댔다.

"학살"은 적합한 언어다. 이 사건에 대해 이보다 더 나은 표현은 사전에서도 찾을 수 없을 것이다.

눈에 띄는 다음 줄에는 이렇게 쓰여 있다.

"분화구에 자리한 폭도 중에는 어린아이들이 섞여 있었고, 그들 모두다 함께 죽었다."

단지 벌거벗은 야만인들일지라도 어린아이들이 당신 눈앞에서 쓰러질 때는 일종의 비애감을 느낀다. 왜냐하면 어린아이는 무지와 무력감의 완벽한 상징이기 때문이다. 피부색, 강령, 국적에 상관없이 오직 그들은 어린아이라는 것, 단지 어린아이일 뿐이라는 사실이 불멸의 설득력을 갖는다. 아이들이 놀라거나 울거나 어려운 상황에 처하게 되면 우리는 본능적으로 그 아이를 동정한다. 우리는 어떤 광경을 본다. 우리는 작은 형태를 본다. 우리는 공포에 질린 얼굴을 본다. 우리는 눈물을 본다. 우리는 엄마를 향해 애원하며 매달리는 작은 손을 본다. 우리는 우리가 이야기하고 있는 아이들을 보지 못한다. 대신 우리는 우리가 알고 있으며, 사랑하는, 작은 창조물을 본다.

　다음 표제는 마치 정점에 도달한 태양처럼 미국과 기독교의 영광을 찬
란하게 한다.

　"사망자 현재 9백 명."

　나는 지금까지 우리나라 국기를 이렇게 열광적으로 자랑스러워했던
적이 없다.

스메들리 버틀러,
『전쟁은 사기다』[6]

1935년

스메들리 버틀러Smedley Butler는 1898년 스페인-미국 전쟁에 참전한 유명한 미국 해군 부대 소장이었다. 이후 버틀러는 미국이 중국, 필리핀, 니카라과, 파나마, 온두라스, 멕시코, 아이티에 군사개입하는 데 관여했고, 국회에서 수여하는 명예 훈장 Congressional Medal of Honor을 두 번 받았다. 그러나 버틀러는 자신의 행동을 새로운 각도로 보게 되었다. 버틀러는 다음과 같이 기술했다. "군인이 이런 비유를 하는 것이 이상해 보일 수도 있지만 진실이 내게 그렇게 하라고 말한다. 나는 이 나라에서 가장 민첩한 군부의 구성원으로 33년 4개월을 열정적으로 복무했다. 나는 소위에서 소장까지 모든 고위직을 거쳤다. 그 기간 동안 나는 내 생애 대부분을 대기업, 월스트리트, 그리고 은행가를 위해 일하는 고급 용역 깡패muscle-man로 지냈다. 한마디로 나는 협잡꾼, 자본주의를 지키는 깡패였다. (…) 나는 멕시코, 특히 탐피코Tampico를 1914년 미국의 석유 이익을 위한 금고로 만드는 일을 도왔고, 아이티와 쿠바를 〈연방시티은행National City Bank〉 사람들이 세입을 모으기에 적합한 장소로 만드는 일을 도왔다. 나는 월스트리트의 이윤을 위해서 중미의 5개 공화국들을 약탈하는 것을 도왔다. 협잡한 기록은 길다. 1909년에서 1912년 사이에 국제 금융 회사 〈브라운브라더스Brown Brothers〉를 위해 니카라과를 숙청하는 일을 도왔다.(그 이름을 전에 들어 본 적이 있던가?) 나는 1916년 미국의 설탕 이익을 위해 도미니카 공화국의 비밀을 폭로했다. 중국에서는 〈스탠더드석유회사Standard Oil〉가 차질 없이 사업을 진행할 수 있게 도왔다. (…) 이 기간 동안 나는, 막후 실력자들의 표현에 따르면, 멋진 사기꾼swell racket이었다. 지난 일을 되돌아보면 나는 알 카포네에게 몇 가지 힌트를 줬다고 말할 수 있을 정도다. 알 카포네가 할 수 있는 최선의 일은 3구역에서 사기를 치는 것이었지만 나는 3대류에서 사기를 쳤다." 1935년 버틀러는 자기 자신을 제국주의적 투기에 몸담게 한 기업 이익을 강력하게 저주하며 『전쟁은 사기다War is a Racket』라는 책을 발간했다. 다음은 그 책의 두 번째 장 「누가 이득을 보는가?Who Makes the Profits?」의 일부다.

전쟁은 사기다. 언제나 그랬다. 전쟁은 아마도 가장 오래된, 가장 쉽게 많은 이윤을 내는, 그리고 분명히 가장 악의적인 사기다. 전쟁은 그 규모에 있어서 독보적인 국제적 사기다. 전쟁은 이윤은 달러로 계산하고 손해는 목숨으로 보는, 유일한 사기다.

대부분의 사람들은 적합하지 않다고 생각하겠지만, 내 생각에는 사기라는 말이 전쟁을 가장 적절하게 표현하고 있다. 오직 소수의 "내부" 집단만 이에 대해 알고 있다. 전쟁은 많은 사람들의 희생을 대가로 소수 사람들이 이익을 보기 위해 치러진다.

세계대전에서 단지 소수만이 전쟁에서 이윤을 거둬들였다. 전쟁 기간에 적어도 2만 1천 명의 백만장자와 억만장자가 등장했다. 그들 중 다수가 그들이 신고한 엄청난 소득세가 피의 대가임을 인정했다. 다른 전쟁 백만장자들은 대부분 소득 신고를 허위로 한다. 그들의 숫자가 얼마나 많은지는 아무도 모른다.

이들 전쟁 백만장자들 중 얼마나 많은 사람들이 총대를 맸는가? 그들 중 얼마나 많은 사람이 참호를 팠는가? 그들 중 얼마나 많은 사람이 쥐가 돌아다니는 참호에서 굶주린다는 것이 어떤 의미인지를 알겠는가? 그들 중 얼마나 많은 사람이 포탄과 탄피, 대포탄에 몸을 숙이고 놀란 가운데 잠 못 이루는 밤을 보냈는가? 그들 중 얼마나 많은 사람이 적의 총검을 피해 봤는가? 얼마나 많이 전쟁터에서 다치고 죽었는가?

국가는 전쟁에서 이길 경우 영토를 추가로 획득한다. 국가는 이를 단지 소유할 뿐이다. 전쟁에서 흘린 피로 달러를 짜내는 소수의 사람들이 이 새로운 영토를 착취한다. 그 계산서는 일반 대중이 떠맡는다.

그 계산서는 무엇인가?

그 계산서는 끔찍한 결산으로 이루어진다. 새로 생긴 비석들이다. 난도질당한 시체들이다. 부서진 마음들이다. 폐허가 된 심장이며 집들이다. 경제적 불안정이다. 경제공황과 이에 따른 절망들이다. 다음 세대로 이어지는 허리가 휘청할 정도의 세금이다.

군인으로 보낸 위대한 기간 동안 나는 전쟁이 사기가 아닐까 의심했고, 민간인으로 돌아와서야 완전히 사기임을 깨달았다. 세계가 전쟁의 먹구름 아래 있는 오늘날, 나는 소리 내 말해야만 한다.

그들은 다시 편을 가른다. 프랑스와 러시아가 만나 서로 한편이 된다. 이탈리아와 오스트리아도 비슷한 조약을 서둘러 맺는다. 폴란드와 독일은 당분간 폴란드 회랑지대Polish Corridor를 둘러싼 논쟁을 잊고[전례 없는 일이다], 서로 호감의 눈길을 나눈다.

유고슬라비아 왕 알렉산더 1세의 암살(알렉산더 1세는 나치 독일에 대항할 방법을 찾기 위해 프랑스를 방문하던 중 무솔리니의 지원을 받는 마케도니아 민족주의 단체 조직원에게 암살당한다. 옮긴이)은 문제를 복잡하게 만들었다. 오랜 숙적인 유고슬라비아와 헝가리는 서로의 목을 조르기 직전이었다. 이탈리아는 이에 뛰어들 준비가 되어 있었다. 그러나 프랑스는 기다렸다. 마찬가지로 체코슬로바키아도 기다렸다. 그들 모두는 전쟁을 예견하고 있었다. 이윤을 챙긴 사람들은 전쟁에 참여해 전쟁 비용을 지불하고 죽어 간 사람들이 아니라, 자국에 안전하게 남아 오직 선동만을 일삼던 사람들이었다.

오늘날 세계에는 4천만 명의 군인이 있지만, 우리의 정치가들과 외교관들은 무모하게도 전쟁이 일어나지 않을 거라고 말한다.

제기랄! 4천만 남자들이 무용수나 되려고 훈련받는 중이란 말인가?

이탈리아에서는 분명 아니다. 베니토 무솔리니Benito Mussolini 수상은 군인들이 무엇을 위해 훈련받고 있는지를 잘 알고 있다. 무솔리니는 적어도 사실을 말할 만큼 정직하다. 무솔리니는 〈카네기국제평화기구Carnegie Endowment for International Peace〉에서 출간한 책자에 「국제협력International Conciliation」이라는 글을 실었고, 거기서 다음과 같이 말했다.

무엇보다도 파시즘은 현재의 정치적 고려를 떠나 미래와 인류의 발전에 대해 더 많이 생각하고 관찰한다. 따라서 파시즘은 평화의 가능성을 믿지 않을 뿐만 아니라 그 유용성도 믿지 않는다. (…) 전쟁만이 인간 에너지를 최고의 긴장 상태로 끌어올리고, 전쟁을 대면할 용기를 지닌 사람에게 고귀하다는 칭호를 부여한다.

무솔리니는 의심의 여지없이 자신이 의도한 바를 정확히 표현했다. 대규모 항공기 함대에서 해군에 이르기까지 무솔리니의 잘 훈련된 군대는 전쟁을 준비했고, 마음 졸이며 전쟁을 기다렸다. 무솔리니는 근자에 벌어진 헝가리와 유고슬라비아의 분쟁에서 헝가리 편에 섰고, 이를 행동으로 보여 줬다. 오스트리아 재상 엥겔버트 돌푸스Engelbert Dollfuss가 1934년 7월 25일에 암살당한 뒤 무솔리니는 오스트리아 국경으로 자신의 부대를 급히 이동시켰다. 이 또한 무솔리니가 전쟁을 준비하고 있었음을 보여 준다. 유럽에는 무솔리니 외에도 무력을 사용해 조만간 전쟁이 일어날 것을 예견하게 하는 다른 사람들이 있었다.

히틀러는 독일을 재무장하고 더 많은 군대를 계속 요구하고 있다. 히틀러가 〔무솔리니보다〕 평화를 더 위태롭게 하는 것은 아니지만 비슷한 정도로 위험하다. 프랑스는 근자에 젊은이들의 군복무 기간을 1년에서 18개월로 늘렸다.

그렇다. 모든 나라들이 군대에서 야영을 하고 있다. 유럽의 미친개들이 풀려나고 있다.

동양에서 벌어지는 작전은 더욱 교묘하다. 러시아와 일본이 싸웠던 1904년으로 돌아가 보면, 우리는 오랜 친구였던 러시아를 발로 차고 일본을 지지했다. 매우 관대한 우리의 국제 은행가들은 일본에 자금을 댔다. 지금은 일본인에 대한 편견이 만연하다. 중국에 대한 "문호 개방" 정책이 우리에게 무슨 의미를 지니는가? 중국과의 교역은 1년에 약 9천만 달러 규모다. 필리핀 섬은? 우리는 35년 동안 필리핀에 약 6억 달러를 지출했으며, 은행가나 기업가, 투기꾼들은 2억 달러가 안 되는 돈을 사적으로 투자했다.

즉, 중국과의 교역을 통해 약 9천만 달러를 지키기 위해, 또는 필리핀에서 2억 달러 미만의 사적 투자를 보호하기 위해, 우리 모두가 일본을 미워하고 일본과 전쟁을 하려는 것이다. 그 전쟁의 대가로 우리는 아마도 수백억 달러의 돈과 수십만 명에 이르는 미국인의 생명을 희생시켜야 할 것이다. 그리고 수십만 명 이상의 불구자와 정신적으로 불안정한 사람들이 생겨날 것이다.

물론 이런 상실을 보상하는 이득이 있을 것이고, 엄청난 돈을 벌어들일 것이다. 수백만, 수십억 달러가 축적될 것이다. 그러나 그 달러는 오직 소수의 군수품 생산자, 은행가, 조선 업자, 공장주, 정육 업자, 투기자들만을 위한 것이다. 그들은 잘살 것이다.

그렇다, 그들은 또 다른 전쟁을 준비하고 있다. 왜 안 하겠는가? 전쟁에는 높은 이익 배당금이 따른다.

하지만 보통 사람들에게는 무슨 이득이 있는가?

죽은 사람에게 무슨 이득이 있는가? 불구가 된 사람에게 무슨 이득이 있는가? 그들의 엄마와 여동생, 그들의 아내와 애인에게 무슨 이득이 있는가? 그들의 아이들에게 무슨 이득이 있는가?

전쟁으로 엄청난 이윤을 벌어들이는 사람들을 제외하고 누구에게 전쟁이 이득이 되는가?

그렇다, 국가는 무슨 이득을 얻는가?

우리의 경우를 보자. 1898년까지 우리는 북미 대륙 바깥에 한 뼘의 영토도 소유하고 있지 않았다. 그 당시, 우리나라는 10억 달러가 조금 넘는 빚을 지고 있었다. 그러다가 우리는 "국제적으로 사고하는" 국가가됐다. 우리는 건국의 아버지들의 충고를 잊어 버리거나 제쳐 놓았다. 우리는 "다른 나라와 얽히는 동맹"을 맺지 말라고 경고했던 조지 워싱턴의 충고를 잊었다. 우리는 전쟁에 나갔다. 다른 대륙에 영토를 얻었다. 세계대전이 끝났을 때는, 국제적으로 사기를 친 직접적인 결과로, 국가 부채가 250억 달러로 뛰어올랐다. 25년 동안 우리의 무역 흑자 총액은 약 240억 달러였다. 단순한 계산을 해 보더라도 우리는 매년 약간씩 빚을 진 셈이다. 외국과의 교역은 전쟁 없이도 잘 이루어졌을 것이다.

계산서를 지불하는 보통 미국인에게는 외국과 뒤얽히지 않는 편이 안전할 뿐더러 훨씬 경제적이다. 전쟁이라는 사기는 주류 밀매업이나 다른 지하 세계의 협잡처럼 매우 적은 소수에게만 멋진 이윤을 가져다준다. 그러나 그 대가는 늘 이득을 보지 않은 사람들에게 전가된다.

제13장

사회주의자와
〈세계산업노동자연맹〉

마더 존스, "동요: 진보의 가장 위대한 조건"(1903년 3월 24일)

업튼 싱클레어, 『정글 *The Jungle*』(1906년)

두 보이즈, 『흑인의 영혼 *The Souls of Black Folk*』(1903년)

에마 골드먼, "애국주의: 자유에 대한 위협"(1908년)

파업 중인 로렌스 직조공의 선언(1912년)

아르투로 지오반니티가 배심원에게 한 연설(1912년 11월 23일)

우디 거스리, "러들로 학살 Ludlow Massacre"(1946년)

줄리아 매이 커트니, "러들로를 기억하라"(1914년 5월)

조 힐, "나의 마지막 유언 My Last Will"(1915년 11월 18일)

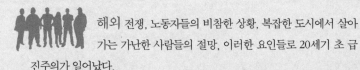해외 전쟁, 노동자들의 비참한 상황, 복잡한 도시에서 살아
가는 가난한 사람들의 절망, 이러한 요인들로 20세기 초 급
진주의가 일어났다.

이 시기 급진주의는 아나키스트들의 영향을 받은, 〈세계산업노동자연맹
(IWW: Industrial Workers of the World)〉이라고 불리고, 사람들에게는 워
블리들Wobblies로 더 잘 알려진, 노동조합으로 표현되었다. 〈세계산업노동
자연맹〉이 1905년에 결성되었을 때 단상에는 노동당 당수 "빅 빌" 헤이우
드"Big Bill" Haywood와 함께 사회당 당수 유진 뎁스와 〈광산노동자연합〉을
조직한 75세의 메리 "마더" 존스Mary "Mother" Jones가 있었다.

1908년 〈세계산업노동자연맹〉은 전문에 계급투쟁을 언급했다. "노동자
계급과 고용주 계급은 공통점이 전혀 없다. 수백만 명의 노동자들이 굶주림
과 궁핍에 시달리고, 소수의 고용주 계급이 세상의 좋은 것을 다 가지고 있
는 한 평화는 있을 수 없다. (…) 우리는 스스로를 산업별로 조직해 오래된
껍질 안에서 새로운 사회구조를 형성한다."

사회주의 운동은 이 시기의 불만이 낳은 또 다른 강력한 운동이었다. 유
진 뎁스는 1894년 풀먼 파업에 참여한 죄목으로 징역을 살다 사회주의자가
됐다. 뎁스는 다섯 차례에 걸쳐 사회당 의장 선거에 출마한 끝에 당수가 됐
다. 사회당은 한때 10만 명의 회원과 340개 지부와 1,200명의 간부를 자랑
했다. 이 시기의 유명한 작가, 업튼 싱클레어Upton Sinclair, 헬렌 켈러Helen
Keller, 잭 런던Jack London 모두 사회주의자였다. 이 시기는 이 나라 역사를
통틀어 사회주의 아이디어가 최고조에 달했던 시기다.

마더 존스,
"동요: 진보의 가장 위대한 조건"[1]

1903년 3월 24일

"마더 존스Mother Jones"라 불린 메리 해리스Mary Harris는 20세기 초 노동운동의 탁월한 조직가 중 한 사람이었다. 아일랜드에서 태어난 마더 존스는 〈광산노동자연합 United Mine Workers〉을 조직했다. 그리고 80대의 나이에 웨스트버지니아와 콜로라도에서 광부 조합을 조직했다. 1905년에는 〈세계산업노동자연맹〉 조직을 도왔다. 업튼 싱클레어는 마더 존스에게 영감을 얻어 그녀를 러들로 파업과 학살을 연대기적으로 기록한 자신의 소설 『석탄 전쟁The Coal War』의 등장인물 중 한 사람의 모델로 삼았다. "그녀는 전국을 돌아다녔다. 그녀가 가는 곳마다 저항의 불길이 사람들 마음속에 타올랐다. 그녀의 이야기는 진정한 반란의 '오디세이'였다." 다음은 마더 존스가 1903년 톨레도 메모리얼 홀Toledo's Memorial Hall에서 한 대중 연설의 일부를 『톨레도 비 Toledo Bee』가 보도한 내용이다.

전국적으로, 그리고 사실 전 세계에 걸쳐 "광부들의 천사The Miners' Angel"로 알려진 "마더" 존스가 어젯밤 메모리얼 홀에 모인 약 1천2백 명의 청중 앞에서 연설을 했다. 홀 아래층은 꽉 찼다. 회랑은 넘치는 사람들로 가득했고, 꼭대기로 올라가는 계단참까지 붐볐다.

정말로 온갖 사람들이 다 모였다. 광부들의 영혼의 안내자로 알려진 유명한 여자의 연설을 보고 들으려는 호기심에 온 상류사회 여자들, 여공들, 부유한 남자와 그보다는 조금 덜 부유한 형제들, 흑인과 백인, 노인과 젊은이가 나란히 앉았고, 모두가 함께 비평하려고 왔다.

마더 존스는 달변의 연설가였다. 동부 저지대 악센트가 그녀의 말을 매력적으로 만들었고, 그녀는 감동적이고 아름다운 언어로 이야기를 생생하게 구사하는 능력을 지녔다. 예순 살이라는 나이와 흰머리에도 마더 존스는 정정하고 원기 왕성했다. 그녀의 목소리는 홀 구석구석까지 미쳤다. 그러나 그녀의 이야기는 매우 신랄했다. (…)

마더 존스는 "동료 노동자 여러분"이라는 말로 연설을 시작했다. "우리는 이곳에 오기를 잘했습니다. 사람들은 백 년 전 중요한 문제를 논의하기 위해 모여, 그 후 우리에게 시민적 자유를 가져다줄 원리를 쟁취하기 위해 함께 싸웠습니다. 40년 전에는 오래된 깃발 아래 자라나는 해악을 논의하기 위해 모여, 노예제도가 폐지될 때까지 함께 싸웠습니다. 그러나 우리나라에 묻은 검은 얼룩을 닦아 내자 임금 노예제도라는 또 다른 범죄가 우리 국민들을 괴롭혔습니다. 나는 이 나라의 현재 상황을 유감스럽게 여기며 이 강단에 서 있습니다. 나는 며칠 전에 영국에 가서 강연하는 것을 거부했습니다. 첫째로 이곳의 현 상황을 세상에 알리는 일이 수치스러웠고, 둘째로, 이곳이 나의 봉사를 필요로 했기 때문이었습니다. 나는 지금 막, 웨스트버지니아로 알려진, 신의 저주를 받은 땅에서 왔습니다. 웨스트버지니아는 가장 훌륭하고 총명한 정치가들을 배출한 곳이며, 동시에 여러분들은 상상하지 못할 정도로 무시무시한 상황에 둘러싸인 곳이기도 합니다." (…)

"오늘밤 나는 생각만 해도 무시무시한 이야기를 여러분에게 하려 합니다. 그러나 여러분은 이 사실을 알아야 합니다. 여러분 안에 남자다움, 여자다움, 또는 애국심이 남아 있다면 여러분은 제 이야기를 듣는 즉시 각성할 것입니다. 저는 지금 막 땅 위를 걷는 모든 걸음걸음에 강

제 명령을 내리는 주에서 왔습니다. 몇 달 전에 〈광산노동자연합〉의
존 미첼 회장이 저에게 웨스트버지니아 광부들의 상황을 조사해 달라
고 요청했습니다. 나는 그곳에 갔습니다. 한밤중, 산중턱에 광부들을
모았고 그들의 고통에 대해 듣고자 했습니다. 그리고 그들에게 용기를
북돋아 주려 했습니다. 나는 감히 광부들 중 누구의 집에서도 자지 않
았습니다. 만약 그러면 불쌍한 광부는 아침에 사무실로 불려 가서 마
더 존스를 재워 줬다는 이유로 해고당할 것입니다." (…)

"나는 짓밟힌 사람들에게 약간의 활기를 심어 주려고 최선을 다했습
니다. 그것은 임무였습니다. 광부들은 너무 오랫동안 혹사당해서 두
려워했습니다. 나는 물가에 앉아 밤을 새우곤 했습니다. 아침에도 나
는 광부의 오두막집에 들어갈 수가 없어 뱃사공을 불러서 나를 강 건
너에 있는 광산 운영자가 소유하지 않은 호텔로 데려다 달라고 했습
니다." (…)

"무연탄 지역 사람들은 더 많은 임금을 요구했지만 거절당했습니다. 파
업이 시작됐습니다. 나는 웨스트버지니아에 머무르면서 사람들을 소집
했습니다. 어느 날 파업 파괴 소년들break-boys과 얘기하면서 서 있는데,
두 개의 법원 명령이 내게 떨어졌습니다. 나는 광산 보안 경찰 위원에
게 명령이 더 있냐고 물었습니다. 우리는 체포되었고, 다음날 아침에
풀려났습니다. 나는 감옥에서 음식을 거부했고, 체포에 이의를 제기했
습니다. 판사 앞에 불려갔을 때, 내가 판사를 차르czar라고 부르자, 판사
는 나에게 나가라고 했습니다. 다른 사람들은 두려워했고, 그들은 감옥
에 갔습니다. 나는 모든 명령을 어겼지만 다시 체포되지는 않았습니다.
왜냐구요? 법정 자체가 법정을 존경하지 않기 때문입니다." (…)

"며칠 후에 스탬퍼드Stamford의 자그마한 광산 캠프에서 무시무시한
대규모 살인이 발생했습니다. 나는 그들이 법을 준수하는 시민들이라

는 것을 압니다. 저는 그곳에 있었습니다. 그들을 쏜 미국 경찰들의 행동은 잔학하고 냉혹했습니다. 그런 범죄를 저지른 뒤 경찰들은 펜실베이니아 최고급 호텔에서 광산 운영자들이 베푼 연회에 초대받았습니다. 여러분들은 그 대규모 살인이 얼마나 끔찍했는지 전혀 모를 겁니다. 그 조용하고 작은 마을에서 아침 동이 트기 전에 경찰들과 특수 요원들이 광부들의 집으로 들어가 침대에 있는 그들을 모두 쏘아 죽였습니다. 광부들이 '검은 다리들[black-legs, 파업 파괴자들]'에게 광산을 떠나도록 권유하려고 했기 때문입니다." (…)

"문제가 어떻게 시작됐는지 말씀드리겠습니다. 보안 위원들이 파업 파괴자들을 광산으로 데려왔습니다. 파업 파괴자들은 광부들과 대화하기를 원했지만 결국 강제 명령이 가득한 땅에 들어갔습니다. 그곳에 36명 내지 37명의 광부가 있었습니다. 광부들은 체포당하기를 거부했습니다. 그들은 마침내 잡히지 않고 집으로 돌아갈 수 있었습니다. 〈광산조합〉의 한 간부가 광부들에게 전신을 보냈습니다. '저항하지 말고 감옥으로 가시오. 우리가 보석금을 내고 당신들을 출감시켜 줄 것입니다'라는 내용이었습니다. 전화 교환수들이 자그마한 광산 캠프에 그 메시지를 보내려고 했지만 미국 경찰서장이 전화기를 사용하는 것을 허락하지 않았습니다. 서장은 자신이 그곳에 가려면 몇 시간 걸린다는 답만 보냈습니다. 〈광산조합〉 간부들은 광부들의 이름을 확보하고 있었고, 대변인들에게 권한을 위임하여, 다음날 아침 보석금을 내고 광부들을 출감시키고자 했습니다. 그러나 다음날 아침, 광부들은 잔혹하게 살해된 뒤였습니다." (…)

"강제 명령을 허락한 연방 판사들은, 당신들 노동조합원들이 투표를 해서 정치적 입지를 다질 수 있었던 사람들이 임명한 것입니다! 당신들은 무엇인가를 원할 때는 야후(Yahoos, 스위프트의 소설 『걸리버 여행기』 속에 나오는, 인간의 모습을 한 짐승. 옮긴이)처럼 무릎을 꿇습니다. 동시에, 투표를 통해서는 당신들의 소유물을 충분히 향유할 수 없다고 생각합니다. 당신들은 하찮은 도깨비불을 쫓고 있고, 당신들의 하찮고, 비참하고, 더러운 몸통을 쏘아야 할 총알이 순진한 사람들을 죽였습니다. 여성들은 참정권이 없기 때문에 책임이 없습니다. 오히려 여성들보다 당신들에게 페티코트가 잘 어울릴 것입니다. 이제 자본주의의 총알bullets을 위해 투표하는 대신에 투표권ballots을 쏘기 시작할 때입니다." (…)

"저는 여러분들의 정치적 정당인 공화당과 민주당을 싫어합니다. 이제 제가 말하고자 하는 일을, 여러분들이 할 수만 있다면, 거부하기를 원합니다. 여러분이 공직을 원하면 필수적으로 도당에 들어가야만 합니다. 그리고 그 도당이 말하는 것을 해야만 합니다. 그렇지 않으면 선출되지 못할 겁니다. 자, 그렇습니다. 여러분이 그렇게 할 때마다 여러분은 자본주의의 총알을 위해 투표하는 것이며, 그리고 여러분은 그것을 얻을 겁니다. 당신들의 아름다운 도시 시장으로 출마한 이 사람, 새뮤얼 밀턴 존스는 저와 어떤 관계도 없습니다. 여러분이 이 사실을 아시기 바랍니다. 존스는 자본과 노동이 손을 잡아야 한다고 말하는 개혁파에 속합니다. 존스가 아마도 맞을 겁니다. 그는 기도를 많이 합니다. 하지만 제가 여러분의 것을 훔친다면 여러분이 나와 악수할지 궁금합니다. 존스는 자신의 노동자들을 만족시키기 위해서 공원을 건설했습니다. 그렇지만 만족한 노동자는 바람직하지 않습니다. 만족한 사람에게는 발전이 없습니다. 저는 동요를 원합니다. 동요는 진보의 위대한 조건입니다." (…)

이제 연사는 상류층 여성들에게로 관심을 옮겼다. "저는 청중 가운데 상류층 여성이 많다는 걸 압니다. 이 여성들은 '나이 많은 마더 존스'를 보려는 단순한 호기심으로 왔습니다. 저는 당신들이 자신에 대해 아는 것보다 더 많이 당신들을 압니다. 나는 복도로 걸어 내려가서 당신들 모두를 골라낼 수 있습니다. 아마도 내가 미쳤다고 생각하겠지만 나는 당신들을 압니다. 당신들 사회의 멋쟁이들은 불쌍한 창조물들입니다. 당신들은 턱을 지지하고, 당신들의 어리둥절한 뇌가 입으로 튀어나오는 것을 막기 위해 높은 칼라를 단 옷을 입습니다. 이러한 상업적 카니발주의can-nibalism가 요람까지 침투하는 동안, 여러분은 공장으로 소녀들을 끌어들여 망쳐 놓고, 어린이들을 공장으로 끌어들여 파멸시킵니다. 당신들은 이 모든 일을 기독교의 이름으로 행하며, 집에서는 푸들 강아지를 기릅니다. 바로 지금이 당신들이 인류애에 몸 바칠 적기입니다. 저는 공장을 돌아보며 수마일을 다녔습니다. 그리고 어린이들의 피로 물들지 않은 땅이 성조기 아래 일 인치도 없다는 사실을 알게 됐습니다."

업튼 싱클레어,
『정글』²

1906년

20세기 초 사회주의 사상이 미친 영향력과 광범위한 호소력은 업튼 싱클레어Upton Sinclair의 소설 『정글The Jungle』로 어느 정도 가늠할 수 있다. 싱클레어는 1902년 사회당에 가입했고, 영향력 있는 사회주의 잡지 『이성에의 호소Appeal to Reason』에 글을 실었다. 1905년부터 이 잡지에 기고한 글은 "미국 노동자들"에게 헌정한 『정글』을 구성하는 각 장章이 되었다. 시카고 도축장 노동자들이 착취당하는 상황을 자세하게 묘사하고 있는 이 소설은 실제 개혁으로 이어져, 1906년 "고기검역법Meat Inspection Act"이 통과되었다. 다음은 『정글』의 31장에서 발췌한 내용으로 싱클레어는 이 장에서 자본주의의 부당함에 맞서 사회주의적 대안을 제시했다.

편집장 메이너드 씨는 사회주의자들이 문명의 미래에 관해 틀에 박힌 프로그램을 가지고 있다고, 약간은 순진한 말을 했다. 그렇지만 여기 활동적인 사회당 당원 두 사람이 있다. 메이너드 씨가 이해한 바로는 두 사람은 아무것에도 합의하지 않았다. 메이너드 씨를 교화시키기 위해서 두 사람에게 공통된 점이 무엇이고, 그들이 왜 같은 당에 속했는지를 확신시켜야만 할까? 결국, 많은 논의 끝에 두 가지 명제를 조심스럽게 공식화하게 됐다. 첫째로, 사회주의자는 공동소유권과 생필품 생산의 민주적 운영을 믿는다. 둘째로, 사회주의자는 이를 달성하는 수단은 임금노동자들의 계급의식을 반영한 정치 조직이라고 생각한다. 여기까지 그들은 하나였다. 그러나 그 이상은 아니다. 종교적 광신자 루커스에게 협동적 공동체는 새로운 예루살렘, "네 안에 있는" 하나님의 천국이었다. 다른 사람에게 사회주의는 단순히 더 먼 목표에 도달하기 위해 필요한, 초조하게 견뎌야 하는 단계였다. 슐리만은 자신을 "철학적 아나키스트"라고 불렀다. 슐리만에 따르자면 아나키스트란 인간 존재의 궁극적인 목적이 모든 사람이 자신의 고유한 특성을 지닌 채 법에 의해 제약받지 않는 인격을 개발하는 데 있다고 믿는 사람이다. 같은 종류의 성냥으로 모든 사람의 불을 당기고, 같은 모양의 빵 덩어리로 모든 사람의 배를 채우기 때문에 다수의 결정에 따라 산업을 지배하는 것은 완벽하게 실행 가능하다. 지구는 하나뿐이고, 자원은 제한되어있다. 반면에 지적이고 도덕적인 세계는 한계가 없고, 한 사람이 많이 가져도 다른 사람이 적게 가지게 되는 결과를 가져오지 않는다. 따라서 "물질 생산에는 공산주의, 지적으로는 아나키즘"이 현대 프롤레타리아적 사고의 공식이었다. 태생적 고민이 끝나고 사회의 상처가 치유되자마자, 모든 사람은 자기 노동으로 신용을 얻고, 구매 행위로 차변하게 될 것이다. 그러면 그 후에는 생산, 교환, 소비 과정이 자동적으로 이뤄질 것이며 더 이상 이 과정을 생각하며 골치 썩는 사람이 생기지 않을 것이다. 그러면 사회는 서로 마음 맞는 사람들로 구성된, 독자적이고 자율적인 공동체로 분산될 것이라고 슐리만은 설명했다. 당시 이런 예로 클럽, 교회, 정치적 정당들이 있었다. 혁명 후에는 이런 "자유로운 연합"이 인간의 모든 지적, 예술적, 영적 활동에 관심을 집중시킬 것이다. 낭만주의 소설가들은 낭만주의 소설을 좋아하는 사람들의 지원을 받고, 인상파 화가들은 인상파 작품을 보기 원하는 사람들의 지원을 받을 것이다. 목사, 과학자, 편집자, 배우, 음악가도 마찬가지다. 일하거나, 그림 그리거나, 기도하기를 원하지만 자신을 부양해 줄 사람이 없을 경우 파트 타임으로 일해서 스스로를 지원할 수 있을 것이다. 이는 오늘의 상황과 다르지 않다. 그러나 한 가지 다른 점은 경쟁적 임금 체제에서는 생계를 위해 하루 종일 일해야 했다면 특권과 착취를 폐지한 뒤에는 누구든 하루에 한 시간만 일해도 스스로를 부양하기 충분하다는 것이다. 오늘날 예술을 감상하는 사람들은 매우 소수다. 따라서 상업적 전쟁에서 이기는 비용을 소수 관객이 부담하게 됐고 그 결과 예술의 가치가 떨어지고 세속화되었다. 모든 인류가 경쟁의 악몽에서 해방된 후 지적이고 예술적인 활동이 어떠할지에 대해서는 현재로서는 알 수가 없다.

그러자 편집자 메이너드는 한 시간만 일해도 살 수 있는 사회가 가능하다는 슐리만 박사의 주장이 어떤 근거에서 나온 말인지 궁금해했다. 슐리만이 대답했다. "현재의 과학적 자원을 활용했을 때 사회의 생산력이 어느 정도가 될지는 현재로서는 확신하기 어렵다. 하지만 우리는 자본주의의 지독한 만행에 단련된 마음이 충분히 적당하다고 생각할 만큼의 생산력은 능가하리라고 확신할 수 있다. 세계적으로 프롤레타리아가 승리한다면 전쟁은 물론 생각할 수도 없을 것이다. 누가 전쟁이 인류에게 요구하는 대가가 무엇인지를 상상할 수 있겠는가? 이는 단지 전쟁이 파괴하는 물질과 인명의 가치만으로 계산할 수 없고, 수백만 명의 남자들을 전쟁과 행진을 위해 무장시키고 장비를 갖추게 하고, 무위 속에서 지내게 하는 비용만으로도 계산할 수 없다. 전쟁 준비와 전쟁 테러, 잔악함과 무지, 음주와 매춘, 이것이 야기하는 범죄, 산업의 마비와 도덕적 무감각 때문에 사회의 활기찬 에너지가 고갈되는 대가 역시 계산해야 한다. 공동체의 성실한 구성원들이 매일 두 시간씩 새빨간 전쟁광들을 먹여 살리기 위해 일한다고 말하면 너무 지나친 표현인가?"

그런 다음 슐리만은 계속 경쟁이 가져오는 낭비를 열거했다. 전쟁 산업체의 손실, 끊임없는 걱정과 갈등, 음주와 같은 악폐들. 20년 동안 경제적 어려움이 가중되자 술 소비량은 거의 두 배가 됐다. 공동체의 나태하고 비생산적인 구성원들, 경솔한 부자와 구제 대상인 가난한 사람들, 법과 모든 억압의 기제들, 사회적 허례허식, 모자 판매상과 재단사, 미용사, 춤추는 지배인, 주방장과 그에 따른 요리사들. 슐리만이 말하기를 "당신들은 상업적 경쟁의 현실이 지배하는 사회에서, 돈이 용감한 행위를 평가하는 기준이며, 낭비가 권력의 유일한 기준이라는 사실을 알고 있다. 따라서 지금 우리는 인구의 30퍼센트가 불필요한 물건들을 생산하는 데 종사하고, 1퍼센트가 이를 없애는 데 종사하고 있는 사회에서 살고 있다. 이게 전부가 아니다. 기생자들의 중개자 역시 기생충들이다. 모자 판매상, 보석상, 요리사들 모두가 공동체의 유용한 구성원들의 부양을 받아야 한다. 이 엄청난 질병은 나태하고 미천한 사람들에게만 영향을 미치는 것이 아니다. 그 독이 사회 전체로 스며든다는 사실을 명심해라. 수십만 명의 엘리트 여성들 아래에는 수백만 명의 중산층 여성들이 있다. 중산층 여성들은 엘리트 출신 여성이 아니지만, 사람들 앞에서 그렇게 보이고자 노력하기에 불쌍하다. 그리고 중산층 여성 아래에는 패션 잡지를 읽으며 보닛 모자를 장식하는 농부 아내들, 값싼 보석과 가짜 물개 가죽 옷을 사기 위해서 지저분한 곳에 자기 몸을 파는 여점원과 하녀들이 있다. 이들의 수는 5백만 명에 이른다. 외모를 과시하려는 경쟁의 불길에 기름을 들이 붓는, 판매 경쟁이라는 전체적 체계를 생각해 보라! 수만 개의 값싸고 번드르르한 장식품을 설계하는 공장이 있고, 이들을 전시하는 가게 점원들, 이들에 대한 광고로 가득한 신문과 잡지들이 있다!" (⋯)

슐리만은 대답하기를, "임금 노예제도가 있는 한, 아무리 천하고 불쾌한 일이라 해도 조금도 문제 삼지 않고 이를 수행하는 사람들을 발견하게 된다. 그러나 노동이 자유로워지면 천한 일의 가치도 올라갈 것이다. 그러면 오래되고 더럽고 비위생적인 공장들이 하나둘 문을 닫게 될 것이다. 새로운 공장을 짓는 편이 더 싸다. 또한 증기선에도 불을 피우는 기계가 공급됨에 따라 위험한 교역이 안전해지거나 교역품을 대체하는 상품이 개발될 것이다. 정확하게 같은 방법으로, 우리 산업 공화국 시민들의 품위가 올라갈수록 도살장의 도살 비용도 매년 비싸져서, 결국에는 고기를 먹고 싶은 사람은 스스로 가축을 잡아야 할 것이다. 그러면 얼마나 오래 이런 일이 계속될 수 있으리라 생각하는가? 다른 항목으로 가 보면, 민주주의 안에서 작동하는 자본주의의 필수적인 부산물 중 하나가 정치적 부패다. 그리고 무식하고 부도덕한 정치인이 운영하는 시민 정부가 가져오는 결과물 중 하나는 우리 인구의 반을 죽이는, 예방 가능한 질병이다. 과학은 이 질병을 막으려고 했지만 이루지 못했다. 인류의 대부분이 아직 인간이 아니라, 다른 사람들을 위해 부를 창출하는 기계에 불과하기 때문이다. 인류 대부분은 더러운 집에 감금된 채 방치되었고, 비참함 속에서 망가져 가고 있다. 그들의 생활 여건이 이 세상 의사들이 그들을 치료하는 속도보다 더 빠르게 그들을 아프게 만든다. 그들은 물론 우리 모두의 생명을 위협하며, 가장 이기적인 사람조차 행복할 수 없게 만드는 전염병의 진원지로 남아 있다. 이런 이유로 나는 우리가 이미 소유하고 있는 지식을 적용하는 것이 미래에 과학이 가져올 모든 의학적·외과적 발견보다 더 중요하다고 진지하게 주장한다. 이 지구에서 상속권을 박탈당한 사람들이 인간 존재로서 자신의 권한을 확립할 때, 내가 말한 대로 될 것이다."

두 보이즈,
『흑인의 영혼』[3]

1903년

혹인 사회학자이자 행동가이자 사회주의자인 두 보이즈W. E. Du Bois는 『흑인의 영혼
The Souls of Black Folks』에서 "20세기가 막 시작하는 시점에서 흑인이라는 의미가 갖
는 생소함"에 관해 묘사했다. 두 보이즈는 여기에서 "20세기의 문제는 인종 문제"가
될 것이라고 예언했다. 이 고전적 연구에서 두 보이즈는 20세기 민권운동의 성장을
예시했다. 다음은 『흑인의 영혼』의 첫 번째 장 「우리의 영적 투쟁에 관하여Of Our
Spiritual Strivings」에서 발췌한 내용이다.

나와 다른 세계 사이에 묻지 않은 질문이 있다. 어떤 사람은 민감해서
묻지 않고, 다른 사람은 이를 어떻게 물어야 할지를 몰라 묻지 않는다.
그렇지만 모두가 궁금해한다. 그들은 머뭇거리며 나에게 다가와 호기심
또는 동정심으로 바라보며, "문제아가 된 기분은 어떤가?"라고 직설적
으로 말하는 대신에, "나는 우리 마을에 사는 아주 훌륭한 흑인을 알지
요"라고 말한다. 또한 "나는 메커닉스빌에서 싸웠지요"라거나 "남부의
범죄 행위가 당신 피를 끓게 하지 않습니까?"라고 묻는다. 이런 기회가
올 때마다 나는 부글부글 끓어오르는 피를 진정시키며 미소 짓거나 관심
을 보이는 척한다. 그러나 문제아가 되는 기분이 어떤가라는 진정한 질

문에는 거의 대답하지 않는다.

　문제아가 된다는 건 이상한 경험이다. 어린 시절과 유럽에 있을 때를 제외하고, 늘 아무것도 아니었던 사람에게조차 이는 특이한 경험이다. 쾌활했던 어린 소년 시절 어느 날, 나는 이 뜻밖의 새로운 사실을 처음 알게 됐다. 그림자가 나를 뒤덮던 그때의 기억이 뚜렷하다. 어두운 후사 토닉Housatonic 바람이 후삭Hoosac과 타카닉Taghkanic 사이를 지나 바다로 향해 부는 뉴잉글랜드 언덕 위에서 나는 아무것도 아니었다. 자그마한 목조 교실에서, 한 묶음에 10센트짜리 멋진 방문 카드를 사서 서로 교환하자는 생각이 소녀와 소년들 머리를 스쳤다. 새로 전학 온 키 큰 소녀가 나를 힐끗 보고 즉시 내 카드를 거절할 때까지, 카드 교환은 즐거웠다. 그러자 내가 다른 아이들과 다르다는 사실에 슬픔이 몰려왔다. 아니, 마음과 생활과 욕구는 같을 테지만 거대한 베일이 나와 그들의 세계를 격리시키고 있다는 슬픔이 엄습했다. 나는 이후 그 베일을 찢어 버리거나 기어서 통과할 열망을 잃어버렸다. 나는 흔히 그렇듯 일상적으로 그 베일을 무시하는 방식으로 베일을 넘어섰다. 그리고 모든 것을 억제하며 저 너머 푸른 하늘과 위대한 방황의 그늘 아래 살았다. 내가 시험에서 내 친구들을 앞서거나, 달리기 경주에서 그들을 이기거나, 그들의 부족한 머리를 능가할 때, 그 하늘은 가장 푸르렀다. 슬프다. 세월이 감에 따라 이 모든 미묘한 경멸은 사라지기 시작했다. 내가 열망해 온 세계, 그리고 눈부신 기회는 내 것이 아니라 그들의 것이었다. 나는 그들이 이러한 경품들을 계속 가져서는 안 된다고 말했다. 나는 그 경품 중 일부를, 전체를 그들에게서 빼앗고자 했다. 법을 해석함으로써, 병자를 치료함으로써, 내 머릿속에서 헤엄치는 재미있는 이야기를 해 줌으로써, 아니면 다른 방법을 사용해서 말이다. 그러나 어떻게 빼앗을 것인지는 끝까지 결정할 수 없었다. 다른 흑인 소년들은 이런 갈등을 나만큼 낙관적으로 바

라보지 못했다. 그들의 젊음은, 하얀 것은 모두 조롱하거나 불신하면서
도 비속한 아첨을 하거나 그들에 비해 연한 피부색에 무언의 증오를 표
하는 것으로 축소됐다. 또는 "하나님, 왜 나를 내 집에서조차 따돌림당
하는 이방인으로 만드셨나요"라고 처절하게 외치며 젊음을 낭비했다.
감옥의 커튼이 우리 모두의 둘레에 쳐졌다. 이 커튼은 백인들에게는 일
직선으로 견고한 것이었지만 어둠의 자식들에게는 잔인할 정도로 좁고
높아 올라갈 수 없는 것이었다. 어둠의 자식들은 체념에 빠진 채 허우적
거리며 걷거나 손바닥으로 헛되이 돌을 치고, 끊임없이 또는 희망의 절
반을 버린 채로 푸른 하늘을 바라보기만 했다.

　이집트인, 인도인, 그리스인, 로마인, 튜턴족, 그리고 몽고족에 뒤이어
니그로는 소위 일곱 번째 자식이다. 니그로는 아메리카 세계에서 베일에
싸인 채 태어났지만 천리안을 선물로 받았다. 이 아메리카 세계는 그에
게 진정한 자아를 주지 않고, 단지 다른 세계의 계시를 통해 자신을 보게
했다. 이 이중의식은 특이한 감각이다. 늘 다른 사람의 눈을 통해 자신을
보는 이 감각 때문에 우리는 흥미롭다는 듯 경멸과 동정어린 시선으로
자신을 바라보는 세계의 눈을 통해 자기 영혼을 평가한다. 니그로는 언
제나 미국인과 니그로라는 두 개의 정체성, 두 개의 영혼, 두 개의 사고,
두 개의 화해할 수 없는 갈등을 느낀다. 완강한 힘만으로는 갈기갈기 찢
어지는 것을 막지 못하는, 한 개의 검은 몸속에서 싸우는 두 개의 관념을
지닌다.

　미국 니그로의 역사는 이러한 갈등의 역사다. 즉, 자의식 강한 인격을
달성하고픈 갈망과 자신의 이중 자아를 더 진실되고 나은 자아로 합체하
고픈 열망의 역사다. 이런 합체를 통해 니그로는 자신의 오래된 자아 중
어느 하나도 잃지 않기를 원한다. 니그로는 미국이 아프리카가 되기를
바라는 것이 아니다. 미국이 아프리카와 다른 세계에 가르칠 것이 너무

많기 때문이다. 니그로는 아메리카니즘의 홍수 속에서 자신의 니그로 영혼이 바래지 않기를 바란다. 니그로 피가 세상에 전하는 메시지가 있음을 알기 때문이다. 그는 단지 니그로이자 동시에 미국인이 될 수 있기를 희망할 뿐이다. 그리하여 동료들에게 저주나 경멸을 받지 않고, 기회의 문이 자기 앞에서 거칠게 닫히지 않기를 희망할 뿐이다.

　문화의 왕국에 협력을 하고, 죽음과 고립에서 도망치고, 자신이 가진 최상의 권한과 숨어 있는 천성을 개발하고 활용하는 것, 자, 이것이 니그로의 투쟁 목적이다. 과거에 이런 정신과 육체의 힘은 이상할 정도로 낭비되거나, 해체되거나, 잊혀졌다. 과거 강력한 니그로의 그림자가 에티오피아의 새도우이Shadowy와 이집트 스핑크스의 전설을 통해서 문득 머리를 스친다. 역사를 통털어 흑인의 권한은 여기저기서 마치 떨어지는 유성처럼, 세상이 그 밝기를 올바르게 측정하기도 전에 반짝이다 사라졌다. 여기 미국에서 흑인들은 노예해방 후 수일 동안 주저하고 망설이며 싸웠고 그 싸움에서 갈팡질팡했다. 이는 흑인 자신의 힘에서 영향력을 앗아갔고 흑인은 힘이 없거나 약한 것처럼 비춰졌다. 하지만 이는 약해서가 아니라, 두 개의 목표가 상충한 결과였다. 흑인 장인들은 서로 갈등하는 두 개의 목표를 가지고 있었다. 한편으로는 천한 일에 종사하는 인종에게 보내는 백인의 경멸을 피하고 싶었고, 다른 한편으로는 빈곤에 시달리는 사람들을 위해 쟁기질하고 못을 박고 땅을 파고자 했다. 마음이 양편으로 갈라져서 결국 흑인은 가난한 장인으로 남게 됐다. 흑인의 빈곤과 무지 때문에 니그로 목사와 의사는 돌팔이 선동가나 돌팔이 의사 취급을 당했다. 그리고 다른 세계에서 쏟아지는 비난 때문에 자신의 일을 비천하다 여기고 부끄러워했다. 자칭 학자인 흑인은 흑인이 필요로 하는 지식이 자신의 백인 이웃들에게는 고리타분한 이야기인 반면에, 백인 세계가 배우고자 하는 지식은 흑인들 자신에게는 그리스 세계처럼 느껴진다는 모순에 직면했다. 영혼의 거친 면을 노래와 춤으로 승화시키는, 조화와 아름다움에 대한 흑인들의 타고난 사랑은 흑인 예술가의 영혼에 의심과 혼란만을 가져왔다. 흑인에게 아름다움이란 대부분의 관객은 관심조차 없는 인종이 지닌 영혼의 아름다움이기 때문이다. 그리고 그 흑인 예술가는 그 밖에 다른 인종의 메시지를 분명하게 표현할 수 없기 때문이다. 이중의 목적이 초래한 낭비, 화해할 수 없는 두 개의 관념을 만족시키려는 노력은 수만 명의 용기와 믿음과 행동을 서글프게 파괴했다. 이 이중의 목적 때문에 흑인들은 가끔 그릇된 신에게 사랑을 구걸하거나 잘못된 방법으로 구원을 요청했다. 그리고 때로는 자기 스스로를 부끄럽게 여기게 됐다.

옛날 노예 시절에는 하나의 신성한 사건으로 모든 의심과 실망을 끝맺을 수 있으리라 믿었다. 지난 2세기 동안의 미국 니그로처럼, 그렇게 거의 완전한 믿음으로 자유를 숭배했던 이들은 없었다. 니그로가 생각하고 상상하는 한, 노예제도는 모든 악의 총체였고, 모든 슬픔의 원인이었으며, 모든 편견의 뿌리였다. 해방은 지치고 피곤한 이스라엘 사람들 눈앞에 끝없이 펼쳐진 달콤하고 아름다운 약속의 땅으로 가는 열쇠였다. (…)

국가는 지은 죄 때문에 아직 평화를 얻지 못했고, 해방된 흑인들은 자유 안에서도 약속의 땅을 발견하지 못했다. 좋은 일이란 좋은 일은 다 일어나고 있는 이 변화의 시기에도 니그로들에게는 깊은 실망의 그림자가 드리워진다. 비천한 사람들이 단순히 무지해서 그렇지, 달성하지 못한 이상이 무한하기 때문에 이 실망은 더욱 더 쓰다.

해방 후 첫 10년은 마치 머리 없는 주인을 미쳐 날뛰게 해 잘못 인도하는 감질나는 도깨비불처럼 손에 잡힐 듯 말 듯한 혜택과 자유를 찾으려는 헛된 유예기였다. 전쟁 학살, 큐 클럭스 클랜의 테러, 북부에서 온 뜨내기들의 거짓말, 산업의 해체, 친구와 적의 상반되는 충고는, 당황한 노비에게 자유에 대한 오래된 외침을 넘어선 새로운 목표를 제시해 주지 않았다. 그렇지만 시간이 흘렀고, 니그로는 새로운 생각을 이해하기 시작했다. 자유라는 이상은 강력한 수단이라는 재능을 요구했다. 니그로는 헌법수정조항 제15조가 자신들에게 약속한 것들을 요구했다. 이전에 투표는 눈에 보이는 자유의 상징으로 여겨졌다. 이제는 전쟁이 니그로에게 부여한 자유의 일부를 얻고 그것을 완성하는 주요 수단이 됐다. 왜 그러지 않겠는가? 선거권이 전쟁을 일으켰고 수백만 명을 해방시키지 않았는가? 선거권이 해방 흑인들에게 참정권을 주지 않았는가? 이 모든 것을 이룬 권력에게 불가능한 것이 있겠는가? 백만 명의 흑인 남자들은 이 왕국에서 되살아난 열정을 가지고 선거에서 자기 의견을 표명했다. 그렇게 10년이 흘러갔다. 1876년의 혁명이 도래했고, 반노비 상태의 흑인들은 지치고 방황하면서도 여전히 영감에 고무된 상태였다. 이후, 느리지만 꾸준하게, 새로운 시각이 정치적 권한이라는 꿈을 점진적으로 대신했다. 즉 인도되지 않은 사람들을 안내하려는 또 다른 이상理想의 흥기, 구름 가득한 날 밤에 타오르는 불기둥 같은 또 다른 강력한 운동이 등장한 것이다. 이는 바로 "책을 통한 배움"이라는 이상이었다. 무지한 상태로 태어날 수밖에 없었지만, 백인이 지닌 학식이라는 비법의 힘을 알아채고 그것을 시험해 보려는 호기심이 자라났다. 알고자 하는 갈망이 그것이었다. 여기에, 가나안으로 향하는 산길, 해방과 법의 고속도로보다 더 길고, 가파르고 험난한, 그러나 삶을 내려다보기에 충분히 높은 언덕으로 이르는 지름길이 마침내 발견된 듯했다.

이 새로운 길에 이르기까지, 전방의 안내인은 서서히, 힘들게, 끈질기게 노력했다. 학교에 있는 검은 학생들의 비틀거리는 발과 불확실한 마음, 우둔한 머리를 지켜보고 안내한 사람들만이 이 사람들이 얼마나 충실하게, 얼마나 슬프게, 배우고자 노력했는지 알고 있다. 이는 힘겨운 일이다. 냉정한 통계 전문가는 여기저기서 몇 인치의 진보가 있었다고 적었다. 그리고 여기저기에 발이 미끄러진 이야기와 떨어진 사람들의 이야기도 함께 언급했다. 지친 등산가들에게 지평선은 어둠에 갇혀 보일 리 없었다. 안개는 때로 차가웠고, 가나안은 언제나 희미하고 먼 곳에 있었다. 그러나 전망이 드러났다고 해도, 아직 목적지도 쉴 곳도 보이지 않았고 아첨과 비난 말고는 아무것도 없었다. 그렇지만 그 여정은 적어도 성찰하고 자기 점검을 할 수 있는 여유를 제공했다. 이는 해방의 자식들을 이제 막 움트는 자의식과 자아실현, 자아 존중감을 지닌 젊은이로 변화시켰다. 젊은이들은 이처럼 자기 노력이라는 어두침침한 숲에서 자기 영혼이 모습을 드러내는 것을 보았다. 니그로 젊은이들은 비록 어두운 베일을 통해서이기는 하지만 자신을 보았다. 그는 자기 안에서 자신에게 내려진 희미한 계시, 자신의 힘과 임무를 보았다. 그는 이 세상에서 자기 자리를 얻기 위해서는 다른 사람이 아닌 자기 자신이 되어야 한다는 생각을 희미하게나마 지니기 시작했다. 처음으로 그는 등에 짊어진 무거운 짐을 분석하려고 노력했다. 그 짐은 일부 혹은 반만 언급된, 니그로 문제 뒤에 숨은 사회적 지위 하락이라는 무거운 짐이었다. 니그로는 일 센트의 돈도, 집도, 땅도, 연장도, 자본도 없이 빈곤에 시달렸다. 니그로는 땅을 소유한 부유한 숙련공 이웃과 경쟁해야 했다. 가난은 괴롭다. 달러의 땅에서 가난한 인종이 되는 것은 고난의 맨 밑바닥을 의미했다. 그는 자신의 무지의 무게, 단순히 글자를 모르는 것이 아니라 인생, 사업, 인류애에 대한 무지의 무게를 느꼈다. 수십 년, 수백 년 동안 축적된 나태와 위축, 그리고 낯선 감각이 니그로의 손과 발에 족쇄를 채웠다. 빈곤과 무지만이 그의 짐이 아니었다. 2세기 동안 니그로 여성의 순결을 체계적이고 합법적으로 모독한 결과 흑인종에게는 사생아라는 빨간 낙인이 찍혔다. 이는 니그로 가정을 거의 말살할 정도로 위협적인 백인 강간을 의미했다. 이로써 니그로 여성들은 고대 아프리카의 정숙을 상실했을 뿐만 아니라 흑인 대부분이 퇴폐적이라는 짐을 물려받게 됐다.

장애인에게는 세상과 경주하라고 요구하기보다는 자신들의 사회적 문제에 시간과 생각을 집중하도록 허락해야 한다. 그러나, 안타깝다! 사회학자들이 즐거워하며 흑인 사생아 수와 창녀의 수를 세는 동안, 땀 흘리고 열심히 노력하는 흑인의 영혼은 거대한 절망의 그림자로 어두워진다. 사람들은 그 그림자를 편견이라고 부른다. 그리고 이를 야만에 대항한 문화, 무지에 반한 학식, 범죄에 대항한 순수함, "열등한" 인종에 대한 "우월한" 인종의 자연스러운 방어라고 학문적으로 설명한다. 이에 대해 니그로들은 "아멘"을 외친다. 그리고 문명, 문화, 정의, 진보에 대한 충성을 맹세하는 곳에서 발견할 수 있는 이 이상한 편견 앞에서 니그로는 겸손하게 절하고 그 편견을 온순하게 따르겠다고 맹세한다. 그러나 이 모든 것을 뛰어넘는 이름 없는 편견 앞에서 니그로는 무기력하고, 당황한 채 거의 할 말을 잃고 서 있다. 니그로는 개인적 불경과 조롱, 조소와 체계적인 모욕, 사실의 왜곡과 바람둥이라는 방종한 상상, 잘난 사람에 대한 냉소적인 무시와 못난 자에 대한 떠들썩한 환영, 투생 루베르튀르(Toussaint L'ouverture, 1797년 프랑스와 영국에 맞서 독립을 쟁취한 아이티 건국의 아버지. 옮긴이)에서 악마에 이르기까지 검은 것은 무엇이든 경멸하라고 계속 가르치려는 열망, 이 모든 것 앞에서, "낙담"을 불문율처럼 여기는 흑인 다수를 제외하면, 어떤 나라든 무장을 해제하거나 단념할 수밖에 없는 신물나는 절망을 겪게 될 것이다.

거대한 편견에 직면하면 불가피하게 자문하고, 스스로를 비방하지 않을 수 없다. 그리고 이상을 낮추지 않을 수 없다. 이상의 낮춤은 경멸과 증오의 분위기에서 만들어지고 억압을 수반한다. 속삭임과 불길한 징조는 네 가지 상황을 만들어 냈다. 즉, 흑인들은 우리는 병에 걸렸고 죽어

간다고 외쳤고, 우리는 쓸 줄 모른다고 생각하고, 우리의 투표권은 소용이 없고, 늘 음식을 만들거나 봉사해야만 하는데 교육은 무슨 소용이 있냐고 자문한다. 국가 전체가 이 자기 비판을 메아리치게 하고 강요했다. 그리고 말한다. 하인으로 만족해라. 더 이상 무엇이 되려 하지 마라. 반쪽 인간에게 고급문화가 왜 필요한가? 흑인 투표권을 강제로든 사기로든 사용 못하게 해라. 그리고 보라, 한 인종의 자살을! 그러나 악마에게도 선한 무엇인가를 발견할 수 있다. 교육을 현실에 더 신중하게 적응시키기, 니그로의 사회적 책임을 더 명확하게 개념화하기, 그리고 진보의 의미를 더 진지하게 이해하기가 그것이다.

이제 질풍노도의 시기가 도래했다. 오늘날의 폭풍우와 스트레스는 세계라는 바다의 성난 물 위에 떠 있는 우리의 작은 배를 흔든다. 안과 밖에서 싸우는 소리, 시체 태우는 소리, 분열하는 영혼의 소리, 의심과 싸우는 영감靈感의 소리, 헛된 질문과 싸우는 신념의 소리가 들린다. 과거의 반짝이던 아이디어들, 즉 물리적 해방, 정치적 힘, 지식 교육과 기술 교육의 아이디어들은 마지막 아이디어가 희미하게 보이지 않을 때까지 차례차례 성쇠盛衰를 계속했다. 그 모든 아이디어들이 잘못되었는가? 아니면 거짓인가? 아니다. 그렇지 않다. 그러나 각각의 아이디어는 지나치게 단순하고 미완성이며, 쉽게 남을 믿는 어린아이들이나 꿀 법한 꿈이거나, 우리의 힘을 모르고, 알고 싶어하지도 않는 다른 세계가 원하는 꿈이다. 진정으로 진실하려면, 이 모든 이상들을 녹여서 하나로 결합해야 한다. 오늘날에는 무딘 손을 훈련하고, 눈과 귀를 트이게 하고, 무엇보다 재능 있고 순수한 마음에 피어나는 넓고 깊고 수준 높은 문화를 훈련시키는 학교 교육이 그 어느 때보다 절실하게 필요하다. 투표는 순전히 자기를 방어하기 위해 필요한 힘이다. 또 다른 노예제도에서 우리를 구해줄 수 있는 방법이 투표 말고 무엇이 있겠는가? 자유 또한 오랫동안 추구해 왔다. 하지만 우리는 여전히 생명과 신체에 대한 자유, 일하고 생각할 자유, 사랑하고 갈망할 자유를 추구하고 있다. 일, 문화, 자유, 우리에게는 이 모두가 다 필요하다. 이들은 각각이 아니라 다 함께, 차례대로가 아니라 한꺼번에 필요하다. 일과 문화와 자유는 같이 성장하고 서로 도울 것이다. 그래서 니그로 앞에 아른거리는 더 거대한 이상, 즉 인종 통합이라는 이상을 통해 얻을 수 있는 인류애의 이상을 향해 함께 싸울 것이다. 니그로의 특질과 재능을 기르고 발전시키는 이상, 그러나 다른 인종을 경멸하거나 반대하지 않고 미국 공화국이라는 더 원대한 이상에 부응하는 특질을 발전시키려는 이상, 그리하여 언젠가 미국 땅에서 전 세계적인 두인종이 각자에게 없는 특성을 서로에게 선물하는 그런 미국 공화국이라는 이상을 위해 싸운다. 우리 흑인들은 오늘날 완전히 빈손으로 싸우고 있는 것은 아니다. 오늘날 미국 니그로보다 「독립선언서」에 새겨진 순수한 인간 정신을 더 순수하게 옹호하는 사람은 없다. 니그로 노예의 거칠고 감미로운 멜로디보다 더 진정한 미국 음악은 없다. 미국의 동화와 민요는 인디언과 아프리카에 그 기원이 있다. 그리고 달러와 세련미가 판을 치는 뿌연 사막에서 우리 흑인들만이 소박한 믿음과 존경을 표할 수 있는 유일한 오아시스처럼 보인다. 미국이 자신조차 잘 소화할 수 없는 잔인함을 낙천적이지만 결의에 찬 니그로의 겸손으로 대치한다면, 더 가난해질까? 미국의 거칠고 잔인한 유머를 사랑스럽고 명랑한 기분 좋은 유머로 바꾼다면? 세속적인 음악을 영혼의 슬픈 노래로 대치한다면?

니그로 문제는 위대한 공화국의 근원적 원리를 구체적으로 시험하고 있다. 그리고 해방 노예의 자손들이 벌이는 영적인 투쟁은 힘의 한계를 넘어선 짐을 지고 있는 영혼의 진통이다. 그 영혼은 역사적 인종의 이름으로, 조상의 땅이라는 이름으로, 그리고 인간 기회라는 이름으로 그 짐을 짊어지고 있다.

에마 골드먼,
"애국주의: 자유에 대한 위협"[4]

1908년

리투아니아 출신 에마 골드먼Emma Goldman은 아나키스트이자 페미니스트 웅변가, 선동가, 그리고 조직가였다. 골드먼은 자신의 연설 때문에 여러 번 감옥에 갔다. 전쟁을 탁월하게 비판한 골드먼은 유럽에서 제1차 세계대전이 일어나자 〈징병반대연맹No-Conscription League〉을 결성하기 위해 일했다. 골드먼과 그녀의 동료 아나키스트 알렉산더 버크먼Alexander Berkman은 1917년 6월에 징병 반대 연설로 투옥됐다. 골드먼은 전쟁 뒤 모국인 (당시 소비에트 연방공화국이 된) 러시아로 추방되었다. 다음은 골드먼이 1차 대전이 임박한 시기에 샌프란시스코에서 한 연설이다.

애국주의는 무엇인가요? 태어난 곳에 대한 사랑인가요? 어린 시절의 추억과 희망, 꿈과 갈망이 있는 곳인가요? 어린아이 같은 순수함으로 떠가는 구름을 바라보며, 우리는 왜 그렇게 빨리 달리지 못하는지 의아해하던 곳인가요? 10억 개의 반짝이는 별을 세려다가 별들이 우리 작은 영혼의 깊이를 꿰뚫는 "한 개의 눈"처럼 보여 그만 공포에 떨었던 장소인가요? 우리가 새들의 노래를 들으며 먼 곳으로 날 수 있는 날개를 갈망하던 장소인가요? 아니면 엄마의 무릎 위에 앉아 위대한 위인의 행동과 정복의 이야기에 도취됐던 장소인가요? 한마디로 말해서, 이는 장소에 대한 사랑, 즉 행복하고 즐겁고 쾌활한 어린 시절의 소중하고 귀한 기억을 대변하는 모든 장소에 대한 사랑입니다.

　그것이 애국주의라면 오늘날 미국인 중 애국적이라고 부를 수 있는 사람은 거의 없습니다. 옛날에 놀던 장소가 공장, 제분소, 광산으로 바뀌었고, 귀를 멍하게 하는 기계 소리가 새들의 노래를 대신했기 때문입니다. 더 이상 위대한 행동에 대한 이야기를 들을 수 없습니다. 오늘날 어머니의 이야기는 모두 슬픔, 눈물, 한숨의 이야기이기 때문입니다.

　그렇다면 애국주의는 무엇입니까? 새뮤얼 존슨Samuel Johnson 박사는 "애국주의는 불한당이 마지막으로 호소하는 곳이다"라고 말했습니다. 우리 시대의 위대한 반反애국주의자 레오 톨스토이Leo Tolstoy는 애국주의란 대량 학살을 위한 훈련을 정당화하는 원리라고 정의합니다. 이는 구두, 옷, 집과 같은 생필품을 만들기보다는 사람 죽이는 장비를 더 잘 갖추기를 원하는 교역입니다. 평범한 노동자들의 영광이나 수입보다 더 많은 수입과 영광을 보장하는 교역입니다. (…)

　실제로 자부심, 오만, 그리고 이기주의가 애국주의의 본질입니다. 제가 열거해 보지요. 애국주의는 세계가 각각 철문으로 둘러싸인 자그만 지역들로 나뉘어져 있다고 가정합니다. 어떤 특정한 지역에서 태어난 행운을 지닌 사람들은 다른 지역에 사는 사람들보다 자기들이 잘 살고, 고상하고, 위대하고, 지적이라고 여깁니다. 그러므로 이 선택된 지역 사람들의 의무는 자신의 우월함을 다른 모든 사람들에게 강요하기 위해서 싸우고 죽이고 죽는 겁니다.

　다른 지역에 사는 사람은, 물론 같은 방식으로, 유아기 때부터 어린아이의 마음이 독일인, 프랑스인, 이탈리아인, 러시아인 등과 같은 섬뜩한 이야기들로 오염된다고 생각합니다. 어린아이가 성인이 되었을 때 그는 자신이 외국인의 공격이나 침공으로부터 나라를 방어하기 위해 신의 선택을 받았다는 믿음에 흠뻑 젖습니다. 나라를 방어한다는 것, 이것이 바로 더 많은 육군과 해군, 더 많은 전함과 탄약을 외치는 이유입니다. (…)

육군과 해군은 장난감과 다르지 않습니다. 이들을 더 매력적이고 마음에 드는 것으로 만들기 위해 수십만 달러가 장난감 전시에 쓰입니다. 바로 이 때문에 미국 정부는 전함에 장비를 갖추고 태평양 연안을 따라 순항합니다. 모든 미국 시민이 미국에 대해 자부심과 영광을 느끼도록 만드는 것이 목적입니다. 샌프란시스코는 그 전함을 환영하는 데 10만 달러를 지불했습니다. 로스앤젤레스는 6만 달러, 시애틀과 타코마는 약 10만 달러를 썼습니다. "그 전함을 환영하기 위해서"라고 제가 말했습니까? "용감한 소년들"이 충분한 음식을 먹기 위해 반란을 일으키는 동안, 소수의 고위 장교들을 먹이고 마시게 하기 위해서란 말입니다. 그렇습니다. 나라 여기저기서 남자, 여자, 어린이들이 거리에서 굶어 죽어가고, 수천 명의 실업자들이 어느 가격으로든 자신들의 노동을 팔 준비가 되어 있는 이 시기에, 불꽃놀이, 극장 파티, 흥청망청 노는 데 26만 달러를 썼습니다.

26만 달러라니요! 그렇게 많은 돈으로 이루지 못할 것이 무엇인가요? 도시의 어린이들에게 음식과 피난처를 주는 대신 전함을 구경시킵니다. 한 신문은 "어린이에게 영원히 남을 기억"이 될 것이라고 말했습니다. 아마도 이는 잊혀지지 않을 것입니다.

기억하기에 좋은 일 아닌가요? 문명화된 학살의 수단입니다. 아이들의 마음이 그런 기억들로 오염된다면 인류 형제애를 실현시킬 수 있다는 희망을 어디서 찾겠습니까?

우리 미국인들은 평화를 사랑하는 사람들이라고 주장합니다. 우리는 유혈 참사를 싫어합니다. 우리는 폭력에 반대합니다. 그렇지만 우리는 무력한 시민들에게 비행기에서 다이너마이트를 떨어뜨리는 기획의 가능성을 따지며 발작적인 기쁨을 느낍니다. 우리는 경제적인 궁핍 때문에 위험을 무릅쓰고 기업의 거물을 공격하는 사람들을 목매달고, 전기의자로 처형하고, 구타할 준비가 되어 있습니다. 동시에 우리의 마음은 미국이 세계에서 가장 강력한 나라가 될 것이며, 결국 무쇠 발로 다른 모든 나라의 목을 조를 것이라는 생각에 자부심으로 부풀어 오릅니다.

그것이 바로 애국주의의 논리입니다. (…)

이 세상의 생각 있는 남자와 여자들이 애국주의가 우리 시대의 필요를 충족시키기에는 너무 편협하고 제한된 개념이라는 것을 깨닫기 시작했습니다. 권력이 중앙에 집중되자 세계의 억압받는 나라들 사이에 국제적 연대감이 형성됐습니다. 이 연대감은 미국 광부와 그를 착취하는 동포 사이의 이해관계보다 미국의 노동자와 해외의 노동자 형제 사이의 이해관계가 더 잘 조화를 이룬다는 사실을 보여 줍니다. 이 연대감은 외국의 침입을 두려워하지 않습니다. 모든 노동자들은 고용주에게 "가서 사람을 죽여라. 우리는 당신을 위해 이미 충분히 오랫동안 일해 왔다"고 말할 것입니다. 연대감이 노동자들을 여기까지 데려왔습니다.

이 연대감은 심지어 군인 의식을 깨웁니다. 군인들 역시 인간 사회라는 거대한 가족의 일부입니다. 이 연대감은 과거 전쟁에서 한 번 이상 틀림없이 증명됐습니다. 예를 들어 1871년 코뮌 시기, 이 연대감은 파리 군인들로 하여금 자신들의 형제를 쏘라는 명령을 거부하게 한 추진력이었습니다. 이는 근자에 러시아 전함에서 반란을 일으킨 사람들에게 용기를 주었습니다. 이 연대감은 결국 국제적 착취자들에 대항하여 반란을 일으키도록, 억압받고 유린된 사람 모두를 이끌 것입니다. (…)

우리가 애국심이라는 거짓말의 토대를 무너뜨릴 때, 모든 나라들이 보편적 형제애로 뭉칠 위대한 사회 체제로 향하는 길, **진정으로 자유로운 사회로** 향하는 길을 가로막는 장애물 역시 사라질 것입니다.

파업 중인 로렌스 직조공의 선언[5]

1912년

미국 역사에서 가장 극적인 노동 투쟁이 1912년 매사추세츠 로렌스Lawrence에서 일어났다. 대부분 여자들이고, 10여 개 이상의 다른 언어를 사용하는 유럽계 이민자인 방직 공장 노동자들이 1912년 1월에서 3월까지, 가장 매섭게 추운 시기에 파업을 했다. 그들은 경찰의 폭력과 굶주림을 견뎌냈으며, 결국 강력한 방직 공장 주인들에 대항하여 승리를 거뒀다. 미국 「독립선언서」에서 빌려 온 다음의 파업 선언문은 로렌스 노동자들이 발행했고, 매사추세츠의 이민자 방직공들이 사용하는 다양한 언어로 번역되어 전 세계로 배포되었다.

우리 로렌스 직조공 2만 명은 노예제도와 기아에서, 과로와 저임금에서, 통제할 수 없을 정도의 참을 수 없는 일들에서 벗어나 자유로운 삶을 살 권리를 쟁취하기 위해 파업에 나섰다. 우리는 임금 노예제도가 수년에 걸쳐 빚어낸 잘못과 불의에 대항하기 위해 하나로 뭉쳐 로렌스라는 노예 우리에서 나와 행진할 수밖에 없었다.

투쟁하는 동안 우리는 고통받았다. 우리는 공장주들, 시 정부, 경찰, 군부, 주 정부, 의회, 그리고 지역 즉결 재판소 판사들의 학대와 비방을 인내를 가지고 참아 왔다. 우리는, 우리 동료 노동자들이 정당한 대우를 받기 위해서라도 로렌스 방직 공장주에 대항해 파업을 할 수밖에 없었던 대의를 알리고자 한다. 우리는 사회의 유용한 구성원으로서, 그리고 풍부한 생산자들로서 우아하고 영예로운 삶을 살 권리가 있다고 주장한다. 우리는 판잣집이 아니라 번듯한 집을 가져야 하고, 비싼 값에 이것저것 섞은 음식이 아니라 깨끗한 음식을 먹어야 하고, 질 나쁜 조잡한 옷이 아니라 날씨에 맞는 옷을 입어야 한다고 주장한다. 한편은 도둑 계급으로, 다른 한편은 노동계급으로 이루어진 사회에서 충분한 의식주를 확보하려면, 노동자들은 반드시 하나로 뭉쳐 연합하고 자신들의 안전과 행복에 가장 효과적인 형태로 세력을 조직해야 한다.

실제로, 신중함 때문에 이미 오랫동안 지속되어 온 상황을 가벼운, 또는 일시적인 이유로 바꿔서는 안 된다고 생각할 수 있다. 따라서 경험에 비춰 봐도 노동자들은 불행을 견딜 만하다고 여기면서 익숙한 절망에 대항해 그것을 바로잡기보다는 고통을 받는 경향이 있다. 그러나 능욕과 학대의 긴 행렬은 명백히 같은 목적을 추구하고 있으며 노동자들을 거지 신세로 전락시키려는 계획을 분명히 하고 있다. 바로 이때, 그러한 책략에 항거하고 미래의 안전을 위해 새로운 준비 태세를 갖추는 것이 노동자들의 의무다. 이것이 직조공들이 참고 고통받아 온 상황이며, 이런 상황 때문에 노동자들은 지금 방직 공장주 계급과 싸우고 있는 것이다.

현재 방직 공장 소유주들은 직조공들 위에 군림하는 절대적인 독재 체제를 구축하려는 직접적인 목적하에, 노동자들의 권리를 계속해서 침해하고 있다. 문명화된 세계에서 올바르게 생각하는 남자와 여자들에게 이 사실을 증명해 보이고자 한다. 공장 주인들은 파업자 대표들을 만나기를 거부했다. 공장 주인들은 합리적이거나 또는 정당한 노동자들의 요구를 고려하기를 거부했다. 공장 주인들은 자신들의 안전하고 호화로운 사무실에서, 단단한 공장 문과 빽빽하게 늘어선 보병의 총검과 경찰 곤봉 뒤에서, 국가와 도시, 그리고 대중을 무시했다. 사실상 로렌스 시와 매사추세츠 정부는 방직 공장 주인들의 피조물이 되었다. 공장 주인들은 파업자들을 저항하게 만든 바로 그 상태, 즉 노예 상태로 파업자들이 되돌아갈 때까지 교섭하지 않겠다고 선언했다. 그들은 노동자들을 굶기고, 그들의 가정을 해체 상태로까지 몰고 갔다. 즉, 임금이 너무 적어서 엄마와 아이들이 가까스로 살아가고, 굶어 죽지 않을 정도의 임금을 위해 아이들이 공장에서 아버지와 나란히 일을 하는 상태로 몰고 갔다. 로렌스 노동자 가정에서 한 살 이하 어린이의 사망률이 매우 높다는 사실만으로도 이를 입증할 수 있다. 아이들 대부분이 태어나기 전부터 굶기 때문이다. 굶어 죽는 틈바구니에서 살아난 아이들 역시 자라서 영양실조의 희생자가 된다. (…)

경찰이 파업자들을 매우 잔인하게 다뤘기 때문에 노동자들은 질서를 유지하려는 모든 시도에 반항하며 저항했다. 이 문제의 시기에 경찰이 저지른 범죄는 상상할 수 없을 정도다. 그들은 한밤중에 어린 소녀들을 침대에서 끌어냈고, 기회가 있을 때마다 파업자들을 곤봉으로 쳤으며, 어린아이를 엄마의 팔에서 빼앗고, 임신한 여자를 곤봉으로 때렸다. 아무 이유 없이 사람들을 잡아가 감옥에 넣었고, 엄마가 아이들을 시市 밖으로 내보내는 걸 막고, 어린아이들과 엄마들을 쓰러뜨려 난폭하게 붙들고는, 어린아이들을 마치 쓰레기처럼 대기 중인 경찰차에 던져 넣었다. 그들은 파업자들을 심하게 때려서 죽이기도 했다. 어린 소년들을 체포하여 때렸고, 아무 죄 없는 소녀들을 잡아갔다. (…)

시 정부는 파업 참가자들이 거리를 가로질러 행진할 권리를 부인했다. 그들은 대중 집회를 막기 위해 파업 참가자들이 시청과 공공장소를 이용하지 못하게 했다. 집, 그리고 시의 공공 빌딩을 한 떼의 구경꾼과 돈이면 무슨 일이든 하는 사람들의 숙소로 바꿨다. 파업 참가자들에게서 대중 집회를 위해 공원을 사용할 권리를 빼앗아 갔고, 경찰에게 어린아이들을 부모 품에서 떼어 내라고 명령했다. 시 정부는 경찰 측의 모든 폭력과 잔혹 행위에 책임을 지겠다고 나섰다.

매사추세츠 의회는 파업 참가자들에게 정부 예산을 지출할 수 없다고 결정했다. 반면 1천5백 명의 군인을 유지하는 데는 15만 달러를 쓰기로 결의했다. 이 군인들은 생계 유지를 위해 거리로 나와 파업하는 죄 없는 남자, 여자, 어린이들을 향해 총을 쏠 준비가 되어 있었다. 의회는 주 정부의 권한을 파업 노동자를 위해 쓰기를 거부했다. 의회가 임명한 조사위원회 위원들은 파업자들이 모든 면에서 고통을 받고 있다는 징후를 인식하고도 이들에게 아무 문제가 없다고 선언했다.

이 세상 모든 나라들이 이 노동자들의 빵을 위한 싸움에 참여하고 있다. 담황색 머리의 북부 아들이 검은 머리의 남부 형제와 나란히 행진한다. 그들은 사장 한 사람을 위해 공장에서 함께 고통을 나눠 왔다. 이제 그들은 위대한 대의를 이루기 위해 함께 행동한다. 공동선을 위해서 모든 인종적·종교적 편견을 벗어 던진 것이다. 그리고 오랫동안 실업이라는 채찍과 굶주림이라는 채찍으로 이들을 지배해 온, 부패하고 무정한 공장 주인에 맞서 승리할 것을 다짐했다.

방직 공장 노동자들은 법의 보호를 박탈당하고, 아이들을 빼앗긴 채, 법 앞의 권리를 거절당하고 군대의 총검에 둘러싸였다. 뚱뚱하고 거만한 경찰들은 그들을 거리 여기저기로 몰고 있다. 노동계급의 아들과 딸들인 이 방직 공장 노동자들은 노동자들이 공장주가 고용한 사람들의 손에서 어떻게 고통받고 있는지를 봐 달라고 전 문명 세계에 부탁한다. 이 남자와 여자들은 더 이상 고통받을 수 없다. 로렌스에서 지금의 상황이 계속된다면, 노동자들은 압제자에 대항해 무장 반란을 일으킬 수밖에 없다.

아르투로 지오반니티가
배심원에게 한 연설[6]

1912년 11월 23일

로렌스 방직 공장 파업 노동자들과 연대하기 위해서 매사추세츠에 온 수많은 워블리(《세계산업노동자연맹》 조합원)들 중에는 아르투로 지오반니티Arturo Giovannitti도 있었다. 지오반니티는 이탈리아 출신의 시인이자 노동 조직가였다. 지오반니티 일행이 도착하자마자, 방직 공장주는 지오반니티와 그의 친구 조셉 에터Joseph Ettor가 폭력을 교사했다고 고발했다. 파업 중에 이탈리아 여성 애나 로피조가 매사추세츠 주 방위군에게 살해되자 주 당국은 한 이탈리아 파업자를 고소했고, 지오반니티와 에터를 "살인 방조자"로 체포했다. 세 사람의 피고를 지지하기 위한 국제 캠페인이 조직되었고, 그들은 마침내 방직 노동자 파업이 성공적으로 끝난 뒤 8개월 후인 1912년 11월에 방면됐다. 다음은 평결 전에 지오반니티가 배심원 앞에서 한 연설이다.

배심원장님, 그리고 배심원 여러분.

여러분의 아름다운 언어로 공개 연설을 하기는 내 생애 처음이며, 지금은 내 생애에서 가장 엄숙한 순간입니다. 제가 끝까지 연설을 마무리할 수 있을지는 모르겠습니다. 여기 계신 지방 검사나 인간의 감정을 자로 측정하는 또 다른 신사 분들은 지금 이 순간 제 영혼에서 일어나는 격동을 이해할 수 없을 것입니다. (⋯)

우리는 이 거대한 산업 문제의 일면만을 조명하고 있습니다. 오직 방법과 책략만을 문제시하고 있는 것입니다. 하지만 이 문제의 윤리적 측면은 무엇입니까? 우리 생각의 인간적이고 인류애적인 측면은요? 우리가 보듯이, 그리고 우리가 한때 악당이 앉아 있었고, 술주정꾼, 창녀, 청부살인자가 앉았던 이 같은 새장에서 예견하듯이, 노동자들 전반의 상황이 나아질 멋진 미래는 어떻습니까?

윤리적 측면은 어떻습니까? 노예가 더 이상 존재하지 않고 일주일에 고작 50센트를 더 얻기 위해 파업해야만 하는 사람들이 없으며, 어린이들이 더 이상 굶지 않으며, 몸을 팔아야만 하는 여자들이 더 이상 없는, 지금 이 법정에도 여자들이 있지만 결국 진리는 밝혀질 것이므로 이야기하겠습니다만, 결국에는 노예도, 주인도 없고 단지 친구와 형제로 이루어진 큰 가족이 있는 그런 좋은 곳, 더 멋진 곳은 어떤가요?

배심원 신사 여러분, 이를 믿지 않을 겁니다. 아마도 우리는 몽상가겠지요. 아마도 우리는 광신자겠지요, 지방 검사님. 우리는 광신자입니다. 하지만 소크라테스도 광신자였습니다. 소크라테스는 아테네 귀족들의 철학을 인정하는 대신 독을 마시기로 했습니다. 예수님도 광신자였습니다. 그는 빌라도Pilate나, 티베리우스Tiberius를 로마의 황제로 인정하는 대신, 당시의 모든 통치자들과 사제들에게 복종하는 대신, 두 도적 사이에서 십자가에 못 박히는 고난의 길을 선택했습니다.

이처럼 모든 중세의 철학자들, 몽상가들, 학자들은 광신자였습니다. 그들은 오늘날의 교회 중 하나 때문에 산 채로 불타 죽는 것도 마다하지 않았습니다. 그들을 죽인 이유는 여러분들이 지금 나에게 우리 중 아무도 이 일에 관여해서는 안 된다고 말하며 우리를 비난하는 것과 같은 이유였습니다. 그렇습니다. 배심원 신사 여러분, 당신들은 심판자입니다. 여러분들은 사실을 다루어야만 합니다. 여러분들은 관념을 다루어서는 안 됩니다. (…)

로렌스에서 폭력 사건이 있었다 해도 이는 조 에터의 잘못이 아닙니다. 제 잘못도 아닙니다. 이 모든 사건의 원인을 밝혀야 한다면, 배심원 여러분, 사건의 원인과 이유는 임금 제도에 있습니다. 이 제도는 한 사람이 다른 사람을 지배하는 수치스러운 제도입니다. 40년 전 여러분의 위대한 순교자 에이브러햄 링컨 대통령이 불법적인 조치로 노예해방령을 선포할 수밖에 없었던 것과 같은 이유입니다. 그것은 당시 미국 헌법에 명기된 대통령의 권한을 넘어선 일이었습니다.

저는 당시 사람을 노예, 영혼 없는 존재, 사고 교환하고 파는 존재로 만들었던 원리와 같은 원리가 지금도 작동하고 있다고 생각합니다. 단지 지금은 용어만 바뀌었을 뿐 같은 사람을, 백인을, 기계의 노예로 만듭니다.

사람들은 이 위대하고 훌륭한 나라에서 자유롭다고 말합니다. 정치적으로는 자유롭겠지요. 정말 축하하고 치하할 일입니다. 그러나 반은 노예고 반은 자유일 수 없습니다. 그리고 미국의 모든 노동자들은 정서적으로, 40년 또는 50년 전 니그로들처럼, 노예들입니다. 다른 사람이 소유한 도구로 일하고, 다른 사람 집에서 살고, 다른 사람이 소유한 공장에 가서 일하기를 원하고, 다른 사람이 소유하고 통제하는 빵을 먹기에, 다른 사람이 그의 마음과 몸과 심장과 영혼을 소유하고 지배하기 때문입니다. (…)

그러나 저는 반복해서 말합니다. 우리는 우리의 생명과 자유보다 더 귀한 뭔가를 위해서 일하고 있습니다. 우리는 우리의 생각, 이상, 열망, 희망을 위해서 일해 왔습니다. 아마도 배심원 여러분은 우리의 종교를 위해서라고 말하겠지요. (…)

그러나 나는, 여러분이 원하든 원하지 않든 우리가 새로운 문명의 선구자라고 말합니다. 우리는 새로운 진리를 선포하기 위해 이곳에 왔습니다. 우리는 지금 이 순간 지구 이편에서 저편으로 선포되고 전달되고 있는 새로운 복음과 새로운 진리의 사도들입니다.

내가 여기서 말하는 동안에도, 우리와 같은 믿음을 지닌 동지들이 세계 여러 곳에서 여러 군중들에게, 여러 토론장에서 여러 청중들에게 연설하고 있습니다. 그들은 알려진 모든 언어로, 문명화된 모든 언어로, 모든 방언으로, 이탈리아에서처럼 러시아에서, 프랑스에서처럼 영국에서, 남아프리카에서처럼 중국에서, 모든 곳에서 사회주의의 메시지를 전하고 있습니다. 배심원 여러분, 그들은 형제애의 메시지이자, 사랑의 메시지인 사회주의 메시지를, 같은 방법으로, 내가 말하고자 하는 바로 그 방법으로 선포하고 있습니다. (…)

배심원 신사 여러분, 저는 할 말을 다했습니다. 이제 여러분의 평결이 있겠지요. 저는 여러분에게 우리를 방면해 달라고 요구하지 않습니다. 제 변호사가 저를 위해서 그렇게 고상하고 훌륭하게 청원한 지금, 판결을 내리는 것은 제 권한이 아닙니다. 그렇지만 두 갈래 길이 열려 있다고 말하겠습니다. 우리에게 책임이 있다면, 그것은 우리 모두의 책임입니다. 지방 검사가 우리에 대해 말한 것이 진실이라면, 우리는 극형을 받아야만 합니다. 만약 그의 말이 진실이라면 이는 계획적인 범죄이기 때문입니다. 지방 검사가 말한 것이 진실이라면, 우리는 범죄를 저지르려는 목적으로 로렌스에 갔으며, 이를 위해 수년 동안 공부하고 우리의 생각을 그 방면으로 성숙시켰음을 의미합니다. 그렇다면 여러분은 유죄판결을 내려야 합니다.

그러나 여러분이 자기 양심과 타협함으로써 사건을 단순히 판단해 "그곳에서 무슨 일인가 일어났고, 누군가는 책임을 져야 하니 균형을 생각해 반씩 책임지기로 하자"라고 말하며 도움의 손길을 주는 것은 기대하지 않습니다. 신사 여러분, 안 됩니다. 우리는 젊습니다. 저는 이제 스물아홉 살이 채 안 됐습니다. 두 달 후면 스물아홉 살이 될 겁니다. 저에게는 저를 사랑하고 제가 사랑하는 여자가 있습니다. 저를 기다리시는 아버지와 어머니가 계십니다. 저에게는 표현할 수 있거나 알려진 것보다 더 귀한 이상이 있습니다. 인생에는 참 많은 유혹이 있습니다. 그리고 가슴에서 삶의 열정을 느끼고 살기를 원하는 제 자신이 참 멋지고 근사하고 굉장합니다.

저는 여러분 앞에서 영웅인 척하고 싶지 않습니다. 순교자인 체하고 싶지도 않습니다. 아닙니다. 저에게는 다른 사람의 인생보다 제 인생이 더 귀합니다. 그러나 저는 이것을 말하고 싶습니다. 제가 결코 표현할 수 없는, 더 귀하고 근사하고 신성하고 장엄한 무엇이 있습니다. 그것은 바로 제 양심과 제 계급 사람들과, 지금 이 법정에 와 있는 동지와 세계의 노동자 계급에 대한 충성입니다. 그들은 제 변호를 위해서 한 푼 두 푼 모아 영광스러운 도움을 주고 있으며, 제게 불의와 잘못이 일어나지 않기를 바라며 전 세계에서 지켜보고 있습니다.

그러므로 양쪽을 다 재 보고 판단하십시오. 그렇다면, 배심원 여러분, 여러분의 판결로 우리가 이 문을 열고 나가 희망에 찬 세상으로 돌아갈 수 있다면 저는 당신들이 내린 결정이 무엇을 의미하는지 분명하게 말하겠습니다. 이 공동체, 또는 미국 어디에서든지 조셉 에터와 아르투로 지오반니티의 일과 도움과 지성을 원하고 필요로 하는 곳에서 다시 파업이 일어난다면, 우리는 어떤 두려움과 위협도 개의치 않고 다시 그곳으로 가겠습니다.

우리는 다시 우리의 소박한 결실로, 즉 눈에 띄지 않고, 겸허하고, 잘 알려져 있지 않으나 잘못 알려진 부분도 많은 세계 노동계급이라는 막강한 군대의 병사들에게로 돌아갈 것입니다. 그들은 과거의 그림자와 어둠에서 나와 운명지어진 목적, 즉 이 지구 위의 모든 남자와 여자를 위한 인간 해방과 사랑과 형제애와 정의의 확립이라는 목적을 향해 투쟁할 것입니다.

다른 한편, 여러분의 평결이 반대로 나온다면, 즉 우리가 공민권의 상실이나 교수대의 영광조차도 받을 가치가 없다는 평결이거나, 아내 살인자나 근친 살인자를 처형한 적 있는 전류가 흐르는 전기의자에서 우리의 심장이 멈추어야 한다는 평결이 나온다면, 배심원 신사 여러분, 우리는 내일 우리에게 더 위대한 판결을 내릴 손에 스스로를 맡길 것입니다. 우리는 내일 여러분의 존재를 떠나 역사가 우리에게 마지막 말을 할 현존을 향해 갈 것입니다.

여러분이 어떤 판결을 내리든 배심원 신사 여러분, 감사합니다.

우디 거스리,
"러들로 학살"[7]

1946년

1913년 연이은 광산 폭발과 광산촌의 열악한 환경에 분노한 1만 1천 명의 광부들은 파업을 시작했다. 광산 계곡의 오두막집에서 쫓겨난 광부들은 아내와 아이들과 소지품을 가지고 〈광산노동자연합〉이 세운 텐트촌으로 옮겨 갔다. 그들은 광산주들의 권한에 도전했다. 특히 록펠러 가문이 소유한 〈콜로라도 연료철강회사Colorado Fuel and Iron Corporation〉에 도전했다. 광산주는 〈발드윈-펠츠대행사Baldwin-Felts Detective Agency〉를 고용하여 텐트촌을 소총과 개틀링 기관총으로 공격했다. 광부들이 여전히 버티자 주지사는 연방 방위군을 소집했다. 1914년 4월 20일 연방 방위군 2개 중대가 1천여 명이 숙식하고 있던 러들로Ludlow의 가장 규모가 큰 텐트촌 위 언덕에 주둔했다. 그들은 텐트촌을 향해 기관총을 쏟아 부었고, 어린아이들을 포함해서 수많은 광부들이 죽었다. 그리고 그들은 언덕 아래로 내려와 텐트촌에 불을 질렀다. 다음날 아침, 불탄 텐트촌을 지나가던 전화 가설공은 텐트 아래 구덩이에 갇혀 숯처럼 까맣게 된 아이 11명과 여자 2명의 시체를 발견했다. 이는 "러들러 학살"로 알려지게 되었다. 광부들은 광산 소유의 재산을 거세게 공격하면서 매우 맹렬하게 대응했다. 그러자 연방 정부는 이 지역에 군대를 파견했다. 파업은 잊혀졌다. 33년 후, 우디 거스리Woody Guthrie는 어둡고 잊혀지지 않을 노래로 이 이야기를 전했다.

파업이 시작된 건 이른 봄이었네,

그들은 우리 광부들을 문밖으로 몰아냈지,

회사가 소유한 그 집에서,

우리는 오래된 러들로의 텐트로 이주했다네.

나는 내 아이들을 몹시 걱정했다네,
철도 다리를 지키고 있는 군인들,
가끔씩 총알이 날아와,
내 발 밑의 자갈이 튀어 올랐네.

우리 아이들이 죽을까 봐 몹시 두려웠네,
우리는 7피트(2미터) 깊이의 동굴을 파고,
아이들과 임신한 여인들을 데려와
동굴 깊숙한 곳에서 잠들게 하네.

바로 그날 밤 당신의 병사들은 기다렸네,
우리 모든 광부들이 잠들기를,
당신들은 우리의 자그마한 텐트 주위를 배회하다가
텐트에 등유를 부었네.

성냥을 긋자 불길이 치솟기 시작했고,
개틀링 기관총을 쏘아 댔네,
나는 아이들에게 달려갔지만 불기둥이 나를 멈춰 세웠네,
13명의 아이들이 당신들 총에 죽었네.

나는 담요를 철망 가장자리로 가져갔고,
불길이 사그라질 때까지 바라보았네,
나는 다른 사람들이 소지품 꺼내는 일을 도와주었고,
당신들 총알이 우리 모두를 죽였네.

나는 그 표정을 잊을 수 없네
그 무시무시한 날, 죽은 이들의 장례식에 모여선
사람들의 표정을,
그들은 죽은 이의 시체를 안치했네.

우리는 콜로라도 주지사에게 대통령을 불러 달라 말했지,
그에게 연방 방위군을 멈추게 해 달라고 말하려고,
하지만 연방 방위군은 주지사 복속이었고,
주지사는 그렇게 하지 않았네.

트리니다드Trinidad에서 온 우리 여자들은 작은 바구니에
감자를 담아 왈센버그Walsenburg로 운반했고,
감자를 팔아 총 몇 자루를 사서 가지고 왔네,
그리고 모두의 손에 총을 쥐어 주었네.

주 방위군은 철망 끝까지 뛰어올랐고,
그들은 우리가 총을 가진 줄 몰랐네,
붉은 목의 광부들은 이 군대를 소탕했네,
그 불쌍한 소년들이 뛰는 꼴을 봤어야 했는데.

우리는 시멘트로 동굴 주변에 벽을 쌓았네,
바로 당신들이 13명의 아이들을 죽인 그 동굴에,
나는 말했네, "〈광산노동자연합〉에 신의 축복이 있기를",
그리고 나는 고개를 떨구고 울었네.

줄리아 매이 커트니,
"러들로를 기억하라!"[8]

1914년 5월

콜로라도의 아나키스트 줄리아 매이 커트니Julia May Courtney는 에마 골드먼의 잡지 『마더 어스Mother Earth』에 러들로 학살에 관한 다음의 글을 기고했다.

"러들로를 기억하라", 웨스트버지니아, 크리플크리크의 카루메에서 질식당한, 짓밟히고 유린당하고 경멸당한 광부들의 투쟁의 함성이 콜로라도 남부의 광산촌에서 광산촌으로 메아리쳤고 온 세상에, 노동자는 죽지 않았다는 사실을 다시 한번 알렸다.

불멸의 행복 속에서 잠자던 평화로운 콜로라도가 돌연히 깨어났다. 그리고 작지만 중요한, 끝없이 일어나는 일들로 엄청나게 바빴지만 편히 지내던 시민들은, 충격을 받고 폭력과 히스테리 사이를 오가는 혼란에 빠져 있다. 공동체도 개인과 마찬가지로 공포에 떨고 신경질적이 됐다. 공동체는 안전을 확보하기 위해 지푸라기라도 잡으려고 했다. 연방 군대가 파업 지역에 집결했지만, 그들의 출현이 파업 중인 광부들을 진압하리라는 희망은 사라졌다. 처음 한 차례의 격심한 공격이 진정됐지만, 파업은 아직 끝나지 않았다.

9월에 콜로라도 남부 지역에서 석탄 광부들이 파업을 시작했다. 즉시 뉴욕의 록펠러 사무국, 브로드웨이 26번가에서 언질이 왔다. 〈펠츠-발드 윈대행사〉의 살인 청부업자와 저격수 수백 명이 텍사스와 버지니아를 출발해 석탄 광산 캠프에 도착했다. 광부들은 아내와 아이들을 데리고 회사가 소유한 그들의 오두막에서 물러났다. 산골짜기의 매서운 겨울 날씨가 조금 가라앉자, 그들은 텐트를 세우고 장기 포위 공격에 대비했다. 〈콜로라도 연료철강회사〉의 요청에 따라 "질서유지"를 위해 군대를 소집한 사람은 광산 회사 대표들에게 아첨하는 미숙하고 결단력 없는 주지사, 일라이어스 애먼스였다.

산기슭에 눈이 녹고 언덕에 봄바람이 불기 시작할 때 파업은 극에 달했다. 4월 20일 "러들로를 기억하라"는 함성이 들렸다. 콜로라도와 미국의 모든 노동자들은 이 투쟁의 함성을 잊지 못할 것이다. 러들로의 그날, 텐트촌의 남자들은 연성 탄두 총에 맞아 죽었고 여자들과 아이들은 현장에서 불에 타 희생됐다.

군부는 텐트촌에서 기관총으로 사격 연습을 했다. 일요일 파업 중인 광부들이 두 팀으로 공놀이를 하는데 군인들이 방해를 해서 게임이 중단되자 광부들은 분노했다. 군인들은 코웃음을 치며 광부들의 아내와 아이들이 그 안에 있다는 걸 알면서도 텐트를 향해 기관총을 쐈다. 그러면서 파업자들의 창고인 가장 큰 구조물 두 곳에 불을 질렀다. 그리고 텐트 사이 허름한 건물에 기름을 붓고 불을 붙였다.

불길이 솟는 텐트에서 여자들과 아이들이 뛰어나왔지만, 군인들이 빗발처럼 쏘는 총알 때문에 불길 속으로 다시 들어갔다. 남자들이 가족을 구하려고 달려왔지만, 그들이 달려왔지만, 목표를 향해 빠르게 날아오는 죽음의 사자를 따라잡지 못했다. 그리스인 광부의 리더인 루이스 티카스의 텐트는 잔인한 광산 경비대에 희생되었다. 티카스는 처음에 곤봉으로 맞고, 나중에는 그들에게 잡혀가 등에 총을 맞았다. 총알 52발이 벌집처럼 그의 몸에 구멍을 냈다.

여자와 아이들은 연기와 불길보다 어디서 날아오는지 알 수 없을 정도로 쏟아지는 총알이 더 두려웠다. 그들은 불타는 텐트 아래, 나중에 지옥의 구덩이가 될 지하로 기어들어갔다. 잿더미로 덮인 구덩이에서 나온 아이 시체가 아홉 구였고, 그들의 자그마한 손가락들은 도망가려고 발버둥치느라 구석을 움켜쥔 채로 모두 불타 버렸다. 연기가 가라앉자 까맣게 타고 질식한 채로 학살당한 희생자들의 시체가 드러났고, 주 군복을 입은 살인 청부업자들은 생명 없는 몸들을 칼로 잘랐다. 어떤 경우에는 파업자들을 경멸할 목적으로 머리와 사지를 거의 다 자르기도 했다.

러들로 광산촌 화재로 52명의 여자와 아이들이 죽었다. 적십자기를 든 구호반이 왔지만 저격수들에게 쫓겨났다. 시체는 24시간 동안 잿더미 속에 딱딱한 상태로 남아 있었다. 구조자들이 발사 선을 넘으려 했지만 허사였다. 광부들이 "차르 체이스(Czar Chase: 존 체이스 장군)"와 애몬스 주지사에게 그곳에 집을 세우고 살 그들의 권리를 청원했을 때 군인들과 사격수들은 비웃었다. (…)

미국 노동 투쟁 역사상 처음으로 사람들이 파업 참가자들을 지지하고 그들의 성공을 찬양한다. 열차 승무원은 군인들을 태우기를 거부하고, 거의 모든 주 방위군이 반란을 일으켰다. 그리고 주의 거의 모든 조합들이 파업자들에게 물자를 대 주고 지지했다. 주지사는 연방군을 요청했다.

연방 군대가 여기 있다. 여자들은 그것이 평화를 지키는 방법이라 믿으며 주지사에게 연방 군대를 요청했다. 그러나 이는 쓸모없는 희망이다. **탐욕**과 **억압** 위에서는 평화가 달성될 수 없기 때문이다. 연방 군대는 체제를 바꿀 수 없다. 오직 파업자들만이 할 수 있다. 비록 그들이 잠시 동안 항복할지라도 그들은 "러들로를 기억할 것"이다.

조 힐,
"나의 마지막 유언"[9]

1915년 11월 18일

노동 시인 조 힐Joe Hill은 1915년 11월 19일 가게 점원 두 명을 살해한 죄로 유타 시에서 처형됐다. 5년 전 캘리포니아 선착장에서 일하던 조는 IWW 조합원들을 만나 열정적인 워블리가 됐다. 곧 "목사와 노예" 같은 유머 넘치고 신랄한 정치 비판 노래들이 전국의 노동 쟁의 행렬에서 울려 퍼졌다. 유타의 감옥에서 조 힐은 "빅 빌" 헤이우드에게 "슬퍼하면서 시간을 낭비하지 마시오. 조직하시오!"라는 전신을 보냈다. 이 전신 내용은 미국 노동운동의 구호가 됐다. 처형되기 전날 밤 힐은 다음과 같은 글을 썼다.

나의 유언은 간단하다.

나눠 가질 것이 없기 때문이다.

동료들이여, 안타까워하고 슬퍼할 필요 없다.

"구르는 돌에는 이끼가 끼지 않는다."

내 몸? 오! 만약 내가 선택할 수 있다면

나는 한 줌의 재가 되고 싶다.

그리고 상큼한 바람이 나의 재를

어딘가 꽃이 자라는 곳으로 날려 보낼 수 있게 해 달라.

그러면 지는 꽃들도

생기를 얻어 다시 피어날 것이다.

이것이 나의 마지막 그리고 최종 유언이다.

모두에게 행운이 있기를

조 힐

제14장

제1차 세계대전에 대한 저항

헬렌 켈러, "전쟁 반대 파업"(1916년 1월 5일)

존 리드, "누구의 전쟁인가?"(1917년 4월)

"왜 〈세계산업노동자연맹〉은 애국심을 갖지 않는가?"(1918년)

에마 골드먼, 미국 대 에마 골드먼·알렉산더 버크먼 사건의 배심원 연설(1917년 7월 9일)

유진 뎁스의 반전 연설(1918년)
— 캔튼, 오하이오 연설(1918년 6월 16일)
— 법정 진술(1918년 9월 18일)

랜돌프 본, 「국가The State」(1918년)

e. e. 커밍스, "나는 오라프를 기꺼이 관대하게 칭송하네i sing of Olaf glad and big"(1931년)

존 도스 패소스, 「미국인의 몸」(1932년)

달턴 트럼보, 『자니 총을 들다Johnny Got His Gun』(1939년)

영국, 프랑스, 러시아, 그리고 나중에 미국이 가담한 연합국과 독일, 이탈리아, 오스트리아-헝가리, 터키 사이에 전쟁이 벌어졌다. 1914년에서 1918년 사이에, 1천만 명이 유럽 전쟁터에서 죽었다. 그들은 종종 수백 야드의 땅과 한 줄로 늘어선 참호를 지키기 위해 죽었다. 죽지 않은 사람 대부분은 팔과 다리를 잃거나 장님이 되었고, 아니면 미쳐 버렸다.(소위 포탄 충격이라 부르는 상태가 되었다.) 전쟁 사진 중 앞에 선 군인의 어깨에 손을 얹고 한 줄로 늘어서 있는 군인들을 찍은, 잊을 수 없는 사진이 있다. 그들 모두가 장님이었다.

전쟁이 끝났을 때 이 전쟁이 무엇을 위한 전쟁이었는지 아무도 설명하지 못했다. 미국에서 참전을 반대하는 목소리가 높아진 것은 놀라운 일이 아니었다. 전쟁 반대자들을 감옥에 가두는 법을 통과시킨 것도 놀라운 일이 아니었다.

윌슨 행정부는 1917년 "방첩법Espionage Act", 1918년 "선동금지법Sedition Act"등의 징벌법을 제정하고 참전을 선전하기 위해 엄청난 노력을 기울였다. 이런 징벌법을 통해 정부는 전쟁 반대 죄목으로 1천 명에 이르는 사람들을 감옥에 보냈다. 그들 중 대다수는 사회당 당수 유진 뎁스를 포함한 노동운동가와 급진주의자들이었다. 유진 뎁스는 10년형을 받았다. 아나키스트 에마 골드먼과 알렉산더 버크먼은 추방되었다.

전쟁이 끝난 후 전쟁기의 히스테리적인 애국주의가 사라지자, 어니스트 헤밍웨이Ernest Hemingway, 존 도스 패소스John Dos Passos, 어윈 쇼Irwin Shaw, 달턴 트럼보Dalton Trumbo가 이끄는 강력한 반전 문학이 등장했다.

헬렌 켈러,
"전쟁 반대 파업"[1]

1916년 1월 5일

헬렌 켈러는 가장 최초의, 그리고 중요한 반전 운동가 중 한 명이었다. 우리는 학교에서 헬렌 켈러에 대해 배울 때, 그녀가 사회주의자이자 선동가였다는 사실은 배우지 않는다. 단지 귀머거리에다 벙어리인 소녀가 유명한 작가가 됐다고만 배운다. 다음은 켈러가 1917년 미국이 참전하기 전에 한 연설이다.

시작하기 전에 나의 친한 친구들, 편집자들, 그리고 나를 불쌍히 여기는 다른 사람들에게 할 말이 있습니다. 어떤 사람들은 파렴치한 사람들이 나를 잘못 인도해 평판이 좋지 않은 대의를 지지하게 하고 나를 그들의 선전용 대변인으로 만들었다고 슬퍼합니다. 이제 단호히 말하건대, 나는 그들의 동정을 원하지 않습니다. 나는 그들 중 누구와도 내 처지를 바꿀 생각이 없습니다. 나는 내가 무슨 이야기를 하는지 알고 있습니다. 나의 정보통도 다른 사람들의 정보통만큼 건실하고 믿을 만합니다. 나는 영국, 프랑스, 독일, 오스트리아에서 온 신문과 잡지를 구독하고 있으며, 그것들을 스스로 읽을 수 있습니다. 제가 만난 편집자들 중 저만큼 많은 신문과 잡지를 읽는 사람들은 없었습니다. 그들 대부분은 프랑스와 독일에서 나오는 신문과 잡지를 간접적으로 읽을 뿐입니다. 편집자들을 탓하는 게 아닙니다. 그들은 너무 많은 일을 하면서도 오해를 사는 계층입니다. 하지만 내가 그들의 담배 끝의 불을 보지 못하는 것은 그들이 어둠 속에서 바느질하지 못하는 것과 마찬가지라는 사실을 기억해야 할 것입니다. 신사 여러분, 제가 요청하는 것은 단지 공정한 경쟁과 공정한 호의뿐입니다. 나는 전쟁 준비에 반대하고 우리가 살고 있는 경제 체제에 항거해 싸우기 시작했습니다. 끝까지 싸울 것이며 자비를 구하지 않을 것입니다.

세계의 미래는 미국의 손에 달려 있습니다. 미국의 미래는 8천만 명의 노동자들과 그들의 아이들에게 달려 있습니다. 우리 국민들의 삶은 중대한 위기에 봉착했습니다. 다수의 노동으로 이윤을 취하는 소수의 사람들은 자본가들의 이익을 보호하기 위해서 노동자들을 군대에 입대시키려고 합니다. 이미 무거운 짐을 짊어진 여러분에게 군대와 군함이라는 더 큰 짐을 추가하려고 합니다. 대포와 대형 전함 운반을 거부하고 리무진, 증기 요트, 고향의 땅 등 부담의 일부를 거부할 권한이 여러분 손에 있습니다. 시끄럽게 거부할 필요도 없습니다. 침묵과 창조주의 권위로 전쟁과 전쟁을 야기하는 착취와 이기적인 제도를 끝낼 수 있습니다. 이 거대한 혁명을 가져오는 데 필요한 것은 단지 똑바로 서서 팔짱을 끼는 일뿐입니다.

우리는 우리나라를 방어하려고 준비하는 것이 아닙니다. 우리가 국회의원 아우구스투스 가드너Augustus Gardner가 말한 것처럼 무기력하다 해도 세상에 미국을 공격할 만큼 무모한 적은 없습니다. 독일과 일본이 미국을 공격하리라는 주장은 전혀 합리적이지 않습니다. 독일은 바빠서 꼼짝하지 못하고, 유럽 전쟁이 끝난 후에도 수세기 동안 자기들 일로 바쁠 겁니다.

대서양과 지중해를 장악한 연합국은 터키에서 승리를 거두기 위해 갈

리폴리에 충분한 병사들을 상륙시키려고 했지만 실패했습니다. 또한 불가리아의 세르비아 공격을 막기 위해서는 적시에 살로니카에 군대를 상륙시켜야 했지만 이 역시 실패로 돌아갔습니다. 바닷길로 미국이 정복될 수 있다는 발상은, 무지한 사람들과 〈해군연맹Navy League〉이나 꿀 법한 악몽입니다.

군사력에 대한 논쟁이 진전되는 곳이라면 어디에서든 우려의 소리가 들립니다. 이는 내가 읽은 우화를 연상시킵니다. 한 사람이 편자를 발견했습니다. 그러자 그의 이웃이 울며 소리치기 시작했습니다. 편자를 발견한 사람이 언젠가는 말을 발견할 것이고, 그러면 그가 편자를 발견했으므로 말에게 편자를 박을 것이라고 말했습니다. 그러면 이웃집 아이가 언젠가 말 가까이 갈 것이고, 말에 채여서 죽을 것이라고 말입니다. 그러면 분명히 두 집은 다투고 싸울 것이고, 편자를 발견함으로써 몇 사람의 소중한 목숨을 잃게 될 것이라는 이야기입니다. 지난번 전쟁에서 우리는 순전히 운으로 태평양에 있는 섬 몇 개를 주웠습니다. 이는 언젠가는 우리와 일본 간의 싸움의 원인이 될 겁니다. 나라면 그 섬들을 지키기 위해 전쟁을 하기보다는, 차라리 그 섬들을 당장 손에서 내려놓고 잊어버릴 겁니다. 여러분이라도 그렇게 하지 않을까요?

국회는 미국 국민을 지키기 위해 전쟁을 준비하는 것이 아닙니다. 국회는 멕시코, 남미, 중국, 필리핀에 투자한 미국 투자자들과 투기꾼들의 자본을 지키기 위해서 계획을 세우고 있습니다. 말하자면 전쟁 준비는 군수품과 전쟁 무기 제조 업자들에게 이윤을 가져다줄 겁니다.

미국은 최근까지 노동자들에게서 빼앗은 돈을 이용했습니다. 미국 노동자는 지금 한계에 달할 정도로 착취당하고 있습니다. 그리고 국가 자원은 모두 충당되었습니다. 여전히 이윤은 새로운 자본을 쌓아 올리고 있습니다. 우리 산업은 살인을 저지르면서 번영했고, 덕분에 뉴욕 은행의 금고는 금으로 가득 찼습니다. 달러는 노예를 한 사람의 인간으로 만드는 데는 사용되지 않고 있습니다. 자본주의적 음모 때문에 달러가 자기 목적을 달성하지 못하고 있는 것입니다. 그 달러는 남미, 멕시코, 중국 또는 필리핀에 투자되어야 합니다.

뉴욕의 〈시티은행National City Bank〉이 부에노스아이레스에 지점을 설립함과 동시에 〈해군연맹〉이 유명해진 것은 우연이 아닙니다. 〈모건J. P. Morgan〉사社의 기업 경영자 여섯 명이 〈방위연맹〉의 관료인 것도 단순한 우연히 아닙니다. 존 미첼John Mitchel 시장이 미국 부의 5분의 1을 차지하고 있는 사람 천 명을 〈안보위원회Committee of Safety〉에 임명한 것도 우연이 아닙니다.

모든 현대 전쟁은 착취에 그 원인이 있습니다. 남북전쟁은 남부의 노예주와 북부의 자본가 중 누가 서부를 착취할 것인가를 결정하기 위해 벌어진 전쟁입니다. 스페인-미국 전쟁은 미국이 쿠바와 필리핀을 착취해야 한다고 결정했기 때문에 일어났습니다. 남아프리카 전쟁은 영국이 다이아몬드 광산을 착취해야 한다고 결정했기 때문에 일어났습니다. 러일 전쟁은 일본이 한국을 착취해야 한다고 결정했기 때문에 일어났습니다. 현재 이 전쟁은 누가 발칸반도, 터키, 페르시아, 이집트, 인도, 중국, 아프리카를 착취할 것인가를 결정할 겁니다. 그리고 우리는 승리자들에게 우리와 함께 전리품을 나눠야 한다고 겁주기 위해 칼을 갈고 있습니다. 노동자들은 전리품에 관심이 없습니다. 어쨌든, 그들은 어떤 전리품도 갖지 않을 겁니다.

선동가들은 여전히 매우 중요한 다른 목적을 위해 각오를 다집니다. 선동가들은 사람들이 자신의 불행한 상황이 아닌 다른 것들에 집중하기를 원합니다. 선동가들 역시 생활비가 오르고, 임금은 낮고, 고용은 불확실하며, 유럽의 군수품 요구가 중지되면 더욱 어려워질 것을 압니다. 아무리 열심히 끊임없이 일을 해도 안락한 삶을 살 수 없고 생필품을 사지 못하는 사람이 많습니다.

우리는 간혹 선동가들의 선동에 잠재한 현실주의 때문에 전쟁의 공포를 접하게 됩니다. 그들은 루시타니아Lusitania, 걸프라이트Gulflight, 안코나Ancona를 둘러싸고 전쟁 촉발 직전까지 우리를 몰고 갔습니다. 이제 그들은 노동자들이 페르시아호의 침몰을 둘러싸고 흥분하기를 기다립니다. 노동자들은 이런 배에 아무런 관심이 없습니다. 독일이 대서양과 지중해의 모든 배들을 침몰시키고 모든 미국인들을 죽일지도 모르지만 미국 노동자들은 여전히 전쟁에 나갈 이유가 없습니다.

모든 체제의 기계가 작동합니다. 노동자들이 불평하고 저항하는 시끄러운 소리 위로 당국의 목소리가 들립니다.

"동료"라는 말로 시작합니다. "동료 노동자, 애국자 여러분, 나라가 위험에 처했습니다! 우리 주위 사방에 적이 있습니다. 우리와 우리 적 사이에 태평양과 대서양 말고는 아무것도 없습니다. 벨기에에서 일어난 일을 보십시오. 세르비아의 운명을 생각해 보십시오. 여러분의 나라와 여러분의 자유가 위험에 처했는데 낮은 임금에 대해 불평하려 합니까? 승리한 독일군이 이스트 강을 향해 올라올 때 느끼게 될 모욕감을 생각해 보십시오. 여러분에게 그보다 더 큰 슬픔이 무엇이겠습니까? 푸념을 그치고 가정과 국가를 지키기 위해 부지런히 준비하십시오. 보병과 해병이 되십시오. 충성 가득한 자유민, 그대들은 침입자를 맞을 준비를 하십시오."

노동자들이 이 함정으로 걸어 들어갈까요? 다시 조롱을 당할까요? 그럴까 봐 두렵습니다. 사람들은 늘 이런 종류의 웅변을 흔쾌히 받아들입니다. 노동자들은 자신의 주인이 자신의 유일한 적임을 압니다. 그들은 자신들의 시민권이 자신들과 아내, 아이들의 안전을 보장하지 않는다는 사실을 압니다. 그들은 정직한 땀과 끊임없는 노력과 수년 간의 투쟁이, 움켜쥘 만한 가치가 있고 싸울 만한 가치가 있는 무엇도 가져다주지 않았다는 사실을 알고 있습니다. 그러나 그들의 어리석은 가슴 저 깊숙이에는 그들에게 국가가 있다는 믿음이 있습니다. 오, 노예의 눈먼 허영!

윗자리의 현명한 사람들은 노동자들이 얼마나 유치하고 어리석은지 압니다. 그들은 정부가 노동자들에게 카키색 군복을 입히고, 총을 주고, 금관 악기 밴드를 연주하고 기를 흔들면서 출발하게 하면 노동자들이 자신들의 적과 영웅적으로 싸울 것을 압니다. 노동자들은 용감한 사람이란 나라의 영광을 위해 죽는 사람이라고 배웠습니다. 추상적 개념을 지키기 위해 치루는 대가로는 너무 큽니다. 목숨을 잃게 될 수백만 명의 젊은이들, 평생 불구자 혹은 장님으로 살아야 할 수백만 명의 사람들, 그리고 끔찍한 삶을 살아야 할 또 다른 수백만 명의 사람들, 한순간에 사라져 버릴 수세대에 걸쳐 이룩한 업적과 유산들이 그 대가입니다. 전쟁이 가져올 불행 때문에 누구도 전보다 잘살 수 없을 것입니다! 국가가 여러분을 먹이고, 입히고, 재우고, 따뜻하게 하고, 여러분 아이들을 교육시키고 소중히 여겼다면, 여러분이 죽어도 좋다고 판단한 그 국가를 위해 끔찍한 희생을 치르는 것을 이해할 수 있습니다. 노동자들이 가장 이타적인 사람들이라는 생각이 듭니다. 그들은 다른 사람들의 국가를 위해서, 다른 사람들의 감성을 위해서, 다른 사람들의 자유를 위해서, 다른 사람들의 행복을 위해서 일하고 살다 죽습니다! 노동자들에게 자유는 없습니다. 하루에 12시간 또는 10시간, 8시간 일하라고 강요받을 때 노동자들은 자유롭지 않습니다. 지치도록 일하고 제대로 된 임금도 받지 못할 때 그들은 자유롭지 못합니다. 그들의 아이들이 광산, 제분소, 공장에서 일해야만 하고 그렇지 않으면 굶어야 할 때, 그들의 아내들이 가난 때문에 치욕스러운 삶을 살아야 할 때, 그들은 자유롭지 못합니다. 인간의 권리인 기본적인 정의와 임금 인상을 위해 파업을 했다고 감옥에 가거나 곤봉으로 얻어맞을 때 그들은 자유롭지 않습니다.

법을 구상하고 실행하는 사람들이 사람들의 삶이 아닌 다른 이익을 대변한다면 우리는 자유롭지 않습니다. 투표를 통해서는 임금 노예 상태에서 사람들을 해방시킬 수 없습니다. 이 세상에는 진정으로 자유롭고 민주적인 국가가 존재한 적이 한 번도 없습니다. 기억할 수 없을 정도로 오래전부터 사람들은 군사력과 경제력을 지닌 강한 사람을 맹목적인 충성심을 가지고 추종했습니다. 전쟁터에 목숨을 바쳐 시체가 쌓여도 그들은 통치자의 땅을 갈았고, 자신의 노동의 열매를 도둑질당했습니다. 그들은 궁정과 피라미드, 사원, 성당을 건설했지만 그 어디에도 진정한 자유의 사당은 없었습니다.

문명이 더욱 복잡해질수록 노동자들은 더욱 노예화되었고, 오늘날에는 노동자 자신들이 움직이는 기계의 일부분으로 전락했습니다. 노동자들은 날마다 철도, 다리, 고층 빌딩, 화물 열차, 기관실, 가축 수용소, 목재 뗏목, 광산 등에서 일하며 위험을 감수하고 있습니다. 노동자들은 선착장, 기차 위, 지하, 바다 위에서 숨을 헐떡거리며 일하고 있으며 우리가 사는 데 필요한 소중한 필수품들을 육지에서 육지로 옮기며 교역을 진전시킵니다. 그에 대한 보답은 무엇인가요? 쥐꼬리만 한 임금, 때로는 가난, 임대료, 세금, 공물과 전쟁 배상금입니다.

노동자들이 원하는 준비는 그들 전 생애를 재조직하고 재건하기 위한 준비입니다. 정치인이나 정부는 이를 한 번도 시도한 적이 없습니다. 독일인은 수년 전에 빈민가에서는 훌륭한 군인을 길러 낼 수 없음을 알고는 빈민가를 없앴습니다. 독일인들은 모든 사람들이 적어도 최소한의 문명, 즉 버젓한 숙소와 깨끗한 거리, 적은 양이라도 건강한 음식을 보장받아야 한다고 생각했습니다. 그리고 작업 중인 노동자들은 적절한 의료 시설과 안전을 보장받아야 한다고까지 생각했습니다. 이는 앞으로 이뤄야 할 것들 중 극히 일부일 뿐입니다. 그러나 적절한 준비를 위해 내딛은 그 한 걸음이 독일에 가져온 결과는 참말로 경이롭습니다! 독일은 18개월 동안 공격받을 걱정도 하지 않고 장기 정복 전쟁을 수행하고 있으며, 독일의 군대는 여전히 지치지 않은 활력으로 밀어닥칩니다. 이러한 개혁을 행정부에 강요하는 것이 당신들의 일입니다. 정부가 무엇을 할 수 있고, 무엇을 할 수 없는지에 대한 이야기는 더 이상 하지 맙시다. 이 모든 것들은 전쟁의 소용돌이 속에서 교전 상태에 있는 국가들 때문에 벌어진 일입니다. 모든 기본 산업은 사적 기업보다 정부가 더 잘 운영할 수 있습니다.

더 급진적인 수단을 주장하는 일은 여러분의 의무입니다. 산업체, 광산, 또는 상점에 고용되는 어린이가 한 명도 없도록, 사고나 질병에 무시로 노출되는 노동자가 한 사람도 생기지 않도록 하는 일이 바로 여러분의 일입니다. 정부가 여러분에게 깨끗한 도시, 연기와 먼지와 혼잡함이 없는 도시를 제공하게 만드는 일이 여러분의 일입니다. 정부가 생계를 유지하기 충분한 임금을 지불하도록 만드는 일이 여러분의 일입니다. 모든 사람들이 건강하게 태어나 잘 양육되고, 올바른 교육을 받고, 언제나 국가를 위해 자신들의 지식과 유용함을 증명할 수 있을 때까지, 국가의 모든 부서가 이런 준비를 잘 수행하고 있는지 지켜보는 일이 여러분의 일입니다.

평화를 부수고 전쟁의 만행을 정당화하는 모든 법령과 법에 항거해 파업합시다. 전쟁에 반대해 파업합시다. 여러분들이 없으면 전쟁터에서의 싸움도 불가능할 겁니다. 유산탄과 가스 폭탄과 다른 모든 종류의 살인 기구들을 제조하는 것에 반대해 파업합시다. 수백만 사람들에게 고통과 죽음을 의미하는 전쟁 준비에 반대해 파업합시다. 파괴의 군대에서 침묵하는 순종적인 노예가 되지 맙시다. 건설의 군대에서 영웅이 됩시다.

존 리드,
"누구의 전쟁인가?"[2]

1917년 4월

오리건 포틀랜드 출신의 급진적인 저널리스트 존 리드John Reed는 1917년 10월에 일어난 러시아 혁명을 자세히 보고한 『세상을 뒤흔든 열흘Ten Days That Shook the World』의 저자로 가장 잘 알려져 있다. 그러나 같은 해 봄에 리드는 제1차 세계대전이 제국주의자들의 모험이라고 주장하는 일련의 기사를 쓰기도 했다. 리드는 "전쟁은 진실을 말하는 사람을 십자가에 처형하고, 예술가를 질식시키고, 개혁과 혁명, 그리고 사회적 힘의 작동을 옆길로 새게 만드는 추악한 집단 광기를 의미한다"고 썼다.

이 글이 실릴 즈음이면 미국은 아마도 전쟁 중일 것이다. 독일의 최후 통첩이 도착한 날 월스트리트는 미국 국기를 가벼운 바람에 날렸고, 주식시장 거래소의 중개인들은 미국 국가를 불렀다. 눈물이 그들의 볼 위로 흘러내렸고, 주식 거래량은 올라갔다. 극장에서는 애국가가 연주됐고, 국기와 함께 오랫동안 고생한 링컨의 초상화를 영사기로 돌렸다. 그리고 조지 코헨과 어빙 벌린의 모음곡에 있는 애국적 발라드를 틀었다. 동시에 방금 막 암표상에게 속은, 일에 지친 교외 거주자는 히스테리를 일으킨다. 은행을 소유한 남편을 둔 특권층 부인들은 마치 유럽에서처럼 부상자들에게 붕대를 감아 주고, 야전병원에서 필요한 얼음을 확보하기 위해 1백만 달러를 목표로 기금을 모으기 시작했다. 버진스 인랜드Virgins Inland("버진아일랜드"의 잘못된 표기로 여겨진다. 옮긴이)에 보낼 보스턴 예산은 엄청나게 늘어났다. 영국, 프랑스, 벨기에의 〈맹인구호기금Permanent Blind Relief Fund〉은 큰 기대를 가지고 조직 이름 앞에 "미국American"을 붙였다. 우리의 어린 병사들은 도수관과 다리를 지키면서 서로를 독일 스파이로 오해해 총을 쏜다. "징집", "전쟁 신부," "베를린을 향하여" 등의 얘기가 들린다. (…)

나는 전쟁이 무엇을 의미하는지 알고 있다. 나는 한 나라를 제외하고 모든 교전국 군대를 만나 봤다. 나는 죽는 사람을 보았고, 미쳐 가는 사람을 보았고, 지옥 같은 아픔을 겪으며 병원에 누워 있는 사람들을 보았다. 하지만 이보다 더 끔찍한 일이 있다. 전쟁은 진실을 말하는 사람을 십자가에 처형하고, 예술가를 질식시키고, 개혁과 혁명, 그리고 사회적 힘의 작동을 옆길로 새게 만드는 추악한 집단 광기를 뜻한다. 이미 미국에서, 유럽의 혼란에 미국이 개입하는 것을 반대하는 시민은 "배신자"로 불리며, 나약한 언론의 자유를 빼앗는 것에 반대하는 사람은 "위험한 정신병자"로 불리고 있다. 해군 당국은 세이빌Sayville의 전신을 자르면서까지 독일에서 들려오는 영어 뉴스를 차단하고 위험한 상황을 조작하기 위해 오직 엉터리 같은 이야기들만 런던을 거쳐 베를린에 닿게 한다. 여기서 우리는 검열의 조짐을 느낀다. (…) 언론은 전쟁을 외쳐 대고 있다. 교회도 전쟁을 외친다. 변호사, 정치가, 주식 중개자, 사회 지도자들이 모두 전쟁을 외친다. 루스벨트는 몇 차례에 걸쳐 시도했으나 좌절을 겪어야 했던 '가족 연대family regiment'를 다시 구축하고 있다.

실제 교전이 있었는지 여부에 상관없이 피해가 발생했다. 군국주의자들은 자신들의 목표를 달성했다. 적어도 중요한 사회운동 두 개가 아무도 관심을 갖지 않은 탓에 중단되었다. 수년에 걸쳐 이 나라의 관용과 친절이 사라져 가고 있으며, 자유민들이 살기에 나쁜 나라가 되고 있다. 아마도 너무 늦었는지 모른다. 그러나 나는 부정적인 생각은 모두 접어 두려고 한다.

누구의 전쟁인가? 나의 전쟁은 아니다. 위대한 경제적 "애국자"들에게 고용된 수십만 명의 미국 노동자들이 생계를 위한 임금조차 받지 못하고 있다. 재판도 받지 않고, 어떤 경우에는 죄목조차 없이, 장기 수감되는 가난한 사람들도 보았다. 평화 시위자들, 그들의 아내와 아이들이 사립 탐정과 군부의 총에 맞아 죽고 불에 타 죽었다. 부자는 점점 더 부자가 되고 물가는 더 올라가고, 노동자들은 그에 반비례해 더 가난해진다. 이들 노역자들은 전쟁을 원하지 않는다. 내란조차도 원하지 않는다. 그러나 투기꾼들, 고용주들, 재벌들은, 영국과 독일에 있는 같은 부류의 사람들이 그러는 것처럼, 전쟁을 원한다. 그리고 거짓말과 궤변을 통해 우리가 분노에 차서 그들을 위해 싸우다 죽기로 마음먹을 때까지 우리의 피를 끓어오르게 만든다.

나는 날마다 일간 신문을 읽고, 가끔 『뉴리퍼블릭*The New Republic*』을 읽는, 객관적이기를 원하는 수많은 평범한 사람들 중 하나다. 우리는 국제정치는 잘 몰라도, 우리나라가 다른 비열한 나라들처럼 뻔뻔하지 않기를 바란다. 우리나라가 해외에 투자하거나 돈을 헤프게 쓰는 미국의 맹수들을 지원하지 않기를 바란다. 그리고 우리 싸움도 아닌 전쟁에 간섭하지 않기를 바란다. 국제법은 국가 간 상식의 결정체다. 국제법은 서로의 경험에서 나오며, 모든 나라에 적용되고, 누구라도 이해할 수 있는 법이라고 알고 있다.

우리는 단순한 사람들이다. 우리는 프러시아의 군국주의를 참을 수 없었다. 우리는 벨기에 침공은 죄악이라고 생각했다. 독일의 잔학 행위와, 사전 경고 없이 평화로운 사람을 가득 태운 배를 폭파하는 독일 잠수함은 우리를 공포에 떨게 했다. 동시에 우리는 영국과 프랑스에서는 적을 죽이기를 거부한 사람을 감옥에 가두고, 벌금을 물리고, 추방하고, 총살까지 한다는 이야기를 듣게 됐다. 연합군이 중립국인 그리스 일부를 침공하여 점령했고, 오스트리아가 세르비아에게 한 것처럼 수치스럽게도, 프랑스 제독이 그리스에게 최후통첩을 강요했다. 러시아의 잔학 행위는 독일보다 더 지독했다. 그리고 영국이 공해상에 파묻은 수뢰 때문에 시민이 탄 배가 사전 경고도 없이 폭파됐다.

다른 일들도 우리를 혼란스럽게 했다. 예를 들어, 영국이 북해를 통행 차단한 것은 완벽하게 정당한데 왜 영국 섬 주변에 독일이 "전쟁 구역"을 확립한 것은 국제법 위반인지 모르겠다. 수출입 금지품이 아닌데도 독일과 교역하는 것을 금지하는 영국의 명령에는 복종하면서 연합국에 수출입 금지품을 보낼 권리를 주장하는 이유는 무엇인가? 독일이 우리가 연합국으로 전쟁 물품을 보내는 것을 막아 우리의 "국제적 명성"을 더럽혔다면, 밀수품도 아닌 음식과 심지어는 적십자 의약품까지도 독일로 선적하지 못하게 하는 영국은 우리의 국제적 위신을 어떤 상태로 몰고 가는가? 왜 국제법을 어겨 가면서까지 독일 시민을 공공연하게 굶주리게 만들려는 영국의 시도를 눈감아 주는가? 독일이 같은 일을 한다면 어마어마하게 항의할 거면서? 독일이 "교역하려고 출항하는 우리의 상선을 멈춰 세우려고 위협"할 때마다 소리를 질러 대면서, 왜 영국이 중립국과 우리의 교역을 제멋대로 조정하게 내버려 두는가? 왜 우리 정부는 잠수함에 대항해 무장한 연합국 배로 여행하는 미국인이 방해받지 말아야 한다고 주장하는가?

우리는 거대한 전쟁 물자를 선적하여 연합국으로 운송하고 있다. 우리는 연합국의 차관을 유통하고 있다. 우리는 독일군에게만 엄정중립(Strictly neutral, 嚴正中立)을 지키고 있다. 따라서 독일은 부득이하게 최후

통첩이라는 절망적 선택을 했다. 따라서 우리는 전쟁 직전의 상태에 놓여 있다.

우리 중에서 우드로 윌슨Woodrow Wilson에게 표를 던진 사람들은 그의 마음과 시야가 열려 있다고 느꼈기 때문에 뽑은 것이다. 윌슨이 우리를 유럽에서 벌어지는 미친 개 싸움에서 지켜 줄 것이라 믿었기 때문이다. 재벌들이 윌슨을 반대했기 때문이다. 우리는 환상에서 깨어날 정도로 충분히 전쟁에 대해 알고 있기에 중립을 원했다. 윌슨의 입장을 고려했을 때, 그가 대통령으로서 독일의 최후통첩 앞에서 그런 결정을 내릴 수밖에 없었던 상황을 이해한다. 그렇지만 우리가 중립을 지켰다면 독일은 우리에게 최후통첩을 보내지 않았을 것이다. 대통령은 우리에게 전쟁을 원하는지 원하지 않는지 묻지 않았다. 이는 우리 잘못이 아니다. 이는 우리의 전쟁이 아니다.

"왜 〈세계산업노동자연맹〉은
애국심을 갖지 않는가?"[3]

1918년

1905년 설립부터 〈세계산업노동자연맹(IWW)〉은 전국의 광산, 목재 캠프, 방직 공장, 제철소의 노동자들을 조직했다. 작업장 별로 숙련공, 비숙련공, 흑인, 백인, 원주민, 이민자 모두를 포함하여 "하나의 거대한 조합"으로 연합했다. IWW는 과격했고, 대담 무쌍했으며, 단호한 계급의식을 지녔다. 회원 수는 가장 많았을 때가 10만 명 정도였지만 그 영향력은 훨씬 더 컸다. 이 단체가 제1차 세계대전에 반대하자 정부는 지도자들을 감옥에 가둘 기회라고 생각했다. 다음은 한 조합원이 법정에서 한 연설로, IWW가 반대했던 전쟁의 계급적 특성을 지적한다.

여러분은 왜 IWW가 미국에 애국심을 갖지 않는지 묻습니다. 당신이 만약 담요 한 장 없는 부랑자라면, 일자리를 얻기 위해 아내와 아이들을 남겨 두고 서부로 떠난 사람이라면, 그리고 그 후로 가족들을 찾지 못했다면, 직업 때문에 한곳에 오랫동안 머물지 못해 참정권 자격을 얻지 못한다면, 더럽고 냄새나는 기숙사에서 자고, 썩기 직전의 음식을 받아 그것으로 연명해야 한다면, 만약 보안관이 당신의 음식 깡통을 총으로 쏘아 구멍을 내서 음식물이 땅으로 새어 나온다면, 사장이 당신을 업신여겨 임금을 줄인다면, 포드, 서, 무니(Herman Ford, Blackie Suhr,

Tom Mooney, IWW의 지도자급 인사들. 옮긴이)를 위한 법과 해리 소(Harry Thaw, 당대의 유명한 백만장자. 건축가 스탠포드 화이트를 권총으로 살해했으나, 정신 이상을 이유로 무죄방면됐다. 옮긴이)를 위한 법이 따로 있다면, 법과 질서와 국가를 대표하는 사람들이 당신을 괴롭히고 없는 죄목을 씌워서 투옥한다면, 그리고 착한 기독교인들이 그들을 부추기면서 계속하라고 한다면, 어떻게 그가 애국자가 되기를 기대할 수 있단 말입니까? 이 전쟁은 사업가들의 전쟁입니다. 우리가 지금 즐기고 있는 이 멋진 상황을 위해서 우리가 왜 나가서 총에 맞아야 하는지 알 수가 없습니다.

에마 골드먼,
미국 대 에마 골드먼 · 알렉산더 버크먼 사건의
배심원 연설[4]

_____

1917년 7월 9일

1917년 참전을 선포한 후 우드로 윌슨 대통령은 미국의 전력을 보강하기 위해 징병을 강제했다. 공개적으로 징병 반대를 옹호하면 바로 체포되거나 때로는 추방될 위험이 있었다. 1917년 징병이 시작된 후 에마 골드먼과 알렉산더 버크먼은 〈징병반대연맹〉 결성을 도왔다. 두 사람 모두 "방첩법"의 적용을 받아 징병에 반대했다는 이유로 재판에 회부됐다. 그들에게는 2년형이 선고됐다. 골드먼은 미주리주에 있는 주 교도소로 보내졌고, 버크먼은 아틀랜타에 있는 연방 교도소에서 복역했다. 1919년 12월에 석방된 후 미국 정부는 "외국인" 아나키스트들을 추방할 수 있는 1918년의 "외국인법Alien Act"을 확대 적용하여 골드먼과(골드먼의 남편은 1908년에 이미 미국 시민권을 박탈당했다) 러시아 망명인인 버크먼을 다른 247명의 외국인과 함께 추방했다. 그리고 이민 반대와 반反진보적 성격의 파머 급습 사건Palmer Raids, "적색 공포Red Scare"가 뒤따랐다. 다음은 1917년 7월 뉴욕 시에서 열린 징병 반대 재판에서 골드먼이 배심원에게 한 연설을 발췌한 내용이다.

나는 5월 18일 집회나 다른 집회에서 "우리는 폭력을 믿으며, 폭력을 사용할 것이다"라고 말한 적이 없음을 강조하고 싶습니다. 폭력을 사용할 기회도 없었기에 그런 말을 할 수도 없었습니다. 단지 이유가 있다면, 나의 강연과 연설이 일관성 있고 논리적이기를 원했기 때문입니다. 내게 언도된 판결은 일관성도 없고, 논리적이지도 않습니다.

나는 정치적 폭력에 대한 나의 입장을 「정치적 폭력의 심리학The Psychology of Political Violence」이라는 제목의 긴 논문에서 따와 당신들 앞에서 읽었습니다.

내 입장을 더 분명하고 간단하게 하기 위해 나는 내가 사회를 연구하는 학생임을 밝히고자 합니다. 우리 사회의 악과 고난의 이유를 밝히는 것이 내 생의 임무입니다. 사회의 부당함을 연구하는 학생으로서 부당한 행위에 대한 처방을 제시하는 것이 내 목적입니다. 자신이 처한 곤경에서 벗어나기 위해 정치적 폭력 행위를 저지른 사람을 저주하는 것은, 환자를 진단하기 위해 불려 온 내과의사가 환자가 결핵, 암, 또는 다른 종류의 질병을 앓는다고 비난하는 일처럼 용서하기 어렵습니다. 정직하고 열정적이고 진실한 내과의사는 약을 처방할 뿐만 아니라 병의 원인을 찾으려고 합니다. 환자가 먹고살 능력이 있다면, 의사는 그에게 "이 더러운 공기에서 벗어나시오. 공장에서 나가시오. 당신의 폐를 감염시키는 곳에서 나가시오"라고 말할 겁니다. 그 의사는 환자에게 단순히 약만 주지 않습니다. 의사는 병의 원인을 말해 줄 겁니다. 이것이 바로 폭력 행위에 대한 내 명확한 입장입니다. 이것이 바로 모든 연단에서 내가 말하는 것입니다. 나는 정치적 폭력의 원인과 이유를 설명하려고 했습니다.

개인의 폭력을 조장하는 것은 상부의 조직화된 폭력입니다. 정치적 범죄자를 양산하는 것은 조직화된 부당 행위, 조직화된 범죄, 조직화된 불의에 대한 축적된 분노입니다. 따라서 정치적 범죄자를 비난하는 것은 그를 범죄 행위로 몰고 간 원인을 은폐하는 것입니다. 나는 아프다는 이유로 환자를 비난하는 의사처럼 이 원인을 모른 체할 수 없으며 내게는 그럴 권한도 없습니다. 빈곤과 전쟁, 인간이 겪는 수모에 무심한 당신과 나, 그리고 우리 모두는 정치적 범죄자가 저지르는 행동에 책임이 있습니다. 그러므로 위대한 분의 말을 빌려 "너희들 중 죄 없는 자만이 그에게 돌을 던질 수 있다"고 말하는 것을 허락해 주십시오. 이 말이 폭력을 옹호한다는 의미입니까? 여러분들은 창녀 마리아 막달레나 편을 들어줬다는 이유로 예수를 매춘을 옹호하는 자로 고발하겠군요.

배심원 신사 여러분, 5월 18일의 회합은 주로 양심적 병역 거부자의 입장 표명을 위해서 소집되었고, 징병의 부당함을 지적하고자 했습니다. 누가 양심적 병역 거부자며 그들은 누구인가요? 정말 그들이 책임 회피자, 게으름뱅이, 겁쟁이들인가요? 그들을 그렇게 부르는 것은 남자와 여자에게 어두운 수평선에 외로이 반짝이는 별처럼 온 세상에 대항하여 버티라고 강요하는 세력을 완벽하게 모른 체하는 죄를 짓는 것입니다. 양심적인 병역 거부자들은 윌슨 대통령이 1917년 2월 3일 연설에서 말한 "모든 전쟁, 모든 가족 구조, 그리고 나라와 인류가 기초하며, 우리 존재와 자유의 궁극적인 바탕이 되는 정의를 향한 올바른 열정"에 의해 고무되었습니다. 인간 살육으로는 표현할 수 없는 정의를 향한 합당한 열정이 바로 양심적 병역 거부자가 되게 만든 힘입니다. 새로운 유형의 인간형이 "우리 존재와 자유의 궁극적인 바탕"으로서 중요하다는 사실을 깨닫지 못하는 국가가 참으로 안타깝습니다. 그런 국가는 국민들에게 개성과 재능을 허용하지 못할 겁니다. (…)

배심원 신사 여러분, 우리는 27년 동안 공적 생활을 해 왔습니다. 우리는 수시로 법정에 연행됐습니다. 우리는 한 번도 우리의 입장을 부인하지 않았습니다. 에마 골드먼과 알렉산더 버크먼이 책임 회피자가 아니라는 것은 경찰조차 알고 있습니다. 여러분들도 이 재판을 지켜보면서 우리가 우리 입장을 부인하지 않는다는 사실을 확신할 수 있을 겁니다. 우리는 우리가 한 말과 글에 대해서 뿐만 아니라 우리가 동의하지 않는 다른 사람이 쓴 글에 대해서도 기꺼이, 그리고 자랑스럽게 책임을 인정합니다. 우리가 이 사건에서 책임을 회피하기 위해 이 긴 재판 과정에 따르는 시련과 고통과 경비를 감당하고 있는 것이라는 주장이 설득력이 있다고 보십니까? 천만에요! 우리는 단지 아나키스트일 뿐이며, 수년간 공개적으로 싸워 온 계급이 우리를 혐오하기 때문에, 조작된 죄목과 위증에 근거하여 재판받는 일을 거부합니다.

신사 여러분, 여러분의 판결이 무엇이든 그 판결은 이 나라에서 행해지고 있는 그 모든 선전에도 정복과 군사력을 위한 전쟁 수행에 반대하는 불만의 소리가 높아지는 것을 막지 못할 겁니다. 여러분의 판결은 미국 국민들의 목을 조이는, 징병이라는 군사적·산업적 멍에에 반대하는 소리가 높아지는 것도 막지 못할 겁니다. 특히 여러분의 평결은 인간 생명을 신성하게 여기며 세계적으로 행해지고 있는 학살에 함께하지 않으려는 사람들에게 어떤 영향도 미치지 못할 겁니다.

여러분의 판결은 세상 사람들에게 정의와 자유가 이 나라에서 여전히 살아 있는 힘인지, 아니면 과거의 그림자에 불과한지를 논의하게 만들 뿐입니다.

물론 여러분의 판결은 우리에게 잠시나마 물리적인 영향을 미칠 겁니다. 하지만 우리의 영혼에는 아무 영향을 미치지 못합니다. 우리가 유죄 판결을 받고, 벽을 바라보며 총살형을 당한다 해도, 나는 루서처럼 "나는 여기 서 있고, 나는 달라질 수 없다"고 크게 웃으며 외칠 겁니다.

신사 여러분, 결론적으로 피고인 버크먼 씨의 말이 옳았습니다. 버크먼 씨는 미국인들의 눈이 당신들을 향하고 있다고 말했습니다. 미국인들이 우리를 동정하거나 아나키즘에 동의해서 당신들에게 주목하는 것은 아닙니다. 우리에게 없는 유럽의 민주주의를 가져다주겠다는 우리의 약속이 정당한가를 조만간 결정해야 하기 때문에 여러분들에게 주목하고 있는 것입니다. "방첩법"에는 심지어 표현의 자유와 집회의 자유, 비판의 자유가 없습니다. 이러한 자유는 없어도 되나요? 이러한 자유는 위대한 역사적 과거의 그림자일 뿐인가요? 이러한 자유는 형사든 경찰이든 이를 판단하는 사람의 발아래 유린당해도 되는 건가요? 아니면 미국인들의 유산으로 계속 유지되어야 하는 건가요?

배심원 신사 여러분, 여러분 판결이 무엇이든 아무것도 변하지 않을 겁니다. 나는 평생 이상을 추구해 왔고, 27년 동안 공공연하게 내 신념을 지켜 왔습니다. 나의 신념을 바꿀 수 있는 건 이 세상에 단 한 가지뿐입니다. 여러분이 내 생각이 틀렸고, 실현 불가능하며 역사적 사실을 결여하고 있다고 증명한다면 나는 내 신념을 바꿀 겁니다. 하지만 유죄라는 판결 때문에 신념을 바꾸지는 않을 겁니다. 여러분 모두 이미 다 아시겠지만 위대한 미국인 두 사람, 랠프 왈도 에머슨과 헨리 데이비드 소로를 상기시키고자 합니다. 소로가 세금 납부 거부로 감옥에 있을 때 랠프 왈도 에머슨이 면회를 왔습니다. 에머슨이 "데이비드, 감옥에서 뭐 하고 있는가?"라고 묻자, 소로우는 "정직한 사람이 자신의 이상을 지키기 위해 감옥에 있을 때, 랠프 자네는 밖에서 무얼 하고 있는가?"라고 대답했습니다.

유진 뎁스의 반전 연설

1918년

철도 노조 조직가이자 사회당 당수인 유진 뎁스는 강경하게 전쟁을 반대한 사람들 중 하나다. 그는 유창한 연설가이기도 하다. 1918년 6월 18일, 뎁스는 오하이오의 대규모 노동자 집회에서 연설을 했다. 뎁스는 과거에 연설을 하다 체포되어 수감된 적이 있었고, 이번에도 체포되리라는 것을 잘 알고 있었다. 심의가 시작되기 전 뎁스는 배심원들에게 "나는 전쟁에 반대한다는 이유로 고소당했습니다. 인정합니다. 신사 여러분, 나는 전쟁을 혐오합니다. 비록 나 혼자만 이런 주장을 한다 해도 나는 여전히 전쟁에 반대할 겁니다"라고 말했다. 배심원은 "방첩법" 위반 혐의로 그에게 유죄 판결을 내렸다. "방첩법"은 '군복무 징병 반대'를 범죄로 규정했다. 법정은 만장일치로 10년 징역형을 확정했다. 다음은 뎁스가 체포되기 전 행한 연설과 판결 전 그가 법정에서 한 진술이다.

캔튼, 오하이오 연설(1918년 6월 16일)[5]

샘 존슨Sam Johnson은 "애국주의는 부랑자들이 마지막으로 기대는 피신처다"고 선언했습니다. 존슨은 분명히 월스트리트의 신사 계급 또는 그런 유형의 사람을 마음에 두고 이런 말을 했을 겁니다. 모든 시대에 걸쳐 이런 종류의 사람들은 애국주의, 종교, 또는 양자 모두로 자신을 은폐하고는 사람들을 기만하고 독재자처럼 압제하고 착취했기 때문입니다.

그런 유형의 사람들은 사회당이 불충하는 사람들과 배신자들로 구성되어 있다고 오도합니다. 그들이 오도하는 것과 전혀 다른 측면에서, 이는 사실입니다. 우리는 이 나라를 실제 배신한 바로 그 사람들에게 불충했고 그들을 배신했습니다. 태평양 연안의 톰 무니Tom Mooney와 워렌 비링스Warren Billings는 무죄입니다. 전 문명사회가 무니와 비링스의 석방을 위해 저항하고 있는데도 그들을 교수형에 처하려는 무리들이 있습니다. 그들에게 불충하고 있는 우리는 분명 배신자일 겁니다. (…)

소위 신사 계급이라는 음모자와 살인자들은 모두 각자가 최고의 애국자라고 주장합니다. 그들은 민주주의를 안전하게 지키기 위해 전쟁을 한다고 주장합니다. 무슨 헛소리인가요! 당치도 않은 잠꼬대입니다! 말도 안 되는 거짓 핑계입니다! 이런 독재 군주들, 이런 독재자들, 피로 손을 물들인 이런 도적들과 살인자들이 "애국자"들이고, 반면에 그들과 얼굴을 맞대고 대항하며 진실을 얘기하고 그들에게 착취당한 희생자들을 위해 싸울 용기를 지닌 사람들은 불충한 사람들이고 배신자들입니다. 그게 진실이라면 나는 이 싸움에서 배신자들 편에 서겠습니다. (…)

맥스 이스트먼Max Eastman이 기소됐습니다. 나와 관련된 글들이 모두 출판 금지되고 이스트먼의 『대중The Masses』도 출판 금지되었습니다. 우리에게 보낸 얼마나 멋진 찬사인지요! 그들은 우리가 당신들을 잘못 인도하고 오염시킬까 봐 두려워합니다. 여러분은 그들의 피보호자들이고, 그들은 여러분의 후견인입니다. 그들은 여러분이 무엇을 읽고, 듣고, 아는 것이 가장 좋은지 알고 있으며 우리의 '사악한 강령'이 당신들 귀에 들리지 않도록 단단히 주의합니다. 위대한 민주주의와 자유로운 제도 하에서 그들은 언론을 부추겨 출판을 금지시키고는 미국의 혁명적 선전을 침묵시켰다고 그릇된 상상을 하고 있습니다. 우리를 위해 얼마나 우스꽝스러운 실수를 저지르고 있는지요! 위 문제에 대해 우리는 그들에게 감사와 은혜의 결의로 보답해야 하겠습니다. 전에는 우리 글에 대해 전혀 들어 보지 못했던 수천 명의 사람들이 이제 호기심을 가지고 읽고 싶어 하기 때문입니다. 그들은 우리 글과 주장에 대해 사람들의 궁금증을 증폭시키는 데 성공했을 뿐입니다. 슬프게도 호기심으로 사회주의 글을 읽은 사람! 그런 사람은 확실히 제대로 이해할 리 없습니다. 수많은 사람들이 사회주의자들이 쓴 글을 읽었고, 그들은 모두 제대로 이해했습니다.

　지배 계급은 정말 어리석고 복잡합니다! 물욕은 사람을 완전히 눈멀게 합니다. 물욕은 통찰력을 앗아 갑니다. 탐욕스럽고 이윤을 추구하는 착취자는 자신의 코 끝 너머를 보지 못합니다. 그는 "돈벌이" 기회를 감지하고, 부정 이득이 무엇이며 어디에 있는지, 어떻게 확보할 수 있는지 알 정도로 교활합니다. 하지만 통찰력이라고는 전혀 없습니다. 그는 모든 방향으로 뻗어 있는 위대한 감동적인 세계에 대해 전혀 모릅니다. 문학에 대한 재능도, 예술에 대한 감각도, 아름다움에 대한 영혼도 없습니다. 이는 기생살이들이 삶의 법칙을 위반한 죄로 받아야 하는 형벌입니다. 록펠러 집안은 눈먼 장님입니다. 탐욕의 게임에서 그들의 움직임은 자기 파멸을 재촉할 뿐입니다. 그들이 사회주의 운동을 공격하면 역습당할 뿐입니다. 우리를 때릴 때마다 매를 되돌려 받습니다. 단 한 번도 그렇지 않은 적이 없습니다. 사회주의 글을 질식시킬 때마다 그들은 사회주의 원리의 진실과 사회주의 운동의 이상을 선언하는 천 가지 목소리를 보태는 셈입니다. 자신들도 모르게 우리를 돕고 있는 겁니다. (…)

　역사를 통해 볼 때 전쟁은 정복과 약탈 때문에 일어났습니다. 중세에는 지금도 라인 강을 따라 볼 수 있는 성채에 살던 봉건영주들이 영역을 넓히고, 권한과 특권과 부를 증대시키고자 서로 전쟁을 선포했습니다. 그러나 봉건영주들 자신은 현대 봉건영주인 월스트리트의 귀족보다도 전쟁에 덜 나갔습니다. 현대 자본주의자의 경제적 선임자라 할 수 있는 중세 봉건영주는 모든 전쟁을 선포합니다. 하지만 전쟁터에서는 불쌍한 농노들이 나가 싸웠습니다. 가난하고 무지한 농노들은 주인을 존경했습니다. 그래서 주인이 전쟁을 선포했을 때 서로 나아가 쓰러지고, 그들을 경멸하는 영주와 귀족의 이윤과 영광을 위해서 다른 사람의 목을 베는 것이 애국적 의무라고 믿었습니다. 간단히 말해서 그것이 바로 전쟁입니다. 주인 계급은 언제나 전쟁을 선포하고, 하인 계급이 늘 전쟁에서 싸웁니다. 주인 계급은 잃는 것 없이 모든 것을 얻고, 하인 계급은 얻는 것 없이 모든 것을 잃습니다. 무엇보다 그들의 목숨을 잃습니다.

농노들은 전쟁에 나가, 주인의 명령에 따라 목숨을 버리는 것이 애국적 의무라고 늘 배웠고 훈련받았습니다. 그러나 세계사에서 당신들, 민중이 전쟁을 선포하는 데 목소리를 낸 적은 없습니다. 정말 이상하게도 어느 시대 어떤 국가에서도 민중이 전쟁을 선포한 적은 없습니다.

이제 다음의 사실을 강조하고자 합니다. 이는 아무리 반복해도 부족합니다. 모든 전쟁에서 싸운 노동자계급이, 엄청난 희생을 한 노동자계급이, 그들의 피를 거리낌 없이 뿌리고 기꺼이 죽은 노동자계급이 전쟁 선포나 평화 협정에서 목소리를 낸 적은 한 번도 없습니다. 언제나 이 모든 일을 한 사람은 지배 계급입니다. 지배 계급이 단독으로 전쟁을 선언하고, 단독으로 평화 협정을 맺습니다.

왜냐고 이유를 묻지 말고,
나아가 죽어라.

이것이 바로 그들의 좌우명입니다. 우리는 우리나라의 의식 있는 노동자들을 대신해 이에 항의합니다.

전쟁이 정당하다면 민중이 이를 선포하게 합시다. 그 누구도 아닌, 전쟁에서 목숨을 건 사람이야 말로 전쟁과 평화라는 중대한 문제를 결정할 권한을 지닙니다.

법정 진술(1918년 9월 18일)[6]

재판장님, 몇 년 전에 나는 모든 인류가 친척임을 깨달았습니다. 나는 지구상에서 가장 가난한 사람보다 조금이라도 부유하게 살지 않으리라 결심했습니다. 지금도 그때처럼 말합니다. 더 가난한 계급이 있다면 나는 그 계급에 속합니다. 가난한 사람들에게 범죄적 요인이 있다면 나는 범죄적 요인의 일부입니다. 그들 중 감옥에 갇힌 사람이 한 사람이라도 있다면 나는 자유롭지 않습니다. (⋯)

재판장님, 나는 모든 사회주의자들처럼 국가가 산업을 소유하고 통제해야 한다고 믿습니다. 모든 사회주의자들이 믿는 것처럼 모두에게 필요하고 공동으로 사용하는 물건들은 공동으로 소유해야 한다고 믿습니다. 산업은 사회의 생명입니다. 소수의 사유재산으로 소수의 부를 위해서 산업이 운영되어서는 안 됩니다. 모든 국가 산업은 공동재산이 되어야 하고 모두의 이익을 위해서 민주적으로 관리되어야만 합니다. (⋯)

나는 유익한 일이라고는 전혀 하지 않는 사람이 수십만 달러의 돈을 축적하는 반면에 수백만 명의 남자와 여자가 생애 대부분을 일하면서도 비참한 생활을 하는 수준밖에 벌지 못하는 그런 사회질서에 반대합니다.

그런 사회질서를 언제까지 견디기만 할 수는 없습니다. 이에 저항하기로 했습니다. 나의 노력은 미약하지만 다행스럽게도 나는 혼자가 아닙니다. 수천 명의 사람들이 나처럼 문명화된 삶을 진정으로 향유하려면 상호 협동에 기반한 사회를 재조직하고 이 목적을 위해서 전 지구상에 펼쳐질 거대한 경제적 · 정치적 운동을 조직해야 한다는 사실을 깨달았습니다.

현재 6천만 명 이상의 사회주의자들이 있습니다. 그들은 국적, 인종, 강령, 피부색, 성性에 상관없이 대의에 충성하고 헌신하고 있습니다. 사회주의자들은 공동전선을 펴고 있습니다. 지치지 않는 열정으로 새로운 사회질서를 선전하고 있습니다. 밤낮으로 희망을 가지고 기다리고, 바라보고, 일합니다. 사회주의자들은 여전히 소수입니다. 그러나 어떻게 인내하고 때를 기다려야 하는지 압니다. 그들은 모든 반대와 박해에도 때가 오고 있음을 느낍니다. 그들은 이 해방의 복음이 모든 사람들에게 전해지고, 그들 소수가 승리한 다수가 되어 권력을 일소하고 역사에 가장 위대한 사회적 경제적 변화가 시작될 때가 오고 있음을 진정으로 알고 있습니다.

그날이 오면 지구상의 모든 나라가 조화롭게 협력하는 세계 공동체를 이루게 될 겁니다.

재판장님, 저는 자비를 구하거나 면제를 간청하지 않습니다. 결국에는 정의가 승리할 것입니다. 탐욕스럽고 착취를 일삼는 세력이 한편에 있고, 산업상의 자유와 사회정의를 부르짖는 세력이 또 한편에서 점점 성장하고 있습니다. 이전에는 이들 사이에 일어나고 있는 위대한 투쟁을 지금처럼 분명하게 이해하지 못했습니다.

나는 더 나은 인류 미래의 여명을 볼 수 있습니다. 민중이 깨어나고 있습니다. 머지않아 민중은 당연히 받을 것을 받을 것이며, 받아야만 합니다.

랜돌프 본,
「국가」[7]

1918년

작가이자 사회 비평가인 랜돌프 본Randolph Bourne은 친구인 찰스 비어드Charles Beard와 존 듀이John Dewey가 제1차 세계대전을 지지하자 그들과 헤어졌다. 다음은 본이 1918년에 요절한 즈음 발견된 출판되지 않은 평론 「국가The State」의 일부분이다. 이 글에서 본은 국가가 전쟁을 통해 어떻게 국민에 대한 억압적인 권한을 증대시키는지 폭로한다.

전쟁이 선포되는 순간 (···) 대중들은 영적인 마력에 휩싸여 그들 자신이 전쟁을 소망하고 직접 행동에 옮긴 것이라고 확신하기 시작한다. 그다음으로, 소수의 불평분자를 제외한 대부분의 사람들이 자기 삶을 둘러싼 일체의 환경이 조직으로 편성돼 훈련받고, 강요받고, 미쳐 가는 것을 지켜본다. 그리고 정부는 반감을 갖지 않을 범위 내에서 정해진 계획에 따라, 다른 사람들이 가진 것은 무엇이든지 파괴할 수 있는 견고한 공장으로 변한다. 시민은 정부에 대한 경멸과 무관심을 벗어던지고, 자신의 목적과 정부의 목적을 동일시하고, 자신의 호전적인 기억들과 상징들을 떠올린다. 국가는 다시 한번 사람들의 상상 속에서 존엄한 존재로 자리 잡는다. 애국주의가 지배적인 감정이 되고, 사람들은 자신이 속한 사회에서 개인으로서 참아야만 하는 관계와 참고 있는 관계 사이를 오가며 희망 없는 혼란을 겪게 된다. (…)

전시에는 국가의 이상이 매우 명백한 위안이 되고, 감춰져 있던 태도와 성향이 드러난다. 군사화되지 않은 평화로운 사회에서 국가는 미약한 의미만을 갖는다. 국가의 안녕을 위해서 전쟁은 본질적으로 필요하다. 국가라는 개념은 그 영토 안에서 국가의 권한과 영향력이 보편적임을 뜻한다. 교회가 인간을 영적으로 구원하는 수단인 것처럼 국가는 정치적 구원의 수단으로 여겨진다. 국가의 이상주의가 정치라는 몸의 모든 구성 요소에 풍부한 피를 공급한다. 긴급한 연합이 가장 중요한 문제로 떠오르고 국가의 보편성을 어떤 의심도 없이 필요로 하게 될 때가 바로 전시다. 국가는 비슷하게 조직된 〔다른〕 군중에게 방어적으로 또는 공격적으로 행동하기 위한 군중의 조직이다. 방어하는 이유가 더 긴급할수록 조직체는 더 똘똘 뭉치고 조직의 각 구성원에게 미치는 조직의 영향력은 더욱 강압적이 된다. 전쟁은 목적과 행동의 물줄기를 내보낸다. 이 물줄기는 가장 낮은 곳에 있고 가장 멀리 있는 지류인 군중을 향해 나아간다. 사회의 모든 행동이 통합돼 가능한 빠르게 군사적 방어나 공격을 단행하려는 주된 목적과 연결된다. 국가는 사람들의 생각, 태도, 사업을 냉혹하게 중재하고 결정한다. 이는 평화시에는 국가가 아무리 노력해도 할 수 없는 일이었다. 기강이 바로 세워지고, 반反주류적 경향은 사라진다. 국가는 묵직하고 느리게 움직이지만 위대한 목적을 성취하기 위해 그 어느 때보다도 빠른 속도와 통합을 자랑한다. 잭스L. P. Jacks가 "전쟁 상태에 있는 사람들의 평화"라고 영원히 기억에 남을 말을 남겼던, 그 목적을 향해 움직이는 것이다.

전쟁은 국가의 안녕이다. 전시에 사회는 획일화하려는 힘, 즉 대중 의식이 없는 소수자 집단과 개인을 강제로 복종시키려는 정부와 열정적으로 협력하는 저항할 수 없는 힘을 자동적으로 작동시킨다. 정부라는 기계는 극단적인 형벌을 정하고 실행한다. 소수 세력은 침묵하라고 협박받거나 교활한 설득 과정을 거쳐 침묵 상태에 이르게 된다. 정부는 이런 침묵이 소수 세력을 개종시킨 결과라고 본다. 물론 완벽한 충성과 완벽한 통합이라는 개념은 실제로는 실현 불가능하다. 어설픈 강요를 받은 계급은 그 열정만은 결코 포기하지 않는다. 따라서 소수자에 대한 개종 아닌 선동은 소수자들의 저항을 완고하게 만들 뿐이다. 소수 세력은 시무룩한 상태고, 일부 지성인의 견해는 신랄하고 냉소적이다. 그러나 전반적으로 국가는 전시에 감정을 통합하는 데 성공한다. 즉, 국가 이상을 이론의 여지가 없는 정점으로 하는, 가치들 간의 서열을 달성하는 것이다. 이런 가치 서열은 전쟁을 통해서만 이룰 수 있다. 충성, 또는 국가에 대한 신비한 헌신은 가장 중요한 가상의 인간 가치가 된다. 예술적 창조, 지식, 이성, 아름다움, 삶의 고양과 같은 다른 가치들은 즉시, 거의 만장일치로 희생된다. 그리고 국가의 어설픈 대리인이 된 중요한 계급들은 그들 스스로 이런 가치를 희생시킬 뿐만 아니라 다른 사람들에게도 그 가치들을 희생시키라고 강요한다.

전쟁, 또는 적어도 민주공화국이 강력한 적에 대항해 치르는 현대 전쟁은, 가장 열정적인 정치적 이상주의자가 열망하는 거의 모든 것을 국가를 위해 달성하는 듯하다. 시민은 더 이상 그들의 정부에 무관심하지 않으며, 정치단체의 모든 조직은 생명과 활력으로 넘친다. 우리는 마침내 공동체 안의 개인 한 사람 한 사람이 전체의 덕성 일부를 공유하는 집단적 공동체 의식을 완벽하게 실현할 수 있게 된다. 전시 국가에서 모든 시민은 전체와 자신을 일체화하고, 그 일체감 속에서 엄청나게 강력해짐을 느낀다. 집단적 공동체의 목적과 열망은, 전쟁이라는 대의에 마음을 다 바쳐 헌신하는 개인 안에 살아 있다. 사회와 개인은 더 이상 명확하게 구분할 수 없다. 전시에 개인은 그가 사는 사회와 자신을 거의 동일시한다. 그는 당당한 자신감, 즉 자신의 모든 생각과 행동이 정당하다는 사실을 직감한다. 따라서 그는 누구도 꺾을 수 없는 힘을 가지고 반대자와 이단을 억압한다. 그는 자신의 뒤에 있는 집단적 공동체의 힘을 느낀다. 전시에 개인은 사회적 존재로서 자신을 신성화하는 데 거의 성공한 것처럼 보인다. 미국에서 어떤 종교적 충동도 그렇게 많은 대중의 헌신과 희생과 노력을 가져올 수 없었을 것이다. 보편적 교육, 자연 정복과 같은 세속적인 선을 위해서도 그렇게 많은 재화와 생명을 쏟아 붓지 않았을 것이며, 돈이나 인력 징발과 같은 심각한 강제적 조치들을 반대를 무릅쓰면서까지 채택하지도 않았을 것이다. 그러나 "민주주의"라는 구호를 위시한 까다로운 대의를 지지하기 위해 수행된 이 공격적인 자기 방어 전쟁에서 미국은 지금까지 기울인 집단적인 노력 중 최고 수준에 달하는 노력을 기울일 것이다. (…)

노동자계급의 구성원들은, 적어도 중요한 계급과 자신들을 동일시하면서 그들을 모방하려 하거나 그들처럼 지위가 오르기를 바라지 않은 사람들은, 국가의 상징주의에 거의 영향을 받지 않는다. 다시 말해서, 노동자계급은 중요한 계급들보다 애국적이지 않다. 노동자들에게는 힘도 영광도 없기 때문이다. 전시에 국가는 그들에게 퇴보할 기회도 제공하지 않는다. 노동자들은 사회적으로 성년기에 도달한 적이 없기 때문에 잃을 것도 없다. 지난 세기 산업 정권이 그랬듯이 노동자들이 만약 연대에 편성돼 훈련을 받았다면 그들은 국가를 위해 순순히 나갔을 것이다. 노동자 대부분은 자식된 도리를 모르며 그들보다 "나은 사람들" 사이에서 가장 강력하게 작동하는 대중적 지성에 대한 감각조차 없다. 노동자들은 산업 노예 상태에서 습관적으로 살아가고 있다. 즉, 명목상으로만 자유인일 뿐, 실제로는 자기 소유가 아닌 제품들을 생산하는 기계에 묶인 계급이다. 노동자들은 자신이 생산한 상품을 분배하는 과정에서 어떤 발언권도 갖지 못한다. 그들의 관리하에 있는 물건을 더 많이 생산하라는 은근한 협박을 받을 때만 예외적으로 발언권을 지닌다. 그러한 노예 상태에 길들여진 노동자들에게 군대 징집은 별로 큰 변화를 의미하지 않는다. 노동자들이 군대에 간다고 해서 전쟁 본능에 충실한 핵심 계급의 환호를 받으며 가는 것은 아니다. 그들은 산업체에 들어간 이후 줄곧 받아왔던 무관심 속에서 징집된다.

따라서 국가 내부에서 충돌이 일어난다. 전쟁은 사냥꾼과 쫓기는 자사이의 스포츠가 된다. 내부의 적을 찾는 일이 외부의 적을 공격하는 것보다 중요한 관심거리다. 국가의 엄청난 권한이 이단을 덮치는 데 사용된다. 나라가 끈질긴 열기로 서서히 끓어오른다. 정부는 평화주의자, 사회주의자, 외국인 적에 대항해 보수적인 테러를 수행한다. 적과 관련 있어 보이는 사람 또는 그런 움직임에 비공식적으로 가벼운 박해가 가해진다. 국가의 안녕은 의심할 바 없이 전쟁과 직결되고, 전쟁은 부르주아와 평민을 결집하며 나머지는 사회에서 매장한다. 혁명적인 프롤레타리아는 이 같은 결집에 더 강하게 저항하지만, 우리가 이제껏 보아 온 것처럼, 물리적으로 주류에서 제외된다. 〈세계산업노동자연맹〉과 같은 선구자는 무자비한 추적을 당한다. 이 연맹이 문제의 원인이 아니라 징후며, 박해가 노동계의 불만을 증대시키고 불화를 줄이기보다 더 심화시킨다는 증거가 있는데도 말이다. (⋯)

전쟁이 국민의 임무가 아니라 국가의 기능이라는 사실을 더 이상 단호하게 인정할 필요도 없다. 실제로 전쟁은 국가의 주된 기능이다. 전쟁은 매우 인위적인 행위다. 전쟁은 호전적인 대중이 자발적으로 일으키는 무구한 행위가 아니다. 전쟁은 공식적인 종교와 마찬가지로 자연스럽게 생겨난 것도 아니다. 군사적 기반 없이 전쟁이 일어날 수 없고, 군사적 기반은 국가조직 없이는 존재할 수 없다. 국가가 오래된 전통과 유전遺傳을 지니고 있기에 전쟁 역시 태고의 아주 오래된 전통과 유전을 지닌다. 하지만 양자는 분리할 수 없으며 기능적으로 결합되어 있다. 전쟁에 반대하는 운동은 은연중에 국가에 반대하는 운동이 된다. 이 전쟁이 전쟁을 끝내기 위한 전쟁임을 기대하거나 확실시하는 조치를 취하려면 전통적인 형태의 국가를 폐지하기 위한 조치를 동시에 취해야만 한다. 국가는 국민에게 해를 끼치지 않고도 수정될 수 있고, 현재 형태의 국가가 폐지될 수도 있다. 반대로 국가의 지배를 없앤다면 진정으로 국민의 삶을 고양시키는 요소들이 해방될 수도 있다. 국가의 주된 기능이 전쟁이라면, 국가는 방어와 공격이라는 순전히 황량한 목적을 위해 국민의 많은 에너지를 빨아들이게 된다. 전쟁은 낭비이며 동시에 실제로 국민의 활력을 최대한 고갈시킨다. 전쟁이 사람의 생명을 앗아 가거나 불구로 만드는 엄청나게 복잡한 힘이라는 사실은 아무도 부인하지 못할 것이다. 국가의 주된 기능이 전쟁이라면, 국가는 권력과 파괴를 위해 만들어진 기술을 통합하고 개발하는 데 주로 관여한다. 전쟁은 실제로, 그리고 잠재적으로 적을 파멸시킬 뿐만 아니라 자국민도 파멸시킨다. 연방 체제로 구성된 국가의 존재 자체가 국민들이 언제나 전쟁과 공격의 위험에 노출되어 있다는 것을 의미하며 에너지를 군사적 추구로 돌리는 것은 국가적 삶을 생산적으로 고양시키는 데 큰 장애를 의미하기 때문이다. (…)

이 모든 것은 국가가 사회집단 중에서 독재적이고, 독단적이며, 강압적이고 호전적인 모든 세력을 대표하고 있음을 보여 준다. 전쟁은 현대의 자유롭고 창조적인 정신, 생명, 자유, 행복의 추구를 향한 열의에 반하는 모든 혐오스러운 것들의 복합체다. 전쟁은 국가의 안녕이다. 국가가 전쟁 중일 때만 현대사회가 기능하기 때문이다. 즉 전쟁 중에는 감성이 통합되고, 단순하고 무비판적이며 애국주의적인 헌신이 가능하며, 모든 업무가 통합된다. 이러한 통합은 국가를 사랑하는 사람들이 늘 가지고 있는 이상이다. 그러나 현대 공화국은 민주적 이상이 상실된 채로는 독재와 죽음을 다루는 항상 교전 중인 국가라는 오래된 개념 아래 전쟁을 수행할 수 없다. 전쟁을 위한 적대감이 국가적 이상을 필요로 한다면, 그러한 이상은 민주적 형태일 수밖에 없다. 외교 정책을 민주적으로 조정하고, 전쟁을 민주적으로 열망하고, 특히 민주주의와 국가를 동일시하는 과거 회고적인 확신 아래 말이다. 고대 국가로 돌아갈 수는 없을지라도 폭동을 저지하려는 법과 외교 정책에 있어 정부의 바뀌지 않는 태도가 그러한 확신을 가리킨다. 연합국 내 민주주의 국가의 선진적인 민주주의자들은 비밀외교 금지를 첫 번째 요구로 내걸었다. 세계대전이 국가들 사이 복잡한 비밀 협정의 결과 일어났다고 여겼기 때문이다. 이런 협정들은 매우 소수의 지지를 받거나 국민들에게 전혀 알려지지 않은 채 체결되었다. 또한 조약이나 합의의 수준에는 이르지 못하지만 결국에는 구속력이 있는 것으로 밝혀지는, 모호한 약속으로 맺어지기도 했다. 비밀외교라는 사악한 제도가 확실하게 없어지지 않는다면 전쟁은 피할 수 없다고 민주주의 이론가들은 말했다. 또한 민주주의 이론가들은 비밀외교란 국가의 권한과 부, 그리고 인격을 마치 백지수표처럼 내세워 미래의 위기에 이를 돈으로 환산하라는 식으로 동맹을 맺은 국가들에게 서명해 주는 것과 마찬가지라고 생각했다. 모든 이들의 삶에 영향을 미치는 협약은 정부들 사이가 아니라 사람들 사이에 맺어져야 한다. 아니면 최소한 평판과 비판적인 면에서 특출난 대표들에 의해 맺어져야 한다.

e. e. 커밍스,
"나는 오라프를 기꺼이 관대하게 칭송하네"[8]

1931년

1918년 11월 11일, 세계대전이 끝났다. 이 전쟁으로 1천만 명이 죽었고, 그중에는 미국인 10만 명 이상이 포함되어 있었다. 곧 환멸이 뒤따랐고, 그 환멸은 월프리드 오웬Wilfred Owen과 시그프리드 서순Siegfried Sassoon의 시, 에릭 마리아 레마르크Erich Maria Remarque의 『서부전선 이상 없다*All Quiet on the Western Front*』, 어니스트 헤밍웨이Ernest Hemingway의 『무기여 잘 있거라*A Farewell to Arms*』, 포드 매독스 포드Ford Maddox Ford의 『더 이상의 행진은 없다*No More Parades*』 등 폭발적인 반전 문학에 반영되었다. 반항적이고 반反권위주의적인 시인 커밍스e. e. cummings는 제1차 세계대전 당시 프랑스의 야전병원에서 근무했다. 다음은 커밍스가 쓴 양심적 전쟁 반대에 관한 글이다.

나는 오라프를 기꺼이 관대하게 칭송하네
그의 가장 따뜻한 가슴이 전쟁 앞에서 움추러 들었네
양심적 병역 거부-자

그가 경애하는 대령이
(가장 간결히 교육받은 말쑥한 육사 출신이)
죄를 범한 오라프를 바로 처리했다네

하지만 그래도 솔직히 기쁨에 넘친

하사관은 (처음엔 그의 머리를 때려눕히고)

얼음같이 차가운 물 속에

그 무력한 사람을 굴리네

다른 이들은 근자에 구입한

진흙투성이 변기 옆 빗자루로

그를 때리네

한편 비슷한 식자들은 환기시킨다네

둔기로 내려칠 때마다 충성을

오라프는(어느 모로 보나 산송장이 되어

신이 그에게 하사한 농담을 잃어버린 채)

화도 내지 않고 응답하네

"나는 너희들의 우라질 국기에 키스하지 않을 거야"

바로 보이는 은빛 새는 침통해 보이네

(면도하려고 급히 떠나네)

그래도 온갖 장교들은

(열망하는 국가의 백인종의 자부심은)

그들의 수동적인 먹잇감을 걷어차고 욕을 퍼붓네

낭랑한 목소리가 약해질 때까지

장화로 더 심하게 걷어차네

일등 사병들을 부추겨

그의 직장을 불에 달군 총검으로

교묘한 방법으로 심술궂게 괴롭히네

오라프는(무릎을 꿇은 채)
거의 끊임없이 되풀이하네
"절대로 굽실거리지 않을 거야"

우리의 대통령, 제때에 맞추어 그 언설言說을 통고받고
그 혼혈 개자식을
지하 감옥에 처넣었네. 거기서 그는 죽었네

(무한한 자비의) 예수님
내 기도합니다, 볼 수 있기를, 그리고 오라프 역시

무엇보다도
통계가 거짓말하지 않는다면 그는
나보다 더 용감했고, 그대들보다 블론드였기에

존 도스 패소스,
「미국인의 몸」⁹

1932년

존 도스 패소스John Dos Passos는 전쟁의 공포를 묘사한 3부작 『미국*USA*』을 썼다. 다음은 1932년에 출판된 『미국』의 제2권 『1919년*nineteen-Nineteen*』의 일부인 「미국인의 몸The Body of an American」에서 발췌한 내용이다.

존 도

그리고 리차드 로와 다른 사람, 또는 알려지지 않은 사람들

올라가는 훈련을 받고, 군사 교범을 배우고, 너저분한 것을 먹고, 경례하고, 군복무하고, 막사 화장실에서 빈둥거리는 법을 배우고, 갑판에서는 흡연이 금지되고, 해외 보초 근무, 남자 마흔 명과 말 여덟 마리, 권총 검열과 뾰족한 소총의 핑 소리, 공기를 가로지르는 날카로운 총알, 성마른 딱따구리와 기관총 거무스름한 이 가스 마스크와 가려움.

친구들, 어떻게 나의 부대로 돌아갈 수 있는지 말해 주오.

존 도는 머리가 있다

20여 년 동안 눈, 귀, 입천장, 혀, 손가락, 발가락, 겨드랑이의 신경들,

피부 아래의 따스해진 신경들이 상처 난 두뇌를 충전하고, 달콤하고 따스하면서도 차가운 두뇌는 당연히 인쇄된 머리기사를 이해할 수 없다.

너는 긴 나눗셈이 있는 곱셈식은 될 수 없다. 지금은 모든 선한 사람이 젊은이들의 문을 두드릴 유일한 시간, 이시 카비블(Ish gebibbel, 이디시어라는 주장도 있지만 이디시어에는 이런 단어가 없다. 다만 "그건 문제될 것도 없다 nisht gefidlt"라는 이디시식 표현만을 빌린 것이다. "ische ga-bibble"이 더 정확한 표기로 1930년대와 1940년대 활약했던 코메디언 이시 카비블Ish Kabibble은 자신의 예명을 여기서 따왔다. 옮긴이)이라면 이는 멋진 인생, 첫 5년은 안보가 우선, 독일 놈들이 너와 나의 나라를 강간한다고 가정하면, 맞든 틀리든 그 젊은이를 잡아라, 그가 모르는 건 그들을 거칠게 다루지 않는다는 것, 그들에게 아무 말도 하지 마라. 그는 그에게 다가오는 법을 알았고, 그는 그의 것을 갖는다. 이 나라는 백인의 나라, 양동이를 걷어차고, 서쪽으로 가버린다. 그게 싫으면 그를 죽일 수밖에.

친구여 내가 어떻게 나의 부대로 돌아갈 수 있는지 말해 주지 않으련?

그런 일이 계속될 때면 뛰어오르지 않을 수 없다. 빠른 걸음을 재촉한다. 마네Marne에서 수영하다가 나는 나의 이름표를 잃어버렸다. 이를 없애기 위해 기다리는 동안 한 남자와 난투극을 벌인다. 침대에서 지니라는 이름의 소녀와 같이 있다.(그녀가 사랑하는 활동사진, 젖은 프랑스 엽서, 그 꿈은 커피와 함께하는 초석에서 시작하지만 프로포 역에서 끝난다.(여기서 지니는 세계대전 당시 미군을 상대하던 창녀일 가능성이 있다. 당시 "초석saltpeter"은 병사들의 성욕을 억제하기 위해 쓰였고, 프로포 역propho station은 병사들이 성병 여부를 검사하기 위해 기다리던 곳을 가리킨다. 옮긴이))

병사여, 제발 부탁인데 어떻게 내가 부대로 돌아갈 수 있는지 말해 주지 않으련?

존 도의

심장은 피를 뿜어냈다.

산 채로 쿵 소리를 내고 너의 귀에는 침묵의 피

오리건 숲을 개척하며 내려가 썩은 나무들 색깔이 빈약했고 눈을 통해 피를 쏟아 붓고 가을색 나무들과 청동색 터 메우는 사람들이 마른 잔디 사이로 뛰어다녔고, 아주 작은 줄무늬 달팽이가 칼날 아래에 붙어 있고 파리들이 콧노래를 부르고, 장수말벌이 윙윙거렸고, 꿀벌이 키스했네, 그리고 나무들이 포도주와 버섯과 사과 냄새, 아늑한 가을 냄새가 피를 쏟아 붓네.

그리고 나는 철모와 땀에 젖은 배낭을 내려놓고 납작하게 누웠다. 삼복더위의 태양은 나의 목과 결후와 가슴뼈 위의 탱탱한 피부를 핥고 지나갔다.

탄피 껍질에는 번호가 있다.

피는 땅으로 흘러내렸다

막사장인 하사관이 술 취한 사람을 발견했을 때 복무 기록이 파일 캐비닛에서 떨어졌다 그때 그들은 짐을 싸서 막사를 급히 떠나야 했다.

이름표가 마네 바닥에 있었다.

피가 땅으로 쏟아져 내렸다. 뇌는 부서진 해골에서 삐져 나왔고, 참호의 쥐들이 핥았다. 배는 부풀어 올랐고 한 떼의 시끄러운 날벌레들이 날아올랐다.

그리고 부패되지 않는 해골,

마른 창자 조각과 카키색 군복에 엉겨 붙은 피부

그들은 칼로스 서 마네Chalos-sur-Marne로 데려가

소나무 관에 단정하게 눕혔다

그리고 전함으로 고향, 하나님의 나라로 데려갔다

그리고 알링턴 국군 묘지의 메모리얼 원형 극장 석관에 묻었다.

그리고 그 위에 성조기 휘장을 덮었고

나팔수는 영결 나팔을 연주했다

그리고 하딩 씨는 신에게 기도했고 외교관, 장군, 그리고 제독과
고급장교와 정치가, 그리고 『워싱턴 포스트』의 사회부에서 나온 잘 차려
입은 여인들이 엄숙히 서 있었다

그리고 생각했다 얼마나 아름답고 슬픈 오래된 영광의 하나님의
나라였는가를. 나팔수가 영결 나팔을 연주하고 세 발의 총성이 그들의
귀를 울렸다.

그의 가슴 어디에 핀을 꽂아야 하는가

국회에서 수여하는 메달, 청동수훈십자상, 무훈훈장, 벨기에 무
공십자훈장, 이탈리아 금메달, 루마니아 여왕 마리에가 보낸 무공훈장,
체코슬로바키아 십자훈장, 폴란드 무공훈장, 뉴욕의 해밀턴 피시 2세가
보낸 화환, 그리고 몸에 페인트와 깃털로 장식한 애리조나 인디언 대표
가 선사한 자그마한 조가비 염주. 모든 워싱턴 사람들은 꽃을 가져왔다.

우드로 윌슨은 양귀비 꽃다발을 가져왔다.

달턴 트럼보,
『자니 총을 들다』[10]

1939년

제1차 세계대전이 끝나고 20년 후, 또 다른 전쟁이 일어나기 전날 밤에, 시나리오 작가 달턴 트럼보Dalton Trumbo는 전쟁의 참상을 가장 저주스럽게 고발하는 책을 썼다. 출간된 뒤 몇 년이 지나 이 책은 세계적인 베스트셀러가 되었고, 트럼보는 할리우드 텐(Hollywood Ten, 혹은 할리우드 블랙리스트. 20세기 중반 징집에 반대한 할리우드 영화 제작자들, 작가들, 감독들, 배우들의 명단을 말한다. 옮긴이)에 올랐다. 『자니 총을 들다Johnny Got His Gun』는 일차대전 참전 병사 조 본햄Joe Bonham의 관점에서 쓰여졌다. 그는 전쟁터에서 팔다리가 잘리고, 눈이 먼 채 발견되었고, 몸통과 머리만 제외한 모든 걸 다 잃었다.

나를 시골길로 데려가서, 모든 농가와 농장에 머무르며, 저녁식사를 알리는 종을 울려, 농부와 그의 아내와 아이들, 고용된 남자와 여자들이 나를 볼 수 있게 해 다오. 농부들에게 여기 한 번도 본 적 없는 무언가가 있다고 말해 다오. 여기 당신들이 경작할 수 없는 무엇이 있다고. 여기 절대로 자라고 꽃 필 수 없는 무엇이 있다고. 당신들이 밭에 뿌리는 퇴비는 지저분하고 냄새나지만 여기 그렇게 지저분하지 않은 무엇이 있다고. 이는 죽지도 않고 부패하지도 않고 잡초에 영양분을 공급하지도 않기 때문이다. 여기에 너무나 끔찍한 무엇이 있어서, 암말, 어린 암소, 암퇘지,

암양이 낳았다면 그 자리에서 죽여 버릴 정도지만 사람이기 때문에 죽일 수도 없다고 말이다. 이는 머리도 있어서 언제나 생각한다. 믿거나 말거나 이것은 생각하고, 살아 있고, 비록 자연이 그렇게 만들지 않았지만 자연의 모든 법칙을 어긴다. 당신은 무엇이 이렇게 만들었는지 안다. 훈장을 보라. 이건 진짜 훈장이고, 아마도 순금 훈장인 듯하다. 케이스의 뚜껑을 열면 무엇으로 만들어졌는지 알 수 있을 것이다. 영광의 냄새가 물씬 풍긴다.

사람들이 일하고 물건을 만드는 곳으로 나를 데려가 다오. 그곳으로 데려가 소년들에게 여기 그럭저럭 살아갈 쉬운 방법이 있다고 말하라. 아마도 시절이 어렵고 너희들 봉급은 낮을 것이다. 걱정하지 마라, 소년들아. 왜냐하면 그런 일을 해결할 방법은 언제든 있기 때문이다. 전쟁이 일어나면 물가가 올라가고 임금도 올라가고 모두가 엄청난 돈을 번다. 소년들도 곧 그렇게 되리니 성급해하지 마라. 내가 갈 것이며 그러면 너는 기회를 잡을 거다. 어찌 됐든 넌 이긴다. 싸워야 하지 않는다면 왜 집에 머물며 조선소에서 일하고 하루에 16달러를 버는가? 그들이 너를 징집한다면 많은 생필품이 필요하지 않은 상태로 돌아올 좋은 기회를 갖는 거지 뭐. 아마도 구두 한 짝만 필요할 거고, 두 짝 다 필요 없으니 돈을 그만큼 아끼는 거다. 장님이 된다면 안경을 살 필요가 없으니 그걸로 걱정할 일도 없는 거지 뭐. 아마 너희들도 나처럼 운이 좋을 수 있지. 나를 자세히 보거라, 소년들아. 나는 아무것도 필요 없단다. 적은 양의 묽은 수프, 또는 하루 세 차례 끼니만 때우면 된다. 신도, 양말도, 속옷도, 셔츠도, 장갑도, 모자도, 넥타이도, 컬러 버튼도, 조끼도, 코트도, 영화도, 보드빌vaudeville도, 축구도, 면도조차도 필요 없다. 나를 봐라, 소년들아. 나는 전혀 경비가 들지 않는다. 풋내기 소년들아, 일하지 말고 쉽게 돈을 벌어라. 나는 내가 무슨 말을 하고 있는지 안다. 나도 과거에는 너희들이 지금 필요로 하는 모든 것들이 필요했다. 나도 소비자였다. 한창 때는 소비를 많이 했다. 나는 어떤 사람보다도 많은 유산탄과 화약을 사용했었다. 그러니 소년들아 우울해하지 마라. 이제 곧 다른 전쟁이 일어날 터이니 너희들에게도 기회가 올 거고, 나처럼 너희들에게도 아마 행운이 따를 거다.

　나를 학교로, 세상의 모든 학교로 데려다 다오. 어린아이들은 내게 가까이 오지 못할 것이다. 그들은 나를 처음 보는 순간 아마 비명을 지르고, 밤에는 악몽을 꾸겠지. 그렇지만 곧 익숙해질 거다. 그들은 익숙해져야만 하고, 어릴 때부터 익숙해지기 시작하는 편이 나을 테니까. 환자인 내 주변으로 그들을 모으고 여기 꼬마 소녀, 저기 꼬마 소년, 이리로 와서 너희 아버지를 보라고 말한다. 이리로 와서 자기 자신을 보아라. 성인 남녀로 튼튼하게 자라면 이처럼 될 것이다. 너희는 조국을 위해 죽을 기회를 가질 거다. 아마 죽지 않고 이처럼 돌아올지도 모른다. 꼬마들아 모든 사람이 죽지는 않는단다.

　제발 좀 더 가까이 와 보렴. 저기 칠판에 기대 선 너, 무슨 일이냐? 조용히 울고 있는 어리석은 소녀야, 이리 와서 한때는 소년병이었던 멋진 아저씨를 보렴. 너는 그를 기억하지, 그렇지? 울고 있는 꼬마 아가야, 너는 기억하지? 너는 깃발을 흔들고, 은종이를 모으고, 네가 모은 돈으로 절약 우표(thrift stamp, 2차 세계대전 이후 미국 정부가 민간 기금을 모으기 위해 발행했던 우표. 옮긴이)를 사지 않았니? 물론 너는 기억하지, 어리석은 아이야. 자, 여기에 네가 그렇게 해서 도와준 군인이 있단다.

　자, 젊은이들아, 한번 잘 보렴. 그러면 이제 우리는 우리의 자장가로 빠져들 거다. 매번 새로운 자장가란다. 전쟁 신경증을 앓고 있는 "히코리 디코리hickory dickory"가 내 아버지의 땅콩을 빼앗네. "험프티 덤프티Humpty dumpty"는 가스가 들어와 그의 눈을 태울 때까지 자신이 현명하다고 생각했네. "아 딜러 어 달러 어 텐 어 클럭a diller a dollar a ten o'clock" 학자는 다리를 날리고 큰 소리 지르는 자신을 바라보네. 자장가를 불러 재우는 나무 꼭대기의 아기는 폭탄을 멈추지 않네, 아니면 네가 쿵 떨어질 거야. 이제 나는 나의 방탄 지하실에서 행복하게 깊은 잠을 자기 위해 몸을 누이고 그리고 만약 내가 깨어나기 전에 살해된다면 이는 너를 위해서라는 걸 기억하렴, 아멘.

나를 단과대학교와 종합대학교, 그리고 학술원과 수도회로 데려가 다오. 소녀들을 불러 모아 주오, 아름답고 건강한 젊은 소녀 모두를. 나를 가리키며 여기 너희들 아버지가 있다고 말하라. 지난 밤 힘이 넘쳤던 바로 그 소년이라고. 여기 너희들의 어린 아들이라고, 너희 사랑의 결실이며 미래의 희망이라고 말하라. 그를 잊지 않기 위해 그를 내려다보라. 진물이 나오는 깊게 베인 빨간 상처를 보라. 소녀들아, 바로 그의 얼굴이란다. 두려워 말고 만져 봐라. 허리를 굽히고 키스해라. 그 후에는 입술을 닦아야만 할 거다. 이상한 썩은 것들이 묻기 때문이지. 하지만 괜찮단다. 왜냐하면 애인은 애인이니까. 그리고 여기 너의 애인이 있다.

모든 소년들을 불러 모아 여기 너희의 형제가, 제일 친한 친구가, 너희 자신인 젊은이가 있다고 말하라. 저곳에 묻힌 마음을 알기에, 이건 정말 흥미로운 경우지, 젊은이들. 기술적으로 이 물건은 지난여름 내내 실험실에서 산 채로 있었던 세포 조직처럼 살아 있는 고깃덩어리다. 하지만 이는 색다른 고기지. 왜냐하면 뇌가 들어 있는 고깃덩어리니까. 이제 내 말을 자세히 듣게, 젊은 신사들. 두뇌는 곧 사고를 의미하지. 아마도 음악을 생각하고 있겠지. 아마도 위대한 심포니나 세상을 바꿀지 모르는 수학 공식, 사람들을 더 친절하게 만들 수 있는 책이나 수억 명의 사람들을 암에서 구할 수 있는 생각의 싹을 틔우고 있을지도 모르지. 만약 이 두뇌가 그런 비밀을 지니고 있다 해도, 어떻게 이를 알아낼 수 있을는지,

이건 참 흥미로운 문제지, 젊은 신사들. 좌우간 저기 바로 너희 젊은 신사들이 있지. 클로로포름으로 마취시켜 배를 가르고 심장이 뛰는 것이 보이는, 조용히 그리고 무력하게 누워 있는 개구리처럼, 숨 쉬고, 생각하고 죽어 있는 너희들이지. 여기에 너희들의 미래가, 너희들의 달콤하고 무모한 꿈이, 너희들의 애인이 사랑했던 것들이, 너희들의 지도자가 너희에게 되라고 강조했던 것이 있지. 잘 생각해 보게, 젊은이들. 예리하게 생각하게, 그리고 우리는 다시 로마를 약탈했던 야만인들의 연구로 되돌아갈 걸세.

나를 의회와 정기 회의, 그리고 국회와 정치인들의 회의소로 데려가 다오. 그들이 영광과 정의, 민주주의를 위한 세계 안보, 14개 조항, 민족 자결권에 대해 이야기할 때 나도 그곳에 있기를 원한다. 나에게는 볼에 찔러 넣을 혀도 없고, 볼도 없다는 것을 그들에게 상기시키고 싶다. 하지만 정치가들은 혀가 있고, 볼이 있다. 내 안경집을 정치가들의 책상 위에 놓아라. 의사봉이 내려올 때마다 나의 작은 보석 상자가 그 진동을 느끼도록. 그리고 그들이 교역 정책과 출항 금지, 새로운 식민지들과 오래된 원한에 대해 말하도록 내버려 두자. 그들이 황인종의 악의, 백인의 짐, 제국의 진로에 대해, 그리고 왜 우리가 허풍쟁이 독일을, 독일 아니면 그 다음 누구든, 저지해야 하는지에 대해 논쟁하도록 내버려 두자. 그들이 남아메리카 시장에 대해, 그리고 왜 아무개씨가 우리보다 나은지에 대해, 왜 우리의 상선이 경쟁할 수 없는지에 대해 얘기하도록 두자. 그리고 오, 젠장, 꽤나 경직된 통첩을 보내도록 하자. 그들이 더 많은 군수품과 비행기, 전함, 탱크, 가스에 대해, 그리고 물론 그것들을 왜 가져야 하는지, 그것들 없이 지낼 수는 없는지에 대해, 그리고 그것들을 가지지 않았다면 어떻게 우리가 세계 평화를 지킬 수 있는지에 대해 말하도록 두자. 그들이 블록을 형성하고 연합을 맺고 상호 원조 협정을 맺고 중립을 보장하도록 두자. 그들이 문서와 최후통첩 항의와 비난의 초안을 쓰도록 내버려 두자.

그러나 그것들에 대해 투표하기 전에, 하찮은 친구들에게 서로를 죽이라고 명령 내리기 전에, 의장이 의사봉을 두드리기 전에, 나를 가리키며 "신사 여러분, 여기 이 회의석상에 한 가지 의제가 있는데 이에 대해 찬성하십니까, 반대하십니까"라고 말하게 하자. 그들이 반대하면, 빌어먹을, 남자답게 일어나 투표하도록 하자. 그들이 찬성하면 목매달고 익사시키고 사등분하여 조그마한 조각으로 잘라서 길거리에 진열하고 들판에 뿌려서 깨끗한 동물은 건드리지 못하게 하고, 큰 덩어리들은 거기에서 썩게 하자. 그것들이 썩는 곳에서는 아마도 식물조차 자라지 못할 것이다.

나를 전쟁으로 파괴되어 50년마다 새로 짓는 너희들의 교회로, 솟아오른 성당으로 데려가 다오. 나를 유리 상자에 넣어 측랑으로 데려가 다오. 그곳은 왕들과 사자들, 신부들과 어린이들이 운 좋게도 죽을 수 있었던 한 남자가 못 박혀 있던 진짜 십자가의 나무 조각에 키스하기 전, 수없이 지나치는 곳이다. 나를 너희들 재단에 높이 올려놓고 신을 불러 그의 잔혹한 어린양들을, 그가 애지중지하는 사랑하는 어린 아이들을 내려보시라고 하라. 냄새를 맡을 수 없으니 손을 저어 내 쪽으로 향을 보내라. 내가 맛 볼 수 없는 성사용 포도주를 따라라. 내가 들을 수 없는 기도를 단조롭게 계속 말하라. 나에게는 다리가 없고 팔이 없으니 아주아주 오래된 성스러운 몸짓을 행하라. 내가 부를 수 없는 할렐루야를 합창하라. 나를 위해 더 크고 더 힘차게 불러라. 나를 위해 모두 다 할렐루야를 불러라. 나는 진실을 알고 있지만 너희들은 모르기 때문이다, 바보들아. 어리석은 너희들, 어리석은 너희들, 어리석은 너희들……

제15장

재즈 시대에서
1930년대 소요까지

1920년대와 1930년대에는 재검토할 만한 역사적인 신화가 상당히 많다.

1920년대는 종종 "재즈 시대", "번영의 시대"로 묘사된다. 이 시기는 그 만큼 활기찬 시대였으나, 1930년대의 대공황으로 막을 내린다. 그러나 상층계급은 외관상 번영을 누렸지만 도시 거주자들과 농민들은 광범위한 고난을 겪었고, 반反외국인·반反급진주의 정서, 그리고 큐 클럭스 클랜(KKK)과 같은 아프리카계 미국인에 대한 잔혹 행위가 국가적인 영향력을 발휘한 시기기도 하다.

또 다른 신화는 1930년대 뉴딜New Deal 개혁들이 루스벨트 행정부의 자선의 결과였다는 것이다. 이런 견해는 1932년 보너스 행진Bonus March에서부터 시작해 자본주의 체제를 위협하는 파업과 저항까지 이어진 이 시기의 떠들썩한 반란을 무시한다. 때로는 아나키스트와 사회주의자가 개입하기도 한 이러한 동요는 사회보장, 실업보험, 저비용 주택 보조, 노동조합의 보호 등 전례 없는 개혁들로 이어졌다. 특히 작가, 음악가, 배우, 감독, 화가, 조각가 등 예술인들에게 일자리를 나눠 준 프로그램은 아마도 가장 파격적이면서 이후로 한 번도 다시 실행된 적 없는 개혁 프로그램이었을 것이다.

이 장에서는 이 중요한 시기에 대한 유력한 신화를 반박하는 목소리들을 제시하고자 한다.

스콧 피츠제럴드, "재즈 시대의 메아리"[1]

1931년

대공황의 도화선이 된 1929년 10월 24일 주식시장의 붕괴 이전에도 문화적·사회적 몰락의 징후들이 있었다. 『위대한 개츠비*The Great Gatsby*』의 작가인 소설가 스콧 피츠제럴드F. Scott Fitzgerald는 과도하게 "소란스러웠던 20년대"를 기록한 사람들 중 한 명이었다. 다음은 피츠제럴드가 이 시기를 돌아보며 『스크라이브너스 매거진 *Scribner's Magazine*』에 쓴 기사의 일부다.

재즈 시대에 대한 글을 쓰기에 지금은 너무 이르다. 균형감을 가지고, 그리고 때 이른 동맥경화증이라는 진단을 받지 않고 글을 쓰기엔 말이다. 많은 사람들은 아직도 "재즈 시대"의 "재"자만 들어도 심한 구토에 시달린다. 이후 재즈라는 용어는 생생한 암흑가의 산물로 여겨지고 있다. 재즈 시대는 1902년에 황색 언론의 90년대(Yellow Nineties, 미국-스페인 전쟁의 도화선이 된 메인호 사건이 일어났을 때, 미국 언론은 사건의 진실보다는 스페인 비방에 앞장서 전쟁을 부추겼다. 쿠바의 미군정은 1902년에 끝났다. 옮긴이)가 끝나듯이 사라졌다. 그러나 오늘날의 작가는 이미 향수를 가지고 이 시기를 돌아본다. 오늘날의 작가는 사람들에게 전쟁에 쓰이지 않고 축적된 광란적인 에너지를 모두 모아 뭔가를 해야만 했다고 말함으로써, 작가 자신이 꿈꿔 왔던 것보다 많은 지지와 아첨을 받았으며, 더 많은 돈을 벌었다.

　1919년 노동절 폭동 즈음에 시작된 이 10년의 시기는 침상에서 시대에 뒤떨어진 채 죽기를 망설이는 것처럼 1929년 10월에 장엄한 죽음으로 뛰어들었다. 경찰이 매디슨 광장에서 연사의 말을 하품하며 듣고 있던 무방비 상태의 시골 청년들을 뒤쫓아 잡았다. 많은 젊은 지식인들이 이로써 기존 질서에서 멀어지게 된다. 멘켄H. L. Mencken이 되풀이해서 선전할 때까지 우리는 권리장전에 대해 아무것도 기억하지 못했지만, 그런 독재가 남유럽의 신경과민에 걸린 자그마한 나라들에서 일어난다는 사실은 알고 있었다. 만약 간이 배 밖으로 나온 기업가가 정부로 하여금 이런 결정을 내리게 했다면 우리는 〈모건〉사社에 진 빚 때문에라도 전쟁에 나섰을 것이다. 그러나 우리는 위대한 대의에 싫증이 났기 때문에 성마른 도덕적 분노를 분출하는 정도에 그쳤다. (…)

　공화국의 성실한 시민들은, 전쟁의 혼란 속에서 사춘기를 보낸 가장 거친 세대가 퉁명스럽게 동시대인들을 밀어제치고 정도를 벗어나 주목을 끌 때, 한숨을 내쉬었다. 이 세대는 스스로를 플래퍼(flappers, 1920년대에 출현한 신여성. 옮긴이)로 극화시킨 소녀들의 시대였다. 그들은 자기보다 나이 많은 세대를 오염시켰고, 결국에는 도덕성이 결여되었다기보다는 경험 부족으로, 너무 과한 나머지 실패했다. 그 증거로 1922년을 보라! 이후로도 재즈 시대는 계속되었고, 점차 젊은이들만의 관심사를 넘어서게 되었지만, 그 해는 젊은 세대의 절정기였다.

　재즈 시대는 어른들이 아이들의 파티를 접수하는 것으로 결말을 맺는다. 아이들은 혼란에 빠졌고 방치되거나 때로는 놀라워했다. 1923년이 되고 어른들은 부러움을 어색하게 감추며 축제를 지켜보는 일이 지루해지자, 술을 마시면 젊음을 되찾을 것이라고 믿었다. 어른들은 함성을 지르며 진탕 마시고 놀기 시작했다. 이제 젊은 세대는 더 이상 주인공이 아니었다.

나라 전체가 즐거움을 추구하기로 마음먹고 모두들 쾌락주의자가 되기 위해 질주한다. 금지하건 말건 젊은 세대들의 조숙한 신체 접촉은 언젠가 일어날 일이었다. 사람들은 은연중에 영국적 관습을 미국적 관습에 순응시키려고 노력했다.(예를 들어서, 우리 남부는 원래 열정적이고 성숙했다. 따라서 열여섯, 열일곱 살 소녀에게 보호자 없이도 외출을 허락하는 것은 프랑스나 스페인식 관습의 일부가 아니라는 식이다.) 그렇지만 1921년 칵테일파티와 더불어 시작된, 재미를 추구하기로 한 일반적인 결정은 더 복잡한 기원을 가지고 있었다.

재즈Jazz라는 단어는 사회적으로 막 인식되기 시작했다. 재즈는 처음에는 섹스를 의미했다가 다음에는 춤을, 그리고 다음에는 음악을 의미하게 된다. 재즈는 전선의 배후에 있던 대도시에서 통용되듯 과한 자극과 관련이 있는 단어였다. (…)

그러나 이는 계속되지 않았다. 누군가 큰 실수를 저질렀고, 역사상 최고의 유흥과 방탕은 막을 내렸다.

재즈 시대는 2년 전에 끝났다. 본질적인 버팀목이었던 절대적인 자신감에 엄청난 충격을 받았고, 취약한 구조가 땅으로 가라앉는 데는 오랜 시간이 걸리지 않았다. 2년 뒤 재즈 시대는 전쟁 전 시기만큼이나 멀어 보였다. 여하튼 이는 차용된 시기였다. 전체 인구 중 상위 10퍼센트의 호화롭고 태평한 귀족들과 무심한 합창단 소녀들의 시기였다. 그렇지만 지금 도덕적 관점에서 이 시기를 고찰하는 일은 간단하다. 20대 나이에 그렇게 확실하고 걱정 없는 시대에 산다는 건 행복한 일이었다. 파산을 해도 풍요 속에 있었기 때문에 돈 걱정은 할 필요가 없었다. 종말이 가까워 오자 각자 자기 몫을 지불하기 위해 분투했다. 어떤 여행을 요구하든,

환대는 받아들이는 것이 예의였다. 매력, 악명, 바른 예절 등이 사회적 자산으로 돈보다 중요시되었다. 꽤 화려했지만 영속적으로 필요한 인간 가치들이 그 팽창을 덮으려고 하자 점차 매사에 활기가 없어졌다. 작가들은 한두 권 유명한 책이나 희곡을 발표하기만 해도 모두 천재가 됐다. 마치 전쟁 기간 동안 4개월 경력의 장교들이 수백 명의 사병을 지휘하는 것처럼, 수많은 작은 물고기들이 엄청나게 큰 어항 속에서 주인 행세를 했다. 연극계에서는 몇몇 이류 배우들이 과장된 작품들을 제작했다. 마찬가지로 정치에 있어서도 훌륭한 사람들이 중요하고 책임감 있는 고위직, 즉 기업 행정보다 훨씬 중요하고 책임감 있는 자리지만 연봉이 5천 또는 6천 달러밖에 안 되는 직위에는 관심을 갖지 않게 됐다.

우리는 이제 다시 한번 허리띠를 졸라맨다. 그리고 우리의 젊음을 낭비했던 시기를 돌아보며 당시의 공포를 적당하게 표현할 수 있는 말을 떠올려 본다. 하지만 가끔 드럼 소리 가운데에 귀신처럼 우르르거리는 소리, 천식 환자가 속삭이는 듯한 트럼본 소리가 있고, 이는 나를 1920년대 초기로 데려간다. 그때 우리는 나무통에 든 술을 마셨고, 날마다 모든 면에서 더 나아지고 있었고, 실패로 끝났지만 스커트가 처음으로 짧아졌다. 그리고 스웨터를 입은 소녀들은 모두 비슷해 보였고, 알고 싶지 않은 사람들이 "네, 우리는 바나나가 없어요Yes, we have no bananas"를 노래했다. 몇 년 안에 구세대가 비켜나고 그들처럼 사물을 있는 그대로 보는 사람들이 세상을 운영하게 될 것만 같았다. 당시 젊었던 우리에게는 모든 것이 낭만적인 장밋빛으로 보였다. 우리를 둘러싼 환경을 그토록 강렬하게 느낄 기회가 다시 오지 않을 것 같았기 때문이다.

입 하버그,
"형제여, 한 푼만 주시오"[2]

1932년

대공황기를 노래한 것 중 가장 잘 알려진 노래는 "입" 하버그E. Y. "Yip" Harburg가 작사한 곡이다. 하버그는 러시아에서 이민 온 유대인의 아들로 뉴욕 시 로어이스트사이드에 살았다. 제이 고니Jay Gorney와 곡을 만들면서 하버그는 1932년에 "형제여, 한 푼만 주시오Brother, Can You Spare a Dime?"를 작사했다. 프랭클린 루스벨트는 1932년 대통령 선거 운동의 주제곡으로 이 곡을 선택했다.

그들은 내게 꿈을 건설하고 있다고 말하곤 했지, 그래서 나는 군중을 따랐네.

쟁기질할 땅이 있거나 운반해야 할 대포가 있을 때 나는 늘 그곳, 바로 그 일을 할 그곳에 있었네.

그들은 내게 꿈을 건설하고 있다고 말하곤 했지, 평화와 영광이 앞에 놓인.

왜 내가 빵을 얻으려고 줄을 서야만 하는가?

한때 나는 철도를 건설했고, 달리게 했고, 시간과 경주하게 만들었네.
한때 나는 철도를 건설했네. 이제 다 완성됐네. 형제여, 한 푼만 주시오.

한때 나는 타워를 건설했네. 태양을 향해. 벽돌과 대갈목과 석회로.
한때 나는 타워를 건설했네. 이제 다 완성됐네. 형제여, 한 푼만 주시오.

한때 군복을 입고, 아이고, 우리는 의기양양해 보였다네,
그 "양키 두들 더 덤Yankee Doodle-de Dum"을 힘껏 부르며.
50만 개의 부츠가 지옥을 지나 무거운 걸음걸이로 걸어갔고,
나는 북 치는 소년이었네.

자, 나를 기억 못 하겠니, 그들은 나를 앨이라고 불렀지.
나는 늘 앨이었지.
자, 나를 기억 못 하겠니, 나는 너희들의 친구!
형제여, 한 푼만 주시오.

폴 앤더슨,
"최루탄, 총검, 그리고 투표권"[3]

1932년 8월 17일

제1차 세계 대전에서 돌아온 병사들은 1924년에 정부 채권 형태로 1945년에 상환받을 수 있는 "보너스"를 발급받았다. 그러나 대공황이 시작되자 많은 제대군인들이 타격을 심하게 받았다. 제대군인들은 직업이 없었고, 가족들은 굶주렸다. 그들은 채권을 바로 상환해 줄 것을 요구하는 조직을 만들었다. 전국의 제대군인들이 아내와 아이들을 데리고, 또는 혼자 워싱턴에 모여들었다. 그들은 다 찌그러진 차를 타고 오기도 했고, 화물 열차를 몰래 타고 오기도 했고, 도보로 오다가 지나가는 차를 잡아타고 오기도 했다. 2만 명 정도가 모였다. 제대군인들은 스스로를 "보너스 원정 부대Bonus Expeditionary Force" 또는 "보너스 군대The Bonus Army"라고 불렀다. 그들은 수도에서 포토맥 강을 건너 아나코스티아플래츠Anacostia Flats에 캠프를 세웠다. 국회가 채권 상환을 거부했기 때문에 제대군인들은 진을 치고 그대로 머물렀다. 그러자 허버트 후버 대통령은 그들을 모두 몰아내라고 군대에 명령을 내렸다. 이 작전을 책임진 지휘관 중에는 더글러스 맥아더Douglas MacArthur, 드와이트 아이젠하워Dwight Eisenhower, 조지 패튼George Patton도 있었다. 제대군인들은 총검과 최루탄 가스로 공격받았다. 그들의 텐트는 불타 버렸다. 다음은 폴 앤더슨Paul Anderson이 보너스 군대 행진을 직접 목격하고 쓴 글이다. 앤더슨은 미주리 출신 저널리스트로 〈미국신문길드the American Newspaper Guild〉를 조직했고, 이스트세인트루이스East ST. Louis 학살을 보도해서 전국적으로 유명해졌다.

재선을 노리는 후버의 선거 운동이 7월 28일 목요일, 펜실베이니아 애버뉴 3번가에서 시작됐다. 4개 기병 중대, 4개 보병 중대, 대포를 장착한 소함대 한 척, 휘핏 탱크 여섯 대, 시민 경찰관 3백 명과 비밀 경찰관 1분대, 그리고 재무 관리들이 함께했다. 다음과 같은 결과가 즉시 달성됐다.

세계대전 참전 용사 두 명이 총에 맞아 죽고, 1년 11주 된 아기가 가스에 노출돼 쇼크로 죽기 일보 직전이다. 8살짜리 소년이 가스 때문에 실명 위기에 처했고, 경찰관 두 명은 머리에 금이 갔으며, 거리를 지나던 사람은 어깨에 총을 맞았다. 한 제대군인은 기병의 검에 귀를 잘렸고, 또 다른 제대군인은 총검에 엉덩이를 찔렸다. 열두 명이 넘는 제대군인, 경찰, 군인이 벽돌과 곤봉에 맞아 다쳤고 경찰, 기자, 병원 구급차 기사, 워싱턴 주민을 포함한 남자, 여자, 어린이 1천 명 정도가 가스에 중독됐다. 그리고 의복, 음식, 제대군인들의 임시 피난처, 정부 계약자가 소유한 건물 대부분의 건축 자재를 포함해서 대략 1만 달러에 달하는 재산이 화재로 타 버렸다.

정치적 결과는 그다지 감동적이지 않다. 실제로 행정부 고위 관리들은 대규모 폭발이 계획되었고 예상보다 더 대담하게 시행되었음을 빨리 알아챘다. 그리고 선거 운동이라는 측면에서 이 사건은 정치 역사상 가장 치명적인 부메랑임이 입증될 터였다. 용감한 전쟁 장관 폴 헐리Paul Hurley가 한두 번의 공개 진술을 통해 그 우려를 표현한 바 있다. 헐리는 무장하지 않은 남녀와 아이들을 향해 가스탄, 탱크, 검, 총검을 사용하고 방화한 행동을 정당화하려고 했다. 그 두 진술 중에서 여기서 내가 보여 줄 진술은 이미 알려져 있고, 입증할 수도 있는 거짓말투성이다. 순전한 공황 상태가 그런 거짓말을 유도했음에 틀림없다.

제대군인들을 비참한 오두막집에서 내쫓고 수도에서 몰아내려고 군 부대와 최신 전쟁 장비를 사용한다. 이런 상황 때문에 나는 이 모든 사건이 정치적 목적을 위해 고의적으로 계획되었고, 실행되었다는 꺼림직한 결론을 내릴 수밖에 없다. 즉, 정부는 실제 전복될 위험에 처했으며 다행히도 허버트 후버의 용기와 결단으로 막아 낼 수 있었다고 미국인들을 설득하려는 목적하에 실행된 것이다. 후버 씨와 그의 고문단이 "후버 대급진주의"를 선거 운동의 주된 논점으로 만들려고 한다는 사실은 이미 잘 알려져 있다. 직업 없는 제대군인과 가족들이 수도에 있다는 사실은 국민들에게 "반란"의 위험이 실재하며, 정부는 이런 반란 상황에 대처하기 위해 준비하고 있음을 보여 줄 기회였다. 이 목적을 달성하기 위해서 실제로 갈등을 유발할 필요가 있었고, 이것이 바로 행정부가 한 일이었다. 몇 가지 특징적인 사실만 검토해 봐도 이는 명백해질 것이다.

몇 주 동안 제대군인들과 가족은 워싱턴에서 야영을 했다. 그중 일부 가족은 버려지고 반쯤 부서진 건물이나 시내의 작은 땅뙈기에 지은 판잣집에 머물렀지만, 대부분은 아나코스티아 강둑 반대편에 있는 정부 소유의 넓은 들판에 보잘것없는 피난처를 세워 그곳에서 지냈다. 공산주의자도 몇 명 있었지만 공산주의 조직체는 즉시 금지되었다. 공산주의자들을 제외한 다른 사람들은 매우 신중하고 질서정연하게 행동했다. 캠프를 여러 번 방문하고 많은 제대군인들과 이야기를 나눠 본 사람이 보기에도 제대군인들이 정부에 반해 위협을 조직하고 있다는 주장은 터무니없었다. 공산주의자들조차도 고작 백악관 앞에서 무익한 행진을 두 번 시도한 게 다였다. 공산주의자들은 머리를 얻어맞고, 감옥에 가고, 벌금을 문 것 말고는 행진을 통해 아무것도 얻지 못했다. 믿기 어려울 정도로 조야한 삶의 조건하에서도 사람들 대부분은 유머 감각과 인내심과 용기를 발휘했다. 제대군인들은 과거에 프랑스에서 그랬던 것처럼 자신들의 삶의 부침에서 희극을 만들어 내는 본능을 수많은 방법으로 보여 주었다. 실제로도 소위 "보너스 군대"는 자신들이 정부에 특별한 요구를 하러 왔다고 생각했고, 정부가 자신들에게 일자리를 제공할 준비가 안 되어 있다면 구제라도 해 달라고 요청하러 온 실직자 집단이었다. 보너스가 지급이 되든 안 되든, 만약 그들에게 일자리가 있었다면 여기에 오지도 않았을 것이다. 이와 반대되는 어떤 주장도 엉뚱한 주장이다.

공산주의자 집단이 따로 나가 저지른 미약한 행동을 제외하면 돌이킬수 없는 사태가 발생했던 목요일 이전까지는 아무런 문제도 없었다. 이는 부분적으로는 경찰서장 펠햄 글래스퍼드 장군의 상식적인 행동과 노련한 책략 덕분이고, 부분적으로는 제대군인 진영 지도자들이 시행한 훈련 때문이고, 또 부분적으로는 제대군인들 스스로가 지닌 법을 준수하는 본능 때문이기도 하다. 유명한 헐리는 큰소리로 "구걸", "시민에게 강요된 공물"을 운운하며 분노를 표시했다. 그러나 나는 캠프를 여러 번 방문했고 꽤나 잘사는 사람처럼 보임에도 제대군인들은 내게 담배 한 대보다 귀한 것을 한 번도 요구하지 않았다. 국회가 폐회되자 캠프를 떠나는 사람들의 물결이 계속 이어졌다. 〈제대군인국Veterans' Bureau〉은 매일 성명서를 발표해서 이 사실을 알렸다. 관련 언론과 정부 신문도 이를 충실하게 보도했다. 신뢰할 만한 관리들은 모든 사람들이 떠나는 일은 시간 문제라고 반복해서 선언했다.

그러나 갑자기 고위직에 있는 누군가가 3번가와 4번가, 그리고 펜실베이니아와 미주리 애버뉴로 둘러싸인 부분적으로 파괴된 구획을 정부가 즉시 점유해야 한다고 결정했다. 그곳에서는 약 1천5백 명 정도가 버려진 빌딩과 임시로 지은 오두막집에 흩어져 살고 있었다. 그들 대부분은 텍사스, 캘리포니아, 네브래스카, 웨스트버지니아, 그리고 플로리다에서 온 사람들이었고, 그 지역들은 확실하게 "급진주의"의 온상이 아니었다. 재무부는 지역구 위원들에게 경찰을 동원해 불법 거주자들을 추방하라는 지시를 내렸다. 글래스퍼드는 두 가지 이유를 들어 위원들에게 경찰은 그들을 추방할 권한이 없다고 확신시켰으며 추방의 절차는 명백하게 법에 의해 규정되어야 한다고 지적했다. 수요일에 백악관에서 헐리, 윌리엄 미첼 검찰청장, 육군 원수인 더글러스 맥아더 장군이 참석한 회의가 있었다. 목요일 아침 글래스퍼드는 재무부 관리들이 그 구획의 일부를 철거하기 시작할 것이고 누구든지 반항하는 사람은 질서를 어지럽힌 죄로 체포될 것이라는 정보를 들었다. 이는 철거가 경찰에 의해 이뤄질 것이라는 의미였다. 그리고 실제 경찰이 철거를 실행했다. 누군가 법망에서 빠져나갈 구멍을 찾기 위해 절차상의 형식을 고안해 낸 것이다. 글래스퍼드의 항의는 아무 소용이 없었다. 위원들에게 저항할 수 없는 압력이 가해졌음은 명백했다. (…)

문제는 누군가 권한을 쥔 사람이 철거를 강행하기로 결정했다는 사실이다. 두 구역의 위원들이 후버 대통령에게 시 당국은 "질서를 유지할 수 없다"고 보고했다. 수분 내에 보병대, 기병대, 포병대, 탱크가 마이어 요새Fort Myer에서 워싱턴 요새Fort Washington로 향했다. (…)

군대가 도착했을 때, 제대군인들은 실제로 펜실베이니아 애버뉴 남쪽 보도에서 군인들을 환영했다. 기병 장교가 보도의 연석으로 질주하며 "여기서 나가"라고 소리쳤다. 총검을 가지고 참호 헬멧을 쓴 보병들은 남쪽 보도 연석으로 배치됐고 제대군인들을 싸움 중인 구획으로 되돌아가게 만들었다. 기병대는 북쪽에 배치돼 말을 타고 보도를 달렸다. 경찰, 기자, 사진사들은 말에 밟히지 않기 위해 자동차에 뛰어올랐다. 3, 4천 명의 구경꾼들이 그 거리 북쪽 빈 공간에 모였다. 명령을 내리자 기병대는 칼집에서 뽑은 검으로 군중을 위협했다. 남자, 여자, 어린이는 비명을 지르며 울퉁불퉁한 땅을 가로질러 도망갔고, 말 뒷발과 검의 뾰족한 끝을 피하려고 애쓰다가 구덩이로 빠지기도 했다. 반면, 남쪽 방면의 보병들은 방독 마스크를 쓰고 지금 막 제대군인들을 몰아넣은 블록을 향해 최루탄을 던졌다. 헐리 장관은 "여자와 아이들이 있는 빌딩은 보호를 받아서 누구도 그들을 해치지 못하게 했다"고 말한다.

헐리 장관이 말하는 빌딩이 어떤 빌딩인지 모르겠다. 왜냐하면 그 구획의 판잣집과 텐트 대부분에 여자와 아이들이 있었기 때문이다. 나는 주변에서 폭탄이 쉬잇 소리를 내고 펑 터지자 많은 여자들이 눈이 안 보이는 상황에서도 아이들을 움켜잡고 눈물을 흘리며 빠져나가려고 비틀거리는 모습을 봤다. 나는 한 여인이 미주리 에버뉴 쪽에 서서 하사관에게 자신과 아이의 여벌 옷 전부가 들어 있는 가방을 가지고 나올 수 있게 해 달라고 애원하는 모습을 봤다. 그리고 하사관이 침착하게 그녀의 판잣집에 불을 붙이며 "다치기 전에 여기서 나가시오"라고 답하는 소리를 들었다.

정직한 헐리 씨는 "군대가 도착한 후에 아무도 다치지 않았다"고 선언했다. 나는 분명 사방에서 피를 흘리는 의식 잃은 기병들을 구급차에 태우는 모습을 보았고, 그 부상자의 동지들이 도망자들을 흙으로 쌓은 둑으로 몰아가기 위해 뒤쫓고, 여자들을 잡아 짓밟는 모습을 보았다. 동시에 테네시 출신 제대군인의 귀는 기병의 칼에 맞아 머리에서 잘려 나갔다. 사실은 구급차가 급하게 오가면서 희생자를 데려가지 않은 순간이 단 1분도 없었다. 몇 분 후 지휘관의 차에서 지시가 내려지고, 보병대 한 무리가 두 배는 빠른 속도로 몰려와서 이쪽 저쪽으로 최루탄을 던졌을 때, 나는 경찰, 기자, 방관자와 같은 불행한 군중이 몰려 있는 3번가와 C 스트리트 한가운데 있었다. 뭔가가 보도에서 폭발했다. 니그로 여자와 작은 소녀들이 있는 앞마당으로 뭔가가 떨어졌다. 주택 현관 앞에 폭탄 한 개가 보였다. 소녀 두 명이 숨이 막혀 비명을 지르며 보도 위에 쓰러졌다. (…)

헐리 장관은 "행군하는 사람들이 군인의 총에 맞았다는 취지의 성명은 잘못된 것이다"라고 대담하게 발표했다. 헐리 장관이 처음 이런 선언을 한 날, 수많은 신문이 제대군인들의 판잣집에 불을 붙이는 보병의 모습이 생생하게 찍힌 〈언더우드앤언더우드(Underwood and Underwood, 초기 사진 배포사 이름. 옮긴이)〉의 사진을 실었다. 나는 보병들이 판잣집 여러 채에 불붙이는 모습을 지켜본 수많은 기자 중 하나다. 헐리 장관은 공식적인 사과문을 내서 "군대가 아나코스티아 다리를 건너기 전에 이미 보너스 군인들이 아나코스티아의 천막과 판잣집에 불을 붙였다"고 주장했다. 나는 군대가 다리를 건널 때 그곳에 있었다. 군대는 아나코스티아 다리 종착지에 도착한 것을 축하라도 하듯이 자기들의 명령에 따라 바로 "돌아가지" 않고 야유를 보내던 구경꾼들 가운데로 가스탄을 집어던졌다. 군인들은 천막촌에 도착하자마자 약 15분 후 즉석에서 막사 두 곳에 불을 붙였다. 이것이 첫 번째 화재였다. 이전에 맥아더 장군은 될 수 있는 대로 기자들을 불러 모아 그들에게 "작전은 완벽하게 중지되었고", "우리의 목적은 달성됐고", "실질적으로 캠프에서 모두 떠났고", "불을 지르지 않을 것"이라고 말했다. 이 성명을 발표한 후 맥아더는 곧 백악관으로 떠났다. 군인들이 불 지른 두 개의 막사가 적어도 30분 동안 무섭게 타는 동안 제대군인들은 숙소를 떠나면서 그곳에 불을 붙이기 시작했다. 아나코스티아 강 건너편 평평한 지역을 둘러싼 높은 제방 위로 수천 명의 제대군인들이 모였다. 그들과 함께 수천 명의 아나코스티아 주민들이 아래의 불타는 장관을 보기 위해 제대군인들과 섞여 있었다. 자정이 되자 즉시(맥아더 장군이 백악관으로 간 지 한 시간이 넘은 시각) 보병과 기병의 길고 어두운 대열이 불타는 평평한 지역을 가로질러 제방을 향해 다가왔다. 불꽃이 드리우는 붉은 빛 아래로 검과 총검이 번뜩였다. 실제로 모두가 진영을 떠났다. 군대가 공격을 더 밀어붙이리라고 생각하는 사람은 없었다. 제대군인들과 아나코스티아 주민들 눈에는 그렇게 보였다. 하지만 조금 전 저녁에 한 관리는 내게 모든 야영자들을 "메릴랜드의 공터로" 몰아내는 전략에 대해 말했다. (…)

제방을 따라 여러 구획에서 비슷한 장면들이 연출됐다. "전례 없는 인간애와 친절"을 가지고 군대는 언덕에 줄지어 선 거대한 군중을 향해 수많은 최루탄을 던졌고, 그들을 아나코스티아의 주요 도로로 다시 몰아갔다. 자동차를 타고 가던 사람들은 돌아가거나 후진이 불가능하자 차를 버리고 고통스러운 가스와 무서운 총검을 피해 달아났다. 상점이 밀집한 골목 모퉁이에서 5야드(약 4.6미터) 정도 떨어진 곳에 미국 성조기를 든 제대군인이 꾸물거리고 있었다. 나는 번쩍이는 칼날이 그의 엉덩이를 찌르는 걸 보았다. 그 제대군인은 여전히 국기를 꽉 잡은 채 괴로워하며 약국을 향해 비틀거리며 걸어갔다.

일어나고 있는 일을 모두 관찰할 수 있는 최적의 위치에 있던 글래스퍼드 서장은 이는 "불필요"했다고 말했다. 그러나 글래스퍼드는 총명한 군인이며 더 총명한 경찰이었지만, 정치인은 아니었다. 정치인들은 "후버 대 급진주의 논쟁", 바로 이것이 필요하다고 생각했다. 한 가지 장애가 발생했다. 대통령은 국가를 위해 실제로 복무한 사람은 야영자 중 절반도 안 된다고 주장했고, 헐리는 우리에게 "공산당"과 "선동가"들이 무질서를 야기했다는 확신을 심어 주었다. 그럼 그렇지, 그 죽은 사람들이 진정으로 세계대전에 참전한 군인으로 알링턴에 묻힐 자격이 있는 군인이었다면 얼마나 불행한 일이겠는가! 그렇지만 이러한 위기 상황에서 미국 정부가 후버, 헐리, 밀스 같은 모험가 세 명의 지배하에 놓여 있어야 한다니 이는 얼마나 더 비극적인가!

메리 리히트,
"나는 스카츠버로 변호를 기억한다"⁴

1997년 2월 15일

1931년 3월, 흑인 청년 아홉 명이 앨라배마 포인트락에서 폭행죄로 화물 기차에서 끌려내려갔다. 그리고 곧 백인 여자 두 명을 강간했다는 혐의가 더해졌다. 이후 5일도 지나지 않아 아홉 명 모두가 연방 법원 배심원에 의해 기소되었다. 또 그 후 9일 만에 "스카츠버로 소년들Scottsboro Boys"이라 불린 이 소년 집단 중 8명이 사형선고를 받았다. 이 판결은 세계적인 분노를 불러 일으켰다. 미국 법 체계에는 아프리카계 미국인들을 위한 정의가 없다는 사실을 상징하는 사건이었다. 1933년에 루비 베이츠Ruby Bates가 강간이 일어나지 않았다고 증언한 후에도 아홉 명은 계속 수감되었다. 항의가 계속되자 연방 대법원은 사건 심의회가 부적절했다고 판정하고, 배심원 선택을 백인으로 제한한 점을 주목하면서 새로운 재판을 두 차례 요청했다. 소년들은 다시 재판받았으나 다시 유죄판결을 받았다. 한 명은 사형선고를 받았고, 나머지는 20년에서 99년까지 다양한 장기 감옥형을 언도받았다. 연방 대법원은 그들의 판결에 대해 경청하기를 거부했다. 그러자 전국에 걸쳐 소요가 계속 일어났다. 결국 감옥에 수감된 지 몇년이 지나서야 사형선고를 받은 소년은 감형을 받았고 다른 소년들도 감옥에서 풀려났다. 스카츠버로 소년들을 위한 정의를 주장한 것은 주로 공산당이었다. 다음은 공산당 조직가 중 한 사람이 그 판결을 회고한 내용이다.

1931년 3월 25일, 무장한 사람들이 앨라배마 페인트락(포인트 락의 오자인 듯. 옮긴이)에서 화물 기차를 세웠다. 그리고 아프리카계 미국인 청년 아홉 명을 체포했다. 그중 가장 어린 소년이 13살이었다. 젊은 백인 여자

두 명과 백인 남자 한 명도 기차에서 내렸다.(처음 기차를 정차시킨 구실이었던 화물 기차에서의 "유랑" 혹은 무임승차가 그들의 죄목이었고 이는 불법이었다.)

보안관 부관들이 소년 아홉 명을 체포했고, 그들을 트럭 짐칸에 태워서 스카츠버로에 있는 잭슨카운티 감옥으로 데려갔다. 그곳에서 소년들은 "앨라배마를 통과하는 화물차에서 백인 소녀를 강간했다"는 두 번째 혐의로 고소됐다.

군중들이 감옥으로 모여들자 보안관은 주지사를 불렀다. 주지사는 이번에는 연방 방위군을 소집했고 군중은 해산했다. 12일 뒤, 아홉 명 모두 재판을 받았다. 모두 백인 남자들로만 구성된 배심원 네 명은 4일에 걸쳐 여덟 명에게 판결을 내렸고 소년들에게 사형을 선고했다.

그 후 수년 동안, 많은 사람들이 어떻게 내가 이 사건에 관여하게 되었는지를 물었다. 나는 이 사건에 관여해 아홉 명을 변호하는 운동을 조직함으로써 공산당에 대한 덴턴 L. 왓슨Denton L. Watson의 어설픈 거짓말을 단정적으로 부인할 수 있었다.

그렇다. 우리는 클란(KKK), 백인 우월주의자들, 그리고 앨라배마 당국을 당황하게 만들었다. 그렇다. 우리는 짐 크로우의 꽁지 털 몇 가닥을 뽑았다. 하지만 우리의 첫 번째이자 유일한 목적은 아홉 명의 죄 없는 아프리카계 미국인 청년들의 목숨을 구하는 일이었다. 우리는 그 목적을 달성했고 나는 거기에 한몫 했다고 말할 수 있어 자랑스럽다.

그 당시 나는 9명 중 4명처럼 테네시 채터누가에 살았다. 나는 "선동 금지법"을 어긴 죄로 재판을 기다리며 감옥에 있는 동안 그 재판에 관해 처음 들었다.

나는 스카츠버로 "소년들"이 체포된 사건과 내가 체포된 사건이 동전의 양면과 같다고 생각했다. 그들은 일을 찾으려고 기차를 탔고, 나는 일에서 쫓겨난 직업 없는 사람들을 조직하는 일을 하고 있었다.

직업 없는 흑인 청년들을 체포하고, 재판하고, 유죄판결 내린 일이 나에게는 1천2백만 아프리카계 미국인들의 불평등을 조장하고 있는 미국의 상징처럼 여겨졌다. 나는 "강간"이라는 구실하에 사실을 날조하고 소년들에게 사형을 선고한 미국의 재판은 합법적인 린치라고 생각했다.

1930년대 초 후버 행정부 기간에, 미국은 수백만 명에 이르는 실업자를 양산한 파괴적인 경제공황의 한가운데 있었다. 북부도 어려운 상황이었지만, 1927년에 실제로 경제공황이 시작된 남부는 절망적이었다.

그러나 1931년에 이르자 거대한 반격이 시작됐다. 전국적으로 〈노동조합연합체Trade Union Unity〉와 공산당이 이끄는 〈실직자위원회Unemployed Council〉가 조직되었다. 1930년 12월에는 구호와 실직자 보험을 요청하는 탄원서에 1백만 명 이상이 서명해 백악관에 제출했다. 나는 채터누가 〈실직자위원회〉의 지도자였다. 〈실직자위원회〉는 구호, 실직 보험과 사회보장을 요구하는 "런딘법안Lundeen Bill"을 국회에서 통과시키기 위해 3월 6일 전국적인 대규모 시위를 소집했다.

채터누가 시위에 수많은 흑인, 백인 노동자들이 가담했다. 그러나 집회가 시작되기도 전에 예정돼 있던 연사 세 명이 체포됐다. 나는 그중 한 사람이었다. 우리는 "선동금지법" 위반으로 기소되었고, 재판을 기다리는 동안 보석금 없이 유치장에 갇혀 있었다. 이 나라 어디에서도 이 같은 일은 일어난 적이 없었다. 이는 당시 남부의 상황을 보여 준다.

스카츠버로 소년들을 기소했다는 기사를 읽고, 나는 동지들에게 내가 풀려나기만 하면 소년들의 재판을 위해 〈국제노동변호단(ILD: International Labor Defense)〉을 확보하겠다고 말했다. 나는 ILD가 우리 재판을 진행하는 모습을 지켜보면서 이 젊은이들에게 내려진 야만적인 사형선고를 전복할 수 있는 캠페인을 동원할 유일한 조직은 ILD뿐이라는 확신을 가지게 됐다.

우리 변호사들은 근사한 법 조항을 주장하거나 법정의 불편부당함에 호소하지 않았다. 그들은 우리를 지지하는 사람들로 법정을 가득 메우고 여론에 지지를 호소해야 한다고 말했다. 그리고 그들이 옳았다.

우리 재판은 흑인, 백인 실직자로 가득 찬 법정에서 열렸다. 그리고 우리는 3일간의 재판 후 풀려났다. 이는 시市 보안법 위반 혐의를 무효화하기 위해 애쓴 ILD 변호사 조 브로드스키 덕택이기도 했다.

풀려난 지 30분 후에 나는 "채터누가 흑인 공동체 시장"이라고 다정하게 불리는 셔먼 벨Sherman Bell을 찾아갔다. 그는 세인트루이스의 〈미국니그로노동자협회(ANLC: American Negro Labor Congress)〉의 대의원이었다. 그 협회는 아프리카계 미국인들의 권리를 위한 법을 제정하고 린치를 억제하는 운동을 전개할 목적으로 "니그로 권리장전Bill of Negro Rights"을 발표했다. ANLC는 이 회의에서 이름을 〈니그로인권투쟁연맹 League of Struggle for Negro Rights〉으로 바꾸고 스카츠버로 사건에 적극적으로 관여하기 시작했다.

벨과 나는 스카츠버로 피고인 중 세 명의 엄마인 애다 라이트 부인과 제니 패터슨 부인을 방문했다. 우리는 그들에게 우리 재판에 대해 말해 줬다. 즉, 꽉 찬 법정과 아프리카계 미국인들을 위한 우리의 평등 프로그램을 믿었던 유능한 변호사 팀에 대해 말했다.

우리는 어머니들에게 스카츠버로 9인 재판은 남부 법정에서는 이길 수 있는 재판이 아니라고 설명했다. 우리는 7월 10일로 날이 잡힌 처형을 연기하기 위해서는 전 세계적으로 수백만 명이 모이는 대규모 저항이 필요하다고 말했다. 그리고 우리에게는 처형이 연기되는 것 외에 다른 것들은 중요하지 않다고 말했다.

라이트와 패터슨 부인은 우리에게 그날 아침 〈전국유색인지위향상협회 (NAACP: the National Association for the Advancement of Colored People)〉

대표들이 찾아왔다고 말했다. 그들은 돌아오겠다고 했고, 실제로 돌아왔다. 그러나 우리가 두 부인을 방문해서 이야기를 나눈 뒤 10일이 지나 그녀들은 ILD가 아들들을 대표한다는 데 동의했다. 그 후 바로 다른 부모들도 ILD가 아들들을 대표하는 것에 동의했다.

재판과 선고 직후, ILD는 법정으로 가서, 재판 기간 동안 피고인들에게는 자신들이 선택한 변호사가 없었다는 이유를 대며 처형을 연기하고 재판을 새롭게 구성할 것을 요구했다. 그 다음 일어난 일은 역사에 남을 만하다. 전국 주요 도시에서 시위가 조직되었고, 수백만 명이 ILD의 요구를 지지했다. 해외의 미국 대사관은 성난 시위대의 표적이 되었다.

스카츠버로 아홉 명에 대한 과격한 변호는 남부 노동자들 수천 명을 노농 조직으로 이끄는 기폭제가 됐다. 앨라배마와 아칸소의 소작인들은 〈소작인조합Sharecropper Union〉에 가입했고 〈테네시 석탄철광회사Tennessee Coal and Iron〉에 고용된 노동자들과 켄터키 할랜카운티의 광부들도 노동조합에 가입했다. 이들은 막 수평선 위로 떠오르고 있는 〈산업별노동조합회의Congress of Industrial Organization〉의 기반을 놓았다.

공산당과 ILD가 스카츠버로 소년들을 변호한 것은 갑작스러운 일이 아니었다. 이는 또한 실업 상태인 흑인 청년 아홉 명을 곤궁에서 구해 주려는 인간애적 몸짓에 국한된 행위도 아니었다. 그 반대였다. 스카츠버로의 소년 아홉 명을 대표하고 그들을 위해 싸우기로 결심한 것은 공산당과 그 전신 조직들이 수년 동안 선도해 온 활동의 일부였다.

1921년 노동당은 결성 당시부터 흑인 평등 프로그램을 채택했다. 이는 당시로서는 어떤 조직의 프로그램보다 앞선 프로그램이었다. 1922년 회합 때 노동당은 수세기 동안 아프리카계 미국인들을 억압해 온 인종주의에 저항하는 투쟁과 나란히 수행되어 온 경제 · 정치 · 사회적 평등 프로그램을 채택했다.

네드 코브("네이트 쇼"),
『신의 고난들』[5]

1969년

흑인과 백인 모두 빈곤에 시달리는 동안, 경제적 억압뿐만 아니라 인종적 억압에도 직면해야 했던 흑인들이 느끼는 고통은 더욱 첨예했다. 다음은 네드 코브Ned Cobb의 고백이다. 네드 코브는 시어도어 로젠가텐Theodore Rosengarten의 『신의 고난들All God's Dangers』(네드 코브의 전기다. 옮긴이)에서 "네이트 쇼"라 불렸다. 코브는 1885년 앨라배마에서 태어났다. 그리고 1930년대 〈앨라배마 소작인조합(SCU: Alabama Sharecropper's Union)〉의 지도자가 됐다. 이 조합은 대공황기에 수천 명의 흑인 소작인과 소수의 백인 농부들로 조직된 급진적인 단체였다. SCU는 노동조합 운동에 가입한 흑인들에 대한 위협이 거세지던 시기, 공산당 조직책의 도움을 받아 조직되었다. 모임은 비밀리에 개최되었고, 가끔 성경 공부 모임으로 위장했다.

내가 시티마차스의 터커 지역 아래 사는 동안 가족 대부분이 북쪽으로 떠났다. 내 이웃 중에도 몇 사람이 짐을 꾸려 떠났다. (…)

나는 여기서는 제대로 살 수 없다는 것을 알고 있었다. 그렇지만 떠날 생각은 없었다. 한 번도 그런 생각을 품어 본 적이 없다. 어쨌든 어떤 방법으로든 잘 이겨 낼 거라고 생각했다. 나는 당시 농부였고, 북부에 대해 아는 것보다 내가 사는 곳에 대해 훨씬 많이 알았다. 나는 늘 가족을 지킬 만큼 충분히 그들을 사랑했고, 부양하려고 노력하는 사람이었고, 늘 그럴 것이라는 흔들림 없는 생각을 가지고 있었다. 다시 말해서 나는 노력형 인간이었다.

경제적으로 어려운 시기에 이 지역에서 〈소작인조합〉으로 불리는 노동조합이 활동하기 시작했다. 나는 그 조합 이름이 멋지다고 생각했다. 이 조합, 이 조직에 대해서는 1931년 크레인포드에서 일어난 반란으로 처음 알게 됐다. 나는 반란에 대해 깊이 생각했다. 나는 직접 보기보다는 더 많이 듣고자 했고, 깊이 고민했다. 지금 일어나고 있는 일에 대해 내가 알고 있는 것은 남부의 백인과 흑인들이 반전을 경험했다는 사실이다. 이건 생소한 일이었다. 나는 가난한 사람들을 위한 조직에 대해 들었고, 그건 나 역시 들어가고 싶었던 조직이었다. 나는 이 조직의 비밀을 충분히, 되도록 많이 알고 싶었다. 흑인들에게 총을 운반해 주는 트럭이 이 지역으로 오고 있다는 얘기를 들었다. 그렇지만 나는 이 소식이 사실이건 사실이 아니건 니그로들을 비난하기 위한 술책일 뿐이라고 판단했다. 결국 사람들에게 총을 나눠 준다는 그 트럭은 오지 않았다. 흑인들은 이유 없이 무장하지 않았다. 단지 더 많은 소요를 일으키라는 말을 들었다. 물론 여기 흑인 중 몇몇은 성능 좋은 총을 가지고 있었다. 당신도 아마 윈체스터 라이플이 꽤 좋은 총이라는 사실은 알고 있을 것이다. 하지만 그 이상의 총은 소지하지 않았다. 총기 사용을 권하기 위해 이곳을 방문하는 사람은 없었다. 그냥 소지할 뿐이지.

자, 그들이 그곳에서 사람을, 흑인 친구를 죽였다. 그의 이름은 애덤 콜이었다. 그리고 그들은 나에게 투카바치카운티의 보안관 커트 빌이 배에 총을 맞았다고 말했다. 직접 보지는 않았지만 이 이야기는 엄청 많이 들었다. 그러나 나를 물러서게 할 어떤 말도 듣지 못했다. 빌은 흑인들의 모임을 해산시키려고 그곳으로 달려갔고, 군중에서 누군가가 그를 총으로 쐈다. 빌은 그곳에서 그렇게 뛰다가 부서졌다.

이들 백인들은 몸을 풀며 일어나 니그로들에게 참견하면서, 이 조직 주변을 배회하기 시작했다. 그리고 이것이 오늘날 일어나고 있는 일이다. 하루는 마치 숲 속을 어슬렁거리는 스컹크처럼 큰 맥 슬론이라는 노인이 내게 왔다. 그가 우리 집으로 들어오지 않아 우리는 밖에서 만났다. 맥 슬론 노인은 스토브의 철처럼 열이 받아서는 "네이트, 자네 이 지역에서 그들이 운영하는 그 쓰레기 조직에 속한 건 아니겠지?"〔라고 물었다.〕

나는 그의 말을 잘랐다. 나는 당시에는 그 조직에 속하지 않았지만 가입하기를 열망했고, 그럴 생각이었지만 적당한 기회를 잡지 못하고 있었다. "아니, 나는 아무 데도 속하지 않네."

백인 맥 슬론은 말했다. "거리를 두도록 하게. 그 빌어먹을 곳은 자네를 죽일 걸세. 가입하지 말게. 니거들이 여기를 배회하면서 무슨 모임인가를 운영하는데 거기에 가까이 가지 않는 게 좋을 걸세."

나는 속으로 "이 바보야, 네가 나를 그 조직에 가입하지 못하게 할 수 있을 것 같아?"라고 중얼거렸다. 나는 즉시 달려가 가입했다. 다음 모임이 시작하기도 전에 가입할 정도로 재빨랐다. 맥 슬론은 주변을 배회하다 내게 명령을 내리면서도 내가 그런 조직에 속할 만한 사람일 것이라는 의심을 버리지 않았다. 내가 가입도 하기 전에 그는 나를 밀고했다. 맥 슬론이 내게 가입하지 말라고 명령을 내렸기 때문에 나는 이 조직에 가입했다.

이 조직의 교육자들은 차를 타고 전국을 다닌다. 그들은 자신들이 하는 일이 알려지는 것을 원하지 않았다. 그들 중 한 사람은 흑인이었다. 그는 우리에게 자기 이름을 말해 줬지만 지금은 기억나지 않는다. 그는 우리가 조직을 만들기를 원했고, 우리와 함께 오래 있으면서 모임을 가지길 바랐다. 그게 그가 하는 일의 일부였다. 우리 흑인 농부들은 모일 것이고, 모인 다음 가장 먼저 해야 할 일은 조직에 가입하는 것이다. 그리고 조직에서는 나쁜 사람은 원하지 않으며 자칫하면 일을 그르칠 수 있는 마음 약한 사람도 원하지 않는다. 가입은 비밀이었다. 그들은 비밀을 지킬 줄 알았고 모임을 가졌다. 이것이 그 선생이 말한 것이다. 나는 그의 집이 어디였는지 모른다. 그는 우리가 말하는 것과 다른 방식으로 말했다. (예를 들어서) "여기서 일어나는 일을 누설하는 사람은 사복 경찰이라고 생각하겠다." 그리고 만약 나 같은 니거가 백인에게 이 조직에 대한 비밀을 누설한다면 "그 백인과 함께 없애 버리겠다"고 말했다.

혹인들 집이나 어디서든 회합을 할 수 있는 곳에서 모임을 가질 때, 우리는 매우 주의하고 아무도 우리 있는 곳으로 오지 못하도록 조심해서 망을 본다. 작은 규모의 회합들, 어떤 때는 열두 명, 때로는 그보다 많이, 또는 적게 모였다. 니거들은 두려웠다, 니거들은 진실을 말하는 것을 무서워했다. 이 나라의 백인들은 니거들에게 조직, 비밀 집회를 허용하지 않았다. 그들은 혹인과 접촉을 유지하며 지켜보았고, 가족이나 혹인 교회가 아니면 여러 사람과의 교류를 허락하지 않았다. 니거들에게는 교회 봉사 외에는 아무것도 허용되지 않았다. 그들은 우리가 교회에 가는 것을 보기 좋아했다. 가끔 백인이 니그로 교회에 와 앉아서 듣기도 했다. 물론 예배 외에는 아무 일도 없었다. 그러나 니그로가 백인 교회에 걸어 들어가면, 그 니그로는 백인에게 살해당하거나 바로 쫓겨났다. 만약 니그로가 백인의 하인이라면 백인과 함께 교회에 가기도 한다. 니그로 하인은 교회에 들어가 뒷좌석에 앉아 백인들을 경청할 수 있었다. 만약 독립적인 니그로라면 그 근처에는 가지 않는 것이 좋다. 하지만 만약 백인이 좋아하는 아첨꾼이라면, 백인이 하라는 것을 하고, 여자가 시키는 일조차 하는 아첨꾼이면서 백인의 하인이라면 집에서 데리고 나와 교회로 데려갈 것이고, 가는 길에 바보 취급을 할 것이다. 그들은 혹인들이 말썽을 부릴 리 없다고 생각했다. 만약 문제를 일으키면 바로 쫓아내거나 심문을 받았다. 그렇지만 흑인들은 절대로 무질서하게 행동하지 않았다. 그냥 그곳에 앉아 있었고, 백인들의 모임을 마치 양처럼 조용히 경청했다. 백인이 흑인 교회에 올 때는, 착하신 하나님, 니거들은 백인들에게 좋은 자리를 주기 위해 바빴고, 만약 그 건물에 일등석이 있다면 백인이 차지했다. 그들은 백인이었다. 그들은 자신을 흑인보다 우월한 존재로 분류했고, 흑인은 단지 백인들의 말과 생각대로 할 뿐이었다. 백인이 그들의 보스이자 지배자였고, 흑인은 이에 따랐다. 백인 남자, 백인 여자가 흑인 교회에 와서 자리에 앉았다. 나도 그곳에 있었다. 니거는 백인 주변을 왔다 갔다 하면서 가장 좋은 자리를 그들에게 주는 것 말고는 아무것도 할 것이 없었다.

무엇보다 조직은 흑인에게 조직에 속하는 특권을 주었다. 조직은 흑인들이 싸우는 데 있어서 가장 중요했다. 어린 시절부터 쭉, 내가 신이 만든 세상에서 살기 시작한 후로 나는 백인이 나에게 허락하지 않은 일들에 대해서는 어떤 권한도, 어떤 목소리도 낼 수 없었다. 교육과 책읽기가 중단됐고 아예 박탈당하기까지 했다. 과거의 이런 지배에 어떻게 호의를 가질 수 있겠는가? (…)

나는 태어난 이후 아무 이유 없이 다른 사람을 때리려고 한 적이 없었다. 한 번도 그런 적이 없다. 그러나 나는 가졌다는 이유로 한 계급 전체가 다른 계급 전체를 때려눕히려는 것을 안다. 나는 이를 내 탓으로 돌렸다. 나는 그들이 자기들 일을 다른 사람 탓으로 돌리는 걸 이 두 눈으로 보아 왔다. 오, 이는 아주 간단하다. 만약 모든 사람이 자신의 권리를 철저하게 갖고 있다면 이 세상에는 부자들이 아주 많을 거다. 나는 오래전에 이를 발견했다. 그리고 나는 그 관점에서 깊이 관찰했다. 이런 세상에 태어나서 어떻게 자기 삶의 방식을 지키기 위해 노동하다가 부자가 될 수 있을까? 뒤에서 강요하고 속이는데, 그의 수입은 어디에서 나오는 걸까? 이는 가난하고 불쌍한 농부들과 다른 노동자들에게서 나온다. 오, 이는 지독하게 잘못됐다. 오늘날 가족을 부양하지 못하는 사람들이 많다. 입어야 할 옷을 입지 못하고 축적해야만 할 것을 아무것도 모으지 못하는 사람이 많다. 그리고 달성해야만 하는데 아무것도 이루지 못한 사람이 많다. 그러면 누가 이 세상의 중심인가? 바로 노동자다. 노동하는 사람이다. 하나님, 오늘날 힘 있는 사람들은 두 발로 노동자를 밟고 서서 그들을 내버려 두지 않습니다. 나는 그들이 나에게서 모든 것을 빼앗아 가려고 했기 때문에 몰랐던 이 모든 진실을 알게 됐다.

나는 인종을 의식하면서, 내가 낙오자 중 한 사람임을 인식하면서 이 세상을 살아 왔다. 나는 다른 니그로처럼 지식은 사람들에게 해가 되는 것이며, 하나님을 화나게 하는 일이라고 생각하고 살았다. 나는 여전히 뒤로 물러서야만 한다는 규칙 아래 있었다. 나는 신물이 났지만 어쩔 수 없었고, 아무도 나를 붙잡아 주지 않았다. 나는 갖가지 모욕을 다 받으며 살아갔다. 과거에 나는 누구에게나 순응하려 했다. 하지만 무릎까지 허리 굽혀 인사하고 백인이 하라는 것이면 무엇이든 다 해야 하는 것은 아니라고 생각한다. 여전히 나는 백인에게 최소한의 관심은 보여야 한다는 사실을 알고 있다. 그렇지 않으면 그 백인은 내 머리통을 박살낼 것이다. 나는 단지 내 자신을 배반하면서까지 다른 사람의 방식으로 살지 않겠다. 무엇보다 첫째로, 나는 나를 아끼고 나 자신을 존중한다. (…)

나는 나를 거부하는 세상에서 태어났다. 만약 누가 내가 가진 것을 빼앗으러 와서 내게 공정한 요구를 하지 않는다면, 울타리 말뚝처럼 조용히 서서 그가 내 것을 빼앗는 모습을 지켜보느니 차라리 죽어 버리겠다. 내가 나 자신을 방어하려다가 죽으면, 자, 내가 그렇게 하도록 내버려 두어라. 나는 그렇게 할 거다, 결단코.

빌리 홀리데이,
"이상한 과일"[6]

1937년

1937년 브롱크스의 학교 선생인 아벨 미로폴Abel Meeropol은 토머스 쉽과 애브럼 스미스라는 두 흑인 십대의 소름끼치는 사진을 보았다. 두 사람은 7년 전 인디애나 마리온에서 린치를 당했다. 그 후 미로폴은 잊을 수 없는 시 "쓰디쓴 과일Bitter Fruit"을 썼다. 공화당원이었던 미로폴은 『뉴욕 티처New York Teacher』와 『뉴 매시스New Masses』에 노래 가사를 발표했다. 하지만 그 노래는 미로폴이 블루스 가수 빌리 홀리데이Billie Holiday에게 보여 준 후에야 널리 알려졌다. 빌리 홀리데이의 음반사가 이 노래를 녹음하기를 거절했지만, 홀리데이는 이 노래에 "이상한 과일Strange Fruit"이라는 제목을 붙여 〈스페셜티 레이블Specialty Label〉을 통해 발매하고 공연했다. 빌리 홀리데이는 미로폴의 필명인 "루이스 앨런Lewis Allan"에게 노래를 헌사했다. 미로폴과 그의 아내는 1953년 이설 로젠버그와 줄리어스 로젠버그(Ethel Rosenberg, Julius Rosenberg, 미국의 원자폭탄 정보를 소련에 넘겨준 혐의로 방첩법의 적용을 받아 처형된 공산당원 부부. 옮긴이)가 처형된 후 그들의 두 아들을 양자로 삼았다.

남부의 나무에는 이상한 과일이 열린다.

　(잎사귀 위에도 뿌리에도 피가 묻어 있다.)

남부의 바람에 검은 몸뚱이가 흔들리네,

　포플러나무 아래 흔들리는 이상한 과일.

화려한 남부의 전원 풍경

　(튀어나온 눈과 뒤틀린 입)

달콤하고 신선한 목련꽃 향기

　(갑작스러운 살 타는 냄새)

여기, 까마귀가 쪼아 먹고,

　빗방울이 적시고 바람이 스며들고,

태양이 부패시키고, 나무에서 떨어질 과일이 있다.

　여기에 이상하고 쓰디쓴 과일이 있다.

랭스턴 휴스의 시 두 편

1934년, 1940년

1920년대와 1930년대의 할렘 르네상스는 탁월한 흑인 작가와 예술가 집단을 배출했다. 소설가 조라 닐 허슨Zora Neale Hurston, 넬라 라센Nella Larsen, 피아니스트 제이컵 로렌스Jacob Lawrence와 아론 더글러스Aaron Douglas, 시인 그웬돌린 베넷Gwendolyn Bennett, 클라우드 맥케이Claude McKay, 그리고 카운티 컬린Countee Cullen 등 수많은 예술가들이 여기에 포함된다. 이들 중 가장 도전적인 목소리를 낸 사람이 시인 랭스턴 휴스Langston Hughes였다. 휴스는 노동계급의 가난한 아프리카계 미국인이 처한 상황을 다음의 시 두 편으로 표현했다. 휴스는 이 시에서 국가의 정치 지도자에게서 구원을 기다리는 일에 "지치고 싫증난" 감정을 잘 표현하고 있다.

루스벨트의 발라드(1934년)[7]

냄비가 비었다,
찬장이 휑했다.
나는 말했다, 아버지,
여기 무슨 일인가요?
　나는 루스벨트를 기다린다, 아들아,
　루스벨트, 루스벨트,

루스벨트를 기다린다, 아들아.

임대료 만기일이 지났다,
모든 전기가 나갔다.
나는 말했다, 엄마, 저에게 말해 주세요,
이게 무슨 일인가요?
　　우리는 루스벨트를 기다린다, 아들아,
　　루스벨트, 루스벨트,
　　단지 루스벨트를 기다린단다.

여동생이 아팠다.
의사는 오지 않을 것이다.
그가 바라는 치료비를 줄 수 없기 때문에
　　루스벨트를 기다려,
　　루스벨트, 루스벨트,
　　루스벨트를 기다려.

그러던 어느 날
그들은 우리를 집에서 쫓아냈다.
엄마와 아빠는
쥐처럼 온순했다
　　여전히 루스벨트를 기다려,
　　루스벨트, 루스벨트.

하지만 찬바람이 불어오는 걸 느꼈을 때

그리고 갈 곳이 없어지자
    아빠가 말했다, 나는 피곤해
    루스벨트를 기다리는 일이,
    루스벨트, 루스벨트,
    젠장, 루스벨트 기다리기 피곤해.

나는 직업을 가질 수 없다.
그리고 나는 음식을 얻을 수 없다.
배꼽이 등에 붙어 버린
배를 문지르며
    루스벨트를 기다려,
    루스벨트, 루스벨트.

그리고 수많은 다른 친구들
춥고 배고픈
믿기를 중단하지 마라
루스벨트에게 들은 말을,
    루스벨트, 루스벨트.

냄비는 아직도 비어 있고
찬장은 여전히 휑하고
그리고 공기로 방갈로를 지을 수는 없으니
    루스벨트 씨 들으시오!
    여기 무슨 일인가요?

집주인의 발라드 (1940년)⁸

주인님, 주인님
지붕이 샌답니다
몇 주 전에
당신에게 말했는데 기억 못하나요?

주인님, 주인님
계단이 부서졌어요
당신이 직접 오셨을 때
떨어지지 않은 게 이상하군요.

당신에게 10달러를 빚졌다고 말했나요?
10달러 지급 예정일이 지났다고 말하나요?
음, 10달러 더 드리지요
당신이 이 집을 새 집처럼 고쳐 주면.

뭐라고요? 추방 명령을 가져온다고요?
난방을 꺼 버린다고요?
내 가구를 가져가서
거리에 버린다고요?

흠! 당신은 고압적이고 강하게 말하는군요.
계속 말해요, 끝날 때까지.
한마디도 더 하지 못할 거요

내가 주먹으로 당신을 한 대 먹이면.

경찰! 경찰!
여기 와서 이 사람을 잡아가요!
그는 정부를 망치려고 하고
이 나라를 전복하려고 해요!

경찰의 호루라기!
순찰차 벨!
체포.

관구 경찰서
철창
신문의 머리기사

집주인을 위협하다

보석금 없는 임대인

법정은 그에게 90일간 감옥형을 내리다.

바르톨로메오 반제티,[9]
법정 연설

———————

1927년 4월 9일

1921년에 이탈리아 이민자이자 아나키스트인 구두 제화공 니콜라 사코Nicola Sacco와
생선 판매상 바르톨로메오 반제티Bartolomeo Vanzetti는 매사추세츠 사우스 브레인트
리에서 체포되어 살인과 불법 억류죄로 고소되었다. 그들에 대한 재판은 외국인을 경
멸하는 배심원과 그들을 사적으로 "아나키스트 개자식들"이라고 언급한 판사 앞에서
열렸다. 여전히 전시의 애국주의가 들끓고, 죽은 병사의 시체가 유럽에서 이송되고 있
는 상황이었다. 사코와 반제티에게는 유죄판결이 내려졌고 사형이 언도됐다. 그 후 6
년 동안 두 사람의 재판은 전 세계에 널리 알려졌다. 하지만 부정한 증거와 재판관의
편견을 지적한 모든 상소는 기각됐다. 그들의 유죄는 하버드 대학교 총장, MIT 총장,
은퇴한 판사로 구성된 특별 심사단에 의해 확정됐다. 유명한 저널리스트 헤이우드 브
라운Heywood Broun은 "이탈리아에서 이민 온 사람이 뭘 더 기대할 수 있겠는가? 모
든 사람이 하버드 대학 총장을 시켜 그 자신을 위해 스위치를 꺼 달라고 할 수는 없다.
만약 이것이 린치라면 적어도 생선 판매상과 그의 직공 친구는 그들이 만찬용 정장이
나 학사 가운을 입은 사람들 손에 죽는 것으로 그들 자신의 영혼을 달랠 수 있을 것이
다"라고 신랄한 글을 썼다. 1927년 8월 23일, 그들은 전기의자에서 처형됐다. 밖에서
는 경찰이 항의하는 사람들을 체포하거나 때리면서 해산시켰고, 군대가 찰스타운 감
옥 주변을 포위했다. 다음은 반제티가 1927년 재판에서 진술한 내용이다.

서기 워팅턴 바르톨로메오 반제티, 당신의 사형선고가 번복되지 않은 이
유에 대해 할 말이 있습니까?

바르톨로메오 반제티 네. 내가 말하고자 하는 건 내가 무죄라는 겁니다. 브레인트리 사건뿐만 아니라 브리지워터 사건에 대해서도 무죄입니다. 이두 사건에 무죄일 뿐만 아니라 내 평생 한 번도 도둑질하지 않았으며, 죽이지 않았고, 피를 뿌린 적이 없습니다. 이것이 내가 하고 싶은 말입니다. 그리고 이게 전부가 아닙니다. 이 두 사건에 무죄일 뿐만 아니라 내평생 한 번도 도둑질하지 않았으며, 죽이지 않았고, 피를 뿌린 적이 없습니다만, 나는 이 지구상에서 범죄가 사라져야 한다고 생각한 이후 평생동안 투쟁했습니다.

배심원들은 전쟁에 반대한다고 우리를 증오했습니다. 배심원들은 어떤나라도 싫어하지 않는 세계 시민이기에 전쟁이 정의롭지 않다고 생각하고 전쟁에 반대하는 사람과, 자기 나라와 교전 중인 적국을 선호하여 전쟁을 반대하는 사람 사이의 차이를 알지 못합니다. 후자의 경우에는 스파이, 적이고 다른 나라에 봉사하기 위해서, 그 나라를 대신하여, 자기나라에서 죄를 짓습니다. 우리는 그런 사람들이 아닙니다. 아무도 우리가 독일인 스파이 또는 다른 나라 스파이라고 말할 수 없습니다. (…) 우리는 그들이 말하는 싸워야만 하는 이유를 믿지 않기 때문에 전쟁에 반대했습니다. 우리는 전쟁은 불의라고 믿었습니다. 그리고 10년 동안 전쟁 후의 결말과 영향력을 매일 연구하고 관찰하고 이해한 지금은, 더 그렇게 믿고 있습니다. 우리는 지금 그 어느 때보다 전쟁이 잘못됐다고 믿으며, 어느 때보다 이에 반대합니다. 그리고 죽음을 맞게 될 교수대에서인류를 향해 "보라, 너희들은 인간의 꽃 무덤에 있다. 무엇을 위해서? 그들이 너희들에게 말하고 약속한 모든 것을 위해서. 그건 모두 거짓말이었고, 환영이었고, 기만이었고, 사기였고, 범죄였다. 그들은 너희들에게자유를 약속했다. 자유가 어디에 있는가? 그들은 너희들에게 번영을 약속했다. 번영이 어디에 있는가? 그들은 너희에게 발전을 약속했다. 발전이 어디에 있는가?"라고 말할 수 있다면 나는 행복합니다.

내가 찰스타운에 간 뒤로 찰스타운의 불행한 사람 수가 두 배가 됐습니다. 전쟁이 세상에 주는 도덕적 선은 어디에 있습니까? 전쟁으로 우리가 성취한 정신적 진보는 어디에 있습니까? 생명의 안전과 우리의 생필품 확보는 어디에 있습니까? 인간 생명에 대한 존중은 어디에 있습니까? 좋은 인품과 인간 본성의 선함에 대한 존경과 찬양은 어디에 있습니까? 전쟁 전에는 지금처럼 그렇게 많은 범죄, 그렇게 많은 부패, 그렇게 많은 퇴보가 없었습니다. (…)

내가 말하고 싶은 것은 이것입니다. 우리에 대한 변호가 처음부터 터무니없었음을 모두 다 알아야 합니다. 내 첫 번째 변호인은 우리를 변호하려고 노력하지도 않았습니다. 그는 우리에게 유리한 목격자와 증거를 찾으려고 노력하지 않았습니다. 플리머스 법정 기록은 유감입니다. 나는 그 기록들 일부 또는 거의 절반이 없어졌다고 들었습니다. 그래서 그 후에 피고 측은 증거를 모으고, 주州의 증언이 무엇이었는지 이해하고 보충하기 위해서 엄청난 일을 했습니다. (…)

자, 나는 이미 이 두 범죄에 대해 무죄이며, 내 생애에 범죄를 저지른 일이 없다고, 즉 도둑질한 적도 없고, 죽인 일도 없으며, 피를 뿌린 일도 없다고 말했습니다. 그리고, 범죄에 저항해서, 법과 교회가 정당화하고 시인한 범죄조차도 없애기 위해 싸워 왔고, 나 자신을 희생해 왔다고 이미 말했습니다.

이것이 내가 말하고자 하는 바입니다. 나는 이 지구상에 가장 천하고 불쌍한 피조물들인 개나 뱀에게 빌지 않을 것입니다. 그것들 중 어떤 것에도 내가 짓지 않은 죄로 고통받고 있는 현실에 대해 빌지 않을 것입니다. 나는 급진적이기 때문에 고통받습니다. 실제로 나는 급진주의자입니다. 나는 이탈리아인이기에 고통받습니다. 실제로 나는 이탈리아인입니다.

나 자신보다 나의 가족과 사랑하는 사람들을 위해서 고통받습니다. 나는 당신들이 나를 죽일 수 있는 기회는 단 한 번뿐이라는 사실을 잘 알고 있습니다. 그러나 만약 당신들이 나를 두 번 죽일 수 있다면, 그리고 내가 두 번을 더 태어날 수 있다면 나는 지금까지 내가 해 온 일들을 똑같이 하며 살아갈 것입니다.

비키 스타("스텔라 노비키"),
"작업장 뒤" [10]

1973년

1930년대의 경제적 위기는 전국적으로 노동조합과 파업의 물결로 이어졌다. "스텔라 노비키Stella Nowicki"라는 가명을 쓴 비키 스타Vicky Starr는 시카고의 육류 가공 공장에서 노동조합을 조직하는 운동에 적극적으로 참여한 일반 조합원 행동가였다. 수년 후에 그녀는 노동사가이자 행동가인 앨리스 린드Alice Lynd와 스터턴 린드Staughton Lynd에게 공장의 상황과 육류 가공 업계 노동자와 다른 노동자 조직에서 사용했던 전술에 대해 말했다.

나는 열일곱 살에 집에서 도망쳐 나왔다. 대공황기인 1933년, 가족들에게 먹고살 만한 충분한 돈이 없었기 때문이다. (…)

나는 시카고에 와서 마치 부부를 만나 이야기를 듣기 전까지는 사회주의를 접한 적이 없었다. 나는 마치 부부와 함께 애쉬랜드 59번가에서 살았다. 부부는 2층에 살았고 3층에는 침실들과 다락방이 있었다. 누구든지 살 곳이 없는 사람들은 그곳에서 지낼 수 있었다. 그곳은 전차 교차로에 가까웠고, 회합이 있을 때는 흑인들도 올 수 있었다.(이는 당시에는 정말로 큰일이었다.) 마치 부부는 다락에서 〈청소년사회주의자연맹(YCL: Young Communist League)〉 회합을 열었고, 나에게도 참석하라고 했다. 용어들은 마치 외국어처럼 들렸다. 나는 그들이 하는 말을 이해하려면 이 단체에 가담하는 편이 낫겠다고 생각했다.

그들은 내가 이해할 수 있을 정도로 아주 단순하고 투박한 방법으로 내가 보고 있는 현상을 설명해 줬다. 많은 양의 음식이 버려지면 정부가 이를 사들였다. 사람들은 굶주렸고, 먹을 음식은 넉넉하지 않았다. (며칠 동안 먹을 것이 아무것도 없었다. 그때 어떤 사람이 담배를 집어 들며 "자, 담배가 식욕을 없애 줄 거야"라고 말했다. 그리고 정말 그랬다.) 나는 정말 엄청난 불균형이 존재한다는 사실을 깨달았다. 우리 YCL 사람들은 정부가 어떤 계획을 세워야 했는지 내게 말해 줬다. 그들은 우리 자신만을 생각하는 대신에 다른 사람을 생각해야 하고, 우리 단체에 그들이 함께하도록 노력해야 하고, 그들을 조직하면 기아와 전쟁 등이 없는 사회주의 사회가 올 거라고 생각했다. 그들은 나에게 수많은 정치적 사상을 전수했고 읽을거리를 줬다. 우리는 수업을 하면서 산업 노조주의, 직종별 노조, 그리고 이 나라 노동운동의 역사에 대해 토의했다. 우리는 뎁스에 대해 얘기했고, 하루 8시간 노동 등 많은 얘기를 했다.

나는 일주일에 4달러를 받으며 집안일을 했는데 일하기 싫었다. 나는 울고만 싶었다. 하루 종일 집에만 있어야 하는 게 끔찍하게 싫어서 집에 돌아가고 싶었다. 나는 주로 농장에서 일했기 때문에 야외에 있는데 익숙했다. 그래서 허브는 내게 가축 수용소에서 일할 것을 제안했다.

허브는 당시 〈아모르Armour's〉사社에서 일했다. 그는 내게 칼을 가는 쇠를 사 줬고, 나는 그걸 받았다. 그는 나를 임시 가축 수용소로 데려갔고, 나는 "저 예쁜 소들! 저렇게 예쁜 소들을 죽일 수는 없어!"라고 말했다. 고향에서는 우유를 얻으려고 소를 길렀는데, 여기에서는 이 모든 소들을 죽이려고 했다. 소들은 죽이려고 하면 음매하고 울었다. 하지만 사람은 직업을 가져야만 했다.

직업을 얻는 한 가지 방법은 직업소개소에 가는 것이었다. 매일 아침 6시나 6시 30분까지 그곳에 간다. 그곳에는 많은 의자가 있었고, 이른 아침이었지만 만원이었다. 그들은 한 사람이나 두 사람만 필요로 했다. 여성 고용을 담당하는 매컨 부인은 제일 크고 검은 사람을 찾으려고 둘러보곤 했다. 나는 열일곱 살에 몸무게가 157파운드(약 71킬로그램)였고, 농장에서 와서 붉은 뺨에 힘이 셌다. "일한 경험이 있니?" 나는 "가축 수용소에서는 일해 보지는 않았지만 집에서 돼지를 잡곤 했다"고 대답했다. 나는 이렇게 큰 쇠를 가지고 있었고 이는 매컨 부인에게 인상적이었다. 매컨 부인은 나를 고용했다.

나는 조리실에 있었다. 당시 정부는 일하는 소를 사서 도축한 후 깡통 통조림으로 만들어, 정부 구호를 받는 사람들에게 먹으라고 줬다. 고기를 큰 덩어리로 잘라서 스팀으로 삶았다. 그런 후 가로장위에 실어서 테이블 위에 쏟아 놓았다. 테이블 주변으로 모든 여자들이 모이면 우리는 그 고기를 자르고, 물렁뼈와 못 쓰는 부분을 제거하고, 나머지를 잘게 썰었다. 정부 감시관이 잘게 썬 고기에 못 먹는 부분을 던져 넣지 못하도록 감시하느라고 둘러봤다. 그렇지만 그가 돌아서면 바로 공장장이 못 먹는 부분을 통조림 깡통의 자동 낙하 장치로 던져 버렸다. 그는 버리려고 치워둔 모든 부위를 바로 안으로 밀어넣었다. 장갑, 바퀴벌레, 무엇이든. 그 회사는 조금도 개의치 않았다.

고기가 너무 뜨겁고 김이 나서 손가락이 거의 부풀었지만 계속 해야만 했다. 1933년에서 1934년 사이에 우리는 시간당 37.5센트에 6시간 교대로 일했다. 우리는 빠른 속도로 일해야만 했다. 때는 여름이었다. 너무 더워서 여자들이 기절하고는 했다. 여자 화장실은 한 층 아래에 있었다. 나는 깎아지른 듯한 계단을 내려가 기절한 여자들을 화장실로 데리고 가는 일을 도왔다.

우리는 조합에 대해 얘기하기 시작했다. 이를 부추긴 일이 있었다. 한 층 아래에서 핫도그를 만드는 여자가 고기 자르는 기계에 고기를 집어넣다가 손가락을 잘렸다. 아무런 보호 장치가 없었다. 그녀의 손가락들은 핫도그로 들어가서 잘게 썰렸다. 정말 끔찍했다.

우리 개척자 세 명은 쉬는 시간에 모여 지금이 파업의 시기라고 판단했고, 그렇게 했다. (…) 전 6층이 파업을 했다. 우리는 "앉자, 멈추자"라고 외쳤다. 우리는 진을 쳤다. 우리는 건물 안에서 일의 속도와 안전하지 않은 작업 조건에 대해 항의하며 일하지 않았다. 우리는 사람 손가락이 기계에 들어가서는 안 된다고 생각했고, 이는 유린이라고 생각했다. 여자들은 노동조합에 관심을 가졌다.

우리는 회사가 안전장치를 설치하게 만들었다. 파업 얼마 후 사람들이 파업에 대해 좋게 말하기 시작하자 감독관들이 주동자들을 찾았다. 그들은 누가 관여했는지 알아 냈고 우리는 해고됐다. 나는 위험 인물 명단에 올랐다.

나는 다시 집에서 일하게 됐고 이는 정말 끔찍했다. 나는 버릇없는 개구쟁이 아이가 있는 집에서 아이들을 돌보고 그들을 따라다니며 정돈해야 했다. 오직 목요일 오후와 2주에 한 번 일요일에 쉬고 일주일에 4달러를 받았다. 나는 그중 2달러는 집으로 보냈다. 견디기 어려웠다. 차라리 공장으로 돌아가서 밤낮으로 일하고 싶었다.

해고당한 친구가 돌아오라는 전화를 받았다고 했다. 그녀는 그동안 사무실에서 일했고 임시 가축 수용소로는 다시 돌아가고 싶지 않았다. 그녀는 내게 그녀 대신 갈 생각이 없는지 물었다. 그녀는 헬렌 엘리스라는 이름을 사용했다. 나는 임시 가축 수용소로 내려갔다. 내 일은, 같은 부서에, 내가 해고당한 같은 층에서, 같은 일을 하는 것이었다. 그렇지만 그날은 오후였기 때문에 매컨 부인은 없었고 그녀의 조수만 있었다. 그녀는 "이 일을 할 수 있니?"라고 물었다. 나는 "물론 할 수 있지. 이전에 해 봤거든"이라고 말했다. 그녀는 내게 내일 오후부터 일할 수 있다고 말했다.

나는 집으로 돌아와서 허브와 제인과 상의했다. 우리는 미용실에 가기로 했다. 나는 머리를 정말 짧게 자르고 염색했다. 눈썹 숱을 적게 만들어 연필로 그렸고, 립스틱을 진하게 바르고 손톱에 매니큐어를 발랐다. 그동안 일을 하지 않았기 때문에 얼굴을 일부러 그을렸다. 나는 샌들을 신고 발가락에는 한 번도 해 본 적 없는 패티큐어를 발랐다. 나는 또렷해 보였고 시골 소녀 같아 보이지 않았다. 그래서 바로 통과됐고, 같은 일, 같은 여자 감독에게 헬렌 엘리스로 고용됐다.

며칠 후 여자 감독인 메리가 내게로 왔다. 역시 폴란드 사람인 그녀는 "그래 헬렌, 나는 네가 스텔라인 걸 알아. 네가 계속 일하기를 원한다면 아무에게도 얘기 안 하고 조용히 있을게"라고 말했다. 나는 폴란드어로 이 일을 오래 하지는 못할 거라는 사실을 알고 있으며 고맙다고 대답했다. 메리는 내가 조합원이라는 걸 알고 있었고, 아마 그녀도 조합원이었을 거다. 그래서 나는 해고될 때까지 헬렌 엘리스라는 이름으로 일했다.(후에 나는 엘리스라는 이름으로도 블랙리스트에 올랐다.) (…)

누구든 조합에 대해 말하기만 해도 해고당했다. 일자리는 부족했다. 사람들에게 조직권을 보장하는 법은 없었다. 그래서 우리는 실제로 비밀 회합을 가졌다. 모든 사람은 자신이 회합에 데려오는 사람에 대해 그가 믿을 만한 사람이라는 보증을 서야만 했다. 회사가 조직을 만들려고 한다는 정보를 알기만 하면 사복 경찰을 보내려 하기 때문이었다. 그들은 사람을 사서 조직에 들여보내고 정보를 얻으려고 했다. (…)

지금 되돌아보면, 우리는 정말 배짱이 두둑했다. 하지만 그때는 그런 생각조차 들지 않았다. 꼭 해야만 하는 일이었다. 우리는 목적이 있었고,

꼭 해야 한다고 느꼈고, 그렇게 했다.

우리는 노동조합이 활성화됐을 때 어디에든 사람이 있도록, 다른 단체, 다른 공장에도 사람들을 보냈다.

여자들은 노동조합에서 몹시 끔찍한 시간을 보냈다. 남자들이 노동조합에서도 그들의 편견을 드러냈기 때문이다. 그들은 조합의 여자들이 단지 조합을 위해서, 그곳에 있다는 사실을 믿을 수 없었다. 그들은 여자들이 남자를 찾기 위해서 또는 다른 목적으로 조합에 가입했다고 생각했다. 우리가 어리석다고 생각하는 남자도 있었다. 데이트하려고 내게 접근하는 남자도 있었고, 나에게 왜 조합에 가입했는지 묻기도 했다. 그들에게 나는 사회주의를 신봉한다고 말했고, 조합만이 사회주의를 일으키는 유일한 방법이라고 생각한다고 말했다.

평등을 믿고 여자가 권리를 가져야 한다고 믿는 형제 중에도 등사판 인쇄를 하거나 타이핑을 하지 않는 사람이 있었다. 궂은일은 내내 내 차지였다. 가족에 대한 의무가 없는 몇몇 여자들처럼 말이다. 그러다가 조합이 보수가 있는 일을 위해 사람을 찾을 때는 남자들이 그 일을 차지했다. 나와 다른 여자들은 차지하지 못했다. 조직하는 일도 남자들이 했다. 공장에서 일하는 남자들은 손실된 시간만큼 돈을 받았다. 여자는 못 받았다. 나는 한 번도 받지 못했다. 하지만 우리는 헌신적인 집단이었다. 우리는 냉장 장치에서 일했고, 거기에서 조합 사무실로 가서, 전단 광고지를 꺼내고, 가게 소식지를 위한 자료를 쓰고, 기한에 맞추어 내고, 집으로 와서 저녁을 만들고 돌아갔다. 남자들은 이 일을 해 주는 부인들이 있었지만 내게는 이를 해 줄 사람이 아무도 없었다. 가끔 11시, 12시, 1시까지 일하고 아침 일찍 일어나 7시 15분 전까지 출근 기록부에 기록하고, 7시에는 일할 준비가 되어 있어야 했다. (…)

우리는 여성 단체, 젊은 여성 단체를 조직했다. 그들은 춤추기를 좋아했고, 나도 좋아했기에 함께 춤추러 갔다. 나는 그들에게 노동조합에 대해 말했다. 여자들은 조합이 실지로 그녀들에게 생계에 필요한 물건들을 구해 줄 수 있다는 사실을 알게 되자 얼마 후에 관심을 가졌다. (…)

나중에, 전쟁 기간 중에, 나는 여자들을 조직할 수 있는 부서에 있었지만, 남자들은 만날 수 없었다. 남자들은 노상 선술집에 가서 살았다. 그래서 나는 선술집에 가서 남자들과 얘기하기 시작했다. 나는 맥주를 싫어했지만 진저에일(ginger ale, 생강이 든 비알콜성 청량음료의 일종. 옮긴이)을 마실 수 있었고, 그들에게 어떻게 풀 당구 게임을 하는지 보여 달라고 말했다. 나는 풀을 배웠고 남자들을 조합에 가입시켰다. 나는 남자들이 하는 대로 했다. 선술집에 갔고, 볼링을 했으며 리그에 가입했다. 단 한 가지, 가톨릭 성당에는 가지 않았다. (…)

만약 노동자들이 인정하고 지지하는 정직한 지도자라면 문제점들을 거론하고 얘기할 수 있어야 한다. 사회주의와 그것의 의미는 추상적으로 말할 수 있는 것이 아니다. 사회주의가 실제로 사람들에게 어떤 의미를 갖는지에 입각해 말해야 한다. 우리는 사람들을 교묘하게 조종하면 안 되고 사람들의 관심과 필요에 신경 써야 한다고 배웠다. 그렇지만 어디로 가고 있는지를 반영하는 정강은 있어야만 했다.

어느 시점에 우리는 조합만으로는 충분하지 않다고 느꼈다. 우리는 가축 수용소에서 흑인과 함께 일했지만 집으로 돌아오면 백인 이웃과 어울렸고, 흑인들은 그들의 게토로 갔다. 어떻게 다리를 놓으려 했는가? 실업자가 넘쳐났고, 사람들은 해고당했다. 직업 없는 젊은이들이 많았다. 도시의 연장자들도, 교회도, 노동조합도, 어디에서도 젊은 사람들의 요구와 그들의 놀이 장소에 관심이 없었다. 직업 없는 젊은이들은 무엇을 해야 하는가?

실비아 우즈,
"자유를 위해 싸워야 한다"[11]

1973년

린드 부부가 인터뷰한 또 다른 일반 조합원 지도자는 실비아 우즈Sylvia Woods였다. 그녀는 아프리카계 미국인과 여성 노동조합원 투쟁에 있어서 선구자였다. 다음은 우즈와 다른 사람들이 어떻게 인종주의와 성차별주의에 맞섰으며 공황이라는 어려운 상황하에서 조직을 만들었는지에 대한 설명이다.

나는 1909년 3월 15일에 태어났다. 나의 아버지는 지붕 수리공이었다. 그 당시에는 지붕에 슬레이트를 얹었고 아버지는 슬레이트공이었다. 아버지의 일은 슬레이트에 못을 박는 매우 숙련을 요구하는 일이었다. 당시 사람들은 여러 색으로 예쁜 다이아몬드 형 지붕을 만들었다. (…)

그리고 아버지는 조합원이었다. 두 개의 조합이 있었는데, 하나는 백인 조합이었고, 다른 하나는 흑인 조합이었다. 아버지는 통합된 조합을 만들어야 하지만, 조합이 아예 없는 것보다는 낫다고 말했다. 아버지는 하루에 8달러라는 많은 돈을 벌었다. 나는 "우리 아버지는 하루에 8달러 번다"며 자랑하고는 했다. 그러나 아버지는 "너는 비록 흑인 조합이더라도 꼭 조합에 가입해야만 해. 내가 조합에 가입하지 않았다면 하루에 8달러를 벌지 못했을 거야"라고 나를 가르쳤다. (…)

나는 열 살 무렵 전학을 갔던 것 같다. 학교 가는 길에 백인 전용 공원을 지나가야만 했다. 백인 전용 공원은 지나갈 수는 있었지만 멈춰 서서는 안 됐다. 그 공원에는 그네가 있었고, 나는 잠시라도 그네를 타고 싶어 멈추고 싶었지만 그럴 수 없었다. 우리는 흑인이었다. 나는 그 공원을 지나 그네 하나 없는 학교로 갔다.

매일 아침 모든 아이들은 반별로 줄을 서서 기도를 하고 미국 국가를 불렀다. 그 후 집단별로 행진을 했다.

나는 국가를 부르지 않기로 결심했다. 매일 아침 서 있기는 했지만 노래는 하지 않았다. 어느 날 아침, 한 선생님이 내가 노래하지 않는 것을 알아챘다. 선생님은 아주 조용히 나를 불러서 왜 국가를 부르지 않느냐고 물었다. 나는 그냥 부르고 싶지 않다고 대답했다. 그러자 선생님은 "그렇다면 교장 선생님에게 가서 왜 국가를 부르지 않는지 설명해야 해. 학교의 모든 아이들은 국가를 불러야 하고 너라도 예외는 아니란다"라고 말했다. 좋다, 나는 교장에게 갔고, 그는 왜 국가를 부르지 않는지 이유를 물었다. (…)

나는 교장 선생님에게 "그 노래에 '자유의 나라, 그리고 용감한 사람의 고향'이라는 가사가 있는데 이 나라는 자유의 나라가 아니니까요. 그리고 누가 용감한 사람인지 모르겠어요. 아무튼 나는 더 이상 이 노래를 부르지 않겠어요"라고 말했다. 그러자 교장은 "지금까지 불러 왔지, 그렇지? 그런데 왜 갑자기 부르고 싶지 않아졌지?"라고 물었다. 나는 교장에게 내가 지나쳐 오는 공원에 대해 얘기했다. 그리고 만약 내가 그 셰익스피어 공원의 그네를 탈 수 없고, 공원에 앉을 수조차 없고, 단지 걷는 것만 허락될 뿐이라면 이 나라는 자유의 나라일 수 없다고 말했다. "누가 자유로운가요?" 교장은 아무 말도 하지 않았다.

조금 후에 교장은 "그렇다면 국기에 충성을 맹세할 수는 있지?"라고 물었다. 나는 "그건 내 깃발이 아니에요. 깃발은 자유와 함께해요. 이 나라가 자유로운 나라고 깃발이 내 깃발이라면, 어떻게 나는 백인 아이들처럼 할 수 없나요?"라고 물었다. (…)

훗날 나는 시카고로 이사했고, 세탁소에서 일했다. 처음 일하러 간 날 아침, 한 남자가 내게 "전에 세탁소에서 일해 본 적 있니?"라고 물었다. 나는 "아니요"라고 답했다. 그는 "우리는 세탁일을 할 줄 아는 사람이 필요하니, 너는 여기 올 필요 없다"라고 말했다. 나는 "좋아요"라고 말하고 그 자리에서 나왔다. 다음날 아침 나는 갈 곳이 없어서 다시 그곳으로 갔다. "너 어제 여기 오지 않았니?"〔라고 묻자〕 나는 "네"〔하고 대답했다.〕 그는 "세탁소에서 어떻게 일하는지 모르는 사람은 고용하지 않는다고 말했을 텐데"라고 말했다. 나는 "아마도 언젠가는 누군가 필요하겠지요"라고 말했다. 그래서 다음날 또 다시 갔다. 문을 열고 들어서자 그는 "나를 따라 와라"라고 말했다. 그는 나를 이층으로 데려가 감독관에게 "이 여자애에게 옷 터는 방법을 가르쳐 줘"라고 말했다.

세탁물들을 털어서 긴 장대에 널어야 했다. 탈수기에서 나왔을 때 옷들이 어떻게 보이는지 알 거다. 세탁물들을 맹글(mangle, 세탁물을 터는 기계. 옮긴이) 안에 넣으려면 먼저 털어야 한다. 두 소녀가 옷을 맹글에 집어넣었다. 한 소녀는 이불감들을 집어넣었고 다른 소녀는 수건, 베개 껍질 등 작은 세탁물을 집어넣었다. 나는 정말 열심히 일했다. 난 늘 그 막대기들을 꽉 채워 널었다. 감독관이 아마 "한 번도 일해 본 적이 없다고 했었나?"라고 물었을 거고, 나는 "전에는 일해 본 적이 없어요"라고 말했을 거다. (…)

어느 날 〔내 친구가〕 (…) 집으로 전화를 해서 "빨리 이리 와 봐. 너를 고용하겠다는 사람이 여기 있어"라고 말했다. 우리는 언제나 이 사람이 공산당과 관련이 있는 사람일 거라고 생각해 왔다. 그는 가입하는 모든 흑인에게 일자리를 줬다. 마티나는 그에게 가서 "공장에서 일하고 싶어하는 친구가 한 명 있는데, 계속 공장에 왔지만 사람들이 그 애를 고용하지 않았어요"라고 말했다. 그는 마티나에게 "친구한테 여기로 오면 고용될 수 있을 거라고 말하렴"이라고 했다. 그래서 그는 나를 고용했다. 공장 문을 열고 들어서면서 나는 "내가 고용되기를 바라며 이 공장을 돌아다 녔던 날들에 대해 당신들이 후회하게 만들어 주겠다!"고 되뇌었다.

나는 자동차 카뷰레터 만드는 일을 했는데, 가운데 벨트가 지나가고 양쪽에 서서 일하는 조립 라인에서 일했다. 내가 맡은 일은 카뷰레터에서 우그러진 부분을 모두 펴는 작업이었다. 내 바로 맞은편에는 에바라 불리는 폴란드 소녀가 있었다. 에바는 내게 어떻게 하는지 보여 줬다. 한 열 개쯤 일을 했다. 그러고 나서 에바에게 "더 이상 도와줄 필요 없어"라고 말했다. 에바는 "조립 라인 일을 따라갈 수 있다고 생각해?"라고 말했고, 나는 "따라갈 수 있어"라고 말했다. 그리고 난 그렇게 했다. 에바와 나는 아주 친한 친구가 됐다. 에바가 곤란에 빠졌을 때, 내가 에바를 도와줬기 때문이다.

어느 날 밤 에바가 "오늘 밤 조합 모임이 있는데 같이 갈래?"라고 물었다. 내가 "아, 난 피곤해"라고 하자, 그녀는 "오, 기운 내, 함께 가자"고 했고, 내가 그녀를 도와줬기에 그녀는 "어쨌든 내가 한잔 살게"라고 했다. 나는 "그래, 한잔 사 줘. 하지만 나는 조합 모임에는 가고 싶지 않아"라고 대답했다.

그래서 우리는 선술집에 가서 조합에 대해 얘기하기 시작했다. 나는 좀 흥분했고, 그리고 "좋아, 함께 조합 모임에 가자"고 말했다.

그 모임은 〈전미자동차노동조합UAW: United Automobile Workers〉 모임이었다. 나는 그곳에서 유일한 흑인이었다. 모든 조장들이 다 모여 왜 노동조합을 조직할 수 없는지 말했다. "아무도 가입하려 하질 않아", "누구

누구는 조합이 좋지 않다고 말했어" 등등의 이야기를 했다. (…)

나는 "왜 아무도 가담시킬 수 없는지 알아? 왜냐하면 그들에게 아무것도 선전하지 않기 때문이야. 너희들은 조합을 그들에게 선전하지 않고 있어. 너희들 말을 들어 보니 그들이 오히려 너희들에게 비조합을 선전하고 있는 꼴이네. 그들이 너희에게 조합이 좋을 게 없다고 말하도록 내버려 두면 너희들은 노동자들을 절대로 가입시키지 못할 거야. 별 볼일 없는 조합이라면 나도 가입하지 않을 거야"라고 말했다. 조장들은 조합이 조직되면 노동자들에게 얼마나 이득이 있는지 말하며 조합을 선전해야 한다.

나는 조직책을 바라봤고, 그의 얼굴이 환해졌다. "노동조합! 무슨 말이지? 장담하지, 내가 만약 조장이라면 노동자들의 서명을 받아 낼 수 있을 거야." 다음날 나는 우리 부서의 조장으로 선출됐다. 이틀 밤 후에 우리 부서의 모든 사람들이 서명했다.

나는 조합이 흑인들을 위해서 무엇인가 할 수 있다고 생각했기 때문에 가입했다. 백인은 신경 쓰지 않았다. 나는 백인들을 한 줄로 세워 총으로 쏴 죽인다고 해도 상관하지 않았다. 백인들이 그렇게 죽기라도 했으면 좋겠다! 나는 백인과 흑인의 연합에 대해서는 알지 못했다. 나는 어디든지 혼자서는 갈 수 없다는 말은 들어 본 적이 없다. 내가 관심 있는 것은 단지 흑인에게 무슨 일이 일어났는가다. (…)

나는 매일 밤 부서 회의를 했다. 직공들은 새벽 3시에 밤 근무를 마치고 교대했다. 그들은 집에 갈 필요가 없으므로 그들에게 이 모임은 일종의 여가 선용이었다. 우리는 맥주, 샌드위치, 커피, 케이크 등을 먹었다. 그곳에 앉아서 먹고 얘기했다. 그들은 공장, 집, 가족에 대한 불만 등 모든 얘기를 했다. 그들은 이 모임을 좋아했다. 매일 밤 우리는 부서별로 모였다. 이렇게 우리는 조직화됐다.

우리는 상당히 효과적인 조합 모임을 가졌다. 우리는 연사를 모시기도 했다. 나나 혹은 마미 해리스가 강연을 하기도 하고 외부에서 연사를 모셔 오기도 했다. 우리는 노동조합주의에 대해 말했다. 어떻게 노동조합을 조직하는가? 어떻게 시작하는가? 어떻게 체계화하는가? 우리는 국제 조합의 구조에 대해서도 의견을 나누었다. 어떻게 기초하였고, 어떻게 작동하였고, 어떻게 그렇게 작동하였는가, 어떻게 CIO(《산업별노동조합회의Congress of Industrial Organizations》. 옮긴이)가 탄생했는가? 노동자들이 질문하는 질의응답 시간도 있었다. 우리는 현재 일어나고 있는 사안에 대해서도 토의했다. (…)

공장이 폐쇄되고 2년이 지나서도 우리는 여전히 조합 모임을 가졌다. 모임에는 사람들이 가득했다. 우리는 실직 수당을 위해 투쟁했다. 우리는 시간당 90센트를 받았고, 물론 더 받는 사람도 있었다. 수당을 받으러 가면 그들은 직업을 소개했다. 지금까지 받아 왔던 수당보다 적은 임금으로 일하겠다고 해서는 안 된다. 그럴 경우 우리는 투쟁했다. 그들이 우리를 해고하려고 했고, 그러면 우리는 중재 위원회로 갔다. 그러면 소송에서 싸워 이겼다. 우리는 계속 조합 모임을 소집할 수 있었고, 공장이 문 닫은 지 2년 만에 공장 노동자의 75퍼센트 정도를 불러들일 수 있었다. 우리에게는 여전히 함께할 노동자들이 있었기 때문에 우리는 국제적인 대표를 가질 수 있었다.

내가 말하고자 하는 요점은 사람들을 믿어야 한다는 것이다. 나는 백인은 거의 믿지 않았다. 내 생각에 나는 흑인들만 믿었던 것 같다. 하지만 사람에 대한 믿음을 지녀야 한다. 그게 전부다. 백인들은 아마도 내가 그들을 믿지 못하듯이 흑인들을 믿지 못할 것이다. 그러나 사람은, 전반적으로, 헤쳐 나간다.

사람들에게 그들이 볼 수 있는 것을 말해야 한다. 그러면 그들은 "아,

난 그렇게 생각해 본 적이 없다", 또는 "그렇게 보지 않는다"고 말할 거다. 나는 그렇게 말하는 걸 들었다. 테네시 같은 경우는 흑인을 혐오했다. 그는 단지 고향에 돌아가기 위해, 그리고 임대한 땅을 사기 위해 필요한 돈을 벌고자 하는 가난한 소작인을 혐오했다. 테네시는 다른 인생관을 가지고 공장으로 돌아갔다. 그는 흑인 여자와 춤을 췄다. 그는 조장으로 선출됐고, 사람들은 흑인에게 함부로 말하지 못했다. 그렇게 나는 사람들이 변하는 모습을 보았다. 이게 바로 사람들에게 가져야만 하는 믿음이다.

가장 큰일은 그들을 가르치는 일이다. 나는 참을성이 없었다. 가르치는 일은 다른 일이고 인내심이 필요한 일이다. 나는 전혀 인내심이 없었다. 노동자가 뭔가를 저지르더라도, "지옥에나 가. 지난번 모임에 참석하지 않았지? 그러니 어려움이 있어도 내게 말하지 마. 너 혼자 할 수 있는 만큼 알아서 해"라고 말하면 안 된다. "마미 해리스에게 가 보도록 해. 왜냐하면 나는 비조합원과 조합 회합에 오지 않는 사람하고는 말하지 않아. 내게 말하지 마"라고 말해도 안 된다는 것을 알았다. 사람들에게 관대해야 한다. 사람들은 배워야만 하고 우리가 그들에게 기회를 주지 않으면 그들은 배우지 못한다.

로즈 셔닌의 1930년대
브롱크스 실업자 조직에 관하여[12]

1949년

1930년대에 수만 명의 노동자들이 해고됐고, 절망한 노동자들은 실직한 노동자들의 권익을 위해 투쟁하려고 위원회를 결성했다. 이 〈실직자위원회〉는 행진했고, 파업을 지지했고, 퇴거 반대 투쟁을 지원했다. 논설가이자 행동가인 킴 셔닌Kim Chernin은 엄마 로즈 셔닌Rose Chernin이 어떻게 브롱크스의 퇴거 반대 투쟁을 통해 행동가가 됐는지 설명하고 있다. 로즈는 킴에게 투쟁에 참가한 이들이 기울인 노력에 대해 말해 줬다.

지금 미국식 생활 방식의 일부로 당연하게 여기고 있는 것들이, 우리가 이를 요구하기 시작한 1930년대에는 혁명적인 아이디어들이었다. 우리는 실직 수당을 원했고, 주택 구호를 원했고, 학교에서 따뜻한 음식을 제공해 줄 것을 요구했고, 도시 빈민가에 사는 가난한 사람들에게 숙소를 제공할 것을 요구했다.

당시 하루에 8시간 노동을 들어 보기나 했겠는가? 작업장에서 다치면 고용주가 그를 위해 1센트라도 지불했을 거라고 생각하는가? 왜 고용주가 신경을 써야 하는가? 항상 그의 자리를 대신할 가난한 사람이 있는데. 당시에는 노동조합도 세상에서 처음 듣는 새로운 개념이었다. 아무도 합당한 임금을 기대하지 않았다. 다른 종류의 사람들은 특권을 가지고 저 높은 곳에서 태어났다. 하지만 우리는 밑바닥에 있었다. 우리에게 파업할 권리가 있다는 생각은 상상하기도 힘들었다.

그래서 어떻게 했는가? 어떻게 5피트(약. 1.5m)도 안 되는 여자가 세상을 바꿀 수 있었는가?

자, 이제부터 얘기를 시작해 볼까? 이건 재미있는 얘기다. 당시 우리는 막 조직을 만들기 시작했기 때문이다. 우리는 〈실직자위원회〉를 만들었다. 당신들은 이 위원회가 자발적으로 모인 사람들이 만든 조직이라는 걸 알아야 한다. 나는 이들이 조직될 때부터 함께했기 때문에 잘 알고 있다. 나는 공산당에 가입하기 전부터 이들과 함께했다.

우리는 우리 동네 한가운데에 사무실을 열었다. 우리가 오전에 들러 커피를 만들면 사람들은 도넛을 가져왔고, 우리는 이야기를 나눴다. 갑자기 어떤 사람이 들어왔고, 우리는 "저, 누구세요?"라고 물었다. 그는 "난 방금 해고당했어요"라고 말했다.

그 때 그 환성은 직접 들어야 한다. "야호, 해고당한 사람이 또 한 사람 있다. 훌륭해."

그는 우리를 마치 미친 사람들 보는 것처럼 쳐다봤다. 왜 우리는 해고당한 사람을 축하해 줬는가? 그에게 해고란 임금이 없고, 임대료를 낼 수 없고, 잘 곳 없고, 먹을 것도 없다는 것을 의미할 텐데 말이다. 그렇다면 우리는 왜 흥분했는가? 우리는 "당신이 여기 와 기쁘다. 선전물을 돌릴 또 한 사람이 생긴 셈이니까"라고 말했다.

이런 방식으로 우리는 이 사람에게, 그리고 우리 모두에게 일어난 끔찍한 일을 생산적인 행동으로 변화시켰다. 우리는 우리의 삶을 지배했다. 우리는 더 이상 희생자가 아니었다.

매우 간단하다. 나는 오히려 다른 사람들이 왜 나처럼 생각하지 않는지 궁금했다. 실패란 없다. 기본적으로 실패는 불가능하다. 같이 있는 것만으로도 개인적인 비극, 이 슬픔, 이 절망이 금세 집단적인 열정으로 변화된다.

우리의 주된 임무는 실직 수당 법안을 제안할 국회의원을 찾아내는 일이었다. 우리는 브롱크스의 건물 집집마다 탄원서를 돌렸다.

전형적인 반응은 이랬다. 나와 다른 사람이 건물에 들어가서 처음 도착한 집 문을 두드렸다. 누군가, 주로 남자가 문을 열어 줬다. 문을 딸깍 따고, 우리가 집주인이 아닌 것을 확인하면 문을 활짝 열었다. 나는 "우리는 국회의원에게 국회에서 법안을 제안할 것을 요청하기 위해 탄원서를 가지고 왔습니다. 우리는 실직 수당을 요구하며, 정부가 우리에게 실직 수당을 줄 능력이 있다고 생각해요. 가족 중에 혹시 실직한 사람이 있나요?"라고 말하곤 했다.

그들은 "농담해요? 우리 가족 모두가 실직자입니다"라고 말하거나 "가족 대부분이 실직자입니다. 한 사람은 아직 일을 하지만 그도 이번 주말이면 해고될지 몰라요"라고 말하곤 했다.

우리는 그들에게 "우리 역시 실직자입니다. 그리고 우리는 국회가 우리에게 직업을 주거나 임금을 줄 법안을 통과시키기를 바라고 있습니다"라고 말했다.

그러면 그들은, 우리 말을 믿지 않으면서, "일도 하지 않는데 정부에게 돈을 요구한다고요?"라고 말하곤 했다. 사람들은 우리가 실직 수당을 요청한다는 사실을 쉽사리 믿지 못했다.

그러면 우리는 "그래요. 우리는 정부에게 일자리를 달라고 요구하고 있고, 일자리를 주지 못한다면 우리를 지원해야 한다고 요구하고 있어요"라고 답했다.

"그러면 당신들은 사회주의를 원하는 거로군."

"우리는 일자리와 돈을 원하는 거예요."

우리는 기본적인 요구를 중심으로 조직했다. 우리도 노동자이기 때문에 사람들에게 쉽게 말할 수 있었다. 사람들이 우리와 함께하지 않는 것이 오히려 이상했다. 나는 조직이 필수적이라고 보았다. 늘 그렇게 생각해 왔다. 아마도 내가 왜 공산주의자가 되었는지 궁금할 거다. 나는 모두가 공산주의자가 되지 않는 것이 궁금했다. 기본적으로, 우리와 함께하지 않았던 사람들은 자신에 대한 믿음이 없거나 우리가 체제를 바꿀 수 있다는 사실에 확신을 갖지 못한 사람들이다. 그들은 바로 "우린 단지 가난한 사람들이다. 우리가 무얼 할 수 있겠는가?"라고 말하는 사람들이다. 우리는 문을 두드릴 때마다 이런 말들을 듣고는 했다.

반면에 나는 사람들과 얘기하면서 그들에게 자신의 상황과 맞서서 싸워야 한다는 확신을 줄 수 있었다. 나는 이런 투쟁을 믿었다. 조직가가 되는 데 필요한 것은 그것뿐이다. 우리 힘에 대한 믿음.

예를 들어 보자. 우리는 모든 조직이 성난 여자를 두려워할 거라고 생각했다. 우리는 아이들에게 우유를 주고 싶었다. 그래서 우리는 스무 명내지 서른 명의 여자를 모았다. 우리는 아침 일찍 나갔다. 우리는 시의원 사무실로 들어갔다. 우리는 시의회 의원에게 면담을 요청했다. 모든 여자들은 각자 유모차에 아이를 데리고 갔다. 당시 내 딸 니나는 서너 살무렵이었다. 나는 늘 니나를 데리고 갔다.

누가 이 광경을 잊을 수 있겠는가? 한 여자는 소매를 걷어 올린 빨간 스웨터를 입고 있었다. 다른 여자는 머리에 머릿수건을 둘렀다. 모두 결의에 찬 얼굴이었다. 한 아이는 할머니가 짜 준 파란 모자를 썼다. 니나는 유쾌한 눈을 가진 약간 활달한 아이였다. 그리고 모든 여자들은 함께 오른발, 왼발 발맞춰 걸었다. 그들은 노래 부르며 "우리는 아이들에게 줄 우유를 원한다"를 반복해 합창했다.

우리는 이웃에 우리 위원회를 알리며 거리를 행진했다. 사람들을 초대하고 그들이 비축하고 있는 것은 무엇이든 가지고 오라고 말했다. 위원회에는 언제나 먹을 것이 있었다. 사람들이 위원회에 들렀다. 우리는 그들에게 소책자를 읽게 했고, 그들을 대화로 끌어들였다. 우리는 당시 그들을 환락가에서 나오게 했고, 절망에서 빠져나오게 했다. 그들에게 위원회가 미친 영향을 상상할 수 있을 것이다.

여자들은 항시 음식 가격을 감시하기 위해서 조직적으로 단결했다. 어떤 가게에서 한 품목이 지나치게 비싸면 우리는 즉시 파업에 들어갔다. 우리는 다시 아이들을 유모차에 태우고 갔다. 우리는 "이 식품점을 이용하지 마라. 그들은 빵 값을 너무 비싸게 받는다"라는 글이 쓰인 팻말을 들었다.

이러한 파업은 매우 성공적이었다. 아무도 우리의 피켓라인(picket line, 파업 시 출근 저지 투쟁을 하기 위해 노동자들이 늘어선 줄을 말한다. 옮긴이)을 넘어가지 않았다.

같은 일들이 맨해튼, 브루클린, 할렘에서 일어났다. 할렘에서는 수많은 사람이 굶주렸고, 무료 배식으로도 사람들에게 음식을 충분히 공급할 수 없었다. 우리는 위원회에서 할렘까지 수없이 움직였다.

이런 상황을 극복하려는 사람들의 투쟁에서 바로 생의 의미를 찾을 수 있다. 가장 어려운 상황에서도 우리는 사람과 함께한다. 만약 사과 다섯 알이 있다면, 우리는 이를 10등분해 모든 사람들이 먹었다. 만약 누군가 25센트가 있으면 그는 길모퉁이로 가서 빵을 사 위원회로 가져왔다.

이처럼 방식으로 함께하고, 함께 단결할 때 인생은 변화한다. 혼자라는 두려움이 없어진다. 혼자서는 이런 문제들을 해결할 수 없다. 혼자라면 그 문제들이 당신을 압도할 것이다. 고용주와 일대일로 마주 서면 모든 권한은 그가 가지며, 당신에게는 아무 힘이 없다. 하지만 함께하면서 우리는 우리의 힘을 느꼈고 웃을 수 있었다. 노래를 부를 줄 아는 사람이 노래 부르기 시작했다. 다른 사람들은 춤을 출 줄 알았다. 우리는 실직자였지만 춤을 췄다.

그 시절에 나는 행복했다. 실직에, 퇴거에, 비싼 음식 가격에 행복을 말할 수 있냐고? 하지만 그랬다. 왜냐고? 그 시절, 그때 이후로 나는 내 전 생애에 걸쳐 나 자신이 될 수 있었다. 여기서 아마 행복이 오는 것 같다. 그 밖에 무엇이 있는가?

조직가는 사람들이 성공적으로 단결하는 모습에서 충만감을 느낀다. 우리의 활동은 큰 성공을 거두었다. 물가를 계속 낮추었고, 국회의원에게 압력을 가했고, 사람들 스스로가 노동자 정체성을 자각하게 만들었고, 임금 파업에서 성공을 거두었다. (…)

그 즈음에 이르러 〈실직자위원회〉는 널리 알려졌다. 우리 조직원들은 어디에나 있었고 그들은 시위, 탄원서 배부, 가두연설을 이끌었다. 그래서 우리는 건물에 들어가서 우리를 소개하고 사람들에게 조직을 만들 것을 권유했다. 우리는 "파업을 하는 한 확실히 임대료를 내지 않아도 됩니다. 3개월 동안 파업한다고 생각해 보세요. 우리는 그동안 임대료를 내지 않아도 됩니다"라고 말했다.

사람들은 귀를 기울였고, 그 아이디어는 그들에게 호소력이 있었다. 우리는 철거 반대 투쟁을 했고 쫓겨나는 사람들을 돌봤다. 그 시절에는 거리를 걷다 보면 아이들과 함께 모든 가족이 가구에 둘러싸인 채 보도에 앉아 있는 광경을 볼 수 있었다.

전 건물 사람들이 조직되고 파업에 참여할 의사를 표시하면, 우리는 세입자들을 위해 중재 위원회를 만들었다. 거리로 나 있는 모든 창에 "임대료 파업. 이 건물을 임대하지 마시오"라는 큰 사인을 써 붙이고, 건물에 팻말을 세웠다.

물론 집주인은 세입자들의 요구를 들어주느니 차라리 죽으려고 했다.

그렇게 파업은 시작됐다. 집주인이 어느 날 퇴거 고지서를 보내리라는 걸 알고 있었다. 하지만 집주인은 모두 쫓아낼 수 없었다. 비용이 너무 많이 들기 때문이다.

철거하는 날 우리는 모든 사람들에게 건물을 떠나라고 말했다. 우리는 경찰이 사람들을 거칠게 때려눕히리라는 사실을 알았다. 여자들은 저항하기 위해 아파트에 남아 있었다. 우리는 화재 비상구로 나와 휴대용 확성기를 통해서 사람들에게 아래로 모이라고 말했다.

브롱크스에서는 하늘을 한 번 올려다보기만 해도 2백 명의 사람들을 모을 수 있었다. 경찰이 퇴거를 위해 도착하자마자 우리는 거리에 밧줄을 둘러쳤고, 사람들이 모였다. 경찰은 기관총을 지붕 위에 설치하고 거리에 있는 사람들을 향해 총구를 겨눴다.

그러는 동안 우리는 발코니에 나가 섰다. 나는 아래 길에 모인 사람들을 향해 연설을 했다. "노동자 동지 여러분, 우리는 실직한 남자들의 아내고, 경찰은 우리를 철수시키려고 합니다. 오늘 우리는 철거당합니다. 하지만 내일은 당신들 차례일 수 있습니다. 그러니 멈춰서 지켜보십시오. 우리에게 일어나고 있는 일이 바로 당신들에게 일어날 일입니다. 우리는 직업이 없습니다. 우리는 음식을 살 돈이 없습니다. 우리 임대료는 너무 높습니다. 경찰서장은 우리 가구를 들어내려고 경찰을 불렀습니다. 당신들은 이런 일이 일어나도 꼼짝하지 않을 건가요?"

아니면 가끔 가구를 들어내 놓기 위해 일하러 온 사람들에게 말했다. "당신들에게 묻고 싶네요. 실직한 사람들의 가구를 버리려고 온 당신들에게요. 대체 당신들은 누구죠? 당신들 역시 먹기 위해 이 일을 하는 실직자 아닌가요? 당신들을 탓할 수는 없어요. 당신들은 우리 중 한 사람이니까요. 우리는 〈실직자위원회〉를 대표합니다. 우리는 어젯밤 실직자 모임을 가졌어요. 우리는 당신들에게 지불할 만큼 충분한 자금이 있습니다. 실직한 노동자를 퇴거시키면 얼마를 받나요? 5달러? 6달러? 우리도 당신들에게 돈을 줄 수 있습니다. 경찰이나 경찰서장을 대동하지 말고 여기 와 보세요. 그러면 당신에게 돈을 주지요. 저기 서 있는 경찰서장을 보세요. 그가 일하고 있나요? 경찰서장한테나 일하라고 전하세요."

그렇게 우리는 열변을 토하곤 했다. 우리는 사람들이 망설이는 모습을 볼 수 있었다. 우리는 계속했다. "우리 여성들은 철거될 가구 옆에 서 있습니다. 우리 주전자에는 뜨거운 물이 있지요. 문은 잠겼고 우리는 당신들이 들어오는 것을 막을 것입니다."

가끔 고용인들은 무작정 들어왔다. 문이 잠겨 있으면, 문을 부수고라도 들어오려고 했다. 우리는 문 뒤에서 주전자를 들고 있었다. 그들이 가구의 한쪽을 움켜잡으면 우리는 다른 쪽을 움켜잡았다. 그리고 서로 잡아당기기 시작했다. 그러는 동안 우리는 "자, 여기 돈이 있으니 가구를 내버려 둬요!"라고 말하곤 했다.

어떤 사람은 돈을 받고 갔다. 가끔 뜨거운 물을 그들에게 붓기도 했다. 어떤 때는 그들이 우리를 때렸다. 그러면 우리는 화재 비상구로 도망가서 휴대용 확성기로 군중들에게 "그들이 우리를 때려요. 몸집 큰 사람들이 우리를 때려요. 하지만 우리는 그들이 가구를 가져가게 놔두지 않을 겁니다. 그들은 우리를 이기지 못합니다. 우리가 승리할 것입니다"라고 소리쳤다.

때로 그들은 이런 싸움과 불평에 염증을 느꼈고, 가구를 아파트에서 끄집어내 계단 층계참에 두고 떠났다. 우리의 승리였다. 우리는 그곳에서 계속 남편이 돌아오기를 기다렸다가 다시 아파트로 가구를 들여놓았다. 우리는 새 자물쇠를 달았고, 집주인은 새 퇴거 고지서를 보내야만 했다. 그는 경찰서장을 불렀고, 모든 일이 다시 시작되곤 했다.

우리의 투쟁은 성공했다. 임대료가 내려갔고, 철거당했던 가족들이 그들의 아파트로 돌아왔고, 집주인은 싸움을 중단하자고 했다. 가끔 우리도 실패했고, 가구가 거리로 들려 나갔다. 우리는 가구가 망가지지 않도록 즉시 타르를 칠한 방수포로 덮었다. 그런 후 가구를 연단으로 사용하면서 가구 위에서 대중 집회를 열었다. 우리는 경찰이 떠나기를 기다렸다. 그들이 떠나자마자 주변에 서 있던 사람들은 가구를 집어 다시 건물 안으로 들여놨다. 우리는 자물쇠를 부수고 가구를 제자리에 운반해 놓고 새 자물쇠를 달았다. 그러면 집주인은 전 과정을 다시 겪어야 했다.

2년 안에 우리는 브롱크스의 임대료를 조정하기에 이르렀다. 이게 바로 그 시절의 방식이었다.

제노라 (존슨) 돌린저,
『파업 중인 플린트』[13]

1995년 2월

1930년대 중반기에 진을 치는 연좌 파업 물결이 전국으로 번져 나갔다. 노동자들은
그들이 주저앉아 공장을 점거하면 생산을 중단시킬 수 있을 뿐만 아니라 파업 파괴자
가 그들을 대신해 들어오는 것을 막을 수도 있다는 사실을 깨달았다. 다양한 직종에서
일하는 노동자 수만 명이 파업 물결에 참여했고, 그들은 주로 더 나은 작업 조건과 〈전
미자동차노동조합〉과 같은 새로운 노동조합을 인정할 것을 요구했다. 1937년에 미시
건 플린트 공장에서 가장 중요한 연좌 파업이 발생했다. 플린트 공장의 직공들은 수주
동안 파업을 했고 〈제너럴모터스General Motors〉에 대항해 승리했다. 그 결과 UAW는
공장에서 유일하게 사측과 교섭할 수 있는 노동자 대표로 인정받았다. 이 파업이 일어
난 지 수십 년 후에 사회주의자 제노라 (존슨) 돌린저Genora (Johnson) Dollinger가 당시
의 연좌 파업과 그 영향에 대해 설명했다.

파업 전 플린트 노동자들의 상황은 매우, 정말 매우 절망적이었다. 엄
청나게 많은 노동자들이 저남부 지역에서부터 도시로 몰려들었다. 고향
에는 일자리가 없었기 때문에 일자리를 찾아 북으로 온 것이었다. 그들
은 고물 자동차에 가구를 묶어 가지고 왔고, 구할 수 있는 집 중에서 가
장 싼 집으로 들어갔다. 보통 방이 하나 또는 두 개 있는 구조에 실내에
배관 시설과 난방 시설이 없는 집이었다. 그들에게는 단지 세숫물과 목

욕물, 그리고 난방을 위한 등유 난로가 있을 뿐이었다. 그들의 옷 전체에서 등유 냄새가 났다. 그들은 정말 가난했다.

한 여자가 펜턴가 근처 플린트의 자그마한 구역에서 왔다. 그곳에 가난한 남부인들 대다수가 살고 있었다. 그녀는 장갑도 끼지 않고 테니스 운동화를 신은 채, 피켓라인을 따라 눈 속을 걸었다. 그녀는 착한 사람이었다. 그녀는 매일 파업 현장에 왔고 우리는 그녀에게 다시 피켓라인으로 나가기 전에 조합 사무실에 들어와서 몸을 녹이라고 말했다.

그녀는 파업 전에는 어떤 활동에도 참여할 기회가 없었다. 이웃의 작은 교회가 그녀가 가는 유일한 장소였다. 그녀는 이웃 몇 명을 알았고, 이 자그마한 교회를 다녔다. 하지만 그게 전부였다. 남자들은 종종 술집의 야외 탁자에 앉아 맥주를 마시며 공장 문제 등 무엇이든 서로 얘기를 나눴다. 남자들은 동료가 됐다.

그 시절 공장에서 일할 때 이름에 신경 쓰는 사람은 아무도 없었다. 머리가 금발이면 "휘트니Whitey"가 됐다. 머리가 검으면 "블랙키Blacky"라 불리기도 했다. "저 남자 누구지?" 하고 물으면 "몰라, 이러이러한 부서의 4번 설비에, 반쯤 아래 작업대에서 일한대"라는 대답을 들었다. "블랙키", "쇼티Shorty", 또는 다른 애칭으로 불렸다. 그들은 공장 내에서 정체성도 없고 권리도 전혀 없는 임금 노예들이었다.

처음에 조합에 가입하라고 접근했을 때, 노동자들은 자신의 소중한 직장을 잃지 않을까 두려워했다. 당시 자동차 공장에서 일하는 노동자는 시간당 45센트 정도를 벌었다. 〈제너럴모터스〉의 스파크 플러그 부서에서 일하는 젊은 소녀들은 사소한 자동차 부품을 만드는 데 시간당 12.5센트를 받았다. 그 공장이 유일하게 여자를 고용하는 공장이었다. (…)

그들은 "일단 〈제너럴모터스〉 문으로 들어가면 미국 헌법은 잊어라" 하고 말했다. 일단 그 공장에 들어가면 노동자들은 권리가 없었다. 만약 감독이 당신의 머리 모양을 싫어한다면 또는 뭣 때문이든 당신을 싫어한다면, 아니면 당신이 그를 잘못 쳐다봤거나, 아니면 그의 심기를 건드리는 말을 하면, 그는 당신을 해고할 수 있었다. 상환청구권, 그런 것은 전혀 없었다. 실제로 모든 감독들은 노동자들이 추수감사절에는 칠면조를, 크리스마스에는 선물을 가져올 것이라 기대했고, 자기 차를 고쳐 주고 심지어 집에 페인트칠까지 해 줄 것이라고 기대했다. 감독이 하라는 대로 순응하지 않으면 노동자들은 계속 협박을 받았고, 직업을 잃게 되고 가족들은 굶었다. 〈제너럴모터스〉 공장 내부에서 노동자들이 느꼈던 지배와 예속의 감정을 짐작할 수 있을 것이다.

그뿐만이 아니라 노동자들이 조직에 대해 얘기하기 시작하자 경영진은 독순술을 하는 사람(입술 모양을 보고 무슨 말인지 알아내는 사람. 옮긴이)을 고용해 노동자들끼리 얘기하는 것을 감시했다. 심지어 노동자들이 조합에 대해 말하는지 분간할 수 있도록 바로 옆에 바짝 붙어 있기도 했다. 사회당 당원인 내 친구는 UAW 제복을 입고 시보레 공장에 들어갔다. 그는 즉시 해고됐다. 그는 그날 일을 시작조차 못 하고 쫓겨났다. 그들이 제복을 더럽혔고, 그것으로 끝이었다. 맥주집이나 그와 같은 장소에 가서 조합에 대해 얘기하기 시작하면 〈제너럴모터스〉에서 고용한 불량배들에게 실컷 두들겨 맞지 않고는 집에 갈 수 없었다.

공장 내부 상황이 그러했다. 이는 공장 외부의 상황, 즉 불충분한 생활 조건, 적절한 음식의 부족, 적절한 의료 혜택의 결여 등등 모든 나쁜 상황과 결부되었다. 자동차 공장 노동자들은 노동조합 가입 외에는 이 같은 부당함을 피할 수 있는 방법이 없다는 결론에 도달했다. 그러나 그들은 단숨에 결론내리지 못했다. (…)

파업 전에 상당한 준비 작업이 있었다. 그 준비 작업은 급진적인 당들이 진행했다. 플린트와 디트로이트에는 공산당, 프롤레타리아당, 사회

노동당, 사회당, 그리고 IWW 등 아주 활동적인 조직이 몇 개 있었다. 그리고 공산당을 제외하고 모든 조직 본부가 펜젤리 빌딩에 있었다. 그 빌딩은 매우 오래된 건물로 플린트의 〈전미자동차노동조합연맹〉 전체의 파업 본부가 됐다. 파업이 진행되는 동안 큰 강당이 필요한 주요 활동은 3층에서 이루어졌고, 우리는 여전히 2층에 사무실을 가지고 있었다.

파업이 일어나기 2년 전에 플린트의 사회당은 〈산업민주연맹(LID: League for Industrial Democracy)〉을 조직했다. 우리는 사람들이 잡혀가 맞는 일이 생기지 않도록 차고와 지하실에서 비밀 회합을 가졌다.

우리 규모가 커지자, 사회당은 뉴욕에 있는 그들의 연사를 우리에게 보내기 시작했다. 그들 중 다수는 부르크우드 노동대학Brookwood Labor College 출신이었다. 우리는 전단을 만들었고, 강연 티켓을 팔았다. 이 강연 모임은 프리메이슨 사원과 가장 큰 감리교회 지하에서 열렸다.

우리는 사회주의에 관한 강의를 했다. 노동사와 더불어 주로 정치적으로 무슨 일이 일어나고 있는가에 초점을 맞춰 당면 사건들에 대해 강의했다. 이 강의는 매우 인기가 있었다. 어떤 강연에는 3백 명에서 4백 명이 모이기도 했다.

파업하기 전에, 실제로 투쟁이 일어났을 때를 대비해서, 그리고 노동자들이 더 이상 참지 못하고 반란을 일으킬 때를 대비해서 준비를 했다. 사회주의 핵심 인사들은 언젠가 이런 일이 일어날 거라고 생각했다. (…)

첫 번째 연좌 파업은 12월 30일 피셔바디 제2공장 지부에서 오래전부터 축적된 큰 불만이 터져 나오며 일어났다. 노동자들은 이제 참을 만큼 참은 상태였고 과격한 지도력하에 연좌 파업을 했다. 피셔바디 제1공장 본부의 UAW 지도자들이 제2공장에서 연좌 파업이 시작됐다는 소식을 듣고 함께 연좌 파업에 돌입했다. 이는 진정한 배짱과 정치적 지도력을 동반했다. 정치 정당의 지도자들은 앞서 노동사와 기업의 잔인함을 통해 배운 바가 있었기 때문에 무엇을 해야 할지 알았다. (…)

첫 번째 연좌 파업이 시작된 후, 나는 이를 돕기 위해서 내가 무엇을 할 수 있는지 보려고 아래로 내려갔다. 나는 내내 피켓라인에 있거나, 펜젤리 빌딩에 있었다. 그러나 몇몇 파업 지도자는 내가 누구인지 몰랐고, 내가 조합주의 등에 대한 강연을 하는지도 몰랐다. 그래서 그들은 내게 "부엌으로 가서 거기 일을 도우세요"라고 말했다. 그들은 여자에게 그 밖에 다른 일을 하라고 말할 줄 몰랐다. 나는 "저 피켓라인에 있는 마르고 왜소한 남자들은 이렇게 추운 날 오랫동안 서 있지 못할 것 같은데요. 그 남자들이 아마 여자만큼이나 감자 껍질을 잘 벗길 거예요"라고 말했다. 나는 부엌일하라는 제안을 거절했다.

대신 나는 어린이들의 피켓라인을 정비했다. 나는 브리스톨 마분지와 페인트를 가지고 와서 아이들의 피켓라인을 만들기 위해 표지판에 그림을 그렸다. 사회당 동지 중 한 사람이 내게로 와서 "헤이, 제노라, 여기서 뭐하는 거야?"라고 물었다. 나는 "네 일을 하는 중이야"라고 말했다. 그는 전문적인 간판장이였기 때문에 나는 그에게 그림 그리는 일을 넘겨주었다. 그리고 그것이 간판장이 부서의 시작이었다.

아이들에게 피켓을 쥐어 주고 줄서게 하는 일은 단 한 차례밖에 일어나지 않았다. 너무 위험했기 때문이다. 그러나 우리는 아이들 덕분에 굉장히 재미있는 선전 광고를 많이 할 수 있었다. 그중 국제적인 광고가 많았다. 나의 두 살 된 아들, 자비스는 팻말에 "우리 아빠는 우리 어린 개구쟁이들을 위해 파업해요"라는 글을 새겨 넣었다. 이 사진은 전 세계로 퍼졌고, 사람들이 내게 프랑스 신문에 실린 기사와 독일, 그리고 다른 유럽 국가 신문에 실린 기사를 보냈다. 나는 뉴스가 그렇게 멀리 갈 수 있다는 사실이 놀라웠다. (…)

회사는 파업을 중지시켜야 한다고 판단했다. 1월 11일, 그들은 피셔바디 제2공장 지부를 공격했다. 나는 그날 피켓라인에 있었고 일어나는 일을 보고 깜짝 놀랐다. 공장 경비들이 사람들의 음식 반입을 24시간 동안 막았다. 몹시 추운 날이었는데 그들은 건물의 난방을 껐다. 건물 안에 있는 사람들은 매우 화가 났다.

회사 경찰과 시 경찰은 총을 쏘기 시작했다. 처음에 그들은 공장 안으로 최루탄을 쐈다. 하지만 너무 힘이 들자 그들은 공장 앞에서 팻말을 들고 서 있는 수많은 사람들을 향해 최루탄과 총을 쏘기로 했다. 경찰은 소총과 사냥용 대형 산탄, 화염병, 최루탄 통을 사용했다. 많은 사람들이 충격을 받았다. 우리는 〈제너럴모터스〉가 우리를 추위에 얼어붙게 만들거나 공장 안에서 무언가 일을 꾸미리라는 생각은 했지만, 도시 한가운데서 우리에게 공개적으로 발사하리라고는 결코 생각하지 못했다.

피켓 시위에 참여한 조합원들은 자기들 차로 바리케이드를 쌓아서 양쪽 구간을 차단해 경찰이 우리를 데려가지 못하게 했다. 그러자 라디오에서 플린트에서 혁명이 시작되고 있다는 내용의 소식이 들렸다. "공산주의자들이 조합을 인수하기 위해 시로 들어오고 있다"는 선전과 함께 싸움을 벌이고 있는 양측 모두로 엄청난 사람들이 몰려왔다. 경찰이 잘못 쏴서 최루탄과 총알이 우리 머리 위를 지나, 구경하려고 나온 군중들에게로 날아갔다. 매우 끔찍했다. 사람들은 달아났고 거리에 있는 음식점으로 몸을 날렸다.

싸움은 상당 시간 계속됐다. 노동자들은 경찰차를 뒤집어 바리케이드를 쳤다. 그들은 달려가 그들에게 던져진 화염병을 집어 들어 다시 경찰에게 던졌다. 정말 무척 추운 날이었다. 공장 안에 있는 사람들은 경찰을 향해 소방 호스를 뿌렸고, 물이 쏟아져 나오자 이는 금세 얼었다.

나는 사회당 당원인 프레드 스티븐스가 얼음물이 쏟아져 내리는 도랑 위로 뛰어오르는 걸 보았다. 그의 다리에서 피가 흘러 물속에 떨어졌다.

나는 잠시 정신을 차릴 수 없었다.

사람들은 내가 그곳을 피하기를 원했다. "여자와 아이들을 보호하라"는 뭐 그런 오래된 생각이지. 주변에 여자와 어린이가 있으면 그들을 안내하고 보호하라는 말이다. 나는 그들에게 "저리 비켜요. 나도 당신만큼 무기를 많이 가지고 있으니까요"라고 말했다. 나는 그곳에 남은 유일한 여자였다.

그 투쟁은 몇 시간 계속됐다. 그동안 확성기를 단 차는 내내 지시를 내리며 공장 안의 사람들과 밖에서 팻말을 들고 있는 사람들에게 용기를 북돋아 주려고 했다. 빅터 로이터가 한동안 얘기했고, 그런 다음 그를 쉬게 하려고 다른 사람이 그를 대신했다. 하지만 남자들만 말했다. 그때 빅터가 와서 우리에게 확성기 차의 전지가 다 닳고 있다고 말했다.

머릿속에 번개가 스쳤다. 나는 "많은 사람들 앞에서 연설할 때 한 번도 확성기를 써 본 적이 없었지. 하지만 나는 사람들에게 여기에 여자들도 있다고 말해야 해"라고 생각했다. 그래서 나는 그에게 "빅터, 확성기를 잡아도 될까?"라고 물었다. 빅터는 "안 될 건 없지"라고 말했다.

나는 우선 경찰을 공격했다. 나는 그들을 "무장하지 않은 사람들의 배를 향해 총을 쏘고 어린이들의 엄마에게 발사하는 겁쟁이들! 겁쟁이들!"이라고 불렀다. 그러자 전체가 조용해졌다. 전선 양측에 침묵이 흘렀다. 나는 "여자들이 이를 뚫을 수 있다"고 생각했다. 그래서 군중 속에 있는 여자들에게 "경찰 저지선을 뚫고 이쪽으로 와서 당신들의 남편, 형제, 아저씨, 애인 곁에 서라"고 호소했다.

먼지 속에서 나는 한 여자가 앞으로 나오려고 애쓰는 모습을 어렴풋이 볼 수 있었다. 경찰이 뒤에서 그녀의 코트를 움켜잡았다. 그녀는 그 코트를 벗어던지고 투쟁 현장으로 걸어 내려오기 시작했다. 그러자 곧 다른 여자와 남자가 뒤따랐다. 경찰은 걸어 내려오는 그들을 등 뒤에서 쏘지 않았다. 싸움은 그것으로 끝났다. 그 구경꾼들이 투쟁의 한가운데로 들어오자 경찰은 뒤로 물러났고, 승리의 큰 함성이 터졌다. 우리가 경찰을 도망가게 했기 때문에 우리는 그 투쟁을 "불런 전투the Battle of Bull Run"라고 불렀다. (…)

파업 후 자동차 공장 노동자들은 전혀 다른 사람이 됐다. 파업에 적극적으로 참여한 여자들은 노동운동 어디에서도 볼 수 없었던, 심지어 플린트 시에서도 볼 수 없었던 전혀 다른 여자가 됐다. 걸음걸이가 달라졌고, 머리를 높이 들었으며, 자신감이 넘쳤다. 그들은 정신적으로 달라졌고, 육체적으로도 달라졌다. 파업에 참여한 여자들을 파업 직전에 보고, 파업을 경험한 후, 즉 그녀 생에 적합한 일들이 무엇인지 배우고 그것을 느낀 바로 직후에 다시 보았다면 그녀가 완전히 다른 여자가 되었다는 것을 알 수 있을 것이다.

존 스타인벡,
『분노의 포도』¹⁴

1939년

존 스타인벡John Steinbeck의 소설 『분노의 포도The Grapes of Wrath』는 1939년 4월에
초판이 모두 팔렸고, 며칠 지나서는 일주일에 1만 부씩 팔렸다. 오클라호마에서 캘리
포니아로 일자리를 찾아 여행하는 노동자의 이주 이야기는 많은 사람들에게 전국 노
동자들의 상황을 알리는 역할을 했다. 이 소설은 조합주의에 대한 믿음을 강화시켰고,
더 근본적인 변화가 필요하다는 생각을 불러일으켰다. 다음은 소설의 28장에서 주인
공인 톰 조드Tom Joad가 "돼지처럼 살면서 기름진 땅을 놀리고 있고, 혼자 1백만 에이
커의 땅을 가지고 있는 사람이 있는 반면, 몇 십만 명의 건실한 농민들이 굶주리고 있
는" 상황에 대해 말하는 장면이다.

어머니는 팔다리를 구부리고 기어서 들어갔다. 아래에 깔린 모래가 느
껴졌다. 그러자 곧 둥그런 덤불 내부가 몸에 닿지 않았고, 땅에 깔려 있
는 톰의 담요가 만져졌다. 톰은 덩굴풀을 원래대로 다시 해 놓았다. 동굴
안에는 빛이 없었다.

"어디 있어요, 어머니?"

"여기, 바로 여기다. 조그맣게 말해라, 톰."

"염려 마세요. 나는 요즘 토끼처럼 지내고 있으니까요."

톰이 함석 접시를 벗기는 소리를 들었다.

"돼지고기와 감자볶음이다"라고 어머니가 말했다.

"와, 근사한데요, 그리고 아직 따끈하고요."

어머니는 암흑 속에 있는 톰의 모습을 볼 수 없었지만 씹고, 뜯고, 삼키는 소리는 들을 수 있었다.

"꽤 괜찮은 은신처지요." 톰이 말했다.

어머니는 불안한 듯 말했다. "톰, 글쎄 루디가 그만 네 이야기를 해 버렸구나."

톰이 꿀꺽 삼키는 소리가 들렸다. "루디가? 왜요?"

"그게 말이다. 그 애 잘못이 아니란다. 다른 집 아이하고 싸웠는데 우리 오빠가 니네 오빠를 때려 주느니 어쩌니 하고 말한 모양이야. 아이들이 더러 그러지 왜. 그러고선 우리 오빠는 사람을 죽이고 지금 숨어 있다고 자랑한 모양이다."

톰은 혀를 찼다. "내가 어렸을 때 존 아저씨를 끌어들여서 때려 줄 거라고 했는데 아저씨는 한 번도 그런 적이 없어요. 그런 건 애들끼리 하는 말이에요. 어머니, 걱정할 것 없어요."

"아니다. 그렇지 않아" 하고 어머니가 말했다. "그 아이들이 떠들고 다닐 것 아니냐. 그러면 어른들이 듣고 떠들고 다닐 거고. 곧 그놈들이 사람을 보내 조사할 거다. 만약을 위해 톰, 여기서 떠나는 게 좋겠다."

"그거야 제가 늘 하는 말이죠. 어머니가 음식을 배수구에 넣은 것을 들켜서 놈들이 감시를 하지 않나 하고 나는 늘 마음이 놓이질 않아요."

"안다. 하지만 나는 너를 내 곁에 두고 싶었어. 네가 걱정돼서 말이다. 나는 네 얼굴도 보지 못했어. 지금도 볼 수 없지만. 얼굴은 좀 어떠냐?"

"많이 나았어요."

"이리 가까이 오너라. 내 좀 만져 보게. 자, 이리로 와." 톰은 어머니 곁으로 기어갔다. 어머니는 손을 내밀어 어둠 속에서 아들의 얼굴을 찾아 손가락으로 코를 더듬은 다음 왼쪽 뺨을 어루만졌다. "흉터가 심하구나, 톰. 코도 삐뚤어졌고."

"잘 됐지요 뭐. 아무도 나를 알아보지 못할 테니까. 여기다 지문만 등록되지 않았더라면 더욱 좋았을걸." 그는 다시 먹기 시작했다.

"쉿" 하고 그녀가 말했다. "들어 봐!"

"바람 소리예요, 어머니. 그냥 바람 소리예요." 세찬 돌풍이 냇물을 몰아쳐 흐르게 하고 나무들이 바람을 받아 바삭거렸다.

어머니는 아들의 목소리가 나는 쪽으로 바짝 다가갔다. "한번 더 만져 보자, 톰. 캄캄해서 꼭 장님이 된 것 같구나. 널 기억해 두겠어. 손끝이 기억하는 거지만. 넌 여기서 나가야 해, 톰."

"네! 처음부터 알고 있었어요."

"우린 요새 꽤 잘 번단다." 그녀가 말했다. "나는 돈을 조금씩 모으고 있단다. 손 내놔 봐, 톰. 여기 7달러 있다."

"돈은 안 받겠어요. 나 혼자 걱정 없이 해 나갈 수 있으니까요."

"손 내놔, 톰. 네게 돈이 한 푼도 없는데 내가 잠이 오겠니? 너도 버스는 타야 하지 않겠니. 아주 멀리 떠나야 한다. 3, 4마일(5, 6킬로미터) 정도 멀리."

"난 받지 않겠어요."

"톰" 하고 어머니는 엄하게 말했다. "이 돈 받아라. 알겠니? 더 이상 이 엄마를 괴롭히지 말거라."

"그건 불공평해요." 톰은 말했다.

"나는 네가 큰 도시로 갈 수 있다고 생각한다. 로스앤젤레스 같은 데 말이다. 거기에서는 아무도 널 찾지 않을 테니까."

"흠" 하고 톰은 말했다. "저, 어머니, 낮이면 하루 종일, 밤이면 밤새도록 나는 혼자 이렇게 숨어 있어요. 그런데 누구를 생각하고 있었는지 아세요? 케이시예요! 그 사람이 내게 여러 가지 얘기를 해 줬어요. 싫증이 날 정도로. 그런데 지금 그 사람 말만 생각나요. 나는 그 사람이 한 말을 기억해요. 모두 다. 이런 말을 한 적이 있어요. 언젠가 그 사람은 자기 영혼을 찾으러 황야로 나갔대요. 알고 보니 자기 영혼이라는 게 없더래요. 자기는 엄청나게 큰 영혼의 일부에 지나지 않았다는 것을 깨달았다는 거죠. 황야는 아무 소용도 없다는 걸 알았대요. 그건 자신의 지극히 작은 영혼 조각이 나머지 영혼과 합쳐져 전체가 되지 않으면 아무 소용도 없기 때문이래요. 내가 이런 얘길 기억하고 있다니 우습지요. 열심히 듣지도 않았는데. 하지만 이제 알았어요. 사람은 혼자선 아무런 소용도 없다는 걸 말이죠."

"그 사람은 좋은 사람이었단다"라고 어머니가 말했다.

톰은 계속 말했다. "그는 언젠가 성경 구절을 줄줄 외운 적이 있는데, 지옥의 형벌 같은 성경 구절과는 달랐어요. 그가 두 번 말해서 나도 외웠어요. 「전도서」에 있는 구절이래요."

"어떤 구절인데, 톰?"

"이래요. '두 사람이 한 사람보다 나으리라. 그것은 저희가 수고함으로 더 나은 보답을 얻기 때문이니라. 쓰러질 때는 한 사람이 그 벗을 일으켜 줄 것이다. 홀로 쓰러진 자는 불쌍하도다. 이는 일으키는 자가 없음이니라.' 이건 그 구절의 일부예요."

"더 들려 다오"하고 어머니가 말했다. "계속해다오, 톰."

"그럼 조금만 더 말씀드릴께요. '또 둘이 같이 자면 따스하도다. 혼자 자면 어찌 따스하리오. 그리고 다른 사람이 그 하나를 치면 패하고, 둘이서는 이를 막을지니, 세 겹으로 짠 끈은 쉽게 끊어지지 않는도다.'"

"그게 성경 구절이니?"

"케이시가 그랬어요. 「전도서」라고 했어요."

"쉿, 들어 봐."

"바람이에요, 어머니. 나는 바람 소리를 알아요. 그래서 생각했어요, 어머니. 대부분의 설교는 우리가 쭉 같이 살아갈 가난한 사람들 얘기예요. 아무것도 없더라도 그저 팔짱을 끼고 견디면 죽어서 금 쟁반에 담긴 아이스크림을 먹을 수 있다는 얘기예요. 그런데 「전도서」는 두 사람이 함께 일하면 혼자보다 나은 보답을 받을 수 있다고 말하고 있어요."

"톰" 하고 어머니가 말했다. "너 무얼 하려 하니?"

톰은 한동안 말이 없었다. "저는 정부 캠프에서 하던 일을 생각했고, 어떻게 우리가 스스로를 돌봤는가를 생각해 봤어요. 싸움이 일어나면 우리 스스로 결말을 지었고, 총을 휘두르는 경찰도 없었어요. 그래도 경찰이 있을 때보다 더 질서가 있었지요. 그런 일을 다른 데서는 왜 할 수 없는지 이해하기 어려워요. 우리 편이 아닌 경찰은 쫓아 버리고 우리 모두의 것, 모두의 농장, 모두의 땅을 위해서 함께 일하는 거예요."

"톰" 어머니가 되풀이했다. "너 뭘 할 작정이냐?"

"케이시가 하던 일요." 그가 말했다.

"하지만 그 사람은 살해당했다."

"네." 톰이 말했다. "그가 재빨리 피하지 못했기 때문이에요. 그는 법을 어기는 일 같은 건 하지 않았어요. 어머니, 저는 곰곰이 생각했어요. 돼지처럼 살면서 기름진 땅을 놀리고 있고, 혼자 1백만 에이커의 땅을 가지고 있는 사람이 있는 반면, 몇 십만 명의 건실한 농민들이 굶주리고 있다는 걸 말이죠. 그리고 만약 우리가 모두 단결해서 저번의 그 사람들처럼 아우성을 치면 어떻게 될지에 대해서도요. 후퍼 농장에서 일하는 사람은 몇 명밖에 되지 않지만요."

어머니는 말했다. "톰, 그들이 너를 쫓아와서, 그 플로이드처럼 죽을 지도 모른다."

"어차피 언젠가는 나도 잡힐 거예요. 그들은 우리 모두를 쫓고 있으니까요."

"너 누굴 죽일 생각은 아니겠지, 톰?"

"물론이죠. 난 오랫동안 생각했어요. 어차피 쫓기는 몸이라면, 아마모르긴 몰라도, 제기랄, 난 아직 거기까지 확실하게 생각해 보지는 않았어요. 어머니, 내 걱정은 마세요. 제발. 걱정하지 마세요."

그들은 말없이 덩굴이 덮인 동굴의 석탄같이 까만 어둠 속에 앉아 있었다. 어머니가 말했다. "어떻게 내가 네 소식을 알 수 있겠니? 그들이 너를 죽여도 난 알 수 없을 텐데. 그들이 너를 해칠지도 모르고. 어떻게 알 수 있단 말이냐?"

톰이 불안하게 웃었다. "뭐, 케이시가 말한 것처럼 사람은 자기만의 영혼이라는 것은 없고 다만 커다란 영혼의 한 조각을 갖고 있을지도 모르고, 그러니까……"

"그러니까 뭐냐, 톰?"

"그러니까 상관없다는 거예요. 나는 어둠 속 어디에나 있는 셈이니까요. 어디에나, 어머니가 바라보는 어디에나 말이죠. 굶주린 사람들이 먹기 위해서 싸우는 곳이면 어디에나 그곳에 제가 있어요. 경찰이 누구를 때리는 곳 어디에나 그곳에 제가 있어요. 케이시가 말한 대로라면 나는 모두 화가 나서 소리 지르고 있는 그 고함 속에 있고, 또 굶주린 아이들이 저녁 준비가 됐다는 걸 알고 소리 내어 웃으면 그 웃음 속에 있을 거예요. 그리고 우리 식구가 우리 손으로 기른 것을 먹고 우리손으로 지은 집에 살게 되면 그때도 물론 그곳에 있을 거예요. 아시겠어요? 이런, 마치 케이시처럼 말하고 있네요. 그를 너무 많이 생각해서 그런가 봐요. 가끔 그가 제 앞에 있는 것처럼 느껴질 때가 있어요."

"무슨 말인지 모르겠구나." 어머니가 말했다. "정말 모르겠어."

"저도 몰라요"라고 톰이 말했다. "그저 생각해 봤을 뿐이에요. 한군데 가만히 있으면 많은 생각을 하게 되잖아요. 그만 돌아가셔야지요, 어머니."

"그럼, 이 돈을 받아라."

톰은 잠시 아무 말 하지 않다가 "좋아요"라고 말했다.

"그리고 톰, 나중에 일이 다 가라앉거든 돌아와야 한다. 우릴 찾아와 주겠지?"

"그럼요" 하고 톰은 말했다. "이제 그만 가셔야 해요. 어서, 어머니. 자, 이리로 손을 주세요." 톰은 어머니를 입구 쪽으로 천천히 안내했다. 그녀는 손으로 그의 손목을 꼭 붙잡고 있었다. 톰은 덩굴더미를 밀어내고 어머니를 따라 밖으로 나갔다. "저 밭을 따라 쭉 가면 모퉁이에 플라타너스 나무가 하나 있어요. 거기서 개울을 건너세요. 잘 가세요, 어머니."

어머니는 "그래" 하고 말하고 빠른 걸음으로 걸어갔다. 눈은 눈물에 젖어 뜨거웠지만 소리 내어 울지는 않았다.

우디 거스리,
"이 나라는 너의 나라"[15]

_____

1940년 2월

우디 거스리Woody Guthrie는 1912년 오클라호마의 가난하고 불우한 가정에서 태어났다. 거스리는 20세기 위대한 포크 가수 중 한 사람으로, 밥 딜런Bob Dylan, 조앤 바에즈Joan Baez, 피트 시거Pete Seeger, 필 오크스Phil Ochs와 같은, 1960년대 사회적으로 의식 있는 가수 겸 작사가들의 본보기였다. 1940년에 거스리는 줄리아 와드 호우 Julia Ward Howe가 1861년에 부른 애국적인 노래 "공화국의 전투 찬가The Battle Hymn of the Republic"에 대한 대응으로 글을 썼다. "이 나라는 너의 나라This Land Is Your Land"에 담긴 정신은 상당히 급진적이지만, 애국적인 노래가 되었고 전국의 교과서에 인쇄되어 학교에서 불렸다. 하지만 거스리가 자신이 생각하는 사회정의에 대해 말하고 있는 이 노래의 네 번째와 여섯 번째 연은 여러 번 삭제되었다.

이 나라는 너의 나라, 이 나라는 나의 나라
캘리포니아에서부터 뉴욕 섬까지,
래드우드 숲에서 멕시코 만류가 흐르는 바다까지,
이 나라는 너와 나를 위해 만들어졌다.

고속도로의 한줄기 길을 따라 걸어갈 때
내 머리 위로 펼쳐진 끝없는 고가도로를 보았다.

내 발아래 황금빛 계곡을 보았다. 나는 말했다.
이 나라는 너와 나를 위해 만들어졌다고.

나는 배회하고 방랑하며 내 발자국을 따라갔다.
반짝이는 모래의 다이아몬드 사막까지,
그리고 온통 내 주변에, 소리가 들렸다.
이 나라는 너와 나를 위해 만들어졌다는.

내 걸음을 막아 세우려는 높은 벽이 있다.
"사유재산"이라는 글이 페인트되어 있는,
하지만 그 뒤에는 아무런 글도 없다.
이 뒷면은 너와 나를 위해 만들어졌다.

태양이 반짝이며 비출 때, 그때 나는 거닐고 있었다.
검은 구름이 흐르는 물결치는 밀밭 속을,
안개가 걷히고 찬양 소리가 들렸다.
이 나라는 너와 나를 위해 만들어졌다.

교회 뾰족탑의 그림자 아래 화창한 어느 날 아침
구빈원에서 나는 내 사람들을 보았다.
그들은 굶주린 상태로 서 있었다. 나는 의아해하며 서 있었다.
과연 이 나라가 너와 나를 위해 만들어진 나라인가.

제16장

제2차 세계대전과 매카시즘

제1차 세계대전은 전쟁에 오명을 드리웠다. 그러나 제2차 세계대전은 이전의 전쟁에서는 없었던 도덕적 당위를 가지고 있었다. 이 전쟁은 "좋은 전쟁"이었다. 제2차 세계대전은 엄청난 악, 즉 나치 체제, 유럽 국가들의 침공, 유대인 홀로코스트, 일본이 중국에서 벌인 만행에 대항한 전쟁이었다. 전쟁 초기에 미국은 군사적 행동을 망설였지만 진주만이 공격당하자 군사행동은 폭발적인 지지를 얻게 된다. 2차 대전은 미국이 이제까지 치른 전쟁 중 아마도 국민들 사이에 가장 인기 있는 전쟁이었을 것이다.

그러나 전쟁이 끝났을 때, 나치즘의 사악함에 대해서는 아무도 의문을 제기하지 않았지만 연합국의 도덕적 순수성과 일본계 미국인을 수용소에 몰아넣은 미국 군부의 인종차별에 대해서는 의문이 제기됐다. [2차 대전 당시 미국은] 독일과 일본 시민에게 폭격을 퍼붓는 등 무모한 면모를 드러냈다. 드레스덴을 파괴했고, 도쿄에 폭탄을 쏟아부었으며, 히로시마와 나가사키에 수십만 명의 목숨을 앗아 간 원자폭탄을 투하했던 것이다. 폭격으로 죽은 시민은 모두 백만 명이 넘었다.

전쟁 후에도 군국주의와 전쟁, 인종주의와 불평등 없는 새로운 세계에 대한 약속은 실행되지 않았다. 그 대신 "냉전"이라 불리는 체제 속에서 수천 개의 핵무기를 소유하고 세계를 파괴하려고 위협하는 두 강대국, 소련과 미국만 남았다.

미국에서는 공산주의에 대한 신경질적인 공포가 자유 언론을 억압하기에 이르렀다. 의견을 달리하는 사람을 감옥에 가두고, 국회가 구성한 위원회가 심문하고, FBI가 평범한 시민을 감시했다. 이런 현상은 매카시즘McCarthyism이라고 불렸다.

그러나 자기 생각을 말할 수 있어야 한다고 주장하면서 민주주의 아이디어를 생생하게 살려 내고자 하는 미국인들도 있었다.

폴 푸셀,
"정확한 폭격이 전쟁을 승리로 이끌 것이다"[1]

1989년

"좋은 전쟁"의 순수성에 감히 의문을 제기하는 작가는 매우 드물었다. 그중 한 사람이 폴 푸셀Paul Fussell이다. 자신의 책 『전시 *Wartime*』의 서문에서 푸셀은 "지난 50년 동안 연합국이 치른 전쟁은 감상주의자, 어리석은 애국자, 무식한 사람, 피를 좋아하는 사람들 때문에 제대로 알려지지 않은 채 살균되고 낭만화되었다"고 지적했다. 다음 글에서 푸셀은 2차 대전 이래로 계속된 "정확한 폭격"에 대한 신화를 발가벗기고 있다.

고국의 청중들은 만병통치약을 자연스럽게 믿었다. 교활한 양키의 기술, 예를 들어서 안전한 고도로 나는 값비싼 비행기에서 폭격하는 기술 등으로 전쟁에서 이길 수 있다는 확신이 이들을 오랫동안 달래 왔기 때문이다. 이 같은 잘못된 인식은 대부분 미국 정부가 조장했다. 여기 널리 배포된 소책자는 폭격기를 궁극적인 승리의 무기라고 말한다. 날짜는 없지만 "미국은 이 전쟁에서 패배할 수 없다!"고 주장한다. 그 발행일이 궁금한가? 아마도 1942년 말일 것이다. 궁극적 승리의 무기란 바로 "역사상 최고로 강력한 폭격기" B-17 플라잉 포트리스다. 이는 2만 피트(6킬로미터) 상공에서 지름 25피트(7.6미터) 원을 맞출 수 있는 "믿을 수 없을 정도로 정밀한 노르덴 폭격 조준계기를 장착한" 정확한 기계다. 그리고 승무원의 안전을 강하게 강조하고 있다. 사진 아래 설명문에는 "이 막강한 폭격기는 동체 내에서의 안전을 보장한다. 노련한 포수는 그의 강력한 무기[50구경]를 겨냥한다"고 쓰여 있다. 마치 대공포화 같은 것은 발명된 적이 없는 듯하다. (1942년에 미 공군 부대는 〈전쟁기록위원회War Writers Board〉에게 "후미 사수의 위험한 임무가 자살이나 마찬가지라는 잘못된 인식을 제거할 수 있는" 자료를 만들어 달라고 했다.) 플라잉 포트리스는 매우 높은 고도("7마일(약 11킬로미터)")에서, "다른 어떤 폭격기보다 먼 거리에서 안전하게 새벽에도 급습"을 할 수 있다. 그러나 높은 비행 고도는 이 폭격기가 "지금까지 개발된 것 중 목표물을 가장 형편없이 겨냥하는" 폭격기라는 사실을 보장할 뿐이다. 1942년 전쟁이 끝나기 전, 이 선전을 접한 사람 중 매우 신랄하거나 가학적인 사람들만이 불타는 연합국 폭격기 2만 2천 대가 그 뒤틀린 날 끝에 비행사 11만 명의 시신을 매달고 유럽과 아시아의 벌판을 온통 뒤덮으리라는 것을 예견했다. 1942년만 하더라도 대중은 앞으로 폭격기 승무원이 랜들 자렐Randall Jarrell이 "상실Losses"에서 표현한 것처럼 되리라고는 상상도 하지 못했다.

우리의 몸은 누워 있네
우리가 죽었고, 또 본 적이 없는 사람들 사이에.

사실 폭격은 엄청나게 부정확해서 목표물 가까이라도 맞추려면 비행기가 비항공권 영역 내로 제대로 진입해야만 했다. 비항공권 내로 들어간다 해도 목표물을 전혀 맞히지 못하는 경우가 종종 있었다. 전쟁이 계속되자 "정확한 폭격"은 블랙 유머 감각을 지닌 폭격기 승무원들이 자기들끼리 웃자고 하는 희극적인 모순어법이 되었다. 『라이프Life』와 『새터데이 이브닝 포스트Saturday Evening Post』를 읽는 촌부들을 제외한 모든 사람들은 폭탄이 많은 것들을 파괴시킬 수는 있지만 필연적으로 마음속에 있는 것까지 파괴하는 것은 아니라는 사실을 분명히 알게 됐다. 1941년 8월에 이미 바람과 구름과 난기류를 헤치며 난다는 이 비행의 문제점이 드러나게 된 것이다. 영국 공군(RAF: the British Royal Air Force) 소속 폭격 부대의 가장 순진한 사람조차 특명 수행 중인 "폭격기 열 대 중 한 대만이 지정된 목표물에서 5마일(약 8킬로미터) 내로 방향을 잡아 날 수 있다"는 사실을 알고 있었다. 실제로 독일인들이 런던에 무작위 폭격을 퍼부었을 때, 영국인들은 이를 다행이라 여겼다. 유명한 방송인 프리스틀리 씨는 이 습격에서 독일의 주요 목표물 중 하나가 자신이 출연하는 방송국이었다고 제멋대로 상상했다.

기억에 남을 만한 모순된 행동이 1940년 5월 10일에 일어났다. 루프트와페(Luftwaffe, 나치 시대의 독일 공군. 옮긴이) 비행 대대가 디종Dijon을 폭격하기 위해 출발했다. 그런데 실수로 폭탄을 프라이부르크Freiburg-im-Breisgau에 떨어뜨려 시민 57명이 죽었다. 독일 선동가들은 폭격기는 조준한 것을 제대로 맞출 수 있다는 널리 알려진 믿음을 이용해 이 만행(당시는 그렇게 보였다)을 처음에는 프랑스 탓으로, 다음에는 영국 탓으로 돌렸다. 공군에서조차 이 사실을 매우 늦게 깨달았다. 그들은 『제공권*The Command of the Air*』(1921년)과 같은 긍정적인 책을 읽고 믿는 사람들이었다. 이 책은 이탈리아 장군 줄리오 두세Giulio Douchet가 쓴 책으로, 폭격 하나만으로 미래의 전쟁에서 승리할 수 있다고 주장하고 있다. 이 책은 인간은 그들이 합리적으로 계획한 일은, 바람이나 기후 같은 자연의 힘과 권태, 공포, 자멸과 같은 목적에 대한 심리적 혼란에 영향받지 않고, 무엇이든 큰 실수 없이 해낼 수 있다는 가정에 기초했다. 전쟁 초기에는 독가스를 시민에게 사용할 것이며 비행기로 그 독가스를 떨어뜨릴 것이라는 믿음이 널리 퍼져 있었다. 이런 생각과 믿음이 인간에 대한 걱정 때문에 생겨난 것은 결코 아니었다. 오히려 공중폭격이 점차 그 한계를 드러내고 있었다고 봐야 한다. 합리주의자들은 사람이 바람의 방향과 세기를 조절할 수 없음을 상기시켰다. 영국 공군 소속 폭격 부대 대장인 아서 해리스Arthur Harris 경과 같은 보수파들은, 폭격만으로 독일을 항복시킬 수 있다는, 자신들의 완고한 입장에서 절대로 물러서지 않았다. 실제로 이러한 입장을 지지한 신성한 교과서로 알렉산더 세베스키Alexander Seversky의 『공군력이 이끈 승리*Victory through Air Power*』(1942)가 있다. 연합국이 1943년 6월에 판텔레리아Pantelleria 섬에 있는 이탈리아인들을 폭격했을 때 미국 공군 부대의 칼 스파츠Carl Spaatz 장군은 폭격으로 "현존하는 어떤 선진 국가도 6개월 내에 항복할 정도로 무력화시킬 수 있다"고 결론 내렸다. (…)

영국군 대대 본부의 한 장교는 공격이 목표물을 완전히 빗나갔다는 증거가 제시되자 빨간 글씨로 "나는 이 보고를 인정하지 않는다"고 휘갈겨 썼다. 결국 폭격기의 자멸적인 부정확성 때문에 "지역 폭격"을 훈련하게 된 것이다. 윈스턴 처칠이 기억에 남을 만큼 완곡하게 표현한 바에 따르면, "지역 폭격"은 적군을 "집에서 나오게" 하는 효과를 지녔다. 그리고 지역 폭격은 양심의 가책을 뒤엎을 정도로 강화되었고, 불가피하게 히로시마와 나가사키로 이어졌다. 폭격기의 정확성에 대한 가정이 선전 책략으로 사용되지 않은 것은 전쟁이 절반쯤 끝났을 때의 일이었다. 영국 공군 비행사 로버트 키는 1941년 일기에 "나는 여러 번의 공습에서 짙은 구름 때문에 어쩔 수 없이 폭탄을 대공포화와 탐조등 가까이 어딘가로 집어 던질 수밖에 없었다. 그러나 다음날 아침에는 반드시 '철도 교통수단, 또는 산업 단지 폭격'이라는 기사를 읽었다"고 썼다.

유리 고치야마,
"그러자, 전쟁이 시작됐다"²

1991년

일본계 미국인 민권운동가이면서 페미니스트이자 작가인 유리 고치야마Yuri Kochiyama는 캘리포니아 산페드로에서 태어났다. 고치야마와 그 가족은 진주만 공격에 뒤따라 일어난 반反일본인 히스테리의 물결 속에서 웨스트코스트로 강제 이송된 일본계 미국인 12만 명에 포함되었다. 프랭클린 루스벨트Franklin D. Roosevelt 대통령은 1942년 2월 19일, "시행령 9066호"에 서명했다. 그리고 영장, 기소, 심사 없이 모든 일본계 미국인들(그들 중 4분의 3은 어린이로, 미국에서 태어난 미국 시민이었다)을 체포하거나 퇴거 조치를 내려 내륙의 캠프로 이동시키고 그들을 감옥과 같은 상황에 잡아 둘 수 있는 권한을 군부에 줬다. 연방 대법원은 이 시행령이 군사적으로 필요하다는 근거를 들어 지지했다. 연방 대법원은 1980년대까지도 자신들이 저지른 도덕적으로 부당한 행위를 숨겼다. 다음은 유리 고치야마가 포로수용소의 상황을 기술한 내용이다.

나는 아시아인이지만 성장하면서 자연스레 애국심(원문은 red, white and blue, 미국 성조기의 세 가지 색, 애국심을 상징한다. 옮긴이)을 갖게 됐다. 나는 주일학교 교사였고 뼛속 깊이 미국인이었다. 하지만 나는 정말 시골뜨기였다. 우리는 고등학교를 막 졸업한 애들이었다. (…)

철수 당시 나는 열아홉 살이었다. 막 2년제 대학교를 마친 상태였다. 나는 직업을 구하고 있었고, 학교와 직장 세계가 얼마나 다른지 깨닫지 못했다. 학교 세계에서는 인종주의를 느껴 본 적이 없었다. 하지만 직장 세계에 들어가 보면 정말 어려웠다. 그때는 1941년으로 전쟁 직전이었다. 나는 마침내 백화점에 일자리를 얻었다. 그때는 이게 대단한 일이었다. 백화점에서 아시아인을 고용한 전례가 없었기 때문이다. 나는 멕시코인 친구가 그곳에서 일자리를 얻는 것을 보았기 때문에 시도할 수 있었다. (…)

진주만 공격이 있던 날, 내 모든 것이 변했다. 바로 그날, 12월 7일, FBI가 와서 아버지를 데리고 갔다. 아버지는 그 전날에 병원에서 막 퇴원한 상태였다. 며칠 동안 우리는 그들이 아버지를 어디로 데려갔는지 알지 못했다. 얼마 후 우리는 아버지가 터미널 섬Terminal Island에 있는 연방 교도소로 끌려갔다는 것을 알았다. 하룻밤 사이에 우리의 모든 것이 바뀌었다. 그들은 태평양 가까이 사는 사람과 어부들을 모두 데려갔다. 한 달 후 FBI는 16명이 넘는 어부 모두를 터미널 섬에서 정규 포로수용소도 아닌 사우스다코타, 몬태나, 그리고 뉴멕시코 등에 있는 구금 시설로 데려갔다. 어떤 종류든 일본 단체에 돈을 준 일본인은 모두 잡혀갔다고 한다. 당시 많은 사람들이 일본 적십자사에 돈을 내고 있었다. 구금된 첫 번째 집단은 부모 세대인 이세이(Issei, 주로 1885년에서 1924년 사이에 미국에 온 일본계 이민 1세대를 가리킨다. 옮긴이)였다. 이세이는 1천3백 명에 이르렀다. 미국 정부는 사회의 지도자, 일본 학교 교사, 무술 교사, 스님을 데려갔다. 매우 "일본스러운" 사람들로 분류되는 사람들이 붙잡혀 갔다. 이는 우리들 삶에 엄청난 영향을 미쳤다. 내 쌍둥이 오빠는 버클리 대학에 다니고 있었다. 오빠는 급히 돌아왔다. 내 학급 친구들은 모두 입대했고, 오빠도 복무를 자청했다. 한쪽에서는 아버지를 감옥에 가두고, 또 한쪽의 징병 담당국에서는 오빠를 받아들이니 참 이상해 보였다. 오빠는 바로 군대로 갔다. 나보다 두 살 많은 다른 오빠는 아버지의 생선

가게를 일으켜 세우려고 했다. 그러나 이미 사업은 사양길이어서 문을 닫아야만 했다. 오빠는 한두 해 전에 캘리포니아 주립대학을 졸업했다.

FBI는 12월 7일, 아버지를 데려갔다. 아버지가 막 병원에서 퇴원해 집으로 돌아온 그 다음 날이었다. 아버지는 위궤양 수술을 했다. 우리는 12월 13일, 아버지를 한 번 더 봤을 뿐이다. 12월 20일, 그들은 아버지가 집으로 오실 수 있다고 말했다. FBI가 아버지를 집으로 데려왔을 때 아버지는 말을 못했다. 아버지는 쉰 소리를 냈고 우리는 아버지가 우리 말을 들을 수 있는지도 알 수 없었다. 아버지는 12시간 동안 집에 있었다. 아버지는 죽어 갔다. 다음 날 아침, 우리가 일어났을 때 그들은 아버지가 갔다고 말했다. 아버지는 매우 아팠다. 심문이 매우 심했던 것 같다. 어머니는 나중에 다시 감옥에 집어넣더라도 아버지가 나을 때까지만이라도 병원에 보내 달라고 당국에 애원했다. 당국은 한 주 정도 뒤에 마침내 아버지를 병원에 보냈다. 하지만 그들은 아버지를 웨이크 섬에서 포격당한 미국 상선 어부들이 입원해 있는 병원에 집어넣었다. 그 병원에서 아버지는 유일한 일본인이었다. 아버지 주변에 전쟁포로라고 쓰인 종이를 걸었다. 아버지가 있던 곳의 분위기는 매우 험악했다.

전쟁의 광기가 포착됐다. 전쟁이 정말로 미국 해안까지 다가오고 있다는 느낌이 들었다. 캘리포니아에서는 모두가 "일본놈들"을 내쫓아야 한다고 외쳐 댔다. 국회에서는 사람들이 고함을 질렀다. 〈골든웨스트의아들딸들the Sons and Daughters of the Golden West〉과 같은 단체들은 "'일본놈들' 추방"이라고 고함을 질렀다. 일본인들의 농장을 갖기 원했던 부동산 업자들도 마찬가지였다. 전쟁은 히스테리를 유발했고, 누구든지 일본인 편을 드는 사람 말은 듣지 않을 정도였다. 그들은 "일본놈" 편드는 사람이라고 여겨질 뿐만 아니라 비애국자라고 여겨질 수도 있었기에 말하기가 두려웠던 것이다.

아버지가 끌려갔다는 사실만으로 사람들은 우리를 의심했다. 하지만 전체적으로 이웃 사람들은 상당히 친절했다. 특히 우리와 가까이 사는 이웃들이 그랬다. 이미 오전 6시에서 오후 6시까지 통행이 금지되었고, 집에서 5마일(약 8킬로미터) 이상 떠나는 것도 금지됐다. 그래서 이웃은 우리가 필요하다면 우리 대신 장을 봐 주겠다고 했다.

대부분의 일본계 미국인들은 직장을 그만두어야 했다. 그들은 무엇을 하든지 간에 떠나라는 말을 들었다. 루스벨트 대통령은 1942년 2월, 일본인들을 철수시키기 위해 "시행령 9066호"를 승인했다. 그해 4월, 우리는 구치 지역으로 옮겨졌다. 그때까지 터미널 섬의 일본인들은 어디로 가야 할지 몰라 허둥지둥하고 있었다. 그들은 일본인 학교와 불교 사원을 열었고, 가족들이 몰려 들어왔다. 농부들은 심지어 닭과 닭장을 가져오기도 했다. 당국은 사람들이 무엇을 할 것인지 결정할 때까지 사람들에게 머물 장소를 제공했다. 어떤 이들은 콜로라도와 유타로 떠났다. 친척이 있는 사람은 그렇게 했다. 해안에서 모든 일본인들을 철수시킨다는 것이 기본 계획이었다. 하지만 모든 자산이 동결됐다. 따라서 가고 싶은 곳을 찾아도 가는 일이 그렇게 간단하지 않았다. 그 당시 사람들은 캠프로 가리라는 것을 알고 있었다. 그래서 팔 수 있는 것은 다 팔았다. 비록 가진 것이 아무것도 없다 해도. (…)

우리는 4월에 캘리포니아 아카디아 수용소로 보내졌다. 그곳은 약 2만 명을 수용할 수 있는, 서부 해안에서는 가장 큰 규모의 수용소였다. 6백 명 정도를 수용하는 작은 규모의 수용소도 있었다. 워싱턴, 오리건, 캘리포니아에 이르는 서부 해안을 따라 수없이 많은 수용소가 있었고, 우리 수용소가 가장 컸다. 대부분의 수용소는 평평한 땅이나 경주용 트랙에 있었다. 따라서 우리 대부분은 마사馬舍에서 살았고, 그들은 우리에게 가져갈 수 있는 것은 다 가져갈 수 있다고 말했다. 우리는 그곳에서 10월까지 있었다.

비록 가축 막사에서 살았지만 모든 것은 잘 정비되어 있었다. 모든 막사는 네 명에서 여섯 명까지 수용했다. 그러므로 어떤 경우에는 가족이 흩어져 수용되기도 하고 다른 가족과 함께 살기도 했다. 우리는 군대용 간이침대에서 잤고, 그들은 우리에게 매트리스로 쓸 모슬린 주머니를 주면서 짚으로 채우라고 말했다. 판자 박스를 의자로 사용할 수 있었기 때문에 모든 사람들이 판자 박스를 찾아다녔다. 박스 두 개를 합치면 작은 테이블로 쓸 수도 있었다. 이는 임시변통이었다. 하지만 몇 달 지나지 않아 막사 중에서 아주 그럴듯한 막사를 발견하고는 놀랐다. 일본 여자들이 막사를 고친 것이다. 어떤 사람들은 재료와 실과 바늘을 가져올 정도로 선견지명이 있었다. 하지만 무기로 사용할 수 있는 것은 어떤 것도 가져올 수 없었다. 숟가락은 가져올 수 있어도 칼은 안 됐다. 어린아이들과 갓난쟁이가 있는 사람들에게 이는 괴로웠다. 당국은 손으로 운반할 수 있는 것은 무엇이든 가져와도 된다고 말했다. 하지만 사람들은 팔에 아이를 안고 올 수밖에 없었다. 아마 어린아이들이 뭔가를 들고 올 수는 있었겠지만, 그 양에는 한계가 있었다.

나는 애국심에 불타고 있었기 때문에 이런 일이 우리에게 일어났다는 것을 믿을 수 없었다. 미국은 우리를 이렇게 다뤄서는 안 된다. 미국은 세계에서 가장 위대한 나라다. 그래서 나는 이 상태가 몇 주 동안만 계속되다가 다시 우리를 돌려보낼 것이라고 생각했다. 처음에는 얼마 동안 이런 상태가 계속될 것인지 아무도 몰랐다. 나는 이것이 우리나라에 대한 사랑을 보여 줄 수 있는 방법이라고 생각했기 때문에 그렇게 화가 나지 않았다. 그리고 우리는 지나치게 안달하거나 소란을 떨어서는 안 되며, 그들이 우리에게 요구하는 것을 따라야 한다고 생각했다. 지금의 나는 당시의 나와 비교하면 전혀 다른 사람이 됐다. 나는 여러 가지 면에서 순진했다. 생각하면 할수록 사람들이 미국 역사에 대해 얼마나 무지한지를 깨닫게 된다. 사람들이 알고 있는 미국 역사는 미국이 당신에게 알려주고 싶은 역사일 뿐이다.

처음에는 이런 상황이 일시적인 것인지, 아니면 계속될 것인지를 전혀 알지 못했다. 우리는 곧 떠날 수 있다고 생각했다. 그렇지만 수개월이 지난 후 당국은, 지금은 임시 수용일 뿐이고 미국 어딘가에 영구 수용을 위한 건물을 짓고 있다고 말했다. 어떤 것도 믿을 수 없었다. 1년 전만 해도 이런 일이 우리에게, 그리고 이 나라에서 일어나리라고는 상상조차 할 수 없었다. 시간이 갈수록 절망감은 더욱 커졌다. 여러 가족이 이미 해체되었다. 한 가정의 가장인 아버지들을 다른 수용소로 데려갔기 때문이다. 초기에는 아들들이 가족과 만날 방법이 없었다. 내가 속한 집단이 수용소를 향해 떠나기 전에 우리는 애리조나와 유타 같은 곳으로 가는 다른 집단 사람들에게 거의 매일같이 잘 가라고 말했다. 여기서 우리는 새 친구들도 많이 사귀었다. 우리는 그들과 만나 함께 살고 시간을 같이 보냈으며, 서로를 알아갔다. 따라서 잘 가라는 말은 슬펐고 헤어지는 일은 어려웠다. 우리는 여기서 사람들과 가까워졌고, 그러고는 다시 헤어져야 했다. 그들이 우리를 어디로 데려가는지, 또는 얼마나 그곳에서 머물러야 하는지 전혀 알 수 없었다. 캠프로 떠나기 위해 기차를 탔을 때도 우리가 어디로 가는지 몰랐다. 우리 중 누구도 몰랐다. 나중에서야 애리조나 또는 콜로라도, 또는 다른 어딘가가 목적지임을 알았다. 우리는 이 수용소에서 7개월 정도 있었다. 일단 사람들을 데려가기 시작하자 매우 신속하게 진행됐다. 10월에 이르러 우리 그룹은 텍스-아카나Tex-Arkana 모퉁이에 있는 아칸소 주 제롬으로 향했다. (…)

아칸소 주 제롬에 도착했을 때, 우리는 한 번도 본 적 없는 풍경에 충격을 받았다. 주변에는 온통 숲밖에 없었다. 그들은 비가 올 때까지 여기서 기다리라고 말했다. 비가 오면 이곳은 진흙 구덩이 정도가 아니라 아칸소 주 늪지로 변해 버릴 터였다. 숲에 둘러싸인 이 늪지에 그들이 우리를 데려다 놓았다. 그곳은 캘리포니아와는 전혀 달랐다.

신체 건강한 스무 살을 되돌아보면 나는 그때까지 상당히 안락한 삶을 살았다. 그렇지만 이 전체 경험을 전혀 다른 시각으로 보는 사람들이 많았다. 특히 나이 들어 건강이 좋지 않은 상태에서 인종주의를 겪은 사람들이 그러했다. 이런 일이 한 번 더 일어나면 그들은 무너질 수 있었다. 나는 변화가 어렵지 않은 나이였고, 심지어 무엇이든 새로운 거라면 흥미로울 수 있는 나이였다. 하지만 병약한 사람들에게 그것은 지옥이었다.

그곳에는 군대에나 있을 법한 바리케이드가 있었다. 200명에서 205명이 한 구획에 있었고, 모든 구획에는 지저분한 강당과 빨래와 샤워를 위한 설비가 있었다. 철조망과 무장한 군인으로 둘러싸였다. 울타리에 너무 가까이 갔다는 이유로 서른 명이 총에 맞았지만 군인들은 전부 7명이 죽었다고 말했다. (…)

우리가 처음 도착했을 때, 아직 완공되지 않은 부분도 남아 있었다. 지붕 고치는 사람들이 들르곤 했다. 모든 사람들이 바깥세상에 대한 소식을 애타게 알고 싶어했다. 우리는 전쟁이 어떻게 되어 가고 있는지 알고 싶었다. 라디오는 가져오는 것이 허락되지 않는 금지 품목이었다. 그때는 텔레비전도 없었다. 그래서 우리는 지붕 고치는 사람들에게 신문을 가져다 달라고 부탁했고, 그들이 텍사스나 아칸소에서 신문을 가져다주었다. 그래서 처음으로 바깥소식을 알 수 있었다.

캠프로 가기 직전에는 일본 사람이라는 것이 좋은 일이 아니라고 생각했다. 모두가 우리를 폭력적인 사람이라고 생각하거나 진주만을 떠올리며 일본인들에게서 등을 돌렸기 때문이다. 그러나 수용소에서 일본인들이 한 행동을 보고 나는 일본인을 자랑스럽게 여겼고, 일본인임을 자랑스럽게 생각했다. 그리고 바깥세상에서 늘 백인 친구들과 어울렸던 것을 생각하며 내가 왜 그렇게 백인처럼 굴었는지 의아해했다. 수용소에는 형제나 아들을 군대에 보낸 사람들이 많았다. 일본계 미국인 병사들은 가족을 방문하러 수용소에 왔다. 그들이 군복을 입고 왔을 때 나는 그들이 무척 자랑스러웠다. 우리는 그들이 해외로 전함을 타고 나가는 일은 시간문제라는 걸 알고 있었다. (…)

우리가 수용소에 있을 당시에는 수용소를 "격리 센터"라고 불렀지만 이제는 포로수용소가 더 적절한 표현이라고 생각한다. 유럽의 포로수용소와는 다르다. 유럽의 경우는 절멸 수용소였다고 생각한다. 포로수용소는 사람들을 한 장소에 모아 놓고 권한과 정치 참여권을 빼앗는다. 그러므로 내가 있던 곳을 포로수용소라 부르는 것이 적절할 것이다. 나는 그 수용소에서 2년을 보낸 후 풀려났다. (…)

나는 1945년 10월에 돌아왔다. 일자리 구하는 일은 매우 어려웠다. 좋은 직장을 구할 수 있을 거라고 기대하지도 않았다. 그냥 뉴욕에서 남자친구가 돌아올 때까지 할 수 있는 일을 찾았다. 내가 찾을 수 있는 유일한 일은 음식점 점원이었다. 하지만 나는 아무 일도 찾지 못했다. 나는 타운 한쪽 끝에서 반대 끝까지 걸어 다녔고 모든 주요 도로는 다 다녀 봤지만 사람들은 내가 일본 사람임을 알자마자 안 된다고 말했다. 아니면 내게 조합에 가입해 있느냐고 물었다. 물론 나는 그곳에 막 도착했기에 조합에 가입할 수 없었다. 아무튼 일본인은 조합에 가입할 수 없었고, 내가 조합에 가입하지 않았다고 대답하면 그들은 안 된다고 말했다. 그래서 결국 나는 산페드로에서도 험한 지역으로 갔다. 그곳에는 부두 근처에 상점이 즐비해 있었다. 나는 그곳으로 내려갔다. 나는 할 수 있는 한, 일을 계속하려고 결심했다. 그러나 어떤 곳에서 2시간쯤 일했을 때, 누군가가 "쟤, 일본애야?"라고 묻자 주인은 바로, "미안하지만 나가라. 문제가 생기는 걸 원치 않는다"고 말했다.

역사상 미국은 언제나 사람들을 장벽 너머로 몰아냈다. 처음에는 인디언을 보호구역으로 보냈고, 아프리카인들은 노예제도 아래서 자신들의 삶을 농장에 바쳐야 했다. 멕시코계 이주민들은 캠프에서 살았고, 심지어 철도 공사장에서 일했던 중국인들은 완전히 고립된 채 소외되어 모든 권한을 박탈당했다. 이런 일이 다시는 일어나지 않도록 우리는 이에 맞서 싸워야 한다고 느꼈다. 오래지 않은 1979년, 이란 내 미 대사관이 점거됐을 때 이란인들에 대한 반감이 고조되어 사람들은 미국에 있는 이란 학생들을 강제로 추방시키려고 했다. 바로 그때가 〈일본계미국인회 Concerned Japanese Americans〉가 조직된 시기고, 우리가 채택한 첫 번째 이슈가 이란 문제였다. 우리는 이 문제를 일본인들이 겪었던 일과 연관시켰다. 일본인이 이런 일을 겪었던 시기가 중요하다. 역사 속에서 이런 일이 얼마나 자주 일어나는지 그 사건들 사이의 연관성을 알 수만 있다면, 우리는 큰소리로 반대할 수 있을 것이다. 그래서 이런 일이 다시 일어나려는 조짐을 미리 막을 수 있을 것이다.

야마오카 미치코,
"폭심지에서 8백 미터 떨어진 곳"[3]

1992년

미국과 연합국은 전쟁에서 무시무시한 폭력을 행사했다. 드레스덴 폭격으로 10만 명 이상이 죽었다. 1945년 8월, 일본에 투하한 원자탄은 20만 명 이상의 생명을 앗아 갔다. 1945년 8월 6일 아침, 보잉 B-29 폭격기 에놀라 게이가 농축 우라늄 폭탄인 "리틀 보이"를 히로시마에 떨어뜨렸다. 다음은 원폭 생존자 야마오카 미치코Yamaoka Michiko가 끔찍했던 그날 아침을 설명한 글이다. 8월 9일에는 나가사키에 플루토늄 폭탄 "팻 보이"가 투하됐다.

그해, 1945년 8월 6일, 나는 여자 고등학교 3학년으로 열다섯 살이었다. 여고생들도 다양한 임무를 띠고 1년 이상 학교를 떠나 동원되었는데 나는 전화 교환수였다. 내가 맡은 것은 민간인 업무였지만 그렇더라도 국가를 방어하는 일이었다. 우리는 국가를 중심으로 똘똘 뭉쳐 있었다. 우리는 도쿄와 오사카 폭격에 대한 뉴스를 들었다. 하지만 히로시마에는 아무런 폭격도 없었다. 일본은 이기고 있었다. 우리는 여전히 그렇게 믿고 있었다. 견디기만 하면 되었다. 나는 B-29기가 머리 위를 날아도 특별히 무서워하지 않았다.

그날 아침 나는, 7시 30분경에 집에서 나왔다. B-29 비행기들은 이미 돌아갔다고 들었다. 어머니는 "B-29기가 다시 올지 모르니 조심해야 한다"고 내게 말했다. 우리 집은 피폭 핵심지에서 5백 미터 떨어진 곳에 있었다. 나는 불길을 차단하기 위해 집과 건물을 모조리 부숴 놓은 지역을 걸어 폭심지로 향했다. 그늘이라고는 없었다. 당시 나는 하얀 셔츠에 몸뻬[바지]를 입고 있었다. 폭심지로 다가가자 폭심지에서 약 8백 미터 떨어진 지점에서 중학생들이 집을 허물어뜨리고 있는 것을 보았다. 강가로 다가가면서 희미한 비행기 소리를 들었다. 비행기 소리는 가짜였다. 가끔 비행기가 돌아가고 있는 것처럼 가장하기도 했다. 나는 여전히 아주 희미한 비행기 소리를 들을 수 있었다. 폭발로 청각을 잃어서 오늘은 왼쪽 귀가 들리지 않았다. 이상해서 오른손을 눈 위로 올리고 비행기가 보이는지 찾아보았다. 태양은 눈이 부셨다. 바로 그 순간이었다.

갑자기 아무 소리도 들리지 않았다. 뭔가 강한 충격을 느꼈다. 무시무시한 강도였다. 나는 색깔을 보았다. 열기가 아니었다. 정확하게 노랑색이라고 말할 수는 없었고, 파랑색도 아니었다. 그 순간 나는 나 혼자 죽는다고 생각했다. 나는 "엄마, 안녕"이라고 중얼거렸다.

그들이 말하기를 섭씨 7천 도의 열기가 나를 덮쳤다고 한다. 하지만 열기가 나를 덮쳤다고도 말할 수 없다. 설명하기가 어렵다. 나는 그냥 의식을 잃었다. 내 몸이 공중으로 붕 떴던 것만 기억한다. 아마도 폭발 후 폭풍이었을 것이다. 나는 내가 얼마나 날아갔는지도 모른다. 정신이 들었을 때 내 주변은 아주 조용했다. 바람도 없었다. 나는 희미한 실 같은 빛을 보았다. 그래서 나는 내가 틀림없이 살아 있다고 느꼈다. 나는 돌에 깔려 있었다. 몸을 움직일 수 없었다. 나는 "도와줘! 물!"이라는 고함 소리를 들었다. 그때서야 혼자가 아님을 알았다. 그러나 주변을 둘러볼 수는 없었다. 뭔가 말하려 했지만 소리가 나오지 않았다.

"불이야! 도망가! 도와줘! 빨리!" 이런 소리들은 목소리가 아니라 절망과 고통의 신음 소리였다. 나는 '도움을 받아야 해, 소리 질러야 해'라고 생각했다. 나를 구해 준 사람은 어머니였다. 어머니도 무너진 집에 묻혀 있다 구조됐다. 어머니는 내가 다니는 길을 알았다. 어머니는 나를 부르며 다가왔다. 나는 어머니 목소리를 들었고, 도와 달라고 소리쳤다. 우리 주변은 이미 불타기 시작했다. 빛 자체에서 불이 터져 나왔다. 불길은 떨어지지 않고 그냥 번쩍거렸다.

어머니 힘으로는 어떻게 할 수가 없었다. 어머니는 "내 딸이 여기 묻혀 있어요. 애는 군대에서 일해요. 당신들을 도와줬다고요"라고 애원했다. 어머니는 주변의 군인을 설득시켰다. 군인들은 어머니를 돕기 위해 다가와 나를 꺼내려고 바닥을 파기 시작했다. 이제 불길은 강렬하게 타올랐다. 군인들은 "여자들은 서둘러 여기를 떠나시오"라고 외쳤다. 돌 아래에서 화염이 따닥따닥 타오르는 소리를 들었다. 나는 어머니에게 "나는 괜찮아. 내 걱정 말고 뛰어요"라고 말했다. 나라를 위해서 죽는 것이니 괜찮았다. 그때 군인들이 내 다리를 끄집어냈다.

그곳의 누구도 사람 같아 보이지 않았다. 그때까지도 나는 소이탄이 떨어졌다고 생각했다. 모두가 넋을 잃었다. 사람들은 말할 능력을 잃었고, 몸에 불이 붙어도 "아프다"고 고함칠 수도 없었다. 사람들은 "뜨겁다"고 말하지 않았다. 그들은 그냥 불길에 싸여 앉아 있었다.

내 옷은 다 타 버렸고, 내 살도 타 버렸다. 나는 누더기가 됐다. 나는 머리를 땋고 있었는데 사자 갈기처럼 헝클어졌다. 거의 숨을 쉬지 못하고, 속에서부터 숨을 밀어내느라 애를 먹는 사람들이 있었다. 다리가 뒤틀린 사람도 있었고, 머리가 없는 사람, 불에 탄 얼굴이 부풀어 올라 형체를 알 수 없는 사람도 있었다. 내가 본 그 광경은 생지옥이었다.

어머니는 내 얼굴을 보고 아무 말도 하지 않았고 나 역시 아무런 아픔도 느끼지 못했다. 어머니는 내 손을 꼭 쥐고, 달리라고 말했다. 어머니는 아줌마를 구하러 가려고 했다. 많은 사람들이 불길을 피해 달아나는 모습이 보였다. 그래서 불길이 없는 히지야마 산으로 향했다. 도망가는 도중에 전화 교환수로 함께 일하던 친구를 봤다. 친구는 집안에 있었고 화상을 입지 않았다. 내가 친구의 이름을 불렀지만 친구는 대답하지 않았다. 내 얼굴이 부풀어 올라 내가 누군지 알아보지 못했던 것이다. 마침내 친구는 내 목소리를 알아들었다. 친구는 "야마오카 양, 얼굴이 괴물 같아"라고 말했다. 그런 말을 들은 건 그때가 처음이었다. 나는 내 손을 들여다봤다. 피부가 너덜거리고 빨간 살이 드러나 있었다. 나는 얼굴을 볼 수 없었기 때문에 얼굴이 부풀어 올랐는지도 몰랐다.

튀김 기름이 유일한 약이었다. 나는 스스로 기름을 몸에 발랐다. 수 시간 동안 콘크리트 위에 누워 있었다. 피부는 이제 가라앉아 더 이상 부풀지는 않았다. 한두 군데 껍질이 벗겨져 떨어지면서 비로소 통증을 느끼기 시작했다. 머리 위로 하늘이 타고 있었다. 파리 떼들이 달려들어 이미 곪고 있는 상처를 덮었다. 사람들은 그냥 누운 채 방치되었다. 희미한 숨소리가 조용해지면 "여기 사람이 죽었다"고 말하며 시체더미 위에 또다시 시체를 던져 올렸다. 물을 달라는 사람이 있었지만 물을 먹으면 곧 죽었다.

어머니가 다시 나를 찾아왔다. 나는 어머니 덕분에 살아남을 수 있었지만 더 이상 걷지 못했고, 또 보지 못했다. 나는 들것에 실려 우지나 Ujina까지 왔고, 그곳에서 피난민들을 수용하고 있는 섬으로 갔다. 배 위에서 "물을 원하면 마시게 돼, 어쨌든 죽을 테니까" 하는 소리를 들었다. 나는 물을 많이 마셨다.

나는 침상에서 일 년을 보냈다. 내 머리는 모조리 빠졌다. 나중에 친척집에 갔을 때 그들은 병이 옮을까 봐 나를 집에 들어오지도 못하게 했다. 치료도 지원도 없었다. 돈 있는 사람, 부모가 있는 사람, 집 있는 사람들은 적십자 병원이나 히로시마 시립병원에 갈 수 있었다. 그들은 수술을 받았지만 우리는 돈이 없었다. 어머니와 나 둘 뿐이었다. 켈로이드 성 흉터가 내 얼굴과 몸을 덮고 있었다. 나는 목조차 움직일 수 없었다. 눈 한쪽이 늘어졌고, 입술은 불에 타 떨어져 나가 침 흐르는 것조차 조절할 수 없었다. 나는 병원 치료를 받지 못했고, 어머니가 마사지를 해 줄 뿐이었다. 그나마 어머니가 마사지를 해 준 덕분에 더 나빠졌을지도 모를 흉터가 이 정도로 가라앉았다. 내 손가락은 모두 들러붙었고, 움직일 수 없었다. 내가 할 수 있는 일이라고는 짧은 바지를 재봉틀로 박는 일이었다. 직선으로만 박을 수 있기 때문이다. 나는 돈을 벌기 위해 무언가 해야만 했다.

일본 정부는 우리만 전쟁 희생자인 건 아니라고 말했다. 그러면서 아무런 지원도 치료도 없었다. 아마도 내 어머니에게는 더 힘겨운 일이었을 것이다. 한 번은 어머니가 내 목을 졸라 죽이려 한 적이 있었다고 고백했다. 자기 딸이 끔찍한 상처로 봐 주기 힘든 얼굴을 하고 있다면 어떤 엄마라도 그 아이를 죽이고 싶을 것이다. 나는 그 심정을 이해한다. 사람들은 내게 돌을 던지며 괴물이라고 불렀다. 내가 수술을 여러 번 받기 전의 이야기다. 내가 누군가를 봐야 한다면 나는 얼굴의 오른쪽만을 보여 줬다. 지금 앉아 있는 것처럼.

원폭 10년 후에 나는 미국으로 갔다. 나는 『새터데이 리뷰*Saturday Review*』의 편집장 노먼 커신스Norman Cousins가 치료와 성형 수술을 받게 해 주려고 미국으로 데려온 스물다섯 명 중 한 명이었다. 우리는 "히로시마 아가씨들Hiroshima Maidens"이라고 불렸다. 미국 정부는 우리를 미국으로 데려오는 것을 허락한다면 잘못을 인정하는 꼴이 될 것이라고 생각했는지 입국에 반대했다. 하지만 우리는 여러 시민단체들의 도움을 받았다. 우리는 뉴욕의 마운틴 시나이 병원에 갔고 1년간 지내면서 거의 반 년 동안 치료를 받았다. 나는 엄청나게 좋아졌다. 피부 이식을 포함해서 37번의 수술을 받았다.

내가 미국에 갔을 때만 해도 나는 미국을 무지하게 증오하고 있었다. 왜 인간을 파멸시키는 방법으로 전쟁을 끝내야 했는지 물었다. 내가 얼마나 고통받았는가에 대해 말하면 미국인들은 종종 "너희들이 진주만을 공격했다!"고 말했다. 나는 그때 영어를 잘 이해하지 못했지만 아마도 그런 뜻이었을 거다. 미국인들 입장에서는 전쟁을 더 빨리 끝내기 위해, 더 빠른 기간 내에 더 많은 피해를 내기 위해 원자탄을 투하했을 것이다. 하지만 이런 방법으로 인간에게 피해를 주는 일은 변명의 여지가 없는 잘못이다. 나는 지금 미국에서 원자폭탄에 대해 어떤 종류의 교육을 하고 있는지 궁금하다. 미국은 아직도 원자탄을 만들고 있다. 그렇지 않은가?

〈미국전략폭격조사단〉,
보고서(태평양전쟁)[4]

1946년 7월 1일

몇몇 역사가와 다수의 정치인은 일본의 원자탄 투하는 전쟁을 끝내고 "인명을 구하기" 위해 "필요했다"고 주장했다. 하지만 〈미국전략폭격조사단U. S. Strategic Bombing Survey〉의 내부 평가는 이와 다른 결론을 내렸다. 즉 "원자탄을 투하하지 않았어도, 소련이 전쟁에 참전하지 않았어도, 침공을 계획하거나 도모하지 않았어도, 일본은 항복했을 것이다"는 결론을 내린 것이다. 미국 정부는 일본이 항복의 기미를 보였음에도 원자폭탄을 사용하기로 결정한 것이다. 가르 알페로비츠Gar Alperovitz의 철저한 연구가 암시하듯이 미국은 전후 세계에, 특히 소련에 미국의 군사력을 과시하려는 의도에서 원자폭탄을 사용했으리라 본다. 윈스턴 처칠의 고문인 영국인 과학자 블랙캣P. M. S. Blackett의 말에 의하면 "원자탄 투하는 2차 세계대전의 마지막 군사행동이 아니라 러시아와의 외교적 냉전을 연 첫 번째 군사행동이었다."

1945년 8월 6일과 9일에 군사적 목적을 위해서 처음으로 원자탄 두 개를 히로시마와 나가사키에 각각 투하했다. 10만 명이 죽었고, 6평방마일(약 9.6제곱킬로미터) 또는 두 도시의 개발 지역 50퍼센트 이상이 파괴됐다. 원자탄에 대한 최초의 중요한 의문에 실질적이고 결정적인 답이 주어졌다. 원자력을 군사적 목적으로 사용하는 것이 가능하다는 사실과 그 어마어마한 파괴력이 증명된 것이다. 이 새로운 살상 무기의 효능과 한계를 정확하게 규명하기 위해 일본에 가 있는 조사단원들 다수는 원자탄의 물리적·경제적·도덕적 결과를 조사하는 데 초점을 맞췄다.

폭발을 목격한 증인들은 거의 비슷하게 폭파 장면을 묘사했다. 원자탄은 마치 거대한 마그네슘 불꽃처럼 파랗고 하얀, 엄청난 빛과 함께 폭발했다. 번득임은 잠시였고, 뒤이어 어마어마한 섬광과 열이 발생했다. 그리고 엄청난 압력의 물결과 우르르 하는 폭발 소리가 뒤따랐다. 이 소리는 15마일(약 24킬로미터)이나 떨어져 있었던 사람에게도 들렸지만 폭심지 주변에서 살아남은 사람들은 오히려 자세하게 기억하지 못했다. 거대한 눈꽃 같은 구름이 하늘로 급속히 솟아올랐고, 땅 위의 광경은 처음에는 푸른빛을 띤 안개로, 다음에는 자줏빛을 띤 밤색의 먼지와 연기 구름으로 뿌옇게 보였다.

이러한 목격자들의 증언은 사건의 전후관계를 드러낸다. 폭발 당시에 에너지가 빛, 열, 섬광, 그리고 압력의 형태로 분출되었다. X선과 감마선에서부터 자외선과 소량의 방사선을 거쳐 적외선의 방사열에 이르는, 완벽한 복사에너지 무리가 빛의 속도로 이동했다. 폭발 당시 거의 동시에 생성됐지만 약간 느린 속도, 즉 소리의 속도로 움직이는 거대한 압력이 충격을 발생시켰다. 본래 폭탄을 채웠던 과열된 가스가 더 늦은 속도로 밖과 위로 팽창했다.

섬광을 동반한 빛과 복사열은 직선으로 움직였고, 포도 잎 한 장 정도의 불투명한 물체만 있어도 그 뒤에 놓인 물체를 막아 주었다. 섬광은 일 초도 안 돼서 사라졌지만 1마일(약 1.6킬로미터) 떨어져 있는 사람의 노출된 피부가 3도 화상을 입기에 충분할 정도로 강렬했다. 옷은 불이 붙어 금방 타 버렸다. 전봇대도 타 버렸고, 초가지붕에도 불이 붙었다. 검거나 어두운 표면을 가진 연소성 물질은 열을 흡수하고는 곧 까맣게 그을리거나 불길로 터져 버렸다. 하얗거나 옅은 색 표면은 방사선 상당량을 반사시켰기 때문에 타지 않았다. 일본의 집은 보편적으로 무겁고 검은 흙벽돌로 만든 지붕을 얹었기 때문에 부글부글 끓어 거품이 된 상태로 거의 1마일(약 1.6킬로미터)까지 날아갔다. 워싱턴의 〈국가표준국National Bureau of Standards〉에서 이 벽돌 견본을 가지고 실험했는데, 같은 결과가 나오려면 1천8백 도가 넘는 열이 벽돌 표면에서 발생해야 한다는 결론이 나왔다. 방사선에 노출된 화강암으로 만든 기와 표면은 금이 가거나 쪼개져 거의 1마일 정도 날아갔다. 폭심지인 그라운드제로에 있는 시체는 열기에 그을려 알아볼 수 없었다.

폭심지에서 1마일 정도 떨어진 콘크리트 병원 지하에 저장해 놓은 X레이 필름도 감마선과 같은 관통하는 방사선에 노출됐다. 폭발 지역 가까기에 있던 사람에게 원자탄이 미친 영향은 일반적으로 2, 3일 후에야 증상으로 나타났다. 골수에 이상이 생기고 그 결과 피가 생성되는 과정도 영향을 받았다. 백혈구가 줄어들고 면역력이 파괴되었다. 일반적으로 곧 사망했다.

먼 거리에서 방사선에 노출된 사람의 경우 대부분은 폭발 후 1주에서 4주까지는 증상이 나타나지 않았다. 처음 증상으로 입맛을 잃고, 나른해지고, 그리고 전반적으로 불편해했다. 많은 경우 12시간에서 48시간 내에 명백한 열이 났다. 화씨 104도에서 105도(섭씨 40도에서 40.5도)까지 열이 올라가서 치명적인 경우, 죽을 때까지 계속됐다. 열이 떨어질 경우 대부분의 환자들이 다른 증상도 함께 사라지는 것을 경험했고 곧 건강이 돌아오는 듯한 기분을 느꼈다. 다른 증상으로는 백혈구 감소, 탈모, 정자 수 감소 등이 있었다.

이런 성질을 가진 방사선은 관통력이 대단하지만 중간에 물질이 있는 경우에는 그 물질이 방사선 일부를 여과해 제거됐다. 중재 물질의 무게가 클수록 관통하는 방사선 양이 줄어든다. 몇 피트의 콘크리트 또는 더 두꺼운 흙에 둘러싸여 있다면 비록 폭심지 가까이에 있더라도 방사선과 뒤따르는 충격에 심각한 피해를 입지 않는 것 같다.

섬광에 뒤이어 발생한 폭풍파는 강화 콘크리트 건물의 지붕을 찌그러 뜨리고, 그보다 덜 튼튼한 구조물의 경우 모조리 납작하게 만들 정도로 강했다. 폭발의 높이 때문에 폭심지의 최고 압력은 고성능 폭탄이 생성하는 압력보다 크지 않았고, 그것도 폭심지에서 멀리 떨어질수록 서서히 감소하면서 퍼졌다. 중간에 껴 있는 언덕과 건축물이 반사하거나 방어하는 역할을 했기 때문에 불규칙한 양상이 나타났다. 그러나 폭풍파는 고성능 폭탄보다 더 멀리 갔고, 더 오래 지속되었다. 히로시마의 경우 7백 피트(약 2백 미터) 떨어진 지역까지, 나가사키의 경우 2천 피트(약 6백 미터) 떨어진 지역까지 강화 콘크리트 건축물 대부분이 부서지거나 무너져 내렸다. 히로시마에서는 7천3백 피트(약 2.22킬로미터) 떨어진 지점에 있는, 나가사키에서는 8천5백(약 2.59킬로미터) 피트 떨어진 지점에 있는 벽돌집들이 납작하게 무너졌다. 이 지점을 넘어선 곳에서는 지붕, 벽 등 건물에 피해가 덜 했다. 5마일(약 8킬로미터) 내의 유리창들은 모조리 날아갔다. 폭풍파는 고성능 폭탄이 터졌을 때보다 오랫동안 계속됐고, 더 많은 파편들이 날아다녔다. 고성능 폭탄이 잘못 떨어졌다면 흔들리고 말았을 창틀, 문짝, 칸막이들이 채 무너지지 않은 건물에서 빠른 속도로 튕겨져 나왔다. 산업체 기계나 다른 생산 장비 대부분은 폭풍파 피해를 직접적으로 입지는 않았다. 그러나 건물이 무너지거나 뒤따라 화재가 발생하는 바람에 피해를 입었다.

이상으로 히로시마와 나가사키에 투하된 원자탄이 폭발하면서 발생한 파괴 유형을 언급했다. 다른 유형의 피해는 없었다. 아무것도 증발하거나 해체되지 않았다. 식물은 폭심지에서 바로 다시 자라났다. 폭발 이후에도 인체에 해가 될 정도로 방사능이 계속 활성화된다는 정황은 없다.

그러나 히로시마 시와 나가사키 시, 그리고 주민들이 입은 다양한 피해와 그로 인한 결과를 생각해 보자.

히로시마는 넓은 강 유역에 건설됐다. 지형이 평평하고 바다보다 약간 높은 지역이다. 도시의 전체 크기는 26평방마일(약 41.8제곱킬로미터)이고, 이 중 중심의 7평방마일(약 11.2제곱킬로미터)이 개발돼 인구가 밀집해 있다. 주요 산업은 전쟁 기간 중에 확장되어, 도시의 근교에 위치했다. 도시 인구는 공습 전 피난으로 약 34만 명에서 24만 5천 명으로 줄어든 상태였다. 도시에 폭탄 투하는 불시에 일어났다. 경보가 울렸지만 몇 대 안 되는 비행기를 보고 경보를 해제했다. 결과적으로 시민들은 대피하지 않았다. 원자탄은 도시 중심의 개발 지역에서 약간 북서쪽으로 치우친 곳에서 폭발했다. 밖에 있던 모든 사람들은 초기 섬광에 노출되었고, 옷으로 가리지 않은 부분에 심각한 화상을 입었다. 도시 중심지에서 4평방마일(약 6.4제곱킬로미터)에 이르는 지역의 건물은 강화 콘크리트로 만든 건물 50채 정도를 제외하고 모두 초토화됐다. 남아 있는 건물의 경우도 내부가 파괴되는 등 대부분 구조적 피해를 입었다. 이 지역에 있던 사람들 대부분이 무너지는 건물과 날아다니는 파편에 깔리거나 맞아서 쓰러졌다. 그 후 바로 여기저기서 엄청난 화재가 일어났다. 섬광의 열기로 인한 화재도 있었지만 대부분은 뒤집힌 스토브나 다른 2차적 원인으로 발생했다. 화재는 점차 규모가 커졌다. 솟아오르는 열기 때문에 도시의 중심부로 바람이 흡수돼 일반적인 대화재로 이어진 것이다. 민방위 조직은 완벽한 파괴력에 압도됐다. 불길은 소방소의 노력보다는 대화재 지역의 중심 쪽으로 불어오는 바람 덕분에 더 이상 확산되지 않았다.

약 6만 명에서 7만 명이 죽고 5만 명이 부상당했다. 9만 개 정도의 도시 건물 중 6만 5천 개 정도를 사용할 수 없게 됐다. 나머지 건물 역시 적어도 가벼운 외적 피해를 피할 수 없었다. 도시를 가로지르는 강 위의 다리에 겹쳐 놓은 시설을 제외하고, 도시의 지하 시설들은 모두 안전했다. 도시 중심부의 작은 공장들은 모두 파괴됐다. 그러나 도시 근교의 큰 공장들은 거의 피해를 입지 않았고, 노동자들 중 94퍼센트가 다치지 않았다. 이 공장들이 도시 공업 생산량의 74퍼센트를 책임지고 있었다. 전쟁이 계속되는 상황이라고 해도 원자폭탄 폭발 후 30일 이내에 생산력을 거의 정상적으로 회복할 수 있을 것으로 추정됐다. 도시를 달리는 기차는 공격 이틀 후인 8월 8일에 완전히 복구되어 운송에 지장은 없었다.

나가사키는 항구 근처에 세워진 상당히 복잡한 도시였다. 그리고 협곡과 주변을 둘러싼 언덕의 강과 계곡까지 포함하고 있었다. 이 언덕의 지류가 만의 정상까지 내려와 도시를 대략 두 개 유역으로 나누었다. 개발 지역은 대략 3.4평방마일(약 5.4제곱킬로미터) 정도였고, 그중 0.6평방마일 (약 0.9제곱킬로미터)은 산업단지였다. 전쟁이 한창일 때 인구는 28만 5천 명 정도였고, 1945년 8월에는 공습 전 피난을 떠난 사람들 때문에 23만 명 정도로 줄어들었다. 나가사키는 8월 9일 전에 이미 산발적으로 공습을 받아 왔다. 총 136대의 비행기가 270톤의 고성능 폭약과 53톤의 소이탄을 떨어뜨렸다. 전체 주거용 건물의 2퍼센트 정도가 파괴되거나 부분적으로 부서졌고, 큰 공장 중 세 곳이 드문드문 피해를 입었다. 이 도시는 원자탄 투하 당시 비교적 본래 모습 그대로 남아 있었다.

경보가 제대로 울리지 않는 바람에 대피소로 피신한 사람은 거의 없었다. 폭탄은 나가사키의 북서부 지역에서 폭발했고, 근접한 계곡에 위치한 나가사키의 주요 지역은 언덕 덕분에 파괴되지 않았다. 나가사키에 투하된 폭탄의 방사열과 폭발 강도는 히로시마에 떨어진 폭탄보다 더 강했다. 먼 거리에 위치한 강화 콘크리트 건물들은 구조적 피해를 입었다. 미츠비시 강철 공장과 무기 공장 같은 튼튼한 강철 골조로 된 산업용 건물들도 폭심지에서부터 밀려나 무너질 듯한 각도로 서 있었다. 히로시마 상황과는 대조적으로 폭발 후 뒤따른 화재 대부분은 섬광에 의해 직접 점화됐다.

약 4만 명이 죽거나 사라졌고, 비슷한 숫자가 부상당했다. 나가사키에는 주거용 건물만 5만 2천 채가 있었다. 그중 1만 4천 채가 완전히 파괴됐고, 5천4백 채가 심하게 손상됐다. 나가사키의 공업 제품 중에서 96퍼센트가 이 도시를 거의 지배하고 있던 미츠비시 회사의 대규모 공장에서 생산됐다. 무기 공장과 강철 공장은 손실이 큰 지역에 자리잡고 있었다. 무기 공장 생산력의 58퍼센트와 강철 공장 생산력의 78퍼센트가 파괴된 것으로 추정된다. 〈미츠비시전기회사〉의 주공장은 파괴가 극심한 지역 주변에 있었는데, 생산력의 25퍼센트가 파괴됐다. 조선소는 나가사키에서 가장 큰 규모의 기업체였으며, 이전에 고성능 폭탄으로 일부 파괴되었던 공장 세 곳 중 하나였다. 조선소는 폭발지에서 아래쪽에 위치한 만에 있었기 때문에 더 이상의 피해는 거의 없었다. 공습이 있기 전 미츠비시 모든 공장들은 원자재가 부족해 생산력의 일부만 가동하던 상황이었다. 전쟁이 계속된다면, 그리고 원자재 상황의 회복이 보장된다면 조선소는 3, 4개월 내에 총 생산력의 80퍼센트를 생산할 수 있을 것으로 추정된다. 강철 공장은 상당한 생산량을 확보하는 데 1년 정도가 더 걸릴 것이며, 전력 계통은 두 달 내 생산량 일부를 회복하고 6개월 내에 이전의 생산력을 되찾을 수 있을 것이다. 무기 공장은 생산력의 60퍼센트 내지 70퍼센트를 회복하는 데 15개월 정도 걸릴 것이다.

폭발 당시 4백 명 정도가 나가사키 터널 대피소에 있었다. 대피소는 언덕을 그냥 수평으로 판 조야한 터널로 흙으로 채워진 폭발 방지용 벽이 입구를 막고 있었다. 입구의 벽은 날아갔지만 입구 뒤에 있던 모든 사람들은 폭발 바로 아래 있던 터널에서도 살아남았다. 입구가 바로 아래에 위치하지 않은 터널들은 피해를 입지 않았다. 터널은 약 십만 명을 대피시킬 수 있는 규모였다. 경보가 제대로 울려 이 터널들의 수용 능력만큼 사람들이 대피했다면, 나가사키의 인명 손실은 훨씬 적었을 것이다.

조사에 따르면, 히로시마에서 비행기 한 대가 떨어뜨린 원자폭탄 하나가 초래한 만큼의 피해와 사상자를 내려면 재래식 무기를 사용할 경우, 1천2백 통의 소이탄과 4백 톤의 고성능 폭탄, 그리고 5백 톤의 치명적인 분열 폭탄을 장착한 B-29 비행기 220대가 필요하다. 나가사키만큼의 피해를 내려면 1천2백 톤의 폭탄을 장착한 B-29 비행기 129대가 필요할 것이다. 이와 같은 추정치는 원자탄을 투하했을 당시와 비슷한 조건하에서 폭격을 한다고 가정하고 지난 3개월의 전쟁 동안 제20공군 부대가 보여 준 폭격 적중률의 평균치를 상정한 결과다.

기대한 바와 같이 일반 대중의 원자탄에 대한 반응은 두려움, 정제되지 않은 공포였고, 이는 생존자들이 목격하고 경험한 파괴와 고통의 순전한 참상 때문에 더 강화됐다. 원자탄 투하 이전에 이 두 도시 사람들은 다른 도시 사람들보다 전쟁에 대해 덜 불안해했고, 전쟁 상황이 예상했던 것보다 나아지자 사기도 더 올라갔다. 질문에 응답한 생존자 중 29퍼센트가 원자탄이 떨어진 후 일본의 승리가 불가능하다고 확신했다고 응답했다. 24퍼센트는 원자탄 때문에 자신들이 개인적으로 전쟁을 수행할 수 없다고 생각했다고 진술했다. 40퍼센트 정도의 증언에서 여러 종류의 패배주의를 발견했다. 24퍼센트가 원자탄을 발명하고 생산하는 데 들어간 힘과 과학 기술에 감명받았다고 말했다. 이들의 수는 원자탄 사용에 분노를 표시한 사람 수(20퍼센트)보다 많았다. 많은 경우 생존자들의 반응은 일종의 체념이었다.

두 도시 이외의 일본 시민들에게 원자탄이 미친 영향은 제한적이었다. 이는 거리감, 원자 에너지의 본질에 대한 이해 부족, 사기를 저하시키는 다른 경험의 충격 때문이기도 하다. 항복에 있어서 원자탄의 역할은 일본 문제에 영향을 준 다른 요인들과 함께 고려되어야만 한다. (…)

8월 6일에 히로시마에 원자탄이 떨어졌고, 8월 9일에 러시아가 전쟁에 개입했다. 뒤이은 〈전쟁최고회의Supreme War Direction Council〉 회합에서 포츠담 협상에 대한 기존의 의견 차이가 예전처럼 그대로 존속했다. 수상은 원자탄 폭격이 한 번 더 시도될 수 있다는 긴급한 두려움을 이용해 황제를 직접 포츠담 협상 자리로 끌어들일 수 있다고 생각했다. 결정권자인 히로히토는 무조건 항복으로 이 갈등을 해결했다.

따라서 미국이 1943년 공격을 개시할 때 정치적인 목표로 삼았던 일본 지도자들의 공식적인 패배 인정은 공습 이전 일본이 본토에 군인 2백만 명과 전투기 9천 대를 여전히 보유하고 있는 동안 이미 확보돼 있었다. 공군, 해군, 육군의 패배, 잠수함과 비행기에 의한 전함의 파괴, 기존의 폭탄뿐만 아니라 원자탄의 직접적인 공격, 이 모두가 공식적인 패배를 받아 내는 데 기여했다.

서로 연관되고 축적된 수많은 원인 중 단 하나의 원인만이 일본의 무조건적인 항복을 가져왔다고 보는 것은 핵심에서 어긋난 판단이다. 만약 일본의 정치적 구조가 더 신속하고 결단력 있게 국가 정책을 결정할 수 있는 구조였다면, 군사적 무기력함과 불가피한 상황을 정치적으로 수용하는 시기 간의 시간적 간극은 짧았을 것이다. 원자탄 공격 없이 일본에 대한 공군의 우세만으로도 일본의 무조건적 항복을 끌어내고, 공격의 필요성을 제거하기에 충분한 압력을 발휘했을 것임에 틀림없다.

모든 사실에 대한 엄밀한 조사와 생존 일본 지도자들의 증언을 바탕으로 한 조사단의 의견은 다음과 같다. 원자탄을 투하하지 않았어도, 러시아가 전쟁에 개입하지 않았어도, 공격을 계획하거나 도모하지 않았어도, 일본은 분명히 1945년 12월 31일 이전에, 아마 1945년 11월 1일 이전에, 항복했을 것이다.

진 라로크 제독이 스터즈 터클에게
"좋은 전쟁"에 대해 말함[5]

1985년

전쟁이 끝나고 몇 년 뒤 해군에서 수년 동안 복무했고, 진주만에서 폭격을 받았던 진
라로크Gene Larocque 제독은 위대한 민중사가이자 라디오 방송계의 선구자인 스터즈
터클Studs Terkel과 함께 전쟁에 대한 다음의 생각을 공유했다.

1941년 봄, 나는 진주만으로 보내 줄 것을 요청했다. 태평양 함대가
그곳에 있었고 그곳의 소식들이 낭만적으로 들렸기 때문이다. 일본이 공
격했을 때 나는 미국 맥도너 함대U.S.S. MacDonough에 소속되어 있었다.
우리는 10시경에 일본 함대를 찾기 시작했다. 그들을 찾지 못해서 다행
이다. 찾았다면 아마도 그들이 우리를 침몰시켰을 것이다. 나는 전쟁 기
간 내내, 4년 동안을 태평양 함대에서 보냈다.

처음에는 미국 공군 부대가 사고로 우리를 공격한 것이라고 생각했다.
우리는 허영에 들뜬 가운데 자만했고, 일본의 능력을 알지 못했다. 일본
군이 우리를 공격할 만큼 만용을 지녔다는 생각은 우리 의식 밖에 있었
다. 우리는 일본인들이 눈이 밝지 않으며 특히 밤에는 잘 보지 못한다고
생각했고, 이를 기정사실로 여겼다. 또한 일본군은 좋은 무기를 만들지

못하며 잡동사니 장비들을 만들거나 단지 우리를 모방할 뿐이라고 생각했다. 우리는 나가서 그들을 침몰시키면 그만이었다. 결국 일본군이 우리보다 더 잘 보며, 우리 것과 달리 일본군의 어뢰는 잘 작동하는 것으로 드러났다.

우리는 일본군은 다갈색의 작은 사람들이고, 우리는 키 큰 위대한 백인이라고 생각해 왔다. 일본인은 열등한 종이었다. 독일인들은 비범한 전사이며 건설자인 반면에 일본인들은 약한 상대였다. 우리는 이 자그마한 다갈색 사람들에게 원자탄을 사용했다. 베트남에서도 사용할 것을 논의했다. 우리는 중동에 사는 검은 피부의 사람들에게서 석유를 가져오기 위해 군사력을 사용할지 여부를 논의했다. 나는 캐나다에서 석유를 가져오기 위해 군사력을 사용한다는 말은 들어 보지 못했다. 우리는 여전히 우리가 위대한 인종이라고 생각한다.

일본인들이 얼마나 착한 사람들인지를 깨닫기까지 오래 걸렸다. 우리는 믿을 수 없었다. 나는 한때 우리가 점령한 남태평양 산호섬에 있었다. 당시까지만 해도 항구에는 일본 배가 몇 척 남아 있었다. 우리가 두 명의 일본인에게 달려가자 그들은 우리에게 잡히느니 바로 우리 앞에서 목 매달아 죽는 쪽을 선택했다. 전쟁 기간 동안 우리는 그들을 증오했다. 그들은 일본놈들이었고, 인간 이하의 존재였다.

나는 비록 열세 번의 전투에 참여하고 잠수함을 침몰시키고, 로이에 상륙할 때 해안에 내린 첫 번째 사람이기는 했어도, 태평양 함대에서 지낸 4년 동안의 지루함은 싫었다. 이 4년 동안, 나는 '이 무슨 인생의 낭비인가' 하고 생각했다. 나는 많은 친구를 잃었다. 나는 내 방에서 함께 지낸 동료의 부모에게 우리가 함께 지냈던 마지막 날들이 어떠했는지 말하는 일을 했다. 사람들은 다리를 잃고, 시력을 잃고, 신체의 일부를 잃었다. 도대체 무엇을 위해서인가? 나이 든 사람들은 젊은이들을 전쟁에 내보낸다. 국기, 대의, 그리고 애국적인 노래들을 동원해서.

나는 미국이 민주주의가 안전한 세상을 만들 수 있다고 믿었기 때문에 해군에 있었다. 나는 제복을 입고 고등학교를 방문한다. 그리고 아이들에게 전쟁은 어리석은 짓이며, 용감한 행동과 영웅주의의 아름다움을 과장하는 시나 소설, 영화의 잠꼬대 같은 허튼수작을 무시하라고 말했다. 나는 아이들에게 전쟁은 비참하고 추악하다고 말했다.

전쟁 후 우리는 세계에서 가장 강력한 나라가 됐다. 우리의 빵 바구니는 가득 찼다. 우리는 거물이 된 스스로를 즐겼다. 우리는 세상을 움직였다. 우리는 주요 국가 중 황폐화되지 않은 유일한 나라였다. 프랑스, 영국, 이탈리아, 독일 모두 같은 생각이었다. 우리의 중요한 동맹국인 소련은 무릎을 꿇었다. 2천만 명이 죽었다.

우리는 참전 용사만 3천만 명이 넘는, 세계에서도 독특한 나라다. 이 세상에서 1940년 이후 계속 전쟁 중인 나라는 미국뿐이다. 한국전쟁, 베트남전쟁 등, 어떤 전쟁이 있었는지 세어 보자. 그리고 전쟁한 햇수도 세어 보자. 우리의 국가 조직에는 군사적 행위를 고상한 모험으로 격상시키는 나이 많은 사람들이 있다. 전쟁은 그들 삶의 커다란 흥분이었다. 나이 많은 사람들은 젊은이들과 함께 그 흥분을 나누기를 원했다. 어쨌든 우리는 독특하다.

우리는 늘 전쟁을 하기 위해 어디론가 떠났다. 따라서 우리는 전쟁의 공포를 진정으로 알지 못한다. 국방비의 70퍼센트가 다른 지역에서의 싸움을 위해 사용된다.

우리는 군국주의를 제도화했다. 이는 제2차 세계대전의 결과였다. 1947년 우리는 "국가보안법National Security Act"을 통과시켰다. 1947년 전에는 '국가 보안'이라는 용어를 어떤 문헌에서도 찾을 수 없었다. 그리고 국방부Department of Defense를 창설했다. 그때까지는 전쟁부War

Department에 예산을 배정했는데, 이 부서는 분명 전쟁을 수행하기 위한 부서였다. 이제는 국방부에 예산을 배정한다. 모든 사람은 방위를 위해 존재한다. 그렇지 않으면 비애국자로 간주된다. 그러므로 국방을 위해 사용되는 돈에는 어떤 제약도 없다. 그들은 '자기 방어 권한'이라는 말로 모든 기독교도들의 흥미를 사로잡았다. 이는 "정의로운 전쟁" 같은 개념으로 포장되기도 한다.

이전에는 〈합동참모본부Joint Chiefs of Staff〉 같은 것이 없었다. 제2차 세계대전 당시 느슨한 연합이 있었지만 기구는 없었다. 〈국가안전보장회의National Security Council〉가 만들어졌다. 지금 이 순간에도 우리를 감시하고 있는 CIA가 만들어졌다. 인류 역사상 처음으로 한 나라가 세계를 군사적 구역으로 나누었다. 이전에는 세상의 어떤 나라도 이런 일을 하지 않았고, 이후에도 없을 것이다. 미국은 군사 구역에서 일어나는 모든 일을 군사적 방법으로 해결한다. 미국은 전쟁 계획을 완곡하게 표현한 "만일의 사태에 대비한 계획"을 만든다. 버니 로저스Bernie Rogers 장군은 지력, 논리, 병참술, 비행기, 사람, 그리고 국제적 참모를 가지고 있다. 유럽에서 버니 로저스의 허가 없이 중요한 행동을 하는 미국 대사는 한 사람도 없다. 버니 로저스는 유럽에서 가장 중요한 인물이고 그는 퇴임하지 않는다. 누구도 그를 해고할 수 없다.

군부가 우리의 외교 정책을 운영한다. 국무부는 왔다 갔다 하며 군부가 망쳐 놓은 일을 말끔히 치운다. 국무부는 국방부의 종복이 됐다. 제2차 세계대전 이전에는 이렇지 않았다. 전쟁부와 해군부가 있었지만 이들은 전쟁이 일어났을 때만 전면에 등장했다. 미국은 궁극적으로 시민의 지배를 받았다. 제2차 세계대전은 이 모든 것을 변화시켰다.

내가 변했다고 생각하지 않는다. 나는 훌륭한 선장이었다. 나는 강인했다. 나는 내 전함과 병사들이 최고가 되는 것을 보기 위해 악마처럼 일했다. 나는 바다를 사랑했고 아직도 사랑한다. 나는 미국이 변했다고 생각한다. 미국은 평화로운 방법으로 차이를 극복하려고 노력해야 한다는 생각에서 멀어졌다. 제2차 세계대전 이후 우리는 세상에서 우리가 원하는 것을 갖기 위해 군사력을 사용하기 시작했다. 그래서 군부가 필요한 거다. 얼마 전에 국방부는 미국이 제2차 세계대전 이후 국제적인 목적을 달성하기 위해서 군사력을 215차례 사용한 바 있다고 자랑스럽게 발표했다. 국방부는 국가 의지를 수행하기 위한 군사력을 선호한다. 물론 이제는 핵무기도 있다.

핵무기는 재래식 무기가 되었다. 우리는 베트남에서 핵무기 사용을 심각하게 고려했다. 나 자신이 국방부에서 어느 지점에 핵무기를 사용할지 결정하느라 고심했다. 우리는 베트남전쟁에서 이기기 위해서 우리가 할 수 있는 모든 방법을 다 탐구했다. 정말이다. 우리는 단지 적당한 목표물을 찾을 수 없었다. 우리는 핵무기 사용에 따라올 비난을 개의치 않았다.

나는 베트남에 있었다. 나는 무의미한 인명의 상실을 보았다. 나는 일단의 해군이 냉방 시설을 갖춘 전함에서 내리는 걸 보았다. 우리의 수병, 병사, 해병대에게 냉방 시설보다 좋은 것은 없었다. 우리는 애국심에 불타는, 그리고 매력적인 목소리를 가진, 잘생긴 열아홉 살 어린아이들을 해변으로 보냈고, 그들을 시체를 담는 검은 고무 가방에 넣어서 데려왔다. 내장 또는 손발 등 고무 가방에 들어가지 않는 부분들이 남아 있다. 그러면 소방호스로 갑판을 씻어 그런 조각들을 옆으로 밀쳐 낸다.

나는 베트남전쟁에 자원했다. 나는 이 전쟁이 국가 이익을 위한 전쟁이라고 확신했다. 나는 능숙한 해군 장교였고, 전쟁이 일어나자 참전했다. 나는 사람들이 나이가 들수록 현명해지기를 바란다. 사람들은 제2차 세계대전은 일어나야만 하는 전쟁이었다고 주장할 수 있다. 우리는 히틀러를 막아야 했다. 불행하게도 우리는 이를 오늘날 상황에 그대로 적용한다. 나는 2차 대전 중에 러시아 해군 장교들을 만났다. 그들은 내게 인간으로 보였다. 예전에 나는 일본인을 증오하는 열정으로 불타오른 적이 있었다. 나는 이 시점에서 제2차 세계대전에서 용감하게 싸운 걸로 아는 러시아인들을 미워해야 할 충분한 이유를 찾지 못했다.

나는 러시아가 세계 강대국으로 인정받고 싶어하고 자국의 헤게모니를 세계에 확산시키고 싶어한다고 생각한다. 나는 공산주의가 나타나는 곳이면 어디서든 체제 경쟁을 해야 한다고 생각한다. 우리는 이를 총으로 저지하려는 실수를 저지르고 있다. 전쟁은 우리가 우리 편으로 끌어들이려는 바로 그 사람들을 소외시킨다. 러시아는 실제로 자기 나라를 둘러싼 완충지대에서만 영향력을 지닌다. 러시아는 다른 나라에까지 영향력을 미치는 데는 실패했다. 그러나 러시아인들은 우리가 하는 모든 일에 투지를 불태운다. 나는 나와 우리 세대의 전체 생애가 러시아를 미워하기까지 얼마나 많은 영향을 받았는지 궁금하다. 러시아가 어디에 있는지 모를 때도 그러했다. 내가 열세 살에 읽은 톰 스위프트Tom Swift의 책에는 러시아 곰을 조심하라는 내용이 있었다.

제2차 세계대전은 현재 우리가 사물을 보는 시각을 왜곡시켰다. 우리는 제2차 세계대전의 관점으로 사물을 본다. 제2차 세계대전은 어떤 면에서는 좋은 전쟁이었다. 그러나 그 전쟁에 대한 뒤틀린 기억 때문에 여러 세대에 걸쳐 사람들은 세상 어디에서든 군사력을 기꺼이, 아니 열렬히 사용해야 한다고 생각하게 됐다.

전쟁 후 거의 20년 동안, 나는 제2차 세계대전에 대한 어떤 영화도 볼 수 없었다. 영화들은 내게 기억하고 싶지 않은 과거를 떠오르게 했다. 나는 전쟁을 찬양하는 영화를 보기 싫었다. 모든 전쟁 영화에서 사람들은 옷을 입은 상태로 폭탄을 맞으며 우아하게 땅에 떨어진다. 산산이 부서져 날아가는 사람의 모습은 없다. 팔, 다리, 잘려 나간 몸뚱이들은 보이지 않는다. 위생적이고 깨끗하고 정갈한 방법으로 영광스럽게 죽는 방법만을 본다. 나는 그들이 "그는 조국을 위해 목숨을 바쳤다"고 말하는 것을 혐오한다. 아무도 무엇을 위해서 목숨을 바치지 않았다. 우리는 어린아이들의 목숨을 훔쳤다. 어린아이들에게서 목숨을 빼앗았다. 그들은 조국의 영광과 명예를 위해 죽지 않았다. 우리가 그들을 죽였다.

커트 보네거트,
『제5도살장』[6]

1969년

제2차 세계대전을 정의로운 전쟁으로 기억하는 즐거움은 몇 년 동안 계속됐다. "좋은 전쟁"을 독선적으로 확신하는 시각에 대한 비난은 소설에서나 발견할 수 있다. 커트 보네거트Kurt Vonnegut는 자신이 전쟁 포로로 있었던 드레스덴 폭격에 관한 소설 『제5도살장』에서 전쟁을 비난했다. 프랑스와 이탈리아를 폭격하라는 임무를 띠고 비행했던 조셉 헬러Joseph Heller는 『캐치-22Catch-22』라는 제목의, 전쟁에 관한 충격적인 코믹 소설을 썼다. 이 소설은 25개 출판사에서 거절당했지만 마침내 출판되었을 때 수백만 명의 사람들이 읽었다. 다음은 『제5도살장』에서 발췌한 내용이다.

드레스덴인 여덟 명이 철도 조차장의 절연판을 건넜다. 전날 입대한 그들은 새로운 군복을 입고 있었다. 그들 중에는 소년도 있었고 중년의 남자도 있었다. 그리고 러시아에서 총을 맞은 적이 있는 제대군인 두 명도 함께 있었다. 그들은 계약 노동자인 미국 전쟁 포로 백 명을 지키는 임무를 맡았다. 그 팀에 할아버지와 손자가 있었다. 할아버지는 건축가였다.

드레스덴인 여덟 명은 자신들이 보호해야 할 사람들이 타고 있는 유개화차에 다가갈수록 엄숙해졌다. 그들은 그들 자신이 얼마나 어리석고 우스운 병사들로 보일지 알고 있었다. 그들 중 한 사람은 실제로 의족을 했고, 장전된 소총과 지팡이를 휴대했다. 그러나 그때까지도 그들은 전선에서 엄청난 살육을 경험하고 막 돌아온 건방지고 잔인한 키 큰 미국 보병들이 자신들에게 순종하고 경의를 표할 것이라 기대했다.

바로 그때 그들은 수염을 기른 빌리 필그림이 파란 제복을 걸치고 은색 구두를 신고 손을 머프(muff, 양손을 집어넣어서 따뜻하게 하는 토시. 옮긴이)에 집어넣고 있는 모습을 보았다. 빌리는 적어도 60세는 돼 보였다. 빌리 옆에는 팔이 부러진 어린 폴 라자로가 있었다. 폴은 광견병에 걸려 거품을 물고 있었다. 폴 옆에는 가난하고 나이 많은 고등학교 선생 에드거 덜비가 있었다. 덜비는 애처롭게도 애국심에 가득 차 있었고 중년인데다가 상상 속에서나 가능한 지혜를 가진 사람이었다. 그리고 기타 등등의 사람들이 있었다.

우스꽝스러운 드레스덴인 여덟 명은 이 우스꽝스러운 포로 1백 명이 정말로 전선에서 막 돌아온 미국 병사라고 확신했다. 미국 병사들은 미소 지었고, 그리고 웃었다. 드레스덴인들의 공포는 증발해 버렸다. 두려워할 것이 아무것도 없었다. 여기에 자신들처럼, 아니 자신들보다 더 불구에 어리석은 사람들이 있었다. 일종의 소규모 오페라 극단 같았다.

이윽고 이 작은 오페라 극단은 철도 조차장 문에서 나와 드레스덴 거리를 행진했다. 빌리 필그림은 스타였다. 빌리가 행진을 이끌었다. 길가에는 수천 명의 사람들이 직장에서 집으로 가고 있었다. 그들은 지난 2년 동안 주로 감자만 먹어서 힘이 없어 보이는 유색인 집합체였다. 그들은 그저 하루를 잘 보내는 것 이상의 은총은 기대하지도 않았다. 그런 그들에게 갑자기 구경거리가 생겼다.

빌리는 자신을 그렇게 흥미롭게 바라보는 눈동자들과 마주친 적이 없었다. 빌리는 도시의 건축물에 매혹되었다. 명랑한 큐피드가 창문 위에서 화환을 만들고 있었고, 짓궂은 반인반마의 목신과 벌거벗은 요정들은 꽃 줄로 장식한 배내기(벽 윗부분에 장식으로 두른 돌출부. 옮긴이)에서 빌리를 슬그머니 내려다보고 있었다. 나무로 만든 원숭이들이 소용돌아 무늬와 조개와 대나무 사이에서 장난치고 있었다.

빌리는 미래를 기억하고 있었기 때문에 이 도시가 30여 일 내로 산산이 부서져 박살나고, 불타리라는 것을 알고 있었다. 그리고 자신을 구경하고 있는 사람들 대부분이 곧 죽으리라는 것도 알았다. 그렇게 된다.

빌리는 행진하면서 손을 머프 속에 넣고 움직였다. 그의 손가락 끝은 따뜻하고 어두운 머프 안을 움직이면서 작은 오페라단 단장의 코트 선에 있는 덩어리 두 개가 무엇인지 알아내고자 했다. 빌리는 손가락 끝을 코트 선 안으로 넣었다. 그리고 그 혹 같은 것들을 만져 보았다. 하나는 완두콩 모양이었고, 하나는 편자 모양이었다. 행진은 번화한 모퉁이에서 멈췄다. 교통 신호등이 빨간색이었다.

모퉁이에 있는 보행자 맨 앞줄에 하루 종일 수술을 한 의사가 있었다. 의사는 시민이었지만 자세만은 군인 같아 보였다. 의사는 세계대전에 두 차례나 참전했던 사람이었다. 의사는 빌리를 보고 나서, 특히 경비에게서 빌리가 미국인이라는 사실을 전해 듣고서는 불쾌해졌다. 빌리의 취향이 혐오스럽다고 생각했다. 의사는 빌리가 그런 옷차림을 하려고 어리석은 문제들을 많이 일으켰으리라 짐작했다.

의사는 영어로 빌리에게 "당신은 전쟁을 매우 우스꽝스러운 일로 생각하는군요"라고 말했다.

빌리는 그를 막연하게 바라봤다. 빌리는 순간적으로 자신이 어디에 있는지, 어떻게 여기에 오게 됐는지를 잊어버렸다. 빌리는 사람들이 자신을 광대로 생각하는 것을 몰랐다. 물론 빌리를 그러한 옷차림으로 만든 것은 운명이었다. 운명, 그리고 살아남으려는 희미한 의지였다.

"당신은 우리를 웃기려고 하는 겁니까?" 의사가 빌리에게 물었다.

의사는 일종의 보상을 요구하고 있었다. 빌리는 어리둥절해졌다.

빌리는 친절한 사람이었기 때문에 가능하면 도와주고 싶었다. 그러나 빌리는 가진 것이 없었다. 바로 그때 빌리의 손가락에 코트 선에 있는 물체 두 개가 잡혔다. 빌리는 의사에게 그것들이 무엇인지 보여 주기로 결심했다.

의사는 "당신은 우리가 조롱당하는 걸 즐긴다고 생각하나요?"라고 말했다. "그리고 당신 방식대로 미국을 대표하는 것을 자랑스럽게 생각하나요?"

빌리는 머프에서 손을 꺼내 의사의 코 아래로 가져갔다. 빌리의 손바닥에 2캐럿 다이아몬드와 의치가 놓여 있었다. 의치는 역겨운 작은 인공물로 은색과 진주색, 그리고 귤색을 띠고 있었다. 빌리는 미소 지었다.

폴 롭슨이 〈하원반미활동조사위원회〉 앞에서 읽기로 되어 있던 성명서[7]

1956년 6월 12일

〈하원반미활동조사위원회〉는 1938년에 미국을 "전복시키려는" 행위를 조사하기 위해 만들어졌고, 주로 HUAC로 알려졌다. 이 위원회는 제2차 세계대전이 종결되자 공산주의자들이 영화 산업에 영향력을 미쳤다고 가정하고 그 증거를 찾기 위해 할리우드의 작가, 배우, 감독을 소환했다. "할리우드 텐Hollywood Ten"으로 알려진 예술가들이 공산당과의 연계를 묻는 위원회 질문에 답하기를 거부한 죄로 감옥에 갔다. 위원회는 또한 포크 송 가수 피터 시거, 희곡작가 아서 밀러 외에 여러 사람을 심문했다. 이는 소련과 경쟁하던 "냉전" 분위기에서 시민의 자유를 억압한 사례 중 극히 일부였다. 해리 트루먼 대통령은 공무원에게 충성 서약을 강요했고, 조셉 매카시 상원 의원은 상원 위원회의 청문회를 주관했다. 이는 이 시기의 사건들을 "매카시즘McCarthyism"이라고 부르는 계기가 된다. FBI는 어떤 탄원서든 이에 서명한 사람, 어떤 회합이든 이에 참여한 사람 등 수십만 명의 미국인 명단을 수집했다. 공산당 지도부들은 감옥에 수감됐다. 미국을 공격한 주목할 만한 예술가들 중에 위대한 가수이자 배우였던 폴 롭슨Paul Robeson이 있었다. 롭슨은 미국의 인종주의와 외교 정책을 맹렬하게 반대해 왔다. 다음은 롭슨이 〈하원반미활동조사위원회〉 앞에서 발표하려고 했던 진술서다. 하지만 위원회는 롭슨에게 진술서 낭독을 허락하지 않았다.

프랜시스 월터Francis Walter 하원 의원과 그를 지지하는 상원 의원들은 내가 강연 연단, 콘서트 홀, 오페라 하우스, 그리고 연극 무대에 접근하지 못하게 했다. 그리고 이들 보수 반동 세력은 지금 나에게서 듣고 싶은 말을 듣기 위해 나를 조사 위원회 앞에 서게 했다. 이 모든 것이 오늘날 미국 내 시민적 자유의 슬프고도 애석한 현실을 보여 준다. 국내외에서 내 입에 재갈을 물리려던 사람들이 그들이 조종하고 있는 청문회에서 내가 내 생각을 자유롭게 표현하라고 허락하지 않을 것은 자명하다.

내가 월터, 제임스 이스트랜드James Eastland, 존 포스터 덜레스John Foster Dulles에게 질문하는 편이 그들이 내게 질문하는 것보다 더 적절할 것이다. 자신의 행동을 설명하기 위해 소환되어야 할 사람들은 내가 아니라 그들이기 때문이다. 왜 월터는 이스트랜드와 그의 도당들이 저지른, 진정으로 "반미국적인" 행동을 조사하지 않는가? 흑인들이 헌법에 호소한다면 그들에게 헌법은 휴지 조각일 뿐이고, 연방 대법원에 도전하는 것은 그들의 인종적 의무가 된다. 이스트랜드는 미국인 1천5백만 명을 잔인하게 공격하는 〈백인시민위원회White Citizen's Council〉와 KKK단을 지원한다. 그러면서 어떻게 국내 안보를 우려하는 척할 수 있다는 말인가? 덜레스는 전 세계를 파멸로 몰아넣을 수 있는 무모하고 무책임한 "벼랑 끝brink of war" 정책을 언제 해명할 텐가?

그리고 무엇보다 덜레스는 왜 내 여권을 허가해 주지 않고, 내가 해외에 나가 노래나 연극을 하면서 내 생각을 전하는 것을 두려워하는가? 국무부 대변인이 이 질문에 일부 답해 주었다. 덜레스는 법정에서, 국무부는 나를 "니그로 미국인들 다수의 대변인으로 인식하기" 때문에, 그리고 내가 "수년 동안 아프리카 식민지 사람들의 독립을 위해 극단적으로 활발하게 활동"했기 때문에 내게 여권 발급을 거부할 권한이 있다고 주장했다. 국무부는 또한 내게 여권 발급을 거부한 이유로 내가 네루, 수카르노 등 세계의 위대한 유색인 지도자들이 모인 반둥회의에 인사 메시지를 보낸 사실을 들었다. 그러나 덜레스는 내가 해외에서 미국 동족들이 받고 있는 억압에 반대하는 연설을 할까 봐 반대하는 것이다.

나는 나에 대해 그런 진술이 나온다는 것을 자랑스럽게 생각한다. 흑인들에 대한 불의에 계속 저항하고, 내 힘이 닿는 범위 안에서 아프리카 식민지 사람들의 독립을 위해 계속 힘쓰리라 확고하게 다짐한다. 이제 왜 덜레스가 식민주의에 반대하는지, 니그로 미국인들의 염원을 지지하는 흑인들의 여권을 거부하는지 설명할 차례다.

여권을 위한 나의 싸움은 자유를 위한 투쟁이다. 여행의 자유, 생계를 해결할 자유, 말할 자유, 내 자신을 예술적으로, 그리고 문화적으로 표현할 자유를 위한 투쟁이다. 덜레스, 이스트랜드, 월터 때문에 그리고 식민지 해방, 니그로 미국인들이 억압받고 있는 현실에 대한 저항, 모든 국가와 평화를 수립하고자 하는 내 불타는 열망을 그들이 반대했기 때문에 나는 이런 자유들을 거부당했다. 그러나 나는 기회 있을 때마다, 그리고 이 위원회든 다른 기구든 간에 그 앞에서, 이러한 견해를 주장할 것이다.

드와이트 아이젠하워Dwight D. Eisenhower 대통령은 국제 문화 교류를 강력하게 주장했다. 나는 아이젠하워 대통령에게 동의한다. 미국인들은 위대한 가수, 배우, 발레 극단, 오페라 단, 심포니 오케스트라, 그리고 아프리카 사람들의 민요와 고전 예술과 중국의 고대 문화뿐만 아니라 서구 세계의 예술 작품을 포함해서 남아메리카, 유럽, 아프리카, 그리고 아시아 예술계 거장들의 공연을 환영할 것이다. 위대한 외국 예술인들의 공연을 보는 것은 미국인들의 권리다. 나는 월터가 이 권리를 부인하고 있는 잔인한 규제를 완화시키는 데 동의할 날이 곧 오기를 바란다. 지금이야말로 월터가 저명한 방문객의 지문을 채취하는 "키스톤 캅(무성영화 시대에 인기 있었던 무능력한 경찰들이 나오는 코미디물. 옮긴이)"에나 나올 법한 우스꽝스러운 행동을 중단할 적기다.

나는 외국에서 월터가 외국인 예술가들(미국인들은 그들의 공연을 보고 들기를 원한다)에게 가하는 제약을 받아 본 적이 없다. 나는 세계 각지에서 초청을 받아 공연을 해 왔고, 오직 독단적인 여권 거부만이 대통령이 선호하는 문화 교류의 특정 국면이 실현되는 것을 막았다.

〈레슬리린더제작사Leslie Linder Productions〉가 영국에서 "오셀로"를 제작하는데 내게 배역을 맡아 달라고 초청했다. 〈영국 배우조합〉은 내가 영국에 와서 공연하는 것을 만장일치로 승인했다.

〈노동자음악연합Workers' music Association〉이 자신들이 후원할 테니 영국에서 콘서트 투어를 해 달라고 내게 요청했다. 그 초청에 벤저민 브리튼Benjamin Britten을 포함한 모든 부회장들이 서명했고, 보건 윌리엄스R. Vaughan Williams는 개인적 초청으로 이를 지지했다.

지휘자 애덤 홀렌더Adam Hollender는 콘서트 투어를 해 달라고 내게 부탁했고 나를 초청하기 위해 계약서를 만들어 보내 줬다.

소련 영화 제작 회사인 〈모스필름Mosfilm〉사는 내게 "당신의 훌륭한 재능이 우리에게 굉장한 예술적 즐거움을 가져다 줄 것"을 확신한다면서 "오셀로" 영화판에 출연해 달라고 초청했다.

〈영국 전기업계British Electrical Trades〉는 그들의 정책 회의에 참석해 달라고 요청했다. 그들은 내가 1949년 개최된 비슷한 회의에 참석해서 "아주 감동적으로 노래하고 말했습니다"라고 편지를 써 보내, 내게 그 당시를 떠올리게 했다.

〈영국 노동자스포츠연맹British Workers' Sports Association〉은 내가 여행 허가를 받았다는 허위 기사를 믿고 내게 "우리는 그 뉴스를 보고 매우 행복했습니다"라고 썼다. 그들은 나를 "런던, 글래스고, 맨체스터 또는 카디프, 또는 네 곳 모두에서 국제 기금의 후원으로, 그리고 당신에게 유리하고 상호 동의하는 재정에 기반하여 우리 회원들에게 노래를 불러 주세요"라고 초대했다. 그들은 런던에 위치한 3천 석, 4천5백 석, 7천 석

규모의 홀 세 곳을 제시했다.

〈오스트레일리아 평화위원회Australian Peace Council〉는 그들 나라에서 "노래와 평화"의 메시지가 담긴 순회공연을 해 달라고 초청했다.

〈런던 협동조합교육위원회Education Committee of the London Cooperative Society〉는 자신들이 후원을 할 테니 런던에서 열리는 콘서트에서 노래를 불러 달라고 나를 초대했다.

〈민주청년Democratic Youth〉이라 불리는 스웨덴 젊은이들의 조직이 "콘서트도 하고 우리 문화와 우리나라 사람들에 대해서도 배울 겸" 스웨덴을 방문해 달라고 나를 초대했다. 초청장에는 "당신이 여기 온다면 최고의 관심과 즐거움으로 환영받을 것이며, 스웨덴에서의 순회공연은 우리 단체가 다른 단체와 연계하여 준비하거나, 우리나라 문화 단체나 예술가 사무국 중, 당신이 원하는 기구에서 준비할 것입니다"라는 글이 첨부됐다.

〈사우스웨일스 광부협회South Wales Miners〉는 1956년 10월 6일 열리는 "광부 노래 축제"에서 노래를 부르고, 그 후에는 광산촌을 돌면서 순회공연을 해 달라고 나를 초청했다.

영국 맨체스터에 있는 〈폴롭슨공연허가위원회Let Paul Robeson Sing Committee〉라 불리는 일군의 사람들이 내게 웨일스에서 공연하기 전후로 〈맨체스터 프리트레이드홀〉에서 콘서트를 해 달라고 요청했다.

나는 〈문학과예술분야의문화교류를위한파리모임〉의 예술 문학 감독에게서 프랑스의 위대한 콘서트 기획자인 마르셀 드 발멜테M. Marcel de Valmalette가 파리의 사요 궁에서 여는 일련의 콘서트와 공연 계약을 맺어 달라는 요청을 받았다.

미국의 동맹국이든 우방국이든 중립국이든, 아니면 미국인과의 우정이 덜레스, 월터, 그리고 그들과 비슷한 보수주의자에 의해서 방해를 받는 나라든, 내가 여행할 수 있다면 와서 노래하라고 초청한 나라들과 정부들은 내가 그곳에서 무슨 노래를 부르고 무슨 말을 할 것인지를 두려워하지 않았음이 분명하다.

노래하고 연극하고 강연하기 위한 나의 해외여행이 미국 국민들에게 해가 될 리 없다. 과거에 나는 내 공연에 온 수백만 사람들 중에서 미국을 진정으로 좋아하는 친구들을 얻었다. 월터, 덜레스 이스트랜드의 친구가 아니라, 우리나라의 이름을 더럽히는 인종주의자들의 친구가 아니라, 미국 흑인들, 노동자들, 농부들, 우리 예술가들의 친구를 얻었다.

국내와 해외에서 세계 사람들과의 우정과 평화를 위해 계속 투쟁함으로써, 식민주의의 종식을 위해 투쟁함으로써, 미국 흑인들의 완전한 시민권을 위해 투쟁함으로써, 예술과 문화가 충만한 세계를 위해 투쟁함으로써, 나는 미국적 삶에 가장 좋은 친구들을 계속 얻고자 한다.

피터 시거,
"너는 노래하지 않으리"[8]

1989년

1949년 9월 4일, 나는 나의 아내와 두 살 난 딸을 뉴욕 피크스킬 타운 근교 야외에서 열리는 콘서트에 데려갔다. 콘서트 공연자는 폴 롭슨이었다. 일주일 전인 8월 27일, 인종주의자들이 격렬하게 롭슨의 공연을 막았다. 그날 밤 조합원들과 여러 사람들이 보호하는 가운데 롭슨은 대담하게 옥외 하늘 아래서 수천 명의 청중들을 향해 노래 불렀다. 동시에 성난 무리들이 소리를 지르며 무대로 모여들었다. 콘서트가 끝나고 우리는 차를 타고 공연장을 떠났다. 차들이 줄을 지어 천천히 움직일 때, 우리는 길 양쪽에 모여서 저주하고 야유하는 남녀들을 보았다. 그때 돌이 날아들기 시작했다. 나의 아내는 당시 임신 중이었다. 아내는 재빨리 몸을 굽혔고, 거의 차 바닥까지 우리 딸을 밀어 넣었다. 창문 네 장과 뒤창문이 돌에 맞아 산산조각이 났다. 우리가 차에 태워 준 잘 모르는 여자도 뒤에 앉아 있었다. 돌이 날아와 그녀의 머리가 깨졌다. 그날 수십 명의 사상자가 나왔다. 다음 글에서 포크 가수 피트 시거는 그날 밤의 끔찍한 사건을 설명하고 있다. 시거는 리 헤이즈Lee Hays와 함께 "우리는 피크스킬에서처럼 어디서든 물러서지 않겠다"고 주장하는 노래 "물러서지 말자Hold the Line"를 작사하기도 했다.

피크스킬 폭동은 1949년 9월에 일어났다. 여러 사람과의 대화를 통해 유추해 보건대, 지역 경찰도 회원으로 있는 KKK가 이 폭동을 조직했음이 분명하다. 폴 롭슨이 미국 흑인들은 인종차별이 불법이라고 선언한 소련에 대항해서는 싸우지 않을 것이라는 성명을 파리에서 발표했을 때,

KKK는 격분했다. 롭슨은 미국의 아킬레스건을 건드렸다. 롭슨이 피크스킬에서 콘서트를 하려고 하자 KKK는 "가서 그를 잡자"고 선동했다.

폭도들은 콘서트 장으로 몰려와서 무대를 뒤엎고 대중 연설용 장비를 설치하던 사람들을 때려눕혔다. 그리고 경찰은 이를 저지하려는 아무런 노력도 하지 않았다. 경찰은 그냥 거기 서서 KKK단이 원하는 대로 일이 되어 가는지 확인했다. 그러나 롭슨이 라디오를 통해 "나는 내가 원하는 곳 어디에서든 노래할 권리가 있다. 다음주에 피크스킬에서 노래 부를 계획이다"고 말했을 때 그들은 모두 당황했다.

다음주 롭슨의 노래를 들으러 만 명 정도가 몰려왔다. 어떤 폭도도 공연을 방해하지 못하도록 천 명 이상의 조합원들이 어깨와 어깨를 마주하고 공연장을 둘러쌌다. 롭슨 곁에서 감시의 눈을 하고 서 있는 사람들도 있었다.

공연장 입구에 약 100명에서 150명 정도의 반대자들이 있었다. 그들은 "러시아로 돌아가라, 유대인 새끼! 깜둥이 애인들!" 이와 비슷한 소리를 외쳐 댔다. 하지만 경찰 서너 명은 입구를 개방한 상태로 놔뒀다. 만 명 이상의 사람들이 차를 몰고 와서 주차하고 앉아서 훌륭한 콘서트를 즐겼다. 나는 전반부를 맡은 가수들 사이에 있었다. 롭슨은 내게 경의를 표했다. 나는 잘 알려지지 않았고, 매우 서툴렀지만 "내게 망치가 있다면If I Had a Hammer"이라는 노래를 포함해 서너 곡을 불렀다. 그런 후 롭슨이 후반부를 맡았다. 콘서트가 끝나자 관중들은 입구를 나와 천천히 움직였다. 내 가족과 내가 마침내 차로 빠져나오는 데 적어도 한 시간에서 한 시간 반 정도 걸렸을 것이다.

나는 집이 피크스킬의 북쪽에 있었기 때문에 좌회전하려고 했다. 한 경찰이 "안 돼, 모든 차는 이쪽으로 가시오"라고 말했다. 경찰은 남쪽을 가리켰다. 그 방향을 따라 죽 나 있는 이 길은 아이러니하게도 분단의 길

Division Street이라고 불렀다. 약 100야드(약 9백 미터)도 채 못 가서 나는 길 위에 흩어진 유리들을 보았다. 자그마한 외건형 지프차에는 내 아내와 두 아이들, 장인, 그리고 친구 두 명이 타고 있었다. 나는, "어, 유리가 있네. 몸을 숙일 준비를 하는 게 좋겠는데, 누군가 우리에게 돌을 던질지도 몰라"라고 말했다.

하! 이 무슨 슬픈 예감이었던가. 허리 정도 높이로 돌을 쌓아 놓고 커브볼 던지기를 기다리고 있는 청년들이 있었다. 모든 돌은 야구공 크기만 했다. 쾅! 그들은 가까이 있는 돌을 집어 지나가는 모든 차에 힘껏 던졌다. 이런 돌무더기가 15개, 20개 정도는 있었다.

우리는 호된 공격을 당했다. 뒤창문을 제외하고 모든 창이 부서졌다. 돌 두 개는 유리를 완전히 관통해 차 안으로 들어왔다. 나는 후에 이 돌들을 우리 집 벽난로에 시멘트로 붙였다. 그러므로 그때 일을 절대로 잊지 못할 것이다. 돌을 던지는 사람들에게서 100피트(약 30미터)도 안 되는 거리에 경찰이 서 있었다. 나는 차를 멈추고 "경관 나리, 뭔가 손을 써야 하지 않나요?"라고 말했다. 그는 "계속 가시오, 움직여"라고 말했다. 나는 둘러보았다. 내 뒤에 있는 사람은 움직일 수가 없었다. 내가 그의 앞에 있었기 때문이다. 그는 계속 돌을 맞고 있었다. 그가 앉은 채로 몸을 숙이는 것을 보고 나는 움직였다.

집에 돌아와서 우리는 아이들을 씻기며 머리에서 유리 조각들을 씻어 냈다. 우리 차에 탄 사람은 아무도 다치지 않았다. 콘서트장에 있던 어떤 사람은 시력을 잃었다. 롭슨은 사람들이 몸을 던져 그를 보호한 덕택에 무사했다.

피크스킬 여기저기 유리창에 구호들이 붙었고, 차에는 범퍼 스티커를 붙였다. 바에는 "깨어나라, 미국이여! 피크스킬은 일어났다"는 구호들로 넘쳤다. 그들은 공산주의자거나 공산주의에 동조하는 것으로 의심되는 사람에게 연쇄 테러를 가하자고 공개적으로 다른 사람들을 부채질했다.

피크스킬 사건에 뒤이어 미국에서 파시즘이 시작되고 있다고 말하는 사람들이 늘어났다. 파시즘은 독일에서 히틀러가 〔나치즘을〕 시작한 방법이었다. 경찰은 파시스트가 린치하고 살인하고 죽이는 장면을 지켜보고서 있었다. 하지만 나는 확신하지 않았다. 나는 꽤 부유한 사람들이 미국을 떠나 멕시코, 영국, 또는 캐나다로 가려 한다는 사실을 알았다. 나는 자기 책을 태우는 사람들도 있다는 사실을 알았다. 나는 아주 귀중한 노동가 모음집인 우리의 노래 모음집을 마이크로필름으로 남기는 작업에 참여했다. 그러나 나는 내 친구 몇몇이 말하는 만큼 상황이 심각하지는 않다고 생각했다.

피크스킬 사건 후 한 달에서 6주 정도가 지난 뒤에 "깨어나라, 미국이여"라는 구호는 많이 사라졌다. 증거는 없지만 나는 많은 가정에서 논쟁이 있었다고 개인적으로 확신한다. 할머니가 "네가 여자와 아이들에게 돌을 던졌단 말이냐? 나도 이 사람들이 싫지만 여자와 아이들에게 돈을 던져서는 안 된다"고 말했을 수도 있다. 미국에는 관대함의 기풍이 있다. 나는 "자, 이게 토머스 제퍼슨이 얘기한 것인가? 링컨이 말한 것인가? 우리는 저기 남부에서 린치가 행해지고 있다고 들었다. 우리가 정말 그것을 원하는가?"라고 말하는 사람들이 있다고 확신한다. 1950년대에는 여러 곳에서 테러가 있었다. 그러나 피크스킬 같은 일은 실제로 다시 일어나지 않았다.

I. F. 스톤,
"조 매카시만이 아니다"⁹

1954년 3월 15일

저널리스트 스톤I. F. Stone은 수년간 매우 소중한 주간지 『스톤 위클리I. F. Stone's
Weekly』를 편집했다. 스톤은 한국전쟁과 베트남전쟁 이면에 있는 거짓을 큰 소리로
말한, 진정한 언론인의 드문 표상이었다. 다음 에세이에서 스톤은 조 매카시뿐만 아니
라 반공 히스테리 전체와 매카시를 비난하는 자유주의자들조차 받아들이고 있던 냉
전 구도에 도전했다.

　　개나리 봉오리가 나오기 시작하고, 조 매카시를 둘러싼 알력이 시작되
고 있다. 이른 봄이 왔다는 사실, 그리고 독재자를 자처하는 이가 겪어야
했던 일련의 수치가 수도 워싱턴의 한 주를 매우 즐겁게 만들었다.
　　이 주에 일어난 사건들은 음미해 볼 가치가 있다. 퉁명스러운 찰리 윌
슨Charlie Wilson은 군부에 대한 매카시의 비난을 "허튼소리"라고 했고, 이
번만큼은 조도 반박하지 못했다. 다음날 매카시는 전 상원 의원 윌리엄
벤튼William Benton에 대한 2백만 달러짜리 고소를 취하한다는 굴욕적인
발표를 했다. 매카시는 벤튼이 자신을 사기꾼, 거짓말쟁이 취급을 했다
는 이유로 고소한 바 있다. 매카시의 불충분한 해명 때문에 "벤튼을 믿
는다"는 운동이 전국적으로 전개될 것처럼 보였다. 아들라이 스티븐슨

Adlai Stevenson은 아이젠하워 행정부에 점차 신물이 난 점잖은 보수주의 자들에게 인상을 남기려는 계산하에 랠프 즈비커Ralph Zwicker 장군 사건에서 아이젠하워 행정부가 비겁했다는 연설을 추가했다.

매카시는 스티븐슨에게 답하려고 했지만, 바로 그때 〈공화당전국위원회〉가 아이크[Ike:드와이트 아이젠하워의 애칭]의 옆에서 나타나 매카시에게서 라디오와 텔레비전을 잡아챘다. 대신 리처드 닉슨이 스티븐슨에게 답했다. 닉슨의 강아지 체커스 자리에 매카시를 몰래 집어넣지 않고서야, 그 프로그램에 매카시의 자리는 없었다. 매카시가 노발대발하며 협박하는 동안 그가 임명한 〈연방통신위원회Federal Communications Commission〉의 로버트 리Robert Lee는 언론이 닉슨에게 시간을 충분히 줬다고 생각한다는 배은망덕한 선언을 했다. 다음날 버몬트 출신 공화당원인 랠프 플랜더스Ralph Flanders는 비록 진보적 공화당원이기는 했지만, 실제로 상원의원 연단에 올라가서 매카시를 공격하는 연설을 했다. 같은 날 밤, 에드 머로우Ed Murrow는 텔레비전에서 매카시를 명쾌하게 공격했다.

스티븐슨의 지도력 덕분에 아이젠하워는 회복할 수 있었다. 기자회견에서 아이젠하워는 플랜더스의 공격을 수긍했고, 스티븐슨에게 답할 사람으로 닉슨을 선택한 결정에 진심으로 동의한다고 말했다. 그리고 언론이 매카시에게 시간을 줘야 할 이유는 없다고 말했다. 도망친 죄수처럼 경련이 일어난 근육을 움직이며, 대통령은 인도차이나를 또 다른 한국으로 만들 의도가 없음을 분명히 했다. 그리고 버터와 다른 잉여 농작물을 러시아와 교환한다는 생각이 좋다고 말하는 만용을 부렸다.

백악관 회의가 끝나자마자 호머 퍼거슨Homer Ferguson 상원 의원은 〈공화당상원정책위원회Senate Republican Policy Committee〉 의장으로서 〈상원 조사위원회〉 운영을 위한 일련의 원칙을 발표했다. 원칙에 큰 변동은 없었지만, 만약 그 원칙을 적용한다면 매카시가 소위원회를 더 이상 혼자서 좌지우지할 수 없게 될 것이었다. 이는 매카시즘과의 싸움에서 얻게 된 작은 소득이지만 매카시가 삼키기에는 너무 쓴 약이었다.

아직까지는 통로 양측에 있는 매카시의 동료들 모두 납작 엎드려 있다. 플랜더스가 매카시를 공격했을 때, 상원은 몇 주 전에 루이지애나의 앨런 엘렌더Allen Ellender가 홀로 맹공격하고 아칸소의 제임스 풀브라이트James Fulbrihgt 혼자 그의 예산 책정에 반대해 표를 던졌을 때처럼 조용했다. 오직 뉴욕의 허버트 레먼Herbert Lehman과 켄터키의 공화당 존 셔먼 쿠퍼John Sherman Cooper만이 플랜더스를 반기기 위해 일어났다. 아무도 매카시를 변호하지 않았고 그렇다고 싱원 연설에서 주로 나오는 감탄사로 동조를 표현하지도 않았다. 폐회 기간 동안 열렸던 민주당 전당 대회에서 스티븐슨의 연설은 무시됐다. 민주당 당수인 텍사스의 린든 존슨Lyndon Johnson은 텍사스의 매카시 지지자들을 두려워했다.

중요한 문제들은 정면공격해서는 거의 해결되지 않는다. 예를 들어서 모든 노예제도 폐지론자들은 노예제도가 비도덕적이라고 공격할 준비를 했고, 링컨을 포함한 타협적인 정치가들은 정말 중요한 문제는 주권 또는 연방 사법부의 범죄 재판권, 또는 새로운 준準주(territory, 연방의 주로 편입되기 이전의 상태를 말한다. 옮긴이)에서 자신의 미래를 결정할 주민들의 권리에 있다고 말했다. 이 나라와 유럽에서 마녀사냥에 대항하여 싸울 때 개인을 변호한 사람은 매우 적었고, 마녀사냥에 대한 믿음이 근거 없다고 공개적으로 주장하는 사람은 더욱 적었다. 오늘날 "매카시즘"과의 싸움에서도 마찬가지다. 때로는 원칙에 있어서, 매카시와 그의 비판가들을 구분하기 어렵다. 정말로 세계 평화와 안전을 위협하는 극악무도한 엄청난 음모가 있다면 매카시가 정당하지 않은가? 만약 "위험인물들"이 이곳과 해외에서 흰개미처럼 활동한다면 가장 그럴 것 같지 않은 위장을 하고 가장 있을 곳 같지 않은 곳에서 발견되지 않을까? 변화무쌍하고 악의적인 적을 상정하면서 어떻게 공정한 절차를 말할 수 있는가?

어떤 사람이 악마의 권한을 의심하고 마녀의 존재에 의문을 품는다면, 존경받는 사회는 그를 제명할 것이며, 이단이라고 낙인을 찍거나 그가 악마의 권력과 연합하고 있다고 의심할 것이다. 그러므로 매카시즘은 매카시즘과 싸우는 사람들에게도 자신의 논리를 채택하라고 강요한다. 이는 스티븐슨의 연설에서 드러난, 특히 플랜더스의 경우에는 더욱 명백하게 드러난 사실이다.

매카시즘에 대한 공격처럼 저능하고 신경질적인 연설이 환호받을 때 나라는 잘못된 방향으로 간다. 플랜더스는 "인간의 영혼을 사이에 둔 신과 악마 간의 오래된 싸움이 야기한 위기"라고 말했다. 플랜더스는 이탈리아가 "공산주의자들 손에 넘어갈 준비가 되어 있다"고 말했고, 영국이 "무역 이윤이라는, 약에 절어 있는 미끼를 조금씩 뜯어먹고 있다"고 말했다. 플랜더스의 말에는 다음과 같이 단순한 공상에서 나온 구절도 있다. "남쪽을 바라보자. 라틴아메리카에는 자유라는 튼튼한 장점이 있다. 하지만 그곳에는, 슬프도다, 공산주의라는 전염병이 퍼지고 있다. 모든 나라들이 전복되고 있다." 어떤 나라가 "모든 나라들"인가? "자유라는 튼튼한 장점"이 뭔가? 플랜더스는 미국과 캐나다에 쳐 놓은 철의 장막과 "잠입과 전복"으로 포위된 나머지 세계를 상상했다. 플랜더스는 상원에서 "우리에게는 교역할 장소도 남아 있지 않을 것이며, 갈 곳도 없을 것이다. 교역하고 이동하고자 한다면 세계를 지배하는 공산주의자의 허락을 받아야만 할 것이다"고 말했다.

미국 정치의 중심이 지나치게 오른쪽으로 밀려나서 이런 유치한 악몽이 진보적인 정치적 수완의 표현으로 환영받는다. 닉슨은 중도적 정치인이 되고 『워싱턴 스타Washington Star』나 『뉴욕 타임스New York Times』 같은 잡지가 점점 "좌파 언론"으로 분류된다. 이런 분위기에서 공화당 상원은 매카시가 군부에 "공산주의자의 소굴"이라는 어리석은 혐의를 씌우자 이에 대한 대응으로 레버레트 살턴스탈Leverett Saltonstall 상원 의원과 〈군부위원회Armed Services Committee〉를 통해 자체 조사에 나섰다. 공화당의 군부 조사는 밀러드 타이딩스Millard Tydings 상원 의원이 국무부의 혐의를 조사하던 당시의 상황과 닮았다. 이 조사는 매카시의 그늘 아래 있는 정신 나간 비주류를 성장시켜 눈 가리고 아웅 식의 한탄을 자아낼 것이다.

웃어넘기거나 무시해 버려야만 하는 혐의들도 있다. 그런 혐의들은 증명할 수 없기 때문이다. 어떤 사람이 아이젠하워가 빗자루를 타고 백악관 위를 나는 모습을 보았다고 비난한다고 하자. 그는 대통령이 그 시간에 서쪽 건물 침대에서 책을 읽고 있었다는 반대 증거를 절대로 받아들이지 않을 것이다. 살턴스탈의 조사처럼 공식적인 조사는 단지 편집증에 영합하는 것이며, 민중 선동을 부추기는 것이다. 매카시가 다음에 대통령과 대법원을 공격한다면 어쩌겠는가? 그것 역시 조사받아야 하는가? 미국이 과거 공산주의자였던 괴짜 두 명의 지시를 받은 모험가들이 수세에 몰려 어떤 기구든 만들 수 있는 그런 나라가 되고 있는가?

매카시는 개인적으로 좌절했다. 하지만 매카시즘은 아직도 진행 중이다. 딘 애치슨Dean Acheson은 매카시와 싸웠지만, 문학적으로 변형된, 역사에 대한 도깨비 이론을 전파하고 있다. 아이젠하워는 매카시와 싸웠지만 카라카스 국무장관은 "안보"를 지지하고 "전복"에 반대하기 위해 함께 행동할 것을 간청하면서 매카시즘을 반구 전역에 확산시키자는 결의를 강력하게 촉구하고 있다. 미국 정치 어디에서도, 어떤 중요한 인물도, 스티븐스조차도, 국가간의 경쟁, 대중의 염원, 아이디어가 바다의 파도처럼 자연스럽게 충돌하는 실제 세계에서 발생하는 진정한 문제에 대해서 성숙하고 현실적인 용어로 침착하게 말할 준비가 되어 있다는 증거가 없다. 자유로운 사회와 자유주의의 논제를 대변할 사람은 나타나지 않고 있다. 매카시즘은 매카시즘에 대해 근본적인 공격을 가할 만큼 용기 있는 사람이 나타날 때까지 끝나지 않을 것이다.

우리가 인식해야 할 원칙은 무엇인가? 첫째로, 이 나라에 진정한 평화가 정착되지 않는다면 자유를 위한 확고한 토대도 사라진다는 것이다. 공존공영, 즉 공산주의와 공존할 준비가 되어 있지 않다면 진정한 평화는 있을 수 없다. 사람과 자유에 대한 신념 없이는 공포가 일소되지 않는다. 세상은 어디에서든지 어떤 형태로든 "사회주의화"되고 있다. 공산주의는 단지 차르와 장개석이 그랬던 것처럼 맹목적이고 반동적인 통치자가 공포와 힘으로 이 조류를 막고자 하는 곳에서 사회주의 운동이 취한 극단적인 형태다.

사회는 경찰이 아니라 개혁에 의해 안정과 안녕을 유지한다는 새로운 인식이 생겨나야 한다. 이는 소위 "전복적인" 생각을 펼치기 위한 자유로운 활동이 있어야 한다는 얘기다. 모든 생각은 새로운 생각에 길을 비켜 주며 오래된 것을 "전복한다." "전복"을 막는 것은 평화로운 발전을 막고 혁명과 전쟁을 부른다. 미국 사회는 과거에 이런 종류의 혁신적인 "전복"이 끊임없이 일어났기에 건강했다. 우리가 역사에 대한 도깨비 이론을 작동시켰다면 미국은 오래전에 자멸했을 것이다. 자유로운 사회에 대한 전통적인 언어를 다시 말할 만큼 용기있고 고매한 사람이 없다면, 혹은 그런 사람이 나타나지 않는다면 미국은 자멸하게 될 것이다.

"물론 마녀들도 있고, 그들의 힘은 무시무시할 정도로 널리 퍼져 있다. 마녀들은 우리 주변 어디에나 있다. 그러나 우리는 혐의자들을 공정하게 다루어야 한다"는 흔한 말로는 충분하지 않다. 혼란을 가져올 망상에 순응하는 것은 그 혼란을 저지하는 방법이 아니다.

이설 로젠버그와 줄리어스 로젠버그가
아이들에게 보낸 마지막 편지[10]

1953년 6월 19일

냉전 시기 반공 히스테리가 가장 엄혹했던 순간은 1953년 6월 19일, 이설과 줄리어스 로젠버그가 처형된 순간이었다. 그들은 소련에 원자폭탄 기밀을 전해 준 혐의로 기소됐고, 이 혐의에 대한 논쟁은 수년 동안 계속됐다. 줄리어스 로젠버그는 당시 미국의 전시 동맹국이었던 소련에 군사기밀을 넘겨 준 것 같다. 그러나 그의 아내 이설 로젠버그는 확실히 무죄였다.(이설을 고소한 사람이 이설의 무죄를 입증했다.) 그러나 이설을 이용해 남편에게서 자백을 받아 내려는 계산하에 이설을 감옥에 넣었다. 두 사람이 죽는다면 그들의 두 아들은 부모 없는 고아가 될 터였다. 두 사람 모두 끝까지 무죄를 주장했다. 그들의 재판은 편견으로 점철되었고, 냉전의 반공산주의 분위기가 뜨거웠던 시기에 일어났다. 로젠버그 부부의 판사는 사법부와 비밀 회담을 열었고, 유죄라면 그들에게 사형을 선고하겠다고 약속했다. 그들을 구명하려는 국제적인 운동이 일어났고, 몇 명의 대법관들은 유예를 허용했다. 하지만 결정적으로 사형을 실행하는 데 필요한 다수를 확보하기 위해 전속 대법관이 여름휴가에서 돌아왔다. 다음은 로젠버그 부부가 여섯 살 난 아들 로버트와 열 살 난 아들 마이클에게 처형 당일에 쓴 마지막 편지다.

친애하고 사랑하는 나의 가장 소중한 아이들에게.

결국 우리는 오늘 아침까지만 함께할 수 있을 것 같다. 더 이상은 함께할 수가 없다. 나는 너희들이 내가 알게 된 모든 것을 알게 되기를 간절히 원한다.

불행하게도 나는 단순한 몇 마디만 쓸 수 있구나. 나머지는 네 삶이 너에게 가르쳐 줄 것이다. 나의 삶이 나에게 가르쳐 준 것처럼 말이다.

첫째로, 물론 우리 때문에 많이 슬프겠지만, 혼자 슬퍼하지 마라. 이것이 우리의 위안이고 결국은 너의 위안이 될 것이다.

결국, 너 역시 인생이 살 만하다는 사실을 알게 될 거다. 설사, 바로 지금, 우리의 종말이 천천히 다가오는 이 순간에도 마음을 편하게 먹어라. 우리는 사형 집행인을 좌절시킬 만한 확신을 가지고 삶이 살 만하다는 사실을 믿는다!

네 인생이 너에게 가르쳐 줄 것이다. 악의 한가운데에서는 선이 번성할 수 없다는 것을, 삶을 진정으로 만족스럽고 가치 있게 만들어 줄 자유와 그런 모든 것들이 언젠가는 매우 소중하게 쟁취되리라는 것을. 우리는 평온하단다. 우리는 문명이 아직 생명을 위해 생명을 잃지 않아도 될 정도로 진보하지는 않았다는 사실을 깊은 이해심으로 깨달았다. 그리고 우리는 다른 사람들이 우리 뒤를 이어 문명의 진보를 가져올 것이라는 사실을 확신하기 때문에 마음에 위안을 얻었다. 그러니 너희도 마음을 편히 해라.

우리는 세상에서 너희와 함께 살면서 어마어마한 기쁨과 감사를 누릴 수 있기를 바랐다. 이 마지막 중요한 순간에 나와 함께 있는 아빠는, 자신이 가장 사랑하는 너희들에게 마음을 다해 자신이 가진 사랑을 모두 보낸다. 우리가 무죄이며 양심에 어긋난 행동을 하지 않았다는 사실을 언제나 기억해라.

너희를 꼭 껴안고 힘껏 입을 맞추며,

사랑하는 아빠와 엄마가

인종 분리에
저항하는 흑인들

헌법수정조항 제14조와 제15조는 모든 사람에게 동등한 권리가 있다고 주장하면서 흑인의 투표권을 보장했다. 그러나 연방 정부는 이 법들을 거의 1백 년 동안 시행하지 않은 채 남겨 두었다. 간단히 말해서, 이 기간 내내 남부 흑인들은 남북전쟁 후 성취한 헌법상의 권한을 무시당한 채 정부에게 버림받았다. 그 결과는 투표권 박탈, 인종 분리, 폭행, 살인이었다.

하지만 표면 아래에는 원한과 의분, 분노가 있었고 체제에 대항하는 소규모 공격도 있었다. 그러나 이러한 공격 대부분은 성공하지 못했거나 주목받지 못했다.

1955년 앨라배마 몽고메리의 흑인들이 이 표면상의 침묵을 깨뜨렸다. 몽고메리의 흑인들은 인종 분리에 저항해 도시의 버스 승차를 거부하는 놀라운 시도를 했다. 버스 승차 거부는 성공을 거두었다. 그리고 저항의 분노가 끓어올랐다. 1960년 초, 노스캐롤라이나 그린스버로의 싸구려 잡화점에서 흑인 대학생 네 명이 연좌 농성을 시작했고, 이는 폭력과 체포로 이어졌다. 그러나 이 사건으로 남부 전역에 연좌 농성의 물결이 출렁이게 됐다. 이러한 연좌 농성에서 젊은 행동가들의 놀라운 조직 〈학생비폭력조정위원회(SNCC: the Student Nonviolent Coordinating Committee)〉가 탄생했다.

다음 해에 흑인과 백인 행동가들은 "자유를 위한 승차 운동Freedom Rides"에 가담해 버스로 남부 전역을 돌아다녔다. 행동가들은 공격받고, 폭행당했다. 그러나 이제 민권을 향한 투쟁이 전국적인 주목을 받게 됐다. 그 후 수년 동안 남부 전역에서 시위가 빈번하게 일어났고, 1963년 앨라배마 버밍햄에서 수천 명이 인종 평등을 위한 행진을 했을 때 최고조에 달했다. 사법부는 1963년 초 3개월 동안 1천4백 건 이상의 시위가 있었다고 기록하고 있다.

이제 전 세계가 주목했다. 의회는 1964년과 1965년 사이 인종 분리를 완전히 종식시키고 남부에서 흑인들이 투표권을 행사할 수 있도록 민권 법안을 통과시켜야 한다는 압력을 받았다. 그러나 이러한 압력은 게토에 사는 가난한 흑인들이 겪는 곤궁에는 관심을 기울이지 않았다. 1964년과 1965년에 할렘과 로스앤젤레스에서 인종 폭동이 일어났고, 뒤이어 1967년 디트로이트에서 반란이 일어났다.

흑인들이 시민권을 획득한 뒤에도 빈곤과 절망과 경찰의 잔인한 행위는 계속됐다. 맬컴 X는 앞서 이룬 성과가 불충분하다고 주장하면서 흑인들의 분노를 표출했다. 맬컴은 1965년에 암살당했다.

　흑표범당Black Panthers, 〈도지혁명조합(DRUM: Dodge Revolutionary Union)〉, 〈청년귀족Young Lords〉과 같은 단체들이 저항과 조직에 있어서 혁명적인 형태를 개발했다. 마틴 루서 킹 2세Martin Luther King, Jr와 맬컴 X는 그들의 생애 말기에 더 과격한 결론을 내리게 된다.

　1968년 암살당하기 전에 킹은 경제적 정의라는 근본적인 문제가 아직 해결되지 않았음을 깨달았다. 킹은 자신의 참모에게 자본주의 체제의 한계에 대해 말했고, 워싱턴에서 "가난한 사람들의 행진Poor People's March"을 실행하려고 계획했다. 그러나 이를 거행하지 못하고 죽었다.

리처드 라이트,
『흑인 1천2백만 명의 목소리』[1]

1941년

민권운동의 기원은 남부의 짐 크로우 체제 아래에서의 오래된 억압과, 인종주의에서 벗어나기 위해 북부로 이주한 흑인 수백만 명의 경험에서 발견할 수 있다. 북부로 이주한 흑인들은 주로 더 나은 삶과 더 좋은 노동조건을 찾을 수 있으리라는 기대를 가지고 있었다. 그러나 그들이 마주친 것은 실업, 박봉의 위험한 일, 계속되는 인종 분리, 그리고 끝없는 차별과 경찰의 야만적 행위였다. 다음은 1927년에 미시시피에서 시카고로 이주한 소설가, 리처드 라이트Richard Wright가 북부 도시에 도착했을 때 흑인이 직면했던 위기를 묘사한 내용이다.

기차와 차는 북쪽으로, 북쪽으로 움직인다. 1916년에서 1928년까지 우리 1천2백만 명은 남부에서 북부로 계속해서 떠났다. 밤이건 낮이건, 비가 오나 해가 뜨나, 겨울이나 여름이나, 우리는 이 땅을 떠난다. 생각에 잠긴 채 앉아 변하는 들판을 바라보면서 우리는 벌써부터 남부의 조밀한 습지들이 잘 재배된 넓은 밀 농장에 자리를 비켜 주는 모습을 관심과 희망을 가지고 지켜본다. 페인트를 칠하지 않은 평범하고 겉만 번지르르한 집에서 빨간색, 초록색, 흰색으로 칠을 한 말쑥한 농가들이 모습을 드러낸다. 사일로(곡식, 사료를 저장하는 건축물. 옮긴이)가 여기저기 흩어져 있는 건초더미를 대신한다. 지저분한 길 대신에 매카댐Macadam 고속도로가 지평선을 향해 굽어 있다. 농부들의 뺨은 살짝 구운 비스킷처럼 움푹 꺼져 있지도, 쇠약하지도 않다. 그들의 뺨은 통통하고 붉다. 전설에서는 달콤하고 친절하지만 실제로는 말로 표현할 수 없는 고통을 우리 몸에 가했던 남부의 느린 말투가 발음을 생략한 양키의 말투, 그리고 빠르고 억양이 없어서 우리의 둔한 귀로는 이해하기 어려운 말투로 바뀐다. 그리고 세상에 그렇게 많은 외국인들, 폴란드인, 독일인, 스웨덴인, 이탈리아인 등의 외국인들이 있으리라고는 꿈에도 생각하지 못했다! 북쪽에 온 니그로 소작농은 다른 나라에 있는 것보다 더 낯선 기분에 사로잡힌다. 새롭고 두려운 의식의 단계에서 이제 새로운 삶이 시작되고 있다.

우리는 비싼 새 옷을 입은 백인 남자와 여자가 기차에 타는 모습을 본다. 우리는 경계심을 가지고 그들을 바라보며, 그들이 우리를 괴롭히지 않을까 걱정한다. 우리보고 자기들이 앉을 테니 일어나라고 요구할까? 우리보고 뒤칸으로 가라고 말할까? 두려워할 필요가 없다고 하지만, 우리는 오랫동안 백인의 얼굴을 두려워하며 살았다. 그래서 우리는 앉아서 기다릴 수밖에 없었다. 우리는 기차 안을 둘러보았지만 오래전부터 익숙한 표지판, 흑인 전용FOR COLORED, 백인 전용FOR WHITE이라는 표지판을 볼 수 없다. 기차는 북으로 속력을 내고 있지만 우리는 잠을 잘 수 없다. 졸다가 머리가 떨어지면, 이 낯선 환경을 주시해야만 한다는 생각에 깜짝 놀라서, 바로 고쳐 앉는다. 하지만 아무 일도 일어나지 않는다. 이들 백인들은 인간미가 없어 보이지만 그들의 중립적인 태도가 한동안 우리를 안심시킨다. 이 활기찬 사람들은 그들의 감정을 드러내지 않기에, 우리는 내면 깊숙한 판단과는 달리 우리 자신에게 긴장을 풀어도 된다고 말한다. 그들은 무관심하다. 오, 달콤하고 고마운 무관심이여!

우리 뒤로 수마일이 지나간다. 일을 찾아서 시카고, 인디애나폴리스,

뉴욕, 클리블랜드, 버펄로, 디트로이트, 톨레도, 필라델피아, 피츠버그, 밀워키로 간다. 우리는 그 어느 때보다도 자유로움을 느낀다. 하지만 여전히 약간 두렵다. 마치 꿈 같다. 갑자기 깨어나 보니 이 모든 것이 현실이 아니고, 단지 헛간 뒤에서 태양 아래 꾸벅꾸벅 졸면서, 말을 탄 관리인이 "니거, 너 지금 어디 있다고 생각하는 거냐? 당장 일어나서 움직여!"라고 거친 목소리로 말하기를 기다리며 공상에 잠겨 있는 건 아닐까?

벌벌 떨며 우리는 기차에서 내린다. 우리는 호기심을 이기지 못하고 커다란 벽돌 빌딩을 바라보면서 소매치기가 걱정되어 짐 가방을 끌어안는다. 도시 사람들은 1마일 떨어진 곳에서도 "풋내기"를 알아볼 수 있으니까 "미숙하게" 행동하지 말라고 경고를 받았기 때문에 우리는 매우 과묵하게 행동했다. 그리고 우리는 사촌 집, 형의 집, 여자 형제의 집, 친구의 집, 아저씨의 집 또는 아줌마의 집으로 가기 위해 처음으로 양키 전차를 탔다. 우리는 차장에게 요금을 내고 조심스럽게 좌석을 찾는다. 우리는 우리가 앉고 싶은 자리 아무 데나 앉을 수 있다고 들었다. 하지만 우리는 여전히 겁난다. 3백 년 동안의 두려움을 세 시간 만에 떨쳐 버릴 수는 없다. 우리는 좌석에 조심스럽게 앉아 창 밖의 복잡한 거리를 바라본다. 백인 남자와 백인 여자가 우리를 쳐다보지도 않고 마치 자연스러운 일처럼 옆자리에 앉는다. 우리 몸의 근육이 긴장한다. 뭐라 말할 수 없는 감정이 피부로 스멀거리고 혈관이 따끔거린다. 우린 곁눈질로, 우리에게서 몇 인치밖에 떨어지지 않은 곳에서 움직이는 낯선 백인의 얼굴을 흘긋거리고 싶다. 웃으려는 충동과 울려는 충동이 우리 안에서 충돌한다. 우리는 입술을 깨물고 창밖을 응시한다.

사람들이 정말 많다. 생애 처음으로 우리는 우리에게 가까이 밀려오는 인간의 몸, 어떤 삶을 살고 어떤 생각을 가지고 있는지 알 수 없는 이방인의 몸을 느낀다. 수천 명에 뒤이어 또 수천 명이 몰려오기 때문에 우리는 한 사람 한 사람을 볼 수도, 알 수도 없다. 우리가 사는 아파트에는 사람이 많고 시끄럽다. 우리는 이내 활기차고 말투가 다른 북부 사람들, 건물의 주인들이 전혀 무관심하지는 않다는 사실을 알았다. 그들은 새로운 방법으로 우리에게 깊은 관심을 갖는다. 우리는 이제 마치 기계 속에서 살고 있는 듯하다. 날짜와 사건들은 자신만의 어려운 논법으로 움직인다. 우리는 사람들 무리 한가운데에 산다. 하지만 사람들 사이에는 대화로도 다리를 놓을 수 없는 엄청난 거리가 있다. 우리의 삶은 더 이상 흙, 태양, 비 또는 바람에 의지하지 않는다. 우리는 일의 은총, 잔인한 일의 논리에 따라 산다. 우리는 이 세계를 모르며, 또는 무엇이 이 세계를 움직이는지 모른다. 남부의 삶은 달랐다. 사람들이 우리에게 말했고, 고함을 질렀고, 우리를 저주하고 죽였다. 세상은 우리가 아는 신호를 따라 움직였다. 그러나 여기 북부에서는 차가운 힘이 우리를 때리고 떠민다. 여기는 사물의 세계다.

우리가 살 집이 충분하지 않다는 사실을 알고 우리의 무기력한 눈은 충격으로 흐려진다. 휴식처를 두고 우리와 겨루는 사람들은 우리처럼 남부에서 온 수천 명의 가난한 이주 백인들이다. 집을 짓는 비용은 비싸고, 건축 사업은 몰락해 간다. 전쟁 기간이어서 바다 건너 유럽에서 오는 새로운 노동력이 없기 때문이다. 우리가 살 수 있는 유일한 구역은 산업 지역 바로 뒤, 거무스름한 공장들이 밀집해 있고, 공장에서 분출하는 연기가 우리의 옷과 폐를 검게 물들이는 중간 지역이다.

이 소위 중간 지역에 이주한 사람들은 우리 흑인들만이 아니다. 이곳은 도시로 끊임없이 이동하는 사람들이 무리지어 들어와 초기에 머무는 지역이다. 우리가 사는 셋방은 수리하거나 교체된 적 없는 낡은 건물이다. 대부분의 건물에는 "건물 매매"라는 안내판이 붙어 있다. 우리는 언제고 우리가 사는 건물이 새 공장이나 제분소를 짓기 위해 헐리므로 이

사하라는 말을 들을 수 있다.

   미국 공장의 굴뚝에서 나오는 연기의 우울한 검은 장막 아래서, 예민한 관찰력을 지닌 우리 흑인은 수많은 사람들의 피가 녹고 융합되어 섞이면서 위대한 미국의 조류에 합류해 인간 통합이라는 하나의 시냇물로 흘러들어가는 모습을 바라본다. 그러나 우리는 결코 그 시냇물과 섞이지 않는다. 우리에게 그런 일은 허용되지 않는다.

랭스턴 휴스,
『연기된 꿈의 몽타주』

1951년

제2차 세계대전 이후 전쟁에서 돌아온 흑인들은 계속해서 인종주의, 짐 크로우 인종 분리, 실업, 가난에 직면해야 했다. 해외에서 흑인들은 민주주의를 위한 전쟁이라는 수사학을 들었지만 이는 민주주의가 결여된 국내 상황과 첨예한 대조를 이루었다. 아래 글은 『연기된 꿈의 몽타주Montage of a Dream Deferred』에서 발췌한 것이다. 여기서 랭스턴 휴스Langston Hughes는 "연기된 꿈"이 곧 폭발할 것이라고 말한다. 휴스는 선견지명이 있었다.

춤추는 꿈Dream Boogie(1951년)[2]

아빠 좋은 아침이에요.
듣지 못했나요?
연기된 꿈이
부기-우기에 맞춰 시끄러운 걸

잘 들어 봐요.
그들이 발로 두드리며

리듬 맞추는 소리를
들을 수 있을 거예요

아빠는 생각하죠
그게 행복한 장단이라고?

가까이 들어 봐요.
아래에서 무언가를
들을 수 없나요?
마치 …

내가 뭐라고 말했죠?

분명,
난 행복해요!
이제부터 시작!

헤이, 팝pop!
리-밥Re-bop!
몹Mop!

예Y-e-a-h!

할렘Harlem(1951년)[3]

연기된 꿈에 무슨 일이 일어났나요?

태양 아래 건포도처럼
말랐나요?
아니면 종기처럼 곪았나요.
그래서 진물이 흘러내리나요?
썩은 고기처럼 고약한 냄새가 나나요?
아니면 위에 파이 껍질과 설탕이 얹혀 있나요?
마치 시럽이 든 과자처럼?

그냥 축 늘어져 있을 거예요.
마치 무거운 짐처럼.

아니면 폭발하나요?

앤 무디,
『다가오는 세기의 미시시피』⁴

1968년

혹인들은 엄청난 개인적 위험을 감수하면서 시민 불복종 운동을 통해 인종 분리의 경계에 물리적으로 도전하기 시작했다. 1955년 12월, 로자 파크스Rosa Parks는 앨라배마 몽고메리에서 백인 승객에게 좌석 양보를 거부해 체포됐다. 이 사건은 버스 승차 거부 운동의 도화선이 됐다. 승차 거부 운동은 승리로 끝나기까지 381일 동안 계속됐다. 1960년대 초 남부 학생들이 점심 가판대에서 인종 통합 운동을 시작했다. 이러한 연좌 농성에서 가장 중요한 사건이 1963년 5월 23일, 미시시피 잭슨 울워스 백화점에서 일어났다. 다음은 당시 투갈루 대학Tougaloo College에 다니고 있던, 시민운동가이자 작가인 앤 무디Anne Moody가 연좌 농성을 회고한 글이다.

나는 당시 캠퍼스에서 〈전국유색인지위향상협회(NAACP: National Association for the Advancement of Colored People)〉 활동을 맡고 있던 사회학 교수 존 샐터John Salter와 매우 가까워졌다. 그해 내내 NAACP가 잭슨 중심가의 상점들에서 불매 운동을 이끄는 동안 나는 샐터 교수의 가장 충실한 학교 운동원이자 교회 연사였다. 샐터 교수는 방학 전 마지막 한 주 동안 잭슨에서 연좌 농성이 시작될 것이니, 나에게 울워스 점심 가판대 연좌 농성 팀의 대표가 되어 줄 수 있냐고 물었다. 다른 시위 대원 두 명, 멤피스 노먼Memphis Norman과 펄레나 루이스Pearlena Lewis는 같은 과 친구였다. 펄레나는 아주 활발한 NAACP의 행동 대원이었지만 멤피스는 캠퍼스 운동에 크게 관심을 가지지 않았다. NAACP는 감옥에 갈 정도로 적극적인 학생을 찾는 데 어려움을 겪고 있었다. 나는 이래도 저래도 잃을 것이 없었다. 시위 당일 아침 10시경 NAACP 본부는 언론사에 시위 소식을 전했다. 그 결과 경찰국도 알게 되었지만 경찰도 기자도 정확히 어디에서 언제 시위가 시작될지 몰랐다. 그들은 캐피톨 스트리트를 따라 경찰을 배치하고 기다렸다.

울워스에서 벌어질 연좌 농성에 관심이 집중되는 것을 막기 위해 약 15분 전 "제이 시 페니 J. C. Penney"에서 피켓 시위를 시작했다. 피켓을 든 사람들은 상점 앞길을 서너 번 오르내리며 걷다가 체포됐다. 정확히 11시에 펄레나와 멤피스와 나는 뒷문으로 울워스에 들어갔다. 우리는 들어가자마자 흩어져서 가판대에서 여러 자그마한 물건을 샀다. 펄레나는 멤피스에게 자신의 시계를 줬다. 멤피스는 11시 14분이 되면 우리에게 알리기로 했다. 11시 14분에 우리는 점심 가판대 근처에서 합류해 정확히 11시 15분에 그곳에 앉기로 했다.

11시 15분 몇 초 전에 우리는 흑백을 분리했던 울워스 점심 가판대의 세 자리를 확보했다. 처음에는 여직원이 무슨 일이 일어나고 있는지 정말로 모르는 듯 우리를 무시하는 것 같았다. 여직원은 몇 차례 우리 앞을 지나갔다. 그리고 우리가 식사 주문서를 적어 내려가는 것을 보고는 우리가 음식을 주문하려 한다는 사실을 알아차렸다. 여직원은 우리에게 무엇을 원하느냐고 물었다. 우리는 우리가 적은 주문표를 보고 읽어 주기 시작했다. 여직원은 우리에게, 니그로를 위한 자리인 뒤쪽 자리에서만 주문을 받을 수 있다고 말했다.

"우리는 여기에서 주문받고 싶은데요"라고 내가 말했다.

여직원은 이미 한 말을 반복하다가 중간에 멈췄다. 여직원은 가판대 뒤의 불을 껐고, 그러고는 다른 여직원들과 함께 백인 손님들을 그냥 둔 채로 거의 뛰다시피 가게 뒤로 갔다. 내 생각에, 그들은 무슨 일이 일어나고 있는지 백인들이 알면 바로 폭력이 시작될 것이라고 생각한 것 같다. 그 가판대에는 대여섯 명의 사람들이 더 있었다. 그들 중 몇 명은 일어나서 가 버렸다. 내 옆 좌석에 앉았던 한 소녀는 바나나 스플릿을 먹은 후 나갔다. 아직 주문하지 못한 중년의 백인 여성이 자리에서 일어나 우리에게 다가와서 "너희들과 함께 여기 있고 싶지만 남편이 기다리고 있다"고 말했다.

중년 여성이 나간 후 곧 기자들이 들어왔다. 사람들 몇 명이 가게를 떠나자 무슨 일이 일어나고 있는지 알아차린 것이다. 한 기자가 우리에게 말을 건 여자 뒤로 달려가, 그녀가 누구인지 물었다. 그녀는 이름을 밝히지 않았지만 이전에 캘리포니아에서 살았던 빅스버그 주민이라고 말했다. 기자가 우리에게 왜 그런 말을 했는지 그녀에게 묻자, 그녀는 "나는 흑인 운동에 동감합니다"라고 대답했다. 이때 사진 기자와 보도 기자들이 우리 주위로 몰려와서 우리 사진을 찍으며, 어디서 왔느냐? 왜 연좌농성을 하느냐? 어느 단체가 지원하느냐? 학생들이냐? 어느 학교 학생이냐? 몇 학년이냐? 등의 질문을 해 댔다.

나는 그들에게, 우리는 투갈루 대학 학생들이고, 특정한 단체를 대변하지 않으며, 가게가 문을 닫더라도 여기 있을 것이라고 말했다. 나는 기자들 중 한 사람에게 "우리는 주문할 수 있기를 바랄 뿐이다"라고 대답했다. 20분쯤 취재를 한 뒤 기자들은 떠날 채비를 했다.

정오가 되자, 근처 백인 고등학교 학생들이 울워스로 몰려들기 시작했다. 처음에는 우리를 보자 놀라는 듯했다. 그들은 어떻게 반응해야 할지 몰랐다. 소수 학생들이 야유하기 시작하자 기자들이 다시 관심을 갖기 시작했다. 그러자 백인 학생들은 모든 종류의 반反니그로 구호를 함께 반복하기 시작했다. 우리는 거의 모든 욕을 다 들었다. 우리가 앉은 세

자리를 제외한 나머지 좌석들은 다른 사람이 앉지 못하도록 밧줄로 둘러쳤다. 학생들 몇 명이 끈의 한쪽 끝을 잡아 교수형 올가미를 만들었다. 우리 목에 올가미를 씌우려는 시도가 몇 번 있었다. 더 많은 학생들과 어른들이 점심을 먹으러 들어오는 바람에 사람이 더욱 늘었다.

우리는 계속 앞을 똑바로 바라보고 가끔씩 일의 사태를 살피기 위해 곁눈질을 했을 뿐 사람들을 쳐다보지 않았다. 갑자기 아는 얼굴, 버스 정류장에서 연좌 농성을 했을 때 본 술주정뱅이 얼굴이 보였다. 서로 누구인지 기억해 내려고 얼굴을 한참 바라보았다. 그는 여전히 술에 취해 있었다. 그는 나를 전에 어디서 봤는지 기억하지 못했을 것이다. 그는 칼을 꺼내 펼친 채로 주머니에 집어넣고는 걸어왔다. 그때 나는 멤피스와 펄레나에게 사태를 얘기했다. 멤피스는 우리 함께 기도하자고 제안했다. 우리는 고개를 숙였고, 그러자 큰 혼란이 일어났다. 한 남자가 앞으로 다가와서 멤피스를 자리에서 내동댕이쳤고, 내 얼굴을 때렸다. 그러자 상점에서 일하는 다른 남자가 옆 가판대로 나를 던졌다.

나는 바닥에 무릎을 꿇은 채로 멤피스가 점심 가판대 근처에 누워 입한쪽에서 피를 흘리고 있는 모습을 보았다. 멤피스가 얼굴을 가려 막으려고 하자 그를 집어던진 남자가 멤피스의 머리를 계속 찼다. 만약 그 남자가 운동화 대신에 딱딱한 굽의 구두를 신었다면 한 방에 멤피스를 죽일 수 있었을 거다. 마침내 자신이 경찰관이라고 밝힌 평복 차림의 남자가 멤피스와 그를 때린 남자를 체포했다.

누군가 펄레나를 바닥으로 쓰러뜨렸다. 나와 펄레나는 멤피스가 체포된 뒤 의자에 돌아와 앉았다. 군중 속에는 백인 투갈루 선생들도 있었다. 그들은 펄레나와 나에게 이곳에서 나가는 게 어떻겠느냐고 물었다. 그들은 사태가 너무 심각해지고 있다고 말했다. 우리는 어찌할지 몰랐다. 우리가 마음을 정하려 하는 동안 조앤 트럼파우어Joan Trumpauer가 합세했다. 이제 우리는 세 명이고 흑백 혼합이 됐다. 군중은 "사회주의자, 사회주의자, 사회주의자"를 반복해서 외치기 시작했다. 군중 속에서 노인 몇 사람이 학생들에게 다가가 우리를 의자에서 끄집어 내라고 명령했다.

"누구를 먼저 데려 갈까요?" 목소리가 탁한 몸집 큰 소년이 말했다.

"저기 하얀 니거"라고 노인이 말했다.

그 소년은 조앤의 허리를 들어서 조앤을 가판대에서 상점 밖으로 데려갔다. 거의 동시에 고등학생 두 명이 나를 의자에서 낚아챘다. 나는 누군가 소년들을 말릴 때까지 머리를 잡힌 채로 문 쪽으로 30피트(약 9미터) 정도 끌려갔다. 바닥에서 일어나면서 나는 조앤이 다시 들어오는 모습을 보았다. 우리는 펄레나와 합류하기 위해서 가판대로 다시 돌아갔다. 이번에는 투갈루의 백인 교수인 로이 차페Lois Chaffee가 펄레나 곁에 앉아 있었다. 그래서 조앤과 나는 가판대 앞에 쳐진 밧줄을 넘어 들어가서 앉았다. 이제 우리는 백인 두 명, 니그로 두 명으로 모두 여자 네 명이었다. 사람들은 케첩, 머스터드, 설탕, 파이 등등 가판대에 있는 것들을 우리에게 문대기 시작했다. 곧 존 샐터가 조앤과 나와 합세했다. 샐터가 앉으려는 순간 놋쇠 주먹으로 보이는 것이 그의 턱을 강타했다. 샐터의 얼굴에서 피가 쏟아졌고, 누군가가 상처에 소금을 뿌렸다. 투갈루의 지도 목사인 에드윈 킹Edwin King이 급히 샐터를 쫓아왔다.

가판대 다른 끝에서는 〈인종평등회의(CORE: Congress of Racial Equality)〉 행동 대원이자 잭슨 주립대학교 학생인 조지 레이몬드George Raymond가 로이와 펄레나와 합세했다. 그러자 니그로 고등학생이 내 곁에 앉았다. 사람들은 가판대에서 스프레이 페인트를 가져와 새로 합류한 시위대에 뿌렸다. 고등학생은 흰색 셔츠를 입고 있었는데, 사람들이 그의 등에 빨간 스프레이 페인트로 "니거nigger"라는 단어를 썼다.

우리는 세 시간 동안 구타당하며 앉아 있었다. 가게 매니저는 사람들이 다른 가판대에서 물건을 집어 들며 더 거칠어지기 시작하자, 가게 문을 닫기로 결정했다. 매니저는 모두 나가 달라고 애원하고 또 애원했다. 그러나 15분 동안 애원을 해도 아무도 조금도 움직이지 않았다. 그들은 우리가 나갈 때까지 나가지 않으려 했다. 그러자 투갈루 대학 총장인 대니얼 베이틀A. Daniel Beittel 박사가 급히 뛰어왔다. 총장은 지금 막 무슨 일이 일어나고 있는지 들었다고 말했다.

밖에는 90명 정도의 경찰이 가게 앞에 서 있었다. 그들은 창문을 통해서 일어나는 일 전부를 바라보고 있었다. 하지만 사람들을 말리거나 뭔가 조치를 취하려고 들어오지는 않았다. 베이틀 총장은 밖으로 나가 레이 지서장에게 들어와서 우리를 호위해 밖으로 데리고 나가라고 부탁했다. 지서장은 매니저가 들어오라고 해야 들어갈 수 있다고 말하며 거절했고, 베이틀 총장이 우리를 데리고 나왔다. 총장은 경찰에게 일단 우리가 가게 밖으로 나왔으니 우리를 보호하는 게 좋을 거라고 말했다. 우리가 나오자 경찰은 한 줄로 늘어서서 군중들이 우리에게 오는 것을 막았다. 10분 안에 우리는 에드윈 킹 목사의 차를 타고 린치가에 있는 NAACP 본부로 갔다.

연좌 농성 뒤 나는 미시시피 백인들에게 정말로 질렸다. 그들은 남부의 인종 분리 관습을 맹목적으로 신봉한다. 그 관습을 유지하기 위해서는 사람까지 죽일 기세다. 나는 NAACP 사무실에 앉아서 그들이 이런 삶의 방식이 위협받는다고 느꼈을 때, 얼마나 많은 사람들을 죽였을까 생각했다. 살인은 이제 막 시작되었음을 알았다. "인종 분리가 끝날 때까지 더 많은 사람들이 죽을 것"이라는 생각도 들었다. 나는 연좌 농성 전에는, 늘 미시시피의 백인들을 증오해 왔다. 이제 나는 이 고질병을 증오하는 일이 불가능하다는 걸 알았다. 백인은 심각한 병을, 말기까지 와서 고칠 수 없는 병을 앓고 있었다.

존 루이스,
링컨 기념관 연설 초고[5]

1963년 8월 28일

1963년 8월 28일, 직업과 자유를 위한 역사적인 워싱턴 행진이 있었다. 민권을 위해 싸우는 20만 명이 넘는 시위자들의 발걸음이 링컨 기념관Lincoln Memorial을 향했다. 이 집회는 "나에게는 꿈이 있습니다"라는 말로 시작하는 마틴 루서 킹 2세의 역사적인 연설로 가장 잘 알려져 있다. 그러나 아마도 그날의 가장 과격한 연설은 앨라배마에서 온 젊은 SNCC 의장인 존 루이스John Lewis의 연설일 것이다. 하지만 킹과 다른 기성의 민권운동 지도자들의 압력으로 루이스는 연설 내용의 과격한 어조를 낮추었다. 원래 내용에 따르면 루이스는 "혁명"을 말했고 존 케네디John F. Kennedy가 제시한 민권 법안이 "너무 빈약하고, 너무 뒤늦었다"고 주장했다. 다음은 그날 루이스가 전하고자 했던 연설의 초고다.

우리는 오늘 직업과 자유를 위해 행진한다. 하지만 우리는 자랑할 것이 없다. 우리 형제들 수백만 명이 함께하지 못했기 때문이다. 그들은 굶을 정도로 적은 임금을 받거나 아니면 아예 임금을 못 받기 때문에, 여기에 올 교통비가 없다.

떳떳한 양심에 비추어 우리는 현 행정부의 민권 법안이 너무 빈약하고 너무 뒤늦었기 때문에 지지할 수 없다. 이 법안에는 우리를 경찰의 잔인한 행동에서 보호해 준다는 내용이 하나도 없다.

이 법안은 평화로운 시위에 참여하는 어린이와 나이 많은 여자들을 경찰견과 소방호스로부터 보호해 줄 수 없다.

투표권에 관한 항목은 투표하기를 원하는 수천 명의 흑인 시민을 도와주지 못할 것이다. 이 법안은 미시시피, 앨라배마, 조지아에 사는, 투표 자격은 있지만 초등 교육도 받지 못한 시민들이 투표를 할 수 있도록 돕지 못한다. "1인 1표"는 아프리카인들의 외침이다. 이는 우리의 외침이기도 하다.

우리는 이제 (…) 혁명에 가담한다. 이 나라는 여전히 비도덕적인 타협으로 경력을 쌓고 공개된 형태의 정치적·경제적·사회적 착취와 제휴하는 싸구려 정치 지도자들의 나라다. 이 나라 어떤 정치 지도자가 일어나서 "우리 당은 원칙을 따르는 당"이라고 말할 수 있겠는가? 케네디의 당 역시 이스트랜드의 당이다. 제이콥 자비츠Jacob Javists의 당은 역시 배리 골드워터Barry Goldwater의 당이다. 우리의 당은 어디 있는가?

남부의 어떤 지역 흑인들은 해뜰 때부터 해가 질 때까지 일주일에 12달러를 받고 일한다. 조지아 주 알바니의 우리 지도자 9명은 평화 시위를 한 죄로 딕시크라츠(Dixiecrats, 미국 남부의 민주당 탈당파. 남부의 전통을 수호한다는 명목하에 연방 정부의 인종 통합 정책에 반대하고 나섰다. 옮긴이)도 아닌 연방 정부에 의해 기소됐다. 알바니의 부보안관 컬 캠벨이 변호사 킹을 구타해 거의 반죽음 상태로 만들었을 때, 연방 정부는 무엇을 했는가? 지역 경찰관이 욕설을 퍼부으며 슬래터 킹의 부인 매리언을 발로 차 결국 매리언이 뱃속의 아기를 잃었을 때, 연방 정부는 무엇을 했는가?

알바니의 기소 건은 연방 정부와 지역 정치가가 각자의 이익을 챙기기 위해 꾸민 음모의 일부라고 생각한다.

나는 연방 정부가 어느 편인지 알고 싶다.

혁명이 바로 가까이에 있다. 우리는 정치적·경제적 노예제도의 사슬을 끊고 자유로워져야만 한다. 비폭력 혁명은 "우리는 수백 년을 기다려 왔기 때문에, 행동하기 전 법의 판결을 기다리지 않을 것이다. 우리는 대통령을, 사법부를, 국회를 기다리지 않는다. 대신에 우리는 우리에게 승리에 대한 확신을 가져다줄 수 있고 분명히 가져다줄, 국가의 구조 밖에서 우리 스스로 일을 추진할 것이며, 권력의 근원을 창조할 것"이라고 말한다.

"인내하고 기다려라"라고 말하는 사람에게 "인내는 비열하고 역겨운 말"이라고 우리는 말해야 한다. 우리는 참을 수 없다. 우리는 점진적인 자유를 원하지 않는다. 우리는 자유를 원한다. 그것도 바로 지금 원한다. 우리는 어떤 정치적 당에도 의존할 수 없다. 민주당과 공화당 모두 「독립선언서」의 원칙을 배신했기 때문이다.

우리 모두는 만약 우리 사회에 어떤 급진적인 사회적·정치적·경제적 변화가 일어난다면 그것은 사람들, 즉 민중이 일으키는 변화여야 한다는 것을 알고 있다. 우리는 투쟁하는 가운데 민권 이상의 것을 추구해야 한다. 우리는 사랑, 평화, 진정한 형제애로 똘똘 뭉친 공동체를 위해서 일해야 한다. 모든 사람을 위한 자유와 정의가 자리 잡을 때까지 우리의 마음, 영혼, 심장은 쉴 수 없다.

혁명은 진지하다. 케네디 씨는 혁명을 거리에서 데리고 나와 법정에 집어넣으려 한다. 케네디 씨, 잘 들으시오. 국회의원 나리들, 잘 들으시오. 동료 시민들, 잘 들으시오. 우리 흑인들은 직업과 자유를 위해 행진할 것이오. 그리고 우리는 정치인들에게 "냉각 기간"은 있을 수 없다고 말할 것이오.

우리는 멈추지 않을 것이다. 제임스 이스트랜드, 로스 바넷Ross Barnett, 조지 월러스George Wallace, 그리고 스트롬 서먼드Strom Thurmond 모두의 힘으로도 이 혁명을 중단시키지 못할 것이다. 우리의 행진이 워싱턴을 넘어설 때, 그때가 바로 적기다. 우리는 남부 전역을 행진할 것이다. 그리고 윌리엄 셔먼 장군처럼 남부 중심지를 행진할 것이다. 우리는 우리 나름의 초토화 전략을 수행해 비폭력적인 방식으로 짐 크로우 법을 태워 땅바닥에 쓰러뜨릴 것이다. 우리는 남부를 수천 개 조각으로 나누고 그것들을 다시금 민주주의상에 걸맞게 조합할 것이다. 우리는 수개월 전의 행동이 쩨쩨한 것이었음을 보여 줄 것이다. 그리고 나는 당신에게 말한다. "깨어나라 미국이여!"

맬컴 X,
"민초를 향한 메시지"[6]

1963년 11월 10일

일부 민권운동 지도자들은 시민권 획득 문제에 조심스럽게 접근했지만 맬컴 X는 비타협적인 투쟁이 필요하다고 생각하는 많은 흑인들을 대변했다. 흑표범당 회원들처럼 맬컴 X는, 미국처럼 심한 인종주의 사회에서 흑인과 다른 억압받는 집단은 자기 방어를 위해 무장할 권리가 있다고 주장했다. 다음은 맬컴 X가 미시건 디트로이트에서 행한 연설의 일부다. 이 연설을 한 뒤 2년이 지난 1965년 2월 21일, 맬컴 X는 뉴욕시에서 암살당했다.

우리는 바로 지금, 당신과 나, 우리 사이의 격식 없는 대화를 원합니다. 우리는 여기 있는 모든 사람들이 쉽게 이해할 수 있는 언어로 아주 현실적인 얘기를 나누기를 원합니다. 우리는 미국이 매우 심각한 문제를 안고 있다는 사실에 오늘밤 모두 동의했습니다. 모든 연사가 동의했습니다. 미국이 심각한 문제를 안고 있을 뿐만 아니라, 우리 흑인들도 매우 심각한 문제를 가지고 있습니다. 미국의 문제는 우리의 문제입니다. 우리가 미국의 문제입니다. 미국이 가진 유일한 문제는 미국이 우리 흑인들을 원하지 않는다는 사실에 있습니다. 여러분의 피부색이 검든, 갈색이든, 홍색이든, 황색이든, 그리고 소위 말하는 니그로든 간에 여러분은 스스로를 들여다볼 때마다 자신이 미국에 심각한 문제를 일으키는 사람을 대표한다고 생각하게 됩니다. 왜냐하면 미국이 당신을 원하지 않기 때문입니다. 일단 이 사실을 직시한다면 여러분은 자신이 멍청하게 보이지 않을 수 있는, 이지적으로 보일 수 있는 수단을 찾을 수 있습니다.

여러분과 나는 우리의 차이를 잊는 방법을 배워야 할 필요가 있습니다. 우리가 함께 모일 때 우리는 침례교도나 감리교도로서 모이지 않습니다. 여러분은 침례교도이거나 감리교도이기 때문에 비난받는 것이 아닙니다. 여러분이 민주당원이거나 공화당원이기 때문에 비난받는 것도 아닙니다. 여러분이 프리메이슨이라서, 혹은 〈엘크공제조합〉 회원이라서 비난을 받는 것도 아닙니다. 그리고 여러분이 미국인이어서 비난받는 것은 더더욱 아닙니다. 여러분이 미국인이었다면 여러분은 비난받지 않았을 것입니다. 여러분은 흑인이기 때문에 비난받는 것입니다. 우리 모두가 같은 이유로 책망을 듣습니다.

그러므로 우리 모두는 흑인, 소위 니그로이고, 과거에 노예였던 이등시민입니다. 여러분은 과거 노예였던 존재일 뿐입니다. 이렇게 말하는 걸 싫어하겠지요. 하지만 그 외에 어떤 존재란 말입니까? 여러분은 노예였습니다. 여러분은 "메이플라워호"를 타고 이곳에 오지 않았습니다. 여러분은 노예선을 타고 왔습니다. 마치 말, 소, 닭처럼 사슬에 묶여 왔습니다. 여러분은 "메이플라워호"를 타고 온 사람들에게 끌려 이곳에 왔습니다. 여러분은 소위 필그림, 또는 건국의 아버지라 불리는 사람들에 의해 이곳에 온 것입니다. 그들이 여러분을 이곳으로 데려온 사람입니다.

우리에게는 공동의 적이 있습니다. 우리는 다음과 같은 것들을 공동으로 가지고 있습니다. 우리에게는 공동의 압제자, 공동의 착취자, 공동의 차별하는 사람이 있습니다. 그러나 일단 우리가 우리에게 공동의 적이 있음을 깨닫게 되면 우리는 그 공통점을 기반으로 단합할 수 있습니다.

그리고 우리의 가장 핵심적인 공통점은 우리의 적, 바로 백인입니다. 백인은 우리 모두의 적입니다. 여러분 중에는 백인 모두가 다 적은 아니라고 생각하는 사람이 있다는 것을 압니다. 시간이 말해 줄 것입니다. (…)

나는 흑인 혁명과 니그로 혁명의 차이에 대해서 몇 가지 말하고자 합니다. 두 혁명이 같을까요? 같지 않다면 어떻게 다를까요? 흑인 혁명과 니그로 혁명의 차이는 무엇일까요? 첫째로, 혁명이 무엇입니까? 우리들 중 많은 사람은 이 "혁명"이라는 단어가 실제로 무엇을 의미하는지, 그리고 그 역사적인 특징이 무엇인지 곰곰이 생각하지 않고 상당히 방만하게 사용하고 있습니다. 만약 여러분이 혁명의 역사적인 본질, 혁명의 동기, 목적, 결과, 그리고 혁명에 사용된 방법을 연구한다면 혁명이라는 단어를 사용하지 않을 것입니다. 아마도 다른 프로그램을 고안하고 여러분의 목적을 수정하고 생각을 바꿀 겁니다.

1776년의 아메리카 혁명을 보십시오. 그 혁명은 무엇을 위해서였습니까? 영토를 얻기 위해서였지요. 그들은 왜 영토를 필요로 했나요? 독립 때문입니다. 어떻게 수행되었습니까? 피를 뿌렸습니다. 첫 번째, 혁명은 독립의 근거인 영토에 기반했습니다. 그리고 영토를 얻기 위한 유일한 방법은 유혈 참사였습니다. 프랑스혁명, 이는 무엇에 기반했습니까? 땅 가진 사람에 대항한 땅을 소유하지 않은 사람이었습니다. 무엇을 위한 것이었습니까? 땅입니다. 어떻게 얻었나요? 유혈 참사를 통해서 얻었습니다. 그들은 서로 미워했고, 타협도 없었고, 협상도 없었습니다. 여러분은 혁명이 무엇인지 모릅니다. 혁명이 무엇인지 안다면 여러분은 골목길로 달아나 혁명을 피할 겁니다.

러시아혁명, 이는 무엇에 기반을 두고 있습니까? 땅입니다. 지주에 대한 소작농의 저항입니다. 소작농이 혁명을 어떻게 일으켰나요? 유혈 참사입니다. 피를 뿌리지 않고는 혁명을 할 수 없습니다. 여러분은 피 흘리기를 두려워합니다. 다시 말하건대, 여러분은 피 흘리기를 두려워합니다.

백인이 여러분을 한국에 보내서 여러분은 피를 흘렸습니다. 백인은 여러분을 독일에 보냈고, 여러분은 피를 흘렸습니다. 여러분을 일본인과 싸우라고 남태평양으로 보냈고, 여러분은 피를 흘렸습니다. 여러분은 백인을 위해 피 흘립니다. 하지만 여러분 자신의 교회가 폭탄에 맞고 어린 흑인 소녀들이 살해당했을 때, 여러분은 아무도 피 흘리지 않았습니다. 여러분은 백인이 피 흘리라고 말하면 흘리고, 물라고 말하면 물고, 짖으라고 말하면 짖습니다. 여러분에게 이런 말을 하고 싶지는 않습니다. 그러나 이는 사실입니다. 한국에서는 그렇게 폭력적이었던 여러분이 어떻게 미시시피에서는 그렇게 비폭력적일 수 있는 것입니까? 히틀러나 도조(Tojo Hideki, 진주만을 기습 공격해 태평양전쟁을 일으킨 일본의 수상. 옮긴이), 그리고 그 밖에도 여러분이 누구인지조차 모르는 사람에게 저항할 때는 그렇게 폭력적이 되면서, 여러분의 교회가 폭탄을 맞고 어린 소녀들이 죽었을 때 미시시피와 앨라배마에서 그토록 비폭력적이었던 여러분의 행동을 어떻게 정당화하렵니까?

미국에서의 폭력이 잘못이라면 해외에서의 폭력도 잘못된 것입니다. 흑인 여자, 흑인 어린이, 흑인 아기들, 흑인 남자를 보호하기 위해서 폭력적으로 되는 것이 잘못이라면, 미국이 우리를 징집하고 미국의 방위를 위해 외국에 나가 싸우게 하는 것도 잘못입니다. 우리를 징집하고 우리에게 미국을 방어하기 위해 폭력을 휘두르는 법을 가르쳐 주는 것이 미국의 권리라면, 바로 이 나라 미국에서 우리 흑인을 방어하기 위해 필요한 어떤 일이든 하는 것은 여러분과 나의 권리입니다.

마사 호니,
미시시피 자유 여름에서 보낸 편지[7]

1964년 8월 9일

민권운동으로 생겨난 가장 중요한 기구 중 하나는 〈학생비폭력조정위원회(SNCC: Student Nonviolent Coordinating Committee)〉였다. 이 기구는 주로 "스닉Snick"이라고 불렸다. SNCC는 1960년에 조직되었고 남부의 연좌 농성으로 기구가 커졌다. 1964년에 SNCC는 "자유 학교freedom schools"라 불렸던 투표권 등록 운동과 기타 다른 프로젝트에 가담하기 위해 미시시피에 갈 젊은이들을 모집하는 공고를 냈다. 다음은 자원자 중 한 사람으로, 당시 오버린 대학 1학년에 재학 중이던 활동가이자 작가 마사 호니Martha Honey가 학급 친구였던 블랙 알콧에게 쓴 편지다.

1964년 8월 9일, 마일스톤에서

블레이크에게.

(…) 데이브는 결국 감정을 주체하지 못해 끝낼 수 없었고, 채니네 가족 역시 슬픔에 빠졌어. 나를 포함한 청중 대부분도 함께 울었단다. 말로 어떻게 표현해야 할지 모르겠지만, 나는 오랫동안 니그로가 치뤄야 했던 희생이 어떤 것이었는지를 불현듯, 그리고 다시금 느낄 수 있었어. 우리가 오하이오의 옥스퍼드에서 훈련을 받고 있을 때, 제임스 채니James

Chaney와 앤드루 굿맨Andrew Goodman, 그리고 마이클 슈워너Michael Schwerner 세 사람이 실종됐다는 소식을 듣고 처음 깨달았던 것처럼 말이야. 니그로들은 어떻게 백인들의 그 모든 학대를 받아들일 수 있는 걸까? 나 스스로 백인인 것이 부끄러울 정도의 모욕과 불의를 말이야. 그리고 돌아서서 우리 백인을 사랑으로 품고 싶다는 말을 어떻게 할 수 있는 거지? 나는 이해할 수가 없어. 백인을 죽이고 싶어하는 니그로도 있고, 신랄한 흑인도 많지만 여전히 다수는 백인이 니그로를 사랑으로 감싸 안을 그 날을 기다릴 만큼의 품성을 지니고 있는 것 같아. 우리 친구들은 여기 있는 백인들에 대해 매우 비판적으로 말하지만, 여전히 흑인과 백인이 서로 이해하고 받아들이는 자유에 대한 꿈을 가지고 있어. 이들 앞에는 저항할 수 없는 과제가 있고 나는 가끔 그 친구들을 위해 우는 것 말고는 아무것도 할 수가 없단다. 나는 그 친구들이 그 과제를 완수해내기를 바랄 뿐이야. 하지만 내가 만약 미시시피에 사는 니그로였다면 그렇게 할 수 있을지 확신할 수 없어. 나는 북부 백인이기 때문에 원한다면 이 일에 언제든 참여할 수 있고, 지겹거나 절망하거나 두려울 때면 또 언제든 집으로 도망갈 수 있어. 하지만 나는 이런 북부 백인의 태도와 입장이 싫어. 그리고 그런 식으로 생각하는 나 자신을 경멸해.

요즘 들어 나는 향수병에 시달리고 있어. 오래되고 유쾌한 웨스트포트, 요트 경기와 수영, 그리고 친구들이 그리워. 어떻게 해야 할지 모르겠어. 나는 집에 가고 싶다는 내 열망을 무시할 수도 없어. 그러면서도 이런 감정을 갖는 나 자신이 스스로 생각했던 것보다 훨씬 약한 사람이라고 느끼게 돼. 나는 지금까지 늘 논쟁이나 지저분한 집, 그리고 미시시피 같은 불쾌한 상황을 피하려고만 했지. 내가 아버지께 미시시피에 1년 내내 있어도 되는지 여쭤 봤을 때 아버지가 "안 된다"고 답하셔서 기뻐할 뻔했어. 아버지는 앞으로 3년간 대학 생활 외에 올 한 해를 더 지원해 주기에는 여력이 되지 않는다고 말씀하셨지. 나는 집으로 돌아가서 책도 많이 읽고, 퀘이커 집회에도 나가고, 무엇보다 혼자 있고 싶어. 그러면 이 모든 일들의 한가운데서 조금 벗어나 생각할 시간을 가질 수 있을 테니까. 하지만 내 감정이 과거와 다르지 않게 흐른다면, 나는 이런 일종의 평화로운 생활을 잠시 동안 하다가 다시 활동적이 되어 사람들을 사귀며 함께 어울리고 싶어하리라는 것을 알아.

이 모든 것이 미친 소리처럼 들리겠지. 나는 언제나 네게 편지를 쓰면서 내 문제를 생각하고 해결하는 것 같아. 나는 계속 이 운동을 할 것인지 말 것인지를 선택할 수 있는 나 자신에게 화가 나. 그 선택을 이용할 수도 있고 여기를 떠날 수도 있는 나 자신에게 말이야. 너하고 얘기를 나눌 수 있으면 좋겠어. 네가 이런 느낌을 가져 본 적이 있는지 알고 싶구나. 너도 네 나약한 확신이나 그런 것들로 너 자신을 경멸했던 적이 있는지 말이야. 그리고 더 최악인 건 거기 있는 모든 빌어먹을 북부인들이 나를 용감한 영웅인 양 생각한다는 사실이야.

패니 루 해머의 증언[8]

1964년 8월 22일

민권운동가 패니 루 해머Fannie Lou Hamer는 미시시피 몽고메리카운티에서 태어났다. 해머의 부모는 모두 소작인이었다. 해머는 1962년 SNCC의 제임스 포먼James Forman과 〈남부기독교지도자회의(SCLC: Southern Christian Leadership Conference)〉의 제임스 베블James Bevel과 함께 지역 회합에 참석한 뒤, 유권자 등록을 하기 위해 인디애놀라Indianola 법정으로 가는 18명의 흑인 집단에 가담했다. 당시 미시시피에서 유권자로 등록된 흑인은 7퍼센트도 안됐다. 그러나 미시시피는 유권자 등록을 하러 온 흑인들에게 등록 전에 문맹 테스트를 통과해야 한다고 말했다. 해머와 나머지 흑인들은 문맹 테스트를 통과하지 못했고, 그래서 등록할 수 없다는 통지를 받았다. 루레빌로 돌아온 해머와 흑인 집단은 괴롭힘을 당했고, 해머는 뒤에 체포됐다. 해머는 나중에 SNCC의 현지 서기관 및 미시시피 자유민주당(MFDP: Mississippi Freedom Democratic Party. 1964년 민권운동이 활발하던 시기 흑인과 백인으로 구성된 미시시피 시민들이 만든 정치 정당. 백인들만을 위한 민주당에 도전하기 위해 SNCC와 COFO의 지원을 받아 건설됐다. 옮긴이)의 지도자가 된다. 다음 글은 해머가 1964년 워싱턴에서 열린 〈민주당전국당대회 자격심사위원회〉에서 미시시피에서 투표를 하기까지 어떤 취급을 받았는지를 설명한 내용이다. 미시시피 대의원이었던 해머는 미시시피에서 흑인의 인구 비율에 맞게 흑인 대의원을 선출하고 그들이 당 대회에서 주를 대표할 수 있게 해 달라고 대회 조직 위원회에 요청했다. 린든 존슨Lyndon Johnson과 허버트 험프리Hubert Humphrey를 포함한 민주당 지도부는 이를 거부했고, 미시시피 대의원은 여전히 모두 백인이었다.

의장님, 그리고 〈자격심사위원회〉 여러분, 제 이름은 패니 루 해머입니다. 저는 선플라워카운티 미시시피 주, 루레빌 시, 이스트라파예트가 626호에 삽니다. 그곳은 제임스 이스트랜드 상원 의원과 존 스테니스 상원 의원의 고향이기도 합니다.

우리 열여덟 명은 일등 시민이 되기 위해 유권자 등록을 하러 인디애놀라 법정까지 26마일(약 42킬로미터)을 여행해 갔습니다. 그때가 1962년 8월 31일입니다.

우리는 인디애놀라에서 미시시피 사람들과 고속도로 순찰대를 만났습니다. 인디애놀라 사람들은 당시 우리 중 두 사람에게만 문맹 테스트를 보게 했습니다. 문맹 테스트를 마친 후 루레빌로 돌아가는 길에 우리는 시 경찰과 주 고속도로 순찰대에 저지당해 다시 인디애놀라로 되돌아가야 했습니다. 그날 버스 기사가 흑인을 태우고 운행했다는 이유로 고발당했기 때문입니다.

벌금을 내고 나서 우리는 루레빌로 떠났습니다. 내가 시간 기록원이자 소작인으로 18년 동안 일하고 있는 시골까지 가려면 4마일(약 6.4킬로미터)을 더 가야 했는데, 제프 써니 목사가 나를 데려다 줬습니다. 집에 도착해 아이들을 만났는데, 아이들에게서 내가 투표인 등록을 하려고 가버려서 농장 주인이 화가 났다는 말을 들었습니다.

아이들이 말을 마치자 남편이 돌아왔습니다. 남편은 내가 등록하러 갔다는 말을 듣고는 농장 주인이 지팡이를 들어 올렸다고 말했습니다. 남편이 말을 마치기도 전에 농장 주인이 와서 "패니 루, 얘기는 들었겠지. 패프가 내가 한 말을 전해 줬겠지?"라고 묻길래 나는 "네"라고 대답했습니다.

농장 주인은 "그게 무슨 말이냐면 만약 네가 지금 당장 내려가서 등록을 취소하지 않으면 너를 쫓아낼 거란 의미다. 미시시피에서는 일어날 수 없는 일이야"라고 말했습니다. 나는 주인에게 "나는 당신을 위해서가 아니라 나를 위해 등록했습니다"라고 일장 연설을 했습니다. 나는 그날 밤 농장을 떠나야 했습니다.

1962년 9월 10일, 나 때문에 로버트 터커 부부 집에 총알이 열여섯 발이나 날아들었습니다. 그날 밤, 미시시피 루레빌에서는 두 소녀가 총에 맞았고 조 맥도날드 씨 집도 총에 맞았습니다.

그리고 나는 1963년 6월 9일, 유권자 등록 연수회에 참석하고 미시시피로 돌아왔습니다. 우리 열 명은 컨티넨털 트레일웨이 버스로 여행했습니다. 우리가 미시시피 몽고메리카운티의 위노나에 도착했을 때, 네 사람이 버스에서 내렸습니다. 그중 두 사람은 음식점에 들르려고 했고, 두 사람은 화장실로 갔습니다.

음식점을 이용하려고 간 네 사람은 밖으로 나가라는 명령을 받았습니다. 그동안 나는 버스에 있었는데 창문을 통해서 그들이 급히 나오는 걸 보고 무슨 일인지 알아보려고 버스에서 내렸습니다. 그중 한 여자가 "주 고속도로 경찰과 경찰서장이 우리를 밖으로 나가라고 명령했다"고 말했습니다.

나는 버스에 탔고, 그들 중 한 사람은 화장실을 이용하고 다시 버스에 탔습니다.

버스에 앉자마자 나는 그들이 고속도로 순찰차에 네 사람을 태우려 하는 걸 봤습니다. 나는 무슨 일인지 보려고 버스에서 내렸고, 노동자 네 명이 타고 있는 차에서 누군가 소리를 질렀습니다. "저기 한 명 더 잡아라!" 그 남자가 내가 체포됐다고 말했을 때, 나는 막 차를 타려 하고 있었습니다. 그는 나를 발로 걸어찼습니다.

나는 지방 구치소로 끌려갔고, 대기실에 들어갔습니다. 그들은 몇 사람을 대기실에 남겨 두고 우리를 감옥에 집어넣었습니다. 나는 유베스터

심슨 양과 한 감옥에 배치됐습니다. 감옥에 들어가자 발로 차고 고함치는 소리가 들리기 시작했습니다. 나는 누군가가 "'네, 선생님'이라고 말할 수 있어, 깜둥이? '네, 선생님'이라고 말할 수 있어?"라고 말하는 소리를 들었습니다.

그리고 그들은 다른 끔찍한 호칭들도 입에 담았습니다.

심슨 양은 "네, 나는 '네, 선생님'이라고 말할 수 있습니다"라고 말했던 것 같습니다.

"그럼 말해 봐."

심슨 양은 "나는 당신을 잘 모릅니다"라고 말했습니다.

얼마나 오랜 시간이 지났는지 모르겠습니다. 그들은 심슨 양을 계속해서 때렸습니다. 한참 후 그녀는 기도하기 시작했고, 하나님에게 이 사람들에게 자비를 베풀어 달라고 했습니다.

얼마 지나지 않아 백인 세 명이 내 감방에 왔습니다. 그들 중 한 사람은 주 고속도로 경찰이었고, 그는 내게 어디서 왔는지 물었습니다. 나는 그에게 루레빌이라고 말했고, 그러자 그는 "한번 확인해 보지"라고 말했습니다.

그들은 내 감방을 떠났다가 얼마 되지 않아서 돌아왔습니다. 고속도로 경찰은 "루레빌에서 온 게 맞군"이라고 말하고는 내게 저주를 퍼부었습니다. 그리고 "네가 차라리 죽여 달라고 빌게 해 주지"라고 말했습니다.

나는 그 감방에서 다른 두 명의 니그로 죄수가 있는 감방으로 끌려갔습니다. 주 고속도로 경찰은 첫 번째 니그로에게 가죽 곤봉을 집어 들라고 명령했습니다.

첫 번째 니그로는 주 고속도로 경찰이 내게 내린 명령에 따라 나에게 침상에 엎드리라고 말했습니다. 나는 엎드렸습니다.

첫 번째 니그로가 때리기 시작했고, 그가 지칠 때까지 나는 맞았습니다. 나는 여섯 살 때 소아마비를 겪은 적이 있기 때문에 당시 내 두 손을 왼쪽 등 뒤로 맞잡고 있었습니다.

첫 번째 니그로가 지칠 때까지 나를 때린 후 주 고속도로 경찰은 두 번째 니그로에게 가죽 곤봉을 잡으라고 명령했습니다.

두 번째 니그로가 때리기 시작했고, 나는 발버둥치기 시작했습니다. 그러자 주 고속도로 경찰은 나를 때렸던 첫 번째 니그로에게 내가 발길질을 하지 못하도록 내 발을 붙잡으라고 명령했습니다. 내가 소리 지르기 시작하자 백인 한 명이 일어나서 내 머리를 때리며 조용히 하라고 말했습니다.

내 옷이 위로 올라갔고, 백인 한 명이 걸어와서 내 옷을 잡아 내렸습니다. 그리고 그는 내 옷을 계속해서 잡아당겼습니다.

나는 매드거 에버스Medgar Evers가 살해되었을 때 감옥에 있었습니다.

이 모든 것은 우리가 일등 시민이 되려고 등록하기를 원했기 때문에 일어난 일입니다. 만약 미시시피 자유민주당이 여기 없었다면 나는 미국에게 물었을 것입니다. 온전한 인간으로 살고 싶어한다는 이유로 날마다 생명의 위협을 받으며 수화기를 내려놓은 채 자야만 하는 곳이 미국입니다. 이런 나라가 어떻게 자유의 나라며 용감한 자들의 나라입니까?

리타 슈워너의 증언[9]

1964년

1964년 미시시피 자유 여름 기간 동안 북부에서 천 명이 넘는 백인 대학생들이 인종 분리와 흑인의 투표권 박탈에 저항하기 위해 남부로 갔다. 1964년 6월 21일 자유 여름이 시작되던 날, 미시시피에 사는 흑인 청년 제임스 채니와 북부에서 온 백인 청년 마이클 슈워너, 앤드루 굿맨은 흑인 교회 폭탄 투척 사건을 조사하기 위해 차를 타고 필라델피아에 왔다. 그들은 이 사건에 대해 즉각적인 조치를 취해 달라고 법무부에 탄원했으나, 냉담하게 거절당했다. 그리고 그들은 다시 돌아가지 못했다. 지방 경찰은 채니, 굿맨, 슈워너를 체포했고, 며칠이 지나 방면했다. 그 후 그 지역의 보안관과 부보안관이 참여한 계획에 따라 한 무리의 백인들이 그들의 차를 따라갔고, 차를 세웠다. 그들은 세 사람을 버려진 농장으로 데려가서 쇠사슬로 때리고, 총을 쏴서 죽이고, 그들의 시신을 묻었다. 세 사람의 시신은 그들이 체포된 지 44일이 지나서야 발견됐다. 슈워너의 아내인 리타Rita는 세 사람의 시신이 발견되기 전에 다음의 진술을 했다.

나는 스물두 살이고 마이클 슈워너의 아내다. 슈워너는 1964년 6월 21일 이후 미시시피 필라델피아에서 또는 근교에서 실종된 세 사람의 민권운동가 중 한 사람이다. 마이클과 나는 〈인종평등회의〉의 현지 행동 대원으로 일하라는 〈연합조직위원회(COFO: Council of Federated Organizations)〉의 명령을 받고 올해 1월 16일경 미시시피에 왔다. 1월 21일, 우리는 겨우 미시시피 메러디언까지 갈 수 있었다. 그곳에 공동체 센터를 세워서 주 정부와 지역 당국이 니그로 시민에게 제공하지 않는 서비스를 제공하기 위해서였다. 그때부터 1964년 6월 21일까지 우리는 메러디언과 주변, 그리고 하원 의원 선거구 제4구역의 절반을 차지하고 있는 동부 지역에서 계속 활동했다. 내가 기억하기로 마이클이 지난 6개월 반 동안 미시시피 주를 떠나 있었던 기간은 2월 뉴올리언스 컨퍼런스에 참가했던 4일, 우리 둘이 함께 간 뉴욕 여행 하루, 그리고 그가 실종되기 바로 직전에 참가한 오하이오 옥스퍼드에서의 오리엔테이션 기간뿐이다. 그밖에 내가 미시시피 주를 떠나 있었던 기간은 5월 24일부터 6월 2일까지, 열흘간 뉴욕 시를 방문했던 게 전부다.

1월, 메러디언에 도착한 후 우리는 곧 제임스 채니를 만났다. 제임스는 스물한 살의 니그로 청년으로 우리와 함께 일했고, 마침내 〈인종평등회의〉의 참모가 됐다. 2월 중순경부터 3월 말까지 제임스는 메러디언을 떠나 있었다. 제임스는 처음에는 캔턴에서 일했고, 그 후에는 잠시 동안 그린우드에서 활동했다. 3월 말에 제임스는 메러디언으로 돌아와 우리와 함께 일했다.

마이클과 내가 메러디언에 도착한 뒤 처음 몇 주 동안 우리는 주거지를 서너 번 정도 옮겨야 했다. 우리를 데리고 있던 니그로 가족이 협박 전화를 받고는 우리를 재워 주는 것을 두려워하게 됐기 때문이다. 우리는 2월에 니그로인 앨버트 존스 씨에게서 집을 임대받았다. 그 집은 앨버트 존스 씨가 백인 여성인 로이 커닝햄 부인에게서 임대받은 주택이었다. 6월 초 커닝햄 부인이 우리에게 떠나라고 할 때까지 우리는 그 집에 살았다. 우리가 퇴거하기 전 커닝햄 부인은 임대료를 올렸다.

메러디언에 온 뒤 처음 몇 주 동안 우리는 아무런 위협도 받지 않았고, 지방 당국이 우리를 귀찮게 하지도 않았다. 하지만 사람들이 우리에 대해 조금씩 알게 되면서 우리를 의식하기 시작했고, 우리가 무슨 일을 하려고 하는지 알게 되자 긴장이 고조됐다. 남편은 몇 차례 지역 경찰에게 잡혀 경찰서에 갔다. 그곳에서 경찰들은 우리의 활동에 대해 심문했고, 우리 차 등에 대한 소유를 증명해 보이라고 요청했다. 경찰들이 나를 잡아다 질문한 적은 없었다.

우리가 공동체 센터를 만드는 데 어느 정도 성공을 거두자, 협박과 위협이 더욱 증가하기 시작했다. 5월이 되자 밤늦게 걸려 오는 전화가 많아져서 잠을 자기 위해서는 침대에 가기 전에 전화 수화기를 내려놓아야만 했다. 퇴거 후 새 아파트로 옮기면서 공개되지 않은 전화번호를 얻고 나서야 우리는 이 문제를 해결할 수 있었다. 하지만 낮 동안과 오후에 사무실로 걸려오는 전화는 여전했다. 전화들은 여러 종류였다. 어떤 사람은 수화기를 들자마자 내게 극단적으로 공격적인 말을 했고, 어떤 사람은 폭력을 가하겠다는 협박도 했다. 예를 들어서 누가 전화를 해서, 내가 전화를 받으면 남편을 죽이겠다고 하기도 하고 남편이 이미 죽었다고 말하기도 했다. 마이클은 익명의 사람에게서 나를 죽이겠다거나 내가 이미 죽었다는 전화를 받았다. (…)

마이클은 네쇼바카운티로 출장을 가기도 했다. 전부 서른 차례 정도 출장을 갔다. 네쇼바카운티에 갈 때마다 나는 메러디언에 있는 사무실에 남아 마이클이 숙박할 장소에 들어갈 때나, 뭔가 잘못된 일이 있어서 누군가와 접촉해야 할 때마다 내게 거는 전화를 받았다. 내가 전화를 받지 못한 경우는 마이클이 짧은 시간 네쇼바에 머물 때거나 내가 주에 없을 때뿐이었다. 네쇼바카운티는 매우 위험한 지역으로 알려져 있었기 때문에 나는 남편의 안전이 걱정돼 그렇게 전화를 하라고 부탁했던 것이다. 제임스 채니가 3월 말에 메러디언으로 돌아오고 난 뒤 주로 두 사람이 함께 네쇼바에 갔다. 한두 번은 두 사람 중 한 사람만 가거나 다른 사람과 가기도 했지만 주로 함께였다. 네쇼바카운티는 폭발 직전의 상태라고 알려져서 "유혈의 네쇼바Bloody Neshoba"로 불렸고, 노련한 민권운동가 중에도 그럴듯한 이유를 대며 이 지역에서 활동하기를 사양하는 사람이 많았다.

남편은 행방을 알리는 전화 같은 안전 예방책을 매우 확고하게 믿었다. 나는 몇 차례 남편이 전화하기로 되어 있을 때 전화를 걸지 않은 사람을 호되게 꾸짖는 걸 들었다. 남편이 사라지기 전 단 한 번, 네쇼바카운티에서 두 시간 늦게 돌아온 적이 있었다. 남편은 늦는 이유를 알려 주는 전화도 하지 않았다. 나는 미칠 것 같아 감옥으로 전화할까도 생각했다. 하지만 나는 그가 잡혀가지 않았다면 이는 당국에 그의 소재를 알려 주어 일을 더 심각하게 만들 수 있다는 걸 알았기 때문에 자제했다. 그 예외적인 날 밤, 제임스와 마이클이 돌아와서는 전화가 없는 접선자와 이야기를 나누느라 지체됐다고 설명했다. 그리고 오다가 늦는다는 말을 하려고 전화하기에는 길에 차를 세우기가 두려웠다고 말했다. (…)

제임스는 네쇼바카운티에서 번호판을 덮거나 제거한 차를 탄 백인들이 뒤따라 온 적이 한두 번 있었다고 말했다. 한 번은 경찰차인지 보안관 차인지 모르겠지만 공무 중인 차가 뒤따라 온 적도 있다고 말했다.

1964년 6월 21일, 마이클과 제임스는 필라델피아로 또 다른 여행을 떠났다. 이번에는 COFO의 여름 활동 자원 봉사자인 앤드루 굿맨이 동행했다. 나는 오하이오 옥스퍼드에 있었고, 남편은 6월 20일 토요일 오전 3시에 옥스퍼드를 떠나기 전에 롱데일 지역에 있는 마운틴 시온Mt. Zion 교회 폭탄 사건을 조사하기 위해서 일요일에 필라델피아로 갈 예정이라고 말했다. 세 사람은 다시는 메러디언으로 돌아오지 않았고, 소재를 알리는 전화도 없다. 남편의 습관과 남편이 받은 훈련에 관해 내가 알고 있는 바에 비추어 보면 남편에게 기회만 있었다면 그는 내게 전화를 걸었을 것이다. 전화 걸 기회를 그가 거절했을 것이라는 주장은 어리석은 주장이다. 관공서의 정보는 막연하고 모순적이다. 네쇼바카운티의 모든 정황으로 볼 때 세 사람이 살해됐다는 생각을 하지 않을 수 없다.

6월 25일 오후 3시경 나는 〈학생비폭력조정위원회〉의 지역 서기인 존 로버트 젤너와 투갈루 대학 교목인 에드윈 킹 목사와 함께 잭슨에 있는 주 청사로 갔다. 나는 폴 존슨 주지사를 만나서 세 사람을 찾는 데 협조해 줄 것을 약속받으려고 했다. 바버 상원 의원이 주지사가 오후에 나가서 연락이 안 된다고 말했다. 나를 대하는 바버의 태도는 무척이나 무례했다. 우리는 주지사의 저택으로 갔다. 그곳에 도착하자마자 우리는 조지 월러스 앨라배마 주지사와 함께 계단을 올라가고 있는 존슨 주지사를 만날 수 있었다. 우리는 존슨 주지사를 따라 계단을 올라갔다. 젤너 씨가 존슨 주지사에게 자신을 소개하고 두 사람은 악수를 했다. 그러고 나서, 젤너 씨는 나를 향해 돌아서면서 내가 실종자 세 사람 중 한 명인 마이클 슈워너의 아내라고 소개했다. 젤너 씨는 내가 미시시피 주지사와 잠시 얘기하고 싶어한다고 말했다. 내 소개를 듣자마자 존슨은 돌아서서 저택 문으로 쏜살같이 달려갔다. 그의 뒤로 문이 잠기고, 미시시피 고속도로 경찰들이 우리 세 사람을 둘러쌌다. "하퍼"라는 이름표를 달고 있는 관리는 주지사와의 약속 요청을 거절했다. 하퍼는 우리 요청을 존슨에게 전하지 않을 것이라고 말했다.

1964년 6월 26일, 내가 보안관 로렌스 레이니와 얘기하기 위해서 네쇼바로 갔을 때, 번호판이 없는 파란색 최신 모델의 픽업 트럭이 내가 탄 차를 따라왔다. 트럭에는 백인 남자 두 명이 타고 있었다. 한순간 그 트럭이 우리 앞을 가로막았고, 뒤에서는 흰색의 최신 모델 차가 막고 있었다. 우리는 차를 돌려서 하얀 차를 빠져나갈 수 있었다. 픽업 트럭이 멀리까지 한동안 따라왔다. 우리는 이 일을 필라델피아에서 조사 중인 FBI

요원에게 보고했다. 내가 세 사람의 실종 상황에 대해 모른다고 했던 레이니 보안관과 이야기를 나눈 뒤, 우리는 레이니 보안관과 FBI에게서 보안관의 차를 따라 배달용 트럭을 보관하고 있는 차고에 가서 확인해도 좋다는 허락을 받을 수 있었다. 6월 21일 그 사람들이 몰았던 그 차 말이다. 차고에서 일하는 사람으로 보이는 백인 남자 몇 명이 내가 누구인지를 알고는 웃으며 폭도들처럼 고함을 질렀다. 우리가 차고를 떠날 때 보안관의 차가 우리 뒤에 가깝게 붙어 왔고, 다시 한번 파란색 픽업 트럭이 우리를 읍 변두리까지 따라왔다. 보안관은 이를 저지하려 하거나 번호판이 없는 운전자를 심문하려 하지도 않았다.

앨리스 워커,
"언젠가"[10]

1968년

앨리스 워커Alice Walker는 조지아 이튼턴의 소작인 가정에서 자랐다. 워커는 아주 어렸을 때부터 책을 읽기 시작했고, 스펠먼 대학Spelman College과 사라 로렌스 대학 Sarah Lawrence College을 나왔다. 그리고 곧 많은 시와 소설을 썼다. 워커는 소설 『컬러 퍼플The Color Purple』로 미국 작가상과 퓰리처 상을 수상했다. 이 소설은 수백만 부가 팔렸다. 워커는 스펠먼 대학 재학 시절, 인종 분리에 저항하는 학생운동에 적극 참여했고 체포되기도 했다. 그후로도 워커는 계속에서 평화와 사회 정의를 강력하게 주장했다. 아래 시는 워커의 남부 운동 경험을 반영하고 있으며 민권운동의 활력을 노래하고 있다. 이 시는 『언젠가Once』이라는 제목이 붙은 워커의 첫 번째 시집에 수록되어 있다.

I

파란 잔디
말뚝 울타리
꽃들…
내 친구는 웃는다

그녀는 들었다
남부의 감옥은
재미없는 곳이라고

위를 올려다보니 보인다
튼튼한 팔이

법을 들어 올렸고
미국의 누군가가
보호받는 중이다
나로부터.

아침에
그곳에
회색 옷을 입은 남자가 있었다
하지만 하늘은
파란색이었다.

II

"저기를 봐
백인 녀석하고 있는
저 검둥이를"
　나의 검고
거만한 친구가
돌아본다 조용히, 호기심에 차서
거리낌 없이,
　"어디에?" 친구는
　　문는다.

이번이 다섯 번째
체포

수많은
　날들처럼
나는 얼마나 즐거운지
내가
놀란 것처럼
보일 수 있다는 게
　여전히

III

뛰어 내려간다
애틀랜타
　거리를
내가 신호를 보내면
사람들이 고개를
　돌리고
눈을
　휘둥그레 뜬다
"그녀처럼
　멋진 아가씨가!"

한 검둥이 요리사가
장담한다
　그녀의 여주인에게 …

하지만 나는 봤다.
그녀의 눈가에 있는
손가락이
   눈물로
   젖는 것을

IV

어느 날
조지아에서
검둥이 지역을
걷는데
내 친구가 우편함에서
편지를 받았네
… 그 편지는
말했네
   "나는 원해
네가 좋은
시간 보내길
모든 검둥이들을
   엿 먹이면서 말이지"

"친절하기도 하지" 나는 움츠러
들었네
   "누가

이 편지를 썼지?"

"엄마가"
   그녀는
      말했네.

그날 그녀는 앉아 있었네
   오랫동안
머리를 땋은
자그마한 흑인 소녀가
그녀 무릎 위에 앉았네

그녀 눈은 아주
조용했네.

그녀는 몸집 큰 흑인 부인들에
대해 말하곤 했지
   그녀의 옅은 눈은 꼭
   같아
"나는 혼자야
우리 엄마는 죽었어."
비록 다른
편지는
오지 않았지만.

V

그건 사실이다…
나는 늘 사랑했다
그 용감한
　사람들을
모든 장벽을
한번에
부숴 버리려는
흑인 청년처럼,
　하고 싶었다
수영을
앨라배마의 백인 해변에서
벌거벗은 채로

VI

피터는 언제나
생각했다
남부 타운들을
"계몽하는"
유일한
방법은
　첫째로
　자신을

카운티의 보안관에게
소개하는 것이라고

피터가 원했던
또 다른 일은…
화장이었는데
　그러나 우리는
　그를
발견할 수
없었다
그가 화장을 원했을 땐
그는 단지 유대인일 뿐이었는데
　열일곱 살 난.

VII

나는
결코 좋아하지 않았어
백인 족속들을
정말로
그런 게
생겼지 아주
갑자기
어느
날

한 쌍의

황갈색

눈을

그가

가졌다고

난

생각했다

    VIII

  관리 나리,

  나는 통합이

  시작되었다고

생각하지 않습니다

당신은 본다

  저기에

  이 작은

  검둥이

  소녀가

  서 있다는 걸 여기서

  홀로

  그리고 그녀의

  엄마가

  들어갔지 그 상점으로

거기로

그러자…

  거길 들렀지

이 작은 소년이

  여기서

그의

  엄마 없이

  그리곤 먹고 있지

아이스크림 콘

하나를

… 저기, 봐라 …

  딸기 아이스크림을

어쨌든

  그리고 그 작은

  소녀는

  허기졌어

  게다가

  더 강했지

  그 작은

  소년

  보다…

그는 너무
뚱뚱했지
정말로

어쨌든.

IX

누군가 말했다
　나
　에게
　만약
　남부가
　다시
일어난다면
　"무덤
　에서부터"
그렇게 할 것이라고

다른
　누군가가
　말했다
만약 남부가
　다시
일어난다면

그는
"그 위를
　　밟을 것"이라고.

딕 그레고리는
　말했다
　만약
　남부가
　다시
　일어난다면
　극비 계획이
　하나 있다고.

하지만 난 말한다…
　만약
　남부가
　다시
일어난다면
내가 살아 있는 한
　그런
　일은
　없을 거라고.

X

"하지만 나는
정말로
　상관하지 않는다
내 딸이
　누구와
　결혼하든…"
그 부인은
반할 만했다….
그곳은
선술집이었다고
나는 기억한다
그녀의 딸이
거기 앉아 있었던 것을
그녀 곁에서
그녀
팔을
잡아당기며
열여섯 살이었다…
매우
수줍고
　그리고
여드름
　투성이다

XI

그 다음 그곳에
매력적인
　얼간이가
판사에게
말했지
부적절한 노출에 대해
"하지만 내가
그 욕조에서 나왔을 때
나는
　괜찮아 보였다고…
왜냐하면
내 피부는
검지만
이는
예쁘지 않다는 걸
의미하지 않으니까
　이 늙은 자식아!
편견을
가지고
결국
무엇을 할 수 있는가

어떤 사람은

목욕 후에
산책을 즐긴다

XII

"허니, 봐요"
그
금발에
가슴
큰
아이가
그
초록빛
   G
선상에서
말했다

"나는 당신이 좋아
분명
난
편견이 없어

그러나
하나님은 내게
이런

다리를
주지 않으셨지
왜냐하면
신은
내가
포플러 나무에
매달려 있는 걸
보기
원했던 것 같아서지!"

"하지만 저들은
내 것보다
   훨씬 더
예쁘다.

정말로 신경 쓰여?"
그는 물었다
그녀와 춤추길 원하면서.

XIII

나는 기억한다
어린 소녀를
본 것을
꿈이었다… 아마도,

트럭
한 대가
쳤다.
"저 깜둥이가
길가에 있었다고!"
남자가
　말했다.
이해심 많은 경찰
　에게

하지만 그녀는?
그녀는
이제 여덟 살이라고
그녀의 엄마가
말했다
그리고 작다고
그녀 나이에
비해.

XIV

그때 거기에 있었다
그
사진이
그
구슬픈 눈을 한
작은 흑인
소녀가
미국
국기를
흔들며
그것을
조심스럽게
자기
손가락
끝으로
잡고 있는
사진이

샌드라 웨스트,
"폭동! – 어느 니그로 주민의 이야기"[11]

1967년 7월 24일

민권운동이 승리했음에도 계속되는 가난과 경찰의 잔혹한 행동에 대한 저항과 분노는 여전히 남아 있었다. 1965년 8월 13일 로스앤젤레스에서 일어난 와츠Watts 폭동이 이에 대한 극적인 증거다. 이 폭동은 린든 존슨 대통령이 흑인 유권자도 연방 등록을 할 수 있게 하는 투표권 법안에 서명한 직후 일어났다. 이는 제2차 세계대전 이후 가장 폭력적인 도시 폭동이었다. 이 폭동은 젊은 아프리카계 미국인 운전수를 체포하려던 경찰이 구경꾼들을 곤봉으로 구타하고 경찰에게 침을 뱉었다는 이유를 지어내 젊은 흑인 여성을 체포한 사건이 발단이 되어 일어났다. 와츠 폭동에 이어 2년 뒤인 1967년 7월, 미시건 디트로이트에서 극심한 인종주의, 빈곤, 그리고 경찰의 잔악 행위에 대한 분노로 3일 동안 도시 폭동이 계속됐다. 그해 여름에 뉴욕, 클리블랜드, 애틀랜타, 시카고, 그리고 뉴저지의 뉴어크에서도 도시 반란이 일어났다. 1년 후에는 이들 대부분 도시에서 마틴 루서 킹 2세의 암살을 둘러싼 분노가 끓어올랐다. 다음은 저널리스트 샌드라 웨스트Sandra A. West가 『디트로이트 뉴스Detroit News』에서 디트로이트에서 일어난 반란을 설명한 글이다. 이 사건으로 아프리카계 미국인 40명 이상이 죽었고 7천 명 이상이 체포됐다.

니그로들은 디트로이트 근교 서쪽으로 이사했다. 그곳이 "좋은 지역"이었기 때문이다.

그들은 어제 주변을 온통 휩쓸고 지나간 화재와 약탈로 공포에 찬 비명을 질렀다.

나는 1954년부터 그 지역에서 살았다.

어제 나는 꿈에서도 볼 수 없는 광경을 목격했다. 나는 책에서나 읽고 텔레비전에서나 볼 수 있는 일을 목격했다.

미친 듯 날뛰는 불꽃이 블록과 블록을 종횡무진 불태웠다. 두터운 검은 연기와 재가 비처럼 쏟아져 때때로 20피트(약 6미터)밖에 떨어지지 않은 집들이 보이지 않을 정도였다.

약탈자들은 픽업 트럭을 몰고 와 마루 걸레부터 새 가구까지 몽땅 다 실어 갔다. 아직 가격표를 떼지 않은 제품도 있었다.

여덟아홉 살밖에 안된 어린아이 둘이 셔츠 아래에 전리품을 감추고, 팔로 꽉 잡은 채 자전거를 타고 갔다.

화재 지역 부근에 사는 사람들 얼굴에 자신들의 집도 타 버릴지 모른다는 두려움이 역력했다.

화재 지역 안팎의 우리 친구들은 전화를 주고받으며 새로운 소식을 전했다. 소문이 불길만큼이나 빠르게 퍼졌고 무엇이 진실인지 알기 어려웠다.

오후 5시가 되자 연기가 스며드는 것을 막기 위해 우리 집 문을 닫아야 했다.

오후 6시 30분에 전기가 나갔다. 우리는 선풍기를 사용할 수 없어 문을 다시 열어야 했다.

우리는 폭동이 시작된 12번가로 걸어갔다. 그곳에서 방화범들이 같은 블록 안에 있는 건물 두 곳에 불을 붙이는 장면을 목격했다.

도난 경보가 관제실에서 울렸다. 아무런 답이 없었다. 니그로가 소유한 상점들은 재빠르게 "영혼의 형제Soul Brother"라고 인쇄된 안내판을 내걸었다.

열두 살짜리 소년이 다이아몬드 반지를 번쩍거리며 잔디밭에서 주웠다고 말했다.

12번가에서 세 블록 떨어진 린우드에서는 연기가 너무 짙어 한 블록 떨어진 곳도 볼 수 없었다.

12번가와 린우드 사이에 있는 집들 중에는 소지품을 모두 싸 놓고 필요하다면 밤에라도 떠날 수 있도록 준비를 마친 집도 있었다. 우리도 그중 하나였다.

약탈이 절정에 이르렀을 때 불타는 가게에서 불이 옮겨 붙은 집들이 몇 채 있었다.

남자 한 명과 그 아내, 그리고 어린아이 두 명이 짐 가방과 움켜쥘 수 있는 물건 몇 가지를 싼 침대보를 든 채 거리에서 비틀거렸다. 엄마의 얼굴에서 눈물이 쏟아져 내렸다.

매운 연기가 우리의 폐를 그을렸고, 해가 지자 우리는 초와 손전등을 샅샅이 찾아 헤매기 시작했다. 이웃은 우리에게 현관에서 밤을 샐 계획이라고 말했다.

저녁 9시 통행금지 덕에 거리는 상당히 조용했다. 그러나 공포는 그곳에서 밤을 새워야 하는 우리들 얼굴에 선명하게 남아 있었다.

10시가 되자 거리는 잠잠해졌다. 가끔 경찰차와 지프차, 민방위군을 태운 트럭이 지나갈 뿐이었다. 그러나 이 "좋은 지역"의 주민들은 폭동이 아직 끝나지 않았다는 생각에 두려워했다.

실제로 아직 끝나지 않았다.

마틴 루서 킹 2세,
"우리는 이제 어디로 가야 하는가?"[12]

1967년 8월 16일

혹인 투쟁 지도자로서 마틴 루서 킹 2세의 웅변술은 누구와도 비교할 수 없었다. 그는 수십 번 연설을 했고, 이 시기를 규정하는 운동을 많이 이끌었다. 다음의 연설은 다른 연설보다 주목을 덜 받았다. 이 연설에서 킹은 인종주의의 경제적 기원을 설명하고, 미국 자본주의에 근본적인 변화를 촉구하는 가운데 미국 사회에 가장 심오한 비판을 가했다. 이 연설은 조지아 주 애틀랜타에서 열린 〈남부기독교지도자회의 (SCLC: Southern Christian Leadership Conference)〉의 연차 보고용으로 작성된 것이며, 발표 당시 어마어마한 반응을 일으켰다.

지난 10년 동안 니그로는 등을 굽히지만 않는다면 사람이 그 등 위에 올라탈 수 없음을 깨닫고 자신의 등을 펴기로 결심했습니다. 우리는 우리에게 악영향을 미쳤던 가장 잔혹한 불의를 바꾸기 위해서 정부로 하여금 새 법에 서명하게 했습니다. 우리는 무관심하고 무심한 나라를 수면 상태에서 깨어나게 하고, 모든 민권 문제를 도덕적 판단의 심판대 위로 소환했습니다. 우리는 늘 우리를 "꼬마"라고 부르던 국가에서 성인 자격을 취득했습니다. 만약 내가 겸손을 떨기 위해 SCLC가 남부에 기념비적인 변화를 가져온 중요한 운동에 앞장서지 않았다고 말한다면 이는 분명 위선일 겁니다. 우리가 느끼는 자부심은 정당한 것입니다. 그러나 10년 동안 큰 진보를 이루었음에도 문제는 아직 다 해결되지 않았습니다. 도시에서 일어나는 깊은 불만의 소리는 자유의 나무가 봉오리가 나올 정도까지는 자랐지만 아직 꽃은 피우지 못했음을 알려 줍니다. (…)

모든 투쟁과 업적과 함께 우리는 그러나, 니그로가 여전히 사회의 밑바닥에서 살고 있다는 사실을 직시해야만 합니다. 니그로 중 소수가 아주 조금 높은 단계로 올라가기는 했지만 대부분은 아직도 밑바닥에 있습니다. 문이 일부 강제로 열린 곳조차 니그로를 매우 제한적으로만 받아들입니다. 때로는 시작할 밑바닥이 없고, 설사 있다 해도 꼭대기에는 자리가 없습니다. 결과적으로 니그로들은 풍요로운 사회에서 힘없는 외계인입니다. 그들은 너무 가난해서 사회와 함께 오르지 못하고, 오랫동안 무기력하게 살아서 자신의 자원을 활용해 올라갈 수조차 없습니다. 니그로 스스로가 그렇게 된 건 아닙니다. 그는 그렇게 만들어졌습니다. 미국 역사의 절반에 해당하는 기간 동안 니그로는 노예였습니다. 그러나 니그로는 남부의 [교각 사이에] 걸쳐진 다리와 장엄한 집들을 건설했고, 건실한 선창과 견고한 공장을 건설했습니다. 그의 무임금 노동이 목화 "왕"을 만들었고, 미국이 국제 무역에서 주요 국가로 발돋움하게 만들었습니다. 노예제도에서 해방된 후에도 국가는 니그로를 물속에 집어넣고 니그로를 뛰어넘어 성장했습니다. 그리고 인류 역사상 가장 부유하고, 강력한 사회가 됐습니다. 그러나 니그로는 저 뒤에 남겨졌습니다.

그러므로 약속된 자유의 땅에 도달하기 전, 우리 앞에는 여전히 길고 긴 여정이 남아 있습니다. 그렇습니다. 우리는 수년 동안 이집트의 먼지 날리는 땅을 떠나 대중적 저항이라는 살을 에는 듯한 긴 겨울로 얼어붙은 홍해를 건넜습니다. 그러나 약속의 땅의 장엄한 해안에 도달하기 전에 엄청나게 큰 산이 앞을 가로막고 있으며, 불의라는 거대한 언덕이 있다는 것을 압니다. (…)

우리의 주제인 "우리는 이제 어디로 가야 하는가?"라는 질문에 답하기 위해서 우리는 우리가 지금 어디에 있는가를 우선 정직하게 인식해야만 합니다. 헌법이 제정될 당시 세금과 대표를 결정하는 이상한 공식은 니그로를 60퍼센트 인간이라고 선언했습니다. 오늘 또 다른 이상한 공식이 니그로는 50퍼센트 인간이라고 선언하는 듯합니다. 니그로는 인생에서 좋은 것은 백인이 가진 것의 반밖에 가지고 있지 못하면서 인생에서 나쁜 것은 백인의 두 배를 가지고 있습니다. 니그로 절반은 평균 이하의 주택에 살고 있습니다. 그리고 백인 수입의 반을 받습니다. 우리는 살면서 겪는 부정적인 경험은 백인보다 두 배나 많이 겪습니다. 실업자도 백인의 두 배고, 니그로 유아사망률도 두 배입니다. 베트남전쟁에서도 백인 사망자 수보다 니그로 사망자가 두 배 더 많았습니다.

다른 영역에서도 이 수치는 놀라울 정도로 똑같습니다. 초등학교에서 니그로는 백인보다 1년에서 3년 뒤집니다. 흑인 학교는 학생 1인당 백인 학교보다 훨씬 적은 돈을 받습니다. 대학에 진학한 니그로의 수는 대학에 진학한 백인의 20분의 1에 불과합니다. 취직한 니그로 중 75퍼센트가 비천한 직업에 종사합니다. 이것이 바로 우리가 있는 곳입니다. (…)

"우리는 이제 어디로 가야 하는가?"에 대한 이야기가 결론을 향해 가는 지금, 나는 여러분에게 이 운동이 미국 사회 전체를 개조하는 문제에 역점을 두고 진행되어야만 한다는 사실을 직시해야 한다고 말하고 싶습니다. 여기에 4천만 명의 가난한 사람들이 있습니다. 우리는 꼭 한번쯤 "왜 미국에 4천만 명의 가난한 사람이 있는가?"를 물어야 합니다. 당신이 그 질문을 할 때 당신은 경제 제도, 즉 부를 더 광범위하게 분배하는 문제에 의문을 제기하는 것입니다. 당신이 그 의문을 제기할 때, 당신은 자본주의식 경제에 의문을 제기하는 것입니다. 아주 단순하게 말하자면 나는 전체 사회에 더 많은 질문이 쏟아져야 한다고 생각합니다. 우리는 인생의 시장에서 낙오한 거지들을 도우라는 요청을 받습니다. 그러나 언젠가는 거지를 만들어 내는 체제를 재구성할 필요가 있음을 알게 될 겁니다. 의문을 제기해야 합니다. 그리고 여러분, 나의 친구들, 여러분은 의문을 제기하다 언젠가는 "누가 석유를 소유하지?"라는 질문을 하게 될 것입니다. 여러분은 "누가 이 철광을 소유하지?"라는 질문을 하게 될 것입니다. 여러분은 "전체의 3분의 2가 물인 세계에서 왜 사람들이 물값을 내야 하지?"라는 질문을 하게 될 것입니다. 이런 질문들을 해야 합니다. (…)

사회 전체에 의문을 품으라고 말할 때, 그것은 궁극적으로 인종주의 문제, 경제적 착취 문제, 그리고 전쟁 문제가 모두 같이 묶여 있음을 밝혀내야 한다는 의미입니다. 이들은 서로 연결된 세 가지 악입니다.

여러분, 제가 잠시 목사가 되어 보겠습니다. 어느 날 밤에, 배심원이 예수에게 와서 구원을 받으려면 어떻게 해야 하는지 물었습니다. 예수님은 "너는 이런 일을 해서는 안 된다"는 식으로 꼼짝 못 하게 하는, 상황별 접근을 사용하지 않았습니다. 예수님은 "니코데무스, 거짓말해서는 안 된다"고 말하지 않았습니다. 예수님은 "니코데무스, 간음해서는 안 된다"고도 말하지 않았습니다. 예수님은 "니코데무스, 남을 속이고 있다면 절대로 남을 속여서는 안 된다"고도, "니코데무스, 지나치게 술을 마신다면 술을 마셔서는 안 된다"고도 말하지 않았습니다. 예수님은 전혀 다른 말을 했습니다. 예수님께서는 어떤 사람이 거짓말을 하게 되면 도둑질로 이어지고, 그가 도둑질을 하게 된다면 그것은 살인으로 이어질 것이라는 기본적인 사실을 아셨기 때문입니다. 따라서 한 가지 명령으로 배심원을 꼼짝 못하게 하는 대신, 예수님은 그를 바라보며 "니코데무스, 너는 다시 태어나야 한다"고 말씀하셨습니다.

다시 말해서, "여러분의 전체 구조가 바뀌어야 합니다." 노예제도를 244년 동안 유지해 온 나라는 사람들을 "물화"하고 물건으로 만듭니다. 그런 나라는 노예와 경제적으로 가난한 사람을 착취합니다. 그리고 경제적 착취에 기반한 나라는 해외투자나 다른 무엇이든 해야만 하고, 방어를 위해 군사적인 힘을 사용하는 것도 주저하지 않을 것입니다. 이 모든 문제는 다 함께 얽혀 있습니다.

오늘 내가 말하고자 하는 것은 이 회합을 마치고 나가 "미국, 너는 다시 태어나야 한다"고 외치자는 것입니다.

오늘 나는 결론을 대신해 우리에게는 주어진 임무가 있으며, 신성한 불만을 가지고 나가자고 말하겠습니다.

미국은 신념의 고혈압과 행동의 빈혈을 앓고 있습니다. 우리 모두 미국이 이 고혈압과 빈혈에서 벗어날 때까지 만족하지 맙시다.

도시 외부에는 부와 안락이 넘치고, 도시 내부에는 빈곤과 절망이 흐릅니다. 도시의 외부와 내부를 분리하는 이 비극의 장벽이 정의의 망치에 의해 부서질 때까지 만족하지 맙시다.

희망의 변두리에 사는 사람들을 매일 안전한 도시 중심지로 데려올 때까지 만족하지 맙시다.

빈민가가 역사의 쓰레기 더미에 던져져 모든 가족이 말쑥하고 위생적인 집에서 살 때까지 만족하지 맙시다.

인종 분리 교육이라는 어두운 어제가 인종 통합 교육이라는 밝은 내일로 변모할 때까지 만족하지 맙시다.

통합을 문제로 보지 않고 아름다운 다양성에 참여할 수 있는 기회로 여길 때까지 만족하지 맙시다.

아무리 까만 남녀라도 그들을 피부색이 아니라 내면을 기준으로 판단할 때까지 만족하지 맙시다.

모든 주 의회에 정의로우며 자비를 사랑하고, 신과 함께 겸허하게 걸어가는 주지사가 거주할 때까지 만족하지 맙시다.

모든 시청에서 정의가 물처럼 흘러나오고, 정당함이 거센 물결처럼 쏟아질 때까지 만족하지 맙시다.

사자와 양이 나란히 눕고, 모든 사람이 자신의 포도나무와 무화과나무 아래 앉아, 누구도 두려워하지 않을 때까지 만족하지 맙시다.

만족하지 맙시다. 그러면 사람들은 하나님이 지구상에 거주하는 모든 사람을 하나의 피로 만들었다는 사실을 깨닫게 될 것입니다.

아무도 "화이트 파워White Power!"를 외치지 않을 때까지, 아무도 "블랙 파워Black Power!"를 외치지 않을 때까지, 그러나 모든 사람이 하나님의 힘과 인간의 힘을 말할 때까지 만족하지 맙시다.

친구들이여, 나는 우리 앞에 놓인 길이 늘 순탄치만은 않을 거라는 사실을 고백하지 않을 수 없습니다. 그 길에는 여전히 절망이라는 험난한 장소와 사람들을 당황하게 하는 굽은 길들이 있을 것입니다. 여기저기에 피할 수 없는 장애물이 있을 겁니다. 희망으로 들뜬 마음이 절망으로 피곤해지는 순간들도 있을 것입니다. 우리의 꿈은 때로 부서지고 우리 천상의 희망들은 시들 겁니다. 우리는 다시 피에 굶주린 군중의 비겁한 행동으로 생명을 잃은 용감한 어떤 민권운동가의 시체 앞에 눈물 흘리면서 있을지도 모릅니다. 그러나 아무리 어렵고 고통스러워도 우리는 미래에 대한 담대한 신념을 가지고 내일을 향해 걸어가야 합니다. (…)

우리의 낮이 낮게 깔려 움직이지 않는 구름으로 우울해질 때, 그리고 우리의 밤이 한밤중보다 더 어두울 때, 이 세상에는 악마의 거대한 산을 끌어내리는 창조적 힘, 길이 없는 곳에 길을 만들고 어두운 어제를 밝은 내일로 바꿀 수 있는 힘이 있다는 사실을 기억합시다.

도덕 세계의 활은 길게 뻗어 있지만 늘 정의를 향해 굽어 있다는 사실을 깨달읍시다. "땅 위에서 부서진 진리가 다시 일어날 것이다"라고 말한 윌리엄 컬런 브라이언트가 옳았다는 사실을 깨달읍시다. "현혹되지 말라. 하나님은 조롱당하지 않는다. 누구든 뿌리는 대로 거두리라"고 한 성경 말씀이 옳다는 사실을 깨닫고, 나아갑시다. 이것이 우리 미래의 희망입니다. 이 믿음으로 우리는 그리 머지않은 미래에 "우리는 이겨 냈다! 우리는 이겨 냈다! 내 마음 깊은 곳에서 나는 우리가 이기리라는 사실을 믿었다"라고 질서정연한 과거시제로 노래할 수 있을 것입니다.

제18장

베트남과 그 이후:
역사적 저항

미시시피 맥컴 지역의 자유민주당 당원들이 제출한 베트남전쟁에 반대하는
탄원서(1965년 7월 28일)

마틴 루서 킹 2세, "베트남 너머로"(1967년 4월 4일)

〈학생비폭력조정위원회〉, "베트남에 대한 성명서"(1966년 1월 6일)

밥 딜런, "전쟁의 명수*Masters of War*"(1963년)

무하마드 알리의 베트남전쟁 반대 연설(1966년)

조너선 셸, 『벤숙 마을*The Village of Ben Suc*』(1967년)

래리 콜번, "그들은 사람들을 살육했다"(2003년)

헤이우드 T. "더 키드" 커크랜드, 『피: 베트남전쟁에 관한 흑인 병사들의 구술
사*Bloods: An Oral History of the Vietnam War by Black Veterans*』에서(1984년)

라웅 응, 「사람들은 사라지고 아무도 말하지 않았다」(2003년)

팀 오브라이언, 「내가 죽인 사람」(1990년)

마리아 헤레라-소벡, 베트남에 관한 시 두 편(1999년)

대니얼 엘스버그, 『기밀: 베트남과 국방부 문서에 관한 회고*Secrets: A Memoir of
Vietnam and the Pentagon Papers*』(2003년)

제2차 세계대전 이후 프랑스는 라오스, 캄보디아, 베트남을 포함한 인도차이나 식민지를 되찾기 위해 오랫동안 전쟁을 수행했고, 1954년 이 노력이 실패로 끝나자, 이번에는 미국이 프랑스를 대신해 들어갔다. 프랑스는 공산주의자 호치민Ho Chi Min이 이끄는 독립운동 세력인 베트민Vietmin과 맺은 전쟁 종결 조약에서 통일된 베트남을 건설하기 위해 1954년에 선거를 실시하자고 제의했다. 그러나 미국은 이를 방해했고 대신 남베트남에 정부를 수립했다.

남베트남 정부에 대한 저항이 확산되자 미국은 이를 진압하기 위해 더 많은 군대를 보냈다. 미국은 1964년 통킹만 사건을 조작해 남베트남의 베트콩Viet Cong 반란군과 이들을 지원하는 북베트남의 공산 정권에 전면전쟁을 개시하는 구실로 삼았다.

미국에서 이 전쟁에 반대하는 저항은 느리게 시작됐지만, 거대한 국가적 운동으로 번져 나갔다. 초기에 징병을 거부한 사람들 중에는 남부의 흑인들도 있었다. 징병 거부는 전국적으로 확산됐다. 미국이 베트남에서 학살을 자행하고 있음이 곧 분명해졌다. 미국은 농촌을 폭격하고, 여자와 아이들을 체포하고, 논을 황폐화시키고, 수많은 민간인을 죽였다.

1966년에는 미국 국민 3분의 2가 전쟁을 지지했다. 그러나 1970년대 초에는 국민의 3분의 2가 전쟁에 반대했다. 무력 저항, 전쟁에서 돌아온 군인의 항변, 시민 불복종, 징집 거부, 이 모든 것들이 전례 없는 전국적 운동으로 번져 나갔고, 이 운동은 마침내 전쟁을 종식시키는 데 중요한 역할을 했다.

미시시피 맥컴 지역 자유민주당 당원들이 제출한 베트남전쟁에 반대하는 탄원서[1]

1965년 7월 28일

1965년 7월 미시시피 맥컴McComb 지역의 자유민주당 소속 민권운동가들이 다음의 탄원서를 발행하여 배포했다. 이는 베트남전쟁을 반대하는 첫 번째 탄원서였다.

여기에 니그로가 미국을 위해 싸우는 어떤 전쟁에도 참여해서는 안 되는 다섯 가지 이유가 있다.

1. 미시시피 니그로는 미시시피의 모든 니그로들이 자유로울 때까지, 베트남에서 백인의 자유를 위해 싸워서는 안 된다.
2. 미시시피 소년들은 미시시피에서의 징병을 영예롭게 생각해서는 안 된다. 어머니들은 아들에게 군대에 가지 말라고 말려야 한다.
3. 우리는 오직 미국 정부와 미시시피 정부가 총과 개와 트럭을 가지고 와서 우리의 아들들을 데리고 가 미시시피, 앨라배마, 조지아와 루이지애나를 보호하기 위해 싸우다 죽을 때만 인종으로서 존경받고 권위를 얻을 수 있다.
4. 어느 누구도, 미국 백인이 더 부자가 될 수 있도록, 우리에게 산토

도밍고Santo Domingo와 베트남에서 우리 목숨을 걸고 다른 유색인을 죽이라고 명령할 권리가 없다. 우리가 대의 없는 전쟁에서 계속 싸우다 죽는다면, 니그로는 세계의 다른 유색인들에게 배신자라고 멸시당할 것이다.

5. 지난주 뉴저지에서 온 백인 병사가 베트남에서 싸우기를 거부해 불명예제대를 당했다. 그는 단식투쟁을 했다. 니그로 소년도 같은 일을 할 수 있다. 우리 아들들에게 너희들이 무엇을 위해 싸우는지 아냐고 편지를 써서 물어보자. 우리 아들이 자유를 위해 싸운다고 대답하면, 자유란 우리가 여기 미시시피에서 싸우는 이유라고 아들에게 말하라. 그리고 그가 민주주의라고 대답하면 그에게 진실을 말해 줘라. 우리는 공산주의, 사회주의에 대해 아무것도 모르며, 우리가 아는 전부는 니그로가 미국의 민주주의 아래, 바로 여기에서 지옥 같은 생활을 하고 있다는 사실뿐이라고.

마틴 루서 킹 2세,
"베트남 너머로"[2]

1967년 4월 4일

많은 민권운동가들이 마틴 루서 킹 2세에게 베트남전쟁에 더 깊이 개입하려는 미국의 정책에 침묵할 것을 강조했다. 그러나 킹은 경제적 불의, 인종주의, 전쟁, 군국주의 문제들은 따로 분리될 수 없다고 생각했다. 킹은 정확히 암살당하기 1년 전 뉴욕 리버사이드 교회에서 자신의 전쟁 반대 입장을 분명하게 밝히는 연설을 했다. 다음은 이 역사적 연설의 일부다.

나의 양심이 다른 선택을 허락하지 않기에 나는 오늘밤 이 웅장한 숭배의 집에 왔습니다. 나는 우리를 함께하게 한 〈베트남을염려하는목사와평신도Clergy and Laymen Concerned About Vietnam〉 연합의 목적과 활동에 깊이 동의하기에 여러분과 이 모임을 함께하는 것입니다. 근자에 여러분의 운영 위원회에서 발표한 성명서는 내 마음의 정서와 부합합니다. "침묵이 배신인 때가 왔다"는 머리글을 읽고 나는 완전히 동감했습니다. 베트남전쟁과 관련해 바로 그때가 우리에게 왔습니다.

이 글은 의심의 여지가 없는 진실을 담고 있습니다. 그러나 우리에게 주어진 임무는 아주 어려운 임무입니다. 사람들은 내면의 진리가 아무리 압박을 가해도 정부 정책에 반대하는 임무를 쉽게 받아들이지 못합니다.

특히 전쟁 시기에는 더 그렇습니다. 또한 사람들의 영혼은 주변 세계와 자기 가슴에 있는 순응주의적 사고의 무관심에 대항하는 위대한 고난이 없다면 쉽게 움직이지 않습니다. 더욱이 우리 앞에 무시무시한 전쟁처럼 긴박한 문제가 있다면 우리는 늘 불확실성 때문에 최면에 걸리기 쉽습니다. 그러나 우리는 반드시 움직여야 합니다.

우리 중에는 이미 밤의 침묵을 깨기 시작한 사람들이 있습니다. 그들은 말을 해야 하는 일이 고통스러운 소명이라는 것을 압니다. 그러나 우리는 말해야 합니다. 우리의 전망은 매우 제한적이기에 그에 합당한 겸손함을 가지고 말해야 합니다. 그리고 우리는 또한 기뻐해야 합니다. 미국 역사상 처음으로 상당수의 종교 지도자들이 감미로운 애국주의의 마력을 넘어서서 양심의 명령과 역사적 판단에 근거해 강경한 반대의 길을 선택했기 때문입니다. 아마도 우리 사이에서 새로운 정신이 부상하고 있는 것 같습니다. 그렇다면 이 움직임을 놓치지 말고 우리 내면의 존재가 그 지침에 귀 기울이게 해 달라고 기도합시다. 우리에게는 우리 가까이 있는 듯한 이 암흑 너머의 새로운 길이 절실히 필요하기 때문입니다.

지난 2년 동안 나는 침묵의 배신을 깨기 위해서, 그리고 내 불타는 가슴으로 말하기 위해 움직였고, 베트남을 파괴하는 일에서 과감하게 손을 떼라고 요구했습니다. 많은 사람들이 나의 행보가 현명한 것인지 물었습니다. 그들의 걱정 한가운데에는 "킹 박사, 당신은 왜 전쟁에 대해 언급합니까? 왜 당신은 반대자들 소리에 합류하나요?"라는 의문이 더 많이, 그리고 크게 드러납니다. 그들은 "평화와 민권을 분리하라"고 말합니다. 그들은 "당신은 흑인의 대의를 해칠 작정입니까?"라고도 묻습니다. 그들의 말을 들을 때 그들 우려의 근원을 이해합니다만, 매우 슬픈 것도 사실입니다. 그런 질문들은 질문자들이 나를, 나의 약속을, 또는 나의 소명을 제대로 이해하지 못한다는 것을 의미하기 때문입니다. 실제로 그들의 질문은 그들이 자신들이 살고 있는 세상에 무지하다는 사실을 보여 줍니다. 이런 비극적인 오해를 생각하면, 나는 나의 첫 목회지인 앨라배마 몽고메리의 덱스처 애버뉴 감리 교회에서부터 시작된 길이 오늘밤 이 거룩한 장소로 나를 인도했다고 믿는 이유를 사람들에게 분명하게 말해야 한다고 판단하게 됩니다. 그리고 나는 확고하게 믿습니다. (…)

나는 소명 의식을 지닌 목사이기에, 내가 베트남 문제를 내 도덕적 시각 안으로 끌어들인 데는 일곱 가지 중요한 이유가 있다고 말해도 그리 크게 놀라지 않으실 것입니다. 베트남에서의 전쟁과 미국에서 나와 다른 사람들이 수행하고 있는 투쟁 사이에는 처음부터 분명하고도 누구나 알기 쉬운 관계가 있습니다. 몇 년 전에 이 투쟁에 빛나는 순간이 있었습니다. 가난한 사람들에게, 백인과 흑인 모두에게, 빈민 프로그램은 진정한 희망의 약속인 것처럼 보였습니다. 실험과 희망과 새로운 시작이 있었습니다. 그러나 베트남에서 군사력을 강화하기 시작했습니다. 나는 우리의 빈민 프로그램이 전쟁에 미친 사회의 한가한 정치적 장난감처럼 깨지고 적출摘出되는 것을 보았습니다. 그리고 나는, 베트남전쟁과 같은 모험이 악마같이 파괴적인 흡입 튜브로 사람과 기술과 돈을 계속 빨아들이는 한, 미국이 가난한 사람의 부흥을 위해서 필요한 기금과 에너지를 결코 투자하지 않으리라는 사실을 압니다. 그러므로 나는 전쟁을 점차 가난한 사람들의 적으로 여길 수밖에 없었으며 전쟁을 공격하지 않을 수 없습니다.

베트남전쟁이 국내의 가난한 사람의 희망을 황폐하게 하는 일 이상의 결과를 가져올 수 있다는 사실이 내게 분명해졌을 때, 나는 현실을 더욱 비극적으로 인식하게 된 듯합니다. 전쟁은 아들, 형제, 남편을, 남은 인구보다 높은 비율로, 전쟁터로 보내 죽게 합니다. 우리는 우리 사회가 불구로 만든 흑인 젊은이를, 조지아 남서부 지역과 이스트할렘East Harlem

에서도 찾을 수 없는 자유를 동남아시아에서 보장하기 위해, 8천 마일 (약 1만 3천 킬로미터) 떨어진 곳으로 보냅니다. 우리는 텔레비전 화면에서 조차 니그로와 백인 소년을 같은 학교에서 같은 자리에 앉히지 않는 나라를 위해서, 함께 죽이고 죽는 모습을 지켜보는 잔인한 모순에 반복해서 접합니다. 그렇게 우리는 그들이 단결하여 가난한 마을을 불태우는 것을 봅니다. 하지만 우리는 그들이 시카고에 있다면 같은 구역 안에서 함께 살 수 없다는 사실을 압니다. 가난한 사람을 이용하는 이 같은 잔인함에 직면해서 나는 침묵할 수 없습니다.

세 번째 이유는 지난 3년 동안, 특히 세 차례의 여름을 거치는 동안 북부의 게토에서 겪은 내 경험에서 나온 것이기에 더 깊은 인식의 단계로 이동합니다. 절망하고 거부당하고 분노한 젊은이들 사이를 걸으며, 나는 그들에게 화염병과 총이 그들의 문제를 해결하지 않는다고 말했습니다. 나는 비폭력적 행동을 통해서만이 사회가 의미 있게 변화한다는 나의 확신을 주장하며 그들에게 나의 깊은 열정을 보여 주려고 노력했습니다. 하지만 그들은 "베트남은 어쩌구요?"라는 정당한 질문을 했습니다. 그들은 우리나라가 원했던 변화를 가져오기 위해서, 문제를 해결하기 위해서, 대량의 폭력을 사용하지 않는다면 어떻게 할 거냐고 물었습니다. 그들의 질문은 급소를 찔렀고, 나는 오늘날 세상에서 가장 거대한 폭력 조달자, 즉 나의 정부에 대해 분명하게 말하지 않고서는 게토의 억압받은 자들의 폭력에 반대하는 말을 다시는 할 수 없음을 알았습니다. 그 소년들을 위해서, 이 정부를 위해서, 우리 폭력 아래에서 떠는 수십만 명의 사람들을 위해서 나는 침묵할 수 없습니다. (…)

어쨌든 이 미친 짓은 중지되어야 합니다. 우리는 지금 멈춰야 합니다. 나는 하나님의 자녀로서 베트남에서 고통받는 가여운 사람들의 형제로서 말합니다. 나는 그들의 땅이 황폐화된 채 버려지고, 집이 부서지고,

문화가 파괴된 사람들을 위해 말합니다. 나는 국내에서는 부서진 희망을, 베트남에서는 죽음과 부패를 감당해야 하는 이중의 희생을 치르는 미국의 가난한 사람들을 위해서 말합니다. 나는 세계의, 미국이 선택한 방법에 기겁하여 놀란 세계의 시민으로서 말합니다. 미국을 사랑하는 한 사람으로서, 우리 조국의 지도자들까지 사랑하는 사람으로서 말합니다. 이 전쟁에서 우리가 가장 많은 주도권을 가지고 있기에 이 전쟁을 중지시킬 주도권 역시 우리가 가져야 합니다. (…)

우리나라가 베트남에서 계속 잘못된 길을 고집한다면 우리는 우리의 목소리와 활력을 계속 높여야 합니다. 우리는 가능한 모든 창조적인 항의 수단을 찾아내어 행동과 말을 일치시킬 준비를 해야 합니다.

군 복무에 대해 젊은이들이 자문을 구하면 우리는 그들에게 베트남에서 우리가 할 일을 분명하게 알려 주고 양심적인 반대라는 대안을 환기해야만 합니다. 나의 모교인 모어하우스 대학Morehouse College의 학생들 70명 이상이 현재 이 길을 택하고 있음을 기쁜 마음으로 알려 드립니다. 그리고 나는 이 대안을 베트남에서 미국의 행보를 불명예스럽게 생각하는 모든 사람에게 권합니다. 게다가 징병 대상 연령의 목사 모두에게 군목으로서의 면제를 포기하고 양심적인 반대를 선언하라고 독려하고자 합니다. 이제 허망한 선택이 아니라 진정한 선택을 해야 할 시기입니다. 우리나라가 거리낌 없이 어리석은 행위를 저지른다면 우리는 우리의 목숨을 전선에 내놓아야만 하는 순간에 놓일 것입니다. 인간적인 신념을 지닌 모든 사람은 그의 확신에 가장 잘 맞는 저항 방법을 선택해야만 합니다. 그러나 우리 모두가 저항해야 합니다.

지금, 우리를 여기서 중단시키고 우리 모두를 베트남전쟁에 반대하는 대중적인 십자군 운동에서 퇴출시키려는 매력적이고 솔깃한 어떤 것이 있습니다. 나는 저 십자군 운동에 참여해야 한다고 말합니다. 그리고 지금 이보다 더 여러분을 동요시킬 수 있는 말을 계속하려 합니다.

베트남전쟁은 미국의 정신 안에 있는 훨씬 더 심각한 질병의 징후일 뿐입니다. 우리가 이 정신이 번쩍 들게 하는 현실을 무시한다면 (…) 우리는 다음 세대의 "목사와 평신도를 위한" 위원회를 조직해야 할 겁니다. 그들은 과테말라와 페루를 걱정할 겁니다. 그들은 모잠비크와 남아프리카를 걱정할 겁니다. 미국식 삶과 정책에 중대하고 심오한 변화가 없다면 우리는 이들과 또 다른 이름들을 위해 행군하고 집회에 끝없이 참여할 겁니다. 그러므로 이런 생각들은 우리를 살아 계신 하나님의 아들로서 우리가 지닌 소명 너머가 아닌, 베트남 너머로 데려갑니다. (…)

세계 혁명의 정의 편에 서려면, 한 국민으로서 우리는 가치의 급진적인 혁명을 겪어야만 합니다. 우리는 (…) 상품 중심 사회에서 사람 중심 사회로 빠르게 이동해야 합니다. 기계와 컴퓨터, 이윤 동기와 소유권이 사람보다 더 중요하게 여겨질 때, 인종주의와 극단적인 물질주의, 그리고 군국주의라는 거대한 세쌍둥이는 정복될 수 없습니다.

진정한 가치의 혁명이 일어난다면, 우리는 곧 우리의 과거와 현재의 많은 정책들이 공정한지, 혹은 정의로운지에 의문을 가지게 될 것입니다. 한편 우리는 인생의 노변에서 착한 사마리아인이라고 불리게 될 것입니다. 그러나 이는 단지 초기의 행동에 불과합니다. 언젠가 우리는 모든 예리코 길(Jericho Road, 예루살렘에서 수십 킬로미터 떨어져 있는 마을 예리코로 가는, 사막 한가운데 나 있는 길. 예수는 이 길에서 장님을 눈뜨게 하는 기적을 행했다. 옮긴이)이 변화해 남녀가 인생의 대로를 여행할 때 끊임없이 매 맞고 도둑맞지 않아도 되는 날을 맞이하게 될 것입니다. 진정한 동정은 거지에게 동전 한 닢을 던져 주는 것이 아닙니다. 거지들을 양산하는 체제를 개조해야 할 시기가 찾아올 것입니다.

진정한 가치의 혁명으로 우리는 곧 빈곤과 부의 명백한 차이를 불편하게 바라보게 될 것입니다. 정당한 분노로 바다 건너를 바라보면 서구의 자본가 한 사람 한 사람이 아시아, 아프리카, 그리고 남미에 엄청난 액수의 돈을 투자하고 있음을 알게 될 겁니다. 그들은 국가의 사회적 향상은 전혀 고려하지 않고 오직 이윤을 취하고는 "이건 공정하지 않다"고 말합니다. 자기들은 다른 사람에게 가르쳐야 하는 모든 것을 가지고 있다고 생각하면서도 다른 이들에게서는 아무것도 배울 것이 없다는 서구인들의 오만한 생각은 정당하지 않습니다.

진정한 가치의 혁명이 세계 질서를 손에 넣으면 전쟁에 대해 "이런 방식으로 차이를 해결하는 것은 정당하지 않다"고 말할 것입니다. 네이팜으로 사람을 태우는 일, 우리나라를 고아와 과부로 채우는 일, 정상적으로 인간적인 사람의 정맥에 증오의 독약을 주사하는 일, 어둡고 피비린내 나는 전쟁터에서 신체적 불구가 되거나 심리적으로 혼란한 상태가 되어 집으로 돌아가게 하는 일들은 지혜와 정의, 사랑과 화해할 수 없습니다. 수년 동안 계속 사회적 개발 프로그램에 쓰는 돈보다 많은 돈을 국방에 사용하는 나라는 영혼의 죽음을 향해 가고 있는 겁니다.

세계에서 가장 부유하고 강력한 나라 미국은 이 가치 혁명에서 선두에 설 수 있습니다. 비극적인 죽음이라는 희망 이외에 그 어느 것도 평화의 추구가 전쟁의 추구보다 앞서도록 우리의 우선순위를 정렬하는 일을 막을 수 없습니다. 이러한 움직임이 형제애로 변할 때까지, 그 어떤 것도 상처 난 손으로 저항하는 지금 상황을 빚어 내려는 노력을 막을 수 없을 것입니다.

〈학생비폭력조정위원회〉,
"베트남에 대한 성명서"[3]

1966년 1월 6일

〈학생비폭력조정위원회〉 역시 1960년대 초 국내의 인종주의 문제와 아시아에서의 전쟁 문제를 연관시키며 베트남전쟁에 반대하는 발언을 했다.

〈학생비폭력조정위원회〉는 어떤 문제라 할지라도 미국 외교 정책에 반대할 권리가 있으며 다음과 같은 이유로 미국의 베트남 개입에 반대한다.

정부는 도미니카 공화국, 콩고, 남아프리카, 로디지아Rhodesia, 그리고 미국 내 유색인의 자유에 관심이 있다고 주장하며 우리를 속여 왔다. 마찬가지로 우리는 미국 정부가 베트남 사람들의 자유를 걱정한다는 주장에 속고 있는 것이다.

우리, 〈학생비폭력조정위원회〉는 지난 5년 동안 이 나라 흑인의 자유와 자결을 위한 투쟁에 참여해 왔다. 우리는 특히 남부에서의 활동을 통해 미국 정부가 억압받은 시민의 자유를 보장한 적이 없었고, 자국의 영토에서도 아직까지 공포와 억압의 통치를 끝낼 의지가 없음을 알게 되었다.

우리 자신이 미국 정부 관리들의 폭력과 억류의 희생자였다. 우리는 남부에서 시민권과 인권을 보장받기 위해 노력했다는 이유로 살해된 수많은 사람들을 기억한다. 그리고 그들을 살해한 사람들이 자신들이 지은 죄에 대해 처벌을 받지 않았다는 사실을 기억한다. 앨라배마 터스키기 시에 사는 새뮤얼 영Samuel Younge이 살해당했다. 그를 살해한 것과 베트남에서 베트남 사람들을 살해하는 것 사이에는 차이가 없다. 영과 베트남 사람 모두 법이 보장한 그들의 권리를 확보하기 위해 노력했거나 노력하는 중이었기 때문이다. 각각의 경우에 미국 정부는 그들의 죽음에 상당히 많은 책임을 지고 있다.

새뮤얼 영은 미국이 자신의 법을 지키지 않았기 때문에 살해되었다. 베트남인들은 미국이 국제법을 어기고 공격적인 정책을 추구했기 때문에 살해되었다. 미국은 자신의 필요와 욕구에 어긋나는 사람이나 법은 존중하지 않는다. 우리는 과거에 우리의 폭력에 관한 보도가 관료들의 무관심, 의심, 그리고 명백한 적개심에 부딪혔던 것을 기억한다.

우리 대부분은, 북부에서건 남부에서건, 이 나라에서 선거가 자유롭게 치뤄지지 않는다는 사실을 안다. 우리는 연방 정부가 1965년 "투표권법 Voting Rights Act"과 1964년 "민권법Civil Rights Act"을 시행하기 위해 필요한 자신의 권한과 임무를 충분히 수행하지 않았다는 것을 안다. 우리는 해외에서 자유를 보장하겠다는 미국의 바람과 능력을 의심한다. 우리는 "세계 평화 유지"라는 이 나라의 외침이 위선적인 가면이라고 주장한다. 그 가면 뒤에서 미국 정부는 냉전 정책의 전략에 얽매이지 않거나 따르지 않으려는 자유주의 운동을 억압했다.

우리는 이 나라에서 징병에 응하지 않으려는 사람들에게 동의하며 그들을 지지한다. 징병은 "자유"의 이름으로 미국의 침략에 목숨을 바치도록 강요하는 행위고, 이는 이 나라의 가장 큰 잘못이다. 우리는 자유의 책임이 군사적 침략에 진력하는 책임과 동일시되고 있는, 소위 자유 사회의 모순에 전율을 느끼며 뒷걸음친다. 우리는 이 나라에서 징집된 사람의 16퍼센트가 니그로라는 사실에 주목한다. 그들은 베트남의 자유를 질식시키고, 국내에서는 그들에게조차 허락되지 않는 "민주주의"를 방어하라는 명목으로 소집됐다.

우리는 묻는다. 미국에 자유 투쟁을 위한 징병이 어디 있단 말인가?

그러므로 우리는 국내에서 민주적인 조직을 건설하는 데 자신들의 에너지를 사용하려는 미국인들을 지지한다. 우리는 민권운동과 다른 인권 관련 조직들의 활동이 징병의 정당한 대안이라고 믿는다. 우리는 베트남에서처럼 고통스럽게 생명을 희생하는 일이 될지도 모르지만, 모든 미국인들에게 이 대안을 추구할 것을 촉구한다.

밥 딜런,
"전쟁의 명수"⁴

1963년

미네소타 태생 로버트 짐머만Robert Zimmerman은 밥 딜런Bob Dylan이라는 이름으로 다시 태어났다. 밥 딜런의 노래는 1960년대와 급진적인 베트남 시대의 명백한 일부였다. 딜런이 1963년에 부른 저항의 노래 "전쟁의 명수Masters of War"는 대중음악을 통해 전쟁을 고발하고 있다. 딜런은 "신은 우리 편With God on Our Side"과 "바람에 날려가는 Blowin' in the Wind" 등의 곡을 쓸 무렵 이 노래를 작곡했다. 딜런은 또한 볼티모어의 젊은 부자 윌리엄 잰징거William Zantzinger의 실제 살인 사건을 바탕으로 만든 노래 "그들 게임의 저당물일 뿐Only a Pawn in Their Game"과 "해티 캐롤의 외로운 죽음The Lonesome Death of Hattie Carroll"을 통해 국내의 인종주의와 불의로 관심을 돌렸다.

오너라, 전쟁의 명수인 너

모든 총을 만든 너

죽음의 비행기를 만든 너

커다란 폭탄을 제조한 너

장벽 뒤에 숨은 너

책상 뒤에 숨은 너

내가 너의 가면을 뚫고 볼 수 있다는 걸

네가 알기를 바랄 뿐이다

파괴하기 위해 조립하는 일 말고는
아무 일도 하지 않는 너
마치 네 작은 장난감처럼
내 세계를 가지고 노는 너
내 손에 총을 쥐어 주고
내 눈에서 사라져 버린 너
가장 빠른 총알이 날아다닐 때
뒤돌아 멀리멀리 뛰어가는 너

늙은 유다처럼
너는 거짓말하고 속이네
세계 전쟁에서 이길 수 있다고
내가 믿기를 너는 바라네
그러나 나는 네 눈을 통해 보네
그리고 네 머리를 통해 보네
마치 배수관 아래로 흐르는
물을 통해 내가 보듯이

너는 다른 사람들이 발사하도록
방아쇠를 고정하고
그런 다음 뒤로 물러나 바라보네
죽은 자의 수가 많아지자
너는 저택에 숨어 들었네
젊은이들의 피가
그들 몸에서 흘러나와

진흙 속에 스며드네

너는 지금까지의 그 어떤 공포보다도
더 지독한 공포를 심어 주었네
이 세상에
어린이를 데려온 공포
태어나지 않고 이름 붙이지도 않은
나의 아기를 위협하기에
너는 네 정맥에 흐르는
피만도 못하네

내가 얼마나 알겠나
경솔하게 말해서
너는 내가 젊다고 말하겠지
너는 내가 무식하다고 말하겠지
그러나 내가 아는 것이 한 가지 있지
비록 내가 너보다 어리지만
예수조차 네가 한 일을
절대로 용서하지 않으리

너에게 한 가지 질문을 하게 해 다오
너는 돈이 그렇게 좋은가
그것으로 용서를 살 수 있는가
너는 그럴 수 있다고 생각하나
너의 죽음이 통행료를 받을 때

네가 번 모든 돈으로도
네 영혼을 다시 살 수는 없다는 사실을
알게 될 날이 올 것이다

그리고 나는 네가 죽기를 바란다
그리고 네 죽음은 곧 오리라
창백한 오후에 나는
너의 관을 따라가리라
네기 죽음의 자리로 내려가는 동안
나는 지켜보리라
그리고 너의 무덤 위에 서 있으리라
네가 죽었다는 확신이 들 때까지

무하마드 알리의 베트남전쟁 반대 연설[5]

1966년

권투 선수 카시우스 마르셀루스 클레이Cassius Marcellus Clay는 1964년 세계 헤비급 권투 챔피언이 된 직후, 백인 노예제도 폐지론자의 이름을 따서 붙인 자신의 이름을 노예 이름이라 말하며 무하마드 알리Muhammad Ali로 개명했다. 2년 뒤 이 거침없는 권투 선수가 베트남 군 복무를 면제해 달라고 탄원서를 제출하자 언론은 이를 대서특필했다. 군 면제 탄원은 거부됐고, 알리는 징병을 거부했다. 전쟁에 반대한 결과 알리의 챔피언 타이틀은 무효가 됐고, 5년의 징역형을 선고받았다. 알리는 항소했고 연방대법원까지 갔으나, 이 판결은 1971년까지 번복되지 않았다. 알리는 자신의 고향 켄터키 루이스빌에서 베트남에서 싸우지 말아야 할 이유를 설명했다.

왜 그들은 루이스빌의 소위 니그로들을 개처럼 취급하고 가장 기본적인 인권마저 부인하면서 나에게는 군복을 입고 고향에서 수만 마일 떨어진 베트남으로 가 누런 얼굴의 사람들에게 폭탄과 총알을 떨어뜨리라고 요구하는 것입니까? 싫습니다. 나는 가난한 나라의 사람들을 죽이고 불태워 전 세계 유색인을 노예로 삼으려는 백인 노예주들의 지배를 지속시키기 위해 수만 마일 떨어진 곳으로 가지 않겠습니다. 이제 그런 악은 종식되어야 할 때입니다. 전쟁에 반대하는 내 입장을 바꾸지 않을 경우 내 위신은 위협받을 것이며, 챔피언 상금으로 받은 수백만 달러도 잃게 될 것이라는 경고를 받았습니다. 그러나 나는 이미 말했고, 다시 말하겠습니다. 우리 동족의 진정한 적은 바로 여기에 있습니다. 나는 자신들의 정의, 자유, 평등을 위해 싸우는 사람들을 노예로 만드는 도구가 되어 내 종교, 내 동족, 나 자신을 불명예스럽게 하지 않을 것입니다. (…)

만약 전쟁이 2천2백만 명의 우리 동족에게 자유와 평등을 가져다준다는 확신이 있다면 그들이 나를 차출할 필요도 없이 나는 내일 바로 합류할 것입니다. 하지만 나는 이 나라 법에 복종하든지, 아니면 알라의 계율에 복종해야 합니다. 내 신념을 지킨다고 해서 나는 잃을 것이 없습니다. 그러므로 나는 감옥에 갈 겁니다. 우리는 4백 년 동안 감옥에 있어 왔습니다.

조너선 셸,
『벤숙 마을』⁶

1967년

조너선 셸Jonathan Schell은 베트남전쟁의 참상을 처음으로 폭로한 저널리스트 중 한 사람이었다. 『벤숙 마을The Village of Ben Suc』은 셸의 첫 번째 책으로, 『뉴요커The New Yorker』에 몇 차례 연재한 기사로 시작됐다. 당시 수많은 보도들과 달리 셸은, 미국이 전쟁을 수행하는 명분이라고 주장한 베트남 사람들의 목소리를 직접 전달했다.

푸로이Phu Loi 캠프에서 보낸 첫 번째 주 동안 나는 벤숙 마을에서 온 사람들을 인터뷰하면서 며칠 오후를 보냈다. 마을 사람들에게 질문하기 전, 나는 내가 기자며 군대와는 아무 관련도 없다고 말했다. 마을 사람들은 나를 믿지 않는 게 분명했다. 처음에 그들은 이해한다면서 머리를 끄덕였지만, 후에 그들은 내게 소금, 식용유, 쌀, 또는 캠프를 떠날 수 있는 허가를 달라고 요청했다. 나는 내게 그런 문제에 대한 권한이 없다고 다시 설명해야 했다. 그럼에도 그들은 계속해서 내게 음식이나 특혜를 요구했다. 나는 기자라고 주장했지만 그들은 내 주장을 마치 이전에 여러 심문관들이 사용한 일종의 속임수하고 생각했다. 베트남 사람들은 그동안 다양한 정치적 색채를 지닌 젊은이들의 긴 행렬을 봐 왔다. 그리고 그들은 그 긴 행렬에서 가장 최근에 나타난 이 젊은이가 자신들에게 무언가를 포기하라고 설득하거나 어떤 목적을 위해서 자신들을 이용하려 하지 않는다는 사실을 믿지 않았다. 우리가 말할 때마다 대중 연설용으로 녹음한 소란하고 시끄러운 소리가 들려 서로의 말을 알아듣기가 어려웠다.

내가 한 오두막에 통역사와 함께 몸을 굽히고 들어가서 세 살짜리 아들의 손을 잡고 있는 젊은 남자에게 잠깐 이야기를 할 수 있는지 물어보자, 그 남자는 아들에게 몸을 숙여 미소 지으며 엄마에게 가 있으라고 말했다. 넓고 펑퍼짐한 얼굴에 크고 검은 눈의 젊은 여자가 곁에 서 있었다. 그 젊은 남자는 내가 벤숙 마을에서 수없이 마주했던 침착한 태도로 우리를 만나러 앞으로 나왔다. 그들은 마치 이 세상에서 미국인과 얘기하는 것보다 더 자연스러운 일은 없는 것처럼 침착하게 행동했다. 그는 즐거운 듯 엷은 미소를 띠고 우리 앞에 섰다. 나는 늘 그렇듯 나를 소개한 후, 캠프에 오게 된 것을 어떻게 생각하는지 물었다. 통역사를 통해 그는 "그때 나는 전쟁이 진행되고 있으며, 정부군과 미국인들에게 보호를 받으려면 고향을 떠나야 한다는 사실도 알게 됐다. 여기는 안전하다. 폭탄도 포병도 없다. 내 밭의 곡식들은 화학약품으로 다 죽었고, 내 형은 폭탄에 맞아 죽었다. 작년에 마을 중앙에 폭탄이 떨어져 많은 사람들이 죽었다. 여기서 우리는 미국 군대의 보호를 받고 있다"고 말했다.

벤숙 마을에서는 하루 대부분 무엇을 하며 지냈냐고 물었다.

그는 질문을 받고 웃더니, "나는 기타를 친다. 그리고 밤에는 친구들과 노래하며 술을 마시는데 보통 해가 뜰 때까지 생선을 안주 삼아 술을 마신다. 나는 지금 서른한 살이고 스물세 살에 결혼했다. 나에게는 세 아이가 있다. 나는 공자를 믿는다. 나를 재앙에서 지켜 주고, 행운과 평화를 보내 달라고 공자에게 기도한다. 하루 일과는 6시에 시작된다. 일어나서 밥을 먹고 목욕을 하고, 밭으로 나간다. 한밤에 돌아와서 또 목욕을 하고 밥을 먹고, 그리고 밤에 일을 마치면 다시 한번 목욕한다. 오늘까지 나는 나흘 동안 목욕을 못 했다. 우리가 곧 목욕을 할 수 있겠는가?"라고 대답했다.

나는 그렇게 여러 번 목욕하는 데 놀랐다고 말하고 그에게 대부분의 미국인들은 하루에 한 번 목욕한다고 말했다.

그는 "믿을 수 없다!"고 말했다. 그리고 "우리는 언제나 하루에 세 번 목욕을 한다. 아플 때는 네 번 한다. 목욕을 하면 건강해진 느낌이 들고, 식욕도 생긴다. 우리는 여기서 음식을 기다리고 목욕할 물을 기다리는 데 지쳤다"고 말했다.

바깥의 다른 오두막에서 나는 헝클어진 머리를 하고 자신의 칸막이 방 앞 밀짚 매트 위에서 다리를 접고 앉아 있는 중년 남자에게 다가갔다. 그 남자는 노골적으로 얼굴을 잔뜩 찌푸리고 있었고, 그의 아내는 그의 곁에 쭈그리고 앉아 작은 나뭇가지에 붙은 불을 살리려고 애쓰고 있었다. 늦은 오후였고, 해가 떨어지자 차가운 바람이 불었다. 이 인상을 쓰고 있는 마른 남자는 달랑 검은 셔츠와 초록색 짧은 바지만 입고 있었고 몸을 조금씩 떨었다. "위가 아프다"고 배를 손으로 누르며 그가 내게 말했다. "나는 어제 아침 배로 이곳에 왔다. 하지만 아무것도 가져오지 못했다. 우리 소들, 우리 쌀, 우리 우마차, 우리 농기구들, 그리고 우리 가구까지, 우리 물건은 모두 아직 벤숙에 있다"고 말했다. 그는 나를 쳐다보지도 않은 채 억지로 불만을 참고 있는 듯한 어조로 "이제 우리는 밋밋한 쌀 밖에 없고, 조미료도 없고, 소금조차 없다. 음식은 전혀 가져오지 못했다. 그리고 목욕할 만큼 물이 넉넉하지 않다"고 말했다.

나는 그에게 마을을 떠난 것을 어떻게 생각하는지 물었다.

그는 "누구든 마을을 떠나면 슬플 거다"라고 대답했다. 그러고는 확성기의 소리를 인용하며 "하지만 우리는 정부와 미군의 보호를 받아야 한다"고 덧붙였다.

그때 그의 아내가 돌아보며 "우린 아무것도 없다! 식용유도, 쌀도 없다! 우리는 주변 사람들에게 구걸해야만 한다"고 사납게 말했다.

나는 그녀에게 혁명 개발 계획(Revolutionary Development, 베트남전쟁 당시 미국과 베트남이 민심 이반을 막기 위해 베트콩의 전략을 모방해 시행한 정책. 옮긴이)이 시행하는 쌀 분배 정책을 아는지 물었다.

그러자 그녀는 울화통을 터뜨리며 주머니에서 초록색 식권을 꺼내 나에게 흔들어 보였다. "그들은 내게 하루 전에 식권을 주지만 쌀이 충분한 적이 없었다. 우리는 담요나 옷가지도 못 가져왔다. 내 아이는 벌거벗고 있다. 봐라!"라고 말했다. 그녀는 화가 난 엄마를 바라보며 서 있는 네 살쯤 난 벌거벗은 아이를 가리켰다. "여기는 애들에게 좋은 곳이 아니다. 애들 건강에도 안 좋다. 애들은 밤에 감기에 걸리고, 나가서 놀 장소도 없다"고 말했다. 갑자기 그녀는 등을 돌려서 불을 다시 지피려고 애쓰기 시작했다.

그녀의 아픈 남편은 계속 땅을 바라보고 있었다. 얼마 후에 그가 "나는 사실은 미홍Mi Hung에서 왔다. 그러나 6개월 전에 미홍이 폭격 맞은 후 벤숙으로 이사했다"고 말했다.

나는 그에게 이 캠프에 언제까지 머물 예정인지 물었다.

"모른다. 난 단지 여기에 옮겨졌을 뿐이다. 이에 대해 내가 할 수 있는 건 아무것도 없다. 나는 영어를 하지 못한다. 다음에 무슨 일이 일어날지 내가 어떻게 알 수 있겠는가? 나는 그들이 말하는 걸 알아듣지 못한다. 다른 곳으로 옮겨질 때 우는 할머니가 많았다"라고 그는 말했다.

다른 장소에서, 아기를 안고 있는 엄마에게 말을 거는데, 곧 다른 엄마 세 명이 나를 둘러쌌다. 그들 모두는 걷어 올린 검은 바지와 캠프에 세탁 시설이 없어서 지금은 더러워진 흰색, 또는 파란색 셔츠를 입고 있었다.

처음에 캠프 생활이 어떤지 물었을 때 한 사람만 대답했다.

"모두 벤숙에서 쫓겨나 여기까지 왔다"고 그녀는 말했고, "우리는 우리 쌀을 가져올 수 없었다. 몇 가지 물건만 가지고 왔다. 우리는 폭격이 시작됐을 때 대피소로 뛰어갔다"고 말했다.

한 여자에게 남편에 대해 묻자 모두가 흥분해서 말하기 시작했다.

"내 남편은 밖에서 쟁기질 중이었는데, 지금 어디에 있는지 모른다."

"우리는 그들이 어디 있는지 모른다."

"아직 남편이 살아 있는지 아닌지 나는 알지 못한다."

"나는 밭에서 죽은 사람들을 봤다. 하지만 그들이 누구인지 몰랐다."

한 여자가 앞으로 나오자 다른 사람들이 조용해졌다. "우리는 다시 돌아가고 싶다. 하지만 그들이 모든 것을 파괴시키려고 한다." 그녀는 아직 모르는 듯했다. 하지만 그녀는 이 말을 하며 나를 찬찬히 쳐다봤다.

나는 그녀에게 벤숙에서 왔는지 물었다.

"나는 야오틴Yao Tin에서 왔다. 추수기에 부모님을 도와주기 위해 벤숙에 온 것이다. 하지만 이 마을 중심으로 온 이후 부모님 집에조차 갈 수가 없었다. 내 여동생은 아마도 아직 벤숙에 있을 거다."

베트남 마을들이 마을 문제를 결정할 때 자주 연장자 집단에 의존한다는 말을 들었기 때문에 그들과 얘기를 나누어 보면 좋겠다는 생각이 들어서 나는 세 여자에게 누가 벤숙 마을의 연장자였는지 물었다. 통역사가 이 말을 전하자 한 여자의 얼굴에서 장난기 어린 즐거운 기색이 나타났고 갑자기 쾌활한 표정으로 그녀는 "우리 마을에는 연장자가 없었다"고 말했다. 그녀의 옅은 미소는 옆 사람에게 전염되었고, 세 여자들은 마치 비밀을 가진 학창 시절의 소녀들처럼 서로 공모의 눈짓을 주고받았다. 용감해진 첫 번째 여자가 "아무도 중요한 사람이 없었다. 모두가 평등했다"고 덧붙였다. 세 사람 모두 내가 이 작전에 어떻게 반응하는지 보기 위해서 내 얼굴을 찬찬히 쳐다봤다.

나는 세금을 거둔 사람은 없었는지 물었다.

"아니, 세금은 없었다"고 또 다른 여자가 대답했다. "우리는 우리가 기른 것으로 자급자족했다."

그러자 첫 번째 여자가 "정부도 없었고, 정부군도 없었다"고 말했다. 세 사람 모두 즐거움을 감추려고 애를 썼다.

나는 그들에게 정부도 없고 정부군도 없는 것에 어떻게 만족할 수 있는지 물었다.

이번에는 손으로 미소를 가리려고 하지도 않고 모두가 소녀처럼 웃음을 터트렸다. 아무도 대답하지 않았다. 대신에 그들 중 한 사람이 "어쨌든 이제 우리는 정부와 미국 군대의 보호를 받아야 한다"라고 말했다. 한 여인은 미처 자신의 반항적인 미소를 완전히 감추지 못했다. 나를 즐겁게 하려는 계산 아래 말하는 것처럼 "작년에는 정부군과 미국인들이 약품을 주려고 왔을 뿐 아무도 죽지 않았다"고 덧붙였다.

다른 여자가 "이번에는 많은 사람이 다치거나 죽거나 끌려갔다"고 말했다.

한 칸막이 방에서는 돗자리에 앉은 노인이 나에게 말했다. "나는 벤숙에서 태어났고 그곳에서 60년 동안 살았다. 아버지도 그곳에서 태어났다. 그리고 할아버지도. 이제 여기에서 남은 생애를 살아야 할 것 같다. 그러나 나는 농부다. 여기에서 어떻게 농사를 짓는가? 무슨 일을 할 수 있겠는가? 많이 죽었지만 나는 다행스럽게 세 딸과 함께 안전하게 이곳으로 왔다. 여기에서 쌀을 주지만 나는 먹을 수 없다. 미국인의 쌀은 돼지나 먹는다. 그리고 우리에게는 식용유도 없다." 첫 번째 쌀 분배 후 캠프 주변의 여러 곳에서 베트남인들이 내다 버린 미국산 쌀더미에 코를 깊이 묻은 돼지들을 발견했다. 대부분의 동아시아인들처럼 베트남인들은 그들 쌀의 색깔, 질감, 크기, 맛에 특히 별스러웠다. 그들에게 쌀은 맛과 영양 문제를 넘어서 예식의 의미를 지닌다. 베트남 사람들은 미국에서 기른 갈색의 장립미long-grained를 미국인들이 개사료 접시를 반기듯이 환영했다. 다시 말해 개 사료는 적절하게 영양이 있고, 맛도 나쁘지 않겠지만 심리적으로는 받아들여지지 않는다.

그 노인은 미래에 대한 계획을 가지고 있었다. "푸쿠엉Phu Cuong에 친척이 사는데 그들이 나와 딸애들을 도와줄 거다. 내가 여기서 나가 푸쿠엉에 새 집을 짓고 농사를 지을 수 있도록 도와줄 수는 없는가?"

나는 정부에서 온 사람이 아니라고 다시 한번 설명했다. 그 노인은 나를 믿지 않는 게 분명했다.

이곳에 온 지 사흘째 되는 날 아침, 바람이 몹시 불었다. 그 바람으로 먼지 구름이 짙게 드리워 오두막 사이의 통로 이쪽 끝에서 저쪽 끝이 보이지 않았다. 한 오두막 아래, 성긴 턱수염의 노인이 온화하고 우아한 미소를 지으며 팔에 아이를 안고 물건 더미와 돗자리 몇 개를 쌓아 놓은 곳 한가운데 앉아 있었다. 그의 가족들은 바람과 먼지를 피하기 위해 그 돗자리를 대나무 골조에 매달아 놓았다. 그는 나뭇가지를 가지고 노는 아기를 내려다보며 미소 지었다. 그는 내 질문에 답하며 "나에게는 아들이 둘 있다. 그러나 몇 년 동안 소식을 전혀 듣지 못했다. 이제 나는 딸과 함께 산다"고 말했다. 아기가 움직이기 시작했다. 팔을 때리며 나뭇가지를 집어던졌다. 노인은 다른 팔로 아기를 옮겨 안고 주머니에서 담배 쌈지를 꺼내 아기에게 가지고 놀라고 줬다. 쌈지에는 담배 상자와 담배를 말 종이, 그리고 근자에 발급받았지만 가운데가 약간 찢겨진 신분증이 있었다. 아기는 신분증에 관심이 있었고, 이를 두 손으로 꼭 움켜쥐었다. 그러자 더 찢어지기 시작해서 결국 두 조각이 됐고 아기는 양손에 한 조각씩을 쥐고 있었다. 노인은 아기가 하는 모든 행동을 즐겁게 바라봤다. 아기가 신분증을 찢는 행동에도 따스하게 웃으며 주변을 돌아보고 미소 지었다. 그런 후 그는 두 조각을 다시 쌈지에 집어넣어 자신의 주머니에 넣었다. (…)

다른 오두막 아래에서 담요를 덮은 한 여자가 혼자서 자그마한 아기를 안은 채 무언가를 바라보며 앉아 있었다. 그녀는 내가 다가가는 것을 눈치 채지 못한 것 같았다. 말을 걸어도 그녀는 생각에 잠겨 혼자 중얼거리듯 말했고 내 질문에 직접 대답하지 않았다. 그녀는 "이른 아침에 밭으로 가는 도중에 헬리콥터가 왔다. 남편은 지금 사이공Saigon에 있다. 내 생각에 사이공에 있는 것 같다. 머리 위 확성기에서 소리가 났지만, 내가 어떻게 알아들을 수 있겠는가? 폭탄이 여기저기에서 터지고 있었다. 아버지는 귀가 멀었다. 그러니 아버지가 어떻게 헬리콥터에서 하는 말을 들을 수 있었겠는가? 아버지가 어디에 있는지 나는 모른다. 내 아이들과 옷가지가 내가 가져올 수 있었던 전부였다. 아버지는 많이 늙으셨다. 아마도 돌아가셨을 거다"라고 말했다.

동물을 태운 마지막 배가 푸쿠엉을 향해 강을 따라 내려간 뒤 맑고 더운 날, 파괴 전문반이 도착했다. GI들은 좁은 골목 아래로 움직였고, 햇살이 비치고 조용한 텅 빈 마을로 들어와 짚으로 된 가옥의 지붕에 가솔린을 붓고 횃불로 불을 붙였다. 마른 지붕과 담장들이 불타 땅으로 무너지고 푸른 하늘로 순식간에 검은 구름 기둥이 솟아올랐다. 집은 검게 탄 탁자와 의자들, 깨진 컵과 접시들, 간이침대, 그리고 대나무 차양과 같은 내부의 풍경을 조금씩 드러내며 불타올랐다. 집이 막대기 같은 검은 골격만을 남기고 불길이 사그라지기도 전에 불도저가 야자수 숲을 뚫고 굴러왔다. 불도저가 앞으로 움직이자 나무뿌리가 뽑혔고, 불도저의 삽은 진흙으로 만든 토대를 파내 그 맨살을 드러냈다. 불도저가 방공호의 무거운 담장을 건드리자 짤막한 고음이 울려 퍼졌다. 계속 앞으로 밀어붙이자 방공호도 부서졌다. 벤숙에는 불도저를 멈추게 할 만큼 가구 수가 많지 않았다. 불도저는 길과 길목을 무시한 채 뒷마당 울타리, 작은 묘지, 그리고 마을의 밭이랑을 가로질러 갔다. 파괴 전문반이 철수한 후, 마을은 평평해졌다. 하지만 파괴 계획은 아직 시작되지도 않았다. 최초의 계획에 충실하여 공군 제트기들이 폐허가 된 황무지에 폭탄을 떨어뜨렸다. 깊숙하게 숨어 있는 굴은 불도저로도 부술 수 없었기 때문에 이를 파괴시키기 위해 다시 한번 불탄 집들의 기초를 태우고, 깨진 돌조각 더미들을 가루로 만들었다. 마치 일단 파괴시키기로 결정했으니, 벤숙 마을의 존재를 암시하는 모든 것들을 소멸시키려고 전력을 기울이는 듯했다.

래리 콜번,
"그들은 사람들을 살육했다"[7]

2003년

1968년 3월 16일 미국 보병 중대가 미라이My Lai 마을로 들어갔다. 미군은 적군에게서 단 한 발의 총격도 받지 않았지만 5백 명 정도의 베트남 농민들을 조직적으로 학살했다. 그들 대부분은 여자와 아이들이었다. 자유 기고가인 시모어 허시Seymore Hersh는 이 이야기를 듣고 공표하려고 했지만 주요 언론은 허시의 노력을 무시했다. 결국 1969년 『라이프Life』지는 로널드 해벌Ronald Haeberle이 찍은, 참호를 향해 자동소총을 쏘아 대는 미국 병사들의 끔찍한 사진을 실었다. 그 참호 속에는 베트남 여자들과 그녀들의 팔에 안긴 아기들이 공포에 떨며 웅크리고 있었다. 군부는 미라이의 소대장으로 그 사격을 지시한 윌리엄 컬리William Calley를 체포했다. 많은 장교들이 이 사건에 연루되었지만 그 사실은 은폐되었고, 오직 컬리만 징역형을 받았다. 컬리의 종신형은 닉슨 대통령의 중재로 5년으로 줄었다. 컬리는 3년 반 동안 가택 구금형을 끝내고 방면되었다. 당시 헬리콥터 사수였던 래리 콜번Larry Colburn은 조종사와 함께 이 장면을 보고 사격을 중단시켰다. 다음은 이에 관한 래리의 회고담이다.

우리는 평화주의자가 아니었다. 우리는 우리의 일을 했고 사람을 죽여야 할 때는 죽였다. 그러나 우리는 사람 죽이는 일을 스포츠로 여기지는 않았다. 사람을 함부로 쏘지 않았다. 우리 포병 중대에서는 무기 포획이 가장 중요한 일이었다. 살인을 정당화하기 위해서 뿐만 아니라 심리적으로 "만약 내가 죽이지 않는다면 그가 나를 죽일 거다"라고 말할 수 있을 때 사람을 죽이기 쉬웠기 때문이다.

우리는 소형 가솔린 엔진을 달고 투명한 플라스틱 덮개를 덮은 헬리콥터 OH-23을 탔다. 우리가 맡은 임무인 항공 정찰은 새로운 개념이었다. 공격용 헬리콥터만 보내는 대신 작은 헬기를 미끼로 사용했고, 무장한 헬리콥터 몇 대가 우리를 엄호했다. 기본적으로 우리는 출동해 소란을 일으켰다. 우리는 저공비행을 하다가 무언가를 발견하면 연기로 신호를 보내고 사격을 했다. 다음 일은 무장한 헬기에게 맡겼다. 우리는 또한 징병 대상 연령의 남자를 잡아가 심문하는 "유괴 임무"를 수행했다. 1968년 우리는 많은 사람을 잡아갔다.

3월 16일, 아침 7시 조금 넘은 시간에 우리는 작전을 개시했다. 내가 들은 상황 설명은 단지 이 마을을 소탕하기 위해서 지상에 1개 중대를 내려놓는다는 내용뿐이었다. 보통 우리는 적의 위치나 우리를 쏘기 위해서 꾀어내는 사람이 있는지 등을 알아보기 위해 미리 가 본다. 그날은 맑고 따뜻한 날이었고, 논에서 안개가 걷히고 있었다. 첫 번째 정찰에서 우리는 군복을 입고 카빈총과 가방을 멘 남자가 숲 경계선에서 나오는 것을 발견했다. 톰슨은 "누가 저자를 잡을까?"라고 말했고, 나는 "내가 잡겠다"고 말했다. 그래서 톰슨은 그를 목표로 정찰기를 낮추고 그 수상쩍은 사람을 향해 날아갔다. 그는 분명히 베트콩이었다. 그는 무장했고, 도망가고 있었으며, 다음 숲 경계선을 향하고 있었다. 나는 내 목숨을 구하려고 그를 맞출 수 없었다. 우리는 그 지역에서 상당 시간 정찰했지만, 그날 내가 본 무장한 베트남 사람은 그가 유일했다.

그 후 우리는 미라이 4, 5, 6구역 주변을 정찰하기 시작했다. 그리고 미군이 헬리콥터를 타고 오는 모습을 본 기억이 난다. 우리는 그들이 누구와 대적하려 하는지 알기 위해 그들보다 앞서 갔지만 여전히 아무런 충격도 받지 않았다. 그날은 장이 서는 날이었고 수많은 여자와 아이들이 작은 마을에서 나왔다. 그들은 텅 빈 바구니를 들고 길을 따라 걸어갔다. 우리는 주변을 순회하다가 미라이 4번 구역 남쪽 논에서 다친 여자 몇 명을 봤다. 우리는 위생병들이 그들을 치료해 주길 바라면서 소화탄으로 그들의 위치를 표시했다.

다시 길가로 돌아왔을 때, 우리 눈앞에 장을 향해 가던 그 사람들이 다시 보였다. 그들은 길에서 떨어져 있지도 않았다. 그들은 서로 엉킨 채 죽어 있었다. 우리는 모든 상상력을 동원해 무슨 일이 일어났는지 알아내려고 했다. 포병대가 그랬나? 무장 헬기가? 베트콩이? 지상에 있는 미국 군인들은 정말로 태연하게 여기저기를 훑고 다녔다. 군인 중 누구도 웅크리거나 엎드리거나 숨지 않았다.

그러다가 우리는 열두 살 정도의 어린 소녀가 풀밭 위에 누워 있는 것을 보았다. 그 소녀는 무장하지 않았고 가슴에 상처가 나 있었다. 우리는 멀지 않은 곳에 병사 한 무리가 있는 것을 보았기에 소녀의 위치를 연기로 알렸다. 연기는 초록색이었고, 이는 접근해도 안전하다는 신호를 의미했다. 빨간 연기는 반대로 위험하다는 뜻이다. 어니스트 메디나 대위가 다가와서 소녀를 발로 차고, 칼로 등을 찔러 죽일 때 우리는 지상에서 6피트(약 1.8미터) 정도 떨어진 상공을 맴돌고 있었고 메디나 대위에게서 20피트(약 6미터)도 채 떨어지지 않은 곳에 있었다. 메디나 대위는 우리 바로 앞에서 그런 행동을 했다. 대위의 행동을 보았을 때 퍼뜩 깨달았다. 살인을 하는 사람들은 우리 편이었다.

우리는 연기로 위치를 알리는 것은 사람들을 간접적으로 죽이는 일이라는 생각을 하게 됐다. 풀숲에 숨어 있던 한 여자를 절대로 잊을 수 없다. 그 여자는 태아처럼 잔뜩 웅크리고 있었다. 나는 그녀에게 조용히 엎드려서 그곳에 가만히 있으라는 몸짓을 했다. 우리는 정찰을 위해 더 날아갔다. 나중에 다시 돌아오자 그녀는 내가 가만히 있으라고 말한 그곳에서 같은 자세로 있었다. 그러나 누군가 그녀의 등 뒤에서 다가와 말 그대로 그녀의 머리를 날렸다. 나는 당혹해하던 그녀의 표정을 잊을 수 없을 거다.

오전 10시경 휴 톰슨은 한 무리의 여자와 아이들이 미라이 4지역에 있는 북동쪽 벙커를 향해 달리고 있고 미국 병사들이 그 뒤를 쫓고 있는 장면을 목격했다. 우리가 그들의 머리 위까지 갔을 때, 글렌 앤드리오타는 흙으로 만든 지하 벙커에서 밖을 엿보고 있는 사람들을 발견했다. 톰슨은 그들이 몇 초 안에 죽게 될 것이라 생각했다. 그래서 톰슨은 다가오고 있는 미국 군인과 벙커 사이에 정찰기를 착륙시켰다. 톰슨은 스티븐 브룩스 대위에게로 다가갔다. 톰슨은 "이 사람들은 민간인들이다. 그들을 어떻게 벙커에서 나오게 할 수 있는가?"라고 물었다. 브룩스는 "소화탄을 던지면 나올 것이다"라고 답했다. 톰슨은 목에 핏대를 세우고 있었다. 톰슨과 브룩스는 실제로 싸울 태세였다. 톰슨은 돌아와서 앤더슨과 나에게 "내가 저 사람들을 벙커에서 구해 낼 때, 그들이 저 사람들을 공격하기 시작한다면 그들을 쏴"라고 말했다. 그런 다음 톰슨은 걸어갔고 우리는 서로를 쳐다보며 그곳에 서 있었다. 톰슨은 벙커로 가서 사람들에게 나오라고 손짓했다. 그곳에는 아홉 명 내지 열 명의 사람들이 있었다.

우리는 미군을 빤히 쳐다봤다. 그들 중 약 절반은 앉아 있거나 담배를 피우거나 농담을 하고 있었다. 나는 그중 한 사람을 쳐다보고 손을 흔들었던 기억이 난다. 그도 내게 손을 흔들었고, 그때 우리가 아무 문제없으리라는 걸, 즉 이들이 우리에게 아무 짓도 하지 않으리라는 걸 알았다. 누구도 우리에게 총을 겨누지 않았고, 우리도 그들을 향해 총을 들이대지 않았다.

톰슨은 자신의 친구이자 무장한 헬기의 조종사인 댄 밀리언스를 불렀다. 그러고는 "대니, 여기 문제가 조금 있는 것 같은데 도와줄 수 있나?"

라고 물었다. 밀리언스는 "그럼"이라고 답하고는 예상 밖의 행동을 했다. 무장 헬기는 부상자를 구출하기 위해 착륙하지 않는다. 그러나 밀리언스는 그렇게 했다. 밀리언스는 벙커에 있던 사람들을 수마일 떨어진 곳에 데려가 내려 주었다. 아마도 그는 두 번 정도 비행을 했던 것 같다.

우리는 도랑 위를 날고 있었다. 그곳에 백 명이 넘는 베트남 사람들이 죽어 있었다. 앤드리오타가 무언가 움직이는 것을 보았고 톰슨은 다시 착륙했다. 앤드리오타는 직접 그 도랑으로 갔다. 그는 말 그대로 허리 깊이까지 쌓여 있는 시체를 헤집고 가서 작은 아이를 구했다. 나는 탁 트인 장소에 서 있었다. 글렌은 내게로 와서 아이를 건넸다. 하지만 도랑에 시체가 너무 많고 피로 가득해서 글렌은 빠져나올 수 없었다. 나는 그에게 소총 개머리를 건넸고 그를 잡아끌었다. 우리는 어린아이를 고아원에 데려갔다. 우리는 그 아이가 남자애인지 여자애인지도 몰랐다. 그냥 귀여운 아이였다. 내 손에 부러진 뼈 또는 총구멍이 느껴졌지만 그 아이는 괜찮을 듯 보였다. 아이는 울지는 않았지만 멍한 눈을 하고 있었고 피로 범벅이 된 상태였다.

나는 그때 이 친구들이 노리는 것은 복수라고 느꼈다. 그게 유일한 기억이다. 그들은 저격수와 부비트랩으로 동료를 잃었기 때문에 언제든 교전할 준비가 되어 있었다. 그들은 전날 밤 상황 설명을 들었다. 나는 그들이 그곳을 황폐화시키러 간다는 말을 들었다. 그들은 어떤 무기도 발견하지 못했다. 그들은 징병 대상 연령의 남자만 죽인 것이 아니었다. 사망자 명단을 봤는데, 그 명단에는 다섯 살 미만 아이들이 120명이나 있었다. 사람이 어떻게 그런 일을 할 수 있는가? 이는 성인으로서 내 전 생을 걸고 씨름해야 할 문제다. 나는 원수를 갚는 일이 무엇인지는 안다. 하지만 우리는 보복할 만한 적에게 보복해야 한다. 그들은 노인들, 엄마들, 아이들, 아기들이었다. 밤에 베트콩이 그곳에서 주둔했다는 사실이 그 부락에 있는 모든 사람을 죽이는 일을 정당화할 수는 없다.

이 일이 미국의 작은 마을에서 일어났다고 생각해 보라. 우리 땅에서 전쟁이 벌어지고 있고, 적이 우리 마을에 들어와 여자를 강간하고 아이들을 포함해 모든 사람을 죽였다고 생각해 보자. 우리는 어떻게 느끼겠는가? 우리가 한 것은 단순한 양민 학살이 아니었다. 그들은 사람들을 살육했다. 그들이 하지 않은 단 한 가지 일은 그 사람들을 구워 먹지 않은 것이다. 이토록 엄청나게 미친 짓을 어떻게 이해할 수 있겠는가?

헤이우드 T. "더 키드" 커크랜드,
『피: 베트남전쟁에 관한 흑인 병사들의 구술사』에서[8]

1984년

1968년 3월 24일자 『뉴욕 타임스 매거진*New York Times Magazine*』에서 설 스턴Sol Stern 기자는 "1961년과 1964년 사이에 베트남에서 사망한 미국 군인의 20퍼센트가 니그로로 집계되었다. 그러나 베트남에 파견된 군인 중 니그로는 전체의 12.6퍼센트에 불과했다"고 진단했다. 심지어 12.6퍼센트라는 수치는 미국 내 흑인 비율보다도 높다. "간단히 말해서 이 수치는 니그로 병사가 백인 병사보다 우선적으로 베트남에 차출되고 일단 그곳에 가면 최전방 전투부대에 배치되는 경향이 있었음을 보여 준다. 그리고 니그로의 경우 같은 전투부대에서도 백인보다 더 많이 죽거나 부상을 당하는 경향이 있다." 베트남에서 죽지 않고 돌아온 흑인 제대군인들은 끈질긴 인종주의와 만연한 실업과 조우했다. 많은 흑인 제대군인들이 전쟁을 공개적으로 비판하고 반전 단체와 민권 단체에 가입했다. 스턴은 베트남에서 돌아온 흑인 병사의 말을 인용했다. "다시는 미국을 위해 다른 나라에서 싸우지 않을 것이다. (…) 내가 싸울 유일한 곳은 여기다" 다음은 헤이우드 커크랜드Haywood Kirkland가 흑인 제대군인의 관점에서 묘사한 베트남전쟁과 그 영향에 관한 내용이다.

나는 1966년 11월 22일에 징집됐다. 고등학교를 졸업하고 도서 판매 대리점에서 물건 나르는 일을 하던 중이었다. 도시에 사는 많은 남자들은 징병을 연기하기 위해서라면 무엇이든 하려고 했다. 내 형제 중 하나는 신체검사 때, 무슨 술인지는 모르지만 아무튼 술을 눈에 넣고는 눈에 문제가 있다고 말했다. 그는 군대에서 면제되었다.

나는 아무 시도도 하지 않았다. 나는 징집된다면 내가 무슨 짓을 하더라도 결국 베트남에 가리라는 사실을 알고 있었다. 내가 열두 살 때부터 지니고 있던 통찰력으로도 알 수 있는 사실이었다.

사우스캐롤라이나 잭슨 요새에 있는 신병 막사에 가자마자 그들은 사람을 완전히 개조하려고 했다. 시민의 정신 상태를 군인의 정신 상태로 바꾸려고 했다.

첫 번째로 그들은 베트남 사람이라는 말을 쓰지 말라고 했다. 베트남 사람들은 황인종, 혹은 딩크들dinks이라고 부른다.

그리고 나서 그들은 베트남에 가면 찰리, 즉 베트콩을 만나게 될 거라고 말했다. 그들은 짐승 같고, 사람이 아니라고 했다. 그들은 생명 따위는 아랑곳하지 않기 때문에 미군 병사 한 명을 죽이기 위해서라면 아기 몇 명쯤은 날려 버린다고 했다. 베트콩들과는 사람을 대하듯 대화도 하지 말라고 했다. 자비나 이해를 가지고 베트콩들을 대해서는 안 된다고 말했다. 그것이 바로 그들이 새겨 준 내용이다. 바로 그 살인 본능, 그냥 가서 파괴하라.

군대의 목사조차도 십계명의 내용을 바꿔야 한다고 말했다. 목사들은 "죽이지 말라" 대신에 "살인하지 말라"고 말했다. 기본적으로 우리는 죽일 권한이 있었고, 영토를 차지할 권한이 있었고, 또는 서로의 생명을 보호할 권한이 있었다. 일단 그런 종류의 죽이기에 참여하는 한 우리의 양심은 우리를 괴롭히지 않을 것이다. 살인을 하지 않는 한, 목사는 우리에게 축복을 내려 줄 것이다. 하지만 그런 모든 것이 어쨌든 살인임을 알고 있었다.

1967년 5월 15일 나는 제25사단, 제3여단 소속 "녹색선인장The Cacti Green"의 보충병으로 베트남에 갔다. 제3여단은 문제가 있는 곳이면 어디든지 가는 특수 임무를 맡고 있었다. 25사단은 쿠치Cu Chi에 있었지만 우리는 1군단과 2군단의 작전을 모두 수행했다.

당시 나는 열의에 넘치는 군인이었다. 하지만 좋은 상황에서 부상당하지 않는 것이 나의 진정한 관심사였다. 그래서 나는 가장 심한 교전 중에 있는 전방 사단병들이 점점 녹초가 되어 떨어져 나가는 모습을 유심히 살폈다. 나는 전방을 피하기 위해 장거리 정찰에 자원하기로 결심했다. 장거리 정찰대는 규모가 작았고, 내 의견을 내서 결정을 내리는 데 도움을 줄 수 있는 기회도 있었다. 전방 사단에서 병사들은 단지 군의 전력을 표시하는 지도 위의 핀에 불과했다.

정찰대는 기본적으로 적을 찾고 공중 폭격을 하거나 또는 적과 교전할 대병력을 불러들였다. 우리 활동의 대부분은 밤에 이루어졌다. 우리는 낮에는 숨었다가 밤이 되면 나왔다.

내가 정찰대에 갔을 때까지만 해도 전쟁 정책은 확정되지 않은 상태였다. 우리는 총격을 받기 전에는 총을 쏘지 말라는 명령을 받았다. 그러나 일단 마을에 들어가면 우리는 말 그대로 우리가 하고 싶은 대로 했다. 규칙이 전혀 없었다. 나는 정치의 많은 부분을 보기 시작했다. (…)

베이스캠프에서는 인종주의를 경험했다. 사람들은 지프차에 반동 깃발을 달고 달리는 남부 시골 사람처럼 굴었다. 나는 모욕을 느꼈고 협박을 받았다. 골칫덩어리라고 불리는 형제들은 싸움터로 보내졌다. 많은 형제들이 처음에는 보급 담당이나 요리 등 군대 직업 전문가(MOS: Military Occupational Specialist)로 왔지만 결국 전쟁터에서 죽었다. 총상을 입으면 전쟁터에서는 나올 수 있었지만 대부분 50갤런(약 190리터)짜리 통에 든 배설물을 소각하는 일을 맡았다. 대부분의 도시 출신 백인들은 보급 담당으로 일을 하거나 식당에서 일했다.

우리는 서로 이야기를 나누며 동지애를 다졌다. 그리고 이런 일들을 다루기 위해 우리들끼리 더욱 조직화됐다. 나같이 전쟁터에서 온 사람은 베이스캠프의 형제들에게 "이봐, 소화탄 쓰는 법이나 알아? 문제가 생기면 그들 초가집에 수류탄을 던지면 되는 거야"라고 말하곤 했다.

내가 집에 돌아왔을 때 내 또래들이 나에 대해 이야기하는 방식에 정말 화가 났다. 그들은 나를 전쟁에 갔다 온 미친 니거라고 불렀다. 그리고 나는 여전히 내 머릿속에서 베트남을 떨쳐 내지 못하고 있었다.

당국은 내게 빠뜨린 6개월을 채우라고 콜로라도의 카슨 요새로 보냈다. 나는 정말 더 이상 군인이고 싶지 않았다. 그래서 미친 척 했다.

나는 사람들에게 내 계급이 무엇이었는지 모른다고 말했다. 나는 베트남에서 강등됐다고 말했다. 나는 기장을 달지 않았다. 나는 이등병이었다. 나는 서류가 어디에 있는지 모른다.

그들은 나의 더부룩한 머리를 잘랐다. 내가 한 건 내 모자를 다른 사이즈로 바꾸지 않은 것뿐이다. 그래서 모자가 내 눈까지 내려왔다.

그 다음 나는 의사에게 발이 아프다고 말했다. 의사는 내 말을 믿었다. 나는 정글에서 피부병을 얻어 왔다. 나는 달리지 못했고, 오랫동안 서 있지 못했다. 나는 부츠를 신을 수 없었다. 내가 신을 수 있는 신발은 내가 가진 이 호치민Ho Chi Minh 샌들뿐이었다.

나는 샌들을 신고, 큰 모자를 쓰고, 어두운 기색을 한 채로 편대에서 뒤쳐졌다.

나는 그들이 나를 군대에서 내쫓을 때까지 그들을 속였다.

그러다가 그들은 내 스물한 번째 생일날 민주당 전당대회에 간다고 말했다. 우리 부대는 소요를 막는 기병대대로 시카고로 갈 예정이었다. 나는 그들에게 무기를 들지 않은 채 내 형제자매 앞에 설 수 없다고 말했다. 대위는 "커크랜드, 내가 너를 직접 데리고 간다. 넌 시카고에 가는 거다"라고 말했다. 나는 의사에게 말라리아가 재발했다고 말했다. 의사는 나에게 해 줄 말이 없다고 말했다. 나는 주말 동안 병원에 머물러야만 했다. 의사는 나를 이해했다는 듯, "좋아요"라고 말했다.

나는 미친 척하는 데 성공했다. 나는 명예제대를 했다.

나는 메달을 받은 명예제대군인이었기 때문에 워싱턴 시는 내게 경찰서, 또는 우체국에 직장을 제안했다. 경찰은 지나치게 군대와 관련되어 있었다. 나는 내 세계에서 군대와 관련된 모든 것을 지워 버리기 위해 모든 노력을 기울였다. 나는 우체국을 선택했다. 기본적으로 작은 의자에 앉아 우편물을 분류하는 일이었다. 편지를 밀어 넣어라, 분류해라, 더 빠르게 일해라. 감독관들은 육군 상사 같았다. 6개월 후에 나는 사표를 냈다. 그냥 그 일에 싫증이 났다.

나는 컴퓨터 강습 학교에 등록했다. 그들은, 그들의 약속을 하나도 이행하지 않았다. 내가 학교에 낸 2천2백 달러의 제대군인 행정 기금은 강탈당한 거나 마찬가지였다. 우리 반이 졸업할 때쯤 학교는 파산했다.

어쨌든 나는 점차 혁명적이 되어 갔고, 급진적인 태도를 지니게 되었다. 베트남을 떠나기 전 친구들과 흑인 투쟁에 대해 조금씩 대화를 나누면서 급진적으로 변하기 시작했다. 베트남 이후, 세상은 흑인을 위해 아무것도 한 것이 없다. 그들은 내가 집으로 돌아오기 직전에 마틴 루서 킹 박사를 죽였다. 나는 이용당한 기분이었다.

라웅 응,
「사람들은 사라지고 아무도 말하지 않았다」[9]

2003년

미국의 베트남 폭격은 1960년대 말과 1970년대 초까지 확산됐다. 이 폭격은 캄보디아와 라오스를 표적으로 한 "비밀 전쟁secret war"을 포함하고 있다. 이 전쟁으로 아시아인 수백만 명이 죽었다. 미국의 캄보디아 전쟁은 심각한 불안정을 초래했고, 1975년 잔인한 크메르루주Khmer Rouge가 권력을 장악하는 상황을 만드는 데 일조했다. 캄보디아의 크메르루주 공포 정권하에서 일어난 "킬링 필드killing field" 사건으로 수백만 명이 죽었다. 다음의 글에서 캄보디아의 난민 라웅 응Loung Ung은 프놈펜에서 강제 추방당한 뒤 겪은 끔찍한 사건에 대해 설명한다.

군인을 가득 채운 트럭들이 도시로 향했을 때 나는 거리에서 돌차기 놀이를 하고 있었다. 나는 2층으로 뛰어올라가서 아버지에게 그들이 누구인지 물었다. 아버지는 그들은 크메르루주고, 파괴자들이라고 말했다. 그런데 왜 모든 사람들이 그들을 환대하고 음식과 꽃을 주었을까? 아버지는 사람들이 단지 전쟁이 끝난 것이 기뻐서 그러는 것이라고 말했다. 나는 다른 사람들과 함께 갈채를 보냈다. 군인들은 참 우쭐댔다. 내가 위층으로 돌아왔을 때 아버지와 어머니는 짐을 꾸리고 있었다.

2백만 명의 사람들 모두가 프놈펜으로 철수해야만 했다. 크메르루주 군인들은 더 이상 기뻐하지 않았다. 그들은 얼굴을 찌푸리고 공중으로 총을 쏘고 우리에게 나가라고 확성기에 대고 소리를 질렀다. 그들은 "여러분은 3일 내에 돌아올 수 있다. 그러나 미국이 폭격을 하려고 하니 지금 바로 떠나야 한다"고 말했다. 나는 트럭 뒤에 앉았던 기억이 난다. 가스가 떨어져서 우리는 걸었다. 나는 쌀 단지를 들어야 했는데, 단지가 내 정강이를 계속 쳤다. 나는 내내 울면서 아버지에게 언제 집으로 돌아가느냐고 계속 물었다. 아버지는 마침내 내 키만큼 몸을 굽히고 내 눈을 바라보며 우리는 돌아가지 않을 것이고, 크메르루주가 거짓말을 한 것이니 돌아갈 생각을 하지 말아야 한다고 말했다.

우리는 계속 걷고 또 걸었다. 군사기지에서 크메르루주 군은 사람들을 두 줄로 나누었다. 그들은 한쪽 줄에 론 놀(Lon Nol, 1970년 국가 원수이던 시아누크가 소련을 방문한 틈을 타 쿠데타를 일으켜 1973년 대통령 자리에 오른 우파의 중진. 크메르루주가 캄보디아 영토를 장악할 무렵 국외로 탈출한다. 옮긴이) 시절의 군인들, 공무원들, 전문가들을 불러 모았다. 크메르루주 군은 나라를 재건하려면 이들이 꼭 필요하다고 말했다. 그러나 사람들이 그 줄로 움직이기 시작했을 때 아버지는 급히 가족을 모으고 조용히 그들에게, 아버지는 짐꾼이고 엄마는 시장에서 헌 옷을 팔았다고 말해야 한다고 했다. 우리는 우리 가족에 대해 한마디도 하지 않았다. 또한 사람들이 우리가 도시에서 왔다는 사실을 눈치채지 못하도록 어떤 말도 하지 않았다. 나는 정말 혼란스러웠지만 설명할 시간이 없었다. 그래서 우리는 가난한 사람들이 서 있는 줄로 들어갔다. 다음날 형이 다른 줄로 간 사람들은 모두 죽었다고 말했다.

우리가 마을에 도착하자 누군가 아버지 얼굴에 침을 뱉었던 기억이 또렷하다. 나는 아버지를 존경했기 때문에 무척 화가 났다. 하지만 아버지는 아무 말도 하지 않았고, 나에게 조용히 하라고 말했다. 마을 광장에는 막 도착한 사람들이 대략 3백 명에서 4백 명 정도 있었다. 군인들은 사람들의 가방을 가져가기 시작했고 옷가지들을 더미 위에 쏟아 부었다. 그런 다음 요란한 색깔의 옷을 입는 일이 얼마나 나쁜 일이며 헛된 일인지, 그리고 서구적인지에 대해 설교하기 시작했다. 이제부터 모두가 똑같이 검정 옷을 입고, 같은 신을 신고, 같은 짧은 머리에 같은 양의 쌀을 먹을 것이라고 말했다. 그들이 우리 가족에게 왔을 때 한 군인이 엄마의 가방에 손을 뻗어 엄마가 나를 위해 만들어 준 작고 빨간 솜틸 드레스를 끄집어냈다. 그 군인은 그 옷을 옷 더미에 집어던졌다. 그 다음 성냥을 꺼내서 모든 것을 태웠다.

군인들은 우리를 효과적으로 지배하기 위해 아이들을 부모에게서 떼어 놓았다. 나는 매일 해뜰 때부터 해질 때까지 밭에 있는 어린이 노동 캠프에서 일했다. 그들은 우리는 순수하기 때문에 사회의 구세주들이라고 말했다. 어른과 달리 우리는 외국 세력, 탐욕, 그리고 자본주의에 오염되지 않았다. 캠프에서 그들은 매일 우리에게 총, 칼, 막대기 사용 방법을 가르쳤다. 그들은 우리에게 크메르루주의 눈과 귀가 되라고 부추겼다. 우리는 배신자를 찾아내고 크메르루주에 반대하는 말을 하거나 행동하거나 그렇게 보이는 사람이 있으면 늙건, 젊건, 이웃이건, 아줌마건, 아빠건, 또는 엄마건 고발하라는 말을 들었다. 이건 마치 모든 마을에 번지는 마녀사냥 같았다. 누군가를 지목하면 그 진술이 진실인지는 문제가 되지 않았다. 만약 군인들이 그 말을 믿으면 지목된 사람은 총살당하거나 맞아 죽었다.

대부분의 처형은 보이지 않는 곳에서 행해졌다. 사람들은 단지 사라졌고 아무도 말하지 않았다. 그들이 어디서 죽었는지, 살해당했는지, 다른 곳에서 일하고 있는지 아무도 몰랐다. 실종은 희망과 공포를 혼합시켰다. 이는 심리적으로 견디기 힘들었다.

나는 크메르루주가 내가 도시 엘리트 출신이라는 것을 알아챌까 봐 무서워서 말을 안 했다. 나는 그들이 나에 대해 더 알게 되면 나를 죽일 거라는 사실을 늘 잊지 않았다. 그래서 나는 그들의 선전을 절대로 믿지 않았다. 그러나 많은 어린이들이 믿었고 어떤 아이들은 군인들보다 잔인했다. 나의 생존은 정말로 운에 달려 있었다. 지뢰가 수백만 개나 깔려 있었기 때문에 딸기나 동물을 찾아다니다가 언제고 그중 하나를 밟을 수도 있었다. 나는 또한 매우 지략이 있었다. 나는 어디에 음식이 있는지 비밀을 어떻게 지키는지 알았고 솜씨 좋은 도둑이기도 했다.

우리는 매일 완벽한 공포 속에서 살았다. 기아와 슬픔은 도처에 있었다. 나의 열네 살 난 누나는 굶어 죽었다. 미소 짓는 사람은 거의 볼 수 없었다. 웃음이 너무 드물었기 때문에 웃음소리를 들으면 충격을 받을 정도였다.

내가 열세 살이 되어 버몬트에 있는 학교에 다니게 됐을 때, 나는 늘 누가 나를 죽이려고 따라오는 악몽을 꾸었다. 한번은 내 학급 친구들에게 내 꿈 이야기를 했다. 꿈속에서 나는 날이 무딘 버터나이프만 가지고 있었기 때문에 나를 따라오는 사람의 목을 벨 수가 없었다. 친구들은 모두 나를 뚫어지게 쳐다보면서 열린 입을 다물지 못했다. 그제서야 나는 내 친구들은 나와 같은 꿈을 꾸지 않는다는 사실을 알게 되었다.

팀 오브라이언,
「내가 죽인 사람」[10]

1990년

팀 오브라이언Tim O'Brien은 징집되어 1969년부터 1970년까지 군복무를 했다. 1990년에 그는 베트남전쟁을 비판하는 책, 『그들이 수행한 일들*The Things They Carried*』을 출판했다. 다음은 그 책에서 「내가 죽인 사람The Man I Killed」이라는 제목이 붙은 장의 일부다.

그의 턱은 목 아래까지 빠져 있었다. 윗입술과 이는 없었으며 한쪽 눈은 감겨 있었고 다른 한쪽 눈에는 별 모양의 구멍이 있었다. 얇은 눈썹은 여자 눈썹처럼 둥글게 휘어져 있었다. 코는 다치지 않았지만 한쪽 귓불은 약간 찢어져 있었고 말끔한 검은 머리는 두개골 뒤로 뻣뻣하게 서 있었다. 앞이마는 약간 부서졌으며 손톱은 깨끗했다. 왼쪽 뺨의 피부는 누더기처럼 세 줄로 벗겨져 있었지만 오른쪽 뺨은 부드러웠고 솜털도 없었다. 그의 턱에 나비가 한 마리 앉았다. 목은 척수가 보일 정도로 열려 있었고 엉겨 붙은 피로 번들거렸다. 그는 목에 난 상처로 죽었는데, 오솔길 한가운데 죽은 상태 그대로 누워 있었다. 마르고 상당히 고상해 보이는 청년이었다. 가슴은 움푹 꺼져 있었고 근육은 빈약했다. 그는 학자였는지도 모르겠다. 손목은 마치 아이 손목 같았다. 그는 검은 셔츠와 검은 파자마 바지를 입었고 회색 탄띠를 둘렀으며, 오른손 세 번째 손가락에 금반지를 끼고 있었다. 고무 샌들은 날아가 버렸는지 찾을 수 없었다. 그의 옆에 한 사람이 누워 있었고, 또 다른 사람이 몇 미터 위쪽 오솔길에 쓰러져 있었다. 그는 아마도 1946년 쾅나이Quang Ngai 가운데 해안가에 위치한 미케My Khe 마을에서 태어났을 것이다. 그의 집안은 수세기 동안 그 마을에 살았으며 부모님은 농사를 지었다. 프랑스 점령기에는 아버지와 두 아저씨, 그리고 많은 이웃들이 독립 투쟁에 가담했다. 그는 공산주의자는 아니었지만 시민이었고 군인이었다. 쾅나이의 모든 마을처럼 미케 마을에서도 애국적인 저항은 전설이 되어 전통의 힘을 발휘한다. 내가 죽인 이 청년은 어린 소년 시절 영웅적인 트룽Trung 자매와 쩐 흥 다오Tran Hung Dao가 몽골인을 참패시킨 유명한 이야기와 리 로이Le lois가 톳덩Tot Dong에서 중국인들에 대항해 최후의 승리를 거둔 이야기들을 들었으리라. 그는 영토 수호가 남자들 최고의 의무이자 최고의 특권이라고 배웠을 것이다. 그는 이를 받아들였다. 이는 전혀 문제가 아니었다. 하지만 아무도 몰래 겁을 먹었다. 그는 전사가 아니었다. 그는 건강이 나빴으며 체구도 작고 약했다. 그는 책을 좋아했고 언젠가 수학 선생님이 되고 싶었다. 저녁에 침대에 누운 그는 아버지와 아저씨들, 또는 이야기 속 영웅들처럼 용감하게 싸우는 자신을 상상할 수 없었다. 마음속으로 그런 시련이 자신에게 닥치지 않기를, 미국인들이 가 버리기를, 어서 빨리 사라지기를 바랐다. 그는 언제나 희망하고, 또 희망했으며 잠에 빠져들어서조차 희망했다.

"네가 해치운 건 쓰레기 같은 놈이야"라고 아자Azar가 말했다. "넌 그 망할 자식을 뭉갠 거야. 저길 봐, 네가 그런 거다. 그를 밀처럼 갈아 죽인 건 너다."

"저리 가." 키오와Kiowa가 말했다.

"나는 사실을 말했을 뿐이야. 오트밀처럼 죽여 놨다고."

"가 버리라고." 키오와가 또 말했다.

"오케이, 그러면 내가 이걸 가지고 갈게." 아자가 말했다. 아자는 움직이기 시작했다. 그러더니 멈춰서 말했다. "라이스 크리스피 알아? 죽음 훈련에서 이 별난 친구는 에이-플러스를 받았어."

이 말에 미소 지으며 아자는 어깨를 으쓱하고는 오솔길을 따라 나무 뒤에 있는 마을을 향해 올라갔다.

키오와는 무릎을 꿇었다.

키오와는 "그 지겨운 놈은 잊어버려"라고 말했다. 그는 수통을 열고 한동안 들고만 있었다. 그러다가 한숨을 쉬며 수통을 내밀었다. "힘들어하지 마. 달리 어떻게 했겠어?"

조금 후, 키오와는 "농담이 아니라, 달리 아무것도 할 수 없었어. 자, 그만 쳐다봐"라고 말했다.

오솔길 교차로에 나무 행렬의 그림자가 드리워졌다. 날씬한 젊은이를 그늘에 눕혔다. 그의 턱은 목 아래까지 빠져 있었다. 한쪽 눈은 감겨 있었고 다른 쪽 눈에는 별 모양의 구멍이 나 있었다.

키오와는 그 시체를 흘끗 쳐다봤다.

"뭐 하나 물어보자." 그는 "너, 저 자하고 처지를 바꾸고 싶어? 진심으로 그걸 원해? 내 얘기는 솔직하라는 거야"라고 말했다.

별 모양의 구멍은 빨갛고 노랬다. 노란 부분이 별 가운데에서 퍼져 나와 점점 더 넓어지는 듯했다. 윗입술과 잇몸과 이가 모두 없었다. 그의 머리는 목에서 느슨하게 빠져나온 것처럼 이상한 각도로 꺾여 있었고, 목은 피로 젖어 있었다.

"다시 생각해 봐"라고 키오와가 말했다.

키오와는 "팀, 이건 전쟁이야. 그자는 하이디가 아니라고. 그는 무기를 가지고 있었어. 알지? 이건 힘든 일이야, 물론. 하지만 더이상 그렇게 쳐다보지 마."

그런 다음 키오와는 "너 잠시 누워 있는 게 좋겠다"라고 말했다.

한동안 말이 없다가 그는 "진정해. 그냥 마음이 이끄는 대로 해"라고 말했다.

나비 한 마리가 작은 검고 주근깨가 나 있는 그 젊은이의 이마에 붙어 따라 왔다. 코는 그대로였다. 오른쪽 뺨의 피부는 부드럽고, 면도를 잘해서 털이 없었다. 나약해 보이고 가냘퍼 뼈가 드러나 보이는 이 젊은이는 군인이 되기를 원하지 않았을 것이다. 그리고 전쟁터에서 혹시나 명령을 잘못 수행하지나 않을까 마음속으로 두려워했을 것이다. 미케 마을에서 자란 소년일지라도 그는 자주 전쟁을 걱정했다. 그는 얼굴을 가리고 깊은 구멍에 누워 눈을 감고 전쟁이 끝날 때까지 움직이지 않는 자기 모습을 상상했다. 그는 폭력이 내키지 않았다. 그는 수학을 사랑했다. 그의 눈썹은 얇고 여자 눈썹처럼 동그랬다. 학교에서 소년들은 그의 둥근 눈썹과 길고 뾰족한 손가락을 가지고 그를 예쁘다고 놀려 댔다. 그리고 운동장에서는 그의 여성스러운 걸음걸이를 흉내 냈고, 그의 부드러운 피부와 수학에 대한 사랑을 놀려 댔다. 이 젊은이는 그들과 싸울 수 없었다. 가끔 그러고 싶었지만 두려웠고, 점차 이를 부끄러워했다. 그는 어린 소년들과도 싸울 수 없는데 어떻게 군인이 될 수 있으며, 비행기, 헬리콥터, 폭탄을 가진 미국인들과는 또 어떻게 싸울 수 있겠는가 걱정했다. 불가능해 보였다. 아버지와 아저씨들 앞에서 그는 자신의 애국적인 의무, 특권이기도 한 의무를 수행하기를 고대하는 것처럼 가장했다. 하지만 밤에는 어머니와 함께 전쟁이 곧 끝나기를 기도했다. 무엇보다 그는 자신의 불명예를 두려워했고, 가족과 마을의 불명예를 두려워했다. 그러나 그가 할 수 있는 일은 기다리고, 기도하고, 너무 빨리 자라지 않으려고 노력하는 일 뿐이었다.

"잘 들어 봐." 키오와는 말했다. "나는 네가 끔찍해한다는 걸 알아."

조금 있다가 그는 "그래, 어쩌면 모르는지도 모르지"라고 말했다.

오솔길을 따라서 종처럼 생긴 자그마한 파란 꽃이 있었다. 그 젊은이의 머리는 꽃을 향하지 않고 길가 쪽으로 비틀어져 있었다. 그늘 속에서도 한 줄기 햇빛이 그의 탄띠 버클에 부딪혀 반짝거렸다. 왼쪽 뺨의 피부는 누더기처럼 세 줄로 벗겨졌다. 목의 상처는 아직 아물지 않았고, 그래서 그는 죽었지만 살아 있는 것처럼 보였다. 피가 여전히 그의 셔츠로 흘러내렸다.

키오와는 고개를 숙였다.

잠시 침묵이 흐른 후 그는 "그만 쳐다봐"라고 말했다.

젊은이의 손톱은 깨끗했다. 한쪽 귓불이 약간 찢어졌고 팔뚝까지 피가 흩뿌려졌다. 그는 오른쪽 세 번째 손가락에 금반지를 끼고 있었다. 그의 가슴은 움푹 꺼져 있었고, 근육은 빈약했다. 그는 아마도 학자였으리라. 그의 삶은 방금 전까지 가능성의 덩어리였다. 그래서, 그는 아마도 학자였을 것이다. 가난한 가정에서 자랐지만, 내가 죽인 이 남자는 수년 동안 계속 수학 공부를 하겠다는 결의에 차 있었을 것이다. 그리고 마을 해방단의 핵심 간부 덕분에 그 계획을 실현할 수 있는 길이 열렸을 것이다. 1964년 젊은이는 사이공에 있는 대학교를 다니기 시작했고 그곳에서 정치를 피하고 미분, 적분 문제에 집중했다. 그는 학업에 열중했다. 밤에는 혼자 지내며 일기에 로맨틱한 시를 썼고, 미분 방정식의 우아함과 아름다움에서 즐거움을 느꼈다. 전쟁이 자신을 데려가리라는 걸 알고 있었다. 그러나 한동안은 이에 대해 생각하려 하지 않았다. 그는 기도를 멈췄고, 대신 기다렸다. 그리고 기다리는 동안 대학교 마지막 해에 학급 친구와 사랑에 빠졌다. 그녀는 열일곱 살이었고 어느 날 그에게 그의 손목이 어린아이 손목같이 작고 섬세하다고 말했다. 그녀는 그의 얇은 허리와 머리 뒤로 새 꼬리처럼 올라간 소할치기cowlick 머리를 사랑했다. 그녀는 그의 차분한 태도를 좋아했다. 그녀는 그의 주근깨와 앙상한 다리를 좋아했다. 그리고 어느 날 저녁에 그들은 금반지를 서로 교환했을 것이다.

이제 한쪽 눈은 별이었다. "너, 괜찮아?"라고 키오와가 물었다.

시체는 거의 그림자 속에 놓여 있었다. 입 주위로 모기가 모여들었고 코 위로는 자그마한 꽃가루가 떠돌았다. 나비는 날아갔고 목의 상처를 제외하고 피가 멈췄다.

키오아는 고무 샌들을 들어서 땅바닥을 두드리고는 몸을 굽혀 시체를 뒤졌다. 그는 한쪽 주머니에서 쌀, 빗, 손톱깎이, 몇 장의 흙 묻은 화폐, 주차된 오토바이 앞에 서 있는 젊은 여자 사진을 발견했다. 키오와는 이 물건들을 회색 탄띠와 고무 샌들과 함께 그의 배낭에 집어넣었다.

그런 다음 키오와는 쭈그리고 앉았다.

그는 "너한테 진실을 솔직하게 말할게"라고 말했다. "저 남자는 오솔길에 들어서는 순간 죽은 거야. 알아들어? 우리 모두가 그를 이 세상에 존재하지 않는 사람으로 만든 거지. 그를 죽이고 그의 무기, 탄띠, 모든 것을 없애 버린 거다." 자그마한 땀방울이 키오와의 이마에서 반짝였다. 키오와의 시선은 하늘에서 시신으로, 그리고 자기 손마디로 이동했다. "그러니 잘 들어. 정신 차리라고. 하루 종일 여기 앉아 있을 수는 없어."

잠시 후 키오와는 "알아들어?"라고 말했다.

키오와는 "5분이야, 팀. 5분만 더, 그리고 우리는 움직인다"고 말했다.

한쪽 눈이 빨간색에서 노란색으로 깜박거리는 듯한 착각이 일었다. 그의 머리는 목에서 늘어진 것처럼 길가로 비틀어져 있었다. 그리고 죽은 젊은이는 오솔길을 따라 핀 종 모양의 꽃 너머 멀지 않은 곳의 물체를 응시하는 듯 보였다. 목 주변의 피는 검은 자주색으로 변했다. 깨끗한 손톱, 깨끗한 머리, 그는 단 하루 동안만 군인이었다. 내가 죽인 이 남자는 대학을 마치고 막 결혼한 아내와 함께 미케 마을로 돌아왔다. 그곳에서 그는 베트콩 제48대대의 평범한 소총수로 입대했다. 그는 자신이 곧 죽으리라는 사실을 알았다. 그는 섬광을 보리라는 사실을 알고 있었다. 그는 쓰러져 죽을 것이며 마을과 사람들의 이야기 속에서 깨어나리라는 사실을 알고 있었다.

키오와가 그의 몸을 판초로 덮었다.

키오와가, "헤이, 조금 좋아 보인다"라고 말했다. "그럼 그렇지. 휴식이 필요했던 거야, 약간의 정신적인 휴식 말이야."

그 다음 키오와는 "친구야, 미안하다"고 말했다.

그러고 나서는 "왜 아무 말도 안 하는 거야?"라고 물었다.

그리고 "말 좀 해 봐"라고도 했다.

그는 스무 살 정도였으며, 마르고 상당히 고상한 청년이었다. 그의 다리 하나는 그의 몸 아래로 접혀져 있었고, 턱은 목까지 빠져 있었다. 그의 얼굴은 인상적이지도 않았고, 그렇지 않지도 않았다. 한쪽 눈은 감겼고, 다른 눈에는 별 모양의 구멍이 있었다.

"말 좀 해"라고 키오와가 말했다.

마리아 헤레라-소벡,
베트남에 관한 시 두 편[11]

1999년

다음의 시 두 편에서 마리아 헤레라-소벡Maria Herrera-Sobek은 멕시코계 미국인과 라틴아메리카 사람들이 경험한 전쟁을 표현하고 있다. 그들의 경험은 그동안 간과되어 왔다. 흑인과 다른 유색인처럼 멕시코계 미국인 역시 상관들에게 인종차별을 받았고, 가장 위험한 일을 떠맡았다. 멕시코계 미국인들은 가장 적극적인 반전 운동가가 되어 베트남에 "민주주의"를 가져다주겠다는 미국 정부의 주장이 위선적이라는 사실을 지적했다.

무제

우리는 그들이
장례용 검정 가방 안에
그들이 시체 가방이라 부르는 가방 안에
영원히 눈을 감은 채 오는 걸 본다
그들은 우리의
담황색 형제들
불명예스러운 전쟁에서

총에 맞은.
베트남은 우리에게 가르쳤지
서른 살이 넘은 사람은 아무도
믿지 말라고
그들은 총과
권력을 가졌기에
우리의 남자 친구
아버지, 형제들을
전쟁으로 떠나 보낼
그들이 빈둥거리는 동안
백합처럼 하얀
백인 전용 컨트리 클럽에서
우리 마음속에
폭탄이 심어진다.
1969년에
폭탄이 터졌다.
와츠, 로스의 동쪽
흑표범당
브라운 베레*는
밤을 들이마셨고
하늘을 밝히네
집에서 만든 불꽃으로
전쟁은
보금자리에 들고
우리의 뒤뜰에서

미국산 총이
내부를 향해
우리의 젊은이들을 쏜다
거리에서 죽고
전쟁터에서 죽고
학교에서 죽고
그러나 아직 애처로운 노래가
딱딱 소리내는 화염병이 폭발하자
이에 부딪혀 부서진다.
"우리는 극복하리라"
소리쳤다.

베트남-넉 자로 만든 단어

베트남은
넉 자로 만들어진 단어였다
공기 속에
네이팜의 고약한 냄새가
우리의 악몽을 무감각하게 했다
캘리포니아 야자수는
반反애국주의의 잎을 흔들었다
"지옥은 싫어, 우리는 가지 않으리"는
텔레비전의 짧은 광고 노래가 아니라
성가였다네

서로 다른 곡조에 맞추어

행진하는 이들이 부르는 성가였다네

그들의 앞이마에

평화를 새기고

그들 소매에 사랑을 새기고

그리고 미국 국기를

그들 뒤에 둔 이들의 성가였다

* Brown Berets, 1960년대 후반에서 1970년대에 걸쳐 활약했던 멕시코계 민족주의 행
  동가 집단. 흑표범당에 영감을 받아 설립됐다. 옮긴이

대니얼 엘스버그,
『기밀: 베트남과 국방부 문서에 관한 회고』[12]

2003년

1969년 〈랜드Rand〉사의 전략 분석가이자 전 정부 관리였던 대니얼 엘스버그Daniel Ellsberg는 국방장관 로버트 맥나마라Robert McNamara가 승인한 "베트남에서 미국의 의사 결정, 1945년에서 1968년까지"라는 비밀 연구를 시작했다. 그러나 전쟁을 지지한다는 거짓말에 점점 화가 난 엘스버그는 수천 쪽짜리 문서를 비밀리에 복사하기 시작했다. 1971년 엘스버그는 뒷날 '펜타곤 보고서'로 알려진 서류를 『뉴욕 타임스』와 『워싱턴 포스트』를 비롯해서 여러 신문에 넘겼다. 정부는 신문 발행을 막으려고 했지만 문서의 발췌본이 게재됐다. 비로소 수백만 명 이상의 사람들이 베트남에 대한 정부 내부의 논의와 워싱턴 사람들이 이해하고 있는 현실 사이의 괴리를 알게 됐다. 다음은 문서를 공개한 동기를 말하고 있는 엘스버그 회고록의 서문이다.

1969년 10월 1일 저녁, 나는 극비 문서가 든 서류 가방을 들고 산타모니카에 있는 〈랜드〉사의 경비 데스크 앞을 지나 걸었다. 나는 그날 밤에 그 문서를 복사할 계획이었다. 7천 페이지에 달하는 그 문서는 베트남에서 미국의 의사 결정을 조사한 극비 연구의 일부였다. 이 문서는 후에 '펜타곤 보고서'로 알려졌다. 나머지 자료는 내 사무실의 금고에 들어 있었다. 나는 이 문서 모두를 복사해서 상원 청문회를 통해서, 또는 필요하다면 언론을 통해서 공개하기로 결정했다. 나는 이 방식, 특히 가능성이 높은 후자의 방식이, 나를 평생 감옥에 가두어 둘지도 모른다는 사실을 알고 있었다. (…)

1964년 중반부터 1975년 5월 전쟁이 끝날 때까지 11년 동안 다른 대부분의 미국인들처럼 나는 미국의 베트남 참전에 몰두하고 있었다. 시간이 지나면서 나는 베트남 참전을 처음에는 문제로, 다음에는 교착 상태로, 그 다음에는 도덕적·정치적 재앙과 범죄로 보았다. (…) 나의 개인적 헌신과 이에 따른 행동은 이처럼 내 시각이 변화하는 방향대로 천천히 움직였다. 내가 베트남 참전을 문제로 보았을 때 나는 이를 풀어 보려고 노력했다. 베트남과의 전쟁을 교착 상태로 보았을 때는 다른 나라의 이해에 피해를 주지 않고 우리 자신을 구출하려고 노력했다. 이를 범죄로 보았을 때는 그 사실을 폭로하고 저항하려고 노력했다. 무엇보다 즉시 그 범죄를 종식시키는 일을 돕고자 했다. 첫 번째 국면에서부터 시작해 모든 국면에서 갈등이 더욱 심화되는 것을 막으려고 여러 방법을 모색했다. 그러나 1973년이 되어서야 1969년 후반기에 시작한 나의 행동에 대한 연방 범죄 재판이 시작되었고, 나는 나 자신의, 또는 다른 사람의 이러한 목적과 노력 중 어느 하나도 성공하지 못했다는 것을 인정하게 되었다. 갈등을 종식시키려는 노력은 이를 실패한 실험, 결함, 또는 도덕적 불행 등, 무엇이라 부르건 간에, 전쟁에 이기려는 노력에 비하면 작은 보상을 받았다. 왜?

그 당시 내가 보기에 전쟁은 사람들이 반대할 만했을 뿐 아니라 밝혀지지 않은 부분도 많았다. 30년 후 나는 아직도 그게 사실이라고 믿는다. (…)

1964년 중반부터 3년 동안 나는 최고위 공무원으로서 애초부터 실패할 수 밖에 없다고 생각했던 전쟁을 고발하는 일을 도왔다. 1964년에서 1965년까지 워싱턴의 정책 결정자들 아래에서 일하면서 나는 그들이 실제로 성공할 가능성이 없음에도 비밀리에 나라를 전면전쟁으로 교묘하게 유도하는 것을 보았다. 이 시기에도 내 비관주의는 꺾이지 않았다. 그리고 1965년 봄부터 1966년 봄까지 일 년 정도 대통령이 자신의 우려를 포함해서 여러 가지 걱정을 하면서도 일단 우리에게 전쟁을 위임했을 때, 나는 희망을 가지고 일종의 성공을 위해 일했다. 일단 우리에게 모든 것이 위임되자 나는 1965년 중반에 국무부 관리로 베트남 근무를 자원했다. 나의 일은 시골 지역의 "평정pacification" 평가였다. 나는 전쟁을 세밀하게 주시하기 위해 예전에 받았던 해군 보병 지휘관 훈련을 참고해 이 일을 처리했다. 인도차이나에서는 우리의 지도자들이 선택한 대상들을 총포와 칼로 이전의 프랑스보다 더 심하게, 추적할 권한이 있는가라는 의문은 한번도 떠오르지 않았었다. 그러나 베트남에서의 2년 동안, 베트남 사람들과 그들의 곤궁이, 함께 걸었던 미국 군대만큼 현실로 느껴졌다. 내 손처럼 현실로 느껴지면서 희망 없는 전쟁이 계속되리라는 현실을 참기 어려웠다.

나는 간염으로 전쟁터에서 쓰러졌고, 1967년 중반에 미국으로 돌아왔다. 그리고 전쟁에서 우리나라를 자유롭게 하기 위해 내가 생각할 수 있는 모든 일을 다하기 시작했다. 2년 동안 나는 고위 관리에게 상황을 설명하고, 대통령 후보들에게 권고하고, 급기야는 1969년 초에 대통령 국가 안보 수석인 헨리 키신저Henry Kissinger로 하여금 불확실성을 느끼고 대안을 발견하도록 유도하면서 내부자로서 내 할 일을 해 왔다. 그러나 그해 후반기에 이러한 방법을 넘어서야 한다는 사명감이 생겼고 따라서 정부 내부자로서의 경력을 마감했다.

이 중 한 가지 활동 때문에 내 자유는 위협을 받았다. 1969년과 1970년에 친구이자 〈랜드〉사의 전 직원이었던 앤서니 루소의 도움으로 나는 47권에 달하는 '펜타곤 보고서'를 비밀리에 복사했다. 이 문서는 1945년부터 1968년까지 미국의 베트남 정책 결정에 관한 일급 비밀로 당시 나의 권한하에 있었고, 그 후 〈상원외교관계위원회Senate Foreign Relations Committee〉 의장인 윌리엄 풀브라이트William Fulbright 상원 의원에게 넘겨졌다. 1971년 나는 이 보고서의 복사본을 『뉴욕 타임스』, 『워싱턴 포스트』, 그리고 몇몇 다른 언론사에 넘겼고, 모든 언론은 정부 뜻을 거스르고 이를 일반 독자들에게 공개했다.

개인적 위험에 대한 내 생각은 틀리지 않았다. 곧 나는 연방 법원에 기소되었고, 뒤이어 루소가 두 번째 대체 기소 때 나와 합류했다. 결국 나는 열두 건의 연방 중죄에 해당하는 범죄를 저지른 것으로 판결이 나 모두 115년의 징역형을 받았고, 이 밖에도 몇 개의 재판이 아직 더 남아 있었다. 그렇지만 나는 다섯 명의 대통령이 숨겨 왔던 비밀과 그들의 거짓말을 폭로한 일이, 위험을 무릅쓸 가치가 있으며 우리의 민주주의에 유익한 일이기를 바랐다는 점에서는 틀리지 않았다. 내가 진실을 고백한 후, 나를 침묵하게 하거나 자격을 박탈시키려는 백악관의 범죄적인 노력을 포함한 일련의 사건이 벌어졌다. 결국 그 덕분에 나와 내 동료 피고인의 고소는 기각되었다. 무엇보다 백악관 집무실에서 저지른 특별한 범죄가 대통령을 쓰러뜨리는 데 일조했다는 점이 중요하다. 이는 결국 전쟁을 종식시키는 데 결정적인 요인으로 작용했다.

여성, 게이, 그리고 다른 저항의 목소리들

1960년대의 운동들, 즉 인종차별과 베트남전쟁에 저항하는 운동들은 어떤 삶을 살아야 하는가에 대한 다양하고 급진적 생각들을 만들어 냈다. 여성해방운동이 신장됐다. 게이거나 레즈비언이라는 이유로 차별받았던 남자와 여자들은 소리 높여 대항하기 시작했다. 토착 미국인들은 역사적으로 그들에게 일어난 일들과 현재 일어나고 있는 일들에 분노하며 캘리포니아의 앨커트래즈 섬Alcatraz과 사우스다코타의 운디드니 학살지를 점령했다.

미국은 억압적이고 인위적이며 전에는 문제되지 않았던 삶의 방식에 대항하는, 전반적인 문화혁명을 경험했다. 이 혁명은 출산, 유아기, 사랑, 성, 결혼, 의상, 음악, 예술, 스포츠, 언어, 음식, 주거, 종교, 문학, 교육, 죽음 등 개인 삶의 모든 국면에 영향을 미쳤다. 소위 "60년대"는 끝났다고 하지만 문화혁명은 지금도 계속되고 있다.

앨런 긴스버그,
"미국"[1]

1956년 1월 17일

우리 시대의 가장 반항적인 시인 앨런 긴스버그Allen Ginsberg는 샌프란시스코에서 자신의 시 "신음 소리Howl"를 낭독하여 1950년대 비트 세대(Beat Generation, '패배의 세대'라는 의미로 2차 세계대전 뒤 1950년대 중반 샌프란시스코와 뉴욕을 중심으로 활동한 보헤미안적인 예술가 집단을 통칭하기도 한다. 옮긴이)를 대표하는 사람으로 전국 무대에 갑자기 등장하게 된다. 이 시는 동료 시인이며 〈시티라이트북스City Light Books〉의 설립자인 로렌스 퍼링게티Lawrence Ferlinghetti가 출판했다. 긴스버그는 잭 케루악Jack Kerouac, 윌리엄 버로스William Burroughs와 친분이 있었다. 한때 미국 세관은 "신음 소리"를 "음란하고 상스럽다"고 판단해 520부를 압수하기도 했다. 긴스버그는 베트남전쟁 반대에 깊이 참여하는 가운데, 1960년대의 대항문화운동counterculture movement에서 중요한 인물이 되었다. "신음 소리" 이후 몇 달 만에 쓴 다음의 시는 그를 혹평하는 국가의 권력 기구들에게 빌미를 제공한다. 긴스버그는 이 시에서 자신의 동성애 성향뿐만 아니라 모든 형태의 권위에 대한 타협 거부, 그리고 1960년대와 1970년대에 폭발한 다양한 대항문화와 게이의 권리, 다른 해방운동의 전조를 보여 주고 있다.

나는 미국에게 모든 것을 주었고 지금 나는 빈털터리다.
미국은 1956년 1월 17일 2달러 27센트였다.
나는 나 자신의 생각을 견딜 수 없다.
미국은 언제 인간과의 전쟁을 끝내려는가?

네 핵폭탄으로 자위나 해라

나는 기분이 좋지 않으니 나를 괴롭히지 마라.

내가 제정신이 들 때까지 나는 시를 쓰지 않으리라.

미국이여, 언제쯤에야 천사가 되려는가?

언제쯤에야 네 옷을 벗으려 하는가?

언제쯤에야 무덤 속 자신을 보려는가?

언제쯤에야 수백만 트로츠키주의자만큼의 값어치를 하려는가?

미국이여 왜 너의 도서관들은 눈물로 가득한가?

미국이여 언제쯤에야 네 폭탄들을 인도로 보내려는가?

나는 너의 미친 요구에 싫증이 난다.

언제쯤에야 슈퍼마켓에 들어가 내 잘난 외모에 어울리는 것들을 살 수 있는가?

미국이여, 결국 완벽한 것은 너와 나지, 내세가 아니라네.

네 기구들이 내게는 너무 벅차다.

너 때문에 나는 성인聖人이 되기를 바라야 했다.

이 논쟁을 해결할 다른 방법이 틀림없이 있을 것이다.

버로스는 탕헤르Tangiers에 있지만 나는 그가 돌아올 것이라 생각하지 않는다. 이는 재난이다.

너는 사악한가, 아니면 못된 장난을 치고 있는 것인가?

나는 요점을 찾으려고 노력하고 있다.

나는 내 집착을 포기하지 않을 것이다.

미국이여 그만 강요해라. 나는 내가 하는 일을 잘 알고 있다.

미국이여 자두꽃 봉오리가 떨어진다.

나는 수개월 동안 신문을 읽지 않았고, 매일 누군가가 살인죄로 재판을 받는다.

미국이여 나는 워블리들에게 연민을 느낀다.

미국이여 나는 어렸을 때 공산주의자였지만 미안하지 않다.

나는 기회가 있을 때마다 마리화나를 피운다.

나는 며칠 동안 계속 집에 앉아 벽장 속의 장미를 응시한다.

나는 차이나타운에 갈 때마다 술을 마시지만 섹스는 하지 않는다.

나는 마음을 정했고 문제가 생길 것이다.

너는 내가 마르크스를 읽는 것을 봐야만 했다.

나의 심리 분석가는 내가 완벽하게 옳다고 생각한다.

나는 기도문을 읊지 않으리.

나는 신비한 통찰력과 멋진 미망迷妄을 지녔다.

미국이여 나는 러시아에서 온 맥스 아저씨가 너에게 무슨 짓을 당했는지 아직 말하지 않았다.

나는 너에게 설교하는 중이다.

너는 네 감성적 생활이 『타임 매거진』에 좌지우지되는 것을 그냥 보고만 있을 것인가?

나는 『타임 매거진』에 사로잡혔다.

나는 매주 『타임 매거진』을 읽는다.

코너의 과자 가게를 지나 살며시 걸을 때마다 표지가 나를 응시한다.

나는 『타임 매거진』을 버클리 공공 도서관 아래층에서 읽는다.

『타임 매거진』은 언제나 내게 책임감에 대해 말한다. 기업가들은 심각하다. 영화 제작사들은 심각하다.

나를 빼고 모두가 심각하다.

나는 나 자신이 미국이라는 사실을 갑자기 깨닫는다.

나는 다시 나 자신에게 말하고 있다.

아시아가 나에게 저항하며 일어난다.

나에게는 중국인들이 가진 기회가 없다.

나는 국가 자원을 우려하는 편이 낫다.

내 국가적 자원은 마리화나 두 개비, 수백만 개의 생식기, 시간당 1,400마일로 달리는 출간할 수 없는 내 사적인 작품, 그리고 2만 5천 개의 정신병원들로 이루어져 있다.

나는 내 감옥에 대해 아무 말 하지 않는다. 또한 오백 개의 햇빛 아래 나의 화분에서 자라나는 혜택받지 못한 수백만 명에 대해서도 말하지 않는다.

나는 프랑스의 창녀촌을 없앴고, 그 다음 갈 곳은 탕헤르다.

나는 가톨릭 신자지만 나의 야망은 대통령이 되는 것이다.

미국이여 이 어리석은 분위기에서 내가 어떻게 성스러운 기도문을 쓰겠는가?

나는 헨리 포드처럼 계속한다. 내 시의 연들은 그의 자동차보다 개성 있는데다가 그들은 모두 성性이 다르다.

미국이여, 나는 내 시를 한 연당 2,500달러에 팔려고 한다. 옛날보다 500달러 싸게 파는 것이다.

미국이여 톰 무니를 석방하라

미국이여 스페인 왕당파를 구하라

미국이여 사코와 반제티는 죽지 말아야 했다

미국이여 나는 스카츠버로 소년들이다.

미국이여 내가 일곱 살 때 엄마는 나를 공산주의자 지부 모임에 데려가셨고, 그들은 티켓 한 장당 병아리콩 한 줌을 팔았다. 티켓은 1센트였고, 연설은 자유였다. 모두가 천사 같았고 노동자들에게 연민을 지녔다. 모두 너무나 진지했다. 1895년 그 모임이 얼마나 좋았는지 너는 모른다.

스콧 니어링Scott Nearing은 위대한 노인이었고, 정말 훌륭했다. 마더 블루어Mother Bloor는 나를 울게 만들었다. 나는 이스라엘 암터Israel Amter의 소박한 모습을 본 적이 있다. 분명 모두가 다 스파이였을 것이다.

미국이여 네가 진정으로 원하는 것이 전쟁은 아닐 것이다.

미국이여 그건 그들, 나쁜 러시아인들 때문이다.

그들 러시아인들 그들 러시아인들 그리고 그들 중국인들. 그리고 그들 러시아인들.

러시아는 우리를 산 채로 먹으려 한다. 러시아의 권력은 미쳤다. 러시아는 우리의 차고에서 차를 훔치려고 한다.

러시아는 시카고를 원한다. 러시아는 빨갱이판 『리더스 다이제스트 Readers' Digest』가 필요하다. 러시아는 시베리아에 우리의 자동차 공장을 세우려고 하고 거대한 관료 기구는 우리의 주유소를 운영하려 한다.

그건 좋은 일이 아니다. 우~. 그들은 인디언에게 읽기를 가르친다. 그는 몸집 큰 검은 니거를 필요로 한다. 하! 그녀는 우리 모두를 하루에 열여섯 시간 일하게 만든다. 도와줘.

미국이여 이는 상당히 심각하다.

미국이여 이것이 내가 텔레비전을 보면서 받은 인상이다.

미국이여 이게 맞는가?

차라리 무책임한 말을 하는 편이 낫다.

미국이여 나는 군대에 들어가거나 정밀 부품 공장에서 선반을 돌리기를 원하지 않는다.

나는 어쨌든 근시안적이고 정신병자다.

미국이여 나는 네 바퀴에 내 동성애적 어깨를 밀어 넣을 것이다.

마틴 듀버먼,
『스톤월』[2]

1993년

1960년대 가장 중요한 저항의 순간은 스톤월 반란Stonewall Rebellion이었다. 1969년 6월 27일에서 28일 밤까지 다양한 인종 집단의 게이들이 뉴욕 시 그리니치빌리지 크리스토퍼가의 스톤월 바Stonewall Inn에 모였다. 게이들은 경찰이 면허 없이 술을 판다는 이유로 그 바의 문을 닫고 단골손님들을 잡아가자 이에 저항했다. 역사가 마틴 듀버먼Martin Duberman이 다음에서 설명하는 것처럼 게이들은 저항했고 그러면서 새롭고 더 과격한 게이 해방 투쟁의 국면에 박차를 가하게 됐다.

군중들은 점차 늘어났고 분노는 점차 커졌지만 그 가운데서도 경찰은 계속해서 밴에 수감자들을 태웠다. 열여덟 살의 드랙 퀸(drag queen, 성적 취향 등 다양한 이유로 여자처럼 옷을 입고 여자처럼 행동하는 게이, 혹은 트랜스젠더를 통칭한다. 옮긴이) 마틴 보이스는 나일론 스타킹을 신은 다리를 보았고, 경찰차 뒷좌석에서 날아온 하이힐이 경관의 가슴을 쳐서 경관이 뒤로 넘어지는 장면을 목격했다. 또 다른 드랙 퀸은 경찰차 옆문을 열고 뛰어나왔다. 경찰들이 쫓아가 그녀를 붙잡았지만 이번에는 블론드 프랭키가 재빨리 밴에서 도망쳤고 다른 드랙 퀸 몇 명도 프랭키와 함께 빠져나가는 데 성공해 군중 속에 숨었다. 타미 노박 역시 그들 중 한 명이었다.

타미 노박은 조 티시의 아파트로 곧장 달렸다. 그곳에서 노박은 주말 내내 몸을 숨기고 있었다. 경찰은 뒤이어 나오는 죄수들에게 수갑을 채워서 밴 안으로 집어넣고, 관할 구역 감옥에 수감하려고 차를 몰아 그 장소를 떠났다. 시모어 파인 부경감은 차를 몰고 떠나는 경찰들에게 "6번 구역에 내려놓고 빨리 돌아오라"고 조급하게 말했다.

그 시점에 여기저기서 난투가 벌어졌고 순식간에 강도가 거세졌다. 군중들은 이제 소리를 질러 대면서 경찰을 향해 "돼지들", "매춘부 경찰들"이라며 모멸적인 호칭으로 불렀다. 실비아 레이 리베라와 크레이그 로드웰이 열광적으로 합류했다. 실비아는 힘껏 소리쳤고, 크레이그는 힘껏 목청을 높여서 "게이 파워Gay Power"를 외쳤다. 한 젊은 푸에르토리코인 게이는 용감하게 경찰에게 다가가서 그의 면전에 대고 "동성애자에 반대해서 당신이 얻은 게 뭐야? 우리는 당신에게 아무 짓도 안 했어"라고 소리쳤다. 또 다른 십대가 경찰을 걷어차기 시작했지만, 경찰이 팔을 뻗어 그를 잡았기 때문에 제대로 가격하지는 못했다. 한 드랙 퀸은 자기 힐로 관리를 때려눕히고 경찰의 수갑 열쇠를 잡아 채 수갑을 풀더니 자기 뒤에 있는 다른 드랙 퀸에게 열쇠를 넘겨줬다.

이제 구경꾼이 한 무리로 불어났다. 구경꾼들은 건설 현장 가까이 있는 동전, 병, 캔, 벽돌 등 무엇이든 손에 잡히는 대로 들어서 던졌다. 어떤 이는 거리에서 개똥을 들어서 경찰을 향해 던지기까지 했다. 열기가 높아지자 주키 자르파가 마리오에게 도대체 군중이 무엇 때문에 흥분했는가, 마피아 때문인가, 아니면 경찰 때문인가를 묻는 소리가 귓결로 들렸다. 마리오는 주키에게 경찰 때문이라고 다시 한번 확인시켜 주었다. 주키는 큰 안도의 웃음을 지었고, 자신의 쌓인 분노를 분출하기로 결정했다. 주키는 고장 난 소화전을 잡아 뜯는 구경꾼들을 더욱 부추겼다. 그리고 티미라고 불리는 어린아이에게 근처에 있는 철망으로 만든 쓰레기통을 집어 던지라고 재촉했다. 일주일 전에 커밍아웃을 한 티미는 자기 몸보다 큰 쓰레기통을 있는 힘을 다해 집어 던졌다. 쓰레기통은 스톤월 정면의 유리창으로 날아갔다. 그 유리창은 검은색으로 칠해져 뒤에 합판으로 보강한 창문이었다.

경찰들은 예상치 못했던 군중의 분노에 놀라고 어안이 벙벙해져 파인 부경감의 명령에 따라 바 안으로 후퇴했다. 파인은 두세 명의 경찰을 데리고 겁먹은 게이 몇 명쯤은 쉽게 다룰 수 있었다. 그러나 이번에 군중은 위축되지 않았다. 게이들은 경찰 여덟 명을 후퇴시켜 은신처를 찾아 도망가게 만들었다. 훗날 파인은 "나는 전투 상황하에 있었고 그때보다 더 두려움을 느껴 본 적이 없었다"고 말했다. 경찰이 스톤월 안에 몸을 피해 숨어 있는 동안 군중은 거리를 장악했고, 승리감과 울분으로 큰소리를 질렀다.

크레이그는 급히 근처의 전화 부스로 달려갔다. 사람들에게 공개하고 알리는 일이 그 어느 때보다 필요하다는 사실을 인식하면서 결정적인 순간이 왔음을 깨달은 그는 『타임스』, 『포스트』, 그리고 『뉴스』 세 곳에 전화를 걸어 "중대한 사건이 터졌다"고 알렸다. 그 다음 크레이그는 카메라를 가지러 근처에 있는 자기 아파트로 달려갔다.

짐 포래트 역시 자신의 이성애자 급진 좌파 친구들에게 "사람들이 경찰과 싸우고 있다. 꼭 뉴어크Newark에서 일어났던 일 같다"고 알리기 위해 전화 부스로 급히 달려갔다. 포래트는 좌파 친구들에게 자신이 오랫동안 그들의 대의를 위해 싸웠던 것처럼 어서 내려와 〔게이 친구들에게〕 도움을 주라고 부탁했다. 그런 다음 그는 거리로 나올 지원군을 얻으려고 근처의 "나인스 서클"과 "율리우스 바"에 갔지만 아무도 나오려 하지 않았다. 그의 이성애자 급진 좌파 친구들은 한 명도 나타나지 않았다. 포래트는 이를 통해 자신의 옛 동지들이 얼마나 "동성애faggot" 문제를 낮게 평가하고 있는지에 대한 쓰디쓴 가르침을 얻었다.

게리는 실비아에게 그와 함께 집으로 가서 옷을 갈아입자고 설득하려 했다. 실비아는 "너 미쳤어? 나는 한순간도 놓치지 않을 거야. 이건 혁명이라고!"라고 고함을 질렀다. 게리는 두 사람 모두의 옷을 가지러 자리를 떴다. 블론드 프랭키는 그동안, 아마도 주키니에게서 힌트를 얻은 듯, 헐거운 주차 미터기를 뽑아 스톤월 문을 공격하는 망치로 사용하자고 제안했다. 그와 동시에 누군가가 술집 정면의 부서진 유리창으로 라이터용 액체를 쏟아 부었고 곧바로 성냥불을 집어 던졌다. 파인 부경감은 훗날이에 대해 "화염병을 그 장소로 집어 던졌다"고 언급했지만 당시 상황에 대해 확실하게 말할 수 있는 단 한 가지는 불꽃처럼 치솟은 파인의 분노였다.

아직 상황이 매우 위험했고, 경찰은 몹시 놀란 상태였다. 자존심에 받은 상처는 충분히 충격적이었다. 이제부터 본격적으로 물리적 안전에 대한 위협이 시작됐다. 날아다니는 유리 조각과 물건들을 피하던 순찰 경찰 길 와이즈먼은 파편에 눈 옆을 맞아서 피를 쏟았다. 그러자 공포가 갑자기 분노로 바뀌었다. 경찰 세 명은 파인의 인도 아래 으름장을 놓을 생각으로 군중들이 두들겨 부서진 앞문으로 뛰쳐나가 군중을 향해 소리치며 위협하기 시작했다. 그러나 위협을 주지도 못하고 쏟아지는 동전과 병 세례를 받았다. 맥주 깡통이 찰스 스미스 부경감 머리를 스쳤다. 파인은 군중 쪽으로 돌진하여 누군가의 허리를 움켜쥐고 현관문 쪽으로 끌고 와서 머리를 잡아끌어 안으로 들어갔다.

얄궂게도 잡혀간 사람은 유명한 포크 가수이자 이성애자인 데이브 반 론크Dave Van Ronk였다. 그날 밤 이른 시각에 반 론크는 스톤월에서 몇 집 아래에 위치한 라이온즈 헤드 술집을 떠돌고 있었고, 그 술집에서는 떠들썩하고 남자다움을 자랑하는 언론인들이 술을 마시며 거리 아래에서 벌어지는 "동성애" 사건을 경멸하고 있었다. 그러다 반란이 거세지자라이온즈 헤드는 문을 닫았다. 지배인은 돈 내고 술 마시는 고객들 위로 경관들이 신음하면서 피 흘리며 쓰러지는 것을 원하지 않았다. 파인은 반 론크를 스톤월로 끌고 오자마자 그가 위험한 물건들을 집어 던졌다며 거세게 몰아세웠다. 와이즈먼 순경은 그의 눈에 상처를 낸 사람이 바로 반 론크라고 신호를 보냈다. 그러자 경찰 몇 명이 론크를 붙잡았고, 그동안 파인이 그를 심하게 때리기 시작했다. 반 론크가 정신을 잃는 것처럼 보이자 경찰은 그에게 수갑을 채웠고, 파인은 "좋아, 우린 이 자를 폭행 혐의로 입건한다"고 짧게 말했다.

경찰은 소화용 호스를 발견했고, 문틈 사이로 호스를 밀어 넣어 군중을 향해 물을 뿜었다. 그러면 군중이 분명히 흩어질 거라고 생각했다. 그러나 물줄기는 약했고, 바 안의 경찰들은 젖은 마루에서 미끄러져 군중들의 비웃음과 조롱을 샀다. 경찰들이 미끄러지고 있을 때 『빌리지 보이스*The Village Voice*』의 기자 하워드 스미스가 바 안으로 들어갔다. 스미스는 훗날 "그날 저녁 그 순간 새어 나오던 소리는 더 이상 춤추는 동성애자들의 소리가 아니었다. 이는 뿌리 깊은 원한에 기인한 강력한 분노의 소리였다"고 기술했다. 이제 스톤월의 앞문은 열린 채 매달려 있었고 창문 뒤의 합판 버팀대는 찢어져 수분 내로 분노한 군중이 부수고 들어가 앙갚음을 할 것만 같았다. 한 경찰은 토니 더 스니프스의 야구방망이로 무장했다. 다른 경찰들은 권총을 꺼내 들었고, 파인은 정문으로 향하는 회랑 양편으로 경관 여러 명을 배치했다. 그들 중 한 사람이 "우리는 문으로 들어오는 첫 번째 망할 놈에게 총을 쏜다"고 고함을 질렀다.

바로 그때, 부서진 창문 사이로 팔 하나가 들어오더니 방 안으로 라이터용 액체를 뿌렸고 또다시 성냥불을 던졌다. 성냥불이 붙었고, 휙 하는 불꽃 소리가 났다. 겨우 10피트(약 3미터) 정도 떨어진 곳에 서 있던 파인은 빠져나가는 팔을 향해 총을 겨누고 쏠 준비가 되어 있었는데, 그때 크리스토퍼가를 따라오는 사이렌 소리를 들었다고 후에 말했다. 오전 2시 55분에 파인은 도움을 요청하는 응급 상황 신호인 10-41을 무시무시한 전술 순찰대(TPF: Tactical Patrol Force)에게 보냈다. 이제 안도의 분위기가 감돌았다.

TPF는 고도로 훈련된 폭동 단속 및 해산 부대로 베트남전쟁 반대 시위가 증가하자 이에 대처하기 위해 창설되었다. 챙 달린 헬멧을 쓰고 경찰봉과 최루탄 등 각종 무기를 휴대한 24명의 대원들은 모두 단단하게 균형 잡힌 체격이었다. 그들이 서로 팔짱을 낀 채 붙어서 로마 군단을 연상시키는 설형 대형으로 크리스토퍼가를 올라오는 광경은 굉장했다. 그들이 다가오자 군중들은 천천히 뒤로 물러섰지만 경찰의 기대와는 반대로 해산하거나 도망가지는 않았다. 그중 한 사람인 크레이그는 아파트에서 가지고 온 카메라를 들고 거리 한가운데에 무릎을 꿇고 앉아 있었는데, 그 순간을 포착하기로 작정하고 다가오는 TPF 경관들의 스냅사진을 찍고 또 찍었다.

기동 경찰대가 크레이그에게 밀어닥치자 그는 급히 도망쳐서 수백 명의 다른 사람들과 합류했다. 사람들은 경찰봉을 피하기 위해 흩어졌다가, 재빠르게 블록을 뛰어다니다. 다시 기동 경찰대 뒤로 되돌아 뛰어와서 그들에게 파편들을 집어 던지며 공격했다. 경찰은 상당수의 군중이 그들 뒤에 재정열하는 것을 의식하면서 사정거리 안에 들어오는 사람은 누구든지 마구 두들겨 팼다. 하지만 시위대는 겁먹지 않았다. 다음 과정이 몇 차례 반복됐다. 즉 기동 경찰대가 야유하는 군중들을 분산시키려 하면 군중들은 다시 경찰대 뒤에 모여 조롱을 퍼붓고 병과 벽돌을 집어 던지고 쓰레기통에 불을 붙였다. 경찰이 한 바퀴 돌아서 반대 방향의 한 지점으로 방향을 정했을 때 그들은 최악의 악몽과 대면하게 되었다. 드랙 퀸 합창대가 서로 팔을 걸고, 자신들의 힐을 로켓처럼 공중으로 차올리면서, 냉소적인 최고음으로 노래를 불렀다.

우리는 스톤월의 소녀들
우리는 곱슬머리 가발을 쓰네
우리는 속옷을 입지 않네
우리는 우리 음부의 털을 보여 주고
우리는 여자처럼 우리 무릎 위로 오는
거친 무명옷을 걸쳤네

이는 TPF의 폭력에 대한 유쾌하고 재치 있는, 그리고 경멸적인 내위법이었다. 이는 일명 '눈에는 눈' 식의 전통적인 남자다운 싸움을 변모시켰고, 적어도 뭔가 다르고 계시적인 의식이 엿보이는 책략이었다. 아마도 바로 그 순간이 실비아가 훗날 "뭔가 내 어깨가 가벼워졌다"고 말한 그런 느낌을 갖게 된 순간이었을 것이다.

그러나 그런 책략은 TPF를 자극해 더 폭력적으로 만들었다. TPF가 여자 같아 보이는 소년을 심하게 때리자 군중이 몰려들어 그 소년을 가로채 경찰이 그를 다시 잡아가지 못하게 했다. 다른 곳에서는 경찰이 "거친 푸에르토리코 드랙 퀸"을 움켜잡았고 그를 곤봉으로 때리려고 팔을 올렸다. 드랙 퀸은 겁먹지 않고 "네 조그만 아일랜드 항문에 커다란 스페인 거시기를 박으면 어떨까?"라고 야유했다. 난처해진 경찰이 잠시 머뭇거리는 순간 그 드랙 퀸은 군중 속으로 달아나 버렸다.

경찰들도 무사하기 힘들었다. 누군가 주차 중인 경찰차 위로 벽돌을 떨어뜨렸다. 아무도 다치지 않았지만 안에 있던 경찰들은 심한 충격을 받았다. 다른 곳에서는 지위가 있어 보이는 경관이 상황을 조사하기 위해 차를 몰고 돌아다니다가 차 창문을 겨냥해 던진 젖은 쓰레기 자루에 맞았다. 쓰레기 자루는 명중했고, 젖은 커피가 근엄한 표정을 유지하려고 애쓰는 경관의 얼굴에서 흘러내렸다. 웨이벌리 플레이스 아래에서는 수백 명의 군중이 여전히 경찰 두 명에게 쫓기고 있었다. 군중 속에서 누군가가 갑자기 깨달은 듯 "저들은 두 명뿐이다. 저들을 잡아라. 옷을 벗기고, 엿을 먹이자!"고 소리치기 시작했다. 군중이 그 소리를 알아듣자 두 경관은 도망갔다.

경찰이 마침내 거리를 평정하는 데 성공하기까지, 그날 저녁에만도 상당량의 피를 흘린 것으로 판명되었다. 그날 저녁 미확인된 부상자 가운데 실비아의 친구인 이반 빌렌틴이 있었다. 경찰 곤봉에 무릎을 맞은 그는 성 빈센트 병원으로 옮겨져 열 바늘을 꿰맸다. 레니라는 이름의 십대는 차 문에 손이 끼어 손가락 두 개를 잃었다. 경찰들이 "여자같이 예쁜 소년들"을 색출한 증거가 있고, 건장한 경찰 네 명이 어린 드랙 퀸을 심하게 때려 입, 코, 귀에서 동시에 피를 흘린 사건도 있었다. 크레이그와 실비아 두 사람 모두 군중들 주변에 있던 짐처럼 부상은 피했지만 실비아의 블라우스에 피가 많이 튀었기에 어느 시점에 부두로 내려가서 게리가 그녀에게 가져다준 깨끗한 옷으로 갈아입어야만 했다.

경찰 네 명이 부상을 당했다. 그들 대부분은 사람들에게 차이고 물린 탓에 일련의 가벼운 찰과상을 입었다. 하지만 슈 경관은 돌돌 만 신문으로 맞았는데 시멘트 보도로 떨어지는 바람에 손목이 부러졌다. 크레이그가 그 뉴스를 들었을 때 그는 부상의 "상징적 정의"라며 낄낄거리지 않을 수 없었다. 데이브 반 론크를 포함해서 13명이 6구역에 체포되었다. 그들 중 7명은 스톤월 고용인으로, 공무 집행 방해에서부터 무질서한 행위에 이르는 죄목으로 체포되었다. 오전 3시 35분에 10-41신호는 해제됐고, 그 지역에는 불안정한 평온이 자리 잡았다. 그러나 평온은 오래가지 않을 것이다.

왐수타 (프랭크 B.) 제임스,
필그림의 플리머스록 상륙 350주년 기념 연설[3]

1970년 9월 10일

필그림들이 플리머스록Plymouth Rock에 도착한 지 350년 되는 해에 매사추세츠 관리들은 이를 기념할 계획을 세우고 왐수타 (프랭크 B.) 제임스Wamsutta (Frank B.) James에게 강연을 부탁했다. 그러나 아퀴나 왐파노아그Aquinnah Wampanoag 부족이며 〈뉴잉글랜드 미국인디언협회United American Indians of New England〉의 회원인 제임스는 강연을 허락받지 못했다. 강연을 관장하던 관리들은 그가 왐파노아그 영토가 식민화되는 역사에 대해 진실을 말하게 내버려 두지 않았다. 제임스와 다른 원주민 활동가들은 플리머스록에 와서 "토착 미국인 애도의 날National Day of Mourning for Native Americans"을 선포하고 매년 추수감사절에 토착 미국인 학살에 저항하기로 결정했다. 다음은 제임스가 1970년 9월 10일 매사추세츠 플리머스에서 할 예정이었던 연설이다.

나는 여러분에게 한 인간으로서, 왐파노아그 부족의 한 사람으로서 말하고자 합니다. 나는 당당한 사람입니다. 나는 내 혈통을 자랑스럽게 생각하며 "이 작은 케이프코드에서도 네 얼굴색은 다르다. 그러니 너는 성공해야만 한다!"라고 말했던 부모의 엄격한 지도 덕에 성취할 수 있었던 나의 오늘을 자랑스럽게 여깁니다. 나는 빈곤과 차별이라는 두 가지 사회적·경제적 질병의 결과물입니다. 나와 나의 형제자매들은 이를 고통스럽게 극복했고, 어떤 의미에서 우리는 공동체의 존경을 얻기 위해 노력했습니다. 우리는 우선 인디언입니다. 그러나 우리는 "선량한 시민"으로도 불립니다. 우리가 때로는 교만할지라도 이는 사회가 우리에게 그렇게 되기를 강요하기 때문입니다.

이 자리에 서서 여러분과 생각을 나누게 되니 만감이 교차합니다. 여러분에게 오늘은 기념일입니다. 미국에 백인이 처음 도착한 날을 기념하는 날입니다. 되돌아보고 회고하는 날입니다. 그러나 우리 부족에게 일어난 일을 되돌아보면 우리의 마음은 무거워집니다.

필그림이 상륙하기 전에도 탐험가들이 인디언을 잡아서 유럽으로 데려가 220실링에 노예로 파는 일은 흔했습니다. 필그림은 케이프코드 해안에 닿자마자 나흘 만에 우리 선조들의 무덤을 도굴하고 옥수수와 말, 콩을 약탈했습니다. 『머트의 설화*Mourt's Relation*』에는 열여섯 명의 탐험대가 나옵니다. 머트는 이 탐험대가 인디언의 겨울 식량을 가져갈 수 있을 만큼 가져갔다고 말하고 있습니다.

왐파노아그의 추장 마사소이트 역시 이 사실을 알고 있었습니다. 하지만 그와 그의 부족은 플리머스 플랜테이션의 정착민들을 환영했고 그들의 친구가 됐습니다. 아마도 마사소이트는 그의 부족 인구가 전염병으로 감소했기 때문에, 혹은 다가올 겨울이 매우 혹독하리라는 사실을 알았기 때문에, 그들의 행동을 평화의 의미로 받아들였을 것입니다. 마사소이트의 행동은 우리의 가장 큰 실수였습니다. 우리 왐파노아그족은, 이것이 종말의 시작이라는 사실을 모른 채, 당신들 백인을 두 팔 벌려 환영했습니다. 50년이 지나기도 전에 왐파노아그 부족민들은 더 이상 자유로운 사람으로 남을 수 없게 됐습니다.

이 짧은 50년 동안 무슨 일이 일어났나요? 지난 300년 동안 무슨 일이 일어났습니까? 역사는 우리에게 사실을 알려 줍니다. 학살이 있었고, 약속은 깨졌습니다. 그리고 이는 대부분 땅 소유권을 둘러싸고 일어났습니다. 우리들 사이에도 경계는 있었습니다. 하지만 그 경계는 결코 울타리와 돌담이 필요하지 않았습니다. 그러나 백인은 자신이 소유한 땅의 크기로 자신의 가치를 증명하고자 했습니다. 10년 후에는 청교도들이 도착했습니다. 그들은 소위 "야만인"의 영혼을 개종하겠다며 왐파노아그 부족민들을 비우호적으로 다뤘습니다. 청교도들은 자기들 사회 구성원들에게도 모질었지만, 인디언은 석판 사이에 눌리거나 마치 "마녀"처럼 매우 신속하게 교수형에 처해졌습니다.

그 이후로도 인디언의 땅을 빼앗은 기록들은 수없이 많습니다. 미국인들은 그 대가로 보호구역을 정하고 인디언들에게 거기에서 살라고 했습니다. 권한을 빼앗긴 인디언은 백인이 자신의 땅을 빼앗아 개인적 이익을 위해 사용하는 것을 지켜볼 수밖에 없었습니다. 이를 인디언은 이해할 수 없었습니다. 그에게 땅은 농사짓고, 사냥하고, 향유하는 삶의 터전이었습니다. 땅은 남용될 수 없습니다. 우리는 백인들이 "야만인"을 길들이고, 그들을 기독교적 삶의 방식으로 개종하려고 노력하는 가운데 저지르는 수많은 사건들을 봅니다. 초기 필그림 정착민들은 인디언들이 순종하지 않으면 땅을 파서 심각한 전염병을 다시 심어 놓을 거라고 인디언들을 속였습니다.

백인은 인디언의 항해 기술과 능력을 이용했습니다. 그러나 인디언들은 선원만 될 수 있었을 뿐, 선장은 될 수 없었습니다. 매번 백인 사회에서 우리 인디언은 "토템 기둥을 신봉하는 비천한 사람"으로 불렸습니다.

왐파노아그족이 정말로 사라졌습니까? 아직도 이는 불가사의한 일로 여겨집니다. 많은 인디언의 생명을 앗아 간 전염병이 돌았다는 사실을 압니다. 몇몇 왐파노아그는 서쪽으로 이동하여 체로키족과 사이엔Cheyenne족에 합류했습니다. 그들은 강제로 이주했습니다. 북쪽의 캐나다까지 간 사람들도 있었습니다! 많은 왐파노아그는 그들의 인디언 유산을 제쳐 놓고 생존을 위해 백인의 삶의 방식을 받아들였습니다. 사회적·경제적인 이유로 자신이 인디언이라는 사실을 인정하려 하지 않는 왐파노아그도 있었습니다.

초기 정착민들 사이에 남아서 살기로 결정한 왐파노아그에게 무슨 일이 일어났습니까? 그들이 "문명화된 사람"으로 산 삶은 어떤 종류의 삶이었습니까? 맞습니다. 이제까지의 삶은 지금처럼 복잡하지 않았습니다. 그러나 지금 그들은 혼돈과 변화를 맞았습니다. 정직, 믿음, 배려, 자존심, 그리고 정치가 그들의 일상생활 안팎에서 그들을 변화시켰습니다. 때문에 인디언들은 능란하고, 교활하고, 욕심 많고, 지저분한 사람으로 불렸습니다.

역사는 사람들이 인디언은 미개하고, 문맹이고, 문명화되지 않은 동물이라고 믿기를 원합니다. 조직적이고 훈련된 사람들이 쓴 역사는 우리가 비조직적이고 훈련되지 않은 존재라고 말합니다. 두 개의 전혀 다른 문화가 만났습니다. 한 문화는 그들이 삶을 지배해야 한다고 생각했고, 다른 문화는 자연이 결정한 운명에 따라 삶이 향유되어야 한다고 믿었습니다. 우리 모두 인디언은 백인처럼 인간이었고 인간임을 기억합시다. 인디언은 고통을 느끼고, 다치고, 방어적이 되기도 하며, 꿈을 가졌고, 비극과 실패를 견디고, 외로움으로 고통스러워하고, 웃기도 하고 울기도 합니다. 그는 또한, 자주 오해받습니다.

백인은 인디언과의 현존에서 인디언을 불편하게 만드는 신비로운 능력 때문에 여전히 신비화됩니다. 다음은 아마도 백인이 인디언에 대해 만들어 낸 이미지일 겁니다. 즉 인디언의 "야만성"은 자업자득이며 그들의 능력은 신비로운 것이 아니라는 이미지 말입니다. 이는 공포, 인디언 기질에 대한 공포입니다!

우리의 위대한 마사소이트 추장의 동상이 높은 언덕에서 유명한 플리머스록을 내려다보며 서 있습니다. 마사소이트 추장은 침묵한 채 수년 동안 그곳에 서 있습니다. 위대한 추장의 후손인 우리 역시 침묵해 왔습니다. 우리는 백인의 물질적 사회에서 생계를 꾸려야 했기에 침묵할 수밖에 없었습니다. 오늘, 나와 우리 부족은 진실과 대면하려 합니다. 우리는 인디언입니다!

시간이 우리의 문화를 고갈시켰고, 우리의 언어는 거의 소멸됐지만 우리 왐파노아그는 아직도 매사추세츠의 땅 위를 걷습니다. 우리는 흩어져 있고, 혼란스럽습니다. 우리가 함께 하나의 부족이던 시절은 아주 오래전에 사라졌습니다. 우리의 땅은 침략당했습니다. 백인이 우리 땅을 빼앗기 위해 싸운 것처럼 우리도 우리 땅을 지키기 위해 열심히 싸웠습니다. 우리는 정복당했습니다. 우리는 여러 일들을 거치며 미국의 전쟁 포로가 됐습니다. 그리고 최근까지 미국 정부의 보호 아래 있습니다.

우리의 영혼은 죽기를 거부합니다. 어제 우리는 숲속 오솔길과 모래 오솔길을 걸었습니다. 오늘 우리는 포장된 고속도로와 딱딱한 도로를 걸어야만 합니다. 우리는 단결하고 있습니다. 지금 우리는 우리의 오두막이 아니라 당신들의 콘크리트 텐트에 서 있습니다. 우리는 당당하고 자랑스럽게 서 있으며 몇 개월 안에 지금까지 우리에게 당연하듯 일어났던 잘못을 바로잡을 겁니다.

우리는 나라를 빼앗겼습니다. 우리의 땅은 침입자의 손에 들어갔습니다. 백인은 우리의 무릎을 꿇렸고, 우리는 이를 허락했습니다. 이미 일어난 일은 바꿀 수 없습니다. 하지만 오늘의 우리는 더 인간적인 미국, 다시 한번 사람과 자연의 중요성을 생각하고 인디언의 명예, 진실, 형제애가 인정을 받는, 더 인디언적인 미국을 만들기 위해 일해야만 합니다.

당신 백인들은 이 날을 기념합니다. 우리 왐파노아그도 시작이라는 개념을 축하하는 일을 돕겠습니다. 이날은 필그림에게는 새 삶의 시작이었습니다. 그로부터 350년이 지난 오늘은 원래의 미국인, 아메리칸 인디언을 위한 새로운 결의가 다져지는 날입니다.

이 광대한 나라에 흩어져 사는 왐파노아그와 다른 인디언들은 여러 요인의 영향을 받습니다. 우리는 백인 사이에서 350년을 살아왔습니다. 우리는 이제 백인의 언어를 말할 수 있습니다. 우리는 이제 백인이 생각하는 것처럼 생각할 수 있습니다. 우리는 이제 최고의 직업을 두고 백인과 경쟁할 수 있습니다. 우리의 말은 들립니다. 우리는 주목받고 있습니다. 중요한 점은 매일의 삶의 필수품과 더불어 우리는 여전히 영혼을 지니고 있고, 우리는 여전히 독특한 문화를 지니고 있고, 우리는 여전히 의지를 가지고 있고, 무엇보다 중요한 것은 인디언으로 남고자 하는 결의를 지니고 있다는 것입니다. 우리는 결의에 차 있습니다. 그리고 오늘 밤 우리가 여기에 있다는 사실이야말로 미국 인디언이, 특히 왐파노아그가 이 나라에서 우리의 당연한 지위를 되찾기 시작하고 있음을 보여 주는, 살아 있는 증거입니다.

에이드리엔 리치,
『여성으로 태어나기』[4]

1977년

새로운 분야를 개척한 시인 에이드리엔 리치Adrienne Rich는 페미니스트이자 레즈비언으로서 거침없이 발언한다. 리치는 자신의 책 『여성으로 태어나기*of Woman Born*』를 할머니와 "구시대의 불필요한 굴레에서 여성의 몸을 자유롭게 하기 위해 활동하는 행동가들"에게 헌정했다. 이 책을 통해 리치는 모성애, 섹슈얼리티sexuality, 몸의 정치학에 대한 새로운 논의를 펼치는 데 일조했다. 다음은 이 책의 첫 번째 보급판 후기의 일부다.

전망을 가지고 꿈을 꾸는 일은 중요하다. 새로운 삶의 방식을 실천하고, 진지한 실험을 위한 여지를 남기고, 실패할지라도 노력을 존중하는 일도 필수 불가결하다. 동시에 현재 여성 대부분이 처한 삶의 방식을 생각했을 때 모권 중심의 유토피아를 장황하게 이야기하는 것은 순진하고 방종해 보일 수 있다. 즉 피임 기술과 유전학을 여성의 손에 "넘겨줄 것"을 "요구하고"(누구에 의해, 그리고 어떤 효과적인 압력을 가해?), 아이 없는 여자에게 정치적 의무로 아이 돌보기를 강요하는 상황에 대해 말하고, 부권 중심 제도를 거부하고, 양육 문제를 해결하기 위해 자치 공동체를 거론하는 일 등은 순진한 말로 들릴 수 있다. 우리의 역사 속에서 강요된 일로서의 양육, 또는 죄의식에서 수행되는 양육은 모두 너무 괴로운 부담이었다. 만약 여성들이 이제 겨우 여성의 접근을 허용하기 시작한 과학 기관의 실험실이나 도서관을 항의의 표시로 거부한다면, 여성들은 우리 몸을 통제하는 데 어떤 연구와 기술이 중요한지조차 알 수 없게 될 것이다. 분명 자치 공동체 그 자체는 대가족이나 공공 양육 센터보다 여성을 위해 더 특별한 마술을 부리거나 하지 않는다. 그런 방법은 여성 신체의 엄청난 복잡함과 정치적 중요성, 그리고 그것이 대변하는 권력과 무력함의 광대한 스펙트럼을 인식하는 데 실패했다. 모성애는 매우 중요하기는 하지만 그 스펙트럼의 일부에 불과하다.

더욱이, "양육"을 여성의 특별한 장점으로 고정시키는 것은 위험할 정도로 단순한 논리다. "양육"은 새로운 인간 질서를 만들기 위해 더 큰 규모의 사회로 방출돼야 한다. 양육을 위한 우리의 신체 기관이나 발달된 기능은, 그것이 무엇이든 자주 부메랑이 되어 우리에게 돌아온다.

여성 개인이 모성애 제도에 처음으로 반대할 때, 여성은 남성의 모습으로 그 모성애에 반대했다. 여기서 남성이란 여성이 사랑, 연민, 우애뿐만 아니라 분노, 화, 공포, 또는 죄의식을 느끼는 아이들의 아버지를 말한다. 우리가 성폭행에 맞설 때 필요한 "모성의" 또는 "양육의" 영혼, 그리고 전투적인 정신은 우리 안의 가장 관대하고 예민한 부분을 통해 여성들을 통제하는 수단으로 남아 있는 불리한 조건일 수 있다. 여성의 힘과 여성의 우월성에 관한 이론들은 우리 존재의 모호함과 우리 의식의 연속체continuum, 우리 각자에게 있는 창조적이고 동시에 파괴적인 에너지의 잠재력을 충분히 고려해야 한다.

나는 "아직도 우리가 모르는 사고방식들이 있다"고 확신한다. 내가 이 말을 하는 것은 지금도 많은 여성들이 전통적 지성이 거부하고 비방하고 이해조차 할 수 없는 방식으로 사고하고 있음을 드러내기 위해서다. 사고는 활동적이고 유동적이며 확장되는 과정이다. 이해, 즉 "앎"이라는 것은 지나간 경과의 개요다. 우리의 생물학적 근간이 되는 몸과 그 몸의 기적과 역설, 그리고 영적이고 정치적인 의미들이 미처 연구되거나 이해되지 않았다고 주장할 때, 내가 실제로 묻고자 하는 것은 잔인할 정도로 비조직화된, 그리고 거의 사용한 적 없는 우리의 위대한 정신적 능력에 접근하기 위해 여성들이 최소한 그 몸을 통해 생각할 수는 없느냐는 것이다. 즉 고도로 발달된 촉각, 면밀한 관찰이 가능한 특별한 재능, 복잡하면서 고통에 잘 견디는, 그리고 다중 쾌감을 느낄 수 있는 신체성physicality을 통해서 말이다.

나는 처녀든, 엄마든, 레즈비언이든, 기혼자든, 독신주의자든, 그녀들이 주부든, 칵테일 바의 웨이트리스든, 또는 뇌파 정밀 조사자든 자신의 몸이 근본적인 문제가 아닌 여성, 몸의 우울한 의미, 번식력, 욕망, 소위 불감증, 피 흘리는 언어, 침묵, 변화와 훼손, 강간과 성숙이 문제가 되지 않는 그런 여성을 본 적이 없다. 오늘날 우리는 최초로 우리의 신체성을 지식과 힘으로 전환할 수 있게 됐다. 신체적 모성애는 단지 우리 존재의 일부일 뿐이다. (…)

우리는 모든 여성이 자기 몸의 특별한 재능을 관장하는 세계를 상상할 필요가 있다. 그런 세계에서 여성은 진정으로 생명을 창조한다. 아이를 낳을 뿐만 아니라 우리가 선택한다면 부양하는 데 필요한 비전, 사고, 위안을 제시하고, 인간 존재를 변화시키고 우주와 새로운 관계를 만들 것이다. 성, 정치학, 지성, 권력, 모성애, 일, 공동체, 친밀함은 새로운 의미를 발달시키고, 사고 자체가 변화될 것이다.

이것이 바로 우리가 시작해야 할 지점이다.

애비 링컨,
"누가 흑인 여성을 존경할 것인가?"⁵

1966년 9월

다음은 『니그로 다이제스트*Negro Digest*』에서 발췌한 수필이다. 이 글에서 미국의 가장 위대한 재즈 가수 애비 링컨Abbey Lincoln은 흑인 여성 학대에 강력하게 저항하고, 페미니스트와 다른 이들에게 아프리카계 미국인 여성들의 특수한 투쟁에 역점을 둘 것을 요구하고 있다.

마크 트웨인은 국가가 사람들을 노예로 삼을 때 실제로 제일 먼저 필요한 일은, 세상에 노예화된 사람이 하위 인간sub-human임을 알리는 일이라고 말했다. 자신의 동료 국민들에게 노예가 열등하다고 믿게 한 후, 그 다음에는 무엇보다 노예를 최대한 냉혹하게 취급해 스스로 열등하다고 믿게 만든다.

이 나라는 노예들 스스로 자신들이 열등하다고 믿게 만드는 일을 꽤 성공적으로 해 왔다. 일반적인 백인 공동체는 우리에게 백만 가지 다른 방법으로, 그리고 확고한 말투로 우리와 우리의 것은 "하나님"과 "자연"의 실패한 창조물이라고 말한다. (…)

이상하게도 나는 많은 흑인 어른 남자들이 이를 되풀이해서 말하는 것을 들었다. 그들은 흑인 여자들은 흑인 남자들이 타락하는 이유고, 흑인 여자는 "악"이며 "포악하고", "의심 많고", "편협한 마음을 지녀서", "함께 지내기 어렵다"고 말한다. 간단히 말해서 까맣고 추한 악마 뭐, 그런 거라고 말한다.

시간이 흐르면서 나는 나의 엄마와 자매들, 그리고 공범에 대한 이러한 묘사가 흑인 남자들이 망각의 모래에 자신의 머리를 더 처박기 위한 구실과 근거로 사용되고 있음을 알게 됐다. 따라서 흑인 엄마이자 주부이자 누가 봐도 다재다능한 소녀인 서스데이는 여자가 겪을 수 있는, 그리고 아직도 겪고 있는 모든 물리적 · 감정적 모욕을 견뎌야 했다.

서스데이의 남자는 그녀의 머리를 다른 여자들보다 더 자주 때린다. 서스데이는 찰리 씨의 희생양이다. 그녀는 억지로 현실에 안주해야 한다. 꿈을 꾸면 비난받는다. 그녀 자신과 그녀의 것을 위한 열망은 온전한 정신을 위해 저지된다. 그녀의 신체 이미지는 끔찍한 비방을 당하고, 모욕당하며, 부인된다. 그녀는 주저 없이 못생겼다는 소리를 들으며 결코 아름답다는 말을 듣지 못한다. (…)

강간당하고, 고통을 큰소리로 울부짖을 권리를 부인당한 그녀는 죄인으로 낙인 찍히고 "방종하고", "다혈질이며", "퇴폐적이고", "관능적인데다", "비도덕적"이라고 불린다. 서스데이는 백인의 성적 대상으로 이용되었고, 수치스럽게도 자존감 없는 흑인 남자는 이런 역할을 계속하도록 권유한다. "매력적인 왕자님"이 자신을 데려가 주기를 원하지만, 서스데이는 그 왕자님이 바로 그녀를 강간한 그 폭행자와 자객에게 왕관을 빼앗겼음을 솔직하게 인정해야만 한다. 아직도 그녀는 자신의 남자를 신이 흑인 여성에게 준 선물이라고 본다. 그리고 그 감정이 보답받지 못할 때, 그녀는 더 작아지고 더 큰 굴욕을 당하며, 유린당한다. (…)

기껏해야 우리는 가련한 모조품들이고 백인 여성들의 핑계거리라는 생각이 든다.

사악? 당신은 악이라고 말한다. 흑인 여성은 상처받았으며, 혼돈과 절망에 빠져 있고, 화와 분노에 떨며 겁에 질려 있다. 사악이라니! 도대체 누가 감히 그녀에게 달라져야 한다고 말한단 말인가? 그런 태도는 오히려 상황에 대한 그녀의 인식과 정당한 거부만을 더 돋보이게 한다.

만약 우리 여성들이 충분히 사악하고 충분히 분노한다면, 여성들이 느끼는 감각을 남성들 역시 느낄 수 있도록 무언가 조치를 취할 것이다. 수많은 우리 남자들도 용감하게 맞설 수 없는 변하지 않는 한 가지 사실이 있다. 그것은 우리 "까맣고, 사악하고, 추한" 여성들이 바로 너희 "까맣고, 사악하고, 추한" 남자들을 완벽하고 정확하게 반영하고 있다는 사실이다. 할 수 있을 때까지, 그리고 하고 싶을 때까지 숨바꼭질을 해라. 하지만 우리에 대한 모든 거부와 포기는 얼마나 철저하고 조심스럽게 너희가 눈멀고 세뇌되었는지를 보여 주는 애석한 증거다. 그리고 우리가 너희를 언급할 때 우리는 궁극적으로 우리를 부르고 있다는 사실도 이해하기 바란다. 너희는 우리고, 우리는 너희이기 때문이다.

우리는 납치당해서 이 대륙에 노예로 끌려온 여자들이다. 우리는 성폭행당했고, 여전히 당하고 있고, 그리고 우리 가슴에서 빼앗아 간 아버지 없는 아이들은 바람에 흩어져 린치당하고, 거세당하고, 자아를 잃어버리고, 강탈당하고, 불타고, 그리고 기만당한다.

우리는 과거에도 현재에도 앤 양의 부엌과 찰리 씨의 침대에서 값싼 노동력으로 부려지는 아름답고 강인한, 검은 신체를 가진 여성이다. 우리는 인종주의자와 사악한 노예 주인의 후계자를 양육했고, 지금도 양육하는 풍부하고, 검은, 그리고 따스한 젖이 나오는 여성이다.

우리는 전국에 걸쳐 지옥 구덩이 같은 게토에서 사는 여성이다. 우리는 백인 병원에서 백인의 의학을 위해 산송장으로 수술받고 실험당하는 희생을 치르는 여성이다. 우리는 텔레비전과 영화, 브로드웨이 무대에서는 보이지 않는 여자다. 우리는 빈곤에 휩싸인 불쌍하고 자존심 없는 우리 이웃 한가운데에서 백인 성도착자의 욕망의 대상이 되고, 조롱당하고, 추파와 야유를 받고, 욕을 먹거나 붙잡히고 추적당하는 여자들이다.

우리는 머리카락을 강제로 볶아야 하고 피부를 표백해야 하며, 모든 것이 "너무 큰" 여자다. 입은 "너무 크고 시끄러우며", 뒷모습은 "너무 크고 펑퍼짐하다." 그리고 발은 "너무 크고 평평하며", 얼굴은 "너무 까맣고 번쩍거린다." 그리고 무엇보다 우리가 받는 고통과 인내는 믿기 어려울 정도로 크고 오래 계속된다.

다른 모든 사람들보다 너무 많은 저주를 받은 존재다. (…)

우리는 우리 남편과 아버지, 형제와 아들이 가진 재능의 결실이 표절당하고, 모방당하고, 거부당하거나 박탈당하는 모습을 지켜봐야 하는 여자다. 그리고 그 결과 그들이 나약해져 감옥에 가거나, 린치당하고 혹은 미치고 분노하다 자살하는 모습을 봐야 하는 여자다. 겉으로는 누구의 관심도 받지 못한 채 무능함, 어리석음, 그리고 퇴보를 느낄 수밖에 없는 여자며, 분명히 누구보다도 더 엄청난 열등감을 지닌 그런 여자다.

"이 나라에서 백인 남자와 흑인 여자만 자유롭다"는 선전을 누가 퍼뜨리고 있는가? 이것이 자유라면 천국은 지옥일 것이고, 선은 악이고, 차가움은 뜨거움일 것이다.

누가 흑인 여자를 존경하겠는가? 누가 순진한 흑인 여성을 위해서 우리 이웃의 안전을 지킬 것인가? 흑인 여성은 폭행당하고 창피당한다. 흑인 여성은 위신과 복권과 구원을 외친다. 흑인 여성은 보호가 필요하고 보호를 원하며 보호를 받고 붙들고자 한다. 누가 그녀의 분노를 진정시킬 것인가? 누가 그녀를 소중하고 순수하게 여길 것인가? 누가 그녀의 아름다운 이미지를 찬양하고 주장할 것인가? 그녀가 성폭행을 당할 때 누구에게 도움을 요청할 것인가?

수전 브라운밀러,
"낙태는 여성의 권리"⁶

1999년

1973년 1월 22일 연방 대법원이 "로 대 웨이드Roe v. Wade" 판결을 내리기 전까지 미국에서 낙태는 불법이었다. 여성들은 아이를 원하지 않더라도 계속 임신하거나 아니면 위험하고 형편없는 환경에서 불법 낙태를 해야 했다. 불법 낙태로 상당히 많은 여성이 죽었다. 낙태 권리를 위한 투쟁은 여성해방운동의 핵심이 되었다. "로 대 웨이드" 판결 이전에도 많은 여성들은 임신중절을 원하는 여성들을 지지하고 의학적으로 지원하는 자신들만의 조직망을 가지고 있었다. 이러한 노력 중에 시카고에 기반을 두고 후에는 "제인Jane"으로 알려진 〈여성해방낙태자문회Abortion Counselling Service of Women's Liberation〉가 가장 중요한 역할을 했다. 다음의 글에서 페미니스트 저널리스트이자 행동가며 『우리의 의지에 반하여: 남자, 여자, 그리고 강간Against Our Will: Men, Women and Rape』의 저자인 수전 브라운밀러Susan Brownmiller가 "로" 판결 이전에 낙태를 한 자신의 경험을 회상하면서 어떻게 여성운동이 여성의 선택을 금지하는 연방의 판결을 성공적으로 뒤집었는지 설명한다.

여성해방운동은 낙태에서 처음으로 통합된 의제를 발견했고, 낙태는 국가 전체를 휩쓴 여성운동의 가장 중요한 대의가 됐다. 1969년부터 1972년까지 급진적이고, 대담하면서도 분산된, 그러나 아이디어와 열정에 있어 서로 연결되어 있는, 이 창의적인 캠페인은 법이 "범죄"로 규정한 행위를 "여성의 합법적인 권한"이라고 인정할 만큼 일반 대중의 생각을 성공적으로 변화시켰다. 그 변화의 정점이 1973년 1월 22일 연방 대법원이 내린 기념비적인 "로 대 웨이드" 판결이었다.

1969년은 분명 결정적인 순간이었다. 그전까지 급진파와 온건 개혁파 몇 명만이 각자 흩어져 법안 통과를 위해 노력했지만 문제는 뒤로 미뤄졌다. 그러나 그해에 가임기 여성들은 그 문제를 여성의 임신할 자유를 위한 대중 투쟁으로 변모시켰다. 이 여성들은 피임약 세대Phil Generation로 불렸다. 실제로 1960년대 초에 많은 여성들이 성 혁명sexual revolution이라는 외침에 귀를 기울였고, 막 미몽에서 깨어나기 시작했다. 산아제한에 대한 확실하지 않은 지식과 그 기술의 남용이라는 측면에서 자신의 성적 자유를 탐구하던 여성들은 쓰라린 경험으로 원치 않게 하게 되는 임신 역시 자신들의 문제라는 걸 알게 됐다.

남의 눈을 속이는 침묵으로 개인적 문제를 해결하려 했던 부모 세대의 고립된 여성과 달리 그들은 낙태 논쟁에서 자신의 목소리를 직접 내려고 했다. 그들은 자신의 이야기를 처음에는 서로에게, 그 다음에는 대중에게 전달하고자 했다. 그들은 자신들을 태어나게 한 급진적 좌파 운동의 투쟁 전략을 차용하고자 했다. 그들은 법정에서 낙태를 위해 투쟁한다는 기본 정책을 구상하고는 법을 어기고 소동을 일으켜서 법을 바꾸고자 했다.

이 새롭고 과격한 행동이 분출되기 전, 낙태는 병원의 의사 위원회가 임신으로 산모의 생명이 위험하다는 데 동의하지 않으면 모든 주에서 범죄 행위였다. 세 개 주에서 건강을 위협받는 여성이라는 조건에서 건강이란 정신적 건강을 의미할 수 있다고 광범위하게 해석하는 과분한 선처를 베풀었다. 하지만 두 명의 심리학자가 이를 입증해야 했고, "치료 목적의" 낙태를 1년에 1만 건으로 제한했다. 일반 대중에게 낙태는 타블로이드판 신문의 무시무시한 머리기사 같은 사건이었다. 즉 한 젊은 여자의 시신이 모텔 방에서 발견됐다. 그녀는 서투른 수술로 피를 많이 흘려 죽었다, 같은 사건 말이다. 시술자와 불행한 환자는 경찰이 "낙태 분쇄"라고 부른 한밤의 불시 단속에 걸렸다. 펜실베이니아 애쉬랜드의 전설적인 로버트 스펜서Robert Spencer 같은 놀라운 예외들도 있었다. 스펜서는 완벽한 치료소를 운영했고 1백 달러 이상 받지 않았다. 그러나 시술자가 검거되어 감옥에 가고, 환자들은 제보자가 되도록 강요받는 불법 영업에서, 매수 금액은 높이 올라갔다. 지하에서 이뤄지는 사업에서 돈만이 유일한 교환품은 아니었다. 어떤 낙태 시술자는 비밀 작업에 대한 대가로 성 접대를 강요했다.

매년 1백만 명의 여성들이 속닥거리는 사람들의 입소문과 잘못된 정보에 의존하여 불법 임신중절을 위해 위험을 무릅쓰고 미지의 일에 뛰어들었다. 훌륭한 시술자의 주소를 확보하거나 필요한 돈을 모을 수 있는 운 좋은 여성은 산후안, 아바나, 런던, 또는 도쿄로, 아니면 마을을 가로질러 갈 수 있었다. 이보다 운이 나쁜 여성은 몰래 하는 아마추어 방법으로 부패성 감염과 자궁에 구멍이 나는 위험을 감수해야 한다. 이들은 카테터, 바늘, 또는 철사 옷걸이를 펼쳐 자궁 내부를 찌른다. 여전히 잿물, 또는 배수구 청소 용액인 리졸Lysol로 자기 건강을 해치는 여성들도 있다. 1967년 『라이프Life』 잡지는 매년 "5천 명의 절박한 여자들"이 죽어간다고 추정했다.

작가 제인 오레일리Jane O'Reilly는 '부유한' 여성들은 늘 훌륭한 시술자를 찾을 수 있었다는 지나치게 단순한 신화가 거짓임을 입증했다. 1957년 여름, 제인은 세인트루이스 출신의 가톨릭계 상류층 여성이었다. 제인은 레드클리프 대학교에서 4학년을 막 시작하려던 차에 자신이 임신한 사실을 알았다. 스펜서 박사는 주기적인 휴업 상태였고, 쿠바Cuba는 비현실적으로 느껴졌고 두려웠다. 제인은 믿을 만한 가족 주치의에게 하소연했고, 주치의는 부모에게 말해야 한다고 주장했다. 마침내 학교 동기인 친구가 뉴욕 주소와 함께 6백 달러를 빌려 줬다. 제인은 콧수염을 기른 남자가 자신을 부엌 식탁에 눕혔고, 바늘로 찌르고, 어떤 알약을 준 것만 기억한다.

한 달 후 제인은 대학 기숙사 샤워실에서 기절했다. 뉴욕에서 제인에게 무슨 일을 했는지 모르겠지만 제인은 여전히 임신중이었다. 제인은 기숙사를 나왔다. 그러고는 살이 쪘다고 둘러대며 레인코트로 몸을 가린 채 학기말 시험을 봤다. 다음날 제인은 구세군 병원에서 아기를 낳고 자신의 딸을 입양 보내는 데 서명했다. 그 후 34년 동안 매년 딸의 생일인 5월 10일이면 제인은 목메어 울 정도로 우울증에 시달렸다. 그 고통은 1991년, 딸이 입양 추적을 통해 제인을 찾았을 때 다소 덜어졌다.

내 세대의 여자들은 아직도 증언할 필요가 있다. 우리는 여전히 트라우마를 지니고 있다. 1960년 처음 낙태했을 때 나는 제인이 두려워했던 쿠바를 선택했다. 다음은 나의 기억이다. 아바나의 점심시간 후 낮잠 시간에 나는 낯선 동네의 어느 집 문을 두드린다. 몇 시간 후에 나는 발가락을 꼼지락거리며 살아 있다는 사실에 놀랐다. 키웨스트Key West로 향하는 자그만 비행기를 탔고, 히치하이크로 뉴욕에 돌아오는 동안 내내 피를 흘렸다. 피를 흘렸다고? 다량 출혈 상태였을 것이다. 모텔 침대를 내 피로 흠뻑 적셔 놓고 떠난 곳이 어느 주었더라?

아사타 사쿠르(조앤 케시마드),
「감옥에 간힌 여성: 우리는 어떤가」[7]

1978년 4월

아사타 사쿠르Assata Shakur(조앤 케시마드Joanne Chesimard)는 흑표범당과 〈흑인해방군 Black Liberation Army〉의 일원이었고, FBI의 방첩 활동 프로그램인 코인텔프로COIN-TELPRO하의 진압 대상이었다. 1973년 5월 2일, 사쿠르는 뉴저지 턴파이크Turnpike에서 다른 두 사람과 함께 주 경찰의 저지를 받았고, 뒤이어 총 두 발을 쐈다. 이 대치 상황에서 주 기동 경찰 한 명과 사쿠르의 동행인 두 명 중 한 명이 죽었다. 사쿠르는 두 명을 살인한 죄로 기소되었다. 사쿠르는 1977년에 33년 감옥형을 받았고, 1979년에 탈옥했다. 그 후 1980년대에 쿠바에서 살면서 자서전 『아사타Assata』를 저술했다. 다음에서 사쿠르는 수많은 죄수들이 "버려진 건물처럼 꿈을 포기한 채 오는 장소"인 〈라이커 섬 여자교도소Riker's Island Correctional Institution for Women〉의 상황을 설명하고 있다. 1인칭 대명사에 소문자 "i"를 사용하고 다른 잘못된 철자를 고의적으로 사용한 것은 〈블랙스콜라Black Scholar〉에서 출간한 사쿠르의 원본을 그대로 따랐다.(잘못된 표기로 짐작되는 것은 괄호 안에 원서의 철자를 표기했다. 옮긴이)

우리는 구치소에 앉아 있다. 우리는 모두 흑인이다. 모두가 불안해한다. 그리고 모두가 꽁꽁 얼어붙었다. 난방을 부탁했지만 여간수는 우리에게 난방 시스템을 조절할 수 없다고 말했다. 벌거벗다시피 한 키 크고 바싹 마른 정신 나간 듯한 여자 한 명을 제외하고 우리 모두가 볼로냐 샌드위치를 거절했다. 우리 중 나머지는 쓰고 달콤한 차를 마시며 앉아 있었다. 40대쯤 돼 보이는 그 키 큰 여자는 어깨를 기울인 채 볼로냐 샌드위치를 조금씩 떼어 맛보면서 자신만의 장단에 맞추어 머리를 앞뒤로 흔든다. 누군가 그녀에게 무슨 일로 들어왔냐고 묻는다. 그녀는 "그들이 내가 니거를 죽였다고 해. 하지만 나는 사우스캐롤라이나에 묻혀 있는데 어떻게 그런 일을 했겠어?"라고 말한다. 모두의 얼굴이 서로 시선을 교환하느라 바쁘다. 남자 바지를 입고 남자 구두를 신은 작고 야무진 젊은 여자가 "사우스캐롤라이나에 묻혀 있다고?"라며 묻는다. "그래"라고 키큰 여자가 답한다. "사우스캐롤라이나, 그곳이 내가 묻혀 있는 곳이지. 그걸 몰랐어? 젠장, 몰랐단 말이지, 그렇지? 이건 내가 아냐. 이건 내가 아니라고"라고 그녀는 말한다. 그리고 볼로냐 샌드위치를 다 먹을 때까지 "이건 내가 아냐"를 반복해서 말했다. 그러고서 사람들이 놀라건 말건 오직 자신만의 세계로 물러나 자신만이 들을 수 있는 장단에 맞춰 머리를 다시 끄덕인다.

루실이 내 줄로 와서 "C"급 중죄는 얼마 동안 수감되는지 묻는다. 나는(i) 알고 있지만 한마디도 할 수 없다. 나(i)는 알아보고 나서 판결 도표를 가져와 그녀에게 보여 주겠다고 말한다. 나는 루실이 2급 살인죄로 유죄판결받은 사실을 안다. 그리고 15년 형을 받으리라는 사실도 안다. 지방 검사가 루실에게 죄를 인정하면 감형해 주겠다고 제안하기 전에 그녀가 나에게 말을 해서 알게 됐다. 루실은 더 낮은 형량을 받기 위해 유죄를 인정하는 대가로 5년의 보호관찰을 받게 됐다.

루실의 변호사는 루실에게 정당한 논거가 있다고 생각했다. 특히 죽은 자가 그녀를 반복적으로 때려서 그녀가 신체적인 상해로 고통받았고, 그녀가 체포된 날 밤 그녀의 팔이 맞아서 부러졌으며(루실은 아직도 부목을 대고 있다), 다른 상당한 상해 말고도 그녀의 한쪽 귀가 부분적으로 잘렸다는 의료 기록이 있었다. 루실의 변호사는 루실이 자신을 변호하기 위해 증언대에 서서 죽은 자가 그녀를 반복적으로 구타했을 뿐만 아니라 문제가 되는 그날 밤 그가 그녀에게 죽여 버리겠다고 협박했고 그녀를 심하게 때렸으며 칼로 위협했다는 사실을 증언으로 입증할 수 있을 것이라고 생각했다. 그러나 뉴욕 주는 정당방위를 인정하지 않았다.

지방 검사는 그녀가 술을 마셨다는 사실을 중요하게 취급했다. 그리고 텔레비전(t. v.) 드라마 〈로 앤 오더Law and Order〉의 인종주의에 영향을 받은 배심원은 범죄 사실에 치를 떨었고 루실은 "책임감 있는 시민"이라는 인상을 받지 못한 채 유죄판결을 받게 됐다. 그리고 루실에게 15년 감옥형을 받을 것이라고 말해야 하는 사람이 나(i)였다. 우리 둘 모두 거의 혼자 키우다시피 한 십대의 아이들 넷을 어떻게 할지 조용히 걱정해야 하는 처지였는데 말이다.

스파이키의 형기는 짧았지만, 석방 전날 그녀가 집에 가기를 원치 않는다는 것은 확실했다. 스파이키는 싸움을 벌여 규칙을 위반해 행정적 격리 조치로 독방에 가게 됐다. 스파이키의 옥사 앞에 앉아 그녀와 얘기를 나누면서, 나는(i) 스파이키가 감옥에서 그녀의 "좋은 시절"을 모두 보내기를 바라는 마음으로 끝까지 버틴 끝에 필사적으로 저지른 일이 이 싸움이었다는 것을 깨달았다. 스파이키는 30대 후반이다. 스파이키의 손은 엄청나게 부어 있었다. 다리에는 아물지 않은 심한 상처가 나 있다. 이빨은 열 개 정도 밖에 남아 있지 않았다. 몸 전체가 상처투성이고 잿빛이다. 20년 정도 마약을 해서 정맥이 약해질 대로 약해져 있는데다, 섬유증 간질과 부종이 있다. 스파이키는 거의 8년 동안 그녀의 세 아이를 보지 못했다. 스파이키는 엄마를 수차례 학대하고 도둑질했기 때문에 집에 연락하기를 꺼렸다.

크리스마스 휴일이 다가온다고 말하자 스파이키는 자신의 불운에 대해 이야기한다. 그녀는 내게 지난 4년의 크리스마스를 구치소에서 보냈다고 말하고 집에 가게 되어서 얼마나 행복한지 모른다고 말한다. 하지만 나는(i) 그녀가 갈 곳이 없다는 것을 알고 있다. 그녀의 유일한 "친구들"은 여기 구치소에 있다. 스파이키는 감옥을 나가게 되어 크리스마스 때 합창단에서 노래하지 못하는 게 가장 아쉽다고 말한다. 나는(i) 그녀와 말하는 동안 그녀가 다시 돌아오는 것은 아닐까 생각했다. 나는 그녀에게 잘 가라고 말하고 행운을 빌었다. 6일 후 나는(i) 그녀가 크리스마스 행사 직전에 감옥에 돌아왔다는 소문을 들었다.

우리는 건강검진을 받는다. 우리는 베이지색과 오렌지색 방에서 나무 벤치에 앉아 의사 면담을 기다린다. 삶에 찌든 듯한 젊은 여자 두 명이 파스텔 색 옷을 입고 끝이 뾰족한 공식용 구두를 신고 앉아 있다. "공식용" 구두를 신는다는 것은 종종 매점에서 운동화를 살 형편이 못 되는 사람이라는 의미기도 하다. 두 사람은 그들이 거리에서 얼마나 잘살았는지에 대해 얘기를 나누고 있었다. 그들의 말을 엿듣다가 나는(i) 두 사람 모두 그들의 지저분한 모습을 사랑해 주는 멋진 "노신사"가 있음을 알았다. 그들의 남편은 멋지게 옷을 차려 입고 때때로 바드baad 의상을 걸쳤다. 그녀들도 그랬다. 한 여자는 구두만 40켤레가 있었고 다른 여자는 치마만 백 벌을 가지고 있다. 한 사람은 세무 코트 두 벌과 가죽 코트 다섯 벌을 가지고 있다. 다른 여자는 세무 코트 일곱 벌과 가죽 코트 세 벌을 가지고 있다. 한 여자는 밍크 코트 세 벌, 은빛 여우 털 코트 한 벌, 표범 가죽 코트 한 벌을 가지고 있었다. 다른 여자는 밍크 코트 두 벌, 여우 재킷 한 벌, 바닥에 닿을 정도로 긴 여우 털 코트와 친칠라 털 코트를 가지고 있다. 한 여자는 다이아몬드 반지 네 개를 가지고 있고 다른 여자는 다섯 개를 가지고 있다. 한 여자는 움푹 들어간 욕조와 폭포가 흐르는 낮은 거실이 있는 복층 아파트에 산다. 또 다른 여자는 회전하는 거실이 있는 맨션에 대해 얘기한다. 내 이름이 불렸을 때 나는 안도했다. 나는 매우, 매우 슬픈 기분으로 거기에 앉아 있었기 때문이다.

뉴욕에 있는 〈라이커섬 여자교도소〉에는 범죄자는 없고 오직 희생자들만 있다. 95퍼센트에 달하는 대부분의 여자들은 흑인과 푸에르토리코인이다. 그들 중 다수가 어린 시절에 학대받았다. 대부분 남자들에게 학대받았고, 모두가 "체제"에 의해 학대당했다.

여기에는 거물급 깡패도 없고, 무모한 계획적 살인범도 없고, 대모도 없다. 일류 마약상도 없고, 유괴범도 없으며, 여성 정치 범죄자Watergate women도 없다. 여기에는 실제로 횡령이나 사기와 같은 사무직 범죄로 고소된 사람은 아무도 없다. 대부분은 마약과 관련돼 있다. 많은 여자들이 남자들이 지은 범죄의 방조자로 고소되었다. 여기 여자들은 주로 매춘, 소매치기, 가게털이, 도둑질, 그리고 마약과 관련된 범죄로 고소당했다. 매춘으로 고소된 여자들이나 "즐거운" 시간을 보낸 사람들이 단기 형기자의 대부분을 차지한다. 그 여자들은, 직업은 구하기 힘들고 복지 지원으로는 살아가기 불가능하기 때문에, 도둑질이나 매춘 행위를 자신이나 아이들의 생존을 위해서 필요하다고 생각한다. 한 가지는 분명하다. 미국(america) 자본주의는 라이커 섬 감옥에 있는 여자들에 의해 절대로 위협받지 않는다.

처음 라이커 섬에 오면 건축가가 청소년 센터를 모델로 해서 이 감옥을 고안했다는 인상을 받는다. 방문객들이 주로 지나가는 지역에는 잔디와 나무 꽃들로 뒤덮여 있다. 감방이 있는 건물에는 두 개의 긴 복도가 있다. 각 복도 양측에는 감방들이 있고, 각 감방은 간수가 상주하는 버블이라 불리는 감시실과 연결되어 있다. 각 복도에는 텔레비전(t. v.), 탁자, 다양한 색상의 의자, 고장난 난로, 그리고 냉장고가 있는 주간 휴게실이 있다. 세면대와 고장난 세탁기가 있는 다용도실도 있다.

감방에는 철창 대신 밝고 긍정적인 색으로 칠해진 문이 있고, 문에는 얇은 관찰 유리판이 붙어 있다. 문은 감시실에서 간수가 전기로 조정한다. 모든 사람이 감방을 방이라고 부른다. 방은 간이침대, 벽장, 책상, 거울, 세면대와 변기를 갖추고 있다. 감옥은 아늑한 분위기를 만들기 위해 밝은 색의 침대용 이불과 담요를 제공한다. 학습 장소, 체육관, 양탄자가 깔린 강당, 두 개의 재소자용 식당과 여름에만 사용하는 야외 레크리에이션 장소가 있다.

간수는 대부분의 여자들이 라이커 섬을 컨트리 클럽country club처럼 여기게 만드는 데 성공했다. 다른 감옥, 특히 남자 감옥에 비교해 라이커 섬은 놀이방이라고 말힌다. 이 말은 라이커 섬의 교정 시설이 인간애로 넘쳐서 그렇다기보다는 다른 감옥이 믿기 어려울 정도로 형편없기 때문에 나온 말이다. 많은 여자들이 스스로 어느 정도 "극복했다"고 생각한다. 그들 중에는 괴로운 일을 당하지 않으니 진짜 감옥에 있는 것이 아니라고 생각하는 사람도 있다.

이런 이미지는 많은 간수들이 엄마 같은 태도를 유지하면서 더욱 강화된다. 그런 태도는 일종의 속임수로 꽤 자주 여자들을 어린아이들로 되돌아가게 하는 데 성공한다. 간수는 재소자들의 이름을 부른다. 여자들은 간수를 관리Officer, 미스Miss, 또는 테디 베어Teddy Bear, 루이제 아줌마Aunt Loiuse, 스퀴즈Squeeze, 하사관Sarge, 아름다운 흑인Black Beauty, 멍청한 마호가니Nutty Mahogany 등의 애칭으로 부른다. 라이커로 다시 돌아온 여성들은 일정한 코스를 순회하면서 좋아하는 간수를 얼싸안고 좋아한다. 방탕한 딸이 돌아온 것이다.

두 여자가 어떤 주어진 주제에 대해 논쟁을 할 경우 그 논쟁은 "관리에게 물어보자"로 해결되곤 한다. 간수는 늘 여자들에게 "숙녀처럼 행동하려면" 먼저 "착한 소녀"가 되고, "예절바르게 행동하려면" 먼저 "철 좀 들어라"라고 말한다. 만약 수감자가 다른 층에 있는 친구에게 가서 "안녕"이라고 말하거나 몇 분 늦게 감방에 들어가는 등 사소한 규칙을 어기면 간수는 장난스럽게 "거기 내려가지 않으면 엉덩이를 때릴 거야"라고 말한다. 간수가 "여러분에게 필요한 건 약이 되는 매"라고 말하는 걸 듣는 건 흔한 일이다. 간수의 말투는 "젊은 아가씨들, 내가 말하지 않았나? … 하라고" 또는 "철 좀 들어야지"라든가 "그렇지, 착하지"와 같은 엄마의 말투다. 그러면 여자들은 그에 맞게 반응한다. 어떤 간수와 재소자는 함께 "논다." 한 간수가 좋아하는 "게임"은 벨트를 빼서 엉덩이를 찰싹 소리 나게 때리면서 "소녀들"을 강당 아래로 모는 게임이다.

그러나 엄마 같은 겉행동 아래에는 간수 생활의 진면목이 언제나 존재한다. 대부분의 간수는 노동자 계층의 흑인이고 지위 상승의 욕구를 지녔으며 공무원 성향의 배경을 지니고 있다. 그들은 중산층 정체성을 지녔고, 중산층의 가치를 신봉하며 매우 물질적이다. 그들은 세상에서 가장 이지적인 여성들도 아니며 대부분 큰 한계가 있다. 그들은 미국 사법 제도에 정의란 없으며 흑인과 푸에르토리코 사람은 미국 생활의 모든 국면에서 차별받고 있다고 생각한다. 하지만 동시에 그들은 이 제도가 다소 "관대하다"고 확신한다. 그들에게 감옥에 있는 여자들은 감옥을 피해 갈 재주도 없는 "패자들"이다. 간수들 대부분은 열심히 노력하면 누구든지 "해 낼 수 있다"는 독자적 노력 이론을 믿고 있다. 간수들은 자신들이 이룬 위대한 성과를 스스로 자축한다. 자신들과 비교하여 그들은 수감자들이 무식하고, 세련되지 못하고, 자기 파멸적이고, 나약하고, 어리석다고 생각한다. 간수들은 자신의 모호한 성과가 탁월한 지성과 노력이 아니라 기회와 공무 일람표에 기반한다는 사실을 무시한다.

많은 간수들이 그들의 직업을 싫어하고 갇혀 있다는 느낌을 갖는다. 간수들은 재소자들만이 아니라 동료들과 간부로부터의 학대에 노출되어 있다. 항문 키스 같은 악습과 강제적인 초과 근무 등이 그것이다. 간수들은 보통 적어도 일주일에 한 번씩 2교대로 근무한다. 그러나 그들이 군사적인 조직과 내부적 싸움과 자기 일의 추악함을 아무리 싫어한다 할지라도 그들은 자신들이 얼마나 많은 복지 혜택을 받고 있는지 잘 알고 있다. 만약 간수로 일하지 않는다면 그들 대부분은 박봉이거나 직업을 갖지 못했을 것이다. 많은 간수들이, 특히 잔인하고 가학적인 간수라면, 돈을 아쉬워하듯이 우월함과 권력의 느낌을 그리워할 것이다.

간수들은 주로 자신의 직업에 대해 방어적이고 자신들 역시 죄책감에서 자유롭지 않다는 사실을 행동으로 암시한다. 그들은 마치 스스로에게 "이 일은 다른 일과 미찬가지야"라고 확신시키듯 반복해서 강박적으로 말한다. 그들이 이렇게 말할수록 더욱 터무니없어 보인다.

이곳의 주된 화제는 마약이다. 수감자 중 80퍼센트가 거리에 있을 때 마약을 했다. 한 여자는 감옥에서 나가면 첫 번째로 마약을 할 거라고 말한다. 감옥에서는 밖에 있을 때와 마찬가지로 회피주의 문화가 우세하다. 수감자 중 적어도 50퍼센트가 일종의 향정신성 약을 복용한다. 마약을 몰래 구하려는 세심한 계획이 늘 진행 중이다.

낮에는 연속극, 감옥 내 사랑놀음, 카드놀이, 게임 등 즐거운 방향으로 시간을 보낸다. 아주 소수가 열심히 공부하거나 기술을 배운다. 이보다 더 적은 수가 법률 공부를 한다. 교도소에 변호사가 없고, 대부분의 여성들은 가장 기초적인 법 절차도 모른다. 그들은 법정에서 무슨 일이 있었냐는 질문에 답하지 못하고, 변호사가 말한 내용도 모르거나 기억하지 못한다. 무슨 일이 일어나고 있는지, 무슨 일을 했어야 했는지 거의 모른 채로 완벽하게 누명을 쓰거나 무기력함을 느끼면 그녀는 자신의 변호사나 판사에게 저주를 퍼붓는다. 유죄건 무죄건 상관없이 대부분 유죄를 인정하게 된다. 재판까지 가는 소수도 주로 주가 선임한 변호사에게나 도움을 받을 수 있고 일반적으로 유죄를 선고받는다. (…)

이곳 많은 사람들에게 감옥은 바깥세상과 별로 다르지 않다. 어떤 사람들에게는 이곳이 휴식하고 회복하는 장소다. 창녀에게 감옥은 비와 눈을 맞아 가며 목적을 달성해야 하는 일에서 벗어나는 방학이고 잔인한 포주에게서 벗어나는 방학이다. 중독자들에게 감옥은 약을 그만두고 의료 혜택을 받으며 몸무게를 불릴 수 있는 장소다. 중독자들은 가끔 습관성 상용물에 지나치게 돈이 많이 들 때면 대부분 무의식적으로 걸려든다. 다시 제모습을 찾기 위해 약이 없는 곳에서 살다가 이 모든 것을 다시 반복할 준비를 하는 것이다. 한 여자는 남편에게서 떠나기 위해 매년 한 달 또는 두 달 동안 교도소나 정신병원에 간다고 말한다.

많은 이들에게 감옥은 바깥세상의 셋방, 사격 연습장, 후생 복지관과 크게 다르지 않다. 건강검진도 병원 응급실의 치료와 다르지 않다. 싸움이 나도 덜 위험하다는 것 말고는 똑같다. 경찰도 같다. 가난도 마찬가지다. 소외도 그렇다. 인종주의도 같다. 성차별도 마찬가지다. 마약도 시스템도 같다. 라이커 섬은 단지 또 다른 제도일 뿐이다. 어린 시절에는 학교가 그들의 감옥이었고, 청소년의 집, 교정소, 어린이 보호소, 보육원, 정신병원, 또는 마약 치료 프로그램이었고, 그들은 모든 제도나 기구가 그들의 필요와는 무관하지만 그들의 생존에는 필요하다고 본다.

라이커 섬의 여자들은 할렘Harlem, 브라운스빌Brownsville, 베드포드-스터이버선트Bedford-Stuyvesant, 사우스브롱스South Bronx, 사우스자메이카 South Jamaica 같은 곳에서 온다. 그들은 버려진 건물처럼 꿈을 포기한 채 온다. 공동체 정신이 사라진 곳에서 온다. 이웃들이 일시적으로 머물다 사라지는 곳에서 온다. 한 시련 끝에 또 다른 시련을 맞이한 소외된 사람들이 온다. 그 도시들은 우리 힘을 앗아 가고, 우리의 근본과 전통을 앗아 간다. 그 도시들은 우리에게서 정원과 고구마 파이를 빼앗고 대신 맥도날드를 준다. 이 도시들은 감옥이 된다. 우리를 무익한 존재로 만들고,

어디로도 통하지 않는 더러운 골목의 부패 속에 가둔다. 우리를 고립시키고 서로를 두려워하게 만든다. 우리에게 문화라며 마약과 텔레비전을 준다.

믿을 만한 정치가가 없다. 갈 길이 없다. 도움받을 진보적인 대중문화가 없다. 새로운 처방이 없고 황금빛 거리에 대한 약속도 더 이상 없다. 그리고 이주해 갈 곳도 없다. 내 자매들은 라이커 섬의 자매들처럼 갈 곳을 잃은 채 거리에 있다. 한 여자가 집에 돌아가는 날 "어디로 가지?" 하고 물었다. 그리고 "기댈 데 없으면 다시 마약을 해야지 뭐"라고 말했다.

캐슬린 닐 클리버,
「여성, 권력, 그리고 혁명」[8]

1998년 10월 16일

1966년 캘리포니아 오클랜드에서 일군의 흑인 행동가들이 자기 방어를 위해 흑표범당을 결성했다. 그들은 1960년대 초의 민권운동이 거둔 결실이 인종주의와 빈곤을 없애기에는 불충분하며, 인종주의자들과 경찰에 대항하는 데 있어서 자기 방어를 위한 폭력은 정당하다고 믿었다. 휴이 뉴턴Huey P. Newton, 바비 실Bobby Seale, 데이비드 힐리아드David Hilliard는 "우리는 땅, 빵, 집, 교육, 의복, 정의와 행복을 원한다"고 선언한 당의 선언서를 기초했다. 곧 흑표범당은 전국에 걸쳐 회원을 모집했다. 무료 아침식사 제공과 같은 당의 이념과 활동은 전국 게토에 사는 젊은 흑인들에게 호소력이 있었다. 그러나 이는 경찰과 FBI의 표적이 됐다. FBI는 여러 불법적인 방법을 동원해 흑표범당을 없앨 계획을 세웠다. 1969년 12월, 시카고에서 일어난 악명 높은 폭동에서 지역 경찰은 FBI가 제공한 정보를 받고 아파트로 쳐들어가서, 당의 지도자인 프레드 햄프턴Fred Hampton과 마크 클락Mark Clark을 총으로 쏘아 죽였다. 다른 지도자들은 체포되어 고문당했다.

SNCC의 행동가 캐슬린 클레버Kathleen Cleaver는 1967년 가을, 당에 가입한 후 얼마 안 되어서 흑표범당의 전국적 대변인이 되었고, 중앙 위원회의 멤버가 됐다. 클레버는 감옥에 갇힌 당 지도자 휴이 뉴턴의 석방을 위한 전국 캠페인을 이끌었고, 흑표범당을 위해 연설을 하거나 정기적으로 글을 실었다. 다음에서 클레버는 흑표범당에서 그녀가 조직 활동을 했던 경험을 설명하고 있다.

내가 SNCC에 가입하기 2주 전쯤 "블랙 파워Black Power"라는 투쟁 구호가 "지금 바로 자유를Freedom Now"로 바뀌었다. 인종 분리에 대항한 투쟁의 최전선에서 우리 젊은 남녀는 여전히 남아 있는 인종적 노예제도의 유산을 없애기 위해 싸웠다. 우리는 우리의 인권을 위협하는 법적·사회적·심리적·경제적·정치적 한계를 없애기 위해 노력했다. 우리가 젠더gender에 가해진 한계를 제거하기 위해 싸운 배경도 그것이었으며, 우리는 그때 성을 독립적인 문제로 다뤄서는 싸울 수 없다는 사실을 명백하게 알았다.

이 시기 우리는 성차별을 없애기 위한 언어를 많이 개발하지 못한 상태였다. 당시는 주 권력이 지원하는 잔인한 폭력주의자들의 편승으로 인종주의와 빈곤이 너무 압도적인 문제로 다가왔고 베트남전쟁이라는 배경이 우리로 하여금 무엇이 문제인가를 신중하게 생각하게 했다. 성차별이 분명한 문제가 아니라는 말이 아니다. 이는 "백인 여성"과 "흑인 여성"이 표시된 인종적으로 분리된 화장실처럼 분명 피부에 가장 직접적으로 와 닿는 문제였다. 많은 학교가 여자들의 입학을 허용하지 않았고, 많은 직업이 여자에게는 허용되지 않았다. 그러나 1960년대 초반과 중반 사이에 첫 번째 과제는 여성으로서 우리의 대의를 어떻게 향상시킬 것인가가 아니라 우리가 속해 있는 공동체에 어떻게 권한을 부여하고, 그 과정에서 우리의 삶을 어떻게 보호할 것인가였다.

나와 이 운동에 참여하는 모든 사람들은 엄청난 교육을 받았다. 교육을 통해 우리는 우리 주변의 세계를 이해하는 법, 우리의 대의를 진작시키기 위해 우리 스스로 할 수 있는 일은 무엇인지를 살피는 법, 우리를 둘러싼 세계를 변화시키기 위해 조직하는 법, 폭력주의에 대항하는 법을 배웠다. SNCC에서 배운 모든 것을 가지고 나는 흑표범당의 신참이 되었다. 나는 1967년 11월부터 일하기 시작했는데, 그 시기는 휴이 뉴턴이 새벽녘의 총격전에서 오클랜드 경찰을 살해한 죄로 감옥에 간 지 3주 또는 4주가 지났을 무렵이었다. 나는 시위대를 조직했고 전단지로 배포할 글을 썼다. 나는 기자 회견을 열었고 법정 청문회에 참가했다. 포스터를 고안했으며 텔레비전 프로그램에 나갔고, 집회에서 연설했다. 더 나아가 흑표범당의 프로그램을 따라 공동체를 조직하기 위해, 그리고 휴이 뉴턴의 석방을 지지해 줄 사람들을 동원하기 위해 행정관에 입후보하기도 했다.

당시 나의 강연 후 질의응답 시간에 누군가가 "흑표범당에서 여자의 역할은 무엇인가?"를 묻곤 했다. 나는 그런 질문을 싫어했다. 나는 아주 짧게 "남자와 같다"고 대답했다. 내가 말하건대 우리는 혁명가였다. 당시 나는 왜 여자의 일과 남자의 일이 다르다고 생각하는지 이해하지 못했다. 내가 정말 싫었던 것은 그 질문을 하도록 만든 근원적인 가설이었다는 사실을 이해하기까지 수년이 걸렸다. 말 그대로 25년이 걸렸다. 그 가설에 따르면, 여성이 혁명운동에 참여하게 되면, 여성이 취해야 할 적절한 행동은 그 질문자가 믿고 있는 여성의 사회화된 행동과 충돌한다. 비록 이런 생각들은 내 인식보다 더 널리 받아들여지고 있었음이 확실하지만, 나는 당시 이 매우 복잡한 생각을 전혀 머릿속에 떠올리지 못했다.

오늘날 이 질문은 더욱 복잡해졌다. "흑표범당에서 젠더의 문제는 어떠했는가?", "흑표범당은 성차별주의의 요새가 아니었는가?" 등등. 혁명 투쟁에 가담하려면 어디로 가야 하는가라는 내 질문에는 아무도 관심이 없는 듯했다. 단지 의견일 뿐인지만, 내 생각에 젠더 문제의 기원은 이 사회가 우리 조직이 사회 전체에 가한 혁명적 비판에 직면하는 것을 모면하게 해 주는 데 있는 것 같다. 그리고 초점을 조직의 내부로 돌려 어떤 종류의 동력과 사회적 갈등이 우리 조직을 규정하는가를 주시하게 만든다. 나에게 이 논의는 전체 사회가 우리에게 부여한 억압적 힘과 사회적 갈등에 대항하기 위해서 우리가 고안한 투쟁 수단보다 훨씬 호소력이 적다. "젠더 문제"에 대한 많은 해답들이 나의 경험을 고려하지 않는다. 이에 대해 내가 읽고 들은 대답들은 일반적으로 학문적 연구의 특정한 모델에 대한 반응인 듯하다. 이는 내가 가장 중요하다고 생각하는 문제, 즉 인종주의, 군국주의, 테러리즘, 그리고 성차별주의에 대항하여 투쟁하는 억압받고 힘 없는 사람들에게 어떻게 권한을 주느냐는 문제를 무시한다. 어떻게 그렇게 하는가가 문제다. 그것이 진정한 문제다.

우리 세대는 베트남전쟁, 아프리카와 아시아에서 벌어진 셀 수 없는 반정부 운동들, 그리고 세계 자원을 지배하려는 자본주의 권력에 맞선 라틴아메리카의 도전 등, 세계적인 혼돈의 와중에 의식화됐다. 우리는 맹렬히 공격했다. 그러나 초기 흑표범당에 가입한 우리 일부는 가난한 흑인, 중산층 흑인, 평범한 흑인 노인에 대한 조직적 폭력과 학대를 더 이상 인내하지 않겠다는 일념으로 반정부 그룹에 합류한 젊은 남녀일 뿐이었다. 우리의 상황들, 폭력과 불충분한 주택 공급, 실업, 썩은 교육, 법정에서의 불공정한 대우뿐만 아니라 경찰에게 직접적으로 공격받는 장면을 목도했을 때, 우리 대응은 우리 스스로를 방어하는 것이었다. 우리는 자본주의 힘에 대항하는 공격의 일부가 되었다.

인종주의적 대립의 세계에서 우리는 단결했다. 우리는 흑인을 위한 블랙 파워, 인디언을 위한 인디언 파워, 갈색 피부를 위한 브라운 파워, 아시아인을 위한 옐로 파워를 외쳤고, 엘드리지 클레버Eldridge Cleaver는 백인들이 아는 것이라고는 "탐욕스러운 권력Pig power"뿐이기 때문에 백인을 위한 화이트 파워를 말하곤 했다. 우리는 〈무지개연합Rainbow Coalition〉을 조직했다. 그리고 〈푸에르토리코 청년군주Puerto Rican Young Lords〉, 〈블랙 스톤레인저스Black P. Stone Rangers〉라 불리는 젊은 갱, 〈시카고 브라운베레Chicago Brown Berets〉, 그리고 "아시안 아이 워 쿤Asian I Wor Keun"이라 불린 〈적십자군Red Guards〉뿐만 아니라 대다수가 백인인 평화자유당Peace and Freedom Party과 애팔래치아 애국청년당Appalachian Young Patriots Party 까지 모두를 우리의 연합으로 끌어들였다. 우리는 이 세상이 조직되는 방식에 이론적이면서 실질적으로 도전했다. 우리는 함께 일하는 남자와 여자였다.

우리 조직에서 높은 지위에 있는 여자들은 특별히 여성적인 일을 수행하지 않았다. 셸리 버세이Selly Bursey 같은 여자는 신문사에서 일했다. 셸리는 흑표범당 기관지 조사를 거부해 감옥에 갔고, 대배심에 저항했다. 우리 중에는 에리카 허긴스Ericka Huggins처럼 남편이 살해되는 걸 지켜보며 체포된 사람들도 있다. 에리카는 살인음모죄로 감옥에 간 바비 실Bobby Seale과 대부분의 뉴헤이븐New Haven 지부 사람들과 함께 투옥됐다. 그녀는 후에 방면됐다. 그렇지만 한꺼번에 열네 명이 사형을 받을 수도 있는 죄목으로 체포된 조직에 무슨 일이 일어났을지 상상해 보라. 조직할 시간도 남아 있지 않았고, 가족과 생활할 시간도 없었다. 아마도 그들은 이런 종류의 압력을 가하면 우리가 포기할 거라 생각했을 것이다.

나는 SNCC에서 줄리언 본드Julian Bond가 하는 일을 지켜봤고, 그 경험을 바탕으로 홍보 부서 자리를 만들었다. 나는 신문에 성명서를 내거나 우리 조직을 보도할 사진기자와 언론인을 섭외했고 우리 소식지에 기사를 썼다. 나는 현직에 있는 민주당 주 하원에 맞서서 평화자유당의 공천 후보로 관직에 입후보했다. 당시 민주당 의원은 윌리 브라운Willie Brown으로, 지금의 샌프란시스코 시장이다. 우리는 『흑표범Black Panther』이라는 소식지에 입이 박음질당한 채 몸은 줄로 묶여 있는 윌리 브라운이 그려진 선거운동 포스터를 실었다. 그리고 "베트남전쟁, 정치범, 그리고 인종주의에 대한 윌리 브라운의 입장, 당신은 알고 있다"라는 머리글을 실었다. 우리는 정치 조직에 접근하며 창의력을 발휘했다. 미틸라바 타리카 루이스Matilaba J. Tarika Lewis는 흑표범당의 초기 멤버 중 한 사람으로 에모리 더글러스Emory Douglas의 드로잉을 소식지에 그렸다. 코펜하겐의 유엔에서 일했던 젊은 자메이카인 코니 매튜스Connie Marthews는 여행 중에 그곳에 갔다가 바비 실을 만나 흑표범당에 가입했고, 국제 통신원이 됐다. 흑표범당 뉴욕 지부에 가입한 아사타 사쿠르는 후에 뉴저지 턴파이크에서 벌어진 총격전에서 주 기동 경찰을 살해한 죄로 기소됐다. 그녀는 이 총격전에서 부상당했고 또 다른 당원인 제이드 사쿠르는 총에 맞아 죽었다. 죽음이 두려웠던 그녀는 감옥에서 탈옥해 한동안 지하에서 살았다. 그리고 결국 쿠바로 망명했다.

사실 바비 실이 1969년에 수행한 조사에 따르면 흑표범당 회원의 3분의 2가 여자였다. 여러분은 이 사실이 흑표범당에 대해 여러분이 가지고 있던 이미지와 다르다고 의아해할 것이다. 자, 머릿속의 흑표범당에 대한 이미지가 어디에서 나왔는지 자문해 보라. FBI가 정보를 준 신문 기사를 읽었는가? 자기들이 중요하다고 결정한 사항들, 일반적으로 얼마나 많은 흑표범당원이 체포되거나 죽었는지에만 관심 있는 뉴스 해설자의 방송을 들었는가? 얼마나 많은 흑표범당 여성 회원을 보았는가? 사진기자 중 여자는 몇 명인가? 신문사 편집자는 몇 명인가? 뉴스 해설자는? 텔레비전 제작자는? 잡지, 책, 신문 출판업자 중에는 얼마나 되는가? 어떤 뉴스를 유포할 것인가를 결정하는 사람은 누구인가? 그리고 그런 결정이 내려졌을 때 그들이 누구한테 보여 주려고 그런 결정을 한다고 생각하는가? 이건 단지 질문인데, 실제로 매일 흑표범당에서 일어나는 상황은 뉴스거리가 될 가치가 훨씬 없었던 게 아닐까? 그리고 그런 상황이 흑표범당을 없애 버리기 위한 중앙정보부와 경찰의 선전에 정당성을 제공하기 충분치 않았던 게 아닐까? 당신이 보고 들은 흑표범당에 대한 이미지와 이야기들이 실제로 일어난 사건을 전달했다기보다는 어떤 목적에 맞게 조정될 수 있는 여지는 없었을까?

흑표범당 내의 젠더 관계에서 특이한 점은 그런 젠더 관계가 우리 주변 세계에서 일어나는 상황을 어떻게 그렇게 똑같이 되풀이하고 있는가가 아니다. 사실, 그 세계도 매우 근시안적이고 권위적이었다. 바로 그것이 우리가 젠더에 대항해 싸워야 한다는 영감을 지닐 수 있었던 이유 중의 일부다. 여성들이 증오, 학대, 무시, 폭행으로 받는 고통은 흑표범당의 정책이나 구조 때문이 아니라 이 세상에 없는 무엇 때문이다. 이것이 바로 이 세상에서 일어나고 있는 일이다. 흑표범당은 여성들이 고통을 당할 때, 그에 맞서 싸울 수 있는 지위를 여성들에게 부여한다는 점에서 다르다. 나는 우리의 회합에서 열렸던 약식 재판을 늘 기억한다. 흑표범당의 어떤 회원이 당의 로스앤젤레스 지부에서 온 젊은 자매를 강간했다는 죄목으로 재판받았고, 그는 그 자리에서 투표를 거쳐 당에서 쫓겨났다. 회합이 열리던 바로 그 자리에서 말이다. 1970년 흑표범당은 여성해방에 대해 공식적인 입장을 채택했다. 미국 의회는 여성해방에 대해 언급한 적이 있는가? 국회는 평등권에 관한 수정조항을 헌법에 포함시킬 수 있었는가? 오클랜드 경찰이 젠더 차별에 반대하는 입장을 제시했는가? 이런 맥락에서 (당시에는 이런 용어가 없었지만) 흑표범당 내부의 젠더 관계는 검토되어야 한다.

나는 흑표범당 당원으로서 억압에 맞서 싸운 여성들을 서저너 트루스, 해리엇 터브먼, 아이다 웰스-바넷 같은 자유주의 투쟁가들의 더 오랜 전통 안에 위치시킬 필요가 있다고 생각한다. 그들은 전적으로 억압적인 세상에 도전했고, 여성들의 인종, 젠더, 그리고 인간성 모두가 동시에 존중받아야 한다고 주장했다. 각각 한 가지씩이 아니라 동시에 모두 말이다. 현실의 한 국면만을 따로 떼어서는 이 투쟁을 선명하게 그려 보일 수 없다. 때로는 남자들로만 구성된 혁명적 그룹이라는 흑표범당에 대한 편향된 이미지만으로 우리에게 젠더 문제를 제기하는 사람들이 있다. 하지만 흑표범당 내부의 젠더의 역학을 적절하게 조사해야 한다고 결론 내리기 전에 그러한 이미지가 어디에서 오는지부터 보라. 나는 그 프로젝트를 비난하는 것이 아니라 그 시각을 비난하는 것이다.

흑인 여성이 우리 공동체를 유지하는 방법은 경이롭다. 역사적으로 우리는 아버지 중심의 세계에서 고립되어 살지 않았다. 우리는 노예제도가 강요한 잔인한 평등 속에 던져졌다. 우리의 선대 어머니들은 스스로 세계에 맞서야 한다는 것을 알았고, 우리를 이에 대비해 준비시켰다. 여성들이 노예제도에 대한 우리의 저항에, 인종분리에 대한 우리의 저항에, 인종주의에 대한 우리의 저항에 얼마나 많이 공헌했는가를 더 자세하게 탐구하고 설명해야 한다. 이러한 배경에서 흑표범당의 여성 참여도를 평가하려는 작업은 여성들의 긴 투쟁의 전통을 밝게 비춘다.

제20장

1970년대의
제어력 상실

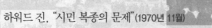

하워드 진, "시민 복종의 문제"(1970년 11월)

조지 잭슨, 『솔래다드의 형제*Soledad Brother*』(1970년)

밥 딜런, "조지 잭슨George Jackson"(1971년)

앤젤라 데이비스, "정치적 수감자, 감옥, 그리고 흑인 해방"(1970년)

애티카 폭동의 두 목소리(1971년, 2000년)
　　— 엘리엇 제임스 ("L. D") 바클리(1971년 9월 9일)
　　— 프랭크 "빅 블랙" 스미스와의 인터뷰(2000년)

레너드 펠티어의 "깨진 협상의 길" 시위에 관하여(1999년)

정보활동 관련 〈상원특별위원회〉 기록, 『칠레에서의 비밀 작전 1963년~1973년*Covert Action in Chile 1963~1973*』(1975년 12월 18일)

노암 촘스키, "코인텔프로: (삭제된) 그것은 무엇인가?"(1978년 3월 12일)

1960년대 운동의 결과 1970년대 초의 지배 체제는 제어력을 잃은 듯 보였다. 그들은 대중의 충성심을 붙잡지 못했다. 1970년 〈미시건대학교 사회조사연구소University fo Michigan's Survey Research Center〉는 이미 모든 국민들의 "정부에 대한 신임"이 매우 낮다고 발표했다. 흥미롭게도 노동자 계층의 경우 60퍼센트가, 전문직의 경우 40퍼센트가 정부에 대해 "낮은" 정치적 신임을 보였다.

1970년대 미국 국민들은 정부의 해외 군사개입을 꺼렸다. 따라서 정부는 해외에서의 세력 확장을 비밀리에 진행할 수밖에 없었다. 예를 들어 미국 정부는 사회주의 대통령이 선출된 칠레 정부를 전복하려는 목적에서 비밀 선거운동을 수행했다.

전례 없이 많은 유권자들이 자신을 민주당원이나 공화당원으로 인정하기를 거부했다. 1940년 여론조사에 참여한 사람 중 20퍼센트가 "무소속 independents"이라고 대답했는데, 1974년에 이르면 그 수가 34퍼센트로 증가한다.

배심원들은 급진적인 사람들을 무죄로 풀어 주었다. 공산당이라고 공개적으로 알려졌던 흑인 급진파 앤젤라 데이비스Angela Davis는 배심원 전체가 백인으로 구성된 캘리포니아의 배심원단에 의해 방면됐다. 뉴저지의 캠던에서 징병국에 저항했던 평화주의자들의 경우에도 판사의 허락하에 베트남전쟁의 부도덕함을 증언할 수 있었다. 그 후 배심원에 의해 방면됐다.

닉슨 행정부는 베트남전쟁을 라오스와 캄보디아로 확장시키면서 전국적으로 엄청난 반전 시위를 야기했다. 그리고 어마어마한 대중들이 전쟁에 반대하자 베트남에서 철수하는 방향으로 서서히 움직였다.

1970년대는 워터게이트 사건Watergate scandal이 발생한 시기기도 했다. 선거에서의 패배를 두려워한 리처드 닉슨Richard Nixon 대통령은 민주당 본부에 몰래 잠입하는 일을 허락했다. 이 일이 발각되자 큰 소동이 뒤따랐고, 이 때문에 국회는 닉슨을 탄핵하는 방향으로 나갔다. 이후 닉슨은 대통령직을 사임했다.

베트남전쟁, 워터게이트 사건, 대중의 불신으로 국회는 CIA와 FBI를 조사하기에 이르렀다. 이는 이례적인 일이었다. 이 두 기구가 국내외에서 불법적인 활동에 개입했음을 보여 주는 보고서가 발표됐다.

당국은 우려했다. 미국, 일본, 서구의 정치 지도자들과 몇몇 지식인들은

1960년대와 1970년대 초의 소요를 잠재울 전략을 개발하기 위해서 〈삼자 간위원회Trilateral Commission〉를 조직했다. 하버드 대학교 정치학자인 새뮤 얼 헌팅턴Samuel Huntington은 이 위원회에 제출한 보고서에서 "1960년대의 민주적 소요의 본질은 기존의 공적이고 사적인 권위 체제에 대한 전반적인 도전이었다"고 결론 내렸다. 헌팅턴에 따르면 이는 "1970년대 민주주의의 통치력에 대한 문제 제기였다." 헌팅턴은 "정치적 민주주의의 무한한 확장에 바람직한 제약이 가해져야 한다"는 점을 암시하면서 "과도한 민주주의"를 언급했다.

당국은 이제 힘을 되찾고자 노력했지만 대중운동은 〈삼자간위원회〉가 두려워하는 민주주의를 창조하기 위한 노력을 계속했다.

하워드 진,
"시민 복종의 문제"[1]

1970년 11월

보스턴 육군 기지에서, 나와 몇몇 사람들은 군인의 베트남 파병을 막으려는 시위에 참여했고, 우리는 함께 체포되었다. 그 후 1970년 11월, 나는 철학자 찰스 프랭켈Charles Frankel과 시민 불복종에 대해 논쟁하기 위해 존스홉킨스 대학으로 날아갔다. 나는 그 날 육군 기지에서 벌어진 시위 건으로 법정에 출두하기로 되어 있었다. 나는 법정에 출두해 시민 불복종에 대한 나의 신념을 설명하고 실행하는 기회를 놓칠 것인가, 아니면 볼티모어에 가서 법정 명령을 무시한 결과를 받아들일 것인가를 선택해야 했다. 존스홉킨스 대학에 가기로 결정했다. 다음날 나는 보스턴으로 돌아와 보스턴 대학교에 오전 강의를 하러 갔다. 형사 두 명이 강의실 밖에서 기다리다가 나를 잡아 법정으로 데려갔고, 감옥에 며칠 구류되는 형을 받았다. 다음은 그날 밤 내가 존스홉킨스에서 강연한 내용이다.

나는 이 세상이 온통 뒤죽박죽이라는 가정에서 시작합니다. 모든 것이 잘못 돌아가고 있습니다. 엉뚱한 사람들이 감옥에 있고, 또 엉뚱한 사람들이 감옥 밖에 있습니다. 엉뚱한 사람들이 권력을 잡고 있고, 또 엉뚱한 사람들이 권력 바깥에 있습니다. 부는 이 나라 안에서만 분배되고 있으며 세계는 단순히 작은 개혁만으로는 충족될 수 없는 극적인 부의 재분배를 요구하고 있습니다. 이에 대해 너무 많은 말을 할 필요가 없다는 가정에서 시작합니다. 우리가 해야 할 일은 오늘날의 세계 상황을 생각하고 모든 것이 뒤죽박죽이라는 사실을 깨닫는 것이기 때문입니다. 전쟁에 반대한 시인 대니얼 베리건Daniel Berrigan 신부님이 교도소에 있습니다. 그런데 에드거 후버는 자유롭습니다. 아시지요. 높은 지위에 오른 후에도 내내 전쟁에 반대해 왔고, 자신의 에너지와 열정을 전쟁 반대에 써 온 데이비드 델린저David Dellinger는 교도소에 갈 위험에 처해 있습니다. 미라이 학살에 책임이 있는 사람들은 재판도 받지 않은 채 워싱턴에서 중요하거나 부차적인 다양한 역할을 수행하고 있습니다. 이들은 자신들조차 놀란 이 학살을 일으켰던 일과 비슷한 임무를 맡고 있습니다. 켄트 주립대학교에서는 학생 네 명이 주 방위군이 쏜 총에 맞아 죽고 다른 학생들은 기소됐습니다. 이 나라 모든 도시에서 일단 시위가 발생하면 저항하는 사람들은 그들이 시위를 했건 하지 않았건, 무슨 일을 했건 경찰에게 폭행을 당하고 곤봉으로 맞습니다. 그러고는 경관을 폭행했다는 죄목으로 체포됩니다.

나는 요즘 매사추세츠 보스턴에서 날마다 일어나고 있는 일들을 자세히 지켜보고 있습니다. 여러분은 날마다 계속되는 불의가 어떻게 정당한 법적 절차라 불리는 놀라운 수단을 통해 증식되고 있는지를 안다면 아마도 깜짝 놀랄 겁니다. 아니, 놀라지 않을 수도 있습니다. 그냥 흘려보내거나, 그냥 살거나, 그냥 생각만 하거나, 또는 그냥 충격만 받고 말 수도 있을 겁니다. 자, 이것이 내 논리의 전제입니다.

여러분은 조지 잭슨(George Jackson, 절도죄로 부정기형을 선고받아 복역하던 중 솔래다드 교도소에서 혁명가가 됐다. 1971년 감옥에서 의문의 죽음을 당한다. 옮긴이)이 솔래다드 교도소에서 쓴 편지를 읽어야 합니다. 잭슨은 주유소에서 70달러를 훔친 죄로 부정기형(1년에서 무기징역까지)을 선고받았고, 지금 10년째 복역 중입니다. 다른 한편에는 석유 고갈 보상금oil depletion allowance으로 1년에 약 18만 5천 달러를 착복했다는 의심을 받고 있는 상원 의원이 있습니다. 한 사람은 감옥에, 다른 한 사람은 입법부에 있습니다. 독가스의 일종인 신경가스 폭탄 1만여 개를 배에 실어 다른 나라로 보내 그 나라 사람들의 수영장에 떨어뜨립니다. 우리 문제로 불거지는 일을 막기 위해 말입니다. 이런 일은 무언가 잘못됐습니다. 무언가 끔찍하게 잘못됐습니다. 그러므로 이후 여러분에게는 전망이 없습니다. 여러분이 생각하지 않고, 텔레비전에서 나오는 이야기만 듣거나 학자들의 글 나부랭이만 읽는다면, 여러분은 실제로 사태가 그렇게 나쁘지 않다고 생각하거나, 그냥 일부만이 잘못되고 있다고 생각할 겁니다. 하지만 약간 거리를 두고 있다가 다시 돌아와서 세상을 바라보면 공포를 느끼게 될 겁니다. 그러므로 우리는 그 가정, 즉 모든 것이 뒤죽박죽이라는 가정에서 시작해야 합니다.

우리의 주제는 뒤죽박죽, 즉 시민 불복종입니다. 시민 불복종이 주제라고 말하자마자 여러분은 시민 불복종이 우리의 문제라고 말합니다. 그건 우리의 문제가 아닙니다. (…)

우리의 문제는 시민 복종입니다. 우리의 문제는 전 세계적으로 정부 지도자들의 독재에 복종하고 전쟁에 나간 다수의 사람들입니다. 수백만 명이 복종했기 때문에 죽었습니다. 그리고 『서부전선 이상 없다*All Quite on the Western Front*』에서 소년병이 충실하게 전선으로 행진하는 장면이 우리의 문제입니다. 우리의 문제는 빈곤과 기아와 어리석음, 그리고 전쟁과 잔인함에 직면하고도 전 세계적으로 사람들이 복종적이라는 데 있습니다. 그것이 바로 우리의 문제입니다. 우리는 나치 독일에서 이를 깨닫습니다. 복종, 히틀러에 대한 사람들의 순종이 독일의 문제였음을 우리는 압니다. 사람들은 순종했습니다. 바로 그것이 잘못됐습니다. 그들은 도전했어야 합니다. 그들은 반항했어야 합니다. 우리가 만약 독일에 있었다면 우리는 그들에게 보여 줬을 겁니다. 스탈린의 러시아에서도 우리는 같은 사람들을 볼 수 있습니다. 사람들은 복종하고, 모두 한 통속 같습니다.

하지만 미국은 다릅니다. 우리는 그렇게 자라 왔습니다. 우리가 이만큼 잘 살게 된 이후 여러분들은 훼손하고 싶지 않은 미국의 아름다움을 하나, 둘, 셋, 넷, 다섯, 확인합니다. 나는 프랭켈 씨의 발언에서 여전히 울려 퍼지고 있는 이 소리를 듣습니다.

그렇지만 조금이라도 지난 10년에 대해 안다면 아름답다고 생각했던 미국은 절대로 아름답지 않습니다 우리는 팽창주의자며 공격적이고 처음부터 다른 사람들에게 야비했습니다. 그리고 매우 불공정한 방법으로 이 나라의 부를 배분했습니다. 우리는 법정에서 가난한 사람들, 흑인, 급진주의자들에게 절대로 공정하지 않았습니다. 이제 미국이 특별한 곳이라고 어떻게 자랑할 수 있단 말입니까? 미국은 그렇게 특별하지 않습니다. 정말로 아닙니다.

자, 시민 복종, 이것이 우리의 주제입니다. 우리의 문제입니다. 법은 매우 중요합니다. 우리는 법에 복종하라는 말을 듣습니다. 법, 현대의 놀라운 발명품이며, 서구 문명에 그 기원을 두고 있고 우리가 자랑스럽게 말하는 그 법에 말입니다. 모든 땅에서 서구 문명의 전 과정이 발전시켜 온 법의 통치, 이 얼마나 근사한가요. 봉건주의에 의해 사람들이 착취당했던 잘못된 시기를 기억하나요? 중세에는 모든 것이 끔찍했습니다. 그러나 지금 우리는 서구 문명, 즉 법의 지배를 향유하고 있습니다. **법의 통치는 법의 통치 이전에 존재했던 불의를 규제하고 최대화합니다. 그것이 법의 통치가 한 일입니다.** 우리 이제 법의 통치를 현실적으로 바라보도록 합시다. 이전까지 항상 그랬던 것처럼 형이상학적인 자기만족으로 바라보지 말고 말입니다.

세계 어느 곳에서든 법의 통치가 지도자에게만 소중하고 사람들에게는 재앙일 때, 우리는 깨달아야 합니다. 우리는 국경을 뛰어넘어 사고해야 합니다. 닉슨과 브레즈네프Leonid Brezhnev는 닉슨과 우리보다 더 많은 공통점을 가지고 있습니다. 에드거 후버는 우리보다 소련의 비밀경찰과 더 많은 점을 공유합니다. 모든 나라의 지도자들은 법과 질서에 대한 국제적 헌신을 통해 동지적 연대를 갖습니다. 이러한 연대야말로 그들이 함께 만나 서로 무슨 말을 하든 웃고, 악수하고, 시가를 피우며 우리를 항상 놀라게 하는 이유입니다. 이는 마치 공화당과 민주당의 파티 같습니다. 그들은 누가 선거에서 이기느냐에 따라 큰 차이가 있을 거라고 주장하지만 그들은 모두 같습니다. 근본적으로 그들에 반대하는 사람은 우리입니다.

요사리안Yossarian이 맞았습니다. 기억하지요, 『캐치-22』에 나오는 그 사람 말입니다. 요사리안은 적에게 도움과 안식을 준 죄로 고소당했습니다. 누구도 그런 죄로 고소당하지 말아야 하지요. 요사리안은 그의 친구 클레빈저에게 "적은 누구든 너를 죽이려는 사람이야. 그가 어느 편이든 간에"라고 말합니다. 그러나 클레빈저가 충분히 이해하지 못하자 "넌 그걸 기억해야만 해, 그렇지 않으면 네가 죽고 말 거야"라고 말합니다. 기억이라고요? 얼마 후 클레빈저는 죽습니다. 우리는 우리의 적이 국경을 따라 나누어져 있지 않으며, 적이 단지 다른 언어를 말하고 다른 영토를 점유하고 있는 사람들이 아님을 기억해야 합니다. 적은 우리를 죽이려는 사람들입니다.

"모두가 법을 따르지 않으면 어떻게 되는가?"라는 질문을 받습니다. 하지만 "모두가 법에 복종하면 어떻게 될까?"가 더 좋은 질문입니다. 이 질문에 대답하기가 훨씬 쉽습니다. 우리는 모두가 법에 복종하거나 대다수가 복종할 경우 어떤 일이 일어날지에 대한 많은 경험적인 증거를 가지고 있기 때문입니다. 지금 일어나고 있는 일은 과거에도, 그리고 앞으로도 계속 일어날 일입니다. 왜 사람들은, 그리고 우리 모두는 법을 존중하나요? 비록 지금은 그에 맞서 싸우고 있지만 나는 보이스카우트의 어린이 회원이던 어린 시절부터 법에 대한 존중을 뼛속에 새겼습니다. 우리가 법을 존중하는 한 가지 이유는 법이 모호하기 때문입니다. 현대 세계에서 우리는 "국가 안보"와 같은 다중 의미를 지닌 구절과 낱말을 다룹니다. 아, 그렇습니다. 우리 국가 안보를 가지고 한번 생각해 봅시다! 자, 이게 무슨 의미인가요? 어떤 나라의 안보인가요? 어디에서? 언제? 왜? 우리는 이런 질문에 답하거나 그들에게 이런 질문을 던지기를 귀찮아해서는 안 됩니다.

법은 많은 것을 감춥니다. 법은 권리장전Bill of Rights입니다. 사실상, 우리가 법을 존중하고자 할 때 생각하는 것은 바로 권리장전입니다. 법은 우리를 보호해 주는 무엇입니다. 법은 우리의 권리입니다. 법은 헌법입니다. 〈재향군인회American Legion〉는 권리장전의 날이 되면 권리장전을 주제로 글짓기 대회를 엽니다. 바로 그것이 법입니다. 그리고 그건 훌륭합니다.

그러나 법에는 널리 알려지지 않은 다른 면이 있습니다. 공화국 초기부터 법은 매달, 그리고 매년, 어떤 사람은 부자로, 어떤 사람은 가난하게, 그리고 또 어떤 사람은 아주 조금 남겨진 것을 얻기 위해 서로 다투게끔 국가의 자원을 분배합니다. 그게 법입니다. 법학을 공부한다면 이를 알게 될 겁니다. 여러분이 사람들이 들고 다니는 두껍고 무거운 법률책을 세어 보면 그 양을 알 수 있을 겁니다. "헌법상 권리"를 말하는 법률 책이 얼마나 많고, "재산", "계약", "불법행위", "기업 법"을 말하는 법률 책이 얼마나 많은지 세어 보십시오. 그게 바로 대부분의 법이라는 겁니다. 법은 석유 고갈 보상금입니다. "석유 고갈 보상금의 날" 같은 건 없고 석유 고갈 보상금을 위해 글짓기를 하지는 않지만 말입니다. 그러므로 법에는 우리에게 알려진 법과 우리를 괴롭히는 법이 있습니다. 네, 권리장전이 법입니다. 그리고 은밀하게 작용하고 아무도 이에 대해 말하지 않는 또 다른 법이 있습니다.

이는 오래전에 시작됐습니다. 처음 권리장전이 최초 행정부인 조지 워싱턴 시기에 통과되었을 때, 기억하지요? 위대한 일이었지요. 권리장전 통과! 굉장한 일이지요. 동시에 알렉산더 해밀턴의 경제 프로그램이 통과됐습니다. 부자에게 돈을, 뭐, 상당히 괜찮은 일이지요. 좀 단순화시키고 있기는 하지만, 많이 하는 건 아닙니다. 해밀턴의 경제 프로그램으로 시작된 일입니다. 해밀턴의 경제 프로그램에서 석유 고갈 보상금, 그리고 기업을 위한 세금 삭감까지 일직선을 그을 수 있습니다. 한 번에 통과하는 직선을요. 그것이 역사입니다. 권리장전은 널리 알려졌고, 경제 법안은 알려지지 않았습니다.

서로 다른 부분의 법을 집행하는 일은 그 다른 면모를 대중에 널리 알리는 일만큼이나 중요하다는 사실을 여러분은 잘 알고 있습니다. 권리장전, 집행되었나요? 별로 없었습니다. 헌법상에 표현의 자유가 상당히 어렵고, 모호하고 곤혹스러운 개념이라는 것을 알게 될 겁니다. 여러분 중에 언제 일어나 말할 수 있는지, 또는 언제 그렇게 할 수 없는지 진정으로 알고 있는 사람은 없습니다. 그냥 연방 대법원의 판결을 살펴보십시오. 체제 내의 예측성에 대해 말해 봅시다. 여러분은 거리의 모퉁이에서 일어나 말할 때 여러분 스스로에게 무슨 일이 일어날지 예측할 수 없을 겁니다. 여러분 스스로 터미니엘로 판결Terminiello v. Chicago과 페이너 판결Feiner v. New York의 차이점을 말할 수 있는지 한번 시험해 보십시오. 그리고 무슨 일이 일어날지 예측할 수 있나 보십시오. 아무튼 한편으로는 거리에서 전단지를 나누어 줄 수 있는 권리처럼 전혀 모호하지 않은 법이 있습니다. 대법원은 이 권리를 명확히 했습니다. 판결마다 우리는 거리에서 전단지를 나누어 줄 수 있는 권한을 확인받습니다. 한번 해 보십시오. 거리에 나가 전단지를 나눠 줘 보십시오. 그러면 경찰이 당신에게 다가와 "여기서 나가시오"라고 말합니다. 당신은 "아, 당신은 1946년의 마시 대 앨라배마Marsh v. Alabama 사건을 아나요?"라고 말할 수 있습니다. 바로 이것이 권리장전의 실체입니다. 이것이 바로 헌법의 실체입니다. 우리에게 아름답고 경이로운 것으로 비춰지는 법의 일부입니다. "국회는 표현의 자유를 제한하는 법을 제정할 수 없다"고 말한 권리장전이 통과된 지 7년 후에 국회는 표현의 자유를 제한하는 법을 제정했습니다. 1798년의 "선동금지법Sedition Act"입니다.

권리장전은 집행되지 않았습니다. 해밀턴의 프로그램은 집행됐습니다. 위스키 농부들이 반란을 일으켰기 때문이지요. 기억하시나요? 1794년 펜실베이니아에서. 그때 해밀턴은 손수 말을 타고 반란을 진압하고 소득세를 확실하게 집행하기 위해 그곳에 갔습니다. 여러분은 이 이야기를 그대로 따라가다 보면 오늘날까지 어떤 법이 집행되었고, 어떤 법이 집행되지 않았는지 추적할 수 있습니다. 그러므로 여러분은 "나는 법을 지지한다. 나는 법을 존중한다"고 말할 때 신중해야 합니다. 어떤 법을 말하는 건가요? 나는 모든 법에 반대하지 않습니다. 그러나 우리는 어떤 법이, 어떤 사람들에게, 어떤 일을 하는지를 매우 중요하게 구분해야 할 겁니다.

법에는 또 다른 문제가 있습니다. 이상한 일입니다만, 우리는 법이 질서를 가져온다고 생각합니다. 하지만 법은 그렇지 않습니다. 법이 질서를 가져다주지 않는다는 걸 어떻게 아냐고요? 우리 주변을 둘러보십시오. 우리는 법의 통치 아래 살고 있습니다. 하지만 우리가 얼마나 많은 질서를 누리고 있는지 생각해 보십시오. 사람들은 무정부 상태에 빠질 수 있다는 이유로 시민 불복종을 경계해야 한다고 말합니다. 법의 통치가 달성한 현재 세계를 보십시오. 무질서, 혼돈, 국제적 강탈 등, 세계는 사람들이 무정부적이라고 생각하는 상태와 비슷합니다. 정말 가치 있는 질서는 법의 집행을 통해 이루어지지 않습니다. 질서는 조화로운 관계 속에서 사람들 사이에 일련의 공평한 합의를 도출해 내는 데 최소한의 규제만을 필요로 하는 공명정대한 사회 체제를 통해 이루어집니다. 법과 법의 집행에 기반한 질서는 전체주의 사회의 질서이며, 이는 불가피하게 총체적인 불의 또는 반란으로 이어집니다. 그리고 달리 말하면 궁극적으로 심각한 무실서로 이어습니다.

우리 모두 법은 신성하다고 생각하며 성장했습니다. 그들은 대니얼 베리건의 어머니에게 아들이 법을 어긴 데 대해 어떻게 생각하느냐고 물었습니다. 베리건은 전쟁에 반대하기 위해 징병 영장을 태웠습니다. 이는 금세기에 취한 가장 극단적인 행동 중 하나입니다. 베리건은 이 때문에 범죄자처럼 징역형을 선고받았습니다. 사람들은 80대인 베리건의 어머니에게 아들이 법을 어긴 것을 어떻게 생각하느냐고 물었습니다. 베리건의 어머니는 질문자의 얼굴을 똑바로 쳐다보면서 "이 법은 신법이 아니다"라고 말했습니다. 우리가 잊고 있던 사실입니다. 법에는 신성함이 없습니다. 누가 법을 만들었는지 생각해 보십시오. 법은 신이 만들지 않았습니다. 법은 스트롬 서먼드(Strom Thurmond, 1957년 "민권법" 심의를 저지하기 위해 가장 긴 시간의 필리버스터 기록을 세운 정치가다. 옮긴이)가 만들었습니다. 법의 존엄성을 인정하고, 법에 애정을 지니고 있으며, 법을 존중한다면 법을 만들고 있는 전국의 입법자들을 둘러보십시오. 주 입법부의 회의에 참석해 보십시오. 국회에 가서 앉아 보십시오. 이들이 우리가 존경하도록 되어 있는 법을 만드는 사람들이기 때문입니다.

우리를 조롱하는 절차에 따라 모든 것이 이루어집니다. 이것이 문제입니다. 옛날에는 모든 것이 혼란스러웠습니다. 여러분은 몰랐습니다. 이제는 압니다. 이는 모두 책에 적혀 있습니다. 이제 우리는 정당한 과정을 거칩니다. 이제 정당한 절차를 거치는 것만 제외하고 전에 일어났던 일과 똑같은 일이 일어납니다. 보스턴에서 한 경찰은 병원 병실에 걸어 들어가 자신의 팔을 수건으로 후려친 흑인을 향해 다섯 발의 총을 쏴 죽였습니다. 청문회가 열렸습니다. 판사는 경찰이 정당했다는 판결을 내렸습니다. 그가 총을 쏘지 않았다면 그의 동료 경관에게서 존경을 잃기 때문이랍니다. 자, 이것이 바로 정당한 절차라고 알려진 것입니다. 즉 이 경찰 친구는 법을 교묘하게 피한 것도 아닙니다. 우리는 정당한 절차를 거쳤습니다. 모든 것은 미리 정해져 있습니다. 절차와 법의 정당성이 우리를 조롱합니다.

국가는 법에 대한 경멸에 기초해 만들어졌습니다. 그 다음 제임스 매디슨과 해밀턴이 좋아했던 헌법과 안전성 개념이 등장했습니다. 그러다가 우리는 우리 역사상 위기의 시기에 법이라는 틀로는 충분하지 않음을 알게 됐습니다. 특히 노예제도를 종식시키기 위해서는 미국 혁명이나 남북전쟁 시기에 그랬던 것처럼 법적 체제 밖으로 나가야 했습니다. 1930년대에는 노동조합이 자신들의 권리를 지키기 위해 법적 테두리를 벗어나야 했습니다. 아마도 오늘날의 상황은 미국 혁명이나 남북전쟁 시기보다 더 심각할 것입니다. 성명을 발표하고, 저항하고, 공명정대한 사회가 지녀야 할 제도와 관계를 확립하려면 법 체제 밖으로 나가야 할 만큼 문제가 매우 끔찍합니다. 아니, 허물어 부수기만 하는 것이 아니라 다시 세우기도 합니다. 하지만 여러분이 세울 것으로 기대하지 않았던 어떤 것을 세우려고 할 때, 즉 여러분이 인민의 공원을 건설하고자 할 때, 그것은 체제를 허물어뜨리는 일이 아닙니다. 당신은 무언가를 세우려 하지만 그것을 불법적으로 하게 됩니다. 그리고 군부가 와서 여러분을 쫓아냅니다. 이것이 바로 시민 불복종이 점차 취하고자 하는 형태입니다. 사람들은 오래된 사회 한가운데에서 새로운 사회를 건설하고자 노력합니다.

그렇지만 투표와 선거는 어떻습니까? 시민 불복종, 우리는 그게 그렇게 필요하지 않다는 말을 듣습니다. 선거제도를 통해 고칠 수 있으니까요. 그러나 우리는 선거제도로는 불가능하다는 것을 배워야만 합니다. 지금까지 우리는 투표소를 거의 고해성사하는 곳마냥 신성한 장소라는 생각과 더불어 성장했기 때문에 그렇게 하질 못했습니다. 여러분은 투표소로 걸어 들어갔다 나오고 그들은 여러분 사진을 찍습니다. 그리고 미소를 띠고 있는 여러분의 얼굴 사진을 신문에 싣습니다. 여러분은 단지 투표했을 뿐입니다. 그것이 민주주의입니다. 그러나 정치 과학자가 투표 절차에 대해 이야기하고 있는 것만 보더라도 투표 절차란 위선임을 알 수 있습니다. 그런 말을 정치 과학자가 하지 않으면 누가 할 수 있을까요? 전체주의 국가들은 투표를 좋아합니다. 사람들을 투표소로 오게 하고, 사람들은 자신들이 승인했음을 밝힙니다. 차이가 있다는 건 압니다. 그들은 당이 하나고 우리는 두 개지요. 아시다시피 우리는 그들보다 당이 하나 더 있습니다.

우리가 하려는 일은 「독립선언서」의 진정한 원칙과 목적과 정신으로 돌아가자는 것입니다. 「독립선언서」의 정신은 사람들에게서 그들의 생명, 자유, 행복 추구권을 앗아 가는 불법적인 권력과 힘에 저항하는 것입니다. 그리고 그러한 조건 아래서는 정부를 바꾸거나 폐지할 권한이 있다고 주장합니다. 무엇보다 강조점은 폐지에 있습니다. 그러나 이러한 「독립선언서」의 원칙을 확립하기 위해서는 법 밖으로 나가야 합니다. 사람을 죽일 것을 명하고, 지금 이대로 부를 계속 분배하고, 사소한 공격을 이유로 사람들을 감옥에 집어넣으면서도 엄청난 죄를 지은 사람은 감옥에 보내지 않는 그런 법에 복종하는 일을 그쳐야 합니다. 나는 이런 종류의 정신이 이 나라뿐만 아니라 다른 나라에서도 자리 잡기를 희망합니다. 모든 나라가 다 이를 필요로 하니까요. 모든 나라에는 국가에 대해 불복종하는 정신이 필요합니다. 이는 형이상학적인 것이 아니라 힘과 부의 문제입니다. 그리고 전 세계에서 같은 문제로 고투하는 사람들 사이에 일종의 상호 의존 선언이 필요합니다.

조지 잭슨,
『솔래다드의 형제』[2]

1970년

열여섯 살의 나이에 조지 잭슨George Jackson은 주유소에서 71달러를 훔친 죄로 고소되었다. 재판에서 그는 부정기형("1년에서 무기징역까지")을 선고받았다. 매년 잭슨의 사건은 재심사를 받았지만 잭슨은 끝까지 집행유예를 받지 못했다. 캘리포니아 살리나스Salinas의 솔래다드 교도소Soledad Prison에 있는 동안 잭슨은 과격해졌고 감옥 안팎에서 정치투쟁의 기수가 됐다. 잭슨이 감옥에서 쓴 편지와 다른 글들이 인종주의, 빈곤, 경찰의 잔혹함, 사법제도의 물의에 대해 의심을 품은 수백만 사람들의 마음을 움직였다. 1970년 8월 잭슨의 남동생인 조너선Jonathan이 마린카운티 법정에서 형을 구하려고 하다가 죽었다. 그는 고작 십대였다. 그 후 조지 잭슨은 샌퀜틴 교도소San Quentin Prison로 이송되었다. 1971년 8월 21일 재판을 받기 며칠 전, 잭슨은 감옥 간수의 총에 맞아 죽었다. 다음은 잭슨이 감옥에서 쓴 편지 두 통이다. 하나는 아버지 로버트 제임스 잭슨Robert James Jackson에게 쓴 편지고, 다른 하나는 그의 변호사 페이 스텐더Fay Stender에게 쓴 편지다.

1965년 7월

친애하는 아버지.

저는 우리가 왜 그렇게 찰리를 따르려 했는지를 적절하게 설명해 줄 이유나 해답을 찾아나가면서 당혹감과 괴로움을 느낍니다. 왜 우리는 그의 명백한 지식에 그렇게 감명받았을까요. 우리의 역사는 그냥 스쳐만 봐도 계속된 긴 전쟁이었습니다. 유럽 역사에서 평화와 조화의 시기는 없었습니다. 문명은 매 순간 전쟁, 분열, 질병, 인위적인 기근 등으로 붕괴되어 왔습니다. 아버지는 저에게 인간이 동굴에서 살다가 등장했던 순간부터 지금까지의 연대를 보내 주셨습니다. 저는 우리끼리, 또는 자기들끼리 전쟁을 벌였던 종족에 대해 말씀드리겠습니다. 여기 미국에서 모든 서유럽인의 현존은 다른 민족들과 벌인 긴 전쟁과 같았습니다. 전쟁은 그들이 이해하고 존중하는 유일한 것이며, 그들의 유일한 재능입니다. 아버지께서는 이 악한을 아버지 미래 삶을 이끌 양식의 설계자로 삼으시겠습니까? 그렇다면 저는 아버지와 절연할 수밖에 없습니다. 문제가 시작되기 전에 바로 지금 그렇게 하는 것이 좋습니다. 하지만 아버지, 제발 멈춰서 생각을 좀 해 보세요. 아버지가 제때 생각을 돌려 앞으로 일어날 일에 너무 놀라지 않으시려면 그렇게 하셔야 합니다. 저는 지난 3, 4년 동안 제 삶을 헛되이 보내지 않았습니다. 저는 권위 있게 말하고 사람들은 경청합니다. 저 같은 사람이 아버지의 내일을 실현할 겁니다. 그러니 물러나 앉으셔서 마음을 열고 바라보세요. 아버지가 저를 돕기 위해 기본적인 원칙들을 늘어놓으실 수 없을 테니까요.

아버지, 그래요. 나는 모든 것을 기억합니다. 델로라Delora Jackson와 내가 해리스버그에서 그해 여름과 겨울을 보내야 했던 이유를 알고 있으며 기억하고 있습니다. 저는 라신에 있던 우리 집 뒤뜰 바로 아래 모퉁이의 쓰레기장을 기억합니다. 어머니[조지아 잭슨]는 페니와 존을 업은 채 손빨래를 비틀어 짜고 있었지요. 그때 빨간 머리의 뚱뚱한 아줌마 한 분이 어머니 뒤에 앉아 있었습니다. 제가 결국 스키너 학교에 가게 됐을 때 낯선 사람들이 나를 어떻게 바라보았는지 기억합니다. 저는 학교에 간 첫째 날에 거의 죽을 뻔했습니다. 아버지는 그 이유를 모르시겠지만, 저는 압니다. 저는 당신이 자식들을 위해 집세를 내고 옷을 해 입히느라 얼마나 쪼들렸고 어려웠는지를 기억합니다. 우리 모두는 음식뿐 아니라 삶을 견딜 만하게 해 주는 다른 모든 것들에도 굶주렸습니다. 아버지와 어머니 모두 안정되신 후에도 당신은 기분을 전환할 것이라고는 아무것도 없었지요. 워렌 대로에 사는 사람들 모두 뒷골목 야구가 끝나고 집으로 오는 내내 아버지가 저를 어떻게 때리려 했는지를 알고 있을 겁니다. 로버트, 당신이 나에게 "훌륭한 삶"이나 자유로운 성인이 된다는 것에 대해 말할 때, 그 말이 얼마나 불합리하게 들렸는지 알기나 하나요? 나는 당신이 한번도 자유로웠던 적이 없었다는 사실을 압니다. 이곳 흑인 중에서 사유로운 사람이 거의 없다는 사실도 압니다. 노예제도는 노예해방 선언서에 서명함으로써 단지 동산 노예제chattel slavery에서 경제적 노예제economic slavery로 형태만 바뀌었을 뿐입니다. 제가 여기에서 만난 흑인 몇 사람과만 얘기해 봐도 제 말이 무슨 의미인지 이해하고 제가 옳다는 것을 확인할 수 있을 겁니다. 그들은 모두 평범합니다. 모두 비슷한 배경을 가지고 있고 모두가 음식 절도 등의 이유로 들어왔습니다. 미국 범죄 중 70퍼센트에서 80퍼센트 정도가 흑인이 저지른 범죄입니다. "유일한 이유는 우리 중 98퍼센트가 괴롭고 비참한 빈곤선상에서 살기 때문입니다!" 당신의 장밋빛 안경을 벗고 젠체는 그만하십시오. 우리는 누그러질 수 없는 고통을 받았습니다! 아버지가 매일 그 전날보다 더 낙담한 채로 집으로 돌아오시던 모습을 제가 어떤 마음으로 지켜봤으리라 생각하시나요? 당신의 얼굴에서 먹구름이 피어오르는 것을 보고 무엇을 느꼈을까요? 제가 당신이 기울인 최상의 노력이 물거품이 되는 것을 보고 무엇을 느꼈을까요? 물거품. 아버지 당신께서 애써 미소를 지으려고 했던 순간들은 제 손으로 꼽을 수 있을 정도입니다.

1970년 4월 4일

친애하는 페이에게.

(…) 여기서 우리는 이 나라 검둥이 모두를 죽이는 최선의 방법은 무엇인지, 어떤 순서로 죽일 것인지를 얘기하는 느긋하고 무미건조한 대화를 듣습니다. 그들이 흥분해서 나를 죽이려 한다는 의미가 아닙니다. 그들은 거의 오백 년 동안 "모든 니거를 죽여 왔고" 나는 여전히 살아 있습니다. 아마도 내가 이 지구상에서 가장 쾌활한 '죽은 자'일 겁니다. 화나는 일이 있다면 그들이 내가 저항하리라는 사실을 전혀 고려하지 않는다는 점입니다. 그들은 그렇습니다. 그들은 우리를 그렇게 생각합니다. 그래서 그들은 우리의 공격적인, 혹은 방어적인 반응들을 무찔러 왔고, 통제해 왔습니다. 우리에게는 저항을 위한 합리적인 판단의 근거로 삼는 원칙이 머물 수 있는 마음의 장소가 없습니다. 그들이 강제수용소에 대해 이야기하지 않던가요? 이곳의 파시스트들은 좋은 파시스트들이기 때문에 미국에서는 일어날 수 없는 일이라고 말하지 않던가요? 3천만 명의 시위자들을 투옥할 수 없기 때문이 아니라 자신들이 인간적인 제국주의자들이고 계몽된 파시스트들이기 때문에 그렇다는 겁니다.

그런데 그들은 끔찍한 잘못을 저질렀습니다. 나는 내가 태어난 날, 우리 세대의 첫 번째 날을 떠올립니다. 때는 식민 특권을 지키기 위한 자본주의적 세계대전이 두 번째로, 그리고 가장 파괴적으로 벌어졌던 전쟁의 와중이었습니다. 늦은 9월의 시카고, 비가 내리는 수요일의 이른 아침이었습니다. 그 일은 내가 라신가와 레이크가 사이의 작은 반쪽짜리 방에 있는 접이식 침대에 누워 있을 때 일어났습니다. 로저스 박사가 왔지요. 우리 집의 두 장뿐인 유리창 중 앞 창문에서 15피트(약 4.5미터) 떨어진 곳에서 기적을 울리며 가는 전차가 고통과 죽음, 위협과 절박함 같은 불길한 전조를 알리는 요정처럼 나에게 소리 질렀습니다. 내 눈은 내 검은 엉덩이 위에서 흔들리는 넓고 둥근 분홍색 쨀랑이의 움직임에 처음으로 초점을 맞췄습니다. 나는 그 손을 멈추게 했고, 왼손으로 떨어지는 걸 막으며, 반사적으로 오른쪽 검지 손가락을 눈으로 가져갔습니다. 나는 잘 발달된 반사 신경을 가지고 태어났습니다.

"원한다면 나를 죽여라"가 아니라 "죽일 수 있으면 죽여 봐라, 바보야"가 되고 있습니다.

그들이 "그 노예에 그 아들"이라고 생각하며 계획을 세우도록 내버려 두십시오. 다만 나는 그렇게 살지 않겠습니다. 그런 그들의 생각이 내 방어를 수월하게 만들어 줍니다. 경찰들은 우파 보수주의자 무리에게 열쇠 꾸러미를 줍니다. 그들은 건물 전체를 돌며 한번에 감방 문을 하나씩 엽니다. 그들은 탈출할 생각도 하지 않고 이곳에 자신들을 가둬 둔 사람들과 협상하려고도 하지 않습니다. 우리 모두를 죽이는 게 그들이 자신의 문제를 해결하는 방법입니다. 생각해 보십시오. 이 친구들의 감방은 제 감방에서 멀지 않은 곳에 있습니다. 그들 중 누구도 사는 게 사는 게 아닙니다. 그들 대부분은 이 교도소같이 주에서 운영하는 시설에서 자랐습니다. 그들에게 오는 건 아무것도 없습니다. 전혀 아무것도. 그들은 이런 상황에서 위험을 무릅쓸 일이 전혀 없습니다. 그들은 우파의 이상과 현상 유지를 옹호하면서 감옥에서 99년을 살다 죽는 인생을 사실상 즐기고 있다고 말합니다. 그들 대부분은 자기 전 생에 걸쳐 감옥을 들락거리며 삽니다. 아마도 감옥 밖에서 보내는 시간 대부분은 도망 다니며 보낼 겁니다. 간단히 말해서 그들은 감방에서 보내는 시간을 더 편안해하고 자기 취향에도 맞다고 생각합니다. 자, 저는 그들의 상황을 이해합니다. 그들이 어떻게 그렇게 되었는지도 압니다. 탐욕스러운 경찰놈들이 자신들을 이용하도록 내버려 둘 정도로 그렇게 잘못되고 어리석지 않았다면 저는 진심으로 그들을 동정할 수 있었을 겁니다. 마치 1930년대, 1940년대의 독일처럼 들리는군요. 저는 저기 바깥세상이 부끄럽습니다. 저는 프레드 햄턴을 살해한 경찰 가족들 중 누구도 주식 한 장, 채권 한 장 가지고 있지 않다고 감히 말할 수 있습니다. 그들은 베트남의 완전한 파괴를 지지하며 행진하고 시위합니다. 그러나 그 후 누구도 책임을 지지 않았습니다. 파시스트들은 하층민을 다루는 작업 방식을 가지고 있는 것 같습니다. 실제 우리 역사에서 억압하는 세력들은 이런 방식을 활용해 왔습니다. 그들은 사람들이 스스로를 배반하게 만듭니다. 우리를 기분 좋게 만드는 모든 무고한 것들을 생각해 보십시오. 하지만 우리 중에는 그것들 때문에 죄의식을 느끼는 사람들이 있습니다. 하층민들이 어떻게 통치자와 자신을 비교하는지 생각해 보십시오. 사형 제도를 지지하는 보수주의자들이 법원의 사형선고를 조사한다고 생각해 보십시오. 맹세컨대, 저는 오늘날 그와 같은 일이 벌어지고 있다는 말을 들었습니다. 얼마나 오래 동안 루이스 허쉬Lewis B. Hershey가 선발징병제(elective Service, 1940년에 발족되고 1947년에 폐지되었다가 1948년에 부활한 제도로, 징병 대상인 만 18세 이상 청년들을 등록시키는 것이 목적이었다. 옮긴이)를 운영했는지 보십시오. 흑인들은 자본주의를 받아들입니다. 우리 역사에서 자기 자신을 배반한 사례 중 가장 부자연스럽고 눈에 띄는 예입니다. 남북전쟁 이후 노예제도의 형태가 동산 노예제에서 경제적 노예제로 바뀌었습니다. 우리는 가난한 백인들과 불리한 위치에서 경쟁하는 노동시장에 던져졌습니다. 그 이후 우리의 주적은 자본주의로 정의할 수 있게 됐습니다. 명백하고도 분명하게 자본주의가 되었습니다. 노예 상인들은 예나 지금이나 공장주이자 자본주의 미국의 경영자며 고용, 임금, 가격, 국가 제도와 문화를 통제하는 사람들입니다. 아프리카와 아시아 강탈의 책임은 유럽과 미국의 자본주의 하부 조직에 있었습니다.

밥 딜런,
"조지 잭슨" [3]

1971년

밥 딜런은 1960년대 중반, 한때 널리 알려졌던 "사회 고발적 노래finger pointin' songs" 들을 더 이상 만들지 않고 있었다. 그러다가 1971년 조지 잭슨의 살해 소식을 듣고 마음이 움직여 스튜디오로 가서 잭슨의 죽음을 애도하는 새로운 곡을 녹음했다. 그리고 곧바로 이 노래를 두 가지 버전으로 발표했다. 하나는 어쿠스틱 연주였고, 다른 하나는 밴드와 함께 연주한 싱글이었다.

나는 오늘 아침 일어났네,
내 침대에 눈물이 가득하네.
그들이 내가 진정 사랑했던 사람을 죽였다네,
머리를 쏘아서.
주여, 주여,
그들이 조지 잭슨을 쓰러뜨렸습니다.
주여, 주여,
그들이 그를 땅에 뉘였습니다.

71달러를 훔친 죄로

그를 감옥에 보냈고
그의 등 뒤에서 문을 닫고는
그들은 열쇠를 던져 버렸네.
주여, 주여,
그들이 조지 잭슨을 쓰러뜨렸습니다.
주여, 주여,
그들이 조지 잭슨을 땅에 뉘였습니다.

그는 누구에게서도 마약을 사지 않았고
머리를 숙이지도 무릎을 꿇지도 않았네.
그는 권위를 증오했네
너무도 진실했기 때문이지.
주여, 주여,
그들이 조지 잭슨을 쓰러뜨렸습니다.
주여, 주여,
그들이 조지 잭슨을 땅에 뉘였습니다.

간수들, 그들은 위에서 그를 내려다보며
그를 저주했네.
그러나 그들은 그의 힘에 깜짝 놀랐네.
그들은 그의 사랑을 두려워했네.
주여, 주여,
그들이 조지 잭슨을 쓰러뜨렸습니다.
주여, 주여,
그들이 조지 잭슨을 땅에 뉘였습니다.

가끔 나는 이 온 세상이
커다란 감옥 마당 같다고 생각하지.
우리 중에 죄수가 몇 명 있고
나머지는 간수들이네.
주여, 주여,
그들이 조지 잭슨을 쓰러뜨렸습니다.
주여, 주여,
그들이 조지 잭슨을 땅에 뉘였습니다.

앤젤라 데이비스,
"정치적 수감자, 감옥, 그리고 흑인 해방"⁴

1970년

앤젤라 데이비스Angela Davis는 조지 잭슨과 솔래다드 형제로 알려진 두 명의 동료 수감자를 위한 연대 운동에 적극적으로 가담했다. 데이비스가 캘리포니아 당국의 표적이 되었을 때 그녀는 흑인 활동의 기수였고, 버클리의 교수였으며 공산당 당원이었다. 1970년 8월, 마린카운티 법정에서 조지 잭슨을 석방하려는 시도에 가담한 세 사람이 죽었다. 당국은 이 사건에 데이비스를 관련시키려고 했다. 데이비스는 범죄 현장에 없었지만 경찰은 범죄에 사용된 총이 그녀의 이름으로 등록된 총이라고 주장했다. 데이비스는 지하로 숨었다. 곧 데이비스는 10명의 긴급 수배 명단에 올랐다. 데이비스는 뉴욕 시에서 곧바로 붙잡혔지만 그녀를 돕기 위한 국제적 운동이 조직됐다. 모두가 백인으로 구성된 배심원단은 그녀를 방면했다. 데이비스는 여성, 인종주의, 감옥에 대한 혁신적인 글을 계속해서 썼으며 변화를 요구하는 수많은 운동에 참여했다.

근본적인 인권 추구의 열기 속에서도 흑인들은 계속 인내하라는 경고를 받아 왔다. 그들은 우리에게 현존하는 민주적 질서를 충실하게 지킨다면 언젠가는 성인 인간으로서 당연한 권리들을 누릴 수 있는 영광스러운 순간이 올 것이라고 충고했다.

그러나 우리는 쓰디쓴 경험을 통해 민주주의와 우리 고통의 근원인 자본주의 경제 사이에는 명백한 부조화가 존재함을 안다. 두 체제가 조화를 이룰 수 있다는 모든 수사에도, 우리를 지배하는 법과 제도의 궁극적인 기반은 민중이 아니다. 흑인이나 다른 억압받는 소수민족의 사람들도 아니고 백인 대중조차 아니다. 민중에게는 자기 삶을 결정하는 요인들을 결단할 힘이 없다.

합법적이기만 하다면 의미 있는 반대는 언제나 환영이라는 공식적인 주장은 억압에 복종하라는 강요를 감추는 연막탄이다. 노예제도는 부당하고 흑인을 노예화한 헌법의 의도도 부당하다고 말한다. 무엇보다 그 제도들은 소수의 사람들에게만 이익을 가져다주기 때문이다. 그러나 법이 금시한 탈출이나 다른 행동들을 정당화하려는 것은 받아들일 수 없다고 말한다. 이것이 "도망노예법"의 의미다.

말할 필요도 없이, 미국 역사는 처음부터 흑인에 대한 억압을 명백히 강화하면서 수많은 부당한 법으로 훼손되어 왔다. 현존하는 사회 불평등을 특수하게 반영한 이러한 법들은 사회 자체의 착취적이고 인종주의적인 본질을 반복적으로 증언해 왔다. 흑인에게, 멕시코계 미국인에게, 모든 억압받는 소수민족 사람들에게 부당한 법과 이를 양성하는 사회 조건에 반대하는 문제는, 언제나 직접적이고 실질적인 의미를 지녔다. 종종 우리의 생존 그 자체가 효율적인 저항의 통로를 개척하는 데 있어서 우리가 가진 기술을 직접적으로 작동시킨 결과였다. 저항하는 가운데 우리는 우리의 억압을 직간접적으로 지지하는 그런 법들을 공개적으로 위반할 수밖에 없었다. 그러나 우리의 저항이 법의 테두리 안에 있었다 해도 우리는 범죄자로 낙인 찍혔고 인종주의적인 법 장치에 의해 조직적으로 처형당했다. (…)

감옥은 주정부의 강압적인 정치를 구성하는 주된 요소며, 그것의 가장 최우선 기능은 사회 통제 수단의 확보다. "교도소penitentiary"라는 용어의 어원을 살펴보면 애초부터 "감옥 제도" 이면에 통제라는 개념이 있었음을 알 수 있다. 즉 교도소는 완벽한 복종을 요구하는 규칙과 규정에 도전하는 기질을 가진 사람들을 육체적·정신적으로 단죄하는 장소였다. 범죄는 가해자가 아니라 행위 자체로 규정되기 때문에 투옥은 계급을 가로지른다. 이처럼 교도소는 보편성이라는 부르주아의 독특한 분위기로 자신을 은폐하고 있지만 실제로는 계급 지배의 수단이자 무산자들이 유산자들을 침탈하는 것을 막기 위한 수단으로 작동해 왔다.

부가 평등하게 분배되지 않은 사회에서, 범죄는 사회의 생산력이 잘못된 방향으로 나가고 있다는 사실을 부단히 알리는 신호로 불가피하게 발생한다. 대부분의 범죄는 소유와 관련이 깊다. 범죄는 소유 개념에 이미 내포되어 있으며, 그 자체로 반사회적 행동 양식으로 표현되는 심각하지만 억압된 사회적 필요다. 사회의 자본주의적 조직에서 자연스럽게 생겨나는 이런 종류의 범죄는 사회에 대한 저항이자 동시에 사회가 착취한 내용물에 함께 관여하려는 욕망이다. 이러한 범죄는 자본주의의 징후들에 도전하지만 그 본질에는 도전하지 않는다. (…)

특히 자본주의 체제의 내적 동력 때문에 수많은 흑인, 멕시코계 미국인, 푸에르토리코인 남녀들이 직업을 잃게 된 오늘날, 떠돌이 프롤레타리아를 포함한 실직자들이 혁명 투쟁에서 맡게 될 역할에 대해 심각하게 고민해 봐야 한다. 실업의 증가, 특히 억압받는 소수민족 사람들의 실업은 기술 발전의 부산물로 불가피하게 계속될 것이다. 적어도 흑인 젊은이의 30퍼센트가 현재 일자리가 없다. 계급 착취와 국가적 억압이 있는 한, 많은 사람들은 범죄 행위에 의존할 수밖에 없을 것이다. 이는 의식적인 선택의 결과가 아니다. 의식적인 선택이었다면 다른 대안이 있었을 것이다. 객관적으로 사회가 이들의 호구지책과 생계 가능성을 이 정도로 감소시켰기 때문이다. 이러한 깨달음을 통해 실업자와 떠돌이 프롤레타리아를 시급히 조직할 필요가 있음을 알아차려야 한다. 실제로 흑표범당

뿐만 아니라 감옥에 있는 행동 대원들 역시 조직화에 들어갔다.

흑인과 남미계 실업자들을 조직화하기 위해 그들의 감수성을 평가할 때 미국의 역사적 특이점, 특히 인종주의와 국가적 억압을 고려해야 한다. 떠돌이 프롤레타리아를 포함한 흑인과 남미 공동체에는 이미 국가적 억압에 대항하는 오랜 집단적 저항의 전통이 존재한다.

더욱이, 한 집단으로서의 미국 수감자들의 혁명적인 잠재력을 평가할 때 모든 수감자들이 실제로 다 범죄를 저지르지 않았다는 사실을 명심해야 한다. 두 보이즈가 암시했듯이 사법제도의 뿌리 깊은 인종주의는 셀 수 없이 많은 죄 없는 흑인들과 다른 소수민족들에게 누명을 씌워 감옥에 투옥시킨 데서 그 실체를 드러낸다.

흑인과 남미계 재소자들에게 불공평하게 긴 형량을 부과하는 현실을 알아차려야 한다. 전형적인 범죄 심리는 투옥을 특정한 범죄행위에 대한 계산된 위험이라고 본다. 죄수의 형량은 다소 이성적으로 예측 가능하다. 그러나 사법-처벌 복합체에서 인종주의는 그 예측을 깨뜨린다. 흑인 강도는 2년에서 4년 형기를 예상하지만 결국 10년에서 15년 형을 받게 된다. 반면 백인 강도는 2년 형기를 마친 뒤 감옥을 떠난다.

제한되고 강압적인 감옥 세계 안에서 수감자는 인종주의의 실체에 직면한다. 단순히 개인적인 편견에 따라 행해지는 개인 행위가 아니라, 희생자들이 집단적으로 경험하는 제도적 현상으로서 인종주의를 강제로 이해하게 되는 것이다. 흑인과 남미계에 불리한 진술, 가석방 위원회의 명백한 인종주의, 교도소의 간수와 흑인이나 남미계 수감자 사이의 관계에 처음부터 존재하는 심한 가혹 행위, 이 모든 것과 또 다른 원인들 때문에 죄수들은 매일, 매 시간, 집중적으로 제도적 인종주의를 마주치게 된다.

죄 없는 수감자들은 쉽게 과격해진다. "유죄" 판결을 받은 희생자가 사법-처벌의 복합체에서 명백히 드러나는 인종주의의 본질을 간파하게 되면 자신의 지난 범죄행위에 의문을 던지고 인종주의적이고 착취적인 사회에서 살아남기 위해 자신이 그간 사용해 온 방법을 재평가하게 된다. 두 말할 필요 없이, 이 과정은 자동적이지 않다. 이는 자발적으로 일어나지 않는다. 수감자들의 정치적 잠재력을 개발하는 데 가장 중요한 역할을 하는 것은 감옥의 정치적 행동가들이 수행하는 끈질긴 교육 작업이다.

수감자들, 특히 흑인과 멕시코계 미국인, 푸에르토리코인들은 자신들이 정치범이라는 생각을 점점 더 발전시킨다. 그들은 자신을 희생자로 만든 근본적인 원인을 재빨리 의식하면서 자신이 억압적인 정치경제 질서의 희생자라는 의미에서 정치범이라고 주장한다. (…)

인종차별적 억압은 수없이 다양한 수준에서 흑인들의 삶을 침해한다. 흑인들은 설사 일자리를 구한다고 할지라도 그 노동과 수고로 버젓한 삶을 살 수 없는 세계에 갇혀 있다. 경제가 비틀거리기 시작할 때 우리는 첫 번째 희생자고 언제나 가장 깊이 상처받는다. 경제가 회복될 때도 우리는 여전히 빈곤에 허덕이는 상태로 계속 살아간다. 게토의 실업률은 전체 실업률보다 일반적으로 두 배 정도 높고, 흑인 여성과 젊은이의 실업률은 이보다 더 높다. 흑인 젊은이의 실업률은 현재 30퍼센트까지 치솟았다. 만약 미국 백인 젊은이들 중 3분의 1이 생계를 이어 갈 수단이 없다면, 그것은 우리가 치열한 혁명 상태에 있거나 아니면 파시즘과 같은 철의 통치 아래 있다는 의미일 것이다. 표준 이하의 학교, 동물에게도 적합하지 않은 의료진, 너무 비싼 임대료, 방치된 주거, 빈약한 인권 정책에 기초한 복지제도는 흑인들을 격하시키고 분열시키기 위해 고안된 것들이다. 이조차도 곧 없어질 테지만 말이다. 이는 단지 억압이라는 전체 무대장치에 필요한 소품 목록의 시작일 뿐이다. 그리고 그 무대는 흑인들에게는 전 우주다.

장소를 불문하고 모든 흑인 공동체에는, 우리의 세계는 단조로움, 빈곤, 잔인함 가운데서도 안정적으로 버틸 수 있다는 격언이 늘 존재한다. 버밍햄에서 할렘, 와츠에 이르기까지 모든 흑인 게토에는 경찰들이 다수 배치되어 있어, 그들에 의해 점령되고, 순찰을 받고, 공격을 받는다. 국내의 폭력을 관리하는 경찰은 우리를 고난의 담장 안에 가두는 임무를 맡은 압제자의 밀사다.

경찰의 공식적 기능인 "국민에 대한 보호와 봉사"는 압제자들의 이익을 보호하고 유지하는 경찰의 임무를 괴상하게 풍자하는 표현이 됐다. 그리고 우리에게는 불의 말고는 아무것도 제공하지 않는다. 경찰들은 폭력을 사용해 흑인들을 위협하고 그들이 자신들의 삶을 변화시키기에는 너무 무력하다고 흑인들을 설득하기 위해서 그곳에 존재한다. 경찰들은 종종 일시적인 기분에 따라 체포한다. 그들이 임무를 수행할 때 일반적인 위협에 직면한다는 것은 사실이지만 그들의 권총에서 나오는 총알은 거의 아무 이유 없이 사람을 살해한다. 마약 밀매자나 마피아와 다를 바 없는 착취자들을 보호하고 흑인 공동체에서 이념적으로 가장 보수인 사람들을 지원하는 것, 특히 경찰서를 자주 들락날락거리는 흑인들을 지원하는 것은 법과 질서를 지킨다는 경찰의 여러 임무 중 일부다. 그들은 폭력의 방패를 가지고 공동체를 순찰하며 흑인 사회에서 형성되는 자연스러운 공격성을 흑인 사회 내부의 문제로 몰아간다. 프란츠 파농Franz Fanon은 식민 경찰의 역할을 분석한 바 있는데 그것이 바로 미국 게토에서 미국 경찰이 맡은 역할에 대한 적절한 묘사다.

그렇더라도 경찰이 사법제도의 지원과 허가를 받지 못했다면 인종차별적 기제를 작동시킬 수 없었을 것이다. 법원은 경찰의 범죄적 행위를 고소하는 일에 시종일관 소극적이었고 편향된 경찰 증언을 토대로 수많은 흑인 남녀에게 유죄를 선언한다. 법정이 임명한 변호사는 초만원인 법정에서 뒤틀린 이해에 따라 행동하며 피고의 85퍼센트에게 유죄를 인정하는 변론을 하라고 설득시킨다. 명맥하게 무죄인 경우에도 죄를 자백해 비싸고 오래 걸리는 배심원 재판 과정을 피하라고 조언한다. 이것이 바로 흑인을 교도소와 감옥에 즉결 투옥시키는 장치의 구조다. 〈뉴욕여성구치소〉에 잡혀 있었을 때 나는 유죄를 자백하라고 권유받은 죄 없는 흑인 여성들의 소송 사건을 수없이 접했다. 한 자매가 백인 집주인 집에 월세를 내러 들어갔다. 집 주인은 그녀를 강간하려고 했고 엎치락뒤치락하는 과정에서 촛불이 쓰러져 식탁보를 태웠다. 집 주인이 그녀를 방화로 고소해 그녀는 체포되었다. 법정이 〔생각〕보다 관대할 거라는 변호사의 말에 속아서 그녀는 유죄 변론을 하고 3년 형을 언도받았다.

빈곤, 즉결 재판, 감옥이 사슬처럼 연결된 악순환은 게토의 필수 구성요소다. 백인과 달리 감옥과 교도소로 이르는 길은 흑인의 삶에 강제적으로 깊이 뿌리내리고 있다. 바로 이 이유 때문에 흑인 대다수와 정치범들은 거의 본능적인 친밀감으로 단결한다. 흑인 대다수는 경찰들을 깊이 증오하며, 법정이 말하는 공식적인 정의에 미혹되지 않는다.

애티카 폭동의 두 목소리

1971년, 2000년

1971년 9월 9일, 뉴욕 〈애티카 교정소〉에서 천 명 이상의 수감자들이 폭동을 일으켰다. 폭동을 일으킨 수감자들은 이 감옥이 삼엄한 경비 아래 잔혹한 환경이었다고 말했다. 그들은 간수들 40명 이상을 인질로 잡고 자신들의 상황을 대중들에게 알리고자 했다. 감옥 안에서는 흑인과 백인이 연대해 훌륭한 공동체를 건설했다. 넬슨 록펠러 Nelson Rockefeller 주지사는 9월 12일, 재소자들의 요구를 거절하고 주 경찰대와 연방 방위군에게 군사 공격을 하라고 명령했다. 그 결과 수감자 32명과 간수 11명이 죽었다. 군대는 9분 동안 2천 발 이상의 총을 쐈고, 감옥을 다시 탈환한 뒤 죄수들을 잔인하게 때렸다. 사건 이후 관리, 경찰, 간수 중 처벌받은 이는 아무도 없었다. 하지만 폭동을 일으킨 죄수들에게는 무기징역이 선고됐다. 다음 두 개의 글은 애티카 폭동에 참여했던 죄수의 목소리다. 첫 번째는 애티카 죄수들이 쓴 성명서로 바클리L. D. Barkley가 낭독했다. 바클리는 이 성명서를 낭독하고 며칠 뒤에 살해당했다. 그의 나이 고작 스물한 살이었다. 두 번째는 애티카에서 생존한 프랭크 "빅 블랙" 스미스Frank "Big Black" Smith의 목소리다. 그는 2004년에 죽을 때까지 애티카 죄수들이 당한 인권 유린을 알리는 운동을 했다.

엘리엇 제임스 ("L. D") 바클리(1971년 9월 9일)[5]

여기 애티카에서 발생한 사건은 1971년 9월 8일, 죄수 두 명이 비겁하게 기습해 일어난 사건이 아니라, 애티카 내 인종차별적 행정의 무자비한 억압이 1년 내내 계속되었기 때문에 일어난 사건이다.

우리는 사람이다. 우리는 짐승이 아니다. 우리는 짐승처럼 맞고 혹사당할 생각이 없다. 우리 전체 수감자들(이는 여기 있는 사람 모두를 의미한다)은 무자비한 잔인함과 애티카를 비롯한 미국 죄수 모두의 생명을 경시하는 풍조를 영원히 바꿀 것이라 선언한다.

이곳에서 일어난 일은 억압받는 사람들의 분노에 앞선 소리일 뿐이다. 우리는 우리가 합의할 만한 조건 이외의 어떤 조건과도 타협하지 않을 것이다. 우리는 모든 양심적인 미국 시민에게 우리뿐 아니라 당신들 모두의 삶을 위협하는 이러한 상황을 종식시키기 위해 우리를 도와줄 것을 요청한다.

우리는 이러한 감옥 제도가 종식되는 현실로 더 가까이 가고 싶다. 감옥 제도는 미국 국민에게 유용한 목적이 아니라 미국 국민을 노예화하고 착취하려는 사람들에게 공헌한다.

우리의 요구는 확실하다. 우리는 완전한 석방을 원한다. 이는 신체적·정신적·법적 보복을 포함한 모든 것에서 해방된다는 것을 의미한다. 우리는 우리가 감옥에서 나가는 즉시, 비제국주의적 나라로 갈 수 있는 빠르고 안전한 운송 수단을 원한다. 우리는 연방 정부가 개입해 우리를 연방의 직접 관할권 아래 둘 것을 요구한다. 우리는 주지사와 재판관이 앞으로 보복은 없을 것이라 보장해 주기를 원한다. 그리고 우리는 모든 언론이 이를 분명하게 보도하기를 원한다.

우리는 이 기구에 들어오고 나가는 모든 사람들의 안전을 보장한다. 우리는 사람들이 이곳의 타락상을 목격하고 이를 끝낼 수 있는 방법을 더 잘 모색할 수 있도록 모든 사람들을 이곳에 초청하는 바다.

프랭크 "빅 블랙" 스미스와의 인터뷰(2000년)[6]

PBS 사람들이 바꾸기를 원했던 상황은 무엇이었습니까?

프랭크 스미스 첫째로 소위… 노예 임금입니다. 나처럼. 저는 감독관을 위해 일했고, 관리인이었습니다. 그들은 나를 세탁 소년laundry boy이라고 불렀지요. 나는 다 자란 성인이었지만 그렇게 불렀어요. 나는 다림질로 하루에 30센트를 벌었답니다. 아시다시피 셔츠와 침대보, 식탁보, 뭐 그런 종류의 것들을 데렸지요.

아시다시피 주물 가게가 있었습니다. 그곳에서는 돈을 벌 수 없어요. 90도, 100도(섭씨 32도에서 37도 정도) 찜통에서 하루 종일 일하면 하루에 25센트는 벌 수 있지요. 샤워도 못 해요, 일주일 내내. 씻을 때는 많으면 물두 동이로, 적으면 3갤런(약 4.56리터)으로 씻지요.

의료에 대해 말할 것 같으면, 아시다시피 저는 감옥에서 이가 다 빠졌어요. 치과에 가려면 의사를 만나야 합니다. 의사가 두 사람이었는데, 우리는 그들을 피난용 의사, 스타인버그와 윌리엄이라고 불렀습니다. 치과에 가려면 그들을 먼저 통해야 했습니다. 만약 이를 뽑을 예정이라면 보내주고, 이를 뽑지 않을 예정이라면 아스피린 두 알을 주고 다시 감방으로 돌려보냈습니다. 무슨 얘기인지 알겠어요?

그리고 교육 시설은 정말 구식이었어요. 책도 오래된 책만 있었습니다. 바깥세상 사람들처럼 우리도 책을 원했답니다.

우리는 감방에 있는 시간이 많았고, 좀 더 나은 음식을 원했습니다. 그곳에는 고기를 못 먹는 사람들이 많았기 때문입니다. 특히 돼지고기 따위를 못 먹는 사람들이 많았습니다. 우리는 그런 종류의 음식을 바꾸기를 원했어요.

PBS 언제 협상이 진행됐고, 처음 반응은 어땠습니까?

프랭크 스미스 우린 국장을 만났습니다. 러셀 오스왈드, 아시지요? "음, 맞습니다. 음, 우린 그렇게 했지요. 말이 되네요. 바꾸지요. 그렇게 하겠습니다. 이것도 고치고, 저것도 고치지요. 정말로 바꾸겠습니다." 이는 말뿐이었습니다. 그는 밖에 나가면 우리가 텔레비전을 가지고 있으며 국영 방송을 본다는 사실을 잊어버렸습니다. 텔레비전 채널을 맞추고 보면 그는 "아, 그곳에서 그들은 모든 걸 원합니다. 세상 전체를 원하고 있어요"라고 말합니다. 그는 바로 달라져요. 그리고 나서 아시다시피 우리는 즉시 "우리는 여기 오는 사람들이 이런 대답을 하기를 원하지 않는다"라고 말했습니다.

그런 후 우리는 입회인들과 말하기 시작했습니다. 음, 아서 이브, 클레런스 존스, 탐 위커, 존 듄 같은 입회인들에게 우리는 주지사를 만나고 싶다고 말했습니다. 여기에 누군가 정말, 정말로 책임을 질 수 있는 사람이 필요하다고 말했습니다. 전 경찰국장인 오스왈드는 처음부터 신임을 얻지 못했습니다. 그리고, 음, 그는 이중적 태도를 보이고 누군가를 구슬리려고 합니다.

그러니 정말로 결말을 지으려면, 올 사람은, 록펠러밖에 없었습니다. 아시지요. 그는 뉴욕 주 최고 행정관으로서 자신의 영향력이 워싱턴까지 미친다는 사실을 인정하고 우리에게 말해야 했습니다. 록펠러는 오지 않았습니다. 음, 소문에 의하면 록펠러는 약간 정치적이고, 교활하다는군요. 아시다시피 그는 그 자리에서 물러날 수도 있었습니다. 그런데 그때는 우리가 그걸 깨닫지 못했습니다.

PBS 록펠러의 수석 고문으로 충분하지 않았습니까?

프랭크 스미스 말하자면 충분하지 않았어요, 우리뿐만 아니라 입회자들에게도 충분하지 않았습니다. 그들은 와서 책임지고 상황을 처리해야 할 사람은 록펠러라고 생각했어요. 록펠러가 경찰국장도 믿지 않는데 다른 대역 배우들이 그보다 나을 리 없잖아요?

하지만 최고위 행정관인 주지사에게 얘기해도 그것이 모든 상황을 더 현실적으로 만들지는 않았습니다. 그러니 우리는 대리인들을 상대할 필요가 없지요. 아시겠지요. 그들에게 얘기하면 그들은 록펠러에게 말합니다. 록펠러의 감춰진 안건, 음, 록펠러는 교활한 계획을 세우고 있습니다, 음, 그는 다른 자리를 생각하고 있어요. 아니면 자신의 경력을 더 쌓으려고 하지요. 록펠러는 시종일관 워싱턴에 가려고 했어요. 우린 그걸 나중에 알았지요. 음, 그래서 록펠러는 여기에 정말 관심이 없었습니다. 그렇지만 앞에서 말했듯이, 음, 사과는 나무에서 너무 먼 곳에 떨어지지 않아요. 그들의 아버지들이 무슨 일을 했는지 되돌아보면 돼. 아시다시피, 그들은 폭력을 어떻게 다루는지 알았어요. 그게 바로 그들이 하는 일입니다. 그들을 불러들입니다. 군대를 불러들여 "문제를 해결해"라고 말합니다. 이것이 바로 록펠러가 이 일을 오스왈드에게 넘겼을 때 일어난 일입니다. 록펠러는 "당신이 이 일을 처리하시오. 알겠지요. 어떻게 해야 하는지 알지요?"라고 말했습니다. 록펠러는 "그곳에 가서 모두 죽이시오"라고 말하지는 않았지만 무슨 일이 벌어질지는 잘 알고 있었습니다. 입회인들, 그들도 알고 있었지요. 그들은 밖에 있었기 때문에 무슨 일이 일어날 것인지 잘 알고 있었습니다.

PBS 월요일에 무엇을 보셨나요?

프랭크 스미스 제가 처음 보고 들은 것은 마당 위를 맴돌고 있는 헬리콥터였습니다. 뒤이어 가스를 보았고, 확성기 소리를 들었습니다. "손을 머리에 올려라, 그러면 다치지 않을 것이다." 이런 종류의 말이 들렸습니다. 하지만 동시에 위에서 연이어 총을 쏘는 바람에 모든 사람이 바닥에 엎드렸습니다. 나는 감시관 탁자를 넘어 바닥에 엎드렸습니다.

그러자 그들이 담장을 넘어왔고, 공습 부대가 담장을 넘어와 총을 쏘기 시작했습니다. 그때 누가 내 이름을 부르는 소리를 들었습니다. 한 친구가 말했습니다. 음, 가스가 모든 걸 태워 버리니까 옷을 벗으라고요. 그리고 몸에 우유를 부어서 심한 화상을 막아야 한다고 했습니다. 그래서 나는 결국 옷을 벗었습니다.

그러나 그들은 아무데서나 옷을 벗겼습니다. D야드에서 나와 A블럭으로 가려면 A블럭의 문을 통과하기 위해서 엎드려서 기어야 합니다. 나는 그때 A블록에 있었고, 누가 내 이름을 부르는 소리를 들었습니다. 그는 내가 일하던 세탁소의 감독관이었습니다. 감독관은 "여기 흑인이 있다, 여기 있다"고 말했습니다. 그리고 나를 일으켜 세우고 때렸습니다. 나를 마당으로 끌고 가 탁자 위에 눕히고, 좁은 널판 위에 축구공을 놓고 내 목을 그 위에 얹어 놓고는 만약 이게 떨어지면 죽여 버리겠다고 말하고는 내게 침을 뱉었습니다. 그리고 거기에 누워 있는 동안 "깜둥아, 왜 관리들을 거세하고 산 채로 묻은 거냐?, 너도 거세당해 볼테냐" 등 온갖 욕설을 퍼부었습니다. 나는 탁자 위에 알몸으로 사지를 벌린 채 누워 있었습니다. 그곳 모든 사람, 거의 다가 알몸이었습니다. 음, 그리고 그렇게 셋, 넷, 다섯 시간을 있었습니다.

그리고 바로 내 뒤에, 나는 여기 누워 있고, 여기에 좁은 통로가 있고, 바로 여기에 복도가 있었는데, 그들은 두 줄로 늘어서서 때릴 준비를 하고는 바닥에는 유리를 부숴 놓았습니다. 그리고 한편에 20명, 30명씩 늘어선 사이로 모든 사람을 지나가게 하면서 소위 깜둥이 몽둥이nigger stick로 두들겨 팼습니다.

PBS 그러니까 록펠러 씨가 갔어도 피할 수 없는 일을 지연시켰을 뿐이었겠군요. 그리고 일어날 일은 일어났겠군요.

프랭크 스미스 그는 큰 실수를 했습니다. 그는 큰 실수를 했어요. 로버트 더글러스 같은 당신 친구가 나와서 우리가 모든 것을 원한다는 둥, 그들이 말하는 모든 것을 증언한다 해도 정당화할 수 없습니다. 우리가 원한 거라고는 감옥을 변화시키고, 우리가 감옥에 있다는 사실을 이해시키고 알리는 일뿐이었습니다. 감옥 상황은 변해야만 했습니다. 아시다시피 사람은 그런 방식으로는 살 수가 없거든요.

그러니 모든 거짓말을 멈추세요. 아시다시피, 우리는 거짓에서 사실을 가려내야 합니다. 사람들을 자극하고, 욕하고, 이 사람 저 사람을 비난하는 것을 넘어서서 뭔가를 얻어야 합니다. 음, 애티카 사건은 그 이상입니다. 애티카 사건은 학살이었고, 그럴 필요가 없었습니다. 만약 주지사가 경찰국장 같은 사람들을 보내 단편적인 증거물이나 사건의 윤곽을 제시하는 대신 책임지고 그가 해야 할 행정적인 일들을 제대로 했더라면, 이런 일이 일어나지는 않았을 겁니다. 이제, 아시다시피 그들은 탈환하는 과정에서 39명이 죽었다고 하지만 사실은 43명이 죽었습니다.

레너드 펠티어의
"깨진 협상의 길" 시위에 관하여[7]

***

1999년

정치범이자 미국 원주민 행동가인 레너드 펠티어Leonard Peltier는 노스다코타의 〈아니시나베/치페와터틀마운틴 인디언보호구역Anishinabe/Chippewa Turtle Mountain Reservation〉에서 태어났다. 토착민에 대한 취급에 분노한 펠티어는 〈미국인디언운동(AIM: American Indian Movement)〉에 가담했고 1972년 "깨진 협상의 길Trail of Broken Treaties"에 참여했다. 이 저항 운동은 수년 동안 원주민과의 약속을 한 번도 지키지 않은 미국에 대한 대응이었다. 이 운동은 워싱턴 D. C.에 있는 인디언 담당 사무실(BIA: Bureau of Indian Affairs) 빌딩을 점거하면서 절정에 달했다. 다음은 이 점거에 대한 펠티어의 설명이다.

1972년 11월, 우리는 인디언 권리를 위한 대중 집회를 통해 워싱턴에 우리의 불만을 알렸다. 우리는 전국적인 행진과 시위를 "깨진 협상의 길"이라고 불렀다. 정부 대리인에게 폭넓은 회담을 제안하고 20개 조항의 중요한 문제를 논의하는 것이 우리의 바람이며 의도였다. 20개 조항에는 인디언이 BIA에 대한 철저한 조사를 감독할 수 있게 하고, 미국 정부의 협상 위반 사례를 조사하는 위원회를 설립하자는 논제가 포함돼 있었다. 회담은 평화로울 수 있었다. 그러나 정부 관리들이 우리와 만나겠다는 약속을 어기고 BIA 경비원들을 시켜 우리를 건물에서 쫓아냈을 때,

즉각 연좌 농성으로 바뀌었다. 경비원들이 인디언 여성과 노인들에게 강력한 무력을 행사하자 연좌 농성은 팽팽한 대치 상태로 강화되었다.

우리는 돌아서서 도망가려 하지 않았다. 크레이지 호스(Crazy Horse, 성난 말)의 정신이 우리와 함께했다. 우리는 바로 워싱턴 번화가 한가운데 있는 BIA 건물을 점거했다. 그리고 모든 고용인들을 조용히 나가게 한 뒤, 5일 동안 점거했다. 늘 그렇듯, 미국 대중들은 무슨 일이 일어나고 있는지, 왜 그런 일이 일어났는지를 오해한 상태에서 격분했다. 우리는 언론에서 "흉악범"과 "건달", 그리고 "폭력적인 투사"로 묘사됐다. 그렇다, 우리는 BIA 빌딩을 "약탈"해 정부가 인디언을 취급하는 데 있어서 표리부동했음을 보여 줄 자료를 찾았다. 그러한 증거는 엄청나게 많았다. 우리는 정부의 위협적인 공격을 막기 위해서 책상과 우리가 발견할 수 있는 것들을 쌓아 올려 바리케이드를 쳤다. 우리는 잠긴 창문을 깼다. 그래서 최루탄 가스 때문에 숨이 막혀 나오는 일이 없도록 했다. 경찰들이 먼저 낮은 층에 있는 창문 대부분을 깨뜨렸다. 물론 젊은이들 중에는 정부의 거짓말과 잔인한 처우에 분노하여 물건들을 때려 부수는 청년들도 있었다. 우리는 재빨리 그러지 못하게 했다. 나는 클라이드 벨레코트가 BIA 빌딩의 부서진 유리창에 대해 말하며, BIA는 인디언 나라에 있는 수만 개의 심장을 비탄에 잠기게 했다고 말했던 것을 기억한다. 우리는 수십만, 심지어 백 만의 심장이라고 말했어야 했다. 그래야 실제 숫자에 더 근접할 것이다.

평생 동안 BIA에 의해 희생당한 나이 많은 할아버지는 도끼를 집어들고 커다란 BIA 감독관들의 마호가니 책상 위로 뛰어올라가 이를 두 조각으로 쪼갰다! 그는 책상을 쪼개는 동안 내내 죽음의 노래를 부르며 무아경 속에서 웃고, 울었다. 그 할아버지는 도끼를 내리칠 때마다 오래된 잘못을 바로 잡으려는 듯, 숨 고르는 시간과 노래 사이에 "거기 (…)

그걸 집어라 (…) 그리고 그것을 (…) 그리고 그것을"이라고 소리 질렀다. 정말 아름다웠다. 그는 그 순간 크레이지 호스의 화신이었다.

밖에는 경찰과 특수기동대(SWAT)가 모여 있었다. 그들이 대학살을 원한다면 우리는 그들에게 우리 목숨을 내어 줄 준비가 되어 있었다. 그들이 건물로 돌진하면 책상, 타자기, 서류 캐비닛, 화염병을 퍼부을 준비가되어 있었다. 우리 전사 중에는 전쟁시에 하는 페인팅을 한 사람도 있었다. 우리 모두가 크레이지 호스였다. 결의에 찬 우리를 보고 정부는 다시 고민했다. 1972년 대통령 선거 전에 백악관에서 몇 블록 떨어지지 않은 곳에서 4백 명의 인디언을 학살한다? 있을 수 없는 일이다. FBI는 우선 이 일을 마무리 짓기로 했고, 우리를 한 사람씩 추적해 잡았다. 그들은 정확히 그렇게 했다. BIA 점거 당시 안보 담당이었던 나는 그렇게 "AIM 선동가들"과 "요주의 극단주의자들" 명단 첫머리에 이름이 올랐다. 나는 이미 로턴 요새Fort Lawton 점거 당시 체포된 적이 있었다. 나는 이후 계속 요주의 인물이 되었다.

정부는 마침내 우리와 협상을 시작했다. 그러나 20개 조항에 달하는 우리의 불만을 해결하기 위해서가 아니었다. 단지 BIA 점거를 끝내기 위해서였다. 우리는 적어도 한 가지, 우리의 존재를 분명히 해야 한다고 느꼈다. 우리는 이를 증명했다. 정부는 우리의 불만을 검토하겠다고 약속했다. (하지만 절대로 그렇게 하지 않았다.) 그리고 BIA 점거로 우리를 기소하지 않겠다고 약속했다. 우리는 그들을 믿지 않았다. 이 당혹스러운 상황을 완화시키고 끝내기 위해서 그들은 실제로 자동차를 내줬다. 이른 아침 우리가 타운에서 나갈 때 경찰이 보호해 주었고, 돌아갈 경비까지 몰래 줬다. 노인들 중에는 고향으로 돌아가는 1등석 표를 받은 이도 있었다! 정부는 그들이 다시 한번 비밀리에 우리를 쓸어 버렸다고 생각했을 것이다. 그렇지만 우리는 이번만큼은 물러서지 않을 것이다.

정보활동 관련 〈상원특별위원회〉 기록, 『칠레에서의 비밀 작전 1963년~1973년』[8]

1975년 12월 18일

1970년대 중반기에는 대통령, 국회, FBI와 CIA 같은 정부 기관들에 대한 환멸이 전국적으로 퍼져 있었다. 일부는 베트남전쟁에 대한 반동 때문이고, 일부는 1972년 6월 닉슨 대통령 측근이 〈민주당전국위원회〉 사무실에 잠입했던 워터게이트 사건에 대한 반동 때문이다. 닉슨은 1974년 8월 9일, 대통령직을 사임했다. 1974년과 1975년 국회 위원회가 FBI와 CIA를 조사했고 정부의 국내와 국외에서의 범죄를 밝혀냈다. 그중 하나가 1973년 칠레에서 민주적으로 당선된 살바도르 아옌데Salvador Allende 정부를 전복시킨 군부 쿠데타다. 이 쿠데타에 닉슨, 헨리 키신저, 미국 기업이 공모했다. 칠레에서는 아우구스토 피노체트Augusto Pinochet 대통령이 이끈 새 정권에 의해 수천 명이 살해당하고, "실종되고", 고문당했다. 다음은 칠레 비밀 작전에 대한 상원 보고서로, "비밀 작전과 다국적기업"이라는 제목의 장에서 발췌한 내용이다.

다국적기업은 CIA에 정보와 은신처를 제공했고, 그 밖에 칠레 정치에 영향을 미치는 비밀 작전에도 관여했다. 다음은 1963년에서 1973년 사이 칠레에서 CIA와 〈국제전화전신사(ITT: International Telephone and Telegraph)〉와 기업이 맺은 관계에 대한 간략한 설명이다. ITT는 공개된 사례 중 가장 유명하며, CIA와 ITT의 관계에 대한 정보 역시 많이 밝혀진 바 있다. 다음은 위원회에 제공된 새로운 정보와 〈상원외교위원회Sanate

Foreign Relations Committee〉내 〈다국적기업에대한소위원회Subcommittee on Multinational Corporations〉가 이미 공개한 자료에 근거한다.

1. 1964년 칠레 선거

1964년 대통령 선거 기간 다국적기업 대표들이 기독교민주당Christian Democratic Party에 선거 자금을 제공하겠다는 의도를 가지고 CIA에 접근했다. 그러한 자금을 받지 않고, 선거 기간 동안 다국적기업과의 접촉도 하지 않기로 한 CIA 결정은 3장에서 충분히 설명했다.

2. 1970년 칠레 선거: 제1국면

1970년 미국 정부와 일부 다국적기업이 연합해 대선 후보 경선과 대선에서 살바도르 아옌데에 반대했다. 이 CIA-다국적기업 연합은 두 개 국면으로 나뉜다. 제1국면은 미국이 공식적으로 칠레에서 어떤 대통령 후보나 정당을 비밀리에도 후원하지 않겠다는 정책을 표명했을 때, CIA 또는 미국에 기반을 둔 다국적기업이 취한 행동이다. 이 기간 동안 CIA는 살바도르 아옌데를 패배시키기 위해 비밀리에 고안된 "망치기 spoiling" 작전을 승인했다. 제2국면은 1970년 9월 총선거 이후 CIA 대행 기관들과 다국적기업 간의 관계를 포함한다. 제2국면 기간, 미국 정부는 아옌데에 반대하고 반대편을 지지했다. 정부는 이런 시도를 하면서 다국적기업과 협동했다.

수많은 다국적기업들은 아옌데가 칠레 대통령에 당선될 것을 우려했다. 아옌데는 공개적인 성명을 통해 당선된다면 기초산업을 국유화하고, 당시 ITT의 자회사였던 〈전국전화회사〉 같은 공공서비스 산업을 칠레의 소유권 아래 두겠다는 의도를 내비쳤다.

1964년 선거에서 아옌데는 졌다. 칠레와 칠레에 상당한 이해관계가 있는 미국 다국적기업들 사이에 아옌데의 상대 후보가 미국 정부의 지원을 받았다는 사실은 널리 알려져 있었다. 전 CIA 국장이자 1970년 ITT 이사회 멤버였던 존 맥콘은 1964년 선거에 미국 정부가 상당히 많이 개입했다는 사실과 당시 미국 회사들이 제공한 원조에 대해 알고 있었다. 정부 기관의 서류에 의하면 맥콘이 ITT의 이사장인 해럴드 제닌에게 이런 사실을 전달했음을 알 수 있다.

1970년 아옌데가 승리할 경우 무슨 일이 일어날지 관심이 많은 미국 시민들, 그리고 칠레에 상당한 관심을 가지고 있는 미국 다국적기업 지도자들은 자신들의 생각을 알리기 위해 미국 정부 관리들에게 접근했다.

1970년 7월 칠레 산티에고의 CIA 대표가 ITT 대표와 만났다. CIA 대표는 다가오는 선거에서 호르헤 알레산드리Jorge Alessandri를 재정적으로 지원할 수 있음을 암시했다. 정보국은 알레산드리 선거 본부에 자금을 전해 줄 비밀 통로로 이용할 수 있는 사람의 명단을 제시했다.

그 직후 존 맥콘이 CIA 국장 리처드 헬름스에게 전화했다. 이 통화로 ITT 이사회 회장과 CIA 서반구부 담당자의 만남이 주선됐다. 제닌은 CIA에게 알레산드리 선거운동 자금으로 사용될 상당액의 돈을 제시했다. 뒤이은 회담에서 ITT는 CIA에게 1백만 달러를 주겠다고 제안했다. CIA는 이 제안을 거절했다. 메모에 따르면 ITT 자금을 알레산드리 선거운동 본부로 건네줄 전달자 역할을 할 사람을 찾는 것이 CIA의 전략이었음을 자세히 알 수 있다.

CIA는 문제의 당사자가 알레산드리에게 자금을 전하는 데 있어서 믿을 만한 통로임을 확인했다. ITT는 CIA의 권유에 따라 이 두 번째 자금 통로를 개발했다. 아옌데에 반대하는 정당인 국민당을 지원하기 위한 이 자금 통로는 칠레에 있는 CIA의 두 가지 자산을 활용할 수 있는 안전한 자금줄을 확보하기 위해 CIA의 조언에 따라 개발된 것이다. 이 자산들은 또한 "망치기" 작전과 관련해 정보국에서도 자금을 지원받았다.

9월 선거 전 기간, ITT 대표들은 칠레와 미국에서 CIA 대표와 자주 만났고, CIA는 ITT에게 알레산드리 선거 본부와 국민당 모두에게 자금을 안전하게 전달하는 방법을 조언해 줬다. CIA는 자금의 액수와 전달 방법에 관한 보고를 계속해서 받았다. 결국 ITT는 이 선거운동 기간 동안 적어도 35만 달러를 전달했다. 다른 미국 회사도 이와 거의 비슷한 액수를 전달했고, CIA는 이 자금에 대해 알고 있었지만 돕지는 않았다.

3. 1970년 칠레 선거 이후: 제2국면

9월 4일 선거 후, 미국 정부는 칠레에 대해 직접적인 경제 압박 정책을 채택하기로 하고, 이와 관련해 제닌이 다른 미국 기업들에 지닌 영향력을 활용했다. 특히, 미 국무부는 칠레에 대한 경제 압박 정책을 따를 것인지 알아보기 위해 칠레에 관심이 있는 미국 기업과 접촉하려 했다. 이때 〈40인위원회〉의 지휘를 받았다. 9월 29일 CIA의 서반구부 담당자가 ITT 대표와 만났다. CIA 관리들은 ITT가 칠레에 더 적극적으로 개입하기를 촉구했다. CIA 문서에 따르면 ITT는 CIA의 경제 전쟁에 관한 발표를 받아 적었지만 적극적으로 반응하지는 않았다.

일반적으로 아옌데를 반대하기 위해 사용했던 칠레의 기구 중 하나가 〈엘메르꾸리오EL MERCURIO〉 신문사였다. 미국 정부와 ITT 모두 이 신문사와 관련된 사람의 손에 자금을 흘려보냈다. 이런 자금은 아옌데가 당선된 이후에도 계속 제공됐다.

노암 촘스키,
"코인텔프로: (삭제된) 그것은 무엇인가?"⁹

1978년 3월 12일

MIT의 언어학자 노암 촘스키Noam Chomsky는 베트남전쟁에 반대한 가장 중요한 연사 중 한 명이었다. 촘스키는 『뉴욕 리뷰 오브 북스New York Review of Books』에 전쟁 정당화를 비판하는 통렬한 글을 실었고, 수없이 많은 반전 강연을 했다. 1970년대에 촘스키는 세계 곳곳의 미 제국주의와 미국의 국내 정책과 외교 정책 간의 관계에 대한 일련의 기사를 썼다. 다음은 FBI의 방첩 프로그램이자 내부적으로 코인텔프로라 불리던 프로그램에 대한 설명이다. 이 프로그램은 1956년에 시작되어 1960년대에 강화되었다. "국내 안보" 유지라는 명목으로 FBI는 흑표범당, 〈미국인디언운동〉, 〈엘살바도르인연대위원회Committee in solidarity with the People of el Salvador〉, 〈푸에르토리코행동가Puerto Rican activists〉, 〈전국변호사길드National Lawyers Guild〉, 그리고 〈민주화사회를위한학생운동Students for a Democratic Society〉 등의 단체를 조사하고, 괴롭히고, 이들 단체에 침투했다.

미국이 산업화된 민주주의 국가 중 사고의 스펙트럼과 정치적 행동에 있어 유별나게 편협하고, 다른 비교할 만한 사회의 사회·경제적 구조에 비해 매우 오른쪽으로 기울어져 있다는 이야기를 종종 듣는다. 이러한 흥미로운 현상을 설명하기 위해 복잡한 이론들이 제시되었다. 의심의 여지없이 미묘한 문제가 개입되어 있겠지만 상당히 간단한 요인들을 무시하지 않는 것이 중요하다. 예를 들어서 수년 동안 미국 기업은 선구적 전문가들이 "합의 공작"이라 부른, 대중 선거운동을 조직하는 데 관여해 왔다. 그 규모는 엄청나고 언론과 학교 교과서 등에 미치는 영향력 또한 실로 커서 다른 산업화된 민주 국가에서 발견할 수 있는 어떤 공작도 능가할 수 있을 정도다. 이러한 상황을 만드는 또 다른 핵심 요인은 국가 정치경찰인 FBI의 역할이다. FBI는 지난 반세기 동안 더 직접적인 방법, 즉 무력으로 동의를 이끌어 내는 데 헌신해 왔다. 이 사업의 성격과 규모는 이제 막 드러나기 시작했다. 단편적인 조각을 맞추어 드러난 이야기는 놀랄 만하다.

에드거 후버는 1919년 법무부의 〈일반정보국General Intelligence division〉국장에 임명되면서 전국적으로 유명해졌다. 〈일반정보국〉은 급진주의자들에 반대했다. 당시는 23개 주 33개 도시에서 급진주의자들로 추정된 사람들 4천여 명이 체포된 악명 높은 "파머 급습Palmer raids"이 일어나기 직전이었다. 급습 당시 『워싱턴 포스트Washington Post』는 볼셰비키라는 악의에 직면해 "쓸데없이 자유의 침해를 따지는 데 낭비할 시간은 없다"는 사설을 실었다. 2백 명 이상의 외국인들이 연이어 추방됐다. 자유주의적인 미첼 파머A. Mitchell Palmer 법무 장관은 "이제 정부는 더러운 외국인들을 일소해 나라를 깨끗이 하고 있다"고 선언했다. 언론은 자신들의 이해가 위협받고 있음을 인지할 때까지 파머를 강력하게 지지했다. "적색 공포Red Scare"는 투쟁적인 노동계를 조정하고, 급진적인 정당을 제거하고, 자유주의자들을 놀라게 하고, 개입주의 외교 정책을 지지할 구실을 제공했다. 후버의 FBI는 이와 똑같은 임무에 착수했고, 상당한 성공을 거두며 이를 수행했다.

FBI는 넓은 그물망을 던졌다. 예를 들어서, 1920년부터 1943년까지 〈미국시민자유연합(ACLU: American Civil Liberties Union)〉에 잠입해 들어갔다. 이 단체는 1950년대가 되면서 비밀리에 FBI의 정치적·이론적 조정 프로그램에 협력했다. 정치적 행동가들은 쉽게 눈에 띄기 때문에 일반적 관행에서 아주 약간 벗어나는 일을 해도 FBI의 감시의 눈을 피할 수 없었다. 개인적으로 알고 있는 사소한 사건을 들자면, 1969년 나는 MIT 인문학부에서 아이들을 가르치며 시민운동과 평화운동에 적극적인 조교 두 명을 알게 됐다. FBI 보스턴 지국은 이 조교들의 재임용을 막는 일에 착수했다. FBI는 "이 일에 있어서 조사국의 이해를 완벽하게 지키기" 위해서 이 활동의 비밀을 확실하게 유지했다. 국장에게 보낸 내부 메모에 의하면 MIT의 "보스턴 지국의 확실한 정보원"(이름이 지워짐)이 그 노력의 결과로 "MIT 직원으로서 그들이 재임용되는 것을 막을 수 있었다." 사실상 이 경우 FBI의 노력은 적절하지 못했다. 그러나 우리는 이 사례를 통해 우리의 학문적 기관에 흥미로운 의문을 제기할 수 있으며 동시에 FBI의 관심사가 무엇인지를 잘 알 수 있다.

다른 경우에서도 FBI는 몇 발자국 앞서 나갔다. 내 학생 중 하나였고, 역시 평화운동에 적극적이었던 한 학생이 1971년 샌디에이고 주립대학에서 가르쳤다. ACLU가 〈교회위원회Church Committee〉에 제출한 보고서에 따르면 FBI는 학교 당국에 그를 중상모략하는 정보를 제공했으며 역시 학교의 기밀 서류를 획득할 수 있었다. 대학이 나서서 세 차례의 청문회를 열었다. 내 제자는 매번 무죄로 입증되었다. 그러나 〈캘리포니아 대학연합〉의 의장인 글렌 덤케는 그를 즉각 해고했다. 이는 당시 대학이 여러 차례 저지른 배신 행위의 한 예다. FBI는 비밀 테러리스트 단체를 조직하고, 자금을 대고, 무장시키고 감독했는데, 이 기간 동안 그 학생은 이 조직의 암살 대상이었다. FBI는 범죄 증거를 감췄고, 체포되어 있는 FBI 대원과 FBI의 풍부한 정보와 지원하에 좌파를 겨냥한 폭탄 투척, 총격, 일반적인 폭력과 광폭한 테러로 이 조직을 이끈 FBI 잠입자의 기소를 막고자 했다.

당시 FBI가 의도적으로 암살을 기도한 희생자는 부상을 피했다. 하지만 젊은 여성이 심하게 부상당했다. 다른 사람들은 그렇게 운이 좋지 않았다. 가장 악명 높은 사례가 흑표범당의 리더인 프레드 햄턴의 경우다. 그는 마크 클락과 함께 1969년 12월 동트기 전 게슈타포 같은 경찰 습격으로 살해되었다. 흑표범당의 안보국장이었던 FBI 앞잡이가 FBI에 협력해 프레드 햄턴의 아파트 설계도를 경찰에게 넘겨줬다. 리포터는 경찰 사격이 믿을 수 없이 정확했던 것은 의심의 여지없이 이 설계도 덕분이라고 언급했다. 목격자의 증언에 따르면 햄턴은 침대에서 약에 취한 채 잔혹하게 살해됐다.

FBI의 이런 못된 짓은 이전에 시카고 게토에서 〈블랙스톤레인저스〉라는 범죄 집단이 햄턴을 살해하려 했던 시도를 따랐다. 〈레인저스〉는 지방 FBI 관리가 보낸 익명의 편지를 받았다. 흑표범당이 그들의 지도자를 살해하려고 한다는 내용이었다. 그러나 폭력과 살인을 부추기려는 이 노력은 실패했다. 다른 경우에는 좀 더 성공적이었다. 내부 비망록에 의하면 FBI는 게토 갱들의 싸움과 폭력을 조장하고, 가난한 어린이들을 위한 교회의 무료 아침식사 프로그램 같은 위험한 활동을 방해하는 데 만족할 만큼 성공했다.

오늘날 우리는 방대한 기록들을 통해 FBI가 민권운동을 공격하고, 합법적인 선거 정치를 방해하고, 대학과 가장 규모가 큰 와츠 게토, 서구 지역의 흑인 문화 센터 및 문화 단체들을 침식하고, 앞잡이를 다양하게 활용하거나 폭탄을 투척하거나 강도와 살인 등 필요한 모든 수단을 동원해 승인되지 않은 정치 활동을 방해하는 일을 저질렀음을 알 수 있다. 코인텔프로 하나만을 봐도 그 목표가 공산당, 사회주의노동자당Socialist Workers Party, 푸에르토리코 독립운동, 1960년대의 다양한 흑인 운동, 그리고 "신좌파" 전체를 포함했음을 알 수 있다. 좌파가 전국적인 정치경찰의 유일한 표적은 아니었지만 상당 정도 주된 목표였다. 활동 범위와 폭력의 강도에 있어서 FBI의 범죄 수사 프로그램은 다른 산업화된 민주 국가 프로그램보다 훨씬 강력했다. 그리고 분명 진지하게 받아들일 가치가 있는 "미국 예외주의" 연구에 있어 탁월한 시사점을 제공한다.

FBI의 활동에 관한 연구는 거의 없다. (…) 그리고 이뤄지고 있는 연구조차 거의 주목받지 못하고 있다. 그 섬뜩한 내용에도 서류상의 기록 자체는 거의 파문을 일으키지 않는다.

FBI의 범죄 활동이 이에 비하면 상대적으로 시시한 워터게이트 사건이 발각된 시점에 폭로되었다는 사실은 충격적이다. 워터게이트 사건에 대한 관심과 정치 경찰의 국가 범죄에 대한 관심을 비교하는 작업은 흥미롭다. 여기서 내가 다시금 강조하고 싶은 바는 정치경찰의 범죄가 미국의 문화적 · 정치적 분위기에 미치는 영향은 비교할 수 없을 정도로 폭력적이고, 광범위하고, 심각하다는 사실이다. 역사는 우리에게 닉슨을 비판한 사람들이 민권과 인권을 우려해 비판한 것인지, 아니면 그가 조셉 매카시처럼 강력하고 늘 부당한 목표를 겨냥했다는 사실 때문에 비판한 것인지를 판단해야 하는 제한된 실험지만을 제공한다. 이 실험의 결과는 꽤 명료하다. 워터게이트 사건에 대한 열광이 종종 위선적인 반응이었다는 점은 의심의 여지없이 확실하다.

카터-레이건-부시 콘센서스

역사가 리처드 홉스테더Richard Hofstadter는 자신의 책 『미국의 정치 전통The American Political Tradition』에서 토머스 제퍼슨Thomas Jefferson과 앤드루 잭슨Andrew Jackson 시기부터 현대에 이르기까지 미국의 정치 지도자들을 연구했다. 홉스테더는 "주요 정당의 예비 선거 경쟁자들이 제시한 비전은 언제나 부자들과 기업의 제약을 받아 왔다. (…) 그들은 인간의 필수적인 자질로 자본주의 문화의 경제적 덕성을 받아들였다"고 결론 내렸다. 홉스테더는 "그 문화는 전국적으로 확산됐다"고 덧붙였다.

지미 카터Jimmy Carter의 민주당 행정부와 로널드 레이건Ronald Reagan과 조지 부시George H. W. Bush의 공화당 행정부는 명백하게 홉스테더의 이론을 예증했다. 이 행정부를 거치며 기업의 권한이 커졌고, 절망적인 빈곤과 함께 엄청난 부가 창출되었고, 국가의 군사화가 계속되었고, 기업 이익의 편에서 외교 정책에 대한 간섭이 계속됐다. 어떤 정당도 자본주의와 국가주의의 한계를 넘어서려 하지 않았다.

매리언 라이트 에델먼,
밀턴 아카데미 졸업식 연설[1]

1983년 6월 10일

1983년, 매리언 에델먼Marian Edelman은 메사추세츠 주에 있는 소수 정예의 밀턴 아카데미 졸업생 앞에서 연설을 하며, B-2 폭격기에 돈을 쓰고 부자들의 세금 분납은 허용하면서 건강보험, 교육, 빈곤 퇴치 프로그램에는 돈을 쓰지 않는 사회 불의에 맞서 행동하라고 촉구했다. 스펠먼 대학과 예일 대학교 법학부Yale Law School를 졸업한 에델먼은 미시시피 법조계에 들어간 최초의 흑인 여성이 되었다. 에델먼은 미시시피 잭슨에 있는 〈전국유색인지향상협회(NAACP)〉의 〈법적변호와교육기금Legal Defense and Education Fund〉 사무소를 운영했다. 그리고 뒤에 〈가난한자들의행진Poor Peolpe's March〉을 위한 고문으로 일했다. 1973년에 에델먼은 〈어린이변호기금Children Defense Fund〉을 설립했다.

어린이들을 보호하는 데 필요한 비교적 소액의 돈을 구하려는 사람들의 헌신과 정치적 의지는 어디에 있습니까? 유니세프에 따르면 한 해 60억 달러만 있으면 1990년까지 매일 2만 명의 어린이를 구할 수 있다고 합니다. 새로운 과학 기술의 획기적인 성공을 구강 재수화 치료와 전 세계 어린이들을 위한 면역 주사, 모유 수유 장려, 어린이 성장 기록의 광범위한 사용에 적용한다면 말입니다. 폭탄이 아니라 어린이들에게, 미사일이 아니라 엄마에게 투자하라고 외치는 목소리들은 우리나라 어디에 있습니까?

1953년 드와이트 아이젠하워Dwight David Eisenhower는 다음과 같이 경고했습니다.

총을 제조하고, 전함을 출항시키고, 로켓을 발사시키는 모든 행위는 (…) 배고프고 굶주린 사람들과 춥고 헐벗은 사람들에게서 도둑질하는 것과 같다.
이 무장한 세계는 단지 돈만을 낭비하는 것이 아니다.
노동자의 땀, 과학자의 천재성, 어린이의 희망을 함께 낭비하는 것이다.

인간의 절박한 필요에 대한 해답을 앗아 가고 궁핍한 어린이들을 강탈하는 전 세계적이고 국가적으로 이뤄지는 도둑질은 얼마나 뻔뻔스러운지요.

레이건 행정부는 출범 첫 해에, 제대로 작동하고 있는 프로그램과 그렇지 못한 프로그램을 구분하려는 노력도 없이, 어린이 질병 예방과 가난한 사람들을 위한 평생 지원 프로그램에서 110억 달러를 삭감한다는 제안을 했습니다. 국회는 90억 달러 삭감을 법제화했습니다.

두 번째 해에 레이건 행정부는 같은 프로그램에서 90억 달러 삭감을 제안했고, 국회는 10억 달러 삭감을 법제화했습니다.

세 번째 해에, 이전 삭감의 효과가 나타나면서 수백만 명의 미국인이 실업과 노숙, 의료보험 상실로 괴로워할 때쯤, 레이건은 같은 프로그램에서 새로이 35억 달러 삭감을 제안했습니다. 수천 명의 어린이들이 증가하는 아동 학대, 입양, 질병, 그리고 죽음에 직면하고 있습니다. 이는 가족 지원 안전망과 의료·사회 복지 프로그램들이 급격히 줄어들어 가족들이 아이들의 요구를 충족시킬 수 없게 되었기 때문입니다.

나는 국가 지도자들이 미국인들로 하여금 일련의 잘못된 선택을 하게 만들었다고 강력하게 주장합니다. 국가 지도자들은 미국인들에게 일자리와 평화 중 하나를 선택하라고 했고, 길가의 커다란 웅덩이를 메울 것인지 아이들 충치를 때울 것인지 선택하라고 했으며, 맞벌이 부부의 아이들 5백만 명을 위한 주간 탁아소를 운영할 것인지 요양원에서 외롭게 사는 노인 수백만 명을 위한 자택 요양 체제를 운영할 것인지를 선택하게 했습니다. 그리고 군비제한과 MX 미사일 중 하나를 선택하라고도 했습니다. 여러분과 나라면 우리 정치 지도자들에게 더 공평한 선택지를 제시할 수 있습니다.

대통령과 국회는 극빈곤의 어린이들을 위한 복지 프로그램은 삭감한 반면, 대상은 불문명하지만 대부분 가난하지 않은 기업과 개인들의 세금을 감면해 주기 위해 7천5백억 달러의 기금을 마련했습니다. 그리고 레이건 행정부는 평화 시기 역사상 최대 규모의 군비 증강이라 할 수 있는 2조 달러를 7년에 걸쳐 펜타곤에 투입하기 위해 미국 국민들을 설득하려고 합니다. 여러분은 2조 달러가 얼마나 많은 돈인지 아십니까? 여러분이 예수가 태어난 이후부터 매일 하루에 2백만 달러씩을 소비한다고 해도 여전히 2조 달러보다는 적게 소비할 것입니다. 레이건은 그런 돈을 펜타곤이 7년 동안 효율적으로 소비할 수 있다고 미국 국민들이 믿기를 바랍니다.

레이건이 집권한 이래로 우리는 시간당 1천8백만 달러를 국방비로 쓰고 있습니다.

올해 우리는 시간당 2천4백만 달러를 쓰고 있습니다.

내년에 레이건 대통령은 시간당 "고작" 2천7백만 달러를 사용하기를 원하고, 그 돈은 "유연한" 국방비라고 불리고 있습니다.

대통령이 그런 식으로 나간다면 1988년까지 국방비로 시간당 4천4백만 달러를 사용하게 될 겁니다. 그러면 모든 미국인은 국방비로 66퍼센트를 더 소비하고 가난한 어린이와 가난한 가정을 위해서는 22퍼센트 적게 소비할 겁니다. 레이건이 올해 군사비 명목으로 제안한 국방비 증액치의 한 시간분에 해당하는 비용만으로도 1년 동안 1만 9천 명의 어린이들에게 점심을 무료로 제공할 수 있습니다. 레이건이 제안한 국방비 증가액의 하루치 분량으로 약 50만 명의 저소득층 어린이들에게 1년 동안 점심을 무료로 제공할 수 있습니다. 일주일치 분량으로는 한 교실의 학생 정원을 25명으로 가정했을 때, 취학연령인 저소득층 어린이들을 위해 모든 교실에 번듯한 마이크로컴퓨터 한 대씩을 설치할 수 있습니다.

여러분은 희소한 국가 자원을 어떻게 쓰기를 원하십니까? 다음의 예시들 중에서 여러분은 어떤 선택을 하겠습니까?

• 한 대를 생산하는 데 1억 1천만 달러가 들면서도 여전히 숨겨 둘 장소를 찾지 못한 226MX 미사일을 한 대 더 구축하겠습니까? 아니면 1년에 10만 1천 가구에 달하는 여성 가장 가구의 빈곤을 제거하시겠습니까? 우리가 만약 MX 프로그램을 완전히 백지화한다면 가난한 어린이들 1천2백만 명의 빈곤을 퇴치할 수 있으며, 그러고도 돈이 남아 대학에 가지 못하는 미래의 엔지니어, 수학자, 그리고 과학자 30만 명에게 대학 학비를 지원할 수 있습니다. 어디에 투자하는 것이 장기적인 국가 안보를 위해 좋다고 생각하십니까? 레이건 대통령은 빈곤 가정을 위한 가족 지원 안전망을 축소하고 MX 미사일을 구축하고 있습니다.

• 1년에 1억 달러를 군악대 백 곳을 지원하는 데 쓰시겠습니까? 아니면 교육 혜택을 받지 못하는 어린이 20만 명과 그들보다 조금 더 혜택을 받는 어린이들에게 읽기와 쓰기를 가르치는 데 쓰시겠습니까? 미국 고등학교 밴드들은 애국적인 행사에서 연주하는 것을 자원봉사 삼아 즐길 것입니다. 내기해도 좋

습니다. 레이건 대통령은 보충 교육 비용을 깎았습니다. 하지만 군부 밴드에
는 손대지 않았습니다.

•국무부가 와이키키 해변의 포트 딘 루시Fort Dean Russey에 있는 시가 1억
달러짜리 호화 호텔을 가지고 있는 게 좋을까요, 파는 편이 좋을까요? 아니면
가난한 산모들 모두에게 의료보험금을 지불하는 게 좋을까요? 분만 중인데도
병원 응급실에서 쫓겨나는 산모들도 있습니다. 레이건 대통령은 메디케이드
(Medicaid, 65세 미만의 저소득자와 신체 장애인을 위한 의료 보조 제도. 옮긴이)
비용을 삭감했습니다. 아무도 이 호텔 같은 군부의 사치를 규제해야 한다고
심각하게 제안하지 않습니다.

•한 대에만 2억 5천만 달러가 드는 B-1 폭탄 백 개를 생산한답니다. 그러나 9
대를 줄여 91대만을 생산한다면 (아홉 대분의 돈으로) 빈곤선 이하의 가난한
임산부와 어린이 모두에게 의료비를 보조할 수 있습니다. 여러분은 그렇게 하
는 것이 국가 안보에 위협이 된다고 생각하십니까?

•누구의 배고픔을 먼저 해소해야 할까요? 와인버거Casper Weinberger 장관
일까요? 아니면 탁아소의 가난한 어린이일까요? 와인버거 국방부 장관과 그
의 엘리트 동료들은 열아홉 명의 직원이 일하는 펜타곤의 개인 전용 식당에
앉아 식사 한 끼에 2달러 87센트를 지불하지만 우리 납세자들은 (그들의 식사
를 위해) 12달러 6센트를 지불합니다. 이 12달러 6센트면 일하는 엄마를 둔 탁
아소의 가난한 어린이들 40명에게 우유와 주스, 그리고 크래커로 오전 간식을
제공할 수 있습니다. 레이건 대통령은 이를 포기하도록 강요하고 있는 겁니
다. 와인버거 장관에게 펜타곤의 다른 네 곳의 직원 식당에서 식사하고 대신
백만 개의 식권을 가난한 어린이들에게 돌려주라고 촉구해야 합니다.

저는 군사적으로 불필요한 일은 시민에게 필수적인 일과 비교 검토해
야 하고, 국내 프로그램처럼 군사 프로그램에도 효율성과 유효성 같은

국가 목표를 판단하는 기준이 적용되어야 한다고 생각합니다. 그리고 또한 부유한 사람들이 경제 회복 부담의 상당 부분을 짊어져야 한다고 생각합니다. 그들은 그러지 않고 있습니다. (…)

여러분, 세상에 나가면 밑바닥 삶을 사는 사람들에게 계속 관심을 가지려 노력하십시오. 또한 문제를 해결하고 태도를 바꾸기 위해, 그리고 우리 사회에 필요한 변화를 가져오기 위해 필요한 것이 무엇인지를 이해하고 대담해지기를 바랍니다. 민주주의는 구경하는 스포츠가 아닙니다.

세사르 차베스,
캘리포니아 복지 클럽 연설[2]

1984년 11월 9일

농장 노동자들의 지도자인 세사르 차베스César Cháves는 애리조나에서 태어났고, 이주 노동자 캠프에서 자랐다. 1960년대 초 차베스는 〈전국농민노동자협회National Farm Workers Association〉 결성을 도왔다. 〈전국농민노동자협회〉는 나중에 〈미국농장노동자조합(UFW: United Farm Workers)〉으로 발전하는 〈미국농장노동자조직위원회United Farm Workers Organizing Committee〉의 전신이다. 차베스는 1968년 3월, 캘리포니아 포도 불매운동을 선언하면서 국제적인 주목을 받게 된다. 캘리포니아 생산자들의 노조를 무력화하려는 시도에 반기를 든 이 유명한 불매운동으로 농업 관련 산업은 수백만 달러의 손해를 입게 됐고 UFW는 역사적인 계약을 맺게 된다. 그러나 많은 생산자들이 계약을 어기거나 새로운 계약 협상을 거부했다. 다음은 차베스가 1984년 샌프란시스코에서 한 연설로, 차베스는 농장 노동자들의 정의를 향한 투쟁은 아직 미완성이라고 말하고 있다.

21년 전 9월, 살리나스 근교 101번 고속도로와 나란히 뻗어 있는 호젓한 철로에서 멕시코 계절 농장 노동자 서른두 명이 끔찍한 사고로 목숨을 잃었습니다.

이 계절 노동자들은 캘리포니아 농장에서 일하기 위해 멕시코에서 수입되었습니다. 계절 노동자들을 태운 버스는 평상형 트럭을 개조한 것으로,

화물 기차 앞으로 돌진해 그들을 죽음에 이르게 했습니다. 어떤 정부 기관
도 버스 개조는 허락하지 않았습니다. 운전자는 시야협착증을 가지고 있
었습니다. 대부분의 시체는 신원이 확인되지 않은 채 놓여 있었습니다. 그
들을 고용한 생산자를 포함해서 아무도 그들의 이름조차 몰랐습니다.

오늘날, 샌디에이고카운티의 토마토 농장은 가장 현대적인 농장 기술
을 사용하지만 그 근처에 사는 수천 명의 농장 노동자들은 나무 아래나
쓰레기, 혹은 사람들의 배설물 한가운데 같은 비참한 환경에서 살고 있
습니다. 그들이 잠자는 사이에 해로운 쥐들이 그들을 묾니다. 그들은 값
이 폭등한 식료품을 사기 위해 수마일을 걷습니다. 그리고 관개용 펌프
에서 물을 길어 옵니다.

많은 농장 지역에서 어린이 노동은 여전히 흔합니다. 북캘리포니아에
서 마늘을 수확하는 노동자의 30퍼센트가 미성년 어린이들입니다. 여섯
살 밖에 안된 어린이라 할지라도 노동자로서 자격이 있기 때문에 주에서
주관하는 조합 선거에서 투표를 합니다.

미국 전역에서 미성년 어린이 80만 명 정도가 가족과 함께 농작물 수
확을 합니다.

이주 노동자 아이들의 유아사망률은 다른 아이들보다 25퍼센트 높습
니다.

이주 노동자 아이들의 영양실조 비율은 전국 비율보다 10퍼센트 높습
니다.

미국인 평균 수명이 73세인 데 비해, 농장 노동자의 수명은 아직도 49
세입니다.

평생 동안 나는 하나의 꿈, 하나의 목적, 하나의 비전을 가지고 살았습
니다. 농장 노동자들을 하찮게 여기는 이 나라 농장 노동 제도를 전복하
는 일입니다. 농장 노동자들은 농기구가 아닙니다. 그들은 이용 후 버려

도 되는 짐 운반용 동물이 아닙니다. 그 꿈은 나의 청소년기에 생겨났고, 조직화 운동 초기에 더욱 커졌고, 지금은 더욱 활발해졌습니다. 그리고 공격받고 있습니다.

나는 평생 무엇인가를 이루려고 노력하는 다른 사람들과 별로 다르지 않습니다. 그 꿈은 나의 개인적인 생활에서 비롯됐습니다. 부모님이 겪는 일을 바라보며 캘리포니아에서 이주 농장 노동자로 살아야 했던 내 경험에서 비롯됐습니다.

그 꿈, 그 비전은 내가 개인적으로 겪은 인종주의, 희망, 그리고 공평하게 취급받고 멕시코 사람들이 재산이 아닌 인간으로 취급받는 것을 보고 싶은 열망에서 자라났습니다. 그것은 40년 전 캘리포니아 각지에서 나와 같은 피부색의 사람들이 영화 관람이나 음식점에서 식사하는 것을 거절당했을 때 느꼈던 화와 분노의 감정에서 자라났습니다. 그리고 생산자들이, 우리의 수는 이렇게 많고 저들은 적은데, 농장 노동자들을 어떻게 학대하고 착취할 수 있는지 이해할 수 없었던 소년이 느꼈던 절망과 모욕감에서 자라났습니다.

훗날 1950년대에 나는 다른 종류의 학대를 경험했습니다. 캘리포니아의 산호세San Jose와 다른 도시 공동체에서 우리 멕시코계 미국인들은 앵글로 주류의 지배를 받았습니다. 나는 다른 소수민족들이 이미 알고 있던 사실을 깨닫기 시작했습니다. 즉 유일한 해답과 유일한 희망은 조직에 있다는 것 말입니다.

우리 중 더 많은 사람이 시민이 되어야만 했습니다. 우리는 유권자 등록을 해야만 했습니다. 나 같은 사람은 멕시코계 미국인들을 조직하고, 교육하고, 그들에게 권한을 주는 일을 돕기 위해 필요한 기술을 고안해야만 했습니다.

나는 이 조합이 설립되기 전 수년 동안 사람들과 일하는 방법을 배우며 보냈습니다.

우리는 유권자 등록, 정치, 인종차별 투쟁에 있어서 일부 성공을 거뒀습니다. 흑인들이 막 민권운동을 주장하기 시작하고 히스패닉들 사이에 정치적 의식이 거의 없을 시기에 그런 성공을 경험했습니다. 하지만 나는 농장 노동자 조합을 조직할 수 없다면 절대로 행복할 수 없음을 가슴 뼈저리게 느끼고 있었습니다. 성공하리라는 확신은 없었습니다. 하지만 나는 노력해야만 했습니다.

도시에 사는 사람과 농촌에 사는 사람, 젊은이, 노인, 모든 히스패닉들은 농장 노동자의 경험에 연루되어 있습니다. 우리 모두는 밭에서 살아왔고 우리 부모님들도 그러했습니다. 우리는 그 굴욕을 함께 나누었습니다. 우리 같은 피부색의 남녀 농장 노동자들이 저주를 받으며 자긍심 없는 삶을 살아야 한다면 도시에 살지라도 우리가 어떻게 인간으로서 진보할 수 있겠습니까? 이 나라에서 우리의 역사를 대변하는 농장 노동자들이 자존심을 지킬 수 없다면 우리가 어떻게 인간으로서 진보할 수 있겠습니까? 이 치욕과 불의가 계속해서 허용된다면 어떻게 우리가 우리 아이들이 변호사, 의사, 판사, 기업인이 될 수 있다고 믿을 수 있겠습니까?

우리 조합을 공격하는 사람들이 가끔 "이건 진정한 노동조합이 아니다. 이건 다른 거다. 사회운동이다. 민권운동이다. 이건 위험한 거다"고 말합니다.

그들이 하는 말의 반은 맞습니다.

〈미국농장노동자조합(UFW)〉은 첫째로 노동조합입니다. 다른 조합처럼 조합입니다. 회원들의 생계 문제를 해결하지 않으면 생존할 수 없는 조합입니다. 그러나 UFW는 늘, 만약 인권선언을 믿는다면 전혀 위협적이지 않은, 조합 이상의 무엇이었습니다. UFW는 단지 시작이었습니다! 우리는 우리 사람들이 이 나라에서 감당하며 살아온 치욕과 오욕의 역사적 근원을 공격했습니다. 우리는 불평하거나 구걸하지 않고 빈곤과의 전쟁에서 전사가 되지 않으면서 바로 그 불의를 공격했습니다.

우리는 조직했습니다!

농장 노동자들은, 주류가 지배하고 집단적 협상이 학문적 이론이나 정치적 수사보다 더 중요하다고 여겨지는 민주주의 사회에서, 우리 스스로를 희생자로 만들고 있음을 깨달았습니다. 그리고 이 역사적 문제에 역점을 둠으로써 우리는 미래를 창조할 수 있는 우리 민족의 자신감과 자존감, 그리고 희망을 만들어 냈습니다.

노동조합이 가시화된 이후, 바로 그 시기가 왔을 때, UFW의 생존과 존재는 내 마음속에 의심의 여지없이 자리 잡게 되었습니다. 멕시코계 미국인 다수가 대학에 들어가기 시작했을 때, 공직에 출마하는 히스패닉의 수가 증가하기 시작했을 때, 전국에 걸쳐 여러 공동체가 우리 민족의 광범위한 문제에 대해 자신들의 권리를 주장하기 시작했을 때 말입니다.

조합의 생존, 바로 그 자체가 모든 히스패닉에게 다음 같은 신호를 보냈습니다.

우리는 우리의 존엄을 위해서 싸우고 있다.

우리는 불의에 도전하고 극복하고 있다.

우리는 우리 가운데 가장 교육받지 못한 사람에게, 가장 가난한 사람에게 권한을 주고 있다.

메시지는 분명했습니다. 농장에서 일어난다면 도시에서든, 법정에서든, 시 위원회에서든, 주 입법부에서든, 어디서든 일어날 수 있다는 메시지 말입니다.

당시에는 조합의 진가를 진정으로 알지 못했습니다. 하지만 노동조합의 출발은 이제 겨우 기미를 보이기 시작한 히스패닉들 사이의 엄청난 변화를 알리는 신호였습니다.

나는 이 나라 곳곳을 여행했습니다. 생업에 있는 수천 명의 사람들, 다양한 사회적·경제적 계층의 사람들을 만나고 얘기했습니다.

나이와 지위에 상관없이 모든 히스패닉들에게서 가장 자주 듣는 말은 농장 노동자들 덕분에 자신들도 성공할 수 있다는 희망과 변화를 위해 일할 수 있는 영감을 가지게 됐다는 말입니다. 히스패닉이 아닌 다른 많은 사람들도 이에 동의합니다.

때로 여러분들은 노동조합이 약하고, 지지하는 이들도 없으며, 충분히 빠르게 성장하고 있지 않다는 말을 우리의 적들에게서 들을 겁니다. 우리의 사망 기사도 수차례 보도됐습니다. 노동조합이 영향력이 없다고 열정적으로 주장하는 사람들이 우리에게 대항해 계속 열심히 싸우는 사람들이라는 사실은 매우 아이러니합니다.

농업에서 조합의 힘은 조합에 가입한 농민 노동자의 수와 무관합니다.

이는 민주당 정치가들의 배를 불리는 농장 노동자들의 능력과도 무관합니다.

성공적인 불매운동을 벌이는 우리의 능력과도 크게 관련이 없습니다.

노동조합이 있든 없든, 전 산업체는 우리가 존재한다는 그 이유만으로 임금 인상, 작업환경의 개선, 노동자 권익 향상을 위해 매년 수백만 달러를 쓸 수밖에 없습니다. 우리가 약하고 우리가 하는 일이 성공적이지 않다면 왜 생산자들이 그렇게 열심히 우리와 싸우겠습니까? 농장 노동자들이 조합에 가입하지 않았다 할지라도 우리가 존재하는 한, 우리의 존재 자체가 노동자들에게 이득이 되기 때문입니다.

우리 회원이 10만 명이든 50만 명이든 문제가 되지 않습니다. 실제로 캘리포니아 농장 노동자 수십만 명과 다른 주의 농장 노동자들이 우리의 활동 덕분에 더욱 잘삽니다. 그리고 농업에 종사하지 않는, 캘리포니아 전역과 미국 전역의 히스패닉들도 더 잘삽니다. 농장 노동자들이 그들에게 조직에 대해, 자존심과 힘에 대해, 자신의 삶을 스스로 통제하는 것에 대해 가르쳐 주었기 때문입니다.

농장 노동자들의 자녀와 손자 수만 명과 가난한 히스패닉 아이들이 농장과 스페인어를 일상으로 쓰는 바리오스(barrios, 스페인, 혹은 스페인어권에서 도시의 한 구역을 일컫는 말. 옮긴이)에서 나와 전문직과 기업, 그리고 정계에 진출하고 있습니다. 이는 거스를 수 없는 흐름입니다!

우리 조합은 남서부 지역 멕시코계 미국인들의 능력을 신장시키는 힘으로 영원히 존재할 겁니다. 이는 우리의 힘과 영향력이 점차 커질 것이며 줄어들지 않을 것임을 의미합니다.

두 가지 경향이 우리에게 희망과 용기를 줍니다.

우리 조합은 농장 노동자들의 비폭력 무기 창고에서 이미 시도되고 검증된 바 있는 무기를 집어 들었습니다. 바로 불매운동입니다! 1975년 캘리포니아에서 "농업노동관계법Agricultural Labor Relations Act"이 발효된 후, 우리는 이 법에 보조를 맞추기 위해 불매운동을 중단했습니다.

1970년대 초중반기, 미국인 수백만 명이 우리의 불매운동을 지지했습니다. 1975년 이후 우리는 "농업노동관계법" 아래서 불매운동을 멈추고 조직을 형성해 선거에서 승리하는 것으로 우리 노력의 향방을 바꿨습니다. 이 법은 농장 노동자들이 빈곤과 불의를 극복하고 앞으로 나아갈 수 있도록 도왔습니다.

농장 노동자들이 노동조합의 보호를 받는 회사에서 우리는 어린이 노동을 없애고, 비참한 임금과 작업환경을 개선하고, 여성 노동자들을 성적으로 학대하지 못하게 하고, 사람들과 우리가 먹을 음식물에 유해한 농약 살포를 중지시키는 데 성공했습니다. 우리가 조직되는 곳에서는 이러한 불의들이 곧 역사 속으로 사라집니다.

그러나 공화당 주지사 조지 듀크메지안George Deukmejian 밑에서는 조직권을 보장하는 법이 더 이상 농장 노동자들을 보호하지 못합니다. 그 법은 더 이상 작동하지 못합니다!

1982년 기업농들은 듀크메지안에게 캘리포니아 주지사 후보로 나가라며 1백만 달러를 줬습니다. 듀크메지안은 주지사에 당선된 뒤 기업농들에게 진 빚을 캘리포니아 농장 노동자들의 피와 땀으로 갚았습니다. 듀크메지안은 법을 어기는 사람들에게 불리하게 쓰여진 법을 시행하는 대신, 법을 어긴 기업농들을 위해 자신이 지명한 사람들(법관들)에게서 도망칠 수 있는 피난처를 제공합니다.

이 모든 것들이 농장 노동자들에게 무엇을 의미합니까?

이는 자유선거에서 투표권이 수치라는 걸 뜻합니다!

이는 동료 노동자들끼리 노동조합에 대해 자유롭게 말할 수 있는 권리가 잔인한 속임수임을 의미합니다!

이는 기업농들의 협박과 위협에서 자유로울 권리가 공허한 약속임을 의미합니다!

이는, 여러분이 농장의 날품팔이 노동자가 아니라, 여러분의 고용주와 동등한 사람으로 협상 테이블에 마주 앉아 협상할 권리가 있다는 말이 사기임을 의미합니다!

이는 고용주가 법을 어겼기 때문에 밀린 임금 수백만 달러를 받지 못한 수천 명의 농장 노동자들이 아직도 자신들의 수표를 기다리고 있음을 의미합니다!

이는 자유선거를 거쳐 UFW의 대표로 선출된 농장 노동자 3만 6천 명이 아직도 선의의 협상을 거부하고 있는 기업농들과 계약하기를 기다리고 있음을 의미합니다!

이는 농장 노동자들에게 어린이 노동이 계속될 것임을 의미합니다!

이는 유아 사망이 계속될 것임을 의미합니다!

이는 우리 어린이들이 계속 영양실조에 시달릴 것임을 의미합니다!

이는 짧은 수명과 비인간적인 생활과 작업 조건이 계속될 것임을 의미합니다!

이런 것들이 거짓 협박인가요? 과장인가요?

아직도 선의의 협상을 하고 계약서에 서명하기 위해 기업농들을 기다리고 있는 농장 노동자들에게 물어보십시오!

노동조합을 지지한다고 말했다는 이유로 해고당한 농장 노동자들에게 물어보십시오!

UFW를 지지한다는 이유로 신체적 폭력의 위협을 당하고 있는 농장 노동자들에게 물어보십시오!

노동조합을 지지했다는 이유로 작년에 총에 맞아 죽은, 프레스노 출신의 젊은 농장 노동자 르네 로페스의 가족에게 물어보십시오! (…)

역사와 운명은 우리 편입니다. 농장 노동자와 그들의 아이들, 그리고 히스패닉과 그들의 아이들은 캘리포니아의 미래입니다. 그리고 기업농들은 과거입니다!

기업농과 제휴하고 농장 노동자들과 히스패닉에게 반대하는 정치가들은 크게 당황합니다.

그들은 정치에서 자신들의 경력을 쌓고 향후 20년에서 30년 동안 세력을 유지하기를 바랍니다.

그러나 지금부터 20년, 30년 후 모데스토Modesto, 살리나스Salinas, 프레스코Fresco, 베이커필드Bakerfield, 임페리얼벨리Imperial Valley 등 캘리포니아의 큰 도시 대부분은 기업농과 그들의 자손이 아니라 농장 노동자들과 그들 자손의 지배를 받게 될 겁니다.

이러한 경향은 멈출 수 없는 역사적 힘의 일부입니다! 어떤 사람도 어떤 조직도 이에 오랫동안 저항할 수 없습니다. 이는 불가피합니다! 일단 사회가 변화하기 시작하면 돌이킬 수 없습니다.

읽을 줄 아는 사람을 교육시키지 않을 수 없습니다. 자존심이 뭔지 아는 사람을 굴복시킬 수 없습니다. 더 이상 두려워하지 않는 사람을 억압할 수 없습니다.

우리의 적은 우리가 건설한 것이 노동조합만이 아니라는 사실을 이해해야 합니다. 다른 기구처럼 노동조합은 생기기도 하고 없어지기도 합니다. 그러나 우리는 단순한 기구 이상입니다. 거의 20년 동안 우리 조합은 사람들의 대의를 이끌었습니다. 그들은 이 모든 사람들을 없앨 수 없습니다. 그들은 사람들의 대의를 짓밟을 수 없습니다.

노동조합의 미래가 어떻든 농장 노동자들의 미래가 어떻든 우리는 우리의 과업을 이뤄 낼 것입니다! "라 코사La Causa", 우리의 대의는 두 번 경험할 필요도 없습니다. 우리 조합이 고양한 의식과 자존심은 여전히 살아 있으며, 농장에서 결코 일하지 않을 히스패닉 젊은이 수백만 명의 내면에서도 번성하고 있습니다!

다른 이민 집단처럼, 우리도 사회에서 우리에게 합당한 경제적·정치적 보답을 받을 날이 올 겁니다. 정치가들이 자비나 이상주의가 아니라 정치적 필요 때문에 우리에게 타당한 대접을 할 날이 올 겁니다.

그날이 올해에는 오지 않을지도 모릅니다.

10년 안에 그날이 오리라는 보장도 없습니다.

그러나 언젠가는 올 겁니다!

"마지막에 온 자가 처음이 될 것이고 처음 온 자가 마지막이 될 것이다." 그날이 오면 우리는 신약성경 마태복음에 나오는 이 구절이 실현되는 광경을 보게 될 겁니다.

그리고 바로 그날, 우리나라는 자신의 강령을 완수할 것이며, 그 결과 우리 모두는 풍요로워질 겁니다.

이스마엘 과달루프 오티즈의
푸에르토리코 비에케스에 관한 증언[3]

1979년 10월 2일

1898년 푸에르토리코를 장악한 후 미국 정부는 필요할 때마다 푸에르토리코를 군사 목적으로 사용하면서 식민지 취급했다. 쿨레브라Culebra와 비에케스Vieques의 푸에르 토리코 섬들은 폭탄 실험지로 사용됐다. 그 결과 사람들은 고향을 떠났고, 교외 지역은 황폐화됐으며, 많은 사람들이 죽었다. 오랫동안 저항한 덕분에 마침내 1975년, 쿨레브라에서 폭탄 실험은 중지됐다. 그러나 주민들은 오용 기간 동안 배출된 독성의 폐기물들이 아직 깨끗이 처리되지 않았다고 불평했다. 행동가들은 비에케스에서도 비슷한 투쟁을 전개했다. 다음은 1979년에 비에케스 교사가 이 투쟁에 관하여 진술한 내용이다. 연사인 이스마엘 과달루프 오티즈Ismael Guadalupe Ortiz는 1964년에 비에케스에서 처음으로 미 군부에 저항하는 운동을 조직했다. 그리고 다음의 연설 후 체포되었다. 1999년 해군 폭격으로 비에케스의 시민인 데이비드 세네스David Sanes가 죽었다. 4년 뒤인 2003년에는 비에케스 독립운동이 일어나 이 섬은 더 이상 미국 군부의 군사 실험지로 사용할 수 없게 됐다.

내 이름은 이스마엘 과달루프 오티즈다. 나는 서른다섯 살이다. 나는 평생 동안 비에케스에 살았다. 지난 13년 동안 나는 비에케스의 공립 고등학교 교사였다.

수년 전 나는 비에케스 형제들의 평화롭게 살 권리를 지키기 위해 투쟁하기 시작했다. 1978년부터 나는 〈비에케스구출운동Crusade to Rescue

Vieques〉의 단장 중 한 명으로 활동하고 있다. 다양한 정치 이념과 종교 철학을 가지고 다양한 사회적 지위에 있는 비에케스인들이 이 운동에 참여하고 있다. 이들에게는 미 해군에 대항해 가장 효율적인 투쟁을 전개하기 위해 단합해야 할 책임이 있다. 내가 미국 해군에 저항한 비에케스 투쟁에 대해 말할 때, 그리고 이 땅에서 무장한 군대의 주둔이 무엇을 의미하는지에 대해 말할 때, 나는 사실에 근거해 얘기하고 있는 것이다.

내가 태어나기 전부터 미 해군은 우리 땅을 점령하고 있었다. 내가 태어났을 때 라이스라네나La Isla Nena는 이미 미 해군에 의해 물리적으로 점령되어 분리된 상태였고, 이것이 오늘 우리가 피고인으로 여기에 오게 된 이유일 것이다.

오늘 나는 피고인이 아니라 고소인으로 이곳에 왔다. 나는 모든 비에케스인에게 저지른 범죄를 공모한 혐의로 푸에르토리코에 있는 미 해군과 미국 법정을 고소한다. 그들이 저지른 범죄는 우리 아메리카 사람들이 겪은 학대 중 가장 악랄하다.

나는 과장하는 것이 아니다. 나는 미국 해군과 그들의 법적 기관, 그리고 연방 법원을, 이 땅에 사는 수천 명의 재산을 몰수하고 그들을 거리로 내동댕이친 혐의로 고소한다. 그리고 지금, 미군이 주장하는 보상은 그들이 〔우리에게〕 해야 할 보상이다. 내 고소 사항을 입증해 줄 증인은 누구인가? 우선 내 부모님, 나르시소 과달루프 과달루프Narciso Guadalupe Guadalupe와 메르세데스 오티즈 말도나도Mercedes Ortiz Maldonado는 재산을 몰수당한 희생자였다. 다음으로 지금까지 살아 있으면서 1940년대가 어떠했는지를 증언할 수 있는 비에케스인 수백 명을 증인으로 요청한다. 아기를 낳으려 할 때 불도저가 집을 쓰러뜨리며 지나가는 바람에 사탕수수 밭에서 아기를 낳아야만 했던 여자들을 증인으로 요청한다. 아침에 눈을 떴을 때, 자신과 가족의 생계를 위해 경작할 땅이 한 조각도 남아 있지 않다는 사실을 알게 된 남녀들을 증인으로 요청한다.

나는 나의 이야기를 일반적인 이야기와 재산상의 피해에 국한하려는 것이 아니다. 나는 생명, 즉 미 해군의 학대와 범죄로 잃어버린, 그리고 계속해서 잃게 될 소중한 비에케스인들의 생명에 대해 말하고자 한다. 나는 술 취한 해병의 손에 살해당한 비에케스인들, 그리고 지금 내가 고소하고 있는 바로 그 미 해군이 남긴 폭탄에 숨진 비에케스인들 수십 명 이상을 알고 기억한다. 모든 비에케스인들은 열두 살 난 소년 쿨토 레그란Chulto Legran의 죽음을 기억한다. 쿨토레그란은 미 해군이 우리 땅에 남기고 간 폭탄 중 하나에 희생당했다. 이 사건은 1953년에 일어났다. 어른들이 우리에게 해군이 주둔했던 지역에서 알레한드로 로사도Alejandro Rosado의 시체가 어떤 모습으로 발견되었는지 얘기했다. 로사도의 머리는 아래를 향하고 발은 위를 향한 채 묻혀 있었다. 이 일은 1940년대 초에 일어났다. 1954년 4월에 일어난 펠리페 프랜시스 크리스티앙Felipe Francis Christian의 살해는 아직도 우리 기억 속에 생생하다. 어른들은 해군 폭탄의 희생자인 아나스타시오Anastasio와 도밍고 아코스타Doming Acosta 부자에 대해 우리에게 말한다. 후앙 메이소넷Juan Maysonet, 헬레나 홀러데이Helena Holiday, 그리고 더 많은 사람들이 희생자, 살과 피, 그리고 이름과 성이라는 연쇄 고리로 이어진다.

우리는 1952년, 1958년, 1964년, 그리고 1968년의 소위 폭동들도 기억한다. 이 폭동들은 술 취한 해군 무리가 마치 미개인처럼 우리 민간인들을 습격한 사건에 지나지 않는다.

이 모든 범죄들은 처벌받지 않은 채 넘어갔다. 범죄자들은 자유롭게 배회하고 이 법정뿐만 아니라 어떤 법정도 그들을 재판하지 않았다. 그런데도 오늘 당신들은 미 해군들이 비에케스 섬에서 저지른 불의에 저항하기 위해 〈비에케스구출운동〉에 가담했다는 이유로 나와 나의 비에케스 형제들을 재판하고 있다.

개인에게 저지른 범죄들 외에도 이 섬에 사는 8천 명의 비에케스인들에게 저지른 집단 범죄가 있다. 미 해군은 우리가 경제 발전을 위해 소유했던 3만 3천 에이커의 땅 중에서 2만 6천 에이커를 빼앗았다. 그리고 무력으로 우리 땅을 점령한 그들은 수백 명의 생계를 책임지는 바다 낚시를 못 하게 하고, 하늘과 땅에서의 운송을 방해했다.

비에케스인들은 두 개의 군사기지 사이에, 폭발물 창고 사이에 갇혀 있다. 그리고 폭격과 총격에 에워싸여 살다가 서서히 자신들의 땅을 떠나, 강요된 추방길에 오른 비에케스인이 수천 명에 이른다.

우리는 실업이 야기하는 심각한 문제, 어린이들과 비에케스 젊은이들에게 아무것도 제시하지 못하는 교육 체제에 관해서도 계속 말할 수 있지만, 더 이상 말하지 않겠다.

내가 비에케스 사람으로서, 푸에르토리코인으로서, 두 아이의 아버지로서, 지금 우리나라 사람들 편이라는 사실을 진정으로 자랑스럽게 느낀다고 말하는 것으로 충분하다. 그러면 내 아이들은 과거 나의 비에케스가 현재 그들의 비에케스와 다르기를 바랐기 때문에 내가 죄수가 된 것이라고 말할 수 있을 것이다. 나는 그들, 또는 이 작은 섬의 어떤 아이들에게도 이 땅이 외국인의 변덕에 따라 난폭하게 파괴되거나 총을 맞는 그런 곳이 되기를 원하지 않는다고 말하는 것으로 충분하다. 나의 아이들과 그들의 어린 친구들에게 오늘의 이 학대가 과거의 일이 되는 것으로 충분하다. 또는 비에케스에서 일어났던 일을 학교에서 가르치며 이런 일이 다른 곳 어디에서도 다시는 일어나지 않게 한다면 그것으로 충분하다. 이것이 내가 싸우는 이유다.

내 죄는 내가 태어나고 평생 살아온 땅 위를 걸은 죄다. 이곳 미국 해군의 학대와 불의에 대항해 푸에르토리코 사람들과 비에케스 형제들과 함께 싸운 게 내 죄다. 이런 죄목으로 내가 이 법정에서 재판을 받고 있는 것이다. 푸에르토리코 미국 정부의 이익과 결과적으로 그 정부의 해군의 이익을 대변하는 이 법정에서 말이다. 이 법정은 며칠 전 비에케스인 8천 명이 평화롭게 살 권리보다 해군이 발사하고 폭격할 권리가 더 중요하다고 판결했다. 이 외국 법정은 나를 재판할 도덕적·법적 권한을 가지고 있지 않다. 푸에르토리코인으로서 오늘 우리 사람들을 공격하는 침입자의 법정에서 나는 정의를 발견할 수 없다.

이 법정은 오늘 나를 감옥으로 보낸다. 하지만 밖에는 투쟁을 계속할 수천 명이 남아 있고, 그 투쟁은 우리 모두의 투쟁이다.

P-9 파업자와 후원자들이 1985년에서 1986년까지 미네소타 오스틴에 있는 〈호멜〉에 대항해 일으킨 도축 공장 파업에 관한 회고[4]

1991년

1984년 후반, 〈미국식품업노동자조합(UFCW: United Food and Commercial Workers)〉은 미네소타 오스틴에 있는 도축 회사 〈호멜Hormel〉이 임금과 연금 삭감을 단행하자 이에 대항하여 연합 운동을 시작했다. 1985년 8월, 국제 노동조합 간부들은 양보하라는 압력을 가했지만 오스틴 지부 조합원 90퍼센트 이상이 파업에 찬성표를 던졌다. 다른 노동조합원들도 이 파업에 폭넓게 연대했다. 그들 중에는 〈호멜〉의 다른 공장 밖에 세운 이동 피켓라인에 관여했다가 총에 맞은 사람도 있었다. 노동사가 피터 레이크레프Peter Rachleff는 자신의 책 『중심에서 쫓겨난 사람들Hard-Pressed in the Heartland』에 다음과 같이 썼다. "UFCW와 AFL-CLO 모두 P-9 지부가 다른 노조 활동가들과 일반 조합원들에게 위험한 사례가 될 수 있음을 눈치챘다. P-9은 곧 민주주의와 구성원의 참여, 국제 노동조합이 정한 의제나 전략에 상관없이 양보를 요구하는 집단에 반대하려는 의지, 그리고 지부를 수직적이고 관료적으로 지배하려는 국제 노동조합을 위협하는 '수평적' 연대의 상징이 되었다. 1986년 조합의 중앙 지부는 P-9 지부를 관리 상태로 놓고 잘못된 계약을 받아들이도록 강요했다. 결국 패배하고 만 이 파업은 어떻게 고용주의 힘이 조합을 분열시키고 자신들의 이윤을 유지하는가를 보여 준 고전적인 예다. 다음 글에서는 몇몇 파업 참여자들이 〈호멜〉에 대항한 투쟁과 그 교훈을 회고하고 있다.

짐 가이에테JIM GUYETTE 나는 오스틴에서 태어나고 자랐다. 여기는 나의 고향이다. (…) 나는 1968년 7월부터 〈호멜〉에서 일하기 시작했다. 1978

년 노동조합이 회사와 양해 각서를 둘러싸고 협상을 하면서 나는 조합에서 적극적으로 활동했다. 우리는 새로운 공장을 짓기 위해 노동자가 무이자로 회사에 자금을 융자해 주고 대신 회사는 노동자의 임금을 절대로 삭감하지 않을 것이라는 내용에 합의했다. 나는 "은행이 나보다 더 돈이 많은데 회사는 왜 우리에게 돈을 빌리려고 하는 거지?"라고 물었다.

우리는 양해 각서에 찬성하는 표를 던져야 한다고 들었다. 하지만 회사도 노조 간부도 양해 각서의 모든 내용을 우리에게 말하지 않았다. 이는 경영자들이 자신들이 원하는 대로 경영하기 위한 해금 조치임이 판명됐다. 양해 각서는 이익에 있어서 양보를 의미했다. 이는 작업의 모든 국면을 용인한다는 것을 의미했다. 8년 동안 파업의 조짐은 전혀 없었고, 실제로 생산만 가속화됐다. 그 가속화로 많은 상해가 발생했다.

데니 밀리DENNY MEALY 나는 당시 〈호멜〉 부사장이었던 척 나이버그Chuck Nyberg가 텔레비전에 나와서 노동자들은 새 공장에서 그들이 옛날 공장에서 벌던 것보다 적게 받는 일은 절대로 없을 거라고 말했던 날을 명확하게 기억할 수 있다. 하지만 새 공장으로 옮긴 뒤 나는 일주일에 1백 달러씩 받던 장려금을 못 받았다. 삭감된 의료 혜택은 소급 적용됐다. 나는 개인적으로 나에게 발생한 의료비 43달러를 회사에 다시 돌려줬다. 양도 계약을 하고 새로운 공간으로 옮겨가기까지 그 일주일 사이에 약 160달러를 손해 봤다. 작업환경이 바뀌면서 상해율도 엄청나게 높아졌다. 회사는 예전의 그 회사가 아니었다.

짐 가이에테 노동조합 모임은 저녁에 열렸다. 그들은 우리 중에 밤에 일하는 사람들을 위해서 다음날까지 회의를 열려고 했다. 위원장과 간부

한두 명이 그곳에 앉아 전날 밤에 무슨 일이 있었는지 말하곤 했다. 우리 중 한 사람이 몸짓을 하면 그들은 이 모임은 단지 "형식적인 것"이며 우리는 질문만 할 수 있다고 말하곤 했다. 그러나 우리가 질문하면 그들은 싫어했고, 일어나 떠나려고 했다. 내가 저녁 회합에 가면 그들을 늘 나를 [발언] 순서에서 제외하려고 했다. 마침내 한 나이 많은 고참이 "이봐, 난 이 '순서 거르기'에 싫증이 난다고. 그도 우리처럼 조합비를 내고 있다고. 저 꼬마가 하려고 하는 말을 들어 보도록 하지"라고 말했다.

1981년 나는 운영 위원이었다. 우리는 협상 전 회합을 위해 시카고로 갔다. 그들은 우리에게 술을 잔뜩 먹이고 등을 마구 두드리며, 감투가 우리 머리에 맞지 않기 전까지 우리가 얼마나 훌륭한 지도자였는지에 대해 말했다. 그러고는 다른 사람 모두 그렇게 한다는 이유로 우리도 더 많은 것을 양보해야 한다는 각색된 협상안을 내놓았다.

음, 우리는 양보에 양보를 거듭했다. 1978년, 1979년, 그리고 1980년, 나는 내가 어디에서부터 출발했는지에 대해 꽤 많은 진술을 했다. 즉 회사가 돈을 벌지 못했다면, 나는 그들의 논리를 이해할 수 있었을 것이다. 하지만 전보다 훨씬 더 많은 돈을 벌면서 이윤을 남기고 있는 고용주에게 새로운 양해를 제출하는 이유를 알 수 없었다. 그런 회사의 기선을 제압할 논리도 찾을 수 없었다. 나는 단지 "봐라, 나는 너희들 바로 앞에서 말하겠는데, 돌아가서 사람들에게 이를 위해 투표하라고 말하지 않을 거다"라고 말했다. 그들은 "우리는 뭉쳐야 된다"고 말했다. 나는 "글쎄, 당신들이나 단결해라, 나는 소수 의견을 내겠다"고 말했다. 나는 그렇게 했고, 우리는 계약을 취소시키는 투표를 했다.

조합의 국제 지부는 만족하지 않았다. 그래서 우리는 다시 투표했다. 기본적으로 이는 "똑바로 투표할 때까지" 하는 투표였다. 음, 선거는 단지 치욕일 뿐이었다. 투표용지들이 대량으로 버려지기도 했다. 사람들은 한

번에 25개씩 떨어뜨렸다. 나는 다시 셀 것을 요구했다. 그러나 그들은 다음날 모든 투표용지를 없애 버렸다. 마침내 투표가 끝났고, 나는 문제를 일으키는 사람으로 낙인 찍혔다.

그런 다음 나는 1983년에 위원장 선거에 나갔다. 나의 적수는 존 앵커 John Ankor였다. 앵커는 지금 비조합원 위원장이고 피켓라인을 처음 넘어선 사람 중 한 명이었다. 선거 전에 나는 일반 조합원이 회원 중에서 선거 위원을 선택하게 하자는 운동을 했다. 나는 선거 위원회 위원장에게 직접 자물쇠를 사서 누군가 투표함에 [투표용지를 무단으로] 집어넣는 것을 막아 달라고 요청했다. 위원장은 그렇게 했다. 그런데 어찌된 일인가, 내가 이겼다.

내가 위원장직을 맡고 나서 조합의 구 지도부와 새로 온 친구들 사이에 분열이 있었다. 공장 전체에 "가이에테가 당선됐다. 하지만 운영 위원회가 모든 걸 지배하니까 아무 일도 못할 거다"라는 소문이 돌았다. 하지만 나는 회원들을 직접 찾아갔다. 우리는 사태를 변화시키기 시작했다. 우리 이야기가 일반 회원들에게 먹혀들었다. 우리는 최전선에서 사람들을 진심으로 대했으며, 솔직했고, 질문에 대해 우리가 알고 있는 한 최선의 대답을 했다. 나는 그것이 우리의 장점이라고 생각했다. 나는 그들이 정보를 갖는다면, 그들이 문제를 안다면, 일반적으로 올바른 결정을 할 거라고 확신했다. 그리고 노동자들이 알지 못했다면 노동자들은 틀릴 권리가 있었다.

내가 위원장직을 맡기 전에는 회의에서 정족수 35명을 채우기만 해도 다행이었다. 우리 조합 강당은 5백 명을 수용했다. 모든 사람과 대화하기 시작하자, 우리는 그곳에서 그들 모두를 만나기 위해 하루에 네 차례 미팅을 해야만 했다. 어떤 문제를 논의하기 시작하면 찬성과 반대로 갈라져 논쟁이 벌어졌다. 어떤 의견을 가졌든 모두에게는 자기 의견을 말할 기회가 있었다. 이는 전무후무한 일이었다.

세실 캐인CECIL CAIN 내가 〈호멜〉에 들어간 시기는, 짐 가이에테와 피터 윈켈스Peter Winkels, 그리고 일군의 다른 사람들, 이들 일반 조합원들이 지부를 인수했을 때다. 내가 기억하는 첫 번째 조합 미팅은 1984년 7월인가 8월에 있었다.

조합은 이미 아주 많은 양보를 한 상태였다. 이제 회사는 임금을 줄이겠다고 협박했다. 당시 나는 시간당 10달러 69센트를 받고 일했고, 이는 여전히 부족했다. 그래서 나는 그 미팅에 갔다. 나는 짐 가이에테가 회사가 우리에게 제시하려는 시간당 8달러 75센트 안을 상정했던 것을 기억한다. 하나님 맙소사, 2달러 인하라니! 세상에, 이 나라에서 제일 돈 잘 버는 정육 회사인데 말이다. 그들은 더 벌기를 원했다. 그들이 원한 건 5센트나 10센트도 아니었다.

나는 짐이 우리 생각을 물었을 때 믿을 수 없었다. 나는 위원장인 짐이 우리를 보살펴야 한다고 생각했다. 왜 그는 회사에 불만을 표하지 않는가? 나는 연단으로 곧바로 걸어갔다. 그리고 "나는 왜 당신이 수고스럽게 돌아와서 나에게 이런 말을 하는지 모르겠다"고 말했다. 하지만 나는 짐 가이에테가 일반 조합원들과 합의하지 않고서는 행동하지 않는다는 사실을 알게 됐다. 나는 이를 더 잘 이해했어야 했다. 그는 문제와 관련해 두세 가지 전망을 제시하고 "어떻게 하기를 원하는가?"라고 묻는다. 그는 파업 전에도, 파업 중에도, 그리고 오늘도 늘 그런 방식으로 일했다.

짐 가이에테 〈호멜〉은 모든 일을 아주 엄격하게 조정했다. 우리 마을 사람들은 이전까지는 분명 이렇게 완벽한 지배를 받아 본 적이 없다. 이제 그들은 어떻게 권력이 부패하는지, 어떻게 권력이 지배하는지, 어떻게 부자가 더 많이 가지려는 욕망을 버리지 못하는지, 그리고 어떻게 돈을 벌든 상관하지 않으며 누가 상처받는지도 상관하지 않는지를 잘 안다. 매년 노동자 100명당 202건의 상해가 일어날 정도다. 우리는 이처럼 사람들이 다치는 일을 더 이상 방관하고 있을 수 없었다.

데니 밀리　회사에 들어가서 처음 5년 동안은 가장 위험한 장소인 도축장에서 일했다. 그곳은 정육 산업에서 가장 위험한 일을 하는 곳이었다. 5년 동안 나는 196바늘을 봉합했고, 결국에는 손목을 재봉합하기 위해 수술을 두 번이나 받았다. 상해율이 엄청나게 높았다.

짐 가이에테　회사에서 일한 지 두 달도 채 안된 22살 난 젊은 여자들이 수근관 증후군(carpal tunnel syndrome, 손목의 수근관에 이상이 생겨 손저림 등의 증상을 보이는 것. 옮긴이)을 앓았다. 그들은 더 이상 자기 아이들도 들어 올리지 못했다. 서른 살, 혹은 서른두 살 된, 못을 집어먹을 정도로 크고 우람한 사람들도 무게가 10파운드(약 4.5킬로그램)밖에 안되는 상자를 들 수 없었다. 그러자 회사는 그들을 하디스Hardee's나 맥도날드McDonald's에서 햄버거 튀기는 일을 하도록 재교육시키고, 그들에게 자신들의 삶을 살아보라고 말한다. 사람들을 다 망가뜨린 후에 말이다! 우리는 양심상 방관할 수 없었다. 우리는 안전한 작업장을 만들기 위해서 〈호멜〉과 교섭을 시도했다. 그들은 우리에게 "싫다면 좋소. 이 조건으로 일하려는 사람들은 수두룩하니 말이요"라고 말했다.
우리는 일찍이 회사의 의도를 알아챘다. 파업이 시작되기 1년 전, 우리가 정면 대결을 하는 방향으로 가고 있음이 분명해졌다. 우리는 〈호멜〉과의 싸움을 피하기 위해 "좋다. 도박을 하겠다. 우리 임금을 당신들 이윤에 따라 받겠다. 1년 전보다 확실하게 더 많은 이윤이 나게 하겠다. 그렇지 못하면 임금을 깎아도 좋다"고 말했다. 회사가 우리에게 그걸로는 충분하지 않다고 말하는 데 1분 30초도 걸리지 않았다. 얼마만큼이 충분한 건지 물으면, 그들은 대답하지 않았다. (…)

세실 캐인 우리가 8월에 처음 파업을 했을 때 〈호멜〉의 태도는 "저들은 곧 지치고 굶주릴 거다"였다. 회사는 파업이 곧 끝날 것이라 "생각했다." 그렇지만 파업은 두세 달이 지나고 넉 달, 다섯 달이 지나도 끝나지 않았다. 우리는 정말 성공적으로 파업을 계속했다. 우리는 양보하려고 하지 않았다. 그렇지만 일주일에 40달러, 더 받아 봤자 25달러를 받으며 살기는 정말 힘들다. 그때 〈기업선전단Corporate Campaign〉은 우리에게 양가족Adopt-a-Family 프로그램을 제안했다. 우리는 11월 말에 전국에 있는 지부에 호소했다. 크리스마스에 이르러 우리는 응답을 듣기 시작했다. 성스러운 크리스마스, 그것이 당시 우리가 생존할 수 있던 방법이었다!

데니 밀리 〈호멜〉은 5개월 동안 문을 닫아야 했다. 우리가 이동 피켓을 효율적으로 활용한 덕분에 생산량도 줄어들었다. 1986년 1월 13일, 〈호멜〉은 오스틴 공장을 재개했다.

짐 가이에테 〈호멜〉은 공장을 파업 불참자들로 채우려고 했다. 우리 조합원들은 그들이 일하러 나가는 바로 그 시간에 똑같이 나갔다. 그들은 공장까지 차를 타고 오는 데 시간당 2마일(약 3킬로미터)을 겨우 움직였다. 미네소타 오스틴에 엄청난 교통체증이 있었다! 아무도 법을 실제로 어기지 않았고, 경찰은 짜증이 났다. (…)

데니 밀리 우리는 시민 불복종, 비폭력 항의를 하기로 했다. 우리는 전략적으로 공장 부지에 팔에 팔을 걸고 나타났다. 이 방법은 회사가 경찰을 부르기 전 며칠 동안은 성공적이었다. 경찰은 사람들을 무리에서 떼어내 즉시 체포했다. 사람들은 몇 차례 얻어맞고 땅으로 쓰러졌다. 우리는 연이어 세 차례에 걸쳐 체포됐다. 사람이 가장 많이 모인 날, 115명이 구속됐다. 우리의 수가 증가하면 경찰과 보안관 역시 주변 마을에 도움을 요청해 대원 수를 늘렸다. 그들은 최루탄과 경찰견을 사용했다. 우리가 완전한 비폭력 저항을 계획했을 때, 그들은 무력을 사용했다.

짐 가이에테 그래, 그들은 폭력을 사용할 필요가 있었다. 그래서 우리를 폭력적으로 만들려고 애를 썼지, 미친 사람들. 우린 절대 폭력을 사용하지 않았다. 오스틴에서 일어난 유일한 폭력은 회사, 경찰, 그리고 주 방위군이 저지른 것이다. 우리는 아주 처음부터 비폭력을 설파했다. 우리는 간디와 마틴 루서 킹에게서 아이디어를 얻었다. 우리는 수많은 회의를 거쳐 우리가 원하는 것이 무엇인지, 그리고 폭력을 사용하지 않고 어떻게 그것을 얻을 수 있는지 많은 시간 동안 이야기를 나누었다.

캐롤 코우CAROL KOUGH 나는 대부분의 시간을 피켓라인에 있었다. 기본적으로 모든 사람이 한 일은 서로 팔에 팔을 거는 일이었다. 그들은 서로 팔을 끼고 평화롭게 서 있었다. 테리 아렌스Terry Arens가 맨 먼저 체포됐다. 테리는 경관에게 이렇게 말했다. "우리는 아무 잘못도 하지 않았다. 우리는 폭력적이지 않다. 나는 너희들도 똑같이 비폭력적이기를 바란다"고 말이다. 그 말이 경찰을 자극했다. 경찰은 "저 녀석을 잡아"라고 말했다. 테리는 경관들이 너무 세게 잡아당겨서 팔이 어깨에서 빠지는 줄 알았다고 말했다. 경찰들이 그를 잡아떼지 못하자, 그 경찰은 테리의 눈을 손가락으로 찌르는 방법을 동원해 잡아당겼다. 테리는 덩치가 컸지만 경찰들은 그를 땅바닥으로 끌어내렸다. 테리는 눈을 다쳤다.

그런 다음 경찰들은 사람들을 공격하기 시작했다. 그들은 여러분을 갈가리 찢을 수 있는 경찰견을 데려왔다. 그들은 P-9 사람들에게 무슨 일이 일어나든 전혀 상관하지 않을 것이라는 생각이 들었다. 그건 정말 두려운 생각이었다. 그렇지만 그것이 바로 사람들이 느낀 감정이었다. 그들은 정말 우리가 다쳐도 전혀 개의치 않았다.

세실 캐인 처음에는 우리가 이기고 있었다. 그곳에 모인 우리는 4~5백 명을 넘어 6백 명 정도였다. 우리는 효율적으로 휴업을 유지했다. 그곳에 가서 효율적이려면 문마다 피켓을 세 개만 들 수 있다는 지령을 따르면 된다. 사실상, 그들은 피켓을 금지했다. 나도 똑같은 다툼을 겪었다. 그러자 그들은 사람들을 잡아끌기 시작했고, 잡아갔다. 라디오에서는 "폭력!", "폭도들!" 하는 소리가 들린다. 주 방위군이 온다. (…)

캐롤 코우 그들은 뻔뻔하게도 주 방위군이 필요했던 이유 중 하나는 한 노동자가 회사 소속 사진사를 물리적으로 공격했기 때문이라고 주장했다. 나는 그날 아침 출입문에 있었다. 교통은 양방향으로 잘 순환되고 있었고, 게다가 사람들은 일하러 가고 있었다. 그곳에는 파업자들과 파업 불참자들이 섞여 있었다. 〈호멜〉에서 나온 사진사는 고의적으로 소동을 일으켰다. 경찰 보고서를 봐도 경찰들 역시 이 사진사가 의도적으로 선동한 것을 인정했다. 사진사는 차에서 나와 P-9 파업자 중 한 명을 때리고 발로 찼다. 그러자 맞은 사람이 그를 다시 발로 찼다. 사진사는 차를 몰고 회사 사무실로 갔다. 사무실 사람들은 사진사가 다쳤다고 생각하고는 갑자기 그를 앰뷸런스에 태웠다. 그렇지만 사진사는 차를 몰고 사무실에 갈 수 있었고, 아무 문제없었다. 나는 아직도 그때 일어난 일의 진행 방식을 보면 그건 계획된 일이었다는 생각이 든다. 정말 그렇게 생각한다. 그들은 "물리적 충돌"이 그들이 주 방위군을 부른 이유 중 하나라고 말했다.

데니 밀리 주 방위군은 바로 북쪽 출입문 한 개를 제외하고 모든 출입문을 막았다. 그런 다음 그들은 깔때기 모양에 가까운 V자 형을 형성했다. 그러고는 90번 주간 고속도로에서 출입문까지 직진했다. 아무튼 그들은 노동자들, 파업 불참자들을 공장에 들여보냈다. 〈호멜〉이 이 "사설 보안 병력"에 지불한 경비는 3백만 달러가 넘는 미네소타 납세자들의 세금으로 충당됐다.

우리는 차로 그 출입문을 막고 통로를 좁게 만들어 방해하기로 결정했다. 교통이 정체되기 시작했다. 이제 고속도로 순찰대도 관여했다. 〈호멜〉은 순찰대로 하여금 그들의 자동차를 견인트럭으로 이용하도록 할 수 있는 정치적 힘이 있었다. 그들은 다리 위의 차들을 중앙선을 넘어 교차로에 이를 때까지 밀었다.

세실 캐인 나는 네브래스카 퍼몬트에 있었다. 나는 이동 피켓을 들고 있었고 얼어 죽는 줄 알았다. 나는 이곳으로 돌아왔고, 주 방위군이 온다는 소식을 들었다. 그들은 세인트 에드워드 교회에 주둔했다. 경찰들은 교회를 그냥 점령해 버렸다. 나는 차를 몰고 바로 주간 고속도로로 갔다. 커다란 주 방위군 트럭과 방패를 가지고 밖에 서 있는 군인들을 봤다. 그런 광경은 우리와 무관한 다른 곳, 텔레비전에서나 볼 수 있는 광경이었다. 내가 살고 우리 아이들이 학교를 다니는 곳에서는 볼 수 없는 광경이었다. 우리는 아무 짓도 하지 않았다. 우리는 아무도 다치게 하지 않았다. 우리는 "그들이 그런 짓까지 할 리는 없어 그렇지?"'라고 말했다.

우리는 "그들이 그런 짓까지 할 리는 없어, 그렇지?"라고 말하곤 했다. 우리는 더 이상 그 말을 하지 않는다. 누군가 그렇게 말하면 우리는 웃는다. 그들은 그들이 원하는 어떤 나쁜 짓도 할 수 있기 때문이다. 하나님 맙소사, 나는 내 평생을 일했고, 그놈의 세금을 모두 냈고, 하기로 되어 있는 일은 무엇이든 했다. 그런데 이놈들이 여기에 왔다. 이건 잘못된 거다. 절대적으로 잘못된 일이었다.

피트 윈켈스PETE WINKELS 일을 직접 당하기 진에는 이 일이 어떤 건지 상상할 수 없다. 실제 군인들, 주 방위군이 오고, 권한을 발휘하고, 타운의 절반을 봉쇄하고, 그들은 절대적인 통제권을 지녔다. 타운 사람들은 그들을 처음 봤다. 도대체 무슨 일이 일어나고 있는 거야? 정말 모든 사람들의 생각이 복잡해졌다. 그들은 이런 일은 한국이나 중미, 또는 폴란드에서나 일어날 법한 일이라고 생각했다. (…)

세실 케인 우리는 우리 일을 다시 할 수 있기를 원했다. 하지만 무척 많이 변했다. 사람들이 백인과 흑인, 남자와 여자, 젊은이와 노인 사이에 차이가 있다고 여겼던 수백 년 동안, 모두 헛소리지만, 변화해 왔다. 흑인들은 직업과 버젓한 주택을 얻으려고 했고, 히스패닉은 숨어서 하는 더러운 일이 아닌 다른 일자리를 얻으려고 했으며, 여자들은 같은 일에 대해 같은 임금을 받기 위해 노력했다. 미네소타의 한가운데, 별 볼일 없는 작은 타운에서, 이들이 직면했던 문제들을 이제는 제기랄, 일군의 농부들과 백인종들이 겪고 있다. 당신이 다른 이들의 모카신(moccasins, 북아메리카 인디언이 신던 뒤축 없는 신. 옮긴이)을 신고 1마일이라도 걸어 보지 않는다면 그들이 무슨 말을 하는지 진정으로 이해할 수 없을 것이다. 장벽은 무너지고 있다. 그들은 이 나라를 다르게 바라보며, 이 세상을 다르게 본다. 우리에게는 그들의 문제를 이야기하는 많은 사람들과 조합주의를 말하는 많은 사람들이 있었다. 그리고 많은 사람들이 보고 있다. 우리에게는 서로 손을 잡은 많은 사람들이 있었다. 그리고 우리는 노동운동에 상당한 영향을 미쳤다.

더글러스 프레이저,
〈노사위원회〉에 보낸 사직서[5]

1978년 7월 19일

더글러스 프레이저Douglas Fraser는 〈전미자동차노동조합(UAW: United Autoworkers Union)〉 위원장으로 당선된 지 1년 후인 1978년에, 8인의 기업 이사와 8인의 노조 관리로 구성되었고, 전 노동부 장관 존 던럽John Dunlop이 의장인 위원회에서 사퇴했다. 이 〈노사위원회Labor-Management Group〉는 노동자와 고용주 간의 "협력"을 도모하려는 노력을 대변했다. 그러나 프레이저가 자신의 퇴임사에서 밝혔듯이 미국 기업들은 노동계와 함께 일하는 데 진정한 관심이 없음을 행동으로 보여 줬다. 그들은 대신 "노동자들, 실업자들, 빈민들, 소수 세력들, 아주 어리거나 늙은 사람들, 그리고 우리 사회의 중산층에게도 대항해 일방적인 전쟁을 수행하기로" 선택했다. 다음은 프레이저의 공개서한 내용이다.

7월 19일에 예정되어 있던 〈노사위원회〉 미팅이 취소된 것에 깊은 유감을 표합니다. 〈노사위원회〉가 9월 말까지는 미팅을 계획하고 있지 않기 때문에 예정된 미팅에서 개인적으로 여러분께 말하려고 했던 내용을 편지로 남깁니다.

나는 〈노사위원회〉에 계속해서 참여할 수 없다는 결론에 마지못해 이르렀습니다. 그러므로 나는 7월 19일자로 사퇴합니다. 내가 왜 이런 행동을 취하는지 여러분은 알 자격이 있습니다. 그리고 여러분은 내가 노동자 편에 있으며 개인으로서는 이 단체의 기업 엘리트를 대표하는 나의 동료 존 던럽을 매우 존경하고 있음을 알아주십시오.

여러분에게 매력적일지는 모르겠지만 우리 모두는 대표자 자격이 있습니다. 그러나 나는 이 위원회에 참석하는 것이 나에게도, 내가 대표하는 150만 명의 노동자들에게도 유용하지 않다는 결론에 이르렀습니다.

오늘날 이 나라의 기업계 지도자들은 아주 드문 예외를 제외하고는 노동자들, 실업자들, 빈민들, 소수 세력들, 아주 어리거나 늙은 사람들, 그리고 우리 사회의 중산층에게도 대항해, 일방적인 전쟁을 수행하기로 마음먹은 것 같습니다. 미국의 기업계, 상업계, 금융계 지도자들은 과거 성장과 진보의 시기부터 있었던 취약한 불문 협약을 어기고 폐기했습니다.

한동안 경영자 측과 노동자 측 지도자들은 〈노사위원회〉 테이블에 앉아 서로의 차이를 깨달았지만 그래도 합의가 가능한 곳에서는 합의하고자 했습니다. 이는 미국 기업계가 자유로운 민주 정치와 사유재산 및 독립과 자율을 강조하는, 온순하다고 알려진 자본주의에 보편적인 충성을 호소하는 데 성공했기 때문에 가능했습니다.

물론 민주주의와 자본주의는 이 사회의 "가난한 자들"이 아닌, "가진 자들"을 위해 최고로 잘 작동해 왔습니다. 그러나 이 체제는 부분적으로는 표현된 바 없는 기본 토대 덕분에 유지돼 왔습니다. 즉 사회 일각의 사정이 나빠졌을 때 기업 엘리트들은 정부, 혹은 이익집단이 어쨌든 그 일각을 위해 더 나은 조건을 창출할 수 있도록 약간의 "회사"를 했던 것입니다. 그 회사는 주로 1930년대 노동운동과 1960년대 민권운동이 수행한 것처럼 지속적인 투쟁 후에야 뒤따랐습니다.

지금처럼 노동운동을 받아들인 이유는 기업이 대안을 두려워했기 때문입니다. 미국 법인은 1964년의 민권법 또는 투표권법 통과를 위한 투쟁에 합세하지 않았습니다. 하지만 결국 그 법의 필연성을 받아들였습니다. 불우한 사람들의 인간적인 요구를 들어주기 위한 다른 비슷한 법들도 치열한 투쟁 후에야 국가 정책이 됐습니다.

지금의 이 제도는 처음 목표했던 바대로 나아가고 있지는 않습니다만 그러한 지향 속에서 계속 전진하고 있습니다. 그러나 오늘날 기업계는 협력이 아니라 대결 쪽으로 방향을 전환하고 있습니다. 이제 기업 집단은 미국 사회에 대한 통제를 강화하고 있습니다. 그 지배력이 강화되면 착취당하는 사람들은 "가난한 자들"입니다.

기업계와 노동계 사이에 발생한 가장 최근의 갈등이야말로 가장 심각한 갈등일 것입니다. 노동법 개혁 법안에 반대해 기업계가 수행한 싸움은 지난 30여 년 동안 노동운동에 가해진 가장 사악하고 불공정한 공격입니다. 기업의 지도자들은 이 개혁 법안이 자신들이 묘사한 것처럼 그렇게 "거대한 노동에 의한 권력 약탈"이 아니라는 것을 알고 있었습니다. 오히려 이 개혁 법안은 법을 어긴 기업이나 두려워할 법한 극도로 온건하고 공정한 법안이었습니다. 노동법 개혁 그 자체는 단 한 명의 노동자도 조직하지 못합니다. 그보다는 노동자들이 조합으로 대표되지 못하게 하기 위해 현존하는 노동법을 유예시키거나 그것을 명백히 위반하려는 불량한 고용주의 능력을 제한할 뿐입니다.

나는 몇몇 기업 대표들이 〈비즈니스라운드테이블〉(Business Round Table, 미국 200대 대기업들의 기업 협의체. 옮긴이)에서 중립을 주장했다는 사실을 알고 있습니다. 그러나 그들은 패배했고, 기업 대표들은 〈비즈니스라운드테이블〉과 다른 조직을 통해서 노동법 개혁에 반대하는, 부정하면서도 추악한 수백만 달러어치의 캠페인에 자금을 댔습니다. 그런 노력의 일환으로 단체의 기업 대표들은 〈조합장타도위원회Committee to Defeat the Union Bosses〉, 〈비노동조합환경위원회the Committee for a Union Free Environment〉, 〈일할권리위원회the Right-to-Work Committee〉, 〈노동조합정부

지배반대미국인Americans Against Union Control of Government〉같은 단체들
과 히스 레리R. Heath Larry, 리처드 레셔Richard Lesher, 오린 해치Orrin Hatch
같은 사람들과 연합했습니다.

다른 분야에서도 새롭게 활개 치는 기업의 위력을 볼 수 있습니다. 애
국주의나 도덕이 아니라 오직 사리사욕만 추구하는 다국적기업의 번성
으로 책임감은 더 이상 존재하지 않게 됐습니다. 실제로 모든 수준에서
기업이 온순한 정부와 제약받지 않는 기업의 이기주의를 요구하는 것을
발견합니다. 한때 기업이 비굴한 노동조합을 원했다면 이제 기업은 노동
조합을 전혀 원하지 않습니다.

〈제너럴모터스General Motors Corp.〉가 적절한 예일 것입니다. 세계에서
가장 큰 제조 업체인 〈제너럴모터스〉는 UAW와 그 조합원으로부터 책임
감, 생산성, 협동을 받았습니다. 그 대가로 〈제너럴모터스〉는 우리에게,
소위 남부의 전략을 선사했습니다. UAW가 열심히 투쟁해 얻은 이익을
위협하는 비조합원 연락망을 구축한 것입니다. 우리는 안전성을 주고 적
개심을 되돌려 받았습니다. 해외에서도 마찬가지입니다. 〈제너럴모터
스〉는 남아프리카에 엄청나게 투자했지만 그곳의 흑인 노동조합은 인정
하지 않았습니다.

나의 메시지는 명료합니다. 〈제너럴모터스〉 같은 기업체가 대결을 원
한다면 그 대가로 그들은 노동계의 협력을 잃게 될 것입니다.

기업이 수행하고 있는 새로운 계급 전쟁의 예는 많습니다. 남아프리
카공화국을 제외하면 미국은 전국 의료보험이 없는 유일한 산업국가입
니다. 그럼에도 기업 엘리트들은 전국 의료보험을 위한 투쟁에 가담하
거나 최소한 중립을 지키려고도 하지 않는다는 사실을 모든 사람이 알
고 있습니다. 우리는 현재 허버트 험프리-아우구스투스 호킨스Hubert
Humphrey-Augustus Hawkins의 "완전고용법안"을 놓고 기업 이익과 전쟁에

돌입했습니다. 우리는 최저임금과 사회복지 기금 인상, 그리고 최근 실제로 국회에 상정된 거의 모든 법안을 둘러싸고 싸우고 있습니다.

기업은 인플레이션을 노동자, 가난한 사람, 소비자 탓으로 돌립니다. 그리고 이를 기업에 대항하는 곤봉으로 사용합니다. 기업의 대표들은 안전하지 않은 공장에서 노동자들이 죽거나 불구가 되는 것을 막을 수 있을 만큼의 여유가 없다고 말합니다. 그러나 물가 상승과 이윤 증대는 무시합니다. 그들은 겨우 생존이 가능할 정도로 적게 버는 노동자들을 위해 최저임금을 아주 조금 인상하는 것마저도 연기해야 한다고 말합니다.

우리나라 세금법에는 문제가 많습니다. 하지만 미국 기업은 더 큰 불평등을 원합니다. 사람들이 만약 "시행령 13"을 정말로 이해했다면 그것을 선택하지 않았을 겁니다. 오히려 기업과 부자들로 하여금 그들의 공정한 몫을 지불하게 만들기 위해 세금 제도를 철저하게 검사했을 겁니다. 부자는 빠져나갈 구멍을 없애려 하지 않습니다. 오히려 부자들에게 엄청난 노다지라고 할 수 있는 재산 매각소득세 인하를 주장하면서 빠져나갈 구멍을 더 크게 만들려고 합니다.

미국의 기본적인 민주적 절차조차 기업 엘리트의 새로운 시도로 위협받고 있습니다. 세상에서 보츠와나Botswana를 제외하고 미국보다 유권자 참여율이 낮은 민주 국가는 없습니다. 더욱이, 우리의 투표 참여는 계급 편향적입니다. 부유한 사람들이 노동자보다 50퍼센트 더 많이 참여하고, 부자가 가난한 사람, 흑인, 젊은 히스패닉보다 90퍼센트에서 300퍼센트 더 많이 투표합니다. 기업계는 시민의 선거 참여를 계속 방해하기 위해 정치가들이나 총투표 혹은 입법 투쟁에 정기적으로 자금을 제공합니다. 예를 들어서 오하이오에서 『포춘Fortune』지가 선정한 500대 기업에 속한 많은 기업체들이 공정하고 민주적인 유권자 등록을 철회하기 위해서 자금을 제공했습니다.

투표 참여를 가로막는 모든 장애가 제거된다고 해도 우리 사회의 많은 사람들은 여전히 투표소에 가지 않을 것입니다. 제도에 어떻게든 영향을 미치지 못한다는 무력감과 무능함을 느끼기 때문입니다. 공화당이 기업 이익의 조정을 받고 있다면 민주당 또한 많은 영향을 받고 있습니다. 현실은 두 당 모두 정당으로서 허약하고 비효율적입니다. 기업 지배 때문에 둘 사이에는 눈에 보이는 명백한 이념적 차이도 없습니다. 미국의 기업체들은 조직화된 노동에서 잃는 것보다 체제에서 시민들을 쫓아 버림으로써 잃는 게 더 많습니다. 그러나 참여를 독려하기 위해 싸우는 건 언제나 노동조합이고, 노동조합을 질식시키는 건 시민입니다.

이런 모든 이유로 나는 노동계가 탁자 건너편의 사람들과 공통점이 거의 없는 이 마당에 〈노사위원회〉에 계속 앉아서 이 나라와 세계의 미래에 대해 철학적으로 연구할 이유가 없다고 결론 내렸습니다. 나는 그들이 우리를 파괴하고 내가 대표하고 있는 사람들의 삶을 파멸시키는 동안 그곳에 앉아 미국 산업계 지도자들과 통합을 추구할 수 없습니다.

나는, 현상 유지를 종교처럼 신봉하고, 목적은 이윤이며, 심장은 차디찬 그런 사람들과 함께 앉아 있기보다는 차라리 시골의 가난한 사람들과 도시의 황폐한 지역에 사는 절망한 어린이들, 인종주의 희생자들, 그리고 더 나은 삶을 추구하는 노동자들과 함께 앉아 있겠습니다. UAW의 우리들은, 1930년대 공장에 앉아 있던 사람들과 1960년대 셀마Selma로 행진했던 사람들처럼, 투쟁을 믿는 사람들과 다시금 연대하고자 합니다.

미국으로 하여금 자기 길을 찾아가게 할 새로운 동맹과 새로운 제휴를 만드는 데 우리가 성공할 거라는 확신은 없습니다. 그러나 우리가 노력한다는 것만큼은 확신할 수 있습니다.

비토 루소,
"우리가 싸우는 이유"[6]

1988년

1979년 로스앤젤레스와 뉴욕의 의사들은 폐렴이라고도 암이라고도 진단하기 어려운 이례적인 보고를 하기 시작했다. 1982년 〈질병통제예방센터(CDC: Centers for Disease Control and Prevention)〉는 공식적으로 이를 후천성 면역 결핍증(AIDS:Acquired Immune Deficiency Syndrome)이라고 명명했다. 2년 내에 의사들은 에이즈와 관련된 HIV 바이러스Human Immunodeficiency Virus를 밝혀냈다. 그러나 에이즈의 역사는 부인과 억압의 역사다. 초기에 이 병에 가장 직접적으로 감염된 사람 대부분이 게이와 레즈비언, 종종 유색인, 마약중독자들이었기 때문이다. 레이건 대통령은 1987년 10월까지 이 전염병에 대해 공식적으로 언급하지 않았다. HIV와 AIDS 감염자는 공중 보건 주창자와 함께 이 질병을 알리고, 적정 수준의 효과적인 치료, 그리고 HIV의 확산을 막기 위한 대중 교육과 건강 프로그램을 위해 투쟁해야 했다. 1987년 3월, 에이즈 위기에 대처하기 위한 정치적 운동은 뉴욕에 〈액트업(ACT UP: AIDS Coalition to Unleash Power)〉을 설립하는 것으로 과격하게 표현되었다. 이 집단은 "침묵=죽음"이라는 구호를 대중화시켰고, 자기만족에 빠져 있는 정치가들, 보건부 관리들, 언론인, 그리고 현 권력에 관련된 사람들에 맞서기 위해서 직접적인 행동과 시민 불복종에 나섰다. 다음은 행동가이자, 선구자적인 저서 『셀룰로이드 벽장The Celluloid Closet』의 저자이며 〈액트업〉과 〈게이와레즈비언반명예훼손연합Gay and Lesbian Anti-Defamation League〉의 발기인인 비토 루소Vito Russo의 강연이다. 루소는 에이즈에 걸린 사람은 질병으로 죽는 게 아니라 동성애 혐오homophobia, 인종주의, 무관심으로 죽어 간다고 말한다. 루소 자신도 1990년, 44살의 나이에 에이즈로 죽었다.

뉴욕 시에 사는 내 친구는 교통 요금 할인 카드를 가지고 있습니다. 버스와 지하철 요금을 반만 내고 탄다는 의미지요. 어느 날 그가 그의 카드를 검표원에게 보여 주었고, 검표원은 그에게 무슨 장애가 있느냐고 물었습니다. 친구는 자신이 에이즈 환자라고 말했습니다. 그러자 검표원은 "아니야, 너는 에이즈 환자가 아니야. 만약 에이즈에 걸렸다면 집에서 죽어 가고 있어야지"라고 말했습니다. 나는 오늘 죽어 가지 않는 에이즈 환자에 대해 말하고자 합니다.

아시다시피 저는 에이즈 진단을 받았습니다. 그 후 3년 동안 내 가족은 나에 대해 두 가지 생각을 했습니다. 하나는 그들은 내가 죽을 거라고 생각했고, 그리고 또 하나는 우리 정부가 이를 막기 위해 힘이 닿는 한 모든 것을 해 줄 거라고 생각했습니다. 그들의 두 가지 생각은 모두 틀렸습니다.

내가 죽어 간다면, 그건 동성애 혐오 때문입니다. 내가 죽어 간다면 그건 인종주의 때문입니다. 내가 죽어 간다면 그건 무관심과 관료적 형식주의 때문입니다. 바로 이런 것들이 지금의 이 위기를 종식시킬 수 없게 만듭니다. 내가 누구 때문에 죽어 간다면 그건 제시 헬름즈Jesse Helms 때문입니다. 내가 누구 때문에 죽어 간다면 그건 미국 대통령 때문입니다. 그리고 특히 내가 무엇 때문에 죽어 간다면 나는 신문과 잡지, 그리고 텔레비전 쇼의 선정주의 때문입니다. 이들은 내가 기꺼이 무기력한 희생자가 되려고 할 때만, 흥미로운 인간의 이야기로 나에게 관심을 줍니다. 하지만 내가 목숨을 걸고 싸울 때는 관심이 없습니다.

내가 죽어 간다면, 그것은 내가 누구나 관심을 가질 법한 에이즈에 걸린 부유한 이성애자 백인이 아니기 때문입니다. 이 나라에서 에이즈 환자로 산다는 건 어느 편에도 속하지 않은 지역에 사는 것과 같습니다. 에이즈와 함께 산다는 건 우연히 참호에 들어간 사람만 겪는 전쟁 속에서 사는 것과 같습니다. 포탄이 터질 때마다 주변을 돌아보면 수많은 친구들이 죽지만 아무도 알아차리지 못합니다. 그들에게는 이런 일이 일어나지 않습니다. 그들은 마치 우리가 아무런 악몽도 꾸지 않는 것처럼 거리를 걸어갑니다. 당신만이 죽어 가는 사람들의 비명 소리와 도와달라는 소리를 들을 수 있습니다. 다른 사람은 아무도 알아채지 못하는 것 같습니다.

이건 전쟁보다 더 지독합니다. 전쟁 기간에는 사람들이 공통의 경험으로 뭉칩니다. 하지만 이 전쟁은 우리를 뭉치게 하는 게 아니라 분열시킵니다. 에이즈 환자와 그들을 위해 싸우는 사람들은 나머지 사람들에게서 분리됩니다.

2년 반 전에 나는 『라이프』 잡지를 집어 들었습니다. 그리고 "이제 주목할 시기다. 이 질병이 나머지 우리들을 공격하기 시작했기 때문이다."라고 말하는 사설을 읽었습니다. 손에 그 잡지를 들고 있는 사람이 내가 아닌 것 같았습니다. 그 후로 이 나라 '실제' 사람들은 에이즈에 걸리지 않는다는 생각을 수정하기 위해 변한 것은 아무것도 없습니다.

'미국에 있는 우리에게는 일어나지 않는다. 이 병에 걸릴 만한 쓰레기 같은 남자 동성애자나 약물 중독자들에게나 일어나는 일이다.' 이렇게 언론은 그들에게 신경 쓸 것 없다고 말합니다. 정말 중요한 사람은 위험하지 않다고 말입니다. 『뉴욕 타임스』는 두 차례, 세 차례, 네 차례에 걸쳐 에이즈에 당황하지 마라, 아직 일반 사람들에게는 침투하지 않았다, 너무 신경 쓸 필요 없다고 말하는 사설을 실었습니다.

그리고 몇 날, 몇 달, 몇 년이 지나는 동안 그들은 어떻게 가장 최근에 실험한 약을 입수할 수 있는지, 어떻게 복용하고 다른 약과의 배합은 어떻게 하는지, 어떤 근거로 그런 방법을 쓰는지, 그리고 어떻게 그 비용을 지불하며 그 돈을 또 어디에서 구하는지 알아내기 위해 노력하지 않았습니다. 그들은 그들에게 일어나지 않을 일은 신경 쓰지 않습니다.

그들은 마이크폰을 설치해 주기 싫어 고무장갑을 끼고 서 있는 기술자들에 둘러싸인 채로 텔레비전 스튜디오에 앉아 본 적이 없습니다. 그들은 그들에게 일어나지 않을 일은 신경 쓰지 않습니다. 그리고 괴짜들과 얼간이들이 그들의 집을 불태우지 않습니다. 그들은 뉴스에서 이를 보고 저녁을 먹고 잠자리에 듭니다. 이런 일이 그들에게는 일어나지 않을 것이기에 그들은 신경 쓰지 않습니다.

그리고 그들은 깨어 있는 시간 내내 이 병원 저 병원을 전전하며 사랑하는 사람이 무관심과 편협함 때문에 서서히 죽어 가는 모습을 바라보며 살지 않습니다. 이런 일이 그들에게는 일어나지 않을 것이기에 그들은 신경 쓰지 않습니다. 그들은 지난 3년, 4년, 또는 5년 사이에 일주일에 두 번씩 장례식에 가지 않았습니다. 그들에게는 이런 일이 일어나지 않을 것이기에 신경 쓸 필요가 없기 때문입니다.

그리고 지난 토요일자 『뉴욕 타임스』 1면에서 앤서니 파우치Anthony Fauci는 지난 2년 동안 치료 효과가 있으리라 예상되는 약들에 대한 실험이 진행되지 못했다고 말했습니다. 그 약들을 실험할 사람들을 고용할 돈이 없기 때문이랍니다. 우리는 이 이야기가 2년 후에 신문에 나타나지 않은 것을 고마워해야 할 겁니다. 18개월 전, 즉 파우치가 국회 청문회 자리에 끌려가기 전에 왜 어떤 기자도 이 이야기를 파헤치려 하지 않았는지 아무도 궁금해하지 않습니다.

지난 2년 동안 그 약들을 더 빨리 실험했더라면 살았을지 모르는 사람들이 얼마나 많이 죽었습니까? 이 나라 전역의 기자들은 정부가 발표한 보도 자료를 복사하느라 바쁩니다. 이 일은 그들에게 일어나지 않으니까요. 즉 그들같이 실제의 사람들, 우리가 늘 소식을 듣고 있는 세계적으로 유명한 일반 대중에게는 일어나지 않습니다.

재향군인병이라 불리는 급성 폐렴은 그들에게 흔히 일어납니다. 그들처럼 생겼고, 그들처럼 말하고, 그들과 같은 인종인 사람들에게 발생하는 병이기 때문입니다. 그리고 그들 수십 명에 대한 망할 놈의 이야기는 매일 이 나라 신문과 잡지의 앞면을 장식하고, 이에 대한 궁금증이 풀릴 때까지 계속 그곳에 실립니다.

내가 신문에서 읽은 바로는, 주류이고 백인이며 이성애자들은 이 병에 걸리지 않습니다. 이 병에 걸린 사람 중 대다수가 정맥 주사 마약 상습자와 동성애자들이고, 그들 대부분이 위험한 상태라는 것이 내가 신문에서 읽은 이야기입니다.

그러면 왜 교육과 예방에 배정된 모든 돈이 오로지 백인 이성애자 청소년들을 대상으로 한 캠페인에 사용되고 있는지 그 이유를 누가 말해 주시겠습니까? 그들은 위험하지 않다고 계속 말하면서 말입니다.

이 나라의 주요 방송사가 에이즈의 영향에 대한 텔레비전 드라마를 제작할 때, 왜 에이즈에 걸린 사람에게 미치는 영향에 대해서가 아니라, 오직 게이가 아닌 백인 핵가족에 미치는 영향에 대해서만 이야기하는지 누가 내게 말해 줄 수 있습니까? 왜 8년이 지나도록 이 나라 모든 신문과 잡지는 이성애자의 전염 위험이 높아질 때만 에이즈를 취재하는 것입니까?

고등학교에서 쓰일 교육용 영화는 교육부의 승인을 받기도 전에 왜 8년 동안이나 게이를 긍정하는 모든 자료를 배제한 것입니까? 기관이 배포하는 모든 공공 정보 홍보 책자와 비디오테이프는 왜 8년 동안이나 특정한 동성애 주제를 무시했습니까?

왜 내가 읽은 버스와 지하철 광고, 내가 본 선전과 광고판 모두 특별히 게이 남성들에게 주목하지 않는 것입니까? 게이 공동체는 자기 몫의 일을 하고 있고, 그것도 잘 하고 있으며 구성원들의 교육도 잘 시키고 있다는 거짓말은 믿지 마십시오. 게이 공동체 구성원들, 그리고 정맥 주사 마약 중독자 모두가 뉴욕과 샌프란시스코에 살면서 정치화된 사람들은 아닙니다. 소위 지적인 게이를 포함한 소수민족 사람들은 여전히 에이즈에 대해 전혀 모릅니다.

게이와 정맥 주사 마약중독자들이 이 병에 가장 취약한 사람들이라면, 우리는 교육과 예방이 이들을 대상으로 이뤄져야 한다고 요구할 권리가 있습니다. 그러나 이런 일은 일어나지 않습니다. 위험률이 낮은 사람들이 (교육을 받는다기보다는) 겁에 질려 우리는 죽어 마땅하다고 믿으며 혼란스러워하는 동안 우리는 죽어도 된다는 허락을 받습니다.

오늘 우리는 여기에 왜 모였나요? 이 일이 우리에게 일어나기 때문에, 그리고 신경이 쓰이기 때문에 왔습니다. 여기에 더 많은 우리가 있다면, 에이즈는 역사에서 지금 이 순간 현재의 모습이 아닐 겁니다. 이는 단순한 질병 이상입니다. 무지한 사람들은 이 사실을 자신들이 늘 가지고 있는 심한 편견을 드러내는 핑계거리로 바꿉니다.

이는 타블로이드 신문이 이용해 먹는 공포 이야기 이상입니다. 에이즈는 사람으로서 우리를 시험합니다. 미래 후손들이 이 위기에 우리가 무엇을 했느냐고 묻는다면, 오늘 우리는 여기에 있었다고 그들에게 말할 겁니다. 그리고 우리는 우리 뒤를 이을 세대들에게 유산을 남겨 줘야 합니다.

언젠가 에이즈 위기는 끝날 겁니다. 그걸 기억하십시오. 그날이 오면, 그날이 오고, 그리고 가더라도 이 지구상에는 사람들이 살아 있을 겁니다. 게이와 게이가 아닌 사람, 남자와 여자, 흑인과 백인, 모두가 한때 이 나라와 전 세계에 무시무시한 질병이 있었는데 일군의 용감한 사람들이 일어서서 싸웠고, 어떤 경우에는, 목숨을 바쳐, 다른 사람들을 살리고 해방시켰다는 이야기를 들을 겁니다.

그러므로 나는 오늘 나의 친구들과 내가 사랑하는 사람들과 함께 있는 게 매우 자랑스럽습니다. 여러분 모두가 영웅입니다. 나는 이 싸움의 일부가 되어서 매우 기쁩니다. 그러나 마이클 캘런Michael Callen의 노래("사랑에는 이유가 없어Love Don't Need a Reason")를 빌린다면 우리가 지금 가진 건 사랑뿐이고, 우리에게 없는 건 시간입니다.

여러 가지 면에서 에이즈 활동가들은 저기 밖의 의사들 같습니다. 그들은 화재를 진압하고 인공호흡 장치를 한 사람들을 돌보느라 매우 바빠서 아픈 사람 모두를 돌볼 시간이 없습니다. 우리는 지금 불끄기에 바빠서 서로 이야기 나누며 다음에 밀려올 파도, 내일, 다음주, 다음달, 내년에 대비해서 전략을 세우고 계획을 짤 시간이 없습니다.

그러나 다음 몇 달 안에 우리는 그런 시간을 가져야만 합니다. 그리고 그 시간에 헌신해야 합니다. 우리가 이 병에서 벗어난다면 우리 모두는 살아서 이 제도에서도 벗어날 수 있습니다. 그러면 이런 일이 다시 일어나지 않을지도 모릅니다.

애비 호프먼,
"논쟁의 종결"[7]

1987년 4월 15일

1986년 11월 매사추세츠 주립대학교에서 CIA 신규 인재 채용에 반대하는 학생 시위가 있었고, 경찰은 업무를 방해하고 무질서를 조장했다는 죄목으로 12명을 체포했다. 그중에는 1960년대 대항문화의 영웅이었던 애비 호프먼Abbie Hoffman과 지미 카터 Jimmy Carter 전 대통령의 딸 애미 카터Amy Carter가 포함되어 있었다. 이들은 교내 건물을 점거하고 자신들의 메시지를 납득시키려 했다. 1987년 4월 이 사건에 대한 재판이 열렸을 때, 피고 측은 대니얼 엘스버그Daniel Ellsberg와 다른 사람들을 증인으로 부르고 법정을 CIA의 권력 남용에 관한 토론의 장으로 바꾸어 놓았다. 크게 승리를 거둔 피고인 전원은 무죄 방면됐다. 다음은 애비 호프먼이 배심원 앞에서 한 최후 변론이다. 그는 청년국제당Youth International Party의 공동 설립자며, 1968년 민주당 전국대회에서 경찰이 항의자들을 진압한 후 열린 유명한 "시카고 7일 재판Chicago Seven trial"의 피고인 중 한 사람이었다. 이 사건에서 호프먼은 스스로를 변론했다.

배심원 여러분, 안녕하십니까.

나는 50세로 학생 피고인 중 나이가 가장 많습니다. 곧 여러분은 물러나서 여러분들의 결정을 숙고할 겁니다. 여러분, 앞의 증거물들을 살펴볼 때 증거물 3번 1페이지에 있는 자료, 학교 당국이 1986년 11월 21일 자로 매사추세츠 주립대학 인근 지역사회에 보낸 편지의 첫 번째 문단에 주목해 주시기 바랍니다.

본 대학은 정식 수업, 회합, 공중 연설, 사적 대화, 그리고 시위를 통해서 자유로이 생각을 교환할 수 있도록 고무하는 환경을 제공하고, 발전시키고, 보호하는 데 언제나 헌신해 왔습니다.

그리고 2페이지 첫 번째 문단 역시 참고하시기 바랍니다.

본 대학은 시위, 집회, 교육적 포럼을 포함하여 학생들이 적합하다고 생각하는 어떤 방법으로도 학생들이 자신의 의견을 표현할 권리를 존중합니다.

피고인들은 CIA가 생각의 자유로운 교환에 참여할 권리가 없다고 주장하지 않습니다. 반대로 피고인들은 자유로이 말할 권리를 격려합니다. 그러나 공적이든 사적이든, 회사의 신규 모집은 권리가 아닙니다. 이는 신규 인재를 채용하려는 이들에게 매사추세츠 대학의 규약과 공공의 이익, 그리고 미국이 복종할 것임을 확인시켜 주기 위한 특혜입니다.

여러분은 랠프 맥기Ralph McGehee가 자신이 어떻게 CIA에 들어가게 되었는지를 설명하는 이야기를 들었습니다. 맥기는 기밀을 다루게 될 것이라는 말을 들었습니다. 그리고 우리는 이에 반대하지 않습니다. 국가는 정보가 필요합니다. 그러나 맥기는 자신이 암살 팀의 일부가 되리라는 말은 듣지 못했습니다. 그는 북베트남인들이 남베트남을 침공했다는 것을 보여 주도록 "증거를 정리하고 조작"해야만 한다는 말은 듣지 못했습니다. 국회가 하노이에 첫 번째 폭탄 투하를 승인할 수 있도록 하얀 종이에 순전한 거짓말을 써서 국회에 보내야만 한다는 말은 듣지 못했습니다. CIA에서는 국회에 대해 "그들을 버섯처럼 취급해라. 그들을 계속 어둠 속에 두고 많은 양의 거름을 줘라"는 농담을 한다는 맥기 씨의 언급에 주목하시기 바랍니다. 이것이 신입 사원 채용자들이 한 말이라고 믿을 수 있습니까? 모트 핼퍼린Mort Halperin이 증언했듯이 CIA는 신참자들에게 자체의 규약을 어기면서까지 국내에서 스파이 노릇을 해야 한다고 말합니까? 대니얼 엘스버그를 침묵시켜야 한다고 말합니까? 공식적으로 평화 관계에 있는 나라와 전쟁을 벌이는 일에 나서게 될 것이라고 말합니까? 핼퍼린 씨는 1976년 프랭크 처치Frank Church 의장이 주재한 상원 정보부 청문회 기간 동안 외교 정책을 수행하는 데 있어서 은밀하고도 비밀스런 활동이 필요하다는 인식이 있었다고 증언했습니다. 그러나 비밀 활동과 프로그램이 공식적인 정부 정책과 정면충돌해서는 안 된다는 결정도 있었습니다. 다시 말해서 6년 동안 동맹국들에게 이란과 거래해서는 안 된다고 말하면서 동시에 스스로는 비밀리에 이란에 무기를 팔아서는 안 됩니다.

언론의 자유는 잘못된 정보와 거짓말을 비난받지 않고 하기 위한 면허증이 아닙니다. 법원은 피고인들, 그리고 캠퍼스와 지금 여기 법정에 있는 우리 측 증인들과 논쟁할 대표들을 보내라는 요청을 CIA에 보냈습니다. 결국, "필요한 변론"에서 우리는 더 큰 법들이 위반되고 있음을 증명해야만 합니다. 그러나 여러분 앞에 우리가 제시한 증거를 반박할 CIA는 어디에 있습니까? 만약 여러분이 우리의 변론을 받아 준다면 검사 측은 그럴 법한 의심을 넘어서서 우리에게 정당성이 없음을 입증할 증거를 제시해야만 합니다. 우리가 우리에게 정당성이 있음을 증명해야만 하듯이 말입니다.

내가 매사추세츠 워체스터에서 자랄 때 아버지는 민주주의를 매우 자랑스러워했습니다. 아버지는 가끔 나를 클린턴Clinton, 애트홀Athol, 허드슨Hudson에서 열리는 타운홀 미팅에 데려가셨습니다. 아버지는 늘 "사람들이 어떻게 참여하는지 봐라, 그들의 삶에 영향을 미치는 결정에 어떻게 참여하는지 봐라, 그게 바로 민주주의다"라고 말씀하시곤 했습니다. 나는 민주주의는 믿는 것이 아니고, 모자를 거는 장소도 아니고, 행동이라는 생각을 가지고 자랐습니다. 민주주의는 참여입니다. 참여하지 않으면 민주주의는 부서지고 산산조각납니다. 지난주에 뉴잉글랜드 타운 미팅이 사라져 간다는 글을 읽고 매우 슬펐습니다. 큰 의미에서 이 재판은 풀뿌리 참여 민주주의가 죽어서는 안 된다는 정신입니다. 여기에서 우리가 논의한 것 같은 문제들이 워싱턴의 비공개 청문회에서만 논의되고 만다면 우리는 국민에 의한 정부를 가지고 있지 않은 겁니다.

여러분은 이 나라 전역을 여행합니다. 어디를 가든지 사람들이 시간 낭비하지 마라, 아무것도 변하지 않는다, 당국과 싸울 수 없다, 아무도 할 수 없다고 말합니다. 여러분은 젊은 사람들에게서 이런 말을 많이 듣습니다. 나는 우리 아이들에게서 "아빠, 아빠는 희망을 믿다니 참 이상해"라는 말을 듣습니다. 오늘날 아이들은 무서운 악몽과 함께 삽니다. 에이즈가 우리를 휩쓸 것이고, 극지방의 빙하가 녹을 것이며, 어떤 순간에든 핵폭탄이 발사될 겁니다. 최상층 사람들조차 상황을 되돌릴 희망이 없다고 믿는 경향이 있습니다. 청소년 자살률이 기록적인 것도 당연합니다. 젊은이들은 역사, 지구, 그리고 무엇보다 중요한 미래에서 유리되어 있습니다. 젊은이들이 미래에서 유리되어 있고, 희망이 없으며, 자살률이 높다는 것은 서로 연관된 문제라고 강조합니다.

무단 침입에서부터 가장 강력한 권한을 가진 정부 기관의 행동에 문제를 제기하는 데 이르기까지 이 재판은 여러 의미를 갖습니다. 그리고 우리는 여기 햄프셔 지방 법원에 있습니다. 여러분은 위엄과 예의를 갖춘 피고인의 행동을 봤습니다. 여러분은 우리 변호사들이 우리 입장을 변호하기 위해 노력하는 걸 보았습니다. 증인들, 그들 중 많은 사람이 높은 권한의 지위를 지녔는데, 그들이 여러분 앞으로 와서 CIA가 자주 법을 위반하고 가끔 거짓말한다고 말했습니다. 원고 측은 열심히 노력했지만 피고들의 진실성에 도전하지 못했습니다. 여기 판사, 일반 대중, 언론이 있습니다. 나는 여러분에게 묻습니다. 우리 피고들이 체제 밖에서 행동하는 사람들입니까? 아니면 여러분이 들은 니카라과와 다른 곳에서의 CIA 활동이 그들이야말로 민주주의와 법의 한계를 넘어서 있다는 것을 의미하는 것은 아닙니까?

미국 혁명의 지도자 중 가장 솔직하고 선견지명이 있었던 토머스 페인 Thomas Paine은 오래전 다음과 같이 기록했습니다.

> 모든 시대와 세대는 그 이전 시대와 세대처럼, 모든 경우에, 단독으로 행동하려면 자유로워야 한다. (⋯) 사람은 사람을 소유하지 않는다. 마찬가지로 어떤 세대도 다음 세대를 소유하지 않는다.

토머스 페인은 이 법정에서, 이 봄날 말했습니다. 배심원의 무죄 평결은 국가가 정당할 때, 계속 정당하도록 유지하라, 하지만 잘못되면 그 잘못을 시정하라고 말할 겁니다. 배심원의 무죄 평결은 매사추세츠 주립대학에게 "이러한 시위는 정당한 행동을 한 시민으로서의 그들의 권리를 재확인하는 것이다"라고 말할 겁니다. 배심원의 무죄 평결은 토머스 페인이 말한 "젊은이들이여 희망을 버리지 마라, 여러분이 참여한다면 미래는 여러분의 것이다"라고 말할 겁니다. 감사합니다.

〈퍼블릭에너미〉,
"권력에 맞서 싸워라"[8]

1990년

랩Rap 음악은 그 시초부터 미국 도시의 인종주의, 소외, 불평등을 노래해 왔다. 그러나 랩은 1980년대 말에 이르면서 점차 상업화되었다. 그룹 〈퍼블릭에너미Public Enemy〉는 첫 앨범으로 1987년 『어이, 빨리 일을 저질러 봐Yo! Bum Rush the Show』를 발표했다. 그 가사는 레이건 시대의 보수주의적 분위기와 여전히 백인 가수가 압도적인 텔레비전 음악 프로그램(MTV)에 대한 저항으로 점철됐다. 다음은 그들의 세 번째 앨범인 『검은 행성에 대한 두려움Fear of a Black Planet』에 수록된 곡으로 타협하지 않는 저항의 메시지를 드러냈다.

1989년 또 다른 여름 어느 날 시작해 보자
훵키funky 드러머의 소리
음악이 네 가슴을 칠 거야. 난 네가 영혼을 가지고 있다는 걸 알거든.
형제자매들이여, 여길 봐
들어! 네 모든 걸 잃었다면
흔들어! 내가 노래하는 동안
네가 가진 것을 줘라
내가 아는 걸 알고

흑인 밴드가 땀 흘리는 동안

리듬과 라임이 구른다

우리가 원하는 걸 우리에게 줘야 해

우리가 필요한 걸 우리에게 줘야 해

우리에게 언론의 자유는 해방 혹은 죽음

우리는 당국자와 싸워야 해

네가 하는 말을 들어 보자

권력과 싸우자

리듬을 뛰어다니게 둘 때

셈하는 건 라임이지

네 마음을 채워 버릴 거야

우리는 근육을 부풀려 거칠게 만들어야 해

마음으로부터

이건 출발이야, 예술 작품이지

혁명은 변화를 낯설지 않게 해

사람들, 사람들 우리는 똑같아

아니 우리는 같지 않아

우리는 게임을 모르니까

우리에게 필요한 건 깨달음, 우린 무관심할 수 없어

이게 무어냐고 너는 말하지

내 사랑 우리 일을 본격적으로 하자

정신적 자기 방어 훈련

요, 이봐 빨리 일을 저질러 봐

너는 네가 아는 걸 해야 해

모든 사람이 보게 해, 당국자와 싸우기 위해서
네가 하는 말을 들어보자.
권력과 싸우자

엘비스는 많은 사람들의 영웅이었지
근데 너 알아? 나는 그에게 전혀 관심 없었어
그 풋내기는 솔직히 말해서 인종차별주의자였어
단순하고 평범해
존 웨인이랑 같이 엿이나 먹어
내가 흑인인 게 자랑스러워
나는 준비됐고 흥분했지, 게다가 약도 했어
내 영웅들은 대부분 우표에 나오지 않아
한번 뒤돌아 봐 너도 알게 될 거야
알고 보면 400년 동안 가난한 남부 백인 노동자밖에 없지
걱정 말고 즐기라고
그게 바로 첫 번째 노래였지
제기랄! 내가 그렇게 말하면 너는 바로 여기서 나를 때려
들어와! 이 파티를 바로 시작하자
바로, 자
우리가 말해야 하는 건
지체 없이 민중에게 권력을
모든 사람들이 보도록
당국과 싸우기 위해서

권력과 싸우자

제22장

파나마, 1991년 걸프 전쟁, 그리고 국내에서의 전쟁

1989년 초 대통령직에 오른 조지 부시 행정부는 "베트남 신드롬Vietnam Syndrome", 즉, 미국인들이 전쟁에 나가기를 꺼리는 증상을 뿌리째 뽑아 버리겠다는 결의에 찬 듯했다. 부시는 한때 CIA 에서 일했으나 지금은 미국 정부의 골칫거리가 된 파나마의 군부 독재자인 마누엘 노리에가Manuel Noriega라는 쉬운 대상을 찾았다. 노리에가가 마약 거래에 관여했다는 것이 전쟁의 구실이었다. 물론 노리에가가 마약 거래에 관여한 것은 사실이었다. 그러나 전쟁은 파나마운하에 대한 미국의 통제권 과 더 깊은 관련이 있었고, 미국이 다른 나라 문제에 공개적으로 개입할 수 있는 능력을 증명해 보이는 데 있었다.

이는 짧은 전쟁이었고 완전히 일방적인 전쟁이었다. 파나마 시 폭격으로 주변 지역이 파괴되었고, 적어도 천여 명에 이르는 파나마 일반 시민들이 폭격으로 죽었다. 노리에가는 체포되어 감옥에 수감되었지만 마약 무역은 계속됐다.

한때는 미국과 친했고 미국에서 무기를 제공받았던 이라크의 독재자 사 담 후세인Saddam Hussein은 1990년, 이웃한 석유의 보고 쿠웨이트를 점령했 다. 이라크의 쿠웨이트 점령을 끝내기 위해 이라크와 어떤 협상 가능성도 거부한 부시 행정부는 국회의 승인을 얻어 전쟁을 시작했다.

다시 한번 이 침공으로 군사적으로 전혀 동등하지 않은 두 나라가 서로 맞붙게 됐다. 미국 공군의 심한 폭격으로 이라크는 많은 인명 피해를 입었 다. 미군의 경우 백여 명의 사망자가 나왔고, 이라크는 수만 명, 거의 십만 명 정도의 시민과 군인이 죽었다.

미국 전역에 걸쳐 이 전쟁에 반대하는 시위가 있었다. 워싱턴 D. C.에서 15만 명의 시민들이 전쟁 반대 행진을 했다. 뉴욕과 샌프란시스코에서도 대 규모 시위가 열렸다.

전쟁을 지지하는 사람들은 대부분 "우리 군대를 지지해야 한다"는 생각 이었다. 현재 펜실베이니아 요크 대학York College의 교수인 필립 아빌로 Philip Avilo는 베트남전쟁에 참전해 장애인이 되었다. 아빌로는 지역 신문에 "좋다. 우리는 무장한 우리 군인을 지원할 필요가 있다. 그러나 이 야만적이 고 폭력적인 정책을 너그러이 봐주는 게 아니라 그들을 조국으로 데려오는 것으로 그들을 지지하자"고 썼다.

흑인 공동체는 다른 사람들보다 전쟁에 덜 열광했다. ABC 방송사와 『워싱턴 포스트*Washington Post*』신문사에서 1991년 2월 초에 실시한 여론조사에 의하면 백인 중 84퍼센트가 전쟁을 지지한 반면 아프리카계 미국인은 48퍼센트만 찬성했다. 뉴욕 흑인 지도자 모임에서 이 전쟁은 "부도덕하고 물질적인 군사작전이며 (…) 국내의 책임을 뻔뻔스럽게 회피하려는" 전쟁으로 불렸다.

1990년대로 접어들면서, 미국의 정치제도는 집권당이 민주당이든 공화당이든, 거부巨富의 통제하에 놓이게 된다. 주류 정치 지도자 중 누구도 인정하지 않았지만 나라는 불안정하고 위태로운 중산층을 중심으로 극단적인 부자들과 극단적인 빈곤층으로 분열되었다.

그렇다. 한때 한 주류 언론인이 우려에 찬 목소리로 "영원한 적대의 문화"라고 부른, 더 평등하고 인간적인 사회의 가능성을 포기하려 하지 않았던 문화가 있었다. 비록 공표되지 않았지만 의심의 여지없이 그런 문화가 있었다. 미국의 미래에 희망이 있다면 그 미래는 이 포기하지 않으려는 가능성에 달려 있을 것이다.

알렉스 몰나,
"만약 해군인 내 아들이 죽으면……"[1]

1990년 8월 23일

1990년, 워싱턴이 이라크에서 전쟁을 준비하자, 아버지이자 〈군인가족지원네트워크 Military Families Support Network〉의 창설자인 알렉스 몰나는 부시 대통령에게 공개서한을 보냈다. 이는 『뉴욕 타임스』에 실렸다.

친애하는 부시 대통령께.

나는 오늘 아들에게 키스하며 잘 가라고 인사했습니다. 제 아들은 스물한 살의 해군입니다. 당신이 내 아들에게 사우디아라비아로 가라고 명령했습니다.

8월 13일, 아들이 빠른 우편으로 보낸 편지가 도착했습니다. 위스콘신에 있는 여름 별장에 곧 도착할 거랍니다. 우리는 아들과 함께 있기 위해 즉시 노스캐롤라이나로 떠났습니다. 우리의 방학은 끝났습니다.

어떤 해설자는 당신이 계속 휴가를 즐기는 이유는 백악관에 갇힌 것처럼 보이지 않기 위해서라는군요. 이란 인질 사건 때의 카터 대통령처럼 보이지 않으려고요. 아마도 당신에게는 당신 나름의 이유가 있겠지요. 하지만 텔레비전에 나오는 당신을 보면서 모텔 방에 앉아, 내 아들이 급히 쓴 유언을 읽으면서 군 장비가 덜커덕거리며 지나가는 소리를 들으니, 골프공을 쫓아가거나 케네벙크포트에서 보트를 타고 이리저리 다니는 당신 모습이, 내게는 무정하고 우스꽝스러워 보입니다.

아들을 만나는 동안 나는 아들이 화학무기 방호복을 챙기고 방탄복을 입는 모습을 지켜볼 기회가 있었습니다. 당신이 이런 경험을 해 본 적 있는지 모르겠습니다, 대통령 각하. 그런 일이 없기를 바랍니다.

나는 아들의 동료 병사들도 많이 만났습니다. 그들은 훌륭한 청년들입니다. 한 청년이 내게 자신들은 가난한 집 출신이라고 말했습니다. 그들은 대학에 갈 돈을 마련하기 위해서 해군에 입대했습니다.

내가 만난 젊은이 중 누구도 당신의 아들 닐Neil처럼 〈저축대부조합〉 이사회에서 일할 수 있는 초청장을 받지 못했습니다. 그리고 장군에게 전화하거나 편지해서 자기 아이들이 위험한 곳에 있지 않은지를 확인하는 부모를 둔 젊은이도 없었습니다. 댄 퀘일(Dan Quayles, 부시 행정부 당시의 부대통령. 옮긴이)의 부모가 베트남전쟁 동안 퀘일을 위해 그랬던 것처럼 말입니다.

오늘 레일리Raleigh의 『뉴스 앤 옵서버News and Observer』에서 부통령 퀘일과 국무 장관 제임스 베이커James Baker 역시 당신처럼 휴가 중이라는 기사를 읽었습니다. 반면에 딕 체니Dick Cheney 국방 장관은 페르시아 만에 있더군요. 이것이야말로 정부가 더 이상 비군사적인 외교 정책이라는 비전을 지니지 않을 것임을, 그리고 앞으로 저지르게 될 사기를 감추기 위해 군사적인 방법을 사용할 것임을 보여 주고 있는 것이라고 생각합니다.

그렇습니다. 당신은 지난 3주 동안 자신이 비교적 능숙한 책략가임을 증명해 보였습니다. 그러나 미국 외교가 지난 10년 대부분을 휴가로 보내지만 않았다면 우리는 오늘날 이 자리에 있지 않을 겁니다.

대통령 각하, 이라크가 자국민을 독가스로 죽일 때 어디에 있었습니까? 왜 근자의 위기가 일어날 때까지 지금 당신이 히틀러라 부르는 사담 후세인과 여느 때처럼 거래를 했습니까?

당신은 1980년, 부통령에 당선됐습니다. 미국이 다시 한번 "크게 일어서는" 세상과 미국인들의 더 나은 삶을 약속했기 때문입니다. 레이건-부시 행정부는 석유의 "자유 시장"이라는 마술을 말하며 워싱턴에 입성했습니다. 당신은 자동차의 가스 연비 필요조건을 낮췄고, 연방 정부의 에너지 정책을 무산시켰습니다. 그리고 지금 당신은 내 아들에게 중동에 가라는 명령을 내리고 있습니다. 무엇 때문인가요? 값싼 가스를 위해서 인가요?

당신이 말한 미국적인 "삶의 방식"이란 세계 석유의 25퍼센트에서 30퍼센트를 계속 소비할 미국인들의 "권리"를 위해 내 아들이 목숨을 걸어야 하는 삶을 의미하는 겁니까? 당신이 그렇게 열렬히 헌신하는 "자유 시장"은 적어도 나 같은 부모와 내 아들 같은 젊은이들에게는 매우 값비쌉니다.

이제 우리는 전쟁을 목전에 두고 있습니다. 나는 페르시아 만에서 벌어지는 미국의 공격적 군사 행동에 반대하기 위해 내가 할 수 있는 모든 것을 함으로써 내 아들과 동료 병사들을 후원하고자 합니다. 내가 만난 부대원들은 자신들을 인질로 잡고 있는 정치나 정책보다 훨씬 더 나은 대접을 받을 자격이 있습니다.

지난주 아내와 나는 아들의 기지 밖 카페에 앉아 눈물을 흘리지 않으려고 애쓰며 음식을 먹고 있었습니다. 그때 한 젊은 해군이 우리에게 말을 걸었습니다. 헤어질 무렵 그 해군은 우리에게 잘 지내라며 "하나님께서 앞으로 우리가 하려고 하는 일을 용서해 주시길 빕니다"라고 말했습니다.

부시 대통령, 당신이 지난 10년 동안 주창해 온 정책 때문에 중동에서 군사적 충돌이 일어났습니다. 이라크의 쿠웨이트 침공에 보인 당신의 반응 때문에 우리 군대는 사우디아라비아를 방어하는 대신 이라크를 공격해야 한다는 압력을 점점 더 많이 받게 됐습니다. 나는 그 압력이 커지면 당신이 당신의 정치적 미래를 구하기 위해서 내 아들의 목숨을 걸까 봐 두렵습니다.

과거에도 당신은 당신의 정치적 경력을 쌓는 것 말고 다른 원칙에는 그리 오래 전념하는 모습을 보여 주지 않았습니다. 따라서 나는 당신에게 이 위기를 외교적으로 해결해야 한다는 도전에 대처할 용기나 인격이 있는지 의심스럽습니다. 내 예상대로 당신이 결국 이라크를 공격하라고 미국 군인들에게 명령한다면, 그렇다면 하나님이 당신을 용서한다 하더라도 나는 용서하지 못할 겁니다.

에크발 아흐마드,
"걸프 위기의 원인"[2]

1990년 11월 17일

에크발 아흐마드Eqbal Ahmad는 분할되기 전의 인도에서 태어나 파키스탄에서 자랐다. 아흐마드는 1999년 5월에 사망했다. 에드워드 사이드Edward W. Said가 아흐마드의 부고 기사에 썼듯이, "그의 삶은 한 편의 서사시였고 시적이었다. 방황과 국경 횡단으로 가득한 삶, 그리고 자유주의 운동, 억압받는 자와 박해받는 자들의 운동, 부당하게 처벌받는 사람들의 대의에 거의 본능적으로 이끌린 삶이었다. 그들이 유럽과 아메리카의 큰 도시에 살든, 난민 캠프에 살든, 포위된 도시에 살든, 폭격을 받거나 다른 불이익을 받는 보스니아나 체첸 마을에 살든, 남부 레바논, 베트남, 이라크, 그리고 인도아대륙에 살든 그것은 상관이 없었다." 미국이 이라크에서 대량 학살을 시작하기 두 달 전 1990년 11월에 아흐마드는 매사추세츠 보스턴에서 전쟁 뒤에 숨겨진 동기를 설명하는 연설을 했다. 라디오계의 선구적인 언론인이자 아흐마드의 친구였던 데이비드 발사미언David Barsamian이 이 연설을 녹음해 자신의 프로그램인 〈대안라디오Alternative Radio〉에 내보냈다.

우리는 금세기의 마지막, 마지막에 거의 가까이 다가갔습니다. 이번 세기는 여러 가지 이유에서 굉장한 세기였습니다. 그 이유 중 하나는 이번 세기 들어 서구 세계가 전쟁을 숫자로 세기 시작했다는 것입니다. 그래서 우리는 제1차 세계대전, 제2차 세계대전을 겪었고, 제3차 세계대전을 두려워하고 있습니다.

20세기 이전의 3세기 반 동안 서구는 전쟁을 계산하지 않았고 단지 "다른" 나라를 공격했습니다. 17세기부터 제국주의, 세계시장, 자본주의, 그리고 무엇보다 기록되지 않고 잊혀진 학살들로 점철된 세계 체제가 등장하였습니다. 이 시기는 마야, 잉카, 아즈텍 등과 같은, 이 반구상에 가장 위대한 나라들의 위대한 문명들이 파괴된 세기이기도 합니다. 이 시기는 아프리카, 중국, 그리고 인도, 중동의 또 다른 위대한 문명들이 정복된 세기기도 합니다.

그러나 그 전쟁들은 기억되지 않습니다. 자기 정원이 포위되거나 커스터(George Armstrong Custer, 1839~1876. 미국 남북전쟁 당시의 영웅, 1976년 토착 미국인 연합과 벌인 리틀빅혼 전투에서 패배해 사망했다. 옮긴이)가 살해당했을 때나 기억하겠지요. 이 20세기의 핵심은 마침내 식민지를 가진 나라와 식민지를 가지지 않은 나라들이 서로 싸우기 시작했다는 데 있습니다. 그리고 서구는 자신이 일으킨 전쟁을 세기 시작했습니다. 동시에 전쟁의 대가를 확실하게 깨닫기 시작했습니다. 이에 따라 인류 배신의 역사뿐만 아니라 희망을 표현하는 역사가 시작됐습니다.

나는 우선 제1차 세계대전이 서구 세계의 마지막 "행복한" 전쟁이었다는 사실을 우리 자신에게 상기시키는 일부터 시작해야겠습니다. 1차 대전은 분명 서구가 기쁨에 차 뛰어든 마지막 전쟁이었습니다. 사람들은 런던과 파리 거리에서 춤을 추었고, 가수들은 위대한 전쟁을 노래했습니다. 1차 대전 이후 거대하고 진정한 반동이 있었고, 평화에 대한 열망이 있었습니다. 『평화가 오면When Peace Comes』 같은 작품이 베스트셀러가 됐습니다. 그리고 우드로 윌슨Woodrow Wilson의 14개 조항은 인류 희망의 표현으로 간주되었습니다. 그리고 〈국제연맹〉의 규약은 널리 환영받았습니다.

우리는 또한 20세기에 우리의 희망이 배신당하는 장면을 목격했습니다. 이 배신 위에 제2차 세계대전의 전제 조건이 자리 잡았습니다. 2차 대전이 끝났을 때 전쟁에 대한 반감이 너무 커져서 다른 전쟁, 또는 제3차 세계대전을 받아들일 수 없게 되었습니다. 식민 국가들이 자치와 자유와 해방을 맞이할 수 있으리라는 생각을 품게 되었고, 유엔 헌장이 환영받았습니다. 그리고 다시 한번 우리가 목도한 것은 실망이었습니다. 즉 2차 대전 후 우리가 길러 온 희망에 대한 배신이었습니다.

이제 희망과 배신의 가능성은 세 번째 국면에 와 있습니다. 제2차 세계대전이 끝나고 전후의 안정은 근본적으로 두 가지를 의미했습니다. (…)

그 하나는 무기 경쟁(전략적 무기 경쟁)이라는 현실과, 대량 방위비 지출, 그리고 무기 거래입니다. 다른 하나는 제3세계를 전쟁터로 하는, 전쟁의 연속입니다. 그래서 우리는 그리스 내전, 한국전쟁, 베트남전쟁을 치렀고, 쿠바 미사일 위기를 겪었습니다. 미국은 15개월에 한 번꼴로 제3세계에 관여하고 있으며 소련은 동유럽과 심지어 아프가니스탄에 6년에 한 번꼴로 관여하고 있습니다.

그리고 이제, 뭔가 다른 일이 일어났습니다. 냉전의 두 주자 중 하나가 미국을 체스판 위에 홀로 남겨 둔 채 게임 밖으로 나간 것입니다. 이것이 바로 사건의 본질입니다. 사람들은 러시아가 약했기 때문이라고 말합니다. 러시아가 냉전에서 걸어 나간 것을 일컬어 위대한 러시아의 위기, 혹은 패배라고 말합니다. 그렇다면 지금 무슨 일이 일어나고 있는지 의문이 생깁니다. 체스 판 위에 홀로 남은 선수 한 명이 모든 패를 집어 주머니에 넣고는 방해하는 모든 사람을 위협하고 있는 건가요? 아니면 이것이 새로운 세계 질서인가요? 제가 여러분에게 던지는 질문입니다. 나는 답을 모르겠습니다.

과거의 희망과 배신의 시기에는 결정적인 사건들이 있었다는 것을 상기해야 할 것 같습니다. 한 가지가 아니라, 때로는 한 가지 이상의 사건이 있었습니다.

아비시니아(Abyssinia, 에티오피아) 침공이 있었습니다. 그리고 역사를 아는 여러분 대부분은 연약하고 마른 키 작은 사람이 〈국제연맹〉에서 성긴 수염을 흔들며 "이번에 이 일을 그냥 좌시한다면 여러분은 후회할 겁니다"라고 말했던 것을 기억할 겁니다. 그 사람은 하일레 셀라시에Haile Selassie로, 자신의 나라가 침공을 받은 후였습니다.

여러분은 기억할 겁니다. 미국이 제2차 세계대전 이후 처음으로 원자폭탄을 외교적으로 사용한 것은 아제르바이잔 위기 당시의 이란이었습니다. 히로시마와 나가사키에 원자폭탄을 투여한 이후 처음이었습니다. 그 후 곧 그리스에서 내전이 있었고 이는 트루먼 독트린Truman Doctrine으로 이어졌습니다. 트루먼 독트린으로 미국은 외적, 혹은 내적으로 위협을 받는 정부라면 어디든 개입할 것을 약속했습니다. 이는 미국이 제3세계에 개입하는 근거가 됐습니다. 여러분은 다음으로 성격이 분명한 전쟁이 한국전쟁이었다는 사실도 기억하실 겁니다. 그 전쟁은 〈국가안전보장회의〉의 68번 보고서가 나온 직후 발발했습니다. 이런 사건들이 확실한 사건들입니다.

나는 이 페레스트로이카(perestroika, 고르바초프의 경제 재건 정책. 옮긴이)의 시기에 걸프 만의 위기는 우리의 희망을 저버리고 우리로 하여금 새로운 배신의 시기로 향하게 만드는 확실한 사건임을 증명하고 있다고 말하는 바입니다. 1936년에서 1937년까지, 1945년에서 1955년까지 두 시기에 모두 배신이 일어났습니다. 언론과 국회, 그리고 (이렇게 말하는 저를 용서하신다면) 대중이 서로 공모하는 가운데 폭력과 지배의 새로운 질서가 확립되었습니다.

언론은 이 엄청난 사태 이면에 무엇이 있는지 절대로 묻지 않았습니다. 언론은 조지 포크(George Polk, 1948년 그리스 내전을 취재하던 중 의문의 죽음을 당한 저널리스트. 옮긴이) 같은 자기네 사람들이 그리스에서 왜, 그리고 누구에 의해 살해당했는지를 물어볼 생각조차 하지 않았습니다. 언론은 한국전쟁을 누가 시작했고 어떻게 시작했는지 절대로 묻지 않았습니다. 한국전쟁에서 미국의 목적은 무엇이었습니까? 여러분은 미국이 공개 논의 없이 그리스 내전에 참여했고, 한국전쟁을 시작했고, 관여했음을 깨닫습니다. 국회의 승인 없이, 베트남에서도 그랬듯이, 전쟁 선포 없이 말입니다. 『한국전쟁의 숨겨진 역사*The Hidden History of the Korean War*』의 저자 스턴. F. Stone만이 홀로 목소리를 냈습니다. 그리고 40년이 지난 후에야 우리는 미국 정부가 거짓말로 미국인과 국회를 한국전쟁에 끌어들였다는 사실을 깨닫기 시작합니다.

그리고 다시 한번 언론은 똑같은 일을 하고 있습니다. 하지만 우리는 이번만큼은 공범이 되어서는 안 됩니다. 언론, 대학, 국회 모두 걸프 만의 위기에 대해 근본적인 질문을 던지는 데 실패했습니다. 위기가 4개월째로 접어들어가고, 40만 명에 이르는 군대가 파견되어 이미 그곳에 있으며, 앞으로 더 파견될 예정인데도 아직까지 이에 대한 본질적인 논의가 없습니다.

첫째로, 언론은 무엇이 사담 후세인을 비정상적인 야망으로 몰아갔는지 언급하지 않았습니다. 후세인은 히틀러로, 독재자로, 폭군으로, 그 지역에서 가장 위험한 인물로 묘사되고 있지만 아무도 왜냐고 묻지 않습니다. 이 독재자는 15년간을 통치했기 때문입니다. 1990년, 갑자기 35만 명의 미국 진압 부대가 필요해질 만큼 후세인의 야망을 부채질한 것은 무엇인가요? 무엇이 그렇게 만들었습니까?

아무도 캠프 데이비드 협정을 언급하지 않습니다. 사담 후세인의 야망은 캠프 데이비드 협정과 직접적으로 관련이 있습니다. (…)

다음을 기억하십시오. 오스만제국의 멸망 이후, 즉 19세기 초 이래로 이집트는 아랍 세계에서 중요한 영향력을 발휘해 왔습니다. 정치적으로, 문화적으로, 이념적으로, 심지어 군사적으로도 이집트는 아랍 세계를 이끌어 왔습니다. 캠프 데이비드 협정이 거둔 최고의 성취는 이집트를 아랍 세계에서 고립시킨 것입니다.

안와르 사다트Anwar Sadat가 협정에 서명할 때 사다트는 이 협정으로 과거의 이집트 영토를 되돌려 받을 것이라 기대했습니다. 그리고 두 번째로 팔레스타인을 위한 조금의 정의를 희망했습니다. 그래서 시간이 지나면 이집트가 고립에서 벗어날 것이라고 생각했습니다. 그러나 캠프 데이비드 협정에서 사다트에게 약속한 최소한의 것도 지켜지지 않았습니다. 사실상 대부분의 약속이 지켜지지 않았습니다.

한 가지 사실을 여러분에게 상기하고자 합니다. 미국 최고 서열의 세 협상자들인 카터와 해럴드 사운더스Harold Saunders, 그리고 윌리엄 콴트 William B. Quandt가 그들(서열 순서대로 맨 위에는 카터, 가운데에 사운더스, 그리고 맨 아래의 콴트)의 책에서 증언하고 기록한 바에 따르자면 캠프 데이비드 협상 마지막 사흘을 남겨 두고 한 가지 문제에서 협상이 결렬되었다고 합니다. 사다트가 협정에 이스라엘이 웨스트뱅크와 가자 지구 정착을 포기한다는 조항을 넣어 달라고 주장한 것입니다. 그리고 메나헴 베긴 Menachem Begin은 "나는 비공식적으로는 이에 얼마든지 동의한다. 하지만 서면으로는 남기지 않겠다"고 말했다고 합니다. 그러자 카터가 끼어들어 "당신이 베긴의 어려운 입장을 이해하기 바란다. 내가 당신에게 정착이 없을 것임을 보장한다"고 말합니다.

그리고 그날 그들은 시청률이 가장 높은 시간에 텔레비전 카메라 앞에서 협정문에 사인했습니다. 그리고 안와르 사다트와 베긴과 카터가 서로의 볼에 키스했습니다. 사다트는 특히 키스를 좋아했습니다. 사다트는 단상에서 내려가 친구인 바바라 워터스Barbara Walters에게도 키스를 하고는 워터스에게 중동에 총체적인 평화가 올 거라고 말했습니다. 이는 카터와 베긴에 의해 확인되었습니다. 그리고 다음날 오후쯤에 이스라엘은 새로운 정착지를 세우겠다고 발표했습니다. 카터는 허튼소리라고 말했습니다.

그러나 허튼소리 이상이었습니다. 이스라엘의 정착은 캠프 데이비드 이후 더 가속화됐습니다. 웨스트뱅크에서 팔레스타인 땅의 60퍼센트를 빼앗긴 것이 캠프 데이비드 이후였습니다. 팔레스타인 물의 거의 80퍼센트가 이스라엘 당국의 통제하에 들어간 것도 캠프 데이비드 이후의 일이었습니다. 웨스트뱅크와 가자에서 거의 1만 8천 권의 책이 금서가 된 것도 캠프 데이비드 이후입니다. 팔레스타인 지역 지도자들이 제네바 협정 위반으로 추방되기 시작한 것도 캠프 데이비드 이후입니다.

내가 말한 것들을 알고 있었나요? 삶의 4대 요소가 없으면 어떤 공동체도 생존할 수 없습니다. 이스라엘 점령군이 그것들을 조직적으로 공격한 것도 캠프 데이비드 이후입니다. 삶의 4대 요소란 땅, 물, 문화, 그리고 지도자를 의미합니다. 인티파다(Intifada, 이스라엘 점령 아래 가자 등지에서 일어난 팔레스타인인들의 봉기. 옮긴이)라 불리는 놀라운 사건 아래에는 단지 팔레스타인의 영웅주의나 해방에 대한 의지만 있는 것이 아닙니다. 팔레스타인의 절망과 생존하려는 의지가 있습니다. 말 그대로 생존 말입니다.

캠프 데이비드가 아랍 세계에서 이집트를 도덕적, 이념적, 정치적으로 고립시키려는 시도였다는 것은 이제 분명해졌습니다. 캠프 데이비드 이후 중동에는 정치적 공백이 생겼습니다. 그리고 시리아와 이라크 같은 작은 선수들이 이 공백을 메우고자 야심을 갖게 되었습니다.

사담 후세인은 이 공백을 메우려는 첫 번째 신호를 보냈습니다. 정당한 이유 없는 공격으로 이란을 침공한 것입니다. 미국은 그를 저지하기

느커녕 공격을 부추겼습니다. 그리고 사우디아라비아와 쿠웨이트는 후세인의 전쟁 경비를 대신 부담했습니다. 그들은 거의 6백억 달러의 거금을 지불했습니다. 후세인은 그들에게서 또 4백억 달러를 빌렸습니다.

그리고 이제 후세인은 쿠웨이트를 침공했습니다. 이에 대해 모두가 매우 흥분했습니다. 무엇보다 놀라운 일은 후세인의 엄청난 야망 아래 무엇이 있는지, 누구도 말하지 않는다는 것입니다.

여기서 두 번째 질문을 던져 봅니다. 이 갈등을 정의내리는 석유의 정치학은 무엇입니까? 1980년부터 1990년까지 지난 10년 동안 인플레이션의 순환을 겪으면서 석유 가격만 유일하게 내려갔습니다. 어떻게 그럴 수 있었을까요? 석유 가격이 배럴당 약 42달러에서 14달러로 내려갔다는 걸 아실 겁니다. 어떻게 가능했을까요? 1980년에서 1981년, 그리고 1990년까지 석유 가격이 계속 내려간 이유는 무엇일까요? 누가 내렸습니까? 경제적으로 그들은 어떻게 가격을 내렸을까요? 이에 대한 논의가 있어야 합니다. (…)

아니면, 다음 질문을 생각해 보십시오. 미국 주도의 개입 뒤에는 놀라운 국제적 합의가 있었습니다. 실제로, 미국 주도의 개입이 모든 강대국의 지지를 받기는 처음입니다. 이례적이었지요. 하지만 아랍 국가의 거의 반에 이르는 11개국의 지지는 받지 못하고 있습니다. (…)

아랍인들은 왜 미국의 개입에 반대하는 걸까요? 대답은 매우 간단합니다. 아랍인들은 미국인들이 아랍의 이익을 위해서 개입한다고 믿지 않습니다. 그들은 미국의 개입이 재식민화의 시작일까 봐 두려워합니다.

부시가 "무력에 의한 영토 획득은 용인할 수 없다"고 말할 때 아무도 이를 믿지 않습니다. 유엔이 이라크에 대한 제재 결의안에 합의했을 때, 미국 신문들은 이를 환영했지만 아랍 대중, 아랍인들은 냉소했습니다. 이스라엘이 1982년 레바논을 침공했습니다. 적어도 2만 명이 죽었습니다. 그리고 〈안전보장이사회〉에 상정된 매우 비슷한 결의안이 미국의 반대로 거부되었습니다. 이스라엘은 현재 아랍 4개국을 점령하고 있고 그들 중 두 나라를 합병했습니다. 미국은 합병과 점령을 지원해 오고 있습니다. 이런 이유로 믿음이 생길 수 없습니다.

아니면 "이것은 유엔의 결의다. 유엔은 이를 지지한다. 미국의 군대역시 유엔의 결의를 지지한다"는 식의 말을 왜 우리가 매일 들어야 하는지 언론에서 한 번이라도 논의해 본 적 있습니까? 지난 3개월 동안 미국 정부는 유엔 연합 지휘부를 구성한 적이 한 번도 없습니다. 미국 정부는 유엔 지휘하에 그들의 군대를 두기를 원하지 않습니다. 러시아인들은 조용히 밀고 나갑니다. 미국 정부는 그 이상을 해낼 능력도, 그리고 싶은 마음도 없습니다. 러시아인들은 지난 2년 동안 수없이 반복해서 〈안전보장이사회〉의 통제 아래 있는 〈유엔 군사위원회〉 활성화되어야 한다고 요구하고 있습니다. 〈군사위원회〉의 활성화를 거부하고 있는 나라는 미국입니다. 언론에서는 아무 논의도 없습니다. 왜인가요? 지금 바로 논의해야지요. (…)

대학교에서도 언론에서도 이 나라에서는, 페르시아 만에서 미국이 의도하는 것이 무엇인지에 대한 아무런 논의가 없습니다. 정책의 목적이 무엇인가요? 무엇입니까? 이제 부시 대통령과 제임스 베이커가 논쟁을 불러일으키기 위해 최선을 다했음을 알게 될 겁니다. 그들을 탓할 수 없습니다. 그들은 이 문제에 관한 논쟁을 일으키고, 선동하고, 부추기기 위해서 최선을 다했습니다. 그들 자신이 너무 많은 말을 해 왔기 때문입니다. 그들은 첫째로 "우리는 공격을 반대하기 위해 그곳에 간다. 그것이 원칙이니까"라고 말했습니다. 둘째로 그들은 "우리는 유엔이 요청했기 때문에 그곳에 갔다"고 말합니다. 하지만 그렇지 않았습니다. 유엔은 미국이 행동한 후에 따라갔습니다. 이는 잊혀졌습니다. 그 다음 그들은

"우리는 석유 때문에 그곳에 갔다"고 말합니다. 그러고는 지금 가장 유력한 주장은 "우리는 미국인의 의무를 지키기 위해서 그곳에 갔다"입니다. 이제 이 많은 목적에 대한 진술과 미국 대중이 느끼는 총체적인 혼돈에 대한 설명을 바탕으로 언론, 대학, 학자들, 지식인들은 적어도 진짜 목적이 무엇인지를 헤아려야 한다고 생각할 겁니다.

저 자신도 정말 그 목적들에 대해 얘기하고 싶습니다. 아마도 어떤 논의를 하다 보면 그 목적에 대해서도 말하게 되겠지요. 지금 당장은, 두세 가지 생각으로 마무리하고자 합니다.

하나는, 여러분은 미국이 1970년 이후 중동에서 (…) 필사적으로 군사적 · 정치적 개입을 하려고 했음을 상기해야 한다는 것입니다. 1970년대 세계의 권력 투쟁의 중심이 이동하게 된 것은 미국의 선택 때문이었다는 사실을 떠올려 보십시오. 1950년대와 1960년대에는 대서양과 태평양이었고, 1970년대에는 지중해와 인도양에 근접한 지역으로 이동했습니다. 즉, 중동과 아프리카 남쪽으로 이동했습니다. 여러분은 신속 배치군(Rapid Deployment Force, 미군의 거점이 없는 지역에서 분쟁이 일어날 경우 급파될 수 있는 부대. 옮긴이)과 새로이 현대화된 해군이 중동을 겨냥해서 고안된 것임을 알고 있을 겁니다. 처음에는 6천 명이었던 신속 배치군이 카터 행정부에 이르러서는 2만 명으로 늘었고, 레이건 때는 35만 명에 달했습니다. 신속 배치군하의 부대 대부분은 현재 이를 위해 동원되고 있습니다. 미국은 1975년 이후로 사우디아라비아에 기지 제공을 요청했고 이를 거절당했습니다. 이란은 석유 지대 동쪽 측면에 위치한 미국 남부 전략의 일부로 주요 세력으로 부상했고, 이스라엘은 서쪽 측면에 위치한 미국 남부 전략의 일부임을 떠올려 보십시오.

나는 사담 후세인 대통령의 위대한 업적은 미국 침공의 문을 활짝 열었다는 데 있다고 말하고 있는 것입니다. 사담 후세인이 반제국주의자라고 생각하는 사람은 잘못 생각하는 겁니다. 사담 후세인은 폭군이고 독재자일 뿐만 아니라 바보입니다. 그리고 그 어리석음이 이 상황을 만들었습니다.

마지막으로, 나는 여러분에게 아주 간단한 제언을 하겠습니다. 이는 계속 세계 1위에 머물기 위한 전쟁입니다. 이는 석유를 지배하려는 전쟁입니다. 세계 1위의 유지와 석유 지배는 아랍인들을 겨냥한 것이 아닙니다. 이는 두 개의 큰 세력, 유럽과 제3세계를 겨냥한 겁니다. 미국은 서구 동맹국들에게 두 가지 영향력을 행사해 왔습니다. 하나는 전략적 무기(전략적 보호)고, 다른 하나는 경제적 지배였습니다. 미국은 둘 모두를 잃었습니다. 1970년 이래로 미국 정책 입안자들은 오래된 동맹국에 새로운 영향력을 행사하려고 하고 있습니다. 석유의 지배가 이를 가능하게 할 것입니다. 제3세계에 대해 미국은, 석유를 영향력의 발판으로 삼아 이 페레스트로이카 시대에 세계 자유라는 장벽의 경비원으로 남아 있겠다는 원칙을 확립하고자 합니다. 미국이 그렇게 하도록 그냥 두어야 할까요? 그건 여러분에게 달려 있습니다.

1991년 걸프전에 반대하는
준 조르단의 성명[3]

1991년 2월 21일

흑인 여성 작가이자 활동가인 준 조르단June Jordan은 보통 사람들의 사랑, 열망, 투쟁, 그리고 사적인 열정과 정치적 열정 모두에 대해 썼다. 2002년 6월, 유방암으로 죽은 조르단은 국제주의자이기도 했다. 조르단은 국가와 인종 간의 경계를 무너뜨리는 데 헌신했다. 조르단의 친구인 앨리스 워커는 조르단을 일컬어 "전 세계의 주민"이라고 말했다. 1991년 2월 21일 맬컴 X 암살 추모일에 조르단은 캘리포니아 헤이워드의 집회에서 걸프전에 반대하는 연설을 했다.

내가 틀렸다면 말씀하십시오. 하지만 이 살인자의 성전, 낯선 사람의 땅을 죽음의 터로 만드는 이 전환, 사람을 비디오 전시물로 만드는 이 전락, 역사가 지지하지 않는 이 살인의 수사학, 분명 우리의 공통된 운명이 저주하는 이 전쟁은 한 사람의 인간도 구원하지 않았습니다. 이 전쟁은 단 한 명의 미국인도 구하지 않았습니다. 이 전쟁은 단 한 명의 이스라엘인도 구하지 않았습니다. 이 전쟁은 단 한 명의 이라크인도 구하지 않았습니다. 이 전쟁은 쿠웨이트인들의 생명을 구하지 않았습니다. 이 엄청난 사업, 이 어마어마하고 무심한 무한대의 과잉 살육, 우리 마음의 고갈, 모든 온화함의 소멸, 논쟁에 대한 모든 이성적이고 합리적이고 세련된 접근의 말살, 모든 평화 가능성에 대한 교활한 측면 공격, 쪼그라들고 비틀거리는 지구에 대한 신성모독, 이는 우리를 지배하는 살인자들의 끔찍한 사전에 나오는 말입니다. 공격할 대상이 풍부한 이 전쟁은 테러나 말로 할 수 없는 절멸의 고통에서 한 사람의 생명도 구하지 않았습니다. 그렇다면 왜 우리는 이런 신성모독이 계속 유지되고 확대되어 전 중동뿐만 아니라 우리의 정치체제를 파괴하도록 내버려 두는 겁니까? 나는 비탄에 젖어 소리 지르고 흐느낍니다. 나는 이 전쟁의 끔찍한 결과를 비통해 합니다. (…)

그러나 모든 미국인이 자신의 마음과 영혼을 잃은 것은 아니기에 안심합니다. 국기를 휘감고 석유와 권력을 쫓는 정신병자가 되어 버린 나의 동포 모두가 (특히 텔레비전을 통해) 남의 엉덩이나 걷어차는 변태는 아닙니다. 엄청나게 많은 미국인들이 "그만 멈춰"를 외치기 위해서 무수한 아랍 사람들과 독일, 영국, 프랑스, 이탈리아, 스페인의 유럽 공동체와 인도, 파키스탄 전역의 무슬림 공동체에 가입하고 있습니다. 내가 엄청나게 많다고 말했지요, 정말 그렇습니다. 여론 조사원이 연락한 1천 명의 미국인이 2억 5천 명을 대변한다고 말할 수 있다면 우리나라 전역과 모든 대륙에 걸쳐 10만 명 이상이 가입한 우리의 반전운동 모임은 얼마나 수없이 많은 사람들을 대변하고 있는 것일까요? 왜 아무도 그런 정치적인 수학을 하지 않는 걸까요? 1991년 2월 21일, 오늘밤 아직도 지배적인 미국 백인은 평화를 비웃고, 협상을 조롱하고, 이 사악한 전쟁에 대한 주류 백인의 독자적이고 관념적인 실천을 강화합니다. 그들은 자신들의 민족주의가 아닌 어떤 민족주의도 허용하지 않고, 제3세계 국가들이 자신들의 자원을 통제할 수 있도록 허락하지 않으며, 백인이 아닌 사람의 죽음에 대해서는 후회하거나 회한에 잠기거나 수치 또는 공포를 (느끼기는커녕) 표현하지 않는 인종차별적인 가치 체제를 더욱 과시하고 있습니다. 오늘밤 나는 특히 아프리카계 미국인임이 자랑스럽습니다. 그러나 1월 15일, 조지 부시는 역사상 최대 규모의 공습을 감행함으로써 감히 마틴 루서 킹 2세의 생일을 모독하고 있습니다.

오늘밤, 그리고 조금 후 8만 3천 개의 폭격 특명이 내릴 오늘밤은, 맬컴 X가 암살된 지 26년째 되는 날입니다. 이 슬픈 날 저녁에 전 세계는 부시와 그의 친구들의 경건한 척하는 수사 이면에 있는 병적인 진짜 거래를 바라봅니다. 페르시아−걸프 전쟁은 쿠웨이트에서 이라크군을 철수시키기 위한 전쟁이 아닙니다. 이 전쟁은 쿠웨이트에 관한 전쟁이 아닙니다. 이는 분명히 국제법에 의한 전쟁도 아니며, 국제적 고려 사항에 따른 전쟁도, 유엔의 결의에 의한 전쟁도 아닙니다. 워싱턴과 프리토리아(Pretoria, 남아프리카공화국의 수도다. 옮긴이)에 비교하면 바그다드 학살은 불법 행위와 세계 여론의 경멸이라는 영역에 막 들어온 신참자의 마이너리그일 뿐이기 때문입니다. 오늘밤 소련 지도자 미하일 고르바초프Mikhail Gorbachev와 이라크는, 이라크가 쿠웨이트에서 철수할 것이라는 협약을 맺었습니다. 그 협약에 또 다른 말이 들어 있건 없건 그 내용은 사실입니다. 이 협약은 즉시 사격을 중지하고 이라크 사람들에 대한 학살을 멈추며, 물 공급, 음식 제공, 안전 보장을 가로막는 전국적인 방벽을 제거하는 것으로 이어져야 합니다. 미국의 최고 일인자의 반응은 무엇입니까? 그는 극장에 가고 없었습니다. 이는 가장 가까운 교회가 문을 닫았거나 아니면 콜린 파월Colin Powell이 누군가 그를 위해 만든 수프 그릇에 스푼을 담그느라고 바빴음을 의미한다고 생각합니다. 그리고 딕 체니가, 누구도 그의 패트리어트 미사일과 아파치 헬리콥터, B-52 폭격기, 흑인, 혹은 남미계 혹은 가난한 백인 육군과 해군, 그리고 진정한 이 시대의 겁쟁이들을 위한 그 나머지 모든 장난감들을 가져가지 못하도록 오랫동안 역할에 상관없이 기세 좋게 달려드는 일을 잘 했다는 의미라고 생각합니다. 평화라는 악몽의 가능성에 직면한 부시는 극장으로 갑니다. 사담 후세인도 사람이며, 주권국가의 수장이자 무시할 수 없는 적이고 협상해야만 하는 상대임을 인정한다면 부시 자신이 비난받을 수 있기 때문입니다. 사담은 백인이 아닙니다. 그와 그의 아랍인들은 파멸되어야만 합니다. 평화, 휴전, 협상은 없습니다.

그리고 나는 오늘밤 킹 박사와 맬컴 X를 기억하고 그들의 업적을 기리며 애도하게 되어 자랑스럽습니다. 비록 그들이 남긴 어려운 도전을 추구하고 있지만 말입니다. 두 사람 모두 각자 다른 방법으로 앨라배마, 할렘, 남아프리카, 베트남에서의 인종주의에 대항에 전 지구적 전망을 발전시켰습니다. 그리고 백인들의 분노의 표적이 되었습니다. 두 사람 모두 현재의 아랍 세계에 대한 공격을 규탄했을 겁니다. 두 사람 중 누구도 평등하지 않은 정의와 평등하지 않은 권리에 관대하지 않았을 겁니다.

따라서 그들은 사담 후세인을 겨냥한 명백하게 이중적인 인종주의의 잣대에 질리거나 그것을 유감으로 여겼을 겁니다. 나는 점점 늘어나고 있는 양심적인 아프리카계 미국인 시위자들과 악수하게 되어 자랑스럽습니다. 나는 미국의 국회의원인 로널드 델럼스Ronald Dellums가 전쟁 반대에 확고부동한 도덕적 확신을 가지고 있다는 사실을 언급하게 되어 자랑스럽습니다. 나는 국회의원인 구스 새비지Gus Savage, 존 코니어스John Conyers, 마빈 디멀리Mervyn Dymally가 전쟁에 양심적으로 반대했다는 소식을 듣게 되어 자랑스럽습니다. 나는 비록 아프리카계 미국인이 미국 군대에서 불균등하게 대표되고 있지만, 국가적 공동체로서 우리가 변덕스러운 일반 여론에도, 그 여론과는 구분된 관점을 가지고 있다는 사실이 자랑스럽습니다. 우리는 이 무시무시한 전쟁과 국내의 타락과 부패를 충격적으로 얼버무리려는 시도에 있어 그만큼 더 높은 수준의 반대를 유지하고 있습니다.

대통령 각하, 당신에게 특별히 할 말이 있습니다. 당신은 실제로 사람을 굴복시키고, 박해하고, 깔아뭉개고, 불태우고, 겁주고, 비웃고, 으스대고, 비방하고, 매도하고, 묵살하고, 소각하고, 굶길 수 있습니다. 그렇습니다. 당신은 다른 사람을, 사람들을 강제로 항복시킬 수 있습니다. (…) 당신의 앙상하고 인정머리 없는 손에 쥐어진 그들의 피로 물든 내장으로 무엇을 하시렵니까? 연약한 우리 모두가 당신을 지켜보고 있습니다. 당신의 증오로부터 배운 것을 잊지 않습니다. 우리는 준비되어 있습니다. 대통령 각하, 신의 버림을 받은 이 지구 위 사람들의 절반이 바로 우리입니다.

욜란다 휴잇-보건,
1991년 걸프전 참전 거부 성명서[4]

1991년 1월 9일

큰 위험을 무릅쓰고 220명 이상의 군인이 1991년 걸프전에 반대하는 양심선언을 했다. 그들 중 캔자스 의사인 욜란다 휴잇-보건Yolanda Huet-Vaughn이 가장 감동적인 웅변을 했다. 멕시코에서 이민 온 휴잇-보건은 1982년 명예제대를 할 때까지 5년 동안 군에 복무했다. 1989년 이라크가 쿠웨이트를 침공한 후 휴잇-보건은 예비역으로 사우디아라비아에 가라고 소집되었다. 다음의 성명서에서 휴잇-보건은 자신이 이라크 전쟁을 위한 미국의 병력 증강에 반대한 근본적인 이유를 설명한다. 휴잇-보건은 입장 표명 후 "탈영병"으로 분류되었고, 4개월 동안 영창에 갔다가 군사재판을 받고 30개월 징역을 선고받았다. 〈엠네스티Amnesty International〉는 휴잇-보건을 "양심수"로 분류했고, 재판 과정에서 석방 운동이 조직되었다. 휴잇-보건은 8개월 복역 후 석방됐다.

나, 욜란다 휴잇-보건은 의학 박사이자, 자격증을 가진 가정의며, 아내이자 두 살, 다섯 살, 여덟 살 난 세 아이의 엄마다. 나는 또한 1980년 이후 〈국제핵전쟁방지내과의사협회International Physicians for the Prevention of Nuclear War〉의 미국 지부인 〈내과의사사회의무단Physicians for Social Responsibility〉의 회원으로 있다. 1992년에 나는 이 미국 지부의 캔자스시 분회인 〈위대한캔자스시분회the Greater Kansas City Chapter〉를 공동 설립했다. 나는 캔자스 주 캔자스 시 출신이다. 나는 〈미국예비군의무대U. S. Army Reserve Medical Corps〉의 대위다. 걸프 위기와 관련하여 나는 1990년 12월에 실전 투입을 위해 소집되었다.

나는 나 자신이 부도덕하고 비인간적이고 불법 행동이라고 여긴 일, 즉 중동에서의 공격적 군사 동원령에 따르라는 명령을 거부한다. '사막의 방패' 작전에 협력한다면 이는 헌법을 준수한다는 시민병으로서의 나의 맹세, 생명을 살리고 질병을 예방한다는 의사로서의 나의 맹세, 그리고 이 지구를 지키는 인간으로서 나의 책임을 저버리는 것이다.

나는 우리가 인간으로서, 베트남에서 교훈을 얻었기를 바랐다. 즉 미국인 5만 명의 죽음과 민간인 수십만 명의 죽음, 그리고 환경 파괴에서 교훈을 얻었기를 바랐다. 중동에서 우리가 대면한 것은 엄청난 규모의 죽음과 파괴다. 베트남에서는 일주일에 2백 명의 사망자가 발생했다면 이라크와의 전쟁에서는 시간당 2백 명의 사망자가 발생할 것이라는 예측이 있었다. (…)

이라크와 쿠웨이트 인구 57퍼센트가 도시에 집중되어 있기 때문에 사망자 대부분은 민간인일 것이다. 이 시민들 중에서 47퍼센트가 열다섯 살 미만의 어린이들이다.

4백만 명 이상이 사는 바그다드 시에 폭격을 할 경우 사담 후세인뿐만 아니라 민간인 역시 목표가 될 것이다. 그들 중 2백만 명은 어린이들이다. 미국인으로서 우리는 이러한 사실을 미리 알고도, 이것이 운명이 아니라 선택임을 알고도, 이들의 죽음에 대한 도덕적 짐을 지고 살려고 하는가? (…)

의학적 견지에서 볼 때, 대중들은 전투원과 민간인이 입을 상처와 부상이 얼마나 재앙적일지에 대해 모르고 있다. 미국인인 우리는 이 전쟁이 피할 수 있는 전쟁임을 알고 있으면서도 저녁 뉴스에서 미국인 사망자와 부상자 명단을 보려고 하는가?

어머니의 마음으로 나는 중동에서 발생할 장기적인 의학적·환경적 결과를 예민하게 인식하고 있다. 전쟁이 일어난다면 이는 정말 전 지구적인 영향을 미치게 될 것이다. 요르단의 물리학자는 유전에 화재가 발생하면 6개월이 넘는 기간 동안 하루에 백만 배럴 이상의 석유가 탈 것이라고 예측했다. 이 화재는 지구온난화를 20년 가까이 앞당길 만큼의 피로톡신pyrotoxins을 방출할 것이다.

아마도 민간인과 군인을 기다리는 가장 엄청난 의학적 재앙은 화학무기나 생물학무기, 또는 원자력 무기의 사용일 것이다. 전에는 대량 파괴용 무기가 이처럼 엄청나게 비축된 적이 없었다. 전통적인 방식으로 시작된 전쟁이 순식간에 대량 학살과 소각을 목적으로 고안된 무기를 사용하는 전쟁으로 화하지 않을 거라는 보장이 없다.

미국인들이여, 제3차 세계대전으로 쉽게 비화될 수 있는 이 공격적인 군사작전을 계속했다는 책임을 지기를 원하는가? 나는 묻는다. 이 모든 죽음과 파괴가 무슨 가치가 있는가? 베트남전쟁 이후 눈물과 고통과 상실 말고 우리가 얻은 것이 무엇인가?

나는 의사로서 의학적 치료가 힘든 곳에서는 예방이 유일한 구제 방법임을 안다. 그러므로 나는 '사막의 방패' 작전에 참여하라는 명령을 거부함으로써, 나의 의학적 지식과 훈련을 전쟁을 막으려는 노력에 쏟아붓는 것이다. 핵무기의 도래에 대하여 앨버트 아인슈타인이 "문명이 존속하려면 인류에게는 본질적으로 새로운 사고방식이 필요하다"고 언급했듯이 우리 모두가 우리 사고를 새로운 수준으로 확장해야만 한다고 믿는다. 그리고 우리의 정치적·군사적 지도자들이 그들이 추구하는 외교적 해결책이 초래할 가혹한 의학적·환경적 결과를 깨달아야 한다고 주장하는 바다.

나는 나 자신을 애국자라고 생각하며 걸프 지역에 파견된 미국 군대를 지지하는 입장에서, 미국 국민을 지지하는 입장에서, 그리고 중동과 자기 의견을 말하지 못하는 중동의 어린이들을 지지하는 가운데 이러한 행동을 취한다. 나는 미력하지만 양심적인 나의 방식이 걸프 위기를 평화적으로 해결하는 데 도움이 되기를 희망한다.

파나마 리오 하토 군부 군무원과의 인터뷰[5]

1990년 2월 23일

미국은 1991년에 어떤 큰 나라(이라크)도 작은 나라(쿠웨이트)를 침공해서는 안 된다고 선언하면서 전쟁을 시작했지만 1989년 12월, 미국 군부는 조그마한 나라 파나마를 침공했다. 파나마는 오랫동안 미국의 지배를 받아 오다가 근자에 독립의 기미를 보이고 있었다. 미국은 1904년부터 선박의 주요 규정 항로인 파나마운하를 통제하고 있었다. 하지만 파나마운하에 대한 권한이 파나마로 귀속될 예정이었고, 1989년의 침공은 미국의 이익에 우호적인 정부를 수립하기 위해 계획된 것이었다. 부시는 이 침공은 파나마의 독재자 마누엘 노리에가를 전복하기 위해 필요하다고 말했다. 노리에가는 오랫동안 워싱턴의 친구였고, CIA의 재정적인 지원을 받아 왔다. 하지만 노리에가는 더 이상 워싱턴의 지시를 따르지 않았다. 파나마 침공은 전 지역을 파괴시켰고, 많은 인명을 희생시켰다. 희생자가 얼마나 많은지 우리는 모른다. 인권 단체인 〈미국파수대 Americas Watch〉가 당시에 "우리는 전쟁 법을 심각하게 위반한 개인적 · 집단적 책임을 규명하기 위해 (…) 파나마에서의 군사작전에 대한 조사를 촉구한다. 우리가 아는 한 그러한 조사는 아직 이루어지지 않았고, 그런 시도조차 없었다"고 언급했다. 다음은 〈미국파나마공격독립조사위원회 Independent Commission of Inquiry on the U. S. Invasion of Panama〉가 실시한 인터뷰에 대한 보고서로 미국이 파나마를 공격했을 당시 일어난 일을 설명하고 있다.

질문 당신은 리오 하토Rio Hato에 있는 군사기지에 있었습니까?

대답 네. 나는 리오 하토의 군사기지에 있었습니다. 나는 민간인이었고 군사기지를 관리하는 일을 맡고 있었습니다.

리오 하토 기지에 위치한 제6원정대에는 마초스 드 몽테Machos de Monte 의 탱크 부대와 학교 두 곳이 있었습니다. 하나는 사관생 훈련소인 "벤 자민 루쯔Benjamin Ruiz"였고, 또 하나는 군인으로서의 경력과 대학교 진 학 중에서 선택할 수 있는 중등교육 학교입니다. 여기 다니는 학생들은 토마지토스Tomasitos로 불렸습니다.

12월 19일에서 20일로 넘어가는 밤에 우리는 잠자리에 들었습니다. 하 지만 공수부대 82사단이 미국을 떠났고, 공습 가능성이 있다는 소문이 떠돌았습니다.

질문 그게 몇 시였습니까?

대답 오후 7시경, 아니면 조금 더 늦은 시간이었을 겁니다. 두 나라 사이 의 엄청난 힘의 차이를 생각해 볼 때 우리 중 아무도 공습이 진짜 일어나 리라고는 믿지 않았습니다. 노리에가 제거가 목적이었다면 공습을 정당 화할 수 없다고 생각합니다. 노리에가는 주말 동안 몇 명의 경호원만 데 리고 신선한 공기를 마시며 군사기지 근처에 있었습니다. 당시에 그를 잡기 원했다면 쉽게 잡을 수 있었고, 아니면 그가 그 지난 주 일요일에 친구와 함께 군사기지 근처 공공장소에 있을 때 잡을 수 있었을 겁니다. 유혈의 학살이 필요했다면 실제로 일어난 것처럼 수천 명의 사망자를 내 지 않고도, 스무 명, 또는 상황을 과장더라도 최대한 서른 명 정도의 사 상자만 내고도 그를 잡을 수 있었을 겁니다. 노리에가를 잡는다는 명분 이 공습을 정당화하지는 못합니다. 우리는 이 정당화를 절대로 믿지 않 았습니다.

새벽 12시 45분경, 우리는 폭발 소리와 건물 위를 바쁘게 돌아다니는 헬 리콥터 소리를 들었습니다. 곧 기관총이 발사되기 시작했고, 우리는 우리가 묵던 막사 밖으로 뛰어나갔습니다. 보름달이 떴기 때문에 우리는 낙하산병들이 내려오는 것을 분명하게 볼 수 있었습니다. 훈련병들을 후퇴시키려 했지만 막사들이 가까이 모여 있지 않아서 소수의 학생들만 철수 작전을 수행했습니다. 다른 집단의 학생들은 미군에게 잡혔습니다. 이들 중 상당 수 학생이 죽었습니다.

미군은 그들이 어리다는 사실을 몰랐습니다. 학생들은 모두 18세 이하였습니다. 미군은 학생들이 항복하기 전에 기관총을 쐈습니다. 학생들은 무장하지 않았고, 항복하라는 소리를 듣기도 전에 총에 맞았습니다.

질문 그들 중 무기를 가진 사람이 있었습니까?

대답 이 어린애들 중에요? 아니요. 아무도 없었습니다. 그들 중 몇 명은 병기고로 가서 무기를 얻으려고 했지만 아이들에게 무기를 주지 않았습니다. 그들은 세상 물정에 밝은 아이들이 아니었습니다. 아무튼, 아이들은 어떤 무기도 얻지 못했습니다.

질문 미군이 총을 쏘기 시작했을 때 얼마나 죽었습니까?

대답 제가 직접 보지 않았지만 소년들이 서른 명쯤 죽었다고 말하는 걸 들었습니다.

질문 그때 어디에 있었습니까?

대답 나는 산 쪽으로 달려갔습니다. 하지만 기지 가까이에 머물렀습니다. 헬리콥터가 나를 향해 총을 쐈습니다. 그때 나는 무장한 군인 두 명, 소년 네 명, 무장하지 않은 토마지토스 네 명과 마주쳤습니다. 소년들은 매우 당황한 상태였고, 이 불꽃들이 무언지 전혀 알지 못했습니다. 그들은 군사훈련을 전혀 받지 않았음이 명백했습니다. 그들은 이를 군사훈련이라고 생각했지만 사실은 그렇지 않았습니다.

그들은 레이저를 사용했고, 매우 큰 헬리콥터를 사용했습니다. 헬리콥터는 대규모의 동시 폭격이 가능한 미사일을 발사했습니다. 그들은 우리를 향해 기관총을 발사했습니다. 매우 낯선 다른 폭탄도 있었습니다. 이 폭탄은 처음에는 하얀 빛을 내다가 빨갛게 변하는 이상한 폭탄이었습니다. 여기 엘 코리요El Chorrillo 근처의 다른 지역을 태우기 위해서 사용되었던 폭탄과 같은 종류라는 말을 들었습니다만 그건 달랐습니다. 그곳 군인들도 이런 폭발을 본 적이 없었습니다.

내가 마침내 잡혔을 때 그들은 내 무릎을 꿇리고 벽에 기대게 했습니다. 그리고 내 목에 M-16을 겨누고 나를 죽이겠다고 협박했습니다. 내게 그런 말을 한 사람은 매우 불안정해 보였습니다. 당시 내가 본 미군들은 모두 다 매우 불안해 보였습니다. 그들 역시 스무 살 정도로 매우 어렸고, 분명히 실제 전투 상황은 처음인 듯했습니다. 아마도 그들은 더 조직적인 저항을 기대했겠지요. 그들은 매우 놀라고 불안해 보였습니다.

그들 중 한 사람이 다른 사람에게 나를 심문할 거니 죽이지 말라고 말했습니다. 그들은 나를 그곳에서 다른 포로들이 있는 곳으로 데려갔습니다. 그곳에 많은 소년들, 토마지토스들이 잡혀 있었습니다. 미군은 플라스틱 밴드로 사람들의 손을 등 뒤로 묶어서 꼼짝 못 하게 만들었습니다. 미군은 그들을 매우 못되게 취급했습니다. 때리고 매질했습니다. 부상당한 사람도 있었지만 태양 아래 그대로 뉘였습니다. 미군은 어떤 의료 조치도 하지 않았습니다. 미군은 콕콕 찌르고 시계나 돈과 같은 소지품을 빼앗아 갔습니다. 전문적인 군인이 아닌 용병처럼 보였습니다. 한 미군이 다른 미군에게 시계를 보여 주면서 이 시계를 갖고 싶냐고 묻는 광경도 있었습니다. 다른 사람이 말하기를 "그 시계가 움직인다면 그건 내 거야"라고 말하고 가져갔습니다.

그들은 상당수의 민간인 포로를 한데 모았습니다. 민간인들은 군인 포로만큼 심한 대접을 받지는 않았습니다. 예를 들어서 가족과 세 살배기 어린이들을 한군데 모았습니다. 한 작은 소녀가 울면서 집에 가고 싶다고 말했지만 그렇게 할 수 없었습니다. 온 가족이 포로로 잡혔기 때문입니다.

우리는 그곳에서 12월 20일 하루를 꼬박 보냈습니다. 그들은 우리 사진을 찍고 이름을 알아 갔습니다.

아침이 되자 그들은 부상자들을 살펴보기 시작했습니다. 우리 중에 상당히 심하게 다친 젊은이가 있었습니다. 젊은이는 복부와 양팔 모두를 부상당했습니다. 그것이 총알 때문인지, 포탄 때문인지, 또는 포탄의 파편 때문인지 알 수 없었지만 매우 심각한 상태인 듯했습니다. 젊은이는 바닥에 길게 누웠습니다. 그러자 장교로 보이는 미국 병사가 다가왔고, 그를 치료해 주라고 명령했습니다.

질문 그게 몇 시였습니까?

대답 확실하지 않지만 11시경으로 생각됩니다. 젊은이는 오전 1시 30분경 부상당했고, 10시간가량 아무런 치료도 받지 못했습니다. 매우 심각해 보였습니다. 젊은이는 바닥에 그냥 방치되었습니다. 그곳은 기지에 있는 자동차 수리고여서 바닥은 정말 지저분했습니다. 우리는 그곳에 잡혀 있었습니다.

나는 화장실에 가도 된다는 허락을 받고 나와 막사 안을 둘러보았습니다. 막사 안은 완벽하게 소각되었습니다. 하지만 뭔가 특별한 화재로 불에 탄 것 같았습니다. 뭔가를 만지면 먼지로 변해 버렸습니다. 그냥 보기에는 멀쩡한데 만지면 완전히 부서져 버렸습니다.

공식적으로 미군 23명이 죽었다는 발표가 있었습니다. 후에 리오 하토

기지에서 헬리콥터 두 대가 총에 맞아 떨어졌다는 사실을 알게 됐습니다. 우리는 이미 19명 정도가 죽는 걸 봤습니다. 이는 파나마의 나머지 지역을 통틀어 단 4명만 죽었다는 말입니다. 그건 믿을 수 없습니다. 그렇지 않은가요? 미국은 공식적으로 인정한 수보다 많은 사망자를 냈습니다. (…)

그들은 민간인 모두를 체포했습니다. 마을 두 개가 기지 가까이에 있었습니다. 미군들은 마을에 가서 아무 이유 없이 14세 이상의 남자들을 모두 체포했습니다. 나이가 많고 신체적으로 허약해 무기를 드는 것조차 상상하기 어려운 노인들까지 체포했습니다. 미군은 그들을, 그리고 모든 사람들을 포로로 잡았습니다. (…)

내가 처한 상황을 판단할 만큼 나이가 든 이후로 쭉, 파나마는 내가 아는 다른 남미 나라들보다 상당히 잘 사는 나라였습니다. 하지만 지난 2년 동안 경제적 압박으로 빈곤층이 엄청나게 늘어났습니다. 전에는 길에서 구걸하는 아이들이나 이리저리 돌아다니는 미친 사람을 보지 못했습니다. 술 소비량도 많아졌습니다.

파나마 사람들은 이런 일에 익숙하지 않습니다. 앞으로 미국으로부터 상당한 경제원조가 있으리라는 약속을 믿고 노리에가의 붕괴를 환호하는 사람이 많다고 말합니다. 지금 우리는, 그 대신 〈국제통화기금(IMF: International Monetary Fund)〉 정책이 적용되는 것을 봅니다. 그 정책 중 하나가 공공 부문에서의 일자리 감소와 외국 부채의 지불입니다. 이는 수많은 파나마인들을 환상에서 깨어나게 만들 겁니다. 내 생각에 그들은 이미 깨어나고 있습니다.

마이크 데이비스,
"L. A.에서, 모든 환상이 불타 버리다"[6]

1992년 6월 1일

1965년의 와츠Watts 폭동의 기억이 잊혀지기도 전에 로스앤젤레스에서 1992년 4월 29일, 다시 한번 폭동이 일어났다. 직접적인 원인은 1991년 3월 3일, 오토바이를 타고 가던 흑인 로드니 킹Rodney King을 무자비하게 때린 백인 경찰 네 명에 대한 배심원의 무죄판결이었다. 지나가던 사람이 이 사건을 비디오로 녹화했고, 이 비디오에는 경찰이 킹을 곤봉으로 때리고, 발로 걷어차고, 머리를 때리는 장면이 있었다. 재판은 다인종 사회인 로스앤젤레스에서 부유한 백인이 사는 시미밸리 근교로 옮겨졌다. 평결이 나오자 로스앤젤레스에서 다인종 폭동이 일어나 4일 동안 계속됐다. 1960년대의 도시 폭동처럼 이 폭동은 경찰의 잔인함, 인종주의, 실업, 빈곤에 대한 오랜 불만이 표출된 사건이었다. 다음은 노동사가이자 작가이고, 로스앤젤레스에 대한 흥미로운 연구서 『석영石英의 도시City of Quartz』를 쓴 마이크 데이비스Mike Davis가 그 반란과 뒤따른 진압에 대해 직접 설명한 내용이다.

아홉 살 난 에모리오에 따르면 "커다란 못생긴 두꺼비"처럼 무장한 병사 수송차가 모퉁이에 털썩 주저앉아 있다. 에모리오의 부모는 불안해하며 속삭이듯 데사파레시도스(desaparecidos, 중남미 군사독재 체제하에서 행방불명된 이들을 가리키는 말이다. 여기서는 폭동 도중 경찰의 폭행 등으로 사망 혹은 실종된 이들을 일컫는다. 옮긴이)에 대해 말한다. 테픽에서 온 라울, 큰 마리오, 그보다 어린 소녀 플로레와 아후아차판에서 온 사촌 등이 그들이다. 모든 살바도르인들처럼 그들은 "사라진" 사람들에 대해 알고 있다. 그들은 머리가 없는 시체와 마치 넥타이처럼 목구멍에서 혀가 쭉 뽑혀져 나온 남자를 기억한다. 그것이 그들이 여기 캘리포니아 주 로스앤젤레스 시 우편번호 90057에 온 이유다.

이제 그들은 갑자기 없어진 살바도르인과 멕시코인 친구와 이웃을 세고 있다. 그들 중에는 아직도 바우처가의 카운티 감옥에 있는 사람도 있다. 그들은 1863년 아일랜드 출신 빈민들이 맨해튼을 방화한 이래 가장 폭력적이었던 이 미국 시민 폭동에서 약탈자, 혹은 방화범으로 추정돼 구금된 1만 7천 명 중의 잃어버린 갈색 모래 한 줌에 불과했다. 신분증이 없는 사람들은 아마도 외톨이 무일푼으로 티후아나에 돌아가 가족들과 새로운 삶에서 유리되었을 것이다. 경찰은 신분증이 없는 이 불쌍한 약탈자들을 시 정책을 위반하면서까지 〈이민귀화국(INS: Immigration and Naturalization Service)〉에 넘겨 추방시켰다. ACLU나 이민자 인권 단체들이 그들이 체포된 사실을 알기도 전에 말이다.

수일 동안 텔레비전에서는 "중남미 폭동", "흑인의 분노", 그리고 "갱들의 싸움Crips and Bloods"이라고만 말했다. 그러나 에모리오의 부모는 맥아더파크 지역(전 세계 살바도르인의 10분의 1이 이곳에 산다)에 사는 이웃 수천 명이 약탈과 화재를 당하고 통행금지 시간을 넘겨 바깥에 있다가 감옥에 갔음을 안다. 처음 집계에 따르면 이 도시 전역에서 5천 명이 잡혀갔는데, 그들 중 52퍼센트가 가난한 라틴계고, 10퍼센트가 백인이며, 오직 38퍼센트만 흑인이었다. 에모리오의 부모는 또한 이 나라에서 일어난 최초의 다인종 폭동이 경찰의 폭력과 로드니 킹에 연관된 문제일 뿐만 아니라 빈곤과 상심의 문제라는 사실을 알고 있었다.

폭동 일주일 전은 계절에 맞지 않게 더웠다. 밤이 되면 사람들은 밖에서 현관 입구 계단과 셋방 집(맥아더파크는 스페인인들이 사는 할렘이다) 보도를 서성거리며 새로운 골칫거리에 대해 이야기를 나누었다. 맨해튼 중심부보다 더 복잡하고 디트로이트 시내보다 더 위험한 지역, 등록된 유권자보다 마약중독자와 갱들이 더 많은 지역에서 사람들은 아주 심각한 문제가 아니라면 웬만한 문제는 웃어넘긴다.

너무 많은 사람들이 시간당 5달러 25센트 받는 재봉사, 막노동꾼, 웨이터 조수 등의 옹색한 일거리마저 잃었다. 경기 불황 2년 동안 L. A.의 이민자 공동체에서는 실업이 3배로 증가했다. 크리스마스 때는 2만 명 이상이, 대부분 도시 중심에 사는 라틴계 여자와 아이들이, 자선단체에서 공짜로 주는 칠면조와 담요를 받으려고 추운 날씨에 밤새도록 기다렸다. 눈에 보이는 가난의 또 다른 척도로, 크라운힐의 어두운 언덕을 점령하고 L. A. 리버의 콘크리트 바닥에서 잠을 자는 노숙자들이 급속히 증가하고 있다.

부모가 직장을 잃거나, 실업자가 된 친척이 대가족이라는 피난처로 이사 오면, 청소년들은 가족의 수입을 보충해야 한다는 압박을 더 많이 받는다. 버몬트 고등학교는 "작은 미국 중부"로서의 자부심을 지닌 학교지만 학생 수가 약 4천 5백 명으로 지나치게 많고, 추가로 2천 명의 학생이 산페르난도벨리에 있는 먼 학교로 버스 통학을 해야만 한다. 더욱이 버몬트 지역에서만 7천 명에 달하는 학령기의 아이들이 모두 중퇴를 했다. 그들 중에는 갱 문화 안에서 미친 채 살아가는 학생들도 있다. 버몬트 고등학교를 포함해 다른 학구에도 백여 개의 갱 집단이 있다. 그러나 대부분은 점점 어려워지는 경제에 최저 임금을 받는 일자리라도 구하려고 애쓰고 있다.

내가 인터뷰한 맥아더파크의 사람들은 모두 에모리오의 부모처럼 몰려오는 불안감과 이미 약탈당한 미래를 인식하고 있었다. 폭동은 마치 마술처럼 발생했다. 처음에 사람들은 폭력 사태에 충격을 받았다. 그러나 곧 텔레비전이 선전하는 L. A. 중남부 지역의 혼종적인 대중 이미지에 세뇌되어 산더미처럼 쌓인 갖고 싶었던 물건들을 경찰 간섭 없이 마음대로 집어 갔다. 다음날, 4월 30일 목요일, 당국은 두 번 실수했다. 첫째로 학교를 휴교시킴으로써 아이들을 거리에 풀어놓았고, 두 번째로 해질 때부터 해뜰 때까지 통행금지를 시행하기 위해 주 방위군이 오고 있다고 발표한 것이다.

수천 명은 즉각적으로 이를 진행 중인 부의 분배에 참여할 수 있는 마지막 기회로 해석했다. 약탈은 에코파크, 반누이스와 헌팅턴파크뿐만 아니라 할리우드와 맥아더파크 전역에 걸쳐 폭발적인 기세로 번져 나갔다. 방화범은 끔찍한 파괴를 야기했지만 약탈하는 군중은 눈에 보이는 도덕적 경제의 지배를 받았다. 한 중년의 부인이 나에게 설명했듯이 "도적질은 죄지만, 이건 마치 모든 방청객이 당첨되는 텔레비전 쇼 같다." 스케이트 보드를 타고 프레더릭스에서 마돈나의 뷔스티에(bustier, 어깨끈이 없는 브래지어. 옮긴이)와 팬티를 훔친 할리우드의 약탈자들과는 달리 맥아더파크의 군중은 바퀴벌레 스프레이나 기저귀 등 일상생활 용품을 주로 가져갔다.

이제 한 주가 지났다. 맥아더파크는 점령 상태다. "위 팁we Tip"이라 불리는 특별한 전화 서비스는 사람들에게 약탈자로 의심되는 이웃이나 지인을 신고하라고 부추긴다. 로스앤젤레스 시 경찰 정예 부대는 주 방위군의 도움을 받아 도둑맞은 물건을 찾기 위해 다세대주택을 샅샅이 뒤진다. 그동안 텍사스만큼이나 먼 거리에서 온 국경 수비대는 거리를 찾아 헤맨다. 아이를 잃은 부모들은 정신없이 아이들을 찾는다. 정신지체를 앓고 있는 열네 살의 줄리 에스트라다도 그중 한 명이다. 사람들은 줄리가 멕시코로 추방되었다고 생각한다.

한편 약탈자 수천 명은 약탈 다음날, 타 버린 잔해 속에서 체포되어 카운티 감옥에서 괴로운 날들을 보내고 있다. 그들 대부분은 애처롭게도 쓰레기장을 뒤지며 사는 사람들이다. 그들은 턱없이 비싼 보석금을 지불할 능력이 없다. 한 사람은 해바라기씨 한 봉지와 우유 두 통을 가져가다 잡혔는데 그에게 걸린 보석금은 1만 5천 달러다. 다른 수백 명도 중죄로 기소되어 2년 징역형을 받는 지경이다. 검사 측은 통행금지 위반에도 30일 구금을 구형한다. 그들 중 대부분은 노숙자거나 통행금지에 대해 잘 모르는 스페인계 사람들이다. 이들은 "잡초들"이다. 조지 부시는 사적 기업의 자본 유치와 그에 대한 세금 감면이라는 재생된 "씨앗들"과 함께 자라기 전에 이들 "잡초들"을 우리의 도시 토양에서 뽑아 버려야 한다고 말한다.

전 사회가 희생양이 될 것이라는 인식이 점점 커지고 있다. 경제 불황이 시작된 이후 국경을 봉쇄하는 추한 토착주의가 캘리포니아 남부에서 자라는 바랭이류 잡초처럼 더욱 증식하고 있다. 헌팅턴비치의 하원 의원인 다나 로라바처Dana Rohrabacher는 오렌지카운티 지역에서 집단 린치를 부추긴다. 로라바처는 소요 와중에 잡힌 사람 중 신분증이 없는 이민자 모두를 즉시 추방하자고 했다. 반면에 민주당의 자유주의자 앤서니 베이레슨Anthony Beileson은, 산페르난도벨리의 쟝 마리에 르 펭의 아들(Son-of-Jean-Marie-Le-Pen, 프랑스의 민족주의자, 극우 정당인 국민전선의 창시자다. 옮긴이)처럼 말하면서, 미국 태생일지라도 불법체류자의 아이들에게서는 시민권을 박탈하자고 제안한다. 맥아더파크의 〈미국난민중앙본부Central American Refugee Center〉의 로베르토 로바토Roberto Lobato는 "우리는 조지 부시가 그의 새로운 도시 질서를 만들어 내는 군사화된 실험실에서 실험 대상이, 유대인이 되고 있다"고 말했다. (…)

1965년의 반란은 와츠의 남부에서 일어나서 주로 게토의 가난한 동쪽 지역으로 이어졌는데, 이와 달리 1992년 폭동은 로스앤젤레스 서쪽 지역의 흑인 거주 지역 중 비교적 잘사는 크렌쇼 블루바드 중심을 따라서 그 열기가 제일 뜨거웠다. 소형 카메라와 헬리콥터까지 동원해 가며 보여 준 완전하게 몰입된 "실제 상황"이라는 환상에도, 폭동의 위험한 상황에 대한 텔레비전 보도는 크렌쇼의 폐허가 된 쇼핑센터의 녹아 버린 철근보다 더 왜곡됐다. L. A. 중남부에서 대부분의 기자들은 "이미지 약탈자들"로 불린다. 기자들은 엉망이 된 삶을 추적하면서도 스스로 그 삶을 이해하려는 생각이 전혀 없다. 기자들은 교외 지역의 진부한 표현을 단지 따라할 뿐이다. 격렬하고 당황스러울 정도로 복잡하고 변화무쌍한 사건이 하나의 명백한 시나리오로 단순화되었다. 즉 킹 판결에 대한 흑인들의 정당한 분노는 길거리 범죄를 조장하는 집단들에 의해 강요된 것이며 자기 공동체를 습격하는 미친 짓으로 변모되었다는 시나리오가 그것이다.

지역 텔레비전 방송은 부지 중에 1965년 8월의 와츠 폭동은 기본적으로 과격한 폭력배의 소행이었다는 〈존맥콘위원회John McCone Commission〉의 평가 개요를 그대로 따랐다. 예를 들어 로스앤젤레스에 있는 캘리포니아 주립대학교는 후속 연구에서 이 "하층민 폭동"은 사실상 적어도 노동자계급 5만 명과 그들의 십대 아이들이 참여한 민중 봉기였다고 밝혔다. 그러나 이 최근의 봉기에서 체포된 사람들의 기록 분석이 마무리되면, 이 무질서에 갱이든 아니든 모든 흑인 젊은이들뿐만 아니라 "중산층"도 참여했다는 주민 대부분의 증언을 입증할 수 있을 것이다. (…)

공동체 내의 불만을 평정하는 일은 복잡하다. 로드니 킹은 로스앤젤레스 경찰이 촉발한 인종주의를 라스베이거스에서 토론토에 이르는 모든 곳에서 흑인들이 직면한 삶의 위기에 연결시키는 상징이다. 킹의 재판이 드레드 스콧(Dred Scott, 흑인 노예로 후에 남북전쟁의 도화선이 된 '드레드 스콧 사건'의 주인공이다. 옮긴이)의 경우처럼 미국 역사에서 중대한 사건이라는 사실이 점점 명백해지고 있다. 이 사건은 아프리카계 미국인이 4백 년 동안 투쟁해 온 시민권의 의미를 시험하고 있다.

그러나 하층 수준에서는, 특히 젊은 갱 사이에서는, 로드니 킹이 그 같은 심오한 동조를 불러일으키지 못하는 듯하다. 〈잉글우드블러즈Inglewood Bloods〉에 소속된 누군가는 나에게 이렇게 말했다. "로드니 킹? 웃기는 군. 내 가족은 매일 경찰한테 개처럼 두들겨 맞는다. 이 폭동은 경찰에게 살해된 보통 가정의 소년들에 관한 것, 한국인에게 죽은 어린 소녀에 관한 것, 그리고 27년의 억압에 관한 것이다. 로드니 킹은 단지 방아쇠였다." (…)

부시 행정부는 〔갱 집단인〕 〈크립스〉와 〈블러즈〉를 사슬에 묶어 체포해 마치 로마 황제처럼 개선 행진을 하는 풍광을 보여 줄 생각으로 L. A. 진압에 연방을 개입시켰다. 따라서 법무부는 폭동 선동자로 지목된 갱을 추적하는 로스앤젤레스 경찰국과 FBI를 보강하기 위해 파나마에서 마누엘 노리에가를 체포한 경험이 있는 연방 보안관의 정예 전담반을 L. A.로 파견했다. 그러나 1965년 폭동을 진압한 바 있는 퇴역 군인 특수기동대가 조던다운스 아파트 단지에서 평화롭게 모임을 가지려는 갱단을 잡아들이는 광경을 보면서 다음과 같이 말했다. "저 바보 같은 늙은 부시는 우리가 후세인처럼 바보라고 생각하나 보지? 콤프턴에 해병을 풀어놓고 재선을 노릴 생각인가? 여기는 이라크가 아니야. 여기는 베트남이라고, 잭."

무미아 아부-자말,
「모든 것을 검열받다」[7]

2001년

저널리스트로서 상을 받은 바 있는 무미아 아부-자말Mumia Abu-Jamal은 1982년, 절차상으로도 문제가 많은 재판을 받은 후 사형수로 수감됐다. 아부-자말은 경찰 간부 대니얼 포크너Daniel Faulkner를 총으로 쏘아 죽였다는 죄로 기소되었다. 아부-자말은 필라델피아 프로젝트 시기에 성장했고 흑표범당의 당원이 되었다. 재판이 열릴 당시 아부-자말은 이미 투쟁적 저널리스트이자 활동가로 잘 알려져 있었다. 여러 인권 단체의 재심 요구, 국제적 항의, 그가 잘못 기소되었음을 증명하는 증거에도, 아부-자말은 감옥에 갇혀 있다. 감옥에서 아부-자말은 일련의 라디오 논평에 참여했고 미국 감옥 제도의 인종주의와 불의, 그리고 감옥 안팎에서 벌어지는 빈곤과의 전쟁에 관한 에세이를 썼다. 다음은 아부-자말의 논평 중 두 편을 추린 것으로 『사형수의 삶Live from Death Row』이라는 그의 책에서 발췌한 것이다.

사형수의 삶

나에게 죽음이라는 그림자가 드리워진 골짜기에 대해 말하지 마라. 나는 그곳에 산다. 펜실베이니아 중남부의 헌팅턴카운티에는 1백 년 된 감옥이 있다. 이 야만스러운 건물은 불길한 예감을 내뿜으며 어두운 중세의 음울한 분위기를 자아낸다. 나와 45명의 다른 죄수들은 하루에 22시간 정도를 가로 6피트(약 1.8미터), 세로 10피트(약 3미터) 넓이의 감방에

서 지낸다. 나머지 두 시간은 아코디언 모양으로 감아올린 레이저 가시철
망이 장착된 철장 울타리 안에서 포탑의 삼엄한 응시를 받으며 보낸다.

"펜실베이니아 사형수 감옥에 오신 것을 환영합니다."

나는 며칠 전 약간 충격을 받았다. 펜실베이니아 대법원이 나의 기소
와 사형선고에 대한 하급심의 판결을 지지했다. 배심원 세 명은 참여하
지 않았고, 4명의 배심원만이 투표했다.

과거 젊은 시절에 흑표범당원이었고, 흑인 저널리스트인 나는 아프리
카인에 대한 미국의 합법적 린치의 긴 역사를 공부해 왔다. 나는 흑표범
당 신문 첫 페이지에 인용된 글귀를 기억한다. 악명 높은 "드레드 스콧
대 샌포드Dred Scott v. Sanford" 사건에서 로저 태니 연방 대법원장이 말한
"흑인은 백인이 존중할 만한 권리를 지니지 못한다"는 구절이었다. 이
판결에서 미국 최고 법정은 "아프리카인과 그들의 자유인 후손들 모두
가 헌법에서 보장하는 권리를 지닐 자격이 없다"고 주장했다.

심오하다, 그렇지 않은가?

아마도 내가 순진하거나 아니면 너무 어리석었나 보다. 하지만 나는,
내 경우에는 법이 내 손을 들어 주고 나에 대한 기소가 번복되리라 생각
했다. 진심으로.

1985년 5월 13일에 벌어진 잔인한 필라델피아의 〈무브MOVE〉 학살
(1985년 필라델피아 경찰이 〈무브〉라는 민권 단체의 활동가를 체포하는 과정에서 도
심 지역 두 개 블록을 파괴하며 11명의 사망자를 낸 사건. 옮긴이), 라모나 아프리
카(Ramona Africa, 무브 학살에서 살아남은 유일한 성인 생존자. 옮긴이)의 진술
조작, 그리고 일리노어 범퍼스Eleanor Bumpers, 마이클 스튜어트Michael
Stewart, 클레멘트 로이드Clement Lloyd, 앨런 블랜차드Allan Blanchard 등 뉴
욕부터 마이애미에 이르기까지 수없이 많은, 처벌받지 않은 채 일어나는
경찰의 흑인 학살에 대면했을 때조차 나의 신념은 변함없었다. 주에서

일어난 잔인한 반反흑인 테러의 물결에 직면했을 때도 나는 나의 항소가 성공하리라 생각했다.

내 모든 지식을 걸고, 나는 여전히 미국 법을 믿었다. 그러나 내 항소가 거부되었음을 알았을 때 나는 충격을 받았다.

이제 나는, 미국 법정이 인종주의적 감성의 보고며 역사적으로 흑인 피고들에게 적대적이었음을 이성적으로 이해할 수 있다. 그러나 평생 들어 온 미국의 "정의"에 대한 주장을 떨치기 어렵다.

진실을 알기 위해서, 검은 법복과 평등한 권리의 약속 아래 숨겨진 진실을 알기 위해서, 1986년 10월자로 흑인이 사형수의 40퍼센트인 이 나라 전역, 또는 1988년 8월자로 113명 사형수 중에서 약 50퍼센트 정도인 62명이 흑인인 펜실베이니아 전역을 살펴볼 필요가 있다.

펜실베이니아 인구 중 흑인은 9퍼센트고 미국 전체 인구에서는 11퍼센트가 채 되지 않는다. 내가 말했듯이 이는 대수롭지 않게 넘길 수 없는 문제다. 그러나 우리는 함께 시도해 볼 수는 있겠다. 어떻게? 나는 1982년 데이비드 케어리스David Kairys라 불리는 필라델피아의 유명한 변호사가 쓴 법률 책을 읽었다. 그가 남긴, "법은 단지 다른 방식의 정치일 뿐이다"는 말을 곰곰이 생각해 보자.

케어리스의 말은 법정이 오늘날, 또는 130년 전 스콧 판결에서 실제 담당했던 기능을 설명해 주고 있다. 법정은 법이 아니라 다른 방식의 정치를 위해 기능했다.

이제 그건 진실이 아니다.

시간이 많이 지났기에 나는 여러분과 몇 가지 진실을 공유하고자 한다. (…) 나는 계속해서 이 잘못된 형벌과 기소에 반대해 싸워 왔다. 아마도 우리는 우리 마음속에 마치 제2의 생명처럼 품고 있는, 공정하고 불편부당한 동료 배심원 제도의 권리, 스스로를 변호할 권리, 공정한 재판을 받을 권리 등, 위험한 신화를 무시하거나 조각내 버릴 수도 있을 것이다.

그것들은 권리가 아니다.

그것들은 힘세고 부유한 사람들의 특권이다. 나약하고 가난한 사람들에게 그것들은 실제의, 또는 실질적인 무엇을 요구하려고 손을 뻗으면 사라져 버리는 망상들이다. "거대Big Mac" 미디어의 거대 네트워크나 거대 체인이 여러분에게 말해 줄 것이라 기대하지 마라. 미디어와 정부와 대기업 사이의 부적절한 관계 때문에 미디어는 말할 수 없다. 그들은 정부와 대기업 모두에 봉사하고 있다.

나는 말할 수 있다.

비록 내가 죽음의 그림자가 드리운 골짜기에서 말해야 할지라도 나는 말할 것이다.

빈민과의 전쟁

국가의 삶 모든 국면과 양상에 있어서, 미국의 가난한 사람들은 늘 전쟁 중이다. 사회 정책에 있어서 가난한 엄마들은 만약 부유한 계층의 엄마들이 저질렀다면 베티 포드 센터(Betty Ford Center, 캘리포니아에 있는 마약 및 알코올 중독 치료 센터. 옮긴이)로 보내졌을 행동에 대해서도 법적 제재를 받는다. 청소년 정책에서 정부는 흑인 캠프와 감옥을 흑인들의 "대학원"으로 건설하는 한편 서둘러 학교를 닫는다. "외국인 혐오증"을 앓는 정치인들은 견고한 경제를 더욱 견고하게 하면서 거리의 거지들에게 투옥이라는 검은 훈장을 내리겠다고 선전한다. 노숙자들의 배회에 대한 유일하고 분명한 해답은 더 많은 감옥을 짓는 일이다.

1990년대 미국에서 가난하다는 것은 사회경제적 지위를 의미하기보다는 심각한 성격상의 결함, 정신적 결함을 의미한다. 연방 통계에 따르면 상실과 결핍의 이야기가 너무 끔찍해서『두 도시 이야기*Tale of Two Cities*』의 찰스 디킨스Charles Dickens가 움츠릴 정도다.

매달 2백 달러 미만의 수입으로 살아가는 7백만 명의 노숙자들을 생각해 보라. 전체 인구의 14.5퍼센트인 3천7백만 명이 빈곤선 이하에서 살아간다. 그들 중 29퍼센트가 아프리카계 미국인이다. 이는 1천6십만 명 이상의 흑인들이 빈곤에 허덕인다는 것을 의미한다.

"공화당과 민주당" 양쪽 진영은 모두 빈민을 제한하고, 억압하고, 구속하고, 제거하려는 엄격한 새로운 방법을 발표하기 위해서 지금까지보다 더 잘하려고 노력한다. 이는 프랑스 작가 아나톨 프랑스Anatole France 의 "위대한 평등법은 가난한 자뿐만 아니라 부자에게도 다리 아래에서 잠자고 거리에서 구걸하고 빵을 훔치는 일을 금한다"는 풍자적인 논평을 상기시킨다.

이미 미국 제조 업체들은 북미자유무역협정(NAFTA: North American Free Trade Agreement)으로 질주하고 있다. 멕시코는 우호적이며 오직 치아파스의 사파티스타 반란만 최근의 서구 자본의 범람을 늦추고 있다. 산업 전쟁에서 일본과 독일에 패배한 미국은 저低테크놀로지, 저低기술, 고高고용 계획을 출범시켰다. 이 계획은 미국에서 유일한 성장 산업인 감옥 건설의 붐을 타고 가난하고 순진하고 시대에 뒤처진 사람들을 착취한다. 점차 더 많은 미국인들이 더 많은 죄수들을 더 오랜 기간 동안 감시한다. 이는 수십 년 내에 범죄율을 최하로 낮추려는 목표를 겨냥하고 있다. 어느 집권당도 가난한 자를 위한 감옥과 무덤의 부족이라는 사회적 딜레마에 대한 답을 가지고 있지 않다.

이제 어쨌든 이 지구에 사는 사람들 중 최대 다수인 가난한 사람들을 (억압하는 것이 아니라) 자유롭게 하는 새롭고, 밝고, 활기차고 긍정적인 비전의 시기가 무르익고 있다. 교활한 정치와 사람들을 단지 경제적 단위로 다루는 단조로운 경제 이론은 많은 희망을 제시하지 않는다. 정치가들은 자신을 뽑아 준 그들의 얼굴에 침을 뱉으며, 경제학자들은 그들을 "비인간"으로 간주하기 때문이다.

무엇을 소유했는가가 아니라 그들이 누구인가에 바탕을 둔, 고유한 인간으로서의 가치를 재확인하는 정신의 반란은 가난한 자들에게서 시작되어야 한다.

제23장

빌 클린턴에 대한 도전

브루스 스프링스틴, 『톰 조드의 유령 *The Ghost of Tom Joad*』(1995년)

로렐 패터슨의 일리노이 디케이터에서 일어난 "전쟁 지구" 파업에 대한 언급 (1995년 6월)

위노나 라듀크, 녹색당 미국 부통령 후보 지명 수락 연설(1996년 8월 29일)

클린턴 행정부에 보내는 공개서한
  — 앨리스 워커, 빌 클린턴에게 보내는 편지(1996년 3월 13일)
  — 에이드리엔 리치, 국가 예술 훈장을 거절하며 제인 알렉산더에게 보낸 편지(1997년 7월 3일)

라니아 마스리, "얼마나 더 많이 죽어야만 하는가?"(2000년 9월 17일)

로니 쿠르즈만, "WTO: 시애틀에서의 전투와 목격자의 증언"(1999년 12월 6일)

아니타 카메론, "그리고 계단이 무너져 내렸다: ADAPT가 HBA와 벌인 전쟁"(2000년)

엘리자베스 "베티타" 마티네즈, "브라운과 친구가 되어라!"(1998년)

워터 모슬리, 『체인 갱에서의 노동 *Workin' on the Chain Gang*』(2000년)

줄리아 버터플라이 힐, "폭풍우 속에서 생존: 자연의 교훈"(2001년)

클린턴 대통령이 자신의 대통령 생활 8년을 회상하면서 2004년에 회고록 『나의 생애*My Life*』를 출판했을 때 언론은 클린턴의 성적 기벽을 둘러싼 스캔들을 집중적으로 조명했다. 클린턴은 자신의 성생활에 대해 거짓말을 했기 때문에 하원의 탄핵을 받고 간신히 대통령직에서 물러나는 일을 모면했다.

반면, 클린턴 재임 기간 동안에 있었던 전과는 간과되거나 덜 강조되었다. 즉 클린턴은 부양 어린이가 있는 가난한 가정을 보조했던 뉴딜 프로그램을 종식시키고, 더 많은 감옥을 건설하고, 엄청난 국방비 예산을 여전히 유지했다. 그리고 그런 입법 조치는 공화당의 상당한 지지를 받았다.

해외에서의 클린턴 정책은 군사적 힘의 산발적인 과시로 특징지을 수 있다. 대통령직에 오른 지 6개월도 채 되지 않아서 클린턴은 조지 부시 전 대통령을 암살하려 한다는 근거 없는 음모의 배후에 이라크가 있다는 아주 미약한 증거에 입각해서 바그다드에 폭탄을 떨어뜨리기 위해 공군을 보냈다. 이 공격으로 이라크 교외에 사는 저명한 이라크 예술가와 그녀의 남편을 포함해서 여섯 명이 죽었다.

클린턴은 이라크에 대한 포괄적인 제재를 유지하는 가운데, 그들이 "대량 살상 무기"를 보유하고 있다는 이유로 폭격했다. 그 결과 수십만 명의 이라크인들이 죽었다. 케냐와 탄자니아에서 미국 대사관이 습격당하자 클린턴은 아프가니스탄과 수단에 폭격을 가했다. 수단의 경우 약품 제조 공장을 화학무기 생산 공장으로 오인하고 폭격했다.

클린턴은 경쟁 관계에 있는 소말리아 지도자들 간의 갈등에 개입하기 위해 군대를 보냈다. 그러나 미군 19명이 사망한 충돌 이후에 군대를 철수시켰다. 소말리아인 수천 명이 미군에 의해 죽은 후였다.

다음해인 1994년, 미국은 르완다에서 국제 평화유지군을 철수시키는 데 영향력을 행사했다. 그럼으로써 세계 강대국을 포함한 국제사회가 백만 명 정도의 대규모 학살이 일어나는 상황을 방관하게 만들었다.

클린턴 행정부 전 시기에 걸쳐 전국의 단체들이 클린턴의 외교정책에 저항했고, 경제적 정의를 요구하는 운동을 벌였다. 클린턴 행정부가 말기로 향할 때, 4만 명 이상의 군중이 시애틀에서 열리는 〈세계무역기구(WTO)〉 모임을 방해하기 위해 모였다. 항의자들과 경찰 간에 발생한 싸움이 전 세계에 방영되었고, 이는 기업의 지구화에 대항한 투쟁에 있어서 새로운 장을 열었다.

브루스 스프링스틴,
『톰 조드의 유령』¹

1995년

1995년, 클린턴 재임 기간, 뉴저지에서 태어난 록 음악가이자 작사가인 브루스 스프링스틴Bruce Springsteen은 존 스타인벡의 『분노의 포도Grapes of Wrath』와 우디 거스리의 노래를 의식적으로 환기시키는 앨범을 발표했다. 스프링스틴이 가난한 노동자들, 불법체류 이민자, 멕시코 농장 노동자braceros의 투쟁을 노래했다. 자신의 앨범 『네브래스카Nebraska』를 통해 소개한 바 있는 민요적 언어로 다시 돌아간 스프링스틴은 1990년대의 경제적 "붐"에서 소외된 사람들, 즉 부자들만 더 부자로 만들어 주고 이름 없이 기업의 욕망에 사라져 간 사람들에게 목소리를 빌려 주었다. 다음은 그 앨범에 수록된 노래 두 곡으로, 첫 번째 노래 "영스타운Youngstown"은 데일 마하리지Dale Maharidge와 마이클 윌리엄슨Michael Williamson이 쓴 책 『갈 곳 없는 여행Journey to Nowhere』에서 영감을 얻었다.

영스타운

여기 오하이오 북동 지역에서
과거 1803년에
제임스James와 댄 히튼Dan Heaton이
옐로크리크에 놓여 있는 광석을 발견했네

그들은 여기 강변을 따라서
증기 용광로를 건설했다네
그리고 그들은 포탄을 제조해서
북부군이 전쟁에서 이기도록 도왔다네

여기 영스타운에서
여기 영스타운에서
나의 사랑하는 제니를 잃었네
여기 소중한 영스타운에서

나의 아버지는 용광로에서 일했고
용광로를 지옥보다 더 뜨겁게 유지했네
나는 베트남에서 돌아와 금속 접합 일을 한다네
그 일은 악마에게 적합한 일이지
철광석 선탄과 석회석으로
내 아이들을 먹이고 내 임금을 벌었지
그러자 높은 굴뚝이 마치 신의 팔처럼 뻗어 나가네
그을음과 진흙으로 가득한 아름다운 하늘을 향해

여기 영스타운에서
여기 영스타운에서
나의 사랑하는 제니를 잃었네
여기 소중한 영스타운에서

자, 내 아버지가 2차 대전에서 돌아왔을 때

오하이오에서 노동을 시작했지

이제 그 작업장은 폐허가 되고 깨진 벽돌만 있네

아버지는 말했지, "힘센 소년들이 히틀러도 할 수 없던 일을 했지"라고

이 공장들에서 그들은 탱크와 폭탄을 제조했지

그래서 이 나라가 전쟁에서 이겼지

우리는 우리 아들들을 한국과 베트남으로 보냈고

지금 우리는 그들이 무엇을 위해 죽었는지 알 수가 없네

여기 영스타운에서

여기 영스타운에서

나의 사랑하는 제니를 잃었네

여기 소중한 영스타운에서

모논가헬라Monongahela 계곡에서

메사비Mesabi 철광 산맥까지

애팔래치아 석탄광까지

이야기는 언제나 똑같지

하루에 7백 톤의 금속

이제 당신은 내게 세상이 변했다고 말하네

한때 나는 당신을 부자로 만들었네

내 이름을 잊을 정도로 부자로 만들었네

그리고 영스타운

그리고 영스타운

나의 사랑하는 제니를 잃었네

여기 소중한 영스타운에서

나는 죽는다 해도 하늘에 가고 싶지 않아
나는 하늘의 일을 잘할 수 없을 거야
나는 악마가 와서 나를 데려가라고 기도하지
지옥의 무시무시한 용광로를 견뎌 내기 위해서

시나로아 카우보이들

미구엘Miguel은 멕시코 북부 작은 마을에서 왔다
미구엘은 형제 루이스와 함께 3년 전에 북부 캘리포니아로 왔다
형제는 루이스가 막 열여섯 살이 됐을 때 강둑을 건넜다
그리고 산호아킨San Joaquin에서 다 함께 일했다

그들은 집과 가족을 떠났다
아버지는 말했다 "아들들아 이 한 가지는 꼭 알게 될 거다,
북부에서 얻은 모든 것들은 그 대가를 요구한다는 것을"이라고.
그들은 과수원에서 나란히 일했다
아침부터 하루가 다할 때까지
백인들은 하지 않는 일을 하면서

시나로아Sinaloa에서 온 사람들이 일손을 구한다는 소문이 들렸다
프레스노카운티 아주 깊숙한 곳에 버려진 양계장이 있었고
그곳 산골짜기 끝 자그마한 양철 오두막에서

미구엘과 루이스는 메탐페타민〔각성제〕을 만들며 지냈다

과수원에서 일 년을 보낼 수 있거나
시나로아에서 온 사람들을 위해 일하며
열 시간 교대 근무로 반년을 보낼 수 있다
하지만 요오드화수소산을 떨어뜨리면
피부가 바로 타 버릴 수 있다
만약 너희가 그 연기를 들이마시면
그들은 피를 토하는 너희들을 사막에 버리고 갈 것이다

어느 초겨울 미구엘이 밖을 바라보며 서 있을 때
오두막집이 폭발해 계곡의 밤을 밝혔다
미구엘은 루이스를 자신의 어깨에 둘러메고
풀이 무성한 습지를 걸어 냇가로 나왔고
그곳 무성한 풀숲에서 루이스 로잘레스는 죽었다

미구엘은 루이스의 시신을 들어 자신의 트럭에 태우고 운전하여
아침 해가 비추는 유칼립투스 숲으로 몰고 가
그곳에 그들이 모은 1만 달러를 땅에서 파내고
형제의 입술에 입 맞추고 루이스를 무덤에 묻었다

로렐 패터슨의 일리노이 디케이터에서 일어난 "전쟁 지구" 파업에 대한 언급[2]

1995년 6월

1990년대 중반 어느 시기에, 일리노이의 자그만 공장 마을 디케이터에서 노동자 열 명 중 한 명은 파업하거나 해고되었다. 그곳에서 노동자와 노동조합에 대한 총체적 공격은 극적으로 끝까지 계속됐다. 전 세계 노동 운동가들은 일리노이 중부 마을을 "전쟁 지구"로 불렀다. 〈자동차노동조합〉의 조합원들은 토목 기계 장비로 유명한 거대한 다국적기업 〈캐터필러Caterpillar〉에 저항해 봉기했다. 〈고무제조연합United Rubber Workers〉의 노조원들은 타이어 생산 업체인 〈브리지스톤-파이어스톤Bridgestone-Firestone〉과 대결했다. 동시에 〈스테일리A. E. Staley〉 화학 공장의 노동자 750명 이상이 임금 삭감과 연금 삭감에 저항하고, 작업장 안전을 위한 조치를 요구했다가 해고되었다. 이 세 회사의 조합원들은 전국을 돌아다니며 파업자들과 해고된 노동자들을 위해 모금을 했다. 모든 파업은 결국 실패로 끝났다. 파업 파괴자들을 고용한 덕분이었다. 빌 클린턴 대통령은 파업 시 대리 노동자 고용을 금지하겠다고 약속했지만 그 약속은 이행되지 않았다. 다음은 〈스테일리〉의 노동자이자 〈흑인노조연합Coalition of Black Trade Unionists〉의 회원인 로렐 패터슨Lorell Patterson이 "전쟁 지구"의 상황을 묘사한 내용이다.

일리노이 디케이터에서 우리는 정의와 평등한 대우를 위해 투쟁하고 있다. 만약 우리가 오늘날 일어나고 있는 일에 저항하지 않는다면 우리 모두 똑같은 시궁창으로 빠지고 말 것이다. 그리고 그들은 우리가 아무것도 하지 않고 앉아 있기를 바라고 있다.

내 생각에 기업은 내 생애에서 마주친 바보 중 최악의 바보들이 모인 집단인 것 같다. 우리는 뉴트 깅그리치Newt Gingrich와 밥 돌Bob Dole, 필 그램Phil Gramm, 그리고 그들 모두를 쳐부수기를 원한다. 그 명단에 민주당원 몇 명도 넣어야 한다. 나는 이들을 지켜보고 있다. 그리고 그들 중 몇 명은 아프리카계 미국인이다. "북미자유무역협정(NAFTA)"과 "무역과관세에관한일반협정(GATT: General Agreement on Trade and Tariffs)" 같은 쓰레기를 모두에게서 일자리를 창출하는 최선의 방법이라 생각하고 투자하는 치들 말이다.

나는 여기 시카고에 있는 캐롤 모슬리-브라운Carol Moseley-Braun 상원 의원에게 편지를 썼다. 의원은 답장에서 우리가 직업을 잃는 이유는 우리가 충분히 교육을 받지 않았기 때문이라고 말했다. 즉 우리가 고등학교까지만 교육받았기 때문이라는 말이다. 하지만 몇 주 후에 이 어릿광대들은 방침을 바꾸어 직업 교육 프로그램을 줄이기 시작했다. 우리는 더 이상 이런 일을 받아들이지 않겠다는 결심을 그들에게 알려야만 한다.

우리는 교육을 원한다. 우리는 살 수 있을 정도의 임금을 원한다. 우리는 버젓한 집을 원한다. 우리는 계약 기간 동안만이 아니라 나머지 생애 동안 받을 수 있는 의료 혜택을 원한다. 이는 매우 간단하다. 정치가들이 이해하는 데 어려운 일이 결코 아닐 것이다. 모든 사람은 이러한 필수불가결한 기본적인 것들에 대한 권리를 가지고 있다.

이를 얻을 수 있는 유일한 방법은 조직과 교육의 시작이라고 생각한다. 우리는 일어나서 그들에게 아니라고 말해야 한다. 나는 인간으로 대접받을 권리가 있다. 그들에게 손 쓸 틈도 주지 않고 일어나 우리의 권리를 주장하지 않는다면, 우리는 이를 결코 얻지 못할 것이다. 우리는 그냥 두면 얻지 못할 것을 얻기 위해 모두 함께 워싱턴으로 갈 수도 있다.

사람들은 내게 우리가 법을 바꿀 수는 없다고 말한다. 나는 그들에게 얼마 전까지만 해도 그들이 가난한 사람, 소수 인종, 여성, 그리고 부자가 아닌 모든 사람을 배제하는 법을 만들었음을 상기시킨다. 나는 사람들에게, 우리가 법을 바꿀 수 없다고 믿는 것은 자기 자신을 헐값에 팔고, 자식들과 손자들을 헐값에 파는 것이나 마찬가지라고 말한다. 이제 정치가가 아니라 우리에게 힘이 있다고 믿기 시작할 때다.

가끔씩 자기 문제를 다른 사람 탓으로 돌리는 사람을 만난다. 그들은 흑인과 다른 소수 인종을 탓하려 한다. 그들은 사회복지에 의존하는 엄마들을 탓하고 이민을 탓하고 가난한 사람을 탓한다. 알다시피 이제 우리는 스스로를 희생양으로 이용하는 일을 그만두어야 할 때다.

나는 오래전에 누가 나의 적인가를 생각해 봤다. 나의 적은 화려한 옷을 입고 멋진 집에 살면서 나는 그렇게 살 자격이 없다고 내게 말하는 사람들이었다. 이들 기업 폭력단들은 정치인과 돈을 가지고 있다. 그렇지만 우리에게는 있고 저들에게는 없는 한 가지가 있다. 그것은 우리 서로다. 그들보다 우리의 수가 많다. 우리가 함께 하나로 일어서는 법을 배우면 이러한 혼란 상태를 종식시킬 수 있다. 이런 내 생각에는 추호의 의심도 없다.

우리 앞에 놓인 과제는 우리에게 이길 수 없다고 말하는 사람들에게서 사람들을 떼어 내 그들을 조직하는 일이다. 나는 우리 공동체에서 이들을 공격해 왔다. 나는 이에 대해 더 이상 듣고 싶지 않다. 2년 동안 쓰레기보다 못한 취급을 당해 온 지금, 나는 이제 넌더리가 난다. 우리가 아무것도 할 수 없다고 말하는 사람들에게 싫증이 난다.

디케이터에서 우리는 기업과 싸울 뿐만 아니라 판사들과도 싸우고 있다. 우리는 경찰과 싸운다. 우리는 비조합원과 싸운다. 이 세계에서 매일 새로운 사람을 만나면서 나는 이것이 노동자에 대한 전 세계적 규모의 전쟁임을 알게 되었다. 이제 모든 인종이 다 함께 한목소리로 일어나야 할 시점에 도달했다.

나는 미국에 살면서 소위 미국인으로서, 쓰레기 취급을 받으며 사는 게 무엇인지를 안다. 그러므로 나는, 이미 대부분 경험했기에, 이 나라에서 이민자들이 겪는 일을 상상할 수 있다. 흑인들이 "시행령 제187호"에 찬성한다니 화가 난다. 이 세상에서 내가 배운 한 가지는 당신이 다른 사람의 권리를 빼앗으면서 다른 사람은 당신을 해하지 않으리라 기대할 수는 없다는 것이다. (…)

그러므로 다음에 누군가 여러분에게 다가와(이제 내가 누구인지 알기 때문에 나에게 오는 사람은 더 이상 없다) 이길 수 없는 이유를 시끄럽게 떠들어 대기 시작하면 여러분은, 과감하게 투쟁하면 과감하게 이길 수 있고, 과감히 투쟁하지 않는다면 이길 자격이 없다고 효율적으로 대답하기 바란다. 여러분 중에 잡혀갈까 봐, 감옥에 갈까 봐, 지금까지 열심히 일해 왔던 것들을 잃을까 봐 두려운 사람이 있다면, 그냥 집으로 돌아가라. 결국 그렇게 말하는 사람들이 우리를 덮칠 것이며, 우리가 가진 모든 것과 우리 자식과 손자들이 가진 모든 것을 가져갈 것이기 때문이다.

이 세상에 자신에게 인간이 될 권한이 없다고 생각하는 사람들이 있다는 사실이 슬프다. 아무리 가난하고 가진 것이 없다 해도, 아침마다 일어날 이유가 있다고 가르쳐 준 이 시대와 이 가정에서 자란 나는 행운아다. 나는 정말 중요한 것이 무엇인지 배우며 자랐다. 즉 다른 사람과 나를 배려하고, "나는 돌아가지 않겠다"고 말하는 빌어먹을 배짱을 지니는 것이 중요하다고 배웠다.

위노나 라듀크,
녹색당 미국 부통령 후보 지명 수락 연설[3]

1996년 8월 29일

원주민 환경 운동가이자 작가인 위노나 라듀크Winona LaDuke는 미네소타 북부의 화이트어스 미시시피 단Mississippi Band of the White Earth 보호구역 출신의 아니쉬나베족Anishinabe이다. 라듀크는 "화이트어스 토지회복프로젝트White Earth Land Recovery Project"와 〈인디언여성네트워크〉의 출범을 도왔고, 1996년과 2000년, 소비자 보호 운동가 랠프 네이더Ralph Nader가 녹색당 대통령 후보로 출마했을 때 두 번 다 네이더의 러닝메이트로서 부통령 후보로 출마했다. 유세 중 라듀크는 다른 후보들이 무시한 안건들을 제시했고, 환경과 다른 중요한 안건에 대한 클린턴 행정부의 전과를 말했다. 다음은 1996년 라듀크가 미네소타 세인트폴에서 대선 후보 지명을 수락하는 연설이다.

저는 선거 정치에는 별로 취미가 없습니다만 공공 정책에는 관심이 많습니다. 저는 권력과 부의 분배, 자연계와 환경에 미칠 힘과 권한의 오용, 그리고 지금부터 일곱 세대 후의 자손들에게 미칠 영향을 신중히 고려하여 오늘의 모든 결정을 내려야 한다고 말하는 미국 헌법을 수정할 필요성 등, 이 사회 현안들을 둘러싼 논쟁을 재구성하는 데 관심이 많습니다. 그것이 바로 보존이라고 생각합니다. 이것들은 "주류당" 후보자들과 언론의 수사학이 너무 자주 간과하는 중요한 주제들입니다.

의사 결정이 특권자들의 배타적인 권한이어서는 안 됩니다. 의사 결정과정에서는 약속을 지키지 않으면서 정책 위에 군림하는 사람이 아니라, 정책에 영향을 받는 사람들의 소리가 들려야 합니다. 불행히도 그 목소리가 결여된 것이 미국 정책과 정치제도의 특징입니다.

아마도 여러분 대부분이 아시겠지만 저는 이 나라에서 가장 인구가 많고 땅이 큰 보호구역인 화이트어스 보호구역에서 일하며 살고 있습니다. 이 지역은 근자의 정치적·법적 투쟁에서 대규모 시민 행동주의의 현장이 되어 가고 있으며 최근 몇 달간 변화가 일어나고 있습니다. 시민 행동주의자, 이것이 저 자신에 대한 제 견해입니다. 북쪽 숲, 제가 사는 지역은 비록 작고 촌스럽지만, 또 호수조차 작지만 워싱턴에서 내린 결정이 저에게 여전히 영향을 미친다는 사실을 알았습니다. 제 얼굴을 한 번도 본 적 없는 사람들이, 우리 야생의 벼 냄새를 한 번도 맡아 본 적 없는 사람들이, 폰스포드Ponsford에서 아이가 우는 소리를 한 번도 들어본 적 없는 사람들이 내리는 결정이 저와 제 공동체에 영향을 미치는 것이 사실입니다. 모든 사람은 자신의 운명을 결정할 권한과 책임이 있으며, 저는 이 권한을 〈정치적행동위원회(PACs: political action committees)〉에, 로비스트들에게, 그리고 멀리 떨어져 있는 정책 결정자들에게 양도하지 않겠다고 말하기 위해 여기에 있습니다.

이 나라에서, 미네소타에서 가장 가난한 지역에서 산다면 공공 정책의 영향력을 더 잘 알 수 있습니다. 미국에서 가장 가난한 지역의 삶의 질이 나아질 때까지 미국의 삶의 질이 진정으로 좋아질 수 없다는 것이 바로 제 논지입니다.

예를 들어서 우리 보호구역에 사는 미국 인디언의 반 이상이 빈곤 속에서 삽니다. 이는 주 평균의 5배가 넘습니다. 특히 염려되는 것은 우리 보호구역 어린이들의 3분의 2 이상이 가난 속에서 산다는 사실입니다. 그리고 여성이 가장인 가정의 어린이들은 90퍼센트가 극도의 빈곤 상태에서 살고 있습니다. 우리 보호구역의 평균 가계 수입은 주 평균수입의 반을 조금 넘는 수준입니다. 일인당 수입도 같은 수준입니다. 근래의 BIA 통계에 따르면 우리 보호구역의 실업률은 49퍼센트입니다. 그리고 보호구역 모든 인디언의 약 3분의 1 정도가 고등학교 졸업장을 받지 못했습니다. 보호구역 인디언의 약 50퍼센트가 25세 미만이며, 결국 이는 이러한 문제들이 장기적으로 수정되어야 함을 암시합니다.

더 큰 견지에서 이는 어떤 의미겠습니까? 몇 가지 예가 있습니다.

복지 개혁 법안의 예를 들어 보겠습니다. 이 나라에는 세계에서 가장 많은 빈민이 살고 있습니다. 이 나라에는 빈곤층 어린이가 9백만 명입니다. 복지 개혁은 이 어린이들에게서 안전망을 빼앗아 갔습니다. 진짜 사람들에 대한 이야기를 하겠습니다. 미국 원주민들은 이 나라의 극빈자들입니다. 이 나라에서 열 명의 극빈자 중 네 명이 보호구역의 인디언입니다. 이는 화이트어스도 마찬가지입니다. 내 딸아이가 다니는 3학년 전학생이 거의 예외 없이 빈곤선 아래에서 삽니다. 45퍼센트 실업률 속에서 그들의 부모가 희망을 품는 유일한 선택은 한 시간에 6달러 정도를 받고 카지노에서 일하는 것입니다. 두 사람이 함께 일해도 아이들 양육비를 내고 나면 실질적으로는 빈곤층이나 마찬가지입니다. 표면상으로는 그저 가난한 노동자일지라도 말입니다. 우리 집 길 아래에는 방 두 칸짜리의 15년 된 트레일러에서 "부양가족보조금(AFDC: Aid to Families with Dependent Children)"에 의존해 사는 친구가 있습니다. 그 친구는 가족이 일곱 명인데 새 복지 개혁안에 의하면 달리 살 방법이 없습니다. 나는 그 가족의 아이들과 제3계급에게서 안전망을 앗아 가는 것을 조용히 보고만 있지 않을 겁니다.

환경 정책의 예를 들겠습니다. 오하이오 이스트 리버풀에 있는 WTI 소각로는 학교에서 불과 천 피트(약 304미터)도 떨어지지 않은 곳에 있어 위험합니다. 1992년 앨 고어Al Gore가 이곳을 방문해서 〔자신이〕 당선된다면 이를 폐쇄하겠다고 맹세했습니다. 이는 그대로 운영되고 있습니다.

멸종 위기에 처한 생물에 관해서 1992년 빌 클린턴은 "멸종위기종법안Endangered Species Act"을 약화시키지 않겠다고 말했습니다. 하지만 그는 1994년에 이 "멸종위기종법" 하에서 어떤 종을 목록에 올리거나 목록에서 없애기 위해 자금을 사용하는 것을 금지한다는 세출 예산안에 서명했습니다. 이는 "멸종위기종법" 하에서 목록에 오르기를 기다리는 천 개 이상의 종에 어떤 조치도 취하지 못하게 하고 있습니다. (…)

인디언 정책은 어떻습니까? 수많은 약속에도 행동은 없습니다. 무료 점심식사 두 끼에 사진 몇 번 찍고는 엄청난 예산을 삭감했습니다. 인디언 정책은 물론 미국에서 아주 오래전부터 있어 왔습니다. 약 19세기 말까지만 해도 인디언들은 전쟁부Department of War 소관이었습니다. 그 후 내무부에서 인디언을 취급하기 시작했습니다. 우리는 내무부에서 천연자원으로 취급되는 유일한 인간입니다. (…)

미국이 대내외 정책에서 이 나라 가난한 사람들을 위한 삶의 질 문제를 제기할 때까지 우리에게 온전한 삶이란 없었습니다. 우리 모두가 정식으로 인권을 지닌 인간으로 취급될 때까지 우리는 인권을 가졌던 전력이 없었습니다. 인구의 하위 90퍼센트가 지닌 부보다 더 많은 부를 소유한 상위 1퍼센트에게만 유리한 정책이 결정되지 않을 때까지 우리는 진정한 경제적·사회적 이득에 대해 논의한다고 집단적으로 말할 수 없습니다. 그리고 마지막으로 지금부터 일곱 세대 후의 자손들에게까지 미치는 영향을 고려하는 환경 정책, 경제 정책, 사회 정책을 결정할 때까지 우리는 여전히 생존이 아니라 정복에 기반한 사회에서 살게 될 겁니다.

클린턴 행정부에 보내는
공개서한

다음은 저명한 작가이자 행동가인 앨리스 워커와 에이드리엔 리치가 쓴 편지 두 통이다.

— • —

클린턴 행정부는 미국인들의 쿠바 여행을 가로막는 제약을 완화하는 몇 가지 조처를 취했지만 쿠바와의 엄격한 통상 금지 정책은 유지했다. 이는 수십 년 동안 주요 상품이 쿠바로 유입되는 것을 막는 냉전 정책의 일환이었다. 클린턴이 서명한 "헬름스-버턴법Helms-Burton Act"의 통과로 통상 금지가 더욱 강화되자 소설가이자 시인인 앨리스 워커가 다음의 공개서한으로 이에 응답했다.

앨리스 워커, 빌 클린턴에게 보내는 편지(1996년 3월 13일)⁴

친애하는 클린턴 대통령께,

내가 1월 워싱턴에 있는 동안 백악관에 초대해 주셔서 매우 감사합니다. 우리가 서로 만날 수 없는 상황이어서 유감스럽습니다. 나는 북미 정부의 상징적인 의석을 새로운 방법으로 경험하기를 기대했습니다. 과거에 나는 학생 신분으로 백악관 밖 거리를 피켓을 들고 오르내렸습니다. 그리고 안에는 무엇이 있을지 궁금해했습니다. 백악관은 최남단에 사는 몇몇 흑인 학생들과 용감한 백인 선생님들에게는 전혀 관심이 없는, 판자로 만든 텅 빈 공포 상자처럼 보였습니다. (…)

당신이 서명한, 봉쇄를 더욱 강화하는 법안에 나는 몹시 깊은 상처를 받습니다. 나는 할 수 있을 때마다 쿠바를 여행합니다. 용기와 온화함으로 내 생애에 걸쳐 실질적인 영감을 불어넣어 준 사람들에게 가서, 그들에게는 아무런 의미가 없을지라도 작게나마 위안과 치료를 주기 위해서입니다.

나는 수출 금지가 쿠바의 모든 사람들에게 상처가 되는 것을 보아 왔습니다. 특히 어린이들과 갓난아이들에게 그렇습니다. 나는 그들을 걱정하며 며칠 밤을 뜬눈으로 새웠습니다. (…) 나는 내가 아는 사람 중 가장 진솔하고 겸허한 기독교인인 조지아에 있는 내 부모에게서 배운 신념과 가치를 진지하게 받아들이고 있습니다. 다른 사람에게 베풀라 (…) 이웃을 사랑하라 (…) 그 밖의 여러 격언 말입니다. 무엇보다도, 나는 쿠바의 모든 어린이들의 고통을 나의 고통처럼 느낍니다.

당신이 서명한 법안은 잘못된 것입니다. (…) 그 법안은 잘못된 법안이며, 통상 금지는 잘못된 것입니다. 사람들을 (그중에는 아직 태어나지 않은 사람도 있습니다) 단지 그들이기 때문에 벌하는 법이기 때문입니다. 자유를 향한 투쟁, 특히 스페인과 미국에게서 벗어나기 위해 투쟁했던 역사를 떠올려 보면 그들은 자신이 누구인가에 대해 이해할 만한 자부심을 가질 수밖에 없습니다. 그들은 우리와 다른 삶을 선택했습니다. 그 다른 삶에 대한 내 제한된 경험으로 말하건대, 그 삶을 통해 그들은 그들 자신을 개발하고 타인을 도울 수 있는 현존의 의미에 대한 깊은 내적 확신을 지닐 수 있었고, 그만큼 깊은 심리적 평화를 얻을 수 있었습니다. 내가 만난 쿠바인들에게서 내가 발견한 소중한 사실은 그들은 들을 때도 말할 때처럼 마음을 다해서 듣는다는 것입니다.

나는 당신과 카스트로가 서로 대화해야 한다고 생각합니다. 얼굴을 맞대고 말입니다. 카스트로는 묘사되고 있는 것처럼 괴물이 아닙니다. 그리고 당신이 쿠바에 대한 모든 연구를 통해서 확실하게 알고 있듯이 그는 지도자가 될 만한 사람입니다. 카스트로가 잘못이 없다고 말하는 것이 아닙니다. 우리는 이 세상에서 모두 본질적으로 잘못하고, 상처받고, 화내고, 다칩니다. 우리는 우리 자신의 현실이 노출될 때면 스스로를 취약하다고 여기기 때문에 고통스러워하고 어떤 의미에서는 수치스럽다고 생각합니다. 그러나 이러한 인간 조건은 서로 얼굴을 맞대고 의미 있는 인간적인 시선을 교환하며 공유할 때면 견딜 만한 것이 됩니다. (…)

쿠바의 시민들을 해치라고 내몰면서 쿠바의 자유를 말하는 제시 헬름스Jesse Helms가 바로 우리 조부모와 부모 세대, 그리고 우리 세대가 남부의 인종주의적 법 아래에서 노예 상태에 저항하여 싸울 때 엄청난 고통을 준 그 제시 헬름스인가요? 당신은 이 법안에 서명함으로써 그의 이름 옆에 당신의 이름을 쓰려고 하는 건가요? 그것이 사실이라면 나는 그 충격을 견딜 수 없을 겁니다. 상상조차 할 수 없습니다. 훗날 당신이 당신 이름과 함께 떠올리며 즐거워할 이름이 헬름스라는 것은 생각조차 할 수 없습니다. 나는 이번 조치를 당신 편에서 진정으로 유감스럽게 생각합니다.

이 나라는 과거에 그랬듯이 길을 잃었습니다. 근본적으로 모든 사람들이 자원과 공간의 한계를 지적하며, 때로는 "성장"이라 표현되곤 하던 무한한 팽창과 착취의 시대가 끝났다고 생각하기 때문입니다. 처음부터 탐욕이 주된 원동력이었습니다. 그러므로 복수심에 불타는 꿈과 쿠바를 다시 가지려는 탐욕, 그리고 더 이상 마실 우유가 없는 어린이들의 울음

소리와 배급 카드로 일주일에 달걀 한 개를 받는 어른들의 울음소리를 개의치 않는 탐욕이 그 원동력이겠지요? 당신은 몸집이 큰 사람입니다. 어떻게 당신 혼자 스스로 생존할 수 있을까요?

나는 종종 당신에 반대합니다. 특히 라니 귀니어(Lani Guinier, 변호사이자 하버드 대학 로스쿨 최초의 흑인 여성 교수. 1993년 클린턴이 법무 차관 후보로 지명했으나 "쿼터 퀸"이라는 여론의 반응과 귀니어의 시민권에 관한 급진적 견해 등으로 후보 지명을 취소한 바 있다. 옮긴이), 훌륭한 조이스린 엘더스(Joycelyn Elders, 클린턴의 의료 개혁 지지자로 1993년, 〈전미공중위생국〉 국장으로 임명됐다. 그러나 약물 허용과 학교 내 피임 기구 설치 같은 급진적 주장과 에이즈와 동성애에 대한 앞선 견해로 클린턴 행정부를 곤혹스럽게 했고 결국 1994년, 클린턴은 엘더스를 해임했다. 옮긴이) 같은 흑인 여성들을 대하는 당신의 태도가 유감스러운 거리감을 느끼게 합니다. 하지만 여전히 나는 당신과 힐러리, 그리고 첼시를 좋아하고 당신이 잘 되기를 바랍니다. 나는 당신이 이미 이룬 것들에 대해 항의하기 위해서 당신에게서 음식을 빼앗는 일은 절대로 하지 않을 겁니다!

마찬가지로 나는 언제나 쿠바인들을 사랑하고 존경할 겁니다. 그리고 내 힘이 닿는 한 그들을 도울 것입니다. 모든 인간을 사랑하는 그들의 방식이 그들을 나의 가족으로 만들었습니다. 당신이 그들을 아프게 할 때마다, 또는 도와줄 때마다, 나를 생각하기 바랍니다.

— • —

시인인 에이드리엔 리치는 1997년 국가 예술 훈장 수상자로 선정되었지만 스스로 이를 거절했다. 리치는 자신이 반대하는 정부가 수여하는 훈장 및 그와 비슷한 영광을 거절하는 작가와 행동가의 전통을 이어 갔다. 리치는 특히 클린턴 행정부가 부양가족이 있는 가난한 가정을 원조하는 뉴딜 프로그램을 폐지하자 격분했다.

에이드리엔 리치, 국가 예술 훈장을 거절하며 제인 알렉산더에게 보낸 편지(1997년 7월 3일)[5]

친애하는 제인 알렉산더Jane Alexander에게.

나는 지금 막 당신 사무실에서 나온 젊은이와 이야기를 나누었습니다. 그에게서 이번 가을에 백악관에서 열리는 행사에서 국가 예술 훈장을 수여하는데 내가 수상자 열두 명 중 한 명으로 선정되었다는 소식을 들었습니다. 나는 즉시 클린턴 대통령이나 이 백악관이 수여하는 상을 받을 수 없다고 말했습니다. 예술의 의미 자체가, 내가 이해하는 한, 이 행정부의 냉소적인 정치와 양립할 수 없기 때문입니다. 나는 이 수상을 거부함으로써 당신에게 내가 의도하는 것이 무엇인지 분명히 하고 싶습니다.

1960년대 이후부터 내 작품에 친숙한 사람이라면 내가 예술의 사회적 현존, 즉 공식적인 침묵의 파괴자, 목소리가 무시되는 사람들의 대변인, 그리고 인간의 생득권을 대변하는 역할을 믿는다는 걸 알 겁니다. 나는 평생 사회정의를 위한 운동에 개방적인 예술의 공간을 주시해 왔습니다. 그것이 바로 절망을 깨뜨리는 예술의 힘입니다. 지난 20여 년 동안 나는 이 나라에서 인종적·경제적 불의의 야만적 효과가 점점 더 커지는 것을 목격해 왔습니다.

예술과 정의의 관계를 정의하는 간단한 공식은 없습니다. 하지만 나는 예술이, 나의 경우에는 시라는 예술이, 인질을 잡아 둔 권력의 저녁 식탁만을 장식한다면 아무 의미가 없음을 압니다. 미국의 부와 권력의 불균형이 압도적인 비율로 커지고 있습니다. 대부분의 사람들이 그렇게 굴욕을 당하고 있는데 대통령이라는 사람이 몇몇 이름뿐인 예술가들에게 의미 있는 영예를 줄 수 있을 리 없습니다. 나는 당신이 예술가들을 지원하기 위한 정부 기금을 모으고자 진지하면서도 사람을 낙담하게 만드는 싸움에서 고군분투하고 있다는 것을 압니다. 예술에 대한 불안과 의심으로 대놓고 억압적인 사람들에 대항해서 말입니다. 결국 예술은 전반적인 인간의 권위와 희망에서 분리될 수 없습니다. 우리나라를 걱정하는 나의 마음은, 예술가로서 우려와 뒤엉켜 있습니다. 나는 그렇게 위선적으로 느껴지는 행사에 참여할 수 없습니다.

라니아 마스리,
"얼마나 더 많이 죽어야만 하는가?"[6]

2000년 9월 17일

1991년 걸프전이 끝나자 미국 정부는 전쟁으로 경제 기반이 심각하게 무너진 이라크에 강력한 제재를 유지하기 위해서 유엔과 협력했다. 그 제재에 따라 무기뿐만 아니라 시민들의 필요와 이라크의 사회 공공 시설에 필수적인 물품들 역시 배제됐다. 1993년, 유엔의 이라크 사절단은 이라크가 걸프전 이후 "거의 종말론적인" 파멸 상황에 있다고 보고했다. "현대적 삶을 유지할 수 있는 대부분의 수단이 (…) 파괴되거나 빈약한" 상태로 말이다. 인권 단체들이 미국의 제재가 이라크의 보통 사람들에게 미치는 심각한 결과에 대하여 반복해서 보도했지만 부시와 클린턴 행정부는 계속 제재를 가했다. 일군의 행동가들이 이라크에 대한 통상 금지를 끝내기 위해 일하기 시작했고, 어떤 경우에는 정부의 명령을 어기고 음식, 약, 장난감을 가지고 이라크에 가기도 했다. 그들은 미국에 돌아오면 벌금을 물리고 감옥에 보내겠다는 협박도 받았지만, 통상 금지 제재의 진실을 말했다. 클린턴 행정부는 강력한 제재를 강요하는 것 말고도 터키와 사우디아라비아에 정기적인 급습 폭격을 개시하고 감독했다. 다음은 미국의 이라크 공격 반대를 주도하면서 〈이라크행동연합Iraq Action Coalition〉을 설립한 라니아 마스리Rania Masri가 이라크에 대한 제재 종식을 요구한 글이다.

10년 동안 경제 제재와 공습 속에 사는 삶이 어떨지 상상해 보십시오. 여러분은 지금 이라크의 최남단에 있는 도시 바스라에 있습니다. 아침이지만 그늘의 온도는 화씨 120도(섭씨 약 49도)에 이릅니다. 전기는 6시간마다 3시간씩 나갑니다. 목이 타지만 수도꼭지에서 떨어지는 물을 마시기에는 안전하지 않습니다. 배고프지만 배급받은 한 달치 음식은 거의 다 떨어졌습니다. 남은 건 쌀과 차茶뿐입니다. 여덟 살짜리 아들은 늘 그렇듯이 전투용 제트기가 머리 위로 날아가자 겁에 질려 소리를 지르기 시작합니다. 아이는 거의 매일 떨어지는 폭탄을 무서워합니다. 네 살 난 딸은 오염된 물을 마셔서 설사에 시달리고 있습니다. 그리고 의사는 그녀를 치료하는 데 필요한 간단한 약도 없다고 말했습니다. 당신의 어린 딸은 당신 팔에서 죽을 것이 뻔합니다.

이 이야기는 이라크 전역의 가정에서 되풀이되고 있습니다.

제재를 지지하는 사람들은 이라크를 확실하게 무장해제하려면 이라크를 정복할 필요가 있다고 주장합니다. 그렇다 하더라도 어떻게 아이들이 질병과 영양실조로 계속 죽어 가게 내버려 둘 수 있습니까? 그리고 앞서 무기 사찰단이 이라크는 이미 무장을 해제했다고 보고했는데도 어떻게 이 정책을 계속 유지하고 이 비극에 대해 침묵할 수 있단 말입니까?

전 무기 사찰단장 스콧 리터는 3월에 『보스턴 글로브Boston Globe』에 "(…) 질적인 기준에서 볼 때 이라크는 사실상 무장해제 상태다. (…) 1991년에 실제로 위협적이었던 화학무기, 생물학무기, 핵무기, 장거리 탄도 미사일 프로그램은 1998년에 이르러서는 파괴되거나 위험하지 않은 상태가 되었다"고 기술했습니다.

〈국제경제학기구Institute for International Economics〉의 연구에 따르면, 이러한 제재 조치로 미국은 일 년에 190억 달러나 되는 수출액을 잃는다고 합니다. 같은 연구는 경제적 제재로는 정책상의 목적을 거의 달성하지 못한다고 합니다.

미국과 영국의 제재 조치 지지자들은 이 조치가 그들이 문서화하지 않은 목적, 즉 이라크 정권을 제거하는 데 실패했다고 불평합니다. 그들은 제재 조치가 정권이 아니라 이라크 사람들에게 고통을 준다고도 말합니다. 그렇다면 왜 그렇게 많은 고통의 원인이 되는 이러한 조치들을 유지해야 하는 겁니까?

이라크를 위한 유엔 인권 조정자이자 유엔 부사무관이었던 데니스 할러데이Denis Halliday는 항의의 표시로 사임을 표하면서 "우리는 나라 전체를 파괴하고 있다. 그것은 그처럼 간단하고 무시무시한 일이다"라고 말했습니다.

미국과 영국의 이라크 폭격은 계속되고 있습니다. 지난 2년 동안 공습 부대는 2만 번 이상 이라크로 날아갔습니다. 〈유엔 안전보장이사회〉의 인가를 받지 않은 이러한 기습 폭격으로 1년에 평균 10억 달러의 세금을 쓰고, 1998년 12월 이후 3백 명 이상의 이라크 민간인을 죽였습니다.

규칙적인 폭격의 공포도 있지만 제재 조치는 그보다 많은 사람을 죽입니다. 지난 10년 동안 유엔은 이러한 제재 조치의 치명적인 결과를 정기적으로 보고했습니다. 1998년 유니세프 보고에 따르면 제재 조치 때문에 150명의 아기와 신생아를 포함하여 약 250명이 매일 이라크에서 죽습니다.

1999년 유엔 보고서는 더 나아가 이라크가 "비교적 풍요로운 상태에서 대량 빈곤 상태로 이동해 가고 있는 중이다. 1990년에서 1991년 사이 일어난 사건(미국의 이라크 침공) 이전의 지배적인 상황과는 대조적으로 오늘날 이라크의 유아사망률은 세계에서 가장 높다. (…) 다섯 살 이하 어린이 네 명 중 한 명이 만성적 영양실조 상태다. (…) 오늘날 이라크의 의료보험 체계는 노후했다"고 기록했습니다.

이라크의 의료보험 체계는 세계에서 가장 잘 정비되어 있었고 가장 이용하기 쉬웠기 때문에 이는 특히 유감스러운 대목입니다. 더욱이 오늘날 이라크 인구 중 거의 반이 안전한 식수를 먹을 수 없습니다. 1990년 제재 조치 이전에는 90퍼센트 이상이 안전한 식수를 이용할 수 있었던 상황과 대조적입니다.

주류 언론이 "인도적 구제"라고 표현한 유엔의 석유 식량 프로그램(oil for food program, 이라크에서 석유를 수출할 경우 그에 상당하는 금액을 화폐가 아닌 식량이나 의료품 등으로 지불한다는 규정. 이라크 정부가 석유를 수출해서 얻은 국가 소득을 군비 재투자에 전용하는 것을 막기 위한 조치였다. 옮긴이)은 하루에 일인당 70센트 보조에도 미치지 못합니다. "석유 식량 프로그램은 이라크 어린이들이 영양실조와 질병에서 적절히 벗어날 수 있게 해 주지 못했다. 간신히 죽음을 면한 이 아이들은 "아동의권리에관한협약Convention of Rights of the Child"이 강조하고 있는 근본 권리들을 박탈당한 채 살아간다"는 유니세프의 발표는 그리 놀랍지 않습니다.

해결책이요? 이라크 사람들에게 가해진 경제적 제재 조치를 철회하면 됩니다.

〈전국걸프전자원센터National Gulf War Resource Center〉, 전前 무기 사찰단, 〈유엔 인권위원회〉, 국내외의 수많은 인권 단체들과 종교 지도자들, 열 곳 이상의 대학교, 그리고 시름에 잠긴 미국인 수십만 명과 함께 국회의원 70여 명은 이러한 제재 조치를 즉각 철회할 것을 요구합니다.

이라크의 두 번째 유엔 인권 조정자인 한스 폰 스포넥Hans von Sponeck은 지난 2월 항의의 표시로 사임을 하며 "이 모든 일에 아무런 책임이 없는 민간인들이 그들이 저지르지 않은 일 때문에 얼마나 더 오랫동안 이러한 형벌을 받아야 합니까?"라는 질문을 던졌습니다. 나 또한 그 질문을 다시 던집니다.

로니 쿠르즈만,
"WTO: 시애틀에서의 전투와 목격자의 증언"[7]

1999년 12월 6일

1999년 11월 말, 12월 초 여러 국가 경제 지도자들이 워싱턴 시애틀에서 열린 〈세계무역기구〉 회담에 참석했다. 〈세계은행World Bank〉과 〈국제통화기금〉처럼 WTO는 전 지구적 자본의 기능과 팽창을 감독하기 위해서 세워졌다. 그러나 전 세계 행동가들은 시애틀에서 자신들만의 정상회담을 계획했다. 이는 환경주의자, 노동조합원, 학생운동가, 급진주의자, 그리고 IMF, 세계은행, WTO의 시각, 즉 회사와 이윤은 국경을 넘을 수 있지만 사람은 넘을 수 없고, 기업은 권한이 있지만 공장과 농장에서 일하는 직종별 노동조합원과 농민들에게는 권한이 없으며, 그리고 이윤이 사람보다 소중하다는 시각을 거부하는 사람들의 전 세계적인 모임이었다. 회담 주최측이 고심해 만든 계획과 대규모 경찰 부대의 저지에도, 수만 명이 시애틀 거리에서 시위를 벌였다. 이런 대규모 시위에 대한 대응으로 시 당국은 "시민 비상사태"를 선포하고 통행금지를 시행했다. 주 방위군과 주 기병대의 지원을 받은 경찰은 시위자들에게 고무총과 CS 가스를 연속해서 쏘아 댔다. 그러나 시위대는 WTO 회의 개최를 늦췄고 이는 조기 폐회의 원인이 되었다. 이 저항의 소식은 순식간에 전 세계로 퍼져 나갔다. 〈독립언론센터Independent Media Center〉가 행동가들로 하여금 공동 뉴스 필터를 사용해 시애틀의 이야기를 나눌 수 있게 했기 때문이다. 다음은 저널리스트이자 〈캠퍼스행동네트워크 Campus Action Network〉 조직가인 로니 쿠르즈만Roni Krouzman이 직접 목격하고 보도한 "시애틀의 전투"의 내용이다.

지난 화요일 시애틀 시내 4번가를 가득 메운 사람들을 바라보니 기운

이 나고 자부심을 느끼지 않을 수 없었다. 우리는 시를 점령하고 그 거리에서 춤췄다. 우리는 비폭력적으로 WTO와 기업의 지구화를 막았다. 우리는 역사를 만들었다.

그러나 시위대를 떠나 지역 뉴스를 켰을 때, 나는 노래와 춤이 아니라 폭동과 혼란에 관한 뉴스를 들었다. 나는 비폭력 직접행동을 야만적으로 진압하는 경찰에 대한 뉴스가 아닌, "무정부적인" 폭력을 진압하는 경찰에 대한 뉴스를 들었다. 나는 시위대를 독창적이고 훌륭한 방식으로 막아선 부정의한 체제에 대한 뉴스가 아니라 "성난 시위대"에 의해 도시가 붕괴 직전이라고 말하는 뉴스를 들었다.

전쟁의 첫 번째 희생자는 진실이라는 말이 있다. 불행하게도 민중 봉기의 첫 번째 희생자도 진실이다. 이제 시애틀에서 무슨 일이 일어났고 여전히 일어나고 있는가에 대해서 똑바로 보도할 때다.

이 믿을 수 없는 한 주 동안 나는 행동과 사유를 목격했고 그것에 동참했다. 이는 다양한 이해관계가 하나로 통합되어 사람 위에 이윤을 두는 전 지구적 질서에 건설적으로 도전한 일주일이었다. 금요일 밤과 토요일 하루 종일, 2천5백 명이 연속 강연회에 참석해 미국 전역과 전 세계에서 온 지적이며 영감으로 가득한 사람들에게서 고무받고 정보를 얻었다. 그러나 언론은 그곳에 없었다.

토론 모임과 공동 연구회는 일요일에도 계속됐고, 그날 시위의 첫 번째 징후가 나타났다. 프랑스 농민이자 지구화 반대 행동가인 호세 보베 Jose Bove를 포함하여 수백 명이 시내의 맥도널드 가게 앞에서 건설적으로, 그리고 활력 있게 시위를 했다. 이 모임이 끝날 무렵 누군가가 창문을 부쉈고 언론은 이것만을 집중적으로 조명했다.

그날 밤 나는 시애틀의 〈민중직접행동〉 본부인 컨버전스 센터를 우연히 방문했고 그곳에서 믿을 수 없는 광경을 목격했다. 수백 명의 젊은이들이 캐피톨힐에 있는 이 상업 지구를 가득 메웠고, 전단과 깃발, 소품들이 여기저기 흩어져 있는 거대한 방 세 곳을 이리저리 돌아다녔다. 그들은 모두 열성적이었다. 소규모 집단으로 나뉘어 논쟁을 벌이거나 암호를 만들었고 시민 불복종과 법적 구제에 대해 서로 가르쳐 주었다. 그리고 가끔 벽에 걸린 2백 피트(약 61미터) 크기의 초대형 시 지도를 연구했다.

갑자기 한 행동가가 이 부산한 모임에 끼어들었다. 그는 사람들이 시내에 있는 빈 건물을 점거했으며 경찰을 막기 위해서는 우리의 도움이 필요하다고 말했다. 우리는 열 블록을 잽싸게 걸어가 마침 마스크를 쓴 사람들이 건물 꼭대기에서 "집은 특권이 아니라 권리다"라고 쓴 깃발을 펄럭이는 것을 볼 수 있었다.

나는 다음날 컨버전스 센터로 돌아가 대표자 회의에 참석했다. 회의는 5시간 동안 계속되었고, 그곳에서 대표자들(각 대표자들은 열세 개 집단 중 하나를 대표한다. 이 집단은 다섯 명에서 열두 명 정도의 멤버로 구성된 단체 중 뜻이 맞는 단체 서너 개가 모여 만들어졌다)은 화요일 행동에 대한 마지막 안을 세웠다. 이 모임은 때때로 좌절감을 느끼게도 했지만 이는 풀뿌리 민주주의의 기본이었다. 각 대표들은 자신의 생각을 표현하고 그들 옆에 앉은 다른 동료 유사 집단 대표와 협의하여 일관성 있고 잘 조직된 책략을 세웠다.

이 모임 후 나는 커다란 전체 계획을 이해할 수 있게 됐다. 각 군단은 워싱턴 컨벤션과 무역 센터 주변의 13개 교차로를 하나씩 점거하고 비폭력적으로 이를 막을 것이다. 이렇게 잘 조직된 운동이 그렇게 건설적이고 민주적으로 계획될 수 있다니 믿을 수 없었다.

그날 저녁, 나는 노래와 웃음, 그리고 흥분된 어조로 가득한 반反기업 페스티벌인 민중 축제People's Gala에 참여했다. 채식주의자 옆에 앉은 철강 노동자, 신좌파 옆의 구좌파를 보면서 나는 정말로 고무되었다.

나는 그날 밤 거의 자는 둥 마는 둥 하다가 겨우 잠에 곯아떨어진 지한 시간도 채 안된 새벽 5시, 라디오 알람 소리에 눈을 떴다. 나는 침대탁자 위에 신분증을 두고 스웨터, 코트, 판초를 입고, 가방을 싸고, 차갑고 비 오는 새벽길을 가르며 오늘 내가 역사를 만들 것이라는 확신을 가지고 하루를 시작했다.

비에 흠뻑 젖은 우리의 집회는 오전 7시 조금 전에 시작됐다. 열두 개가 넘는 집단들이 도시를 점거하기 위해 한밤에 밀려들어온 지 한참이지난 뒤였다. 항만 노동조합 대표가 이날 하루 서부 해안 항구의 문을 닫을 거라고 발표했을 때 우리는 모두 함께 노래를 부르고 옹기종기 모여앉아 환호했다. 그리고 우리는 술 금지, 마약 금지, 신체적 습격이나 언어 폭력 금지, 재산 파괴 금지 같은 비폭력 규약을 반복해서 들었다.

아침 구름 사이로 해가 비추자 우리는 깨어나고 있는 도시를 가로질러행진하기 시작했다. 철강 노동자 대표단이 앞에서 행진을 이끌었다. 우리는 첫 번째 경찰 바리케이드와 마주쳤고, 그 후 곧 수없이 많은 바리케이드와 마주쳤다. 수천 명에 이르는 우리는 컨벤션 센터로 향하는 많은거리 중에서 하나를 지키고 서 있는 경찰들과 대면했다. 행진은 시 전체를 돌며 계속됐고, 한 번에 10명, 20명 그리고 50명으로 구성된 집단들이 그 행렬을 떠나 13개의 교차로를 점거한 시위대들에 가세했다. 우리는 환호성을 지르며 구호를 외쳤다. 보이는 곳마다 질서가 있었다. 나는시위대 물결이 활발하게 거리를 떼 지어 다니는 것을 보았다.

그러자 최루탄과 고무 총알이 날아왔다. 오전이 반쯤 지나자 경찰은 공격적이 됐다. 6번가와 유니언가 교차로에 위치한 비폭력 시위자들은 적어도 천여 명에 이르렀는데, 경찰은 이들에게 WTO 대표단이 지나갈 수 있도록 해산하라고 요구했다. 우리는 해산하지 않았고, 십여 명의 시위자들이 경찰 저지선 앞에 앉자, 10명의 경관으로 구성된 소대가 자동 또는 반자동 권총을 가지고 나타나 뒤에서 돌진하면서 몇 명을 짓밟았다.

군중은 우우 소리를 내며 야유를 퍼부었고, 해산을 거부하며 "우리는 비폭력, 너희는 어떤가?"라는 노래를 불렀다. 폭동 진압 장비를 갖춘 경찰은 최루탄으로 대응했고, 유독가스는 수십 명을 쓰러뜨렸다. 우리 중 수백 명이 길을 건너 달아났다. 몇몇 시위대는 재빨리 방독 마스크를 쓰고는 그곳을 떠나기를 거부하면서 수없이 날아드는 고무 총알과 대치했다. 적어도 두 명이, 한 사람은 다리에 또 한 사람은 입에, 총을 맞았다. 법원이 지정한 목격자는 아무도 심하게 다치지 않았다고 보고했다.

시위대는 충격을 받았고 혼란스러워했지만 〈직접행동대〉 의료진과 다른 행동가들이 부상당한 사람들을 돕기 위해 급히 왔기 때문에 당황하지는 않았다. 수천 명이 섬뜩한 하얀 연기와 계속 머리 위를 끊임없이 날아다니는 헬리콥터 소리 한가운데에서 "수치Shame"와 "세계가 보고 있다 The World is Watching"라는 구호를 외쳤다.

늦은 아침이 되자 시애틀의 카페는 행동에 대한 이야기로 시끄러웠다. 이제 5천 명 이상의 시위자와 수백 명의 경찰이 모여들었고, 반 이상의 시내 지역에서 차와 버스가 노선을 바꾸었다. 시간이 지나갈수록 긴장이 고조되었고, 몇몇 시위대들은 더 공격적인 작전을 취했다. 젊은 시위대들은 대형화물차에 가득 찰 것 같은 쓰레기 더미를 건물 사이의 샛길과 4번가와 대학가를 포함한 교차로로 던졌다. 정오에 경찰은 그곳의 시끄러운 시위대에게 해산하라고 명령했고, 명령을 거부하자 최루탄을 발사했다. 우리 중 수백 명은 도망갔지만 몇 명은 산탄통을 경찰에게 다시 집어 던졌다.

검은 옷을 입고 스키 마스크를 쓰거나 염색한 대형 손수건을 두른 젊은이 몇 명이 컨벤션 센터가 있는 북쪽 파이크가를 따라 내려가며 〈나이키타운〉, 〈올드네이비〉, 〈플레닛할리우드〉를 포함한 상점을 파괴했다.

비폭력 규약을 시행하려고 노력했던 시위대에게 유감스럽게도 그들은 벽과 진열장에 반反기업 그라피티를 휘갈겨 썼고, 망치, 쇠지레, 거리의 간판으로 상점의 창문들을 박살냈다. 〈스타벅스〉 점포의 정면 유리도 부서졌다.

대다수의 시위대들은 그런 행동에 가담하지 않고 잘 통합되어 있었다. 시위대는 비폭력적인 시민 불복종 전략으로 2천 5백 명에서 3천 명의 대표단이 컨벤션 센터로 들어가는 것을 성공적으로 막았다. 시위대의 결속을 깨기 위해서 경찰은 더 많은 교차로를 확보하려고 움직였고, 6번가와 유니온가 교차로에 앉아 있는, 폭력을 쓰지 않는 사람들에게 후추 스프레이를 뿌렸다. 그리고 병력 수송 장갑차로 시위 선을 깨뜨리려고 했다. 경찰은 실패했고, 오히려 성난 군중들은 "보호하고 봉사해라"는 야유를 보냈다. 시내에서도 이와 비슷한 충돌이 일어났다. 중요 교차로를 누비고 다니는 시위대 물결과, 그들을 바리케이드로 막으려는 경찰의 광경은 어디에서나 볼 수 있었다. 경찰은 교차로를 하나씩 되찾으려고 움직였다. 그리고 가끔 거리 양측에서 수천 명의 시위대에게 둘러싸이기도 했다. 나는 내가 본 것을 믿을 수 없었다.

오후 2시에 주로 일반 노동조합원으로 구성된 약 2만 5천 명의 시위대가 메모리얼 스타디움에서 시내를 향해 행진했고, 시의 통제권을 장악한 직접행동 대원 1만 명 정도가 이에 가담했다. 이 시위는 아나키스트, 환경주의자, 채식주의자 히피, 트럭 운전사, 철강 노동자, 그리고 사회정의 활동가들이 서로 나란히 행진함으로써 미국 운동사에서는 드문 다양성을 과시했다. (…)

시애틀에서의 일주일은 지금껏 보아 왔고, 생각해 왔고, 앞으로 볼 것들과는 전혀 다른 경험이었다. 지금껏 참여했던 수많은 시위와 달리 시애틀의 참여자들은 압도적으로 젊었다. 20대, 대학생, 고등학생들이 압도적으로 많았다. 시위의 범위도 믿기 어려울 정도였다. 시애틀 시위는 1968년 시카고 시위 이래 수년 동안 목격하지 못했던 수준의 다양성, 조직, 비폭력 직접행동의 특성을 보여 줬다. 이는 모든 유형의 행동가들이 서로의 생각과 경험을 나누며 함께한 시위였다. 우리는 실제로 성공했다. 우리는 WTO의 막을 내렸고 세계 무역 협정에 이르는 것을 막았다.

우리의 성공 요인은 민중을 조직하는 과정과 구조에 있었다. 일주일 동안의 토론 모임, 인간 띠, 그리고 민중 동원이 이를 증명했다. 이는 또한 논쟁과 관련이 많았다. WTO는 매우 다양한 집단들, 과거에는 상충하는 이해관계를 가지기도 했던 집단들을 하나로 모았다. 기업의 전 지구화가 지구 위의 모든 사람과 모든 것에 영향을 미치기 때문이다. 이 운동은 단순히 노동권과 바다 거북이를 보호하는 운동이 아니다. 이는 발언권을 요구하고, 우리의 삶과 공동체를 지배하는 기구, 기업, 정부로부터 권한을 되찾는 일이다.

주류 언론은 이 이야기를, 질서를 되찾으려는 경찰들의 이야기로 각색했다. 수천 명의 비폭력 시위대와 구경꾼들의 헌법상 권리에 혼란을 초래하고 그것을 짓밟기 위해 사용한 경찰 국가 전략을 이야기하는 대신 말이다. 나는 정말로 무슨 일이 일어났는지 알고 있다. 나는 내 두 눈으로 똑똑히 보았다. 나는 그 모임에 참여했다. 나는 거리를 지나 행진했다. 나는 최루탄 냄새를 맡았고, 고무 총알을 피하기 위해 웅크렸다. 시애틀은 정의롭고 민주적인 세상을 요구하기 위해 모여든 다양한 신념의 사람들과 함께 획기적인 분수령을 기록했다. 이제 우리는 그들이 자신들의 사회로 돌아가 그 세계를 현실로 만드는 어려운 일을 시작하기를 바랄 뿐이다. 시애틀 전투는 풀뿌리 조직가들이 희망해 왔던 전 지구적 민중 운동의 "시위를 당긴" 첫 번째 운동일 것이다.

아니타 카메론, "그리고 계단이 무너져 내렸다: ADAPT가 HBA와 벌인 전쟁"[8]

2000년

〈전담간호서비스프로그램확보를위한 미국장애인모임(ADAPT; American Disabled for Attendant Programs Today)〉은, 민권운동의 일부로 대중교통 이용 투쟁을 시작했다. 이 투쟁은 정부가 1990년 "장애미국인법Americans with Disabilities Act"을 통과시키는 데 도움이 됐다. 그렇지만 이 법이 강제 수용, 부적절한 의료보험, 건물 접근성의 결여, 작업장에서의 차별처럼 장애인들이 당면한 모든 문제들을 해결해 주지는 못했다. 다음은 덴버Denver에 기반을 둔 행동가 아니타 카메론Anita Cameron이 접근성 있는 집을 지어야 한다는 연방의 규제를 따르지 않은 건설업자들에게 항의한 내용이다.

3월 2일 목요일, 〈주택사업자연합Home Builders Association〉이 "2000년 주택문제 해결 엑스포"를 덴버 시의 커리건 홀Currigan Hall에서 열었다. ADAPT는 메트로폴리탄 덴버의 〈주택사업자연합〉에 대항해 나흘간 시위를 진행하기로 했고 그 첫째 날 엑스포가 열리는 곳 바로 앞에서 우리 나름의 "주택문제 해결 엑스포"를 개최했다. ADAPT는 HBA로 하여금 "공정주택법"에 따라 장애인 통로가 있는 주택을 짓도록 하기 위해 그들과 협력하고자 일 년 동안 노력했다. 하지만 집회를 열고, 서신을 보내고 연구회에 초대하는 일 등은 소용이 없었다. HBA는 자신의 회원사들이 장애인 통로가 있는 주택을 건설하는 일에 관심이 없었다. HBA는 실제로는 "공정주택법"이 철회되기를 원한다! 그들은 그런 통로는 필요한 사람에게만 제공되어야 한다고 생각하고 단독주택, 타운하우스, 콘도는 이러한 요구와는 무관해야 한다고 생각한다. 무언가 조치를 취해야만 했다.

바로 그것이 콜로라도와 캔자스에서 80명 정도의 ADAPT 회원들이 그 추운 목요일 저녁에, HBA에 강력한 메시지를 보내기 위해 커리건 홀에 모인 이유였다. 우리에게는 보여 줄 만한 전시물들이 많았다. 엘리베이터가 완비되어 장애인 접근이 가능한 바비 인형 집이 있었다. 또 우리는 두 개의 출입구를 전시했다. 하나는 장애인 접근이 가능한 출입구로 우리는 이를 통과하면서 유용성을 보여 주었고, 다른 하나는 출입이 불가능한 출입구로 그 무용성을 보여 주었다. 〈애틀란티스Atlantis〉가 사들여서 장애인 접근을 위해 리모델링한 건물 사진을 전시했다. 그리고 이와 더불어 장애인 접근에 대한 교육 자료도 전시했다. 우리는 ADAPT의 요구를 담은 탄원서와 전단지도 준비했다. 모든 신축 건물의 30퍼센트에 장애인의 접근과 방문이 가능해야 한다는 내용이었다. 즉 입구에는 계단이 없어야 하고 1층에는 장애인용 화장실이 있어야 하며, 콜로라도 "공정주택법"을 명쾌하게 실행할 장치가 있어야 한다는 의미다. 우리는 행진하고 노래하며 구호를 외쳤다. 몇몇 ADAPT 회원은 장애인이 접근할 수 있는 주택의 필요성을 말했고, 장애인 접근 통로가 없는 집을 강제로 구입해야만 했거나 또는 시설이 되어 있는 집이 없어서 다른 주로 이사해야 했던 이야기를 들려 줬다. 경찰이 우리를 해산시키려고 애썼지만 우리 대부분이 보도에 있었기 때문에 경찰이 할 수 있는 일은 많지 않았다.

금요일, 우리는 더 놀라운 ADAPT 전시물을 가지고 다시 모였다. 거기에는 우리 휠체어 수리공인 팻 킹이 만든 아주 멋진 스티로폼 계단도 있었다. 던 러셀의 감동적인 연설 후 모든 사람이 작은 나무 망치로 그 계단을 부술 기회를 가졌다. 그 후 우리는 출입문 계단 앞에 두 줄로 늘어서서 전단지를 나눠 줬다. 그 후 우리는 "뭉치면 절대로 패배하지 않는다"는 구호를 외치며 인간 띠를 형성했다.

토요일에 다시 모인 우리는 경찰이 설치한 바리케이드를 보았다. 우리는 이를 치우고 HBA에게 그들이 "우리의 마음을 바꾸지" 못한다는 것을 알리는 일에 착수했다. ADAPT의 회원이자 AIA(Architectural Inclusion and Access)에 속한 조 에만은 몇 주 전 한 회합에서 우리를 단순한 사람들이라고 부르며 ADAPT를 모욕한 HBA 부회장 로저 라인하르트를 비웃었다. 우리 중 몇몇은 언론과 인터뷰를 했고 몇몇은 돈을 내고 전시회 내부로 들어가서 할 수 있는 한 여러 건축가와 건설업자들에게 장애인 접근권에 대해 이야기하고 전단을 나누어 주었다. 수백 개의 전시물 중에서 장애인 통로와 관련된 전시물은 오직 자그마한 전시물 한 개뿐이었다. 이번에는 경찰이 전문 협상가를 보냈다. 그 협상가는 경찰이 ADAPT가 자신들이 바리케이드로 지정한 "지역" 안에서만 머무르기를 바란다고 말했다. 우리는 그에게 만약 로저 라인하르트를 데려와 우리에게 말한다면 해산하겠다고 말했다. 몇 분 후 그는 로저를 데리고 나왔다. 하지만 그는 ADAPT가 받아들이지 않을 지겹고 오래된 차별적인 해법만을 우리에게 제시할 뿐이었다. 하지만 우리는 우리의 약속을 지켰다. 떠나는 우리에게 경찰은 만약 우리가 내일 다시 와서 바리케이드 내에 머물지 않으면 체포할 거라고 경고했다. 참 무식하기도 하다. (…)

일요일에 우린 당당히 나아갔다. 즉 일정에 따랐다. 우리는 재빨리 경사로를 올라가서 봉쇄하고, 문에다 우리를 수갑으로 채웠다. 경찰이 거기 있었지만 우리를 막을 만큼 재빠르지 못했다. 경찰은 우리를 향해 소리치며 경고했고 곧 체포하기 시작했다. 먼지가 걷히고 난 후, ADAPT 회원 17명이 체포되었고 업무 방해와 법질서 위반 혐의로 기소되었다.

HBA가 7월에 개최한 주택 전시회는 또 다른 저항의 대상이었다. ADAPT 는 건축 업자들이 일련의 새로운 주택들을 선보이는 이 주택 전시회에 장애인이 접근할 수 있는 주택을 요구했지만 무시당했다. 그러자 전시회장은 행동으로 가득 찼다. 콜로라도의 ADAPT 회원들은 기어들어가거나 밖에서 피켓을 들다가 마침내는 시민 불복종 운동에 나서며 건축 업자들에게 접근권은 무시할 수 없는 문제라는 메시지를 보냈다. ADAPT 는 장애인들을 위한 주택 접근권을 무시하지 말라고 주장하면서 옹색한 변명을 중지시키기 위해 계속 돌진하고 있다.

엘리자베스 "베티타" 마티네즈,
"브라운과 친구가 되어라!"⁹

1998년

엘리자베스 "베티타" 마티네즈Elizabeth "Betita" Martinez는 수년 동안 멕시코계 미국인 작가, 교육자, 조직가로 일했다. 샌프란시스코의 〈다인종정의기구Institute for Multi Racial Justice〉의 공동 설립자인 마티네즈는 SNCC에서 활동했고, 그 후 1968년부터 1976년까지 뉴멕시코에서 『북부 도시El Grito del Norte』의 편집자로 일했으며, 〈멕시코계미국인통신센터the Chicano Communications Center〉를 공동 설립했다. 마티네즈는 이중 언어로 쓴 획기적인 책 『그림으로 보는 멕시코계 미국인 500년사500 Years of Chicano History in Pictures』을 쓰고 편찬했다. 이 책은 민중 역사의 고전이다. 다음은 캘리포니아의 이민자들과 청년들을 범죄화하는 데 저항하는 젊은이들의 투쟁에 앞장선 마티네즈의 보고서다.

1968년 3월, 로스앤젤레스를 뒤흔든 열흘 동안 멕시코계 남녀 고등학생들은 인종차별적인 교육 제도에 저항하기 위해 교실 밖으로 걸어 나갔다. 그들이 "폭발blowouts"이라 부른 사건은 스페인계 이민자 거주 지역barrio에 있는 6개 학교 학생 수천 명과 함께 시작되었다. 그 숫자는 몇 주에 걸쳐 날마다 증가해 1만 명 이상이 시위에 참여했다. "치카노 파워Chicano Power"와 "혁명 만세!¡Viva la revolución!"를 외치며 그들은 도시 전체의 학교 시스템, 미국에서 가장 큰 학교 시스템을 전면적으로 중단시켰다.

학자이자 행동가인 카를로스 무노즈 2세Carlos Munoz Jr.가 후에 자신의 책 『젊은이, 정체성, 권력Youth, Identity, Power』에서 기술했듯이 이 시위는 "멕시코계 미국인 학생들이 처음으로 인종주의에 반대하고 교육의 변화를 요구한 대규모 시위 행진이었다." 그뿐만이 아니었다. 미국 역사상 최초로 멕시코계 남녀가 인종주의에만 특별히 초점을 맞춰 전개한 대규모 저항이었다. 그렇다고 작업장에서의 인종주의에서 비롯된 라자(Raza, 멕시코계 미국인 노동자. 옮긴이)들의 대규모 노동권 요구 시위를 부인하는 건 아니다. 1968년 시위와 더불어 학생들은 그때까지 우세했던 타협의 정치를 넘어서서 새로운 "치카노 파워!" 구호를 외치기 시작했다.

이 폭발은 산호세 주립대학에서 멕시코계 대학생들이 최초로 일으킨 행동을 포함해 다른 저항에도 불을 붙였다. 그 다음 샌프란시스코 주립대학과 버클리 캘리포니아 주립대학의 오래되고 과격한 제3세계 학생 시위에 참여했다. 기존의 조직이 급속히 성장하는 동안 새로운 라자 대학생 조직이 등장했다. 이 모든 일들은 전국적인 반란, 그리고 멕시코에서부터 프랑스, 일본에 이르는 전 세계적인 젊은이들의 반란 시기에 일어났다. 여기에 라자 대학생들은 끝까지 저항했다. 그들 대부분은 노동자 계층 출신이었다. 그들의 주된 목적은 많은 앵글로 젊은이들이 찬양한 대항문화counter-culture라기보다는 그들 자신의 문화적 가치와 역사의 확인이었다.

거의 30년이 지난 후, 캘리포니아에서 콜로라도에 이르는 라자 고등학생들은 더 많은 라틴아메리카 선생님과 상담원을 요구하는 새로운 폭발로 역사를 되풀이했다. 인종학(Ethnic Studies, 라틴계뿐만 아니라 아프리카계 미국인, 토착 미국인과 아시아/태평양 섬주민들을 포함한 인종학), 학생들의 문화적 요구에 민감한 이중 언어 교육, 그리고 라틴계 학생 유치 프로그램 등이 그 폭발의 목표였다. 다른 안건들도 가끔 추가되었다. 즉 캘리포니아에서는 논쟁 중인 새 반反범죄법, 우파 주지사인 피트 윌슨Pete Wilson 의 재선 반대, 불법체류자로 의심되는 사람에게 교육과 의료보험을 거부하는 비인간적인 "시행령 187호"에 대한 반대가 추가되었다.

캘리포니아 시위는 처음에는 북쪽 지역 공립학교에 집중됐다가 남쪽 지역으로 퍼져 갔다. 대부분 멕시코나 살바도르 출신인 학생들은 고등학교, 중학교, 때로는 초등학교에서도 왔다. 왜 행진이나 집회를 주말에 하지 않고 장기 결석을 했는가? 그들이 알고 있듯, 캘리포니아 공립학교는 무단결석을 하는 학생이 있으면 학교 측에서 한 사람당 하루에 17달러 20센트의 손해를 보기 때문이었다. 학생들은 전략을 세울 때 이 금전적 손실을 중요하게 다루었다. 이와 함께 그들은 역사를 만들었다.

첫 번째 물결이 어디에서 시작되었는지 알 수 없다. 1993년 4월 1일, 오클랜드 십여 개 학교에서 라틴아메리카 중학생과 고등학생 천 명 이상이 결석을 하고 시위를 했다. 9월 16일, 멕시코 독립 기념일을 축하하면서 오클랜드, 버클리, 산호세, 그리고 길로이 타운에서 4천 명 이상이 시위를 시작했다. 길로이 경찰이 청소년 레베카 아르맨다리즈Rebecca Armendariz 를 학생들이 사용한 버스를 빌리는 데 서명했다는 이유로 붙잡아서 청소년 비행을 부추겼다고 기소하며 몇 개월 동안 괴롭혔지만, 체포와 폭력은 드물었다. 좌익이 우세한 오렌지카운티에서는 학생 3백 명이 경찰과 충돌해 구타당하거나 후추 가루 스프레이로 공격당하기도 했다.

또 다른 학생운동 물결이 11월과 12월, 북부 캘리포니아에서 전개되었다. 전반적으로 보수적인 캘리포니아 중부의 작은 마을 에섹터에서는 국기에 대한 맹세를 선창하지 않겠다는 학생 때문에 당황한 선생님이 "하지 않으려면 멕시코로 돌아가라"고 말했고, 이에 5백 명의 고등학생이 수업을 거부했다. 전체 학생 1천2백 명 중 40퍼센트가 라틴아메리카 출신인 반면, 선생님 중 여섯 명만이 라틴아메리카계인 이 학교에서 이런 식의 말은 너무 자주 듣는 표현이었다.

샌프란시스코의 미션 고등학교에서도 2백 명의 라틴아메리카 학생들과 다른 학생들이, 다른 곳에서와 마찬가지로, 비슷한 반인종주의를 이유로 시위를 했다. 그리고 특정 옷을 입으면 윤간범으로 몰아가는 데 반대하는 시위도 했다. 학교 위원회는 라틴계 연구Latino Studies에 대한 그들의 요구를 들어 주겠다고 해 놓고는 고작 한 강좌만 개설했다. 그것도 정규 교과 시간 전후의 수업 시간이 배정되었다. 이는 근본적으로 이런 양보에 진정성이 없다는 메시지를 담고 있었다.

이 시위는 미국이 지금의 서남부 지역인 멕시코의 절반을 양도받게 된 1848년의 과달루프-히달고 조약 기념일인 1994년 2월 2일까지 계속됐다. 새크라멘토에서는 장기 결석 운동이 산불처럼 번졌다. 5백여 명의 학생과 여러 지역에서 온 지원자들이 주의 수도를 흔들었다. 지역 언론인 『사람들이 염려하기 때문에Because People Matter』의 보도에 따르면 그들은 "주지사는 더 많은 감옥을 원하고 우리는 학교를 원한다. 주지사는 더 많은 경찰을 원하고 우리는 더 많은 교사를 원한다. 우리는 우리의 문화를 소중히 여기며 이를 포함하는 교육을 원한다. 우리는 다른 모든 문화 역시, 그들을 이해하기 위한 방편으로 원한다"고 말했다.

3월 세사르 차베스 생일을 기념하려고 4개 시립 학교에서 온 150명의 라틴아메리카 학생들이 리치먼드 지구 사무실로 행진했다. 4월 18일, 피츠버그타운의 초등학생 절반이 부모의 지지하에 수업을 거부했다. 스페인어를 쓰는 교장이 강등되었기 때문이었다. 피츠버그 초등학교 학생들은 20년 전 라틴계 교장이 없다는 이유로 파업한 전통을 가지고 있었다.

봄에 일어난 시위의 물결은 캘리포니아 북부 지역 30개 이상의 학교가 참여해 대규모 폭발이 일어난 4월 22일, 절정에 달했다. 그날은 잊을 수 없다. 샌프란시스코에 8백여 명의 젊은이들이 "교육하라, 유폐하지 마라"와 "우리의 이야기는 그의 이야기His-story가 아니다"라는 구호 아래 모였고, 사파타Zapata가 그려진 아름다운 깃발과 멕시코 혁명군처럼 무장한 여성들이 함께했다.

인종과 국적을 넘어선 통합에 대한 요구와 패거리 전쟁을 반대하는 요구가 하루 종일 울려 퍼졌다. "미국이 우리를 분열시키게 두지 말자!" 한 페루 여자는 "라틴아메리카는 멕시코와 더불어 끝나지 않는다"고 말했다. 다른 사람들은 "이는 단지 라틴계와 흑인 또는 아시아인에 관한 문제가 아니다. 전 세계 문제다"라고 외쳤다. 열여섯 살 여자 아이가 "우리는 빌어먹을 피부색을 잊어야 한다"고 외치자 가장 커다란 갈채가 터져 나왔다.

그날 헤이워드에서는 20여 개 학교의 중고등학생 1천5백 명이 수업을 거부했다. 그들 중 3백 명 정도가 갈색 인종의 브라운 파워와 통합을 의미하는 갈색 대형 손수건을 만들기 위해 빨간색과 파란색 헝겊 조각을 내밀었다. 그들 중에는 폭력을 중지시키기 위한 모임을 소집하는 학생도 있었다. "당신은 갈색 헝겊을 걸쳤다. 그러니 진정하라. 모든 라자를 위해 계속 진정하라"고 열일곱 살의 모니카 맨리케즈Monica Manriquez는 말했다.

5월 5일, 신코 데 마요(Cinco de Mayo, 1862년 프랑스와의 전쟁에서 승리한 날을 기리는 멕시코의 축제일. 옮긴이)에는 더 큰 파업이 일어났고 6월에는 9백 명의 고등학생이 로스앤젤레스에 모였다. 젊은이들은 자신들이 거둔 성공에 스스로 놀랐다. 델리시티의 열여섯 살 소년 세르지오 아로요Sergio Arroyo는 사람들의 생각을 이렇게 표현했다. "사람들은 이런 일, 그런 통합이 일어날 거라고 생각하지 않았다. 하지만 일어났다." 헤이워드 고등학교의 루세르티아 몬테즈Lucertia Montez는 "우리는 역사를 만들었다. 그렇다, 우리는 역사를 만들었다"고 말했다.

워터 모슬리,
『체인 갱에서의 노동』[10]

2000년

작가인 워터 모슬리Water Mosley는 이지 로린스Easy Rawlins 미스터리 시리즈로 잘 알려져 있다. 이 시리즈는 1990년, 『파란 옷을 입은 악마Devil in a Blue Dress』에서 시작했다. 모슬리는 뉴욕 대학교의 〈아프리카연구소Africana Studies Institute〉 상임 예술가로 아프리카계 미국인의 독립적인 출판을 적극적으로 권장해 왔다. 2000년에 그는 『체인 갱에서의 노동Workin' on the Chain Gang』을 출판했고, 이윤 추구의 지배를 받는 사회에 중요한 문제를 제기했다.

미국의 노예와 러시아 농노는 거의 비슷한 시기에 해방되었다. 쇠사슬은 그들 앞에 놓였고, 플랜테이션을 향한 문이 활짝 열렸다. 대부분의 노예와 농노는 자발적으로 농장에 그대로 머물렀다. 좋아서가 아니었다. 생존을 위해서는 노예 상태로 살아야 했기 때문이다.

오늘날 노동자들은 더 낮은 임금에 더 많은 시간 일을 하거나(혹은 가치가 낮은 일에 동일하거나 더 높은 임금을 받으면서 일하거나), 또는 더 적은 시간을 일한다. 이는 의료 서비스와 다른 혜택들이 그만큼 사라진다는 것을 의미한다. 모두 이윤을 위해서다. 노예가 해방된다면, 그것은 그가 자유인으로 있을 때 농장주에게 더 많은 이익을 창출해 주기 때문이라고 확신할 수 있다. 노동자가 찬미받을 때 그는 착취당하는 황금일 것이다.

미국에 엄청난 이윤이 발생했다. 하지만 우리 대부분은 이를 나눠 갖지 못한다. 우리 대부분은, 관리자가 우리, 또는 우리 마음을 전혀 배려하지 않는 작업장에서, 가치가 유동적인 달러를 위해서 일한다. 우리는 이윤과 함께 살아간다. 우리가 바로 이윤이다. 우리 노동에서 나온 돈은 우리를 대변하지 않는 정치적 힘을 사기 위해 사용된다. 우리가 낸 세금은 우리가 통제할 수 없는 연방 공중파 방송으로, S&L(세이빙 앤 론)의 기업 구제 조처로, 대통령의 사생활에 대한 흥미 위주의 보도로, 우리 자녀들을 헤로인에서 지키지 못하는 판사와 경찰 등의 법 집행 대리인에게로 지급된다.

부서진 도로와 존재하지 않는 신호등, 읽지 못하는 어린이, 사적 기업인 감옥, 이런 것들이 한계, 한계 이윤이다.

한계margin의 동사형은 주변화marginalize다. 우리는 자본주의의 이윤에 의해 주변화된다. 우리는 〈시티은행Citi bank〉과 〈모빌석유회사Mobil Oil Corporation〉, 그리고 한때 〈유나이티드프루트United Fruit〉로 불리던 〈치키타브랜즈인터내셔널Chiquita Brands International〉의 부산물이다. 우리는 우리에게 자신이 유일한 길이라고 말하는 거대 기업 조직의 윤곽을 형성하는 가장자리다.

이 괴물이 모시는 하나님은 이윤의 폭으로 규정된다. 우리는 그에게 기도하고 그를 위해 희생하고 우리 아이들을 그에게 바친다. 하지만 그는 한 번도 배려의 신호를 보내지 않는다. 이는 그가 배려할 수 없기 때문이다. 노동은 마음대로 처분할 수 있는 동안에만 유용한 상품이다. 고용인은 더 싸거나 효율적인 노동으로 대체될 수 있다. 그러나 이들 고용인들을 한순간의 통보로 베어 낼 수 없다면, 이들은 부담이 된다.

이윤의 세계는 약탈의 세계다. 진보는 삶의 질이나 선이 아니라 이윤으로 규정된다. 이윤에 있어서 공정함이란 가져갈 수 있는 것을 의미한다. 그리고 모든 것이 상품이다, 계속 숨을 쉬려면 사랑과 증오와 약이 필요하다.

이윤이 유일한 길이라면 이는 슬픈 일이다. 이윤은 잠긴 문이고, 누군가 그 열쇠를 던져 버렸다. (…)

문제를 간단하게 해결하고 싶으면 우리를 지배하는 경제체제를 포기하면 된다. 우리는 모두 함께 일해야 하고, 모두 잘살아야 한다. 가진 것을 모두 내놓고 부를 나누어 갖는 세계, 이는 아름다운 생각이다. 아마도 우리 아이들의 아이들은 실제로 이런 세상을 만들 만큼 충분히 현명할 것이다. 그러나 우리는 19세기의 노예처럼 우리 노동을 소외시킴으로써 갇혀 있다. 우리는 백 퍼센트를 주지만 그보다 적게 돌려받는다. 우리는 자유라는 특권의 대가로 우리에게 주어진 요구들 사이에서 우리에게 주어진 것만을 취하고 그것으로 먹고산다.

좋다. 한동안은 이 제도를 받아들이자. 기업, 자본가, 소외된 노동 형태, 이런 것들이 우리가 함께해야 하는 것들이라는 데 동의하자. 우리는 몇 안 되는 요구조차도 할 수 없는가? 쉬는 시간이나 광고 방송을 하는 사이 우리 자신에 대한 질문 몇 개를 던지는 것도 할 수 없는가?

무엇보다도 이윤의 폭이 우리의 노동을 규정한다. 더 나아가, 우리의 인간성도 규정한다. 당신의 일자리, 당신이 집에 가져오는 수입, 사회에서 당신이 갖는 가치에 대한 인식은 모두 당신의 노동에 의해 깊이 형성된다. 제도가 당신을 규정한다면 제도 역시 당신에게 무언가를 빚지고 있는 것이다. 문제는 무엇을 빚지고 있는가다.

이 문제에 대해 적어도 인구의 10퍼센트는 분명히 말하고 답해야 한다. 10퍼센트는 임의의 숫자다. 나는 단지 정치적 변화를 가져올 수 있는 사람 수가 실제로는 상당히 적다는 것을 말하려는 것이다. 어떤 변화가 필요한지 확신하는 소수의 사람들이 그들 이웃의 마음을 바꿀 수 있다. 진리는 (…) 자그마한 상자에 담겨 온다. 스포츠지나 전자 매체에서 12주 동안만 벗어나 보라. 그러면 평생 노동의 대가로 당신이 받은 보상이 무엇인지 자문해 볼 수 있을 것이다. 목록을 만들어라. 그리고 누구든 귀를 기울이는 사람과 이를 공유해라.

의료 권리장전이 가능하다고 생각할지 모른다. 모든 미국 어린이가 우수한 교육을 받을 자격이 있다고 생각할 것이다. 당신은 아이들이 아직은 자본주의의 자산이 아닐지라도, 양육에 대해 국가가 보상을 해 주고 존중해야 한다고 생각할지 모른다. 받아 적어서 주변에 퍼뜨려라.

아마도 우리에게는 더 많은 의사와 과학자가 필요하고, 이들 노동자들의 생산물이 모든 사람의 공동 재산이 되어야만 하는지도 모르겠다. 콘플레이크를 먹기 위해 작동하는 이윤 법칙은 특히 그것이 약품과 전쟁을 위한 것일 때는 더 엄격한 감시를 받아야 할 것이다. 아마도 이윤과 의술은 혼합되지 않을 것이다.

당신은 잠잘 곳이 필요할지도 모른다. 혹은 역사상 유례없을 정도로 부유한 이 나라의 품 안에서 모든 사람들이 평화롭다는 사실을 알 때까지는 깊은 잠에 들지 못할지도 모른다.

목록을 만들어서 지갑에 넣어라. 이제 이를 끄집어내서 고치거나 확대하라. 이 목록에 근거해서 결정하라. 그 결정에 따라 투표하고, 그 결정을 옹호하기 위해 논쟁하라. 당신의 사장이나 정치 지도자들의 생각과 네가 옳다고 생각하는 것을 비교하라. 그런 다음 다른 목록을 만들어라. 이번에는 당신 생각을 지지하는 사람과 제도의 목록을 만들어라. 이 목록에서 누가, 그리고 무엇이 빠졌는지 주목하라.

혁명이라는 목표는 개인의 계몽을 통해 실현된다. 다른 사람의 목록을 사지 마라. 신문에서 오려 내지 마라. 혁명은 마오의 "붉은 책little red book"도, 「독립선언서」도 아니다. 당신이 성취할 수 있는 삶은 부분적으로 당신 정신의 산물임에 틀림없다. 바로 지금, 당신에게 필요한 것이 당신 삶에서 사라지고 있다. 이를 향해 손을 뻗어라. 이를 규명하라, 그리고 세상에 이를 요구하라.

이 간단한 훈련은 새로운 것이 아니다. 나는 혁신을 원하지 않는다. 수십억 인구와 연관된 문제일 경우, 혁신은 쉽게 대량 학살로 이어질 수 있다. 나는 단지 몇 가지 개념을 나란히, 이유의 폭을 오른쪽에, 나의 요구 목록을 왼쪽에, 놓고자 한다. 텔레비전은 꺼져 있고, 선거는 내년에 있다. 지금은 저녁이고 나는 마치 시시포스처럼 신들이 내게 강요한 노동을 계속하기 전에 잠깐 숨을 돌리고 있다.

일단 이 게임에 당신의 칩을 집어넣으면, 이상한 것들은 변화할 것이고, 계몽 혁명은 승리할 것이다. 그리고 이유은 대항 수단을 찾아 흔들릴 것이다.

줄리아 버터플라이 힐,
"폭풍우 속에서 생존: 자연의 교훈"[11]

2001년

줄리아 버터플라이 힐Julia Butterfly Hill은 캘리포니아 험볼트 카운티에서 〈태평양목재
회사Pacific Lumber Company〉가 천 년 된 미국 삼나무를 찍어 쓰러뜨리는 것을 막기
위해 나무 꼭대기에서 738일 동안을 살았다. 1997년 12월부터 1999년 12월까지 힐은
오래된 삼나무들의 파괴와 더불어 전 지구적인 환경 파괴를 알리기 위해서 이러한 시
민 불복종 행동에 참여했다. 결국 〈태평양목재회사〉는 힐이 루나Luna라고 부른 이 나
무를 절대로 자르지 않겠다고 했고, 근처 나무들도 보호하겠다고 말했다. 다음은 힐이
이 저항의 동기를 회상한 내용이다.

나는 행동주의와는 거리가 먼 사람이었다. 그러나 캘리포니아의 아주
오래된 삼나무에 무슨 일이 일어나고 있는지를 알게 됐을 때, 나는 땅바
닥에 쓰러져서 울기 시작했고 바로 행동에 들어갔다. 이는 나의 인생을
바꾸어 놓았다. 내가 급진적인 환경보호 운동가의 전형이라는 말을 들은
사람들은 나를 강경한 극단주의자거나 괴짜, 혹은 곡물과 견과류만 먹는
사람일 거라고 생각한다. 모두 대문자로 따옴표를 써 가며 강조한다. 하
지만 나는 전체 운동의 가장 깊은 끝자락에 내던져졌을 뿐이다. 즉 단순
한 나무 점거나 숲의 문제만이 아니라 모든 사회적·환경적·의식적 운

동에 말이다. 그러고는 나 자신에게 "빠져 죽기 전에 수영하는 게 좋을 거야!"라고 말한다. 그래서 나는 수영하는 법을 배우기 시작한 것이다.

나는 이 긴 여정에서 배울 수 있었다. 738일 동안 루나의 길게 뻗은 오래된 나뭇가지 위에 앉아서 바라보고, 말하고, 질문하고, 그리고 계속 귀 기울여 들으면서 배웠다. 나는 얼마나 각각 다른 책략을 사용하는지, 그리고 왜 그것들이 사용되는지 보았다. 기계를 해체하는 최상의 도구는 그 기계를 작동시키는 기제임을 깨달았다. 나는 이런 상황을 만든 기제는 기업, 기업적 언론, 그리고 정부, 이 모두가 일종의 공모를 한 결과임을 처음부터 알고 있었다. 그들은 아주 조금만 말한다. 그리고 그들이 말하는 내용 대부분은 왜곡돼서, 그들과 반대편에 서 있는 사람들은 무엇을 보든, 듣든, 읽든 간에 진실을 알지 못한다. 진실을 모르면 정확한 결정을 내릴 수 없다. 정확한 결정을 내리지 못하면 의식적인 행동을 취할 수 없다. 그리고 의식적인 행동을 취하지 못하면 당신은 시대라는 삶의 선물을 소멸시키는 일부가 된다.

나는 행동가들의 몇몇 책략이 이 기제가 사용하는 도구를 쓰지 않았기 때문에 효과 없이 끝나는 것을 보았다. 그들 행동가들은 밖에 나가 나무들 사이에 앉는다. 그들에게 후추를 뿌린 경찰은 우스꽝스러운 죄목으로 그들을 구타하거나 죽이거나, 감옥에 처넣는다. 그러나 지역사회를 제외하고는 아무도 그들이 그곳에 있었다는 사실을 모른다.

이는 마치 성가대에게 설교하는 것과 비슷했다. 우리는 영감을 주기 위해서 그렇게 할 필요가 있다. 나는 이미 개종한 사람에게 설교하는 데 많은 시간을 보낸다. 오늘날의 세계에서 관심을 가지면 다치기 때문이다. 15살이든, 25살이든, 50살이든 무감각해지고 몰아내기는 쉽다. 그러나 우리는 여전히 관심이 필요하고, 그러기 위해서는 진실과 영감, 정보와 희망이 필요하다. 이들은 긍정적인 변화를 위해 의식적인 행동을 취할 수 있는 도구를 우리에게 제공한다. 동시에 우리는 〔이윤이라는〕 기계를 해체시키기 위해 그것을 계속 작동시키려고 하는 기제의 도구를 활용해야 한다. 그렇게 하지 않는다면, 나사를 돌리려고 망치를 사용하는 것과 마찬가지다.

나는 루나와 함께 있으면서 자연에 귀 기울이고 그것을 존중해야 한다는 것을 배웠다. 그렇지 않으면 죽을 수밖에 없었다. 나무 위에서 나의 삶 전체는 그런 위기에 처해 있었다. 나의 삶은 그렇게 여러 면에서 무너지기 쉬웠다. 처음 3개월 동안의 삶은 너무 힘들어서 죽기를 바랐다. 나는 더 이상 그렇게 상처받고 싶지 않았다. 하지만 동시에 나는 포기하려 하지 않았다. 그러나 정작 죽음이 다가오자 살기를 기도하게 됐다. 나는 끊임없이 이처럼 감정적으로, 영적으로, 신체적으로 기복이 심한 상태에 있었다. 이는 연이은 공격이었다.

하루는 내 주변의 나무들을 모두 베어서 쓰러뜨렸다. 나는 울기 시작했고 루나를 부둥켜안았다. 나는 내가 백인이라는 사실을 수치스럽다고 느꼈기에 울었다. 수천 년 동안 대량 학살을 계속해 왔으면서 이제는 지구상에 남은 다른 형태의 생명까지 대량으로 학살하는 것을 자신들의 사명으로 여기는 인종에 내가 속해 있다는 사실이 수치스러웠다. 나는 나를 안에서부터 갉아 먹고 있었다. 나는 너무 화가 나고 상처받고 창피해서 루나를 붙들고 울면서 정말 미안하다, 정말 미안하다고 말하면서 수없이 사과했다.

마침내 안정을 찾았을 때, 나는 온통 수액으로 뒤덮여 있었다. 전에 루나 주변을 올라갔을 때도 수액이 조금 묻었다. 하지만 이렇게 뒤덮인 것은 그날이 처음이었다. 나는 루나가 수액을 온통 쏟아내고 있다는 것을 알아챘다. 실제로 쏟아졌다. 나는 흘러내리는 수액을 볼 수 있었다. 이런 광경은 전에도 본 적이 없었다. 루나가 자기 슬픔을 전하고 있는 거라는 생각이 머리를 스치고 지나갔다. 눈물 같은 수액은 씻어 낼 수도 없었다. 수액은 당신에게 붙어 당신의 일부가 된다. 그때 나는 자연이 나와 소통하고 있음을 깨달았다. 후에 사람들이 수액이 나무가 대화하는 방법 중 하나라는 것을 과학적으로 증명한 자료를 보내 줬다.

나는 주목하기 시작했다. 나는 귀 기울이기 시작했고 루나, 새, 곰, 솔방울, 모든 것에게서 대답을 들었다. 마음을 열자 모든 것이 나의 선생님이 되었다. 나와 루나의 관계는 발전했다. 나는 루나가 인간과 천 년 동안 대화해 왔으며, 지금의 우리는 귀 기울이는 방식을 잊어버렸을 뿐임을 알게 됐다. 하지만 나는 귀 기울이는 방법을 배웠고, 그 순간부터 모든 것이 내게로 오기 시작했다. 때로는, 내가 가려고 하기도 전에 내 머리를 치기도 했다. 그래 고맙다. 무슨 이야기를 내게 하려고 하는 거지? 루나와의 결합, 자연과의 결합은 나로 하여금 계속 전진하고, 살아 있게 만들고, 내가 포기하거나 큰 실수를 저지를 때 배워야 할 중요한 교훈을 가르쳐 주었다. 나는 이에 영원히 감사한다.

내가 배운 교훈이자 지금도 유용하게 사용하는 것은 폭풍우에서 살아남는 법이다. 나는 그곳에서, 캘리포니아 역사상 최악으로 기록되는 겨울 폭풍우 속에서, 거의 죽을 뻔했다. 나무들은 내게 이러한 폭풍우 속에서, 삶의 폭풍우 속에서 살아남는 방법은 뿌리를 박고 중심을 잡되 경직되지 않는 것임을 가르쳐 주었다. 지나치게 견고하고 곧게 서 있으려는 나무와 가지들은 부러진다. 폭풍우 속에서 살아남은 것들은 구부러지고 흔들리고 내버려 둘 줄 아는 것들이다. 따라서 나는 이를 내 삶에서 활용하고 있다. 나는 언론과, 풀뿌리 행동주의자, 주류 사회 등 모든 것에 격렬하게 공격받을 때 이를 활용한다. 나는 바람이 다가오는 게 느껴지면, 구부러지고 나부낀다. 나는 몸을 느슨하게 만들어 바람에 날릴 준비를 했다. 그러고는 다시 제자리로 돌아왔다. 나는 다음날 아침에 일어날 준비를 하고 이 모든 것을 다시 반복한다.

　내가 남긴 유산은 더 나은 세계에 대한 비전이었다. 우리는 오래된 산림의 작은 숲을 보호했다. 그리고 우리는 더 나은 세계에 대한 비전이 무엇인지를 생생하게 구현했다. 즉 우리의 마지막 고대 숲, 오래된 숲과 야생의 장소가 보호되는 세계를 구현했다. 비록 우리가 L. A., 시카고, 디트로이트, 또는 뉴욕 시에 살아도 우리 모두가 그 일부인 유역이 보호되는 세계 말이다. 더 이상 자연 같아 보이지 않는 이 모든 장소들은 실제로는 유역의 일부고, 그 유역은 아스팔트와 콘크리트와 강철 아래에서 맥박이 뛰는 자연이다. 그 분수령은 삶에 필요한 피로써 우리를 계속 살아 있게 한다.

　더 나은 세계에 봉사하며 사는 삶은 사라지지 않는 전설이다. 이는 흔적이고 이 흔적은 매일, 매 순간 우리가 내리는 결정과 행동에 따라 긍정적일 수도 있고 부정적일 수도 있다. 내가 만난 사람들 중 가장 멋진 사람은 젊건 늙건 상관없이 선한 대의를 위해 자신의 목숨을 내놓는 사람들이었다. 그들은 내가 본 사람 중에서 누구보다 빛나고, 가장 아름답고 당당하고 감동적인 사람들이다. 그들은 가장 부자인 사람보다 힘이 세고, 어떤 모델보다 아름답다. 그들의 아름다움과 힘이 그들의 몸을 통해서 생명력 저 깊은 곳에서부터 울려 퍼지고 빛나기 때문이다. 나는 모델이나 남녀 배우, 또는 백만장자 앞에서는 절대로 무릎을 꿇지 않는다. 하지만 공통의 선을 위해서 일하거나 행동하는 사람에게는 절하고 싶다. 그것이 명예다. 돈이 명예가 아니다. 삶에서 진짜 가치 있는 일을 하는 것이 명예다.

제24장

부시 2세와 "테러와의 전쟁"

마이클 무어, "대통령직, 또 다른 특전일 뿐"(2000년 11월 14일)

올랜도 로드리게스와 필리스 로드리게스, "우리 아들의 이름을 걸고 반대한다"(2001년 9월 15일)

리타 라사, "또 다른 9·11을 피하기 위해서 미국은 세상과 연결되어야 한다"(2002년 9월 5일)

모나미 몰릭, "9월 11일 이후 우리 사회에서 조직하기"(2001년)

705번 국도 트럭 운전사 국제 연대의 전쟁 반대 성명(2002년 10월 18일)

레이첼 코리, 팔레스타인에서 온 편지(2003년 2월 7일)

데니 글로버, 전 세계 전쟁반대의 날 연설(2003년 2월 15일)

에이미 굿맨, "전쟁 기간 중의 독립 미디어"(2003년)

팀 프레드모어, "얼마나 더 많이 죽어야 하는가?"(2003년 8월 24일)

마리차 카스티요 외, 미국 육군 대령 마이클 존스에게 보내는 공개서한(2003년 9월 12일)

커트 보네거트, "확실한 실패작"(2004년 5월 31일)

패티 스미스, "민중이 힘을 가지네People Have The Power"(1988년)

언제나 양당의 지배를 받아 온 미국 선거제도의 비민주적인 성격은 2000년 선거에서 명백히 드러났다. 그해 국민투표에서 조지 부시George W. Bush는 자신의 적수인 앨 고어보다 더 많은 표를 얻는 데 실패했다. 그러나 부시는 대법원에 의해 대통령으로 취임되었다. 대법원은 엄청나게 많은 투표 문제가 일어난 플로리다 주의 투표 재검토를 거부했고, 부시가 선거인단 표의 과반수를 얻었음을 선언하면서 부시 편에 섰다.

2001년 9월 11일, 테러범이 여객기를 납치해서 뉴욕 시내의 쌍둥이 빌딩과 펜타곤으로 돌진해 3천 명에 가까운 사람을 죽인 미국 역사상 가장 무시무시한 사건이 일어났다. 부시는 즉각적으로 "테러와의 전쟁war on terror"을 선포하고, 9·11 습격의 주범으로 추정되는 오사마 빈 라덴Osama bin Laden이 숨어 있던 아프가니스탄을 폭격했다.

맹렬한 폭격으로 수천 명의 아프가니스탄 사람들이 죽었고, 수십만 명이 집을 잃었다. 잔인한 탈레반 정권은 전복되었지만 아프가니스탄의 무질서는 계속되었고, 오사마 빈 라덴은 발견되지 않았다. 그리고 같은 부류의 사람들이 곧 권력을 다시 잡았다.

다음해 2002년, 부시 행정부는 이라크가 "대량 살상 무기"를 가지고 있고 이는 전쟁을 불사할 만큼 심각한 위협이라고 미국 국민을 확신시키는 선전을 시작했다. 유엔의 다른 나라들이 이에 전적으로 동의하지 않자 부시 행정부는 "선제 소탕pre-emptive" 전쟁을 수행할 권한이 있다고 선포하고 2003년 3월, 이라크를 공격했다.

이 침공은 짧지만 집중적인 폭격이었고 바그다드는 곧 함락되었다. 미국 정부는 이라크에서의 "정권 교체"라는 숙원 사업을 달성했다. 사담 후세인은 권좌에서 제거됐다. 그러나 "충격과 공포Shock and Awe"라 불린 치명적인 군사행동 이후에 수천 명의 이라크 시민들이 죽었고 더 많은 수의 시민이 부상당했다. 이라크에 140개 이상의 중대가 주둔하는 미국의 군사점령은 이라크 국민의 저항에 부딪혔고, 연이은 거센 공격으로 희생자 수는 늘어갔다.

처음에는 대다수 미국인이 전쟁을 지지했다. 그러나 이라크 무기와 이라크가 9·11 공격과 관련 있다는 부시 행정부의 주장이 오도된 것이라는 사실이 드러나자 환멸이 증대됐다. 9·11 사망자 유족들은 테러리즘에 전쟁으로 대응하는 정부에 반대하기 위해 조직을 만들었다. 이라크의 미군 역시 전쟁에 반대하는 목소리를 높였다.

펜타곤 습격에서 공군 비행사인 남편을 잃은 앰버 아문드슨Amber Amundson 은 "나는 강경한 복수와 처벌을 말하는 여러 정치 지도자들을 포함한 미국 인들의 분노에 찬 이야기를 듣는다. 그 지도자들에게 나와 나의 가족은 당 신들의 분노의 말에서 위안을 구할 수 없음을 분명히 하고자 한다. 이 이해 할 수 없는 잔인한 사건을 무고한 사람들에 대한 영속적인 폭력으로 대응하 려 한다면, 나의 남편을 위한 정의라는 이름으로는 하지 않았으면 한다. 당 신들의 말과 뒤이은 복수는 우리 가족의 고통을 증대시킬 뿐이다"라고 말 했다.

점점 많은 사람들이 이 말에 공감하기 시작했다. 2004년 여름, 국민 여론 조사에 따르면, 미국 대중 다수가 이 전쟁에 반대했다.

마이클 무어,
"대통령직, 또 다른 특전일 뿐"[1]

———

2000년 11월 14일

부시 행정부에 반대한 사람 중 가장 유명한 사람은 다큐 영화 제작자이자 민중운동가
인 마이클 무어Michael Moore였다. 무어는 심히 잘못된 2000년 대통령 선거 일주일 후
에 다음의 칼럼을 자신의 웹사이트에 올렸다.

워싱턴 주지사이자 대통령인 부시 귀하.

우리 역사에서 일반 투표와 선거인단 투표에서 모두 진 후보를 선출된
대통령이라고 주장하는 일은 처음입니다.

당신이 왜 이 타이틀이 당신 것이라고 주장하는지 이해합니다. 당신은
일생을 당신에게 주어진 모든 것을 향유하면서 살아왔습니다. 당신은 당
신의 자리를 노력해서 얻을 필요가 없었습니다. 부와 이름만으로도 당신
을 위한 모든 문이 열렸습니다. 노력이나 근면, 또는 지성이나 능력 없이
당신은 특권의 삶을 유산으로 넘겨받았습니다.

당신은 어린 시절부터 미국에서 당신 같은 부류의 사람들은 과시밖에
할 것이 없다는 것을 배웠습니다. 당신의 이름이 부시였기 때문에 뉴잉
글랜드의 부유한 기숙사 학교에 입학 허가를 받았습니다. 그곳에서도 당

신은 당신의 자리를 얻으려고 노력할 필요가 없었습니다. 그건 돈으로 산 겁니다.

곧 당신은 평균 "C" 학점으로도 예일에 들어갈 수 있음을 알았습니다. 예일에 들어가기 위해 12년 동안 열심히 공부해 온 더 자격 있는 다른 학생들은 입학할 수 없었습니다. 당신은 당신의 이름이 부시였기 때문에 들어갔습니다.

당신은 하버드도 같은 방법으로 들어갔습니다. 예일에서 4년 동안 평균 "C" 학점을 유지하면서 겨우 공부한 후 당신은 다른 사람은 열심히 노력해야 얻을 수 있는 하버드 자리를 차지했습니다.

그런 다음 당신은 텍사스 공군 방위대Texas Air National Guard에서 복무 기간 전체를 복무한 것처럼 가장했습니다. 하지만 『보스턴 글로브Boston Globe』에 따르면, 당신은 어느날 무단으로 군을 이탈해 1년 반 동안 부대에 보고조차 하지 않았습니다. 당신 이름이 부시였기 때문에 당신은 굳이 노력해서 복무 기록을 남길 필요가 없었습니다.

당신의 공식적인 전기에는 나타나지 않는 수년 동안의 "잃어버린 시간들" 이후, 당신 아버지와 다른 가족의 일원이 당신에게 여러 직업을 계속 알선했습니다. 그 직업들은 당신이 노력해서 얻은 직업이 아닙니다. 당신의 사업상 모험이 얼마나 많이 실패했는지 상관없이 당신에게 주어질 또 다른 직업이 늘 기다리고 있었습니다. 결국, 당신은 또 다른 선물인 야구 팀의 파트너가 되었습니다. 비록 그 팀을 위해 100분의 1밖에 돈을 내지 않았지만 말입니다. 그런 다음 당신은 텍사스 앨링턴의 세금 납부자들을 납득시켜서 새로 만든 수백만 달러의 경기장을 당신의 또 다른 특전으로 선물받았습니다.

그러므로 나는 당신이 왜 대통령이라고 불릴 자격이 있다고 생각하는지 이해합니다. 당신은 대통령직을 얻으려고 노력하지도 않았고, 선거에서 이기지도 않았습니다. 따라서 이는 당신 것임에 틀림없습니다.

그리고 당신은 이런 것들이 잘못됐다고 생각하지 않습니다.

왜 잘못됐다고 생각하겠습니까? 그것이 당신이 아는 유일한 삶인데 말입니다.

선거 당일 날 밤 고어가 승리했다는 발표가 처음 나왔을 때, 당신이 주지사 저택에 앉아 있던 장면을 나는 잊지 못할 겁니다. 아빠와 엄마에 둘러싸여 플로리다 주지사인 동생 전화를 받고 있는 당신은 무척 담담해 보였습니다. 당신은 전혀 걱정하지 않았습니다. 당신은 동생이 플로리다는 당신 것이라고 당신에게 보증했다고 언론에 말했습니다. 부시 가문이 그렇다고 말했다면 그렇습니다.

하지만 그렇지 않습니다. 당신은 대통령직은 노력해야 얻을 수 있으며 국민들의 표에 의해 승리해야 한다는 사실을 알고 나자 난폭해졌습니다. 당신은 당신의 허드렛일을 해 주는 (그리고 1992년에 아버지 부시에게 "망할 놈의 유대인들이 우리에게 투표하지 않았다"고 말한) 제임스 베이커James Baker 를 보내 미국 국민들에게 거짓말하고 국가적 불안감을 고조시키라고 말했습니다. 그것이 먹혀들지 않자, 당신은 연방 대법원으로 갔고 표를 세는 일을 중지시켜 달라고 간청했습니다. 투표 결과가 어떻게 나올지 알았기 때문입니다.

나를 미치게 만드는 일은, 잘못되고 거대한 연방 정부에 도움을 요청하는 당신의 방식입니다. 당신이 선거 유세 때마다 한 다음의 말은 진심이 아니었나요? "나의 상대는 연방 정부를 믿습니다. 나는 여러분, 국민을 믿습니다."

그러므로 이제 우리는 진실을 알았습니다. 당신은 국민을 전혀 믿지 않습니다. 당신은 연방 법원으로 달려가서 "사람이 아니라 기계를 믿어라"라고 청원한 인쇄물을 줬습니다. 하지만 판사는 이를 사지 않았습니다. 아마도 당신 생애 처음으로 누군가가 당신에게 "아니요"라고 말한 순간이겠지요.

이제 무얼 하시렵니까? 『뉴욕 타임스』에 따르면 당신의 선거 자금 중 90퍼센트가 고작 775명에 불과한 백만장자들에게서 왔다고 합니다. 오, 그들이 이 곤궁에서 당신을 구제할 수 있겠군요! 나는 그들을 믿지 않습니다. 그들이 클린턴-고어 행정부하에서 재정적으로 고통받은 것 같지는 않습니다. 그들은 바보에게도 얼마든지 키스할 사람들입니다. 제 생각에, 친구여, 당신은 스스로 독립해야 할 것 같습니다.

부시 씨, 당신은 무기력해진 고어가 백기를 들기만을 바라고 있겠지요. 민주당이 항복하기를 좋아한다는 증거는 많습니다. 당신과 당신의 우익 친구들은 민주당이 나약하고 결단력이 없음을 압니다. 당신은 앨 고어와 모든 민주당원들이 어떻게 강경한 낙태 반대론자인 안토닌 스칼리아Antonin Scalia를 연방 대법원 자리에 앉혔는지 기억할 겁니다. 그리고 민주당원 11명이 클라렌스 토머스Clarence Thomas 역시 그 자리에 앉혀 변화를 만들어 냈다는 것도 기억하고 있을 겁니다.

이것이 당신의 정견입니다. 출구 조사 결과를 믿으라고 고어와 그의 당을 위협하고, 이를 부추기는 엉터리 득표 집계를 확보하고, 떠버리 학자를 데려다가 고어를 혹평하게 합니다. 그러고 나면, 단지 추측입니다만, 아마도 당신은 당신 것이 아닌 최후의 보상을 받을 수 있을 겁니다.

올랜도 로드리게스와 필리스 로드리게스, "우리 아들의 이름을 걸고 반대한다"[2]

2001년 9월 15일

2001년 9월 11일 아침, 비행기 납치범들이 뉴욕 시에 있는 세계 무역 센터 빌딩으로 두 대의 비행기를 몰고 갔고, 또 다른 한 대는 워싱턴의 펜타곤으로 갔다. 그리고 또 다른 한 대는 승객들이 납치범들에게 저항하고 방해한 끝에 펜실베이니아에 추락했다. 이로써 3천 명 이상의 사람들이 사라졌다. 이 습격의 결과로 부시와 정치인 다수는 큰소리로 보복을 외쳤고, 납치범 대부분이 사우디아라비아 출신이고, 아프가니스탄 정부가 이 공격에 관련이 있다는 확실한 증거가 없음에도 아프가니스탄이 그 목표물이 되리라는 사실이 곧 분명해졌다. 슬픔이 미국에 널리 퍼졌고, 보복을 요구하는 사람도 있었다. 그러나 9월 11일에 사랑하는 사람들을 잃은 가족들 다수는 이런 방향의 행동에 반대했다. 그들 중 한 무리가 함께 모여서 〈평화로운내일을위한9 · 11가족모임September Eleventh Families for Peaceful Tomorrows〉을 조직했다. 올랜도Orlando와 필리스 로드리게스Phyllis Rodriguez는 9월 11일을 전쟁의 구실로 사용하는 데 반대한 최초의 사람들 중 하나였다. 그날, 당시 서른한 살밖에 안 된 그들의 아들 그레고리Gregory는 세계 무역 센터 103층에서 일하다 죽었다. 로드리게스 부부는 9·11 습격 나흘 후에 다음의 공개서한을 『뉴욕 타임스』와 다른 신문사에 보냈다.

우리 아들 그레그는 세계 무역 센터에서 실종된 여러 사람들 중 한 명입니다. 처음 뉴스를 들은 후로 우리는 며느리, 두 가족, 우리 친구들과 이웃들, 〈캔터피츠제럴드/이스피드Cantor Fitzgerald/ESpeed〉사에서 일하는 그레그의 사랑하는 동료들과 매일 피에르 호텔Pierre Hotel에서 마주치는 사람들과 함께 슬픔과 위로, 희망과 절망, 그리고 즐거운 기억들을 나누고 있습니다.

우리는 우리가 만나는 모든 사람에게서 우리의 상처와 분노가 투영되는 것을 봅니다. 매일 보도되는 이 재앙에 대한 뉴스의 흐름에 집중할 수가 없습니다. 그러나 우리는 우리 정부가 맹렬한 보복으로 방향을 잡아가고 있다고 느낄 만큼은 충분히 뉴스를 읽고 있습니다. 이는 먼 나라에서 죽거나 고통을 받으며 우리에 대한 적개심을 더욱 키워 나갈 아들들, 딸들, 부모들, 친구들을 떠오르게 합니다. 이건 가야 할 길이 아닙니다. 이는 우리 아들의 죽음에 대한 복수가 아닐 겁니다. 우리 아들의 이름을 걸고, 아닙니다.

우리 아들은 비인간적인 이데올로기의 희생자로 죽었습니다. 우리는 같은 목적을 위해 행동을 취해서는 안 됩니다. 우리 슬퍼합시다. 반성하고 기도합시다. 우리가 사는 세계에 진정한 평화와 정의를 가져올 이성적인 대응을 생각해 봅시다. 하나의 국가로서 우리, 이 시대의 비인간성을 더 키우지는 맙시다.

리타 라사,
"또 다른 9·11을 피하기 위해서 미국은 세상과 연결되어야 한다"[3]

2002년 9월 5일

리타 라사Rita Lasar는 〈평화로운내일을위한9·11가족모임〉의 설립자 중 한 사람이다. 라사는 2001년 9월 11일, 형제 아브라메 ("아베") 젤마노비츠Avrame ("Abe") Zelmanowitz를 잃었다. 아브라메는 대피할 수 있었지만 몸을 움직이지 못하는 동료 에드 비에아Ed Beyea를 돕기 위해 뒤에 남았다. 부시 대통령이 워싱턴 D.C.의 대성당에서 연설을 하며 아베의 영웅적인 행동을 언급했을 때, 라사는 자기 오빠의 희생을 아프가니스탄 침공을 정당화하는 데 이용했다고 격분했다. 아프가니스탄 침공이 시작된 후 라사는 미국 공습으로 사랑하는 사람을 잃은 가족을 방문하고 폭격의 충격을 직접 증언하기 위해 파견된 대표단에 함께했다. 오빠의 사망 1주년 바로 전에 라사는 다음의 논평을 썼다.

지난 9월 11일, 비행기가 세계 무역 센터에 부딪쳤을 때 북쪽 타워에 있었던 오빠 아브라메는 대피하지 않았다. 사지를 움직일 수 없어 대피가 힘들었던 친한 친구이자 동료의 안전을 걱정했기 때문이었다. 그래서 아브라메는 구조 대원이 곧 올 것을 기대하면서 머물렀다. 구조 대원이 오지 않자 아브라메와 평생의 친구는 함께 죽었다. 수천 명의 무고한 뉴요커들과 함께.

그날은 나의 삶을 바꾸어 놓았다. 빌딩에서 사랑하는 사람을 잃은 모든 사람들의 삶을 변화시켰다.

그날은 펜실베이니아에서 추락한 비행기에 있었던 사람의 친척들의 삶도 바꾸어 놓았다. 펜타곤에서 사랑하는 사람을 잃은 수백 명 가족들의 삶도 바꾸어 놓았다. 그리고 아마도 정도는 덜하겠지만, 미국에 사는 사람들 대부분의 삶을 바꾸어 놓았다.

이 재앙 후 몇 달 동안 나는 9·11이 세상을 변화시켰다는 말을 자주 들었다. 그러나 나는 이 공격이 세상을 변화시켰다고 생각하지 않는다. 미국 국민들이 9·11이 세상을 변화시켰다고 믿는 만큼은 변하지 않았다. 이는 그들이 자신이 살고 있는 세계에 대해 잘 모르기 때문이다.

나는 50만 명 이상의 인명을 앗아 간 끔찍한 학살이 벌어졌던 1994년의 르완다 학살이 세상을 변화시켰다고 말하는 사람을 보지 못했다. 20년 동안 동티모르 사람 20만 명을 죽인 인도네시아 학살이 세상을 변화시켰다는 말도 들어 본 적 없다. 나는 또한 에이즈로 사하라 남단 아프리카에서 매일 죽는 8천 명의 목숨이 세상을 바꿨다는 말을 듣지 못했다.

이들이 내 소중한 형제보다 덜 중요했을까?

나의 개인적인 슬픔에도 나는 이보다 엄청난 재난에 비한다면 9월 11일은 세상을 변화시키지 않았다고 결론 내려야 한다. 그 자체의 끔찍한 방법으로 9·11은 이미 매우 문제가 많은 이 세상에 참여하라고 미국인을 초대했다. 문제는 우리가 그 초대를 받아들일 것인가 말 것인가다.

애석하게도 부시 대통령은 그렇게 하는 데 관심이 없다. 그는 미국이 새로운 〈국제형사재판소International Criminal Court〉에 가입하거나 협력하기조차 원하지 않는다. 부시는 인도와 파키스탄이 핵전쟁에 직면해 떨고 있는데도 러시아와 오랫동안 맺어 왔던 "탄도미사일반대협정Anti-Ballistic Missile treaty"에서 탈퇴했다. 부시는 지구 온난화를 경감하자는 국제협약을 지지하기를 거부한다. 그리고 부시는 지뢰를 금지하는 협약을 비준하지 않을 것이며 미국을 자신이 "악의 축"이라고 말한 이라크, 이란, 그리고 북한의 동료로 남겨 둘 것이다.

그리고 이제 대통령은 이라크와의 전쟁을 계획하고 있다. 이라크가 전쟁을 정당화하는 공격을 감행하지 않았어도 상관없다. 이라크와 9·11 공격이 관련 있다는 증거가 없어도 상관없다. 대통령은 이라크 공격에 반대하는 세계에도 관심이 없는 듯하다.

〈국제연합〉은 제1차 걸프 전쟁 후 도발 없이는 한 나라가 다른 나라를 침공할 수 없다는 원칙으로 결속했다. 이제 백악관이 도발 없는 이라크 침공을 시작하기 위해 그 원칙을 해체하려고 한다.

고립된 미국은 안전하지 않은 나라다. 9. 11이 보여 주었듯이 미국을 안전하게 만들려면 아무리 높은 바리케이드로도 충분하지 않고, 아무리 큰 폭탄으로도 충분하지 않으며, 아무리 세련된 지성으로도 충분하지 않다.

우리 미국인들은 선택해야 한다.

우리는 우리가 혼자고, 우리는 세상에 빚진 것이 아무것도 없고, 세상이 우리에게 모든 것을 빚졌다고 결론 내릴 수 있다. 이는 부시의 "동지 아니면 적"이라는 입장이 함축하고 있는 가정이다. 이는 근시안적이고 자기중심적인 철학이다.

아니면 우리는 눈을 뜨고, 적극적으로 국제 조직과 평화와 사회적 평등을 옹호하는 다층적인 조약과 의정서에 참여함으로써, 이 지구를 안전하고 더욱 정의로운 곳으로 만들 풍성한 기회를 잡을 수 있다.

우리는 더 이상 혼자 힘으로 하는 방법을 감당할 수 없다. 테러리즘의 근원을 알아내는 데 세계의 도움이 필요하다면, 세상의 나머지를 돕기 시작해야 한다. 우리는 이 지구 전체에 9·11과 같은 비극의 공포를 너무도 잘 알고 있는 수백만 명의 사람들이 있다는 사실을 알아야 한다.

그러한 깨달음을 통해서만 우리는 어떻게 9·11이 세상을 바꿨는지를 희미하게나마 볼 수 있을 것이다.

모나미 몰릭,
"9월 11일 이후 우리 사회에서 조직하기"⁴

2001년

9·11 공격의 여파로 정부는 시민의 자유를 제약하는 많은 법안들을 통과시켰다. 그 중 "애국법USA PATRIOT ACT"이 가장 악명 높다. 이 법은 테러범들과 관련이 있다고 "의심되는" 사람들을 도청하거나, 체포하거나, 구속할 수 있는 광범위한 권한을 정부에 주었다. 국회의 민주당과 공화당 의원 다수는 이 법안을 제대로 읽지 않았다고 고백했지만 법안은 압도적인 표로 승인되었다. 비록 부시 대통령은 법안에 반反무슬림 편견이 있다는 것을 부인했지만 무슬림, 남아시아인, 다른 유색인들이 표적인 건 확실했다. 이 집단에 속하는 사람들은 거리에서 작업장에서 그들의 집에서 언어 폭력과 신체적 습격을 받았다. 퀸스에 기반을 둔 〈드럼(DRUM: Desis Rising Up and Moving)〉의 지역 조직가인 모나미 몰릭Monami Maulik은 이후 "이 애도의 기간 동안 우리는 이 나라에서 목도할 수 있는 최악의 대량 반아랍, 반남아시아인, 반무슬림 폭력을 견뎌야만 했다"고 기술했다. 캘커타에서 태어나 브롱크스에서 성장한 몰릭은 1997년에 DRUM 조직을 돕기 전에는 〈뉴욕택시노동자연합New York Taxi Workers' Alliance〉에서 일했다. 몰릭은 9·11 이후 뉴저지 브런즈윅에 기반을 둔 남아시아 소식지인 『마나비 Manavi』에, 조직화에 관하여 다음과 같은 에세이를 썼다.

9·11이라는 비극적인 인명 상실 이후, 지역사회 조직을 만들어야 겠다는 내 욕구는 갈수록 커졌다. 9·11이 유일한 대량 학살이었고 앞으로도 그럴 것이라는 확신이 없기 때문이다. 걸프 전쟁 이후 미국이 이라크

에 가한 경제제재의 직접적인 결과로 50만 명이 넘는 이라크 어린이들이 죽었다. 이 어린이들의 생명은 가치가 없는 것인가? 대규모의 비인간적 전쟁과 제국주의의 문제를 알게 되면서 풀뿌리 조직이 사회정의를 중심으로 하는 세계를 건설하는 데 희망의 원천이 될 수 있음을 깨닫게 된 것이다. 조직화가 서비스나 지지, 그리고 구호 작업과 다른 점은 단순히 사회 불의의 결과 나타난 증상에 대응하는 것이 아니라 그 근본 원인을 변화시키고자 한다는 데 있다. 논점은 억압을 만들어 낸 기구를 전복하기 위해 조직하는가, 아니면 현상 유지를 위해 조직하는가다.

9·11 비극은 광범위하고 다양한 수준에서 남아시아 공동체를 계속해서 힘들게 하고 있다. 첫째, 우리는 세계 무역 센터에서 우리 사회 구성원을 잃었다. 실종자 대부분은 가족이 연방 보조와 특혜를 받을 자격이 없는 저임금의 불법 이민 서비스 노동자들이었다. 둘째로, 이 애도의 기간 동안 우리는 이 나라가 목도한 최악의 대량 반아랍, 반남아시아인, 반무슬림 폭력을 견뎌야만 했다. 전국에 걸쳐 협박에서 때려죽이기까지 망라하는 수백 건의 사건이 보고됐다. 우리들의 집, 사회, 신앙의 장소가 포위당하고 공격받았다. 보고된 사건들만 이 정도다. 이 반이민의 반격은 새로운 반테러리스트 입법, 인종에 근거한 용의자 수사 기법, 그리고 어렵게 획득한 시민권의 정지를 통해 제도화되고 있다. 9월 11일 이후 수천명의 이민자들이 불법적으로 구류되고, 추방되었고, 그들 대부분은 아랍인, 남아시아인, 그리고 무슬림이었다. 셋째로, 미국의 아프가니스탄 침공과 끝없는 전쟁 수행을 위한 미군의 파키스탄 주둔 때문에 우리 다수는 우리 사회와 고국에 있는 가족들에게 닥칠 파멸을 걱정하고 있다.

남아시아 이민 사회 특히, 향후 미국에 들어 올 불법 이민자들에게 미칠 이 전국적인 적대 분위기를 감안한다면, 우리는 반인종주의 운동, 페미니스트 운동, 반동성애혐오 운동, 그리고 노동계급 운동의 시간을 다시 원상태로 되돌리려는 보수주의의 성장에 반하여 사람들을 조직해야 한다. 우리의 단기 목적은 인종적 폭력에 대항해 우리 공동체의 안전을 재건하고, 신분증이 없는 불법체류자 가정에 긴급 구호를 제공하는 일이다. 우리의 장기 목적은 인종주의와 외국인 혐오에 도전하고, "애국법"과 또 다른 인종적 반이민법을 실행하려는 국가 폭력을 종식시키는 일이다. 그리고 이민자 사회의 지도자들과 유색인 공동체, 특히 역사적으로 목소리를 들을 수 없었던 여성, 동성애자, 불법 이민자, 그리고 임금 노동자들이 시작하고 있는 반전 운동에 함께해 그것을 강화하는 일이다.

사회적으로 의식화된 남아시아인으로서, 다가올 세기 우리 사회를 조직하는 데 가장 큰 도전은 점차 증대하는 보수주의의 반격일 것이다. 우리는 이미 이를 목격하고 있다. 지난 수주 동안, 주류 남아시아인 조직들은 아프가니스탄에 대한 끔찍한 전쟁과 "애국법"의 통과를 부추긴 맹목적인 애국주의의 파괴적인 길을 따랐다. "애국법"은 근래 역사를 통틀어 미국이 통과시킨 가장 반이민적인 법이다. 동시에 인도에서 반무슬림, 반달리트(Dalit, 카스트 질서의 가장 밑바닥에 있는 하층민. 옮긴이), 반기독교 폭력을 부추기는 보수적인 지방자치 세력들은 카슈미르 전쟁을 부추기려고 미국 정부가 남아시아에 군사력을 투입하게끔 로비하고 있다.

지금은 우리 자신에게 어느 편 울타리를 고수할 것인지를 자문해야 할 때다. 9월 11일 국내에서 잠깐이라도 경험해 본, 그런 세계에 살고 있는 제3세계에 대항해 폭력을 영속화하려는 편에 서겠는가? 아니면 미국 내의 이민자, 가난한 사람, 여성, 동성애자, 유색인과 미국 밖의 군국주의와 제국주의의 목표가 된 아프가니스탄과 다른 나라 사람들 모두를 위한 정의와 평화 편에 서겠는가? 〈드럼〉과 〈드럼〉이 활동하는 사회 조직은 후자 편에 선다.

705번 국도 트럭 운전사 국제 연대의 전쟁 반대 성명[5]

2002년 10월 18일

부시 대통령이 아프가니스탄 침공에 이어 이라크를 침공하려고 하자 전국의 다수 노동조합이 전쟁 수행에 반대하는 결의안을 통과시켰다. 백 개 이상 도시의 시 위원회 역시 반전 결의안을 통과시켰다. 다음은 전국에서 가장 많은 트럭 운전사들이 살고 있는 지역인 일리노이 시카고의 705번 국도 트럭 운전사들이 통과시킨 결의안 중 하나다.

우리는 중동에서 석유 이윤을 장악하려는 부시의 의도보다 우리 아들과 딸, 형제와 자매의 생명을 더 중요하게 생각한다.

우리는 어떤 전쟁에서든 가장 고통받는 이라크의 평범한 노동자들, 여자, 어린이들과 싸우고 싶지 않다.

이 침공을 계획하고 실행하는 데 수십억 달러가 쓰였다는 것은 우리의 학교, 병원, 주택, 그리고 사회복지에 들어갈 수십억 달러를 빼앗겼다는 의미다.

부시가 추진하는 전쟁은 가라앉은 경제, 기업의 부패, 실업, 〈국제항만노동자조합ILWU: International Longshore Workers' Union〉에 가입한 항만 노동자를 내쫓는 데 "태프트-하틀리Taft-Hartley법"을 적용한 사실을 은폐하고 주의를 다른 곳으로 돌리려는 목적으로 실행된 것이다.

우리 705번 국도 트럭 운전사들은 정의를 위한 전사들로 오랫동안 널리 알려져 왔다.

705번 국도 트럭 운전사는 부시의 전쟁 추진에 반대하여 강경하게 맞서기를 결의한다.

더 나아가 705번 국도 트럭 운전사 운영회는 이 성명을 공표하고, 다른 조합들과 노동운동과 공동체에서 반전 활동을 전개하는 데 관심 있는 노동자와 사회운동가들과 협력할 것을 결의한다.

레이첼 코리,
팔레스타인에서 온 편지[6]

2003년 2월 7일

에버그린 대학 학생이자 〈정의와평화를위한올림피아운동Olympia Movement for Justice and Peace〉의 일원인 레이첼 코리Rachel Corrie는 2003년 초, 〈국제연대운동 (ISM: International Solidarity Movement)〉의 자원봉사자로 팔레스타인 가자 지구를 여행했다. 2003년 3월 16일, 코리는 팔레스타인의 주택 파괴를 막으려고 하다가 〈캐터필러〉사의 불도저에 깔려서 죽었다. 그 불도저는 미국에서 제조되었고, 이스라엘인이 몰았다. 운전자는 밝은 오렌지색 재킷을 입고 있었고 휴대용 확성기로 자기 존재를 알렸던 코리를 보지 못했을 리 없다. 코리가 죽은 후 코리의 가족과 친구는 미국이 후원하는 팔레스타인 점령에 항의하는 코리의 감동적인 편지를 공개했다. 다음은 코리가 집에 보낸 편지 중 하나다.

친구들과 가족, 그리고 다른 사람들에게.

내가 팔레스타인에 온 지도 이제 2주하고도 한 시간이 지났습니다. 나는 아직도 내가 본 것에 대해 거의 아무 말도 하지 않고 있습니다. 미국에 편지를 쓰려고 여기에서 일어나는 일을 생각하며 책상에 앉아 있는 일이 가장 어렵습니다. 이는 마치 사치로 향하는 문 같습니다. 나는 여기 어린이들이 담장에 탱크 포탄 구멍과 그들을 가까운 지평선에서 끊임없이 관찰하는 점령군 망루 없이 살아 본 적이 있는지 궁금합니다.

아주 확신할 수는 없지만, 내 생각에 이곳의 제일 어린아이도, 다른 어떤 곳의 삶도 여기 같지는 않다는 사실을 알고 있을 겁니다. 내가 여기 오기 이틀 전에, 여덟 살 난 아이가 이스라엘 군이 쏜 총에 맞아 죽었습니다. 많은 어린이들이 그 아이의 이름 알리Ali를 중얼거리거나 벽에 붙은 알리의 포스터를 가리킵니다. 아이들은 내게 "Kaif Sharon(샤론은 어때?)", "Kaif Bush(부시는 어때?)"라고 질문하면서 아랍어를 잘 못 하는 내게 아랍어 연습시키기를 좋아합니다. 그리고 내가 잘 못 하는 아랍어로 "Bush majunoon(부시는 미쳤다.)", "Sharon majunoon(샤론은 미쳤다.)"라고 대꾸하면 웃습니다. 물론 내가 그렇게 믿는다는 건 아닙니다. 그러면 영어를 하는 어떤 어른은 내게 "Bush mish majunoon(부시는 사업가다)"라고 교정해 줍니다. 오늘 나는 "부시는 도구다"라고 하는 말을 배우려 했습니다. 하지만 제대로 번역되었는지 모르겠습니다. 아무튼, 여기에는 세계 권력 구조의 작동을 몇 년 전의 나보다 더 많이 알고 있는 여덟 살 난 아이들이 있습니다.

많은 양의 독서, 회의, 다큐, 그리고 강연들을 보고 왔음에도 나는 이곳의 실제 상황에 전혀 준비가 돼 있지 않았습니다. 이곳은 직접 보지 않으면 상상조차 할 수 없는 곳입니다. 직접 본다 해도 당신은 당신이 겪은 일이 현실이 아니라고 생각할 겁니다. 만약 이스라엘 군이 무장하지 않은 미국 시민을 쏜다면 그 군인은 곤경에 처할 거라고 생각할 겁니다. 군대가 우물을 파괴한다면 우리에게는 물 살 돈과 떠날 수 있는 선택권이 있기 때문에 그들의 어려움을 현실로 느낄 수 없습니다. 고향에서는 내 가족 중 누구도 차를 몰다가 번화가 끝에 있는 망루에서 날아오는 로켓 발사자의 포탄에 맞지 않았습니다. 나에게는 가정이 있습니다. 나는 자유롭게 바다에 갈 수도 있습니다. 나는 학교나 직장에 갈 때, 머드 베이와 올림피아 시내 사이 중간 검문소에서 중무장한 군인이 나를 기다리고 있으며, 그들이 내가 직장에 갈 수 있는지, 직장이 끝나면 집으로 갈 수 있는지를 결정하는 상황을 전혀 생각해 보지 않았습니다. 이런 모든 산만한 생각을 되씹으며 나는 라파Rafah에 있습니다. 라파는 인구 14만 명의 도시로 그들 중 60퍼센트가 난민입니다. 이들 난민 중에는 두 번째, 세 번째 망명한 사람도 많습니다. 오늘, 한때 집이 있었지만 폐허가 되어 버린 곳을 걷고 있었는데 이집트 군인들이 국경의 반대편에서 내게, 탱크가 오고 있으니 "어서 가, 가!"라고 외쳤습니다. 그런 다음 내게 손을 흔들며 "이름이 뭐지?"라고 물었습니다. 이 우호적인 호기심에 뭔가 흔들렸습니다. 이는 우리 모두가 어느 정도는 다른 이에게 호기심을 갖는 어린이들이라는 생각에 빠지게 했습니다. 이집트 어린이들은 탱크 길을 따라 뛰어들면서 낯선 여자들에게 소리 지릅니다. 팔레스타인 어린이들은 무슨 일이 일어나고 있는지 보려고 담장 뒤에서 들여다보다가 탱크가 쏘는 총에 맞습니다. 만국의 어린이들은 기를 들고 탱크 앞에 서 있습니다. 탱크 안의 이름 모를 이스라엘 어린이들은 가끔 소리 지르고 손을 흔듭니다. 그들 대부분은 그곳에 강제로 와 있고, 대부분 그냥 공격적입니다. 그들은 우리가 지나가면 집을 향해서 총을 쏩니다.

이곳에서 나는 외부 세계에 대한 뉴스를 접하기 어렵습니다. 그러나 나는 이라크 전쟁 확대가 불가피하다는 소식을 듣습니다. 이곳에는 "가자의 재점령"을 매우 우려합니다. 가자는 매일같이 다양한 방법으로 점령당하고 있습니다. 그러나 내 생각에 더 큰 공포는 탱크가 모든 거리를 점령하고 이곳에 주둔하리라는 공포입니다. 일부 거리에 들어와 몇 시간이나 며칠을 관찰하다 공동체 귀퉁이에서 총을 쏜 후 철수하는 대신 말입니다. 사람들이 이라크 전쟁의 결과를 미처 생각하지 못했다면 이곳 전 지역의 사람들을 위해 여러분이 먼저 생각해 주기를 바랍니다.

데니 글로버,
전 세계 전쟁 반대의 날 연설[7]

2003년 2월 15일

2003년 2월 15일, 전 세계에서 천만 명 이상의 사람들이 이라크 전쟁에 반대하는 시위를 했고, 이는 인류 역사상 최대 규모의 연합 국제 시위였다. 미국 전역에서 백만 명 이상이 이 시위에 참여했고, 이 중 50만 명 정도가 뉴욕에서 출발해 경찰 지령과 바리케이드를 넘어 계속 행진했다. 시위 이틀 후『뉴욕 타임스』표지 기사에 따르면 "이라크를 두고 와해되는 서구 동맹과 이번 주말의 전 세계에 걸친 엄청난 반전 시위는 이 지구상에 여전히 두 개의 초강대국이 있음을 상기시킨다. 즉 미국과 세계 여론이 그것이다. 부시 대통령은 필요하다면 전쟁을 통해서라도 이라크를 무장해제시키겠다고 선전함으로써 새로운 완강한 적과 얼굴을 맞대고 있는 듯하다. 그 적은 바로 뉴욕과 세계 다른 도시의 거리를 가득 메운 수백만 명의 사람들이다. 그들은 언제든 제시할 수 있는 증거에 입각해 전쟁에 반대하는 것이라고 말한다." 2월 15일, 수십 명의 행동가들이 뉴욕 시위에서 연설했다. 다음은 배우이자 아프리카계 미국인 활동가인 데니 글로버Danny Glover의 연설이다.

우리는 세계 시민으로서 평화롭게 항의할 우리의 권리를 다시 요구하기 위해서 여기에 왔습니다! 우리는 대량 학살용 무기의 진정한 사용자인 우리나라부터 무기를 없애야 한다고 요구하기 위해 모두 한목소리를 내야 합니다. 그래야 이 공포 분위기를 만드는 사람들의 거짓말을 중지시킬 수 있으며 국민과 국가와 세계 모두가 전쟁에 반대하는 소리에 귀 기울일 것입니다. 그것이 바로 우리가 여기에 온 이유입니다.

우리는 오늘 오후 여기에 서기 위해 많은 장애물을 극복했습니다. 그 하나로, 단호하며 용서를 모르는 자연은 지금이 2월이며 매우 춥다는 사실을 상기시킵니다. 그러나 어머니 대지는 우리에게 미소 짓습니다. 어머니 대지는 우리 목소리가 들려야만 한다는 걸 확실히 알고 있기 때문입니다. 어머니 대지는 자신이 아프다는 사실과 오직 우리만이, 우리 사람들만이 자신을 치료할 수 있다는 걸 압니다. 어머니는 그것을 압니다.

우리는 뉴욕 시와 뉴욕 주와 연방 기구들이 우리의 여정에 놓았던 장애물들을 극복했습니다. 무엇보다 우리는 오늘 여기 서기까지 우리 자신의 공포를 극복했습니다. 그 공포를 인식해야만 오늘 이 자리에 선 우리의 진정한 용기를 보여 줄 수 있기 때문입니다. 우리는 의견을 달리할 우리의 권리와 진정한 민주주의에 참여할 우리의 권리가 거짓말쟁이와 살인자에 의해 납치당했기 때문에 여기에 서 있습니다. 그들은 우리가 그들의 독재에 방해가 되기 때문에 우리를 저주하고, 자신들의 불경하고 잔인한 의제에 방해가 되기 때문에 우리를 저주합니다. 만족을 모르는 악과 탐욕으로 점철된 행정부입니다. 우리는 역사의 출발점에 서 있으며 그들에게 "우리의 이름으로는 절대로 안 된다! 우리의 이름으로는 절대로 안 된다!"고 말합니다.

우리는 여기 서 있습니다. 그리고 우리의 저항은 점차 거세집니다. 우리는 앞으로 기니아 만에서의 미국 정책에 도전할 것이기 때문입니다. 우리는 다른 곳에서의, 그리고 아프리카의 다른 석유 산유국들에서의 미국 정책에 도전해야만 할 겁니다. 우리는 그렇게 해야만 할 겁니다. 우리는 잠정적인 아프리카 재식민화에 도전해야 합니다.

그러나 우리는 패니 루 해머, 해리엇 터브먼, 마틴과 맬컴, 두 보이즈, 투생 루베르튀르 같은 사람들처럼 우리보다 앞서 평화와 정의를 부르짖었던 사람들의 어깨에 의지하였기에 여기 서 있는 겁니다. 투생 루베르 튀르는 2백 년 전, 47세의 나이에 아이티Haiti 섬의 노예제도에 반대하는 공격을 이끌었습니다. 그리고 우리는 여기 서 있습니다, 그렇습니다. 폴 롭슨이 여기 서 있는 우리를 자랑스러워할 것이기에 여기 서 있습니다. 그리고 그는 우리에게 우리가 야곱의 사다리를 오르고 있다고 말할 겁니다! 우리는 야곱의 사다리를 오르고 있습니다! 우리는 야곱의 사다리를 오르고 있습니다!

에이미 굿맨,
"전쟁 기간 중의 독립 미디어"[8]

2003년

클린턴과 부시 행정부 시기를 거치며 언론은 점점 더 소수에게 장악되었다. 이에 대한 대응으로 행동가들은 이윤을 위해 진실을 희생시키지 않을 독립 미디어 방송을 설립할 방법을 찾았다. 이러한 노력 중에서 〈퍼시피카라디오방송Pacifica Radio Network〉과 그 방송국의 프로그램인 "지금 바로 민주주의를!Democracy Now!"을 구하려는 운동이 가장 중요했다. 후안 곤잘레스Juan Gonsalez와 에이미 굿맨Amy Goodman을 공동 사회자로 하는 이 쇼는 9·11 이후에 기성 언론이 "테러와의 전쟁"을 지지하기 위해 성조기 주변에 모여들 때, 기업적 미디어가 제외한 많은 이야기들을 쏟아 냈다. 다음은 언론인 에이미 굿맨이 2003년 이라크 침공 시기에 독립 미디어의 중요성을 논한 글이다.

일전에 『뉴스데이Newsday』의 기자가 내게 종군기자에 반대하느냐고 물었다. 당신은 주류 미디어가 그들을 "우리 해병대 종군기자"라고 부른다는 것을 알고 있을 거다.

지난번에 월터 크론키트Walter Cronkite마저 "얼마나 잘못된 용어 선택이냐"고 말하며 이의를 제기했다. 그리고 크론키트는 비판적이었다. 오늘날 주류 미디어에서 활동 중인 언론인에게 그런 비평은 듣기 어렵다. 우리는 어떤 종류의 비판적인 보도를 접하고 있는가?

방송 고용인 명단에는 퇴임한 장군들이 가득하다. 우리는 웨슬리 클라크 장군General Wesley Clark 같은 사람을 CNN 고용인 명단에서 본다. 클라크는 현장에 있는 종군기자에게 질문한다. 클라크가 기자에게 질문하면 기자는 "예, 장군님. 아니오, 장군님"이라고 대답한다.

이것이 오늘날 미국의 저널리즘이다. 그들은 "일반 뉴스(雜報, general news)"의 의미를 재규정해야 할 것이며, 우리는 이에 항의해야 한다.

그들은 이런 퇴역 장군들은 고용하면서 왜 평화 실천주의자와 평화 주창자들도 함께 고용하지 않는가? 같은 수의 이라크 가족 종군기자와 세계 전역에 있는 평화 운동가 종군기자도 고용하도록 하자. 그러면 무슨 일이 일어나고 있는지 사태를 정확하게 파악할 수 있을 것 같다. 애론 브라운Aron Brown은 흥미로운 논평을 했다. 브라운은 CNN의 "뉴스나이트 Newsnight"가 평화운동에는 "약간 늦는" 감이 있다고 인정했다. 그러나 일단 전쟁이 시작되자, 이미 전쟁 중이기 때문에 그런 목소리들은 부적절해졌다.

우리는 종군 사진기자가 찍은 석양을 등진 병사와 일출 시간 항공모함 위에 있는 비행기 같은 낭만적 사진들만 보고 있다.

이라크에 폭격이 시작되던 날 밤의 댄 래더Dan Rather를 생각해 보라. 래더는 "굿 모닝 바그다드"라고 말했다. 그리고 탐 브로커Tom Brokaw는 "우리는 이라크의 경제 기반을 파괴하기를 원하지 않는다. 우리가 며칠 내로 이라크를 정복할 것이기 때문이다"고 말했다. 그리고 피터 제닝스 Peter Jennings는 〈ABC〉사 기자인 크리스 쿠오모Chris Cuomo를 인터뷰했다. 제닝스는 우리가 있었던 타임스퀘어 거리에, 얼어붙을 것 같은 빗속에서 전쟁에 반대하기 위해 나온 수천 명의 사람들과 함께 나와 있었다. 비에 흠뻑 젖을 것 같은 징후가 보였고, 사람들은 우산을 들고 있으려고 안간힘을 썼다. 그리고 경찰은 군중 가운데 일부를 공격했다. 제닝스가 쿠오모에게 "저들이 밖에서 무엇을 하고 있는가? 무슨 말을 하는가?"라고 묻자, 쿠오모는 "글쎄, 그들이 '석유를 위해 피를 흘려서는 안 된다No Blood for Oil'는 사인을 가지고 있지만, 무슨 의미냐고 묻자 매우 혼란해하는 것 같다. 내 생각에 그들은 자신들이 왜 여기에 나와 있는지 모르는 것 같다"고 대답했다. 그들은 아마도 교통마비로 꼼짝 못하고 갇혀 있던 사람들이었을 것이다. 왜 피터 제닝스는 그곳에 나와 있는 이유를 확실히 모르는 사람에게 질문하는 대신에 그들 중 한 사람을 스튜디오로 초청해서 장군들과 한 것처럼 토론을 하지 않는가?

왜 그들은 고용인 명단에 박사들 이름도 올리지 않는가? 그렇게 하면 〈록히드마틴Lockheed Martin〉이 제조한 폭탄에 대해, 이를 투하한 비행기 종류에 대해, 그리고 폭탄이 정확히 떨어졌는지 아닌지에 대해 이야기하는 장군을 확보할 수 있고, 그런 다음 폭탄의 효력에 대해 말하는 박사를 모실 수 있다. 박사는 전쟁 지지나 반대가 아니라, 단지 부설된 지뢰가 어떻게 피부를 뚫는지, 그리고 운이 좋아 죽지 않고 발만 날아간다는 의미는 무엇인지에 대해 말할 수 있다. 그러니 박사들과 장군들을 고용하지 않을 이유가 무엇인가? 그러나 이는 얼마나 미디어가 저질이 되었는가를 보여 줄 뿐이다.

〈폭스Fox〉, MSNBC, 그리고 NBC가 있다. 그렇다. 세계적인 주 핵무기 제조사인 〈제너럴일렉트릭General Electric〉이 소유한 NBC가 있다. 〈폭스〉뿐만 아니라 MSNBC와 NBC는 방송 제목으로, 펜타곤이 이라크 침공을 부를 때 사용한 명칭, "이라크 해방 작전Operation Iraqi Freedom"을 내보낸다. 그것이 바로 펜타곤이 하는 일이고 우리가 예상하는 바다. 그들은 그들의 작전에 가장 선전 효과가 큰 명칭을 붙이기 위해서 연구한다. 그러나 우리는 제목에 펜타곤이 지은 "이라크 해방 작전"을 붙이는 미디어에, "만약 이것이 국영방송이 아니라면 무엇인가?"라고 질문해야 한다.

지금이라도 미디어는 조금이라도 항의에 관해 보도해야 한다. 그러나 이는 우리가 이야기하는 그런 사건들이 아니다. 문제가 되는 것은 『뉴욕 타임스』와 『워싱턴 포스트』의 표지 헤드라인 이야기와 텔레비전 뉴스 방송으로 인터뷰한 사람에 대한 매일매일의 요란한 보도다. 그들이 외교 정책을 결정한다.

보도에 있어서 공정성과 정확성은 검토되었다. 콜린 파월 장군이 침공을 논증하기 위해 〈안전보장이사회〉에 가게 된 주間와 그 이후 시기는 이 나라 인구의 반 이상이 침공에 반대한 시기였다. 우리는 4대 주요 뉴스 방송인 CBS "이브닝 뉴스Evening News", NBC의 "나이틀리 뉴스Nightly News", ABC의 "월드 뉴스 투나잇World News Tonight"과 PBS의 "뉴스 아워 위드 짐 레러News Hour with Jim Lehrer"를 조사했다. 2주 동안 전쟁에 관한 393건의 인터뷰를 방영했고, 그중 3건의 인터뷰에서만 전쟁 반대 소리가 있었을 뿐이다. 거의 4백 건 중 PBS를 포함해서 3건이었다. 이는 바뀌어야 한다. 도전받아야 한다.

우리만이 아니다. 〈퍼시피카라디오〉와 〈전국국영라디오National Public Radio〉만이 공용 방송 전파를 사용하는 방송사가 아니다. 그들도 사용한다. 그리고 그들은 이 나라 전역에서 행해지는 논쟁과 고민과 논의를 충분하게 표현하는 다양한 의견을 공급해야 한다. 그것이 바로 민주 사회에 봉사하는 미디어다.

한동안 침공 전 공론에서, 나는 사담 후세인 이마에 과녁이 있는 한 장짜리 그림을 보면서, 어린 이라크 소녀의 이마에 과녁이 그려진 사진을 보여 주는 것이 더 정확할 것이라고 말해 왔다. 왜냐하면 전쟁에서 죽는 사람은 그 소녀이기 때문이다. 죽은 사람 중 압도적인 다수가 죄 없는 시민들이다. 그런 다음 침공 첫날 밤 무슨 일이 일어났는가? 미사일이 바그다드의 주거 지역에 떨어졌다. 그들은 사담 후세인을 잡은 것 같다고 말한다. "지금 바로 민주주의Democracy Now!"에 정기적으로 보도를 해 오던 독립 기자인 메이 잉 웰시May Ying Welsh는 폭격 당시 그곳에 머물고 있었고, 첫 번째 공습 직후 병원으로 갔다. 병원에는 이 미사일 공격으로 치명적 부상을 당한 네 살짜리 소녀가 있었다. 소녀의 엄마도 소녀의 이모도 마찬가지로 큰 부상을 입었다. 그곳에서 죽고 부상당하는 사람은 바로 그들이다. (…)

우리의 사명은 미국에서 항의를 일상사로 만드는 일이다. 직장에서 누군가가 정수기 앞으로 걸어가면서 무슨 말을 하더라도 누구도 충격을 받거나 놀라 "그게 무슨 말이야"라고 말하지 않도록 말이다. 이는 이 나라를 건설한 훌륭한 전통이다. 사람들은 반대 의견을 가지고 있었다. 이 나라에는 평행 세계가 있다. 어떤 사람에게 이 나라는 지구상에서 가장 민주적인 나라다. 의문의 여지가 없다. 그러나 다른 사람에게는, 지금 구치소에 있는 이민자들에게는, 아무런 권한도, 심지어 변호사조차도 없다. 우리는 그곳에 있어야 하고, 보아야 하고, 들어야 한다. 그들이 그들의 이야기를 말할 때까지 그들의 이야기를 말해야 한다. 이것이 내가 "지금 바로 민주주의!"가 독립 미디어 센터로서 전국과 세계의 다른 미디어에 아주 좋은 모델이 될 수 있다고 생각하는 이유다. 이는 기업의 렌즈를 통해서 친구와 이웃을 보는 데 싫증난 사람들, 특히 그 이미지가 전 세계에 투영된다는 사실이 두렵고 지친 사람들의 선의와 호기심과 관심과 열정에만 기반하여 만들어졌다. 그건 매우 위험하다. 서로 다른 의견들이 이 나라를 건강하게 만든다. 그리고 미디어는 이를 위해 싸워야 하고 우리는 독립적인 미디어를 위해 싸워야 한다.

팀 프레드모어,
"얼마나 더 많이 죽어야 하는가?"[9]

2003년 8월 24일

미국 정부는 시위와 세계 여론을 무시하고 2003년 3월 20일, 이라크를 침공했다. 그후 가장 중요한 반대 의견이 군인과 그들의 가족에게서 나왔다. 그들은 전쟁의 원인이라 주장했던 위협적인 대량 살상 무기고가 이라크의 어디에 있는 것이냐고 질문했다. 대량 살상 무기는 전혀 발견되지 않았다. 연출된 이 사건에서 부시 대통령은 5월 1일, "주요 전투 작전"을 종결하겠다고 선언했다. 하지만 병사들의 죽음은 계속 늘어갔고, 곧 공습 기간의 사망자 수를 초과했다. 미군들은 해방자가 아닌 점령군처럼 보이기 시작했다. 2003년 8월 1일, 팀 프레드모어Tim Predmore는 이라크 모술Mosul에서 제101 공수사단 병사로 복무하면서 다음의 성명서를 발표했다. 이는 일리노이 페오리아 Peoria의 『저널 스타Journal Star』에 발표되었고, 후에는 『로스앤젤레스 타임스Los Angeles Times』에 발표됐다.

"충격과 공포", 이는 "이라크 해방 작전"이 시작되자 세계가 그 놀라운 힘의 과시를 표현하기 위해 사용한 말이다. 미군과 영국군의 무기고 안에 있는 군사적 힘과 향상된 기술은 바로 옆에서 극적으로 드러나고 있었다.

그러나 이라크 침공을 준비하는 군인으로서, "충격과 공포"라는 말은 내 영혼을 더 깊이 울렸다. 이 두 초강대국은 그들이 다른 나라에게 요구했던 규칙을 깨뜨리려고 했다. 유엔의 동의 없이, 그리고 자국 시민의 탄원을 무시한 채 미국과 영국은 이라크를 침공했다.

"충격과 공포?" 그렇다, 그 말은 정의로운 행동이 아니라 위선적인 행동이라고 믿었던 일에 참여하려고 준비하면서 내가 느꼈던 감정적인 충격을 정확하게 묘사했다.

이 소위 해방과 자유의 전쟁에서 첫 번째 총성이 울린 그 순간부터 위선이 지배했다. 아랍 텔레비전이 포로로 잡혀 죽은 미국 병사를 녹화한 영상을 방영하자 미국과 영국 지도자들은, 한편으로는 그렇게 생생한 영상을 방영한 방송사를 구두로 맹렬하게 비난하면서, 복수를 맹세했다. 그러나 정작 사담의 두 아들 우데이 후세인과 쿼세이 후세인이 죽자, 그들이 죽은 지 몇 시간 만에 미국 정부는 죽은 형제의 끔찍한 사진을 전 세계에 방영했다. 다시 한번 "우리가 말하는 대로 하고, 우리가 하는 대로 하지 마라"는 시나리오다.

이라크에서 복무하는 군인으로서 우리는, 우리가 여기 있는 목적은 인도주의적 노력뿐만 아니라 필요한 군사적 원조를 제공함으로써 이라크 사람들을 도와주기 위해서라고 들었다. 그러면 최근 한 엄마가 미국 군 사기지에 응급 상황에 있는 어린아이 둘을 데리고 왔을 때, 그 아이들에게 미군이 보인 행동 어디에 인도주의가 있다는 것인지 내게 말해 봐라. 이 두 어린아이는 폭발물을 폭발물인 줄 모르고 가지고 놀다가 심한 화상을 입었다. 한 군인은 이 두 어린이가 한 시간 정도 기다리다가 미군 군의관에게 치료를 거부당했다고 말했다. 그 군인은 이 사건을 미국 군부 편에서 목격한 수많은 "잔학 행위" 중 하나라고 표현했다.

그렇다면, 우리가 여기 있는 목적은 무엇인가? 이 침공은 우리가 자주 들었던 대량 살상 무기 때문이었나? 그렇다면 그 무기들은 어디에 있는가? 오사마 빈 라덴과 긴밀하게 연루되어 있다는 이유로 지도자와 그의 정권을 제거하기 위해서 침공했는가? 그렇다면 증거는 어디에 있는가? 아니면 이 침략은 우리 자신의 경제적 이득을 위한 결정인가? 이라크의 석유는 세상에서 가장 싼 가격으로 정제될 수 있다. 우연인가?

이는 억압받는 사람들을 자유롭게 하거나 세상에서 정복과 지배를 잔인하게 추구하는 악마 같은 독재자를 제거하기 위한 것이 아니라, 다른 나라의 천연자원을 지배하기 위한 현대판 성전으로 보인다. 적어도 여기 있는 우리에게는 석유가 우리가 여기 있는 이유인 듯하다.

여기에는 미국인이 죽어 간다는 하나의 진실만이 있다. 이라크의 현역 군인은 남녀 불문하고 매일 약 열 건에서 열네 건의 공격을 받는다. 시신은 계속 늘어 가지만 전쟁은 곧 끝날 것 같지는 않다.

한때 나는 "미국 헌법을 수호하는 대의"를 위해 복무한다고 믿었다.

이제 나는 더 이상 믿지 않는다. 나는 나의 확신과 결의를 잃었다. 나는 더 이상 나의 군복무를 정당화할 수 없다. 내가 믿는 것이 절반의 진실이고, 뻔뻔한 거짓말이기 때문이다. 나의 복무 기간이 끝났고, 나와 함께 복무하던 다른 사람들의 복무 기간도 끝났다. 우리 모두는 여기에서 아무런 이유나 정당성 없이 죽음과 마주하고 있다.

얼마나 더 많이 죽어야 하는가? 미국이 우리들의 귀환을 바라고 요구하기 전까지 또 얼마나 많은 눈물을 흘려야 하는가? 우리의 직업은 미국 지도자들의 이익 보호가 아니라 미국인을 보호하는 일인데 말이다.

마리차 카스티요 외,
미국 육군 대령 마이클 존스에게 보내는 공개서한[10]

___

2003년 9월 12일

이라크에 주둔하는 주 방위군의 친척 마리차 카스티요Maritza Castillo와 또 다른 주 방위군의 친척 19명은 플로리다 국방부의 육군 대령 마이클 존스Michael G. Jones에게 보내는 다음의 공개서한에 서명했다.

친애하는 존스 대령님께.

우리, 플로리다 주 방위군 친척들은 최근 우리 주 방위군들의 고국 송환이 연기된 것과 관련하여 우리의 입장을 표명하고자 합니다. 우리는 우리 병사들의 귀환을 위해 투쟁하는 데 있어서 서로 단합하고 있음을 당신에게 알려 드립니다.

우리는 당신에게 다음의 사항을 상기시키기 위해 이 편지를 씁니다. 이들 병사들이 고향을 떠난 지 8개월이 되었고, 그들은 아이들, 아내, 부모, 학교, 직장에서 아주 먼 곳, 알려지지 않은 나라에서 게릴라전에 참여하고 있습니다. 병사들은 그 지역의 문화나 언어도 모르고, 지뢰, 폭탄, 총으로 위협받고, 하루에 24시간 목숨을 걸고 있으며, 화씨 130도(섭씨 약 54도)가 넘는 날씨에 유니폼을 입고 서 있고, 장비를 옮기고 있습니다.

3개월도 채 안 되는 기간에 이 작은 중대는 셀 수 없는 공격으로 고통받았습니다. 알 라마이Ar Ramadi에서는 부상당한 병사는 말할 것도 없고, 4명의 병사가 불구가 되고, 한 명이 혼수상태인 채로 그곳을 떠났습니다.

주 방위군은 현역 군인이 아니라 일반 시민입니다. 그들은 사막에서 전투 훈련을 받은 적이 없고 도시 게릴라와 접해 본 적도 없습니다. 우리의 어린 병사들이 알 라마이에 도착한 후 줄곧 게릴라 세력으로 예상되는 가택을 순찰하고 수색하고 있다는 것을 잘 압니다. 적절한 장비가 없어 때때로 방탄조끼 없이, 혹은 충분한 탄약 없이 게릴라 세력과 대적해야 할지도 모르는 순찰을 하고 있다는 것을 우리는 압니다. 이것으로 충분하지 않습니까? 우리가 얼마나 더 오래 기다리고 얼마나 더 많은 혹사를 견뎌야 합니까?

우리의 병사들이 인내해야 하는 각자의 고통과 어려움에 대해서는 언급하지 않겠습니다. 우리는 다만 그들이 겪고 있는 상황을 알고 있고 이러한 불명예스러운 일에 당면하여 가만히 조용히 있지만은 않을 것이라는 걸 당신에게 말하고자 합니다. 우리의 어린 병사들이 우리 가정으로 돌아올 때까지 우리는 안심하지 않을 겁니다.

우리는 이 선전을 끝까지 계속하기로 결의했습니다. 필요하다면 어머니 집단은 무제한 단식투쟁에 들어갈 겁니다. 당신은 우리 병사들의 생명에 책임이 있을 뿐만 아니라 그들 어머니들의 생명에도 책임이 있습니다. 우리는 정치적 사과는 받아들이지 않겠습니다. 부시 대통령에게는 유엔과 협력하고 이라크 국민들에게 정권을 되돌려 주려는 의지가 없기 때문에 강대국으로 구성된 국제 무장 병력의 참여 역시 불가능한 상황입니다. 우리가 들어 왔던 제휴는 실제로 존재하지 않습니다. 이 전쟁의 짐을 짊어진 사람은 우리 군대입니다. 건방지고 불공평한 태도로 희생당하는 사람은 우리의 아이들입니다.

이런 이유와 또 다른 이유로, 우리는 지금 당장 우리 병사들의 귀환을 요구합니다! 우리는 우리가 사랑하는 사람을 포기하지 않을 겁니다. 우리는 우리의 군대를 포기하지 않을 겁니다. 거리마다, 집집마다, 매일 우리는 병사들의 귀환을 계속 요구할 겁니다. 우리는 전 세계에 우리에게 동참할 것을 요청할 겁니다. 우리는 우리의 병사들이 가정으로 돌아올 때까지 투쟁을 멈추지 않을 겁니다.

커트 보네거트,
"확실한 실패작"[11]

2004년 5월 31일

커트 보네거트Kurt Vonnegut는 소설가이자 평론가며, 독립 잡지 『인 디즈 타임스*In These Times*』에 정기적으로 기고하고 있다. 보네거트는 부시 행정부 첫 번째 임기 말의 미국 정치 상황에 솔직할 것을 요구하는 도전적인 성명서를 발표했다.

수년 전에 나는 너무 순진해서, 우리 세대 많은 사람들이 꿈꿔 왔던 것처럼 미국이 인간적이고 합리적으로 될 수 있으리라 믿고 있었다. 우리는 일자리가 없던 대공황 시기에도 그런 미국을 꿈꿨다. 그리고 우리는 평화가 없던 제2차 세계대전 동안에도 그 꿈을 위해서 싸웠고, 죽기도 했다.

하지만 이제 나는 미국이 인간적이고 합리적이 될 기회는 영원히 없으리라는 걸 안다. 권력이 우리를 부패시키고, 절대 권력은 절대적으로 부패하기 때문이다. 인간은 권력에 취해서 미쳐 가는 침팬지다. 우리 지도자들을 권력에 취한 침팬지라고 말한다면 중동에서 싸우다 죽어 가는 우리 병사들의 사기가 떨어질 위험이 있는 건가? 병사들의 사기는 많은 시신처럼 이미 총에 맞아 산산이 부서졌다. 나는 결코 아니지만, 병사들은 부잣집 아이가 크리스마스 때 받는 장난감 취급을 받고 있다.

내 나이가 되면, 여든한 살인 내 나이까지 살 수 있다면, 그리고 자녀가 있다면, 그들도 중년이 된 자녀들에게 인생이 무엇이냐고 묻는 자신을 발견할 거다. 나는 아이가 일곱 명 있고, 그중 네 명은 양자로 들였다.

이 글을 읽는 독자 중에는 아마도 내 손자 나이쯤 되는 사람이 많을 거다. 그들은 당신처럼, 우리 베이비 붐 세대의 기업과 정부에 의해 당당히 기만당하고 속고 있다.

나는 나의 생물학적 아들인 마크에게 인생에 대한 거대한 질문을 했다. 마크는 소아과 의사고, 회고록인 『에덴 급행열차 *The Eden Express*』의 저자다. 이는 내 아들이 겪은 파산, 마약중독, 감옥살이에 대한 이야기다. 아들은 여기서 충분히 회복되어 하버드 의과대학을 졸업했다.

보네거트 박사는 늙어서 비실거리는 아버지에게 "아버지, 우리는 그게 무슨 일이든, 서로를 도와 일을 헤쳐 나가기 위해 여기 온 거죠"라고 말했다. 그래서 나는 그 말을 당신에게 전한다. 받아 적고, 컴퓨터에 저장하고, 그래야 이를 잊을 수 있다.

나는 그 말은 꽤 좋고 건전한 자극이라고 생각한다, "그들이 너에게 하기를 바라는 것처럼 다른 사람들에게 하라"는 말만큼 좋다. 많은 사람들은 이 말을 예수가 했다고 생각한다. 이는 예수가 말하기 좋아하는 종류의 이야기이기 때문이다. 그러나 이는 실제로는 중국의 철학자인 공자가, 예수 그리스도라고 불린, 인간 중 가장 인간적이고 위대한 사람이 태어나기 5백 년 전에 한 말이다.

중국인은 또한 마르코 폴로를 통해서 우리에게 파스타와 화약 제조 공식을 전해 줬다. 중국인들은 우둔해서 화약을 불꽃놀이에만 사용했다. 그리고 그 당시에는 모두가 우둔해서, 어느 반구도 다른 반구가 있다는 사실조차 아무도 몰랐다.

그러나 어떻게 하면 우리가 더욱 인간적으로 행동할 수 있는지를 말한 공자와 예수, 그리고 의사인 나의 아들 마크 같은 사람으로 돌아가 보면, 아마도 그들은 이 세상을 덜 고통스러운 곳으로 만들 수 있을 거다. 내가 좋아하는 사람 중 한 사람은 내 고향 인디애나의 테르아우트Terre Haute 출신 유진 뎁스다.

1926년, 내가 겨우 네 살이던 해에 유진 뎁스는 죽었다. 뎁스는 사회당 대통령 후보로 다섯 번이나 출마했다. 1912년에는 국민 투표수의 6퍼센트인 90만 표를 얻었다. 그런 투표를 상상할 수 있겠는가? 그는 선거운동 중 다음과 같이 말했다.

하층계급이 있는 한 나는 거기에 있다.
범죄 요인이 있는 한 나는 그 일부다.
한 명의 영혼이라도 갇혀 있는 한 나는 자유롭지 못하다.

무엇이든 사회적이라면 무조건 토하고만 싶은가? 모든 사람을 위한 훌륭한 공립학교나 의료보험처럼?
산상에서 예수의 설교는 어떤가? 팔복八福의 가르침은?

온유한 자에게는 복이 있나니, 저희가 땅을 가업으로 받을 것이요.
자비로운 자에게는 복이 있나니, 저희가 자비로움을 받을 것이요.
화평케 하는 자에게는 복이 있나니, 저희가 하나님의 자녀라 일컬음을 받을 것이요. (…)

기타 등등.
공화당 정당 강령은 전혀 아니다. 도널드 럼스펠드Donald Rumsfeld, 또는 딕 체니의 말투는 전혀 아니다.

무슨 이유에서인지, 우리 중에 가장 말 많은 기독교인들은 산상수훈을 전혀 언급하지 않는다. 그러나 가끔 눈물을 머금고, 그들은 십계명을 공공건물에 붙일 것을 요구한다. 물론 그건 예수가 아니라 모세의 십계명이다. 그들 중 누구도 산상수훈이나 팔복의 가르침을 붙여 달라고 요구한 적이 없다.

"자비로운 자에게는 복이 있나니" 법정에서? "화평케 하는 자에게는 복이 있나니" 펜타곤에서? 이제 그만해!

우리의 소중한 헌법에는 비극적인 결함이 있다. 그리고 이를 바로잡기 위해서 무엇을 했는지 모르겠다. 바로 이거다. 오직 얼간이 괴짜들만 대통령이 되고 싶어한다.

그러나 이를 곰곰이 생각해 보면, 오직 얼간이 괴짜만이 인간이 되기를 바란다. 그 또는 그녀가 선택할 수 있다면 말이다. 인간이 된 우리는 그처럼 위험하고, 믿을 수 없고, 거짓되고, 탐욕스러운 동물이다!

나는 기원 후 1922년에 인간으로 태어났다. "기원 후"는 무엇을 상징하는가? 우리가 지구라고 부르는 정신병동의 여러 수감자들이 한 수감자를 나무에 못 박은 날을 기념하는 것이다. 그들은 아직 살아 있는 그의 손목과 발등을 망치로 내리쳐 나무에 못을 박았다. 그러고는 십자가를 바로 세웠다. 그는 그곳에 매달렸다. 군중 중 아무리 키가 작은 사람이라도 괴로워 이리저리 몸부림치는 그를 볼 수 있었다.

사람이 사람한테 그런 일을 한다는 걸 상상할 수 있는가?

문제없다. 그게 오락이다. 독실한 로마 가톨릭인 멜 깁슨Mel Gibson에게 물어 보라. 멜 깁슨은 예수가 고문당하는 모습을 찍은 영화에서 그 신성한 역할로 엄청난 돈을 벌었다. 예수가 뭐라고 말했든 신경 쓰지 마라.

영국 국교의 설립자인 헨리 8세 치세 동안 그는 화폐 위조자를 산 채로 사람들 앞에서 끓였다. 또다시 구경거리다.

멜 깁슨의 다음 영화는 『화폐 위조자*The Counterfeiter*』여야 한다. 그러면 흥행 기록을 갱신할 수 있을 것이다.

현대의 몇 안되는 신나는 일 중 하나는 이것이다. 즉 만약 텔레비전에 끔찍하게 죽는 모습이 나온다 하더라도 그 죽음은 결코 헛되지 않다. 우리를 즐겁게 할 테니까.

기원 후 1734년에서 1794년까지 살았던 영국의 위대한 역사가 에드워드 깁슨Edward Gibbson은 당시까지의 인간의 기록에 대해 뭐라고 말했는가? 에드워드 깁슨은 "역사는 인간의 범죄, 어리석음, 불행에 대한 기록 이상이 아니다"라고 말했다.

오늘 아침판 『뉴욕 타임스』에 대해서도 같은 말을 할 수 있다.

1957년에 쓴 문학 작품으로 노벨상을 받은 프랑스-알제리 작가 알베르 카뮈Albert Camus는 "진정으로 심각한 철학적 문제는 단 하나다. 그건 자살이다"라고 썼다.

문학에도 또 다른 웃음거리가 있다. 카뮈는 교통사고로 죽었다. 그의 생애는? 기원 후 1913년에서 1960년이다.

잘 들어라. 모든 위대한 문학작품은 인간이 되려는 어떤 건달에 대한 것이다.(『모비 딕*Moby Dick*』, 『허클베리 핀*Huckleberry Finn*』, 『붉은 무공훈장*The Red Badge of Courage*』, 『일리아드*Iliad*』, 『오디세이*Odyssey*』, 『죄와 벌*Crime and Punishment*』, 『성경』, 『빛의 여단의 돌격*the Charge of the Light Brigade*』, 모두가 그렇다.)

하지만 나는 인간을 옹호하기 위해 다음과 같이 말해야 한다. 에덴동산을 포함해 역사의 어느 시대건 모두는 그곳에 막 도착했다. 그리고 에

덴동산을 제외하고는, 언제나 모든 시기에 이미 이같이 미친 게임을 진행하고 있었다. 처음에는 미치지 않았더라도 이 게임이 너를 미치게 만든다. 네가 그곳에 도착했을 때 이미 진행되고 있던 게임으로는 사랑과 증오, 자유주의와 보수주의, 자동차와 신용카드, 골프와 여자 농구 게임 등이 있었다.

골프보다 더 재미있는 게임은 현대 미국 정치다. 텔레비전과 텔레비전의 편리함 덕분에 우리는 오직 두 종류의 인간형, 즉 자유주의자와 보수주의자 중 한 종류만 될 수 있다.

실제로 이런 종류의 일이 영국에서 수세대 전에 일어났다. 그리고 급진적인 길버트Gilbert와 설리번Sullivan 팀 중 윌리엄 길버트 경Sir William Gilbert은 당시 이를 다음과 같이 노래했다.

나는 종종 우습다고 생각한다
어떻게 자연은
이 세상에 태어나 살고 있는
모든 소년 소녀를
약간의 자유주의자거나
아니면 약간의 보수주의자로 설계할 수 있는가

이 나라에서 당신은 어디에 속하는가? 실질적으로 한쪽, 아니면 다른 쪽이 되어야 한다는 건 삶의 법칙인가? 만약 어느 쪽에도 속하지 않는다면 아마도 너는 도넛doughnut일 것이다.

아직도 결정하지 못한 사람이 있다면 쉽게 하도록 해 주겠다.

나에게서 권총을 가져가길 원하고, 태아를 죽이는 데 찬성하고 동성애자들의 결혼을 지지하고 결혼 선물로 부엌 용품을 준다면, 그리고 가난한 사람들 편이라면, 너는 자유주의자다.

이런 성적 도착을 싫어하고 부자들 편이라면 보수주의자다.

무엇이 이보다 더 간단할 수 있겠는가?

우리 정부는 마약과 전쟁을 했다. 하지만 가장 널리 남용되고 중독성 있고 모든 본질을 파괴하는 두 가지는 완벽하게 합법적이다.

물론 그 하나는 술이다. 조지 W. 부시 대통령은 본인이 확실하게 인정한 바에 의하면 16살부터 41살까지 거의 대부분의 시간을 술에 취하거나, 거나하게 취하거나, 또는 만취해서 지냈다. 41살이 되었을 때, 그가 말하기를, 예수님이 그에게 나타나서 독한 술을 중단시켰고, 코카인을 하지 못하게 했다.

다른 주정뱅이들은 환각제 헤로인을 발견했다.

내 생각에 부시는 아랍인들에게 진저리를 치는데 왜 그러는지 아는가? 그들이 대수학을 고안했기 때문이다. 아랍인들은 또한 0을 포함해서 우리가 사용하는, 그러나 그 이전 누구도 사용하지 않았던 숫자도 발명했다. 아랍인들이 어리석다고 생각하는가? 로마 숫자를 가지고 길고 긴 나눗셈을 한번 해 보라.

우리는 민주주의를 전파하고 있다. 그런가? 같은 방법으로 유럽 탐험가들은 기독교를 우리가 지금 "토착 미국인"이라고 부르는 인디언에게 가져다주었다.

인디언들은 얼마나 은혜를 모르는 사람들이었는가! 오늘날 바그다드의 사람들은 얼마나 은혜를 모르는가!

그러니 엄청난 부자들에게 더 많은 세금 감면 혜택을 주자. 그것이 빈 라덴에게 잊지 못할 교훈을 줄 것이다. 지도자 동지에게 환호를!

그 지도자와 그의 지지자들은, 유럽이 기독교와 관련이 거의 없던 것처럼, 민주주의와 거의 관련이 없다. 우리는 그들이 다음에 무엇을 선택하든 절대로 아니라고 말하지 않을 것이다. 당신은 눈치채지 못했지만 그들은 전쟁 중인 적과 국가 안보 사업에 국고를 탕진했다. 그러고는 우리와 다음 세대에게 더할 나위 없이 엄청난 빚을 남겨 두고는 갚으라고 한다.

그들이 당신에게 그렇게 요구하더라도 아무도 불평을 입 밖에 낼 수 없다. 그들이 헌법의 모든 도난 경보기를 끊어 버렸기 때문이다. 즉 하원, 상원, 대법원, FBI, 관제 언론이 됨으로써 헌법수정조항 제1조를 포기한 자유 언론, 그리고 우리 국민의 도난 경보기를 끊어 버렸기 때문이다.

낯선 물질의 남용에 대한 나의 역사는 이렇다. 나는 헤로인과 코카인, 그리고 LSD 등등을 무서워한다. 그것들이 나를 제정신이 아닌 상태로 몰아넣을까 봐 두렵다. 나는 좀 더 친해질 생각으로 제리 가르시아와 그레이트풀 데드와 함께 마리화나를 피웠다. 피워도 별로 친해지지 못한 듯해서 다시는 피우지 않았다. 그리고 신의 은총이든 다른 무엇이든, 나는 술을 마시지 않는다. 이는 유전적인 요인이 크다. 아주 가끔 한두 잔 마시지만, 오늘 밤에도 마실 생각이지만, 두 잔이 나의 정량이다. 아무 문제없다.

나는 물론 악명 높을 정도로 시가에 집착한다. 나는 시가가 언젠가 나를 죽여 주기를 바란다. 한쪽에서는 불이 붙고 있고, 다른 쪽에는 바보가 있다.

그러나 한 가지 말할 게 있다. 나는 한때 코카인 환각제조차 따라올 수 없는 황홀한 상태에 빠진 적이 있었다. 그건 내가 처음으로 운전 면허증을 땄을 때다! 밖을 바라보라, 세상에, 여기 커트 보네거트가 간다.

그리고 당시 내 차는, 내 기억으로 수튜드베이커Studebaker였는데, 오늘날 대부분의 운송 수단과 다른 기계류, 전력 공장과 용광로가 그렇듯이, 모든 것 중에서 가장 남용되고 중독성이 있고 파괴적인 마약, 즉 시대에 뒤진 화석연료로 움직였다.

여기에 이르면, 나조차 여기에 이르면, 산업화된 세계는 가망 없이 이미 시대에 뒤진 화석연료에 사로잡혀 버린다. 그러나 이제 곧 화석연료는 사라지게 될 것이다. 갑자기 약을 끊어야 한다.

당신에게 진실을 말해 줘도 될까? 내가 하는 말은 확실히 텔레비전 뉴스와는 다르다.

여기 내가 생각하는 진실이 있다. 우리는 모두 인정하기 힘들겠지만 화석연료 중독자다. 그리고 화석연료라는 약을 끊기 직전에 와 있다.

그리고 약을 끊기 직전인 많은 중독자들처럼 우리의 지도자들도 거의 남아 있지 않은, 우리가 집착하고 있는 것을 얻기 위해 폭력적인 범죄를 저지르고 있다.

패티 스미스,
"민중이 힘을 가지네" [12]

1988년

다음은 시인이자 작사가이고 음악가인 패티 스미스Patti Smith가 쓴 노래 가사다. 패티 스미스는 이 곡을 이라크 전쟁에 반대하는 시위에서 자주 공연했다.

나는 꿈속에서 꿈을 꾸네

밝고 공정한 광경을

그리고 나는 잠에서 깨어나지

그러나 나의 꿈은 가까이 서성이네

순수한 공기가 느껴지는

빛나는 골짜기 형태로

그리고 나의 감각은 새롭게 열리지

나는 울면서 깨어나네

사람들이 바보들의 일을 다시 찾기 위해서

힘을 가지고

온화한 사람 위로 은총이 쏟아지고

이는 민중의 지배라고 공표되네

민중이 힘을 가지네
민중이 힘을 가지네
민중이 힘을 가지네
민중이 힘을 가지네

복수에 불타는 사람이 용의자가 됐고
그리고 마치 들으려는 듯 아래로 구부리네
그리고 군대가 전진을 멈추지
민중이 귀를 가지고 있기에
그리고 양 치는 사람들과 병사들이
별 아래 눕고
의견을 교환하고
그리고 무기를 내려놓으며
죽어서 없어지기 위해서
순수한 공기가 느껴지는
빛나는 골짜기 형태로
그리고 나의 감각은 새롭게 열리네
나는 울면서 깨어나지

민중이 힘을 가지네
민중이 힘을 가지네
민중이 힘을 가지네
민중이 힘을 가지네

사막이 있는 곳에서

나는 샘을 보았지

크림처럼 물이 올라가고

우리는 그곳을 함께 산책하네

아무도 웃거나 비판하지 않고

그리고 표범

그리고 양

진정으로 결합되어 같이 누워 있지

나는 희망 속에서 희망하네

내가 발견한 것을 기억하기를

나는 꿈속에서 꿈꾸네

하나님은 더 순수한 생각을 알고 있지

나는 잠속에 빠져들면서

너에게 나의 꿈을 맡기네

민중이 힘을 가지네

민중이 힘을 가지네

민중이 힘을 가지네

민중이 힘을 가지네

지배를 꿈꾸는 세력

바보들로부터 세상을 밀쳐내려고

민중의 지배를 공표하네

민중의 지배를 공표하네

들어 봐, 나는 우리가 꿈꾸는 모든 것을 믿네

우리의 결속을 통해서 올 수 있지

우리는 세상을 바꿀 수 있고
우리는 지구의 회전을 돌릴 수 있지

우리는 힘을 가졌네
민중이 힘을 가졌네

하워드 진은 우리에게 『미국민중사A People's History of the United States』
의 저자로 잘 알려져 있다. 그를 대표하는 이 저서는 1980년에 출간되
어, 한국뿐만 아니라 스페인, 중국, 일본, 인도를 포함해 수많은 나라에
서 번역되었다. 진은 이 책에서 기존의 백인 남성 중심의 미국사와는 달
리 주류에서 배제된 노동자, 토착 미국인, 흑인, 여성, 사회주의자들의
에너지와 행동에 주목했다. 『미국민중사』는 고등학교와 대학교의 교과
서로 채택되었고, 수많은 젊은이들에게 영향을 주었다. 하워드 진은 아
마도 일반 사람들에게 가장 잘 알려진 역사가 중 한 사람일 것이다.

　『미국민중사를 만든 목소리들』은 하워드 진과 앤서니 아노브가 편집한
Voices of a People's History of the United States(Seven Stories Press,
2004)를 완역한 책이다. 2백 개가 넘는 사료들을 모아 편집한 이 책은
『미국민중사』의 사료 해설서인 셈이다. 이 책을 번역하면서 역자는 하워
드 진이 미국 역사 사료를 취합하고 선별한 기준과 그의 사료를 해석하
는 시각에 상당한 흥미를 느끼게 됐다. 그리고 우리에게 '급진적 좌파'
로 알려져 있지만 토머스 제퍼슨의 자유주의 사상과 미국의 건국 이념을
이상화하고 동경하는 하워드 진의 또 다른 일면을 발견하게 된 계기가

됐다. 따라서 우리가 하워드 진을 얼마나 제대로 알고 있는 것일까라는 의구심이 생겼다. 이에 옮긴이의 글을 하워드 진을 소개하는 글로 대신하고자 한다.

하워드 진은 1922년 뉴욕에서 가난한 유대계 이민자 가정에서 태어났다. 그는 어린 시절부터 노동자 계급의식을 지녔고, 미국 주류 사회에 대한 비판적인 시각을 길러 나갔다. 가난으로 학업을 계속하지 못하다가 제2차 세계대전에 자원하여 참전한 후 "제대군인원호법GI Bill of Rights" 덕택으로 대학에 진학할 수 있었다. 1951년 뉴욕 주립대학교에서 학사 학위를 받은 그는 컬럼비아 대학교 대학원에 입학하여 역사를 전공하고, 부전공으로 경제학을 공부했다. 진은 당시 노동 투쟁사에 관심이 많았고, 석사 학위 논문으로 1913년에서 1914년 사이 발생한 콜로라도 광산 파업에 관해 연구했다. 1952년 석사 학위를 받은 그는 박사 과정에 들어갔다. 이번에는 역사를 전공하고, 정치학을 부전공으로 택했다. 박사 학위를 받은 그는 1956년 애틀랜타에 있는 흑인 여자 대학교인 스펠먼 대학의 교수가 되었다. 뉴욕에서 애틀랜타로 갑작스럽게 이사한 진은 남부의 인종차별과 분리를 직접 경험하면서 이후 민권운동에 열렬하게 참여하기 시작했다. 그러나 그가 민권운동에 점점 깊이 관여하자 스펠먼 대학교 교장인 앨버트 맨리가 그를 해고했다. 스펠먼 대학교에서 해고당한 후에도 그는 계속 〈학생비폭력위원회(SNCC)〉와 함께 앨라배마의 셀마, 미시시피의 그린우드 등지를 다니며 남부 흑인들의 투표 등록과 참여를 위해 적극적으로 활동했다.

보스턴 대학교 정치학과 교수로 자리를 옮긴 그는 1964년 여름 통킹만 사건이 베트남전쟁 참전으로 확장되자, 베트남전쟁 반대 운동을 본격적으로 전개했다. 행동하고 실천하는 지식인으로서의 삶을 살았던 진은 학문이 사회를 변화시키는 데 유용하지 않다면 크게 가치가 없다고 생각했다. 그의 자서전 제목이기도 한 "달리는 기차에 중립은 없다"는 말은 진이 학생들을 가르치면서 줄곧 전달하고자 했던 메시지였다. 그는 세계가 무시무시한 방향으로 움직이고 있을 때, 즉 어린이들이 굶주리고, 사람들이 전쟁에서 죽어 가는 상황에서 중립을 지킨다는 건 그 방향으로 움직이는 세상과 담합하는 것이며, '협력자'란 나치 시기에 용서할 수 없는 사람을 의미했고, 지금도 같은 의미를 지니고 있다고 말했다.

하워드 진은 강단에 머무르기보다는 직접 현장으로 달려가 참여하는 지식인이었다. 그와 같은 면모는 진이 1988년 은퇴 기념 마지막 강의를 30분 일찍 끝내고 교내 간호사들이 파업 시위를 하는 현장으로 달려가 피켓을 든 행동에서도 여실히 드러난다. 퇴직 후에도 그는 반전과 평화를 위해 거리로 나섰고, 대중의 마음을 흔드는 연설을 통해 미국의 제국주의적 성향, 팽창주의, 전쟁, 특히 2차 대전 이후 미국이 취해 온 외교 정책을 신랄하게 비난했다. 대중은 그의 연설과 강연에 열렬하게 호응했다. 더 많은 사람들이 깨닫고 참여한다면 변화를 가져올 수 있다는 낙관적인 생각을 지닌 그는 시민운동의 중요성을 강조했다. 하워드 진은 자신의 수업을 들은 수천 명의 학생들에게 사고의 문을 열어 준 선생님이었고, 사회를 변혁시키려고 투쟁 속으로 뛰어든 행동가였다. 그리고 진은 다른 사람들에게도 정의를 위한 투쟁에 참여하라고 부추겼다. 이처럼 역사가로서, 교육자로서, 그리고 행동가로서의 그는 자신의 삶과 활동을 사회 변혁을 위해 온전히 통합시켰다.

하워드 진이 누린 대중적인 인기에 비해 미국 역사학계에서는 상당히 진보적인 역사가들도 진에 대한 비판적인 견해를 견지하고 있다. 대부분의 역사가들은 그를 역사가라기보다는 논객이라 칭하고, 그의 시각이 지나치게 편파적이라고 비판한다. 그러나 하워드 진은 이러한 비판에 대해서 스스로가 '편파적'임을 인정하는 것으로 답했다. 진은 모든 역사는 주관적이고 다양한 관점에서 쓰이기 때문에 객관성을 유지하는 것은 불가능하고 모든 사람은 자신이 중요하다고 생각하는 가치와 관점에 따라 역사 연구 주제를 선택한다고 강조했다. 그리고 자신은 대부분의 역사가들이 선택한 소수의 지배층이 아니라 인구 다수를 차지하는 민중들의 삶과 투쟁을 선택했다고 말했다. 따라서 그는 정통 역사에서 제외된 '저항의 목소리', 즉 계급적 억압, 인종적 불의, 성적 불평등, 국가적 오만에 저항하는 목소리를 강조했다. 이 책에는 그러한 '목소리들'이 수록되어 있다.

역사학자로서 하워드 진은 분명 전통적 역사를 쓰는 역사가는 아니었다. 그는 역사학계에서 '급진적인 역사가'로 자리매김되었고, 그를 비방하는 사람들은 그를 '맑스주의자'라고 부른다. 진은 이에 대해 여러 칼럼과 인터뷰에서 "나는 맑스주의자가 아니다"라고 수차례 밝힌 바 있다. 그러나 진은 대량 생산과 소비 사회에서 수백만 명의 사람들이 노숙자로 전락하고 굶주리는 오늘날의 미국 사회를 볼 때, 자본주의의 근본적인 약점을 잘 지적했다는 점에서 맑스의 글은 매우 중요하다고 인정했다. 따라서 그의 역사를 보는 시각과 인류 발전의 동력 분석에 있어서, 인류의 역사를 계급투쟁의 역사로 보고, 사회 진화의 관점에서 역사를 분석했던 맑스의 영향을 전혀 받지 않았다고 볼 수는 없다. 특히 '계급'이라는 렌즈로 사회와 역사를 해석한다는 점에서 진을 어느 정도는 '맑스적'이라고 말할 수 있을 것이다. 그러므로 미국 역사학계에서 하워드 진은 윌리엄 애플먼 윌리엄스William Appleman Williams, 스터튼 린드Staughton Lynd, 유진 제노비즈Eugene Genovese와 함께 1960년대 등장한 '신좌파New Left'로 분류된다. 신좌파 역사가들은 제2차 세계대전 시기에 등장한 역사가들이다. 그들은 미국 역사에서 안정과 조화를 강조하는 합의사가들에 반기를 들고 미국의 역사에서 갈등과 대립, 투쟁적인 요인을 강조했다. 그리고 지금까지 역사에서 배제되어 왔던 사람들, 즉 승자가 아니라 패자의 입장에서 역사를 볼 것을 촉구했다.

그러나 하워드 진은 자신이 단순히 신좌파로 분류되는 데 대해서도 아주 강한 반감을 나타냈다. 그는 권력의 궁극적인 원천은 민중이며, 평화와 정의의 방향으로 정부라는 기차를 끌어당기는 기관차 역시 민중임을 지적하면서, 이 나라가 기초한 「독립선언서」의 기본 원칙으로 돌아갈 것을 강조했다. 따라서 그를 단순히 미국을 비판하는 "급진적인 좌파"라고 부른다면 이는 하워드 진의 미국을 바라보는 시각을 지나치게 단순화하는 것이다. 그는 미국의 건국이념인 자유주의 사상을 동경했고, 미국 사회가 각 개인이 인간으로서 존엄을 잃지 않는 삶을 사는 민주적인 사회가 되기를 희망했다.

하워드 진이 모아서 편집한 사료들을 번역하면서 미국의 다중적인 면모를 생각해 보았다. 그리고 이렇게 자국의 어두운 면을 고스란히 드러내는 기록들이 남아 있으며, 그것들이 하워드 진의 손에서 다시 미국의 다양한 면모를 드러내는 역사로 쓰여질 수 있다는 사실이 흥미로웠다. 이 책에서 하워드 진은 각 사료들을 제시하기에 앞서 자신의 해석을 곁들여 놓았다. 미국 역사를 전공하는 사람들조차 접하기 어려운 사료를 모아서 우리 눈앞에 펼쳐 준 그의 업적은 참으로 크다 하겠다. 그러나 누군가는 일부 사료에 대한 그의 해석이 지나치게 편향되어 있다고 생각할 수도 있을 것이다. 하워드 진이 들려주는 미국의 역사는 분명 어둡고 부정적인 이야기다. 즉 미국의 주류에서 배제되어 온 사람들이 받은 억압과 고통과 저항의 이야기다. 그의 시각과 다른 시각으로 바라본 '미국들'이 있음을 또한 염두에 두어야 하겠지만, 그동안 숨겨져 왔던 목소리들을 발굴하고 그것을 세상에 들려주고자 한 이 작업의 의의도 간과되어서는 안 된다. 하워드 진이 모아서 편집한 사료들을 번역하면서 옮긴이 역시 미국의 다중적인 면모를 생각해 볼 기회를 얻게 됐다. '편향성'을 두려워하지 않았던 하워드 진처럼 독자들도 각자 자기만의 시선으로 이 책에 담긴 사료들을 해석해 주기 바란다.

이 책의 출간을 앞두고 적지 않은 분량의 사료들을 번역하느라 연구년 내내 꼬박 매달렸던 힘들었던 기억들이 떠오른다. 하지만 한 사람의 글이 아니라 2백여 명의 '목소리들'을 접할 수 있었기에 지루하지 않았고, 오히려 재미를 느낄 수 있었다. 이제 한 권의 책으로 출간될 『미국민중사를 만든 목소리들』을 만날 기대감에 마음이 설렌다.

마지막으로 이 책이 나오기까지 수고하신 이후 출판사 여러분에게 감사드린다. 특히 역자의 거친 번역을 독자가 읽기 쉽고 이해하기 쉬운 문체로 다듬어 주느라 긴 시간 고생한 편집자 신원제 씨에게 감사드린다. 이 책을 작업하기까지 연구비 지원 등을 통해 도움을 준 한성대학교에도 감사의 마음을 전한다.

2010년 겨울
황혜성

| 참고 문헌 |

헌사 EPIGRAPH

1 Frederick Douglass, "West India Emancipation"(August 3, 1857). Speech delivered in Canandaigua, New York, August 3, 1857. In Frederick Douglass, *Frederick Douglass: Selected Speeches and Writings*, ed. Philip S. Foner, abridged ed. by Yuval Taylor(Chicago: Lawrence Hill Books, 1999), p. 367.

들어가며 INTRODUCTION

1 Howard Zinn, *A People's History of the United States: 1492~Present*, updated ed.(New York: HarperCollins/Perennial Classics, 2001).

1장 콜럼버스와 라스 카사스 COLUMBUS AND LAS CASAS

1 크리스토퍼 콜럼버스의 일기(1492년 10월 11일~15일). In Christopher Columbus, *The Diario of Christopher Columbus's First Voyage to America, 1492~1493: Abstracted by Fray Bartolomé de las Casas*. Transcribed and translated from Spanish into English by Oliver Dunn and James E. Kelley, Jr.(Norman and London: University of Oklahoma Press, 1991), pp. 57~79. Based on the 1962 Carlos Sanz facsimile.

2 바르톨로메 데 라스 카사스, 『인도 제도의 황폐: 간략한 설명』(1542). In Bartolomé de Las Casas, *The Devastation of the Indies: A Brief Account*, trans. Herma Briffault(New York: A ContinuumBook from Seabury Press, 1974), pp. 37~44, 51~52.

3 바르톨로메 데 라스 카사스, 『인디언에 대한 변론』(1550). In "Preface to the Defense of the Most Reverend Fray Bartolomé de Las Casas, of the Order of Saint Dominic, Late Bishop of Chiapa, to Philip, Great Prince of Spain", In *Defense of the Indians: The Defense of the Most Reverend Lord, Don Fray Bartolomé de Las Casas, of the Order of Preachers, Late Bishop of Chiapa, Against the Persecutors and Slanderers of the People of the New World Discovered Across the Seas*, trans. and ed. C. M. Stafford Poole(Dekalb, Illinois: Northern Illinois University Press, 1974), pp. 17~20. Translation of a circa 1552 Latin manuscript based on the 1550~1551 debate. In the Bibliotheque Nationale, Paris, France(Nouveux fonds latins, no. 12926).

4 에두아르도 갈레아노, 『불의 기억』(1982). In Eduardo Galeano, *Memory of Fire*, vol. 1, *Genesis*, trans. Cedric Belfrage(New York: Pantheon Books/Random House, 1985; W. W. Norton and Company, 1998), pp. 45~51. Translated from the original Spanish edition, *Memoria del fuego, I. Los nacimientos*(Madrid: Siglo Veintiuno de España Editores, S.A., 1982).

2장 첫 번째 노예들 THE FIRST SLAVES

1 런던에 있는 미스터 분에게 보낸 익명의 편지(1720년 6월 24일). In Herbert Aptheker, *Negro Slave Revolts*, 50th anniversary ed.(New York: International Publishers, 1993), p. 175. From the Public Records of South Carolina, vol. 8, pp. 24~27.

2 버지니아 피터스버그에서 온 편지(1792년 5월 17일). In Aptheker, *Negro Slave Revolts*, p. 211. First Published in the *Boston Gazette and the Country Journal*, June 18, 1792.

3 리치몬드의 아무개가 노퍽의 아무개에게(1793). In "A Letter to and From Slave Rebels", in Herbert Aptheker, *A Documentary History of the Negro People in the United States*, vol. 1(New York: Citadel Press, 1951), p. 28. From the South Carolina Historical Commission, Columbia, SC.

4 "펠릭스"라는 익명 노예의 자유를 바라는 탄원서(1773년 1월 6일). In Aptheker, ed., *A Documentary History of the Negro People in the United States*, vol. 1, pp. 6~7.

5 피터 비스츠와 다른 노예들의 자유를 바라는 탄원서(1773년 4월 20일). In Aptheker, ed., *A Documentary History of the Negro People in the United States*, vol. 1, pp. 7~8. Leaflet in the collection of the New York Historical Society library.

6 토머스 게이지에게 보내는 "흑인 다수의 탄원서"(1774년 5월 25일). In Aptheker, ed., *A Documentary History of the Negro People in the United States*, vol. 1, pp. 8~9. From the Massachusetts Historical Society, 5th series, vol. 3(Boston, 1877), pp. 432ff.

7 매사추세츠 하원에 올리는 "흑인 다수의 탄원서"(1777년 1월 13일). In Aptheker ed., *A Documentary History of the Negro People in the United States*, vol. 1, pp. 9~10. From the Massachusetts Historical Society, 5th series, vol. 3(Boston, 1877), PP. 432ff.

8 벤자민 배니커가 토머스 제퍼슨에게 보낸 편지(1791년 8월 19일). In Charles T. Cullen et al., ed., *The Papers of Thomas Jefferson, Volume 22: 6 August 1791 to 31 December 1791*(Princeton, NJ: Princeton University Press, 1986), pp. 49~52.

3장 노예 상태와 반란 SERVITUDE AND REBELLION

1 리처드 프리손의 계약 노동에 대한 견해(1623년 3월 20일~4월 3일). In Susan Kingsbury, ed., *The Records of the Virginia. Company of London* (Washington, DC: Government Printing Office, 1935), vol. 4, pp. 58~62.

2 『버지니아에서 근자에 일어난 흑인 반란의 원인, 과정, 종식에 대한 자세한 서술: 상기한 식민지의 사건 조사차 영국 국왕이 임명한 위원들의 공평하고 솔직한 보고서』(1677). In Charles M. Andrews, ed., *Narratives of the Insurrections, 1675~1690*(New York: Charles Scribner's Sons, 1915), pp. 129~136.

3 마스트 나무 반란에 대한 뉴햄프셔 의회의 선언(1734년). In Richard Hofstadter and Michael Wallace, eds., *American Violence: A Documentary History*(New York: Alfred A. Knopf, 1970), pp. 110~111. From *Documents and Records Relating to the Province of New Hampshire from 1722 to 1737*, vol. 4, p. 678.

4 윌리엄 셜리가 노웰 반란에 관하여 추밀원에 보낸 편지(1747년 12월 1일). In Charles Henry Lincoln, ed., *Correspondence of William Shirley, Governor of Massachusetts and Military Commander in America, 1731~1760*, vol. 1(New York: The Macmillan Company, 1912), pp. 412~417.

5 고틀리프 미텔버거, 『고틀리프 미텔버거의 1750년 펜실베이니아 여행기와 1754년 독일로의 귀환』(1754년). In Gottlieb Mittelberger, *Gottlieb Mittelberger's Journey to Pennsylvania in the Year 1750 and Return to Germany in the Year 1754: Containing, Not Only a Description of the Country According to its Present Condition, But Also a Detailed Account of the Sad and Unfortunate Circumstances of Most of the Germans That Have Emigrated, Or Are Emigrating to That Country*, trans. from German by Carl Theo. Eben(1754)(Philadelphia: John Jos. McVey, 1898), pp.19~29.

6 뉴욕 소작인 반란에 관한 설명(1766년 7월 14일). In Hofstadter and Wallace, eds., *American Violence: A Documentary History*, pp. 116~117. From the *Boston Gazetteer or Country Journal*, July 14, 1766.

4장 혁명의 준비 PREPARING THE REVOLUTION

1 토머스 허친슨이 설명한 인지세법에 대한 보스턴의 반응(1765년). In Thomas Hutchinson, *The History of the Colony and Province of Massachusetts-Bay*, ed. Lawrence Shaw Mayo(Cambridge, Massachusetts: Harvard University Press, 1936), vol. 3, pp. 86~88, 89~90.

2 보스턴 학살에 대한 새뮤얼 드라운의 증언(1770년 3월 16일). In Anonymous, *A Short Narrative of the Horrid Massacre in Boston, Perpetrated in the Evening of the Fifth Day of March 1770:By Soldiers of the XXIXth Regiment, Which With The XIVth Regiment Were Then Quartered There: With Some Observations on the State of Things Prior to That Catastrophe: To Which is Added, An Appendix, Containing The Several Depositions Referred to in the Preceding Narrative: And Also Other Depositions Relative to the Subject of It*(Boston: Printed by Order of the Town of Boston by Messrs. Eds and Gill,1770), pp. 54~55.

3 보스턴 차 사건에 대한 조지 휴스의 기록(1834년). In Henry Steele Commager and Richard B. Morris, eds., *The Spirit of Seventy-Six: The Story of the American Revolution as Told by Participants*(New York: Harper & Row, 1967), pp. 4~6.

4 뉴욕 기계공들의 독립선언(1776년 5월 29일). In Peter Force, ed., *American Archives: Consisting of a Collection of Authentick Records, State Papers, Debates, and Letters and Other Notices of Publick Affairs, the Whole Forming a Documentary History of the Origin and Progress of the North American Colonies; of the Causes and Accomplishment of the American Revolution; and of the Constitution of Government for the United States, to the Fina; Ratification There of*, 6 vols.(Washington, D. C.: M. St. Clair Clarke and Peter Force [Under Authority of Acts of Congress], 1846), 4th ser.(*A Documentary History of the English Colonies in North America from the King's Message to Parliament, of March 7, 1774, to the Declaration of Independence, by the United States*), vol. 6, pp. 614~615. Misspellings are in original.

5 토머스 페인의 『상식』(1776년). In Thomas Paine, *Collected Writings: Common Sense, The Crisis, and Other Pamphlets, Articles, and Letters, Rights of Man, The Age of Reason*, ed. Eric Foner(New York: The Library of America, 1995), pp. 20, 21~23, 24~28.

5장 반쪽짜리 혁명 HALF A REVOLUTION

1 스프링필드 반란에 관한 조셉 클락의 편지(1774년 8월 30일). Letter to Major Joseph Hawley. In James Russell Trumbull, *History of Northampton, Massachusetts, From*

Its Settlement in 1654, vol. 2(Northampton, MA: Gazette Printing Company, 1902), pp. 346~348.

2 조셉 플럼 마틴, 『전쟁에 참여한 병사의 모험, 위험 그리고 고통에 관한 이야기』(1830년). First printed in Hallowell, Maine, by Glazier, Masters, and Co. in 1830. Reprinted as Joseph Plumb Martin, *A Narrative of Some of the Adventures, Dangers and Sufferings of a Revolutionary Soldier; Interspersed with Anecdotes of Incidents that Occurred within His Own Observation: Written by Himself*, ed. George F. Sheer(New York: The New York Times and Arno Press, 1968), pp. 283~289, 292~293.

3 새뮤얼 듀이의 1781년 반란 이후 대륙군 반란 진압에 대한 설명(1844년). First printed in Samuel Dewees, A *History of the Life and Services of Captain Samuel Dewees, A Native of Pennsylvania, and Soldier of the Revolutionary and Last Wars*, written and compiled by John Smith Hanna(Baltimore: Robert Neilson, 1844), PP. 228~232. Reprinted in Carl Van Doren, *Mutiny in January: The Story of a Crisis in the Continental Army Now for the First Time Fully Told from Many Hitherto Unknown or Neglected Sources Both American and British*(New York: Viking Press, 1943), pp. 253~256.

4 헨리 녹스, 조지 워싱턴에게 보낸 편지(1786년 10월 23일). In W. W. Abbott and Dorothy Twohig, eds., *The Papers of George Washington: Confederation Series, Volume 4: April 1786~January 1787*, vol. 4(Charlottesville, VA: University Press of Virginia, 1995), pp. 299~302.

5 "퍼블리우스(제임스 메디슨)", 『연방주의자』 10호(1787년 11월 23일). Published on the Web Site of the Library of Congress, American Memory: Historical Collections for the National Digital Library.

6장 초기 여성운동 THE EARLY WOMEN'S MOVEMENT

1 마리아 스튜어트, "보스턴 아프리칸 매서닉 홀에서의 연설"(1833년 2월 27일). In Maria Stewart, *Productions of Mrs. Maria W. Stewart, Presented to the First African Baptist Church & Society, of the City of Boston*(Boston: Friends of Freedom and Virtue, 1835), pp. 66~67.

2 앤젤리나 그림케 웰드의 펜실베이니아 홀에서의 연설(1838년 5월 17일). In *History of Pennsylvania Hall, Which Was Destroyed by a Mob, on the 17th of May, 1838*(Philadelphia: Merrihew and Gunn, 1838), pp. 123~126.

3 해리엇 핸슨 로빈슨, "초기 공장 여성 노동자들의 특성"(1898년). In Harriet Jane Hanson Robinson, *Loom and Spindle: Or, Life Among the Early Mill Girls*(New York, Boston, T. Y.Crowe11 & Company, 1898), pp. 37~40, 51~52.

4 마거릿 풀러 오솔리, 『19세기 여성』(1845년). In S. Margaret Fuller Ossoli, *Woman in the Nineteenth Century: And, Kindred Papers Relating to the Sphere, Condition and Duties, of Woman*, Arthur B. Fuller ed.(New York: Greeley and McElrath, 1845), pp. 25~30.

5 엘리자베스 캐디 스탠턴, 세네카폴즈 대회에서 「감성과 결의의 선언」(1848년 7월 19일). In Elizabeth Cady Stanton, Susan B. Anthony, and Matilda Joslyn Gage, eds., *History of Woman Suffrage, Volume I: 1848~1861*(New York: Fowler & Wells, Publishers, 1881), pp. 70~71.

6 서저너 트루스, "나는 여자가 아닌가요?"(1851년). Quoted in Frances Gage, "Reminiscences by Frances D. Gage", in Stanton, Anthony, and Gage, eds., *History of Woman Suffrage*, vol. 1, p.116. Text modernized for this edition by the editors. Compare with the account in "Women's Rights Convention: Sojourner Truth", *The Anti-Slavery Bugle*(Salem, Ohio), vol. 6, no, 41(Whole no. 301)(June 21,1851), p. 160.

7 루시 스톤과 헨리 블랙웰의 결혼 저항 투쟁 선언문(1855년 5월 1일). Quoted in T.W. Higginson, "Marriage of Lucy Stone Under Protest", *The Liberator*(Boston, Massachusetts), vol. 25, no. 18(Whole no. 1085)(May 4, 1855), P. 71.

8 수전 앤서니가 와드 헌트 판사 앞에서 한 연설, "미국 대 수전 앤서니"(1873년 6월 19일). In Ida Husted Harper, *The Life and Work Susan B. Anthony, Including Public Addresses, Her Own Letters and Many From Her Contemporaries During Fifty Years*, vol. 1(Indianapolis: The Hollenbeck Press, 1898), pp. 438~441.

7장 인디언의 이주 INDIAN REMOVAL

1 테쿰세가 오사제족에게 한 연설(1811년~1812년 겨울). In John D. Hunter, *Memoirs of a Captivity among the Indians of North America, From Childhood to the Age of Nineteen: With Anecdotes Descriptive of Their Manners and Customs: To Which is Added, Some Account of The Soil, Climate, and Vegetable Productions of the Territory Westward of Mississippi*(London: Longman, Hurst, Rees, Orme, and Brown, 1823)*, pp. 45~48.*

2 ⟨체로키네이션⟩, "체로키 인디언에 관한 추도식"(1829년 12월). First printed in from *The Cherokee Phoenix*, January 20, 1830. Reprinted as Cherokee Nation, "Memorial of the Cherokee Indians," *Niles' Weekly Register*(Baltimore, Maryland), vo1.38, no. 3(Whole no. 965)(March 13,1830), pp. 53~54.

3 루이스 로스 외, 총회에서 ⟨체로키네이션⟩ 협의회와 위원회가 미국 민중에게 한 연설(1830년 7월 17일). In *Niles' Weekly Register*(Baltimore, Maryland), vol. 38, no. 26 (Whole no. 988 (August 21, 1830), pp. 455~456.

4 블랙 호크의 항복 연설(1832년). In Samuel Gardner Drake, *Biography and History of the Indians of North America, from Its Discovery*, 11th ed.(Boston: B. B. Mussey, 1851), pp. 656~657.

5 존 버닛, 「사병의 눈으로 본 체로키족의 이주」(1890년 12월 11일). In *Journal of Cherokee Studies*, vol. 3, no. 3(1978), pp. 50~55. Special issue: *The Removal of the Cherokee*.

6 조셉 추장의 항복(1877년 10월 5일). Quoted in "The Surrender of Joseph" Harper's Weekly, vol. 21 (Whole no. 1090) (November 17, 1877), p. 906.

7 조셉 추장의 워싱턴 방문에 관한 진술(1879년). Quoted in Chester Anders Fee, *Chief Joseph: The Biography of a Great Indian*(New York: Wilson-Erickson, Inc., 1936), pp. 281~283.

8 블랙 엘크, 「꿈의 종말」(1932년). First printed in Black Elk, *Black Elk Speaks*(New York: William Morrow & Company, 1932). Reprinted as Black Elk, *Black Elk speaks: Being the Life Story of a Holy Man of the Oglala Sioux: As Told Through John G. Neihardy(Flaming Rainbow)*(New York: Pocket Books/Bison Books, 1972), pp. 224~230.

8장 멕시코 전쟁 THE WAR ON MEXICO

1 이선 앨런 히치콕 대령의 일기(1845년 6월 30일~1846년 3월 26일). In Ethan Allen Hitchcock, *Fifty Years in Camp and Field: Diary of Major-General Ethan Allen Hitchcock, U.S.A.*, ed. W.A. Croffut(New York: G. P. Putnam's Sons/The Knickerbocker Press, 1909), pp. 192, 198, 200, 203, 212~213.

2 미구엘 바라간, "텍사스 식민지인들에 관한 신속한 조치"(1835년 10월 31일). From a letter signed by JoséMaría Tornel, Miguel Barragan's secretary of war. Quoted in General Miguel A. Sanchez Lamego, *The Siege and Taking of the Alamo*, trans. Consuelo Velasco(Santa Fe: The Press of The Territorian, 1968), pp. 14~15. From the Historical Archives of the Secretary of National Defense, File XI/481.3/1145.

3 후안 소토, 탈영 전단(1847년 6월 6일). In Paul Foos, *A Short, Offhand, Killing Affair: Soldiers and Social Conflict During the Mexican-American War*(Chapel Hill and London: University of North Carolina Press, 2002), p. 106. Original handbill in the Beinecke Rare Book and Manuscript Library, Yale University, New Haven, Connecticut.

4 프레더릭 더글러스, 뉴잉글랜드 회합에서의 연설(1849년 5월 31일). Speech delivered at the New England Convention in Faneuil Hall Boston, Massachusetts. Printed in "Great Meeting at Faneuil Hall", *The Liberator*(Boston, Massachusetts), vol. 29, no. 23(Whole no. 961), p. 90.

5 『노스 스타』 사설, "멕시코 전쟁"(1848년 5월 1월 21일). In *the North Star* (Rochester, New York), January 21, 1848.

6 헨리 데이비드 소로, 『시민 불복종』(1849년). In *Walden and Civil Disobedience*, ed. Paul Lauter(Boston and New York: Houghton Mifflin, 2000), pp. 17~23. This version is based on the 1866text, "Civil Disobedience", as published in *A Yankee in Canada, with Anti-Slavery and Reform Papers*, rather than the 1849 version(titled "Resistance to Civil Government") from Elizabeth Peabodys *Aesthetic Papers*(1849), though there are only minor differences between the two.

9장 노예제도와 저항 SLAVERY AND DEFIANCE

1 데이비드 워커의 『호소문』(1830년). In David Walker, *David Walker's Appeal, In Four Articles; Together With a Preamble, to the Coloured Citizens of the World, but in Particular, and Very Expressly, to Those of the United States of America*, 3d ed.(Boston: David Walker, 1830; Baltimore: Black Classic Press, 1993), pp. 93~96.

2 헤리엇 제이콥스, 『어느 노예 소녀의 생애』(1861년). First printed in Boston, Massachusetts, in 1861. Reprinted as Harriet A. Jacobs, *Incidents in the Life of a Slave Girl: Written by Herself*, ed. L. Maria Child; enlarged ed., ed. Jean Fagan Yellin(Cambridge: Harvard University Press, 2000), pp. 68~71.

3 제임스 노콘이 헤리엇 제이콥스를 수배하기 위해 실은 도망 노예 광고(1835년 6월 30일). In *The American Beacon*(Norfolk, Virginia), July 4, 1835. Facsimile copy in Jacobs, *Incidents in the Life of a Slave Girl*, p. 237.

4 제임스 브래들리, 리디아 마리아 차일드에게 보낸 편지(1834년 6월 3일). In C. Peter Ripley, ed., *The Black Abolitionist Papers, Volume III: The United States, 1830~1846*(Chapel Hill and London: University of North Carolina Press, 1991), pp. 136~137, 139~140. From the Anti-Slavery Collection, Boston Public Library, Boston, Massachusetts. All errors are in original.

5 시어도어 파커 목사, 파네우일 홀 모임에서 시어도어 파커의 연설(1854년 5월 26일). In Charles Emery Stevens, *Anthony Burns: A History*(Boston: John P. Jewett and Company, 1856), pp. 289~295.

6 헨리 빕, 윌리엄 게이트우드에게 보낸 편지(1844년 3월 23일). In Henry Bibb, *Narrative of the Life and Adventures of Henry Bibb, An American Slave, Written by Himself*(New York: Published by the Author,1850; New York: Greenwood Publishing Company/Negro Universities Press, 1969), pp. 176~178.

7 저메인 웨슬리 로젠, 사라 로그에게 보낸 편지(1860년 3월 28일). First printed as "Mr. Loguen's reply", in *The Liberator*(Boston, Massachusetts), vol. 30, no. 17

(Whole no. 1531) (April 27,1860), p.1.

8 프레더릭 더글러스, "니그로에게 7월 4일의 의미"(1852년 7월 5일). Speech delivered in Corinthian Hall, Rochester, New York. Printed in Frederick Douglass, *Frederick Douglass: Selected Speeches and Writings*, ed. Philip S. Foner, abridged ed. by Yuval Taylor(Chicago: Lawrence HillBooks, 1999), pp. 192, 194~195, 196~197.

9 존 브라운의 마지막 연설(1859년 11월 2일). In *Testimonies of Capt. John Brown, at Harper's Ferry, with his Address to the Court*(New York: American Anti-Slavery Society, 1860), pp.15~16. No, 7, new series, of the Anti-Slavery Tracts.

10 오즈번 앤더슨, 『하퍼스페리에서 들리는 목소리』(1861년). First printed in Osborne P. Anderson, *A Voice from Harper's Ferry: A Narrative of events at Harper's Ferry; With, Incidents Prior and Subsequent to its Capture by Captain Brown and His Men*(Boston: Printed for the author, 1861). Reprinted in Jean Libby, *Black Voices from Harper's Ferry: Osborne Anderson and the John Brown Raid*(Palo Alto, California: Jean Libby, 1979), pp. 59~62.

11 마틴 델라니, "전前 노예에게 보내는 충고"(1865년 7월 23일). The speech was reported in the letter of Lieutenant Edward M. Stoeber to Major S. M. Taylor of the Bureau Refugees, Freedmen, and Abandoned Lands South Carolina, Georgia, and Florida, sent from Beaufort, S. C., July 24, 1865. Printed in part in Ira Berlin, Steven Hahn, Steven F. Miller, Joseph P. Reidy, and Leslie S. Rowland, "The Terrain of Freedom: The Struggle over the Meaning of Free Labor in the U.S. South", *History Workshop*, no. 22(Autumn 1986), PP. 123~127. From the U.S. National Archives and Records Administration, Freedman's Bureau Records, Washington, D.C., S-5 1865, Registered Letters Received(series 2922), South Carolina Assistant Commissioner, BRFAL, NA.

12 헨리 맥닐 터너, "조지아 입법부 흑인 의원 자격에 관하여"(1868년 9월 3일). In Edwin S. Redkey, ed., *Respect Black: The Writings and Speeches of Henry McNeal Turner*(New York: Arno Press/The New York Times, 1971), pp. 14~15, 16, 25.

10장 남북전쟁과 계급갈등 CIVIL WAR AND CLASS CONFLICT

1 뉴욕 밀가루 폭동 목격자 증언(1837년 2월). First printed in the *Commercial Register*(New York, New York), February 14, 1837, and then in *Niles' Weekly Register*(Baltimore, Maryland), 5th series, vol. 1, no. 26(February 25, 1837), pp. 433~444.

2 힌튼 로완 헬퍼, 『남부의 임박한 위기』(1857년). First printed in New York by Burdick Brothers in 1857. Reprinted in Hinton Rowan Helper, *The Impending*

Crisis of the South: How to Meet It, ed. George M. Frederickson(Cambridge, Massachusetts: The Belknap Press of Harvard University Press, 1968), pp. 42~46.

3 기계공(익명), "계급에 의한 투표"(1863년 10월 13일). In *Columbus* [Georgia] *Daily Sun,* October 13, 1863, p. 1.

4 조엘 타일러 헤들리, 『뉴욕의 대폭동』(1873년). First printed as *The Great Riots of New York, 1712 to 1873: Including a Full and Complete Account of the Four Days' Draft Riot of 1863*(New York: E. B. Treat, 1873). Reprinted as Joel Tyler Headley, *The Great Riots of New York: 1712~1873*(New York: Thunder's Mouth Press, 2004), pp. 109~113.

5 조지아 사바나의 빵 폭동에 관한 기사(1864년 4월). In the *Augusta Chronicle and Sentinel*(August, Georgia), April 22, 1864, n.p.

6 면제자(익명), "갈 것인가, 말 것인가"(1864년 6월 28일). In the *Milledgeville Confederate Union*(Midgeville, Georgia), June 28, 1864, n.p.

7 O. G. G. (익명), 편집자에게 보내는 편지(1865년 2월 17일). In the *Macon Daily Telegraph and Confederate*(Macon, Georgia), February 24, 1865, n.p.

8 『콜럼버스 선*Columbus Sun*』, "고통받는 계급"(1865년 2월 17일). In the Augusta *Chronicle and Sentinel*(Augusta, Georgia), February 17, 1865, n.p.

9 J. A. 데이커스, 『미국에서 일어난 대파업 연보』(1877년). In J. A. Dacus, *Annals of the Great Strikes in the United States: A Reliable History and Graphic Description of the Causes and Thrilling Events of the Labor Strikes and Riots of 1877*(St Louis: Scammell and Company, 1877), pp. 21~23, 42~43, 98~99.

11장 **도금 시대 파업자와 포퓰리스트** STRIKERS AND POPULISTS IN THE GILDED AGE

1 헨리 조지, 『빈곤의 범죄』(1885년 4월 1일). In Henry George, *The Crime of Poverty: An Address.* Delivered in the Opera House, Burlington, Iowa, April 1, 1885, Under the Auspices of the Burlington Assembly, No. 3135, Knights of Labor(Glasgow: "Land Values" Publication Department, n.d.), pp. 5~6, 7, 9~10, 11, 12, 13~15, 18, 19, 25~26.

2 오거스트 스파이스의 연설(1886년 10월 7일). In *The Accused [and] the Accusers: The Famous Speeches of the Eight Chicago Anarchists in Court: When Asked If They Had Anything to Say Why Sentence Should Not Be Passed. Upon Them: On October 7th, 8th, and 9th, 1886: Chicago, llinois*(Chicago: Socialistic Publishing Society, n.d.), pp. 1, 9~10.

3 익명, "피투성이 살인자: 루이지애나 시보두에서 잔인하게 살해된 니그로"(1887년 11월 26일). In *The Weekly Pelican*(New Orleans, Louisiana), vol. 1, no. 52(November 26, 1887), p. 2.

4 어니스트 라이언 목사 외, 뉴올리언스 대중집회의 공개서한(1888년 8월 22일). First printed by *the Louisiana Standard*(New Orleans), August 25, 1888. Reprinted in *Congressional Record*, 50th Cong., 1st Sess., vol. 19, part 9, appendix, pp. 8993~8994.

5 메리 엘리자베스 리즈, "월스트리트가 국가를 소유하다"(1890년경). Quoted in William E. Connelley, ed., *History of Kansas, State and People: Kansas as the First Quarter Post of the Twentieth Century*, vol. 2(Chicago: The American Historical Society, Inc., 1928), p. 1167.

6 메리 엘리자베스 리즈, 〈기독교여성금주조합〉 연설(1890년). In Joan M. Jensen, ed., *With These Hands: Women Working on the Land*(Old Westbury, NY: The Feminist Press; New York: McGraw-Hill Book Company, 1981), PP. 154~155, 158~160.

7 인민당, "오마하 강령"(1892년 7월 4일). First printed in "Omaha", *The National Economist.* vol. 7, no. 17(July 9, 1892), p. 257.

8 J. L. 무어 목사의 〈유색인농민동맹〉에 관한 기사(1891년 3월 7일). First printed as J. L. Moore. "The Florida Colored Farmers' Alliance, 1891", in *National Economist* (Washington, DC), March 7, 1891. Reprinted as Reverend J. L. Moore, "We Join Hands……" in Milton Meltzer, ed., In *Their Own Words: The History of the American Negro 1865~1916*, vol. 2(New York: Thomas Y. Crowell Company, 1965), pp. 109~111.

9 아이다 웰스-바넷, "린치법"(1893년). In Ida B. Wells-Barnett, *Selected Works of Ida B. Wells-Barnett*, ed. Henry Louis Gates, Jr.(New York: Oxford University Press, 1991), PP. 74~77.

10 풀먼 파업 노동자들의 성명서(1894년 6월 15일). In U. S. Strike Commission, *Report on the Chicago Strike of June-July, 1894, by the United States Strike Commission*(Washington, DC: Government Printing Office, 1895), pp. 87~88.

11 에드워드 벨러미, 『뒤를 돌아보며』(1888년). First printed in New York by Ticknor and Company in 1888. Reprinted as Edward Bellamy, *Looking Backward: 2000~1887*(New York: Penguin Books, 1982), pp. 67~70.

12장 제국의 팽창 THE EXPANSION OF THE EMPIRE

1 칼리스토 가르시아가 윌리엄 섀프터에게 보낸 편지(1898년 7월 17일). In Philip Foner, ed., *The Spanish-Cuban-American War and the Birth of American Imperialism, vol. II: 1898~1902*(New York: Monthly Review Press, 1972), pp. 369~370.

2 루이스 더글러스, 매킨리에 반대하는 흑인(1899년 11월 17일). First printed in

American Citizen(Kansas City), November 17, 1899. Reprinted in Foner, ed., *The Spanish-Cuban-American War and the Birth of American Imperialism*, vol. 2, pp. 824~825.

3 조지아 주 애틀랜타의 감리교 선교부, "니그로는 군대에 가면 안 된다"(1899년 5월 1일). In *Voice of Missions*(Atlanta, Georgia), May 1, 1899, p. 2.

4 바넷 외, 매사추세츠 흑인들이 매킨리 대통령에게 보내는 공개서한(1899년 10월 3일). Statement read by Archibald M. Grimké at Charles Street Church, Boston, Massachusetts. First printed in I. D. Barnett et al., *Open Letter to President McKinley by Colored People Of Massachusetts*(n.p.: n.p, n.d.), pp. 2~4, 10~12.

5 새뮤얼 클레멘스의 모로족 학살에 관한 논평(1906년 3월 12일). First published in *Mark Twain's Autobiography*, ed. Albert Bigelow Paine(New York: Harper and Brothers, 1924). Reprinted in *Mark Twain's Weapons of Satire: Anti-imperialist Writings on the Philippine-American War*, ed. Jim Zwick(New York: Syracuse University Press, 1992), pp. 170~173. From the Mark Twain Papers, The Bancroft Library, University of California at Berkeley.

6 스메들리 버틀러, 『전쟁은 사기다』(1935년). First printed in New York by Round Table Press in 1935. Reprinted in Smedley D. Butler, *War Is a Racket: The Antiwar Classic by America's Most Decorated General, Two Other Anti-Interventionist Tracts, and Photographs from the Horror of It*(Los Angeles:Feral House, 2003), pp. 23~26.

13장 사회주의자와 〈세계산업노동자연맹〉 SOCIALISTS AND WOBBLIES

1 마더 존스, "동요: 진보의 가장 위대한 조건"(1903년 3월 24일). Speech delivered in the Memorial Hall, Toledo, Ohio. First printed in *The Toledo Bee*, March 25, 1903. Reprinted in *Mother Jones Speaks: Collected Writings and Speeches*, ed. Philip S. Foner(New York: Monad Press, 1983), pp. 95, 96~98.

2 업튼 싱클레어, 『정글』(1906년). In Upton Sinclair, *The Jungle*(New York: Doubleday, Page & Company, 1906), pp. 401~405, 409~410.

3 두 보이즈, 『흑인의 영혼 *The Souls of Black Folk*』(1903년). First printed in Chicago by A. C. McClurg & Co. in 1903. Reprinted as W. E. B. Du Bois, *The Souls of Black Folk*(New York: Penguin Classics, 1989), pp.3~12.

4 에마 골드먼, "애국주의: 자유에 대한 위협"(1908년). First printed in New York by Mother Earth Publishing Association in 1908. Reprinted in Emma Goldman, *Anarchism and Other Essays*(New York: Dover Publications, Inc., 1969), pp. 127~128, 128~129, 135~136, 144.

5 파업 중인 로렌스 직조공의 선언(1912년). In Charles P. Neill, ed., *Report on the*

Strike of Textile Workers in Lawrence, Massachusetts in 1912, 62nd Congress, 2nd Session, Senate Document 870(Washington, D. C.: Government Printing Office, 1912), pp. 503~504.

6 아르투로 지오반니티가 배심원에게 한 연설(1912년 11월 23일). First printed in *Ettor and Giovannitti Before the Jury at Salem, Massachusetts, November 23, 1912*(Chicago: IWW, n.d. [circa 1913]). Reprinted in Joyce Kornbluh, ed., *Rebel Voices: An IWW Anthology*(Ann Arbor: The University of Michigan Press, 1964), pp. 193, 194, 195.

7 우디 거스리, "러들로 학살"(1946년). First recorded for Moe Asch in 1946. First printed in *Sing Out!*, vol. 8, no. 3 (1959).

8 줄리아 매이 커트니, "러들로를 기억하라"(1914년 5월). First printed in *Mother Earth*, vol. 9, no. 3(May 1914), pp. 77~78, 79. Reprinted in Peter Glassgold, ed., *Anarchy! An Anthology of Emma Goldman's Mother Earth*(Washington, D. C.: Counterpoint, 2001), pp. 345~346, 347.

9 조 힐, "나의 마지막 유언"(1915년 11월 18일). First printed in the *Herald-Republican*(Salt Lake City, Utah), November 18, 1915. Reprinted in Franklin Rosemont, *Joe Hill: The IWW and the Making of a Revolutionary Workingclass Counterculture: Profusely Illustrated*(Chicago: Charles H. Kerr, 2002), p. 132.

14장 제1차 세계대전에 대한 저항 PROTESTING THE FIRST WORLD WAR

1 헬렌 켈러, "전쟁 반대 파업"(1916년 1월 5일). Speech delivered at Carnegie Hall, in New York City, sponsored by the Women's Peace Party and the Labor Forum. First printed in *The Call*(New York, New York), January 6, 1916. Reprinted in Helen Keller, *Helen Keller: Her Socialist Years*, ed. Philip S. Foner(New York: International Publishers, 1967). pp. 75~81.

2 존 리드, "누구의 전쟁인가?"(1917년 4월). First printed in *The Masses*, vol. 9, no. 6(whole no. 70) (April 1917), pp. 11~12. Reprinted in James C. Wilson, ed., *John Reed for The Masses*(Jefferson, North Carolina: McFarland & Company, Inc., 1987), pp. 164~166.

3 "왜 〈세계산업노동자연맹〉은 애국심을 갖지 않은가?"(1918년). Quoted in National Civil Liberties Bureau, *The Truth About the IWW: Facts in Relation to the Trial at Chicago by Competent Industrial Investigators and Noted Economists*(New York: National Civil Liberties Bureau, April 1918), p. 38. See also Carleton H. Parker, *The Casual Laborer and Other Essays*(New York: Harcourt, Brace and Howe, 1920), p. 102.

4 에마 골드먼, 미국 대 에마 골드먼 · 알렉산더 버크먼 사건의 배심원 연설(1917년 7월 9

일). Delivered in New York, New York. In *Anarchy on Trial: Speeches of Alexander Berkman and Emma Goldman Before the Federal Jury in the City of New York, July, 1917*(New York: Mother Earth Publishing Association, 1917), pp. 58~60, 61, 64~65.

5 유진 뎁스, 캔튼, 오하이오 연설(1918년 6월 16일). In Jean Y. Tussey ed., *Eugene V. Debs Speaks*(New York: Pathfinder Press, 1970), pp. 251~252, 253, 256~257, 260~261

6 유진 뎁스, 법정 진술(1918년 9월 18일). In William A. Pelz, *The Eugene V. Debs Reader: Socialism and the Class Struggle*(Chicago: Institute of Working Class History, 2000), pp. 170~172.

7 랜돌프 본, 「국가」(1918년). First printed in Randolph Bourne, *Untimely Papers*, ed. James Oppenheim(New York: B. W. Huebsch, 1919). Reprinted in Lillian Schlissel, ed., *The World of Randolph Bourne*(New York: E. P. Dutton, 1965), pp. 245~246, 247~249, 250~251, 254~255, 257, 260,264~265.

8 e. e. 커밍스, "나는 올라프를 기꺼이 관대하게 칭송하네"(1931년). In e. e. cummings, *The Complete Poems: 1904~1962*, ed. George J. Firmage(New York: Liveright, 1994), p. 340.

9 존 도스 패소스, "미국인의 몸"(1932년). In John Dos Passos, *U. S. A.*(New York: TheModern Library/Random House, 1939), pp. 470~473.

10 달턴 트럼보, 『자니 총을 들다』(1939년). In Dalton Trumbo, *Johnny Got His Gun*(New York: J. B. Lippincott Company, 1939), pp. 289~296.

15장 재즈 시대에서 1930년대 소요까지 FROM THE JAZZ AGE TO THE UPRISINGS OF THE 1930S

1 스콧 피츠제럴드, "재즈 시대의 메아리"(1931년). First printed in *Scribner's Magazine*, vol. 40, no. 5 (November 1931), pp. 459, 460~461, 464~465. Reprinted in Arthur Mizener, ed., *The Fitzgerald Reader*(New York: Charles Scribner's Sons, 1962), pp. 323, 324~325, 330~331.

2 입 하버그, "형제여, 한 푼만 주시오"(1932년). Printed in Yip Harburg, *The Yip Harburg Songbook*, ed. Tom Roed(Miami: CPP/Belwin, Inc., 1994), pp. 13~16.

3 폴 앤더슨, "최루탄, 총검, 그리고 투표권"(1932년 8월 17일). In Paul Y. Anderson, "Tear-Gas, Bayonets, and Votes: The President Opens His Reelection Campaign", *The Nation*, vol. 135, no.3502 (August 17,1932), pp. 138~140.

4 메리 리히트, "나는 스카츠버로 변호를 기억한다"(1997년 2월 15일). In *the People's Weekly World*(New York), February 15, 1997.

5 네드 코브("네이트 쇼"), 『신의 고난들』(1969). In Theodore Rosengarten, *All God's*

Dangers: The Life of Nate Shaw(Chicago: University of Chicago Press, 2000), pp. 295, 296~298, 544~545, 546.

6 빌리 홀리데이, "이상한 과일"(1937년). Lyrics by Abel Meeropol("Lewis Allan"). First printed as Abel Meeropol, "Bitter Fruit" in *New York Teacher*, vol. 1, no. 12 (January 1937), p. 17.

7 랭스턴 휴스, "루스벨트의 발라드"(1934년). First printed in *The New Republic*, vol. 81, no. 1041(November 14, 1934), p. 9. Reprinted in Langston Hughes, *The Collected Poems of Langston Hushes*, ed. Arnold Rampersad and David Roessel (New York: Alfred A. Knopf, 1994), pp. 178~179.

8 랭스턴 휴스, "집주인의 발라드"(1940년). First printed in *Opportunity*, vol. 18, no. 12 (December 1940), p. 364, and then incorporated in 1951, with slight alterations, reflected here, in "Montage of a Dream Deferred." Reprinted in Hughes, *The Collected Poems of Langston Hughes*, pp.402~403.

9 바르톨로메오 반제티, 법정 연설(1927년 4월 9일). In Marion D. Frankfurter and Gardner Jackson, eds., *The Letters of Sacco and Vanzetti*(London: Constable and Company, 1929), Appendix II, pp. 362~363, 370~372, 376~377.

10 비키 스타 ("스텔라 노비키"), "작업장 뒤"(1973년). In Alice Lynd and Staughton Lynd, eds., *Rank and File: Personal Histories by Working-Class Organizers*(Boston: Beacon Press, 1973), p. 69, 70~73, 75, 76, 83, 84, 85~86.

11 실비아 우즈, "자유를 위해 싸워야 한다"(1973년). In Lynd and Lynd, eds., *Rank and File*, pp.113, 115, 116, 119, 123~124, 128~129.

12 로즈 셔닌의 1930년대 브롱크스 실업자 조직에 관하여(1949년). As recounted by her daughter, Kim Chernin, in Kim Chernin, In *My Mother's House*(New Haven, CT: Ticknor and Fields, 1983), pp. 92~98.

13 제노라 (존슨) 돌린저, 『파업 중인 플린트』(1995년 2월). Interview by Susan Rosenthal conducted February 1995. In Genora (Johnson) Dollinger, with Susan Rosenthal, *Striking Flint: Genora (Johnson) Dollinger Remembers the 1936~1937 GM Sit-Down Strike*(Chicago: L. J. Page Publications, 1996), pp. 5, 7, 8, 11~12, 14~16, 25. Available from Haymarket Books(Chicago, IL).

14 존 스타인벡, 『분노의 포도』(1939년). First printed in New York by Viking Press in 1993. Reprinted as John Steinbeck, *The Grapes of Wrath*(New York: Penguin Books, 1992), pp. 568~573.

15 우디 거스리, "이 나라는 너의 나라"(1940년 2월). Woody Guthrie wrote "This Land Is Your Land" in February 1940, but first recorded the song for Moe Asch and released it on Folkways Album #FP27(*This Land Is My Land*) in 1951.

1 폴 푸셀, "정확한 폭격이 전쟁을 승리로 이끌 것이다"(1989년). In Paul Fussell, *Wartime: Understanding and Behavior in the Second World War*(New York: Oxford University Press, 1989), pp.13~16.

2 유리 고치야마, "그러자, 전쟁이 시작됐다"(1991년). In Joann Faung Jean Lee, *Asian American Experiences in the United States: Oral Histories of First to Fourth Generation Americans from China, the Philippines, Japan, India, the Pacific Islands, Vietnam, and Cambodia*(Jefferson, North Carolina: McFarland and Company, Inc., 1991), pp. 10, 11~15, 16~17, 18.

3 야마오카 미치코, "폭심지에서 8백 미터 떨어진 곳"(1992년). In Haruko Taya Cook and Theodore F. Cook, *Japan at War: An Oral History*(New York: New Press, 1992), pp. 384~387.

4 〈미국전략폭격조사단〉, 보고서(태평양전쟁) (1946년 7월 1일). In United States Strategic Bombing Survey, *United States Strategic Bombing Survey: Summary Report*(Pacific War) (Washington, DC: Government Printing Office, 1946), pp. 22~26.

5 진 라로크 제독이 스터드 터켈에게 "좋은 전쟁"에 대해 말함(1985년). In Studs Terkel, *"The Good War": An Oral History of World War Two*(New York: Pantheon, 1984; New York: New Press,1997), pp. 189~193.

6 커트 보네거트,『제5도살장』(1969년). First printed as Kurt Vonnegut, Jr., *Slaughterhouse-Five: Or, The Children's Crusade, A Duty-Dance with Death*(New York: Delta Book/Dell, 1969), pp.129~132. Reprinted as Kurt Vonnegut, *Slaughter house-Five*(New York: Laurel Book/Dell Publishing,1991), pp. 149~152.

7 폴 롭슨이 〈하원반미활동조사위원회〉 앞에서 읽기로 되어 있던 성명서(1956년 6월 12일). In Paul Robeson, "A Statement by Paul Robeson"(June 12, 1956), Appendix 3, in Eric Bentley ed., *Thirty Years of Treason: Excerpts from Hearings Before the House Committee on Un-American Activities, 1938~1968*(New York: Thunder's Mouth Press/Nation Books, 2002), pp. 977~980. See also Robeson's testimony before HUAC, pp. 770~789.

8 피터 시거, "너는 노래하지 않으리"(1989년). In Bud Schultz and Ruth Schultz, eds., *It Did Happen Here: Recollections of Political Repression in America*(Berkeley: University of California Press, 1989), pp. 15~17.

9 I. F. 스톤, "조 매카시만이 아니다"(1954년 3월 15일). First printed in *I. F. Stone's Weekly*, vol. 2, no. 8(March 15, 1954). Reprinted in I. F. Stone, *The I. F. Stone's Weekly Reader*, ed. Neil Middleton(New York: Random House, 1973), pp. 39~44.

10 이설 로젠버그와 줄리어스 로젠버그가 아이들에게 보낸 마지막 편지(1953년 6월 19
일). In Michael Meeropol, ed., *The Rosenberg Letters: A Complete Edition of the
Prison Correspondence of Julius and Ethel Rosenberg*(New York: Garland, 1994),
p. 702~703.

17장 인종 분리에 저항하는 흑인들 THE BLACK UPSURGE AGAINST RACIAL SEGREGA-
TION

1 리처드 라이트, 『흑인 1천2백만 명의 목소리』(1941년). First printed in New York by
Viking Press in 1941. Reprinted as Richard Wright *12 Million Black Voices: A Folk
History of the Negro in the United States*(New York: Thunder's Mouth Press,
2002), pp. 98~102.

2 랭스턴 휴스, "춤추는 꿈"(1951년). In Hughes, *The Collected Poems of Langston
Hughes*, p.368. This poem and "Harlem" are both part of Montage of a Dream
Deferred.

3 랭스턴 휴스, "할렘"(1951년). In Hughes, *The Collected Poems of Langston
Hughes*, p. 426.

4 앤 무디, 『다가오는 세기의 미시시피』(1968년). In Anne Moody, *Coming of Age in
Mississippi*(New York: Dial Press, 1968), pp. 235~239.

5 존 루이스, 링컨 기념관 연설 초고(1963년 8월 28일). In Clayborne Carson et al.,
eds., *The Eyes on the Prize Civil Rights Reader: Documents, Speeches, and
Firsthand Accounts from the Black freedom Struggle, 1954~1990*(New York:
Penguin, 1991), p.163~165.

6 맬컴 X, "민초를 향한 메시지"(1963년 11월 10일). Speech delivered in Detroit,
Michigan, at the Northern Grass Roots Leadership Conference, In Malcolm X,
Malcolm X Speaks: Selected. Speeches and Statements, ed. George Breitman(New
York: Grove Weidenfeld, 1990), pp. 4~5, 6~8.

7 마사 호니, 미시시피 자유 여름에서 보낸 편지(1964년 8월 9일). In Elizabeth
Sutherland Martínez, ed., *Letters from Mississippi*(Brookline, Massachusetts: Zephyr
Press, 2002), PP. 222~224.

8 패니 루 해머의 증언(1964년 8월 22일). Joseph L. Rauh, Jr., papers, Library of
Congress, Manuscript Division, Washington, DC. In the original, Hamer's name is
misspelled "Fanny."

9 리타 슈워너의 증언(1964년). In *Mississippi Black Paper: Fifty-Seven Negro and
White Citizens' Testimony of Police Brutality, the Breakdown of Law and Order
and the Corruption of Justice in Mississippi*(New York: Random House, 1965), pp.
59~60, 61, 62~63.

10 앨리스 워커, "언젠가"(1968년). In Alice Walker, *Once: Poems by Alice Walker*(New York: Harcourt, Brace & World, 1968), pp. 23~36.

11 샌드라 웨스트, "폭동! - 어느 니그로 주민의 이야기"(1967년 7월 24일). First printed in *The Detroit News*, July 24, 1967, p. 7A. Reprinted in *Reporting Civil Rights: Part Two: American Journalism 1963~1973*(New York: The Library of America, 2003), pp. 596~597.

12 마틴 루서 킹 2세, "우리는 이제 어디로 가야 하는가"(1967년 8월 16일). Annual Report Delivered at the 11th Convention of the Southern Christian Leadership Conference. The Martin Luther King, Jr. Papers Project, Stanford University, Stanford, California.

18장 베트남과 그 이후: 역사적 저항 VIETNAM AND BEYOND: THE HISTORIC RESISTANCE

1 미시시피 맥컴 지역의 자유민주당 당원들이 제출한 베트남전쟁에 반대하는 탄원서 (1965년 7월 28일). First circulated as a leaflet and then published in the McComb, Mississippi, Mississippi Freedom Democratic Party newsletter, July 28, 1965. Reprinted in Joanne Grant, ed., *Black Protest: History, Documents, and Analyses: 1619 to the Present*, 2nd ed(Greenwich, CT: Fawcett, 1968), pp.415~416.

2 마틴 루서 킹 2세, "베트남 너머로"(1967년 4월 4일). Speech delivered in Riverside Church, New York, New York, sponsored by Clergy and Laity Concerned. Martin Luther King, Jr., Martin Luther King Papers Project at Stanford University, Stanford, California.

3 〈학생비폭력조정위원회〉 "베트남에 대한 성명서"(1966년 1월 6일). In Grant, ed., *Black Protest*, pp. 416~418.

4 밥 딜런, "전쟁의 명수"(1963년). In Bob Dylan, *Lyrics, 1962~1985: Includes All of Writings and Drawings Plus 120 New Writings*, 2nd ed.(New York: Alfred A. Knopf, 1985), p. 56.

5 무하마드 알리의 베트남전쟁 반대 연설(1966년). Quoted in Mike Marqusee, *Redemption Song: Muhammad Ali and the Sprit of the Sixties*(New York: Verso, 1999), p. 214~215.

6 조너선 셸, 『벤숙 마을』(1967년). In Jonathan Schell, *The Village of Ben Suc*(New York: Borzoi/Alfred A. Knopf, 1967), pp. 122~130, 131~132.

7 래리 콜번, "그들은 사람들을 살육했다"(2003년). In Christian G. Appy, *Patriots: The Vietnam War Remembered From All Sides*(New York: Viking, 2003), pp. 346~349.

8 헤이우드 T. "더 키드" 커크랜드, 『피: 베트남전쟁에 관한 흑인 병사들의 구술사』에서

(1984년). In Wallace Terry, *Bloods: An Oral History of the Vietnam War by Black Veterans*(New York: Random House, 1984), pp. 94~95, 103~105.

9 라웅 응, 「사람들은 사라지고 아무도 말하지 않았다」(2003년). In Appy, *Patriots*, pp. 526~528.

10 팀 오브라이언, 「내가 죽인 사람」(1990년). In Tim O'Brien, *The Things They Carried* (New York: Broadway Books, 1998), pp. 124~130.

11 마리아 헤레라-소벡, 베트남에 관한 시 두 편(1999년). In Maria Herrera-Sobek, "Cinco Poemas", in George Mariscal, ed., *Aztlán and Viet Nam: Chicano and Chicana Experiences of the War*(Berkeley: University of California Press, 1999), pp. 234~235.

12 대니얼 엘스버그, 『기밀: 베트남과 국방부 문서에 관한 회고』(2003년). In Daniel Ellsberg, *Secrets: A Memoir of Vietnam and the Pentagon Papers*(New York: Penguin, 2003), pp. vii~ix.

19장 여성, 게이, 그리고 다른 저항의 목소리들 WOMEN, GAYS, AND OTHER VOICES OF RESISTANCE

1 앨런 긴스버그, "미국"(1956년 1월 17일). First composed in Berkeley, California, In Allen Ginsberg, *Collected Poems 1947~1980*(New York: Harper and Row, 1984), pp. 146~148.

2 마틴 듀버먼, 『스톤월』(1993년). In Martin Duberman, *Stonewall*(New York: Dutton, 1993), pp. 197~202.

3 웜수타 (프랭크 B.) 제임스, 필그림의 플리머스록 상륙 350주년 기념 연설(1970년 9월 10일). United American Indians of New England, East Weymouth, Massachusetts.

4 에이드리엔 리치, 『여성으로 태어나기』(1977년). In Adrienne Rich, *Of Woman Born: Motherhood as Experience and Institution*, 10th anniversary ed.(New York: W. W. Norton, 1986), pp. 281~286. The afterword, excerpted here, does not appear in the original 1976 edition, but in the 1977 Bantam paperback edition and in the tenth anniversary Norton edition, reissued in 1995.

5 애비 링컨, "누가 흑인 여성을 존경할 것인가?"(1966년 9월). In *Negro Digest*, vol. 15, no. 11(September 1966), pp. 16~17, 18, 19~20.

6 수전 브라운밀러, "낙태는 여성의 권리"(1999년). In Susan Brownmiller, *In Our Time: Memoir of a Revolution*(New York: Dial Press/Random House, 1999), pp. 102~104.

7 아사타 사쿠르 (조앤 케시마드), "감옥에 갇힌 여성: 우리는 어떤가"(1978년 4월). In *The Black Scholar: Journal of Black Studies and Research*, vol. 9, no. 7 (April 1978), pp. 8~11, 13. The original text uses the lower-case first-person pronoun "i" except when it is the first word of a sentence.

8 캐슬린 닐 클리버, "여성, 권력, 그리고 혁명"(1998년 10월 16일). Based on a talk given October 16, 1998, at Howard University, Washington, DC. In Kathleen Cleaver and George Katsiaficas, eds., *Liberation, Imagination, and the Black Panther Party: A New Look at the Panthers and their Legacy*(New York: Routledge, 2001), pp. 123~126.

20장 1970년대의 제어력 상실 LOSING CONTROL IN THE 1970S

1 하워드 진, "시민 복종의 문제"(1970년 11월). First printed in Hugh Davis Graham, ed., *Violence: The Crisis of American Confidence*(Baltimore: Johns Hopkins Press, 1971), pp. 154~162. Reprinted in Howard Zinn, *The Zinn Reader: Writings on Disobedience and Democracy*(New York: Seven Stories Press, 1997), pp. 403~411.

2 조지 잭슨, 『솔래다드의 형제』(1970년). First printed in New York by Coward-McCann in 1970. Reprinted as George Jackson, *Soledad Brother: The Prison Letters of George Jackson*(Chicago: Lawrence Hill Books, 1994), pp. 67~68, 233, 234~236.

3 밥 딜런, "조지 잭슨"(1971년). In Dylan, *Lyrics*, 1962~1985, p. 302.

4 앤젤라 데이비스, "정치적 수감자, 감옥, 그리고 흑인 해방"(1970년). Written in the Marin County Jail. First printed in Angela Y. Davis, ed., *If They Come in the Morning: Voices of Resistance*(New York: Third Press/Joseph Okpaku Books, 1971; San Francisco: National United Committee to Free Angela Davis, 1971), pp. 19~20, 27, 28~29, 31~33. Reprinted in Angela Y. Davis, *The Angela Y. Davis Reader*, ed. Joy James(Malden, Massachusetts: Blackwell Publishers, 1998), pp. 39~52.

5 엘리엇 제임스 ("L. D") 바클리(1971년 9월 9일). Transcribed from the Freedom Archives compact disc *Prisons on Fire: George Jackson, Attica and Black Liberation*(Oakland: AK Press/Alternative Tentacles, 2002). 60 mins. Produced by Anita Johnson and Claude Marks in cooperation with the Prison Radio Project.

6 프랭크 "빅 블랙" 스미스와의 인터뷰(2000년). *In The Rockefellers*, PBS, "The American Experience" Series(2000), two parts. Written, produced, and directed by Elizabeth Deane and Adriana Bosch.

7 레너드 펠티어의 "깨진 협상의 길" 시위에 관하여(1999년). In Leonard Peltier, *Prison Writings: My Life Is My Sundance*, ed. Harvey Arden(New York: St. Martin's Press, 1999), pp. 99~102.

8 정보활동 관련 〈상원특별위원회〉 기록, 『칠레에서의 비밀작전 1963년~1973년』(1975

년 12월 18일). 94th Congress 1st Session, Staff Report of the Select Committee To Study Governmental Operations With Respect to Intelligence Activities, United States Senate, December 18, 1975 (Washington, DC: U. S. Government Printing Office, 1975).

9 노암 촘스키, "코인텔프로: (삭제된) 그것은 무엇인가?" (1978년 3월 12일). In Noam Chomsky, "COINTELPRO: What the (Deleted) Was It?: Engineering of Consent", *The Public Eye* (The Repression Information Project, Washington, DC), vol. 1, no. 2 (April 1978), pp. 14~16.

21장 카터-레이건-부시 콘센서스 THE CARTER-REAGAN-BUSH CONSENSUS

1 매리언 라이트 에델먼, 밀턴 아카데미 졸업식 연설 (1983년 6월 10일). Speech delivered in Milton, Massachusetts. Personal manuscript of Marian Wright Edelman. Selection from pp. 2~5, 6.

2 세사르 차베스, 캘리포니아 복지 클럽 연설 (1984년 11월 9일). In César Chávez, The Words of César Chávez, ed. Richard J. Jensen and John C. Hammerback (College Station:Texas A&M University Press, 2002), pp. 122~126, 128~129. From the United Farm Workers Papers, Wayne State University, Detroit, Michigan.

3 이스마엘 과달루프 오티즈의 푸에르토리코 비에케스에 관한 증언 (1979년 10월 2일). Text first printed in Spanish in Arturo Meléndez López, *La Batalla de vieques* (Bayamón, Puerto Rico: COPEC, 1982). Translation courtesy of Ismael Guadalupe Ortiz.

4 P-9 파업자와 후원자들이 1985년에서 1986년까지 미네소타 오스틴에 있는 〈호멜〉에 대항해 일으킨 도축 공장 파업에 관한 회고 (1991년). In Bud Schultz and Ruth Schultz, *The Price of Dissent: Testimonies of Political Repression in America* (Berkeley: University of California Press, 2001), pp.96~102, 104~108, 118.

5 더글러스 프레이저, 〈노사위원회〉에 보낸 사직서 (1978년 7월 19일). In Box 1, UAW President's Office: Douglas Fraser Collection, Archives of Labor and Urban Affairs, Wayne State University, Detroit, Michigan.

6 비토 루소, "우리가 싸우는 이유" (1988년). Based on a transcript of two speeches delivered at ACT UP demonstrations: the first in Albany, New York, May 9, 1988, and the second in Washington, DC, at the Department of Health and Human Services, October 10, 1988. Published on the web site of the AIDS Coalition to Unleash Power (ACT UP), New York.

7 애비 호프먼, "논쟁의 종결" (1987년 4월 15일). In *The Nation*, vol. 244, no. 17 (May 2, 1987), pp. 562~563.

8 〈퍼블릭에너미〉, "권력에 맞서 싸워라" (1989년). From Public Enemy, *Fear of A*

Black Planet(New York: Def Jam, 1990). Lyrics by Keith (Boxley) Shocklee, Eric Sadler, and Carlton Ridenhour, reprinted from the album liner notes, p. 6.

22장 파나마, 1991년 걸프 전쟁, 그리고 국내에서의 전쟁 PANAMA, THE 1991 GULF WAR, AND THE WAR AT HOME

1 알렉스 몰나, "만약 해군인 내 아들이 죽으면..."(1990년 8월 23일). In the *New York Times*, August 23, 1990, p. A23.

2 에크발 아흐마드, "걸프 위기의 원인"(1990년 11월 17일). Speech delivered in Boston, Massachusetts. Recorded by David Barsamian, Alternative Radio, Boulder, Colorado(Program no. AHME001).

3 1991년 걸프전에 반대하는 준 조르단의 성명(1991년 2월 21일). Speech delivered in Hayward, California. Transcription by *Democracy Now!*

4 욜란다 휴잇-보건, 1991년 걸프전 참전 거부 성명서(1991년 1월 9일). Press release supplied by the author.

5 파나마 리오 하토 군부 군무원과의 인터뷰(1990년 2월 23일). In the Independent Commission of Inquiry on the U. S. Invasion of Panama, *The U. S. Invasion of Panama: The Truth Behind Operation "Just Cause"*(Boston: South End Press, 1991), pp. 115~118, 119.

6 마이크 데이비스, "L. A.에서, 모든 환상이 불타 버리다"(1992년 6월 1일). In *The Nation*, vol. 254, no. 21 (June 1, 1992), pp. 743~745.

7 무미아 아부-자말, 「모든 것을 검열받다」(2001년). In Mumia Abu-Jamal, *All Things Censored*, 2nd ed., ed. Noelle Hanrahan(New York: Seven Stories Press, 2001), pp. 202~206.

23장 빌 클린턴에 대한 도전 CHALLENGING BILL CLINTON

1 브루스 스프링스틴, 『톰 조드의 유령』(1995년). From Bruce Springsteen, *The Ghost of Tom Joad*(New York: Columbia Records/Sony, 1995). Lyrics from album liner notes pp. 4~5.

2 로렐 패터슨의 일리노이 디케이터에서 일어난 "전쟁 지구" 파업에 대한 언급(1995년 6월). Speech delivered in Chicago, Illinois, at the 1995 Socialist Summer School sponsored by the International Socialist Organization. In Lorell Patterson, "If You Don't Dare to Fight, You Don't Deserve to Win", *Socialist Worker*(Chicago), no. 227(July 7, 1995), p. 6.

3 위노나 라듀크, 녹색당 미국 부통령 후보 지명 수락 연설(1996년 8월 29일). Speech delivered in Saint Paul, Minnesota. Transcript by the 1996 Ralph Nader Campaign.

4 앨리스 워커, 빌 클린턴에게 보내는 편지(1996년 3월 13일). Copy in the collection of the editors.

5 에이드리엔 리치, 국가 예술훈장을 거절하며 제인 알렉산더에게 보낸 편지(1997년 7월 3일). Published on the Web site of the Barclay Agency, agents for Adrienne Rich.

6 라니아 마스리, "얼마나 더 많이 죽어야만 하는가?"(2000년 9월 17일). In *The News and Observer*(Raleigh, NC), September 17, 2000, p. A25.

7 로니 쿠르즈만, "WTO: 시애틀에서의 전투: 목격자의 증언"(1999년 12월 6일). Published on the Web site TomPaine.com, December 6, 1999.

8 아니타 카메론, "그리고 계단이 무너져 내렸다: ADAPT가 HBA와 벌인 전쟁"(2000년). In *Incitement*(Austin, TX), vol. 16, no. 2 (summer 2000).

9 엘리자베스 "베티타" 마티네즈, "브라운과 친구가 되어라!"(1998년). In *De Colores Means All of Us: Latina Views for a Multi-Colored Century*(Boston: South End Press, 1998), pp. 210~213.

10 워터 모슬리, 『체인 갱에서의 노동』(2000년). In Walter Mosley, *Workin' on the Chain Gang: Shaking Off the Dead Hand of History*(New York: The Library of Contemporary Thought/Ballantine, 2000), pp. 82~84, 89~93.

11 줄리아 버터플라이 힐, "폭풍우 속에서 생존: 자연의 교훈"(2001년). In Neva Walton and Linda Wolf, *Global Uprising: Confronting the Tyrannies of the 21st Century: Stories from a New Generation of Activists*(Gabriola Island, BC: New Society Publishers, 2001), pp. 224~228.

24장 부시 2세와 "테러와의 전쟁" BUSH II AND THE "WAR ON TERROR"

1 마이클 무어, "대통령 직, 또 다른 특전일 뿐"(2000년 11월 14일). Published on the website Michael Moore.com on November 14, 2000.

2 올랜도 로드리게스와 필리스 로드리게스, "우리 아들의 이름을 걸고 반대한다"(2001년 9월 15일). Pres srelease, September 15, 2001.

3 리타 라사, "또 다른 9·11을 피하기 위해서 미국은 세상과 연결되어야 한다"(2002년 9월 5일). Syndicated by Knight Ridder Tribune news service for the Progressive Media Project, Printed as Rita Lasar, "9·11 Shattered U. S. Isolation", *Milwaukee Journal Sentinel*, September 9, 2002, p. 13A.

4 모나미 몰릭, "9월 11일 이후 우리 사회에서 조직하기"(2001년). In *Manavi Newsletter*(New Brunswick, New Jersey), vol. 12, no. 3 (Winter 2001). Revised by the author in February 2004 for this volume.

5 705번 국도 트럭 운전사 국제 연대의 전쟁 반대 성명(2002년 10월 18일). Press Release, Teamsters Local 705, Chicago, Illinois.

6 레이첼 코리, 팔레스타인에서 온 편지(2003년 2월 7일). In "Rachel's War", *The*

Guardian (London), March 18, 2003, p. 2.

7 데니 글로버, 전 세계 전쟁 반대의 날 연설(2003년 2월 15일). Speech delivered in New York, New York.

8 에이미 굿맨, "전쟁 기간 중의 독립 미디어"(2003년). Speech delivered in Troy, New York. *In Independent Media in a Time of War*(Troy, New York: Hudson Mohawk Independent Media Center, 2003), 29 minutes.

9 팀 프레드모어, "얼마나 더 많이 죽어야 하는가?"(2003년 8월 24일). First printed as "A U. S. Soldier in Iraq Wonders: 'How Many More Must Die?'" *Peoria Journal Star*, August 24, 2003, p. A5. Predmore's essay was also syndicated by the Copley News Service, September 17, 2003, and published as "A U. S. Soldier in Iraq Questions His Mission", *Los Angeles Times*, September 21, 2003, p. 4.

10 마리차 카스티요 외, 미국 육군 대령 마이클 존스에게 보내는 공개서한(2003년 9월 12일). Published on the Web site of Military Families Speak Out.

11 커트 보네거트, "확실한 실패작"(2004년 5월 31일). In *In These Times*, vol. 28, no. 14 (May 31, 2004), pp. 32~34.

12 패티 스미스, "민중이 힘을 가지네"(1988년). First recorded on Patti Smith, *Dream of Life*(Arista, 1988). Lyrics in Patti Smith, *Patti Smith Complete: Lyrics, Reflections and Notes for the Future*(New York: Double day, 1998), pp. 135~136.

1장 콜럼버스와 라스 카사스 COLUMBUS AND LAS CASAS

- The Diario of Christopher Columbus.

  From *Diario of Christopher Columbus's First Voyage to America, 1492~1493*, translated and edited by Oliver C. Dunn and James E. Kelly, Jr. Published by the University of Oklahoma Press, 1989. Reprinted by permission.
- Bartolomé de Las Casas, In Defense of the Indians.

  From In *Defense of the Indians: The Defense of the Most Reverend Lord, Don Fray Bartoloméde Las Casas, of the Order of Preachers, Late Bishop of Chiapa, Against the Persecutors and Slanderers of the People of the New World Discovered Across the Seas*, translated and edited by C. M. Stafford Poole. Copyright ⓒ 1974. Used with permission of Northern Illinois University Press.
- Eduardo Galeano, Memory of Fire.

  From *Memory of Fire: Genesis*, by Eduardo Galeano, translated by Cedric Belfrage. Copyright ⓒ 1985 by Cedric Belfrage. Used by permission of Pantheon Books, a division of Random House, Inc.

2장 첫 번째 노예들 THE FIRST SLAVES

- Anonymous Letter to Mr. Boone in London.

  Copyright ⓒ 1993 by International Publishers. Reprinted by permission.
- Benjamin Banneker, Letter to Thomas Jefferson.

  From Thomas Jefferson, *The Papers of Thomas Jefferson*, Vol. 22: Aug. 1791 to Dec. 1791. Copyright ⓒ 1986 Princeton University Press. Reprinted by permission of the Princeton University Press.

3장 노예 상태와 반란 SERVITUDE AND REBELLION

- Proclamation of the New Hampshire Legislature on the Mast Tree Riot.
  From *American Violence: A Documentary History* by Richard Hofstadter and
  Michael Wallace. Copyright ⓒ 1970 by Alfred A. Knopf, a division of Random
  House, Inc. Used by permission of Alfred A. Knopf, a division of Random House,
  Inc.
- Account of the New York Tenant Riots.
  From *American Violence: A Documentary History* by Richard Hofstadter and
  Michael Wallace. Copyright ⓒ 1970 by Alfred A. Knopf, a division of Random
  House, Inc. Used by permission of Alfred A. Knopf, a division of Random House,
  Inc.

4장 혁명의 준비 PREPARING THE REVOLUTION

- Thomas Hutchinson Recounts the Reaction to the Stamp Act in Boston
  Reprinted by permission of the publisher from *The History of the Colony and
  Provinceof Massachusetts Bay: Volume III*, by Thomas Hutchinson, edited by
  Lawrence Haw Mayo, pp. 86~90, Cambridge, Mass.: Harvard University Press.
  Copyright ⓒ 1986 by the President and Fellows of Harvard College.

8장 멕시코 전쟁 THE WAR ON MEXICO

- Henry David Thoreau, *Civil Disobedience.*
  From Paul Lauter, editor, *Walden and Civil Disobedience.* Copyright ⓒ 2000 by
  Houghton Mifflin Company. Used with permission.

9장 노예제도와 저항 SLAVERY AND DEFIANCE

- David Walker's *Appeal.*
  Copyright ⓒ 1993. Reprinted by permission of Black Classic Press.
- Harriet A. Jacobs, *Incidents in the Life of a Slave Girl: Written by Herself.*
  Reprinted by permission of the publisher from *Incidents in the Life of a Slave
  Girl: Written by Herself* by Harriet A. Jacobs, edited and with an introduction by
  Jean Fagen Yellin, pp. 68~71, Cambridge, Mass.: Harvard University Press.

Copyright © 1987, 2000 by the President and Fellows of Harvard College.

• James R. Bradley, Letter to Lydia Maria Child.

From *The Black Abolitionist Papers: Volume III: The United States, 1830~1846,* edited by C. Peter Ripley. Copyright © 1991 by the University of North Carolina Press. Used by permission of the publisher.

12장 제국의 팽창 THE EXPANSION OF THE EMPIRE

• Calixto's Letter to General William R. Shafter.

Copyright © 1972 by MR Press. Reprinted by permission of the Monthly Review Foundation.

• Lewis H. Douglass on Black Opposition to McKinley.

Copyright © 1972 by MR Press. Reprinted by permission of the Monthly Review Foundation.

• Smedley D. Butler, *War Is a Racket.*

From Smedley D. Butler, *War Is a Racket: The Antiwar Classic by America's Most Decorated General, Two Other Anti-Interventionist Tracts, and Photographs from the Horror of It* (Los Angeles: Feral House, 2003). Copyright © 1935 (Renewed). Reprinted by permission

13장 사회주의자와 〈세계산업노동자연맹〉 SOCIALISTS AND WOBBLIES

• Mother Jones, "Agitation: The Greatest Factor for Progress."

Copyright © 1983 by Philip S. Foner. Reprinted by permission.

• Arturo Giovannitti's Address to the Jury.

Copyright © 1998. Reprinted by permission of Charles H. Kerr, Chicago, IL.

• Woody Guthrie, "Ludlow Massacre."

Copyright © 1959 (Renewed) by SANGA MUSIC, INC. All rights reserved. Used by permission

14장 제1차 세계대전에 대한 저항 PROTESTING THE FIRST WORLD WAR

• Helen Keller, "Strike Against War."

Copyright © 1967 by International Publishers. Reprinted by permission

• Eugene Debs, "The Canton, Ohio, Speech."

Copyright © 1970 by Pathfinder Press. Reprinted by permission.

• Eugene Debs, "Statement to the Court."

15장 재즈 시대에서 1930년대 소요까지 FROM THE JAZZ AGE TO THE UPRISINGS OF THE 1930S

- Billie Holliday, "Strange Fruit."

"Words and Music by Lewis Allan. Copyright ⓒ 1939(Renewed) by Music Sales Corporation(ASCAP). International Copyright Secured. All Rights Reserved. Reprinted by permission.

- Langston Hughes, "Ballad of Roosevelt" and "Ballad of the Landlord."

From *The Collected Poems of Langston Hughes* by Langston Hughes. Copyright ⓒ 1994 by The Estate of Langston Hughes. Used by permission of Alfred A. Knopf, a division of Random House, Inc.

- Bartolomeo Vanzetti, Speech to the Court.

From *The Letters of Sacco and Vanzetti*, edited by Marion D. frankfurter and Gardner Jackson. Copyright ⓒ 1928, renewed ⓒ 1955 by The Viking Press, Inc. Used by permission of Viking Penguin, a division of Penguin Group (USA), Inc.

- Vicky Starr ("Stella Nowicki"), "Back of the Yards."

Copyright ⓒ 1973 by MR Press. Reprinted by permission of the Monthly Review Foundation.

- Sylvia Woods, "You Have to Fight for Freedom."

Copyright ⓒ 1973 by MR Press. Reprinted by permission of the Monthly Review Foundation.

- Rose Chernin on Organizing the Unemployed in the Bronx in the 1930s.

From *In My Mother's House* by Kim Chernin. Copyright ⓒ 1983 by Kim Chernin Reprinted by permission of Houghton Mifflin Company. All rights reserved.

- Genora (Johnson) Dollinger, *Striking Flint: Genora (Johnson) Dollinger Remembers the 1936~1937 GM Sit-Down Strike.*

Copyright ⓒ 1995 by Susan Rosenthal. Reprinted by permission

- John Steinbeck, *The Grapes of Wrath.*

From chapter 28. Copyright 1939. Renewed ⓒ 1967 by John Steinbeck. Used by Permission of Viking Penguin, a division of Penguin Group(USA) Inc. Reprinted in the UK by permission of William Heinemann, Ltd.

- Woody Guthrie, "This Land Is Your Land."

Words and Music by Woody Guthrie. TRO-ⓒ Copyright 1956(Renewed) 1958(Renewed) 1970(Renewed) by Ludlow Music, Inc., New York, NY. Used by permission

16장 제2차 세계대전과 매카시즘 WORLD WAR II AND MCCARTHYISM

- Paul Fussell, "Precision Bombing Will Win the War."

From *Wartime: Understanding and Behavior in the Second World War* by

17장 인종 분리에 저항하는 흑인들 THE BLACK UPSURGE AGAINST RACIAL SEGREGATION

From *12 Million Black Voices: A Folk History of the Negro in the United States* by Richard Wright. Published by Thunder's Mouth Press. Copyright ⓒ 1941 by Richard Wright. Reprinted by permission of Thunder's Mouth Press.

• Langston Hughes, *Montage of a Dream Deferred*.
From *The Collected Poems of Langston Hughes* by Langston Hughes. Copyright ⓒ 1994 by The Estate of Langston Hughes. Used by permission of Alfred A. Knopf, a division of Random House, Inc.

• Anne Moody, *Coming of Age in Mississippi*.
Copyright ⓒ 1968 by Anne Moody. Reprinted by permission of Delta, a division of Random House, Inc.

• John Lewis, Original Text of Speech to Be Delivered at the Lincoln Memorial.
Copyright ⓒ 1963 by John Lewis. Reprinted by permission.

• Malcolm X, "Message to the Grass Roots."
From *Malcolm X Speaks: Selected Speeches and Statements*, edited by George Breitman. Copyright ⓒ 1963 by Malcolm X. Reprinted by permission of Pathfinder Press.

• Martha Honey, Letter from Mississippi Freedom Summer.
Copyright ⓒ 1964 by Martha Honey. Reprinted by permission of the author.

• Testimony of Fannie Lou Hamer.
Copyright ⓒ 1964 by Fannie Lou Hamer. Reprinted by permission

• Testimony of Rita L. Schwerner.
Copyright ⓒ 1964 by Rita L. Schwerner. Reprinted by permission.

• Alice Walker, "Once."
Copyright ⓒ 1968 by Alice Walker. Reprinted by permission.

• Sandra A. West, "Riot!-A Negro Residents Story."
Copyright ⓒ 1967 by Sandra A. West. Reprinted by permission of the *Detroit News*.

• Martin Luther King, Jr., "Where Do We Go from Here?"
Reprinted by arrangement with the Estate of Martin Luther King, Jr., c/o Writers House as agent for the proprietor, New York, NY. Copyright ⓒ 1967 Martin Luther King, Jr. Copyright renewed 1991 by Coretta Scott King.

18장 베트남과 그 이후: 역사적 저항 VIETNAM AND BEYOND: THE HISTORIC RESISTANCE

• Mississippi Freedom Democratic Party, McComb, Mississippi, Petition Against the War in Vietnam.

19장 여성, 게이, 그리고 다른 저항의 목소리들 WOMEN, GAYS, AND OTHER VOICES
OF RESISTANCE

- Allen Ginsberg, "America."
From *Collected Poems 1947~1980* by Allen Ginsberg. Published by Harper and
Row. Copyright © 1956, 1984 by Allen Ginsberg. Reprinted by permission of
HarperCollins
- Martin Duberman, *Stonewall.*
"1969" from *Stonewall* by Martin Duberman. Copyright © 1993 by Martin
Duberman. Used by permission of Dutton, a division of Penguin Group(USA),
Inc., and the author.
- Wamsutta (Frank B.) James, Suppressed Speech on the 350th Anniversary of the
- Pilgrim's Landing at Plymouth Rock.
Copyright © 1970 by Frank B. James. Reprinted by permission of Roland F.
James.
- Adrienne Rich, *of Woman Born.*
From *Of Woman Born: Motherhood. as Experience and Institution* by
Adrienne Rich. Published by W. W. Norton. Copyright © 1977 by Adrienne Rich.
Reprinted by permission of W. W. Norton, Inc.
- Abbey Lincoln, "Who Will Revere the Black Woman?"
Copyright © 1966 by Abbey Lincoln. Reprinted by permission.
- Susan Brownmiller, "Abortion Is a Woman's Right."
From *In Our Time: Memoir of a Revolution by* Susan Brownmiller. Published by
The DialPress. Copyright © 1998 by Susan Brownmiller. Reprinted by permission
of the DialPress, an imprint of Random House, Inc.
- Assata Shakur (Joanne Chesimard), "Women in Prison: How We Are."
Copyright © 1978 by Assata Shakur. Used by permission.
- Kathleen Neal Cleaver, "Women, Power, and Revolution."
Copyright © 1998. From *Liberation, Imagination, and the Black Panther Party:
A New Look at the Panthers and Their Legacy*, edited by Kathleen Neal Cleaver
and George Katsiaficas. Reproduced by permission of Routledge/Taylor & Francis
Books, Inc.

20장 1970년대의 제어력 상실 LOSING CONTROL IN THE 1970S

- Howard Zinn, "The Problem Is Civil Obedience."
Copyright © 1970 by Howard Zinn. Used by permission of the author.

21장 카터-레이건-부시 콘센서스 THE CARTER-REAGAN-BUSH CONSENSUS

Reprinted with permission from the May 2, 1987, issue of *The Nation*. For subscription information, call 1-800-333-8536. Portions of each week's *Nation* magazine can be accessed at http://www.thenation.com.
- Public Enemy, "Fight the Power."
Copyright ⓒ 1990 by Def American. Reprinted by permission of Sony/ATV Music Publishing.

22장 파나마, 1991년 걸프 전쟁, 그리고 국내에서의 전쟁 PANAMA, THE 1991 GULF WAR, AND THE WAR AT HOME

- Alex Molnar, "If My Marine Son Is Killed······"
Reprinted with permission from the August 23, 1990, issue of the New York Times.
- Eqbal Ahmad, "Roots of the Gulf Crisis."
Copyright ⓒ 1990 by Eqbal Ahmad. Reprinted by permission of Julie Diamond and David Barsamian.
- June Jordan Speaks Out Against the 1991 Gulf War.
Copyright ⓒ 1991 by june Jordan. Reprinted by permission.
- Yolanda Huet-Vaughn, Statement Refusing to Serve in the 1991 Gulf War.
Copyright ⓒ 1991 by Yolanda Huet-Vaughn. Reprinted by permission of the author.
- Interview with Civilian Worker at the Río Hato Military Base in Panama City.
From Independent Commission of Inquiry on the U.S. Invasion of Panama, *The U.S.Invasion of Panama: The Truth Behind Operation "Just Cause."* Copyright ⓒ 1991. Reprinted by permission of South End Press.
- Mike Davis, "In L. A., Burning All Illusions."
Copyright ⓒ 1992 by Mike Davis. Reprinted by permission of the author.
- Mumia Abu-Jamal, *All Things Censored.*
"Live from Death Row" and "War on the Poor" from *All Things Censored*(New York, Seven Stories Press, 2001). Copyright ⓒ 2001 by Mumia Abu-Jamal. Reprinted by permission.

23장 빌 클린턴에 대한 도전 CHALLENGING BILL CLINTON

- Bruce Springsteen, *The Ghost of Tom Joad.*
"Youngstown" by Bruce Springsteen. Copyright ⓒ 1995 Bruce Springsteen. All rights Reserved. Reprinted by permission. "Sinaloa Cowboys" by Bruce

24장 부시 2세와 "테러와의 전쟁" BUSH II AND THE "WAR ON TERROR"